ENCYCLOPÉDIE MODERNE

TOME SEIZIÈME

Fraude. — Grégorien.

PARIS,
TYPOGRAPHIE DE FIRMIN DIDOT FRÈRES, FILS ET CIE,
RUE JACOB, N° 56.

ENCYCLOPÉDIE

MODERNE

DICTIONNAIRE ABRÉGÉ

DES SCIENCES, DES LETTRES, DES ARTS

DE L'INDUSTRIE, DE L'AGRICULTURE ET DU COMMERCE

NOUVELLE ÉDITION

ENTIÈREMENT REFONDUE ET AUGMENTÉE DE PRÈS DU DOUBLE

PUBLIÉE PAR

MM. FIRMIN DIDOT FRÈRES

SOUS LA DIRECTION

DE M. LÉON RENIER

SECRÉTAIRE TRÉSORIER DE LA BIBLIOTHÈQUE DE L'UNIVERSITÉ
MEMBRE DE LA SOCIÉTÉ NATIONALE DES ANTIQUAIRES DE FRANCE
CORRESPONDANT DE L'INSTITUT ARCHÉOLOGIQUE DE ROME

Tome Seizième.

PARIS

FIRMIN DIDOT FRÈRES, FILS ET Cᴵᴱ, ÉDITEURS

IMPRIMEURS-LIBRAIRES DE L'INSTITUT DE FRANCE
RUE JACOB, Nᵒ 56

M DCCC LXI

ENCYCLOPÉDIE

MODERNE,

OU

DICTIONNAIRE ABRÉGÉ

DES SCIENCES, DES LETTRES ET DES ARTS.

F

FRAUDE. (*Jurisprudence.*) C'est ainsi qu'on nomme une tromperie cachée et subtile, ou action de mauvaise foi.

Toujours la fraude dans les actes ou contrats a été proscrite par la législation; autrement l'injustice trouverait son appui dans la loi même.

Néanmoins, c'est une maxime constante du droit, que la fraude ne se présume jamais: il faut qu'elle soit prouvée. *Fraus nunquam præsumitur.*

Le Code civil n'a point de titre particulier sur la fraude; mais il renferme un grand nombre de dispositions spéciales qui la proscrivent partout où elle peut paraître.

Ainsi l'article 1166 dispose, d'une manière générale, que les créanciers peuvent, en leur nom personnel, attaquer les actes faits par leur débiteur en fraude de leurs droits.

Par application de ce principe, l'article 622 décide que les créanciers de l'usufruitier peuvent faire annuler la renonciation qu'il aurait faite à leur préjudice.

Il en est de même des créanciers de celui qui renonce à une succession au préjudice de leurs droits; ils peuvent se faire autoriser en justice à accepter la succession du chef de leur débiteur en son lieu et place (Code civil, 788).

Les créanciers du mari peuvent également se pourvoir contre la séparation de biens prononcée et même exécutée en fraude de leurs droits; ils peuvent même intervenir dans l'instance sur la demande en séparation pour la contester (Code civil, 1447).

L'art. 882, qui s'applique en matière de communauté conjugale aussi bien que dans les successions, ajoute que les créanciers d'un copartageant, pour éviter que le partage ne

soit fait en fraude de leurs droits, peuvent s'opposer à ce qu'il y soit procédé hors leur présence: ils ont le droit d'y intervenir à leurs frais; mais ils ne peuvent attaquer un partage consommé, à moins toutefois qu'il n'y ait été procédé sans eux et au préjudice d'une opposition qu'ils auraient formée.

Quant aux moyens de prouver la fraude, la loi ne fait aucune distinction ni exclusion; la preuve testimoniale, les présomptions de l'homme, sont abandonnées aux lumières et à la prudence du magistrat, dès que l'acte est attaqué pour cause de fraude ou de dol (Code civil, 1353).

La loi établit même, dans certains cas, des présomptions qui dispensent de toute autre preuve; par exemple, après avoir créé des incapacités, en matière de libéralités entre vifs ou testamentaires, elle ajoute, art. 911 : « Toute disposition au profit d'un incapable sera nulle, soit qu'on la déguise sous la forme d'un contrat onéreux, soit qu'on la fasse sous le nom de personnes interposées. Seront réputées personnes interposées les père et mère, les enfants de descendants, et l'époux de la personne incapable. »

Les articles 1099 et 1100 disposent de la même manière à l'égard des donations entre époux.

Toutes ces règles sont applicables en matière commerciale; mais l'expérience a démontré qu'il était nécessaire, dans certains cas spéciaux, de les fortifier par des dispositions encore plus rigoureuses.

Ainsi les articles 446, 447 et suivants du Code de commerce annulent certains actes par cela seul qu'ils ont été faits dans les dix jours qui précèdent l'ouverture d'une faillite: quelques autres sont seulement annulables. Il y a là comme une présomption de fraude qui pèse sur les derniers moments de toute existence commerciale brisée par les revers. Ne sait-on pas de quelles exigences un commerçant est environné, lorsque le déficit de ses affaires commence à se répandre dans le public? Les intérêts privés ne s'agitent-ils pas trop souvent pour obtenir de tardives satisfactions au préjudice de l'intérêt légitime des créanciers plus éloignés ou moins bien instruits? — C'est de là qu'est née la nécessité de dispositions légales qui, dans un naufrage commun, placent tous les créanciers dans une position égale.

Chardon, *Traité du dol et de la fraude;* 2 vol. in-8°, 1838.

G. DE VILLEPIN.

FRÉGATE. (*Marine.*) On donne le nom de *frégate* au bâtiment de guerre qui, pour la force, vient immédiatement après le vaisseau de ligne. Sa mâture, sa carène, sa voilure, sont semblables à celles du vaisseau ; mais elle n'a qu'une batterie de canons, les deux *files* de caronades (1) qu'elle présente sur le pont n'en constituant pas véritablement une seconde.

Une frégate est bien construite quand elle a une marche rapide, et que sa ligne de batterie, suffisamment élevée au-dessus de la flottaison, lui permet d'engager le combat par tous les temps ; quand elle est douée d'une forte stabilité, que sa mâture n'est pas démesurément haute, qu'elle manœuvre bien, gouverne bien et fait rapidement toutes les évolutions. Les frégates de quarante-quatre (28 canons de dix-huit en batterie couverte, et 16 ou 18 caronades de vingt-quatre sur le pont découvert) possèdent ces qualités à un degré supérieur ; cependant on les abandonne progressivement pour les remplacer par d'autres plus fortes, portant 30 canons de trente en batterie et autant de caronades de même calibre sur le pont. Ce nouveau mode de construction a été mis, pour la première fois, en usage par les Américains, dans leur guerre avec les Anglais en 1813 ; ils mirent en mer des frégates d'une force inouïe jusqu'alors, avec une carène dont l'épaisseur égalait celle des vaisseaux, avec soixante bouches à feu de gros calibre, avec un nombreux équipage. Elles eurent bon marché des petites frégates anglaises.

Afin de ravir aux Américains leur supériorité, les Anglais se mirent à construire des frégates du même gabarit. On les imita chez nous ; on alla même jusqu'à raser des vaisseaux, c'est-

à-dire, à leur enlever une batterie pour en faire des frégates colossales. Cependant, les marins regrettent les frégates de quarante-quatre, si bonnes marcheuses et d'une utilité incontestable ; car les nouveaux navires, auxquels on a donné le nom de *frégates*, se refusent aux qualités premières de ce genre de bâtiment, et ne sont qu'un intermédiaire bâtard entre la frégate et le vaisseau, incapable de les remplacer l'une ou l'autre.

V. C.

FRÉGATE. (*Histoire naturelle.*) *Tachypetes.* Les oiseaux à qui les navigateurs donnèrent ce nom sont, entre tous les habitants des airs, les mieux coupés pour le vol, qui semble être une allure inhérente à leur nature. Confondues d'abord par les auteurs systématiques parmi les pélicans, parce que le dessous de leur long bec présente une membrane dépourvue de plumes, et rudiment d'une poche particulière, les frégates ont dû former un genre à part dès qu'on les a mieux examinées. Leurs formes sont celles des martinets, les plus légères des hirondelles, mais dans des proportions gigantesques, puisqu'on a vu des frégates dont l'envergure était de quatorze pieds et plus. En arrivant vers l'hémisphère austral, dès les approches de la ligne, on commence à trouver des frégates à trois ou quatre cents lieues de terre ; et nul doute qu'elles ne puissent facilement passer d'un continent à l'autre, sans avoir besoin de chercher les îles semées sur l'Océan pour s'y reposer. Elles peuvent obtenir une telle immobilité dans les airs, qu'elles y paraissent comme suspendues, sans qu'il leur en coûte le moindre effort ; elles présentent alors la figure de deux lignes placées en croix, dont l'une serait plus longue que l'autre. Dans l'un de nos voyages sur mer, cherchant sur le pont quelque chose qui ne fût pas, autour du navire, le ciel ou de l'eau, une frégate des plus grandes venant planer perpendiculairement à nos yeux pour la première fois, nous ne crûmes apercevoir d'abord qu'un point dans les plus hautes régions de l'atmosphère ; s'étant précipitée tout à coup à la distance qui permettait de bien distinguer les détails de sa forme, nous la pûmes observer tout à notre aise. « Il est difficile, avons-nous dit ailleurs, de se faire, quand on ne l'a pas vu, la moindre idée du vol tour à tour rapide et majestueux d'un tel oiseau, qui, suspendu dans l'espace comme sans mouvement, se transporte d'un lieu dans un autre sans le moindre effort visible ; on dirait qu'il surnage dans les airs, ou que des fils invisibles le soutiennent entre les cieux et l'Océan. Sa tête seulement paraît s'agiter quand il tourne, allonge ou retire son long cou, en promenant des regards perçants dans l'horizon sans bornes qui l'environne, et sur les abîmes où la vague mugit

(1) La caronade est une bouche à feu moins lourde et moins longue que le canon, qu'elle remplace avantageusement sur les gaillards des vaisseaux et des frégates, ainsi que dans les batteries des corvettes et des autres petits bâtiments.

si loin de lui. » Tantôt la frégate vient raser les flots, après s'être précipitée vers leur surface comme un rayon du tonnerre; tantôt elle remonte comme un trait dans les régions élevées; elle y a déjà disparu ou n'y est plus qu'un point douteux, que le regard la cherche encore à l'endroit d'où elle s'élança. Les frégates ne peuvent guère se reposer sur les flots, encore qu'elles aient les pieds largement palmés. Leurs pattes, trop courtes, ne leur procurent pas assez d'élévation pour qu'elles puissent déployer leurs longues et minces ailes sans en mouiller les extrémités; et il paraît qu'elles ne s'arrêtent que sur les pointes des rochers, où elles peuvent se préparer, par divers mouvements, à se lancer dans l'espace. C'est une chose dont on ne peut se rendre raison, et qui paraît chaque fois aussi nouvelle qu'extraordinaire, que de voir ces oiseaux se précipiter avec la rapidité du boulet vers la surface de la mer, pour enlever un poisson qui s'élance, et parvenus à quelques pouces de l'eau, s'y arrêter subitement, en relevant leurs ailes perpendiculairement au corps l'une vers l'autre, pour donner un battement qui les lance obliquement à la plus grande hauteur sans avoir paru faire aucun autre effort. On voit aussi les frégates fondre sur les fous et les cormorans, quand ces oiseaux viennent de saisir quelque proie, leur donner un violent coup de bec sur le dos pour la leur faire abandonner, et rattraper celle-ci en l'air avant qu'elle soit retombée dans l'eau.

BORY DE SAINT-VINCENT.

FRELON. (*Histoire naturelle.*) Voyez GUÊPES.

FRÊNE. (*Art forestier.*) Sur une soixantaine d'espèces de frênes croissant principalement dans l'Amérique septentrionale, et plus rarement en Asie et en Europe, il n'en existe qu'une seule qui soit indigène dans les forêts de la France : c'est le frêne commun, *fraxinus excelsior*, de la famille des jasminées. Les racines de cet arbre, qui est de première grandeur, ne s'enfoncent jamais très-profondément; elles sont obliques ou bien horizontales, suivant la facilité de pénétration du terrain dans lequel elles se développent; de ces racines sortent des drageons, mais en moins grand nombre que chez l'orme, et surtout l'acacia; les ramifications de l'arbre ne sont pas excessivement multipliées; les boutons, gros, noirs-bruns, sont opposés; les feuilles, ailées avec impaire, sont composées de onze à treize folioles ovales-oblongues; le feuillage, qui donne peu de couvert, se montre tard et tombe de bonne heure.

Les fleurs, polygames, apparaissent avant les feuilles, dès la fin d'avril; elles se développent en forme de grappes, à l'extrémité des rameaux, et produisent des fruits abondants, qui n'arrivent à maturité que dans le courant d'octobre.

La semence est une petite capsule coriace, accompagnée d'une membrane allongée, qui favorise la dissémination par les vents à d'assez grandes distances du lieu de la production.

Le frêne croît dans toutes les localités de la France; mais quoiqu'il puisse réussir dans des conditions climatériques assez opposées, ce sont les contrées tempérées qui sont le plus favorables à sa végétation.

Cette essence est mieux appropriée aux plaines et aux vallées qu'aux plateaux très-élevés et aux pentes rapides. Elle aime les terres fraîches et substantielles; les terrains secs, siliceux ou calcaires, ne lui conviennent pas; il en est de même des sols purement argileux; cependant elle réussit assez bien dans les terres fortes. C'est dans les terres de prairies, sur le bord des ruisseaux, dans des parties basses et un peu humides, des forêts qu'elle se développe rapidement, tout en prenant les dimensions les plus fortes. Dans les situations favorables, on voit souvent des frênes de 30^m de hauteur et de 0^m,60 à 0^m,80 de diamètre.

Le frêne ne reprend pas de boutures; les marcottes qu'on en fait ne s'enracinent qu'avec difficulté; et quoiqu'on puisse aisément le multiplier au moyen de ses rejetons, le plus souvent on a recours à la voie des semis.

La graine, pour être bonne, ce qui n'arrive pas tous les ans, doit avoir une amande d'un blanc bleuâtre et de consistance cireuse; parfois elle ne lève qu'au bout de deux ou trois ans. Pour éviter cet inconvénient autant que possible, et hâter la germination, il faut, aussitôt après la récolte, opérer l'ensemencement dans un terrain en bon état, frais, et un peu ombragé; on recouvre très-légèrement.

Pour un semis en plein, on emploie la graine dans la proportion de 50 kil. à l'hectare.

La première année, les jeunes plants atteignent à peine 0^m,20 de hauteur. Ce n'est qu'à la fin de la deuxième année qu'on les met en pépinière, en lignes espacées entre elles de 0^m,66, où on les conserve jusqu'à l'âge de six ou sept ans, époque à laquelle ils sont assez forts pour être transplantés à demeure.

Le frêne supporte mal l'élagage dans sa jeunesse, à cause de son bois moelleux, qui facilite l'infiltration de l'humidité; cependant, pour aider sa venue et former sa tige, on coupe les branches latérales, mais à une certaine distance du tronc, de manière à former des crochets.

Lorsqu'on les met en place, il ne faut jamais étêter les frênes, ainsi qu'on fait pour certains arbres; car ils réparent difficilement la perte de leur bourgeon terminal, et souvent périssent par le sommet.

1.

Jusqu'à l'âge de trois ou quatre ans, les jeunes frênes ont besoin d'être abrités; ensuite ils demandent à se développer librement : car ils poussent d'abord en hauteur, et, comme ils ont alors peu de force, ils redoutent le trop grand rapprochement des autres essences; plus tard, ils prennent du corps, s'étendent et acquièrent de la rusticité.

La croissance du frêne est plus rapide que celle du chêne : ordinairement à soixante ans il est bon à arracher. Toutefois il peut vivre et croître encore, mais très-lentement, pendant un siècle et plus. De Perthuis cite un de ces arbres, de l'âge d'environ cent cinquante ans, qui avait 3 mètres de circonférence à hauteur d'homme, 20 m. de tige et 32 m. de hauteur totale. Au prix actuel des bois, un tel arbre peut valoir 250 à 300 francs.

En raison de la promptitude de son développement, des grandes dimensions auxquelles il parvient et du prix élevé de son bois, le frêne est, parmi tous les arbres cultivés, celui qui, à un âge donné, soixante ans par exemple, représente la valeur la plus considérable.

Son bois est blanc, veiné longitudinalement, assez dur, souple, et très-élastique; quoiqu'il soit moins lourd que le chêne, l'orme et d'autres bois durs, la solidité de sa fibre, jointe à son élasticité, en forme l'un des bois les plus résistants de nos pays. Malheureusement il a le défaut d'être sujet à la vermoulure, ce qui empêche qu'on ne l'emploie dans les charpentes.

Il sert dans le charronnage, pour toutes les pièces qui ont besoin de ressort, comme brancards de voitures, timons de chariots.

On en fait des cercles pour les tonneaux, les meilleurs peut-être après ceux de châtaignier; on en fait aussi des chaises, des queues de billard, des montures de fusil, des manches d'outils, des rames pour la navigation; les fouets dits *perpignans* sont faits avec de jeunes branches de frêne.

Les arbres chargés de nœuds sont recherchés des tabletiers et des ébénistes. Le bois, lorsqu'il n'est pas vicié, se vend à un haut prix; il se polit très-bien et offre des veines d'un effet agréable. Les brousures, sortes de loupes qui se développent le long des arbres qui ont été émondés, présentent des dessins magnifiques; on les débite en plaques, comme on fait de l'acajou, pour revêtir et orner la surface extérieure des meubles.

La valeur du frêne comme bois de service s'oppose à ce qu'on s'en serve pour le chauffage, quoiqu'il convienne très-bien pour le foyer et qu'il fournisse de bon charbon. A l'état vert même, il brûle avec une facilité remarquable.

Les feuilles vertes ou sèches sont utilisées dans certaines localités pour l'alimentation du bétail, qui en est très-friand.

Enfin, l'écorce, qui est douée de propriétés fébrifuges, est quelquefois employée pour le tannage.

Dans les bois, le frêne n'est qu'une essence secondaire : jamais à lui seul il ne forme des massifs forestiers considérables; mais on le trouve mélangé avec d'autres essences, les érables, le hêtre, etc.

Exploité en futaie, il fournit des produits très-avantageux; on l'exploite aussi en taillis simple tous les douze ou quinze ans; lors des premières coupes, les cépées donnent souvent des rejets nombreux et droits qui parviennent à 2 ou 3 mètres de hauteur.

Quoiqu'il soit d'un fort bel aspect, le frêne est rarement planté dans les lieux d'agrément et dans le voisinage des habitations, à cause des cantharides, qui vivent de ses feuilles, l'en dépouillent parfois entièrement pendant l'été, et exhalent une odeur désagréable et malfaisante.

Cultivé sur le bord des étangs, il supporte fort bien l'émondage tous les cinq ou six ans.

Mis en avenue, au bord des routes, il nuit aux récoltes par ses racines, qui s'étendent horizontalement à six et sept mètres et qui enlèvent la nourriture aux plantes situées dans son voisinage jusqu'à une assez grande distance de son tronc.

Le frêne commun présente quelques variétés intéressantes, parmi lesquelles nous mentionnerons le *frêne argenté*, le *frêne doré*, le *frêne à bois jaspé*, le *frêne à feuilles simples*, le *frêne horizontal*, remarquable par ses branches qui s'étendent horizontalement, le *frêne pleureur*, dans lequel elles sont pendantes vers la terre.

Toutes ces variétés se greffent sur le frêne commun et se plantent, comme arbres d'ornement, dans les parcs et les jardins paysagers.

Ce sont deux espèces de frênes croissant dans la partie méridionale de l'Italie qui fournissent la manne du commerce : le frêne à fleurs (*fraxinus ornus*), et le frêne à feuilles rondes (*fraxinus rotondifolia*). La manne, substance purgative d'un usage fort commun en médecine, suinte de ces arbres comme chez nous la gomme suinte du cerisier. Du reste, on en facilite la sortie au moyen d'incisions que l'on pratique sur les arbres en été, époque à laquelle se produit l'écoulement naturel de la manne.

Parmi les espèces américaines, on distingue surtout le frêne blanc (*fraxinus americana*) : c'est le plus remarquable de tous, par sa croissance rapide, l'excellence de son bois et la beauté de son feuillage. Il présente, mais à un plus haut degré, toutes les qualités du frêne commun. Les Anglais en importent des quantités considérables pour les besoins de leur marine.

Cet arbre croît particulièrement au Canada et dans le New-Brunswick; un climat froid semble mieux lui convenir que tout autre; ce serait une précieuse acquisition pour les forêts du nord de l'Europe. **L.**

FRESQUE. (*Beaux-arts.*) Dès son apparition la peinture a été chargée de répondre à un besoin; ou plutôt, c'est à ce besoin qu'elle doit son origine. Obligée de reconnaître un droit d'aînesse chez la sculpture, sa sœur, elle aura été destinée, comme elle, à éterniser les époques les plus mémorables de la vie des peuples. Avant de parer les murailles domestiques, l'une et l'autre ont dû rappeler, aux familles réunies sous la protection des remparts, leurs plus beaux titres de nationalité. Ainsi, la statue des demi-dieux, défenseurs ou libérateurs de leurs concitoyens, s'est dressée sur le socle; ainsi, de hauts faits d'armes ont été esquissés dans l'enceinte des temples, alors que de simples particuliers ne se permettaient pas encore d'animer leur domicile par la représentation des traits d'un parent ou d'un ami.

Monumentale dès le principe, la peinture s'est donc primitivement exercée sur l'enduit grossier des édifices publics. Dans des temps postérieurs on l'a appelée peinture *à fresque*, suivant une dénomination italienne empruntée de l'un de ses principaux procédés. Il est probable que ce genre de travail n'a pas été ignoré des anciens; leurs poëtes et leurs chroniqueurs en parlent. Homère et Virgile, Anacréon et Horace, Pausanias et Pline le naturaliste, nous ont laissé, sur ce sujet, des détails qui ne nous permettent pas de révoquer en doute la représentation des scènes de la vie par une entente de couleurs plus ou moins habile. Les exhumations de Pompéi et d'Herculanum, les cryptes de la Thébaïde et de la Haute-Égypte, en font également foi. Ces sortes de tableaux ont été exécutés ou à la détrempe, ou à l'encaustique. Ce dernier procédé est probablement celui auquel Pausias eut recours dans l'imparfaite restauration qu'il entreprit des ouvrages du célèbre Polygnote à Thèbes ou à Thespies; car la peinture sur toile paraît avoir été inconnue de l'antiquité grecque, et n'a eu un moment d'existence, dans l'antiquité romaine, que sous le règne de Néron, où elle servit à reproduire les traits de ce prince abhorré, mais, comme il arrive toujours, entouré de flatteurs à genoux devant son image.

C'est donc sur un fond solide, c'est sur des panneaux de bois, ou sur des murailles artistement préparées, que les anciens ont procédé, par un mélange de couleurs terreuses ou végétales, à l'imitation des formes naturelles. Les oxydes des minéraux étaient alors peu connus; d'ailleurs la peinture en détrempe n'en permettait guère l'usage.

Les moyens par lesquels les peintres fixaient leurs couleurs sont encore un objet de doute. On a tâtonné en vain dans cette recherche, où les essais de M. de Caylus ont obtenu tout au plus des résultats approximatifs. Le vieux Pline cite des tableaux grecs transportés à Rome, et qui, après avoir bravé l'injure de l'air pendant quatre ou cinq siècles, tant dans le Péloponèse que sous le portique d'Auguste, avaient encore, de son temps, un reste d'existence. Certes, les ouvrages des artistes modernes ne pourraient résister à une pareille épreuve. Ne voyons-nous pas que déjà les Léonard Vinci, les Titien et les plus beaux Raphaël périssent sous les coups du temps, malgré les soins particuliers auxquels on se livre pour leur conservation dans tous les musées de l'Europe? Les ouvrages des peintres anciens n'étaient pas toujours à couvert, ainsi que l'indique la structure de leurs temples et de leurs portiques. Si les édifices, à l'embellissement desquels ils concouraient, n'avaient subi la destinée de tout ce qui est sorti de la main de l'homme, peut-être, mieux instruits dans l'art d'assurer la durée des tableaux, dédaignerions-nous cette peinture à l'huile, qui est pourtant un des plus beaux secrets dont se soit enrichi le génie des peuples depuis la renaissance des arts et des lettres; Jean de Bruges serait moins célèbre, et tout au plus son procédé s'appliquerait-il aux seuls tableaux de chevalet.

Il n'en est pas moins vrai que, même après cette découverte importante, c'est la peinture à fresque qui est restée monumentale. Ses droits semblent imprescriptibles. A elle seule, sauf quelques rares exceptions, il appartient de tracer ces grands feuillets de l'histoire du genre humain, qui, ayant des voûtes et des murailles pour supports, doivent parler aux générations nouvelles la langue des anciens âges. Ainsi que Phidias et ses élèves avaient sculpté sur les frises et les entre-colonnements du Parthénon les prodiges de la Grèce héroïque; ainsi qu'à l'intérieur du même édifice des artistes contemporains l'avaient orné de peintures à l'exemple de celles que le Pœcile (ou portique des Perses) devait déjà au pinceau de Polygnote, le quinzième et le seizième siècle ont vu les temples et les palais des pays civilisés s'enrichir des chefs-d'œuvre des plus grands maîtres, et ces chefs-d'œuvre ont été presque tous des tableaux à fresque. C'est avec une fresque que Michel-Ange remplissait de terreur la chapelle Sixtine, à laquelle il confia sa sublime et audacieuse composition du *Jugement dernier;* la muraille d'un réfectoire de moines, à Milan, a également reçu, sur son enduit, un des plus beaux tableaux des écoles anciennes et modernes, *la Cène* de Léonard Vinci, qui ne vivra bientôt plus que dans des copies imparfaites ; et c'est de la même manière que Raphaël d'Urbin, écrivant ses beaux poëmes, attachait leurs destinées aux murs et aux voûtes du Vatican. Là, seulement, éclate son génie dans toute sa gloire. Jamais il ne fut plus grand, plus expressif, et pourtant plus pur, que lorsqu'il s'est majestueusement promené dans cette large carrière. De l'avis des juges les plus compétents, ne le connaître que par ses tableaux à l'huile, c'est avoir perdu le droit de l'apprécier. Ses fresques leur ont semblé à tous tellement admirables, que plusieurs, comme l'Albane, après en avoir rassasié leurs yeux, ne pouvaient plus prononcer son nom qu'en se découvrant la tête. Son *Triomphe de Galatée* et son *École d'Athènes* suffiraient pour justifier ce témoignage de respect accordé au plus grand talent qui ait peut-être brillé sur la terre.

Vers la même époque, le Corrége rendait à jamais fameuse, dans les arts, la coupole de la cathédrale de Parme. A bien dire, il y a prodigué la grâce des têtes, la science des raccourcis, le charme des formes de l'enfance et la magie de l'ombre et de la lumière, magie assez puissante pour lui faire pardonner les incorrections de son dessin. Aussi, le plus illustre des Carrache ne pouvait s'arracher à la contemplation de ce chef-d'œuvre, dont il ne restera bientôt que la renommée et les parties conservées par la gravure. Alors encore, le *Primatice* laissait aller sa touche facile sur les plafonds de Fontainebleau, déjà tracés par Vinci, avec lequel il partagea l'honneur d'aider Michel-Ange dans la confection des *cartons* destinés à la grande salle du conseil de Venise.

Nous venons d'indiquer un des moyens que l'on regardait comme indispensables pour l'exécution de la peinture à fresque. L'enduit destiné à la recevoir n'en assurerait pas la durée si elle ne s'y incorporait dès l'approche du pinceau. Aussi fallait-il que l'artiste auquel on confiait un travail de cette importance eût la main sûre, la touche vive et rapide, le dessin bien arrêté. Venant après l'ouvrier chargé de lui tenir la place prête, il ne pouvait la laisser sécher sans s'exposer à voir la partie coloriée de son travail s'en détacher successivement par écailles. De là l'obligation de ne rien renvoyer au lendemain, et par conséquent de ne préparer qu'au jour et à l'heure, la portion de muraille ou de coupole qu'il devait couvrir. Et toutefois, quelque exercés que fussent les chefs d'école chargés de la direction de ces entreprises, quand ils ne s'en occupaient pas seuls, ils croyaient devoir dessiner, au préalable, leurs sujets dans les proportions mêmes qu'ils se proposaient de leur donner. C'est pour cela qu'ils se servaient de papiers solides, à travers lesquels le poinçon, en suivant avec exactitude les lignes et les contours, laissait des traces qui fixaient le trait sur l'enduit ; ou bien à l'aide de poncis, une poussière fine et colorée s'y acquittait du même office. Nous avons possédé, pendant plusieurs années à Paris, le magnifique *carton* de l'*École d'Athènes*, morceau précieux, tout entier crayonné par Raphaël, et dont les piqûres attestaient qu'il avait été employé à cet usage.

Ces vastes travaux demandaient quelquefois toute une carrière d'homme. Le peintre d'Urbin a été moissonné avant son huitième lustre révolu ; mais sa vie s'est presque entière écoulée sous les voûtes du Vatican ; les *loges*, qui portent encore son nom, en rendent témoignage. Dans Saint-Pierre de Rome, il y a dix-huit années de Michel-Ange ; dans les principaux édifices de Venise, Parme, Florence, Paul Véronèse, Corrége et le Titien ont vu se consumer, et non sans gloire, la meilleure partie de leurs jours.

La peinture à fresque traversa les monts, pour venir orner les temples et les palais de la France. A l'imitation de ce qui avait été essayé avec succès à Fontainebleau, Lebrun la fit concourir à l'embellissement de Versailles. Pierre Mignard peignit de la même manière la coupole du Val-de-Grâce. Cette œuvre, célébrée par les poëtes du siècle et surtout par Molière, a presque disparu sous les atteintes des ans. On en accuse principalement les retouches au pastel, dont usa l'artiste pour donner du relief à ses figures, et qui, en les abandonnant, mirent bientôt à nu la faiblesse primitive du coloris. On prétend, toutefois, que les peintres italiens ont recours à ce même procédé sans avoir à s'en plaindre. Mignard fut plus heureux, lorsque plus tard, à la demande du régent, il se chargea des plafonds de la grande galerie de Saint-Cloud. Sa composition, agréablement variée, continue à briller de grâces et de fraîcheur ; c'est la plus belle fresque que nous ayons en France.

Ce genre de décoration, adopté pour les grands édifices, s'est récemment modifié dans ses procédés, et même avec une sorte de bonheur, sous le pinceau savant de quelques-uns de nos artistes. Gros a reproduit quatre belles et larges pages de notre histoire nationale sur la seconde coupole du Panthéon. On regrettera toujours que ce chef-d'œuvre soit placé à une hauteur qui ne permet pas d'en apprécier le mérite. MM. Meynier et Abel Pujol ont peint, en grisaille, des bas-reliefs allégoriques sur les plafonds de la grande salle du palais de la Bourse. Ce travail est d'autant plus remarquable que leurs figures se détachent des fonds avec une rare vigueur ; la saillie en fait tellement illusion, que l'œil le mieux exercé les croirait de ronde-bosse. Jamais on ne justifia mieux le mot de l'un des plus célèbres coloristes de l'école vénitienne, Jacques Robusti, dit *le Tintoret*, qui n'ignorant pas le parti qu'il est permis de tirer d'une riche palette, n'en prétendait pas moins qu'avec du blanc et du noir tout tableau peut s'exécuter, puisque ces seules couleurs suffisent pour marquer les différents effets de l'ombre et de la lumière.

Il faut cependant reconnaître que les brillantes compositions dont nous venons de parler, et qui se recommandent autant par l'habileté du faire que par la hardiesse des touches, ne sont pas de véritables fresques, dans la juste acception du mot, dès qu'elles ne sont point appliquées sur un enduit préparé pour les recevoir à la manière de celles d'Italie et avec lequel puissent s'incorporer des couleurs en détrempe. Cette condition n'est remplie ni au Panthéon ni à la Bourse. Les maîtres auxquels l'entreprise de ces tableaux a été confiée ont sans doute répondu à l'attente publique; peut-être même l'ont-ils surpassée; mais ils ont travaillé à l'huile sur la pierre ou le ciment. Reste à savoir si leur ouvrage ne s'en ressentira pas, s'il ne sera pas sujet à s'écailler, ou s'il ne se rembrunira pas, ainsi qu'il arrive à toutes les peintures que délaissent ou que font jaunir les substances oléagineuses à l'aide desquelles on est parvenu à leur mixtion. Alors serait perdu l'avantage principal de la fresque, qui est de voir les couleurs qu'on y emploie se raviver après des années et quelquefois après un simple changement de température.

A Dieu ne plaise que nous prétendions détacher une feuille du laurier cueilli par des artistes chers à la France; notre premier devoir est de dire la vérité à nos lecteurs, et cette vérité est qu'on ne sait plus faire de fresques chez nous; car on n'ira certainement pas jusqu'à donner ce nom aux esquisses badigeonnées, en coloris de brique, dans quelques chapelles de Paris. C'est un essai : sous ce rapport, on a pu se montrer reconnaissant envers les dessinateurs auxquels on le doit, et qui, fort heureusement pour eux, se présentent avec d'autres titres à l'estime du public. Quand nous voudrons des fresques, il conviendra de se former à la partie matérielle de ce genre de peinture dans le pays même où il a pris naissance; et si on ne se contente pas d'étudier les sublimes travaux des maîtres qui ont créé, pour le monde savant, sous les voûtes de Rome et de Parme, des sujets d'admiration respectés de trois siècles révolus, on pourra gagner encore beaucoup à l'examen des œuvres plus modernes du célèbre Milanais Appiani.

KÉRATRY.

L'expression peinture *a fresque* vient de l'italien *à fresco, à frais*, et veut dire *peinture sur mur fraîchement préparé*. Cette manière de peindre diffère essentiellement, dans ses procédés et dans ses résultats, des peintures à l'huile, à la détrempe, à l'œuf, et à l'encaustique, qui s'appliquent sur le mur sec.

Depuis Mignard, la peinture à fresque était tombée en désuétude en France. En Italie, on l'employait encore dans la décoration des édifices; mais l'école Italienne, alors en pleine décadence, ne pouvait lui donner aucun lustre. Ce fut seulement dans les dernières années du dix-huitième siècle que Carstens, peintre allemand, et quelques écrivains de son pays, entreprirent de remettre cette peinture en honneur. Mais l'esprit du temps n'était pas à l'art monumental : leurs efforts furent vains. Cependant, vers 1820, d'autres artistes allemands renouvelèrent la tentative à Rome, et cette fois avec succès : ce furent Cornélius Overbeck, Veit Schadow, Schnorr, Koch et Führich. Ils peignirent successivement à fresque la salle d'un palais du Monte-Pincio, la Villa-Massimi à Rome, et la Porziuncula près d'Assises. Ces trois œuvres, remarquables sous tous les rapports, et dans lesquelles l'exécution technique surtout ne laissait rien à désirer, régénérèrent avec éclat la peinture à fresque. Bientôt Cornélius la transporta en Allemagne; il s'en servit dans la décoration des salles de la Glyptothèque et de l'église Saint-Louis à Munich. Son exemple entraîna toute l'école allemande. Presque toutes les peintures monumentales exécutées en Allemagne le furent à fresque. Langer, Hermann, Zimmermann, Rottmann, Lindenschmidt, se distinguèrent à Munich dans cette manière de peindre. Schnorr et Hess, les deux émules de Cornélius, peignirent à fresque, le premier une partie des grandes salles du palais royal, le second l'église de Tous les Saints et la basilique de Munich. Ce dernier ouvrage surtout peut être considéré comme le chef-d'œuvre de la fresque moderne, en tant que perfection du procédé technique. A Bonn, à Dusseldorf, à Dresde, à Stuttgard, Stilke, Gœtzenberger, Lessing, Bendemann, Gegenbauer, ont aussi exécuté des fresques remarquables. Celles de la chapelle des Médicis, à Florence, par Benvenuti sont également estimées. En France, la peinture à fresque n'obtint pas le même succès; quelques essais malheureux, tentés dans l'église Saint-Sulpice de Paris, semblent avoir éloigné les artistes de ce genre de peinture. De nos jours, Amaury-Duval, Motez et Brémond ont seuls peint de cette manière des chapelles à Saint-Germain-l'Auxerrois et à la Villette. Presque toutes les autres décorations de monuments ont été ou sont exécutées à l'encaustique; cette préférence tient sans doute à la plus grande facilité que ce genre présente dans l'exécution, et aux résultats satisfaisants, comme couleur et comme charme, qu'il donne; reste à savoir si cette manière de peindre offre les mêmes chances de durée que la peinture à fresque ; c'est ce que l'avenir apprendra.

Sébastien Albin.

FRET ou **NOLIS**. (*Jurisprudence maritime.*) Terme de la marine marchande, qui exprime à la fois l'idée du louage d'un bâtiment de mer, celle du transport des marchandises et celle du prix de l'une et de l'autre opération.

On donne le nom d'*affréteur* au marchand qui prend à *fret*, ou à loyer, toute la capacité d'un navire pour y placer ses marchandises, dont il confie le transport au propriétaire locateur, ou au capitaine que celui-ci y a préposé, sous sa responsabilité.

L'affréteur à la disposition duquel est un navire entier, avec charge de l'équiper et pour y transporter à ses risques les marchandises d'autrui, s'appelle un *armateur*.

Quant aux marchands qui n'affrètent qu'une partie du bâtiment pour un certain nombre de tonneaux, ils se nomment *chargeurs à cueillette*, ou *pacotilleurs*.

L'acte qui stipule l'affrètement général est une *charte partie*.

Celui qui constate le chargement partiel est un *connaissement*.

Le *Code de commerce*, sous deux titres distincts (1), règle la forme et détermine les effets particuliers de ces deux espèces de conventions sur le fret.

Il traite ensuite, dans un titre spécial (2), du *prix du fret* ; des cas auxquels il peut être exigé ou perdu en entier ; de ceux où il est réductible ; de sa contribution aux chances de la navigation ; des droits de préférence acquis au propriétaire ou capitaine, pour s'en faire payer.

Ces règles sont presque littéralement celles que la célèbre ordonnance de la marine, du mois d'août 1681, avait tracées en son livre 3, titres 1, 2 et 3.

Il faut les consulter dans leur texte même ; l'analyse n'en pourrait être qu'imparfaite.

On doit même observer que l'ensemble de la doctrine, sur cette matière du *fret*, n'existe pas dans les seuls articles dont se composent les titres ci-dessus du Code. Pour le saisir, nombre d'articles sont à extraire des autres titres du même Code.

Ainsi, dans le titre 1er, l'article 191 place, au rang des priviléges à exercer sur les navires, les dommages-intérêts dus aux *affréteurs* pour le défaut de délivrance de leurs marchandises, ou pour remboursement d'avaries.

L'article 192 y appose la condition que ces dommages-intérêts seront constatés par jugement.

Ainsi au titre 3, l'article 216 libère les propriétaires de navire de toute responsabilité ci-

vile pour les faits de leurs capitaines, moyennant l'abandon du navire et du *fret*.

Ainsi, au titre 4, l'article 226 oblige le capitaine à avoir, à son bord, les *connaissements* et *chartes parties*.

L'article 233 autorise le capitaine à emprunter à la grosse, dans le port même de l'embarquement, pour l'expédition du bâtiment frété, en cas de refus de certains copropriétaires de contribuer aux frais de sa mise dehors.

Ainsi, au titre 5, l'article 251 défend aux capitaines et gens de l'équipage de rien charger dans le navire, sans en payer le *fret*.

L'article 253 grève les *affréteurs* du loyer des matelots engagés au mois, même en cas de rupture du voyage, à moins qu'ils ne *leur* procurent des moyens de retour au lieu de départ.

Et l'article 268, de la rançon des matelots faits esclaves.

Idem, article 271.

Ainsi, au titre 9, tous emprunts à la grosse, *sur le fret à faire*, sont prohibés par l'art. 318.

Ainsi, au titre 10, l'article 347 déclare nul le contrat d'assurance qui a pour objet le *fret* des marchandises existantes à bord du navire.

L'article 386 statue que le *fret* des marchandises sauvées, quand même il aurait été payé d'avance, fait partie du délaissement du navire aux assureurs.

L'article 393 rend l'assureur passible de *l'excédant du fret* occasionné par le sauvetage des marchandises chargées sur le vaisseau assuré.

Ainsi, au titre 11, les avaries communes sont supportées par les marchandises et par la moitié du navire et du *fret*, au marc le franc de la valeur.

D'après l'article 405, les avaries particulières survenues aux marchandises par la faute de l'équipage, se reprennent *sur le fret*.

Enfin, au titre 12, l'article 417 établit la répartition des dommages résultant du jet à la mer, sur la moitié du navire et du *fret*.

Toutes ces dispositions du Code sont à rapprocher de celles consignées aux tit. 6, 7 et 8.

Par leur combinaison, on aura bien la clef des principales solutions ; mais pour résoudre les difficultés imprévues dont cette matière du *fret* est hérissée, le recours aux usages des différents ports, même de France, aux monuments de la jurisprudence maritime et aux auteurs, est indispensable. De tous les auteurs, Émérigon est celui qui l'a le mieux traitée *ex professo*.

Quoique la navigation établisse, entre les puissances maritimes et leurs sujets, des rapports fréquents, où leurs intérêts réciproques sont liés, il n'y a pas toujours uniformité dans les principes de leur législation, ni dans les décisions de leurs tribunaux, sur cet article si important du *fret* des navires.

(1) Titres 6 et 7.
(2) Le titre 8.

Ceux des commerçants français qui chargent leurs marchandises sur des bâtiments étrangers doivent encore s'enquérir des usages pratiqués pour chaque pavillon : dans la Méditerranée, les décisions de la rote de Gênes, le guidon de la mer, l'ouvrage de Casa-Régis; dans les mers du nord, les us et coutumes de la mer, les traditions de la hanse teutonique, méritent d'être étudiés.

Considéré, au surplus, comme opération commerciale, le *fret* en lui-même, qui consiste à voiturer la marchandise d'autrui d'un port à un autre moyennant salaire, est une des spéculations maritimes les plus lucratives et les plus sûres; il participe de la commission en général, qui est sans contredit le meilleur de tous les trafics.

Les Hollandais ont dû les développements et les succès prodigieux de leur marine marchande à ces contrats de *fret* multipliés, qui leur avaient valu le nom de *voituriers de l'Europe.*

BERRYER.

FRIBOURG. (*Géographie et Histoire.*) *Freiburg.* Un des cantons de la Confédération Helvétique. Il est borné au nord et à l'est par le canton de Berne; au sud et à l'ouest, par celui de Vaud; au nord-ouest, par le lac de Neufchâtel. Il s'étend entre 4° 20' et 4° 49' de longitude orientale, et entre 46° 28' et 47° 3' de latitude septentrionale.

Ce canton est en général montagneux : les Alpes Bernoises en couvrent la partie occidentale, et le Jura s'avance au sud-est. Les sommets les plus élevés sont la Dent de Jaman et le pic de Molesson. Les montagnes, arides et pierreuses pour la plupart, présentent en certains endroits d'excellents pâturages. Au nord et à l'ouest s'étendent quelques plaines dont le sol est d'une grande fertilité. Les principales rivières sont la Saâne, qui descend des Alpes Bernoises, reçoit la Glane et la Sense, et va se réunir à l'Aar hors du canton, et la Broye, qui coule alternativement dans le canton de Fribourg et dans celui de Vaud, traverse le lac de Morat, et va se jeter dans le lac de Neufchâtel. Outre une partie de celui-ci et plus de la moitié du lac de Morat, le canton possède encore les lacs de Schwarzsee ou d'Omeina, de Seedorf et de Luchi.

La population s'élève à 89,200 habitants; tous sont catholiques, à l'exception de 5,100 réformés dans le district de Morat. Ils parlent en partie le français, en partie l'allemand, en partie un patois roman dans lequel on distingue trois dialectes. Les Fribourgeois sont bons, hospitaliers et bienveillants; mais l'esprit religieux dégénère chez eux en superstition, grâce surtout à la manière dont l'instruction publique était dirigée dans leur pays : les jésuites, qui en avaient fait en quelque sorte leur quartier

général, y étaient seuls en possession de l'enseignement supérieur; le canton renfermait seize couvents : aussi prit-il, en 1847, une part très-active à la révolte du *Sunderbund.* Ce fut du reste le premier des cantons insurgés soumis par les troupes fédérales. *Voy.* l'art. SUISSE.

L'éducation des bestiaux forme la principale occupation des Fribourgeois, surtout dans la partie montagneuse. C'est là que se trouve le gros bétail le plus estimé de la Suisse, et que se fabrique le fromage de Gruyère. Au reste, l'agriculture ne fournit pas tout le grain nécessaire à la subsistance des habitants, et l'industrie manufacturière est loin d'être fort développée. Les principaux articles d'exportation sont les chevaux, les bestiaux, les fromages, les cuirs et la laine. Il faut mentionner cependant la fabrication des objets en paille, qui fournissent au commerce un aliment important.

Le canton de Fribourg est le 13e de la confédération; il est divisé en 13 districts, qui sont ceux de Fribourg (partie française), Fribourg (partie allemande), Korbens, Gruyère, Boll, Kastels, Ruw, Remund, Favernach, Uberstens, Stæfis, Dompierre et Morat. La constitution est démocratique depuis 1830. Le grand conseil remplit toutes les fonctions de la souveraineté : il est composé des députés des districts, élus à raison d'un par mille habitants, et choisis pour neuf ans par des électeurs qui sont eux-mêmes élus par le peuple, et se renouvelle par tiers tous les trois ans; il nomme un président qui porte le titre de *schultheiss,* les membres du conseil d'État, ceux du tribunal d'appel et les députés à la diète. Le conseil d'État, composé de treize membres, élus chaque fois pour huit ans, s'occupe de tout ce qui a rapport à l'administration intérieure. Le tribunal d'appel, composé également de treize membres, juge en dernier ressort, et, après lui, le tribunal de cassation décide sur les défauts de forme qui ont pu entacher ses arrêts. A la tête de chaque district se trouve un *oberamtmann,* espèce de préfet nommé par le conseil d'État. Le contingent fédéral du canton de Fribourg est de 1,240 hommes et de 26,570 francs.

Outre son chef-lieu, qui porte le même nom que lui, le canton a pour villes principales : *Estavayer,* dans une position charmante sur le lac de Neufchâtel (1,400 habitants); *Gruyère,* au pied du Molesson (400 hab.); *Morat,* sur le lac du même nom, célèbre par la bataille qui s'y livra en 1476 (1,300 hab.); *Bulle,* où se tiennent la plupart des foires de bétail et de fromage de tout le canton (1,400 hab.); *Romont,* charmante petite ville, située sur une colline dont le pied est baigné par la Glane (800 hab.).

FRIBOURG, le chef-lieu du canton, est

bâti en partie dans une étroite vallée, en partie sur des rochers. Les deux quartiers qui se trouvent ainsi élevés au-dessus du sol sont séparés par une espèce de précipice, au fond duquel se trouve la partie inférieure de la ville. Pour faciliter les communications, on a construit, en 1834, un pont suspendu, en fil de fer, qui est l'ouvrage le plus curieux et le plus hardi qu'on ait encore exécuté en ce genre. Parmi les édifices, on remarque surtout la haute tour de la cathédrale, et l'hôtel de ville, qui était autrefois la résidence des ducs de Zæhringen. Les établissements les plus importants sont : le collége et le pensionnat des jésuites, la société économique, formée de la réunion de plusieurs autres sociétés scientifiques ou philanthropiques. L'évêque de Lausanne réside à Fribourg. La ville n'a presque aucune industrie, et l'on n'y voit d'autres établissements manufacturiers que de nombreuses tanneries. La population était en 1831 de 8,480 habitants. — A une lieue de Fribourg se trouve le fameux ermitage de la Madeleine, tout entier taillé dans le roc. A la même distance de la ville sont les bains d'eaux minérales de Bonne, et plus loin l'abbaye des bénédictins d'Altenryff, avec une bibliothèque remarquable.

La ville de Fribourg, fondée vers 1118 par les comtes de Zæhringen, passa successivement aux maisons de Habsbourg et de Savoie. Elle se rendit indépendante en 1478, et commença à faire partie de la confédération en 1481. Elle agrandit son territoire, malgré les obstacles que lui opposaient les divisions intérieures des patriciens et des plébéiens, et acquit peu à peu l'importance qu'elle possède aujourd'hui. Elle joua un rôle important lors de l'établissement de la nouvelle confédération helvétique constituée par Bonaparte. Enfin, en 1830, les Fribourgeois mirent fin aux longues querelles entre l'aristocratie et les plébéiens, et l'ancienne constitution disparut pour faire place à une nouvelle, plus démocratique et plus libérale.

G.

FRIBOURG-EN-BRISGAU. (*Géographie et Histoire.*) Ville du grand-duché de Bade, autrefois capitale du Brisgau, aujourd'hui chef-lieu du cercle du Haut-Rhin. C'est le siége d'un archevêché, dont relèvent les évêchés de Mayence, Fulde, Rothenbourg et Limbourg. — La population est de 15,000 habitants.

La fondation de cette ville remonte à une époque reculée. Les ducs de Zæhringen y dominaient en 1218. Agnès, fille de Berthold IV, l'un d'eux, la porta dans la maison de Wurtemberg, par son mariage avec Égon IX. En 1416 le peuple se révolta contre ses maîtres, traita avec eux, acquit sa liberté moyennant

2,000 marcs d'argent, et se donna aux ducs d'Autriche. La ville fut prise par les Suédois en 1632, 1634 et 1638. En 1644, le grand Condé, alors duc d'Enghien, livra bataille, dans ses environs, aux troupes bavaroises commandées par Merci (5 et 9 août), et remporta une éclatante victoire, qui coûta à l'ennemi 9,000 hommes, son artillerie et ses bagages, et fut féconde en importants résultats. Depuis, les armées françaises reparurent trois fois encore sous les murs de Fribourg, et trois fois leur présence fut signalée par un heureux succès. Le maréchal de Créqui s'empara de la ville en 1677 ; Villars la prit en 1713, et enfin Coigny s'en fit ouvrir les portes en 1744. Louis XV assista en personne à ce siége, et fit démolir après les fortifications de la ville. Lors de la paix de Lunéville, Fribourg échut en partage, avec le Brisgau, possessions de la maison d'Autriche, au duc de Modène ; à la paix de Presbourg, le grand-duché de Bade en fut à son tour déclaré possesseur.

La ville de Fribourg-en-Brisgau est située sur la Dreisam, au pied de la Forêt-Noire, au milieu d'une contrée fertile et pittoresque. Elle renferme de beaux édifices, parmi lesquels on doit mettre au premier rang la cathédrale, chef-d'œuvre d'architecture gothique qui a coûté cent soixante ans de travail ; cette église a 26 autels, une flèche à jour de 356 pieds de hauteur, et de superbes vitraux. On remarque encore l'église évangélique, le nouveau bâtiment du séminaire, avec sa nouvelle église, le nouveau bâtiment du musée, le théâtre, le palais grand-ducal et le palais de l'archevêque. Sur une des places s'élève la statue de Berthold III, fondateur de Fribourg. La ville possède en outre une maison de refuge, un hôpital civil et un hôpital militaire, un hospice des orphelins, une maison de correction et de travail.

A quelque distance hors des portes se trouvent les ruines du château de Zæhringen, résidence primitive des ducs de ce nom et de la famille grand-ducale de Bade.

En 1456, Albert VI, dit *le Débonnaire*, fonda à Fribourg une université, qui est devenue très-florissante, malgré la situation de la ville dans un coin de l'Allemagne. Depuis que le pays appartient à Bade, cet état de prospérité s'est encore accru, et aujourd'hui cette université, riche par elle-même d'importants revenus, et soutenue par les cantons catholiques de la Suisse, compte plus de 600 étudiants. Elle est importante surtout par sa faculté de théologie. Toutes sortes d'institutions scientifiques y sont attachées : ainsi, une bibliothèque de 100,000 volumes, un cabinet d'histoire naturelle, un musée et une collection d'objets de physique, un théâtre anatomique, un jardin botanique, un gymnase, un séminaire de théologie catholique, une société pour les progrès des sciences naturelles, une société d'histoire; enfin l'institut des arts du libraire Herder pour la gravure et l'impression en taille-douce, la lithographie, et comprenant aussi un institut géographique.

La population de Fribourg est industrieuse; on y fabrique entre autres de bons instruments d'anatomie, de chirurgie et de physique. Ces articles et d'autres moins importants forment la base d'un commerce assez étendu.

G.

FRIEDLAND (Bataille de). (*Histoire.*) Gagnée par l'armée française le 14 juin 1807.

Après les mémorables victoires d'Iéna et d'Eylau, Napoléon se porta immédiatement à la rencontre des Russes, commandés par Beningsen, et les joignit à Friedland, petite ville du palatinat de Posnanie, sur les confins de la Poméranie.

Le combat commença à trois heures du matin. L'empereur, instruit des positions qu'occupait l'armée ennemie, ordonna aux maréchaux Soult et Davoust de manœuvrer sur Kœnigsberg, et lui-même, à la tête des corps commandés par Ney, par Lannes, par Mortier et par Victor, s'avança dans les plaines de Friedland.

La lutte fut longue et acharnée; mais vers dix heures du soir la déroute commença. Les Russes, battus sur tous les points, prirent la fuite; un grand nombre, pour échapper à la poursuite des Français, se jeta dans l'Alle, espérant gagner l'autre rive à la nage; le tiers au moins de ces malheureux périt dans les flots.

On évalua la perte des Russes à vingt mille hommes, à vingt-cinq généraux, et environ à soixante pièces de canon. On enleva aussi un grand nombre de drapeaux et de caissons.

Le maréchal Ney se couvrit de gloire dans cette journée, dont la paix de Tilsitt allait être le résultat.

THÉODORE BÉNARD.

FRINGILLES. (*Histoire naturelle.*) Famille d'oiseaux comprenant le genre *Moineau, Fringilla* de Linné, qui, dans ces derniers temps surtout, a été partagé en un assez grand nombre de coupes génériques. Les mots principaux auxquels on pourra trouver les oiseaux qui entrent dans cette famille sont ceux des BRUANT, MOINEAU, BEC-CROISÉ, PSITTACIA, etc. *Voy.* ces mots.

E. DESMAREST.

FRIOUL. (*Géographie* et *Histoire.*) *Friuli,* et dans les chartes du moyen âge *Focopiliensis.* Ce pays, qui a appartenu longtemps à la république de Venise et qui relève maintenant de l'Autriche, était borné au nord par la Carinthie, à l'est par l'Istrie, au sud par la mer Adriatique et la marche de Trévise, et à l'ouest par les Alpes.

Le Frioul a été primitivement compris dans la Gaule Transpadane et habité par les Carniques, soumis par le consul Quintus Martius (118 av. J. C.). Jules César y établit une ville qui fut appelée *Forum Julii* (aujourd'hui *Citta de Friuli*), et qui donna son nom au pays actuel. Les autres principales villes étaient, sous la domination romaine : Concordia, dont il ne reste que des ruines; Aquileia, dépendant actuellement de l'Illyrie moderne; Vedinium (*Udine*), et *Nœria*. Les barbares qui envahirent l'Italie y pénétrèrent presque toujours par le Frioul, dont l'accès n'était point défendu par des fleuves ni des montagnes. Il fut enclavé dans le royaume des Goths jusqu'en 553; pendant ce temps, les Hérules le traversèrent et le ruinèrent presque complétement; mais enfin les Lombards, conduits par Alboin, le reprirent sur les empereurs d'Orient, auxquels il avait été soumis après la ruine du royaume des Goths. Le Frioul forma un duché indépendant en faveur de *Grasulfe;* ce prince, doué d'une grande bravoure, contribua puissamment par ses efforts aux succès des Lombards en Italie.

590. *Gisulfe* avait été associé par son père au gouvernement du Frioul; il s'opposa aux efforts des Abares, qui voulaient le traverser; mais il trouva la mort en les combattant.

611. *Grasulfe II* administra pendant dix ans le duché de Frioul au nom des enfants de Gisulfe, et leur remit l'héritage paternel dès qu'ils eurent atteint leur majorité.

621. *Tason* et *Caccon* laissèrent l'héritage paternel indivis. L'an 635, de concert avec Dagobert, roi franc, ils envahirent le pays qui forme maintenant l'Esclavonie, et rendirent les habitants tributaires de leur duché. Ils périrent tous deux assassinés.

635. *Grasulfe II* gouverna de nouveau le duché de Frioul.

651. *Agon* fut son successeur.

663. *Loup* fut chargé par Grimoald, son beau-frère, d'administrer le royaume de Lombardie; mais, à son retour, Grimoald se plaignit que Loup n'avait pas bien administré ses États, et ne voulut point toutefois amener entre deux peuples de même origine une guerre qui eût pu devenir funeste à sa puissance : il fit attaquer Loup par les Abares. Le duc fut d'abord victorieux; mais dans un nouveau combat, livré en 666, il resta sur le champ de bataille.

666. *Vectaris* se mit en possession du duché de Frioul au préjudice de Warnefride, fils de Loup. Celui-ci courut aux armes; mais le sort lui fut peu favorable, et il périt sur le champ de bataille. L'administration de Vectaris fut douce pour ses nouveaux sujets, et

contribua puissamment à maintenir le Frioul en paix.

Laudaris n'a laissé aucune mention dans l'histoire ; on ignore même la date de sa mort.

Rodoald, son successeur, se laissa dépouiller de ses États en 693 ; rétabli par le secours du roi Cunibert, il fut dépouillé des fonctions ducales, et le Frioul fut administré par son frère *Addon* ou *Aldon*.

694. *Ferdulphe*, ayant provoqué sans raison les peuples de l'Esclavonie, fut contraint de soutenir contre eux une guerre malheureuse dans laquelle il trouva la mort.

706. *Corvol* ne régna point longtemps. Le roi Aribert, excité contre lui, le fit arrêter et lui fit crever les yeux.

706. *Pemmon* s'efforça d'arrêter les ravages des Esclavons, et remporta sur eux trois victoires éclatantes. Une violence commise contre le patriarche d'Aquilée le fit déposer.

737. *Ratchis*, son fils, aida puissamment Luitprand, roi des Lombards, dans la guerre qu'il soutint contre le duc de Spolète ; il monta ensuite sur le trône des Lombards.

745. *Astolf*, son frère, fut chargé de l'administration du Frioul jusqu'à ce qu'il succédât à Ratchis sur le trône des Lombards.

749. *Anselme*, après deux ans d'un règne paisible, abandonna le duché de Frioul pour vivre dans la retraite. On lui doit la fondation de plusieurs établissements religieux.

Pierre, nommé au duché de Frioul, ne fit aucune action d'éclat. On ignore l'époque de sa mort.

Rodgauds était duc de Frioul, lorsque Charlemagne fit la conquête de la Lombardie. Cependant ce prince lui laissa la paisible possession de son duché. Mais Rodgauds s'en montra peu reconnaissant, et en 775 il conspira avec Adalgise, fils de Didier. Cette fois, Charlemagne envahit le Frioul à la tête de ses armées victorieuses et, ayant fait prisonnier Rodgauds, le fit décapiter. Il donna ensuite le Frioul à un des seigneurs de sa cour, nommé *Markère*, et le chargea aussi de défendre la frontière de Trévise.

Hunrok Ier ou *Henri* succéda à Markère, et se signala par son attachement à Charlemagne. Ce prince l'envoya en 795 contre les Huns de la Pannonie, qui faisaient de fréquentes irruptions en Lombardie. Plusieurs fois vainqueur de ces barbares, le duc de Frioul trouva la mort dans un combat, avant d'avoir pu achever leur soumission.

799. *Cadaloack* était, au dire des chroniqueurs, un homme sévère jusqu'à la cruauté.

Bahérik ou *Baudri* lui succéda. Insoucieux de la conservation de l'empire, il laissa les Bulgares ravager, en 828, toute la Pannonie supérieure. Louis le Débonnaire, irrité, le déposa et partagea le Frioul en quatre comtés ou petits gouvernements indépendants les uns des autres.

846. *Éberhard*, Lombard de naissance, fut reconnu duc de Frioul à cause de son mariage avec Giselle, fille de Louis le Débonnaire et de l'impératrice Judith. Ses États s'étendaient depuis les Alpes juliennes jusqu'à l'Adige.

868. *Hunrok II* succéda à son père. Il mourut sans laisser d'enfants.

874. *Bérenger* succéda dans les charges et dignités de son frère. Il fut chargé par Charles le Gros de faire la guerre à Guido, duc de Spolète, et de le dépouiller de ses fiefs ; aussi, lorsqu'après la déposition de l'empereur, Bérenger revendiqua le trône d'Italie, Guido lui fit une vive opposition et se déclara son compétiteur. Tour à tour vainqueurs ou vaincus, ces deux princes prièrent l'assemblée des états ou plutôt des évêques d'Italie de juger entre eux. Mais les feudataires embrassaient toujours le parti du vaincu pour échapper à l'obéissance que réclamait le vainqueur (888-894). Bérenger, élevé plus tard à la couronne impériale, ne sut pas toujours préserver ses États des invasions étrangères ; le Frioul, entre autres, fut ravagé à plusieurs reprises par les Hongrois.

A la mort de Bérenger, il n'y eut plus de duc de Frioul ; les patriarches d'Aquilée s'en emparèrent, et cette conquête leur fut ratifiée par l'empereur Conrad II, dit le Salique, en 1028. Ils la possédèrent tranquillement jusqu'au quinzième siècle. A cette époque (1418), les Vénitiens attaquèrent le patriarche. Leur général, Philippe Arcelli, poussa les hostilités avec tant de vigueur qu'Udine se rendit le 7 juin 1420 et que, dans cette campagne, le Frioul fut réuni aux possessions de la république.

Charles-Quint, en guerre avec les Vénitiens, envahit, au commencement du seizième siècle, le territoire du Frioul et s'empara d'un assez grand nombre de places ; ce qui fit diviser ce pays en deux parties, le Frioul vénitien et le Frioul autrichien, qui eurent pour limites respectives l'Isonzo. La possession entière du Frioul fut accordée à l'Autriche par le traité de Campo-Formio, conclu en 1797 ; mais la guerre ayant éclaté de nouveau avec la France, l'Autriche perdit cette province qui fut, en 1806, réunie au royaume d'Italie. Le général Duroc, grand-maître du palais de Napoléon, fut créé grand-duc de ce nom ; mais les traités de 1814 et 1815, qui réduisirent l'étendue de l'empire français, remirent le Frioul à l'Autriche. Dès lors ce pays, non seulement n'eut plus une existence qui lui fût propre, mais perdit jusqu'à son nom. L'ancien Frioul autrichien se retrouve dans les cercles de Trieste et de Goritz ; quant au Frioul vénitien, il forme maintenant, dans le royaume Lombardo-Vénitien, la délégation d'Udine, dont la superficie est de 1,240,000 mètres carrés et la population d'environ cent quatre-mille habitants. Les principales villes de cette délégation sont Udine, capitale, Campo-Formio, S. Panide, Spilembergo, Maniago, Aviano, Polcenigo, Sacile, Caneva, Pordenone, Cordovado, Codroipo, Passeriano, San-Vito-del-Tagliamento, Latisana, Palma-Nova, Marano, Cividale, Ponteba, Ampezzo, etc., etc.

Henr. Palladii *Rerum Foro-Juliensium libri XI*, *et de oppugnatione gradiscana libri V*; Utini, 1659. in-fol.

Historia della provincia del Friuli, dall' abb. Gio-Fr. Palladio degli Olivi; Udine, 1660. 2 tom. en 1 vol. in-fol.

Memorie della geographia antica del Friuli, sino a i tempi di Constantino il grande, con il suplemento ; Udine, 1775-78. in-4°.

Notizie delle cose del Friuli, da Gio. Gius. Liruti; Udine, 1776-77, 5 vol. in-4°.

Art de vérifier les dates, tome V ; Paris, 1818, in-8°.

A. D'HÉRICOURT.

FRISE. (*Géographie* et *Histoire*.) En hollandais *Friesland* ou *Vriesland*. Province de la Hollande, bornée au nord et au nord-ouest par la mer du Nord, à l'est par les provinces de Groningue et de Drenthe, au sud par celle de l'Over-Yssel, ainsi que par le Zuyderzée, qui la borde aussi à l'ouest. Sa superficie est d'environ 196 lieues carrées (17 du nord au sud, et 16 de l'est à l'ouest). Sa population est de 200,500 habitants.

Dans la partie occidentale, le sol est très-bas, et même au-dessous du niveau de la mer, de telle sorte que, malgré les digues construites par les habitants, pour se préserver des inondations, le pays est souvent couvert d'eau. Presque tous les villages sont bâtis sur pilotis. De beaux et gras pâturages servent à élever des bestiaux ; les chevaux y sont remarquables, et les vaches donnent un lait abondant, dont on fait du beurre et des fromages renommés. Quoiqu'on y remarque des landes considérables, on y cultive le froment, le houblon, le chanvre et le lin, dont on y tisse ces belles toiles, depuis si longtemps en renom dans toute l'Europe. Outre ces différentes branches d'industrie, nous citerons encore les raffineries de sel, les distilleries de genièvre, les fabriques de gros lainages et de toiles à voiles, ainsi que la pêche, non-seulement dans la mer, mais dans les nombreux lacs et étangs qui coupent le pays.

La Frise hollandaise, dont le chef-lieu est *Leeuwarden* (Liewerden), se divise en trois arrondissements, Leeuwarden, Heerenveen et Sneek (Snits), qui comprennent dix-neuf cantons. Les principales villes de cette province sont Franeker, Harlingen, Dokkum.

La religion dominante est le calvinisme. Les états provinciaux se composent de quatre-vingt-deux membres seulement, qui sont élus par les villes : la Frise est représentée aux états généraux du royaume par cinq membres. Le principal canal qui coupe cette province est celui qui, passant par Leeuwarden et Groningue, s'étend depuis l'Ems jusqu'à Harlingen sur le Zuyderzée.

Nous ne discuterons pas ici les opinions émises par Hemrodius et Suffrid-Petri, qui font descendre ce peuple des Phrygiens de l'Asie-Mineure. Nous pensons, avec MM. Pontanus, Ypey et Schayes, que les Frisons sont issus d'une peuplade appelée *Firesc*, que Ptolémée place dans la Chersonèse Cimbrique (le Danemarck). Quoi qu'il en soit, Tacite est le premier historien qui en fasse mention. Selon lui, ils ont été soumis par Drusus vers l'an 10 avant J. C. Le territoire des Frisons est divisé en deux contrées (*Frisii majores et minores*), comprenant, outre la Frise actuelle, la province de Groningue, celle d'O-ver-Yssel, la Nord-Hollande, une partie du royaume de Hanovre ainsi que des provinces de Gueldre et d'Utrecht. Vers l'an 9 de l'ère chrétienne, ces peuples tentèrent de s'agrandir ; mais Suétonius Paulinus, qui était alors propréteur de la Germanie-Inférieure, les maintint dans leurs limites. Du reste, l'administration romaine fut d'abord douce et bénigne ; les Frisons, déclarés tributaires de l'empire, étaient obligés de donner un certain nombre de peaux de bœufs pour le service de l'armée et de fournir leur contingent à la garde germanique. Aussi ne prirent-ils aucune part à la révolte suscitée par Arminius. Mais, plus tard, les exactions d'Olénius ayant poussé les Frisons au désespoir, ils coururent aux armes, vainquirent Olénius (38), puis Lucius Apronius, et il fallut Corbulon pour triompher d'eux. Celui-ci ayant été rappelé à Rome, ils reprirent l'avantage. Ils furent des premiers à embrasser le parti des Bataves, lorsque, sous le règne de Vespasien, ces derniers s'insurgèrent contre leurs vainqueurs. En 183 les Frisons furent complètement défaits par Albin, qui commandait les armées romaines dans les Gaules. Cependant ils ne tardèrent pas à reprendre les armes ; mais tour à tour alliés soit aux Francs, soit aux Saxons, ils sont confondus avec eux par la plupart des historiens. *Au sixième siècle*, la Frise comprenait l'espace renfermé entre l'Escaut, la Meuse et l'Eider. Au huitième, elle s'étendait encore depuis le Lanbach et le Weser jusqu'au Zwin (Sincfal), bras de l'Escaut qui est aujourd'hui comblé. Dagobert, vainqueur de ces peuples, leur imposa un tribut analogue à celui que prélevaient les Romains. Il paraît que ce châtiment ne put faire déposer les armes aux Frisons. Pépin d'Herstal marcha contre eux, vainquit leur chef Radbod, et essaya en vain de les convertir au christianisme.

Karl-Martel, irrité de leur résistance opiniâtre, marcha contre eux, les vainquit, tua leur chef Popon, qui avait succédé à Radbod, et les contraignit de reconnaître son autorité; puis il brûla leurs idoles et les força tous de recevoir le baptême (734). La Frise fut dès lors annexée au royaume d'Austrasie. En 870, Charles le Chauve et Louis le Germanique se la partagèrent; mais, par suite d'arrangement entre les descendants de Charlemagne, elle fut réunie au royaume de Lotharingie et soumise à l'empire germanique. Charles le Gros, fils de Louis le Germanique, donna à un nommé Gérolfe, pour récompense de ses services, le titre de comte héréditaire, ainsi qu'une partie du pays situé entre la Meuse, le Rhin et l'Océan. Cette donation fut ratifiée et augmentée en 889 par l'empereur Arnoul, successeur de Charles. — Thierry, fils de Gérolfe, hérita de son père ses dignités et ses domaines, et est considéré comme le premier comte de Frise ou de Hollande. *Voy.* ce mot.

Néanmoins, leur puissance ne s'étendait que sur une partie de la Frise, et les Frisons septentrionaux les obligèrent souvent à marcher contre eux.

Les Frisons ne furent soumis qu'en 1398 par le comte Albert; encore ne tardèrent-ils pas à reconquérir leur liberté. Les podestats Suffrid, Wierda et Haring Marinama furent à la tête du mouvement, et obtinrent des empereurs Sigismond (1417) et Frédéric III (1447) la confirmation de leur indépendance. Jules Dekma fut le dernier podestat de la Frise en 1494. Depuis quelques années le pays était en proie à la guerre civile : deux partis, nommés les *wetkoopers* et les *schyrings*, s'y disputaient la victoire. Le duc Maximilien, ennuyé de ces querelles auxquelles il ne voyait aucun terme, nomma Albert, duc de Saxe, gouverneur perpétuel de la Frise, et lui accorda le titre de comte et de podestat (1498). Albert fit construire un château à Leeuwarden pour contenir les habitants, mais ils ne tardèrent guère à se soulever, et se donnèrent à Charles, duc de Gueldre (1514). Celui-ci, persuadé de son impuissance à garder cette conquête, céda tous ses droits, en 1515, à Charles, archiduc d'Autriche, depuis Charles-Quint. Dès lors, la Frise s'unit étroitement à la Hollande ; en 1579 elle accéda à la fameuse union d'Utrecht, et fit partie des sept Provinces-Unies. *Voy.* HOLLANDE.

A. D'HÉRICOURT.

FROID. (*Physique.*) Parmi les sensations variées que nous font éprouver les corps, il en est deux, *le froid* et *le chaud*, qui dépendent de l'influence d'une cause nommée calorique, dont il a déjà été question, et sur laquelle nous reviendrons encore ailleurs.

FROIDS ARTIFICIELS. (*Physique.*) Lors-

que deux corps, dont un au moins est à l'état de solide, sont mélangés et qu'ils ont une grande affinité chimique l'un pour l'autre, cette affinité peut déterminer brusquement une liquéfaction ou une fusion, et il en résulte un changement de température. Ainsi, l'on peut accélérer la fusion de la glace par des acides ou des substances salines ayant de l'affinité pour l'eau. Dans ce genre d'expériences, il se produit de la chaleur par la combinaison de l'eau avec l'acide et le sel, et du froid par la liquéfaction de la glace. Suivant que l'un de ces effets l'emporte sur l'autre, il y a élévation ou abaissement de température; ainsi, par exemple, si l'on mélange de la glace et de l'acide sulfurique, on a une élévation de température quand la masse de glace est moindre, et que l'acide sulfurique est concentré, tandis que l'on obtient, au contraire, un abaissement de 15° à 20° au-dessous de zéro, si la masse de glace est plus considérable, et si l'acide sulfurique est étendu d'eau.

En refroidissant préalablement les corps dont le mélange doit produire un abaissement de température, on parvient à obtenir un froid de 65° à 70° au-dessous de zéro. Dans les cas de mélange de glace pilée et de sel marin, on ne gagne rien, toutefois, à refroidir d'abord ces corps, parce que le liquide que leur combinaison tend à former, se congèle à 20° environ au-dessous de zéro, ce qui empêche d'obtenir un froid plus intense. Quand l'eau saturée de sel marin est exposée à un froid suffisant, le sel se précipite, et l'eau se congèle seule; ce qui prouve que le sel marin et l'eau sont sans action mutuelle au-dessous de la température où ce phénomène a lieu. La disposition la plus avantageuse pour obtenir le maximum de froid est l'emploi de trois enveloppes ou couches réfrigérantes concentriques : l'enveloppe extérieure contient du sel marin et de la glace pilée ; l'intermédiaire, du chlorure de calcium et de la neige; enfin l'intérieure, de l'acide nitrique ou sulfurique étendu d'eau, et de la neige.

L'addition de neige ou de glace pilée n'est pas toujours nécessaire pour obtenir un abaissement considérable de température; les mélanges frigorifiques suivants n'en contiennent point, et certains d'entre eux font descendre le thermomètre au delà de 35°.

Sel ammoniac. . . . . parties. 5		} 22°
Sel de nitre. 5		
Eau. 16		
Sulfate de soude. 8		} 26°
Acide sulfurique étendu. 4		
Nitrate d'ammoniaque. 1		} 33°
Carbonate de soude. 1		
Eau. 1		
Phosphate de soude. 9		} 34°
Acide nitrique étendu. 4		
Sulfate de soude. 6		} 36°
Nitrate d'ammoniaque. 5		
Acide nitrique étendu. 4		

Les différentes substances employées dans ces mélanges étant à 10° + 0 en commençant l'expérience, l'abaissement au-dessous de zéro n'est donc réellement que de 12°, 16°, 22°, 24°, 26°.

Nous allons présenter maintenant quelques mélanges avec glace.

Neige ou glace.	2	20°.
Sel marin.	1	
Neige.	3	30°.
Acide sulfureux étendu.	2	
Neige.	4	40°.
Chlorure de calcium.	5	
Neige.	3	46°.
Potasse.	4	
Neige.	2	82°.
Chlorure de calcium cristallisé. . .	3	

On obtient aussi un abaissement marqué de température par la vaporisation. Pour rendre ce fait sensible, il faut opérer sur de petites masses de liquide, et augmenter, par quelque moyen énergique, la rapidité de leur passage à l'état gazeux. On arrive à ce résultat en plaçant, sous le récipient de la machine pneumatique, une petite capsule couverte d'une couche d'eau, et un vase, contenant de l'acide sulfurique concentré, assez éloigné de la capsule pour que la chaleur, développée par la combinaison de l'eau et de l'acide, ne lui soit point communiquée. Dans cette expérience, l'eau se congèle; mais l'évaporation continuant toujours, le froid peut descendre au point de congeler le mercure.

Si l'on place de petits matras pleins d'eau dans un vase rempli d'éther dont on accélère la vaporisation en le plaçant sous le récipient de la machine pneumatique, le froid produit transforme en glace l'eau des matras. En employant un liquide plus volatil encore, l'acide sulfureux, par exemple, on parvient facilement à congeler le mercure.

Un thermomètre à alcool, dont la boule est placée dans le jet d'acide carbonique liquide, obtenu avec l'appareil de M. Thilorier, descend au-dessous de 90°. En recueillant l'acide carbonique solide qui se forme par l'évaporation d'une partie de l'acide liquide, à l'aide d'une boîte circulaire en fer-blanc où le jet pénètre tangentiellement à sa circonférence, on obtient une masse agglomérée de flocons neigeux, qui se vaporise à sa surface et conserve ainsi une température extrêmement basse. Si l'on verse une petite quantité d'éther sur cette masse, le mélange qui se forme rend le mercure assez solide pour devenir malléable et recevoir des empreintes.

A. DUPONCHEL.

FROMAGE. *Voyez* BŒUF.

FROMENT. *Voyez* BLÉ.

FROTTEMENT. (*Mécanique.*) Lorsqu'une machine se meut, les parties qui glissent l'une sur l'autre opposent une résistance au mouve-

ment, qui absorbe une portion de la force motrice, et il importe de calculer d'avance cette perte due au frottement. Les parties saillantes des surfaces en contact s'engagent dans les creux qui leur sont opposés; pour produire le mouvement, il faut ou dégager ces inégalités, ou les rompre, et c'est ce qui explique les effets dont il s'agit ici.

On distingue deux sortes de frottements : l'un qui a lieu quand les surfaces glissent l'une sur l'autre; le second, quand le mouvement se fait en roulant : on conçoit que le frottement de cette dernière espèce est beaucoup moindre que le premier; aussi s'efforce-t-on, autant que possible, de l'employer dans les machines, en faisant rouler les axes sur des galets ou cylindres mobiles. Il ne sera question ici que du frottement de première espèce, le seul qu'il importe de calculer, attendu que l'autre n'a presque pas d'influence sur les forces motrices.

1° Le frottement dépend de l'état scabre ou poli des surfaces; on le diminue en bouchant les pores avec des corps gras, en polissant les parties en contact, etc.

2° Deux surfaces de même nature frottent plus, toutes choses égales d'ailleurs, que si elles sont d'espèces différentes : le cuivre frotte plus sur le cuivre que sur le fer.

3° Le temps influe sur l'adhérence des corps; aussi, pour mettre une machine en train, il faut développer plus de force que pour entretenir le mouvement. On attribue cet effet à la flexibilité des parties en contact, qui, par la durée, s'engagent de plus en plus entre elles.

4° Le frottement ne dépend nullement de l'étendue des surfaces. Ainsi, qu'une surface frottante soit double ou triple, la force qu'il faut développer pour produire le mouvement est la même, pourvu que toutes les autres conditions restent constantes (poli des surfaces, pression, nature des substances, etc.); seulement si la surface était réduite à une pointe ou une arête, comme elle tracerait un sillon en frottant, les choses ne seraient plus dans le même état, et le frottement serait beaucoup amplifié.

5° Le frottement diminue lorsque la vitesse du mouvement est très-grande.

6° *Le frottement est proportionnel à la pression*, toutes choses égales d'ailleurs. Sur un plan horizontal AB (*Voyez* l'*Atlas*, GÉOMÉTRIE, pl. III, fig. 28) un corps M est placé; un fil DC, passé dans une poulie C, sert à suspendre un poids Q. Il est clair que le moindre poids devrait suffire pour imprimer du mouvement au corps M. Mais il n'en est pas ainsi, et le frottement exige, pour être surmonté, qu'on emploie un certain effort pour mouvoir M. Si ce corps pèse l'unité (1 kil., 1 livre, 1 once, 1 gramme, etc.), il faudra un certain poids *f* pour donner à M une vitesse naissante; ce poids f dépend de l'état actuel des surfaces en contact. Or, si le poids M vient à doubler, tripler..., l'expérience apprend qu'il faut aussi doubler, tripler... le poids f. Ainsi M pressant le plan AB avec un poids de M unités, il faudra, pour lui imprimer une vitesse naissante, prendre pour Q le poids fM, savoir $Q = f$M.

On a construit des tables où l'on trouve la valeur du coefficient f pour les diverses substances en contact dans des états variables. Mais rien n'est plus simple que de faire, dans chaque cas, l'expérience propre à déterminer f; ainsi on doit regarder le poids Q comme connu. Ce poids est la résistance du frottement, force qui est tangente aux surfaces de friction, et dont l'intensité est fM, pour une pression M.

Le frottement est toujours contraire à la force qui veut faire naître le mouvement, et favorable à celle qui ne tend qu'à l'équilibre. Cette cause fait que toute machine reste en repos lorsque l'on fait varier l'une quelconque des forces qui la sollicitent, pourvu qu'on ne sorte pas des limites, en plus ou en moins, de la quantité due à la force fM du frottement. Ainsi, après avoir calculé les conditions d'équilibre de la machine, sans avoir égard à cette force, cet état subsistera encore en diminuant ou augmentant l'une des forces dans les limites dont il s'agit. Veut-on faire naître le mouvement, il faudra, outre les forces actuellement en action, imaginer encore le frottement comme une puissance connue en grandeur et en direction (elle est tangente et $= f$ M), et chercher quelle force ferait équilibre à ce système (*Voy.* ÉQUILIBRE). Dans cette hypothèse, le repos subsistera, mais sera sur le point d'être rompu; il suffira, pour cela, d'augmenter tant soit peu la puissance dont il s'agit ici, et qu'on veut rendre prépondérante.

La détermination du coefficient f peut encore se faire ainsi qu'il suit : après avoir placé *un poids M sur un plan horizontal* AB, on fera tourner ce plan autour de son arête B pour l'incliner, comme on le voit fig. 29. Le corps restera d'abord en repos par l'effet du frottement; mais bientôt l'inclinaison BAC $= \varepsilon$ sera telle qu'il prendra un mouvement naissant. Le poids P' tend à descendre par sa composante dans le sens de AB, qui est $= $ P' $\sin \varepsilon$. La composante perpendiculaire au plan est $=$P' $\cos \varepsilon$, c'est la pression sur le plan; le frottement est donc une force dirigée de A vers B et égale f P' $\cos \varepsilon$. Dans le cas supposé, il faut qu'on ait P' $\sin \varepsilon = f$P' $\cos \varepsilon$, d'où :

En mesurant les longueurs de la base AC et de la hauteur BC du plan, il sera donc bien facile de connaître la grandeur f du coefficient

$$f = \frac{\sin \varepsilon}{\cos \varepsilon} = \text{tang. } \varepsilon = \frac{BC}{AC}.$$

du frottement. L'angle ε, sous lequel un corps prend un mouvement naissant sur un plan incliné, est ce qu'on nomme l'*angle du frottement.*

FRANCOEUR.

Les premières expériences qu'on ait faites avec soin pour rechercher la manière dont le frottement varie avec la vitesse du mouvement, l'intensité de la pression, le degré de poli des surfaces et la nature des enduits interposés entre elles, sont dues à Amontons. Cependant, les résultats qu'avait obtenus ce physicien étaient généralement trop contradictoires pour bien montrer ses véritables lois. Coulomb entreprit une longue suite d'expériences très-précises pour les déterminer. Il y est parvenu; et c'est à peu près exclusivement à lui seul que leur découverte doit être attribuée. Ses recherches relativement au frottement des substances à contextures hétérogènes, telles que les bois et les métaux, lui avaient pourtant encore offert quelques anomalies qui ne permettaient pas de regarder ses lois comme parfaitement générales.

Après lui, les ingénieurs anglais Vince et Rennie entreprirent de nouvelles expériences, dont les résultats furent en plusieurs points en désaccord avec les siens, mais auxquelles on ne peut pas attacher la même confiance, parce qu'ils ont employé des moyens d'expérimentation moins parfaits que les siens, et parce qu'ils ont expérimenté dans des circonstances qui *diffèrent* trop de celles de la pratique.

Quoi qu'il en soit, les lois du frottement laissaient encore beaucoup d'incertitude, soit à cause du désaccord des expérimentateurs qui les avaient recherchées, soit à cause des règles en apparence paradoxales qu'ils avaient obtenues. Il restait d'ailleurs beaucoup de lacunes à combler dans la suite des coefficients des divers matériaux employés dans les constructions. On ne savait pas encore positivement, quoique cela fût admis, si le frottement suit les mêmes lois pendant le choc de deux corps qui glissent l'un sur l'autre en se choquant que sous les pressions ordinaires.

M. Morin reprit donc, en 1831, les recherches expérimentales de Coulomb, en se servant de méthodes et de procédés plus exacts encore que ceux qui avaient servi à ce physicien et on peut dire qu'il a complétement résolu la question.

Il a vérifié toutes les lois posées par Coulomb, savoir : 1° que le frottement est indépendant de la vitesse du mouvement; 2° indépendant de l'étendue des surfaces en contact; 3° proportionnel à la pression dans un rapport constant pour les mêmes corps dans le même état, et variable d'un corps à l'autre. Il a aussi trouvé que ces lois sont applicables au glissement pendant le choc des corps.

Nous extrayons de son *Aide-mémoire* les tableaux suivants, qui contiennent les valeurs du rapport du frottement à la pression, ou, si l'on veut, son coefficient selon les circonstances, et pour tous les corps en usage dans les constructions. Il est dit, dans cet article, que le temps influe sur l'adhérence des corps. Le frottement de deux corps en *repos* est donc plus difficile à vaincre que celui des deux mêmes corps quand ils sont en mouvement l'un sur l'autre; et il faut distinguer deux cas : celui du repos et celui du mouvement. Le tableau qui suit immédiatement contient les coefficients du frottement des surfaces planes lorsqu'elles ont été quelque temps en contact.

INDICATION des surfaces en contact.	DISPOSITION des fibres.	ÉTAT des surfaces.	RAPPORT du frottement à la pression.
	Parallèles	Sans enduit.	0,62
	Idem	Frottées de savon sec.	0,44
Chêne sur chêne.	Perpendiculaires	Sans enduit.	0,54
	Idem	Mouillées d'eau. . . .	0,71
	Bois debout sur bois à plat.	Sans enduit.	0,43
Chêne sur orme.	Parallèles	*Idem*	0,38
	Idem	*Idem*	0,69
Orme sur chêne.	*Idem*	Frottées de savon sec.	0,41
	Perpendiculaires	Sans enduit.	0,57
Frêne, sapin, hêtre, sorbier sur chêne.	Parallèles	*Idem*	0,53
Cuir tanné sur chêne.	Le cuir à plat.	*Idem*	0,61
	Le cuir de champ.	*Idem*	0,43
Cuir noir corroyé ou courroie. . . . { sur surface plane en chêne. . .	Parallèles	Mouillées d'eau . . .	0,79
		Sans enduit.	0,74
{ sur tambour en chêne.	Perpendiculaires	*Idem*	0,47
Natte de chanvre sur chêne. . .	Parallèles.	*Idem*	0,50
	Idem	Mouillées d'eau . . .	0,87
Corde de chanvre sur chêne. . .	*Idem*	Sans enduit.	0,80
Fer sur chêne.	*Idem*	*Idem*	0,62
	Idem	Mouillées d'eau. . .	0,65
Fonte sur chêne.	*Idem*	*Idem*	0,65
Cuivre jaune sur chêne.	*Idem*	Sans enduit.	0,62
Cuir de bœuf pour garniture de piston, sur fonte.	A plat ou de champ. . . . {	Mouillées d'eau. . . .	0,62
		Avec huile, suif ou saindoux	0,12
Cuir noir corroyé, ou courroie sur poulie en fonte.	A plat . . . . {	Sans enduit.	0,28
		Mouillées d'eau . . .	0,38
Fonte sur fonte	*Idem*	Sans enduit.	0,16 (1)
Fer sur fonte	*Idem*	*Idem*.	0,19
Chêne, orme, charme, fer, fonte et bronze, glissant deux à deux l'un sur l'autre. . . . . {	*Idem* . . . . {	Enduites de suif . . .	0,10 (2)
		Enduites d'huile ou de saindoux.	0,15 (3)
Pierre calcaire oolithique sur calcaire oolithique.	*Idem*	Sans enduit.	0,74
Pierre calcaire dure dite muschelkalk sur calcaire oolithique.	*Idem*	*Idem*	0,75
Brique sur calcaire oolithique.	*Idem*.	*Idem*	0,67
Chêne *idem idem*. . .	Bois debout	*Idem*	0,63
Fer *idem idem*. . .	*Idem*	*Idem*	0,49
Pierre calcaire oolithique sur muschelkalk.	*Idem*	*Idem*	0,75
Pierre calcaire dure, ou muschelkalk sur muschelkalk . .	*Idem*	*Idem*	0,70
Brique sur muschelkalk	*Idem*	*Idem*	0,67
Fer *idem*.	*Idem*.	*Idem*	0,42
Chêne *idem*.	*Idem*	*Idem*	0,64
Pierre calcaire oolithique sur calcaire oolithique	*Idem*.	Avec enduit de mortier de trois parties de sable fin et une partie de chaux hydraulique.	0,74 (4)

(1) Les surfaces conservant onctuosité.
(2) Lorsque le contact n'a pas duré assez longtemps pour exprimer l'enduit.
(3) Lorsque le contact a duré assez longtemps pour exprimer l'enduit et ramener les surfaces à l'état onctueux.
(4) Après un contact de 10' à 18'.

L'expérience ayant appris qu'il suffit d'un ébranlement assez faible pour déterminer le mouvement sous un effort peu supérieur à celui qui est nécessaire pour vaincre le frottement quand les corps sont en mouvement, on devra, dans toutes les applications à la stabilité des constructions, ne faire usage que des coefficients contenus dans le second tableau, qui renferme ceux des mêmes substances en mouvement les unes sur les autres.

On remarquera que ces coefficients sont inférieurs à ceux du tableau précédent, et qu'ils en diffèrent d'autant plus que les corps auxquels ils se rapportent ont plus de dureté. Le temps après lequel l'adhérence entre deux corps en repos augmente est d'ailleurs dépendant de leur nature plus ou moins dure. Il est égal à trois ou quatre jours pour les bois tendres, et il ne dépasse pas sept à huit secondes pour les métaux.

INDICATION des surfaces en contact.	DISPOSITION des fibres.	ÉTAT des surfaces.	RAPPORT du frottement à la pression.
Chêne sur chêne.	Parallèles	Sans enduit.	0,48
	Idem	Frottées de savon sec.	0,16
	Perpendiculaires	Sans enduit.	0,34
	Idem	Mouillées d'eau. . . .	0,25
	Bois debout sur bois à plat.	Sans enduit.	0,19
Orme sur chêne	Parallèles	Idem	0,43
	Perpendiculaires	Idem	0,45
	Parallèles	Idem	0,25
Frêne, sapin, hêtre, poirier sauvage et sorbier sur chêne. . .	Idem	Idem	0,30 à 40
Fer sur chêne.	Idem	Idem	0,62
		Mouillées d'eau.	0,26
		Frottées de savon sec.	0,21
Fonte sur chêne	Idem	Sans enduit.	0,49
		Mouillées d'eau . . .	0,22
		Frottées de savon sec.	0,19
Cuivre jaune sur chêne ., . . .	Idem	Sans enduit	0,62
Fer sur orme.	Idem	Idem	0,25
Fonte sur orme.	Idem	Idem	0,20
Cuir noir corroyé sur chêne. . .	Idem	Idem	0,27
Cuir tanné sur chêne	A plat ou de champ.	Idem.	0,30 à 35
		Mouillées d'eau . . .	0,29
		Sans enduit.	0,56
Cuir tanné sur fonte et sur bronze	A plat ou de champ.	Mouillées d'eau. . . .	0,36
		Onctueuses et mouillées d'eau . . .	0,23
		Enduites d'huile . . .	0,15
Chanvre en brins et en corde sur chêne	Parallèles	Sans enduit.	0,52
	Perpendiculaires	Mouillées d'eau . . .	0,33
Chêne et orme sur fonte	Parallèles	Sans enduit.	0,38
Poirier sauvage sur fonte. . . .	Idem	Idem	0,44
Fer sur fer.	Idem	Idem	» (1)
Fer sur fonte et sur bronze. . .	Idem	Idem	0,18 (2)
Fonte sur fonte et sur bronze. . .	Idem	Idem	0,15
Bronze { sur bronze	Idem	Idem	0,20
{ sur fonte	Idem	Idem	0,22
{ sur fer	Idem	Idem.	0,16 (3)
Chêne, orme, charme, poirier sauvage, fonte, fer, acier et bronze, glissant l'un sur l'autre ou sur eux-mêmes. . . .	Idem	Lubrifiées à la manière ordin. avec enduit de suif, saindoux, huile, cambouis, etc.	0,07 à 0,08 (4)
		Légèrement onctueuses au toucher. . . .	0,15
Pierre calcaire oolithique sur calcaire oolithique	Idem	Sans enduit.	0,64
Pierre calcaire dite muschelkalk sur calcaire oolithique	Idem.	Idem	0,67
Brique ordin. sur calc. oolith.	Idem	Idem	0,65
Chêne sur idem . . .	Bois debout	Idem	0,38
Fer forgé sur idem . . .	Parallèles.	Idem	0,69
Pierre calcaire dite muschelkalk sur muschelkalk.	Idem.	Idem	0,38
Pierre calcaire oolithique sur muschelkalk.	Idem	Idem	0,65
Brique ordin. sur muschelkalk.	Idem	Idem	0,60
Chêne sur idem . . .	Bois debout	Idem	0,38
	Parallèles	Idem	0,24
Fer sur idem . . .	Idem.	Mouillées d'eau. . . .	0,30

(1) Les surfaces se rodent dès qu'il n'y a pas d'enduit.
(2) Les surfaces conservant encore un peu d'onctuosité.
(3) Les surfaces étant un peu onctueuses.

(4) Lorsque l'enduit est sans cesse renouvelé et uni formément réparti, ce rapport peut s'abaisser jusqu'à 0,03.

Le tableau suivant contient les coefficients du frottement des tourillons en mouvement sur leurs coussinets.

INDICATION des surfaces en contact.	ÉTAT des surfaces.	RAPPORT du frottement à la pression lorsque l'enduit est renouvelé	
		à la manière ordinaire.	à la manière continue.
Tourillons en fer sur coussinets en gayac..............	Enduites d'huile ou de saindoux.	0,11	»
	Onctueuses	0,19	»
Tourillons en bronze sur coussi-'nets en bronze...	Enduites d'huile.	0,10	»
	Enduites de saindoux	0,09	»
Tourillons en bronze sur coussinets en fonte.	Enduites d'huile ou de suif. . . .	»	0,045 à 0,052
Tourillons en gayac sur tourillons en fonte	Enduites de saindoux.	0,10	»
	Onctueuses	0,15	»
Tourillons en gayac sur coussinets en gayac.	Enduites de saindoux . . . . . ,	»	0,07⁰
Tourillons en fonte sur coussinets en fonte.	Enduites d'huile d'olive, de saindoux, de suif ou de cambouis mou.	0,07 à 0,08	0,054
	Avec les mêmes enduits et mouillées d'eau	0,08	»
	Enduites d'asphalte.	0,054	»
	Onctueuses.	0,14	»
	Onctueuses et mouillées d'eau. .	0,14	»
Tourillons en fonte sur coussinets en bronze	Enduites d'huile d'olive, de saindoux, de suif ou de cambouis mou	0,07 à 0,08	0,054
	Onctueuses.	0,16	»
	Onctueuses et mouillées d'eau . .	0,16	»
	Très-peu onctueuses.	0,19	» (1)
	Sans enduit	0,18	» (2)
Tourillons en fonte sur coussinets en bois de gayac.	Enduites d'huile ou de saindoux.	»	0,090
	Onctueuses d'huile ou de saindoux	0,10	»
	Onctueuses d'un mélange de saindoux et de plombagine. . . .	0,14	»
Tourillons en fer sur coussinets en fonte..	Enduites d'huile d'olive, de suif, de saindoux ou de cambouis mou.	0,07 à 0,08	0,064
Tourillons en fer sur coussinets en bronze.	Enduites d'huile d'olive, de saindoux ou de suif.	0,07 à 0,08	0,054
	Enduites de cambouis ferme . . .	0,09	»
	Onctueuses et mouillées d'eau..	0,10	»
	Très-peu onctueuses.	0,25	» (3)

Un simple coup d'œil jeté sur les tableaux précédents suffit pour faire voir toute l'importance du graissage des surfaces frottantes dans les machines, puisqu'il réduit toujours le frottement de plus de moitié. Nous voyons dans le dernier tableau que les tourillons en fonte qui tournent sur des coussinets en bronze ont un coefficient égal aux 19 centièmes de la pression quand ils sont dans le plus mauvais état d'entretien, c'est-à-dire que dans ce cas l'effort qu'il faut développer pour continuer à faire tourner le tourillon dans ses coussinets est égal aux 19 centièmes de la pression de ce tourillon sur ces mêmes coussinets; que ce coefficient n'est plus que les 16 centièmes de la pression quand les surfaces frottantes sont

(1) Les surfaces commençant à se roder.
(2) Les bois étant un peu onctueux.
(3) Les surfaces commençant à se roder.

onctueuses, et qu'on parvient à le réduire aux 8, et même aux 7 centièmes de la pression, quand ces surfaces sont enduites d'huile d'olive, de saindoux, de suif ou de cambouis mou, la nature de la graisse étant d'ailleurs peu importante.

La quantité de travail absorbée par le frottement de surfaces planes en mouvement l'une sur l'autre se calcule en multipliant le coefficient f, qui convient à la nature des corps en contact et à l'état de graissage où ils sont maintenus, par la pression p, et par le chemin e que les surfaces ont parcouru l'une sur l'autre.

Quand s'il s'agit d'obtenir la quantité de travail absorbée par un tourillon pendant un tour, on a l'expression

$$2 \pi. r f p,$$

où 2π est le rapport de la circonférence au diamètre, r le rayon, f le coefficient du frottement pris dans le dernier des tableaux précédents, et p la pression du tourillon sur le coussinet.

Si on cherchait la quantité de travail développée par le frottement en une seconde, on multiplierait l'expression précédente par le nombre n de tours que le tourillon fait par seconde, et on aurait pour sa valeur :

$$2\pi.\,nrfp.$$

Quant à celle qui concerne les pivots des arbres verticaux, r désignant le rayon de la circonférence extérieure de la base du pivot, il faudrait prendre, pour la valeur du travail pendant la seconde, les *deux tiers* du produit $2\pi.\,nrfp.$

Toutefois *le calcul de la quantité de travail consommée par les frottements des tourillons et des pivots exige que l'on sache d'abord déterminer la pression p supportée par un axe de rotation; pour cela, il se présente plusieurs cas à examiner :*

1° *Si toutes les forces agissent verticalement*, on ajoute le poids de l'arbre et de son équipage aux forces qui agissent de haut en bas ; on y ajoute ou on en retranche la somme des forces qui agissent de haut en bas ou de bas en haut tangentiellement à l'arbre; la somme qu reste est la pression cherchée.

2° S'il y a des forces horizontales et des forces verticales, on fait séparément les sommes de chacun de ces groupes de forces, en y comprenant le poids des arbres et de leurs équipages. On sait presque toujours d'avance quelle est la plus grande des deux sommes : alors on ajoute les 0,96 de la plus grande aux 0,4 de la plus petite; et on a la pression cherchée, à moins de 0,04 près. Si l'on ignore quelle est la plus grande des deux sommes, on les ajoute et on prend les 0,83 du total, ce qui donne la pression à moins de 1/6 près. Cette approximation est presque toujours suffisante.

3° S'il y a des forces dont la direction est inclinée, on les décompose dans le sens vertical et horizontal, et on opère sur les sommes des composantes comme dans le cas précédent.

4° Si, par suite de la direction et de l'intensité des forces, l'un des tourillons était pressé de haut en bas sur son coussinet, et l'autre de bas en haut, on calcule séparément la pression sur chacun d'eux d'après les règles précédentes.

Ce cas se présente rarement, et on doit l'éviter autant que possible dans les constructions.

Coulomb s'est aussi occupé du *frottement de roulement*, c'est-à-dire de la résistance qui a lieu quand une des surfaces roule sur l'au-

tre. Il l'a trouvée proportionnelle à la pression et inverse du diamètre de la roue, la puissance étant supposée appliquée au centre de celle-ci. Ce qui donne lieu à l'expression :

$$R = \frac{fP}{r},$$

R étant la résistance de la roue au roulement, f le coefficient qui convient à la nature des surfaces en contact, p la pression, et r le rayon de la roue.

M. Morin a repris les recherches de Coulomb sur ce sujet, en s'occupant particulièrement de la résistance des roues de voiture sur les routes. Il a vérifié la loi de Coulomb que nous venons d'indiquer, et de plus il a découvert :

1° Que la largeur des *jantes* ou bandes des roues n'a d'influence pour diminuer le tirage, que dans les terrains mous où la résistance diminue à mesure que cette largeur augmente ; mais qu'elle n'a aucune influence sur les routes pavées ou en empierrement, même lorsque ces dernières sont dans un assez mauvais état, pourvu que leur fond soit encore solide.

2° Que, pour les voitures non suspendues, la résistance est indépendante de la vitesse dans les terrains mous ; mais qu'elle lui est proportionnelle dans les terrains durs, l'accroissement de la résistance étant due aux pertes de force vive que les chocs de la route font éprouver à la voiture. Que, pour les voitures suspendues, l'influence des chocs étant moindre, à vitesses égales, celle de la vitesse se fait moins sentir sur la résistance ; mais que néanmoins celle-ci s'accroît à mesure que la route devient plus dure.

Nous extrayons de *l'Introduction à la Mécanique industrielle* de M. Poncelet la table suivante qu'il a publiée pour la première fois en 1830, dans les lithographies de l'École d'application de Metz. Elle contient les rapports du frottement à la pression, dans le cas du roulement des surfaces cylindriques sur des surfaces de niveau.

Roues de voitures, garnies de bandes de fer, cheminant :

Sur une chaussée en sable et cailloutis nouveaux	0,0634
Sur une chaussée en empierrement à l'état ordinaire	0,0414
Sur une chaussée en empierrement en parfait état	0,0150
Sur une chaussée en pavé bien entretenu, au pas	0,0185
Sur une chaussée en pavé bien entretenu, au trot	0,0328
Sur une chaussée en planches de chêne brutes	0,0102
Roues en fonte sur rails en bois saillants et rectilignes (Gerstner)	0,0023
Roues en fonte, sur ornières plates, en fer	0,0035

Roues en fonte, sur ornières saillantes, avec alimentation de graisses ordinaires. 0,0012

Roues en fonte, sur ornières saillantes, avec alimentation de graisse continue. 0,0010

Rouleau d'orme, sur pavé uni (Régnier) 0,0074

Idem sur chêne parfaitement dressé (Coulomb). 0,0016

Rouleau d'orme, sur gayac, parfaitement dressé (Coulomb). 0,0010

Rouleau en fonte, sur granit uni. . . . 0,0010

CHARLES RENIER.

FRUIT. (*Botanique.*) Le fruit n'est autre chose que le pistil modifié par les développements et parvenu au terme de sa croissance. Il offre, comme parties essentielles, le péricarpe et les graines. Les graines sont les ovules arrivés à maturité; le péricarpe est la boîte unique ou le groupe de boîtes qui contiennent les graines : car, de même qu'il y a des pistils simples et des pistils composés, il y a des péricarpes simples et des péricarpes composés; et les péricarpes sont, comme les pistils, formés tantôt d'un seul hystrelle et tantôt de plusieurs hystrelles séparés ou conjoints. J'ai fait connaître, en parlant de la fleur, la structure de ces petites boîtes que je nomme hystrelles.

La graine sera l'objet d'un article à part; je ne traiterai ici que du péricarpe, parce que c'est lui qu'on désigne communément sous le nom de *fruit.* Il paraît très-varié au premier aspect; mais si l'on prend la peine de l'étudier sérieusement, on voit que, sous une infinie diversité de formes, il cache une organisation très-simple. Quelques anomalies paraissent contredire cette assertion; toutefois j'oserai affirmer que des observations plus profondes lui donneront tous les caractères de l'évidence. L'expérience m'a prouvé que des péricarpes qui semblent essentiellement différents les uns des autres, sont construits sur le même plan, et que toute classification de cet organe qui ne serait point fondée sur l'anatomie comparée ne pourrait être en parfaite harmonie avec les affinités naturelles.

Puisque le péricarpe n'est autre chose que le pistil arrivé au dernier degré de développement, et que durant sa croissance plusieurs caractères s'effacent, tandis que d'autres se marquent davantage, pour prendre une juste idée de sa structure, il faut le suivre depuis sa naissance jusqu'à sa parfaite maturité. En *procédant de la sorte,* je suis parvenu à rapporter au même type la plupart des péricarpes que j'ai eus sous les yeux, et dès lors je me suis cru en droit de dire que les traits essentiels de leur organisation étaient identiques.

Le péricarpe du haricot, plante de la famille des légumineuses, est un hystrelle allongé, un peu irrégulier, composé de deux panneaux ou valves soudés bord à bord. L'une des sutures regarde la circonférence de la fleur, l'autre correspond à son axe, et c'est le long de celle-ci que se prolonge intérieurement le placentaire, formé par les vaisseaux nourriciers, et que, par conséquent, sont attachées les graines. Quand les sutures viennent à se rompre et que les deux valves se séparent, le placentaire se divise en deux nervures, fixées chacune à l'une des valves, en sorte qu'elles se partagent les graines.

Que les sutures ne soient pas apparentes, et que les valves restent unies, cela ne change pas la nature du péricarpe. Que l'hystrelle, charnu à sa superficie, ait intérieurement une doublure d'une substance dure et coriace, c'est un accident de peu d'importance. Que deux, quatre, cinq, vingt ou un plus grand nombre d'hystrelles naissent d'une seule fleur, ce n'est évidemment que la répétition d'un même type; l'unité d'organisation subsiste toujours. Que ces hystrelles, au lieu d'être séparés les uns des autres, soient rapprochés et soudés côte à côte, cette réunion n'affecte en aucune façon la structure de chaque hystrelle en particulier. Qu'il n'y ait qu'une graine, ou qu'il y en ait cent, deux cents, mille, une si grande différence dans le nombre des graines ne fait pas que les boîtes qui les contiennent soient essentiellement différentes. Mais, au lieu de nous borner à l'exposition de quelques idées générales, examinons les faits, et nous conviendrons que l'hystrelle du haricot peut être proposé comme le type d'un très-grand nombre de péricarpes.

Un arbre de la famille des rosacées, le prunier, produit un hystrelle arrondi, marqué d'un sillon longitudinal sur la partie qui correspond à l'axe idéal de la fleur. Cet hystrelle est pulpeux à l'extérieur, et il a, à l'intérieur, une doublure ligneuse ou noyau, formé de deux valves solidement soudées l'une à l'autre par leurs bords. Les sucs nourriciers pénètrent dans le noyau et suivent la même direction que le sillon longitudinal de l'enveloppe charnue. Ce péricarpe n'a qu'une loge, qui contient une ou deux graines. Les péricarpes du pêcher, du cerisier, de l'abricotier, autres rosacées, sont construits sur le même modèle. Entre ces péricarpes et l'hystrelle du haricot, la distance n'est pas si grande qu'elle paraît au premier coup d'œil. Quelques genres choisis dans les légumineuses rendront la transition sensible.

L'hystrelle de la casse, composé de deux valves, comme celui du haricot, renferme beaucoup de graines; il reste clos. L'hystrelle de l'*anthyllis* a deux valves qui s'ouvrent, et il ne contient qu'une ou deux graines. L'hystrelle du *detarium* a deux valves, dont on reconnaît l'existence dans son noyau ligneux, quoiqu'il ne s'ouvre pas; ce noyau est recouvert d'une enveloppe pulpeuse et ne renferme qu'une graine. L'analogie entre les péricarpes du haricot, de la casse, de l'*anthyllis*, du *detarium* et de toutes les autres légumineuses est incontestable, et il est hors de doute que le péricarpe du *detarium* a des traits frappants de ressemblance avec le péricarpe du pêcher, du cerisier, etc.

Le péricarpe de plusieurs renonculacées, telles que l'aconit, l'ancolie, le pied-d'alouette, la pivoine, la renoncule, ne diffère du péricarpe des légumineuses que parce qu'il est composé de plusieurs hystrelles. Que l'on détache l'un de ces hystrelles et qu'on le compare à ceux des légumineuses, on trouvera à très-peu de choses près la même structure. Ce type se reproduit, avec plus ou moins de précision, dans les crassulées, les magnoliacées, les alismacées, les annonacées, etc., et dans le rosier, le framboisier, le *spirœa*, qui appartiennent aux rosacées.

Dans les colchicées, le genre *colchicum* nous offre trois hystrelles disposés circulairement autour de l'axe de la fleur, comme ceux du pied d'alouette; mais dans cette dernière plante, ils sont entièrement séparés, tandis que dans le colchique ils sont soudés tous ensemble par leur angle interne. La nigelle, qui, de même que le pied-d'alouette, rentre dans les renonculacées, nous offre cinq hystrelles soudés entre eux presque jusqu'à leurs sommets, qui forment cinq cornes, lesquelles démontrent clairement l'existence des hystrelles. Le *bulbocodium*, plante très-voisine du colchique, a comme lui un péricarpe formé de trois hystrelles; mais ces boîtes, soudées côte à côte dans toute leur longueur, ne deviennent distinctes que lorsque, par l'effet de la maturité, elles se séparent et s'isolent les unes des autres.

L'union des hystrelles, suivie d'une semblable séparation, se voit également dans une multitude de familles très-différentes, et chaque hystrelle, devenu libre, se partage en deux valves, tantôt s'ouvre simplement par l'angle correspondant à l'axe du péricarpe, et tantôt ne s'ouvre pas. La différence dans la manière de s'ouvrir indique qu'il y a des hystrelles composés de valves faiblement soudées bord à bord : telles sont celles du *hura crepitans*, de l'euphorbe, de beaucoup de légumineuses, etc.; et d'autres formés, soit d'une seule valve courbée en largeur sur elle-même, comme dans les apocynées, soit de deux valves ayant une suture antérieure si solide, que la maturité et la dessiccation ne sauraient en occasionner la rupture. C'est ce qui a lieu dans le colchique. Quant aux hystrelles qui ne s'ouvrent pas, il y en a une multitude d'exemples; je citerai entre autres ceux des ombellifères, qui, d'a-

bord réunis, se séparent ensuite, et ceux de quelques borraginées, des labiées et des ochnacées, qui à aucune époque de leur développement n'ont été soudés les uns aux autres. Le péricarpe des labiées peut se concevoir comme un fruit régulier à plusieurs hystrelles, dont l'axe central, surmonté d'un style, se serait affaissé jusqu'à se confondre avec le réceptacle et à laisser chaque hystrelle en liberté. Le péricarpe des ochnacées a beaucoup d'analogie avec celui des labiées.

Dans les péricarpes formés par l'agglomération de plusieurs hystrelles soudés ensemble, les cloisons convergentes qui divisent la cavité interne en plusieurs loges sont formées chacune par les côtés contigus de deux hystrelles voisins. Ce fait admis, on concevra sans difficulté que l'union des côtés contigus puisse être assez forte pour qu'ils ne se séparent jamais; c'est ce qui arrive fréquemment. Dans ce cas, des sutures extérieures ou la dissection, ou, à défaut des sutures et de la dissection, l'analogie, prouvent presque toujours l'existence des hystrelles, et par suite, l'origine des cloisons. Les péricarpes de cette nature quelquefois ne s'ouvrent pas, mais plus souvent s'ouvrent par le déchirement de leur paroi, ou par la rupture d'une suture longitudinale située à la partie antérieure de chaque hystrelle.

Ce dernier mode de déhiscence se manifeste dans le lis, la tulipe, le lilas, les bruyères, etc. Les botanistes disent alors qu'il y a autant de valves que de cloisons, et que chaque valve porte une des cloisons le long de sa ligne médiane; description très-intelligible, mais superficielle, et qui donnerait la plus fausse idée des choses si l'on s'arrêtait au sens rigoureux qu'elle présente, puisque les panneaux dont se compose la paroi du péricarpe, et par la désunion desquels il s'ouvre, sont constitués chacun par les deux bords antérieurs, libres et divergents, de deux valves contiguës appartenant à deux hystrelles voisins, et que les cloisons ne sont que les portions rentrantes et unies par couples de ces mêmes valves. Il suit de là que les péricarpes dont il est question ont, sinon pour le botaniste qui s'en tient aux formes extérieures, du moins pour l'anatomiste qui cherche la structure interne, le double de valves qu'il y a d'hystrelles, et, par conséquent, de cloisons.

L'organisation des péricarpes est quelquefois masquée par une enveloppe pulpeuse ou charnue, qui trompe l'œil de l'observateur peu exercé. Si l'on enlève l'enveloppe, on reconnaît bientôt l'identité de structure. Le péricarpe du néflier offre intérieurement cinq petits hystrelles durs et ligneux, auxquels on a donné le nom de nucules ou petits noyaux.

Les hystrelles, disposés circulairement autour de l'axe du fruit, sont irréguliers et comprimés sur les côtés ; chacun est composé de deux valves soudées l'une à l'autre par leurs bords. En s'y prenant avec adresse, on peut séparer les deux valves comme on sépare les valves d'une coquille d'huître. La pomme a la même organisation que la nèfle ; mais les cinq hystrelles ont des valves minces, élastiques comme des lames de corne. Cette différence dans la consistance mérite à peine d'être rapportée ici.

Le nombre des hystrelles peut même varier sans que les traits essentiels du péricarpe disparaissent. Celui de l'alizier, genre très-voisin du pommier et du néflier, offre deux, ou trois, ou quatre, ou cinq hystrelles semblables à ceux de la pomme. Celui du sorbier n'a jamais que trois hystrelles. Celui de l'amandier n'en a jamais qu'un. Tous ces végétaux appartiennent à la famille des rosacées.

Dans le néflier, le pommier, l'alizier et le sorbier, les hystrelles n'adhèrent point entre eux par leurs côtés, et s'ils n'étaient pas plongés dans une substance pulpeuse, ils présenteraient l'aspect du péricarpe du *spiræa*. Dans d'autres genres, tels que le sébestier et l'azédarach, qui ont aussi un péricarpe pulpeux à l'extérieur, les hystrelles, soudés les uns aux autres circulairement, forment au centre un noyau à plusieurs loges, et ne diffèrent pas essentiellement des péricarpes secs, composés de plusieurs hystrelles conjoints. L'analogie entre ces péricarpes ne saurait donc être contestée.

Un péricarpe est quelquefois composé de plusieurs hystrelles qui, au lieu d'être repliés sur eux-mêmes de manière à former chacun une boîte distincte, sont presque plans et forment en commun la paroi d'une cavité unique. Dans ce cas, les hystrelles disposés circulairement autour de l'axe, qu'ils ne rencontrent qu'à la base et au sommet du péricarpe, se joignent ordinairement par leurs bords, comme se joignent les douves d'un tonneau. On peut observer cette structure dans l'œillet, le *gypsophila*, le *cerastium*.

Ces idées, bien comprises, répandent une vive lumière sur les affinités végétales. L'élève le moins avancé peut concevoir que la même famille renferme dans ses limites des végétaux dont les péricarpes ont un aspect très-divers, puisqu'il devient sensible que presque toujours les différences ne sont que dans l'apparence, et que le fond de l'organisation reste le même.

MIRBEL.

FUGITIVES (Poésies). (*Littérature.*) On appelle ainsi, par un fâcheux abus de mots, de petites pièces de vers, qui doivent à une prétention peu justifiée le substantif par lequel on les désigne, et à une modestie plus louable l'adjectif qui les qualifie. Rien de plus équitable, en effet, que d'appeler *fugitives* de semblables productions, destinées à un succès d'un jour et dignes d'un éternel oubli ; rien de plus présomptueux que d'appeler *poésies* des essais de versification où le sentiment poétique brille uniquement par son absence. L'idée qui a fait inventer cette singulière alliance de mots péchait donc par la justesse, et là où l'appellation est de mise l'épithète doit disparaître. Personne n'a jamais songé à appliquer celle-ci aux odes d'Anacréon, aux sonnets de Pétrarque, aux *Orientales* de Victor Hugo ou aux chansons de Béranger ; personne n'aurait dû songer à désigner par l'autre les petits vers sans portée et sans conséquence que certaines époques ont semés avec une si libérale profusion.

A l'origine des littératures, on ne trouve guère de traces d'un aussi triste emploi fait par les hommes de l'esprit et de l'intelligence que Dieu leur a donnés. L'abus ne vient qu'après l'usage, l'excès qu'après une juste mesure. Quand on chantait seulement les dieux, et qu'on mettait au ciel les hommes qui avaient fait des choses dignes d'être chantées, on eut regardé comme une profanation de farder, à l'aide du nombre et de la mesure, les idées vulgaires et les pensées insignifiantes. Il faut arriver chez les Grecs à la décadence de leur littérature, pour trouver ces distiques sans sel, ces épigrammes sans pointe, ces vers sans idées et sans sentiment, dont les anthologies conservent une si ennuyeuse abondance. Chez les Romains, qui avaient un fonds d'esprit plus sérieux, et chez lesquels d'ailleurs la langue, moins harmonieuse, invitait moins à la forme poétique les pensées insignifiantes, cette fâcheuse tendance à versifier *invitâ Minervâ* fut beaucoup plus rare, ou au moins ils ont eu le bon esprit de ne s'en pas vanter et de laisser les versicules dans l'oubli qu'ils méritaient.

En France, où des comparaisons souvent répétées accusent un esprit généralement futile et touchant par plus d'un point à la frivolité grecque, nous devons dire que la poésie, presque à son début, s'est fourvoyée dans cette route, et que trop souvent elle a remplacé par la grâce difficile et recherchée de la forme la poésie trop négligée de la pensée. Le rondeau et le triolet, frères du sonnet italien, plus sévère dans ses règles et plus compliqué encore, ne laissaient dans leurs vers que peu de place à la poésie. Néanmoins on comprit de très-bonne heure que la rime et le nombre n'étaient pas tout, et on réussit souvent à y joindre les qualités poétiques, la naïveté, le sentiment, la délicatesse de l'idée. Il existe en ce genre de ravissantes productions, et Marot en a laissé de charmants modèles. Plus tard, Voiture, Saint-Pavin, et bien d'autres encore, suivirent la même route, et durent à leurs succès en ce genre une renommée bien vite effacée pour plusieurs, et conservée à d'autres par leurs œuvres plus sérieuses. Après vinrent les véritables poëtes, et les faiseurs de petits vers disparurent, éclipsés par le soleil levant de Corneille, et pourchassés par la raillerie de Molière jusqu'au fond de l'hôtel Rambouillet, où ils cachaient leurs splendeurs pâlies.

Cette cure, que Ronsard, Malherbe et Corneille poursuivaient par leurs œuvres, et que Molière accomplit en joignant le précepte à l'exemple, ne fut pas facile à opérer sur l'esprit public. Tout le monde sait l'anecdote du sonnet du *Misanthrope*, lequel fut applaudi par le parterre et les loges, peu préparés aux paroles de haute raison par lesquelles Alceste gourmande le mauvais goût et les fâcheuses tendances de ces œuvres sans portée. Jamais plus saine leçon ne fut mieux donnée, et n'eut de plus prompts résultats. Le Parnasse, comme on disait alors, fut débarrassé des immondices qui en obstruaient les avenues, et la poésie monta grave et majestueuse à la place qu'elle doit occuper. Mais arrivée au sommet, elle redescendit bientôt sur l'autre pente, et trébucha de nouveau contre le mauvais goût qui l'attendait en bas. La duchesse du Maine était à Sceaux, Molière était mort ; l'hôtel Rambouillet renaissait de ses cendres. Alors brilla cette pléiade, aux innombrables étoiles, de galants versificateurs ; alors le madrigal et le bouquet à Chloris répandirent à pleines mains leurs fleurs mythologiques ; alors Dorat conquit sa renommée musquée, et Gentil-Bernard sa vie charmante et sa mort digne de sa vie. Il faut dire aussi que les prétendus poëtes de ce temps-là n'étaient pas sans excuse, et que, s'ils n'avaient guère de gloire à attendre de l'avenir, le présent leur payait largement en plaisirs et en jouissances leurs petits vers et leurs jolis badinages. Nous n'avons pas parlé de Voltaire, qu'on représente généralement comme le maître du genre, et qui s'acquit par ses poésies fugitives une réputation au moins égale à celle que lui valurent ses tragédies. Nous nous rappelons par hasard une de ces petites compositions qui mettaient en émoi le monde littéraire ; la voici :

Ah! Camargo, que vous êtes brillante!
Mais que Sallé, grands Dieux! est ravissante!
Que vos pas sont légers et que les siens sont doux!
Elle est inimitable et vous êtes nouvelle!
Les Nymphes sautent comme vous,
Et les Grâces dansent comme elle.

Nous sommes heureux d'avoir pu citer ce riche morceau de poésie, dont le plus infime vaudevilliste voudrait à peine pour son couplet le plus sacrifié : cet échantillon suffira pour justifier ce que nous avons dit, au commencement de cet article, sur la dénomination par laquelle on désigne les poésies fugitives.

Ainsi, disons-le franchement : la poésie fugitive est un triste exercice, et il n'y a guère d'excuse pour les hommes, — hommes d'esprit après tout, — qui s'y sont livrés avec cette ennuyeuse persistance. Il est un seul cas où cette poésie a droit à des applaudissements légitimes : c'est quand elle est complétement exempte de prétentions vaniteuses, et revêtue du caractère authentique de l'improvisation. Qu'elle se glisse dans la conversation, c'est sa place ; mais qu'elle s'abstienne de réclamer droit de cité au milieu des œuvres littéraires.

Au reste, nous l'avons déjà dit : quand il y a des poëtes, les faiseurs de petits vers s'en vont. Grâce à Dieu, à l'heure qu'il est, nous ne sommes que peu tourmentés par le madrigal, et les anciennes formes de versification, sonnets, rondeaux et triolets, dont on a cherché à faire revivre les mérites, offrent assez de difficultés matérielles pour que nous ne les rencontrions qu'en nombre et en qualité convenables. Les caractères qui distinguent les poésies fugitives ne se retrouvent guère que dans les couplets de vaudeville, et encore le public est-il pour ceux-ci assez sévère : à défaut de qualités poétiques, il leur demande impérieusement de l'esprit, du trait, de la verve. A ce prix, il leur pardonne leurs excès peu littéraires, mais seulement à ce prix.

SAINT-AGNAN CHOLER.

FUGUE. (*Musique.*) Le mot *fugue* vient du latin *fuga*, fuite ; l'on a sans doute donné ce nom aux pièces de musique composées en ce genre, pour indiquer que toutes les parties y figurent tour à tour, en s'emparant à leur entrée du motif principal, et que, par le mouvement qu'elles opèrent et leurs positions respectives, elles ont l'air de se poursuivre et de se fuir alternativement.

La nature du livre dans lequel nous écrivons ne nous permet pas d'énumérer, avec tous les détails techniques, les règles d'après lesquelles on doit traiter une fugue ; mais nous croyons devoir à nos lecteurs d'indiquer les principaux éléments de ce genre de composition, et notamment ceux qui servent à lui donner son caractère particulier. Le nom de l'auteur à qui nous sommes redevables de cette ingénieuse conception est inconnu ; mais, quel qu'il soit, il doit être considéré comme le législateur de la science musicale : car les règles prescrites pour construire une véritable fugue n'ont d'autre but que celui d'apprendre à déduire toutes les conséquences du principe que l'on a posé, d'enseigner l'art d'établir un motif avec clarté, de le présenter sous toutes les faces, de l'accompagner de manière à le faire valoir, de n'en faire, à son gré, briller que quelques fragments, de l'agrandir, de le resserrer, de le multiplier dans toutes les parties par imitation, selon le besoin et l'effet que l'on veut produire; enfin, par l'emploi de ces divers moyens, d'acquérir l'art de mettre l'unité d'intérêt dans son œuvre. L'étude de la fugue est donc indispensable pour quiconque veut composer de la musique; elle est à cet art ce que celle de l'écorché est à la peinture, et tout musicien qui prétendrait s'en affranchir serait comparable à un peintre qui voudrait faire des tableaux sans avoir étudié les lois de la perspective, et sans connaître les proportions du corps humain.

Pour composer une bonne fugue il faut d'abord être initié à tous les mystères de l'harmonie; il faut avoir fait des canons à la 1ᵐᵉ ou 8ᵛᵉ, à la 4ᵗᵉ, à la 5ᵗᵉ des imitations régulières, à la 1ᵐᵉ ou 8ᵛᵉ, à la 4ᵗᵉ ou à la 5ᵗᵉ des imitations de rhythme ou de quantité; mais surtout il faut avoir fait un cours complet de *contre-point*, et particulièrement de celui que l'on nomme *contre-point double à l'8ᵛᵉ*; car cette dernière espèce peut seule donner les moyens de placer tour à tour le sujet ou motif, à la partie grave ou basse, à la partie aiguë ou dessus, ou bien dans l'une des parties intermédiaires, en conservant toujours le même contre-sujet ou contre-fugue comme accompagnement, si le sujet principal est à la basse, ou comme basse, si le motif se fait entendre en dessus. Lorsque la fugue est à deux contre-sujets, il faut avoir recours aux règles établies pour la composition du *contre-point triple*.

Dans la facture des chœurs, des morceaux d'ensemble, l'emploi de ces règles est souvent d'un grand secours, et même indispensable; car elles donnent, pour éviter la monotonie qui pourrait naître du désir de conserver l'unité d'intérêt, en répétant souvent le motif principal, les moyens de le transporter d'une partie à une autre, selon la nature des différentes voix et le caractère de leur diapason. Dans toute espèce de musique, ces règles servent aussi de guide pour la contexture des pièces que l'on veut écrire; elles enseignent l'art de moduler convenablement, d'établir des phrases, des périodes conséquentes entre elles; de marquer la ponctuation de la mélodie par les différentes cadences harmoniques; de composer des épisodes qui, n'étant que d'heureuses péripéties, retardent avec adresse le retour du motif principal, et le font réentendre avec un plaisir nouveau, lorsqu'il se reproduit à la conclusion du morceau.

Les principaux éléments de la fugue sont :

1º Le sujet; 2º la réponse; 3º les contre-sujets; 4º la mutation; 5º la coda; 6º l'exposition; 7º les épisodes ou divertissements; 8º la fugue à l'inverse; 9º la fugue par aggravation; 10º la fugue par diminution; 11º la fugue par syncopation; 12º la stretta; 13º la pédale; 14º la conduite générale de la fugue.

Du sujet.

Le sujet est le thème choisi pour motif de la fugue; il doit toujours commencer par la tonique ou par la dominante du ton, et finir sur l'un de ces deux intervalles. Quelquefois on le termine sur la tierce, mais rarement; il se compose assez ordinairement d'une phrase de quatre mesures, quelquefois de six; celles de huit sont peu usitées. Il ne doit pas parcourir dans son étendue plus d'une sixte diatoniquement; car il arriverait que la réponse, au renversement ou dans les modulations, se trouverait ou trop haut ou trop bas pour la voix. Cependant il y a quelques exemples de motifs de fugues qui parcourent un intervalle de septième; mais ils sont rares. Le sujet peut moduler, c'est-à-dire qu'il peut aller d'un ton à un autre; mais, pour que la modulation soit régulière, il faut qu'elle se fasse entre deux tons qui aient un rapport immédiat, comme d'une tonique à sa dominante, ou d'une dominante à sa tonique. *Les sujets de fugue qui commencent à la quinte du ton, sont préférables à tous les autres*, en ce qu'ils vont conclure à la tonique, et que par ce fait la première résolution ou cadence harmonique s'opère dans le ton de la fugue.

Les sujets chromatiques sont vicieux en ce que, pour y répondre régulièrement, on est forcé de trop dénaturer le sujet, et que la réponse n'en est plus une. Cependant il y a quelques exemples de bons sujets en ce genre, mais ce n'est que dans le mode mineur qu'ils sont praticables.

De la réponse.

La réponse est l'imitation exacte en valeur et en rhythme du sujet; elle doit contenir autant de notes que lui, et placées aux mêmes temps de la mesure. Une des conditions expresses de la réponse est, qu'à chaque mouvement par demi-ton qu'opère un intervalle pour marcher sur un autre, il faut répondre à ces demi-tons par ceux appartenant à l'échelle du ton dans lequel se fait la réponse. Elle doit toujours commencer dans la même mesure que celle où le sujet vient de finir, et après avoir compté des pauses, ou au moins une demi-pause, quand elle reprend le cours de la fugue. Cet usage est de rigueur; car, sans l'emploi de ce moyen, les différentes entrées des sujets, des contre-sujets, et celles de bles, et viendraient se confondre avec les leurs réponses, seraient moins remarqua- parties accessoires de la fugue.

EXEMPLE

Du changement à opérer pour qu'une réponse soit régulière.

Quand le sujet commence par la tonique, la réponse doit commencer par la dominante : quand le sujet commence par la dominante, la réponse doit commencer par la tonique. Quand le sujet finit par la tonique, la réponse doit finir par la dominante : quand le sujet finit par la dominante, la réponse doit finir par la tonique. Quand le sujet commence et finit sur la tonique, la réponse doit commencer et finir sur la dominante. Quand le sujet finit sur la médiante, la réponse doit finir sur la tierce de la dominante.

Des contre-sujets ou contre-fugues.

Un contre-sujet n'est véritablement qu'une seconde fugue, qui sert d'accompagnement à la première, puisque les mêmes règles qui sont prescrites pour établir convenablement la réponse au sujet de la fugue doivent être suivies pour répondre convenablement aussi au contre-sujet.

Les contre-sujets, étant destinés à figurer tour à tour comme accompagnements en dessus ou en dessous du sujet de la fugue, doivent se composer selon les règles prescrites pour le contre-point double à l'octave.

Le caractère distinctif du contre-sujet, par rapport au sujet de la fugue, doit se faire remarquer par l'opposition du rhythme de chacun d'eux, et la quantité de notes dont ils se composent : c'est-à-dire que, si le sujet de la fugue procède, soit en montant ou en descendant, par de larges valeurs, telles que des rondes ou des blanches, le contre-sujet doit procéder par des valeurs plus resserrées, telles que des noires et des croches, et vice versâ.

Pour faire sentir l'entrée du sujet et celle du contre-sujet, il faut n'opérer cette entrée qu'après l'attaque du sujet ou du contre-sujet, c'est-à-dire, une mesure ou une demi-mesure après cette attaque.

EXEMPLES

Du contre-sujet placé en dessus et en dessous du sujet, et de la réponse au contre-sujet placée en dessus et en dessous de la réponse au sujet.

Dans l'une des réponses au contre-sujet, l'on doit remarquer ici qu'il y a un saut d'octave : cela est permis, quand il y a une répétition d'intervalle, et même considéré comme étant d'un meilleur style, et comme donnant aussi un moyen naturel de ne pas dépasser la portée des voix.

De la mutation.

La mutation est le changement que l'on est forcé d'opérer dans la réponse pour y introduire la même quantité de notes qu'en contient le sujet, sans cependant dépasser les limites de l'octave. Cette difficulté se présente dès le premier abord ; car la construction de notre gamme diatonique est telle, que la dominante, placée entre la tonique et son octave, divise l'intervalle compris entre ces deux points en deux parties inégales.

EXEMPLE.

Intervalle de quinte. Intervalle de quarte.   Intervalle de quarte. Intervalle de quinte.

Il est donc évident que, pour rejoindre ces deux points, il faut parcourir un espace plus court que l'autre, et que, pour obtenir dans la réponse la même quantité de notes et le même rhythme qu'a offert le sujet, il faut y opérer un changement, afin qu'elle ne monte pas plus haut que la tonique ou la dominante, si sa marche est ascendante, ou qu'elle ne descende pas plus bas, si sa marche est descendante ; c'est ce changement que l'on nomme *mutation*. Les meilleurs sujets de fugue sont ceux qui ne nécessitent qu'une seule mutation dans la réponse, par la raison qu'en ce cas ils dénaturent moins le sujet. La difficulté pour faire une bonne réponse gît tout entière dans le choix de l'époque à laquelle on doit opérer la mutation. Pour vaincre cette difficulté, il faut avoir le soin de s'assurer du moment où le sujet module, soit pour retourner de la dominante à la tonique, ou de la tonique à la dominante, et dans cette opération penser toujours à répondre aux demi-tons appartenant à l'échelle de la tonique, par ceux appartenant à l'échelle de la dominante, *et vice versâ.*

TABLEAU
DES MUTATIONS OU CHANGEMENTS A OPÉRER DANS LES RÉPONSES AUX SUJETS ET AUX CONTRE-SUJETS, POUR REMPLIR LES CONDITIONS PRESCRITES.

EXEMPLES.

Pour les sujets ou contre-sujets qui procèdent en montant.

On doit répondre au saut de 2de par un saut de 3^{ce}.

On doit répondre au saut de 3de par un saut de 2de.

On doit répondre au saut de 4te par un saut de 5te.

On doit répondre au saut de 5te par un saut de 4te.

EXEMPLES.

Pour les sujets ou contre-sujets qui procèdent en descendant.

On doit répondre au saut de 2de par la répétition d'un intervalle.

On doit répondre au saut de 3^{ce} par un saut de 2de.

On doit répondre au saut de 4te par un saut de 5te.

On doit répondre au saut de 5te par un saut de 4te.

L'on a indiqué par ce signe ⊤ les endroits où s'opèrent les mutations, dans l'intention de faire observer qu'elles se font toujours au moment où le sujet passe d'un ton dans un autre, c'est-à-dire à l'instant où il module de la tonique à la dominante, ou de la dominante à la tonique. L'on doit remarquer aussi que les demi-tons, appartenant à chacune des deux échelles, s'y répondent exactement et aux mêmes époques que dans le sujet donné. La mutation n'a donc d'autre but que celui de remplir dans la réponse, par un nombre égal de notes de même rang et de même valeur que celles contenues dans le sujet, l'intervalle qu'a parcouru celui-ci; car si le sujet parcourt un intervalle de 5te, la réponse n'en doit parcourir qu'un de 4te; au lieu que, si le sujet n'en a parcouru qu'un de 4te, la réponse doit en parcourir un de 5te.

De la coda.

La coda ou queue est nécessaire à introduire à la fin des sujets de fugue qui ne modulent pas, tels que ceux qui commencent et finissent sur la tonique, ou ceux qui commencent et finissent sur la dominante, et que l'on nomme alors *sujets fermés*; c'est, dans ce cas, la coda qui est chargée d'opérer la modulation et la mutation.

EXEMPLE.

L'on doit remarquer ici que le sujet et sa réponse sont entièrement semblables, et que dans la coda seule s'opèrent et la modulation et la mutation. Ce qui, dans notre opinion, nous porte à dire que les sujets de fugue de cette nature ne sont que des motifs de canons, ou d'imitation à la 5te supérieure ou à la 4te inférieure, que l'on traite dans le style de la fugue.

La mutation dans les sujets chromatiques détruisant toute la physionomie du motif, est une des premières raisons qui aient contribué à rendre très-rares les fugues composées en ce genre, surtout celles dans le mode majeur; car on ne peut répondre réellement qu'à une portion du sujet, et ce ne sont plus véritablement que des demi-réponses, privées du caractère distinctif du sujet.

EXEMPLE EN MONTANT.

EXEMPLE EN DESCENDANT.

Dans les sujets mineurs, on trouve plus de ressources pour ce genre, l'échelle de ce mode offrant plus de demi-tons que celle du mode majeur.

EXEMPLE EN MINEUR D'UN SUJET QUI PARCOURT UN INTERVALLE DE 7ᵐᵉ.

Sujet.

Réponse.

EXEMPLE D'UN SUJET CHROMATIQUE EN MINEUR.

L'exposition.

Ce mot, dans l'art de la fugue, a la même signification que dans celui du théâtre, où l'on exige que l'exposition fasse connaître au spectateur le lieu de la scène, les personnages principaux qui doivent figurer dans le drame, et leurs différents caractères. Dans l'exposition de la fugue, le lieu de la scène est le ton et le temps ou mesure dans lequel elle est composée; les principaux personnages, le sujet, la réponse, et les contre-sujets; leurs caractères, le rhythme particulier de chacun d'eux, et le mouvement dans lequel on l'exécute. L'usage établi est de commencer en faisant entendre le sujet dans l'une des parties, accompagné par une seconde partie, qui fait ce qu'on appelle le contre-sujet, soit en dessus ou soit en dessous du sujet, selon la nature de la voix qui le fait entendre en premier; ensuite une autre partie fait son entrée par la réponse au sujet, tandis qu'une des autres parties entre pour l'accompagner en faisant entendre la réponse au contre-sujet; ainsi de suite, en proportion du nombre de voix pour lesquelles on écrit. La longueur de l'exposition dépend de la quantité de motifs dont on compose la fugue. Lorsqu'elle n'a qu'un contre-sujet, pendant qu'il accompagne le motif, les autres font, selon les lois de l'harmonie, des parties de remplissage : il faut, dans l'exposition, ne faire d'autres modulations que celles qui vont de la quinte à la tonique ou de la tonique à la quinte. De la bonté de l'exposition dépend celle d'une grande partie de la fugue; car elle doit renfermer les germes de presque toute sa contexture.

Des épisodes ou divertissements.

Les épisodes ont encore ici la même signification que dans les autres produits des beaux-arts. Ils servent à reposer l'auditeur et à le distraire un moment de l'idée principale, sans cependant la lui faire perdre de vue entièrement; car il est bien, dans ce genre de composition, de les faire naître de quelques fragments du sujet ou du contre-sujet, dont on fait alors des imitations entre toutes les parties, des canons à la prime ou à l'octave, à la quarte ou à la quinte. Ils servent aussi dans le cours de la fugue à asseoir et préparer les modulations dans lesquelles on veut faire réentendre le sujet, la réponse et les contre-sujets. Les modulations doivent toujours avoir de la coïncidence avec le ton dans lequel est établie la fugue, tels que les relatifs majeurs et mineurs de la tonique et de la dominante, qui doivent toujours en être les deux tons prédominants.

De la fugue à l'inverse ou par mouvement contraire.

Ce titre signifie que tous les mouvements qu'opèrent les intervalles dans la marche du sujet primitif de la fugue, doivent en ce genre s'imiter en sens contraire, c'est-à-dire, qu'à une seconde ou une quarte ou quinte en descendant, on doit faire imitation en montant par de semblables intervalles et de même valeur; il faut aussi avoir le soin d'observer, dans les écartements de ces différents intervalles, les mêmes proportions de distances, soit majeures ou mineures, ainsi que celles de demi-tons.

EXEMPLE.

Sujet.

Sujet renversé.

De la fugue par aggravation.

Ce n'est qu'un moyen de variété tiré du sujet même; car il ne faut y rien changer : seulement on le reproduit en doublant de valeur chacun des intervalles dont il a été composé primitivement, c'est-à-dire que d'une ronde on fait un carré, d'une blanche une ronde, d'une noire une blanche, etc.

Mais l'emploi de ce moyen n'est de bon style, et n'appartient véritablement à celui de la fugue, que lorsque l'on peut l'accompagner par le sujet même ou par sa réponse, tel qu'il a été entendu dans l'exposition.

De la fugue par diminution.

En tous points, la fugue par diminution a les mêmes conditions à suivre, à l'inverse, que celles données pour la fugue par aggravation; c'est-à-dire qu'on répond à une ronde par une blanche, à une blanche par une noire, etc., etc., etc.

De la fugue par syncopation.

C'est à tort que quelques auteurs l'ont placée dans la nomenclature des différentes espèces de fugue; car cette formule ne peut être employée qu'après avoir déjà fait entendre un sujet quelconque. C'est alors qu'elle peut être sentie, puisqu'elle doit ne faire entendre tous les intervalles du sujet donné qu'à contre-temps, c'est-à-dire chacun d'eux une demi-mesure plus tard, ce qui lui a fait donner ce titre de fugue par syncopation. Mais il résulte souvent un grand inconvénient de l'emploi de ce moyen; le voici : étant obligé, pour remplir les conditions de ce genre, de placer aux temps faibles de la mesure les intervalles qui, dans le sujet donné, étaient placés au temps fort, *et vice versâ*, les résolutions de l'harmonie étant alors déplacées, deviennent souvent vicieuses et par conséquent impraticables; cependant ce moyen peut quelquefois s'employer : mais ce n'est presque toujours que dans la stretta ou serré de la fugue, comme un moyen nouveau d'imitation du sujet.

De la stretta.

La stretta, ou serré des motifs, s'emploie vers la fin de la fugue, avant la pédale ou sur la pédale même.

C'est l'approche de la conclusion, et le résumé de toutes les propositions avancées dans le discours musical.

Le caractère propre de la stretta se fait remarquer par l'amalgame en imitation des sujets de la réponse, des contre-sujets, qui tour à tour y font leurs entrées en se servant mutuellement d'accompagnement, par des imitations canoniques à la 4te supérieure ou à la 5te inférieure. La meilleure stretta est celle où la nature du sujet et celle de sa réponse permettent d'opérer leurs entrées respectives à une mesure de distance l'une de l'autre.

EXEMPLE.

Réponse.

Sujet.

On peut aussi ne faire l'entrée de la stretta qu'à deux ou trois mesures de distance, selon la nature du sujet, mais rarement à quatre mesures; car alors c'est plutôt une réponse ordinaire qu'une véritable stretta. Cependant, lorsque l'on veut la prolonger, il est utile d'employer ce moyen pour accroître progressivement l'effet que l'on veut produire; et il est hors de doute que le crescendo n'ait pris sa source dans les principes de la stretta; car les meilleurs crescendo de notre musique moderne sont toujours, ainsi qu'elle, placés un peu avant la conclusion du morceau ; ils ont presque toujours pour thème un des motifs principaux, qu'une seule partie fait entendre d'abord, et qu'ensuite toutes' viennent, chacune à leur tour, répéter, soit à l'unisson, à l'8ᵛᵉ, à la 4ᵗᵉ ou à la 5ᵗᵉ, selon le besoin de l'harmonie, que, par ce moyen, elles complètent et renforcent peu à peu. On y emploie souvent aussi des moyens indiqués pour la fugue par diminution, qui donnent alors un nouvel effet de rhythme, puisque, si le sujet était contenu dans quatre mesures, il faut qu'il ne le soit plus que dans deux ; le crescendo, nous le répétons, n'est donc qu'une véritable stretta.

Lorsque la nature du sujet le permet, il est bien de l'accompagner avec l'un des contre-sujets, ou par un de ses fragments ; ou du moins quand il y a par les lois de l'harmonie impossibilité de l'y introduire, que l'accompagnement de la stretta soit toujours composé dans l'esprit du contre-sujet, c'est-à-dire d'un rhythme qui puisse en rappeler l'idée.

De la pédale.

La pédale est une même note tenue à la basse, pendant plusieurs mesures ; elle s'emploie après la stretta, peu de temps avant la fin de la fugue. Elle se fait de préférence sur la dominante du ton : alors on la fait entendre au-dessus des stretta composées tour à tour de tous les éléments de la fugue, soit du sujet et de sa réponse, soit du contre-sujet et de sa réponse, quelquefois de la réunion des quatre sujets, selon que leur nature peut le permettre, ou de nouvelles stretta tirées des épisodes ou divertissements de la fugue. On fait quelquefois une pédale sur la tonique, mais ce n'est jamais qu'après en avoir fait une sur la dominante.

CONDUITE GÉNÉRALE DE LA FUGUE.

PREMIÈRE PÉRIODE ET EXPOSITION.

Première entrée.

La première entrée doit se faire par l'attaque du sujet principal dans l'une des parties, soit grave, soit aiguë, soit du médium ; le contre-sujet, ou les contre-sujets, si la fugue en a plusieurs, doivent lui servir d'accompagnement, soit en dessus, soit en dessous, selon la nature de la voix qui fait entendre cette première entrée.

Deuxième entrée.

Cette seconde entrée doit être l'attaque de la réponse au sujet : elle doit se faire autant que possible par une partie dont la voix soit d'une nature différente de celle qui a fait entendre la première entrée, afin de la rendre plus sensible ; la première entrée ayant eu pour accompagnement le contre-sujet, cette seconde doit avoir à son tour pour accompagnement, la réponse ou les réponses aux contre-sujets.

Épisodes.

Avant d'opérer l'attaque de la troisième entrée, il est de bon style de la préparer par des épisodes ou divertissements. Ces épisodes doivent autant que possible être pris dans l'un des contre-sujets dont ils ne sont ordinairement que quelques fragments, et dont on fait des imitations à la 4ᵗᵉ ou la 5ᵗᵉ entre toutes les parties. Ce premier divertissement doit être d'une courte durée.

Troisième entrée.

Cette troisième entrée doit s'opérer par la redite du sujet principal : elle doit s'attaquer par l'une des parties qui n'a pas encore fait entendre le sujet ou sa réponse ; le contre-sujet ou les contre-sujets l'accompagnent. Si la fugue n'est qu'à un seul contre-sujet, pour écrire à trois parties, il faut en ajouter une dite partie libre : mais elle doit être composée selon les règles du contre-point simple.

Quatrième entrée.

Cette quatrième entrée doit faire entendre la réponse au sujet, et s'opérer par une partie qui n'a pas encore dit ou le sujet ou sa réponse : elle s'accompagne par les mêmes moyens que les trois premières. La fin de cette quatrième entrée doit terminer la première période de la fugue. Dans cette première période, puisque l'on y a fait connaître à l'auditeur et le sujet et sa réponse, et les contre-sujets et leurs réponses, ainsi qu'une partie des divertissements dont on veut faire usage par la suite pour faire marcher et lier l'action de cette sorte de pièce musicale, et mettre de l'unité d'intérêt dans l'intrigue des différentes parties, il faut que l'exposition soit achevée, et la deuxième période doit commencer immédiatement après elle.

DEUXIÈME PÉRIODE.

Nœud de l'action de la fugue.

Épisodes.

L'exposition étant faite, l'on commence la deuxième période, en ayant soin de la lier avec la fin de la première, de manière à ce que cette liaison soit inaperçue, ainsi que celle qui vient unir une tête à un corps. C'est alors que l'on peut donner plus de développement aux divertissements, en faisant des canons de différentes espèces, avec quelques fragments des contre-sujets, ou même avec une portion du sujet principal, ou bien avec un nouveau divertissement, dans le style des précédents. Les divertissements employés à cette époque de la fugue servent non-seulement à y introduire de la variété, mais encore à établir les nouveaux tons dans lesquels on veut continuer à la traiter.

Répétitions du sujet, de sa réponse, des contre-sujets et de leurs réponses, dans les tons relatifs à celui dans lequel la fugue est composée.

Les modulations les plus naturelles, et qui par conséquent doivent de préférence être employées dans le cours de la fugue, sont celles des tons relatifs majeurs ou mineurs du ton dans lequel on écrit. Ces modulations sont celle à la 5te du ton, ou dominante, qui devient alors tonique ou premier degré; celle au relatif mineur ou sixième degré, qui devient aussi tonique à son tour; et celle au quatrième degré, que l'on rend aussi tonique en abaissant d'un demi-ton la note sensible du ton principal. Dans notre opinion particulière, nous croyons qu'il ne faut qu'effleurer cette dernière modulation, par la raison que, pour bien l'établir, on est obligé, ainsi que nous venons de le dire, de détruire toute idée de la tonalité principale, en la dénaturant par l'altération de sa note sensible, qui seule peut asseoir une tonique. Cette modulation, nous le pensons, ne doit être employée qu'accessoirement, et ne pas faire la matière principale de la deuxième période, dans laquelle la règle veut que l'on fasse entendre, dans les tons relatifs, le sujet, sa réponse, les contre-sujets et leurs réponses, en imitation entre toutes les parties, ainsi que dans la première période, en y ajoutant quelquefois, et toujours selon les règles du contre-point double à l'octave, de nouveaux contre-sujets, ou quelques portions de l'un des divertissements, ou bien des *parties libres, selon les règles du contre-point simple.*

TROISIÈME PÉRIODE.

Retour au sujet dans le ton primitif; péripétie opérée par l'intrigue des différentes parties qui se croisent et se poursuivent dans la stretta, en resserrant le sujet, ou qui semblent s'éviter par l'aggravation du rhythme; préparation du dénoûment sur la pédale, et conclusion par la cadence finale.

Épisodes.

La troisième période doit commencer immédiatement après la deuxième, et être liée avec elle. Cette liaison s'opère par la redite des divertissements précédents, qui, à cette époque, servent à moduler, et ramener d'une manière naturelle au ton primitif de la fugue, à la reprise de son sujet. Si cette reprise du sujet se fait par sa répétition simple, les divertissements qui servent à en préparer la rentrée n'ont pas besoin de prendre une forme nouvelle; mais si à cette rentrée le sujet est repris, soit par aggravation, soit par diminu-

tion, ou bien à l'inverse, les divertissements peuvent aussi participer de l'un de ces moyens de variété.

Rentrée du sujet, du contre-sujet et de leurs réponses.

Dans cette troisième période, après sa liaison avec la deuxième, la répétition du sujet doit s'opérer par les différentes entrées du sujet et de sa réponse, des contre-sujets et de leurs réponses, d'après les mêmes errements qu'au commencement de la fugue; mais quand on veut la traiter d'une manière complète, alors à cette reprise on fait entendre le sujet à l'inverse, ainsi que tous ses accessoires.

Stretta.

Après cette reprise du sujet dans le ton principal, et celles de sa réponse, de ses contre-sujets et de leurs réponses, on peut commencer la stretta, ou bien la préparer par un très-court épisode, qui, assez ordinairement, va se reposer sur la dominante du ton de la fugue, pour préparer la pédale, sur laquelle quelquefois on fait la stretta.

Pédale.

La pédale s'établit de préférence sur la dominante, quelquefois sur la tonique; mais dans ce cas, elle offre moins de ressources, et la cadence finale, qui doit toujours lui succéder, produit alors moins d'effet. Sur la pédale on établit de nouvelles stretta, dans lesquelles, selon la nature du sujet, on peut le faire entendre par aggravation, par diminution, ou par syncopation, ainsi que sa réponse et son contre-sujet. Comme il est quelques sujets de fugues qui ne prêtent pas à faire de bonnes stretta, alors sur la pédale on fait des stretta tirées de quelques-uns des divertissements. Mais on perd alors un des plus beaux effets de ce genre de composition, et l'on peut dire que les motifs qui n'ont pas en eux une véritable stretta ne sont pas de véritables sujets de fugue.

Cadence finale.

Après la pédale, on conclut par la cadence finale, qui s'opère par la résolution de la dominante sur la tonique; quelquefois, dans le style de chapelle, cette terminaison s'opère par la cadence plagale, c'est-à-dire par le mouvement de la sous-dominante, qui va se reposer sur la tonique pour terminer la fugue.

Il est facile, nous le pensons, de concevoir, par l'analyse que l'on vient de donner des différentes parties qui servent à constituer une véritable fugue, que ce genre d'étude n'a été imaginé que dans l'intention d'établir, par des règles invariables, les routes qu'il faut suivre dans toute espèce de composition musicale; car ce n'est que par l'usage de ces mêmes règles, qui doivent être familières à tout compositeur, et dont il doit faire emploi en se jouant, qu'il peut maîtriser les inspirations vagabondes de son génie, les rectifier, les faire valoir, les présenter sous leur aspect le plus brillant, les *économiser* même (témoin Haydn, qui souvent avec une seule phrase sut faire une admirable symphonie) ; enfin acquérir les moyens, par ce genre d'étude, de mettre dans son œuvre cette unité d'intérêt, si recommandée et si recommandable dans tous les produits des beaux-arts.

H. Berton.

FULGORE. (*Histoire naturelle.*) Genre d'insectes de l'ordre des hémiptères, section des homoptères, créé par Linné, et qui pour les entomologistes modernes est devenu une tribu distincte sous les noms de *fulgorelles*, *fulgoroïdes* et *fulgoriens.* M. Émile Blanchard, dans un ouvrage récent (1), partage cette tribu en trois familles et en trente-neuf genres : sa première famille, celle des *cercopides*, comprend dix-huit genres, dont les plus remarquables sont ceux des *jassus*, *ledra* et *tettigonia ;* sa deuxième famille, dans laquelle il n'y a que treize genres, est celle des *membracides*, formée d'un démembrement du genre *membracis ;* enfin sa troisième famille, celle des *fulgorides*, qui ne renferme que huit genres, parmi lesquels est celui des *fulgores*, qui doit nous occuper dans cet article.

Les *fulgorides* ont pour caractères : antennes insérées au-dessous des yeux ; ocelles au nombre de deux ; corselet nullement prolongé. Les genres principaux qu'on y admet sont ceux des *tettigometra* Latr. ; *issus* Fabr. ; *derbe* Fabr. ; *delphax* Fabr. ; *cixie* Latr. ; *flava* Fabr. ; et *fulgora* Linné. Nous ne parlerons ici que du dernier, le plus connu de tous.

Les *fulgores* sont propres à l'Amérique méridionale ; elles sont caractérisées par leur tête très-grande et vésiculeuse ; par leurs antennes *très-courtes*, ayant un deuxième article globuleux et une soie terminale fort grêle ; par leurs couleurs vives et variées, leur taille assez grande, etc.

On ne connaît pas bien les mœurs de ces insectes. Mademoiselle de Mérian, qui a longtemps habité Surinam, a prétendu que l'espèce type de ce groupe, celle qui porte le nom vulgaire de *fulgore porte-lanterne*, avait la faculté de jeter pendant la nuit une lueur phosphorique très-forte. Mademoiselle de Mérian rapporte qu'ayant renfermé un certain nombre de ces fulgores dans un vase, ils s'échappèrent pendant la nuit et se répandirent dans sa chambre ; alors, dit-elle, grande fut sa frayeur en voyant briller de tous côtés des lumières assez vives

(1) *Histoire naturelle des insectes ;* Paris, Didot, 1843.

pour qu'il fût possible de lire avec leur seul secours. Cependant, depuis l'époque où mademoiselle de Mérian visita la Guyane, un grand nombre de voyageurs ayant parcouru l'Amérique méridionale y ont recueilli de ces insectes, et la plupart n'ont observé chez eux, aucune phosphorescence. Il paraît difficile de se former une opinion sur deux versions aussi contradictoires ; quelques voyageurs pensent que certaines personnes ont rapporté ce fait qu'elles n'avaient pas vu, se fiant trop complaisamment aux rapports des indigènes. On a aussi pensé, peut-être avec plus de raison, que les fulgores ont cette faculté pendant un temps de leur vie, sans doute à l'époque de l'accouplement, et qu'ils la perdent ensuite.

On ne décrit que trois espèces de ce groupe : nous ne parlerons que de l'espèce type, nous bornant à citer les deux autres, qui ont reçu les noms de *fulgora Castresii* Guérin-Méneville, et *fulgora graciliceps* Blanchard.

FULGORE PORTE-LANTERNE, *fulgora laternaria* Linné. Longue de trois pouces, large de quatre à cinq ; jaune verdâtre, moucheté de noir et de blanc, avec un grand œil jaune entouré de noir et ayant une pupille de même couleur portant deux taches blanches. La tête a près d'un pouce de long ; elle est globuleuse, oblongue, fortement bossue en dessus, munie en dessous de quatre rangs d'épines courtes. On y remarque aussi des bandes séparées du reste par de petits filets noirs avec des taches roses entre ces filets. Cet insecte se trouve communément à Cayenne.

Quant à l'hémiptère que l'on a désigné sous le nom de *fulgore européenne*, *fulgora europæa* Linné, qui se trouve communément dans le midi de l'Europe, et qui est verte, avec les ailes entièrement diaphanes, elle fait maintenant partie d'un genre voisin.

Mlle de Mérian, *Insectes de Surinam.*
Linné, *Systema naturæ* et *Systema Rhygotorum.*
Latreille, *Règne animal.*
Germar, dans le *Magasin d'entomologie*, 1818 et 1821, — et dans les *Archives de Thom*, 1820.
Burmeister, *Handbuch der Entomologie.*
Guérin-Méneville, *Voyage de Bellanger aux Indes Orientales.*
Spinola, *Essai sur les fulgorelles*, dans les *Annales de la Société entomologique*, 1re série, t. VIII (1839).
E. Blanchard, *Histoire des Insectes*, éd. Didot.

E. Desmarest.

FULGURITES. (*Géologie.*) L'électricité atmosphérique, en passant à travers les roches y cause des changements, trop peu étendus, il est vrai, pour avoir une influence sur leur existence, mais qui sont assez curieux pour attirer l'attention du géologue.

On a vu quelques rochers brisés par le tonnerre, et très-souvent le passage de la foudre sur les roches marqué par des traces de fusion. Lors de son ascension sur les cimes neigeuses du Mont-Blanc, Saussure remarqua des bulles vitreuses à la surface de blocs d'amphibolite et de blocs de syénite, qu'il crut pouvoir attribuer au passage de la foudre. Ramond, dans les Pyrénées, et de Humboldt, en Amérique, observèrent ensuite des faits semblables.

On sait que dans les décharges électriques appelées *chutes du tonnerre* la foudre s'enfonce souvent dans le sol, en perçant des trous, généralement assez petits. Comme il y a alors un énorme dégagement de chaleur, il était probable qu'il devait y avoir des traces de fusion sur le passage souterrain de l'étincelle. En 1827, le docteur Fiedler observa que sur plusieurs pentes des plaines sablonneuses de l'Allemagne, où la foudre était tombée, en s'enfonçant dans le sol elle avait fondu le sable autour des trous qu'elle avait faits, et que ces trous contenaient un tube de matière vitrifiée de quelques lignes seulement d'épaisseur, mais quelquefois très-long : chaque tube s'étendait depuis la surface jusqu'au point où le fluide électrique, ayant rencontré une couche humide, s'était dispersé. Il donna à ces tubes le nom de *fulgurites*. Plusieurs étaient très-longs, et présentaient, à leur extrémité inférieure, des ramifications indiquant les directions dans lesquelles le fluide s'était dispersé. Depuis lors, l'observation a fait découvrir de pareils tubes dans plusieurs autres contrées. Il doit en exister partout où la chaleur produite par le passage de la foudre a été assez grande pour fondre la roche traversée.

ROZET.

FULLERS EARTH (Terre à foulon). (*Géologie.*) Les géologues anglais ont ainsi nommé une masse argilo-calcaire, qui acquiert une assez grande puissance (quarante à cinquante mètres), dans les îles Britanniques, en France, dans la chaîne du Jura, les collines des Ardennes, etc., sur laquelle repose la grande oolithe. Cette masse est généralement bien stratifiée ; on y distingue des strates calcaires solides, souvent bleus dans l'intérieur ; des calcaires granuleux remplis de fossiles, parmi lesquels domine une petite ostracée (*ostræa acuminata*). Les strates solides alternent avec des lits de marnes argileuses bleues et jaunes, contenant des veines d'une excellente terre à foulon. A Navenne, dans la Haute-Saône, cet étage contient des couches d'une oolithe jaunâtre ; le banc bleu du Calvados doit lui être rapporté.

Sur le continent, cette division du terrain oolithique est caractérisée par l'accumulation d'une immense quantité de coquilles dans un très-bon état de conservation, parmi lesquelles dominent l'*ostræa acuminata* et de grandes bivalves qui ressemblent à des micas.

Les autres coquilles diffèrent peu de celles des étages supérieurs de la grande formation oolithique.

Les calcaires passent, d'un côté, à la grande oolithe et, de l'autre, à l'oolithe ferrugineuse inférieure ; ils fournissent des pierres de construction et des matériaux pour réparer les routes. La terre à foulon est exploitée pour le lavage des draps.

ROZET.

FUMARIACÉES. (*Botanique.*) Les fumariacées (dicotylédonées polypétales, à pétales hypogynes ; polypétales éleuthérogynes, Rich.) sont des plantes herbacées, annuelles ou vivaces, remplies d'un suc amer aqueux. Elles présentent les caractères suivants : calice à deux sépales, très-petit, caduc ; corolle irrégulière, éperonnée, composée de quatre pétales inégaux, souvent réunis et soudés ensemble, de manière à représenter une corolle monopétale ; étamines au nombre de six, diadelphes, c'est-à-dire, réunies en deux faisceaux de trois étamines chacun ; anthère centrale à deux loges ; anthères latérales à une loge ; ovaire simple, style grêle et filiforme, stigmate bilamellé ; fruit se présentant tantôt comme une capsule siliquiforme, bivalve, tantôt comme un simple akène ; graines arillées.

La famille des fumariacées se compose du seul genre *fumaria* Linné, que les botanistes modernes ont divisé en plusieurs genres distincts, tels que les genres *corydalis*, *diclytra*, *cysticapnos*, etc. Elle était jadis réunie à celle des papavéracées, dont elle se rapproche par beaucoup de caractères, mais dont elle diffère, néanmoins, par ses étamines diadelphes, sa corolle toujours irrégulière, et l'absence de suc laiteux.

Aucune des plantes appartenant à la famille des fumariacées n'est vénéneuse ; toutes, au contraire, contiennent un suc amer qui leur communique une vertu tonique. L'espèce la plus usitée est la *fumaria officinalis* (fumeterre officinale), dont le suc frais et la décoction sont employés comme toniques et dépuratifs. La *corydalis bulbosa* contient un alcali végétal, la *corydaline*, qui s'unit aux acides et forme avec eux des sels d'une extrême amertume.

G. VERGER.

FUMÉE. (*Technologie.*) Cet article n'est qu'un appendice à un sujet traité précédemment dans ce dictionnaire. (*Voy.* CHAUFFAGE.)

Ayant examiné ailleurs les divers appareils de chauffage, et spécialement ceux qu'on emploie dans les habitations particulières, nous ne voulons ici qu'ajouter quelques mots pour compléter ce que nous avons dit sur le plus usité de ces appareils.

Il s'agit des cheminées d'appartement. Le

3.

combustible qui les alimente est, comme on sait, le bois ou la houille : on le brûle dans un foyer ouvert, et les produits de la combustion s'échappent par un long tuyau qui est la cheminée proprement dite.

Le bois et la houille brûlent avec flamme, et cette flamme est toujours accompagnée d'une certaine quantité de fumée. On s'explique aisément ces phénomènes qui caractérisent cette combustion en se rappelant la composition chimique du bois et de la houille. Ces matières contiennent, en effet, du carbone, de l'oxygène et de l'hydrogène, c'est-à-dire des éléments qui donnent naissance, par l'action de la chaleur, à des principes volatils. En ce qui concerne le bois, par exemple, nous avons vu la distillation transformer les corps élémentaires qui se constituent en divers produits volatils, tels que vapeur d'eau, carbure d'hydrogène, acide acétique, etc., d'une part, de l'autre, en un résidu de charbon. C'est le cas où la chaleur agit seule, sans le concours de l'oxygène. Si, au contraire, l'oxygène atmosphérique prend part au phénomène, on observe une combustion et non plus une distillation : alors les circonstances peuvent être telles qu'il y ait oxydation parfaite des éléments du bois, en d'autres termes, que le charbon soit transformé intégralement en acide carbonique et l'hydrogène en eau. Telle qu'elle s'effectue dans nos foyers ordinaires, la combustion du bois n'est point parfaite : elle est toujours accompagnée d'une distillation véritable due au défaut d'oxygène. Aussi, donne-t-elle lieu tout à la fois à des produits brûlés et à des produits combustibles ; ceux-ci étant le résultat de la distillation, les autres, comme leur nom l'indique, provenant de la combustion, de là naissent et la flamme et la fumée qui apparaissent quand on brûle du bois. Qu'est-ce en effet que le phénomène de la flamme? C'est la combustion par l'oxygène de l'air de ces parties volatiles que la distillation a produites ; c'est l'oxydation de ces gaz carburés, émanés du bois sous l'action de la chaleur. Tant que la température de ces vapeurs combustibles est assez élevée, il y a, au contact de l'oxygène atmosphérique, combinaison et combustion, il y a flamme ; si leur température, au contraire, s'abaisse au-dessous d'une certaine limite, ils se mêlent à l'air sans brûler, et constituent, avec la vapeur d'eau et les produits de la combustion, ce qu'on appelle la fumée. Ce que nous venons de dire du bois s'applique à la houille : c'est aussi parce qu'elle contient, outre le carbone, les mêmes éléments volatils, hydrogène et oxygène, c'est parce qu'elle n'éprouve aussi dans nos foyers qu'une combustion imparfaite, que la houille, en brûlant, donne de la fumée.

Il y a, pour la construction des conduits destinés à évacuer la fumée et en général les produits de la combustion, plusieurs règles essentielles à observer. Nous avons déjà eu l'occasion d'en parler précédemment ; mais nous devons y revenir et développer les indications que nous avons données.

Le mode de construction et les dimensions des cheminées ont été fixés à Paris par des ordonnances de police, aujourd'hui tombées en désuétude. Suivant ces ordonnances, les cheminées devaient être construites en briques, reliées de distance en distance par des armatures de fer, et présenter une section rectangulaire de 3 pieds de large sur 10 pouces de profondeur (Péclet). L'exécution de ces prescriptions, du moins sur le dernier point, était sujette à de graves inconvénients; car, indépendamment de la place occupée par un tuyau de ces dimensions, il est clair que la grande section et la forme qu'on lui donnait étaient de nature à permettre l'établissement de courants contraires et, par suite, l'introduction de la fumée dans les pièces où s'ouvrait la cheminée. Aussi, les constructeurs ont-ils cessé de se conformer aux prescriptions de l'ordonnance précitée. Ils ont cessé également, mais à tort, de l'exécuter, en ce qui concerne le mode de construction; car les cheminées, si l'on en excepte celles qu'on trouve dans les habitations élevées récemment, sont, pour la plupart, en plâtre et non en briques.

Comme nous l'avons déjà dit ailleurs, on s'accorde généralement aujourd'hui à donner aux cheminées des dimensions beaucoup moindres que celles dont nous venons de parler. Tous les constructeurs regardent, en effet, comme suffisant pour nos appartements actuels un tuyau de 3 à 4 décimètres carrés de section. M. Péclet conseille en outre de donner à ce tuyau la forme circulaire, qui paraît, en effet, préférable à toutes les autres, parce que la résistance que les parois présentent toujours au mouvement de l'air étant égale sur tous les points de la surface intérieure, les doubles courants doivent s'y établir plus difficilement. Si l'on remarque, en outre, avec M. Péclet, que le plâtre est sujet à s'altérer par l'action de la chaleur et de l'eau provenant de la pluie et de la fumée, on verra qu'il faut employer dans la construction des cheminées des matériaux plus résistants. La brique est, à tous égards, la matière la plus avantageuse pour cet objet : c'est aussi la plus communément adoptée aujourd'hui. A Paris, on emploie depuis quelques années avec succès des briques destinées spécialement à cet usage, et dont la fabrication est due à M. Boursier. Ces briques, plus épaisses que les briques ordinaires et de formes appropriées, permettent de monter les cheminées dans l'épaisseur des murs sans nuire à leur solidité. A la vérité, les cheminées ainsi construites ne peuvent pas être ramonées à la manière ordinaire, c'est-à-dire à la main ; mais on les débarrasse parfaitement de la suie par un procédé beaucoup plus simple, qui consiste à y introduire un fagot d'épines, attaché à deux cordes qui permettent de le promener dans toute l'étendue du tuyau.

Quelque soin qu'on apporte dans la construction des cheminées, ces appareils ne remplissent le but qu'on se propose d'atteindre, c'est-à-dire l'évacuation de la fumée, que dans des conditions favorables de tirage et de ventilation. C'est sous ce point de vue que nous devons maintenant les considérer. M. Gronvelle, dont nous avons déjà cité le nom dans ce recueil, a examiné ce sujet avec beaucoup de sagacité, et nous rapporterons ici ses observations.

Dans les foyers de nos habitations, qui sont ouverts et où l'air appelé par le tirage pénètre librement par une surface toujours assez étendue, la combustion s'opère dans des conditions fort différentes de celles que présentent les foyers d'usine, où le combustible est généralement placé sur une grille, en couches plus ou moins épaisses, que l'air est obligé de traverser. Dans ce dernier cas, presque tout l'oxygène atmosphérique qui pénètre dans le foyer est converti en acide carbonique, et l'azote qui l'accompagne est porté à une haute température par son passage à travers les couches du combustible embrasé : les produits de la combustion et l'air non altéré qui pénètrent dans la cheminée se trouvent ainsi fortement échauffés et s'élèvent rapidement en vertu de leur faible densité. Il n'en est pas de même dans les foyers que nous examinons : par suite de leur disposition même, il est évident qu'une grande partie de l'air appelé par le tirage les traverse sans servir à la combustion et sans s'y échauffer notablement ; d'où il suit que, mêlé aux produits de la combustion, cet air doit former une masse gazeuse douée d'une faible puissance ascensionnelle. M. Gronvelle n'estime, en effet, qu'à 40 ou 50 degrés la température des gaz qui s'élèvent dans une cheminée ordinaire. Ajoutons que parmi les gaz il y en a qui, comme l'acide carbonique, ont une pesanteur spécifique supérieure à celle de l'air.

Dans de telles conditions, il suffit de causes extérieures peu puissantes pour arrêter le mouvement ascendant de la colonne gazeuse, et pour faire, suivant l'expression vulgaire, fumer la cheminée.

Ces causes peuvent être un obstacle qui gêne par le haut du tuyau la sortie de la fumée, ou par le bas, dans la pièce où s'ouvre le foyer, une ventilation imparfaite. Examinons successivement ces deux circonstances.

Parmi les causes qui peuvent s'opposer à la sortie de la fumée par l'orifice supérieur du conduit, il faut placer en première ligne l'action des vents. Les vents, en effet, produisent toujours un changement de pression dans la région de l'atmosphère qui enveloppe la cheminée, et, même sans être dirigés obliquement de manière à s'y introduire, ils peuvent mettre obstacle à l'issue des gaz qui tendent à en sortir. On combat de plusieurs manières cette action des vents. D'abord, en rétrécissant autant que possible l'orifice de la cheminée ou en le surmontant d'une buse ou tuyau conique ; dispositions qui ont pour effet d'augmenter la vitesse d'écoulement de la fumée et de surmonter ainsi l'obstacle qu'elle peut rencontrer dans la pression des courants. On peut en outre mettre l'orifice même du conduit à l'abri des vents, et c'est là le but de ces appareils qui surmontent nos cheminées. On emploie ainsi, soit des capuchons fixes dont la surface conique enveloppe le sommet du tuyau et descend en contre-bas de son ouverture ; soit des capuchons mobiles placés sur un tambour tournant dont la surface présente une ouverture qui donne issue à la fumée : cet appareil, muni d'une girouette, s'oriente par l'action du vent, et sa disposition est telle qu'il présente toujours l'ouverture du tambour du côté opposé au vent. En tout cas, il est bon que la cheminée dépasse notablement le toit de l'édifice pour que ces sortes d'appareils soient efficaces.

Il y a d'ailleurs une autre raison pour élever ainsi les tuyaux de cheminée : c'est qu'on en soustrait ainsi l'orifice à l'influence des courants d'air qui prennent naissance sur les toits par l'action du soleil. L'insolation porte, en effet, à une température assez élevée les matériaux qui forment les toits, et de là des courants d'air chaud qui s'élèvent et d'air froid qui descend. Ces longs tuyaux qui surmontent les cheminées, les préservent de ces mouvements atmosphériques qui peuvent devenir facilement une cause de fumée.

On doit compter encore parmi les obstacles du même genre les vices de construction qui sont de nature à nuire au libre écoulement de la fumée. Telle est la disposition de ces appareils où plusieurs courants gazeux se rencontrent dans un même tuyau : cette circonstance peut souvent diminuer le tirage de quelques-uns des foyers qui débouchent dans la cheminée commune ; telle est encore, sans parler des cheminées de grandes dimensions, qui sont trop exposées, comme nous l'avons vu, aux influences extérieures, la disposition contraire où le tuyau a un développement insuffisant. La fumée qui le parcourt n'a alors qu'une très-faible puissance ascensionnelle (car il est facile de voir que cette puissance croit, pour une même section, avec la hauteur même du conduit), et, comme dans le cas précédent, elle tend, par les moindres variations de pression extérieure, à rentrer dans *la pièce où se fait le feu. Pour remédier à ce* dernier inconvénient, il suffit d'adapter au sommet de la cheminée un long tuyau de tôle, puisqu'on augmente aussi la hauteur de l'appareil.

Voyons maintenant quelles sont les actions qui, s'exerçant à l'orifice inférieur de la cheminée, peuvent contribuer à y appeler la fumée.

Ces actions sont toujours dues à une ventilation imparfaite de la pièce où s'ouvre le foyer. Dans le plus grand nombre des cas, *l'air extérieur qui doit remplacer dans cette pièce l'air qui alimente la combustion,* s'introduit uniquement par les joints que laissent les portes et les fenêtres : il est facile de concevoir dès lors que le renouvellement de l'air y soit insuffisant. La diminution de pression qui en résulte produit une diminution correspondante dans la puissance ascensionnelle de la fumée, et, au delà d'une certaine limite, le tirage étant nul, les gaz de la combustion se répandent dans la pièce échauffée. On constate aisément, dans ce cas, la cause de la fumée, puisqu'il doit suffire, pour ramener les choses à l'état normal, d'appeler l'air extérieur en plus grande quantité; ce qui se fait en ouvrant légèrement la porte ou la fenêtre. La cause reconnue, il faut, pour remédier au mal, obtenir une ventilation plus puissante de la pièce, et on y parvient par un système convenable de ventouses. Nous avons parlé à l'article Chauffage de la disposition qu'on doit leur donner.

On doit remarquer, à ce sujet, qu'une ventilation réellement suffisante de cette pièce peut devenir insuffisante à un moment donné, par l'appel que peuvent exercer les pièces voisines. Si dans celles-ci il y a, par exemple, une cheminée capable d'un fort tirage et que l'air extérieur n'y afflue pas en quantité assez considérable, la diminution de pression doit y attirer l'air des pièces voisines, et ces courants peuvent devenir une cause de fumée dans ces dernières. Le remède, dans ce cas, doit encore être demandé à la ventilation.

Péclet, *Traité de la Chaleur*, t. I.
Gronveile, *Dictionnaire des arts et manufactures,* art. Chauffage.

H. Dézé.

FUMÉES VOLCANIQUES. (*Géologie.*) Dans tous les sols volcaniques où se trouvent des bouches actives, et même dans quelques-uns de ceux où il ne s'est point fait d'éruption depuis les temps historiques, on voit sortir par les cratères, par les crevasses des cônes, et même par les fentes du sol, de la fumée plus ou moins épaisse, répandant une odeur sulfureuse ou muriatique plus ou moins forte. A l'approche des crises volcaniques, la quantité de fumée qui sort ordinairement des cratères augmente d'une manière très-notable. Celle des crevasses devient aussi beaucoup plus abondante, plus épaisse, et ce dégagement de fumée continue pendant tout le temps de la crise.

La fumée qui sort aussi des évents volcaniques est principalement composée de vapeur d'eau. Celle-ci est mélangée de quantités variables de gaz acide sulfureux, d'acide sulfhydrique, d'acide chlorhydrique, et d'acide carbonique. La fumée des volcans est quelquefois tellement acide qu'elle détruit la végétation des contrées sur lesquelles elle passe; elle l'est, au contraire, quelquefois assez peu pour qu'on puisse la respirer sans en être incommodé : dans l'éruption du Vésuve de 1843, dont j'ai été témoin, la fumée qui sortait des crevasses m'a paru ne contenir que de l'acide chlorhydrique, et en assez petite quantité pour que j'aie pu demeurer pendant cinq à six minutes dans plusieurs fumerolles, sans être incommodé. Celle de la solfatare de Pouzzoles contenait une si grande quantité d'acide sulfureux, qu'on était suffoqué en approchant des fumerolles.

La lave rouge qui coule, et la lave noire qui se refroidit, fument notablement et continuellement. Cette fumée est presque uniquement composée de vapeur d'eau : j'ai pu respirer pendant longtemps celle de la lave vésuvienne de 1843, sans en être aucunement incommodé.

Les fumées volcaniques forment quelquefois des nuages si épais, qu'ils couvrent de ténèbres tout le pays environnant. Pline le jeune, dans sa lettre à Tacite sur la mort de son oncle, causée par la première éruption du Vésuve en 79, dit : « Le jour recommençait ailleurs; mais dans le lieu où ils étaient, à Stabia, à trois lieues du Vésuve, continuait une nuit, la plus sombre et la plus affreuse de toutes les nuits, qui n'était un peu dissipée que par la lueur des flammes et de l'incendie. Lorsqu'on commença à revoir la lumière, ce qui n'arriva que trois jours après, on trouva au même endroit son corps entier, couvert de la même robe qu'il portait quand il mourut, etc., etc. »

De ce que la fumée de ce volcan est principalement composée de vapeur d'eau, de ce qu'elle contient toujours de l'acide chlorhydrique et de ce que les fumerolles déposent du chlorure de fer et du sel marin, je conclus que l'eau de la mer doit pénétrer dans les foyers volcaniques : jamais le terrain environnant, quand même on le supposerait desséché jusqu'à une grande profondeur, ne pourrait fournir la masse d'eau vaporisée dans chaque éruption.   ROZET.

FUMIERS. *Voyez* ENGRAIS.

FUNÉRAILLES. (*Antiquités.*) Nous nous proposons dans cet article d'examiner brièvement la manière dont les derniers devoirs étaient rendus aux morts chez les Grecs et chez les Romains, avec les rites et les cérémonies qui s'y rapportaient.

Funérailles chez les Grecs.

Les Grecs attachaient une grande importance à l'ensevelissement des morts; ils croyaient que les âmes ne pouvaient pénétrer dans les champs Élysées tant que les corps n'étaient pas sous la terre : aussi voyons-nous dans l'*Odyssée* (1) l'ombre d'Elpénor suppliant Ulysse de donner la sépulture aux restes mortels dont elle est séparée. Ulysse lui-même, en danger de faire naufrage, regrette de n'être pas tombé en combattant devant Troie, ce qui lui eût assuré une sépulture honorable (2). Ce sentiment était si fort chez les Grecs, qu'on regardait comme un devoir religieux de jeter de la terre sur un cadavre qu'on trouvait sans sépulture (3); et à Athènes, les enfants que la mauvaise conduite de leurs parents libérait de toute obligation à l'égard de ceux-ci étaient néanmoins, par une disposition d'une des lois de Solon, tenus de les ensevelir (4). Le fait de n'avoir pas rendu les derniers devoirs à ceux de sa famille est mentionné souvent par les orateurs comme une grave attaque contre la moralité de leurs adversaires (5). Sophocle nous montre Antigone bravant tous les dangers pour ensevelir, malgré les ordres de Créon, le cadavre de son frère Polynice. Les expressions courantes par lesquelles on désignait les funérailles : τὰ δίχαια, νόμιμα ou νομιζόμενα, προσήχοντα, prouvent la vérité de cette assertion, que les morts avaient à la sépulture un droit légal et moral.

Lucien a décrit, dans son traité *De luctu*, les cérémonies qui accompagnaient généralement les funérailles chez les Gres, et il n'y a pas lieu de supposer que les pratiques plus anciennes différassent beaucoup de celles qui étaient en usage de son temps. Le premier soin que l'on prenait était de placer dans la bouche du mort une obole, appelée δανάχη, et destinée à payer son passage dans la barque de Caron. Puis on lavait le corps, on l'arrosait d'huile parfumée, on le couronnait de fleurs. Enfin on l'habillait d'une robe aussi belle que le permettait la fortune de la famille, afin, selon Lucien, qu'il n'eût pas froid en traversant l'Ha-

dès, et qu'il ne fût pas vu par Cerbère; ce vêtement, suivant toutes les apparences, était généralement blanc (1). Ces soins n'étaient pas confiés en Grèce à des gens spéciaux, comme étaient les *pollinctores* romains : c'étaient les femmes de la famille qui s'en acquittaient (2).

Le corps était ensuite exposé sur un lit, la tête et le dos soutenus par un coussin (3). Dans l'origine, cette exposition avait lieu en dehors de la maison (4); mais à Athènes une loi de Solon ordonna qu'elle aurait lieu à l'intérieur (5). Cette formalité avait pour but de faire voir à chacun que le défunt était décédé naturellement, et n'avait pas péri de mort violente (6). Platon (7) en donne une autre raison : selon lui, elle avait pour but de constater solennellement la mort du défunt; il ajoute que le corps ne devait rester dans la maison que le temps nécessaire à cette constatation. A côté du lit, on plaçait des vases en terre cuite, appelés λήχυθοι (8), qui étaient aussi ensevelis avec le cadavre. C'est à cet usage que nous devons le grand nombre de vases peints qui forment aujourd'hui l'une des principales richesses de nos musées d'antiquités. Un gâteau de miel, appelé μελιτοῦττα, et probablement destiné à Cerbère, était aussi placé à côté du corps (9). Devant la porte on mettait un vase plein d'eau, appelé ὄστραχον, ἀρδάλιον ou ἀρδάνιον, afin que les personnes qui entraient dans la maison pussent se purifier par une aspersion (10). Les parents se tenaient autour du lit; les femmes faisaient entendre de bruyantes lamentations, en déchirant leurs vêtements et en s'arrachant les cheveux (11). Solon essaya de réformer cette coutume (12); mais ses prescriptions à cet égard ne paraissent pas avoir été observées. Ce qu'il y a de certain, c'est que les voyageurs signalent encore aujourd'hui l'existence de cette coutume dans la Grèce (13). Dans l'origine, on sacrifiait des victimes avant d'emporter le cadavre hors de la maison; mais cette pratique n'était plus observée au temps de Platon (14). Aucune femme au-dessous de soixante ans, à l'exception des très-proches

---

(1) XI, 66, etc.
(2) *Od.* V, 311.
(3) *Æl. Var. Hist.* V, 14.
(4) *Æsch. C. Timarc.* p. 40.
(5) Demosth. *C. Aristog.* I, p. 787, 2. — Lys. *C. Phil.* p. 883; *C. Alcib.* p. 839.

(1) *Il.* XVIII, 383. — Artemidor. *Oneirocrit.* II, 3.
(2) Isée, *De Philoct. her.* p. 145; *De Ciron. her.* p. 209.
(3) Lys. *C. Eratosth.* p. 393.
(4) Schol. *ad Aristoph. Lysistr.* 611.
(5) Demosth. *C. Macart.* p. 1071.
(6) Pollux, *Onomastic.*, VIII, 63.
(7) *Leg.* XII, 9, p. 959.
(8) Aristoph. *Eccles.* 1032, 996.
(9) Aristoph. *Lysistr.* 601, avec les Scholies. — Cf. Virg. *Æn.* VI, 419.
(10) Aristoph. *Eccles.* 1033. — Pollux, *Onomastic.* VIII, 63. — Hesych *s. v.* Ἀρδάλιον.
(11) Lucien, *De Luctu*, 12.
(12) Plut. *Sol.* 12, 21.
(13) *Voy.* M. Le Bas, dans la *Revue archéologique*, 3e année, 1re part., p. 291.
(14) *Min.* c. 8, p. 315.

parentes, n'était admise dans la maison tant que le mort s'y trouvait (1).

Le lendemain de l'exposition, ou le troisième jour après la mort, le corps était porté à sa dernière demeure : ce devait être de grand matin, avant le lever du soleil, d'après une loi de Solon, qui paraît avoir été remise en vigueur par Démétrius de Phalère (2). Dans plusieurs localités, on enterrait les cadavres le lendemain de la mort (3). Les hommes marchaient devant le corps, et les femmes derrière (4). Le cortége était précédé ou suivi par des pleureuses salariées (θρηνῳδοί); c'étaient ordinairement des esclaves cariennes ; Platon parle cependant d'hommes qui remplissaient le même office (5).

Les cadavres étaient, soit enterrés, soit brûlés. Lucien (6) dit que les Grecs brûlaient les morts et que les Persans les enterraient. Mais les écrivains modernes sont divisés sur la question de savoir laquelle de ces deux coutumes était généralement employée. Bien que l'ensevelissement nous paraisse avoir prévalu en Grèce, ainsi que le prouve, outre le témoignage des auteurs, le grand nombre de squelettes trouvés dans ces derniers temps, et que le feu n'a évidemment pas touchés, nous devons dire néanmoins que l'autre coutume fut aussi en usage. En un mot, l'ensevelissement et l'incinération des cadavres furent toujours employés concurremment : seulement l'un ou l'autre prit plus d'extension selon les époques, jusqu'au jour où les progrès du christianisme firent entièrement disparaître la seconde de ces pratiques.

On brûlait les cadavres sur des piles de bois, ou bûchers (πυραί). Le corps était placé sur le sommet. Dans les temps héroïques, il était d'usage de brûler avec lui des animaux, et même des captifs ou des esclaves. Ainsi fit Achille aux funérailles de Patrocle (7). On jetait aussi sur le feu de l'huile et des parfums. Quand la flamme avait cessé de briller, on éteignait les charbons, en y répandant du vin, et les parents ou les amis recueillaient les os (8). Ceux-ci étaient alors lavés avec du vin et de l'huile, et déposés dans des urnes, qui quelquefois étaient en or (9).

Les cadavres qu'on ne brûlait pas étaient ensevelis dans des cercueils, qu'on appelait de divers noms, σόροι, πύελοι, ληνοί, λάρνακες, δροῖται, quoique plusieurs de ces expressions s'appliquassent aussi aux urnes dans lesquelles

étaient conservés les os recueillis parmi les débris du bûcher. La forme de ces cercueils variait, ainsi que la matière dont ils étaient faits ; cependant on employait, en général, la terre cuite.

Les lieux de sépulture étaient situés ordinairement hors de l'enceinte des villes. A Athènes, on enterrait primitivement les morts dans leurs propres maisons (1) ; mais dans les temps historiques les tombeaux étaient déjà relégués hors des murs (2). Lycurgue, pour détruire les idées superstitieuses qu'on attachait à la présence des morts, permit d'ensevelir dans l'intérieur de Sparte (3). La même permission existait à Mégare (4).

Les personnes qui possédaient des terres dans l'Attique y étaient fréquemment ensevelies, et de là l'existence de ces tombeaux dans la campagne dont parlent les auteurs (5). Mais les tombes s'élevaient le plus souvent au bord des routes et près des portes de la ville, surtout le long de la route qui menait au Pirée, près de la porte Itonienne, qu'on appelait par cette raison *porte sépulcrale*, Ἡρίαι πύλαι (6). Ceux qui avaient péri dans une bataille étaient ensevelis, aux frais du trésor public, dans le Céramique extérieur, le long de la route qui conduisait à l'Académie (7).

Les tombes étaient regardées comme des propriétés particulières ; et elles appartenaient en propre aux familles dont les membres y reposaient (8).

On appelait les tombes θῆκαι, τάφοι, μνήματα, μνημεῖα, σήματα. Beaucoup n'étaient que de simples élévations de terre ou de pierre (χώματα, κολῶναι, τύμβοι). D'autres étaient des constructions en pierres, bâties et ornées souvent avec le plus grand goût. Le célèbre voyageur anglais Fellows en a trouvé de très-remarquables en Asie Mineure, principalement en Xanthus en Lycie. Ces dernières sont creusées ou taillées en relief dans le roc vif (9).

Les tombeaux grecs étaient souvent construits sous la terre : on les appelait alors *hypogées* (ὑπόγαια), et ils correspondaient à ce que les Romains appelaient *conditoria* (10).

Les morts, à Athènes, paraissent avoir été habituellement enterrés, et rien dans l'origine ne marquait la place où ils reposaient (11). Mais plus tard on déploya dans ces dernières

(1) Demosth. *C. Macart.* p. 1071.
(2) Demosth. *C. Macart.*, p. 1071. — Antiph. *De Chor.* p. 782. — Cic. *De leg.* II, 26.
(3) Callim. *Epigr.* 13. — Diog. Laert. I, 122.
(4) Demosth. *l. c.*
(5) Plat. *Ley.* VII, 9, p. 800. — Hesych. *s. v.* Καρίναι. — Pollux, *Onomastic.*, IV, 75.
(6) *De luctu*, c. 21.
(7) *Il.* XXII, 163, etc.
(8) *Il.* XXIV, 791.
(9) *Od.* XXIV, 71, etc.

(1) Plat. *Min. c.* 8, p. 303.
(2) Cic. *Ad. Fam.* IV, 12, § 3.
(3) Plut. *Lyc.* 27.
(4) Paus. I, 43, § 2.
(5) Demosth. *C. Everg.* p. 1189. — Donat. *ad Ter. Eun. Prol.* 10.
(6) *Etymol. Magn.* et Harpocr. *s. v.* — Theophr. *Char.* 14.
(7) Thucyd. II, 34. — Paus. I, 29, § 4.
(8) Demosth. *C. Eubul.* p. 1307 ; *C. Macart.* 1077. — Cic. *De leg.* II, 26.
(9) Fellows, *Excursion in Asia minor*, p. 219 et suiv.
(10) Petron. c. 111.
(11) Cic. *De leg.* II, 25.

demeures tant de magnificence, que Solon se crut obligé d'arrêter cet abus, et défendit par une loi d'élever une tombe que dix ouvriers ne pourraient pas bâtir en trois jours (1). Mais cette interdiction ne fut pas observée, et longtemps après Démétrius de Phalères fut obligé de défendre, à son tour, d'élever un monument funéraire qui aurait plus de trois coudées de hauteur (2).

Il y avait quatre genres de tombeaux qui affectaient diverses formes et différents noms : on appelait στῆλαι des bornes ou des tables de pierre dressées debout ; κίονες, des colonnes d'aspect varié ; ναΐδια ou ἡρῷα, de petits bâtiments en forme de temples ; τράπεζαι, des tables de pierre posées à plat.

Les inscriptions placées sur ces monuments funéraires renferment ordinairement le nom du défunt et la désignation du dème auquel il appartenait ; quelquefois on trouve ajoutés à ces indications quelques mots sur sa vie, sur ses vertus, etc. Elles se terminent ordinairement par cette exclamation : Χρηστὲ, χαῖρε, Adieu, bon! (3).

On prononçait quelquefois des discours en l'honneur des morts ; mais Solon ordonna que cet honneur serait exclusivement réservé à ceux pour qui l'on célébrait des funérailles publiques. Aux temps héroïques, on solennisait par des jeux les funérailles des grands personnages, ainsi qu'il fut fait après la mort de Patrocle (4).

La cérémonie terminée, les parents du défunt prenaient part à un festin, qu'on appelait περίδειπνον ou νεκρόδειπνον (5), et qui avait lieu toujours dans la maison du plus proche parent. Le second jour après les funérailles, on offrait au mort un sacrifice, nommé τρίτα : Aristophane y fait allusion dans sa comédie intitulée Lysistrate (6). Pollux (7) énumère par ordre tous les sacrifices qu'on faisait à l'intention du défunt : τρίτα, ἔννατα, τριακάδες, ἐναγίσματα, χοαί. Celui du neuvième jour, ἔννατα ou ἔνατα, était le plus important (8). Le deuil paraît avoir duré jusqu'au trentième jour après les funérailles (9) ; à son expiration, on offrait de nouveaux sacrifices (10). A Sparte, la durée du deuil était limitée à onze jours (11). Pendant ce temps, les parents du mort s'abstenaient de paraître en public (12) ; ils por-

(1) Cic. de Leg. II, 26.
(2) Cic. l. c.
(3) J. Franz. Elementa epigraghices græcæ, p. 339 et suiv.
(4) Il. XXIII.
(5) Lucien, De luctu, c. 24. — Cic. De leg. II, 24.
(6) Lysistr. 611, avec la scholie.
(7) Onomast. VIII, 146.
(8) Eschin. C. Ctesiph. p. 617. — Isée, De Ciron. hered. p. 224.
(9) Lys. De cæde Erat. p. 16.
(10) Harpocrat. s. v. Τριακάς.
(11) Plut. Lyc. 27.
(12) Eschin. C. Ctesiph. p. 468, 469.

taient des vêtements noirs (1) ; dans les temps anciens, ils se coupaient les cheveux (2).

Les tombeaux étaient soignés et entretenus par la famille à laquelle ils appartenaient ; on les regardait comme un des liens les plus forts qui attachassent l'homme à sa terre natale (3). A certains jours, on y portait des offrandes, des couronnes, des guirlandes de fleurs, etc. (4) : ces offrandes s'appelaient χοαί ou ἐναγίσματα ; elles se nommaient γενέσια (5), quand elles étaient destinées à célébrer l'anniversaire de la naissance de celui qu'on pleurait, et νεκύσια, quand on les lui présentait à l'anniversaire de sa mort.

Certains criminels, mis à mort par jugement, étaient privés du droit à la sépulture, ce qui était une augmentation de peine ; il y avait à Athènes et à Sparte un endroit où l'on jetait leurs corps (6). On ensevelissait les suicidés ; mais la main avec laquelle ils s'étaient frappés, était coupée et enterrée à part (7). Les corps de ceux qui avaient été tués par la foudre, étaient regardés comme sacrés ; ils n'étaient pas ensevelis avec les autres, mais bien à la place même où ils avaient été frappés (8).

Funérailles chez les Romains.

Passons maintenant aux funérailles chez les Romains.

Quand un Romain était sur son lit de mort, le plus proche de ses parents essayait de recueillir avec sa bouche le dernier soupir du moribond (9). On ôtait l'anneau que celui-ci portait au doigt (10), et aussitôt qu'il avait expiré, on lui fermait les yeux et la bouche (11) ; puis on l'appelait par son nom, en lui disant : Have ou vale (12). Le corps était lavé, et parfumé d'huile et d'essences par des esclaves appelés pollinctores, qui appartenaient aux libitinarii ou entrepreneurs de funérailles (13), ainsi appelés parce qu'ils se tenaient près du temple de Venus Libitina, où se vendaient tous les objets nécessaires pour les cérémonies funèbres (4). On plaçait dans la bouche du mort une petite pièce de mon-

(1) Eurip. Helen. 1087; Iphig. Aul. 1438. — Isée, De Nicostr. hered. p. 71. — Plut. Pericl. 38.
(2) Eschyl. Chœph. 7.
(3) Eschyl. Pers. 405. — Lyc. C. Leocr. p. 141.
(4) Eschyl. Pers. 609, etc.; Chœph. 86, etc.
(5) Herod. IV, 26.
(6) Plut. Them. 22. —Thuc. I, 134.
(7) Eschine, C. Ctesiph. p. 636, 637.
(8) Eurip. Suppl. 935. — Artemidor. Oneirocr. II, 9, p. 146.
(9) Virg. Æn. IV, 684. — Cic. Verr. V, 45.
(10) Suet. Tib. 73.
(11) Virg. Æn. IX, 487. — Lucain, III, 740.
(12) Ovid. Trist. III, III, 43; Met. X, 62; Fast. IV, 852. — Catulle, Cl. 10.
(13) Dig. 14, t. 3, s. 5, § 8.
(14) Senec. De benef. VI, 38.— Plut. Quæst. Rom. 23; Num. 12. — Liv. XLI, 21.

naie (1), et on exposait son corps sur un lit dans le vestibule de sa maison, les pieds tournés vers la porte. On le revêtait de sa plus belle toge, avec les insignes de sa charge, s'il avait exercé des fonctions publiques (2) ; s'il avait reçu quelque couronne ou autre récompense honorifique, on l'en parait également (3). On couvrait le lit de feuilles et de fleurs ; et si le défunt avait été un personnage marquant, on mettait sur la porte une branche de cyprès (4).

Il y avait deux sortes de funérailles. Les unes étaient appelées *funus publicum* (5), ou *indictivum* (6), parce qu'elles étaient publiques, et que le peuple y était invité par un héraut ; les autres, plus modestes, se nommaient *funus tacitum* (7), *translatitium* (8), ou *plebeium*. Si le défunt n'avait pas laissé une somme spécialement destinée à sa sépulture, ou chargé quelqu'un de lui rendre les derniers devoirs, cette charge retombait sur son héritier désigné, ou, en cas de mort *ab intestat*, sur ses parents, selon l'ordre de leurs droits à son héritage (9). Des arbitres étaient nommés pour régler la dépense et la proportionner au rang du défunt (10), et de là le nom d'*arbitria*, donné souvent aux sommes affectées à cet emploi (11).

Dans l'origine, les funérailles se faisaient toujours de nuit (12) ; mais ensuite les pauvres seuls se conformèrent à cette coutume (13). Le corps était ordinairement emporté le huitième jour après la mort (14). L'ordre de la procession funéraire était réglé par un officier appelé *designator* ou *dominus funeris*, secondé par des licteurs vêtus de noir (15). En tête marchaient des musiciens (16), puis des pleureuses salariées, appelées *præficæ* (17), qui gémissaient et chantaient un chant funèbre (*nænia* ou *lessus*) en l'honneur du mort. Après elles, venaient quelquefois des comédiens et des bouffons, dont l'un, appelé l'*archimime*, jouant le rôle du défunt, imitait ses gestes et ses paroles (18). Derrière ceux-ci marchaient les esclaves affranchis par le défunt, et qui étaient parfois fort nombreux : il arriva plusieurs fois qu'un maître affranchit par testament tous ses esclaves, dans le but d'ajouter à la pompe de ses funérailles (1). On portait devant le corps les images des ancêtres (2) et aussi les couronnes et récompenses militaires gagnées par celui qu'on menait à sa dernière demeure (3).

Le corps était porté sur une litière, qu'on nommait *feretrum* (4) ou *capulum* (5) ; les citoyens pauvres et les esclaves se contentaient d'un cercueil commun, qu'on nommait *sandapila* (6). Il y avait pour ceux-ci des porteurs appelés *vespæ* ou *vespillones* (7), parce que, selon Festus, c'était le soir (*vespertino tempore*) qu'ils remplissaient leur office.

Revenons aux riches, à qui seuls, on le comprend, s'appliquent la plupart des détails que nous donnons ici. Les litières mortuaires étaient en ivoire, et recouvertes d'or et de pourpre (8). Elles étaient souvent portées sur les épaules des plus proches parents (9), et quelquefois sur celles des affranchis du mort (10). Jules César fut porté par les magistrats (11), et Auguste par les sénateurs (12).

Les parents marchaient derrière le corps ; les fils avaient la tête voilée, les filles, la tête nue et les cheveux épars (13). Chacun se lamentait à haute voix ; les femmes se frappaient la poitrine et se déchiraient les joues, bien que cela fût défendu par la loi des Douze Tables (14). Si le mort était d'un rang illustre, le cortége traversait le forum, et s'arrêtait devant les rostres, où l'on prononçait son oraison funèbre (15). Cet honneur s'accordait aussi aux femmes (16). Du forum, le corps était porté au lieu où l'on devait l'enterrer ou le brûler, et qui, d'après une loi des Douze Tables, devait être hors de la ville.

Dans l'origine, les Romains enterraient leurs morts (17) ; cependant la coutume de brûler les cadavres remonte aussi chez eux à une haute antiquité : il en est fait mention dans

(1) Juv. III, 207.
(2) Juv. III, 72. — Liv. XXXIV, 7. — Suet. *Ner.* 80.
(3) Cic. *De Leg.* II, 24.
(4) Lucain, III, 442. — Hor. *Carm.* II, xiv, 25.
(5) Tac. *Ann.* VI, 11.
(6) Festus, *s. v.* — Cic. *l. c.*
(7) Ovid. *Trist.* I, III, 22.
(8) Suet. *Ner.* 33.
(9) Dig. 11, t. VII, s. 12.
(10) Dig. *l. c.*
(11) Cic. *Pro domo*, 37 ; *Post Red. in Sen.* 7 ; *In Pis.* 9.
(12) Serv. *ad Virg. Æn.* XI, 143. — Isidor. *Origin.*, XI, 2 ; XX, 10.
(13) Festus, *s. v. Vespæ.* — Suet. *Dom.* 17. — Dionys. IV, 40.
(14) Serv. *ad Virg. Æn.* V, 64.
(15) Donat. *ad Ter. Adelph.* I, II, 7. — Cic. *De leg.* II, 24.
(16) Cic. *Ibid.* II, 23. — Gell. XX, 2.
(17) Festus, *s. v.*
(18) Suet. *Vesp.* 19.

(1) Dionys. IV, 24. — Cf. Liv. XXXVIII, 33.
(2) Cic. *Pro Mil.* 13. — Dion Cass. LVI, 134. — Plin. *H. N.* XXXV, 2.
(3) Cic. *De Leg.* II, 24.
(4) Varr. *De Ling. Lat.* V, 166.
(5) Festus. *s. v.*
(6) Mart. II, 81 ; VIII, LXXV, 14. — Juv. VIII, 75. — Hor. *Sat.* I, VIII, 9.
(7) Suet. *Dom.* 17. — Mart. I, XXXI, 48.
(8) Suet. *Jul.* 84.
(9) Valer. Max. VII, 1, § 1. — Hor. *Sat.* II, VIII, 59.
(10) Pers. III, 106.
(11) Suet. *Jul.* 81.
(12) Suet. *Aug.* 100. — Tacit. *Ann.* I, 8.
(13) Plut. *Quæst. Rom.* 14.
(14) Cic. *De leg.* II, 23.
(15) Dionys. V, 17. — Cic. *Pro Milon.* 13 ; *De orat.* II, 84. — Suet. *Jul.* 84 ; *Aug.* 100.
(16) Cic. *De leg.* II, 25. — Plut. *Cæs.* 5.
(17) Plin. *H. N.* VII, 33.

les Douze Tables (1); mais elle ne devint générale que dans les derniers temps de la république : Marius fut enterré, et Sylla fut le premier de la famille Cornélia dont le corps fut livré à la flamme (2). Une fois bien établi, cet usage ne fut renversé que par les progrès du christianisme, vers le quatrième siècle (3). Les gens frappés de la foudre n'étaient pas brûlés, mais ensevelis à la place même où ils étaient tombés, et cette place devenait sacrée, sous le nom de *bidental*. On ne brûlait pas non plus les enfants en bas âge; on les enterrait dans un endroit appelé *suggrundarium* (4). Les cadavres étaient ensevelis dans des cercueils, qui souvent étaient de pierre (5), et quelquefois de pierre apportée d'Assos en Troade, laquelle consumait le corps dans l'espace de 40 jours et n'en laissait que les os (6) : de là la dénomination de sarcophage, *sarcophagus* (σάρξ, *chair*, φάγειν, *manger*).

Les corps étaient brûlés sur un bûcher, *pyra* ou *rogus*, bâti en forme d'autel, avec quatre côtés égaux. Les côtés devaient, d'après la loi des Douze Tables, être laissés bruts, et présenter le bois non équarri (7); mais souvent on les cachait sous des draperies noires (8). On plaçait le corps sur le haut du bûcher, avec la litière qui avait servi à l'apporter (9), et alors le plus proche parent du mort mettait le feu, en détournant la tête. Quand les flammes commençaient à s'élever, on y jetait, malgré la défense des Douze Tables, des parfums (10), et aussi des coupes, des mets tout préparés, des habits, des bijoux, etc. (11).

On appelait *bustum* l'emplacement où s'élevait le bûcher, si cette même place devait garder les cendres du mort; dans le cas contraire, on l'appelait *ustrina* ou *ustrinum*.

Si le défunt était un empereur ou un général illustre, les soldats exécutaient autour du bûcher des marches militaires (12). On immolait des victimes, et parfois même, dans les temps anciens, des victimes humaines; plus tard, il y eut des gladiateurs, *bustuarii*, qui satisfaisaient, en s'entre-tuant pour de l'argent autour du feu funéraire, la soif de sang attribuée aux mânes.

Quand le bûcher était consumé, on étei-

gnait les charbons en les arrosant de vin, et le plus proche parent du mort, après avoir recueilli les cendres et les ossements (1), y mêlait des parfums, et les plaçait dans une urne, laquelle était faite de diverses matières, selon le rang et la fortune du défunt. La plupart des urnes funéraires qui se trouvent dans les musées sont en marbre, en albâtre ou en terre cuite. Leur forme, variée aussi, est le plus communément ronde ou carrée. Une inscription y est gravée, qui commence invariablement par ces deux lettres D. M. (*Diis Manibus*), et nous apprend le nom du mort, le nombre d'années qu'il a vécu, et, enfin, le nom de la personne qui a consacré l'urne à son triste usage. *Voyez* l'art. INSCRIPTIONS.

Quand la cérémonie était achevée, un prêtre purifiait les assistants, en les aspergeant trois fois d'eau pure, avec une branche d'olivier ou de laurier (2); après quoi la *præfica* ou toute autre personne les congédiait en disant *I licet*, c'est-à-dire *Ire licet* (3). En se retirant, chacun disait au mort un dernier adieu, en le saluant du mot *vale* (4).

Les urnes étaient placées dans les tombeaux, situés, comme nous l'avons dit, hors de la ville. L'infraction à cette règle entraînait, d'après un rescrit d'Adrien, une amende de 40 *aurei* et la confiscation du lieu de sépulture (5). Antonin (6) et Théodose II (7) renouvelèrent cette défense. Cependant il y avait des exceptions : Valérius Publicola, Postumius Tubertus et Fabricius furent enterrés dans la ville, et leurs descendants avaient droit au même privilége, bien qu'ils n'en usassent point (8). Les vestales et les empereurs étaient également, selon Servius (9), ensevelis dans la ville, parce que les lois n'étaient point obligatoires pour eux.

Les lieux de sépulture étaient publics ou privés. Il y avait deux cimetières publics : l'un était destiné aux illustres citoyens ensevelis aux dépens de l'État; l'autre, aux citoyens trop pauvres pour acquérir un terrain de leurs deniers. Le premier était partie dans le champ de Mars, partie dans la plaine Esquiline (10); le second était aussi dans la plaine Esquiline, et consistait en petites fosses ou excavations, appelées *puticuli* ou *puticulæ* (11). Plus tard, on s'aperçut

(1) Cic. *l. c.*
(2) Cic. *c. l.* II, 22.
(3) Macrob. VII, 7.
(4) Plin. *H. N.* VII, 16. — Juv. XV, 140. — Fulgence, *De prisc. serm.* 7.
(5) Valer. Max. I, 1, § 92. — Aurel. Vict. *De Vir. Ill.* 42.
(6) Plin. *H. N.* II, 98; XXXVI, 27.
(7) Cic. *De leg.* II, 23.
(8) Virg. *Æn.* VII, 218.
(9) Tibull. I, 1, 61.
(10) Cic. *l. c.*
(11) Virg. *Æn.* VI, 223. — Stat. *Theb.* VI, 126. — Lucain. IX, 178.
(12) Virg. *Æn.* XI, 186. — Tacit. *Ann.* II, 7.

(1) Virg. *Æn.* VI, 229. — Serv. *ad loc.*
(2) Serv. *ad Æn.* VI, 229.
(3) Serv. *l. c.*
(4) Digest. 47, tit. 12, s. 3, § 5.
(5) Capitol. *Anton. Pius*, 12.
(6) *Cod. Theod.* 9, tit. 17, s. 6.
(7) Cic. *De leg.* II, 23.
(8) *Ad Virg.* XI, 235.
(9) Cic. *Phil.* IX, 7.
(10) Varro, *De ling. lat.* V, 25; ed. Müller. — Festus, *s. v.* — Hor. *Sat.* I, VIII, 10.
(11) Virg. *Æn.* VI, 226-228. — Tibull. I, III, 6; III, 10. — Suet. *Aug.* 100.

que ce cimetière nuisait à la salubrité publique, et le terrain en fut donné à Mécène. Les lieux de sépulture particuliers se trouvaient habituellement le long des routes qui conduisaient à Rome; et sur quelques-unes de ces routes, comme sur la voie Appienne, par exemple, les tombeaux formaient une sorte de rue, qui s'étendait presque sans interruption jusqu'à plusieurs milles de la porte de la ville. Les tombeaux étaient souvent bâtis du vivant même et par l'ordre de ceux qui devaient y reposer (1). Souvent aussi, le testateur confiait ce soin à ses héritiers (2), et ceux-ci s'en acquittaient parfois à leurs propres dépens, circonstance qui se trouve fréquemment mentionnée dans les inscriptions.

Les tombeaux s'appelèrent dans l'origine *busta*, et plus tard *monumenta* (3), expression qui désignait aussi les monuments élevés à la mémoire des morts, ailleurs qu'à l'endroit de leur sépulture (4). On appelait *conditoria* ou *conditiva* des sépulcres souterrains, où se plaçaient les cadavres qui n'avaient pas été brûlés.

Les tombeaux des riches étaient ordinairement construits en marbre, entourés d'arbres et protégés par un mur ou par une grille (5). Des cippes ou bornes funéraires marquaient les limites du terrain consacré à la sépulture. L'espace vide qui se trouvait devant le tombeau s'appelait *forum*, et dans aucun cas cet espace, non plus que le tombeau lui-même, ne pouvait devenir par usucapion la propriété d'un nouveau maître (6).

Le tombeau élevé par un particulier était destiné, soit à lui et aux membres de sa famille (*sepulcra familiaria*), soit à lui et à ses héritiers (*sepulcra hereditaria*) (7). Souvent, le tombeau était à l'intérieur garni de niches propres à recevoir les urnes funéraires, et alors il s'appelait *columbarium*, nom qui faisait allusion à sa ressemblance avec l'intérieur d'un colombier.

Quant à la forme extérieure de ces monuments, elle variait selon la richesse et le goût de ceux qui les avaient fait construire; on peut en voir des exemples dans notre *Atlas*, ARCHITECTURE, planche XXX, *fig.* 3, 4, 5 et 6.

Un sépulcre, ou tout endroit où un mort, de quelque qualité qu'il fût, était enseveli, recevait la qualification de *religiosus*, et était recommandé au respect public. Quiconque violait une sépulture encourait les rigueurs de la loi (8).

Si les corps ou les ossements avaient été enlevés de leur triste demeure, le coupable, selon son rang, était punissable de la mort ou de la déportation dans une île; toute autre espèce de violation était punie de la déportation ou de la condamnation aux mines (1). Le Digeste (2) contient encore à cet égard d'autres dispositions aussi sages que curieuses.

Pour en revenir aux cérémonies funéraires, quand une fois les os et les cendres étaient placés dans l'urne, les parents et les amis s'en retournaient chez eux. Ils se soumettaient alors à une nouvelle purification appelée *suffitio*, et qui consistait dans des ablutions, après lesquelles on passait par-dessus un feu allumé exprès (3). La maison était purifiée aussi. On renouvelait plus tard ces cérémonies à diverses époques, qu'on nommait *denicales feriæ* (4). Le deuil durait neuf jours, après lesquels on célébrait un sacrifice, *novemdiale* (5).

On donnait des festins en l'honneur des morts, mais il serait difficile de fixer à quelle époque: ces festins s'appelaient *silicernia* (6), mot dont l'étymologie est également inconnue. Après les funérailles des grands personnages, outre le repas offert à ceux qui avaient été ses amis, on faisait au peuple une distribution de viande, qu'on appelait *visceratio* (7); parfois même on l'invitait à un banquet public (8). Souvent aussi, il y avait, en l'honneur du mort, des combats de gladiateurs et d'autres spectacles; ainsi, aux funérailles de P. Licinius Crassus, qui avait été grand pontife, il y eut distribution de viandes, combats de gladiateurs, qui parurent au nombre de cent vingt, jeux funéraires pendant trois jours, et banquet public donné dans le forum (9). Quelquefois, ces solennités avaient lieu à l'anniversaire des funérailles: Faustus, fils de Sylla, honora ainsi la mémoire de son père, plusieurs années après l'avoir perdu (10). A tous les repas donnés en l'honneur des morts, les convives étaient vêtus de blanc (11).

Les Romains, comme les Grecs, étaient dans l'habitude de visiter à certaines époques les tombeaux de leurs parents, et de leur offrir des sacrifices ou des présents, qu'on appelait *inferiæ* ou *parentalia*. Les Romains paraissent avoir regardé les mânes ou les âmes séparées du corps de leurs ancêtres, comme

---

(1) Senec. *De brev. vit.* 20.
(2) Hor. *Sat.* II, III, 84; V, 105. — Plin. *Ep.* VI, 10.
(3) Cic. *ad Fam.* IV, 12, § 3. — Ovid. *Met.* XIII, 524.
(4) Festus, *s. v.* — Cic. *Pro Sext.* 67.
(5) Cic. *ad Fam.* IV, 12, § 3. — Tibull. III, 11, 22. — Suet. *Ner.* 33, 50. — Mart. I, 89.
(6) Cic. *De leg.* II, 24.
(7) Dig. 11, tit., s. 5.
(8) Dig. 47, lit. 12. — Cf. Cic. *Tusc.* I, 12; *De leg.* II, 22.

(1) Dig. 47, t. 12, s. 11.
(2) 11, tit. 7, *De religiosis et sumptibus funerum*, etc.
(3) Festus, *s. v. aqua et igni.*
(4) Festus, *s. v.* — Cic. *De leg.* II, 25.
(5) Porphyr. *ad. Hor. epod.* XVII.
(6) Festus, *s. v.*
(7) Liv. VIII, 22.
(8) Suet. *Jul.* 26.
(9) Liv. XXXIX, 46.
(10) Dion, XXXVII, 51. — Cic. *Pro Sull.* 19.
(11) Cic. *C. Vatin.* 13.

des divinités, et de là l'usage de ces offrandes, qui consistaient en victimes, en vin, en lait, en guirlandes de fleurs, etc. (1). Quelquefois, en de semblables occasions, on illuminait les tombeaux avec des lampes (2). A la fin du mois de *février*, on célébrait une fête, appelée *Feralia*, pendant laquelle on portait aux tombeaux des mets destinés aux morts (3).

Les Romains étaient, comme nous, dans l'usage de porter le deuil de ceux qu'ils aimaient, et sous la république le noir fut, pour les deux sexes, la couleur de ce deuil. Sous l'empire les hommes continuèrent à porter le deuil en noir (4), tandis que les femmes le portaient en blanc (5). On mettait de côté toute espèce de parure (6), et on se laissait croître la barbe et les cheveux (7). La durée du deuil se réduisait pour les hommes à un petit nombre de jours (8); mais les femmes le gardaient un an, quand elles avaient perdu leur père, leur mère ou leur mari (9).

On déplorait par un deuil public les grandes calamités, comme la perte d'une bataille ou la mort d'un empereur. On ordonnait alors la cessation de toute affaire, de tout travail, et ce temps de repos imposé par ordre supérieur s'appelait *justitium*; tant qu'il durait, les tribunaux ne siégeaient pas, les boutiques étaient fermées, les soldats ne faisaient pas leur service (10). Pendant le deuil public, les sénateurs ne portaient ni le laticlave ni leurs anneaux (11), et les magistrats laissaient de côté les insignes de leur charge (12).

Meursius, *De funere.*

Cl. Guichard, *Funérailles et diverses manières d'ensevelir des Romains, Grecs et autres nations;* Lyon, 1581, in 4°.

Stackelberg, *Die Græber der Hellenen;* Berlin, 1837.

Kirchmann, *De funeribus romanis.*

Becker, *Charicles,* t. II, p. 166-210. — *Gallus,* t. II, p. 271-301.

L'article FUNUS, dans le *Dictionary of Greek and Roman antiquities,* de W. Smith (Londres, 1842, in-8°), article dont celui-ci est extrait en grande partie.

LÉON RENIER.

FUNÉRAILLES AU MOYEN AGE. Les chrétiens enterraient les morts comme les Juifs. Ils les lavaient, les embaumaient et y employaient, au dire de Tertullien, plus de parfums que les païens à leurs sacrifices. Ils les envelop-

(1) Virg. *Æn.* V, 77; IX, 215; X, 519. — Tacit. *Hist.* II, 95. — Suet. *Cal.* 15; *Ner.* 57. — Cic. *Phil.* I, 6.

(2) Dig. 40, tit. 4, s. 44

(3) Festus, *s. v.* — Varro, *De ling. lat.* VI, 13. — Ovid. *Fast.* II, 565-570. — Cic. *ad Att.* VIII, 14.

(4) Juv. X, 245.

(5) Herodian. IV, 2.

(6) Herodian. *l. c.* — Terent. *Heaut.* II, III, 47.

(7) Suet. *Jul.* 67; *Aug.* 23; *Cal.* 24.

(8) Dion Cass. LVI, 43.

(9) Ovid. *Fast.* III, 134. — Senec. *Epist.* 63; *Consol. ad Helv.* 16.

(10) Tacit. *Ann.* I, 16; II, 82. — Liv. IX, 7. — Suet. *Cal.* 24.

(11) Liv. IX, 7.

(12) Tacit. *Ann.* III, 4.

paient d'étoffes et quelquefois d'habits précieux. Après les avoir exposés trois jours, ils célébraient les funérailles, et donnaient ensuite un repas aux pauvres. On enterrait souvent avec le corps les marques des dignités dont le défunt avait été revêtu, les instruments ou les actes de son martyre, des médailles, des feuilles de laurier ou d'un arbre vert, des croix, l'Évangile, etc. Le cadavre était posé sur le dos, le visage tourné vers l'orient.

Les individus chargés des enterrements, et que l'on appelait *fossoyeurs* ou *travailleurs,* se trouvent, au moins pour les premiers siècles, comptés quelquefois entre les membres du clergé.

L'habitude où l'on était d'enterrer des bijoux et des effets précieux avec les morts rendait très-fréquent le pillage des tombeaux. Le quarante-sixième canon du concile de Tolède, en 622, ordonnait d'exclure du clergé et de mettre en pénitence pendant trois ans le clerc que l'on aurait trouvé pillant des sépulcres.

D'abord les martyrs seuls étaient enterrés dans les églises. Constantin fut le premier qui fit placer son tombeau sous le portique du temple des Apôtres à Constantinople. Honorius, à son exemple, fut enterré sous le porche de l'église de Saint-Pierre à Rome. Peu à peu l'usage s'introduisit d'ensevelir des lieux sacrés les fidèles remarquables par la sainteté de leur vie, les personnages de distinction et enfin les fondateurs, les bienfaiteurs et les patrons des églises. Bien que cet usage eût été proscrit par divers conciles, cependant, à partir du dixième siècle, la place la plus honorable de l'église, dans le chœur, près de l'autel et des reliques, était l'objet de l'ambition des plus grands personnages du siècle; car on croyait, comme le dit un chroniqueur, « être d'autant plus près de se réunir en esprit à la troupe des esprits célestes, que le corps était plus voisin des corps des saints martyrs, et plus à portée d'en être protégé (1). »

L'inhumation dans les églises fut définitivement défendue en France par une déclaration royale donnée à Versailles le 10 mars 1777; et cette ordonnance a toujours été observée depuis, sauf de rares exceptions.

Voici maintenant quelques détails sur les cérémonies qui s'observaient lors des funérailles solennelles des princes. — Chez les Byzantins, le corps de l'empereur était d'abord exposé, la face découverte, dans la salle dite des *dix-neuf lits,* où se faisait le festin de la fête de Noël. Là, on chantait des psaumes, puis on le transportait dans le vestibule du palais nommé *Chalcé,* où le patriarche, à la tête du clergé, les grands officiers de l'empire, les patrices, le sénat, venaient le saluer et lui

(1) Suger, *Vie de Louis le Gros,* fin.

donner le baiser. Le maître des cérémonies criait trois fois à haute voix : *Sortez, empereur; le roi des rois, le seigneur des seigneurs vous appelle;* et chaque fois, ces paroles étaient suivies des lamentations des assistants. Le corps était ensuite porté en grande pompe à l'église des Apôtres, où le chambellan l'enveloppait lui-même d'un suaire, et le déposait dans le tombeau (1).

Les historiens, à partir du quinzième siècle, nous ont parfois raconté d'une manière fort détaillée les funérailles des rois de France. Comme les cérémonies faites en pareilles circonstances devaient différer peu de celles qui s'observaient à la même époque dans les autres pays, nous allons, en l'abrégeant, emprunter à Monstrelet le récit des funérailles de Charles VI, mort à Paris en 1422 (2) :

« Le corps du roi, mis dans un cercueil de plomb, fut exposé vingt jours entiers dans la chapelle de l'hôtel Saint-Pol; puis transporté à Notre-Dame, processions de toutes les églises allant au-devant du dit corps par ordre et chacune en son degré; et puis les prélats au dextre côté; au sénestre côté allait l'université, les recteurs et docteurs, aussi près du corps comme les prélats. Et portaient le dit corps ses chevaucheurs et ceux de son écuyerie. Et après suivaient les maîtres d'hôtels et écuyers d'écuyerie au côté dextre, et au sénestre étaient les prévôts de Paris et des marchands, et les sergents d'armes entre deux; et au plus près du corps était son premier valet de chambre.

« Et ceux de la cour de parlement portaient le drap par-dessus le corps, et au plus près du chef était son premier chambellan, et les autres ensuivant. Après lesquels suivaient les pages du dit roi; et un petit ensuivant, allait le duc de Bedfort, Anglais, qui était régent de France. Et n'était icelui corps accompagné de nul des princes de son sang, sinon seulement du dit duc de Bedfort. Laquelle chose étoit moult pitoyable à voir, attendu la grande puissance et prospérité en quoi ce noble roi avait été vu durant son règne. Et après le dit duc suivaient le chancelier de France, les maîtres des requêtes, les seigneurs des comptes, secrétaires, notaires, bourgeois, et le commun de Paris, en grande multitude. Et était le corps sur une litière, moult notablement, par-dessus laquelle avait un pavillon de drap d'or, à un champ vermeil d'azur, semé de fleurs de lys d'or; et par-dessus le corps avait une pourtraiture faite à la sem-

blance du roi, portant couronne d'or et de pierres précieuses moult riches, tenant dans ses mains deux écus, l'un d'or et l'autre d'argent; et avait en ses mains gands blancs et anneaux moult bien garnis de pierres; et était icelle figure (1) vêtue d'un drap d'or à un champ vermeil, à justes manches et un mantel pareil fourré d'hermine; et avait unes chausses noires et uns solers (soulier) de veloux d'azur semés de fleurs de lys d'or.

« L'office achevé, le corps fut porté par les gens de *son écuyerie* jusqu'à une croix placée à mi-chemin entre Paris et Saint-Denis. Là ils furent remplacés par les *hanouards* (mesureurs ou porteurs de sel à Paris) (2). Quand on fut arrivé à Saint-Denis, on célébra un nouveau service, et lorsque le roi eut été mis dans la sépulture qui lui était destinée auprès de ses prédécesseurs, « adonc les huissiers d'armes de chez le roi, qui étaient là présents, rompirent leurs petites verges, et les jetèrent dedans la fosse; et puis mirent leurs masses en bas ce dessous dessus. Et lors le roi d'armes de Berri, accompagné de plusieurs hérauts et poursuivants, cria dessus la fosse : « Dieu « veuille avoir pitié et merci de l'âme de très-« haut et très-excellent prince Charles, roi « de France, sixième de ce nom, notre natu-« rel et souverain seigneur! » Et derechef après se cria le dessus dit roi d'armes : « Dieu donnt bonne vie à Henri, par la grâce « de Dieu roi de France et d'Angleterre, no-« tre souverain seigneur! » Lequel cri accompli, les sergents d'armes dessus dits redressèrent leurs masses, les fleurs de lys dessus, en criant tous à une voix : « Vive le roi! « vive le roi (3)! »

A ce récit ajoutons encore une particularité, qui nous semble fort curieuse :

« Les sauvages, dit Tavannes dans ses mémoires, servent les images et nous portons à manger à celles de nos rois, quand ils sont morts (4). » En effet, pendant les quarante jours qui s'écoulaient entre la mort du roi et ses funérailles, une effigie représentant le monarque défunt était placée sur un lit d'honneur. « Et est à entendre et sçavoir que du-

---

(1) *Voy.* Lebeau, *Histoire du Bas-Empire*, t. XIV, p. 37, édit. Saint-Martin. — Ces détails se rapportent aux funérailles de Constantin VI, mort en 959.

(2) *Voy.* encore Juvénal des Ursins, année 1422; Pierre de Fenin, le *Journal d'un bourgeois de Paris*, et la relation insérée dans le 4e volume du *Journal de l'Institut historique*, p. 562 et suiv.

(1) La mode des effigies funéraires subsista en France jusqu'au dix-septième siècle, tant pour le roi que pour les personnages de distinction. Quelquefois même c'était un vivant revêtu des habits du mort qui se plaçait sur le lit de parade; et des vieux comptes de dépenses renferment des articles ainsi conçus : *Tant à un tel pour avoir fait le chevalier mort.*

(2) On ne sait à quelle époque remonte ce privilège des *hanouards*, ou porteurs de sel. Suivant Hurtaut (*Dict. hist. de Paris*, art. HANOUARDS), il leur avait été accordé, parce qu'ils étaient chargés de saler les chairs de ceux que l'on embaumait.

(3) *Chronique d'Enguerrand de Monstrelet*, t. I, ch. 277.

(4) On sait qu'à Rome on offrait aux statues des dieux un festin splendide, qui durait plusieurs jours, et que l'on nommait *lectisternum*. Les dieux étaient placés sur des coussins, les déesses sur des sièges.

rant le temps que le corps fut en effigie en icelle salle, que aux heures du dîner et souper les formes et façons du service furent observées et gardées, tout ainsi qu'on avait accoutumé faire du vivant dudit seigneur (Charles IX), étant la table dressée par les officiers de fourrière, le service apporté par les gentilshommes servants, panetier, échanson et écuyer tranchant, l'huissier marchant devant eux, suivi par les officiers de retrait, de gobelet, qui couvraient la dite table, avec les révérences et essais que l'on a accoutumé de faire; puis après le pain défait et préparé la viande et service conduit par un huissier, maître d'hôtel, panetier, pages de la chambre, écuyer de cuisine et garde-vaisselle, la serviette présentée par le dit maître d'hôtel au plus digne personnage qui se trouve là présent pour essuyer les mains du dit seigneur; la table bénite par quelque cardinal ou autre prélat, les bassins à eau à laver présentés à la chaire dudit seigneur comme s'il eût été vif et assis dedans. Les trois services de la dite table constitués avec les mêmes formes, cérémonies et essais, comme ils le soulaient faire en la vie du dit seigneur sans oublier ceux avec la présentation de la coupe aux endroits et heures que le dit seigneur avait accoutumé de boire à chacun de ses repas, etc. (1). »

La plupart des funérailles des rois de France furent troublées par d'indécentes querelles : tantôt, comme aux funérailles de Charles VI et de Louis XII, les religieux de Saint-Denis et les officiers de l'hôtel du roi se disputaient le poêle placé sur le cercueil; tantôt, comme aux funérailles de Charles IX et de Henri IV, la noblesse d'église et le parlement et les autres cours de justice se prenaient de querelle pour une question de préséance, et en venaient aux coups de poings, de telle sorte, dit l'Estoile « que les gourmades et les horions donnèrent la préséance à ceux qui sceurent mieux s'aider des pieds et des mains. » — On a vu de nos jours, dans des cérémonies de ce genre, se renouveler ces querelles de préséance ; mais heureusement elles n'ont pas été poussées aussi loin que chez nos aïeux (2).

LUDOVIC LALANNE.

FURIE. (*Histoire naturelle.*) *Furia.* Le grand Linné, lorsque l'Europe ignorait encore que le premier des naturalistes et l'un des plus beaux génies du siècle existait en Suède, herborisant dans les marais de sa triste patrie, fut atteint d'une maladie douloureuse qui se manifeste, dit-on, dans le pays, par un point charbonneux, et que les habitants attribuent

à la piqûre d'un petit ver. Après avoir souffert horriblement, il décrivit ce ver, dont on lui montra un individu desséché, sous le nom de *furia*, significatif des épouvantables tourments qu'il en avait éprouvés; il plaçait sa furie entre les lombrics et le gordius. On a, depuis, recherché vainement, dit-on, cette prétendue furie : il est à peu près convenu maintenant, parmi les zoologistes, qu'elle n'existe point. Cependant nous lisons dans plusieurs journaux qu'elle s'est rencontrée aux lieux où elle attaqua Linné. On prétend qu'elle s'y tient sur les arbustes, le long des tiges de plusieurs plantes des marécages, et que, se laissant tomber sur les hommes et sur les animaux qui passent à sa portée, elle les pique, pénètre dans leurs chairs, et cause une irritation d'où résultent des douleurs atroces, et même la mort. Les régions glaciales auraient donc des *créatures venimeuses* non moins redoutables que les serpents à crochets des régions intertropicales, et Linné ne se serait pas trompé?   BORY DE SAINT-VINCENT.

FURNES. (*Géographie* et *Histoire.*) En flamand *Veuren.* Petite ville de la Flandre occidentale (Belgique), dont l'origine est peu connue. Quelques auteurs, et entre autres Gramaye, prétendent qu'elle est ancienne, mais que les Normands, dans leurs courses dévastatrices, la pillèrent et la ruinèrent; d'autres soutiennent que Baudouin Bras de Fer la fortifia pour protéger le pays contre les barbares. Ces fortifications furent réparées et augmentées en 958, par Baudouin III. Les comtes de Flandre lui accordèrent, dès l'an 1109, des lois écrites confirmatives de priviléges étendus. En 1297, par suite de l'alliance du comte de Flandre, Gui de Dampierre, avec le roi d'Angleterre, Philippe IV, roi de France, résolut d'envahir la Flandre, et il donna le commandement de ses troupes au comte Robert d'Artois. Les Flamands occidentaux se présentèrent hardiment en bataille près de Furnes. Le terrain fut vivement défendu, mais enfin Robert d'Artois fut vainqueur. A la suite de la désastreuse bataille de Cassel, livrée en 1328, Furnes, Bergues et Nieuport furent contraintes de se soumettre au roi de France. En 1390 la comtesse Marguerite permit aux habitants de Furnes d'entourer leur ville de murs de pierre et de creuser de larges fossés; les fortifications furent encore augmentées en 1414, 1434 et 1480. Le 6 décembre 1364 un violent incendie avait éclaté dans la ville et occasionné des pertes nombreuses. Un autre eut encore lieu en 1452, mais il fut moins terrible que le précédent.

En 1421 la ville avait été pillée par les routiers à la solde de la faction d'Orléans.

En 1646, pendant que le duc d'Enghien formait le siège de Dunkerque, les Espagnols se retranchèrent près de Furnes. Les Français

(1) *Trespas et obsèque de Charles IX.* — Archives curieuses de l'Histoire de France, 1re série, t. VIII, p. 339.

(2) *Voy.*, pour compléter ces renseignements, *Curiosités des traditions des mœurs et des légendes;* Paris, 1847, in-18, p. 265 à 302.

vinrent les y attaquer, les vainquirent et se rendirent maîtres de Furnes, dont la garnison se rendit prisonnière. L'archiduc Léopold la reprit le 3 juin 1648. Le traité de Westphalie ne put mettre fin à la guerre, et elle recommença peu après. Le 3 juillet 1648, Turenne, à la tête des Français, s'empara de Furnes; mais cette place fut remise aux Espagnols par le traité des Pyrénées (1659). La guerre ayant éclaté de nouveau pour la succession d'Espagne, le maréchal d'Aumont, à la tête d'une division française, entra dans Furnes le 12 juin 1667, et la paix d'Aix-la-Chapelle, conclue l'année suivante, assura à Louis XIV la possession des conquêtes qu'il avait faites en Flandre. Les alliés détruisirent les fortifications de Furnes de telle sorte que les alliés n'eurent pas de peine à s'en emparer en 1692. Mais le 29 décembre de la même année Boufflers vint mettre le siége devant Furnes, y entra sept jours après, et Vauban reçut l'ordre de la fortifier. La paix de Riswick, en 1697, rendit cette place aux Hollandais; et le traité d'Utrecht (1713) leur en assura la possession pour leur servir de barrière contre la France. En 1744 l'armée française, commandée par le roi Louis XV en personne, s'empara de Furnes (10 juillet); mais cette place, ainsi que les autres conquêtes de l'armée française, fut rendue par le traité d'Aix-la-Chapelle (1748).

En 1792 la ville fut plusieurs fois prise et reprise par les Français et par les alliés.

Furnes était autrefois le chef-lieu d'une châtellenie; l'édifice sert maintenant de palais de justice. Une tour qui le domine porte la date de 1628. On y remarquait l'église collégiale, établie en 870 par le comte Baudouin Ier; l'abbaye de Saint-Nicolas de l'ordre des Prémontrés fondée en 1120; un couvent de religieux de Saint-Alexis (1495), un de capucins (1606) et une maison de sœurs grises. Il y avait aussi un collége établi en 1713 et dirigé par des prêtres de l'Oratoire.

Cette ville, quoique petite, est bien bâtie; elle compte une population de 4,699 habitants. Parmi les monuments, on remarque l'hôtel de ville, d'un gothique assez pur; l'église Sainte-Walburge, fondée en 1030 par Baudouin V, dont le chœur est du treizième siècle; la belle flèche en briques de l'église Saint-Nicolas; la chaire de cette église, sculptée par les frères Parmentier, etc. C'était près de Furnes qu'avant les troubles du seizième siècle existait la célèbre abbaye des Dunes, qui fut à cette époque transférée à Bruges. Les canaux qui unissent Furnes à la rivière de l'Ysère, ainsi qu'aux villes de Bergues et de Dunkerque, lui donnent encore une certaine importance commerciale.

Les Délices des Pays-Bas.
Annales belgiques, de Dumées.
Description des Pays-Bas, par Guichardin.

Histoire de Flandre de Warnkœnig, trad. par Gheldorf, 2 vol. in-8°, etc., etc.

A D'HÉRICOURT.

FURONCLE. (*Médecine.*) Le furoncle est une tumeur dure, circonscrite, s'élevant du tissu cellulaire à la surface de la peau, offrant au centre une saillie pointue qui lui a fait donner le nom vulgaire de *clou.* Cette tumeur n'est autre chose que l'inflammation de quelques-uns des prolongements du tissu cellulaire sous-cutané, qui pénètrent dans les mailles du derme, accompagnés de vaisseaux et de nerfs qui s'épanouissent à la surface de la peau. Ces prolongements cellulo-vasculaires et nerveux, se trouvant étranglés par les mailles du derme, qui lui-même participe à l'inflammation, ne reçoivent plus les principes nécessaires à leur nutrition; de là formation du *bourbillon,* véritable corps étranger.

Lorsque le furoncle est peu douloureux, on lui laisse parcourir toutes ses périodes; mais si l'inflammation est vive, on doit chercher à le faire avorter dès le principe, par l'application de sangsues sur la tumeur, par les bains prolongés, les cataplasmes émollients. Si, malgré ces moyens, la maladie tend à la suppuration, il y a de l'avantage à inciser la tumeur, et à la presser fortement avec les doigts, de manière à expulser le bourbillon. La plaie qui en résulte est ensuite pansée comme une plaie simple.

Il est rare qu'un seul furoncle existe à la fois; on en voit ordinairement plusieurs se succéder, soit dans la même région, soit dans des régions différentes. Il arrive, parfois, qu'on en trouve plusieurs agglomérés les uns près des autres, et formant ainsi une tumeur violacée, douloureuse, offrant un nombre variable de saillies ou d'ouvertures qui lui ont fait donner le nom de *tumeur anthracoïde,* ou *guêpier.*

Les furoncles multipliés dépendent ordinairement d'une affection générale; aussi, dans ce cas, est-il nécessaire de soumettre le malade à un régime léger, à une médication rafraîchissante; l'emploi des purgatifs salins est de plus indiqué quand il y a ou embarras gastrique et intestinal, ou persistance opiniâtre de l'éruption furonculaire.

Le pronostic des furoncles n'est pas grave; il peut arriver, cependant, que leur situation entraîne des accidents. Les furoncles un peu volumineux laissent après eux des cicatrices irrégulières, enfoncées, violacées d'abord, puis prenant plus tard la couleur de la peau.

C. LEBLANC.

FURSTENBERG. (*Géographie* et *Histoire.*) État de l'ancien empire d'Allemagne dans le cercle de Souabe, composé d'abord du village et du territoire de Furstenberg et de la seigneurie de Hausen, dans la Forêt Noire. Cet État s'augmenta ensuite des seigneuries d'Heiligenberg, de Stühlingen, de Mœskirch, etc.

Furstenberg était simple comté; mais en 1664 l'empereur Ferdinand III l'érigea en principauté.

La domination des seigneurs qui possédèrent ce petit État remonte, selon les uns, à 628; selon les autres, elle ne daterait que du neuvième siècle, et aurait commencé sous Henri, comte de Furstenberg, lequel épousa Agnès, fille de Grégoire, roi d'Écosse en 875.

Mais sans chercher à établir ici la généalogie d'une famille d'ailleurs féconde en grands hommes, nous citerons quelques-uns des comtes et princes les plus remarquables.

Guillaume de Furstenberg, ennemi acharné de la France, fit, en 1543, le siége de Luxembourg, dont les Français s'étaient emparés l'année précédente. En 1544, il entra en France, à la suite de l'empereur Charles-Quint, et fit une guerre des plus cruelles; il mit le feu à une église dans laquelle étaient enfermés plus de trois cents prisonniers.

Égon, comte de *Furstenberg*, se fit remarquer par son intrépidité et son courage; il commanda les armées impériales en 1629 à Mantoue, et en 1631 à Leipsick.

Ferdinand de Furstenberg fut appelé à Rome par le pape Alexandre VII, et fut successivement nommé camérier secret, évêque de Paderborn en 1661, de Munster en 1678, et enfin vicaire général du saint-siége.

François Égon de Furstenberg fut l'un des principaux ministres de l'électeur de Cologne, et rendit, en cette qualité, de nombreux services à Louis XIV. Nommé évêque de Metz en 1658, prince-évêque de Strasbourg en 1664, il dépensa des sommes énormes pour racheter les biens de son église, alors possédés par les luthériens. Il mourut en 1682, six mois après que les Français se furent emparés de Strasbourg, événement auquel il avait puissamment contribué. Mais ce dévouement aux intérêts de la France était partagé par son frère *Guillaume Égon*, qui lui succéda.

L'empereur d'Allemagne, irrité de l'attachement du prince de Furstenberg pour un pays ennemi, le fit arrêter à Cologne, où il était un des chefs du conseil de l'électeur (1672). Indigné de cet attentat, Louis XIV attira le prince dans ses États, et lui ayant fait obtenir le chapeau de cardinal, il le combla de faveurs. Outre les évêchés de Metz et de Strasbourg, il lui donna de nombreux bénéfices et, entre autres, l'abbaye de Saint-Germain des Prés. Le prince mourut en 1704 dans cette abbaye même, dont il avait restauré le palais abbatial. C'est en son honneur qu'on a donné le nom de *rue Furstenberg* à l'une de celles qui avoisinent cet ancien palais.

En 1806 la principauté de Furstenberg fut mise sous la souveraineté des États de Wurtemberg, de Bade, et de Hohenzollern-Sigmaringen.

THÉODORE BÉNARD.

FUSEAU. (*Histoire naturelle.*) Indiqué avant Linné par Lister et Gualtieri, le genre *Fuseau* a été créé par Bruguière, adopté par la plupart des zoologistes et regardé par quelques-uns, et particulièrement par G. Cuvier, comme une simple subdivision du groupe naturel des *murex* de Linné.

D'après M. Deshayes, le genre Fuseau a pour caractères : animal gastéropode, rampant sur un pied petit, épais, ovale ou subquadrangulaire ; tête petite, aplatie, étroite, terminée en avant par deux tentacules courts, coniques, portant les yeux à la base, du côté extérieur ; manteau court, se prolongeant en avant en un canal étroit, un peu plus long que celui de la coquille ; la tête percée en dessous d'une fente buccale étroite, en forme de boutonnière, et par laquelle l'animal fait sortir une trompe plus ou moins longue ; coquille allongée, fusiforme, généralement étroite, ayant la spire aussi longue ou plus longue que le canal terminal ; ouverture ovalaire, à columelle tantôt simple, tantôt plissée, soit à la base, soit vers le milieu ; canal terminal, allongé, étroit, sans échancrure terminale ; ce canal est droit, et non renversé vers le dos de la coquille ; opercule corné, anguiforme, à sommet terminal.

On connaît un très-grand nombre d'espèces de ce groupe, et elles sont répandues dans toutes les mers ; mais c'est principalement dans celles des pays chauds que l'on rencontre les fuseaux en plus grande abondance, et surtout les espèces de grande taille. On en a aussi signalé à l'état fossile, et c'est dans les terrains tertiaires, surtout dans ceux des environs de Paris, qu'on en rencontre le plus. Parmi les trois cents espèces placées dans ce genre nous citerons les suivantes :

Le *Fuseau veiné, Fusus lignarius,* qui se prend dans la Méditerranée, de même que dans les mers du Nord, et a une coquille épaisse, ovale, formée de neuf tours de spire et de couleur blanchâtre avec des veinules irrégulières de roux brun en dehors, et de violacé ou rouge-bai en dedans.

Le *Fuseau provençal, Fusus provincialis* Riscon, des mers de l'Europe méridionale. La coquille est fusiforme élancée, composée de huit à neuf tours de spire, et uniformément colorée en un blanc sale que recouvre un épiderme verdâtre ou jaunâtre.

Le *Fuseau de Tarente, Fusus strigosus,* qui se trouve principalement dans le golfe doit il porte le nom. La coquille est traversée sur les divers tours de spire par des côtes pliciformes, un peu distantes et formant des denticules : la couleur générale est blanche nuancée de roux.

Bruguière, *Encyclopédie méthodique.*
De Lamarck, *Animaux sans vertèbres.*
De Blainville, *Malacologie,* etc.

E. DESMAREST.

FUSÉES. (*Technologie.*) Les fusées sont des pièces d'artifice, de formes ordinairement cylindriques; elles renferment des *compositions*, différentes quant à leurs éléments, mais qui toutes s'enflamment par couches successives, et brûlent en lançant au dehors des enveloppes qui les contiennent des jets de parcelles en ignition. Cet effet caractéristique est désigné sous le nom de propriété *fusante*, par opposition à la propriété *détonante* des compositions plus vives, dont les parties s'enflamment presque simultanément dans toute l'étendue de leur masse, sous l'influence de la chaleur et même du choc. A cette dernière espèce appartiennent la poudre à canon et la poudre fulminante.

Lorsque le feu est communiqué à une fusée, la pression des gaz élastiques développés par la combustion des matières qu'elle contient, agit contre les parois de l'enveloppe d'une manière égale dans tous les sens, de telle sorte que, l'une de ses extrémités étant ouverte et donnant une libre issue à ces gaz, elle est entraînée dans le sens contraire par l'effort qu'ils exercent sur la paroi opposée; cet effet est de la même nature que le recul des armes à feu. A cette force motrice s'ajoute la réaction des couches d'air situées à la partie postérieure de l'enveloppe sur les gaz émis par son orifice, et dont l'effet immédiat est d'augmenter la tension de ces fluides en gênant leur écoulement.

Telles sont les causes de ce mouvement que prennent les fusées en brûlant, et qui est devenu, dans l'opinion vulgaire, leur propriété caractéristique. Il n'est pas douteux cependant qu'on ait employé, comme moyen incendiaire, des compositions fusantes renfermées dans des tubes, avant d'avoir songé à utiliser la force qui donne à nos fusées de guerre et de signaux leur impulsion et leur vitesse. Les Grecs du Bas-Empire portaient, dans l'intérieur de leurs boucliers, de légers tubes (χειροσίφωνες), remplis d'une composition qui, en brûlant, s'élançait dans l'air avec force. L'empereur Léon le Philosophe faisait préparer lui-même de ces tubes (1). Enfin, le feu grégeois n'était autre chose qu'une préparation du même genre (2).

(1) *Institutions militaires de l'empereur Léon*, trad. de Maizeroy, t. II, p 160.
(2) [*Voyez* un excellent travail publié par M. Ludovic Lalanne, sous le titre de *Recherches sur le feu grégeois et sur l'introduction de la poudre à canon*

On devait être bientôt conduit par l'usage de ces moyens incendiaires à profiter de l'agent moteur qu'ils renfermaient.

Le juif Benjamin de Tudèle, qui visita la Perse vers l'an 1173, affirme y avoir vu des fusées de joie, et en particulier une grande quantité de soleils ou fusées tournantes (1). On lit dans l'*Histoire des Indes* de Castenada, traduite par Garruché, que les Portugais en abordant pour la première fois à Mélinde, en 1498, furent accueillis avec des démonstrations de joie par les Indiens, qui ne cessaient de tirer des fusées volantes pendant toute la nuit. Les Chinois employèrent des artifices pour la défense des villes, dans leurs guerres contre les Tartares (2). L'usage des fusées n'est guère constaté en Europe que vers 1379 et 1380. Les Padouans s'en servirent pour incendier la ville de Mestre (3), et les Vénitiens pour brûler la tour Delle-Belle, qui faisait partie des fortifications de Chioggia (4). En 1449 Dunois fit jeter des fusées incendiaires dans la ville de Pont-Audemer, dont les Français escaladèrent les murs à la faveur du désordre causé par l'incendie. On trouve aussi dans des comptes de la ville d'Orléans, de 1428, que des sommes ont été fournies à cette époque pour fabriquer des fusées (5). Louis Collado, ingénieur des armées de Charles-Quint, et auteur d'un manuel d'artillerie publié en 1586, dit qu'à cette époque on se servait de fusées pour éclairer les environs des places, et pour mettre en désordre la cavalerie; il propose d'y ajouter des pétards. Hanzelet conseilla d'employer contre les troupes à cheval des fusées

en Europe; 2e éd.; Paris, Corréard, 1845, in-4°. Cet ouvrage, auquel l'Académie des inscriptions et belles lettres a décerné une médaille d'or, dans sa séance du 25 septembre 1840, est le premier dans lequel la composition et les effets du feu grégeois aient été rigoureusement déterminés. M. Lalanne en a résumé les conclusions dans l'article FEU GRÉGEOIS de cette *Encyclopédie;* si le lecteur veut bien se reporter à cet article, il y verra que c'est à notre savant collaborateur qu'est due cette importante découverte historique, que *notre poudre à canon n'est autre chose que le feu grégeois perfectionné.* Depuis, en 1845, un académicien et un officier d'artillerie, MM. Reinaud et Favé, ont publié sur le même sujet un livre intitulé : *Du feu grégeois, des feux de guerre, et des origines de la poudre à canon,* pour la composition duquel ils se sont beaucoup servi du Mémoire de M. Lalanne, et dont, en définitive, les conclusions sont à peu près les mêmes que celles de ce mémoire. — L. R.]

(1) Je n'ai pas cru devoir citer les feux de joie dont parle Claudien dans la narration des fêtes célébrées sous le consulat de Théodose, au sixième siècle, parce que la description qu'il en fait ne prouve pas clairement que ces feux fussent produits par des préparations fusantes.

(2) *Histoire générale de la Chine* par Mailla, t. IX, p. 167. — *Histoire de Genghis-Kan,* par Gaubil, p. 72.

(3) Dandulli, *Chronicon,* ap. Muratori, t. XII, p. 440.

(4) D. Chinazzo, *Della guerra di chiorra.*

(5) Renseignement cité par M. de Montgery d'après le commandant Vergnaud.

armées de pétards et de grenades. Enfin, en 1760, l'artificier Ruggieri fit des expériences ayant pour but d'éprouver l'emploi de fusées incendiaires armées de projectiles explosibles.

L'usage ancien des fusées de guerre ne s'était pas perdu en Asie au dix-huitième siècle; les troupes de Tippoo-Saeb en lancèrent un grand nombre contre les Anglais, pendant le siège de Séringapatnam; ces fusées pesaient de une à huit livres. Julienne de Bélair, de retour en France, après avoir vu le bon effet des fusées de guerre, entreprit de les perfectionner, et présenta, de concert avec Ruggieri, un modèle nouveau, qu'on hésita encore à adopter.

Le premier exemple de l'emploi régulier des fusées de guerre en Europe, date de 1805, où sir William Congrève réussit à les faire admettre par le gouvernement anglais, d'abord comme moyen incendiaire. Leur usage s'est répandu depuis en Suède et en Prusse; mais on les arma de projectiles explosibles, et on organisa en même temps des corps spéciaux de tireurs de fusées. En 1814 le prince régent d'Angleterre ordonna la formation d'une troupe de ce genre, qui fut adjointe à celles de l'artillerie. Il y avait de ces *fuséens* dans les rangs de l'armée anglaise à Waterloo. Depuis cette époque, la fabrication et le tir des fusées de guerre sont devenues l'objet d'études suivies par toutes les artilleries de l'Europe. Il existe actuellement dans un des régiments de l'artillerie française une batterie de fuséens, dont le matériel n'est pas encore définitivement arrêté, mais qui a déjà été employée en Afrique pour la guerre de montagne.

La pyrotechnie moderne a conservé aux compositions fusantes la double destination que nous leur avons assignée, en les employant, dans les fusées volantes, comme moteurs, et comme un simple intermédiaire pour transmettre le feu, dans les fusées d'amorce, les lances à feu, etc.

Fusées volantes. Les fusées volantes en usage maintenant se composent, essentiellement, d'un cartouche cylindrique, contenant la matière fusante, et accessoirement d'un appareil destiné à régulariser leur mouvement. Le diamètre extérieur du cartouche doit être le plus petit possible, afin d'éprouver moins de résistance de la part de l'air; la substance dont il est formé doit être la plus résistante à poids égal. Il est facile de voir qu'il existe entre le poids et le volume de la fusée, la ténacité du cartouche, et la vivacité de la composition fusante, une relation qui donnera le maximum d'effet que l'on peut obtenir avec un même diamètre extérieur, et une même substance employée à la confection du cartouche. Quant à l'appareil directeur, celui qui est le plus ordinairement

employé consiste en une baguette fixée sur le cartouche, ou dans l'axe même de la fusée, et qui se prolonge en arrière de sa partie postérieure; son effet est d'utiliser la résistance de l'air pour maintenir la fusée sur *sa trajectoire*, en lui servant en quelque sorte de gouvernail. Les fusées volantes comprennent : 1° les fusées de guerre; 2° les fusées de signaux ou de joie.

1° *Fusées de guerre.* Les fusées de guerre, à raison de l'intensité des effets qu'on veut produire et de la justesse qu'on cherche dans leur tir, sont confectionnées avec des soins particuliers, et leur mouvement a été observé avec attention; la force qui détermine, agissant d'une manière continue pendant toute la durée de la combustion, elle tend à accélérer ce mouvement jusqu'à l'entière extinction de la matière; époque à laquelle la vitesse atteindrait son maximum s'il n'y avait pas de causes rétardatrices; mais la résistance de l'air augmentant, tandis que la masse du projectile diminue, ce dernier atteint bientôt à un état de vitesse maximum, dans lequel il persiste pendant une grande partie de sa course, et cela bien avant que la composition fusante soit épuisée. Or, lorsqu'on tire les fusées de guerre dans une direction voisine de l'horizontale, c'est-à-dire dans la presque totalité des cas, elles sont entraînées tout d'abord par leur poids avant d'avoir acquis une vitesse de translation suffisante, et commencent par descendre assez brusquement, puis leur mouvement devenant plus rapide, elles reprennent une marche analogue à celle des projectiles à grandes vitesses, en suivant des courbes plus tendues. Cette chute des fusées à leur départ est de nature à altérer gravement le résultat de leur tir; il peut surtout arriver que la baguette rencontre le sol, avant que le système ait repris une vitesse convenable, et dans ce cas la déviation peut être telle, que la fusée revienne vers son point de départ.

C'est pour parer à ces inconvénients qu'on emploie dans la fabrication des fusées de guerre des compositions fusantes très-vives, et qu'on donne une forme conique à l'*âme* (1); cette dernière disposition procure un dégagement de fluides plus abondant à l'origine du mouvement, et favorise l'action des gaz sur le corps de la fusée. Les cartouches sont construits en tôle de fer (2); leur extrémité postérieure est percée d'orifices divergents destinés à produire l'écoulement des gaz, dans des directions

_____

(1) Vide que l'on ménage dans l'axe de la fusée, au milieu de la composition.
(2) Les fusées employées en 1428 à la défense d'Orléans, en 1449 au sac de Pont-Audemer, en 1452 contre Bordeaux, et en 1465 après la bataille de Montlhéry, avaient déjà des enveloppes en tôle.

inclinées par rapport à l'axe du cylindre, de façon que la masse d'air embrassée par la gerbe fluide soit plus grande, et la réaction plus forte. A la partie antérieure est fixé, sui-vant l'effet que l'on veut produire, soit un projectile explosible en fonte, soit un chapi-teau cylindro-conique contenant des matières incendiaires, renfermant la charge de poudre nécessaire à l'explosion, et un certain nombre de balles. La partie cylindrique de cet appen-dice se nomme le *pot*, et la partie conique le *chapiteau*. On plaçait autrefois dans tou-tes les fusées la baguette sur le côté du car-touche ; cette disposition, conservée pour les *fusées de signaux*, tend à faire prendre au sys-tème des mouvements obliques par rapport à l'axe du cartouche. Les déviations se produi-sent dans un certain sens, tant que la force du choc des gaz contre la baguette l'emporte sur la résistance de l'air, et dans le sens opposé, quand celle-ci prend le dessus. Sir William Congrève imagina, pour détruire cette cause de déviation, *de placer la baguette dans l'axe* même du cartouche ; et cette modification a été adoptée dans la fabrication des fusées de guerre. La baguette doit être longue, afin de reporter le centre de gravité à l'arrière du système, condition essentielle à la régula-rité de son mouvement. Malgré ces précau-tions, l'emploi de la baguette entraîne avec lui plusieurs causes de déviation : si l'on sup-pose, en effet, un courant d'air venant frap-per la baguette dans une direction oblique par rapport au *mouvement de la fusée*, il la fera dévier jusqu'à ce qu'elle soit dans la di-rection même du vent ; c'est cet effet que les artificiers désignent en disant que *la fusée marche contre le vent*. D'autre part, à mesure que la composition brûle, le poids de la partie antérieure diminue, et le centre de gravité se rapproche de l'extrémité postérieure de la baguette, qui tend, par suite, à s'abaisser. Or, la fusée ainsi disposée sera soulevée par l'action d'un courant d'air venant à sa rencon-tre, ce qui fait dire aussi, vulgairement, que *les fusées montent sur le vent*.

On a cherché à s'affranchir des embarras causés par les baguettes, en adaptant à la par-tie postérieure des fusées, des ailettes analo-gues à l'empennage des flèches ; on a même essayé des hélices saillantes fixées sur le car-touche, et qui tendaient à lui faire prendre autour de son axe un mouvement de rotation, semblable à celui des balles de carabine. Quelques expériences, tentées avec succès en France et en Angleterre, permettent d'espé-rer des résultats favorables de ces innovations. Les tableaux suivants donneront les indi-cations suffisantes pour faire connaître les principaux éléments de la fabrication des fu-sées de guerre.

Proportions employées dans quelques composi-tions fusantes usitées en Europe à différentes époques.

	Salpêtre.	Charbon.	Soufre.
Berlin, en 1688	9	3	4
Angleterre, en 1806 (1). . . .	6	2	1
France, en 1816.	6	3	1
Danemark.	4	2	1
Autriche	4	1	1

La composition incendiaire employée pour la charge du pot est ordinairement *de la roche à feu*. Voici celle qui a été donnée par le capi-taine Schumaker (2), et qui paraît la meilleure :

Salpêtre. 324
Soufre. 120
Charbon. 8
Antimoine. 36

Ces compositions broyées et mêlées sont versées dans une préparation fondue, où entrent de la cire, de la poix, et de la térébenthine, dans les proportions de 64 , 8 et 32 (3).

Les calibres les plus généralement adoptés pour les cartouches sont de 54, 67 et 94 millimè-tres. Les longueurs correspondantes sont, pour les cartouches, 324 millim., 402 millim., et 564 millim. Les poids des trois calibres de fusées que nous avons cités sont , de 3 kil., 7 kil., 18 kil., et les prix de 9 fr. 85 , 22 fr. et 42 fr. Dans les fusées de guerre anglaises la charge de balle du chapiteau est de 14 à 17 balles de 28 au kilogramme.

Fabrication. Les cartouches doivent être confectionnés avec des feuilles de tôle douce ; la jonction est brasée avec du cuivre rouge et du borax ; il en est de même du culot en cui-vre rouge qui forme le fond des fusées, et qui porte les orifices. Enfin, le cartouche est dou-blé en carton collé.

Pour le chargement : le corps de la fusée

(1) Voici les résultats de l'analyse faite par M. Darcet sur des fusées anglaises, prises dans un brûlot échoué en 1809 à l'Ile d'Aix, et qui sont consignés dans les bulletins de la Société d'encouragement.

Matières fusantes. { Nitrate de potasse. . . . 85,70
Charbon. 20,93
Soufre. 11,37
Eau. 14.00

Total. . . . 100,00

(2) Mort aide de camp du roi de Danemark.

(3) L'analyse déjà citée de M. Darcet a fourni pour la composition incendiaire anglaise les résultats suivants :

Nitrate de potasse. 55,5
Bitume, suif ou graisse, soufre et sulfure d'antimoine. 45,5

(*Bulletin de la Société d'encouragement.*)

est retenu dans un moule, et la matière fusante battue et tassée dans l'intérieur à l'aide d'un mouton. Le moule est composé de deux pièces de bois, qui, en se réunissant dans la partie inférieure du mouton entre ses deux montants, laissent entre elles un vide cylindrique, destiné à recevoir le cartouche. Les extrémités supérieures des pièces qui forment le moule sont maintenues par deux brides en fer. Ainsi retenu, le cartouche est traversé suivant son axe par une broche, autour de laquelle on place la matière par mesures égales ; cette tige traverse également une baguette de frêne qui, pressée sur la matière, reçoit et lui transmet le choc de chaque coup du mouton. Cette opération exige de nombreuses précautions, qu'il serait superflu de détailler ici, et qui ont surtout pour but de prévenir l'inflammation par le choc, soit des matières fusantes, soit même de l'air interposé.

Le pot rempli de roche à feu est adapté sur la tête du cartouche au moyen d'un maillet et d'un *chasse-pot*, creusé pour recevoir sa pointe. Enfin ils sont cloués ensemble, puis reliés par un sac de toile, enduit ensuite de poix fondue et fortement ficelé sur le cartouche.

Dans les fusées incendiaires, le chapiteau est percé de trous pour livrer passage aux substances incendiaires. La baguette directrice est métallique et placée dans l'axe du cylindre.

Tir des fusées. Les fusées destinées au service de campagne sont lancées au moyen de chevalets, dont les formes varient, mais qui portent ordinairement à leur partie supérieure une fourche destinée à supporter le projectile, soit directement, soit par l'intermédiaire d'une pièce de bois dite *bascule*, et à laquelle on peut donner différentes inclinaisons, suivant la direction que l'on veut donner au tir. Sur la bascule sont fixés de distance en distance de petits rouleaux, qui doivent porter la baguette et prévenir les chocs et frottements, qui pourraient arrêter cette dernière au départ de la fusée. Le général Congrève proposa, vers 1829, l'emploi d'une espèce d'affût de campagne, portant plusieurs tubes en fer destinés à recevoir les fusées, et qui permettait même de les tirer, soit successivement, soit par salve. Plusieurs modèles de ce genre, qui ne diffèrent que par les détails de leur construction, ont été essayés depuis cette époque, sans qu'on se soit encore prononcé définitivement en faveur de l'un d'eux.

Les fusées de gros calibre destinées à la défense des places, se tirent au moyen d'*augets* placés sur les parapets. La longueur des augets varie de six à neuf mètres ; les parties qui ne sont pas soutenues par les parapets sont appuyées sur des chevalets.

La vitesse maximum et les portées extrêmes des fusées de guerre en usage sont indiquées dans le tableau suivant :

CALIBRE.	VITESSE MAXIMUM.	PORTÉE extrême.
54 millim.	195 m. à la dist. de 220 m.	1,620 m.
67 —	250 *idem* 120	1,885
94 —	333 *idem* 127	2,600

Les enfoncements dans la terre, à la distance de 650 mètres, varient de 1m,80 à 3m,50.

Quelques partisans exclusifs des fusées, au nombre desquels on doit placer en première ligne le capitaine de vaisseau de Montgery, auteur d'un traité remarquable sur les fusées de guerre (1), ont proposé de suppléer à toute espèce d'artillerie par l'emploi de cet engin, qui sert à la fois de projectile et de bouche à feu. Il n'est pas nécessaire de faire ressortir l'étrangeté d'un pareil système. Nous ne parlerons non plus que pour mémoire des expériences de tir en brèche par les fusées, faites à Malte par les ordres du célèbre amiral sir Sydney Smith.

Fusées de signaux et de joie. Ces fusées ne diffèrent des fusées de guerre que par l'inégalité de soins qu'on apporte dans la fabrication des unes et des autres, et par la nature des matériaux que l'on emploie pour la confection des cartouches et des chapiteaux ; la seule différence essentielle porte sur le chargement du *pot*, qui dans les fusées de signaux reçoit des artifices, dits de *garniture*, destinés à produire un éclat lumineux. Les dimensions relatives les plus convenables pour le cartouche sont, en représentant le diamètre intérieur par 1, de 1,5 pour le diamètre extérieur, de 9,5 pour la longueur, et de 2 pour le diamètre du pot. Les cartouches sont construits en carton et étranglés à leur partie inférieure. Les matières fusantes sont tassées dans le corps de la fusée au moyen de baguettes, comme dans les fusées de guerre ; mais le mouton est remplacé par un maillet. Les *pots de garniture* se construisent également en carton, et sont étranglés par un bout pour réduire le diamètre extérieur au diamètre intérieur du cartouche. Les artifices de garniture sont : les *étoiles cubiques*, les *étoiles moulées*, la *pluie d'or*, les *serpenteaux*, les *pétards*, les *étoiles détonantes*, les *marrons*, les *saucissons*, les *marrons luisants* et les *saucissons luisants*; ils se placent tous l'amorce en bas. Les *baguettes à équiper* se font en sapin droit ; leur longueur est au moins de neuf fois celle du cartouche ; elles sont fixées parallèlement

(1) *Traité des fusées de guerre*, par M. de Montgery, 1826.

à son axe, par deux ligatures fortement serrées.

On fait en plusieurs circonstances usage de fusées d'éclairage *à parachute*. Lorsque ces fusées sont arrivées au sommet de leur trajectoire, une légère explosion en détache une *balle à feu* suspendue par une chaîne à un petit parachute. Ce procédé est surtout utile en mer, où les balles à feu ordinaire disparaissent dans l'eau. Le vaisseau anglais *le Plantagenet*, mouillé dans la Chesapeake au mois de juillet 1814, put à l'aide de ces fusées reconnaître pendant plusieurs nuits de suite la position d'un canot à torpilles.

La *Bibliothèque universelle de la guerre*, de 1822, cite une application de ces fusées à la pêche de la baleine.

Fusées des projectiles creux. Ces fusées sont destinées à communiquer le feu aux projectiles explosibles ; elles se composent d'un tube en bois, évasé à la partie supérieure, et dans lequel on renferme une composition fusante. Les conditions que l'on cherche à remplir dans leur fabrication sont la solidité de leur enveloppe et la précision dans la durée de leur combustion. On choisit de préférence pour le bois des fusées l'orme, le noyer, le frêne et le tilleul. Les fusées à obus sont chargées avec du pulvérin ; celles des bombes et des grenades, avec une composition formée de trois parties de pulvérin, deux de salpêtre et une de soufre. Elles sont amorcées avec *de la mèche à étoupille* et coiffées avec du parchemin.

CHABRIER.

FUSION. (*Géologie.*) La forme du sphéroïde terrestre, aplati aux pôles et renflé à l'équateur, étant exactement celle que prendrait une masse fluide, douée d'un mouvement de rotation autour d'un axe, a fait penser que notre planète avait dû être primitivement à l'état fluide, et depuis lors toutes les observations géologiques sont venues à l'appui de cette supposition. Comme la chaleur propre de la terre croît rapidement avec la profondeur, et qu'à toutes les époques il est sorti de son intérieur des roches fondues, on a naturellement été conduit à admettre que sa fluidité primitive devait être due au calorique. C'est, du reste, l'hypothèse qui rend le mieux compte de tous les faits.

Cependant, les roches de fusion les plus anciennes, les *granits*, les *porphyres*, qui se comportent à l'égard des roches de sédiment comme celles que nous voyons encore maintenant sortir de l'intérieur de la terre, fondues comme le laitier de nos hauts fourneaux, contenant une certaine quantité d'eau de cristallisation, et se liant quelquefois intimement avec des roches sédimentaires, commencent à cesser d'être considérées comme de véritables roches de fusion par quelques géologues. Ceux-ci prétendent que ce sont des roches de sédiment rendues cristallines par l'influence de la chaleur et des autres agents intérieurs. Quelques faits rares et qui, généralement, ne sont pas développés sur une grande échelle, viennent à l'appui de leur opinion ; mais on peut dire que ce sont des exceptions, et qu'il n'en existe pas moins une grande formation de granits, et une grande formation de porphyres, admettant dans leur masse un grand nombre d'autres roches plutoniques, *diurite, syénite, euphotide*, etc., qui n'ont point changé de nature depuis leur première consolidation, et que, telles qu'elles sont, elles ont toujours fait partie essentielle de la croûte solide de la terre.

Dans un fort beau travail sur *la nature plutonique du granit et des silicates cristallins qui s'y rallient*, M. Scheerer, considérant que dans toutes ces substances il existe une certaine quantité d'eau de cristallisation qui peut varier de un à treize pour cent, et que dans le granit elles se trouvent dans des rapports tels que le quartz, le plus infusible de tous, a dû se solidifier le dernier (1), M. Scheerer, disons-nous, regarde le bain primitif de granit comme une bouillie épaisse et humide, soumise à une pression qui empêche le dégagement de l'eau ; cette bouillie, portée à une haute température, a dû fondre à un degré bien inférieur à celui où fondrait un mélange des mêmes substances minérales anhydres. Dans le refroidissement lent d'une pareille masse, la présence de la vapeur d'eau a dû prolonger la liquidité, ou du moins la plasticité du granit, jusqu'à une température proportionnellement très-basse ; les minéraux de plus facile cristallisation ont dû cristalliser les premiers. La quantité d'eau, augmentée dans le bain par cette cristallisation, a dû se porter sur la silice, qui, en raison de son peu de tendance aux formes cristallines et de l'augmentation continuelle de cette eau, n'a pu se solidifier que très-tard.

M. Scheerer termine en disant : « Le granit une fois amené à cet état, qui, bien qu'étant un état de *fusion*, ne saurait être confondu avec une *fusion tout simplement ignée*, il en résultera nécessairement, pendant son refroidissement lent, des effets d'une nature très-différente de celle des conséquences qui suivraient le refroidissement d'une masse sèche, c'est-à-dire d'une masse qui aurait été en fusion purement ignée. »

Depuis longtemps nous avons recueilli des faits qui confirment les observations et les déductions du savant allemand. De ces faits il résulte que dans la nature la silice n'a jamais été à l'état de fusion sèche ; l'eau

_____
(1) L'eau chauffée au-dessus de 100° sous une forte pression, acquiert la propriété de dissoudre la silice, qui se dépose ensuite en cristaux.

s'est trouvée partout pour favoriser, je dirai même pour déterminer, sa liquéfaction; une foule de phénomènes, dans lesquels la silice a joué un rôle très-important, le démontrent, et je ne sais pas si, dans la nature, il y a jamais eu une seule fusion sèche, purement ignée. Toutes les masses fondues contiennent de l'eau en plus ou moins grande quantité; la lave des volcans, tellement fondue qu'elle coule comme un liquide, laisse dégager une grande quantité de vapeur d'eau, et il reste encore de l'eau dans la lave complètement refroidie. L'eau a certainement contribué à la fusion de toutes les masses ignées qui entrent dans la composition de la croûte du globe : c'est un des éléments du dissolvant universel.

On est parvenu à fondre au feu toutes les roches de la nature, même les quartz, pour lesquels il faut employer le chalumeau à gaz hydrogène. Les points de fusion des différentes espèces, très-élevés dans l'échelle pyrométrique, n'ont point encore été déterminés exactement, et il sera toujours très-difficile de le faire, à cause de l'imperfection de nos instruments. Une des roches les plus fusibles, le fer pyriteux, fond environ à 1000°. La silice ne fond qu'entre 2500° et 3100°; ainsi on peut assurer que les points de fusion des différentes roches sont compris entre 1000 et 3100 *degrés centigrades*.

Discussion sur la nature plutonique du granit et des silicates cristallins qui s'y rallient, par M. Scheerer, dans le *Bulletin de la Société géologique de France*, 2ᵉ série, t. IV.

ROZET.

FUT. (*Architecture.*) Il y a dans une colonne trois parties distinctes : le piédestal, le fût, et le chapiteau. Le fût est placé entre le piédestal et le chapiteau; il est le corps, la tige de la colonne. C'est un cône tronqué dans l'ordre dorique grec; dans les ordres ionique, corinthien et dorique romain, il a aussi le diamètre de la partie inférieure un peu plus grand que celui de la partie inférieure; mais il est renflé vers le tiers de sa hauteur à partir du bas. De plus, il est orné de cannelures longitudinales, peu profondes et à vive arête, qui montent depuis la partie inférieure jusqu'à la partie supérieure, et quelquefois seulement à partir du renflement; cependant il est souvent uni. Dans les ordres corinthien et ionique, les cannelures sont toujours séparées par des *listeaux*; souvent il est orné de rudentures dans ses cannelures. Dans les colonnes *torses*, il est tordu en tire-bouchon, pour simuler un arbre qui a été déformé par une tige de lierre dont il était enlacé. Dans d'autres, il est tout couvert de feuillage, sculpté avec beaucoup de soin.

Le diamètre de la partie inférieure divisé par deux donne le *module* qui sert d'unité pour les proportions à garder suivant les différents ordres dans la disposition de l'édifice. Dans certains ordres, la hauteur du fût est de dix modules, dans d'autres de quatorze, et enfin dans d'autres encore de dix-huit.

Le fût est joint au piédestal et au chapiteau par des parties légèrement évasées en quart de cercle, appelées *congés*, qui ajoutent à la grâce et à la solidité de la colonne. Dans presque tous les ordres, le congé supérieur est surmonté d'un filet et d'une baguette, qui séparent le fût du chapiteau. Dans le corinthien seulement, le congé inférieur est aussi orné d'un filet. Les proportions que les divers ordres d'architecture assignent aux fûts de leurs colonnes ne sont pas d'ailleurs, comme on pourrait le croire au premier abord, le résultat des caprices et de l'esprit d'imitation des architectes de l'antiquité; mais elles dérivent toutes de règles apprises par l'expérience, ou dues à la puissance du raisonnement, et elles ont toutes été démontrées vraies par les savantes théories des géomètres modernes. La forme *conchoïdale* elle-même du fût, qui cause son renflement, est celle qui lui convient le mieux pour résister à l'écrasement. Ce qui précède ne convient cependant pas aux colonnes torses, qui sont construites contre ces mêmes règles, et qui n'ont jamais pu plaire qu'à des imaginations bizarres.

CHARLES RENIER.

G

G. (*Grammaire*, etc.) Cette lettre est le septième caractère et la cinquième consonne de l'alphabet latin ; mais, dans l'alphabet grec, et dans les alphabets orientaux auxquels celui-ci a été emprunté, l'hébreu et le phénicien, on trouve la lettre dont la valeur se rapproche le plus de celle de notre G, occupant la troisième place, sous le nom de *guimel*, qui est devenu *gomal* chez les Syriens et *gamma* chez les Grecs. La forme du *gamma* dérive évidemment de celle du *guimel* retourné, qui semble lui-même, d'après son nom plus encore, il est vrai, que d'après les lignes qu'il présente, dériver de la figure du chameau. Quant à l'origine particulière du G latin, qui est le nôtre, nous avons eu occasion de l'exposer dans l'article que nous avons consacré au **C**, lettre à l'histoire de laquelle celle de l'autre se trouve intimement liée. Nous devons donc renvoyer le lecteur, pour ne pas répéter inutilement ici ce qui a déjà été dit plus haut.

La lettre qui nous occupe a dans notre langue deux valeurs. Le nom que nous lui appliquons ordinairement (*gé*) n'en rappelle qu'une exceptionnelle, celle qu'elle affecte devant les voyelles *e* et *i*. Pour lui donner sa valeur normale, celle qui s'entend dans les autres cas, il faut d'abord que, les lèvres laissant entre elles un écartement, la langue se relève et s'applique contre le voile du palais, qui lui-même fait dans sa partie postérieure un mouvement semblable. Toute issue, soit par le canal buccal, soit par les fosses nasales, est ainsi fermée au souffle jusqu'à ce que, par un certain effort, il triomphe de la résistance que lui opposait la langue disposée comme nous venons de le dire (après avoir fait résonner le larynx, à son passage entre les lèvres de la glotte resserrées), et s'échappe de la bouche par une sorte d'explosion. Il produit alors le son articulé que l'on entend à la fin des mots *bague, ligue, dogue,* ou au commencement de ceux-ci : *gale, gai, goût, glu, gris,* etc.

Martianus Capella classe cette articulation parmi les palatales, en la définissant *spiritus cum palato*. D'autres grammairiens, considérant que c'est dans la partie la plus reculée de la bouche que s'opère le jeu des organes qui la produit, la qualifient de gutturale, épithète qui assurément ne saurait s'appliquer à aucune lettre si elle ne pouvait convenir à celle-ci. L'articulation dont nous venons de décrire le mécanisme forme la sonnante à laquelle répond comme muette le K, ou, d'après des dénominations plus usitées, quoique moins exactes, le G est la gutturale douce, et le K la gutturale forte.

On donne aussi quelquefois au G, quand il est prononcé de cette manière, le nom de G dur, et on le qualifie de G doux lorsqu'il abandonne sa valeur normale pour prendre celle du J, comme dans *âge, gens, gîte,* etc. La distinction des deux valeurs du G existe en italien, en espagnol, en anglais, et même en allemand, comme en français ; mais si le G dur a dans toutes ces langues une prononciation uniforme, il n'en est pas de même du G doux, qui suit dans chacune des règles particulières. En allemand la prononciation du G dur se conserve souvent devant l'*e* et l'*i* ; le G doux, tel qu'il se rencontre dans les mots *weg* et *wegen,* prend le son du *ch* germanique. En anglais, où le G doux est à peu près aussi restreint dans son usage qu'en allemand, il suit la prononciation particulière au *j* dans cette langue, et se prononce *dj.* En espagnol et en italien son emploi est aussi fréquent que dans le français, et a lieu dans les mêmes cas ; mais sa valeur est fort différente. En espagnol il se prononce comme la lettre castillane *jota* (l'analogue du *ch* des Allemands); en italien il a la même valeur qu'en anglais.

En français, de même que dans certains cas où le C serait dur on lui rend la valeur du *c* doux au moyen de la cédille, ainsi on donne au G dur par position la valeur du *g* doux en le faisant suivre immédiatement d'un *e,* comme dans *geôle, geai,* etc. D'un autre côté, par l'interposition d'un *u* muet, on fait reprendre au G, qui autrement serait doux, la valeur du *g* dur, comme dans *gué, guimauve,* etc. Quelquefois cependant l'*u* placé après le G conserve sa valeur propre de voyelle, comme dans *arguë, aiguille* ; dans le premier de ces deux mots, le tréma placé sur la voyelle suivante indique suffisamment la prononciation. Il n'y a pas dans le second cas d'autre guide que l'usage.

A la fin des mots le G est chez nous le plus souvent muet, à moins que le mot suivant ne commence par une voyelle. Dans la liaison qui se fait alors entre les deux mots prononcés, le *g* du premier se change en *k* : exemples : *rang élevé, long espoir*, etc.

Dans quelques provinces du nord de la France le peuple donne parfois au J la valeur du G dur, et prononce *jambe* et *jardin* comme s'ils étaient écrits *gambe* et *gardin*. On peut croire que telle fut la prononciation primitive de ces mots, d'après l'origine du premier, en latin *gamba* (en grec χαμπὴ), ainsi que d'après ses dérivés mêmes *gambade* et *ingambe*. Le second a évidemment une origine commune avec l'allemand *garten*. Cette origine est peut-être le latin *hortus;* car nous voyons encore dans quelques prononciations locales la gutturale se changer en l'aspiration simple H.

Notre langue a souvent changé en G le C dur des primitifs latins, comme dans *gras*, qu'elle a fait de *crassus;* d'autres fois le contraire a eu lieu, comme dans *Cadix*, qui a été fait de *Gades*. Nous avons enfin, dans certains cas, changé le G en I, comme dans *fuir* et *lire*, dérivés de *fugere* et *legere*.

Nous écrivons au contraire par *g* des mots que les nations germaniques, avec lesquelles ils nous sont communs, écrivent par V ou W; c'est ainsi que les mots français *garde*, *gain*, *guerre*, *Guillaume*, ont évidemment la même origine que *ward*, *win*, *war*, *Wilhem* et *William*. On ne sait trop si dans les cas de cette nature ce sont les Germains qui ont laissé s'effacer la gutturale qui commençait ces mots, ou bien si ce sont les Celtes qui l'ont ajoutée. Nous trouvons un exemple de cette substitution dans le midi, où nous avons fait *gascon* de *vasco*, et un autre non moins remarquable en sens inverse, dans le nord, où le nom de *gaulois* est devenu *wallon*.

Les lettres *gn* représentent, dans un grand nombre de mots français, une articulation à laquelle certains auteurs de grammaires donnent la qualification singulière de *mouillée*. Le fait est que le mécanisme de cette articulation ne diffère de celui du *g* dur qu'en ce que au moment de son émission il y a communication entre le larynx et les fosses nasales, d'où résulte le son particulier que l'on entend dans les mots *bagne*, *règne*, *ligne*, *rogne*, etc. Nous désignerons donc avec plus de justesse cette valeur phonétique en la qualifiant de gutturo-nasale.

Le même son se trouve écrit de la même manière dans l'italien *segno*, mais avec les deux mêmes lettres placées en sens inverse dans l'anglais *sing* et avec une *n* surmontée d'un trait dans l'espagnol *leño*.

Quant au *gli* des Italiens, il présente une syllabe qui fait entendre successivement l'articulation *l*, puis l'*i* consonne (notre prétendue *l* mouillée) et enfin l'*i* voyelle.

Employée sur les monuments romains comme abréviation la lettre G tient la place des noms propres *Gaius*, *Gellius*, etc. Sur les anciennes monnaies françaises elle désignait celles qui avaient été frappées à Poitiers.

Comme lettre numérale, chez les Romains le G valait 400, et avec un trait horizontal au-dessus, 40,000.

Dans le comput ecclésiastique elle est la dernière des sept lettres dominicales, et marque le dimanche sur le calendrier dans les années où ce jour de la semaine tombe le 7 janvier.

Dans la notation musicale des Allemands et des Anglais la lettre G indique le son de *sol*.

LÉON VAÏSSE.

GABARE. (*Marine*.) La *gabare* est un navire de charge; ce nom désigne tout à la fois ces lourdes et vilaines barques, pontées ou non pontées, dont on se sert dans les ports pour porter à bord des navires en rade les objets de consommation, et ces énormes corvettes de trois cents à cinq cent cinquante tonneaux, qui vont dans nos colonies les plus voisines comme les plus éloignées, ravitailler les garnisons, les escadres et les stations.

La gabare a trois mâts; elle porte de huit à douze canons ou caronades. Cette sorte de navire, en raison de son service, est l'épouvantail de l'officier de la marine militaire, et ce n'est qu'avec une répugnance marquée qu'il s'y embarque.

Dans les ports, on donne quelquefois le nom de *gabare à vase* à la *marie-salope*. (*Voyez* DRAGUE.) En termes de pêche, on nomme *gabare* une espèce de filet plus petit que la *seine* ordinaire.

V. C.

GABIER. (*Marine*.) C'est par ce nom que l'on désigne, à bord d'un grand bâtiment, les premiers et les meilleurs matelots; ils sont choisis pour le service des hunes et du beaupré; ils ne prennent cependant le nom de *gabiers* que lorsqu'ils ont la surveillance des gréements, et qu'ils sont chargés d'y faire les réparations nécessaires. Les gabiers prennent le nom du mât auquel ils sont attachés; ainsi l'on a les gabiers de *grand'hune*, au nombre de seize pour un vaisseau, de dix à douze pour une frégate; les gabiers de *misaine*, en pareil nombre; ceux d'*artimon* et de *beaupré*, moins nombreux. Le nom de *gabier* n'indique qu'un emploi et non un grade, il cesse d'être porté à terre; cependant les contre-maîtres sont choisis de préférence parmi les matelots qui ont été gabiers.

La *gabie*, sorte de demi-hune en caillebottis que porte la tête des mâts à antennes, sur la Méditerranée, est l'origine du mot *gabier*.

V. C.

GABON. (*Géographie.*) La *côte du Gabon*, comprise entre Cameroons et l'Équateur, forme la dernière des divisions de la côte de Guinée. Elle commence proprement à la pointe *Suellaba*, extrémité de la rive méridionale du rio Cameroons. D'abord, uniformément basse et boisée sur une longueur de six lieues environ, et constamment dirigée au sud, elle se rapproche de l'est à partir de la petite rivière *Boréa*, et conservant cette nouvelle direction pendant quarante milles, elle décrit la baie plus longue que profonde de *Panàvia*, et celle de *Banoko*, qui n'était marquée sur aucune carte avant que M. Philippe de Kerhallet, lieutenant de vaisseau, ne l'eût relevée par ordre de M. le comte E. Bouët-Willaumez. Les villages de Banoko sont assez considérables et riches en produits d'ivoire. Les points de reconnaissance de cette baie, parmi les hautes terres qui l'avoisinent, sont le mont *Alouette* (1,041 mètres), situé près de la plage, et le mont *Nisus*, fort éloigné au contraire dans l'intérieur; de même, les monts de la *Table* et de la *Selle* servent de points de reconnaissance au *rio Campo*, et le mont *Mitre*, détaché de la chaîne des *Sept montagnes* dans le sud, à la rivière *Saint-Benoît*. La côte, toujours boisée, mais irrégulière et bordée parfois de récifs, cesse, au delà du mont Mitre, de montrer des pics élevés en arrière-plan. Sa direction générale est le sud-ouest-1/4-sud du monde. Dans la vaste baie de *Corisco*, qui ne compte pas moins de dix lieues du nord au sud sur quatre lieues de l'est à l'ouest, viennent déboucher au nord-est la rivière *Mooney*, et au sud-sud-est la rivière *Moondah*, abondantes toutes deux en bois rouge et en bois d'ébène, mais semées de bancs et de roches qui en rendent la fréquentation dangereuse sans pratique. N'était la multitude d'îles, d'îlots, de roches et de bancs qui l'encombrent, la baie de Corisco pourrait être considérée comme un des plus beaux bassins de la côte d'Afrique; malgré même cet inconvénient, sa proximité de notre nouvel établissement du Gabon lui prête un grand intérêt.

Le *Gabon*, nommé *M'pongo* par les naturels riverains, est, comme la plupart des rivières à huile de palme du golfe de Biafra, plutôt un estuaire qu'un fleuve proprement dit. Il se divise en deux bassins, l'un extérieur, l'autre intérieur. Les terres de la rive droite du bassin extérieur, comprises entre la rivière Moondah et le Gabon, forment une vaste presqu'île, connue anciennement sous le nom d'*Esterias*, mais que M. le lieutenant de vaisseau Fleuriot de Langle, chargé en 1844 de lever le plan détaillé du fleuve, a appelée *presqu'île Louis-Philippe.* Elle se termine au nord par le *cap Joinville,* haut de 20 mètres, escarpé, d'un

accès difficile, et composé de roches calcaires où l'on trouve des cristaux de carbonate et de phosphate de chaux. La presqu'île même est formée de collines à base calcaire, dont la plus haute a 200 mètres d'élévation : c'est le *mont Bouët;* un second sommet, de même hauteur à peu près et situé un peu au sud du premier, a reçu le nom de *mont Baudin.* La chaîne de collines s'abaisse à partir du mont Baudin. Quelques sommets arrondis, élevés de 80 à 100 mètres, dépassent encore le niveau commun, et se terminent à une vallée intermédiaire entre cette chaîne et la pointe *Obindo*, qui reprend une hauteur de 80 mètres. Par son élévation et l'abondance de ses eaux courantes, qui lui prêtent une extrême fertilité, la presqu'île Louis-Philippe est éminemment propre à recevoir des établissements. Outre les ruisseaux d'eau douce qu'alimentent les eaux pluviales, la partie de la rive droite comprise entre le cap Joinville et la pointe Obindo est coupée par cinq criques aux eaux salées, qui peuvent porter pirogue, et servent au transport des bois de couleur, l'article de commerce le plus abondant au Gabon; ce sont : la crique *Tanday*, qui partage en deux la baie d'*Acquengo ;* la crique *Guéguay*, qui paraît unir le Gabon à la rivière Moondah, et sur les bords de laquelle s'élèvent les villes de *Cringer*, de *Quaben* et de *Louis* (en gabonais *Boulébany*); les criques d'*Ogombiay* et de *Lohuay*, qui coupent la rade peu profonde d'*Ogombiay;* et enfin celle de *Viriay*, qui établit, à ce que l'on croit, une seconde communication avec la rivière Moondah. Le terrain entre les premières criques descend en pente douce jusqu'au bord de la mer, et une belle végétation le recouvre. A partir de la crique Guéguay les berges du fleuve s'élèvent jusqu'à une hauteur de 10 mètres, et forment la base des monts Bouët et Baudin. Trois pointes saillantes s'y font sentir. M. Fleuriot de Langle nomma la première *pointe des Normands*, et la troisième *pointe des Bretons.* Après la pointe des Bretons, la côte forme un redans qui abrite une petite anse, où se rend un ruisseau ; c'est près de la baie qu'il établi, en 1843, par les soins de M. A. Fournier, lieutenant de vaisseau, le fort d'*Aumale,* sur un plateau de roches élevé de dix mètres au-dessus du niveau de la mer. Un second plateau de roches volcaniques s'étend à cinquante mètres en avant de la plage du fort d'Aumale et assèche en partie. M. Fleuriot de Langle, dans sa *Description du Gabon* que je reproduis ici, marque que ce plateau pourrait servir de base à une belle cale de construction, peu coûteuse et d'autant plus importante qu'on y emmagasinerait des dépôts de toute sorte, très-difficiles à transporter jusqu'au fort, et qu'elle faciliterait beaucoup les communications du comptoir. L'inconvénient du ressac est bien compensé par l'avantage de l'exposition, qui permet d'y recevoir la brise du large dans toute sa pureté. Un autre avantage qu'on n'eût pas trouvé sur la rive opposée est la présence de sources abondantes à proximité du fort. Les berges s'abaissent graduellement depuis le fort d'Aumale jusqu'à la *pointe Française*, qui sépare la *rade d'Aumale* de la *rade de Montpensier*, comprise entre la pointe Française et celle de *Paris*. Ces deux rades offrent un bon mouillage. Il y a sur la dernière trois villes où le commerce est actif. Après la pointe de Paris la côte fléchit un peu au nord-est, et forme la *rade d'Ogombiay*, bornée à l'est par la *pointe Lohuay*. Entre les deux criques qui la coupent les berges sont élevées, la glaise y est à nu ; mais à partir de la pointe Lohuay la côte s'abaisse et devient sablonneuse. — La vallée au fond de laquelle se trouve Viriay, et qui sépare la chaîne des collines Bouët et Baudin de la pointe Obindo, termine au sud le bassin extérieur du Gabon. La côte court ensuite au nord-ouest, décrivant un demi-cercle de deux milles autour de l'*île d'Orléans* : c'est la *baie d'Obindo*, qui dépend du bassin intérieur. L'île d'Orléans ou de *Konikey* paraît avoir son grand axe incliné de l'ouest-nord-ouest à l'est-sud-est : cet axe a une longueur de deux milles. L'île est basse vers le nord, tandis qu'elle se termine au sud par des falaises à pic, qui servent de contre-forts à un morne pyramidal de 200 mètres. Elle est fertile et abondante en sources excellentes ; les navires du commerce la visitent souvent. M. Fleuriot de Langle ne doute pas que la baie Obindo ne devienne le centre des établissements français dans le Gabon. Les batteries qui seraient élevées sur la pointe d'Obindo et sur la pointe *Dambée*, extrémité nord-ouest de l'île d'Orléans, seraient distantes d'un mille et demi et pourraient croiser leurs feux. — Le cap *Montagniès* termine au nord-ouest la rive gauche du Gabon ; il est bas et sablonneux, et corvert à sa pointe septentrionale d'un bois de palétuviers, appelé le *bois des Fétiches*, parce que Denis, le roi le plus puissant de cette rive, y va souvent consulter ses idoles. L'ouverture du Gabon est de 8 milles 3/4 entre les caps Joinville et Montagniès, qui gisent nord-ouest et sud-sud-est du monde. La distance du cap Montagniès à la pointe des Normands sur la rive droite, lesquels sont les deux points les plus rapprochés du bassin extérieur, est de 6 milles nord-est cinq degrés est et sud-ouest cinq degrés ouest du monde. La direction générale de la rive gauche, appelée *presqu'île de la reine Marie-Amélie*, est le nord-nord-ouest, et le sud-sud-est du monde ; le terrain en est bas et coupé par les marigots de *Rogolay*, *Uinguéyahua*, *Apopay*, *Mombay*, *Voiletiay*, *Obélo* et *Bohuin* ; on y trouve de

magnifiques savanes, où l'on pourrait cultiver avec avantage toutes les productions de la Guyane française, ces deux pays ayant une grande similitude de climat. Elles servent de pâturages aux troupeaux du roi Denis, et la nuit sont infestées d'hippopotames. La *rade du comte de Paris*, comprise entre le cap Montagniès et la pointe de la rive gauche de Rogolay, offre un bon ancrage aux navires ; la côte y est très-accore dans toute son étendue ; on y a établi, je crois, comme l'avait demandé M. Fleuriot de Langle, un débarcadère et un dépôt de charbon. Mais malheureusement cette rade reçoit la brise du large seulement après qu'elle s'est chargée de vapeurs en traversant la presqu'île Marie-Amélie, et elle est ouverte au nord-est, de sorte que les tornades y donnent avec toute leur force. Au delà des pointes *Bohuin* et Obindo, distantes entre elles de sept milles, qui terminent le bassin extérieur du Gabon, les terres s'écartent de nouveau et forment un second bassin, séparé du premier par les deux îles d'Orléans et de *madame Adélaïde* ou de Parrot, la première au nord, la deuxième au sud.

Malgré sa position centrale et sa facilité de communication avec l'intérieur, le Gabon, au commencement de l'année 1839, n'était encore qu'un grand foyer de traite, où aucune nation européenne n'avait songé à s'établir. Au mois de février de cette année, M. Éd. Bouët, lieutenant de vaisseau, commandant *la Malouine*, acquit du roi Denis le droit, pour la France, de s'établir sur la rive gauche quand elle le jugerait convenable à ses intérêts. Mais bientôt, frappé de la mortalité considérable qui sévissait sur les blancs des factoreries à esclaves, il songea à s'assurer une position meilleure. En 1842, un autre traité fut passé avec les chefs *M'pongos* de la rive droite Louis et Quaben, et un blockhaus entouré de fortifications provisoires consacra notre souveraineté sur les lieux désignés. Il fallut traiter de même avec les chefs des autres peuples riverains, pour éviter qu'aucune autre nation, se prévalant de cette diversité de peuples au Gabon, ne voulût s'y établir à côté de nous. Le bassin extérieur ou golfe du Gabon est habité presque uniquement par les noirs M'pongos, race paresseuse et rusée, qui s'est constituée l'intermédiaire obligé entre les navires du commerce et les peuplades de l'intérieur. Le chef principal de ce bassin est ce roi Denis, dont j'ai déjà parlé, homme d'une intelligence vraiment remarquable. Dans le bassin intérieur habitent à la fois des M'pongos, des *Boulous* et des *Bakalais*. Tous ces peuples parlent des langues différentes, mais analogues, et se comprennent entre eux. Dans l'intérieur des terres, à une petite distance, vivent des populations nomades de *M'bichos*, de *Com'boulous* et de *Pahouins*, qui viennent de temps en temps apporter dans les villages riverains les produits de leur industrie. Ces peuples sont réputés anthropophages ; mais ce pourrait bien être un calcul pour éloigner d'eux les blancs, d'autant plus qu'il a déjà été constaté que les M'pongos nous avaient tout d'abord représentés aux Boulous sous un jour odieux. Comme on le voit, les produits indigènes du Gabon n'arrivaient entre les mains des capitaines du commerce que grevés des frais énormes de plusieurs courtages successifs, et l'exploration de M. le lieutenant Pigeard, entreprise le 29 août 1846, eut, entre autres objets, celui de faire cesser cet état de choses, en appelant les naturels du haut pays sur nos marchés. Les principaux résultats de ce voyage furent : « 1° un canevas hydrographique du bassin intérieur du Gabon et de l'affluent central, appelé *Cómo*, qui, quoique incomplet et insuffisant pour diriger un navire sans pilote, à cause du petit nombre de sondes, pourra cependant servir de point de départ commode à ceux qui entreprendront l'hydrographie complète ; 2° l'exploration générale de l'affluent central jusqu'à ses limites accessibles, dix lieues plus haut que le point considéré jusque-là comme infranchissable ; 3° la consolidation des liens d'amitié qui unissaient déjà la France aux chefs de la rivière jusqu'à *Cobangoï*, et la formation, avec ceux auxquels nous étions totalement étrangers, de relations qui nous assurent désormais un bon accueil partout ; 4° enfin l'appréciation des ressources de tout genre que présente en ce moment le haut pays, et de celles que notre commerce y pourra trouver plus tard. »

L'examen des localités qui bordent les deux bassins du Gabon montre d'abord une série de terrains d'alluvion, formés successivement par les sédiments du courant sur un sol calcaire ou ferrugineux qui constitue la base générale du pays, de petits tertres argileux aux premiers plans, et quelques montagnes de hauteur moyenne aux derniers. Dans les intervalles de ces accidents de terrain on rencontre à chaque pas de larges flaques d'eau saumâtre, sans courant déterminé, que la mer laisse en se retirant, après avoir inondé les environs. De distance en distance, cependant, l'action de la marée s'est montrée plus forte, et creusant peu à peu son lit, elle a fini par se faire un passage, qui, suivant les couches qu'elle rencontrait, l'a conduite plus ou moins avant dans l'intérieur. Ces sortes de golfes ou d'affluents, dit M. Pigeard, seraient plus exactement désignés par le nom bien connu en Sénégambie de *marigots*, nom qui marque, dans les eaux auxquelles on l'applique, l'absence de courant propre. Les marées de flot et de jusant se font, en effet, sentir avec une telle intensité jusqu'au fond des plus étendus de ces marigots, que n'était la présence de l'eau douce qu'on rencontre, dans plusieurs, à quelques lieues seulement de leur embouchure, on serait tenté de les croire exclusivement alimentés par la mer. « Comment concilier pourtant l'existence de l'eau douce avec une absence complète de courant propre et une régularité de marées presque aussi grande que sur les bords de la mer ? Ce qui est infiniment probable, c'est que ces marigots vont pour la plupart rejoindre, à l'intérieur du pays, des marais d'eau douce qui n'assèchent jamais et qui les alimentent en se maintenant, toujours de niveau avec eux, mais sans avoir la force de porter leurs eaux jusqu'à la mer. Ainsi, entre l'eau salée qui cherche à faire irruption, et l'eau de ces marais qui se présente avec une densité au moins égale (chargée comme elle est de matières étrangères) et qui veut faire éruption, il existe, dans une zone plus ou moins grande, suivant la saison, un combat où, en raison des nombreuses sinuosités de la rivière et des motifs déjà énoncés, aucun des deux éléments ne remporte une victoire décisive, et qui n'entraîne que des déplacements locaux, sans influence marquée de goût de l'une des eaux sur l'autre. »

Le sol, dans toute l'étendue du cours de la rivière, parut à M. Pigeard d'une grande fertilité. Il est, en général, composé d'une argile ferrugineuse mêlée de terreau grisâtre, dû sans doute aux dépôts des eaux. Les cinq ou six peuples qui habitent le Gabon offrent tous à peu près les mêmes caractères physiques ; les seules différences notables qu'on puisse signaler sont des traits plus anguleux et une couleur moins foncée de la peau, à mesure qu'on avance dans l'intérieur. Quant aux différences morales, elles sont proportionnées à l'éloignement de ces peuples par rapport aux blancs, assez sensibles dans la forme, mais nulles au fond. Polygamie, fétichisme grossier, instinct rusé du sauvage, cupidité adroite, tels sont les principaux traits chez tous. La femme vit dans un état complet d'abjection, et c'est sur elle que pèsent tous les travaux pénibles du ménage. Toute la région qui borde le Cómo peut être peuplée en tout de dix à douze mille âmes. D'ailleurs point de gouvernement régulier ; dans chaque ville un chef qui paraît jouir d'une autorité assez restreinte et transmissible par hérédité. Les M'pongos, voisins de la mer, ont été unis par la communauté d'intérêts et par l'intelligence de quelques-uns de leurs chefs ; les Boulous le sont beaucoup moins ; et quant aux Bakalais, sans être précisément en guerre les uns avec les autres, ils sont presque tous sur le pied d'une défiance continuelle, à cause du mouvement qui pousse chacun sur son voisin et menace incessamment de le déplacer. En effet il y a dans les populations éloignées de la mer une tendance continuelle à se rapprocher des bords de la mer, tendance qui est due sans doute à ce que les peuples chasseurs du haut pays, à mesure qu'ils connaissent mieux les blancs et qu'ils s'habituent à leurs produits, cherchent à se les procurer le plus aisément possible, trouvant naturellement, comme les M'pongos, le courtage moins pénible et moins dangereux que la chasse. C'est ainsi que les Boulous, qui habitaient autrefois dans le haut de l'affluent Cômo, et qui vivaient en chasseurs intrépides, ont été poussés vers l'ouest par les Bakalais, et que ceux-ci commencent à renoncer aussi à la chasse, et cèdent devant les Pahouins, qui accourent de l'intérieur. C'est à cette tendance des peuples chasseurs à se faire courtiers, c'est à ces jalousies commerciales, qu'il faut attribuer la diminution sensible de l'ivoire, et non à la rareté des éléphants, lesquels sont, au contraire, si nombreux, qu'on en voit tous les jours venir se faire tuer au milieu des villes. Pour empêcher que cette branche de commerce ne s'éteigne, M. Pigeard propose la prompte formation d'une société qui puisse, avec quelques petits bâtiments bien approvisionnés, se mettre partout en rapport direct avec les peuples chasseurs, en sachant se faire respecter des populations bouloues et bakalaises, qu'il faudra traverser, et que ce nouveau mode de commerce lésera nécessairement. Les navires de la société approvisionneront un comptoir central, où se déposera tout l'ivoire du pays destiné à l'exportation. Quant au bas pays, privé des avantages du courtage, il se tournera forcément vers l'agriculture, le commerce des bois, de la gomme, etc., et recouvrera en peu d'années ce qu'il aura perdu. Car si les habitants ne demandent rien à cette terre fertile, il convient de signaler les produits naturels que l'on y rencontre et son analogie avec des terres voisines fort riches, pour que l'on juge par ce qui est de ce qui pourrait être. La canne à sucre croît spontanément et en grande quantité sur les bords de l'affluent Cômo, et le tabac est avantageusement cultivé par les tribus de l'intérieur. Des expériences récentes ont prouvé que le café et le cacao réussiront au Gabon comme ils réussissent dans l'île du Prince, située à quarante lieues dans l'ouest; et les recherches de M. Déchamps, ingénieur d'escadre, qui accompagnait M. Pigeard dans son exploration, ont constaté, outre les richesses connues en bois de teinture et d'ébénisterie, l'abondance de matériaux précieux pour les constructions navales. Les poteries indigènes serviraient comme moyens d'échange avec l'intérieur; on pourrait encore construire et armer au Gabon de petits bâtiments caboteurs, qu'on vendrait avantageusement dans les établissements de la côte; enfin on n'a pas encore songé à demander aux marigots de l'intérieur, où ils abondent, ces beaux joncs qu'on fait venir si difficilement de l'Inde.

En résumant ses observations, M. Pigeard dit avoir vu au Gabon tous les éléments d'un établissement utile sous les trois points de vue qui doivent particulièrement intéresser une grande nation, savoir : commerce, politique et civilisation; soit que, le gardant tel qu'il est, on veuille seulement en tirer tout ce qu'il peut rendre de produits actuels; soit qu'entreprenant sur-le-champ des travaux utiles, on veuille chercher à ajouter à ses richesses naturelles celles que donnerait infailliblement un sol vierge et favorable.

Description nautique des côtes de l'Afrique occidentale comprises entre le Sénégal et l'Équateur, par M. le comte E. Bouët-Willaumez, capitaine de vaisseau, commencée en 1838 et terminée en 1848, ch. IX.

Rapport adressé au commandant du *cutter l'Épervier,* par M. Gouin, chirurgien major de ce bâtiment (*Annales maritimes, Revue colon.,* 1844, p. 603).

Rapport adressé, le 7 septembre 1846, à M. le contre-amiral Montagniès de la Roque, commandant la division navale des côtes occidentales d'Afrique, par M. Pigeard, lieutenant de vaisseau, et inséré par extrait dans les *Annales maritimes,* Revue colon., mars 1847, n° 18.

Plan du bassin extérieur du fleuve du Gabon, levé en 1844 par M. Fleuriot de Langle, lieutenant de vaisseau, et publié en 1848 au *Dépôt général de la marine.*

AMÉDÉE TARDIEU.

GADE. (*Histoire naturelle.*) *Gadus.* Le genre de poissons ainsi nommé par les naturalistes est l'un des plus importants de l'ichthyologie, par les richesses que l'espèce qui lui sert de type jette dans le commerce de l'Europe. Ses caractères consistent dans le corps médiocrement allongé, peu comprimé, couvert d'écailles molles, ni grandes ni petites; dans la tête, qui est nue, avec des dents pointues, inégales et disposées sur plusieurs rangées en manière de carde. Il y a sept rayons à toutes les nageoires molles, dont deux ou trois sont disposées sur le dos.

Le nom de Gade, emprunté du grec, désigne dans Athénée un poisson qui probablement, sans qu'on puisse néanmoins l'affirmer, appartenait au genre dont il est question. Ce sont des animaux très-féconds, qui vivent en général par troupes nombreuses, dans les hautes mers, et qui n'approchent guère des rivages, où l'on en pêche d'immenses quantités, qu'aux temps du frai.

Le nombre des espèces de gades est si considérable, que, pour éviter la confusion dans leur étude, les ichthyologistes, profitant de quelques caractères assez marqués, les répartissent en sept sections, savoir : 1° les morues, 2° les merlans, 3° les merluches, 4° les lottes, 5° les mustèles, 6° les brosmes, et 7° les phycies. Ces deux dernières ne présentent pas un grand intérêt, parce qu'on n'y comprend point d'espèces dont la pêche soit fort importante; mais les cinq autres méritent que nous en occupions un moment le lecteur.

Les Morues (*morua*) ont trois nageoires dorsales, avec un barbillon à l'extrémité de la mâchoire. La principale espèce, qui est la morue commune, appelée *cabillaud* sur les côtes de Flandre, se trouve dans la partie septentrionale de l'océan Atlantique, depuis nos côtes jusques vers celles de l'Amérique, aux atterrages de la grande île de Terre-Neuve surtout. La description d'un poisson si connu serait ici déplacée; il suffira de dire que les individus de cette espèce, qui ont les parties inférieures du corps d'une nuance argentée, tant qu'ils habitent sur les fonds de sable ou vaseux, deviennent rougeâtres et tachetés de marques jaunes quand ils habitent entre les rochers. Ces teintes, qui au premier coup d'œil paraissent caractériser des espèces, disparaissent quand les morues changent d'habitation. Les anciens, qui n'ont guère connu que les poissons de la Méditerranée, n'ont rien dit de celui-ci, dont la pêche et le commerce sont aujourd'hui l'une des sources de la prospérité et de la puissance navale de plusieurs nations européennes. Cette pêche, où concourent principalement les Hollandais, les Hambourgeois, les Français, les Espagnols, et surtout les Anglais, occupe annuellement jusqu'à vingt mille matelots chez ces derniers. On sait comment à Terre-Neuve la morue se sale, et enfin comment elle se répand dans toute la chrétienté, où elle forme l'aliment essentiel des jours maigres. Sous le nom de *bacalado*, on en consomme plus dans la péninsule Ibérique, durant le carême, que dans le reste de l'Europe pris ensemble. La morue est vorace : elle se nourrit de petits poissons, de mollusques, de crustacés, et avale souvent jusqu'à des morceaux de bois, qu'elle a la faculté de rejeter, lorsque son estomac s'aperçoit que leur substance ne lui est pas convenable. On ne la voit jamais dans les rivières ou dans les fleuves; elle ne descend guère au-dessous du quarantième degré de latitude nord, et ne remonte que jusqu'au soixante-dixième. C'est en automne, dans les mers d'Europe, et au printemps, dans celles d'Amérique, que la ponte a lieu. C'est vers le quatorzième siècle que les Anglais et des embarcations d'Amsterdam commencèrent à armer pour le banc de Terre-Neuve; les Français n'y suivirent, dit-on, leurs voisins qu'au seizième. Les morues ne se pêchent guère qu'à la ligne. L'un des procédés qu'on emploie pour les saler les rend si dures, que dans cet état de dureté elles portent le nom de *stock-fisch*, c'est-à-dire poisson de bois, ou bâton-poisson.

Les pêcheurs emploient les entrailles et les débris comme un appât, vu que les gades, se mangent les unes les autres. On obtient de leur vessie natatoire une colle aussi bonne que celle qui provient des esturgeons. Les vertèbres, les arêtes et les têtes ne sont pas sans utilité : on en nourrit les chiens que le Kamtchadale attache à ses traîneaux; mêlées avec le goëmon, les Norwégiens en nourrissent de même leur bétail, au lait duquel ce singulier aliment donne, à ce qu'on assure, une qualité supérieure. Les œufs fournissent une sorte de caviar, appelé *ragues* ou *raves*. On cite comme propre à l'île de Man, dans le canal de Saint-George, une morue de couleur de vermillon; et les habitants attribuent sa teinte à ce qu'elle se nourrit de crabes. Un grave auteur, qui a beaucoup écrit sur les pêches, veut que de telles morues soient rouges parce qu'elles mangent des fucus rouges. De telles opinions ne méritent pas qu'on entreprenne de les réfuter.

L'*æglefin* ou *aigrefin* est encore une espèce de morue très-voisine de la précédente, mais qui n'en acquiert pas la taille; ce poisson voyage par troupes encore plus considérables, et qui, dit-on, ont plusieurs lieues carrées; aussi, les phoques, les requins et les pêcheurs du Nord en détruisent d'innombrables quantités.

Les Merlans (*merlangus*), qui ont aussi trois nageoires au dos, n'ont pas de barbillons. Le *lieu*, petite espèce fort estimée des amateurs de poisson, et qui est très-commun dans les poissonneries du nord de la France, appartient à cette division avec le merlan commun. Celui-ci est l'un des poissons les plus connus sur les marchés de Paris et de Rouen Il se nourrit de petits poissons, de crustacés et de mollusques, ainsi que le fait la véritable morue. On le pêche durant toute l'année, parce qu'il ne s'éloigne guère du rivage, ou du moins qu'il y est aussi répandu que dans la haute mer. C'est particulièrement après la ponte du hareng, dont il dévore le frai, que ce poisson est le plus gros et le plus recherché sur les côtes de Flandre. On ne se borne point à le manger frais; on en sale afin de le conserver. On a prétendu qu'il en existait des individus hermaphrodites; mais c'est une erreur qui vient d'une fausse apparence du foie, souvent très-volumineux dans les femelles, et qu'on a pris pour une laitance. Suivant que le merlan habite des fonds de roche ou de vase, sa saveur est fort différente : légère, tendre et de facile digestion, on permet sa chair aux convalescents.

Les Merluches (*merlucius*) n'ont que deux nageoires au dos et n'ont pas de barbillons. L'espèce la plus connue, qui est le *merlan* des Provençaux, l'*asello* ou *asino* (l'âne ou l'ânon) des Italiens, et qu'on appelle aussi *merlus*, se pêche indifféremment dans l'Océan et dans la Méditerranée, où ne se trouvent ni vrais merlans ni morues véritables. Il parvient à la longueur de trois pieds, et sa gloutonnerie est extrême. Il poursuit avec tant de voracité les sardines, qu'on en a vu se jeter dans des bateaux à ras d'eau où l'on en tenait d'entassées. Il voyage aussi par troupes. On fait aux merluches une guerre fructueuse, et l'on en sale beaucoup qui se vendent comme de la morue, encore sous le nom de *stock-fisch*. Commerson dit en avoir rencontré dans l'hémisphère austral, tandis qu'un golfe, près de Collaway, en Irlande, en est tellement encombré au temps du frai, qu'il a reçu le nom d'Hakes-Bay (Baie des Merluches) sur quelques cartes.

Les LOTTES (*lota*) ont leurs nageoires disposées comme dans la division des merluches, mais on y voit des barbillons aux mâchoires. La *lingue* et la *lotte commune* sont les espèces qui méritent une mention particulière. La première (*gadus molva*, L.) est le *lenga* des peuples du Nord, nom qu'on fait dériver de *longa*, latin, parce que cette espèce, moins épaisse que les autres, acquiert une longueur souvent très-considérable, c'est-à-dire jusqu'à cinq pieds. Ce poisson, aussi commun que la morue, dont une femelle a présenté neuf millions trois cent et quelques mille œufs, est encore un grand objet de commerce. Non-seulement on en sale d'énormes quantités, mais on en tire une huile qui passe pour être la meilleure entre celles que fournissent tous les poissons.

La lotte commune (*gadus lota*, L.) diffère déjà des autres gades par une forme plus allongée, qui, avec la viscosité dont tout son corps est enduit, semble lui donner quelque chose des airs de l'anguille. Comme cette dernière, elle habite les eaux douces, particularité fort remarquable dans le genre qui nous occupe. C'est elle que dans plusieurs cantons de la France on nomme *motelle* et *barbotte*. « Elle préfère, dit M. de Lacépède, les eaux les plus claires, où les victimes qu'elle guette échappent difficilement à sa poursuite ; elle s'y cache sous les pierres, la gueule ouverte, agitant ses barbillons afin d'y attirer sa proie, sur laquelle elle s'élance pour l'engloutir, en la retenant par ses sept rangs de dents. » Ce poisson croît avec une singulière rapidité. On l'a prétendu vivipare, et ce point de son histoire n'étant pas suffisamment éclairci, peut néanmoins être admis comme probable. Sa chair est blanche, et d'un fort bon goût. Ses œufs passent pour malsains et de difficile digestion; elle a la vie fort dure.

Les MUSTÈLES (*mustela*) ont la première des dorsales si petite, qu'on les dirait réduites à une

seule. L'espèce principale de ce sous-genre ressemble à la lotte, mais elle vit dans la mer. On en trouve beaucoup à l'embouchure de l'Elbe ; la viscosité de sa peau est très-épaisse ; sa chair est fort estimée sur les côtes d'Allemagne et d'Angleterre.

BORY DE SAINT-VINCENT.

GAÉLIQUE. (*Linguistique.*) M. Adolphe Pictet, dans son traité *De l'affinité des langues celtiques avec le sanscrit* (1), comprend sous la qualification de *gaéliques* les deux langues sœurs, parlées, l'une par les montagnards de l'Écosse, et l'autre par les paysans irlandais. Selon lui, le nom de Gaels appartient également aux Irlandais et aux Écossais. Il ajoute que quant à la ressemblance de ce terme avec ceux de *Galli* (Gaulois) et de Gallois, elle n'est que fortuite. Il ne nous paraît pas du reste avoir établi d'une manière bien convaincante cette dernière opinion. Quoi qu'il en soit, les écrivains anglais appliquent le terme de *gaélique* à la langue primitive de l'Écosse, à l'exclusion de celle de la verte *Érin*, que n'entendent guère, dans la bouche de ses habitants, les Gaels des *Highlands,* malgré les rapports évidents que présentent au philologue les radicaux de l'un et de l'autre. Le gaélique, qui n'est plus aujourd'hui parlé que par une population d'environ 400,000 âmes, fut autrefois sans doute la langue de toute la Calédonie. Un auteur national (2), s'appuyant sur l'analogie qu'offrent les noms de quelques objets de première nécessité, avance que l'idiome provient, comme le grec et le latin, de celui des Pélasges.

Armstrong se contente de dire que le gaélique doit s'éloigner moins que ne le font le gallois et l'irlandais, du celtique ancien. Il donne pour preuve du caractère antique qu'a conservé cette langue la circonstance de l'absence du temps présent propre dans sa conjugaison, circonstance qu'elle a en commun avec l'hébreu et les autres langues sémitiques. On peut ajouter qu'elle présente un autre rapport avec ces langues dans le système de ses affixes et préfixes. Il manque, comme elles encore, du genre neutre.

Le gaélique, qui est rempli de sons gutturaux, ne paraît pas avoir été écrit avant l'arrivée des Romains dans la Grande-Bretagne. On n'a découvert, en effet, aucun monument épigraphique ni aucun manuscrit antérieur à cette époque. L'alphabet des monuments postérieurs n'est autre que celui que l'on nomme communément alphabet irlandais. Il se compose de dix-huit lettres, dont les noms, comme ceux des caractères runiques, rappellent ceux d'autant d'arbres. Dans cet alphabet, les lettres *k*, *q*, *v*, *x*, *y*, et *z*, manquent. Il n'y en

(1) Paris, 1837, in-8°.
(2) Grant, *Thoughts on the origin and descent of the Gaels.* Édimbourg, 1814.

a pas moins, dans le gaélique écrit, une foule de consonnes qui ne se prononcent pas. Du reste, on a vu varier beaucoup la prononciation selon les localités, et l'orthographe selon les époques. Aujourd'hui, diverses sociétés patriotiques écossaises cherchent à fixer les règles de la langue et de l'orthographe. Les deux hommes qui ont le plus contribué peut-être aux dernières réformes sont le docteur Stewart de Luss et le docteur Smith de Campbelton, le premier par sa traduction de l'*Écriture Sainte*, le second par sa version en vers des *Psaumes*.

La versification gaélique offre un grand nombre de rhythmes différents. On en a classé vingt-quatre. L'emploi de la rime finale est rare dans les vers; mais on y trouve un emploi fréquent des assonnances, de l'allitération et même de la rime dans le corps du vers.

Les anciens monuments de la littérature gaélique sont tous en poésie, si l'on en excepte les généalogies des clans, qui se récitaient autrefois autour du foyer des nobles-manoirs.

Macpherson nous a fait connaître les poëmes d'Ossian. Outre ces morceaux, presque tous épiques ou lyriques, les Écossais ont un grand nombre de chants militaires ou funèbres composés par d'autres bardes. Quelques savants croient que les plus belles poésies des Gaels sont des premiers siècles de notre ère, si elles ne lui sont même antérieures. La littérature des bardes alla ensuite en déclinant jusqu'au treizième siècle; mais elle se releva sous l'inspiration des guerres des clans au moyen âge.

Shaw, *Gaelic and english Dictionary*; Londres, 1780, 2 vol. in 4°.

J. Kelly, *A practical Grammar of the ancient Gaelic*; Londres, 1805, in-4°.

P. Macfarlane, *English and Gaelic Vocabulary*; Édimbourg, 1815, in-8°.

R. A. Armstrong, *Gaelic Dictionary*; Londres, 1825, in-4°.

Dictionarium scoto-celticum, or a complete dictionary of the Gaelic language; Édimbourg, 1828, 2 vol. in-4°.

LÉON VAÏSSE.

GAGE. (*Jurisprudence.*) Pris dans son acception la plus générale, ce mot sert à désigner la chose donnée pour garantir l'exécution d'une convention, pour assurer l'accomplissement d'un fait ou l'existence d'un sentiment. Le mot *chose* que j'emploie ici doit s'entendre lui-même dans un sens large; ainsi il s'applique à des objets matériels ou immatériels, quelquefois à de simples abstractions.

Mais on comprend qu'un semblable sens du mot *gage* ne peut être admis par les sciences, qui ne s'occupent que de choses déterminées, ayant une existence matérielle et une valeur appréciable, sciences dont le domaine finit là où commence celui de la morale. Le droit ne reconnaît que des garanties plus certaines, et, il faut le dire, moins trompeuses, que celles qu'offre la conscience. En droit, le *gage* est donc la chose ayant une existence prouvée que l'on affecte pour sûreté de l'exécution de conventions.

Les droits d'antichrèses, de priviléges, d'hypothèques, portent donc sur des gages; cette observation est une de celles qui ont fait dire à Marcien dans la loi cinq, au *Digeste*, § 1er, *De pignoribus et hypothecis : Inter pignus et hypothecam, tantum nominis sonus differt.*

Mais le mot *gage* ne qualifie pas seulement la chose donnée en nantissement, il s'emploie encore pour désigner le contrat lui-même qui confère des droits sur cette chose; c'est le sens que le Code civil lui donne au titre *du Nantissement*, et c'est ici que le mot de Marcien ne peut plus recevoir aucune application. On s'aperçoit, en effet, qu'il n'apporterait qu'une confusion entièrement erronée. Car autre chose est l'hypothèque, droit réel et de préférence sur les immeubles ou leur usufruit seulement; autre chose l'antichrèse, droit de percevoir les fruits de l'immeuble, et autre chose est le gage proprement dit, droit de préférence sur les meubles seulement, et autre chose encore le privilége, droit né de la qualité même de la créance qui peut exister sur les meubles ou sur les immeubles, ou qui peut s'étendre ensemble sur les meubles et les immeubles. C'est la distinction de Justinien dans ses *Institutes, De actionibus*, § 7; c'est aussi celle de notre Code. J'ai pu désigner les droits par les noms des contrats qui les confèrent : ces noms sont les mêmes; ainsi les droits de gage sont conférés par le contrat de gage.

Ces droits consistent dans la faculté de se faire payer sur la chose donnée en gage, par privilége et préférence aux autres créanciers (art. 2073, Code civil); mais pour éviter les fraudes des débiteurs de mauvaise foi, qui pourraient être tentés, sous prétexte de constitution antérieure de gage, de soustraire des objets aux droits des créanciers, les articles 2074 et 2075 du Code civil exigent des actes ayant date certaine et contenant des désignations tellement précises qu'il n'y a plus d'erreur possible. Cette disposition n'est pas nouvelle : l'ordonnance du commerce de 1673, titre 6, article 8, supprime, dans les mêmes circonstances, les abus pouvant résulter de la déclaration des droits du créancier gagiste contenue dans l'article 181 de la *Coutume de Paris*.

Le privilége ne subsiste sur le gage, ajoute l'article 2076, qu'autant que ce gage a été mis et est resté en la possession de celui qui a dû le recevoir. Le contrat de gage ne se forme donc que par la tradition de l'objet mobilier; c'est ce qui justifie la dénomination de con-'

trat réel, que lui donnent les jurisconsultes. C'est encore un contrat accessoire, puisqu'il suppose l'existence d'un contrat antérieur, et de plus le gage est imprescriptible, puisqu'il n'est possédé qu'à titre précaire.

Le gage n'est dans la main du créancier qu'un dépôt assurant son privilége (art. 2079) : aussi ne peut-on se l'approprier ou en disposer ; le créancier doit recourir à la justice pour réaliser ses droits, ou pour se faire indemniser des dépens ou des pertes que le gage a pu lui occasionner. — De son côté, le débiteur engageant peut avoir des recours à exercer, soit pour des détériorations de l'objet engagé, soit par suite du payement intégral : car, le gage étant indivisible, il ne peut le réclamer par portion. De là naissent deux actions, qui appartiennent l'une à l'engageur contre le créancier gagiste, l'autre au second contre le premier : ce sont celles que les Romains appelaient, la première, *directa pigneratitia*, découlant *directement* du contrat; la deuxième, *contraria*. — Quelques dispositions spéciales, qui dérogent à celles que nous indiquons ou les modifient, sont contenues dans la section 2 du livre 3 du Code de commerce.

Il y a des établissements organisés d'engagement, qui ont une haute importance pour les classes nécessiteuses et à l'occasion desquels les publicistes agitent de graves questions : je veux parler des *Monts-de-piété*.

VICTOR LEFEBVRE.

GAILLARD. (*Marine.*) Dans les grands bâtiments, on nomme *gaillards* les deux parties du pont supérieur, situées à l'*avant* et à l'*arrière*. Celui-ci s'étend depuis le *couronnement* (haut de la poupe) jusqu'au grand mât; le gaillard d'avant est compris entre les *apôtres* (allonges placées de chaque côté de l'étrave) et le bout de l'arrière du porte-hauban de misaine. Il y a quelques années encore, on communiquait d'un gaillard à l'autre par les *passavants*; maintenant le pont supérieur étant de plain-pied, il réunit les deux gaillards.

Les gaillards, comme les autres ponts, portent des bouches à feu, mais d'un moindre calibre; ce sont, en général, des caronades. Le gaillard d'arrière dans les grands bâtiments, et surtout dans les vaisseaux, porte une *dunette*, sorte de pont léger qui s'étend depuis le mât d'artimon jusqu'à l'arrière, et au-dessous duquel sont pratiqués des logements pour le commandant et pour l'état-major.

Pendant la traversée, et dans la vie ordinaire du bord, les officiers et les passagers admis à leur table ont seuls le privilége de se promener sur le gaillard d'arrière. Dans le port ou en rade, quand le bâtiment est à l'ancre, le côté de *tribord* du gaillard d'arrière

est comme la place d'honneur; aussi, quand le commandant y paraît, tout le monde passe-t-il à *bâbord*. En mer et sous voiles, tribord perd ce privilége; le côté du vent devient le côté d'honneur.

V. C.

GALAGO. (*Histoire naturelle.*) Genre de quadrumanes créé par Étienne Geoffroy Saint-Hilaire, aux dépens des makis, pour une espèce découverte par Adanson au Sénégal, et qui avait reçu de Linné le nom de *lemur galago*.

Les galagos ont trente-six dents comme les makis; mais par leurs formes et leur petitesse ces dents se rapprochent de celles des loris, plus que de celles des makis proprement dits : leur tête est courte et renflée à la partie cérébrale; les yeux sont proportionnellement moins grands que ceux des lémurs, et les oreilles, au contraire, sont plus grandes, en cornet évasé et presque tout à fait dépourvues de poils; le nez est nu et les narines percées en fente virguliforme sur ses côtés; les quatre pattes ont des pouces bien opposables aux autres doigts, et tous ces doigts, excepté le dernier orteil, qui a un pouce subulé comme celui des makis, sont dilatés en pelote à leur extrémité, et pourvus d'ongles aplatis : l'index est un peu écarté des autres doigts; le tarse des pieds de derrière est long, surtout dans le calcaneum et le scaphoïde. Les galagos ont six mamelles, deux pectorales, deux hypocondres, et deux à la région épigastrique latérale.

Les galagos sont de très-petits animaux; les plus gros n'atteignent pas la taille de nos écureuils; d'autres n'arrivent même pas à celle de notre loir; leurs mouvements sont vifs et pleins de gentillesse : la finesse de leur poil et leur queue assez longue et en panache leur donnent une certaine élégance. Ce sont des animaux crépusculaires, et on ne les aperçoit pas pendant le jour, car ils restent cachés dans les trous des arbres. Ils habitent les grands bois des régions les plus chaudes de l'Afrique, au Sénégal, en Abyssinie, en Guinée et en Cafrerie : leur nourriture ordinaire consiste en insectes.

On n'en connaît que trois espèces. La plus répandue est le GALAGO D'ADANSON, *Lemur galago*, Linné, qui est de couleur cendrée, de la taille de notre écureuil, et qui se trouve communément au Sénégal.

Adanson, *Histoire naturelle du Sénégal*.
G. Cuvier, *Règne animal*.
De Blainville, *Ostéographie*, fascicule *des Makis*; etc.

E. DESMAREST.

GALE. (*Médecine.*) Ψώρα, *Scabies*. On désigne sous ce nom une éruption cutanée essentiellement contagieuse, caractérisée par de petites vésicules legèrement élevées au-dessus du niveau de la peau, transparentes à leur sommet et contenant un liquide séreux et visqueux. Ces vésicules, constamment accompagnées de prurit, peuvent se développer sur toutes les parties du corps; mais leur siége d'élection, surtout au début de la maladie, est l'intervalle des doigts et le pli des articulations des membres.

Bien que quelques auteurs croient à la possibilité du développement spontané de la gale, à ses retours périodiques, à son mode de propagation épidémique, il paraît démontré que cette affection est une maladie accidentelle, se propageant aux individus sains par le contact médiat ou immédiat des individus malades. Cette propagation est néanmoins empêchée par une multitude de circonstances accessoires, et rien n'est si commun que de voir certaines personnes, et notamment les médecins et les gens de service dans les hôpitaux, s'exposer, plus ou moins directement, à la contagion sans en être atteints.

Les jeunes gens sont les sujets qui offrent les plus nombreux exemples de gale, et parmi eux les sujets sanguins et lymphatiques. C'est qu'en effet cet âge et ce tempérament prédisposent à la contagion, en raison de l'absorption plus active de la peau.

Les professions exercent également une grande influence sur le développement de la maladie; telles sont celles où l'on est exposé à manier de vieilles étoffes, de vieux habits. Le genre de vie n'y prédispose pas moins : ainsi les soldats, les mendiants, les filles publiques, qui négligent les moyens de propreté, ou qui ont de fréquents rapports avec des individus infectés, en sont fréquemment atteints. Les saisons pendant lesquelles l'action absorbante de la peau a le plus d'activité sont favorables à la contagion : aussi est-elle plus facile pendant l'été, et même aussi quand la surface cutanée est entretenue dans un état de moiteur par un exercice quelconque.

On a cité plusieurs exemples de gale transmise des animaux à l'homme, mais l'identité de la maladie transmise avec celle dont il est question ici ne paraît pas suffisamment démontrée.

Le temps de la période d'incubation de la gale est assez difficile à préciser. Cependant dans les cas où les renseignements donnés par les malades ont présenté quelque certitude on a vu que l'éruption se montrait quatre ou cinq jours après le contact chez les enfants; qu'elle tardait à paraître de huit à vingt jours chez les adultes; enfin que chez les vieillards et chez les sujets affaiblis par des maladies chroniques elle ne paraissait quelquefois qu'après plusieurs semaines, et même après des mois entiers. Il est évident, d'ailleurs, que le climat, la saison, le tempérament, et d'autres circonstances accidentelles peuvent, dans certains cas, hâter le développement de la maladie, et le retarder dans d'autres.

Un prurit léger, augmentant pendant la nuit et sous l'influence de toutes les causes excitantes, se manifeste dans les parties sur lesquelles la contagion s'est opérée; bientôt de petites saillies vésiculeuses, rosées chez les individus jeunes et sanguins, de la même couleur que la peau chez les vieillards et chez les sujets valétudinaires, se montrent dans les mêmes parties, c'est-à-dire, le plus souvent au poignet, à la main et dans l'intervalle des doigts. Ces vésicules grossissent, se propagent aux avant-bras, au pli du coude, se développent à la poitrine, au ventre, aux cuisses, au pli du jarret; parfois, elles sont accompagnées de rougeur et même de pustules, si l'inflammation est active, si le sujet est sanguin et soumis à des causes d'excitation, s'il se gratte avec force, s'il néglige les soins de propreté. Quand le prurit est violent, le malade écorche, en se grattant, les petites vésicules dont le liquide visqueux s'écoule et se concrète en écailles ou en croûtes minces et peu adhérentes.

Le plus ordinairement, la gale reconnue et traitée à temps se dissipe avant d'avoir atteint ce degré d'intensité; mais dans les cas où elle est négligée, et surtout irritée par le manque de propreté, par un régime excitant, il en résulte une vive irritation des téguments, et, par suite, des phlegmasies plus ou moins vives de la peau qui, en compliquant la maladie première, en rendent le diagnostic plus difficile, le pronostic plus fâcheux, le traitement plus long et plus pénible.

Il faut ajouter que l'âge, le tempérament, le climat, la saison, le régime, le traitement, doivent nécessairement modifier la marche et les phénomènes de la maladie.

La gale ne paraît point susceptible d'une terminaison spontanée; elle peut continuer plusieurs années, et même persévérer toute la vie, si on néglige de la combattre.

Les auteurs les plus récents ont établi plusieurs espèces de gale, dont ils ont tiré les caractères de la forme, de l'apparence, du développement plus ou moins grand des vésicules. Nous n'entrerons point à ce sujet dans des détails que ne comporte point cet article, et qui n'ont d'ailleurs d'intérêt réel que pour les hommes spéciaux.

Bien que les signes de la gale soient assez évidents pour que le diagnostic ne puisse en être douteux, il arrive cependant qu'on la confond quelquefois avec quelques autres affections vésiculeuses et même papuleuses, et réciproquement. On conçoit que les erreurs de ce genre ne sont pas sans inconvénient, soit parce qu'elles donnent au malade véritablement atteint une fausse sécurité, et lui font ainsi négliger le traitement efficace, soit au contraire parce qu'elles lui inspirent des craintes chimériques, et l'engagent par là à recourir à des moyens inutiles, et souvent même nuisibles. Il est donc de la plus grande importance que le médecin acquière une assez grande habitude d'observation, pour éviter les erreurs qui non-seulement ne feraient que le déprécier aux yeux du malade et de son entourage, mais encore qui pourraient devenir, dans les familles, la source de divisions fâcheuses.

Il résulte des travaux les plus récents que les vésicules de la gale sont dues à un insecte particulier de la famille des *acarides*. (*Voy.* ce mot.)

Le pronostic de la gale simple est toujours favorable; il est vrai que les diverses complications qui peuvent se joindre à l'affection première, peuvent le rendre plus ou moins fâcheux. Mais doit-on réellement craindre les effets pernicieux de la rétrocession de la gale, effets si redoutés par le vulgaire? Doit-on croire à ces accidents si variés produits par des *gales rentrées* ? M. Biett, dont l'opinion doit faire loi en semblable matière, n'y ajoute aucune foi, et croit qu'en général ces accidents doivent être rapportés à d'autres causes. Dans bien des cas, il est plus que probable qu'ils proviennent de l'action des remèdes violents employés pour la guérison de la maladie, beaucoup plus que de la rétropulsion de la maladie elle-même; tel est, du reste, l'avis du savant nosographe Joseph Frank, et nous ne pouvons que le partager.

Un volume ne suffirait point pour énumérer tous les moyens curatifs successivement préconisés contre la gale. Sans parler, en effet, de ces remèdes populaires plus ou moins dangereux, et auxquels, néanmoins, ont recours si fréquemment les ouvriers, les militaires, les marins, etc.; sans parler non plus de ces recettes que présentent chaque jour le charlatanisme et la cupidité, il existe une grande variété de formules, car chaque médecin a la sienne, pour combattre cette maladie, qui disparaît sous l'influence de nombreux agents, tous doués de propriétés irritantes plus ou moins analogues.

Au premier rang des remèdes employés avec succès contre l'affection qui nous occupe, nous citerons le *soufre*, qui entre, tantôt seul, tantôt combiné avec d'autres corps, dans la composition de presque tous les topiques usités dans le traitement de la gale, et qui n'est pas moins fréquemment employé à l'intérieur, soit pour hâter la guérison de la maladie, soit pour favoriser l'éruption quand elle ne se fait qu'avec peine, soit pour prévenir les accidents qui pourraient survenir de la suppression d'une gale ancienne.

Les préparations *mercurielles* sont en général infidèles et dangereuses; elles doivent être, sinon tout à fait proscrites, au moins employées avec la plus grande réserve.

Les plantes narcotico-âcres, telles que la *ciguë*, le *tabac*, la *staphysaigre*, sont plus nuisibles qu'utiles; l'*ellébore* a été employé avec quelque succès.

Le *chlorure de chaux*, les *acides sulfurique et nitrique*, très-étendus, le *sulfate de zinc*, et bien d'autres substances minérales, ont été vantés tour à tour par divers expérimentateurs. Dans ces dernières années, on a employé avec avantage la méthode *ectrotique*, qui consiste à ouvrir et à cautériser avec le *nitrate d'argent* les vésicules psoriques, au moment même où elles se développent.

P. Rayer, *Traité théorique et pratique des maladies de la peau*, 3 vol. in-8°, atlas in-4°; Paris, J. B. Baillière, 1835.

CH. LEBLANC.

GALÉODE. (*Histoire naturelle.*) Genre d'arachnides, créé par Olivier aux dépens des *phalangium* de Fabricius, et adopté par tous les entomologistes. Les galéodes ont le corps allongé, oblong, recouvert presque entièrement de poils longs, soyeux ou roides, de couleur jaunâtre, quelquefois brune, et divisé en trois parties distinctes, la tête, le thorax et l'abdomen; ce qui n'a pas toujours lieu d'une manière aussi manifeste chez les arachnides. Ils ont de l'analogie avec les pinces; mais ils en diffèrent par la forme et la composition des palpes, et par l'absence des crochets à la première paire de pattes. Ces arachnides ne filent pas; elles aiment l'obscurité; elles courent généralement très-vite et attrapent leur proie avec agilité; elles ont la réputation d'être vénéneuses, mais ce fait n'est pas bien démontré, et Olivier le contredit.

Les galéodes sont propres aux pays chauds et sablonneux de l'ancien continent; on les trouve aussi en Amérique. La détermination des espèces est encore peu connue; celle qui sert, en général, de type est :

La GALÉODE ARACHNOÏDE, *Galeodes araneoïdes* Olivier, qui est originaire du Levant et se trouve dans la Russie méridionale.

Une autre espèce, provenant d'Espagne, et sur laquelle M. Léon Dufour a publié des détails anatomiques importants, est la *Galeodes dorsalis* Latreille.

Walckenaer, *Insectes aptères* des *Suites à Buffon* de Roret.

Léon Dufour, dans les *Annales générales des sciences physiques de Bruxelles*, t. IV.

H. Lucas, dans le *Magasin zoologique* de M. Guérin-Méneville, 1834 et 1835.

E. DESMAREST.

5.

GALÉOPITHÈQUE. (*Histoire naturelle.*)
Les galéopithèques, aussi nommés *makis volants*, sont des mammifères quadrumanes pourvus à chaque pied de cinq doigts tous dirigés dans le même sens, réunis par une palmature assez ample, et terminés par des ongles comprimés, aigus et très-forts, qui leur permettent de grimper aux arbres avec facilité ; leur pouce, en avant comme en arrière, est complet, et, quoiqu'il soit bien développé, il est moins grand que le doigt externe, qui surpasse d'ailleurs le troisième et le quatrième doigt en dimension : la tête est médiocrement aplatie, le front à peine bombé ; les oreilles sont subarrondies, les yeux assez forts, et les narines, semblables à celles des makis, sont de même percées dans un petit mufle ; les mamelles, au nombre de deux paires, sont pectorales, presque axillaires. Une membrane aliforme permet à ces animaux de voler à la manière des écureuils volants ; elle commence aux côtés du cou, s'étend dans l'angle que laissent entre eux le bras et l'avant-bras, palme les doigts, est ensuite soustendue par les quatre membres, qui sont assez élancés, et passe de là entre les pattes de derrière pour envelopper la queue dans toute son étendue.

C'est à Bontius, naturaliste du dix-septième siècle, que l'on doit la découverte des galéopithèques. Petiver en parla depuis et leur appliqua le nom scientifique qu'ils portent. Linné en fit une espèce de makis, Pallas en donna une bonne monographie, et enfin G. Cuvier les plaça, peut-être à tort, avec les chéiroptères ; aujourd'hui on est généralement d'accord pour les réunir aux lémuriens, où ils servent à établir le passage sérial entre les quadrumanes et les chauves-souris.

Les galéopithèques se tiennent pendant le jour cachés dans les lieux les plus retirés des forêts ; ils y sommeillent, et ce n'est que le soir qu'ils quittent leurs retraites, parcourant alors en tous sens les arbres, qu'ils recherchent avec prédilection. Leurs membranes sont pour eux comme des parachutes au moyen desquels ils se soutiennent plus aisément dans l'air lorsqu'ils veulent s'élancer d'un arbre à un autre ; mais, comme elles ne leur permettent pas de s'élever en volant, ces animaux, lorsqu'ils s'abandonnent dans les airs, se dirigent toujours d'un lieu plus élevé vers un autre qui l'est moins ; puis ils remontent sur la cime des arbres en grimpant le long du tronc. Ils se nourrissent en général d'insectes, mais ils recherchent aussi quelquefois certains fruits.

Les galéopithèques se trouvent dans l'Asie continentale et dans les archipels qui l'avoisinent ; ils sont surtout communs à Java et aux Moluques. On n'en décrit qu'un petit nombre d'espèces ; celle qui est regardée comme le type est :

Le GALÉOPITHÈQUE VARIÉ (*Galeopithecus variegatus* Geoffroy et G. Cuvier), dont le pelage est d'un brun sombre, varié de taches blanches sur les membres ou de traits de couleur noire.

Pallas, *Actes de l'Académie de Saint-Pétersbourg.* G. Cuvier, *Règne animal.* De Blainville, *Ostéographie,* fascicule *des Makis.*

F. DESMAREST.

GALÈRE. (*Marine.*) On donnait jadis ce nom à des bâtiments de la Méditerranée, longs, étroits, et d'un petit tirant d'eau, allant à la voile avec des antennes, et à la rame par des galériens ou forçats. La *galère* fut, en réalité, le vaisseau de ligne du moyen âge, comme la *trirème* avait été celui de l'antiquité.

Auguste avait dû l'empire du monde aux trirèmes qui composaient sa flotte à Actium. Après lui, la marine romaine déchut et tomba si vite, que sous Constantin et sous Théodose la construction des navires à trois rangs de rames était oubliée. Aux beaux jours du Bas-Empire, l'empereur Léon rétablit les *trirèmes,* auxquelles il donna le nom de *dromones* (coureuses). Ses successeurs les abandonnèrent pour leur substituer la longue barque à un seul rang de rames, la *galère,* enfin, telle que l'adoptèrent les Vénitiens, et telle qu'elle se maintint chez nous jusqu'au siècle de Louis XIV. La flotte de galères que ce prince entretenait dans la Méditerranée formait une marine à part, dont les allures étaient toutes différentes de celles de la marine de haut bord. Son quartier général était à Marseille. Le plus grand luxe régnait à bord de ces bâtiments. Ils étaient ornés de moulures, de bas-reliefs, de statues même, dont quelques-unes sortaient du ciseau du Puget. Les pavillons, les flammes, les banderoles, étaient en taffetas et rehaussés des plus riches broderies ; le carrosse (dunette) et la tente étaient recouverts de damas cramoisi, garni de franges et de crépines d'or. Tout ce luxe a disparu avec le navire lui-même.

Les galères ont quelques belles pages dans l'histoire. La bataille de Lépante, qui, en arrêtant les progrès des Turcs, sauva l'Europe de la barbarie, fut gagnée (7 octobre 1571) par celles du Saint-Siége, de Venise et de l'Espagne, commandées par don Juan d'Autriche, l'illustre bâtard de Charles-Quint.

Au temps des galères, on donnait le nom de *galères* et de *galériens* à ce que, de nos jours, nous nommons *travaux forcés* et *forçats. Voyez* BAGNE.

V. C.

GALÈRE. (*Histoire naturelle.*) On donne vulgairement ce nom à un animal de l'ordre des *acalèphes hydrostatiques*, qu'on rencontre fréquemment dans les mers des Antilles. Sa forme est celle d'une vessie bleuâtre, transparente, surmontée d'un appendice en crête de coq, qui se redresse comme une petite voile. Ce zoophyte semble posséder des propriétés électriques, puisqu'il détermine dans la main et dans le bras de celui qui le saisit une sensation de secousse suivie de torpeur.

DUPONCHEL père.

GALÉRUQUE. (*Histoire naturelle.*) Créées par Geoffroy aux dépens des *chrysomelina*, les *galeruca* sont devenues une tribu distincte de coléoptères, sous la dénomination de *galérucites*, et ont été, surtout par M. Chevrolat, partagée en un grand nombre de genres particuliers. Nous ne pouvons pas entrer dans de nombreux détails à l'occasion de ces insectes; nous sommes obligé de renvoyer aux ouvrages spéciaux, nous bornant à dire que le groupe des galéruques peut être ainsi caractérisé : Antennes rapprochées à leur base, insérées entre les yeux, à peu de distance de la bouche, de la même grosseur partout, composées d'articles en cône renversé; palpes maxillaires plus épais au milieu, terminés par deux articles en forme de cône, réunis par leur base, différant peu en grandeur.

Ces coléoptères sont de taille moyenne; leur tête est petite et leur corselet plus étroit que les élytres, leurs antennes sont plus courtes que la moitié du corps, leurs pattes ne sont jamais propres au saut, ce qui les distingue des *altica*. On connaît un très-grand nombre d'espèces de ce groupe, et elles sont partout répandues; certaines espèces sont tellement communes qu'elles causent de grands dégâts aux arbres. Nous indiquerons comme type :

La *Galéruque de la tanaisie, Galeruca tanaceti* Linné, qui est oblongue, d'un noir mat, avec les élytres chargées de points. De Paris.

Geoffroy, *Histoire des insectes des environs de Paris.*
Chevrolat, article GALÉRUCITES du *Dictionnaire universel d'histoire naturelle*, etc.

E. DESMAREST.

GALETS. (*Géologie.*) On désigne généralement sous ce nom les cailloux, fragments roulés de toute espèce de roches, qui couvrent la plage sur les bords de la mer. Les galets sont formés par le mouvement des vagues, qui pousse, vers la côte, les fragments de roches arrachés au fond de la mer, et les arrondit en les frottant les uns contre les autres. De cette manière, il s'accumule sur les plages des couches épaisses de galets, qui marquent ordinairement la limite des plus hautes marées pour l'Océan, et pour les mers intérieures les points où la vague atteint dans les plus fortes tempêtes.

Tout le littoral de l'Europe offre des plages couvertes de galets présentant des phénomènes curieux, qui ont été parfaitement décrits par M. de Beaumont dans le premier volume de ses *Leçons de Géologie pratique*, auquel nous renvoyons le lecteur, ne pouvant entrer ici dans tous les détails nécessaires pour les faire connaître.

Dans les îles Britanniques, sur la côte occidentale de l'Amérique, en Scandinavie, et généralement dans toutes les régions boréales, il existe des masses de galets, formant des espèces de digues étroites, plus ou moins allongées, qui se trouvent actuellement à plusieurs mètres au-dessus des plus hautes marées. Quelques géologues avaient conclu de là un abaissement marqué du niveau de la mer dans ces diverses contrées. Mais M. Bravais, ayant mesuré les niveaux relatifs d'un grand nombre de ces dépôts, a trouvé qu'ils différaient tellement, que l'on ne pouvait rendre compte de leur position actuelle par un abaissement de l'eau, et qu'il fallait avoir recours à un ou plusieurs soulèvements des côtes, qui auraient élevé inégalement les diverses parties d'un même dépôt.

Par l'étude des masses de galets qui se trouvent sur les côtes au-dessus du niveau de la mer, on peut donc parvenir à mesurer l'élévation que le sol contigu a éprouvée par suite de l'action des agents intérieurs.

De la Bèche, *Manuel de géologie.*
E. de Beaumont, *Leçons de géologie pratique*, t. I.
Bravais, *Expédition dans les régions boréales.*

ROZET.

GALHAUBAN. (*Marine.*) Le galhauban est la plus longue des manœuvres dormantes d'un bâtiment; il sert à contenir, par le travers, les mâts de hune, de perroquet, de cacatois.

Les galhaubans tiennent mieux les mâts élevés que les haubans (*Voyez* ce mot). Sur les vaisseaux et les frégates, on en établit quatre de chaque bord sur le grand mât de hune, et autant sur le petit. Au mât de perroquet de fougue, ou mât de hune d'artimon, aux mâts de grand et de petit perroquet, on en grée trois de chaque bord; au mât de perruche, deux ou trois; et un ou deux, toujours de chaque bord, aux trois mâts de cacatois.

Les galhaubans portent le nom du mât sur lequel ils sont capelés (fixés).

V. C.

GALICE. (*Géographie* et *Histoire.*) Province d'Espagne, qui, autrefois, formait un royaume particulier. Elle est située à l'angle nord-ouest de la Péninsule, entre l'océan Atlantique au nord, le Portugal à l'ouest, la province de Valladolid au sud, celles de Léon et des Asturies à l'est.

L'origine du nom de Galice est fort incertaine; les uns prétendent qu'il fut donné au pays par les Galls qui, poursuivis par les Kymris, se réfugièrent en Espagne. Suivant les autres, ce nom aurait été donné au pays par ses premiers habitants, les *Callicai* ou *Gallœci*.

En 408, les Suèves, les Alains et les Vandales entrèrent en Espagne et se rendirent maîtres de plusieurs provinces, qu'ils partagèrent entre eux. La Galice échut aux Suèves, qui choisirent pour roi leur chef Herméneric (411). Les successeurs de ce premier monarque furent Réchila (440); Réchicaire (448); Maldras et Froutan (456) : ces deux princes, élus par des factions ennemies, régnèrent chacun sur une partie de la nation. En 459, Remismond réunit la Galice tout entière sous son autorité, et eut pour successeurs : Réchila II, Theudemond, Herméneric II, Ricilien, puis Cariaric en 550. En 559, Théodomir établit la religion catholique dans ses États, et Mir, son fils, en fut un des plus ardents défenseurs. Éboric monta sur le trône en 582; l'année suivante, il fut renversé par le tyran Audica, qui, pour s'assurer la royauté, le fit enfermer dans un monastère. Mais il ne jouit pas longtemps de sa conquête : deux ans après son élévation, Leuvigilde, roi des Visigoths, se rendit maître de la Galice, qu'il réunit à ses États.

En 713, les Maures s'emparèrent du royaume, et en furent à leur tour chassés en 759, par Troïla, roi de Léon et des Asturies.

La Galice ne fut plus séparée de l'Espagne qu'en 1065, par Ferdinand Ier, qui l'érigea en royaume indépendant en faveur de don Garcie, son second fils. Mais la tyrannie de ce prince et ses débauches le firent haïr de la nation : on le chassa une première fois en 1071; puis il fut entièrement dépouillé de ses États, deux ans après, par Alfonse, roi de Castille.

Depuis, les fils puînés des rois de Castille eurent souvent la Galice en apanage, mais avec le titre de comté seulement; et les seigneurs y restèrent indépendants jusqu'en 1474, époque où la féodalité fut entièrement détruite par Ferdinand le Catholique.

La Galice ne conserva plus dès lors d'autre trace de son ancienne indépendance que le titre de royaume, et ne fut plus considérée que comme une des provinces de l'Espagne. En 1822 les cortès la subdivisèrent encore en cinq petites provinces, qui sont : la Corogne, Lugo, Orense, Vigo et Villafranca.

La Galice et Santiago de Compostella, son importante capitale, n'ont plus maintenant que leurs chroniques, leurs légendes, leurs souvenirs et le tombeau du fameux saint Jacques, qui opérait tant de miracles!

THÉODORE BÉNARD.

GALLE. (*Botanique.*) On donne, en général, le nom de *galle* à des excroissances arrondies, produites sur les végétaux par l'extrava-

sation de leurs sucs à travers les trous qu'y pratiquent certains insectes pour y déposer leurs œufs. La plus connue et la plus usitée de ces excroissances est la *noix de galle* ou *galle de chêne;* charnue, arrondie, dure, raboteuse, de la grosseur d'une cerise; elle se développe par la piqûre d'un *cynips* (insecte hyménoptère) sur les pétioles des feuilles du *quercus infectoria.* Les chênes de nos pays produisent aussi des galles, mais elles sont peu ou point employées; les plus estimées viennent de Syrie.

La noix de galle est éminemment astringente; elle doit cette propriété à l'acide gallique et au tannin (acide tannique), qui forment une grande partie de ses principes constituants.

C'est principalement dans la teinture en noir et dans la fabrication de l'encre qu'on emploie la noix de galle. L'infusion de cette même substance est, en outre, un réactif des plus sensibles pour reconnaître les sels de peroxyde de fer, en déterminant, dans leurs solutions, une couleur noire intense.

Malgré son extrême astringence, la noix de galle est peu employée en médecine : à l'intérieur, elle peut être utile dans les hémorragies passives; associée aux amers, comme la gentiane, elle forme un assez bon succédané du quinquina; enfin, à l'extérieur, sa décoction forme des lotions astringentes utiles dans certains cas.

Le *cynips* de la rose détermine par sa piqûre, sur certaines espèces de rosiers, et notamment sur l'églantier, une excroissance spongieuse, arrondie, de grosseur variable, remplie intérieurement de cellules dans lesquelles sont logées les larves de l'insecte, et recouverte extérieurement de filaments verts et rouges. Cette excroissance, connue sous le nom de *bédéguar,* est légèrement astringente; fort employée autrefois, elle est tout à fait inusitée aujourd'hui.

G. VERGER.

GALLÉRIE. (*Histoire naturelle.*) Genre de lépidoptères nocturnes, créé par Fabricius, adopté par tous les entomologistes, et remarquable par les dégâts que les insectes qu'il renferme causent aux abeilles. Les caractères des galléries sont les suivants : 1° *Insectes parfaits.* Antennes filiformes dans les deux sexes; front proéminent et formant une saillie voûtée en avant de la tête; palpes inférieurs seuls visibles, courts et se courbant dans le sens de la voûte frontale, qui en cache le dernier article, dans les mâles; longs, droits, écartés et dirigés en avant dans les femelles, dont ils débordent le front plus ou moins, suivant les espèces; trompe membraneuse et à peine visible; tête sessile; corselet ovoïde; abdomen aussi long que les ailes dans l'état de repos; bord postérieur des ailes toujours entier dans les mâles, et quelquefois fortement échancré dans les femelles. 2° *Chenilles.* Elles sont cylindriques, fusiformes, de couleurs livides, avec des points verruqueux plus foncés, surmontés chacun d'un poil, fin à peine visible à l'œil nu: vivant dans les ruches des abeilles et des bourdons, où elles se nourrissent de cire. 3° *Nymphes.* Elles n'offrent rien de remarquable, et se transforment dans les ruches.

Deux espèces du genre *galleria*, celles qui ont été désignées sous les noms de *G. cerella* Fabr. et de *G. alvearia* Fabr., causent surtout de grands ravages dans nos ruches d'abeilles. Aristote parle de ces chenilles, qu'il nomme le *fléau des ruches;* Virgile les cite dans ses *Géorgiques;* Columelle s'en occupe dans son *Traité d'agriculture;* Réaumur les décrit avec soin, sous le nom de *fausses teignes,* et donne de nombreux détails de mœurs dans ses immortels mémoires sur les insectes; enfin récemment MM. Duponchel et H. Lucas ont publié quelques faits nouveaux à l'occasion de ces chenilles.

A l'état parfait, la *galleria cerella* est d'un gris cendré, avec la tête et le corselet d'une couleur plus claire, et quelques taches brunes le long du bord interne de leurs ailes supérieures: les mâles sont plus petits que les femelles, et la forme des ailes n'est pas la même dans les deux sexes: ces insectes se montrent deux fois dans l'année, en avril et en juillet. La *galleria alvearia* est plus petite que la précédente, et en diffère surtout par son port. Elle est entièrement d'un gris roussâtre, à l'exception de la tête, qui est fauve avec les yeux rouges. Toutes deux se trouvent dans toute l'Europe, dans les lieux où l'on élève les abeilles. Les galléries volent peu et mal, mais peuvent marcher avec rapidité et sont souvent poursuivies par les abeilles, qui en tuent un grand nombre.

Ces papillons pénètrent dans les ruches et vont pondre leurs œufs, en grande quantité, dans l'intérieur des gâteaux; ces œufs ne tardent pas à éclore, et les jeunes chenilles se développent et commencent dès lors leur œuvre de destruction. Ces chenilles, dans les deux espèces que nous avons indiquées, sont cylindriques, fusiformes, grosses, d'un blanc sale avec quelques points bruns; leur tête est d'un brun marron, ainsi que l'écusson, et celui-ci est partagé dans sa longueur par une ligne blanche qui se prolonge souvent sur le dos. Les chenilles des *galleria cerella* et *alvearia* se ressemblent beaucoup; la première, étant plus grosse que les autres, produit conséquemment plus de dégâts. Ces chenilles attaquent la cire des ruches, et ne semblent pas faire directement de tort au miel: elles se nourrissent de cire, et

la trouent dans tous les sens, pour s'y construire des galeries ou tuyaux où elles vivent ainsi à l'abri des piqûres des abeilles; l'extérieur de ces tuyaux est revêtu de grains de cire mélangés d'excréments, et leur intérieur est tapissé d'une soie blanche et serrée, qui est un obstacle qui empêche les abeilles de poursuivre ces larves. Les chenilles sapant principalement les gâteaux de cire, il en résulte que souvent les ruches s'affaissent sur elles-mêmes et se détruisent; en outre, leur grand nombre (car on en a compté plus de trois cents dans une seule ruche) force les abeilles à quitter leur demeure.

Parvenues à toute leur taille, ces chenilles se construisent dans l'intérieur même de leur tuyau une coque d'un tissu fort et serré ayant l'apparence du cuir, et s'y changent en nymphes d'un brun rougeâtre, qui ne tardent pas elles-mêmes à se transformer en papillons.

On n'a pas encore pu trouver de moyens bien efficaces pour détruire ces chenilles; espérons que de nouvelles recherches produiront un bon résultat, et que l'on parviendra, sinon à détruire complétement, du moins à diminuer le nombre de ces insectes, qui font tant de mal à notre agriculture.

On connaît une dizaine d'espèces de ce genre, et l'on a proposé d'y former des coupes génériques distinctes, telles que celles des *Ilythia, melia*, etc. Nous avons donné l'histoire abrégée des deux principales espèces; nous en indiquerons seulement deux autres, les *galleria colonella* et *anella* Fabr., qui se conduisent à l'égard des bourdons comme celles dont nous avons parlé à l'égard des abeilles.

Réaumur, *Mémoires sur l'histoire naturelle des insectes.*
Duponchel, *Histoire naturelle des Lépidoptères d'Europe.*
H. Lucas, dans les *Annales de la Société en tomologique*, 1810, etc.

, E. DESMAREST.

GALLES (Principauté de). (*Géographie* et *Histoire.*) En latin *Britannia secunda*, *Cimbria;* en anglais, *Wales.* Le pays de Galles fait actuellement partie intégrante de l'Angleterre, à laquelle il est politiquement réuni depuis le seizième siècle; mais il en diffère tellement par la nature du sol, par les mœurs et le langage des habitants, qu'il forme réellement un tout bien distinct, et mérite une description particulière.

Ce pays occupe la partie occidentale de l'Angleterre, dont il forme à peu près la sixième partie. Il est situé entre 51° 48′ et 53° 50′ de latitude nord, et entre 5° 50′ et 7° 55′ de longitude ouest. Ses bornes sont: au nord, la mer d'Irlande; à l'ouest, le canal de Saint-Georges; au sud, le canal de Bristol, et à l'est, les comtés de Monmouth, de Hereford, de Salop et de Chester. Sa superficie est de 364 lieues carrées géographiques, et sa population dépasse 800,000 habitants.

La principauté se partage en Galles septentrionale (*North-Wales*) et Galles méridionale (*South-Wales*).

La configuration physique de ce pays ne saurait être mieux comparée qu'à celle des parties les plus abruptes de l'Oberland : aussi a-t-on donné au pays de Galles le nom de *Petite Suisse*. Cependant les montagnes qui le couvrent sont loin d'atteindre en hauteur celles de la Suisse allemande. Mais les escarpements en sont rapides, les vallées profondes, les lacs nombreux, les brouillards presque perpétuels, et en certains endroits la neige séjourne jusqu'au mois de juin sur les pics les plus élevés. Les principales chaînes sont, dans le midi, les monts *Fothoc*, connus sous le nom de *montagnes Noires;* dans le nord, le *Coder-Idris* (1,100 mètres), le *Snowdon* et le *Plinlimmon* (1,200 mètres), appelés les *Alpes galloises*. Les principaux cours d'eau sont la *Vye*, la *Severn* et la *Dée* ; cette dernière, après s'être formée de la réunion de deux torrents, traverse le lac *Bala*. Ce lac, le plus grand de toute la principauté, a une lieue un quart de long sur trois mille six cents pieds de large.

La température du pays est en général âpre et rigoureuse, surtout du côté du nord-ouest, vers lequel les montagnes et les rocs s'escarpent principalement ; au midi, l'air est plus doux, mais chargé d'une continuelle humidité. Cependant il ne paraît pas que les brouillards qui l'imprègnent le rendent malsain, et de nombreux exemples de longévité attestent la salubrité du climat. Le sol, aride dans les parties montagneuses, est assez fertile dans les contrées méridionales. Bien qu'assez mal cultivé, il produit abondamment du froment, de l'orge, de l'avoine, des légumes, des pommes de terre, des fruits, du bois. Les pâturages nourrissent de belles races de bestiaux et de chevaux. Les rivières, les lacs et les côtes fourmillent de toutes sortes de poissons. Enfin le règne minéral est fort riche : la terre recèle d'immenses mines de houille, de l'argent, de l'étain, du fer, du plomb et du cuivre. Parmi les curiosités naturelles qu'offre cette contrée pittoresque, on remarque la source nommée *le puits de Saint-Venefred*, qui fournit vingt tonnes d'eau par minute, et passe pour guérir la stérilité. Ajoutons-y les traces nombreuses du séjour des Romains dans ce pays, et les débris que l'on y retrouve partout de l'ancien culte des Druides.

Le pays de Galles fut peuplé d'abord par les Kymri, du nom desquels il s'appela dans l'origine *Kymberi*. Il prit son nouveau nom, au sixième siècle, des Galls ou Celtes, qui

vinrent du continent s'établir sur cette terre, où ils retrouvaient à peu près le sol qu'ils avaient longtemps occupé. Les Ordovices et les Silures, habitants du nord et du midi de cette partie de la Grande-Bretagne que les Romains appelaient Cambrie, jouèrent un rôle imposant pendant l'invasion romaine. Les Ordovices furent soumis par Suétonius Paulinus, et les Silures par Agricola. L'héroïsme de Caractacus, chef de ces derniers, toucha les conquérants eux-mêmes, et a été immortalisé. Les Romains restèrent maîtres de la Cambrie pendant quatre siècles. Au bout de ce temps, ils renoncèrent à cette lointaine et inutile possession, et alors les Cambriens formèrent une espèce de monarchie fédérative, qui se concentrait aux jours du danger aux mains d'un chef appelé *pendragon*, et revêtu momentanément d'un pouvoir dictatorial. Pendant neuf siècles cette organisation subsista, et l'histoire du pays de Galles fut remplie par une suite de guerres sanglantes entre les chefs des diverses peuplades, entre celles-ci et leurs voisins; nuit profonde dans laquelle a brillé comme un éclair Arthur, fils d'Uther, le messie des Gallois, qui a illustré sa nation et qui reviendra pour la délivrer; océan obscur, sur lequel ont surnagé à grand'peine les lois de Dyfnwall et de Howell Dda, ou le Bon, et les poésies de quelques bardes célèbres. Les bardes étaient des prêtres qui avaient remplacé les druides quand le christianisme était entré dans le pays. Ils chantaient la gloire des hommes aussi bien que la puissance de Dieu, et entretenaient chez les princes et les peuples l'esprit d'indépendance, qui avait autrefois coûté tant de sang aux Romains : aussi les Gallois, qui avaient résisté aux Saxons, résistèrent encore aux Normands, et firent une guerre continuelle aux *lords Marchers*, chargés de les maintenir moyennant concession de terres. Ils arrivèrent ainsi jusqu'au règne d'Édouard Ier, complètement libres, quoique leur souverain reconnût nominalement la suzeraineté du roi d'Angleterre.

Édouard III, qui était un guerrier habile et un profond politique, voulut mettre fin à cette indépendance gênante, qui écornait la puissance des rois d'Angleterre. Il fit déclarer félon par le parlement Lewellyn, qui régnait alors sur les Gallois, et il marcha contre lui.

« Lewellyn fut obligé d'accepter un traité par lequel il perdit toute sa principauté à l'exception de l'île d'Anglesea, qui encore dut revenir à Édouard, dans le cas où Lewellyn mourrait sans postérité mâle. Le prince gallois s'engagea en outre à payer 50,000 livres sterling (environ 1,275,000 francs), somme énorme en ce temps-là. Bientôt Lewellyn se reprocha d'avoir sacrifié son pays. Tout le poussait à la révolte, son peuple mécontent, son frère David, les anciens chants des bardes, dans lesquels on n'eut pas de peine à trouver des prédictions relatives à Lewellyn. Il se révolta donc, et bientôt l'armée d'Édouard pénétra dans l'Ile d'Anglesea. Elle fut vaillamment repoussée par les Gallois, conduits par Lewellyn et son frère ; mais quelque temps après le noble chef fut tué par trahison : on lui coupa la tête et on l'envoya au roi Édouard, qui la fit placer sur la tour de Londres, où chacun la vit dérisoirement couronnée d'une guirlande de saule.

« Lewellyn avait été tué en 1282. Son frère David fut fait prisonnier quelque temps après. Il fut jugé par un parlement siégeant à Shrewsbury, et condamné, comme coupable de haute trahison, à être écartelé d'abord, puis décapité. A partir de ce moment les habitants du pays de Galles furent complétement soumis, à l'exception des bardes, dont les chants appelaient sans cesse la nation à reconquérir son indépendance. Édouard commença contre ces poëtes des persécutions qui furent continuées par les rois ses successeurs. Mais Édouard ne fut pas coupable du massacre en masse des bardes, dont le chargent plusieurs historiens.

« Depuis la mort de Lewellyn la principauté de Galles n'eut plus d'existence politique. Soumise à la couronne d'Angleterre, elle fut traitée en pays conquis, et subit toutes les exactions qu'entraine cette condition. Cet état dura jusqu'à l'avénement des Tudor, où ce pays entra dans le droit commun de la Grande-Bretagne (1). »

La principauté de Galles, partagée, comme nous l'avons déjà dit, en Galles septentrionale et méridionale, se divise, sous le rapport de l'administration judiciaire, en quatre arrondissements, comprenant ensemble douze comtés. Ces comtés sont : dans le North-Wales, ceux d'Anglesey, de Caernarvon, de Denbigh, de Flint, de Merioneth, de Montgommery ; dans le South-Wales, ceux de Radnor, de Brecknock, de Glamorgan, de Pembroke, de Cardigan et de Caermarthen. Chaque arrondissement possède deux juges. Chacun des douze comtés envoie deux députés au parlement, à l'exception de ceux de Pembroke et de Merioneth, dont le premier nomme trois députés, et le second un seul. Le fils aîné du roi des Iles Britanniques porte le nom de prince de Galles. Les habitants professent la religion anglicane, et tous leurs évêchés sont sous la juridiction de l'archevêque d'York.

L'agriculture est, dans cette contrée, arriérée d'un siècle, ce qu'il faut attribuer à la nature du sol, à l'ignorance, et à la persistance dans les vieilles coutumes, telles que l'usage des fermages annuels et leur adjudication au rabais. Il

(1) P. Roland, *Précis d'histoire d'Angleterre, d'Écosse et d'Irlande ;* Paris, Firmin Didot, 1844.

n'en est pas de même de l'éducation du bétail et de la race chevaline, qui est très-florissante et très-développée. L'industrie manufacturière a fait de grands progrès ; mais elle en a encore beaucoup à faire. En général, elle ne s'exerce guère que sur la fabrication des flanelles, des draps, des toiles et de tout ce qui concerne l'habillement. Ajoutons-y les exploitations métallurgiques, en activité dans toutes les parties du pays. On tire de la terre : l'argent et le cuivre à Caernarvon, le plomb à Cardigan, le fer dans le sud, l'ardoise à Snowdon, le charbon partout. Le commerce maritime est encore d'une importance secondaire ; mais il est destiné à un accroissement considérable par la nature de ses ports, les meilleurs des côtes de la Grande-Bretagne. Plusieurs canaux facilitent la navigation intérieure.

Les Gallois, soumis aux Anglais, ont perdu depuis cinq cents ans leur liberté et leurs institutions ; mais ils ont gardé l'originalité de leur caractère et une partie de leurs mœurs. Ils sont bons, généreux, hospitaliers, mais vifs et irascibles, prompts à des emportements qui du reste s'apaisent bientôt. Un des principaux traits de leur caractère est une superstition naïve, reste des croyances politiques détruites par les persécutions, mais dont on retrouve encore des traces nombreuses. Dans certaines parties du pays les habitants passent l'été sur la montagne avec leurs troupeaux, et l'hiver dans la vallée. Ils filent et tissent eux-mêmes les étoffes grossières dont ils s'habillent. Ils parlent encore la langue des vieux Kymris, et chantent les poésies des anciens bardes, dont quelques-unes, dit-on, remontent au sixième siècle. On voit qu'il est facile de trouver entre eux et les habitants de notre Bretagne de nombreux points de ressemblance.

Les villes les plus remarquables sont : *Flint*, capitale du comté du même nom, avec deux châteaux, dont l'un fut bâti par Henri II ; *Caelwys*, où se réunissait tous les trois ans l'*eisteddfod*, ou assemblée qui nommait de nouveaux bardes et décernait des prix de poésie et de chant ; *Caernarvon*, *Swansea* et *Milfordhaven*, qui possèdent de beaux ports, appelés, dans l'avenir, à de hautes destinées commerciales, etc.

Pennant, *Tour in Wales ;* 2 vol. in-4°, 1784.
Joises, William et Owen, *Archaiology of Wales ;* 4 vol. in-8°, 1801-1804.
Giraldus Cambrensis, *Itinerarium Walliæ ;* Londres, 1806, 2 vol. in-4°.
Lloyd, *History of Wales by Cowel ;* in-4°, 1811.

G.

GALLICANE (Église). Nous n'avons pas à raconter ici l'histoire de l'Église gallicane ; nous nous proposons seulement de donner quelques notions précises sur ce qu'on appelle les libertés de l'Église gallicane.

La pure doctrine ultramontaine est celle-ci : La souveraineté en ce monde appartient à la loi morale, en d'autres termes, au pouvoir spirituel. Cette puissance invisible a pour organe l'Église, dépositaire et interprète de la loi morale. Or, l'Église subsiste dans son chef ; c'est donc en lui que se personnifie le pouvoir spirituel. La souveraineté réside donc dans le pape ; tout pouvoir temporel est, par sa nature, soumis au pouvoir spirituel : de là la suprématie du trône pontifical sur toutes les couronnes ; de là le système théocratique fondé par Grégoire VII, et les prétentions à la domination universelle affichées par quelques-uns de ses successeurs, qui s'arrogeaient le droit de déposer les rois, de délier les sujets du serment de fidélité, et de disposer à leur gré des royaumes. Des prétentions si exorbitantes ne pouvaient manquer de soulever d'énergiques résistances de la part des princes. La France se distingua particulièrement dans cette lutte contre les envahissements de l'autorité pontificale. Cette longue guerre du sacerdoce et de l'empire, qui occupe une si large place dans l'histoire du moyen âge, ne pouvait avoir les mêmes chances de durée en France, où les entreprises des pontifes romains sur les empereurs eussent été mal reçues. Saint Bernard, la lumière de l'Église au douzième siècle, écrivait au pape Eugène III : « Vous pouvez tout ; mais rien ne convient mieux à la puissance que la règle ; vous êtes, non pas le seigneur des évêques, mais l'un d'eux. On ferait un monstre du corps humain si on attachait immédiatement tous les membres à la tête. » Le pieux roi saint Louis fut un de ceux qui résistèrent avec le plus de vigueur aux entreprises du saint-siége.

Clément IV (1265-1268) ayant décidé que tous les bénéfices ecclésiastiques étaient à la disposition du pape, qu'il pouvait les conférer vacants ou même non vacants, en les donnant, en ce dernier cas, par survivance et en expectative, tant d'audace étonna saint Louis, et l'indignation qu'il en conçut lui dicta une ordonnance connue sous le nom de *Pragmatique sanction*, et dont voici le sommaire :

« Les prélats, patrons et collecteurs de bénéfices jouiront pleinement de leurs droits ; les cathédrales et autres églises du royaume feront librement leurs élections ; le crime de simonie sera banni de tout le royaume ; les promotions et les collations seront faites selon le droit commun et les décrets des conciles ; les exactions intolérables par lesquelles la cour de Rome a misérablement appauvri le royaume cesseront d'avoir lieu, si ce n'est pour d'urgentes nécessités, et du consentement du roi et de l'Église gallicane ; les libertés, franchises, immunités, droits et priviléges accordés par les rois aux églises et aux monas-

tères, sont confirmés. » Cet acte important, qui montre saint Louis comme un des plus zélés défenseurs des libertés gallicanes, est cité par Bossuet, qui s'écrie : « Qu'on ne demande plus ce que c'est que les libertés de l'Église gallicane ! Les voilà toutes dans les précieuses paroles de saint Louis ; nous n'en voulons jamais connaître d'autres. Nous faisons consister notre liberté à marcher autant qu'il se peut dans le droit commun, qui est le principe ou plutôt le fond de tout le bon ordre de l'Église, sous la puissance canonique des ordinaires, selon les conciles généraux et les institutions des saints Pères. »

Boniface VIII, à peine monté sur le trône pontifical, en 1294, parut vouloir réaliser les prétentions les plus exagérées de ses prédécesseurs. Il écrivit à Édouard Ier : « Vous savez que l'Écosse appartient de plein droit au saint-siége. » Il traita d'usurpateur Albert d'Autriche, élu empereur en 1298, le somma de comparaître à Rome, et dispensa les sujets de ce prince de leurs obligations envers lui ; mais il menaça surtout le roi de France Philippe le Bel, par la bulle *Clericis laicos*. Boniface VIII avait défendu, sous peine d'excommunication, à tout membre du clergé séculier et régulier, de payer sans la permission du pape aucune taxe aux souverains, même sous le titre de don gratuit. Philippe le Bel répondit à cette bulle en défendant de transporter aucune somme d'argent hors du royaume, sans une permission signée de sa main. Cette mesure parut d'abord intimider le pontife, qui, interprétant sa bulle, autorisa, dans le cas d'une nécessité pressante, les contributions du clergé ; mais bientôt un légat vient braver Philippe, et le sommer de changer de conduite, s'il ne veut exposer son royaume à un interdit général. Ce légat est arrêté. Le pape en fureur fulmine contre Philippe IV une bulle où il dit : « Dieu m'a établi sur les empires pour arracher, détruire, perdre, dissiper, édifier et planter. » Une autre bulle contient ces paroles : « Le glaive temporel doit être employé par les rois et les guerriers pour l'Église, suivant l'ordre et la permission du pape ; la puissance temporelle est soumise à la spirituelle, qui l'institue et la juge, et que Dieu seul peut juger : résister à la puissance spirituelle est donc résister à Dieu, à moins qu'on n'admette les deux principes des manichéens. » Enfin Boniface excommunie Philippe, et il ordonne à son confesseur de venir à Rome rendre compte de la conduite de son pénitent. Il destine la couronne de France à ce même empereur Albert, naguère traité en criminel, mais qui s'était soumis. On doit des éloges à la fermeté victorieuse que Philippe le Bel sut opposer à ces extravagances : les communes et la noblesse le secondèrent, et le clergé fut entraîné par l'ascendant des deux autres ordres.

Le concile de Constance au quinzième siècle, où brillaient les représentants de la France, Pierre d'Ailly, Nicolas de Clémangis, et le chancelier Gerson, établit en principe la supériorité du concile général sur le pape; dans les quatrième et cinquième sessions, il fut déclaré que « ledit concile de Constance, légitimement assemblé au nom du Saint-Esprit, faisant un concile œcuménique qui représente l'Église catholique militante, a reçu immédiatement de Jésus-Christ une puissance à laquelle toute personne, de quelque état et dignité qu'elle soit, même papale, est obligée d'obéir, dans ce qui appartient à la foi, à l'extirpation du présent schisme, et à la réformation de l'Église dans son chef et dans ses membres. » Cette déclaration fut ratifiée par l'adhésion unanime des Pères du concile, et confirmée par la déposition des antipapes et la reconnaissance de Martin V.

Mais c'est surtout sous Louis XIV, et dans la fameuse déclaration de 1682, que furent rédigés les articles qui comprennent ce qu'on a appelé les libertés de l'Église gallicane. La régale était un droit dont jouissaient depuis plusieurs siècles les rois de France, et qui consistait à percevoir les revenus des évêchés vacants, et à nommer aux bénéfices qui dépendaient de l'évêque. Quelques églises ayant essayé de s'affranchir de ce droit, Louis XIV, par un édit de 1673, déclara que la régale s'appliquait à tous les évêchés du royaume. Deux évêques, ceux de Pamiers et d'Aleth, protestèrent contre cet édit, et furent soutenus par le pape Innocent XI dans leur résistance aux volontés du roi. Louis XIV, outré des brefs du pape et des troubles qu'ils entretenaient dans le royaume, ordonna une assemblée générale du clergé, qui se réunit au mois de mars 1682, pour délibérer sur les brefs du pape. Ce fut dans cette assemblée que Bossuet, chargé de formuler les doctrines de l'Église gallicane sur les droits et les prétentions du pape, lut dans la séance du 19 mars la célèbre déclaration composée de quatre articles, dont voici la substance :

I. Saint Pierre et ses successeurs, vicaires de Jésus-Christ, n'ont reçu de puissance de Dieu que sur les choses spirituelles et qui concernent le salut, et non point sur les choses civiles et temporelles. En conséquence, les rois et les souverains ne sont soumis à aucune puissance ecclésiastique par l'ordre de Dieu dans les choses temporelles ; ils ne peuvent être déposés directement ni indirectement par l'autorité des chefs de l'Église ; leurs sujets ne peuvent être dispensés de la soumission et de l'obéissance qu'ils leur doivent, ou absous du serment de fidélité.

II. Le concile général est supérieur au pape, ainsi que l'ont décidé les Pères de Constance.

III. Les coutumes et les lois reçues dans l'Église gallicane doivent être maintenues.

IV. Quoique le pape ait la principale part dans les questions de foi, son jugement n'est pourtant une règle infaillible qu'après le consentement de l'Église.

Cette déclaration fut adressée par l'assemblée à tous les évêques du royaume, avec invitation de faire professer cette doctrine dans leurs diocèses. Louis XIV ordonna, par un édit du 22 mars 1682, que la déclaration du clergé de France serait enregistrée dans toutes les cours de parlement, bailliages, sénéchaussées, universités, facultés de théologie et de droit canon de France, et défendit d'enseigner ou d'écrire quelque chose contraire à la doctrine contenue en icelle.

Onze ans après, tous les évêques qui depuis 1682 attendaient leurs bulles d'institution, écrivirent au pape Innocent XII une lettre approuvée par Bossuet, dans laquelle ils rétractaient la déclaration de 1682, du moins en tant que décision, la réduisant ainsi à n'être plus qu'une simple opinion, sur laquelle ils ne s'expliquaient pas. Par une lettre au même pape, Louis XIV s'engagea à ne pas faire observer les choses contenues dans son édit du 22 mars 1682. Cette concession du grand roi devient moins inexplicable quand on se rappelle la révocation de l'édit de Nantes, intervenue dans l'intervalle. Quoi qu'il en soit, malgré la persévérance des parlements, qui soutinrent les quatre maximes du clergé contre le clergé lui-même, le gouvernement, depuis 1693 jusqu'à la révolution, se montra peu disposé à les faire valoir. Le concordat de 1801 ne fait aucune mention de la déclaration de 1682 ; seulement, une loi organique, rendue par suite de ce concordat, ordonna que les quatre articles de la déclaration fussent enseignés dans les séminaires.

Maintenant, que faut-il penser, au fond, de ces libertés de l'Église gallicane, dont nous venons de retracer rapidement l'histoire ?

Du point de vue des catholiques exclusifs, nul doute que, l'Église universelle étant concentrée dans le chef de l'Église romaine, le pape, infaillible, est la loi incarnée, le représentant de Dieu sur la terre : donc se séparer de l'Église Romaine, c'est se séparer de la loi universelle ; toute église qui se dit indépendante en tout ou en partie nie la loi : aussi les purs ultramontains soutiennent que le gallicanisme, le jansénisme, la réforme, le déisme, l'athéisme, ne sont que les conséquences plus ou moins prolongées d'un même principe ; pour eux, le gallicanisme n'est que l'athéisme à la plus faible expression, l'athéisme n'est que le gallicanisme à sa plus haute puissance. — Les gallicans répliquent que le pape n'est pas l'Église universelle, et que l'Église n'est pas Dieu. Cependant il est trop vrai que les défenseurs des églises nationales, gallicans ou autres, par cela seul qu'ils posent des limites à l'autorité du pape, sortent de l'unité. Nous ne craindrons donc pas de le dire : le gallicanisme, de la part de ceux qui se déclarent invariablement catholiques, est une inconséquence : honorable inconséquence, il est vrai. Qui de nous jettera la première pierre à ceux qui pour rester raisonnables ne craignent pas d'être inconséquents? Ils ont reculé devant les applications révoltantes de la pure doctrine ultramontaine, et ils n'ont pas encore le courage de briser les liens qui les enchaînent. La vie réelle se compose ainsi de transactions; on fait fléchir dans la pratique des principes trop absolus.

Que faut-il conclure de cette discussion? C'est que le gallicanisme n'est qu'un système politique et non philosophique. Peu soutenable en principe, il l'est comme moyen de remédier aux vices de la constitution ecclésiastique, et d'amener une transaction entre les deux puissances. La liberté absolue pourrait-elle être supportée par les peuples? Sont-ils mûrs pour un tel état de choses? Longtemps encore il faudra se contenter d'un peu de gallicanisme et d'un peu de liberté. Il faut se résigner à cette inconséquence inévitable dans les doctrines et les mesures du gouvernement à l'égard du clergé. Pour tout dire, il y a contradiction entre la constitution de l'Église et celle de la société actuelle. Qu'arrivera-t-il? L'Église, à la longue, pliera sans en convenir, se modifiera sans se rétracter, fera enfin ce qu'elle a toujours fait. C'est le propre du clergé de s'accommoder au temps; c'est le propre de son infaillibilité, de n'être obligé à mettre aucun accord entre les principes et ses actes.

J. de Longueval, *Histoire de l'Église gallicane;* Paris, 1780, 18 vol. in-4°.

ARTAUD.

GALLICIE. (*Géographie* et *Histoire.*) Province autrichienne, qui s'étend de 15° 50' à 24° long. est, et de 47° 20' à 50° 30' lat. nord. Elle est bornée au nord par la Pologne et la république de Cracovie (annexée à la Gallicie depuis 1846); à l'est, par la Russie et la Moldavie; au sud, par la Hongrie, la Transylvanie et les Carpathes; enfin, à l'ouest, par la Silésie et la Moravie. Capitale : Lemberg. Population, plus de 5,000,000 d'hab. depuis la prise du pays Cracovien. — Le pays est arrosé par la Vistule, le San, le Bug, le Dniester, la Stry et la Mardau. — Le sol est assez fertile; l'agriculture est arriérée, parce que le paysan est attaché à la glèbe. La terre fournit beaucoup de légumes, des plantes oléagineuses, du lin, du chanvre et du tabac. Le règne minéral donne en abon-

dance du fer, du cuivre, du plomb argentifère, et surtout du sel gemme. L'éducation des bestiaux est bien entendue, surtout celle des chevaux. — La Gallicie est divisée en 19 cercles, et a une espèce de représentation des états, ce qui n'empêche pas qu'elle soit gouvernée d'une manière absolue. Le cercle de Czernovitz a une administration distincte.

La Gallicie se composait d'une province appelée Russie Rouge, réunie au royaume de Pologne par Casimir le Grand, en l'année 1340, et d'une partie des palatinats de Cracovie et de Sandomir. En 1772 eut lieu le premier partage de la Pologne. L'Autriche fit valoir ses droits sur la Russie Rouge comme ancienne dépendance de la Hongrie, et quand elle fut mise en possession de cette province, elle lui donna un nom en rapport avec les prétentions qu'elle avait mises en avant : elle l'appela Gallicie ou plutôt Hallicie, mot dérivé de *Halitsen*, ville qui, au treizième siècle, était la capitale d'un royaume relevant de la Hongrie. Cette injuste spoliation, appuyée sur des prétentions surannées, que cinq siècles écoulés et vingt traités conclus mettaient à néant, n'eut pas lieu sans exciter bien des indignations, bien des remords même. Marie-Thérèse elle-même témoigna ses regrets d'avoir cédé au machiavélisme de ses ministres, et Joseph II parut porter à la Gallicie quelque bienveillance.

En 1795, après le troisième partage de la Pologne, l'Autriche appela Gallicie orientale ses acquisitions antérieures : elle avait besoin d'établir cette distinction pour nommer les usurpations nouvelles que lui valait sa participation à cette œuvre d'iniquité. Le reste des palatinats de Cracovie et de Sandomir, ceux de Podlachie et de Lublin, venant compléter sa part dans le démembrement définitif du territoire polonais, perdirent jusqu'à leur nom, trop fertile en souvenirs, et s'appelèrent désormais Gallicie occidentale.

Dans la guerre de 1809, les deux Gallicies furent occupées par le prince Joseph Poniatowski, à la tête de l'armée polonaise; le traité de Vienne n'enleva à l'Autriche que la Gallicie occidentale, le cercle de Zamosc et la moitié des salines de Wieliczka, et les cercles de Tarnopol et de Zaleszczycki, qui furent donnés à la Russie. Au congrès de Vienne, en 1815, la Gallicie occidentale et le cercle de Zamosc, moins la ville et le territoire de Cracovie, déclarés libres, et les mines de Wieliczka, rétrocédées à l'Autriche, furent adjugées à l'empereur Alexandre comme roi de Pologne, en même temps qu'il restitua, comme empereur de Russie, les deux cercles ajoutés à ses États en 1809.

En 1831, la Gallicie ne prit qu'une part indirecte à l'insurrection polonaise; beaucoup d'individus allèrent secourir leurs frères armés ; mais le mouvement ne fut pas général et la province ne leva point l'étendard de la révolte. Mais il n'en a pas été de même en 1846. Elle a été le théâtre de la dernière révolution qui eut pour but de relever la nationalité polonaise, et sa généreuse entreprise l'a rendue l'objet de terribles vengeances. Il est malheureusement vrai que ces vengeances purent s'appeler parfois des représailles ; mais la faute en est aux oppresseurs plus qu'aux opprimés.

En effet, aux raisons politiques qui déterminèrent ce soulèvement, vinrent s'associer des causes qui sont le résultat des vices inhérents à l'administration de la Gallicie.

D'après le système introduit par Joseph II, la noblesse de la Gallicie est chargée du recensement, de la levée des impôts, de l'administration de la justice en première instance.

Le peuple, attaché à la glèbe, ne possède pas de terre propre ; il est soumis aux corvées. Toutes les charges sont imposées au peuple par l'entremise de la noblesse. L'autorité s'exerce par des administrations des cercles (*kreisœmter*), dont les chefs sont les *capitaines de cercle (kreishauptmann)*. Ils exercent une grande influence sur les paysans, écoutent leurs doléances, et souvent les mettent en conflit avec les nobles, à qui on a imposé, malgré eux, la pénible mission de faire peser le joug sur les paysans.

La noblesse a souvent demandé à être déchargée de cet office odieux, mais en vain.

La lenteur ou le mauvais vouloir du gouvernement y a toujours opposé des obstacles, et les bureaucrates ont augmenté les difficultés. De cette manière, on a, en quelque sorte, forcé la noblesse à opprimer les paysans, qui, à leur tour, cherchaient à s'en venger.

Enfin, en 1846 l'irritation des paysans était au comble, et ils commirent d'épouvantables forfaits.

La jacquerie de la Gallicie coïncidait avec les mouvements de Cracovie et d'autres parties de la Pologne ; le gouvernement autrichien en a profité pour annihiler la ville libre de Cracovie et l'englober dans ses États.

Les fautes commises par les souverains et les hommes d'État qui dirigent leurs cabinets seront senties par leurs successeurs. Puissent-elles ne pas être trop cruellement expiées !

Hoffe, *Galicien und Ludomirien* ; Wien, 1802, 2 vol. in-8°.

Glukowski, *La Pologne dans ses anciennes limites* ; Paris, 1838, in-8°.

Malte-Brun, *Tableau de la Pologne*, refondu par Chodzko ; Paris, 1830, 2 vol. in-4°.

Rulhière, *Hist. de l'anarchie de la Pologne* ; Paris, 1807, 4 vol. in-8°.

Claims and hopes of Polands; broch. anonyme ; London.

SCHOEN.

GALLINACÉS. (*Histoire naturelle.*) C'est-

à-dire ayant du rapport avec le coq (*gallus*). Les ornithologistes ont donné ce nom à une famille nombreuse et très-naturelle d'oiseaux, à laquelle le coq domestique sert effectivement de type. Les espèces qui la composent sont, pour la plupart, d'assez grande taille, épais, lourds au vol, mais légers à la course, faciles à apprivoiser, vivant par compagnies. Ils sont quelquefois d'une fécondité prodigieuse, habitent indifféremment dans tous les climats, et leur chair est de la plus grande délicatesse. Les gallinacés sont essentiellement granivores et mangent des baies. Quelques-uns ajoutent à de tels aliments des insectes et des œufs de fourmis. Ils aiment à se vautrer dans la poussière et n'entrent jamais dans l'eau ; ils apportent peu de soins dans la construction de leur nid. Les femelles sont fort douces et tendres mères ; mais les mâles, ardents en amour, se livrent souvent des combats à outrance pour la possession de plusieurs compagnes, car les gallinacés sont polygames.

Les genres qui composent la famille ornithologique qui nous occupe sont nombreux ; on en compte au moins dix-huit, savoir : les genres paon, coq, faisan, lophophore, éperonnier, diudon, argus, pintade, pauxi, hocco, pénélope, tétras, ganga, hétéroclite, perdrix, cryptonyx et turnix.

BORY DE SAINT-VINCENT.

GALLINSECTES. (*Histoire naturelle.*) On désigne sous ce nom une famille d'insectes de l'ordre des hémiptères, section des hémoptères, ayant pour caractères : un seul article aux tarses et un seul crochet au bout ; antennes en forme de fil ou de soie ; mâle ailé, mais n'ayant que deux ailes se recourbant en toit sur le corps, manquant de bouche, et ayant l'abdomen terminé par deux soies ; femelle aptère et munie d'une bouche, comme dans les autres hémiptères. Le principal genre qui entre dans cette famille est celui des COCHENILLES. (*Voy.* ce mot.)

E. DESMAREST.

GALLINULE. (*Histoire naturelle.*) Le nom de GALLINULE et de POULE-D'EAU, en latin *Gallinula*, a été donné par Brisson et tous les ornithologistes qui l'ont suivi, à un genre d'oiseaux gallinacés aquatiques que l'on rencontre sur une grande partie de la surface du globe, au milieu des marais, des rivières et des canaux, où ils recherchent des vers, des insectes, des mollusques, etc.

Ces oiseaux ont le plumage rigide, la queue courte et les ailes à première et deuxième rémiges plus longues ; leurs tarses sont allongés et terminés par des doigts, qui sont eux-mêmes très-longs et légèrement bordés ; le bec est médiocrement élevé, droit, robuste ; les narines, percées en scissure oblongue sur ses côtés, sont toujours dénudées, ainsi que la base du bec, en arrière de laquelle existe une plaque frontale plus développée chez les sujets adultes que chez les jeunes. Dans quelques pays, ces oiseaux sont voyageurs ; mais ils sont, au contraire, sédentaires dans d'autres : pendant le jour ils se tiennent retirés au milieu des rochers, et ce n'est que le soir ou le matin qu'ils se mettent en mouvement. Ils sont défiants; leurs nids, qu'ils placent dans les endroits les plus retirés, renferment sept ou huit œufs que le mâle et la femelle couvent alternativement ; les petits courent et nagent dès qu'ils sont éclos.

Un assez grand nombre d'espèces de ce genre a été décrit; nous citerons le type :

La POULE D'EAU COMMUNE, *Gallinula chloropus* Linné, la seule espèce qui se trouve en Europe et n'est pas rare en France. Le mâle adulte est long de plus de 33 centimètres ; sa tête, sa gorge, son cou et ses parties inférieures sont d'un bleu d'ardoise; le duvet, brun-olive foncé; les flancs et le dessous de la queue, blancs; la base du bec et la plaque frontale d'un rouge vif; les pieds d'un vert jaunâtre : la femelle a les nuances de son plumage plus claires. Les jeunes diffèrent beaucoup des adultes.

Buffon, *Histoire naturelle générale et particulière.* G. Cuvier, *Règne animal*, etc.

E. DESMAREST.

GALVANISME. (*Physique.*) Jadis on désignait ainsi toute la partie de l'électricité qui comprend les effets électriques de contact; mais aujourd'hui on applique cette dénomination aux phénomènes résultant de l'action de l'électricité sur l'organisme. Elle doit son origine à l'expérience suivante de Galvani, dont il a rendu compte comme il suit (1) :

« Je disséquai une grenouille et la préparai comme l'indique la figure (2), et, me proposant d'en faire tout autre chose, je la plaçai sur une petite table où se trouvait une machine électrique; elle n'était séparée du conducteur que par un petit intervalle. Une des personnes qui m'aidaient ayant approché légèrement, par hasard, la pointe d'un scalpel des nerfs cruraux de cette grenouille, aussitôt tous les muscles se contractèrent de telle sorte, qu'on aurait dit qu'ils étaient agités par les plus fortes convulsions. Une autre personne, qui faisait avec nous des expériences sur l'électricité, remarqua que le phénomène

avait lieu seulement lorsqu'on tirait une étincelle du conducteur de la machine. Tandis que j'étais occupé d'autre chose et que je réfléchissais en moi-même, cette personne, étonnée de ce fait, vint aussitôt m'avertir. Pour cela je suis d'un zèle incroyable; et, brûlant du désir de répéter l'expérience, je voulus mettre au jour la cause inconnue de ce phénomène. En conséquence, je touchai moi-même, avec la pointe d'un scalpel, l'un et l'autre des nerfs cruraux, tandis qu'un de ceux qui étaient présents tirait une étincelle : le phénomène se présenta de la même manière; je vis de fortes contractions dans les muscles des membres, comme si l'animal avait été pris du tétanos, et cela au moment même où l'on tirait des étincelles. »

Les mouvements musculaires produits parurent si singuliers à Galvani, qu'il ne les considéra pas comme un simple effet du choc en retour. Pour en connaître la cause, il varia les expériences ; il trouva d'abord que sur les animaux vivants les contractions étaient moins fortes que chez les animaux morts, etc., puisqu'on les obtenait encore en armant les muscles et les nerfs de métaux différents et établissant le contact entre ces derniers. Cette expérience, qui est fondamentale, a servi de point de départ à Volta pour exécuter ses immortels travaux ; mais à Galvani appartient la gloire d'avoir fait la première découverte.

Il supposa aussitôt qu'il pourrait bien y avoir une électricité propre au système des animaux, laquelle passait des nerfs aux muscles, de la même manière que dans la décharge de la bouteille de Leyde, quand on met en communication la surface extérieure et la garniture intérieure; l'arc métallique n'étant qu'un moyen d'établir la communication entre les muscles et les nerfs, Galvani admettait donc que tous les animaux jouissent d'une électricité propre, qui est sécrétée dans le cerveau et réside dans les nerfs, lesquels la transmettent à toutes les parties du corps. Les réservoirs communs sont les muscles, dont chaque fibre doit être considérée comme ayant deux surfaces, sur chacune desquelles se trouve l'une des deux électricités. Galvani, qui n'était pas assez physicien pour approfondir et étudier toutes les conséquences, du fait important qu'il venait de découvrir, s'abandonna à son imagination, qui ne tarda pas à l'égarer quand il eut posé les bases de sa théorie.

Cette théorie fut vivement combattue par Volta, qui s'appliqua à démontrer qu'il n'existait pas d'électricité propre aux animaux, que le contact des deux métaux dans l'expérience de Galvani suffisait pour dégager de l'électricité capable de produire les effets obtenus, et que les diverses parties animales servaient

(1) *De Bononiensi scientiarum et artium instituto atque academia Commentarii*, t. VII; *De viribus electricitatis in motu musculari Commentarius.*

(2) Pour opérer cette préparation, on coupe la colonne dorsale un peu au-dessous des pattes de devant ; on conserve la partie postérieure, dont on enlève la peau en la retournant; puis on détache les chairs qui entourent la colonne, afin que les cuisses, entièrement dénudées, ne tiennent à la colonne vertébrale que par les nerfs lombaires.

seulement de conducteurs en raison de l'humidité dont elles étaient imprégnées.

Une lutte s'établit entre Galvani et Volta ; plus le premier accumulait les faits pour défendre sa théorie, plus le second cherchait à la renverser, en apportant de nouvelles observations à l'appui de son opinion. On crut un instant Galvani vainqueur, quand il prouva, aidé de son neveu Aldini, que l'arc métallique n'était pas nécessaire pour exciter les contractions, puisqu'on les obtenait encore dans une grenouille nouvellement écorchée, en mettant en contact les muscles cruraux et les nerfs lombaires ; mais Volta répondit sur-le-champ que ce fait n'était qu'une généralisation de son principe, d'après lequel tous les corps suffisamment bons conducteurs de l'électricité se constituaient toujours, par leur contact mutuel, dans deux états électriques différents.

La plupart des physiciens de l'époque prirent parti pour ou contre Galvani, et quelques-uns envisagèrent même la question du contact sous un point de vue différent de celui qu'avait choisi Volta.

Wells observa qu'un seul métal ne produisait pas de contractions lorsqu'il était très-pur, et que lorsqu'il était frotté doucement par un de ses bouts sur de l'étain, ou sur un corps quelconque, il produisait à lui seul des contractions ; il adopta comme principe actif le fluide électrique ordinaire.

Crève, professeur à Mayence, chercha une explication du galvanisme dans les irritants chimiques. Il avança qu'en faisant communiquer deux métaux, ou un seul métal et du charbon, dans l'expérience de Galvani, l'eau qui humecte le muscle et le nerf est en partie décomposée ; l'oxygène oxyde le métal, d'où résultent des contractions.

Fabroni traita la question de l'action chimique des différents métaux entre eux et de leur application aux phénomènes galvaniques. Il avait remarqué souvent que le mercure coulant conservait longtemps son éclat tant qu'il était pur, mais que lorsqu'il était combiné avec un autre métal il s'oxydait promptement ; que des effets semblables étaient produits sur l'étain fin et des alliages de ce métal. En visitant le musée de Cortone il avait vu des inscriptions étrusques gravées sur des lames de plomb pur qui se trouvaient dans un état parfait de conservation, tandis que dans la galerie de Florence des médailles en plomb contenant de l'étain ou un autre métal étaient entièrement réduites en poussière blanche, quoiqu'elles fussent enveloppées dans du papier et enfermées dans des tiroirs. De ces faits et d'autres analogues Fabroni tira la conséquence que tout métal, comme tout réactif chimique, a une tendance à la combinaison avec un autre mé-

tal dès que leurs molécules viennent à se toucher, et que ce n'est que la force de cohésion qui s'oppose à la combinaison. Les métaux, en exerçant leur force d'attraction réciproque, doivent diminuer d'autant la force d'agrégation respective ; d'où il résulte que bien qu'aucun d'eux ne puisse attirer séparément l'oxygène de l'atmosphère ou l'enlever à l'eau, ils en acquièrent le pouvoir par leur simple contact, attendu qu'ils passent à des combinaisons nouvelles. Il supposa dès lors que quelques-uns des effets produits sur le corps animal par les armatures métalliques appliquées aux nerfs et aux muscles recouverts d'une couche d'humidité pouvaient être attribués à une opération chimique, au passage de l'oxygène d'une combinaison quelconque à une combinaison nouvelle. Quant aux signes d'électricité recueillis en séparant les deux métaux mis en contact, Fabroni les considéra comme le résultat des actions chimiques. De ces faits vraiment exacts, mais exprimés d'une manière vague, il tira une conséquence sans valeur, savoir, que les contractions étaient dues à l'action chimique et non à l'électricité. Or, comme les deux métaux sont concomitants, il aurait dû rester dans le doute jusqu'à ce que de nouvelles expériences l'eussent mis à même de lever l'incertitude. Quoi qu'il en soit, Fabroni est le premier qui ait fait sentir la nécessité d'une action chimique dans les effets galvaniques.

Valli fit voir que du plomb de vitrier pris pour armature ne produit aucun effet avec un excitateur de même plomb, mais qu'il n'en est plus de même quand on emploie du plomb de diverses qualités. Il observa encore qu'une grenouille qui a éprouvé des contractions pendant un certain temps devient moins irritable, et qu'il suffit de la laisser reposer quelques instants pour la mettre à même d'en produire de nouvelles.

Il démontra en outre, ce qui, du reste, venait à l'appui des principes avancés par Fabroni, que les différents métaux employés comme armatures ou comme excitateurs présentaient des phénomènes particuliers suivant leur nature ; que l'or et l'argent, par exemple, ne donnent que des effets très-faibles. On lui doit une observation importante, qui prouve combien l'action chimique influe sur les phénomènes galvaniques : lorsque l'armature est restée quelque temps en contact avec le nerf tout mouvement cesse ; mais si l'on change l'armature de place les effets reparaissent. Quoique la plupart des expériences de Valli fussent favorables à la doctrine électro-chimique, il n'en adopta pas moins l'idée d'une électricité inhérente aux parties animales, avec cette condition que l'intérieur du muscle est négatif et l'extérieur positif.

L'École de médecine de Paris prit un vif intérêt au galvanisme; une commission choisie dans son sein fut chargée de répéter toutes les expériences qui avaient été faites depuis 1790, époque de la découverte de Galvani, dans le but de constater les effets observés.

L'Institut national de France nomma, de son côté, une commission composée de Coulomb, Sabattier, Pelletan, Charles, Fourcroy, Vauquelin, Guyton et Hallé, pour vérifier les phénomènes galvaniques. Cette commission constata les faits suivants :

L'arc animal peut être formé ou par des nerfs et des muscles contigus entre eux, ou par des nerfs seulement : la partie essentielle est donc le nerf ; cet arc n'est point interrompu par la section d'un nerf ou à sa ligature, pourvu que les parties liées ou divisées restent contiguës entre elles.

Ce fait seul semble établir une différence entre les phénomènes galvaniques et ce qui se passe dans l'action musculaire, puisqu'il suffit de couper un nerf dans un animal ou de le serrer par une ligature pour faire perdre la faculté de se mouvoir aux muscles dans lesquels il se distribue.

Les organes musculaires sont toujours ceux où vont en définitive se terminer les nerfs compris dans l'arc animal complet; d'où il suit que les muscles affectés sont toujours ceux qui répondent à l'extrémité de l'arc la plus éloignée de l'origine des nerfs qui le composent. Lorsque l'origine de tous les nerfs qui composent l'arc animal est tournée vers une de ses extrémités, les muscles seuls qui répondent à l'autre extrémité éprouvent les convulsions galvaniques.

La disposition de l'arc excitateur la plus favorable aux contractions est celle où il entre trois pièces au moins de différente nature, prises parmi les métaux, l'eau, les substances humides, charbonneuses ou animales, dénuées d'épiderme. Cet arc paraît être efficace, lors même qu'il n'est formé que d'une seule substance ; mais alors il faut que toutes les parties ne soient pas homogènes.

L'influence paraît s'exciter par l'exercice, s'épuiser par la continuité du mouvement, et se réparer par le repos. Il résulte de là *que la multitude de causes qui influent sur le résultat des expériences galvaniques* doit inspirer beaucoup de réserve sur la conséquence qu'on doit en tirer. Il est donc nécessaire, pour l'exactitude des expériences et de leur appréciation, de s'assurer de l'état de l'animal, de la manière dont il a été conservé et entretenu jusqu'au moment de l'épreuve, ainsi que de l'état de l'atmosphère.

La commission reconnut que l'étincelle électrique suffit pour rétablir la susceptibilité des animaux, épuisée par des expériences répétées. Elle essaya sur des organes musculaires épuisés l'alcool et le chlore, ainsi que les solutions de potasse et d'opium, en employant pour arc excitateur l'argent et le zinc.

L'immersion des muscles et des nerfs dans l'alcool et les solutions opiacées affaiblit, et va même jusqu'à éteindre leur susceptibilité.

Les muscles des animaux tués par des décharges électriques éprouvent un accroissement de susceptibilité galvanique, tandis que cette propriété subsiste sans altération dans les animaux asphyxiés par la submersion dans le mercure, par le gaz hydrogène, etc. Elle s'affaiblit après les asphyxies par l'hydrogène sulfuré, l'azote, l'ammoniaque, et s'anéantit dans les animaux suffoqués par le gaz acide carbonique.

M. de Humboldt, qui se livra avec ardeur, dès la découverte de Galvani, à des recherches sur les contractions musculaires sous l'influence des armatures métalliques, annonça à la commission de l'Institut que le temps où la susceptibilité est la plus grande est la fin de l'hiver et le commencement du printemps, époque où l'animal sort de son engourdissement et où il est près de s'accoupler ; passé ce temps et l'accouplement terminé, la susceptibilité diminue. Lors de l'accouplement, M. de Humboldt assure qu'elle est, toutes choses égales d'ailleurs, chez le mâle, plus forte dans les extrémités antérieures, avec lesquelles il embrasse et serre la femelle, que dans les extrémités postérieures; et qu'en tout temps elle est, en général, plus grande dans les femelles que dans les mâles, particulièrement dans les extrémités postérieures.

M. de Humboldt, dans un ouvrage en allemand sur le galvanisme, traduit en 1799 par M. Jadelot, médecin, a avancé les faits suivants : Le diaphragme, dans les animaux à sang chaud, est le muscle, sinon le plus fortement, au moins le plus facilement irritable. Le galvanisme peut exciter du mouvement dans les organes indépendants de la volonté, tels que le cœur et l'estomac. L'excitabilité est portée à un degré supérieur à ce qu'on avait remarqué dans l'état naturel, en baignant les nerfs des animaux dans une solution de sels alcalins ou de chlore.

M. de Humboldt, désirant savoir si les mouvements musculaires et les sensations que le galvanisme produit se prolongent après que la chaîne a été fermée, eut le courage de se faire appliquer deux vésicatoires sur chacun des muscles deltoïdes; l'une des plaies fut fermée avec une médaille d'argent et l'autre avec une lame de zinc, et la communication établie entre les deux pièces métalliques avec un arc de métal. Après un seul contact, les muscles de l'épaule et du cou se contractèrent alternativement, et il en résulta une cuisson;

il distingua très-bien trois ou quatre coups simples; et souvent deux de ces coups ne se faisaient sentir qu'après que le zinc avait été posé pendant quelque temps sur la peau mise à nu. Lorsqu'il eut répandu sur l'armature quelques gouttes d'une solution alcaline, l'excitabilité des organes fut considérablement augmentée, et les douleurs devinrent très-violentes. Les poissons, en raison de leur organisation nerveuse, lui ont paru extrêmement propres aux expériences galvaniques. « J'ai vu, dit-il, des poissons auxquels on avait coupé la tête une demi-heure auparavant, frapper leur queue galvanisée, de manière que tout leur corps sautait assez haut sur la table où ils étaient posés. » En employant le chlore, on avait peine à se rendre maître des poissons, surtout des anguilles et des tanches.

M. de Humboldt rapporte des faits qui doivent être pris en considération par ceux qui s'occupent de l'application du galvanisme à la médecine : il a vu l'inflammation se développer dans une plaie de la main par l'application des armatures métalliques. Il a constaté aussi sur lui-même ce fait à plusieurs reprises. Ayant appliqué deux vésicatoires sur les muscles deltoïdes et posé dessus des armatures après l'ouverture des vésicules, il en résulta aussitôt un nouvel écoulement de sérosité avec changement de couleur, douleur très-forte, rougeur et inflammation.

Achard de Berlin, ayant établi une communication entre la bouche et l'anus avec du zinc et de l'argent et un fil métallique, excita des douleurs dans le bas-ventre, augmenta l'énergie de l'estomac, et opéra un changement dans les évacuations alvines.

M. de Humboldt, considérant que tous les nerfs du tronc étaient excités dans cette expérience, conçut l'idée d'essayer si une irritation aussi active ne pourrait point rappeler à la vie de petits animaux très-irritables, lorsqu'ils étaient atteints d'une mort apparente; il choisit une linotte qui allait expirer, dont les yeux étaient déjà fermés, et qui était étendue sur le dos. Aussitôt que la communication galvanique fut établie entre le bec et le rectum, l'oiseau ouvrit les yeux, se leva sur ses pattes en battant des ailes, respira pendant six ou huit minutes, et expira tranquillement.

Tous les physiologistes les plus distingués de l'époque, en tête desquels se trouvait Bichat, essayèrent de découvrir la cause de la vie dans les phénomènes galvaniques ; mais leurs efforts furent infructueux.

Beaucoup d'expériences furent faites sur les suppliciés et sur les grands animaux, sans éclairer davantage la question de la vitalité. Aldini conclut d'expériences faites à Londres sur un pendu (le 3 janvier 1803) que le galvanisme exerce une action puissante sur les systèmes musculaire et nerveux ; que cette action, comme stimulant, est plus énergique que ne l'est celle d'aucun autre agent mécanique; que l'action du galvanisme sur le cœur diffère de celle sur les autres muscles, attendu que lorsque le premier ne se contracte plus les autres muscles restent encore excitables pendant un certain temps; que le galvanisme offre un moyen puissant pour rappeler à la vie les asphyxiés dans plusieurs circonstances, en combinant les remèdes employés ordinairement avec le galvanisme.

On ne se borna pas à appliquer le galvanisme aux animaux : on soumit aussi à son action quelques plantes. Giulo, ayant armé les branches de la *mimosa sensitive* en deux endroits différents, avec des feuilles d'étain et de plomb un peu épaisses, mit une petite bande plus mince d'un de ces métaux sur les membranes qui se trouvent dans la partie inférieure des articulations des pétioles communs des feuilles et sur ceux par l'action desquels les divisions des feuilles et les folioles se ferment. Le lendemain, lorsque toutes les feuilles furent épanouies, il mit en communication les armatures des métaux différents sans l'intermédiaire de la pile, et n'observa pas la moindre contraction dans les membranes des feuilles ni dans celles des folioles ; mais lorsqu'il établit la communication avec une pile de 50 couples zinc et argent, les feuilles latérales sur les membranes desquelles passait la petite bande de l'armature se fermèrent aussitôt. Les deux folioles de cette plante armée se fermèrent assez fortement deux minutes après; celles des feuilles latérales, qui n'avaient point été armées avec la petite bande de feuille de métal qui passait près des membranes des autres, restèrent immobiles.

La *mimosa pudica* ayant été armée de la même manière, une minute après que la communication fut établie les feuilles qui étaient armées se plièrent sur leurs branches ; ensuite, à différents intervalles, d'autres feuilles çà et là dans différents endroits de la plante ; les membranes qui se trouvaient dans l'articulation de la feuille totale avec la branche furent en général les premières à se contracter ; les contractions des muscles de l'articulation de chaque division ou pinnule de la feuille vinrent ensuite ; enfin eurent lieu les contractions de chaque foliole.

Giulo en tira la conséquence que, puisque la communication des armatures sans l'intermède de la pile était insuffisante pour produire les contractions, l'excitabilité de leurs muscles était beaucoup moindre que dans les animaux ; qu'en employant la pile les contractions étaient lentes, successives et séparées par des intervalles considérables, tandis que lorsqu'on opère de la même manière sur les animaux elles sont instantanées et violentes.

En expérimentant sur d'autres mimosas il reconnut également qu'un plus long intervalle était nécessaire au fluide galvanique pour y produire des contractions sensibles.

Depuis ces premiers travaux sur le galvanisme les physiciens n'ont pas cessé d'étendre nos connaissances sur cette partie de la physique. Voici les principaux résultats obtenus :

Effets produits en fermant et ouvrant le circuit. Les contractions de la grenouille sous l'influence galvanique ne se manifestent qu'à l'instant où l'on ferme le circuit ; les muscles contractés reprennent immédiatement leur état de repos, bien que le courant continue à circuler. Vient-on à l'interrompre, les contractions se manifestent de nouveau et cessent aussitôt après. Il y a donc courant à l'instant où l'on ferme et où l'on ouvre le circuit.

Lorsqu'on fait une ligature à un nerf et qu'on l'irrite au-dessus les muscles *inférieurs* ne se contractent pas et l'animal éprouve de la douleur ; au-dessous, les effets sont inverses. Avec l'électricité on observe des effets semblables. L'électricité se comporte donc comme les stimulants ordinaires.

Le phénomène des contractions ne paraît nullement modifié par les poisons, particulièrement par l'acide cyanhydrique et la morphine.

Il a été établi que les contractions cessent dès l'instant que le *courant direct* est établi invariablement entre le nerf et le muscle, c'est-à-dire lorsque l'électricité positive se dirige du nerf vers le muscle, en allant de la tête vers les extrémités ; on doit en conclure que le passage de l'électricité produit dans le nerf une modification instantanée, qui subsiste tant que circule le courant ; d'un autre côté, il y a contraction, en général, quand on interrompt le circuit : cet effet indique la cessation de cette modification et le *retour des parties constituantes à leur position naturelle d'équilibre.*

Quant le courant provenant d'un certain nombre de couples a circulé pendant un certain temps, l'animal ne se contracte plus, en ouvrant ou en fermant le circuit ; mais si l'on change la direction du courant les contractions se manifestent de nouveau. En intervertissant un certain nombre de fois le sens du courant, on peut annuler où rappeler à volonté l'excitabilité du muscle ; c'est en cela que consiste le phénomène des alternatives. Cette expérience prouve évidemment que le courant traversant pendant un certain temps les muscles et les nerfs n'y produit pas une désorganisation, mais bien un dérangement momentané dans le groupement des parties organiques. Si les organes d'une grenouille, traversés pendant un certain temps par un courant d'une intensité donnée, perdent leur faculté contractile lorsqu'on ouvre ou ferme le circuit, ils ont néanmoins le pouvoir de se contracter sous l'influence d'un courant plus énergique.

Les muscles d'une grenouille qui ont perdu leur faculté contractile par le passage d'un courant la recouvrent par le repos ; néanmoins l'excitabilité se trouve affaiblie. Les molécules organiques reprennent donc peu à peu leur position première, du moins en grande partie. Dans l'animal vivant de semblables effets sont produits ; seulement les forces vitales réparent promptement les atteintes portées par le courant aux organes du mouvement. Ce pouvoir réparateur ne s'éteint pas avec la vie, puisqu'il subsiste encore après pendant un certain temps, durant la lutte entre les forces de la nature inorganique et *les forces physiques. Dans les expériences sur les alternatives de la grenouille vivante il faut avoir égard à la volonté de l'animal*, qui peut influer sur les effets des courants jusqu'au point de les contre-balancer presque entièrement, si ces courants n'ont pas une grande intensité, et que l'animal ait une forte vitalité, et par conséquent une volonté puissante.

Des sensations produites dans la grenouille par le passage du courant. Le courant, suivant sa direction en traversant les muscles et les nerfs, produit, soit des effets de contraction, soit des effets qui affectent douloureusement l'animal. Pour les mettre en évidence, on opère comme il suit : On fixe une grenouille par les quatre pattes avec des clous, sur une planche de bois vernissé, le bas-ventre de la grenouille touchant la planche ; on découvre le nerf crural et le nerf sciatique ; on enlève la peau, les muscles, ainsi que l'os de la cuisse, de sorte que la jambe ne tient plus au tronc que par le nerf. On fait passer le courant dans ce nerf, en augmentant successivement le nombre des couples ; on obtient alors les effets suivants : Quand le courant est direct, c'est-à-dire est dirigé de la tête aux extrémités, en l'introduisant, on a toujours une forte contraction dans les membres postérieurs ; si l'on ouvre le circuit, la contraction est plus faible, la partie dorsale se replie, éprouve une secousse, et il arrive quelquefois que l'animal crie ; avec le courant inverse, la grenouille plie le dos, se retourne sur les flancs, sa respiration devient difficile, et tout annonce la douleur. En interrompant le courant, les membres postérieurs se contractent. Diverses expériences sont venues confirmer ces faits, dont l'observation est due à M. Mariamini. Nous voyons qu'il y a sensation de douleur toutes les fois que le courant suit les nerfs dans une direction opposée à leurs ramifications, tandis qu'il y a contraction quand le courant chemine dans une direction opposée.

Ces effets tendraient donc à montrer que le nerf est organisé de manière à propager certains mouvements dans le sens de ses ramifications, et qui ne seraient transmis que difficilement dans le sens opposé, d'où résulterait alors un sentiment de douleur. Il se produirait alors des effets analogues à ceux que l'on observe dans certains animaux, lorsqu'on les frotte dans le sens du poil ou à rebrousse-poil ; or, comme il existe des nerfs qui président, les uns au mouvement, les autres au sentiment, il s'agit de voir dans cette circonstance jusqu'à quel point les uns et les autres sont affectés par le passage du courant.

Lois suivant lesquelles l'activité de la grenouille diminue. Dans les alternatives, le courant produit dans les nerfs une nouvelle condition qui les rend moins sensibles à l'action du courant ; or, comme, sans employer les alternatives, l'animal cesse de se contracter un certain temps après sa mort, on a cherché la loi de cet affaiblissement. Valli avait remarqué qu'en soumettant les diverses parties d'un nerf à l'action d'un courant, la partie qui devenait d'abord insensible pour provoquer les contractions était celle qui était la plus rapprochée de l'origine du nerf, c'est-à-dire du cerveau. Ce fait a été confirmé par tous les physiologistes. M. Matteucci a repris l'étude de cet ordre de phénomènes, pour voir comment s'éteignait dans le nerf la faculté de faire contracter le muscle. Voici quelques-uns des résultats obtenus avec une grenouille préparée comme il suit : On découvre le nerf crural et le nerf sciatique, et on touche ce dernier avec les extrémités d'un couple, zinc et platine, placé sous les nerfs et disposé de manière qu'il chemine directement. Quel que soit le point touché, on obtient toujours des contractions dans le premier moment ; quelques minutes après, si l'on touche le nerf près de son insertion dans la moelle épinière, les contractions sont à peine sensibles et cessent peu à peu ; tandis que, si l'on touche le nerf à côté de son insertion dans la jambe, on a des contractions très-fortes. Si l'on attend encore pour avoir des contractions, il faut découvrir et toucher une portion du nerf plus éloignée encore de la moelle épinière. En général, la portion du nerf qui, à l'introduction du courant inverse, excite des sensations douloureuses, s'approche d'autant plus de l'origine du nerf, que l'animal s'affaiblit, tandis que le contraire a lieu pour les contractions.

M. Matteucci, qui a cherché à se rendre compte de cette disposition du nerf, a reconnu qu'on ne devait pas l'attribuer à un dessèchement ; ainsi tout tend à prouver que cette faculté du nerf à faire contracter le muscle dépend d'une disposition organique, qui disparaît d'abord, quelque temps après la mort, dans les parties les plus rapprochées du cerveau, et ainsi de proche en proche jusqu'aux extrémités.

Des contractions tétaniques. Quand on prépare une grenouille, il arrive quelquefois que les membres prennent l'état tétanique, surtout quand cette opération se fait rapidement et que l'animal est vigoureux ; il arrive aussi que les muscles sont dans un état de relâchement et de souplesse absolus. Néanmoins, dans l'un et l'autre cas, les grenouilles se contractent sous l'influence d'un courant. Dans le premier, ce sont de simples mouvements, tandis que dans l'autre ce sont de véritables contractions. Nobili est parvenu à donner le tétanos à une grenouille préparée, en interrompant et rétablissant le circuit assez rapidement pour que la contraction provenant d'un premier contact subsistât encore avant la production de celle provenant du contact suivant : l'effet ne peut guère s'attribuer qu'au changement d'état du nerf, qui passe rapidement de l'état naturel à un état forcé, et réciproquement. Le tétanos naturel ne proviendrait-il pas de modifications semblables qu'éprouverait le système nerveux, à la suite de vives douleurs ou de diverses causes morbides ? On pourrait peut-être le faire cesser en prenant en considération le fait suivant observé par Nobili : que des grenouilles ayant le tétanos persistaient dans cet état sous l'influence d'un courant, et se détendaient souvent complètement sous l'action d'un courant dirigé en sens inverse.

Du courant propre de la grenouille. On appelle ainsi le courant en vertu duquel une grenouille nouvellement préparée se contracte quand on met en contact les nerfs lombaires avec les muscles cruraux.

On a cherché à reconnaître si les contractions résultant du contact des muscles et des nerfs devaient être attribuées à un courant produit par le simple contact ou par toute autre cause. Nobili, qui a étudié cette question avec soin, a reconnu que l'effet était dû à un courant dirigé de telle manière que le nerf fournissait l'électricité positive, et le muscle l'électricité négative. Ce courant qui va des pieds à la tête est appelé *courant de la grenouille ;* il est appréciable au multiplicateur.

M. Matteucci, pour obtenir le courant avec l'animal vivant, étend la grenouille sur un taffetas vernissé, et après l'avoir préparée, il place un des conducteurs sur l'un des tendons des jambes et l'autre sur les nerfs spinaux. Pour avoir un courant plus considérable, il forme une pile avec plusieurs grenouilles préparées.

A quelles causes doit-on rapporter le courant de la grenouille? Voici les résultats des expériences entreprises dans le but de répondre à cette question :

1° Le courant propre de la grenouille conserve sa direction et son intensité, sans la moelle épinière, les nerfs spinaux et cruraux, et bien qu'on ait enlevé les filaments nerveux visibles de la cuisse; la cause de la production du courant existe au contact des muscles de la jambe et de la cuisse, mais organiquement, en laissant à la grenouille préparée comme à l'ordinaire la moelle épinière, les nerfs et les ramifications. Dans les nerfs, toutes ces parties agissent sur la production du courant comme la substance musculaire de la cuisse. Il résulte des expériences faites par M. Matteucci pour déterminer l'influence qu'exercent sur le courant les muscles de la cuisse, ceux de la jambe et les tendons, 1° que l'on peut obtenir le courant propre avec la jambe seule; 2° qu'en mettant en communication l'intérieur d'une masse musculaire et sa surface, on a un courant dirigé de l'intérieur à l'extérieur.

Durée du courant de la grenouille. Rarement on obtient les contractions en mettant en contact les muscles et les nerfs, quand l'animal est préparé depuis quinze à vingt minutes. Au galvanomètre, le courant est encore sensible au bout de deux heures.

En plongeant les grenouilles préparées dans le gaz acide carbonique, l'oxygène, etc., les effets sont les mêmes qu'en opérant dans l'air.

On détruit le courant propre, en tenant pendant quelques minutes la grenouille préparée dans l'eau un peu au-dessous de l'ébullition.

M. Matteucci, en examinant si le courant propre de la grenouille et les contractions avaient une origine commune, a été conduit à ce principe, que les circonstances qui modifient l'un agissent également sur les autres; ce qui établit une dépendance mutuelle entre ces deux classes de phénomènes.

Des contractions obtenues par l'excitation galvanique sur l'homme et les grands animaux après une mort violente. Lors des grandes découvertes de Galvani et de Volta, on multiplia les expériences, dans le but de démontrer qu'au moyen de l'électricité on pourrait reproduire les mouvements et les contractions dus à l'acte de la volonté. Galvani expérimenta sur une tête de bœuf récemment tué, avec une pile à colonne composée d'éléments argent et zinc, et chargée avec de l'eau salée; une des oreilles fut mise en communication avec l'un des pôles, et l'autre pôle avec le naseau : aussitôt les yeux s'ouvrirent, les oreilles se dressèrent, la langue s'agita et les naseaux soufflèrent.

Aldini montra ensuite que pour obtenir les plus fortes contractions il fallait établir l'arc des oreilles à la moelle épinière; dans ce cas, les paupières s'ouvraient, le globe de l'œil roulait sur lui-même comme dans la plus violente fureur. Le docteur Andrew Ure, en opérant sur le corps d'un pendu immédiatement après l'exécution, avec une pile de deux cent soixante-dix plaques, chargée avec de l'eau acidulée avec les acides sulfurique et nitrique, un des pôles ayant été mis en communication avec la moelle épinière, l'autre avec le nerf sciatique, à l'instant même tous les muscles du corps se contractèrent de mouvements convulsifs. En faisant mouvoir un des conducteurs de la bouche au talon, le genou plié, la jambe fut lancée avec tant de violence, qu'elle faillit renverser une personne qui avait essayé de prévenir l'extension. Le docteur Ure parvint à imiter jusqu'à un certain point le jeu des poumons; en faisant passer le courant de la moelle épinière au nerf ulnaire, on vit aussitôt les doigts se mouvoir avec agilité; en faisant passer la décharge d'une oreille à l'autre, en les humectant d'eau salée, les muscles du visage éprouvèrent d'horribles contractions; l'action des paupières fut très-marquée; les mouvements étaient désordonnés, et ne représentaient qu'imparfaitement ceux qui ont lieu sous l'empire de la vie. Les expériences n'ont rien présenté sur l'homme après la mort naturelle, par la raison que, celle-ci arrivant lentement, les fonctions vitales s'anéantissent peu à peu.

De l'emploi de l'électricité pour distinguer les nerfs du mouvement des nerfs du sentiment. Charles Lebel est le premier qui ait signalé l'existence de ces deux systèmes nerveux, qui ont été étudiés par MM. Magendie et Müller, et dans ces derniers temps par M. Longet, dont les expériences ont dissipé les doutes que les physiologistes conservaient encore à l'égard de quelques phénomènes qui s'y rapportent.

Voici en quoi consiste le fait principal : Si l'on fait passer presque transversalement un courant dans l'épaisseur d'un cordon nerveux, venant d'être séparé de l'axe cérébro-spinal, les muscles ne se contractent qu'autant que ce cordon a pour fonction de présider au mouvement. Il y a, au contraire, absence de contraction s'il préside à la sensibilité. Il est nécessaire, pour mettre en évidence ce double effet, que le courant ne soit pas trop intense; car autrement, en opérant sur les racines postérieures, le courant passerait dans les racines antérieures. L'électricité vient donc en aide au physiologiste, puisqu'il met entre ses mains un agent à l'aide duquel il peut distinguer les filets nerveux du mouvement et les filets sensitifs qui s'anastomosent entre eux.

Nous nous bornons à ce simple exposé, afin

d'indiquer l'emploi de l'électricité dans l'étude de la physiologie.

Action des courants sur différents tissus. Iris. Cette membrane se contracte avec une extrême facilité sous l'influence des courants.

Artères et veines. L'aorte, d'après Nysten, n'est point affectée sensiblement par le courant, tandis que les veines caves, dans le voisinage de l'oreillette, sont affectées sensiblement; mais comme elles sont adhérentes à des fibres musculaires bien apparentes sur de grands animaux, ces expériences ne prouvent rien relativement aux veines qui sont insensibles à l'action voltaïque.

Canal thoracique. Absence de contractions.

Conduit extérieur des glandes. Tantôt on a obtenu des contractions, tantôt des effets négatifs.

Peau et corps caverneux. Absence de contractions.

Vésicule séminale. Celle du cochon d'Inde se contracte par une espèce de mouvement péristaltique, analogue à celui des intestins.

Cil vibratile. Le courant a la propriété, quand il a une certaine énergie, de faire cesser les mouvements vibratiles, qui recommencent après quelques instants de repos.

Des impressions produites sur les nerfs par le passage du courant. Le courant produit des sensations dépendantes de la nature de l'organe affecté; il fait naître dans l'oreille la sensation du son. Volta, ayant fait passer d'une oreille à l'autre la décharge de quarante couples, éprouva un ébranlement tel dans le cerveau, qu'il entendait un sifflement semblable à celui d'une matière visqueuse en ébullition. Ritter entendait, au moment de la *fermeture de la chaîne*, un son correspondant à sol [3]. Quand il n'avait qu'une seule oreille dans le circuit, l'un des pôles lui faisait entendre un son plus grave et l'autre un son plus aigu.

On peut déterminer l'apparence lumineuse en armant les deux surfaces de la langue, l'une d'une lame de zinc, l'autre de cuivre, et en mettant les deux lames en contact; on peut la produire également en appliquant une armature à chacun des yeux, ou l'une dans les fosses nasales et l'autre à l'un des yeux, ou bien l'une à la langue et l'autre aux gencives supérieures. M. de Humboldt, en répétant cette expérience, qui est due à Hunter, a éprouvé à diverses reprises sur lui-même une faiblesse momentanée des yeux, et même une inflammation analogue à celle que l'on éprouve quand ils sont fatigués par la lecture.

Le docteur Monro était tellement excitable à l'action galvanique, qu'il saignait au nez quand, ayant placé un morceau de zinc dans les fosses nasales, il le mettait en contact avec une lame de cuivre posée sur la langue. L'hémorragie commençait aussitôt que la lueur paraissait.

Quant à l'action du courant sur les organes du goût, elle résulte en partie de l'impression résultant des principes acides et alcalins, séparés par le courant et agissant sur la langue. C'est ainsi que Volta, en analysant les saveurs produites sur cet organe, lorsque la partie supérieure et la partie inférieure étaient armées métalliquement, trouva que les saveurs variaient depuis le goût acide brûlant jusqu'à l'alcalin amer. Enfin, pour compléter ce que nous avons à dire touchant les sensations produites par l'électricité, nous rapporterons les expériences suivantes, dont quelques-unes ont été précédemment mentionnées. M. de Humboldt se fit appliquer deux vésicatoires sur les muscles deltoïdes, et sur les deux plaies deux armatures métalliques. A l'instant où les deux métaux furent mis en contact, les muscles de l'épaule et du cou se contractèrent alternativement, et il en résulta une forte cuisson; aussitôt que la vésicule formée par le vésicatoire fut ouverte, M. de Humboldt distingua *trois ou quatre coups simples. Les deux plaies* étant restées une demi-heure à l'air, et le réseau de Malpighi s'étant endurci, le contact ne produisit plus qu'une seule contraction. En répandant quelques gouttes d'une solution alcaline sur l'un des métaux, les douleurs devinrent très-violentes, et les contractions se renouvelèrent plusieurs fois de suite dans l'espace d'une ou deux secondes, tandis que la cuisson se prolongea sans interruption et au même degré tant que le circuit resta fermé. Cette sensation douloureuse était due probablement à l'action des acides et des alcalis mis en liberté par l'action décomposante du courant. Dans la première expérience, M. de Humboldt fit passer le fil conducteur dans la bouche, entre la lèvre supérieure et les dents : à l'instant où le circuit fut fermé, le muscle trapézoïde se contracta avec beaucoup d'énergie; il éprouva alors une cuisson et une pulsation douloureuse dans l'épaule, et il aperçut devant ses yeux une lueur comme un éclair.

Il résulte de toutes ces observations que lorsqu'on cherche à analyser les sensations produites par l'électricité il faut toujours avoir égard à deux choses : à l'effet physiologique résultant de l'ébranlement, l'excitation du système nerveux, et à l'effet dû à l'action chimique produite par les agents acides et alcalins, séparés par l'action électro-chimique. Ces deux effets sont toujours concomitants; mais le premier peut être distingué du second, en ce que celui-ci, dans les premiers instants, est très-faible. Les personnes qui cherchent à appliquer l'électricité à la médecine n'établissent malheureusement pas cette distinction.

De l'emploi de l'électricité dans la thérapeutique. L'emploi de l'électricité dans la thérapeutique n'a pas répondu à l'espoir des premiers expérimentateurs, qui avaient cru pouvoir en tirer un parti avantageux pour guérir certaines maladies ou en arrêter les progrès. Tantôt des résultats en apparence satisfaisants ont été obtenus, tantôt il y a eu absence d'effets ; de sorte que l'on ignore si les premiers doivent être attribués plutôt à la nature qu'à l'électricité. Il est permis de croire cependant, d'après le mode d'action du fluide électrique sur les parties constituantes du corps, soit qu'il agisse comme force physique ou comme force chimique, que cet agent doit exercer, dans certaines circonstances, une influence salutaire sur l'économie animale ; mais il faut pour cela en faire un emploi judicieux. Nous allons indiquer quelques règles générales qui pourront servir de guide aux.personnes qui voudront faire des applications de l'électricité à la médecine.

L'action de l'électricité pouvant être envisagée sous le point de vue physique et chimique, on doit avoir égard aux produits dans l'un et l'autre cas.

L'électricité agissant comme force physique dans l'organisme produit des contractions ou un dérangement quelconque dans l'équilibre des molécules organiques, dont il a déjà été fait mention, effets qui doivent servir de point de départ pour indiquer de quelle manière on doit opérer.

Quand on fait passer un courant des nerfs dans les muscles d'une grenouille préparée, nous avons vu que les molécules organiques de ces nerfs éprouvaient un déplacement tel, que les muscles ne se contractaient plus pendant tout le temps que le courant circulait, et que lorsque le circuit était fermé longtemps, le repos seul ou bien un courant dirigé en sens inverse, pourvu toutefois que les parties de l'animal eussent encore de la vitalité, pouvait seul leur rendre leur faculté primitive. Ce fait nous indique que le passage continu du courant dans les nerfs peut être employé utilement dans certaines maladies nerveuses résultant d'un état de surexcitation, puisque les nerfs qui ont été parcourus par un courant pendant un certain temps perdent momentanément la faculté de faire contracter les muscles correspondants sous l'influence d'un courant de même intensité que le premier.

On n'a pas administré jusqu'ici l'électricité sous ce point de vue ; on s'en est tenu, pour tous les cas morbides, aux courants interrompus, dont l'effet est de surexciter continuellement les nerfs, comme on peut en juger par les vives contractions musculaires qui en résultent et qui peuvent aller jusqu'au tétanos. Ce traitement ne saurait donc convenir dans les cas où le système nerveux est dans un état permanent ou passager de surexcitation. D'après cela, *s'il s'agit de calmer un nerf surexcité, il faut employer les courants continus ; si, au contraire, il se trouve dans un état d'atonie, on doit se servir des courants interrompus.*

Pour appliquer les courants continus, il faut, suivant les cas, enlever l'épiderme de la peau, ou agir sur l'enveloppe cutanée intacte, et poser, sur les parties par lesquelles doit entrer et sortir le courant, deux lames de platine en relation avec une pile et recouvertes d'une étoffe suffisamment épaisse pour conserver longtemps l'humidité nécessaire à la transmission du courant. Quand il s'agit d'atteindre des nerfs et d'agir directement sur eux, on se sert, pour transmettre le courant, d'aiguilles de platine très-fines, introduites dans les muscles, comme dans le procédé de l'acupuncture, le plus près possible de ces nerfs et même dans leur trajet, si l'on n'a à craindre aucun effet fâcheux. On doit toujours avoir l'attention de commencer par des courants faibles, afin de ne pas effrayer le malade et de tâter en quelque sorte l'organe, afin d'éviter des accidents plus ou moins graves. Le passage continu du courant dans les liquides, pénétrant les organes, détermine des décompositions chimiques qui amènent, autour des pointes de platine des éléments dont la réaction sur les parties environnantes produit souvent une inflammation assez considérable, suivie d'une escarre.

On pourrait parer à cet inconvénient, quand l'organe n'est.pas trop sensible, en humectant l'étoffe de la lame projetée d'eau légèrement alcalisée, et celle de la lame négative d'eau un peu acidulée. On neutraliserait ainsi l'acide sur la première, et sur la seconde l'alcali transporté par le courant.

Passons aux courants interrompus, à l'aide desquels on donne des commotions agissant comme surexcitants. Ces courants peuvent être administrés, soit avec les machines électriques ordinaires, soit avec les machines d'induction, soit avec la pile. Avec les machines électriques, on tire des étincelles de diverses parties du corps, au moyen d'excitateurs à manches isolants, dont on varie la forme suivant les effets que l'on veut produire. Quelquefois ces excitateurs ne sont que de simples brosses métalliques, destinées à diviser à l'infini l'étincelle, afin de provoquer une certaine irritation sur la peau. Si l'on veut avoir des effets d'une certaine énergie, on emploie la bouteille de Leyde.

Les machines d'induction agissent encore avec une plus grande énergie.

Avec la pile, on obtient également des commotions plus ou moins vives à des intervalles de temps égaux, au moyen d'une horloge à balancier, dont les battements isochrones éta- blissent et interrompent la communication en- tre les pôles. Si l'on veut agir intérieurement, on introduit des aiguilles d'acier ou de pla- tine dans les parties où l'on veut opérer. Ce dernier mode est le plus efficace de tous, puisqu'il permet d'agir directement dans l'in- térieur sur la partie malade ; aussi est-ce ce- lui qui est aujourd'hui le plus généralement employé.

On ne doit pas perdre de vue les effets physio- logiques produits avec des courants d'une fai- ble intensité, suivant qu'ils cheminent dans le sens des ramifications nerveuses ou dans la di- rection opposée. Dans le premier cas, il y a con- traction ; dans le second, douleur.

Les courants interrompus doivent être ad- ministrés avec prudence ; car, lorsqu'on agit puissamment sur les nerfs, il peut en résulter des ébranlements fâcheux dans le cerveau, ainsi que des accidents graves dans les muscles, tels que des déchirements, des épanche- ments de sang ; ces effets se manifestent toutes les fois que l'énergie du courant n'est pas en rapport avec le pouvoir conducteur des par- ties qui servent à le transmettre.

L'électricité agissant comme force chimique a encore été peu employée ; cependant il est permis de croire que son action, dans cer- taines circonstances, doit être des plus éner- giques ; on a remarqué qu'il se produit en gé- néral, dans les parties sur lesquelles sont ap- pliquées les électrodes, une inflammation, suivie quelquefois de suppuration. Ces effets peuvent être attribués, soit à l'excitation ré- sultant de la circulation du courant, soit à son action décomposante, c'est-à-dire à la réaction des substances acides ou alcalines déposées autour des électrodes. Voici dans quelles circonstances on peut tirer parti des effets électro-chimiques : s'il s'agit d'un ul- cère rebelle, sécrétant des matières alcalines, pour faire changer cet état de choses il faut appliquer sur la plaie l'électrode positive, afin d'y faire arriver des éléments acides. Si cet état est maintenu pendant un temps suffisant, on finit par forcer l'organe à sécréter des hu- meurs d'une nature entièrement opposée à celles produites dans l'état pathologique ; il est pos- sible d'arriver ainsi à faire rentrer cet organe dans l'état normal. C'est ce qui nous est ar- rivé dans une expérience que nous avons faite à l'Hôtel-Dieu de Paris, conjointement avec M. Breschet, sur un homme ayant à la jambe un ulcère rebelle.

On peut, au moyen de l'électricité voltaïque, appliquer un moxa dans les régions les plus profondes du corps. On introduit à cet effet dans la partie affectée une aiguille de platine,

que l'on met en communication avec l'un des pôles d'une pile composée d'éléments à larges surfaces, tandis que l'autre pôle est en rela- tion, au moyen d'une plaque métallique, avec une partie du corps voisine de celle où se trouve l'aiguille : à l'instant celle-ci s'échauffe jusqu'à l'incandescence et brûle les chairs contiguës, en produisant une vive douleur de très-courte durée. Il ne tarde pas à se dévelop- per une inflammation, comme dans l'application du moxa, puis une escarre, qui finit par tom- ber sous forme de tuyau de plume.

Des cas pathologiques auxquels on a ap- pliqué l'électricité. On a cherché à appliquer l'électricité à une foule de maladies, et entre autres aux paralysies ; mais il faut avouer qu'il y a eu de nombreux mécomptes. Voici néan- moins quelques cas où il y a eu des résultats pro- bants : Grapengieser est parvenu à stimuler le nerf optique dans l'affaiblissement de la vue et dans l'amaurose non complète, en mettant en contact la membrane des narines avec le con- ducteur positif d'une pile, et une partie de la peau qui recouvre le trajet du nerf frontal avec le conducteur négatif. Quand la membrane nasale était trop affectée, il appliquait le con- ducteur positif sur la mâchoire supérieure, ou, si la douleur était trop vive, sur la peau humec- tée de la joue.

M. Magendie a fait usage de l'électricité sous forme de courants interrompus dans les cas d'affaiblissement de la vue ; il dirige à cet effet le courant à travers les nerfs de l'orbite. Nous renvoyons, pour tout ce qui est relatif à ce traitement, à notre *Traité de physique*, t. II, p. 629.

BECQUEREL.

GALVANOPLASTIE. (*Technologie.*) La galvanoplastie est un art nouveau, qui con- siste à précipiter, par l'action d'un courant galvanique, un métal en dissolution dans un liquide, sur un objet donné, soit pour l'em- bellir ou le préserver des influences atmos- phériques, soit pour en prendre l'empreinte.

La découverte en est due à l'Anglais Spencer et au Russe Jacobi. Ces deux savants, par un hasard extraordinaire et sans avoir ni l'un ni l'autre connaissance de leurs essais respectifs, arrivèrent en même temps (en 1838) à des découvertes fondamentales, qui, quoique dif- férentes en apparence, suffisaient chacune pour mettre sur la voie de l'art, dont elles démasquaient le principe. Nous empruntons à M. Becquerel (*Éléments d'électro-chimie*) la description de l'expérience qui a conduit Spencer à sa découverte. « Une plaque car- rée de cuivre fut mise en communication avec une plaque de zinc de même forme et de même grandeur, au moyen d'un fil de cuivre. La plaque de cuivre fut recouverte à chaud d'une couche de vernis composé de cire jaune, de résine et d'ocre rouge; avec une pointe métallique on traça des lettres dans ce vernis, en mettant à nu le cuivre, comme dans la gravure à l'eau forte. Cette préparation faite, on prit un vase rempli à moitié d'une solution saturée de sulfate de cuivre, dans laquelle on plongea la plaque de cuivre, ainsi que le verre d'un bec à gaz, fermé à l'une de ses extrémités par un tampon de plâtre de 0ᵐ,02 d'épaisseur et rempli aux deux tiers d'une solution étendue de sulfate de soude. L'élément zinc du couple fut plongé dans cette dernière dissolution, la face inférieure du disque placée parallèlement à la face supérieure de la cloison perméable, et le fil conjonctif fut recourbé de manière que la plaque de cuivre fût opposée, par la surface gravée, à la face inférieure de la même cloison. Dès l'instant que le circuit fut fermé, le cuivre provenant de la décomposition du sulfate de cuivre vint remplir les sillons tracés par la pointe dans le vernis, de manière à produire les caractères en relief. M. Spencer eut aussitôt l'idée de faire servir ces caractères à l'impression typographique, et il prépara une plaque en cuivre avec laquelle il obtint des épreuves. » Ce premier succès lui donna l'idée d'essayer de mouler des médailles de la même manière. Pour cela, il forma encore un couple voltaïque avec une médaille et une rondelle de zinc. Il laissa la médaille quelques instants dans le sulfate de cuivre, et quand il l'en retira il vit qu'elle s'était recouverte d'une couche d'un millimètre environ d'épaisseur, qu'il détacha avec soin, et en examinant l'empreinte à la loupe, il remarqua que tous les détails de la médaille s'y trouvaient reproduits avec une exactitude parfaite.

La découverte de Jacobi consistait à obtenir, à l'aide d'un courant voltaïque, des épreuves en relief de planches de cuivre gravées, *et une contre-épreuve de ces mêmes épreuves.* Il pouvait ainsi multiplier indéfiniment les exemplaires d'une planche de cuivre gravée.

Les appareils dont Spencer et Jacobi se sont servis étaient naturellement très-imparfaits. Depuis leurs premiers essais, ils ont été beaucoup perfectionnés par eux et par les chimistes qui les ont suivis dans l'art qu'ils venaient de découvrir.

On doit citer MM. Becquerel, Boquillon, Elsner, Grove, Mason, Smee, Elkington, Solly, Sorel, Chevalier, parmi les savants qui, en ajoutant d'heureux perfectionnements aux principes que Spencer et Jacobi avaient trouvés, en ont fait un art véritable.

Il y a deux genres d'appareils galvaniques : *l'appareil simple* et *l'appareil composé.* L'un et l'autre peuvent être employés pour toutes les applications de la galvanoplastie.

La *figure* 5 (*Voyez* l'*Atlas*, ARTS CHIMIQUES, pl. XVIII) représente un appareil simple. Un vase ou récipient extérieur CC contient de l'eau acidulée, dans laquelle plonge une lame de zinc G : un second vase, EE, qui plonge dans le premier, est rempli d'une solution métallique; ce dernier vase a pour fond une matière assez poreuse pour être traversée par le liquide, et par conséquent par le courant galvanique, sans toutefois laisser passer le métal en dissolution, lequel irait se précipiter sur la lame de zinc : c'est un épais parchemin MM. Dans le vase EE se trouve l'objet sur lequel on veut opérer. Un galvanomètre simple PQ mesure l'intensité du courant. Le cercle galvanique s'accomplit au moyen de deux vis de pression, qui mettent en contact avec le fil conducteur la plaque de zinc et l'objet soumis à l'opération.

Dans l'appareil simple, comme on le voit, l'objet sur lequel on opère fait partie essentielle du couple galvanique. Dans l'appareil composé, la pile est en dehors de la dissolution du *bain*, et l'objet est seulement attaché au pôle zinc par un fil métallique; le pôle cuivre, charbon, etc., est mis en correspondance de la même manière avec le bain. L'appareil composé a un avantage sur l'appareil simple : c'est qu'on peut attacher au pôle cuivre, dans le bain, une plaque de même métal que celui de la dissolution, qui a la propriété de se dissoudre au fur et à mesure que marche l'opération, en quantité à peu près égale à celle qui se dépose sur l'objet placé au pôle zinc. Cette plaque s'appelle un électrode soluble. On peut ainsi avoir toujours une dissolution saturée au même degré. L'appareil composé a aussi un autre avantage : c'est qu'on peut, en employant des éléments voltaïques de formes et de grandeurs diverses, ou plusieurs ensemble, avoir un courant galvanique aussi énergique que l'on veut.

Il y a un grand nombre d'appareils simples et d'appareils composés, plus ou moins perfectionnés, selon l'époque où ils ont été inventés, mais que les limites de cet ouvrage ne permettent pas de décrire. Ils diffèrent d'ailleurs très-peu entre eux, et seulement dans quelques dispositions de détail plus ou moins commodes. C'est toujours une pile voltaïque, dont l'élément négatif est en communication avec l'objet soumis à l'opération, et l'élément positif avec le métal en dissolution, dont il s'agit de le couvrir. Nous dirons cependant quelques mots de l'appareil du prince Bagration, parce qu'il est d'une si grande simplicité qu'il peut être établi par tout le monde, et parce que le peu que nous en dirons suffira pour qu'il puisse être employé avec un plein succès. C'est un appareil composé. Il se compose, comme tous ceux du même genre, d'une pile et d'un vase séparé qui contient une dissolution métallique où baignent une électrode soluble et l'objet à recouvrir, communiquant l'un avec l'élément zinc, et l'autre avec l'élément cuivre, charbon, etc., de la pile. La grande simplicité consiste dans la manière dont est établie cette dernière. C'est tout simplement un vase imperméable à l'eau, tel, par exemple, qu'un pot à fleurs, rempli de terre mouillée d'une dissolution concentrée de sel ammoniac, où se trouvent placées, à quelque distance l'une de l'autre, une plaque de cuivre et une plaque de zinc. Ces deux plaques produisent un courant électrique dont l'action n'est pas très-énergique, mais qui peut se maintenir au même degré pendant *plusieurs mois*, et même pendant plusieurs années, en prenant la précaution d'humecter la terre quand elle se sèche, et de renouveler de temps en temps la plaque de zinc, avant qu'elle soit entièrement dissoute.

Quand on a besoin d'une pile très-énergique, on en réunit plusieurs ensemble ; on obtient ainsi toute l'énergie possible. Nous empruntons à Jacobi, qui s'est servi de cette pile, l'explication de la longue durée de son action : « Elle provient de ce que l'hydrogène qui devrait se développer à la surface du cuivre, est employé à réduire la couche de sel double de ce métal qui se forme par l'action chimique du sel ammoniac sur le cuivre, de telle sorte que la constance d'action pourrait être considérée comme l'expression d'une espèce d'équilibre entre cette action chimique et la réaction galvanique. La terre ferait ici l'office du diaphragme poreux qui empêcherait le sel de zinc d'aller se réduire sur le cuivre par l'action du courant, et qui s'opposerait en même temps à ce que le zinc puisse réagir chimiquement sur le sel de cuivre. Il n'est pas impossible non plus que la terre, comme tout corps poreux, absorbe les bulles d'hydrogène qui, dans les piles ordinaires, recouvrent l'élément négatif et diminuent ainsi la force électrique. »

Cet appareil a aussi l'avantage de ne pas répandre les émanations acides, si nuisibles à la santé, qu'exhalent tous les autres.

Il y a dans les opérations de la galvanoplastie quatre *circonstances* dont les effets ne sont pas encore bien définis, savoir : l'intensité de la pile ; le degré de concentration et de conductibilité de la dissolution métallique ; sa température ; la disposition et la grandeur relative entre les deux électrodes, c'est-à-dire entre la plaque de cuivre et le moule dans les appareils simples, et entre les deux éléments de la pile et le moule dans les appareils composés. Les diverses combinaisons où se présentent différemment ces quatre circonstances, peuvent donner des résultats dif-

férents, et c'est par la pratique seule de l'art qu'on peut arriver aux meilleurs. Ainsi, par exemple, si l'électrode positif est beaucoup plus grand que l'électrode négatif, le dépôt sur le moule, au lieu d'être régulier et uni, présentera l'apparence d'une infinité de petits cristaux, et il pourra même n'être plus qu'une poussière sans consistance, si la différence est trop considérable. Le contraire aura lieu, si c'est l'électrode négatif qui est plus grand que l'électrode positif. Si la dissolution métallique est trop chargée, il est possible que le dépôt soit très-dur et cassant ; si elle ne l'est pas assez, le dépôt sera mou, et enfin, si elle ne l'est presque pas, il n'aura aucune consistance. Enfin si, en employant les mêmes dissolutions, on se sert d'une pile qui produise un courant plus faible que la première, le dépôt du premier cas sera moins dur, et ceux du second et du troisième seront plus mous encore qu'à la première expérience. La température du bain produit des anomalies semblables, selon qu'elle est trop faible ou trop élevée.

L'habitude des opérations de la galvanoplastie peut seule faire choisir les combinaisons les plus avantageuses et faire éviter ces phénomènes, que rien n'a encore pu expliquer.

Les *bains* ou dissolutions métalliques sont :

Pour l'or, du sulfure d'or dissous dans le sulfure de potassium neutre ;

Pour l'argent, du cyanure d'argent, dissous dans le cyanure de potassium ;

Pour le platine, du chlorure double de platine et de potassium dissous dans la potasse caustique ;

Pour le cuivre, le sulfate, de préférence à tous les autres sels, à cause de son faible prix ; cependant il est très-mauvais conducteur de l'électricité, et on est obligé, pour diminuer la résistance qu'il offre au courant galvanique, d'y ajouter un peu d'acide sulfurique. Le chlorure, le nitrate et l'acétate de cuivre peuvent aussi être employés ;

Pour le zinc, le sulfate de zinc ;

Pour le plomb, l'acétate de plomb, mélangé, selon M. Becquerel, d'une petite quantité d'acide nitrique ;

Pour l'étain, on emploie une dissolution d'étain dans l'eau régale, mêlée d'un peu d'acide nitrique. Ce métal, du reste, ainsi que le précédent, se déposent difficilement. Les substances qui peuvent servir de moule, sur lesquelles on peut déposer une couche métallique, sont toutes les substances qui sont naturellement conductrices de l'électricité, et toutes celles qu'on peut rendre conductrices, en les revêtissant d'une autre substance qui jouit naturellement de cette propriété. Il y a toutefois des exceptions : il ne faut pas que la dissolution et la matière du moule aient une action chimique l'une sur l'autre. Ainsi, par exemple, le sulfate de cuivre, sur lequel agissent le zinc, l'étain et le fer, ne pourrait pas être employé pour galvaniser ces métaux. On recouvre les moules qui ne sont pas conducteurs de l'électricité, d'une couche métallique très-légère, pour que les formes n'en soient pas altérées, en les trempant dans une dissolution de nitrate d'argent, ou bien on les couvre d'une poudre extrêmement divisée de cuivre, d'argent, ou de plombagine, après les avoir trempés dans une substance grasse ou résineuse, pour fixer la poudre employée.

On parvient ainsi facilement à reproduire des médailles, en galvanisant des empreintes de ces mêmes médailles en cire à cacheter, en cire vierge, en papier et en plâtre. On recouvre d'une couche métallique des bas-reliefs, des statues en plâtre, des, fruits, des légumes, des végétaux, sans que leurs formes les plus délicates en soient altérées.

La galvanoplastie a un grand nombre d'applications que nous ne pouvons rapporter ici. Les plus précieuses sont évidemment celles qui ont pour objet l'application d'un métal sur un autre, comme la dorure, l'argenture, l'étamage, etc., etc.

La *dorure sur laiton et argent*, celle qui se pratique le plus, se faisait constamment, il y a peu d'années encore, au moyen du mercure (*Voy.* DORURE). Après avoir soigneusement décapé la pièce, on la barbouillait d'un amalgame d'or, puis on la portait au feu; le mercure, s'évaporant, laissait l'or à la surface de la pièce. Mais, dans la pratique d'un pareil procédé, les ouvriers, sans cesse exposés au contact du mercure liquide, ou à l'action du mercure en vapeurs, éprouvaient, au plus haut degré, les funestes effets de l'empoisonnement par les émanations mercurielles.

En 1818, un prix de 3,000 francs, fondé par un ancien doreur sur bronze, M. Ravrio, fut décerné à M. Darcet, qui, par un système bien entendu de ventilation des ateliers, avait diminué pour les ouvriers le danger des émanations de mercure. Depuis cette époque, la science ne perdit point de vue l'art du doreur, et elle suivit avec intérêt tous les travaux dont il était l'objet.

Parmi ces travaux l'on signale l'invention de la *dorure galvanique*, ainsi que la découverte de la *dorure par voie humide*, qui, mise en pratique sur le laiton, tant en Angleterre qu'en France, y est devenue l'objet d'un commerce important, garant de son succès et de sa valeur.

Nous allons examiner successivement ces deux procédés.

La *dorure par voie humide* s'obtient en faisant dissoudre l'or dans l'eau régale, en l'amenant ainsi à l'état de perchlorure ou de pro-tochlorure (les chimistes ne sont pas parfaitement d'accord sur ce point), et en mêlant le chlorure ainsi obtenu avec une dissolution, en grand excès, de bicarbonate de potasse. L'on fait bouillir le mélange, l'on plonge, dans la liqueur bouillante les pièces de laiton, de bronze ou de cuivre bien décapées, et la dorure s'applique immédiatement, une portion du cuivre de la pièce se dissolvant pour remplacer l'or qui se précipite.

Pour apprécier le véritable rôle de la dorure par voie humide, il suffit de rapporter le résultat des analyses de diverses plaques dorées, soit au mercure, soit par voie humide, et essayées par les soins de M. Darcet, au laboratoire de la Monnaie.

La meilleure dorure par voie humide ne fixe que $0^{gr\cdot},0422$ par décimètre carré, et la plus pauvre au mercure en prend $0^{gr\cdot},0428$. On voit, par ce résultat, que la dorure par voie humide arrive à peine, dans les cas les plus favorables, au degré d'épaisseur que la plus mauvaise dorure au mercure est obligée d'atteindre. Ce sont donc deux industries distinctes; l'une ne peut remplacer l'autre.

Passons maintenant à la *dorure galvanique*, et parlons d'abord du procédé de M. Elkington. L'industriel anglais prend $31^{gr\cdot},25$ d'or converti en oxyde, $500^{gr\cdot}$ de cyanure de potassium, $4^{lit\cdot}$ d'eau, et fait bouillir le tout pendant une demi-heure; dès lors la liquide est prêt à servir. Bouillant, il dore très-vite; froid, il dore plus lentement. Dans les deux cas, on y plonge les deux pôles d'une pile à courant constant, l'objet à dorer étant suspendu au pôle négatif, où le métal de la dissolution vient se rendre.

En opérant sur une cuiller d'argent avec la liqueur portée à 60° centigr., on obtient une dorure rapide et régulière. A peine immergée, la cuiller est déjà couverte d'or; par chaque minute il s'en dépose environ 5 centigr. On peut donc augmenter à volonté l'épaisseur de la couche d'or, et se rendre compte de cette épaisseur par la durée de l'immersion. Mais le cyanure de potassium simple est un sel coûteux, difficile à conserver en dissolution, et contre l'emploi duquel divers obstacles s'élèvent en fabrique; il est donc douteux qu'en l'employant la dorure se fasse à meilleur compte que par la méthode au mercure.

Tandis que M. Elkington prenait un brevet pour son invention, M. de Ruolz, qui avait expérimenté de son côté, en sollicitait également un, presque à la même date, pour une découverte analogue. En effet, pour appliquer l'or, M. de Ruolz avait employé la pile comme M. Elkington; mais comme il avait éprouvé une grande variété de dissolutions d'or, il lui fut facile d'en trouver de moins chères et de plus convenables que celles dont s'était servi

M. Elkington ; ainsi il se servit : 1° du cyanure d'or dissous dans le cyanure simple de potassium ; 2° du cyanure d'or dissous dans le cyano-ferrure jaune ; 3° du cyanure d'or dissous dans le cyano-ferrure rouge ; 4° du chlorure d'or dissous dans les mêmes cyanures ; 5° du chlorure double d'or et de potassium, dissous dans le cyanure de potassium ; 6° du chlorure double d'or et de sodium, dissous dans la soude ; 7° du sulfure d'or dissous dans le sulfure de potassium neutre.

Tous ces procédés réussissent bien, quoique le dernier de tous, celui qui repose sur l'emploi des sulfures, semble le plus convenable. Les trois derniers permettent en outre de dorer, non-seulement tous les métaux employés dans le commerce et dans les usages sociaux, tels que l'argent, le cuivre, le laiton, le fer, le platine, etc., mais encore ceux qui jusqu'à présent sont restés inusités.

Une application des plus heureuses de ce mode de dorure a été faite au fer et à l'acier ; les couteaux de dessert, les instruments de laboratoire, ceux de chirurgie, les armes, les montures de lunettes, une foule d'objets, enfin, en acier et en fer, reçoivent ce vernis d'or avec économie et facilité.

L'étain aussi a été, sous ce rapport, l'objet d'expériences intéressantes de M. de Ruolz. Ce métal ne se dore pas très-bien par lui-même ; mais si l'on vient, au moyen de là pile et d'une dissolution cuivreuse, à le couvrir d'une pellicule infiniment mince de cuivre, il se dore dès lors aussi aisément que l'argent. Le vermeil d'étain est d'une grande beauté ; cependant, en raison du prix élevé de l'or, il sera toujours difficile de mettre sur des couverts d'étain une couche d'or suffisante pour les rendre durables, sans en trop élever le prix.

Dans ce procédé, comme dans le précédent, la précipitation de l'or est régulière ; elle est exactement proportionnelle au temps de l'immersion ; circonstance précieuse, qui permet de juger de l'épaisseur de la dorure par la durée de l'opération, et de la varier à volonté.

Tout ce que nous venons de dire des applications de l'or peut se répéter de celles de l'argent. M. de Ruolz est également parvenu, au moyen du cyanure d'argent dissous dans le cyanure de potassium, à appliquer l'argent, avec la plus grande facilité sur l'or et sur le platine, comme affaire de goût et d'ornement ; sur le laiton, le bronze, le cuivre, l'étain, le fer, l'acier, pour remplacer le plaqué.

- Au premier abord, et d'après l'analogie qui existe, sous un grand nombre de rapports, entre l'or et le platine, on pouvait croire que ce dernier métal s'appliquerait aussi facilement que l'or sur les métaux déjà cités. Cependant de grandes difficultés vinrent pendant long-temps s'opposer à ce résultat : la plus grande fut la lenteur avec laquelle le platine obéit à l'action de la pile ; il fallait avec les dissolutions, celles de cyanures par exemple, donner à l'expérience, pour obtenir une égale épaisseur, une durée cent ou deux cents fois plus longue pour le platine que pour l'or et l'argent. Cependant, en faisant usage du chlorure double de platine et de potassium, dissous dans la potasse caustique, on obtint une liqueur qui permit de *platiner* avec la même facilité et la même promptitude que lorsqu'il s'agit de dorer et d'argenter. Et comme le platine, ainsi appliqué, peut s'obtenir de la dissolution brute de la mine de platine, et que les métaux qui l'accompagnent ne nuisent en rien à l'effet, on voit que le platine, en cette occasion, coûte à peine autant que l'argent lui-même : car l'expérience prouve qu'à une épaisseur moitié moindre il préserve tout aussi bien.

Nous ne citerons que quelques-unes des applications variées que peut recevoir le platine par suite de cette découverte.

Les chimistes y trouvent un moyen de se procurer de grandes capsules platinées, qui réunissent au bon marché toute la résistance nécessaire aux dissolutions salines et acides. Les armuriers mettent à profit, sous diverses formes, ce moyen de préservation pour les métaux oxydables et sulfurables qui entrent dans la fabrication des armes. Le bijoutier peut faire entrer le platine dans les ornements ; l'horloger, enfin, y trouve un vernis durable pour couvrir les pièces dont il redoute l'altération.

L'extensibilité de l'or est bien connue, elle avait déjà fixé l'attention de Réaumur et d'un grand nombre de savants ; mais on ignorait que le platine possédât cette propriété à un degré aussi éminent. Il n'est donc pas sans intérêt de faire remarquer qu'avec *un seul milligramme* de platine, on couvre uniformément une surface de *cinquante centimètres carrés ;* en sorte que la couche métallique a une épaisseur de *un cent-millième de millimètre,* analogue aux pellicules les plus minces dont nous puissions nous faire une idée exacte par l'observation directe.

M. de Ruolz ne s'est pas borné à l'application des métaux précieux ; étendant ses procédés à tous les métaux, il a essayé de *cuivrer,* de *zinquer,* de *plomber* divers métaux usuels, et il est ainsi parvenu à des résultats satisfaisants et d'une utilité incontestable.

Le *zincage* du fer et celui de la fonte sont surtout d'une extrême importance pour l'architecture et les arts d'imitation. On sait avec quelle promptitude les clous, les barres de fer, employés dans les constructions, s'oxydent et perdent par conséquent de leur ténacité ; on comprend, en conséquence, combien il est utile de préserver, à peu de frais, toutes les pièces de fer disséminées dans l'épaisseur des murs d'un bâtiment, puisqu'elles sont destinées à lui donner une solidité qui deviendra ainsi durable et susceptible d'être calculée avec précision. De même les grilles, les balustrades en fonte, recevant un zincage, au lieu d'une peinture qui exige de fréquents renouvellements, se trouveront bien mieux garanties contre l'action de l'air et de l'eau. Il est surtout à désirer que ces nouveaux moyens soient mis à profit pour préserver les statues en fonte, dont on a récemment fait l'essai dans plusieurs de nos monuments, et qui, pour la plupart, ont subi l'application d'enduits ou de peintures, bien mal calculés sous le rapport de la science, et d'un bien triste effet sous celui de l'art.

CHARLES RENIER.

GAMBIE. (*Géographie.*) Fleuve de la Nigritie occidentale. Il prend sa source, sous le nom de Diman, dans le plateau du Fouta-Toro. Il baigne le Tenda, le Bondou, le Jani, le Saloum, le Badibou, le Barra, et entre dans l'océan Atlantique par plusieurs embouchures qu'on a regardées comme des fleuves distincts, réunis seulement à la Gambie. La Gambie et le Sénégal ont donné leur nom à la *Sénégambie.*

Les *colonies* anglaises *de la Gambie*, qui comprennent les comptoirs de Bathurst, Maccarthy, Fort-James, etc., font partie du gouvernement de Sierra-Leone.　　　**D.**

GAMME. (*Musique.*) De même que le mètre se divise en centimètres et en millimètres, le pied de roi en pouces, lignes, etc., de même l'échelle ou mètre musical se divise dans la pratique, pour simplifier les moyens, en tons et demi-tons; et dans la théorie, pour aider à résoudre, par des procédés arithmétiques, les problèmes offerts par les expériences d'acoustique, en tons pleins, en demi-tons majeurs, en demi-tons mineurs, et même en commas, intervalles considérés comme étant la huitième ou neuvième partie d'un ton plein.

Notre échelle moderne se compose de sept degrés différents et de la réplique du premier degré, qui prend alors le titre d'octave et vient compléter ce qu'on est convenu d'appeler la *gamme.* Ainsi qu'on l'a déjà dit, cette gamme ou échelle musicale se divise en tons et demi-tons; comme nous ne reconnaissons que deux *modes* dans notre système musical, savoir le *majeur* et le *mineur*, le placement des tons et demi-tons diffère selon la nature du mode dans lequel on veut établir l'échelle; mais, dans chaque mode, elle ne peut et ne doit jamais contenir en totalité, en comptant du premier au huitième degré, qu'une valeur de six tons pleins.

EXEMPLE DE L'ÉCHELLE DANS LES DEUX MODES.

Échelle majeure.		*Échelle mineure.*	
Degrés.	Tons et ½ tons.	Degrés.	Tons et ½ tons.
Du 1er au 2me,	I ton.	Du 1er au 2me,	I ton.
Du 2me au 3me,	I ton.	Du 2me au 3me,	½ ton.
Du 3me au 4me,	½ ton.	Du 3me au 4me,	I ton.
Du 4me au 5me,	I ton.	Du 4me au 5me,	I ton.
Du 5me au 6me,	I ton.	Du 5me au 6me,	½ ton.
Du 6me au 7me,	I ton.	Du 6me au 7me { ½ ½ ½	
Du 7me au 8me,	½ ton.	Du 7me au 8me,	½ ton.
En somme,	5 tons et 2 demi-tons.	En somme,	3 tons et 6 demi-tons.
Total, 6 tons.		Total, 6 tons.	

On doit remarquer que dans l'échelle mineure du sixième au septième degré il y a un intervalle de 2de augmentée; cet intervalle est proscrit avec juste raison par les règles du contre-point, comme étant, par son trop grand écartement, d'une intonation difficile, et par conséquent antimélodique; quelques personnes ont pensé, pour trancher la difficulté, que l'on pouvait, en montant cette gamme, élever d'un demi-ton le sixième degré, et qu'en la descendant, par la même raison, on pouvait aussi abaisser le septième d'un demi-ton. Il nous semble que dans ce cas ces personnes ont opéré comme Alexandre, lorsqu'il coupa le nœud au lieu de le dénouer; car l'étude des deux échelles n'a d'autre but que d'accoutumer les élèves à entonner chacun des intervalles dont elles se composent, selon l'élévation ou l'abaissement que leur assigne la nature du ton et du mode de l'échelle donnée, tandis que, par leur moyen, on sort du ton et du mode, et qu'il est impossible alors de l'accompagner harmoniquement sans opérer des modulations qui viennent détruire tout sentiment de tonalité. Pour obvier à ce grave inconvénient, nous proposons, pour conserver à chacun des intervalles de l'échelle mineure leur intégralité tonale, de la faire solfier ainsi:

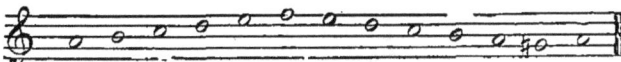

La *gamme* ou échelle musicale, inventée par Guido d'Arezzo, ne fut d'abord composée que de six notes : *ut, ré, mi, fa, sol, la;* mais Guido, par la suite, y ajouta une septième note, à laquelle il donna le nom *si.* Cette gamme a aussi été nommée main harmonique, parce que, avant cette innovation du *si*, Guido employait la figure d'une main, sur les doigts de laquelle il rangeait ses notes, pour montrer les rapports de ses hexacordes avec les cinq tétracordes des Grecs. Cette main a donc été en usage jusqu'à l'invention du *si*, qui fit abolir les nuances et par conséquent la main qui servait à les expliquer. Guido, par sa nouvelle combinaison, ayant ajouté au diagramme des Grecs un nouveau tétracorde à l'aigu et un au grave, désigna cette corde par un mot grec (*hypoproslambanomenos*), la marqua par le Γ des Grecs ; et comme cette lettre est le G grec, qui se nomme gamma, on donna le nom de gamme à cette échelle. Nous nous arrêterons ici sur les citations que nous pourrions faire relativement à cet ancien système, puisqu'il est entièrement abandonné, et que l'Europe musicale ne reconnaît plus d'autre échelle que celle qui se compose de sept intervalles divisés par tons et demi-tons.

H. Berton.

GAND. (*Géographie et Histoire.*) On ne saurait fixer d'une manière précise l'origine de la ville de Gand. Quelques auteurs prétendent qu'elle a eu pour berceau un château bâti sous la domination romaine et pris en 411 par les Vandales, qui lui donnèrent le nom de *Vanda*, d'où serait dérivé celui de *Ganda;* d'autres, qu'il existait au lieu où est Gand une station romaine nommée *Heerehem*, qui servit de rempart contre les excursions maritimes de ces mêmes Saxons qui envahirent peu après la Grande-Bretagne. Quoi qu'il en soit de ces conjectures, que n'appuie aucune preuve, il faut arriver au septième siècle pour trouver des documents authentiques. A cette époque saint Amand vint prêcher l'Évangile dans cette contrée ; il finit par triompher de l'obstination des idolâtres, et construisit un monastère, à l'endroit où, dit-on, s'élevait un temple consacré à Mercure. Gand n'avait pas encore le titre de ville, lorsque Charlemagne vint inspecter, en 811, les vaisseaux qu'il y avait réunis pour défendre les côtes de la Flandre contre les incursions des Normands. Elle fut plus tard soumise au comte de Flandre ; mais en partie seulement, car en s'agrandissant elle avait franchi le territoire de la vieille Flandre : elle s'était étendue sur un territoire dépendant de l'Empire ; aussi, pour s'en assurer la possession, l'empereur Otton y construisit-il une forteresse au dixième siècle ; de là une série d'attaques, de surprises,

d'escarmouches et de combats, qui dura plus de cent ans. L'un des successeurs d'Otton, Henri II, voulut réunir la ville entière à son domaine, et il y fit une invasion (1006) à la tête de la garnison qui défendait le château. Les habitants opposèrent une résistance invincible, et forcèrent les troupes impériales à la retraite. Ce premier succès fut bientôt suivi d'autres, plus importants (1046) : le château impérial, après un long blocus, fut contraint de se rendre au comte Baudouin V, dit de Lille, qui en donna la garde à Lambert.

L'administration de Baudouin V fut favorable à cette ville ; elle s'agrandit, et acquit bientôt une importance telle, qu'à l'occasion du mariage de Philippe-Auguste et d'Isabelle de Hainaut, nièce de Philippe d'Alsace, comte de Flandre, Arras ayant été donné en dot à la princesse, Gand devint la capitale du comté de Flandre et la résidence ordinaire du souverain. Dès lors, grâce à la sage administration des magistrats nommés les *Trente-neuf*, qu'en 1228 le comte Ferrand avait substitués au conseil des *Treize*, dont le pouvoir permanent était devenu odieux au peuple, elle vit augmenter encore sa puissance. En 1338, les Gantois se révoltèrent, avec toute la Flandre, contre le comte Louis de Crécy, et mirent à leur tête un brasseur, devenu fameux dans l'histoire, Jacques Van Artevelde. Élevé au rang de *rewart*, le nouveau chef déploya autant d'énergie que d'habileté, et le succès couronna ses premières entreprises ; mais il fut impuissant à maintenir l'ordre et à réprimer les efforts des mécontents, et il périt dans une émeute.

Le fils d'Artevelde joua plus tard le rôle qu'avait joué son père ; il commanda les Flamands révoltés contre Louis de Mâle, défit celui-ci à Beverholt (1382), et le força de s'enfuir à la cour de France, où le comte obtint de Charles VI la promesse d'un secours efficace. On sait qu'à Roosebeke, le roi de France, le duc de Bourgogne et le comte de Flandre vengèrent la défaite de Courtray ; néanmoins, la force de la nation flamande ne fut point anéantie par cette défaite, et pendant trois ans encore les métiers de Gand continuèrent à combattre pour leur indépendance. Ils finirent par accepter les conditions favorables que leur proposa Philippe de Bourgogne, qui venait d'obtenir le comté de Flandre, comme héritier du comte Louis de Mâle, mort en 1383. La tranquillité rétablie dura jusqu'en 1453. A cette époque, une nouvelle révolte amena une nouvelle bataille. Les Gantois laissèrent sur le champ de bataille sept mille des leurs et quatorze échevins. Ce désastre les jeta dans la plus grande consternation ; ils demandèrent et obtinrent la paix, mais ils perdirent presque tous leurs priviléges.

La forte main de Charles le Téméraire maintint en repos ces bourgeois turbulents; mais à la mort de ce prince, une insurrection éclata si menaçante, que Marie de Bourgogne ne put l'arrêter. Deux des plus fidèles conseillers de son père, le chancelier Hugonet et Guy de Brimeu, sire d'Hymbercourt, furent traînés au supplice, malgré ses supplications et ses larmes (1477). Ce fut dans les murs de Gand que fut célébré le mariage de cette princesse avec Maximilien d'Autriche, fils de l'empereur Frédéric III.

Le puissant empereur Charles-Quint était né dans la ville de Gand; cependant son administration porta un coup mortel à la prospérité de cette opulente cité. Sur le refus des habitants de lui payer de nouveaux impôts, il obtint de François Ier l'autorisation de traverser la France, et, à la tête de troupes nombreuses, il vint étouffer cette révolte naissante. Maître de la ville, il abolit les priviléges des bourgeois, confisqua leurs propriétés communales, leur imposa une amende de 150,000 florins, fit décapiter vingt-six des instigateurs de ce mouvement insurrectionnel, et, pour rendre à l'avenir toute révolte impossible, il ordonna la construction d'une citadelle (1539). Lorsqu'en 1576 les provinces belges se soulevèrent contre la domination espagnole, les habitants de Gand vinrent attaquer cette forteresse, et la garnison fut forcée de capituler. Ce fut dans cette ville que fut signée, le 8 novembre de la même année, la *pacification de Gand* (c'est le nom qui fut donné à l'acte par lequel les différentes provinces du pays s'unissaient pour conquérir leur indépendance et la liberté religieuse). On sait que les excès des calvinistes empêchèrent le maintien de cette union. Cependant, après beaucoup de désordres, beaucoup de pillages, beaucoup de sang répandu, le parti modéré finit par l'emporter, et un traité, conclu en 1584 avec le duc de Parme, mit fin aux hostilités; mais Gand n'en avait pas moins perdu son importance; son commerce était ruiné, sa population diminuée par les émigrations, et il lui fallut de longues années pour se remettre de ces désastres.

Louis XIV, au faîte de la puissance, fit attaquer cette ville, le 1er mars 1678, par une armée de 80,000 hommes; elle se rendit après onze jours de siége, dont cinq de tranchée ouverte; la citadelle tint encore deux jours. La paix de Nimègue la rendit à l'Espagne.

Gand fut choisi, dans la guerre du siècle suivant, pour être le centre des magasins de l'armée alliée, à cause de la facilité de ses communications avec l'Angleterre par Ostende et Nieuport. Après la victoire de Fontenoy, Louis XV, sachant que cette ville était mal gardée, donna l'ordre aux généraux de Lowendal et

du Chayla de s'en rendre maîtres par surprise, ce qui fut fait. Elle fut encore rendue à la maison d'Autriche par le traité d'Aix-la-Chapelle.

Depuis cette époque jusqu'à la révolution brabançonne, l'histoire de Gand n'offre plus aucun fait important. Cette ville fut alors le théâtre de plusieurs combats sanglants. Parmi les habitants, un nombreux parti appelait de ses vœux la domination française; et lorsque, le 12 novembre 1792, le général Labourdonnaye s'en empara, il fut reçu comme un libérateur. Forcés d'évacuer cette place, lors de la défaite de Dumouriez, les Français y rentrèrent le 14 juillet 1794.

Incorporé à la France, Gand devint le chef-lieu du département de l'Escaut. A cette époque, l'industrie y prit un essor remarquable; et en 1800 Liévin Bauwens y importa la première filature mécanique qu'ait possédée la Belgique. Pendant les Cent Jours (1815), Gand fut, comme on le sait, le séjour du roi Louis XVIII, de son frère le comte d'Artois, depuis Charles X, et du duc de Berry. Réunie à la Hollande avec les autres places de la Belgique, cette ville vit encore accroître son importance par suite de la création d'une université (25 septembre 1816). La citadelle, qu'avait autrefois relevée le duc de Parme, étant presque entièrement détruite, le gouvernement fit construire en 1822 un nouveau fort sur le mont Saint-Pierre. Lors de la révolution de 1830, le colonel hollandais Destombes s'y enferma avec 4,000 hommes; mais il ne put s'y maintenir que quelques jours.

Gand est le chef-lieu de la Flandre-Orientale, province dont la superficie est de 299,787 hectares, et la population de 774,326 habitants; la ville compte 93,483 âmes.

Situé au milieu de ce fertile canton qui depuis plusieurs siècles est appelé le jardin de la Flandre (*Het lusthof van Vlaenderen*), et l'une des cités les plus commerçantes de la Belgique, Gand possède des filatures et des imprimeries de coton et d'indienne, où sont constamment occupés trente à quarante mille ouvriers; de nombreuses fabriques de toiles, d'étoffes de soie, de camelot, flanelle, dentelle, etc.; des raffineries, et des fabriques de produits chimiques. On y remarque aussi de nombreuses sociétés de philanthropie et de bienfaisance, un hospice des incurables et des aliénés. La maison de force est la prison la plus importante du royaume; le régime auquel y sont soumis les condamnés est l'isolement cellulaire de nuit (système d'Auburn); l'isolement complet (système de Philadelphie) a été essayé, mais il est à peu près abandonné, et l'on ne s'en sert guère que pour les prisonniers turbulents et dangereux. La population moyenne de cet établissement est de 830 détenus. Une école élémentaire est jointe à la prison : les détenus fabriquent principalement des toiles de lin et des effets de linge pour l'armée ; la quantité de fil écru fourni par eux s'est élevée en 1838 à 244,408 kilogrammes (1).

Parmi les monuments les plus dignes d'attirer l'attention des étrangers nous citerons la porte construite en 1178 par Philippe d'Alsace ; le marché du Vendredi, où se sont passés tant de faits importants de l'histoire de Gand : non loin de là se trouve une pièce curieuse d'artillerie, pesant 33,600 livres et connue sous le nom de *Marguerite l'enragée* (*Dullo Griette*) ; l'hôtel de ville, commencé en 1481 : l'une des façades est de 1600 ; le beffroi, longtemps surmonté d'un dragon de cuivre doré : la tradition porte que le comte Baudouin IX l'envoya de Constantinople à Bruges, d'où les Gantois le transportèrent dans leur ville pendant les guerres civiles du quinzième siècle ; l'église de Saint-Bavon, l'une des plus riches de la chrétienté, et sous laquelle se trouve une crypte ou chapelle souterraine construite au dixième siècle (probablement en 985, sous l'abbé Divin) ; la bourse, etc.

Outre l'Université, à laquelle un arrêté ministériel a joint, depuis quelques années, une école du génie civil, nous citerons, comme établissements d'instruction publique, l'Académie de dessin et de peinture, fondée en 1751 par le peintre Marissal ; le séminaire épiscopal, fondé en 1622 ; l'école provinciale de la Maternité, fondée en 1827 ; le collège Sainte-Barbe ; l'école industrielle ; le conservatoire de musique ; la bibliothèque de la ville, qui compte 51,600 ouvrages imprimés et 556 manuscrits. Il existe peu de villes où le goût des lettres, des sciences et des beaux-arts soit aussi répandu ; Gand possède en effet 47 cabinets de tableaux, 13 de gravures et de dessins, 10 d'antiquité, 29 de médailles et monnaies, 6 d'histoire naturelle et de physique, et 48 bibliothèques contenant ensemble plus de 200,000 volumes, etc.

Parmi les hommes célèbres que cette ville a produits nous mentionnerons le théologien Henri Goethals, connu sous le nom de *docteur solennel* (mort en 1293) ; les deux Artevelde ; Philippe Wielant (m. en 1519) ; l'empereur Charles-Quint ; le célèbre astronome Philippe Lansberg, l'un des plus zélés défenseurs du système de Copernic (m. en 1632) ; Philippe d'Espinoy, auteur de travaux intéressants sur les antiquités de la Flandre ; le frère domini-

cain François Romain, architecte distingué (m. en 1735) ; le sculpteur Laurent Delvaux (m. en 1778), dont un des principaux chefs-d'œuvre est la chaire de l'église de Saint-Bavon ; Luc Vandervynckt (m. en 1779), à qui l'on doit un récit circonstancié des troubles du seizième siècle ; et enfin Charles-Louis Dieriox (m. en 1835), qui a jeté tant de jour sur les annales de sa patrie. Citons encore le célèbre traducteur Daniel Heinsius Torrentius, auteur de commentaires estimés sur Horace, Suétone, etc., ainsi que Meyer, à qui l'on doit un poëme latin sur la colère, et Michel Van-Kecke, né en 1618.

Johannis Meyeri *Rerum Flandricarum tomi decem*, 1556.

Gramaye, *Primitivæ antiquitates Gandensium* ; Anvers, in-4°, 1611.

Ant. Sanderi *Gandavum, sive rerum Gandavensium libri IV* ; in-4°, Bruxelles, 1621.

Dieriox, la *Topographie de l'ancienne ville de Gand*, etc. ; Gand, 1809, in-12. — *Mémoires sur la ville de Gand*, 2 vol., 1814 et 1815. — *Appendice aux Mémoires sur la ville de Gand, avec un plan topographique* ; 1 vol., 1816. — *Mémoires sur les lois, les coutumes et les privilèges des Gantois* ; 2 vol., 1817 et 1818. Cet ouvrage est malheureusement resté inachevé ; il s'arrête en 1296. — *Het Gends Charterboekje* ; 1821.

De Bast, *L'ancienneté de la ville de Gand, établie par les chartes et par les monuments authentiques*. Gand, in-4°, 1820.

A. Ferrier, *Description hist. et topogr. de la ville de Gand* ; 1 vol. in-18.

Le Messager des sciences et des arts de la Belgique (1835-1846), *passim*.

Voisin, *Vues pittoresques de la ville de Gand* (au nombre de seize), *accompagnées d'une description historique* ; Bruxelles, 1836, gr. in-8°. — *Guide du voyageur dans la ville de Gand* ; 3e édit., Gand, 1839.

De Ram, *Nova et absoluta collectio Synodorum episcopatus Gandavensis* ; in-4°, 1840.

Gheldolf, *Histoire constitutionnelle et administrative de la ville de Gand et de la châtellenie du Vieux-Bourg, jusqu'en 1303* ; trad. de l'allemand de A. Warnkœnig ; in-8° de 360 pages, Bruxelles, 1846. Cet ouvrage forme le tome 3 de l'*Hist. de la Flandre et de ses institutions civiles et politiques*, des mêmes auteurs, etc., etc.

A. D'HÉRICOURT.

GANGA. (*Histoire naturelle.*) Genre d'oiseaux de l'ordre des gallinacés, ayant la forme générale des tétras, offrant des tarses velus, des doigts nus et des pouces rudimentaires ; les ailes étant longues et très-pointues ; la queue pointue et présentant des filets dans quelques espèces. Les gangas, dont le système de coloration est l'isabelle avec des bandes plus ou moins marquées et en nombre variable sur la poitrine, vivent de deux manières très-différentes, suivant qu'ils se rapportent aux espèces à queue munie de filets ou à celles à queue conique. Les gangas à queue munie de filets se trouvent en troupes nombreuses dans les parties arides et brûlantes des régions tropicales et de l'Europe méridionale. Leur station habituelle est près des

(1) C'est dans cette même maison de force qu'a été faite la première application du système cellulaire, inventé au dix-huitième siècle par le vicomte Philippe de Vilain XIV, grand-bailli de cette ville. Voy. les *Mémoires sur les moyens de corriger les malfaiteurs et les fainéants*, par M. Hippolyte de Vilain XIV, 1841 ; et *Essai sur la statistique de la Belgique*, par Xavier Heuschling, p. 303.

sources des torrents, dont ils indiquent toujours la présence, et au milieu des buissons et des bruyères; leur nourriture consiste en grains et en insectes. Les gangas à queue conique vivent, au contraire, comme les perdrix, en petites bandes composées du père, de la mère et des petits. Ils sont monogames, ils ne perchent jamais, et quand ils sont menacés par quelque danger, ils se blottissent à terre, et ne s'envolent que lorsqu'ils sont vivement poursuivis. Ils poussent généralement un cri aigu en prenant leur essor, et s'élèvent aussi haut que les pigeons, auxquels ils ressemblent par le vol et par la manière dont ils vivent. La femelle ressemble au mâle, si ce n'est qu'elle présente moins d'ornements, de raies ou taches, que lui. On trouve ces oiseaux en Asie et en Afrique; ils ne sont que de passage en Europe, et même ils n'y séjournent que peu de temps : ils sont essentiellement voyageurs.

§ I. *Ganga proprement dit*, queue conique. Type :

GANGA UNIBANDE, *Plerocles arenarius.* Se trouve communément depuis les steppes de la Russie méridionale jusque dans l'Afrique septentrionale, et apparaît annuellement dans les Pyrénées.

§ II. *Attagens*. Queue dont les rectrices moyennes s'allongent en filets déliés :

GANGA CATA, *Plerocles setarius.* D'Europe et d'Asie.

Vieillot, *Ornithologie.*
G. Cuvier, *Règne animal*, etc.

E. DESMAREST.

GANGE. (*Géographie.*) En indien *Ganga*, le Fleuve par excellence. Grand fleuve de l'Asie, qui arrose la presqu'île de l'Hindoustan, et se jette dans le golfe du Bengale.

Il prend sa source dans l'Himalaya, entre l'empire Chinois et l'Hindoustan, sur les confins septentrionaux de la présidence d'Agra, dans le pays appelé Sirmour. Il se nomme d'abord *Baghirati* (1). Il se réunit à l'Alacananda, au lieu dit Devaprayaga : ce lieu, dont le nom signifie *Divin confluent*, est un des endroits les plus révérés par la dévotion indienne, et possède un temple célèbre. C'est après cette réunion que le fleuve, devenu plus considérable, reçoit son nom de Gange. Il coule alors vers le sud-est, en décrivant une grande courbe; arrose Herdouar, sépare le royaume d'Aoudh de la présidence d'Agra, passe à Allahabad, puis à Bénarès, et entre dans la présidence de Calcutta, où il arrose Patna, Boglipour, Monghir et Radjemahal. Un peu

(1) Hamilton pense que le Dauli, étant plus considérable et venant de plus loin, doit être regardé comme la véritable source du Gange, et que le Baghirati n'est qu'un des principaux affluents du fleuve.

au-dessus de la ville de Mourchidabad, il commence à se séparer en plusieurs branches, et à former ce qu'on appelle le Delta. A l'est, au sud de Dacca, un bras va se jeter dans le *Brahmapoutra*, qui prend alors le nom de *Megna* jusqu'à son embouchure; un second bras se confond aussi avec ce grand fleuve, mais seulement au moment où ce dernier débouche dans la mer. Les deux bras occidentaux, nommés *Cossimbazar* et *Jellinghy* se réunissent pour former la rivière de *Hougly*, qui passe par Chandernagor et Calcutta.

Le Gange a un cours de 3,100 kilomètres, pendant lequel il reçoit de nombreux affluents; les principaux sont : à droite, la Djamna et la Sone; à gauche, le Ramganga, le Goumty, le Gandak et le Bagmatty. Le fleuve, ainsi alimenté, et qui, avant l'embouchure de la Djamna, a déjà 4,200 pieds de largeur, devient extrêmement large et profond. A son embouchure, d'après les calculs de Rennell, il verse par seconde dans la mer 80,000 pieds cubes d'eau, ce qui donne 288 millions par heure. Cette masse prodigieuse de liquide se quintuple à une certaine époque : le Gange sort de son lit tous les ans, comme le Nil, et inonde ses bords, qui restent couverts d'eau à partir du mois d'avril; en juillet, l'inondation est complète : elle s'étend alors sur un espace de plus de 100 lieues.

Le Gange est navigable partout, malgré les sables qui embarrassent parfois son lit, et les rochers qui le rétrécissent et en rendent la navigation dangereuse près de Mirzapour. Ses rives sont généralement d'une grande fertilité. Le delta, coupé par une multitude de canaux, est surtout remarquable par la riche végétation qui s'y déploie. Cet espace marécageux appelé *Sunderbund*, couvert de vastes forêts, infesté de bêtes féroces, est à peu près inhabitable, et on n'y rencontre çà et là que quelques Indiens de la caste la plus vile et la plus méprisée.

Ganga, comme nous l'avons dit, veut dire le Fleuve par excellence, et en effet ses eaux sont regardées par les Indiens comme divines et sacrées; elles sont réservées pour les cérémonies les plus augustes du brahmanisme; elles guérissent de tout mal, elles purifient de toute souillure. Si la superstition a exagéré la vénération que les Indiens portent à leur fleuve, cependant, au dire de Bernier, il mérite une certaine considération pour les bienfaits qu'il répand le long de ses rives, pour les services qu'il rend à la navigation et à l'agriculture, et surtout pour la pureté et la salubrité de ses eaux, que leur saveur fait rechercher avec raison jusque dans la Chine.

G.

GANGLION. (*Anatomie.*) Γαγγλίον. On donne le nom de *ganglion* à de petits corps tuberculeux, arrondis, d'une forme, d'un volume, d'une texture, d'une consistance variables, et qui se trouvent sur le trajet des nerfs ou des vaisseaux lymphatiques : de là, deux sortes de ganglions :

1° Les *ganglions nerveux*, petits corps rougeâtres ou grisâtres, situés dans les différentes parties du tronc, et surtout aux deux côtés de la colonne vertébrale, mais jamais aux membres; ils forment comme autant de petits noyaux, de petits centres d'où partent une infinité de filets nerveux. Ces filets, avec les ganglions dont ils émanent, forment le *système nerveux ganglionnaire* ou *système nerveux de la vie organique*, par opposition au *système nerveux cérébral* ou *de la vie animale. Voyez* NERFS.

2° Les *ganglions lymphatiques*, appelés improprement *glandes lymphatiques*, *glandes conglobées ;* ordinairement arrondis, d'un volume variable, depuis la grosseur d'un grain de millet, et même au-dessous, jusqu'à celle d'une noisette, ils sont placés çà et là sur le trajet des vaisseaux lymphatiques, c'est-à-dire qu'ils reçoivent, d'un côté, un certain nombre de vaisseaux désignés sous le nom de *vaisseaux afférents*, et qu'ils donnent naissance, de l'autre, à d'autres vaisseaux que l'on nomme *vaisseaux déférents*. Les ganglions sont des agglomérations de vaisseaux lymphatiques, divisés, pelotonnés, anastomosés à l'infini, enveloppés d'une membrane celluleuse assez dense, recevant d'abondants vaisseaux sanguins, ainsi que des nerfs fournis par le système nerveux ganglionnaire. Ces petits organes sont généralement considérés comme des organes de division et d'accroissement des vaisseaux lymphatiques, de mixtion et d'élaboration de la lymphe; on en compte plusieurs centaines; ils sont placés surtout dans le mésentère (membrane qui soutient les intestins), et au pli des grandes articulations, comme l'aisselle, l'aine, le jarret, etc.

Les ganglions lymphatiques s'enflamment facilement; et de plus, leur présence sous la peau, entre les muscles, dans la profondeur des membres, autour des viscères, dans les cavités splanchniques, en rend l'inflammation extrêmement fréquente. On conçoit, du reste, que cette inflammation n'est jamais directe; elle leur est transmise, 1° soit par les couches organiques qui les recouvrent ; 2° soit par les vaisseaux lymphatiques qui sont eux-mêmes enflammés; 3° soit enfin par l'arrivée de quelque principe irritant, puisé, à une certaine distance, dans un organe ou dans une région malade.

L'enfance et l'adolescence sont les âges qui offrent le plus d'exemples d'inflammation ou d'engorgement des ganglions lymphatiques;

les deux sexes paraissent en être atteints dans une égale proportion. Le tempérament qui paraît le plus sujet à ce genre d'affection est celui que l'on désigne sous le nom de *lymphatique*. Pour compléter l'énumération des principales causes prédisposantes de l'*adénite lymphatique*, nous citerons les excès de toute nature, une alimentation mauvaise ou insuffisante, des maladies prolongées, l'action du froid humide, la privation de la lumière solaire.

Quant aux causes déterminantes, elles sont des plus fréquentes. Il est rare, en effet, qu'un organe, qu'un tissu, qu'une partie soit enflammée ou lésée, sans que les vaisseaux lymphatiques du voisinage, avec les ganglions qui se trouvent sur le trajet, ne soient intéressés.

C. LEBLANC.

GANGRÈNE. (*Médecine.*) En grec γαγγραίνα. Cette maladie peut être définie par la mort d'une partie quelconque du corps, avec décomposition putride; ce qui la distingue de l'asphyxie, qui entraîne avec elle l'idée de suspension momentanée de la vie, avec intégrité parfaite de l'organisation de la partie affectée. Il existe une maladie que l'on nomme pourriture d'hôpital, et qui n'est qu'une véritable gangrène; mais c'est plutôt un accident des plaies qu'une maladie particulière, car elle est toujours précédée d'une blessure; aussi en sera-t-il mention à l'article PLAIES. Une foule de causes peuvent produire la gangrène; et comme elles influent sur les moyens curatifs que cette affection nécessite, on s'en est servi pour établir des divisions dans cette maladie et en faire des espèces. Parmi ces causes, les unes sont externes, les autres internes. Les premières sont : l'inflammation, la contusion, la compression faible et longtemps prolongée, l'interruption du cours des fluides qui circulent dans l'économie, la brûlure et la congélation; les secondes consistent dans la vieillesse, l'abus des liqueurs spiritueuses et d'une nourriture trop succulente, l'usage du seigle ergoté, et dans la nature même de l'inflammation maligne qui produit la gangrène. Nous allons tracer d'une manière succincte ses divers modes d'invasion, les signes qui la caractérisent; nous verrons ensuite les modifications qu'elle peut présenter par rapport aux causes diverses qui peuvent y donner lieu, afin d'arriver à généraliser son traitement.

Quand la gangrène est la suite d'une inflammation, elle est toujours le résultat d'un étranglement survenu dans la partie affectée, parce que la distension des tissus a été portée trop loin par l'afflux des liquides. Cet étranglement s'oppose à la circulation du sang, la partie s'engorge, les ramifications nerveuses sont comprimées, la sensibilité diminue, finit par s'éteindre, et avec elle la vie. Les parties mortes sont alors soumises à l'influence des forces physiques, et commencent à présenter les signes de la putréfaction ; une série de phénomènes accompagne ce passage de l'état de vie à l'état de mort ; la chaleur, qui, par le fait de l'engorgement, avait été portée à un degré extrême, diminue peu à peu et s'éteint ; la rougeur, d'abord vive, est devenue plus foncée ; elle acquiert bientôt une couleur brune, puis violacée, puis noire; la tuméfaction diminue, et les chairs, qui jouissaient d'élasticité, de rémittence, deviennent compactes, pâteuses, dures ; l'épiderme se détache et forme des ampoules remplies d'une liqueur noirâtre, d'une odeur fétide, tellement caractéristique, que lorsqu'il existe une personne affectée de gangrène dans une salle de malades, il est impossible qu'un odorat un peu exercé ne le reconnaisse aussitôt. Les parties vivantes qui entourent la portion gangrenée sont enflammées et d'un rouge livide; peu à peu elles sont elles-mêmes frappées de mort, et le mal s'étend ainsi de plus en plus, tantôt en surface seulement, tantôt en profondeur, et souvent dans les deux directions à la fois, de sorte qu'il peut arriver qu'une portion de membre ou un membre tout entier, soit frappé de gangrène ; on désigne alors cet état sous le nom de sphacèle.

Cependant le chirurgien est souvent assez heureux pour mettre un terme à la maladie et limiter ses progrès ; la nature même peut opérer à elle seule un résultat avantageux : car l'étranglement étant la seule cause de la gangrène, l'inflammation peut atteindre des parties qui se laissent distendre plus facilement et parcourir ses périodes ordinaires sans amener de résultats aussi fâcheux. Quelle que soit, au reste, la cause qui arrête les progrès de la maladie, on voit une suppuration s'établir sur les bords de la partie enflammée qui environne la gangrène ; cette suppuration tend à séparer et à éliminer la partie morte des parties vivantes ; la partie morte se détache peu à peu, tantôt sous la forme de lambeaux, tantôt sous celle de portions de doigt ou de membre même, si toutefois les forces du malade suffisent à un travail inflammatoire aussi grand; le plus souvent l'art supplée à la nature par une amputation faite à propos.

On concevra facilement comment une contusion très-forte peut produire cette maladie. L'effet d'une contusion intense consiste dans la déchirure des vaisseaux et des tissus qui les environnent. Un épanchement de sang et une véritable infiltration sanguine en sont la suite. La partie s'engorge, se tuméfie immédiatement, devient violette, dure, consistante; les nerfs n'ont pas échappé à l'action du corps contondant; ils ont été déchirés, la circulation de la partie affectée a été détruite, et bientôt

la douleur va développer un travail inflammatoire; dès le lendemain, la sensibilité, qui, par l'effet de la commotion, avait été suspendue, se réveille avec plus d'énergie; elle détermine un afflux de sang vers une partie déjà engorgée; de là une inflammation intense avec étranglement par distension des parties. Si cette distension est portée à un degré très-élevé, la gangrène s'opère comme à la suite de l'inflammation qui reconnaît une cause autre que la contusion, et suit la même marche. Il n'est pas toujours nécessaire qu'une contusion aussi forte ait été faite pour que la gangrène survienne. Ainsi, chez les individus sanguins, pléthoriques et très-gras, on voit quelquefois se développer un travail inflammatoire très-intense sous l'influence d'une contusion qui n'a pas amené d'aussi grands désordres. Ces cas sont rares, il est vrai; mais ils peuvent cependant se présenter.

Une compression longtemps prolongée peut amener la maladie qui fait le sujet de cet article, et les exemples en sont nombreux. Il faut avoir traité ou vu traiter bien peu de fractures pour ne pas avoir rencontré des cas de ce genre. Les attelles en bois dont on est obligé de se servir exercent souvent des pressions trop fortes : la peau, qui est formée d'un tissu très-dense, se trouve comprimée, les nerfs sont douloureusement affectés, le sang afflue dans le point malade; mais la pression de l'attelle s'oppose à sa circulation, la vie s'éteint bientôt, et une escarre gangréneuse se forme.

D'après ce que nous avons dit de la manière dont survient la gangrène inflammatoire, on peut déjà prévoir comment un obstacle apporté à la circulation du sang artériel ou du sang veineux peut produire la gangrène. Des chirurgiens ignorants ou maladroits appliquent un bandage trop serré sur un point quelconque d'un membre, dans l'intention d'arrêter une hémorragie ou d'exercer une compression pour une cause quelconque. Les gros vaisseaux, qui sont chargés de ramener le sang au cœur, se trouvent comprimés, et la circulation est interrompue ou du moins gênée. Il en est de même de tous les vaisseaux déliés, que l'on a appelés capillaires; mais comme, parmi les gros vaisseaux, les uns conduisent le sang du cœur à toutes les parties, sous l'influence d'une contraction de cet organe musculeux, tandis que les autres le ramènent au cœur à l'aide de leur propre force et contre son poids, au moins pour la presque totalité du corps, la circulation veineuse ou celle de ces derniers vaisseaux est totalement interceptée quand la circulation artérielle persiste encore. La partie placée au-dessous de la ligature reçoit du sang et n'en perd plus; elle s'engorge, se tuméfie, et il arrive un moment où la circulation est complétement interrompue ; bientôt la chaleur s'éteint, la sensibilité s'anéantit, et cette portion de membre cesse d'être sous l'empire des lois de la vie. C'est de cette manière que surviennent les gangrènes qui détruisent la main et l'avant-bras à la suite de saignées dans lesquelles on a ouvert l'artère brachiale, et où, effrayé par un accident aussi grave, l'élève ou le jeune médecin qui l'a causé, tout entier à l'idée d'arrêter une hémorragie dont il craint de ne pouvoir pas se rendre maître, comprime fortement la plaie du bras, néglige d'appliquer un bandage qui s'étende du bout des doigts à la saignée, avant de placer celui qu'il destine à arrêter l'hémorragie, et devient la cause d'une perte irréparable, celle qu'entraîne l'amputation.

La gangrène par brûlure peut survenir de deux manières différentes. La première, par le fait seul de l'application d'un corps très-chaud sur une partie de la peau : c'est alors une véritable cautérisation plutôt qu'une gangrène ; c'est une décomposition instantanée des tissus sous l'influence du calorique ; et alors, suivant que le corps brûlant est plus ou moins chaud, plus ou moins dense, qu'il est solide ou liquide, la désorganisation est plus ou moins étendue en largeur et en profondeur. La seconde est la suite de l'inflammation que détermine la brûlure, et elle survient comme la gangrène qui reconnaît pour cause toute autre espèce d'inflammation.

Enfin il nous reste, pour terminer ce qui est relatif aux divers modes d'invasion de la gangrène par cause externe, à parler de celle que détermine la congélation. Lorsque l'homme est soumis à l'influence d'une atmosphère très-froide, le premier phénomène qu'il présente consiste dans une roideur des muscles, qui ne peut être la suite que d'un défaut d'énergie des nerfs. Ce phénomène se fait surtout remarquer dans les parties les plus éloignées du corps. Si l'action du froid se prolonge, elle se fait sentir sur les organes principaux de la vie, le cerveau, les poumons et le cœur ; ces organes ne réagissent plus sur l'économie avec autant d'énergie ; de là, une diminution dans la sensibilité générale, un engourdissement, un sentiment de lassitude et de fatigue, une tendance au sommeil ; en même temps la circulation se ralentit, le sang est poussé avec moins de force dans toutes les parties ; la respiration devient plus lente, la production de chaleur moins considérable ; les solides et les liquides perdent bientôt plus de calorique qu'ils n'en reçoivent ; et, comme le volume des parties diminue du centre du corps aux extrémités, il arrive un moment où, la chaleur étant éteinte, la sensibilité s'anéantit dans les orteils, les doigts, le nez, les oreilles, etc.; ces parties ne sont pas

encore mortes, mais dans un état de torpeur, d'où l'on peut les faire sortir par l'emploi de stimulants. De cet état à celui de mort, il n'y a qu'une faible distance. En effet, par un abaissement de température plus considérable, les liquides se congèlent, et la partie congelée n'a plus aucun rapport avec le reste de l'économie.

La gangrène qui se développe à la suite d'une cause interne peut dépendre de la malignité de l'inflammation qui la détermine : ou elle est très-circonscrite, comme dans le charbon, la pustule maligne ; ou bien elle survient tout à coup, précédée seulement d'un engorgement plus ou moins considérable, sans symptômes inflammatoires très-prononcés, ou avec les phénomènes d'une inflammation légère. Elle peut être la suite de l'usage du seigle ergoté. On a remarqué, en effet, que, dans quelques contrées, où les malheureux habitants avaient été obligés de vivre d'un pain fait avec de la farine de seigle qui avait été constamment mouillé par une saison pluvieuse, cette sorte de gangrène était devenue assez commune.

Enfin les vieillards sont souvent exposés à une gangrène des orteils, qu'on appelle sèche, par opposition à la gangrène ordinaire, dans laquelle les tissus sont humides et se détachent en lambeaux.

Il est impossible de confondre la gangrène avec aucune autre maladie. Son diagnostic s'établit d'après les signes suivants : 1° Pour la gangrène humide, odeur infecte, *sui generis*, couleur noirâtre ou gris de fer, état humide de la partie affectée ; phlyctènes remplies d'une liqueur noirâtre ; insensibilité tellement complète, que l'on peut fendre la peau sans que le malade s'en aperçoive ; cercle inflammatoire d'un rouge livide autour de la partie malade. 2° Pour la gangrène sèche, elle commence presque toujours par les orteils ; la partie affectée est noire, dure, compacte, exhale une odeur plus pénétrante que la précédente ; elle est accompagnée de douleurs souvent intolérables, surtout lorsqu'elle est du genre de celle que l'on appelle sénile.

Le pronostic de cette maladie est toujours fâcheux ; car elle entraîne nécessairement la perte d'une partie plus ou moins étendue ; elle compromet souvent les jours du malade ; il est difficile de l'arrêter dans sa marche. On peut établir comme propositions générales que la gangrène sénile, et celle qui est la suite de l'usage prolongé du seigle ergoté, sont les plus dangereuses ; que celle qui est la suite de la congélation présente le plus de chances de guérison ; que toutes les fois que la gangrène est peu étendue et qu'elle se limite, elle est facilement curable ; que le sphacèle, ou gangrène de la totalité d'un membre ou d'une partie d'un membre, ne peut être guéri que par l'amputation ou la perte de la partie affectée ; que les escarres gangréneuses qui surviennent dans le cours des fièvres de mauvais caractère entraînent avec elles un pronostic fâcheux.

Il est difficile de tracer une méthode de traitement bien exacte dans un cadre aussi restreint que celui-ci ; mais il est des indications générales à remplir ; nous allons les faire connaître. 1° Prévenir le développement de la maladie, en attaquant avec vigueur les phlegmasies lorsqu'elles sont intenses, et qu'elles ont leur siége dans des parties environnées de membranes fibreuses ; ne pas craindre même d'inciser les parties enflammées, lorsque la tension est très-forte, que de petites phlyctènes surviennent, qu'une couleur violacée se manifeste à la surface de la partie malade ; se hâter d'enlever les bandages qui ont pu arrêter le cours du sang et prédisposer la partie à une affection gangréneuse ; frictionner avec la neige les organes qui ont reçu l'impression du froid ; remplacer la neige par l'eau froide, puis par l'eau tiède ; entretenir ensuite le membre dans une douce température, et bien se garder d'employer de prime abord l'eau chaude ou les corps chauds ; car ils faciliteraient l'état gangréneux. 2° Arrêter la gangrène dans ses progrès. Lorsque la gangrène est la suite d'une inflammation, ou qu'elle est accompagnée d'un état inflammatoire local qui coïncide avec des signes de réplétion sanguine, il est important d'employer un traitement antiphlogistique général et local. Ainsi les saignées, les boissons délayantes, les sangsues à quelque distance du lieu affecté, les cataplasmes sur la partie malade, et non pas les astringents, les toniques et les styptiques, comme on l'a fait jusqu'à présent. En se conduisant ainsi, on facilitera le développement d'une suppuration qui aura pour objet d'éliminer la partie morte d'avec la partie vivante. Lorsqu'une fois la maladie est bien limitée, il faut laisser tomber peu à peu les escarres ou amputer la portion du membre affecté, mais au delà du cercle inflammatoire et sur des parties saines ; conduite qui est applicable à toutes les espèces de gangrènes. Ces données générales sont surtout relatives aux espèces de gangrènes qui dérivent d'inflammations aiguës ou qui en sont accompagnées ; mais celles qui proviennent dans le cours de maladies graves, ou qui sont la suite de la vieillesse, exigent un autre traitement. Dans ces sortes de cas, l'individu affecté est toujours dans un état de prostration extrême ; la partie gangrénée participe de l'atonie générale. C'est ici qu'il faut avoir recours au quinquina, en décoction ou en poudre, à l'eau-de-vie camphrée, à la poudre de charbon, et insister sur les toniques à l'intérieur. L'usage des pré-

parations opiacées opère quelquefois des résultats avantageux dans les cas de gangrène sénile avec douleurs vives.

ORFILA et DEVERGIE.

GANTIER. (*Technologie.*) L'ouvrier qui fait des gants ne prend pas toujours le nom de *gantier* : il n'y a que celui qui les fait avec la peau des animaux qui porte ce nom. Les gants fabriqués avec des substances végétales ou animales, réduites en fil, telles que la soie, la laine, le coton, sont l'ouvrage du *bonnetier* ; ils se font sur le métier à bas. Nous ne nous occuperons ici que des gants fabriqués avec des peaux préparées.

Le *gantier* ne prépare pas les peaux lui-même ; il les prend chez le *mégissier* ou le *chamoiseur*. Il emploie le plus ordinairement les peaux de chevreau et d'agneau, et souvent les peaux de chamois, de daim, de chèvre, de mouton, de chien, d'élan, de cerf, et de beaucoup d'autres animaux, toujours passées en mégie et préparées à l'huile.

L'art du gantier exige une grande propreté ; l'humidité des mains salit les peaux et les met hors de service, surtout lorsqu'on travaille des peaux blanches ou teintes de couleurs tendres.

1° La première opération consiste à *parer* la peau. Pour cela, l'ouvrier se sert de la *lunette* du *corroyeur* ; il enlève avec cet instrument la plus grosse partie de la chair, et rend la peau d'égale épaisseur partout. Il classe alors les peaux selon leurs qualités.

2° Cela fait, il *met la peau à l'humidité*, c'est-à-dire qu'il mouille légèrement la peau, à l'aide d'une brosse à longs crins, et avec de l'eau bien propre. Il entasse douze peaux l'une sur l'autre, il les roule, les laisse reposer pendant une heure, afin que l'humidité nécessaire les pénètre, en se répandant également sur toute la masse, et leur donne de la souplesse et du maniement. Il recommence cette opération toutes les fois que cela est nécessaire.

3° L'ouvrier *déborde* la peau, c'est-à-dire qu'il l'ouvre en l'étirant dans tous les sens, sur le bord d'une table ; ensuite il la *dépèce*, c'est-à-dire qu'il la divise en deux parties égales, si la peau est assez grande pour contenir deux gants. Dans ce cas, chaque morceau se nomme *étavillon*. Il donne la première forme à chaque gant, et étire l'*étavillon* pour lui donner la longueur nécessaire. Il conserve tout ce qu'il a de reste, afin de s'en servir pour les petites pièces. Il entasse les étavillons les uns sur les autres sur deux ou trois douzaines de hauteur.

4° Sur un marbre long d'environ 3 décimètres (11 pouces) de long sur 2 décimètres (7 pouces) de large, l'ouvrier enlève le surplus du charnage de la peau, et la rend également mince et souple dans toutes ses parties. Il se sert pour cela du *doloir*, qui est un couteau plat et large d'environ 5 pouces sur 7 de long. Il a une forme trapézoïde dont les angles· sont fortement arrondis ; le tranchant est donné seulement par·dessus : il règne tout autour, excepté du côté du manche. La peau doit être bien tendue sur le marbre.

5° Après ces préparations, l'ouvrier *dresse* un gant, c'est-à-dire qu'il lui donne la dernière forme. Il ne faut pas oublier que l'*étavillon* doit former le dessus et le dessous de la main, et qu'il est d'une seule pièce ; que le gant ne doit avoir qu'une seule couture dans sa longueur, et que cette couture est placée tout le long du petit doigt en dehors. Après avoir étiré l'*étavillon* dans tous les sens, et surtout en longueur, il le plie en deux du côté du pouce ; il assujettit ces deux parties l'une sur l'autre avec un peu de salive, qui forme, avec la peau, une colle légère, ce qui lui donne la facilité de couper les deux parties à la fois, sans crainte de couper l'une plus que l'autre. Il les ébarbe dans toute leur longueur et à chaque bout, il les entasse, paire par paire, sur la table. Les ciseaux dont il se sert ont la forme de ceux du tailleur, mais ils sont un peu plus gros et plus longs.

Les dernières façons se donnent aux ciseaux ; la première a lieu par quatre opérations : 1° on fend les doigts du gant, paire par paire ; 2° on enlève la place où se pose le pouce ; 3° on donne à chaque doigt la longueur qui lui convient ; 4° on *raffile*, c'est-à-dire qu'on arrondit le bout des doigts.

La seconde consiste à couper le pouce, qui, comme l'*étavillon*, se fait d'une seule pièce, et qu'on coupe après avoir plié la peau. On garnit ensuite le gant de toutes les pièces qui lui sont nécessaires ; 1° les *fourchettes* : ce sont des morceaux de peau longs et étroits, qui ont la forme d'un V, dont une branche se coud à un doigt, et l'autre à son voisin. L'index et l'auriculaire n'ont qu'une seule branche ; le médius et l'annulaire en ont deux, une de chaque côté ; le pouce n'en a point ; 2° les *carreaux*, qui sont des petits losanges en peau, qu'on coud au bas des *fourchettes*, du côté de l'intérieur de la main. Le plus grand de ces *carreaux* est placé au bas du pouce. Les *fourchettes* donnent à chaque doigt l'ampleur nécessaire pour le contenir. Les *carreaux* sont placés au bas des fourchettes, à la naissance des doigts, en dedans de la main, afin de donner à cette partie toute l'ampleur dont elle a besoin pour ne pas en gêner les mouvements.

Tout étant ainsi disposé, les pièces sont remises en totalité à la couturière, et puis à la brodeuse, lorsque cela est nécessaire. On

emploie depuis peu de temps, sous le nom de *machine à coudre du gantier*, une machine ingénieuse, inventée en Angleterre, pour coudre mécaniquement les gants.

Lorsque les gants sont cousus, on les livre au *dresseur*, qui, après avoir donné l'humidité nécessaire, les *renforme*, c'est-à-dire qu'à l'aide de baguettes de 6 à 7 centimètres de long, et de 3 centimètres de grosseur vers le milieu de leur longueur, bien lisses dans toute leur étendue, arrondies par les deux bouts, et légèrement coniques, comme les doigts, ouvre ·les doigts du gant, et leur donne la forme voulue. Cet instrument se nomme *tourne-gant* ou *renformoir*.

Après cette opération de l'étirage, on les plie pour leur rendre leur forme naturelle, et on les étend sur des cordes pour les faire sécher. Ensuite le *dresseur* les renforme de nouveau, ébarbe le bout des doigts et les plie par douzaines en paquets, qui sont ainsi livrés au commerce.

Les fabriques les plus importantes de France sont à Grenoble, à Paris, à Montpellier, à Milhau et à Niort ; on fabrique dans cette dernière ville la ganterie en peaux fortes.

LENORMAND et MELLET.

GAP. (*Géographie et Histoire.*) *Vapincum.* Ville de France, dans l'ancien Dauphiné, aujourd'hui chef-lieu du département des Hautes-Alpes.

Cette ville, capitale du pays habité par les *Tricorii*, est très-ancienne ; on prétend même qu'elle est d'origine celtique, et qu'elle portait, avant d'appartenir aux Romains, le nom de *Vap*. Sous Honorius, elle fut comprise dans la seconde Narbonnaise ; et plus tard, lors de la division des Gaules par Dioclétien, dans la quatrième Viennoise. Les légendes des saints rapportent que déjà à cette époque le christianisme y avait été prêché, et que la plupart des habitants s'étaient convertis aux prédications de Démétrius, disciple de saint Jean l'évangéliste, puis des saints Nasaire et Celse, martyrisés sous le règne de l'empereur Néron. Toujours est-il qu'au commencement du quatrième siècle, Gap était le chef-lieu d'un évêché.

Environ cent ans après, Valentinien III la céda aux Bourguignons pour récompenser les services qu'ils avaient rendus aux Romains. Les invasions successives des Goths et des Vandales lui firent éprouver des pertes considérables ; celles des Lombards en 558 et en 572 eurent encore des résultats plus fâcheux. Ce fut à cette époque que saint Gitarius, évêque de Gap, et Salonius son frère, évêque d'Embrun, scandalisèrent les fidèles par ces désordres au récit desquels Grégoire de Tours a consacré un chapitre entier de son histoire.

En 965, les Sarrasins essayèrent de s'emparer de Gap ; mais la résistance énergique des habitants sut mettre cette ville à l'abri du pillage de ces barbares. Gap avait jusqu'à cette époque fait partie du royaume d'Arles et de Bourgogne ; mais lorsqu'en 980 Guillaume Ier, comte de Provence, eut définitivement chassé les Sarrasins, il céda à l'évêque, pour l'indemniser des dommages occasionnés par l'invasion, la moitié des droits qu'il pouvait avoir sur cette cité. Les évêques prirent en 1033 le titre de comtes, et ce titre fut reconnu par l'empereur Conrad, qui leur concéda en outre des droits presque régaliens, tels que ceux de haute et basse justice, de battre monnaie et de percevoir des péages sur toutes les voies de communication.

L'administration ecclésiastique était peu profitable aux bourgeois de Gap, et la misère était telle, qu'en 1285 les habitants se virent contraints de céder au prélat les quatre fours où ils faisaient cuire le pain nécessaire à leur subsistance. Cet état de choses attira l'attention de Charles, roi de Naples, qui était seigneur suzerain de la ville et de son territoire ; et grâce à son intercession, les habitants furent rétablis dans plusieurs des droits dont ils avaient précédemment joui, tels que ceux de fouage, pâturage, poids public, gabelles, etc. Le droit de comté partagé entre l'évêque et un prince laïque amena aussi un grand nombre de difficultés ; l'archevêque Guillaume d'Embrun, choisi comme médiateur, rendit le 5 décembre 1300 une sentence par laquelle il déclarait que le consulat de Gap appartenait au seigneur du Dauphiné à titre de comte. La cession du Dauphiné à la France mit fin aux prétentions des rois de Sicile, et rendit le pouvoir de l'évêque encore plus fort ; un de ces prélats osa même en 1449 refuser passage sur son territoire aux troupes royales que commandait le Dauphin, plus tard Louis XI. Ce prince, justement irrité, donna l'ordre au parlement de Grenoble d'informer contre le comte rebelle, et il le punit en le privant d'une partie de ses droits temporels. Le roi de Sicile profita de cette mésintelligence pour renouveler ses prétentions de suzeraineté, et en 1459 le duc de Calabre réclama en son nom le secours des Gapençois ; ceux-ci résistèrent et en appelèrent au parlement d'Aix, qui débouta le roi de Sicile de ses prétentions.

Les Gapençois eurent peu à se louer de l'administration française ; leurs principaux privilèges, leurs franchises communales, furent anéantis, et bientôt, écrasés de charges de toute nature, ils se virent contraints de réclamer la médiation du pape ; mais les prières du souverain pontife n'eurent que des résultats presque insignifiants. En 1485, Charles VIII rendit une ordonnance portant que la monnaie royale et celle du Dauphin auraient seules cours dans le royaume. Les habitants démolirent leurs fortifications, en 1497. Louis XII, en 1511, transféra à Gap le bailliage royal, et l'année suivante il se fit reconnaître pour seul souverain de la ville et du comté ; enfin François Ier ôta, en 1538, aux évêques le titre de princes, qu'ils portaient encore, et il ne leur permit plus que de prendre celui de comtes.

Gap prit une part active aux troubles religieux qui divisèrent la France au seizième siècle. Lesdiguières la prit par escalade en 1575, à la faveur d'une nuit obscure ; la cathédrale fut alors presque démolie, et la ville devint la principale place d'armes des religionnaires du haut Dauphiné. Par le traité conclu en 1582, elle fut remise sous l'autorité royale, et enfin Lesdiguières vint en prendre possession au nom de Henri IV, devenu maître de Paris. La peste qui désola cette ville en 1630, la révocation de l'édit de Nantes qui, en 1685, chassa de France les calvinistes, en diminuèrent considérablement la population. Abandonnée presque sans défense aux attaques de Victor-Amédée, duc de Savoie, elle tomba en son pouvoir en 1692, et ce prince, désespérant d'assurer sa conquête, la réduisit presque entièrement en cendres. Ces désastres eurent une grande influence sur la prospérité de la ville de Gap, et cette place, qui, au commencement du dix-septième siècle, comptait plus de 16,000 habitants, vit sa population réduite à 4,608 personnes. Ce chiffre dut baisser encore, par suite de l'épidémie qui désola cette ville en 1744.

Le monument le plus important qu'ait conservé la ville de Gap est sa cathédrale, rebâtie vers la fin du dix-septième siècle ; on y remarque le magnifique mausolée en marbre de Jean de Lesdiguières, chef-d'œuvre de Jacob Richier. Le connétable y est représenté revêtu de son armure de bataille ; quatre bas-reliefs en albâtre ornent les quatre faces du piédestal et représentent la prise de Grenoble, la bataille de Poncharat, le combat des Molettes et la prise du fort Barraux. Les autres monuments, tels qu'un temple de la religion réformée, l'hôtel de la préfecture, l'évêché et le séminaire, sont tout à fait modernes. Gap possède des tribunaux de première instance et de commerce, un collége communal, un séminaire, plusieurs sociétés savantes, et une bibliothèque publique : sa population est de 8,724 habitants.

Outre François de Bonne, duc de Lesdiguières, dernier connétable de France, dont nous avons parlé, la ville de Gap se glorifie d'avoir donné le jour à Albert, dit le Gapençois, ancien poëte français, et à Guillaume, abbé de Saint-Denis en 1169.

L'histoire de Gap n'a jamais été écrite; on peut cependant consulter avec fruit :

F. Ladoucette, *Histoire, antiquités, usages et dialectes des Hautes-Alpes*; in-8°; Paris, 1820-1833.

Valbonnais (Bourchenu de), *Histoire du Dauphiné*;
2 vol. in-f°, 1722.

Vidcl, *Vie de Lesdiguières.*

Et les autres ouvrages qui ont rapport au Dauphiné.

A. D'HÉRICOURT.

GARANCE., (*Agriculture.*) *Rubia tinc-
torum.* Plante originaire du midi de l'Europe, herbacée, vivace, de la famille de Rubiacées.

Les racines de la garance sont longues, ordinairement rampantes, mais parfois s'enfoncent à une assez grande profondeur, surtout dans les sols légers qui offrent une certaine épaisseur de terre meuble.

Les tiges, qui périssent chaque année,
sont quadrangulaires, grêles, plus ou moins
couchées, et atteignent jusqu'à un mètre de
longueur; elles présentent des feuilles disposées en verticelle, lancéolées et garnies à leurs
bords de dents fines et accrochantes.

Les fleurs, d'un jaune verdâtre, sont petites, à corolle rotacée, quadrilobée; elles
naissent réunies en bouquets lâches à l'extrémité des rameaux; chacune d'elles est
remplacée par un fruit composé de deux
petites baies noires, charnues et attachées ensemble.

La garance est une plante tinctoriale, et la
plus importante que l'on cultive en France.
Le principe colorant réside essentiellement
dans la racine; la couleur qu'on en extrait,
et qu'on emploie à la teinture des tissus, fournit diverses nuances d'un rouge peu brillant, mais parfaitement solide. C'est elle qui
communique au coton la belle couleur incar-
nat foncé connue sous le nom de rouge d'An-
drinople; les pantalons en drap de l'infanterie
française sont teints avec de la garance.

En France la culture de la garance est fort
ancienne. Sous Jules César, au temps de la
domination romaine, cette plante était cultivée en Artois et employée pour teindre les
étoffes par les habitants de ce pays.

Strabon nous apprend que les Aquitains la
cultivaient comme plante tinctoriale, et la mê-
laient au pastel pour avoir des couleurs
violettes.

En 1275 elle était cultivée aux environs de
Saint-Denis, ainsi qu'on peut le reconnaître
d'après une transaction relative à la dîme à
laquelle la garance était assujettie.

Olivier de Serres nous dit que, de son temps,
cette culture prospérait dans les Flandres. Vers
le milieu du dernier siècle, Duhamel l'obser-
vait dans les environs de Lille, où elle était
florissante.

Aujourd'hui la garance a disparu de ces
diverses contrées, et elle paraît s'être réfugiée
sur deux points qu'on peut considérer comme
deux centres principaux de production de la
garance : l'Alsace et la Provence. C'est dans
le département de Vaucluse que l'on cultive,
en France, la plus grande espèce de garance et
la plus estimée. Introduite dans ce pays en 1772
par le Persan Althen, à qui la reconnaissance
publique vient d'ériger une statue (1846), la
production annuelle de la garance dans ce département s'élève actuellement à vingt millions de kilog. de racines pulvérisées, valant
environ quinze millions de francs. La moitié
de cette quantité est vendue pour l'étranger,
la Suisse, l'Angleterre, la Prusse et les États-
Unis.

En Alsace, cette culture était répandue et
avait acquis un assez grand développement
avant d'être connue en Vaucluse; mais à mesure qu'elle se propageait dans cette dernière
contrée, elle allait en décroissant dans la première, et maintenant le produit de la garance
en Alsace est loin d'avoir la même importance
que celle qu'elle offre en Provence.

Cultivée au nord et au midi du royaume,
en Hollande et dans les campagnes de Smyrne, la garance paraît s'accommoder de climats
très-opposés; cependant, si nous observons
que la garance la plus réputée en France
vient du midi (garance d'Avignon), que la
meilleure de toutes est celle du Levant (garance de Smyrne), il est à croire qu'un climat
méridional n'est pas sans influence sur l'abondance et la vivacité de la matière colorante
fournie par cette plante.

La nature du sol est moins indifférente à
la production de la garance que celle du climat : elle réussit mal sur les terres fortes et
humides, ainsi que sur les terres caillouteuses
et sèches; elle veut un sol léger, perméable,
frais et riche; partout où on la cultive, on lui
consacre des terres de ce genre : tels sont les
polders de la Zélande, les palus de Vaucluse,
les alluvions de l'Alsace.

Indépendamment de leurs propriétés physiques, la composition minérale des terres
n'est peut-être pas sans influence sur la qualité
de la garance; on estime que les sols calcaires
en fournissent de qualité supérieure. D'après
M. de Gasparin, les palus (marais anciennement desséchés qu'on trouve sur les bords
de la Sorgue, à l'est d'Avignon) les plus aptes à
la production de la garance contiennent jusqu'à
90 p. 0/0 de carbonate de chaux pulvérulent,
un peu d'argile et une assez forte proportion
(environ 7 p. 0/0) de débris organiques décomposés. Au reste, si l'abondance du principe
calcaire est utile à la perfection de la matière colorante de la garance, elle n'est pas
indispensable à la production, car la plaine
de Haguenau, dans le Bas-Rhin, où cette

plante est particulièrement cultivée, est formée d'un sable siliceux à peu près entièrement dépourvu de carbonate de chaux. Il reste donc, comme qualités essentielles du sol, qu'il soit meuble et spécifiquement léger, perméable et frais : meuble, pour permettre le développement des longues racines de la plante; léger, pour la facilité des cultures, préparation du sol et arrachage de la récolte; perméable, afin que les racines des plantes que l'on conserve deux ou trois années dans le sol soient préservées de la pourriture; frais, de telle sorte que la végétation estivale ne soit pas arrêtée par la sécheresse, qui, si elle ne tue pas les plantes, diminue notablement le produit qu'on peut en obtenir dans un temps donné.

La garance est douée d'une force d'absorption considérable; elle épuise la terre de ces dernières portions d'humus, dont la plupart des plantes agricoles ne s'emparent qu'avec difficulté, et qui ordinairement restent en dépôts dans le sol; aussi les terres neuves qui n'ont jamais porté de garance peuvent-elles fournir sans engrais, quoiqu'elles soient de fertilité moyenne, une récolte de racines assez abondante. Cette circonstance, qui réduit fortement les frais de culture, engage souvent les cultivateurs à produire la garance, au moins une fois, sur des terres qui d'ailleurs ne sont pas naturellement appropriées aux besoins de cette plante. Mais sur les terres où elle a été déjà cultivée, on ne peut obtenir de bonnes récoltes qu'en employant une très-grande quantité d'engrais.

En Provence, on emploie, par hectare, de 50,000 à 100,000 kilog. d'un fumier (1) qui, en raison de la faible proportion d'eau qu'il renferme, est au moins moitié plus fertilisant que celui des fermes des environs de Paris. M. de Gasparin estime que, dans les terrains frais, les plus convenables à la garance, la production d'un kilogramme de racines sèches absorbe l'équivalent de 14 k. 5 de fumier normal (celui qui sur 1000 parties en contient 4 d'azote); et comme le poids d'une récolte de garance peut s'élever à 3,000 et 4,000 kilog., on voit que la consommation du fumier s'élève de 43,500 à 58,000 kilog.

En Alsace, où le fumier est probablement moins riche qu'en Provence, on met jusqu'à 120,000 kilog. par hectare. Cette énorme quantité est enfouie dans le sol à deux reprises, avant l'hiver d'abord, puis au commencement du printemps.

Le sol destiné à la garance doit recevoir une préparation spéciale. Avant l'hiver, pour que les gelées de cette saison pulvérisent les mottes de terre, on défonce à 0m,50 de pro-

fondeur. Cette opération, qui est dispendieuse, est indispensable à moins que le sol n'ait reçu depuis peu un travail profond. Chez les petits cultivateurs, elle se fait à bras et exige depuis 50 journées d'homme par hectare, dans les terres très-légères, jusqu'à 200 et 300 journées, dans les terres consistantes. En grande culture, on devrait réduire des frais aussi considérables par l'emploi d'une forte charrue, ou bien de deux charrues marchant l'une après l'autre à des niveaux différents dans la même raie, la seconde approfondissant le sol sans le retourner.

Le fumier est transporté pendant l'hiver; si l'on fait usage d'engrais dont la décomposition soit rapide, de tourteaux, poudrette, etc., on ne les emploie qu'au printemps.

Il y a deux manières principales d'établir une garancière : la première consiste dans le semis de la graine sur place; la seconde, dans la transplantation, ou de jeunes plants tirés d'une pépinière, ou seulement de racines provenant de la récolte d'une ancienne garancière.

L'ensemencement en place, qui forme la méthode généralement usitée dans le midi de la France, a lieu en mars ou avril, lorsque les gelées ne sont plus à craindre et que la terre est encore assez fraîche pour favoriser la germination des graines.

Les semences les plus nouvelles sont les plus sûres; vieilles, elles lèvent inégalement et avec lenteur. On les distribue en lignes espacées de un tiers de mètre. Lorsqu'on a semé cinq lignes, on en laisse une sans y mettre de graine, puis on sème cinq nouvelles lignes; après quoi on en laisse encore une de libre, et ainsi de suite. De cette manière, le terrain se trouve partagé en planches de 1 m. 66 de largeur, séparées entre elles par des sentiers de 33 centimètres.

La garance, absorbant les sucs nourriciers du sol à une grande profondeur, nuit beaucoup aux arbres dans le voisinage desquels on la cultive; aussi, dans le midi, lorsqu'il existe des mûriers dans les champs où l'on veut établir cette culture, on laisse autour de chaque tronc un espace vide de garance égal à l'étendue du branchage de l'arbre; et pour ne pas laisser inoccupé le terrain ainsi réservé, on le sème en céréales.

La graine, qu'il faut légèrement recouvrir, pourrait être répandue et enterrée au moyen d'un semoir. Ordinairement elle est mise en terre de la manière suivante : un homme ouvre une première raie suivant une ligne tirée au cordeau dans le sens de la longueur des planches, et il est suivi par une femme qui répand la graine derrière lui; arrivé au bout de cette raie il en ouvre une seconde, parallèle à la première, et la terre qu'il retire de cette

(1) C'est ordinairement du fumier de cheval ou de mulet non entièrement décomposé, et pesant, sans être comprimé, 660 kilog. le mètre cube.

nouvelle raie lui sert à couvrir la graine déposée dans celle qui précède. Ce mode de semis emploie huit journées d'homme et huit journées de femme par hectare. La quantité de graines nécessaire pour garnir cette étendue est en moyenne de 150 kilog. Il en faut d'autant plus que la terre a déjà plus porté de garance ; sur les terres vierges de cette production on en met beaucoup moins.

Il y a trente ou quarante ans, lorsque la culture de la garance était encore nouvelle en Vaucluse, la germination se faisait mieux, et la quantité de semences utile n'était pas aussi considérable qu'aujourd'hui ; ainsi on employait en 1810, d'après Yvart, 20 à 30 kilog. par hectare ; en 1825, d'après M. de Gasparin, 85 kilog. ; en 1840, d'après Leclercq-Thouin, 144 kilog. ; enfin plus récemment, nous avons reconnu qu'on en mettait 180 kilog., c'est-à-dire six fois plus que la plus forte quantité mentionnée par Yvart.

Dans les climats où les gelées tardives sont à craindre, les semis de garance peuvent être détruits par le froid, et partout où cet accident est probable, comme en Alsace, dans la Zélande, en Allemagne, la plantation de la garance forme un moyen plus assuré de reproduction, et est employée de préférence au semis en place ; d'ailleurs, dans les pays tempérés ou froids, les fleurs avortent souvent, et la production de la graine est très-précaire.

On plante la garance de novembre en mars ; quand on emploie de jeunes plants, un hectare ensemencé pour servir de pépinière peut fournir de quoi garnir neuf ou dix hectares. Si l'on fait usage de racines fraîches, il en faut environ 2,000 kilog., que l'on paye le cinquième du prix de la garance sèche.

Pour planter, on dispose le sol comme pour semer : on couche les racines horizontalement dans des raies ouvertes avec la houe à bras, et on les recouvre de trois ou quatre centimètres de terre fraîche et meuble.

Pendant la végétation, les soins de culture pour les garances plantées sont analogues à ceux qu'on donne aux garances semées en place. Une différence essentielle, c'est que, par le semis, la récolte n'a lieu qu'au bout de trois ans, tandis qu'avec la plantation, elle a lieu dès la seconde année. Aussi, indépendamment du climat, toutes les fois que le prix d'achat des racines nécessaires à la plantation est inférieur à une année de loyer du terrain, plus la valeur de la semence, plus les frais de culture de la première année (1), il peut être avantageux de planter la garance au lieu de la semer. Lorsque la rente du sol est élevée, la main-d'œuvre chère, et que la garance est à bas prix, la plan-

tation devient profitable. La garance, dont la germination a lieu douze ou quinze jours après le semis, est assez délicate dans les premiers temps de sa végétation ; il faut détruire les plantes adventices à mesure qu'elles apparaissent à la surface du sol. La première année, on donne trois sarclages. Comme la terre est ordinairement très-meuble, l'arrachage des mauvaises herbes ébranle un peu les jeunes plantes : aussi, dans le but de les raffermir, on recouvre le terrain, après chaque sarclage, d'une légère couche de terre meuble de 0^{m},02 d'épaisseur, que l'on prend dans les intervalles qui séparent les planches et dans lesquels les plantes sauvages doivent être extirpées avec autant de soin que dans les planches elles-mêmes.

La première année, il faut s'abstenir de couper les tiges de garance ; ce n'est que l'année suivante que l'on pourra commencer à faire cette récolte accessoire.

Vers le mois de novembre, on recouvre la garance d'une couche de terre trois fois plus épaisse que les précédentes, dans le double but de protéger les plantes contre le froid et de favoriser le développement ultérieur de racines latérales qui partent du collet des plantes et augmentent le produit. Avant de répandre cette terre, on doit l'ameublir, ce que l'on peut faire à l'aide d'un petit scarificateur à un cheval approprié à sa destination. Si la garance avait besoin d'engrais, on pourrait fumer à la surface des planches avant de les couvrir de terre.

La deuxième année, la garance a déjà pris possession du terrain ; elle pousse une fane abondante, qui la garantit contre la végétation spontanée ; cependant, au printemps, il convient de donner un sarclage, que l'on fait suivre d'une légère couverture de terre.

Dans le milieu de l'été, on coupe les tiges pour fourrage ; ou bien, si la floraison se présente d'une manière favorable et qu'on ait besoin de graines, on attend qu'elles soient mûres pour les récolter.

La garance donne un fourrage médiocre, que l'on fait consommer par les mulets ; les vaches en mangent, mais elles lui préfèrent toute autre nourriture ; pendant qu'elles en reçoivent, le lait prend une teinte un peu rougeâtre, le beurre est jaune foncé, les urines paraissent sanguinolentes, enfin les os se colorent en rouge (1).

Pour presque toutes les plantes on peut juger du développement des racines par celui des tiges et réciproquement ; pour la garance, on a trouvé qu'il y a ordinairement égalité entre le poids de la récolte fourragère et celui des racines qui seront récoltées l'année sui-

---

(1) Il est inutile de dire que, pour établir un compte exact, on doit faire intervenir les intérêts des diverses avances proportionnellement à leur durée.

(1) Tous ces effets sont beaucoup plus prononcés quand on mêle de la poudre de racine de garance avec les aliments destinés au bétail.

vante, les deux produits supposés réduits à l'état sec (1).

Lorsque la fructification réussit, on peut obtenir 300 kilog. de graines par hectare. Ce ne sont pas les terres les plus favorables à la production des racines qui conviennent le mieux à la production des graines. Au contraire, il est reconnu que les fleurs nouent plus sûrement dans les terres fortes que dans les terres légères. La maturité, qui arrive en septembre, se révèle par la couleur noire que prennent les baies. Pour les récolter, on fauche, on laisse sécher pendant quelques jours sur le sol, puis on transporte le tout sur une aire, où un léger battage suffit pour isoler la bonne semence. On doit la laisser exposée au soleil jusqu'à ce que la pulpe qui l'entoure soit parfaitement desséchée; sans quoi elle moisirait pendant l'hiver, et le germe périrait.

Quant à l'influence des deux récoltes, tiges ou graines, sur le développement des racines, elle parait peu sensible, et le produit est également bon, également abondant, après l'une comme après l'autre récolte.

Avant l'hiver de la deuxième année, on charge, ainsi qu'on l'a fait l'année précédente, les planches de garance d'une couche de terre meuble, que l'on prend dans les intervalles dont nous avons parlé. A la suite de cette opération, le sol se trouve partagé en planches relevées, séparées par des fossés qui ont 50 et 60 centimètres de profondeur.

La surface occupée par les fossés représente au moins le cinquième de l'espace cultivé; on peut se demander si, ne pouvant les supprimer complétement, il ne serait pas utile d'en réduire le nombre en formant des planches plus larges, afin d'augmenter la surface de production (2)? Cette question est résolue pour les cultivateurs provençaux. Ils estiment que les racines qui croissent sur les bords des fossés sont dans les circonstances particulièrement favorables, et qu'elles acquièrent une supériorité de qualité, de volume et de poids relativement à celles qui se développent au milieu des planches; aussi beaucoup d'entre eux font-ils des planches plus étroites encore que nous ne l'avons indiqué; ils multiplient les fossés, et réduisent ainsi sans regret l'étendue productive, pour augmenter les conditions favorables à la production.

La troisième année, la culture est nulle; on attend le moment de la récolte, qui se fait dans les mois de septembre et d'octobre, quelque-

(1) Il est à noter que c'est dans les terres à garance, les palus de Vaucluse, que cette égalité a été observée.
(2) Dans les pays où l'on plante, on ne recouvre la garance que pendant une année, il faut moins de terre que dans les pays où l'on sème, et l'on fait des planches plus larges : ainsi, en Alsace, on donne aux sillons 5 et 6 mètres de largeur.

fois plus tôt dans le midi, où l'on profite de la chaleur atmosphérique pour dessécher les racines; plus tard, si l'on veut, dans le nord, où la dessiccation doit nécessairement avoir lieu à l'étuve. En tous cas, les récoltes du printemps sont nuisibles à la qualité de la garance.

Avant de procéder à l'arrachage, on coupe les tiges pour fourrage; mais cette deuxième récolte n'équivaut qu'à la moitié de la première. Pour extraire la garance du sol, on ouvre une tranchée que l'on creuse jusqu'au niveau auquel parviennent les racines, on enlève un peu de terre en dehors, et quand le sol est ainsi miné dans toute la largeur du sillon, on fait tomber la partie supérieure, qui se divise en mottes faciles à rompre, et parmi lesquelles on recueille les racines.

Ce mode d'arrachage, auquel une charrue ne pourrait suppléer que d'une manière très-imparfaite, est long et dispendieux. Dans les terres légères de Vaucluse, il nécessite 165 journées de travail d'un homme par hectare; en Alsace, 250 à 300 journées.

Il convient de débarrasser les racines de la terre qui adhère après elles et qui pourrait en retarder la dessiccation; mais il ne faut pas les laver, parce que l'eau enlève une partie de la substance colorante.

En Provence, la dessiccation se fait en plein air; dans les contrées plus septentrionales, la chaleur atmosphérique ne suffit plus, on est obligé de recourir à l'étuve. Pour les petites quantités, on peut se servir d'un four ordinaire, dont on porte la température à 50°. Il faut éviter de précipiter la dessiccation par une chaleur trop forte, qui aurait l'inconvénient d'altérer la qualité de la garance.

Le poids des racines, en passant de l'état frais à l'état sec, se réduit des quatre cinquièmes au moins. Des racines très-menues peuvent perdre les sept huitièmes de leur poids.

Une bonne récolte de garance peut fournir 40 quintaux métriques de racines sèches, valant 60 francs l'un, ce qui donne un produit de 2,400 fr., auquel il faut ajouter 60 quintaux métriques de fourrage à 4 fr. l'un, soit 240 fr.; d'où l'on voit que la valeur des produits à recueillir dans une culture de garance s'élève à 2,640 fr.

Les racines de garance ont une grande disposition à fermenter; aussi l'on doit les conserver bien sèchement : la moindre atteinte de moisissure, une simple altération de couleur, suffisent pour diminuer la qualité et la valeur. Une odeur assez forte, tirant un peu sur celle de la réglisse, est l'indice d'un bon état de conservation. A la longue, cette odeur disparaît : alors la garance est vieille, et elle a perdu de ses propriétés colorantes.

Dans le commerce, on distingue trois sortes de garance : la rouge, la rose et la jaune. La première est la meilleure, la dernière est la moins estimée. Pour concevoir que ces diverses sortes de produits s'obtiennent de la même plante, il faut savoir que la garance renferme deux principes colorants dont la proportion n'est pas constante : l'un, rouge, s'appelle *alizarine* et se développe surtout dans les terres meubles et fraîches; l'autre, jaune, domine dans les circonstances opposées : on l'appelle *authine*. C'est principalement dans l'aubier, entre l'écorce et le bois, que réside la fécule colorante. Il en résulte que les racines de moyenne grosseur, dont le diamètre égale le petit doigt, sont les plus avantageuses, parce qu'elles renferment plus d'aubier et par conséquent de matière utile. Les petites racines ont une trop forte proportion d'écorce; les grosses contiennent trop de bois.

Dans certaines localités, on arrache la garance à l'automne même de l'année où l'on a planté, ou bien la deuxième année après le semis; par cette méthode, que le besoin d'argent ou le désir de profiter d'un cours avantageux pour la vente peuvent à peine justifier, on n'obtient qu'un produit peu considérable et de médiocre qualité.

Quelquefois on a essayé de prolonger d'une année la durée ordinaire de la garance; mais on n'a pas trouvé qu'en général, dans notre pays, l'excédant de production compensât les frais de culture et la valeur du loyer du terrain.

Du reste, il est en France diverses causes qui tendent à limiter à trois années la durée d'une garancière. Nous citerons d'abord la pourriture, à laquelle sont exposées les racines dans quelques terrains; puis le froid, qui attaque les plantes au collet et fait noircir les racines, ce qui leur ôte presque toute valeur; enfin un champignon (le *Rhizoctonia rubiæ*) paraît se développer sur les racines de garance. Cette singulière production, qui a de l'analogie avec les rhizoctones de la luzerne et du safran, se montre sous forme de filaments déliés, légèrement aplatis et de couleur bistre. Ces filaments enlacent les racines de la garance et en absorbent les sucs nourriciers; parfois ils se réunissent pour former des pelotons de la grosseur d'une noisette. Trop souvent les garancières sont ravagées, sur des espaces considérables, par ce parasite, dont les cultivateurs sont encore impuissants à prévenir et à combattre la reproduction.

Duhamel du Monceau, *Éléments d'agriculture*; 2 vol. in-12, 1765.
Article GARANCE du *Dictionnaire d'agriculture*, édité par Déterville.
De Gasparin, dans le second volume de la *Maison rustique du dix-neuvième siècle*.
Schwerz, *Culture des plantes économiques*; in-8°, 1847. — *Agriculture de l'Alsace*, in-8°.
Leclercq-Thouin, *Journal d'agriculture pratique*, année 1858-1859.
J. Decaisne, *Recherches sur la garance et sur le*

développement de la matière colorante dans cette plante, Mémoire couronné par l'Académie royale de Bruxelles.
Mathieu de Dombasle, *Calendrier du bon cultivateur*.

LOEUILLIET.

GARANT, GARANTIE. (*Jurisprudence.*) La *garantie* est une sûreté contre une éventualité quelconque; le *garant* est celui qui la donne, le *garanti* celui qui la reçoit.

Dans le domaine et au point de vue de la loi, la *garantie* constitue les droits du garanti sur le garant; elle devient l'obligation de préserver d'attaques ou d'indemniser du préjudice que ces attaques ont pu causer. « Un garant, dit Loyseau, est celui qui assure un autre. » — Notre Code civil, réglementant cette matière, suppose la garantie dans nombre de cas. Ainsi, en matière de partage, l'article 884 du Code civil nous montre les cohéritiers respectivement garants les uns envers les autres des troubles et évictions soufferts par les biens héréditaires. Au titre *De la vente*, le vendeur garantit à l'acquéreur la possession paisible et durable de l'objet vendu. L'article 1693 exige que l'existence d'une créance, au moment de sa vente, soit garantie. Le bailleur, d'après les articles 1721 et 1727, doit garantir son preneur contre les évictions de la chose louée. Le prêteur lui-même garantit celui qu'il oblige contre les pertes que les défauts à lui connus de sa chose pourraient occasionner. Les voituriers par terre et par eau (articles 1782 et suivants), les aubergistes (art. 1952 et suivants), garantissent par leur responsabilité les objets qu'ils prennent en dépôt. De même les ouvriers sont garants de leurs ouvrages; ainsi, l'entrepreneur (art. 1792) est, pendant dix ans, responsable des vices de construction. Une loi très-ancienne, rapportée par Hermonopulus, liv. 3, tit. 8, et en vigueur avant nos lois actuelles, était bien plus sévère sur ce dernier point : « Elles établissaient, dit Ferrière, des peines afflictives contre les architectes et entrepreneurs qui, avides de gain, se chargent d'un trop grand nombre d'ouvrages et les rendent imparfaits. »

La *garantie* est *légale* quand la loi la suppose; mais elle peut résulter, dans d'autres cas, de l'accord des parties : elle est alors *conventionnelle*. Les conventions qui les forment peuvent aussi les empêcher d'exister; car la garantie est une obligation accessoire au contrat; mais elle n'est pas de son essence, il peut exister sans elle; les parties peuvent donc convenir qu'elles ne garantissent pas l'objet du contrat.

Il y a *garantie de droit* et *garantie de fait*. La première est celle qui porte sur le droit de la chose ou sur ses qualités capitales, essentielles pour l'usage qu'on en veut faire;

la seconde est celle qui regarde les vices et les qualités *non essentielles de la chose* : la première est de rigueur, la seconde doit être stipulée pour exister.

Dans notre ancien droit, il y avait encore la *garantie des faits du prince*, c'est-à-dire que, si le prince jugeait à propos de dépouiller un particulier d'un héritage acheté, celui-ci ne pouvait, pour cette cause, recourir en garantie contre son vendeur, que dans le cas où une clause spéciale avait été stipulée, cette garantie étant de fait et non de droit. Maintenant nous n'avons plus à craindre le bon plaisir du prince; on peut nous exproprier pour cause d'utilité publique; mais l'équité et la prudence de cette procédure, et surtout la juste et préalable indemnité exigée par l'article 545 du Code civil et par l'article 9 de la Charte, rendent toute garantie, même stipulée, à peu près sans utilité.

On distingue encore la *garantie formelle* de la *garantie simple*. « La garantie formelle, dit Boitard (1), est celle à laquelle donne lieu, de la part du défendeur originaire, l'exercice d'une *action réelle ou hypothécaire* qui se trouve intentée contre lui. » Le garant, en ce cas, pourra toujours prendre le fait et cause du garanti, qui sera mis hors de cause, s'il le requiert avant le jugement; ce sont les termes de l'art. 182 du Code de procédure civile. C'est ce qui distingue la garantie formelle de la garantie simple, dans laquelle, selon l'art. 183 du même Code, conformément à l'art. 8 de l'ordonnance de 1667, « le garant pourra seulement intervenir, sans prendre le fait et cause du garanti. » Boitard, plus loin, § 484, donne cette définition *a contrario* de la garantie simple : « C'est la garantie exercée par un défendeur qui se trouve inquiété, non point par une action réelle, mais au contraire par une action personnelle. »

La fréquence des mutations de propriété donne à la garantie en matière de vente une importance que notre Code a bien comprise; aussi, donne-t-il, au titre *De la vente,* des détails réglementaires assez étendus sur cette matière. Nous allons voir, dans une rapide esquisse, quelle *application* ils peuvent donner des principes généraux que nous venons d'établir.

L'article 1625 déclare que la garantie de l'acquéreur contre le vendeur a deux objets; d'où deux paragraphes. *Le premier traite du* recours en garantie de l'acquéreur qu'une éviction ou qu'un trouble quelconque prive d'une possession paisible; le second s'occupe de la garantie pour cause des défauts cachés de la chose vendue. Voilà la garantie de droit : la loi l'accorde sans qu'il soit besoin de la

(1) *Leçons de procédure civile,* explication de l'article 182.

convenir à l'avance, par opposition à la garantie de fait, que l'article 1627 permet aux parties de stipuler. Les parties peuvent même, continue le même article, détruire la garantie de droit, excepté, dit l'article suivant, celle qui résulte de leur fait personnel. L'art. 1630 et les suivants énumèrent les différents effets de la garantie pour cause d'éviction; ils consistent dans la restitution au garanti du prix des fruits, lorsqu'ils appartiennent à *celui qui* évince, des frais de la demande en garantie, des frais du contrat, et des dommages et intérêts, ces derniers évalués, selon l'art. 1149, d'après l'estimation de la perte soufferte et de la privation du gain. Puis suivent quelques modifications basées sur l'état actuel de la chose, ou sur la bonne ou mauvaise foi du vendeur. Cette garantie cesse si l'acquéreur s'est laissé condamner sans appeler son vendeur, *lorsque celui-ci possédait des moyens* capables de faire rejeter la demande.

Le second paragraphe s'occupe de la garantie pour cause des défauts cachés de la chose vendue, lorsque ces défauts (art. 1641) sont d'une telle importance que l'acheteur n'aurait pas acquis cette chose, ou n'en aurait donné qu'un moindre prix s'il les avait connus. Les effets de cette garantie sont la restitution ou la diminution du prix, au choix de l'acquéreur, qui peut vendre ou garder la chose, et en outre des dommages-intérêts, suivant les cas.

Ces défauts sont ceux que l'on appelle vices rédhibitoires. Pour qu'il ne soit rien laissé à l'appréciation plus ou moins éclairée des experts, il serait à désirer que des lois vinssent préciser ces vices. Jusqu'ici nous n'avons sur cette matière qu'une loi du 20 mai 1838, concernant les vices rédhibitoires chez les animaux des trois espèces bovine, ovine et chevaline. M. Troplong, titre *De la vente,* donne des développements très-complets sur la garantie dans les ventes.

L'exercice de la garantie est différent chez nous de ce qu'il était chez les Romains. D'après les lois romaines, en effet, l'acquéreur dénonçait à son vendeur la demande en éviction dont on le menaçait; mais ce dernier n'était pas *forcé d'intervenir,* et l'acquéreur ne pouvait exercer son recours en garantie qu'après la consommation de l'éviction. Maintenant la garantie s'exerce par action principale ou par demande incidente, et le garanti, *comme nous l'avons vu,* peut mettre en cause son garant.

Le délai pour appeler en garantie est de huitaine (art. 175 du Code de procédure civile), délai modifié, augmenté, selon les besoins des distances ou du nombre des garants ou des sous-garants, ainsi que le règlent les articles suivants compris au Code de procédure civile, sous le § IV, au titre *Des exceptions,* titre que

Boitard, dans ses leçons de procédure, a expliqué avec une grande clarté.

Il arrive que l'exécution des obligations est assurée, garantie par un tiers qui s'oblige à y satisfaire au défaut du débiteur principal : c'est ce qu'on nomme *cautionnement* (titre 14 du Code civil).

Garanties individuelles. Les garanties individuelles, nées primitivement des instincts de l'homme à l'état de nature, notablement modifiées et augmentées par l'expérience et la civilisation, avaient été, en dernier lieu, consacrées en France par la Charte de 1830; les principes d'égalité qui y étaient proclamés, et qu'est venue sanctionner depuis la révolution de février 1848, pour n'être, selon toutes les probabilités, qu'un retour à un plus ancien état, n'en sont pas moins la plus belle conquête de l'esprit humain.

Outre ces garanties personnelles, qui sont les droits de chacun, on comprend que dans nos sociétés, organisées comme elles le sont, il doit y en avoir de particulières, attachées à certaines positions, à certaines fonctions, et que la société, pour sa propre sûreté, accorde aux hommes qui les occupent ; c'est ainsi que la Charte avait établi en France l'inviolabilité du roi, celle des pairs (art. 29), celle des députés (art. 43, 44). Ces garanties sont ce qu'on appelle *les garanties constitutionnelles.*

Les agents du gouvernement, les fonctionnaires publics, représentent le gouvernement qui les institue, et sont présumés agir d'après ses ordres; aussi à leurs charges sont attachées *certaines garanties* plus *ou moins* respectables, selon le degré d'importance de ces charges. Les fonctionnaires ne peuvent être traduits en justice, pour cause d'abus de pouvoir ou de délits commis dans l'exercice de leurs fonctions, qu'en vertu d'une autorisation ; c'est une loi du 22 frimaire an VIII qui l'établit. L'art. 75 de cette loi est ainsi conçu: « Les agents du gouvernement, autres que les ministres, ne peuvent être poursuivis pour des faits relatifs à leurs fonctions qu'en vertu d'une décision du conseil d'État : en ce cas, la poursuite a lieu devant les tribunaux ordinaires. » Ces termes *agents du gouvernement* comprennent les conseillers d'État, préfets, sous-préfets, intendants militaires ou de marine, les directeurs et inspecteurs des postes, et les agents inférieurs de leur administration, les militaires, ecclésiastiques, employés des contributions directes ou indirectes, de l'enregistrement, de l'octroi, des douanes, etc. La loi du 2 frimaire an VIII veut que l'autorisation émane du conseil d'État; mais plusieurs arrêtés, notamment ceux de pluviôse an X, de floréal an X, de pluviôse an XI, de thermidor an XI ; des lois postérieures, celle du 28 avril 1816, article 244, sur les droits-réunis, une autre sur les douanes de la même année, art. 55, tit. 5, ont modifié pour plusieurs cas cette législation, et permettent que, quelquefois, pour les agents subalternes, l'autorisation émane de moins haut.

Les juges étaient, sous nos anciennes lois, les seuls à jouir de cette garantie que nos lois actuelles ont étendue à tous les fonctionnaires administratifs. Toutefois ces garanties entourent encore les juges avec plus de plénitude; car elles les protégent aussi lorsqu'il s'agit de crimes commis hors de l'exercice de leurs fonctions. Après nos lois anciennes, celles du 22 frimaire an VIII, du 27 ventôse an VIII, ont réglé cette matière. Toutes ces lois sont maintenant remplacées par le Code d'instruction criminelle, liv. II, tit. 4, chap. 3.

La *garantie des matières d'or et d'argent* intéresse trop directement les fortunes pour n'être pas l'objet de dispositions spéciales. Cette garantie consiste dans l'apposition de certaines marques sur les pièces d'orfévrerie, à l'aide de différents poinçons : celui du fabricant, celui du titre, celui du bureau de garantie. Beaucoup de formalités sont exigées pour empêcher les abus et prévenir les fraudes.

Les ouvrages scientifiques, littéraires, artistiques, sont aussi garantis par des dispositions qui assurent, autant que possible, à leurs auteurs cette propriété si légitime et si sacrée des créations de la pensée.

VICTOR LEFÈVRE.

GARD (Département du). (*Topographie et Statistique.*) Topographie. — Le département du Gard est un de ceux qui ont été formés de l'ancien Languedoc ; il appartient à la région méridionale et maritime de la France. Au sud, il touche, par une petite étendue de côtes, à la Méditerranée ; à l'ouest, il est limité par les départements de l'Hérault, de l'Aveyron et de la Lozère; au nord, par celui de l'Ardèche; à l'est, par ceux de Vaucluse et des Bouches-du-Rhône, dont le Rhône le sépare. Sa superficie est de 592,108 hectares, et est ainsi répartie :

Contenances imposables.

Landes, pâtis, bruyères. . .	158,058 hect.
Terres labourables. . . .	157,535
Bois.	106,472
Vignes.	71,306
Cultures diverses.	58,156
Prés.	8,382
Étangs, abreuvoirs, mares, canaux.	2,766
Oseraies, aunaies, saussaies.	2,162
Vergers, pépinières et jardins.	1,592
Propriétés bâties.	1,548
A reporter.	567,977

Report. . . . . 567,977 hect.

Contenances non imposables.

Rivières, lacs, ruisseaux. . 12,365
Routes, chemins, places
  publiques, rues, etc. . . 10,440
Forêts, domaines non pro-
  ductifs. 1,202
Cimetières, églises, presby-
  tères, bâtiments publics . 124

Total. . . . 592,108 hect.

Le nombre des propriétés bâties est de 66,084, dont 64,669 consacrées à l'habitation, et 754 moulins.

La limite occidentale du département du Gard, dans une partie de son étendue, longe à peu de distance, soit en deçà, soit au delà, la chaîne des montagnes du Gévaudan, qui détermine, pour la surface du département, une pente générale à l'est, vers le Rhône, sur lequel il appuie toute sa frontière orientale.

Les cours d'eau qui sillonnent cette pente pour aller se perdre dans le Rhône sont principalement la Cèze et le Gard. Une autre rivière moins importante, la Vidourle, a sa direction au sud et va se jeter dans l'étang de Mauguio. En outre, la source et une petite partie du cours supérieur de l'Hérault appartiennent à ce département.

Le département possède plusieurs canaux. Le plus important est celui de Beaucaire à Aigues-Mortes, lequel communique avec la mer par une prolongation dite la Grande-Roubine, et avec le canal du Midi par celui de la Radelle. Le canal de Bourgidou est une dérivation de celui de Beaucaire.

Les grandes communications terrestres du département, tant à l'extérieur qu'à l'intérieur, sont facilitées par 10 routes nationales et 24 routes départementales. Le parcours de celles-ci est de 657,732 mètres, celui des premières de 483,180 mètres.

Entrecoupé de montagnes, de rochers, de collines, de vallées, de plaines, d'étangs et de marais, ce département présente un sol très-varié.

Climat. — Température généralement chaude et sèche; ciel presque constamment pur et beau. — Les vents dominants sont ceux du nord. Les vents marins ou du sud sont chauds, humides et pluvieux.

Productions. Histoire naturelle. — A part les bêtes à laine, les races d'animaux domestiques du département du Gard sont généralement médiocres. Les animaux nuisibles les plus communs sont le renard et le loup. Toutes les espèces d'animaux domestiques abondent dans les basses-cours. Les rivières sont très-poissonneuses.

Les essences dominantes des forêts sont les pins, les chênes, les hêtres et quelques

sapins. Le territoire du département est en général peu fertile en grains. La culture a pour objet le blé, le seigle, l'orge, le maïs, le millet, le sarrasin, les fèves, les lentilles, les pois, l'avoine, etc. La pomme de terre y est très-commune. Les jardins produisent abondamment d'excellents fruits. De belles prairies s'étendent sur les bords du Gardon, de la Cèze et de la Vidourle. Le trèfle et le sainfoin sont cultivés avec succès dans plusieurs localités. L'olivier est une des richesses du département, ainsi que la vigne et le mûrier.

Le Gard est un des départements de la France les plus riches en matières minérales susceptibles d'exploitation. On y trouve : 1° en substances métalliques, des minerais de fer, de plomb, d'antimoine et de zinc, et des sables aurifères; 2° en substances combustibles, la houille et le lignite; 3° en substances salines employées dans le commerce pour les matières colorantes, la couperose ou sulfate de fer; 4° d'excellents matériaux pour la construction, du gypse ou sulfate de chaux, des pierres à chaux, des argiles à creusets, etc.

Division administrative. — Le département du Gard se divise en 4 arrondissements de sous-préfecture, dont les chefs-lieux sont Nîmes, Alais, Uzès et le Vigan; il renferme 38 cantons et 342 communes.

Le département fait partie de la 9e division militaire, dont le quartier général est à Montpellier. Nîmes est le chef-lieu de la 29e conservation forestière et le siége d'une cour d'appel, à laquelle ressortissent le département du Gard et ceux de l'Ardèche, de la Lozère et de Vaucluse. Pour l'administration universitaire, les mêmes départements sont compris dans le ressort de l'académie de Nîmes. Le département forme un évêché, dont le siége est à Nîmes, et qui est suffragant de l'archevêché d'Avignon.

Population. — D'après le dernier recensement, elle est de 400,381 individus, ainsi répartis :

Arrondiss.	de Nîmes............	146,045
—	d'Uzès................	89,536
—	d'Alais................	98,133
—	du Vigan............	66,667
	Total............	400,381

Industrie agricole. — Le Gard n'est pas un département agricole; moins des deux septièmes du sol sont en terres arables, et il ne fournit guère plus du tiers des céréales nécessaires à la consommation. La châtaigne supplée au blé. Elle forme la principale nourriture des habitants des communes rurales. Le huitième du département est planté de vignes; les vins jouissent d'une réputation méritée, et on en évalue la production annuelle à plus d'un million d'hectolitres. Un tiers est consommé dans le pays, un tiers est livré au commerce, et l'autre tiers est converti en eaux-de-vie. Après la vigne, deux branches importantes de la richesse agricole du département sont l'olivier et l'éducation des vers à soie.

Le revenu territorial est évalué à 20 millions de francs. Le nombre des propriétaires est d'environ 115,000 : ce qui établit pour chacun d'eux, en moyenne, un revenu de 175 fr. Le nombre des divisions parcellaires de la propriété foncière est de 1,143,478, ou de 10 environ par propriétaire.

Industrie manufacturière et commerciale. — La soie et les nombreuses fabriques qui l'emploient sont les principales branches du commerce et de l'industrie du département du Gard. Les produits les plus considérables et les plus usuels des fabriques sont les étoffes pures ou mélangées, les châles de laine pure ou mélangée de soie ou de coton, les bas de soie ou de coton, les gants, etc. Il est une autre source assez importante de travail et de commerce : c'est la préparation de la soie, c'est-à-dire le dévidage, l'étirage, la teinture, etc. L'impression des étoffes, des châles et autres objets de la fabrique est aussi une industrie assez importante. Le département possède, en outre, des verreries, des fabriques d'étoffes de laine, des manufactures de molleton, des tanneries, des papeteries, des fabriques de chapeaux de soie, etc.

Foires. — Elles sont, dans le département, au nombre de 114, et se tiennent dans 45 communes. Les articles de commerce sont les chevaux, les bestiaux, les chèvres, les porcs, etc.; les soies, les laines, le chanvre, les cuirs et les peaux, les châtaignes, les pommes de terre, les aulx et oignons, etc. — La foire de Beaucaire, où se trouvent des articles de toute nature, est une des plus célèbres de l'Europe; il s'y fait pour 25 millions d'affaires. Elle commence le 22 juillet et dure sept jours. — Les autres foires importantes du département sont les deux foires d'Aigues-Mortes (8 septembre, 8 jours; 30 novembre, 15 jours); celle de Saint-Gilles (1er septembre, 2 jours); celle du 24 août, à Alais (8 jours); celle du Pont-Saint-Esprit (1er septembre, 8 jours); celle de Roquemaure (16 août, 8 jours); et les deux foires de Villeneuve-lès-Avignon (31 mars, 6 jours, et 30 novembre, 8 jours).

Impôts directs. — En 1839, le département a payé à l'État :

Contribution foncière. . .	1,786,550 fr.
Contributions personnelle et mobilière..	383,100
Contribution des portes et fenêtres.	220,585
Total des impôts directs...	3,390,235 fr.

Douanes. — Il y a dans le département un bureau (Aigues-Mortes), dépendant de la direction de Montpellier.

Antérieurement à la révolution, la partie du Languedoc qui forme aujourd'hui le département du Gard avait vu naître beaucoup d'hommes distingués. Nous citerons le pape Clément IV, le grammairien Rivarol, le littérateur Florian, le savant Court de Gébelin, le brave d'Assas. Dans l'époque contemporaine, nous pouvons mentionner l'historien Rabaud de Saint-Étienne, le peintre Sigalon et M. Guizot, outre un grand nombre de généraux de la révolution et de l'empire.

Grangent, *Description abrégée du Gard* ; in-4°, 1817.

Rivoire (Hect.), *Statistique du départ. du Gard,* in-4°, 1842.

Notices des travaux de l'Académie du Gard; 6 vol. in-8°, 1811-1841.

Annuaires administratifs du Gard ; in-8°, 1819-44.

G.

GARDE. (*Législation.*) GARDE CHAMPÊTRE. C'est un agent préposé à la garde des champs. Ainsi qu'on le voit, ce mot est un de ces composés heureux qui sont leur propre explication.

Les officiers appelés maintenant *gardes champêtres* portaient, dans notre ancien droit, le nom de *messiers* (de *messis*, moisson, en latin *messarius*; quelques-uns tirent ce mot du celtique ou bas-breton *messaer*, qui signifie berger, gardeur de bêtes, venant de *meas* champ, pâturage). Ils portaient encore différents noms selon les provinces : par exemple, ceux de *bangards* en Lorraine, de *gâstiers* en Auvergne, de *bannerots* dans le pays Messin; enfin dans d'autres provinces on les nommait *sergents de verdure, bannards,* et quelquefois *gardes champêtres.*

Tous ces noms s'appliquaient au même agent de police rural, que l'on définissait : *messium et vinearum custos, le vigner* ou *garde des vignes* ou *des bleds et moissons* (Glossaire du droit français), c'est-à-dire un villageois commis à la garde des récoltes et particulièrement des vendanges.

Malgré la différence des usages locaux, les qualités générales qu'on exigeait de ces agents étaient la capacité pour remplir ces fonctions, *ils seront idoines;* la moralité et l'âge suffisant (dix-huit ans, selon Chassanée, *Coutume de Bourgogne*; vingt-deux ans selon d'autres). Ils étaient nommés par les autorités locales et, d'après un édit de novembre 1706, l'officier de police, et à son défaut le juge ordinaire, recevait d'eux le serment de bien et fidèlement remplir leur devoir.

Longtemps leur nomination fut facultative, jusqu'à ce qu'une déclaration du 11 juin 1709, art. 16, fût venue ordonner qu'il serait nommé dans chaque paroisse un nombre de messiers proportionné à l'étendue du territoire.

Les messiers étaient responsables des dégâts qu'ils négligeaient de faire connaître. Ils n'étaient pas tenus d'écrire leurs procès-verbaux, ils faisaient seulement des rapports verbaux au greffier, qui les inscrivait. Ces rapports, affirmés véritables, faisaient foi en justice; beaucoup de lois et de coutumes l'établissent; et sur les rapports des messiers, les délinquants étaient condamnés à une amende et à des dommages-intérêts envers la partie lésée.

Lorsque les délinquants, surpris en flagrant délit, étaient sans aveu et sans domicile, les messiers pouvaient les arrêter et saisir leurs effets, et l'art. 36 de la *Coutume de Normandie* dispose que ces délinquants « seront conduits en la prison du seigneur, afin qu'ils aient à bailler plége et payer amende et dommage, sinon, au bout de vingt-quatre heures, seront renvoyés aux prisons royales ou du haut justicier. »

Les fonctions de messiers étant annuelles, et même pour la seule saison des fruits, elles cessaient après la récolte. Leurs gages étaient prélevés sur les impositions locales.

Nos lois nouvelles ont apporté peu de changement dans les dispositions que nous venons de voir; nos législateurs ont adopté les principes anciens : ils se sont contentés de les faire concorder avec notre organisation actuelle et d'en former un corps de lois facile à compulser. La première loi sur cette matière est celle du 28 septembre 1791; une autre du 20 messidor an III ordonna l'établissement de gardes champêtres dans *toutes les communes*; ses dispositions, reproduites d'abord dans le Code du 3 brumaire an IV, sont maintenant remplacées par les art. 16 et suiv. du *Code d'instruction criminelle*. Esquissons les principales dispositions de ces lois qui nous régissent actuellement.

Et d'abord on comprend combien il est important de rencontrer chez les gardes champêtres des conditions de moralité, de zèle et même de courage qui les rendent propres à remplir leurs fonctions, souvent délicates, et soient en même temps, pour les habitants des campagnes, une garantie contre des abus qui pourraient devenir la source de vexations déplorables. L'art. 5 de la loi du 28 septembre 1791 exige qu'ils soient âgés de vingt-cinq ans au moins et qu'ils soient reconnus pour gens de bonnes mœurs. Un arrêté du gouvernement du 25 fructidor an IX règle le mode de nomination des gardes champêtres; il veut qu'ils soient choisis parmi les vétérans dont les préfets auront dû dresser une liste; ce choix est confié aux maires, contrôlé par le conseil municipal, et admis enfin par le sous-préfet, lequel délivre la commission.

Ainsi admis, il ne reste plus au candidat

garde champêtre qu'à prêter serment devant le juge de paix; ce serment, contenu dans l'article 5, sect. 7, loi du 28 septembre, est de : « Veiller à la conservation de toutes les propriétés qui sont sous la foi publique, et de toutes celles dont la garde leur aura été confiée par l'acte de leur nomination. »

Toutes ces formalités remplies ont conféré au garde champêtre la plénitude de ses pouvoirs. Il est agent de la force publique et doit prêter main-forte lorsqu'on l'en requiert. Les excès commis contre ce fonctionnaire dans l'exercice de ses fonctions sont de la compétence de la cour d'assises (C. Pén., art. 228, 230). Il est de plus officier de police judiciaire, auxiliaire du procureur de la république, à la surveillance duquel il est soumis (a. 17, C. Inst. crim.); ce caractère le fait jouir des priviléges et garanties des membres de l'ordre judiciaire.

Les fonctions des gardes champêtres sont de veiller à la sûreté des propriétés rurales : ce qu'ils font en les parcourant munis d'une plaque de métal ou d'étoffe, insigne de leur dignité, qu'ils placent en endroit apparent et sur laquelle sont écrits le titre de la loi, le nom de la municipalité et celui du garde. Le préfet leur accorde, en outre, le port des armes qu'il juge leur être nécessaire.

Ils recherchent, chacun dans le territoire pour lequel il a été assermenté et hors duquel il serait incompétent, les délits et contraventions qui portent atteinte aux propriétés rurales. Lorsqu'ils en ont découvert, ils le constatent, non plus verbalement, comme autrefois les messiers, mais en dressant un procès-verbal qui en détermine la nature, les circonstances, le temps, le lieu, ainsi que les preuves et indices qu'ils ont pu recueillir; les gardes champêtres doivent donc savoir écrire.

Ce procès-verbal, qui contient de plus les qualités du garde champêtre, la déclaration qu'il en a faite au délinquant, la date et sa signature, doit être remis dans le délai de trois jours, y compris le jour du délit, au commissaire de police, ou, à défaut, au maire ou adjoint, devant lequel le garde champêtre doit affirmer la vérité de sa déclaration : cette réception de l'affirmation est obligatoire pour les maires et adjoints, lesquels doivent en saisir la justice dans le délai de huit jours. Si le délit est de nature à emporter une peine correctionnelle, la remise du procès-verbal doit être faite directement au procureur de la république. La poursuite de ces délits ou contraventions est entreprise, au plus tard, dans le délai d'un mois, par la partie lésée ou le ministère public, faute de quoi il n'y a plus lieu à poursuivre (art. 8, loi du 28 septembre 1791).

Comme dans notre ancien droit, les gardes champêtres sont responsables des délits qu'ils négligent de faire connaître dans les trois jours (art. 7, 28 sept. 1791). Il peut se présenter différentes circonstances dans lesquelle le garde champêtre, à raison de la gravité du cas ou de l'impossibilité, est dispensé de suivre la marche ordinaire. Par exemple, supposé l'art. 16 du C. d'inst. crim., s'il surprend en flagrant délit un individu qui, à raison de ce délit, peut encourir une peine d'emprisonnement, ou si cet individu est dénoncé par la clameur publique, le garde champêtre l'arrêtera et le conduira devant le juge de paix ou le maire; il pourra même, à cet effet, se faire prêter main-forte par les autorités municipales, qui ne pourront s'y refuser.

Le même article prévoit encore le cas où les choses enlevées seraient transportées dans des maisons ou autres lieux fermés; les gardes champêtres peuvent saisir les objets enlevés pour les mettre en séquestre; mais, par égard pour l'inviolabilité des domiciles, ils ne peuvent s'introduire dans les enclos qu'en présence du commissaire de police, du juge de paix, du maire, ou de leurs remplaçants, lesquels signeront le procès-verbal.

La force probante des procès-verbaux des gardes champêtres ne va pas jusqu'à l'inscription de faux; on peut les combattre par la preuve contraire, à défaut de laquelle ils font foi en justice.

En leur qualité d'agents de la force publique, les gardes champêtres ont certains rapports avec la gendarmerie : ces rapports sont réglés par un décret du 11 juin 1806. D'après ce décret, les gardes champêtres sont tenus de faire connaître leur installation aux officiers ou sous-officiers de gendarmerie de leur canton; ces officiers surveillent leur conduite, qu'ils font connaître aux sous-préfets; ils peuvent en outre les mettre en réquisition pour les cas qui intéressent la tranquillité publique; ils leur transmettent le signalement des malfaiteurs, déserteurs, conscrits réfractaires ou autres individus qu'ils ont ordre d'arrêter, et si les gardes champêtres les arrêtent, ils reçoivent la gratification qu'auraient eue les gendarmes pour le même fait. De leur côté, les gardes champêtres informent les maires de leurs communes de tout ce qu'ils ont pu découvrir de contraire au maintien de l'ordre et de la tranquillité publique, et les maires transmettent ces avis aux officiers de la gendarmerie.

Les fonctions des gardes champêtres ne sont plus annuelles comme l'étaient celles des messiers; la durée n'en est pas limitée, et l'on voit des gardes champêtres vieillir dans leur état, souvent bien pénible pour ceux qui veulent le remplir en conscience et avec zèle.

Leurs travaux sont en général assez médio-

crement rétribués; leurs salaires sont prélevés sur les revenus des communes qui les instituent, et quand ces revenus ne suffisent pas, on les augmente à cet effet au moyen de centimes additionnels à la contribution foncière, assis sur les biens ruraux : ainsi les propriétés rurales payent leurs gardes.

Nous pouvons maintenant et en connaissance de cause donner une définition complète du garde champêtre : elle résumera toutes les connaissances que nous avons prises de ses fonctions : C'est un officier de police judiciaire, agent de la force publique, qui a mission spéciale de garder les propriétés rurales, de veiller à la conservation des récoltes, et de constater par des procès-verbaux les délits qui peuvent y porter atteinte.

L'institution des gardes champêtres est toute salutaire et utile; nous la voyons depuis la loi du 28 septembre 1791 en voie de perfectionnement; mais elle est loin cependant d'être arrivée au point de ne plus comporter d'amélioration. Il arrive au contraire que, par suite du mauvais choix des sujets destinés à remplir ces fonctions, par suite de l'espèce d'indépendance dans laquelle les laisse la surveillance souvent trop peu zélée de l'autorité municipale, quelquefois à cause de cette autorité même, qui n'est pas toujours exempte des influences de famille et de voisinage, il arrive, disons-nous, que des abus, des prévarications sont commises par les gardes champêtres, et que de nombreuses contraventions restent impunies et sans constatation.

Des propriétaires, des hommes spéciaux, des administrateurs, des magistrats, se sont depuis longtemps émus de cet état de choses, et enfin, en 1843, un honorable député, M. de Saint-Priest, a pris devant la chambre l'initiative d'une proposition ainsi conçue : « Les gardes champêtres seront embrigadés sous la direction d'un chef qui résidera au chef-lieu de canton. Ils n'en resteront pas moins soumis à la surveillance de l'autorité municipale, conformément à la loi du 6 octobre 1791. »

Lors du développement de sa proposition, M. de Saint-Priest prouva que le mal résultant des abus que nous venons de signaler est général et non pas commun seulement à quelques localités; puis, au moyen d'une statistique exacte des délits constatés, il établit que les bons résultats produits par l'institution des gardes champêtres ne sont pas comparables à ceux que nous devons aux corps si bien organisés de la gendarmerie et des gardes forestiers, et il en tira, par analogie, cette conséquence naturelle que la police rurale gagnerait beaucoup à ce que l'institution des gardes champêtres fût organisée en corps comme les deux institutions auxquelles il la comparait, et qu'elle présentât, comme elles, les garanties qu'offrent la hiérarchie, la discipline et la subordination. La proposition fut prise en considération ; mais nous sommes encore à attendre une loi sur ce sujet.

GARDES FORESTIERS. On comprend que ceux-ci doivent avoir de nombreux points de ressemblance avec les gardes champêtres : ils sont en effet eux-mêmes gardes champêtres ; seulement la surveillance de ces deux sortes de fonctionnaires porte sur deux parties conventionnellement distinctes des propriétés rurales. Tandis que les gardes champêtres veillent sur les terres cultivées ou cultivables, les gardes forestiers, comme leur nom l'indique, gardent les forêts, les terres couvertes de bois.

La différence principale qui existe entre ces deux espèces de gardes consiste dans leur organisation. L'institution des gardes champêtres proprement dits est, ainsi que nous venons de le voir, loin d'avoir atteint le degré de perfection désirable ; elle ne forme pas d'ensemble, elle ne présente que des membres isolés, sans rapports entre eux, et dont cet isolement même fait la faiblesse.

Les gardes forestiers, au contraire, sont tous membres d'un même corps, parfaitement organisé ; ils sont soumis à une hiérarchie fort bien entendue ; en sorte que, soit par zèle, soit par émulation, soit par crainte, ils sont forcés de remplir leur devoir. Aussi les résultats de cette institution sont-ils très-satisfaisants, et les réclamations de nos publicistes modernes sont justement fondées, lorsqu'ils provoquent pour les gardes champêtres des améliorations qui tendraient à rapprocher leur organisation de celle des gardes forestiers.

L'organisation du régime forestier actuel est d'une date récente. La promulgation de notre code forestier a eu lieu le 31 juillet 1827 ; mais ses principes sont loin d'être nouveaux. A bien prendre, les règles nouvelles ne diffèrent des règles anciennes que par quelques améliorations, quelques retranchements, qu'exigeaient une expérience plus grande, la découverte d'abus, une administration plus régulière ; mais les principes sont les mêmes.

Autrefois, en effet, les gardes forestiers, désignés génériquement par les noms de *regardatores quasi servientes*, étaient organisés hiérarchiquement. D'abord, et sous la haute main des premières autorités, se trouvait un conseil de gardes, formant un tribunal auquel était portée la connaissance des délits commis dans les forêts ; c'est ce qu'apprend une ordonnance de novembre 1219. Puis venait un *maître garde*, exerçant une espèce de garde générale, et qui de plus veillait à l'accomplissement des devoirs que devaient remplir deux autres classes de gardes soumis à

ses ordres, à savoir : les *sergents dangereux traversiers* et les *simples sergents*. Les premiers faisaient des visites extraordinaires de forêt en forêt, et surveillaient eux-mêmes la garde plus particulière, plus locale des simples sergents, leurs subordonnés.

Cette organisation des agents de la police forestière fut changée par l'ordonnance de 1669, qui supprima tous les fonctionnaires dont nous venons de parler, pour les remplacer comme il suit : Les *sergents à gardes* ou *gardes à pied*, gardes d'un canton circonscrit ; au-dessus, des *gardes généraux à cheval*, qui devaient surveiller les premiers, et à cet effet étendre leurs soins sur tous les cantonnements de la maîtrise ; ils recevaient les ordres des officiers de la maîtrise et du *maître particulier* ; et enfin, dominant tous les autres, les *grands maîtres*, sommités de ce corps, dont les pouvoirs furent toujours très-étendus et dont le personnel varia souvent, suivant la multiplication ou l'agrandissement des départements forestiers.

En général, ce qu'on demandait alors aux gardes forestiers est encore exigé d'eux aujourd'hui. *Henriquez* a très-bien résumé les qualités qu'on doit leur désirer, dans cette phrase : « Un bon garde doit être homme de bien, frugal, intrépide sans être téméraire ; il faut aussi qu'il soit exact, actif, prudent et intelligent. »

Du reste, mêmes conditions d'âge que pour les messiers, mêmes informations pour constater leurs bonnes vie et mœurs. Le garde devait être catholique, savoir lire, écrire, et de plus être instruit de tout ce qui était relatif à son état : on le soumettait même à des interrogatoires pour s'en assurer ; il devait aussi déposer un cautionnement de trois cents livres. Après avoir été reçu dans la maîtrise pour laquelle il était nommé, il prêtait serment devant le maître particulier, qui l'envoyait ensuite en possession de sa charge. Sa réception lui coûtait douze livres.

En fonctions, comme nous l'avons vu, il était soumis à ses supérieurs, tenu de veiller à la conservation de la partie des forêts qui lui était confiée, de constater les délits. Et dans le but de lui enlever tous les moyens d'abuser de sa position ou de se laisser corrompre, on lui faisait certaines défenses, par exemple, de boire avec les délinquants, de tenir cabaret ; il lui était encore ordonné de consigner sur un registre, tenu exactement et paraphé par le maître particulier et le procureur du roi, un état de ses visites, de ses procès-verbaux et de tout ce qu'il avait pu découvrir.

Les gardes à pied avaient droit de porter des pistolets pour leur donner l'assurance qui leur convient dans nombre de cas : ils ne pouvaient pas abuser de ces armes pour la chasse comme ils l'auraient fait d'un fusil, que les gardes généraux seuls avaient le droit de porter ; ils devaient faire leur tournée ceints de la bandoulière, insigne de leur dignité ; ils arrêtaient les délinquants inconnus, mais ne pouvaient pousser leurs perquisitions dans l'intérieur des enclos qu'accompagnés d'un officier de la maîtrise, du juge de l'endroit, ou du maire ou échevin, comme les gardes champêtres. Leurs procès-verbaux, légalement faits et affirmés, faisaient foi, comme maintenant encore, jusqu'à inscription de faux. En 1689, Louis XIV crut pouvoir battre monnaie avec les places de gardes : aussitôt parut un édit qui les érigeait en titres d'office ; mais la vente de ces charges, les nombreuses prévarications de ceux qui les occupaient, donnèrent lieu à des abus qui ne pouvaient durer : en 1719, un arrêt du conseil supprima les offices créés en 1689.

Depuis la révolution, des lois, promulguées en 1791 et en 1808, sont venues modifier les lois anciennes en ce qu'elles pouvaient avoir de contraire avec nos nouveaux principes, et enfin, en 1827, fut promulgué le Code forestier, qui substitua aux anciennes lois et ordonnances, qu'il abrogeait, les lois actuelles. Voici le sommaire des dispositions relatives aux gardes forestiers.

« Sont soumis au régime forestier, dit l'art. 1er, et seront administrés conformément aux dispositions de la présente loi : 1° les bois et forêts qui font partie du domaine de l'État ; 2° ceux qui font partie du domaine de la couronne ; 3° ceux qui sont possédés à titre d'apanage et de majorat réversibles à l'État ; 4° les bois et forêts des communes et des sections de communes ; 5° ceux des établissements publics ; 6° les bois et forêts dans lesquels l'État, la couronne, les communes et les établissements publics ont des droits de propriété indivis avec des particuliers. »

La France est divisée en conservations forestières ; le nombre de ces conservations a souvent varié de vingt à trente ; au sommet de l'administration, et immédiatement sous la direction du ministre des finances, se trouve un directeur assisté de trois sous-directeurs, formant ensemble un conseil que le premier préside ; ils remplacent, depuis l'ordonnance du 5 janvier 1831, le directeur général et les administrateurs de l'ordonnance d'août 1827.

Autour de ce directeur rayonnent, dans chaque conservation et dans un ordre hiérarchique : un conservateur, des inspecteurs, sous-inspecteurs, correspondant à des subdivisions de la conservation ; des gardes généraux, arpenteurs, gardes à cheval et gardes à pied.

Tous ces agents ont pouvoir pour constater les délits ; mais les gardes à cheval et les gardes à pied sont spécialement chargés des visites journalières et de dresser des procès-verbaux sur les délits qu'ils découvrent (art. 24, ordonn. du 1er août 1827).

En suivant une marche ascendante, nous trouvons au premier degré le garde à pied. On exige de ceux qui recherchent cette place l'âge de vingt-cinq ans accomplis ; ils ne peuvent en avoir plus de trente-cinq, ajoute l'ordonnance du 15 novembre 1832 : on leur demande des conditions de moralité et de capacité ; les art. 40, 54, 55, 56 de l'ordonnance du 1er août 1827 prescrivent même l'établissement d'écoles où ils puissent aller se former. La condition de savoir lire et écrire est de rigueur (ordonn. du 15 novembre 1832). Les gardes à pied sont nommés par le directeur, qui a pouvoir de nommer ces agents inférieurs jusqu'au grade de garde général inclusivement ; puis ils prêtent serment devant le tribunal de première instance de leur résidence. Après deux années d'exercice, ils peuvent être promus au grade plus élevé de gardes à cheval ; ils prêtent alors un nouveau serment, ont un emploi plus considérable et un droit de surveillance sur leurs anciens collègues les gardes à pied.

Les emplois de l'administration forestière sont incompatibles avec toutes autres fonctions, soit administratives, soit judiciaires (art 4. du C. for.) ; mais il est particulièrement défendu aux gardes de faire le commerce de bois et d'exercer un métier où le bois doit être employé. Il va sans dire aussi que, malgré l'esprit du temps et les hauts exemples, les anciennes prohibitions qui défendaient au garde de se laisser corrompre, en acceptant à boire ou autre chose de la part du délinquant, subsistent toujours.

Les gardes exercent leurs fonctions revêtus de leur uniforme, qui se compose d'un habit, d'un gilet, et d'un pantalon de drap vert ; le collet de l'habit des gardes à cheval est orné d'un rameau de chêne brodé en argent. Ils doivent porter en outre une bandoulière chamois avec bandes de drap vert, au milieu de laquelle est une plaque de métal blanc portant ces mots : « Forêts de l'État. » Ils sont autorisés à s'armer d'un fusil simple.

Les gardes sont responsables des délits qu'ils auraient négligé de dûment constater. Dans le cas de flagrant délit, ils saisissent le coupable et peuvent demander main-forte, comme le font les gardes champêtres ; comme ces derniers aussi, ils doivent se faire accompagner d'un représentant de l'autorité municipale pour pénétrer dans un lieu enclos.

Leurs procès-verbaux, écrits de leur propre main, doivent, de même que ceux des gardes champêtres, être affirmés devant le juge de paix ; ceux des gardes généraux et des gardes à cheval ne sont pas soumis à cette for-

8.

malité. Ce sont aussi les mêmes délais. Les gardes forestiers ont de plus qualité pour faire les citations et significations dans les poursuites exercées au nom de l'administration forestière; ils taxent ces actes comme les huissiers des juges de paix. Les poursuites sont portées devant les tribunaux correctionnels, seuls compétents pour ces matières, et ce sont les agents forestiers qui exposent l'affaire et sont entendus à l'appui de leurs conclusions.

Une grande force probante est attachée aux procès-verbaux légalement faits des gardes forestiers; s'ils sont signés par deux gardes, ils font foi jusqu'à inscription de faux; signés par un seul, ils prouvent aussi jusqu'à inscription de faux, mais dans le cas seulement où la contravention n'entraînerait pas une condamnation à plus de cent francs, tant pour amende que pour dommages-intérêts.

Ils jouissent de la double garantie de n'être poursuivis qu'après autorisation, comme *agents de l'administration forestière,* et de plus, en leur qualité d'*officiers de police judiciaire,* d'être jugés par une cour royale.

Les arpenteurs dressent aussi des procès-verbaux, ils doivent même rechercher les délits dans le cours de leurs opérations; mais on comprend que leurs travaux exigent des connaissances spéciales qui rendent leur grade inaccessible pour les autres agents. De garde à cheval on peut arriver directement au grade de *garde général,* après deux années au moins d'exercice. « La moitié de ces emplois, dit l'art. 50 de la loi du 1er août 1827, demeure expressément réservée pour l'avancement des gardes à cheval en activité. » Mais ce passage est bien difficile; on comprendra en effet que, pour le franchir, l'ancienneté, les services et bien d'autres mérites encore ne sont souvent pas des titres suffisants, lorsqu'on saura qu'une école forestière est spécialement destinée à recevoir, pour les former, des jeunes gens dont toutes les études ont été dirigées vers ce but, et que le grade de garde général est le premier titre de celui qu'on admet à parcourir cette carrière, considérée par beaucoup, dans ce temps d'encombrement général, comme une carrière digne d'envie.

Deux mots sur cette école, qui est établie à Nancy et placée sous la surveillance du premier fonctionnaire du corps, le directeur.

Les candidats doivent être âgés de dix-neuf à vingt-deux ans; ils doivent justifier d'un revenu annuel de 1200 francs pour le temps de leurs études, et de connaissances assez étendues, principalement dans les sciences mathématiques, connaissances qui sont constatées par des examens préalables. Ils restent deux ans à l'école, sous la direction de trois professeurs de sciences naturelles, de mathé-

matiques, d'économie forestière et de législation spéciale, études qu'ils complètent par quelques notions de langue allemande et de dessin.

L'uniforme est le vert forestier; les élèves ont le grade, durant le séjour à l'école, de garde à cheval; au bout de deux années, leur admission est soumise à de nouveaux examens; puis leur carrière s'ouvre : ils sont gardes généraux.

GARDES DES PARTICULIERS, c'est-à-dire établis par les particuliers pour veiller aux champs qui leur appartiennent. Ce sont ceux qu'on appelait autrefois *gardes des seigneurs,* car le droit d'en avoir était exclusivement réservé aux seigneurs.

Ces gardes étaient, comme les gardes forestiers, reçus au siége de la maîtrise du ressort, quelquefois ils l'étaient à la justice même des seigneurs; au reste, on le comprend, leur nomination et leur mode de gestion étaient ordinairement soumis à l'arbitraire de ces derniers, en ce qui pouvait se concilier avec l'administration générale.

Ils n'avaient, comme les autres gardes, que le droit de port du pistolet de ceinture; mais le plus souvent ils étaient nommés chasseurs des seigneurs, et comme tels ils portaient le fusil. Leur commission à cet effet devait être enregistrée au greffe.

Avec les seigneurs est passé le droit exclusif d'avoir des gardes; maintenant tous les propriétaires, quelque petits qu'ils soient, peuvent en nommer et leur confier la garde de leurs héritages. La loi du 20 messidor an III dispose que tout propriétaire peut nommer un garde champêtre pour ses propriétés rurales. Les fermiers eux-mêmes peuvent en nommer pour la conservation de leurs récoltes. (Merlin, art. *Garde champêtre,* n° 6.)

Les gardes particuliers sont à la fois gardes champêtres et gardes forestiers; ils ont caractère pour verbaliser sur les délits de chasse, de pêche, etc. Le propriétaire qui nomme un garde particulier n'en contribue pas moins au payement du garde champêtre de sa commune : car celui-ci veille sur ses propriétés, quoique protégées par un garde spécial, comme il veille sur celles des autres.

Après lui avoir remis une commission sur papier timbré, le propriétaire doit faire agréer son garde par le sous-préfet et le présenter devant le tribunal de première instance pour qu'il y prête serment; après quoi, le garde fonctionne et verbalise comme les gardes champêtres : ses procès-verbaux, comme ceux de ces derniers, font foi jusqu'à preuve contraire. Au reste, toutes les dispositions établies pour les gardes champêtres sont communes aux gardes particuliers : le premier garde tous les biens de la commune qui l'a commis et le rétribue, le second surveille seulement ceux du propriétaire qui le nomme et le salarie; voilà ce qui les distingue.

GARDE-CHASSE. Dans les derniers siècles, la chasse, sous le nom de *vénerie*, devint presque un art; aussi attacha-t-on beaucoup de soin à l'organisation d'un système de garde complet.

Le premier officier de cette garde était le *grand veneur*, dont la charge fut longtemps confondue avec celle du grand maître des eaux et forêts; elle en fut séparée seulement sous Charles VI, et plus tard on la démembra encore en tirant d'elle l'*office de grand fauconnier*. Le grand veneur, officier de la maison du roi, prêtait serment entre les mains du prince. Il avait la haute main sur tous les officiers de la vénerie, auxquels il conférait les provisions et les emplois.

Au-dessous, l'exécution était confiée aux *capitaineries*, composées : d'un *tribunal*, instruisant et jugeant les délits de chasse ; *d'un capitaine*, de *lieutenants* et de *gardes* qui n'avaient d'autre mission que la surveillance et la conservation des droits de chasse. Il y avait les *capitaineries des maisons royales*, établies auprès de celles-ci. Ces capitaineries avaient le droit exclusif de connaître des faits de chasse commis dans un rayon de trois lieues autour des plaisirs royaux, espace dans lequel les sujets ne pouvaient chasser, même sur leurs terres, sans une permission du roi. Il y avait aussi les *capitaineries simples* ou *ordinaires* qui, comme les premières, poursuivaient les délits de chasse, mais conjointement avec les maîtrises des eaux et forêts, dont les gardes aussi avaient mission, non plus mission spéciale toutefois comme les officiers des capitaineries, de veiller à la conservation du gibier.

Les garde-chasse étaient reçus par les capitaines et lieutenants; ils prêtaient serment, devaient être instruits de leurs devoirs comme les autres gardes; la chasse et le port d'une arme à feu autre que le simple pistolet leur étaient interdits.

En 1789, comme on le pense bien, ces institutions à l'usage des grands furent peu respectées; une loi du 3 novembre de cette même année vint permettre à tous les propriétaires de détruire comme ils l'entendraient le gibier sur leurs terres, et leur enjoignit seulement de se conformer aux lois de police qui, par la suite, pourraient être faites relativement à la sûreté publique.

Les nombreux abus qui résultèrent de cette liberté exagérée provoquèrent une loi du 30 août 1790, dont les articles 8 et 9 confièrent la police de la chasse à des agents que nous connaissons et que cette loi nommait *gardes messiers*, ou *gardes champêtres*.

D'un autre côté, les gardes forestiers durent veiller à la chasse dans les forêts. Le corps de la gendarmerie fut aussi investi de pouvoirs pour la répression des délits de chasse.

En 1843, le 3 mai, une loi sur la police de la chasse a été substituée à tous les anciens règlements, lois et ordonnances ; c'est elle qui renferme le corps du droit actuel sur cette matière.

« Les délits prévus par la présente loi, dit son art. 21, seront prouvés soit par procès-verbaux ou rapports, soit par témoins à défaut de rapports ou procès-verbaux ou à leur appui. » Et son art. 22 énumère en ces termes les officiers qui peuvent dresser les procès-verbaux : « Les procès-verbaux des maires et adjoints, commissaires de police, officier, maréchal des logis ou brigadier de gendarmerie gendarmes, gardes forestiers, garde-pêche, gardes champêtres ou gardes assermentés des particuliers, feront foi jusqu'à preuve contraire. »

On voit qu'il n'y a pas de gardes spéciaux de la chasse et que le soin de cette police rentre dans les attributions de fonctionnaires établis pour d'autres emplois, particulièrement des gardes champêtres, forestiers, et particuliers, dont nous avons déjà parlé. Néanmoins, il pourrait arriver que, par exemple, le fermier d'un droit de chasse voulût établir un garde chargé seulement de veiller à la conservation de son gibier ; nulle loi ne l'en empêche: ce garde-chasse serait considéré comme garde particulier.

Les officiers qui ont pouvoir de faire des procès-verbaux pour délit de la chasse les dressent et les affirment comme ils le font pour tout autre délit. L'art. 25 de la loi de 1843, en consacrant ce très-ancien principe que les délinquants ne peuvent être saisis ni désarmés, prévient *beaucoup d'abus et de funestes excès.* « Néanmoins, ajoute-t-il, si ces délinquants sont déguisés ou masqués, s'ils refusent de faire connaître leurs noms ou s'ils n'ont pas de domicile connu, ils seront conduits immédiatement devant le maire ou le juge de paix, lequel s'assurera de leur individualité. Il est dans l'art. 10 une disposition qui promet aux gardes et gendarmes auteurs des procès-verbaux contre les délits de chasse une gratification qui doit être déterminée par des ordonnances royales; mais ces mêmes gardes champêtres, garde-pêche, gardes forestiers, de l'État, des communes et établissements publics ne devraient pas perdre de vue, ce qu'ils font trop souvent, qu'il existe un troisième paragraphe de l'art. 7, lequel leur refuse, de la façon la plus formelle, toute espèce de droit à un permis de chasse, et qu'en outre, en cas de contravention à cette disposition, l'art. 13 exige que le maximum de la peine leur soit toujours infligé. Il est à désirer que, sinon le sentiment de leur devoir, au moins la crainte les empêche de commettre eux-mêmes des délits qu'ils sont appelés à réprimer.

GARDE-PÊCHE. Ce fonctionnaire est chargé de veiller à l'exécution des lois sur la police des eaux, fleuves et rivières relativement à la pêche, et de plus à la navigation; aussi le nom de *garde-rivière*, qu'on lui donne dans quelques localités, lui convient-il peut-être mieux.

Les fonctionnaires de ce nom étaient, sous l'ancienne législation et sont maintenant encore, entièrement assimilés aux gardes forestiers. La loi qui régit aujourd'hui cette matière est celle du 15 avril 1829 sur la pêche fluviale. Les conditions exigées des garde-pêche pour leur admission, leur installation, leur mode d'exercice, de constatation des délits, la confection de leurs procès-verbaux, sont entièrement les mêmes que pour les gardes forestiers. Ce sont des agents de l'administration forestière chargés de la surveillance des rivières; aussi n'ajouterai-je rien aux détails déjà donnés, sinon que, d'après l'art. 39 de la loi de 1829, « ils sont autorisés à saisir les filets et autres instruments de pêche prohibés, ainsi que le poisson pêché en délit. » De plus, je dois dire que les autres gardes forestiers, les gardes généraux et à cheval, peuvent dresser des procès-verbaux sur les délits de pêche; il en est de même pour les éclusiers, les officiers de police judiciaire, les gardes champêtres, lesquels, quand ils découvrent des délits de pêche, doivent, en dressant des procès-verbaux, suppléer à l'absence des agents spéciaux.

Les garde-pêche que les particuliers instituent pour la conservation des droits de pêche à eux conférés par des fermes ou des licences, ou pour la sûreté des étangs, lacs ou cours d'eau dont ils peuvent être propriétaires, sont assimilés aux garde-bois des particuliers; leurs procès-verbaux ne font foi que jusqu'à preuve contraire; ils peuvent cumuler les fonctions des différentes sortes de gardes; en un mot ce sont des gardes particuliers.

GARDE-VENTE, ou *facteurs* que les adjudicataires des coupes de bois et forêts sont tenus de nommer pour veiller à l'exécution des règlements. Ces gardes prêtent serment devant le juge de paix, puis ils ont qualité pour dresser des rapports et procès-verbaux des délits qu'ils découvrent dans la vente de l'adjudicataire qui les a nommés.

Ils veillent à ce que tous les ouvriers exploitants se soumettent aux prescriptions et prohibitions que les lois et ordonnances leur imposent. Les garde-vente sont responsables des délits qui peuvent être commis dans la vente à la garde de laquelle ils sont préposés, et autour de cette vente jusqu'à l'ouïe de la cognée.

Ils doivent aussi tenir un registre sur pa-

pier timbré, coté et paraphé par les sous-inspecteurs, où ils inscrivent avec soin jour par jour les bois débités, le nom des personnes qui les ont achetés et leur demeure. Ce registre est représenté aux agents forestiers et visé par eux lorsqu'ils le demandent.

VICTOR LEFEBVRE.

GARDE DU COMMERCE. (*Législation.*) On nomme ainsi des agents établis pour la ville de Paris seulement, et chargés de l'exécution des jugements emportant contrainte par corps. L'institution du corps des gardes du commerce date de la fin du dernier siècle : elle fut établie peu d'années avant la grande catastrophe de 89, qui vint la changer comme elle changea toutes choses.

Les gens de cette profession n'ont jusqu'ici, nous devons le reconnaître, jamais joui d'un haut degré de considération; de tous temps, au contraire, et à raison de leurs fonctions, ils ont été sous le coup de préventions qui ne leur furent rien moins que favorables. Ce sont là des préjugés, nous n'en doutons pas; des hommes honorables ont dû en être victimes, rien de plus certain; mais ces préventions, je ne dirai pas contre les hommes, mais contre les actes, contre les fonctions, ont un caractère de persistance et de généralité tel qu'il faut y regarder à deux fois avant de les condamner. L'examen nous montre, en effet, qu'elles sont fondées sur ce sentiment de respect que l'homme professe pour son droit le plus sacré, la liberté, et par suite sur les pensées de répulsion que tout acte attentatoire à ce droit fait naître dans son esprit; pensée primitive, précédant toute autre et indépendante de cette réflexion postérieure que peut-être cet acte attentatoire est commandé par une nécessité légitime.

On comprend que les hommes d'un caractère honorable auxquels on aurait pu confier l'exercice des appréhensions au corps, aient reculé devant ces idées de défaveur et aussi devant la crainte des résistances si fâcheuses qu'opposent souvent les contraignables par corps. Aussi chargeait-on de l'exécution des contraintes par corps les gens les moins propres à les exercer, tels que des agents de police mal famés, qui souvent faisaient agir en leur nom des gens sans caractère public, sans aveu et d'une brutalité peu scrupuleuse. Il en résultait des vexations, des abus de force intolérables et que souvent la résistance désespérée des victimes faisait dégénérer en scènes sanglantes. Il s'en suivait encore des erreurs aussi funestes à la dignité de la justice que fatales aux familles qu'elles jetaient dans la désolation : en 1769, un homme arrêté ainsi par méprise éprouva tant de frayeur et subit tant de mauvais traitements, qu'il en mourut.

Ces désordres appelaient une réforme : elle fut tentée en 1772. Par un édit du mois de novembre de cette année on créa les gardes du commerce, et on régla la manière dont la contrainte par corps devait être exercée à l'avenir dans Paris et la banlieue. Cet édit se sentait de la faiblesse d'un règne énervé; on suppléa à son insuffisance par un autre édit du mois de juillet 1778. En 1791 les gardes du commerce furent supprimés; cependant l'article 9 de la loi du 21-29 septembre de la même année déclara que les gardes du commerce continueraient provisoirement et personnellement à exercer les fonctions qui leur étaient attribuées par les lois.

Notre Code de commerce contient dans son article 625 la disposition suivante : « Il sera établi pour la ville de Paris seulement des gardes du commerce pour l'exécution des jugements emportant la contrainte par corps : la forme de leur organisation et leurs attributions seront déterminées par un règlement particulier. »—Ce règlement, en effet, ne tarda pas à paraître dans un décret du 14 mars 1808. Ses dispositions sont toujours en vigueur.

Les gardes du commerce sont au nombre de dix, et institués pour la ville de Paris seulement; ils étaient nommés à vie par le roi sur deux listes de candidats, en nombre égal, dressées l'une par le tribunal civil, l'autre par le tribunal de commerce. Il paraît même que l'administration leur permettait de présenter leurs successeurs, ce qui leur offrait l'avantage de pouvoir exiger de celui qu'ils présentaient certaines indemnités, nommées très-proprement, dans le langage du monde, le prix de la charge vendue.

Il paraîtrait naturel que cette nouvelle loi annoncée comme réformant les anciens abus exigeât des candidats des conditions d'âge, de capacité, de moralité, qui, faciles à rencontrer par ce temps d'abondance de sujets, seraient des garanties sérieuses contre les excès à prévenir. Il n'en est rien cependant, et l'on s'explique difficilement cette facilité de la loi, qui ne leur demande aucune espèce de condition à remplir. Ce sont des raisonnements par analogie qui amènent à penser qu'on doit leur demander l'âge de vingt-cinq ans, âge exigé des huissiers, dont ils remplissent la plus importante fonction, ou tout au moins celui de vingt et un ans; de plus la qualité de Français ou de naturalisé, et leur libération du service militaire. C'est encore en l'absence de dispositions spéciales que l'administration leur fait verser un cautionnement de 6,000 francs et prêter serment devant le tribunal civil.

Ces formalités remplies, ils sont investis de leurs pleins pouvoirs d'appréhension au corps, qu'ils exercent à l'exclusion des huissiers. Ils font dès lors partie de ce petit corps militant qui livre aux débiteurs une guerre si active, si persévérante, guerre dont l'originalité, chez nous où l'on rit de tout, a fourni le texte de maintes plaisanteries, et pour laquelle il existe une tactique à part, riche en ressources de ruses et d'artifices. Car la force ici, quoique premier moyen de contrainte, n'est pas le seul et réussirait rarement sans l'adresse et la ruse. Les gardes du commerce l'ont bien compris; ils savent aussi en général que le règne de la force brutale est passé.

Sans doute, armés de leur *marque distinctive en forme de baguette*, ils peuvent arrêter le débiteur contraignable par corps; ils peuvent même s'introduire dans son propre domicile, si l'entrée ne leur en est pas refusée; sans doute, même dans ce dernier cas, ils peuvent en forcer l'entrée d'après l'ordre du juge de paix et en sa présence; le secours de la force armée requise par eux, pour procéder à une arrestation, ne peut leur être refusé. Mais, d'un autre côté, ils ne doivent pas oublier toutes les formalités exigées pour l'emprisonnement, et exposées au titre XV, liv. V, du Code de procédure civile; et, par exemple, qu'aucune arrestation ne peut être faite par eux avant le lever et après le coucher du soleil; que leurs pouvoirs, sans force pendant les heures de la nuit, consacrées à un repos trop précieux pour que rien puisse en troubler la sécurité, sont encore impuissants les jours de fêtes légales, jours de relâche et de répit pendant lesquels le débiteur peut sortir du lieu secret où il se cache et jouir d'une liberté entière sous les yeux de ses ennemis nés; que les débiteurs peuvent encore tromper leur vigilance et les forcer à suspendre les hostilités, en se réfugiant, comme autrefois sous la statue du prince, dans les édifices consacrés au culte et durant le cours des exercices religieux, ou dans le lieu et pendant la tenue des séances des autorités constituées. L'adresse et la ruse leur sont donc fort souvent plus nécessaires, pour découvrir le lieu de retraite du débiteur, que des démonstrations de force, le plus ordinairement inutiles, pour s'emparer de sa personne.

Au reste, un des moyens, et sans contredit le plus efficace de tous ceux offerts au débiteur pour se soustraire à la poursuite des gardes du commerce, est la remise entre leurs mains de la somme due. Ceux-ci doivent recevoir cette somme et la remettre dans les vingt-quatre heures au créancier ou, à son refus, à la caisse d'amortissement, sous peine d'être considérés comme rétentionnaires des deniers publics et aussi sous peine de destitution.

Les gardes du commerce doivent concilier toutes ces prescriptions avec l'ordre qui leur est enjoint de conduire le débiteur arrêté en référé devant le président du tribunal de première instance, à peine de mille francs d'amende et de dommages-intérêts s'il y a lieu (art. 22, loi du 17 avril 1832), avec la responsabilité qui pèse sur eux dans le cas de nullité d'une arrestation pour vice de forme (art. 19, décret du 14 mars 1808). Dans le cas encore de lésion des intérêts des parties (art. 27 de la même loi), les *réclamations à ce sujet sont portées à leur bureau et peuvent entraîner, lorsqu'elles sont fondées, la réparation du dommage.* Dans le cas aussi de prévarication, le *bureau doit en dresser procès-verbal et le déposer dans les vingt-quatre heures au parquet du ministère public, sur les conclusions duquel le tribunal peut interdire pendant un an le garde accusé, sans préjudice des mesures prises à la diligence de la partie lésée.*

Les gardes du commerce sont tenus d'avoir un bureau au centre de Paris, ouvert tous les jours de neuf heures du matin à trois heures après midi, et de six heures à neuf heures du soir; ils s'y rendent alternativement pour le service réglé entre eux.

C'est à ce bureau que le poursuivant doit s'adresser: il remet toutes les pièces pour la contrainte au *vérificateur.* C'est à ce même bureau que le débiteur doit faire ratifier les oppositions, appels ou autres actes par lesquels il entend arrêter l'effet de la contrainte.

Le vérificateur doit tenir de tout cela, avec le plus grand soin, « deux registres cotés et paraphés par le président du tribunal de première instance » (art. 12). Les pièces pour une contrainte par corps, ainsi apportées à ce bureau, sont remises au garde du commerce désigné pour cette affaire, et celui-ci procède à l'arrestation.

Finissons par un aperçu des salaires alloués aux gardes du commerce: pour chaque arrestation ou recommandation, ils ont 60 francs. Si l'arrestation n'a pu s'effectuer, ils en dressent un procès-verbal, pour lequel on leur alloue 20 francs.

Lorsque, conformément à l'art. 455 du Code de commerce, on les commet à la garde des faillis, ils ont droit à 5 francs par jour.

De plus, et outre les droits d'enregistrement, on leur alloue: 1° pour le dépôt des pièces par le créancier, 3 francs; 2° pour le visa apposé sur chaque pièce produite ou signifiée par le créancier ou le débiteur, 25 centimes; 3° pour le certificat du vérificateur exigé par l'art. 11 du décret du 14 mars 1808, et déclarant qu'il n'y a aucun empêchement à l'exécution de la contrainte et pour le droit de recherche, ensemble 2 francs.

On comprend, du reste, que le décret du gouvernement provisoire qui a aboli la contrainte par corps a singulièrement mis en question l'existence des gardes du commerce. Mais il ne paraît pas que ce décret, contre lequel se sont

élevées de nombreuses réclamations, doive être sanctionné par l'Assemblée nationale. Quelle que soit la décision à intervenir, nous avons cru devoir conserver cet article, rédigé dans les premiers jours de cette année, et qui aura toujours l'avantage de présenter l'état de l'institution des gardes du commerce au 24 février.

VICTOR LEFEBVRE.

GARDE NATIONALE. (*Politique.*) Institution tout à la fois civile et militaire, née en France en même temps que la liberté, altérée ou détruite avec elle, et ayant pour objet de garantir les droits de chaque individu et l'indépendance nationale.

Cette institution, depuis son origine jusqu'au temps où nous vivons, a éprouvé un grand nombre de modifications diverses. L'esprit qui l'anima dès le moment de sa formation fut déterminé par les circonstances au milieu desquelles elle prit naissance. Au moment où, pour la première fois, la représentation nationale venait de se réunir, les Parisiens se trouvèrent placés entre deux dangers. Des brigands furent jetés dans leurs murs, afin, sans doute, d'étouffer la liberté naissante par la terreur ou l'anarchie. En même temps, de nombreux bataillons de Suisses et d'Allemands, soutenus par une artillerie formidable, cernèrent Paris de toutes parts, et menacèrent l'Assemblée constituante et la population qui s'était déclarée pour elle.

Les craintes que firent naître ces deux circonstances furent augmentées par le souvenir des violences commises, il y avait peu d'années, par la troupe de ligne contre des citoyens désarmés. Un ministre que l'opinion publique accusait d'avoir dilapidé les finances, et que la cour avait couvert d'honneurs, pour le venger de la haine et du mépris que le public avait pour lui, avait, à plusieurs reprises, fait charger la population parisienne par des soldats. Un grand nombre de personnes avaient été blessées à coups de baïonnettes, plusieurs avaient été tuées, d'autres avaient été jetées mourantes dans la rivière au milieu de la nuit. Tous ces faits étaient encore présents à l'imagination du peuple, lorsqu'on se vit menacé de nouveaux malheurs par l'apparition de brigands inconnus et par l'approche de régiments étrangers.

Dans un moment où l'assemblée des électeurs de Paris était réunie pour donner ses instructions à ses députés, et où les alarmes devenaient plus vives, un membre de cette assemblée proposa de demander le rétablissement des *gardes bourgeoises.* Cette proposition, qui avait été écartée quelques jours auparavant, fut sur-le-champ adoptée, et portée à l'Assemblée constituante, qui fit parvenir la demande au roi par l'organe d'une députation spéciale. Le roi repoussa la demande qui lui était faite ; mais le danger devenant plus pressant, l'Assemblée des électeurs ordonna elle-même la formation de la garde bourgeoise. L'Assemblée, en prenant cette décision, ne fit que régulariser ce qui existait déjà ; car les citoyens s'étaient armés de leur propre mouvement : Paris était en insurrection.

Le 13 juillet 1789, l'assemblée des électeurs avait ordonné, de sa propre autorité, la formation des *gardes bourgeoises* ou de la milice parisienne. Le lendemain, avant que son ordre fût exécuté, la Bastille fut prise. Cet événement, et ceux qui l'accompagnèrent, furent donc produits par une population en tumulte et sans organisation.

Le surlendemain de la prise de la Bastille, le général **La Fayette**, nommé commandant de la milice parisienne, proposa de l'organiser par un règlement stable et régulier, et de la désigner sous le nom de *garde nationale de Paris*. Il fit observer que probablement toutes les communes suivraient l'exemple de la capitale ; qu'elles confieraient leur défense à un corps de citoyens armés ; et qu'il était à désirer que ce corps fût désigné sous le nom de *Garde nationale*, en y ajoutant le nom de la ville ou de la commune auquel ce corps serait attaché. Sa proposition fut adoptée, et en conséquence la garde nationale fut organisée, non par le pouvoir exécutif ou par l'Assemblée législative, mais par des hommes désignés à cet effet par les citoyens eux-mêmes. Ainsi que le général La Fayette l'avait prévu, toutes les villes ou toutes les communes de France suivirent l'exemple de la capitale : elles reprirent leur droit antique de se garder elles-mêmes, et de faire administrer leurs biens communs par des hommes de leur choix.

L'organisation que la garde nationale parisienne s'était elle-même donnée, et qui avait été imitée par les autres villes, dura jusqu'à la fin de l'Assemblée constituante. Au moment où cette assemblée allait se séparer, elle jugea qu'elle ne pouvait mieux terminer ses travaux qu'en donnant une organisation à toutes les gardes nationales de France. Cette organisation fut ensuite modifiée toutes les fois qu'il s'opéra quelque révolution dans le gouvernement ; car, à mesure que chaque parti parvint au pouvoir, il sentit la nécessité d'organiser la force publique de manière qu'elle fût toujours disposée à le soutenir. L'histoire de ces modifications diverses nous conduirait beaucoup plus loin qu'il ne nous est possible d'aller en nous renfermant dans le cadre que nous nous sommes tracé. Aussi nous bornerons-nous à faire connaître, d'une manière exacte, les divers objets pour lesquels une garde nationale est instituée, et à exposer les principes généraux qui

doivent en déterminer l'organisation, pour qu'elle agisse toujours conformément à l'esprit de son institution.

Il est rare qu'on parle d'institutions civiles ou militaires, sans qu'on soit tenté d'aller chercher des modèles chez les peuples qui nous ont précédés ou chez des peuples contemporains. On n'examine pas si les circonstances sont les mêmes, ou si les gouvernements sont fondés sur les mêmes principes. C'est cependant ce qu'il faudrait déterminer avant tout : car un gouvernement, quelle qu'en soit la nature, ne peut marcher vers le but de son institution, qu'autant que les forces sur lesquelles il s'appuie sont organisées de manière à le conduire vers ce but. S'il y a opposition entre la tendance de l'autorité et la tendance de la force, il faut que, tôt ou tard, l'une cède à l'autre, et qu'elles prennent la même direction.

Il y a entre notre état social actuel et les divers États qui nous ont précédés une opposition presque complète. Lorsque nous cherchons des modèles chez les peuples qui ont existé avant nous, nous nous reportons ou chez les anciennes républiques de Rome ou de la Grèce, ou chez des nations soumises au régime féodal, ou chez des peuples soumis à des gouvernements despotiques. Dans aucun de ces États l'autorité publique n'a eu l'objet qu'elle a maintenant chez nous ; il a fallu par conséquent que la force fût organisée dans un but qui ne peut pas être le nôtre.

Dans les républiques de l'antiquité, surtout chez les Romains et chez les Grecs, qui sont les seuls chez lesquels les écrivains modernes vont chercher des exemples, tous les travaux industriels étaient exécutés par des hommes esclaves ; et comme, dans tous les pays, la classe laborieuse est toujours la plus nombreuse, il s'ensuivait que la masse de la population ne s'appartenait point. Le gouvernement ayant pour objet, d'une part, d'assurer la durée de l'esclavage, et d'un autre côté, de garantir la liberté et l'indépendance des maîtres, la force publique était constituée pour remplir ces deux objets, elle n'était composée que de maîtres et dirigée par des hommes de leur choix.

Les lois romaines excluaient, en effet, de l'armée, non-seulement la partie laborieuse de la population qui se trouvait dans l'esclavage, mais aussi les affranchis, à cause des liens qui les attachaient aux esclaves. Elles excluaient même ceux qu'on désignait sous le nom de prolétaires, parce qu'ils n'avaient aucun intérêt à la durée de l'esclavage. Elles interdisaient de plus, aux hommes qui formaient la classe la plus nombreuse, tout exercice propre à développer leur force ou leur adresse : c'était une condition inséparable de la durée de leur asservissement. En même temps, elles faisaient entrer dans la composition de la force armée tout homme en état de porter les armes, quel que fût d'ailleurs son âge; c'était une condition inséparable de la liberté et de la qualité de maître. Enfin, elles donnaient aux mêmes hommes la faculté de choisir leur chef ou commandant, qu'on appelait un consul : c'était pour eux une garantie que la force ne serait pas dirigée contre le but de l'institution, du gouvernement.

Sous le régime féodal, presque tous les travaux destinés à fournir aux divers besoins de la population étaient exécutés par des hommes asservis; les familles qui cultivaient la terre étaient considérées comme en faisant partie; elles étaient vendues, partagées avec elle. L'autorité avait pour objet, dans l'intérieur, de maintenir l'asservissement de la population laborieuse, afin que les maîtres pussent toujours s'approprier sans obstacle le produit de ses travaux. A l'extérieur, l'autorité avait pour but d'empêcher que d'autres maîtres ne vinssent s'emparer des hommes et du sol, et en dépouiller les possesseurs.

La force publique était, en conséquence, organisée de manière à produire ces deux résultats. Les maîtres étaient subordonnés les uns aux autres, de manière que leurs grades étaient en raison de l'étendue de leurs possessions, ou en raison du nombre des hommes qu'ils tenaient dans l'asservissement. Eux seuls pouvaient s'adonner aux exercices militaires, afin de conserver leur prépondérance; eux seuls avaient le privilége de posséder et de porter habituellement des armes; eux seuls avaient la faculté de se livrer à la chasse. Si des hommes asservis étaient quelquefois appelés à prendre les armes, ce n'était qu'en qualité d'instruments : ils n'avaient aucune influence, ni sur la direction de la guerre, ni sur la nomination des officiers.

Dans les États despotiques, le but de l'autorité est, dans l'intérieur, de donner à un individu et aux courtisans qui l'environnent les moyens de disposer des personnes et des choses, sans avoir à rendre compte de leurs actes ; à l'extérieur, l'objet de l'autorité est d'empêcher qu'un autre maître ne vienne s'emparer des hommes et du pays.

Ici, la force est encore organisée de manière à donner à l'autorité les moyens d'arriver à ses fins. Ce qu'il y a d'hommes industrieux ou éclairés dans le pays sont exclus de la force armée; il ne leur est point permis de s'exercer à l'usage des armes, ou même d'en posséder. On prend pour faire des soldats des hommes qui, n'ayant ni lumières, ni propriétés, ni industrie, ne demandent pas mieux que de vivre au moyen des produits des propriétés ou de l'industrie d'autrui. Ces hommes,

étant appelés pour faire triompher des volontés ou des passions qui ne sont pas toujours les leurs, reçoivent les chefs qu'il plait au despote ou à ses courtisans de leur donner. Quelquefois, au lieu de former l'armée de ce qu'il y a de plus misérable et de plus servile dans la population, on la compose de vagabonds recrutés à l'étranger.

Dans chacun de ces trois systèmes, les hommes entre les mains desquels la force militaire réside, ne vivant que des produits de la population asservie ou de ce qu'ils ravissent à des peuples étrangers, peuvent être, et ils sont habituellement sous les armes; ils forment ce qu'on nomme une *armée permanente*. Pour eux, la permanence a un triple avantage : elle fortifie les habitudes militaires, et particulièrement celle de vivre aux dépens d'autrui; elle fait contracter à la population industrieuse des habitudes de servilité; enfin, elle leur donne souvent les moyens et la tentation d'asservir de nouveaux peuples.

L'État dans lequel nous nous trouvons, et les principes qui chez nous doivent servir de règle à l'autorité publique, n'ont aucune analogie avec les divers États ou avec les maximes qui ont précédé. Loin d'admettre qu'une partie quelconque de la population ait le droit de vivre aux dépens des autres, nous proclamons, au contraire, que les propriétés de chacun doivent être garanties, et nous comprenons sous le nom de *propriétés* tous les produits de l'industrie. Nous n'admettons pas qu'un individu, une famille, ou une fraction plus ou moins considérable du peuple, puissent disposer arbitrairement d'un autre individu, d'une autre famille, ou d'une autre fraction du peuple. Nous admettons, au contraire, en principe, que la liberté individuelle de chacun doit être garantie; enfin, nous admettons, comme principe fondamental de nos lois, l'égalité de droits et d'obligations entre tous les citoyens. L'objet principal de l'autorité publique, à l'intérieur, est de faire respecter ces principes.

L'objet de l'autorité, relativement aux peuples ou aux gouvernements étrangers, est de conserver l'indépendance nationale, et d'empêcher, par conséquent, que les principes qui servent de règle à l'autorité dans l'intérieur ne soient violés par l'effet d'une influence extérieure.

Pour qu'il y ait harmonie entre l'autorité publique et la force destinée à en seconder l'action, il faut donc qu'elles aient la même tendance, c'est-à-dire qu'elles soient fondées et organisées sur les mêmes principes.

Un des principaux objets de l'autorité, avons-nous dit, est de garantir à chacun la disposition de sa propriété et le libre exercice de son industrie. Il suit de là que tout individu qui possède une propriété ou qui exerce une industrie, doit être appelé à faire partie de la force publique, à moins qu'il ne soit frappé de quelque incapacité physique ou morale. Le priver de la faculté de porter des armes, l'empêcher d'apprendre à s'en servir ou l'exclure de la force publique sans une juste cause légalement constatée, c'est s'arroger le pouvoir de porter impunément atteinte à son industrie ou à sa propriété.

Nous devons donc admettre comme règle générale, que dans un pays où tous les hommes sont libres, et où l'objet de l'autorité publique est de garantir la liberté de chacun, nul ne peut prétendre au privilége de porter des armes ou de faire partie de la force armée; c'est un droit commun à tous, comme le droit de défense personnelle. Aussi, dans les États libres, comme sont la Suisse et les républiques américaines, tout citoyen, quand il est valide, fait-il partie de la force nationale. Dans les républiques de l'antiquité, tous les hommes libres avaient la faculté de porter des armes; tous faisaient partie de la force publique. Il en était de même sous le régime féodal : tout homme qui n'était pas attaché au sol en qualité d'esclave et qui avait une propriété à défendre, était soldat. Dans le moyen âge, les villes qui n'étaient point asservies se gardaient elles-mêmes, et par conséquent tous les hommes qui exerçaient une industrie étaient armés et organisés.

Une autre conséquence des principes précédemment établis, c'est que les hommes en qui la force réside nomment leurs officiers ou les fassent nommer par des citoyens qu'ils ont eux-mêmes délégués à cet effet. Des hommes ne peuvent agir en corps, vers un but déterminé, qu'autant qu'ils sont conduits par un chef qui a les mêmes intérêts et les mêmes opinions qu'eux. La force ne doit être en action que dans les circonstances où elle est absolument nécessaire : il faut donc que quelqu'un ait mission de la convoquer et de la diriger quand ces circonstances se présentent. Si les chefs auxquels la direction en est donnée ne sont pas mus par les principes qui en ont déterminé la constitution, il arrivera, ou qu'ils ne convoqueront point les citoyens quand leur convocation sera nécessaire, ou qu'ils dirigeront la force contre le but de son institution.

Lorsque la force publique a pour objet de garantir, à tous les individus dont une nation se compose, la sûreté de leurs propriétés et de leurs personnes, et la liberté de leur industrie, elle doit, disons-nous, embrasser tous les hommes valides qui ont une propriété ou une industrie à défendre. De là il résulte que la force armée ne peut pas être permanente, et qu'on ne peut donner à l'exercice ou au ma-

niement des armes que le temps qui n'est pas réclamé par les travaux au moyen desquels la société vit et se perpétue. Chacun devant exister par le produit de sa propriété et de son industrie, et nulle classe de la société ne devant être condamnée à travailler pour nourrir des multitudes d'oisifs, il faut que chacun sache travailler pour se nourrir, et faire usage des armes pour se défendre.

La force armée a un double objet, ainsi qu'on l'a déjà vu : la police intérieure, et l'indépendance nationale. Elle doit donc être soumise aux diverses autorités chargées de veiller à ces deux objets. Pour la police intérieure, elle doit être placée sous les ordres des autorités locales, chargées de veiller au maintien de l'ordre public; ainsi, dans chaque municipalité, la force armée est naturellement placée sous la direction de l'autorité municipale. Cette autorité devant sortir de la même source que la force, elles marchent nécessairement de concert et tendent vers le même but, c'est-à-dire à la conservation de toutes les propriétés, à la liberté de toutes les industries, à la sûreté de toutes les personnes.

Lorsqu'il s'agit de garantir l'indépendance nationale, ce n'est plus sous l'autorité municipale que la force publique doit être placée, c'est sous l'autorité du gouvernement central, qui seul peut être juge de l'étendue du danger, et diriger convenablement toutes les forces particulières; mais dans ce cas, comme dans le premier, elle obéit encore au principe de son institution, puisqu'elle n'est mise en mouvement qu'en vertu de la loi à laquelle la population a pris part par la représentation nationale.

On doit considérer sous un double rapport l'armement et l'action de tous les citoyens pour garantir l'ordre public et l'indépendance nationale. C'est l'exercice d'un droit, en ce sens, que nul ne peut légitimement être privé de la faculté de se défendre soi-même, ou de défendre sa famille ou ses amis contre une injuste agression. C'est l'accomplissement d'un devoir, en ce sens, que chacun est obligé de défendre une société par laquelle il est protégé, soit dans ses biens, soit dans sa personne. Si donc il était possible qu'une société dispensât une partie de ses membres de concourir à la défense commune, ce ne serait pas une raison pour leur interdire d'avoir des armes, ou d'apprendre à en faire usage; car, de ce qu'on peut être dispensé de remplir un devoir, il ne s'ensuit pas qu'on puisse être privé de l'exercice d'un droit.

On a quelquefois mis en question s'il était sage de donner ou de laisser des armes à toute la partie de la population qui est capable d'en faire usage pour sa défense ou pour celle de l'État. Il s'est trouvé, même parmi les amis de la liberté, des hommes qui ont pensé qu'il serait dangereux pour l'ordre public d'armer indistinctement toutes les classes de la population. Ils ont cru qu'il ne fallait donner ou laisser des armes qu'aux hommes qui, par l'étendue de leurs propriétés, de leur commerce ou de leur industrie, présentaient à la société de nombreuses garanties. Il leur a paru que la force, des hommes de ces classes était suffisante pour seconder l'action de l'autorité publique, et que l'armement des classes moins aisées serait inutile, si même il n'était pas dangereux.

Nous devons reconnaître d'abord que, partout où une classe de la population vit sur les produits du travail des autres classes, c'est une nécessité pour la première de se réserver le monopole des armes. La violation constante du droit de propriété, de la liberté d'industrie, de la sûreté individuelle, entraîne nécessairement la violation du droit de défense. Il est clair que les classes laborieuses de la population ne se laisseraient pas impunément ravir les fruits de leurs travaux par un certain nombre d'oisifs si elles étaient armées et si elles savaient se défendre. Si, par exemple, les esclaves des républiques de l'antiquité, les serfs du moyen âge, ou les sujets des despotes de l'empire romain, avaient possédé des armes, et s'ils avaient su s'en servir, ils n'auraient pas tardé à faire la conquête de leur liberté. Ils auraient indubitablement renversé l'ordre établi, si l'on peut donner le nom d'ordre aux extorsions exercées contre les classes laborieuses et à l'impunité des crimes commis par les oppresseurs contre les opprimés.

Mais dans un État où l'on admet, comme maximes fondamentales, que chacun est le maître de soi-même et du produit de ses travaux, que les propriétés sont inviolables, que la sûreté individuelle de chacun est garantie, que tous les hommes sont égaux devant la loi, et qu'ils contribuent également aux charges de la société, l'armement de toutes les classes de la population est une conséquence forcée de ces mêmes maximes ; il est une garantie d'ordre et de sécurité, loin d'être une cause de trouble.

Il faut observer d'abord que, si, dans tous les siècles et dans presque tous les pays, on a vu le petit nombre s'organiser pour vivre dans l'oisiveté aux dépens de la multitude laborieuse, il est sans exemple qu'on ait jamais vu la multitude faire usage de sa force pour vivre régulièrement, et pendant plusieurs générations, aux dépens du petit nombre. Cela serait contraire à la nature de l'espèce humaine : ce ne sont pas les gens qui ont contracté l'habitude du travail qui peuvent être tentés de vivre de pillage. Il peut

être quelquefois arrivé, sans doute, qu'après avoir souffert une longue oppression, et après s'être vu ravir pendant des siècles les produits de leurs travaux, des peuples se soient soulevés, et aient repris par la force une petite part des biens que la force leur avait ravis ; mais ces événements, excessivement rares et toujours partiels, n'ont jamais atteint qu'un nombre infiniment petit de personnes, tandis que les extorsions commises au préjudice des masses populaires ont été générales et ont eu des siècles de durée.

En admettant que l'armement de toutes les classes de la population peut faire tomber des armes dans les mains de quelques individus disposés à en faire un mauvais usage, ces individus seront plus facilement contenus s'ils sont incorporés avec la masse des citoyens, que s'ils sont laissés en dehors de l'organisation politique : dans le premier cas ils concourront à maintenir l'ordre public, tandis que dans le second ils concourront à le troubler.

L'armement et l'organisation de la classe la plus aisée de la société pourraient suffire, sans doute, pour apaiser quelques troubles intérieurs ; mais suffiraient-ils pour repousser une invasion et garantir l'indépendance nationale ? Personne ne peut avoir cette pensée : ce n'est que par l'armement des masses populaires qu'on se garantit des invasions. Or, il est contradictoire de donner des armes aux classes nombreuses de la société lorsqu'il s'agit de repousser un ennemi étranger, et de leur en refuser lorsqu'il s'agit de contenir un ennemi intérieur ; on ne peut avoir aucune bonne raison pour compter sur leur dévouement dans un cas plutôt que dans l'autre.

Il est remarquable que toutes les fois qu'il s'agit de repousser un ennemi étranger, les individus qui appartiennent aux classes les plus aisées se dispensent presque toujours du service. S'ils ne peuvent pas se faire exempter par des faveurs particulières, ils se font remplacer par des hommes tirés des classes inférieures ; et parmi ceux-ci, ce sont toujours les hommes les moins laborieux et les moins rangés qui se présentent comme remplaçants. Ces hommes, n'ayant aucune habitude de travail ou d'industrie, devraient paraître d'autant plus dangereux, qu'ils sont constamment exercés au maniement des armes, qu'ils sont toujours réunis pour se concerter entre eux, et que, pour la plupart, ils n'ont aucune propriété. Cependant, ils ne se livrent à aucun désordre, et les citoyens ni les gouvernements ne paraissent pas les redouter. Il est difficile de croire, en présence de tels faits, à la réalité des motifs sur lesquels on se fonde pour exclure de la force publique les classes les plus nombreuses de la société.

Enfin, si nous sommes forcés de reconnaître que tous les hommes sont égaux devant la loi, qu'ils doivent tous contribuer aux charges de l'État, et qu'ils ont tous le droit de défendre leurs personnes, leurs familles, leurs propriétés, leur industrie, quelle est la classe qui osera s'arroger le droit de déclarer qu'il n'appartient qu'à elle de posséder des armes et de se défendre? S'il en est une qui ose s'arroger ce privilège, sur quoi le fondera-t-elle, à moins que ce ne soit sur l'imposture ou sur la force?

Un des caractères distinctifs de l'esclavage, c'est la prohibition de l'exercice d'un droit, sous prétexte de prévenir un abus. C'est ainsi qu'on a longtemps privé les citoyens du droit de publier leurs pensées, et qu'on s'est arrogé le monopole de la publicité, de peur, disait-on, que le public ne fît un mauvais usage de cette faculté. On a de même privé une fraction plus ou moins considérable du droit de se défendre, de peur qu'il ne lui prît envie d'attaquer. Aujourd'hui, cependant, l'on reconnaît, en France, que chacun a le droit de posséder les armes qu'il croit nécessaires à sa défense; mais, du moment qu'un tel principe est reconnu, il n'y a plus de motifs pour que tout homme valide et vivant du produit de ses propriétés ou de son travail ne fasse point partie de la force publique. Il y a, au contraire, une foule de raisons qui exigent qu'il y soit incorporé.

Des écrivains ont prétendu qu'une armée permanente était seule capable de défendre l'indépendance nationale, et que la masse de la population, armée et exercée temporairement à l'usage des armes, ne saurait repousser une armée étrangère. On a pensé, en conséquence, qu'un peuple ne pouvait se défendre contre un autre peuple, qu'autant qu'une partie de la population se livrait exclusivement à la pratique des armes, et que chacune des autres classes de la société se livrait exclusivement à l'exercice de sa profession. De là est résulté le système des armées permanentes, système qui sert de fondement à tous les gouvernements despotiques.

Il n'est pas possible d'entrer ici dans la discussion des divers systèmes; aussi, nous bornerons-nous à exposer quelques vérités qui nous semblent incontestables, et qu'on peut considérer, en quelque sorte, comme des axiomes de politique.

Il n'y a de garanties contre la force qu'une force supérieure : si donc on pose comme maxime que toutes les propriétés doivent être garanties, il faut poser comme conséquence que tous les propriétaires doivent avoir une force suffisante pour se défendre. Si l'on pose comme maxime que la liberté d'industrie est garantie, il faut poser comme

conséquence qu'il doit se trouver dans les mains de tous les hommes industrieux une force suffisante pour repousser toute force qui leur serait contraire. Si l'on admet en principe l'indépendance nationale, il faut que la nation tout entière soit armée et organisée; sans quoi, il n'y aura d'indépendance que pour ceux entre les mains de qui résidera la force. En un mot, chaque intérêt légitime doit chercher sa garantie dans la force qui lui est propre, et non dans la force des intérêts qui lui sont contraires.

Dans le système des armées permanentes, il ne peut exister de véritable garantie ni pour la propriété, ni pour l'industrie, ni pour l'indépendance nationale, ni pour aucun genre de liberté. Dans ce système, en effet, les propriétaires et les hommes industrieux, qui forment la masse de la population, sont dépourvus d'organisation et étrangers à la pratique des armes; ils n'ont, par conséquent, aucune force réelle. D'un autre côté, il existe au milieu d'eux une multitude d'hommes fortement organisés, n'ayant aucune industrie ni aucune propriété, habitués à l'exercice des armes, ne pouvant exister que sur les produits des travaux d'autrui, et soumis aveuglément à la volonté de leur chef. Chacun de ces individus, ne pouvant vivre qu'aux dépens d'autrui, ne peut espérer de l'avancement que par la guerre, c'est-à-dire en allant porter atteinte aux propriétés ou à l'industrie des autres nations. Or, quelle garantie pourraient avoir contre une telle force les propriétaires ou les industrieux nationaux, s'il plaît à ceux à qui elle obéit d'en faire un instrument de pillage ou d'oppression? Donner pour garantie à l'industrie et à la propriété une armée qui n'a ni industrie ni propriétés, et qui ne peut vivre que sur les travaux des autres, n'est-ce pas donner les loups pour garantie de la sûreté individuelle des moutons?

Un peuple qui abandonne la défense de son indépendance nationale à une armée permanente n'est pas mieux défendu que celui qui espère trouver dans des soldats une garantie pour la propriété, l'industrie ou la liberté individuelle. En pareil cas, une seule défaite suffit pour livrer la population tout entière à la discrétion d'une armée étrangère : s'il était besoin d'exemples pour prouver cette vérité, ils ne nous manqueraient pas. Lorsqu'au contraire une nation ne compte que sur elle-même pour défendre son indépendance, et que tous les hommes dont elle se compose sont en état de la défendre, elle peut perdre une bataille; mais il est impossible qu'elle soit asservie.

Il n'est pour une nation aucune cause de misère ou de ruine aussi active qu'une armée permanente. On calcule que la France ne peut être bien défendue à moins d'une armée de trois cent mille hommes. Supposons que l'armée soit seulement de deux cent cinquante mille hommes ; c'est déjà une dépense annuelle de 250 millions. Cette dépense se paye en temps de paix comme en temps de guerre : d'où il suit que lorsqu'il y a eu douze années de paix, par exemple, on a payé au moment où la guerre arrive une somme d'un milliard 800 millions pour avoir une armée de deux cent cinquante mille hommes ; et en ajoutant à cette somme les intérêts cumulés on aura beaucoup au delà de 2 milliards.

Ce n'est pas tout : par le système des armées permanentes on ne perd pas seulement les sommes annuellement déboursées pour nourrir et habiller les soldats ; on perd aussi les produits que chacun d'eux obtiendrait de son travail journalier. En évaluant ces produits au taux le plus bas, ils surpasseraient la solde qu'on leur paye : ce sont donc 2 milliards de plus qu'il faut ajouter à la perte. Ainsi, au moment où la guerre commence ce sont 4 ou 5 milliards qu'on a sacrifiés ; et pourquoi ? Ce n'est pas pour avoir deux cent cinquante mille hommes de plus, car les hommes n'existeraient pas moins, quand même on ne les aurait pas enrégimentés ; c'est uniquement pour avoir dans la population deux cent cinquante mille hommes qui sont devenus incapables d'exercer aucun métier, mais qui savent faire un peu mieux que les autres des demi-tours à droite et des demi-tours à gauche.

On dit que sans une armée permanente un peuple s'exposerait à être envahi tout à coup par ses voisins ; mais dans l'état actuel de la civilisation c'est une crainte qui n'a aucun fondement. Certes, si une nation telle que la France, par exemple, était armée ; si tous les hommes valides dont elle se compose employaient une partie de leur temps de repos à s'exercer, ce n'est pas légèrement qu'une armée se jetterait au milieu de son territoire. Il faudrait pour former une telle tentative réunir de grandes forces et combiner les armées de plusieurs nations ; mais ces choses-là ne se font point en secret. Les télégraphes, les correspondances de commerce, les débats parlementaires, les agents diplomatiques, les journaux, auraient donné l'éveil à la population tout entière avant même qu'on eût assemblé les soldats destinés à l'attaquer. Dans les temps où nous vivons on ne fait pas de conquêtes par surprise : les conquêtes de ce genre ne sont plus possibles que chez les sauvages.

Au reste, de ce qu'un peuple qui veut rester libre et conserver son indépendance est intéressé à ne point avoir d'armée permanente, il ne s'ensuit pas que personne ne doive exclusivement se vouer à la connaissance et à la pratique de l'art militaire. Il est clair que nous n'entendons parler ici que des soldats et des officiers auxquels une légère instruction suffit,

et qui peuvent l'acquérir en y consacrant le temps qui n'est pas nécessaire à l'exécution de leurs travaux. Les parties de l'art qui ne peuvent être acquises que par de longues études et par une application constante demanderont toujours des hommes spéciaux, et on ne pourra les négliger sans qu'il en résulte des dangers plus ou moins graves.

On voit, d'après ce qui précède, que nous entendons par *garde nationale* la garde qui se compose de toute la partie virile de la population, organisée sur un plan uniforme, divisée comme les juridictions administratives, placée sous les autorités locales pour la police intérieure, et commandée alors par des hommes de son choix : lorsque la sûreté de l'État est menacée par des armées étrangères, la loi détermine la partie de la garde nationale qui doit être mise en mouvement, et cette partie passe sous l'autorité immédiate du gouvernement central.

Il est inutile de faire observer qu'il ne peut exister de véritable *garde nationale* que chez les peuples libres, et que la liberté règne partout où une telle garde existe.

Il a été publié beaucoup d'écrits sur l'art militaire : mais il en est fort peu dans lesquels les écrivains se soient occupés des armées dans leurs rapports avec les garanties sociales. L'ouvrage publié en allemand par M. de Rotteck, professeur à Fribourg, *Sur les armées permanentes et sur les milices nationales*, est, je crois, le premier dans lequel on ait considéré les armées sous ce point de vue. On peut consulter aussi l'*Histoire de la Garde nationale de Paris, depuis l'époque de sa fondation jusqu'en 1827*, par l'auteur de cet article.

CHARLES COMTE.

GARONNE (Département de la HAUTE-). (*Topographie* et *Statistique*.) *Topographie.* — La Haute-Garonne est un de nos départements-frontières de la région sud-ouest de la France. Sa limite méridionale est appuyée, dans une longueur de 2 myr., sur la crête des Pyrénées, qui la séparent de l'Espagne. Ses autres limites sont, à l'est, les départements de l'Ariége, de l'Aude et du Tarn ; au nord, celui de Tarn-et-Garonne ; à l'ouest, ceux du Gers et des Hautes-Pyrénées. Il a été formé partie aux dépens du Languedoc, partie aux dépens de la Guyenne. Dans cette dernière province il a pris la principale partie du Comminges et une petite portion de l'Armagnac. Sa superficie est de 618,558 hectares et répartie ainsi qu'il suit :

Contenances imposables.

Terres labourables.	352,418 hect.
Bois. . . . . : . .	87,140
Vignes.	48,908
Landes, pâtis, bruyères, etc.	46,194
Prés.	39,637
A reporter.	574,297

Report.	574,297 hect.
Vergers, pépinières et jardins.	5,567
Propriétés bâties.	3,723
Cultures diverses.	3,175
Étangs, abreuvoirs, mares, canaux d'irrigation. . . .	408
Oseraies, aunaies, saussaies.	39

Contenances non imposables.

Forêts, domaines non productifs.	14,289
Routes, chemins, places publiques, rues, etc.	12,225
Rivières, lacs, ruisseaux. . .	4,677
Cimetières, églises, presbytères, bâtiments publics. .	158
Total.	618,558

Le nombre des propriétés bâties était, à la fin de 1836, de 83,008, dont 81,546 consacrées à l'habitation, 1,053 moulins, 331 fabriques, manufactures et usines diverses, et 78 forges et hauts fourneaux.

Le département de la Haute-Garonne occupe, dans une longueur de 14 myriam. sur 4 myr. de largeur moyenne, la vallée même de la Garonne; sa pente générale, indiquée par le cours du fleuve, est du sud au nord-est.

La Garonne s'y grossit, par la droite, de la Ger, de la Salat, de la Volp, de l'Arize, de l'Ariége et du Lers; par la gauche, elle reçoit la Pique, la Neste, la Noue, la Louge, la Touque, la Laussonnelle, la Save et la Margastau. Le plus important de ces affluents est l'Ariége, qui lui-même se grossit de la Lèze et du Lers. Une portion du Tarn arrose l'extrémité nord-est du département. Outre le Tarn et la Garonne, les seules rivières navigables sont l'Ariége et la Salat.

C'est à Toulouse que commence le canal du Midi ou du Languedoc; il a dans le département une étendue de 4 myr. — 37 grandes routes, dont 7 nationales et 30 départementales, sillonnent le département. Le parcours total des premières est de 334,277 mètres, celui des secondes de 788,908 mètres.

Climat. — Doux et tempéré. Le vent le plus fréquent est celui d'ouest, qu'on nomme *Cers.* Le vent du sud amène presque toujours la pluie.

Productions. Histoire naturelle. — Les ours et les isards habitent les montagnes de la partie sud du département; les loups et les renards se rencontrent dans les bois. Le gros et le menu gibier sont abondants. Les eaux sont en général poissonneuses.

La flore, comme celle de tous les départements pyrénéens, est d'une grande richesse.

Le département de la Haute-Garonne est riche aussi en substances minérales; les mines y sont nombreuses. Il en existe de fer,

de cuivre, de plomb, d'antimoine, de bismuth, de houille, etc. Les carrières de marbre occupent la première place dans les exploitations. Le département possède un grand nombre d'établissements thermaux.

Division administrative. — Le département de la Haute-Garonne est divisé en quatre arrondissements communaux de sous-préfecture, dont les chefs-lieux sont Toulouse, Muret, Saint-Gaudens et Villefranche. Il renferme 39 cantons et 590 communes.

Toulouse, chef-lieu du département, est le quartier général de la 10e division militaire, qui comprend les quatre départements de la Haute-Garonne, du Tarn, de Tarn-et-Garonne, et du Lot; c'est le chef-lieu du 20e arrondissement forestier, celui d'une académie universitaire, qui comprend, outre ce département, ceux de l'Ariége, du Tarn et de Tarn-et-Garonne; le siége d'une cour d'appel, dont le ressort s'étend sur les mêmes départements, et, enfin, le siége d'un archevêque, qui a pour suffragants les évêques de Montauban, de Pamiers, de Carcassonne.

Population. — D'après le dernier recensement, elle est de 481,938 âmes, savoir:

Arrond. de Toulouse.	177,323
— de Villefranche. . . .	65,040
— de Muret.	91,777
— de Saint-Gaudens. . .	147,798
Total. . . .	481,938

Industrie agricole. — Le département est un de ceux où la culture des céréales est le mieux entendue; aussi les récoltes en grains y sont-elles ordinairement très-riches, et excèdent-elles de beaucoup les besoins de la consommation locale. Cependant les prairies artificielles laissent encore beaucoup à désirer quant à leur extension. La culture du maïs est très-répandue. L'engrais des bestiaux, des porcs, des volailles, et l'élève des mulets, sont au nombre des branches de l'industrie agricole du département. Les vignobles donnent des produits abondants et estimés qu'on évalue, année moyenne, à 470,000 hectol.

La production du sol est évaluée ainsi qu'il suit:

En céréales.	1,559,357 hect.
En maïs.	631,323
En avoine.	263,627
En légumes secs. . . .	40,224
En pommes de terre. . .	29,803

Le revenu territorial est d'environ 22,448,000 fr. Le nombre des propriétaires est de 129,754, ce qui donne en moyenne pour chacun d'eux un revenu de 173 fr.; celui des divisions parcellaires de la propriété est de 1,120,797, ou de moins de 9 par propriétaire.

Industrie manufacturière et commerciale. — L'industrie du département s'exerce sur des articles très-variés. La fabrication des aciers cémentés, celle des limes, faux et faucilles, y occupent la première place. L'exploitation des marbres y prend tous les jours des développements. Les autres principaux produits du département sont : les cuivres laminés, les creusets, les cuirs, les maroquins, les fils, les tissus de coton et de lin, l'horlogerie, les instruments de mathématiques, les chapeaux de paille, etc. — Toulouse est l'entrepôt du commerce des denrées du Nord pour l'Espagne. Les produits du sol, farines, vins et eaux-de-vie, donnent lieu à de nombreuses exportations. Les denrées comestibles, telles que volailles grasses, oies salées, truffes, etc., sont l'objet d'un commerce étendu.

Foires. — Le nombre des foires du département est de 356, se tenant dans 85 communes. Les principaux articles de commerce sont les bestiaux, chevaux, mules, mulets, porcs, bêtes à laine et laines en suint; volailles et viandes salées, blés et grains de toute espèce; la draperie, la lingerie, la quincaillerie, etc., etc.

Impôts directs. — En 1839, le département a payé à l'État :

Contribution foncière. . . . 2,257,094 fr.
Contributions personnelle et
   mobilière. 459,120
Contribution des portes et fenétres. 340,273
Total des impôts directs. 3,056,487 fr.

Douanes. — Le département possède un bureau de douanes, celui de Saint-Gaudens.

Le nombre d'hommes distingués dans toutes les carrières qu'a produits le département est trop considérable pour qu'il nous soit possible de les inscrire tous ici; nous devons nous borner aux plus remarquables. Nous citerons les littérateurs Campistron, Palaprat, Nanteuil, Baour-Lormian, Tourreil, Montgaillard, Du Mége; le ministre Villèle, fils d'un des agronomes les plus distingués du département; le mathématicien Fermat, le botaniste Picot-Lapeyrouse, l'orateur Cazalès, les jurisconsultes Cujas, Furgole, Duranti, Romiguière ; enfin l'instituteur des sourds-muets, Sicard.

Peuchet et Chanlaire, *Statistique de la Haute-Garonne;* in-4°, 1809.
Annuaires de la Haute-Garonne.
Description minéralogique de la Haute-Garonne, dans le *Journal des Mines,* t. XXIV, p. 430-54.
Saint-André (J. A. D.), *Topographie médicale du dép. de la Haute-Garonne;* in-8°, 1813.
Du Mége (Alex.), *Monuments religieux des Volcæ Tectosages; etc.,* et *Recherches sur les antiquités du départ. de la Haute-Garonne;* in-8°, 1814.

G.

GASCOGNE. (*Géographie* et *Histoire.*) Cette dénomination est extrêmement complexe. La région qu'elle désigne constitue la Basse-Guienne; ses localités principales étaient Mont-de-Marsan (Landes), Pau (Basses-Pyrénées), Tarbes (Hautes-Pyrénées), Auch (Gers), Saint-Girons (Ariége), Saint-Gaudens (Haute-Garonne). Mais on distinguait, en 1789 :

1° La *Gascogne proprement dite,* qui comprenait les *Landes propres* (Dax et Tartas) et l'*Auribat* dans les Landes propres (Dax), la *Chalosse* (Saint-Sever), le *Tursan* (Aire, Grenade, Cazères), le *Marsan* (Mont-de-Marsan), l'*Albert* (Labrit) ;

2° La *Gascogne improprement dite,* qui renfermait, outre la *Gascogne propre,* les *Basques,* le *Béarn,* le *Bigorre,* le *Comminges,* l'*Armagnac,* le *Condomois,* le *Bazadais,* le *Bordelais;*

3° La *Gascogne très-improprement dite,* comprenant, outre la *Gascogne improprement dite,* le *reste de la Guienne* et le *Languedoc.*

Au sixième siècle, la partie la plus méridionale de ces contrées, formant le royaume d'*Aquitaine* (*Voyez* ce mot), la région située entre la Garonne et les Pyrénées, portait le nom de *Novempopulanie.* Vers 586, on y vit apparaître les *Wasques, Wascons* ou *Gascons,* peuple guerrier et sauvage qui s'était multiplié dans la Navarre et le Guipuscoa, au delà des Pyrénées, et qui, descendant inopinément dans les plaines, bravant les Wisigoths et les Francs, envahit dès lors une grande étendue de pays. Enfin, vers 602, les rois de Bourgogne et d'Austrasie remportèrent sur eux quelque avantage, et se contentèrent d'exiger d'eux un tribut, et de leur imposer un duc, nommé *Genialis.* Mais, en retour, on leur abandonna les provinces où ils s'étaient établis. Après la mort de Genialis, ils ressaisirent et gardèrent leur indépendance durant neuf ans. En 636, Dagobert envoya contre eux une armée considérable, qui les poursuivit jusque sur le sommet des montagnes. Ils se rendirent à discrétion; mais le roi leur laissa leur pays, en exigeant des chefs le serment de fidélité. Dès cette époque ce peuple adroit et remuant prit une part active aux querelles de ses nouveaux souverains.

Cinquante ans plus tard, tandis qu'*Eudes* se faisait duc indépendant de tout le pays des bords de la Loire jusqu'à la Novempopulanie, les Gascons avaient absolument secoué le joug des Francs dans leur province, et confié à des ducs électifs le gouvernement de leur territoire, dont ils avaient étendu les limites jusqu'à la Garonne. Enfin, on appelait *ligue des Gascons* toute la coalition méridionale dirigée par Eudes, et cela sans doute parce qu'ils en formaient la partie la plus redoutable. Ils en furent, en effet, le plus solide appui jusqu'à ce que Charles, celui qui plus tard fut Charlemagne, réussit à les détacher des Aquitains, en plaçant à leur tête un irréconciliable ennemi de *Waifer* et de toute sa race. Cet ennemi était *Lupus* ou *Loup*, fils de Hatton, comte de Poitiers, que *Hunald*, son frère et le père de *Waifer*, avait fait cruellement mutiler. Lupus conserva son duché. Mais plus tard, quand Charles étendit ses conquêtes au delà des Pyrénées, le Gascon en fut jaloux. Au retour de l'armée franque, ses bandes tombèrent sur l'arrière-garde, dans cette vallée de *Roncevaux*, si célébrée depuis par les romanciers du cycle carlovingien. Cette perfidie fut punie par le supplice du duc *Loup II*, fils de Waifer et petit-fils de Loup Ier du côté de sa mère. Néanmoins *Adalric* et *Loup-Sanche*, ses fils, furent, quoique très-jeunes, désignés par Charlemagne pour lui succéder.

Dans la suite, les Gascons se révoltèrent, et provoquèrent maintes fois les armes de l'empire. A deux reprises ils taillèrent en pièces, dans les gorges des Pyrénées, l'armée de Louis le Débonnaire revenant de Navarre.

Loup-Centule et *Ximin* ou *Scimin*, l'un petit-fils, l'autre fils d'Adalric, avaient partagé entre eux la succession paternelle, et avaient hérité de la turbulence et de la perfidie de leur père. Ximin et *Garcias*, son fils, périrent dans une bataille contre les Francs ; Centule fut forcé de se retirer en Espagne, laissant en deçà des Pyrénées deux fils, dont l'un obtint de l'empereur le comté de Bigorre, l'autre la vicomté de Béarn. Mais alors la Gascogne fut réunie à la couronne et confiée à des *ducs amovibles*, qui eurent en outre le comté de Bordeaux et de Saintes.

Totilon, le premier d'entre eux (819)', repoussa loin de sa province les hordes normandes ; mais son successeur, *Siguin* ou *Ximin*, ne put les empêcher d'y exercer leurs ravages (846), pas plus que *Guillaume*, qui vint après lui (848). Guillaume ayant été fait prisonnier par les pirates, *Sanche-Sancion*, fils de Loup-Sanche, s'empara de la Gascogne, qu'il joignit, contre le gré de Charles le Chauve, au comté de Pampelune. En 855, il défendit sans succès la ville de Bordeaux, attaquée et prise par les Normands. Après sa mort (864), *Arnaud*, son neveu du côté maternel, et fils d'un comte de Périgord, lui succéda. Il fut le dernier des ducs amovibles.

Sanche-Mitarra ou *Ravage* (surnom que lui avaient donné les Sarrasins), petit-fils de Loup-Centule, fut appelé, en 872, de Castille, par les Gascons, pour les gouverner. Il ne reconnut jamais l'autorité des rois de France, et en cela il fut imité par tous ses successeurs, *Sanche II*, *Garcie-Sanche*,

Sanche-Garcie, *Sanche-Sanchez*, *Guillaume Sanche*, *Bernard-Guillaume*, *Sanche-Guillaume* et *Bérenger*. Ce dernier, petit-fils de Sanche-Guillaume par sa mère et fils d'un comte d'Angoulême, étant mort sans enfants vers 1036, *Eudes*, comte de Poitiers, fils d'une sœur ou d'une fille de Sanche-Guillaume, lui succéda. Mais il fut tué, en 1040, devant un château de l'Aunis qu'il assiégeait, et alors *Bernard II*, comte d'Armagnac, issu en ligne masculine des ducs de Gascogne, se rendit maître du pays, et s'y maintint jusqu'en 1052, que *Gui-Geoffroi*, fils de Guillaume V, comte de Poitiers, le contraignit de le lui vendre, moyennant 15,000 sous. Ainsi le duché de Gascogne et le comté de Bordeaux furent définitivement réunis au duché d'Aquitaine ou de *Guienne* (*Voyez* ce mot). Cette adjonction de la Gascogne au Poitou et à l'Aquitaine ne fit pas disparaître l'usage d'appeler *Gascons* tous les habitants du pays compris entre la Garonne et les Pyrénées, quoique le duché ne comprît que les six comtés de Bigorre, Bordeaux, Agen, Fezenzac, Lectoure et Gascogne.

Loubens, *Histoire de l'ancienne province de Gascogne, Bigorre et Béarn, depuis la conquête des Romains dans les Gaules, jusqu'à la fin du comté d'Armagnac*, etc.; 3 vol. in-8°, 1839.

Thore (J.), *Promenade sur les côtes du golfe de Gascogne*, in-8°, 1811.

Voyez d'ailleurs les articles GERS, GUIENNE, et LANDES.

D.

GASTÉROPODES. (*Histoire naturelle*.) Γαστήρ, *ventre*; πούς, *pied*. Nom donné par Cuvier à une classe, et par M. Duméril à un ordre, comprenant ceux des animaux mollusques à tête distincte, qui se traînent sur le ventre à l'aide d'un disque charnu et musculeux. Cuvier divise ensuite ces animaux en sept familles, M. Duméril en trois seulement, et tous deux établissent ces divisions d'après la forme et la position des organes respiratoires. Les familles du premier de ces auteurs portent les noms de *nudibranches*, *inférobranches*, *tectibranches*, *pulmonés*, *pectinibranches*, *scutibranches*, et *cyclobranches*; celles du second s'appellent *dermobranches*, *siphonobranches* et *adélobranches*. Chacune de ces familles renferme un plus ou moins grand nombre de genres, et la totalité s'élève à cinquante et un dans la méthode de Cuvier, et à trente-huit seulement dans celle de M. Duméril. Pour plus de détails, *voyez* l'article MOLLUSQUES.

DUPONCHEL père.

GASTÉROSTÉE. (*Histoire naturelle*.) *Gasterosteus*. Les ichthyologistes ont donné ce nom à un genre de poissons assez nombreux en petites espèces, caractérisé par les aiguillons fort piquants de la nageoire dorsale, aiguillons qui sont des armes assez redoutables. Dans l'épinoche commune, qui est une gastérostée, il y a, en outre, des piquants latéraux que l'animal hérisse au moindre danger, et qui le mettent à l'abri de la voracité des brochets et autres tyrans des rivières. Cette épinoche, qui est l'avorton de sa classe., puisqu'elle atteint rarement à deux pouces de longueur, est si commune en certaines mares, qu'on l'y pêche pour en répandre les petits cadavres dans les champs et fumer les terres. Le pilote, qui est beaucoup plus grand, puisqu'on en voit des individus d'un demi-pied, est une autre gastérostée de la mer. L'habitude qu'ont les poissons de cette espèce de voyager, comme de concert, avec les requins et autres grands carnassiers de l'Océan, leur donna, dès le temps des premières grandes navigations, une certaine célébrité, et sembla leur mériter le nom par lequel on les désigne; en effet, l'apparition d'un ou plusieurs pilotes annonce de près celle d'un ou plusieurs requins. On dirait que ces animaux ont fait pacte de ne se jamais quitter, et nous avons cru remarquer un rapport proportionnel constant entre la taille des individus associés d'espèces si différentes. Les plus petites gastérostées précèdent les plus petits requins, et les grandes précèdent les grands, comme s'ils vieillissaient ensemble. Les naturalistes déclamateurs qui ont cherché à retrouver dans les bêtes les penchants de l'homme, et jusqu'à des traces de nos mœurs, ont imaginé, avec les matelots, et ont répété, sur le témoignage de ces gens grossiers, que le requin était myope, qu'il ne pouvait que très-difficilement se servir de sa vaste gueule, et que, malgré sa force, il mourrait de faim dans l'élément où s'exerce sa puissance si le pilote n'était le ministre de sa férocité. Partout où l'on trouve un pouvoir sanguinaire dans la nature, on a cru devoir chercher des agents qui s'unissent à ce pouvoir pour opprimer la faiblesse; et le pilote fut le limier des *Squales*, comme les chiens sont ceux de nos Nemrods, et les espions ceux de la police. On disait que le requin, reconnaissant de l'empressement avec lequel son pilote l'aidait à la destruction, abandonnait à cet agent des parcelles de toutes les proies qu'il lui avait signalées, et que celui-ci poussait le dévouement jusqu'à nettoyer les dents de son maître. Il n'y a de vrai, dans l'histoire des pilotes et des requins, que l'habitude où sont les premiers d'escorter les seconds, dont ils sont les commensaux parasites, venant, sans y être priés, s'associer aux repas sanglants qui leur promettent toujours quelques reliefs.

BORY DE SAINT-VINCENT..

GASTRALGIE. (*Médecine.*) Γαστήρ, *ventre, estomac;* ἄλγος, *douleur.* Malgré cette étymo-

logie, ce n'est pas à toutes les douleurs de l'estomac que s'applique le mot *gastralgie :* ainsi la faim, l'ingestion d'aliments trop abondants, de substances caustiques, vénéneuses, l'inflammation aiguë ou chronique de la muqueuse gastrique, le cancer et d'autres causes encore peuvent déterminer la douleur à différents degrés; mais c'est un état morbide particulier, et dont l'origine paraît être dans le système nerveux, que l'on désigne par le mot *gastralgie.* L'école de Broussais ne voulut jamais admettre cette forme d'affection, et s'obstina toujours à la confondre avec la gastrite. Cependant lorsqu'il y a gastrite, c'est-à-dire quand par une cause quelconque l'estomac est phlogosé, on n'observe pas les mêmes signes que dans la gastralgie; souvent même les symptômes de ces deux affections ont une marche inverse. Ainsi, dans la gastrite aiguë, qui résulte presque toujours de l'influence directe d'un agent nuisible, comme un poison, un caustique, etc., l'inflammation de l'estomac réagit sur l'économie, et la fièvre se montre. La moindre pression sur l'épigastre est une cause de douleur plus ou moins vive; l'ingestion des aliments, même en quantité minime, amène de la douleur. Dans la gastrite chronique, qui se rapproche davantage de la gastralgie, la pression est encore douloureuse, et des aliments de digestion très-facile peuvent seuls être supportés.

Les douleurs de la gastralgie ne dépendent ni de la pression sur l'épigastre, ni de l'ingestion des aliments. Souvent même les malades, pour calmer les souffrances qu'ils éprouvent, ne trouvent pas de meilleurs moyens que de comprimer fortement l'épigastre; l'ingestion des aliments et leur nature n'ont pas non plus la même action; car dans beaucoup de cas les douleurs sont calmées par le repos, et les aliments que l'estomac digère le mieux sont les plus excitants ou les plus indigestes.

Les toniques, les amers, qui dans la gastrite agiraient d'une manière fâcheuse, réussissent très-souvent dans la gastralgie. Enfin, dans cette dernière affection, la langue est toujours naturelle, tandis qu'elle est constamment rouge et chargée dans la gastrite. Cependant il est un point important à établir : c'est qu'à son début la gastralgie prend quelquefois une forme inflammatoire et peut alors, par ses symptômes et par le traitement qu'elle exige, se rapprocher de l'inflammation de l'estomac. Peut-être même serait-il plus exact de dire que certaines gastralgies, sans doute en raison de leur cause déterminante, s'accompagnent, au début, d'inflammation de la muqueuse gastrique.

Les symptômes de la gastralgie ne sont pas identiques chez tous les individus. Ceux qu'on observe le plus communément sont des tirailtements douloureux de l'estomac, cessant après l'ingestion des aliments, et souvent aussi des éructations fatigantes, des vomissements par lesquels sont rejetées d'abord toutes les matières alimentaires indistinctement, puis quelques-unes seulement. La sensation de brûlure au pharynx et dans l'œsophage (*pyrosis*) accompagne fréquemment les autres signes, enfin la privation du goût (*pica*), la boulimie, la dyspepsie compliquent aussi, dans beaucoup de cas, la gastralgie, dont elles peuvent être considérées comme symptomatiques.

Les femmes sont beaucoup plus sujettes que les hommes à la gastralgie. C'est surtout à l'époque de la puberté ou lors du retour d'âge, qu'on voit survenir cette névrose, qui paraît dépendre alors d'une réaction des organes génitaux sur l'appareil digestif. Nous avons vu un état de gastralgie bien marqué survenir en quelques jours chez une dame, très-nerveuse d'ailleurs, au moment où un voyage de quelques semaines allait la séparer de son mari : cette gastralgie, qui avait commencé dès avant le départ, disparut de même tout à coup et quelques jours avant le retour, quand la malade apprit que la séparation, cause de son mal, allait cesser.

Suivant Georget, on observe dix cas de gastralgie chez les femmes pour un chez l'homme.

La gastralgie a été décrite par plusieurs auteurs sous les noms de *cardialgie* et de *gastrodynie.*   A. L.

GASTRIQUE (Embarras, Fièvre). (*Médecine.*) « La perte de l'appétit, la douleur « du cardia, le vertige avec obscurcissement « de la vue et l'amertume de la bouche an- « noncent, quand il n'y a pas de fièvre, la « nécessité d'une évacuation par en haut. » (Hippocrate, *Aphorismes*, IV, 17.) Que pourrait-on ajouter à cette description ou ce précepte du père de la médecine? Tel est, en effet, l'embarras gastrique, qui se rapproche à quelques égards des inflammations de l'estomac, et qui tient aussi de la fièvre typhoïde et de la fièvre bilieuse, à leur début. Mais si des symptômes d'embarras gastrique se montrent fort souvent au début de ces affections, il ne faut pas oublier que l'absence de fièvre est une des conditions essentielles mentionnées par Hippocrate dans la définition que nous avons citée, et que l'embarras gastrique idiopathique ne s'accompagne jamais de pyrexie. Quant à la fièvre gastrique, on a donné ce nom tantôt à ce que Broussais décrit comme gastrite, tantôt à la fièvre bilieuse. M. Littré conserve la dénomination de *fièvre gastrique* à un état morbide qui se rapproche de la fièvre bilieuse telle qu'on l'observe dans nos climats; mais c'est, comme il le dit lui-même, pour ne pas surcharger la nomenclature d'un mot nouveau, et sous toutes réserves des distinctions à établir

entre une affection locale et une fièvre, maladie générale tout à fait distincte de l'autre.

Les tempéraments, les climats et les constitutions médicales donnent à l'embarras gastrique des caractères différents. Ainsi, tantôt il est manifestement bilieux, tantôt il est muqueux ou atonique. Dans l'un et l'autre cas, on remarque le malaise, la pesanteur générale, la céphalalgie, plus marquée dans l'embarras bilieux, la diminution de l'appétit, le dégoût des aliments gras, la disposition aux nausées. Dans l'état bilieux, la langue est chargée d'un enduit jaunâtre; la conjonctive, les ailes du nez, le pourtour des lèvres sont jaunes; le reste de la face est livide, l'haleine est chaude et de mauvaise odeur; l'accablement rend pénible au malade tout travail intellectuel. Il y a diarrhée ou constipation; l'urine est épaisse et jaunâtre. Des furoncles, des tournioles, des herpès de la face, se manifestent aussi dans l'embarras gastrique bilieux, ou plutôt cet état morbide est souvent le prodrome de certaines éruptions cutanées, de l'érysipèle par exemple.

L'embarras muqueux a pour caractères un enduit muqueux et blanc de la langue, une bouche pâteuse, quelquefois des aphthes, l'odeur acide de l'haleine, une salive abondante, l'obtusion du goût, des nausées, des digestions lentes, l'urine pâle, abondante, la pâleur de la face, et quelquefois le vomissement de matières glaireuses.

Les causes de l'embarras gastrique sont diverses. Il survient le plus ordinairement sous l'influence des chagrins, d'un mauvais régime, de l'excès de travail, des influences climatologiques. On le voit quelquefois se dissiper de lui-même, quelquefois céder à un écart de régime, à un excès de table, à un violent exercice; les évacuants employés convenablement sont le moyen le plus sûr et le plus prompt d'en faire justice.

La fièvre gastrique a été décrite par M. Andral sous le nom de *fièvre continue légère :* cette dénomination indique assez l'analogie que présente cette affection avec la fièvre continue dont la forme la plus commune dans nos climats a été nommée *fièvre typhoïde.*

M. Littré n'admet pas que cet état morbide puisse être considéré comme une maladie générale; suivant lui, ce n'est qu'une affection purement locale. Toutefois, la description qu'il en donne établit comme assez difficile le diagnostic différentiel entre cette affection et la dothiénenterie, surtout au début.

La méthode expectante, qui n'exclut pas l'emploi des délayants et des bains tièdes, paraît être la meilleure à suivre dans la fièvre gastrique, quand aucun signe ne vient indiquer au médecin une médication spéciale.

                                             A. L.

GASTRITE. (*Médecine.*) Il y a vingt ans,

                                                    9.

suivant les doctrines qui dominaient alors, bien peu d'affections étaient exemptes d'une complication de gastrite ; la plupart reconnaissaient pour cause première l'inflammation de la muqueuse stomacale. Aujourd'hui la gastrite est généralement considérée comme une affection rare, sinon hypothétique, sauf le cas d'irritation directe de la muqueuse par les caustiques, etc. Quant à la considérer comme l'origine de la plupart des maladies, on a ramené cette exagération des doctrines de Broussais à un axiome aussi ancien que la médecine : c'est que le régime est, en hygiène, d'une importance fondamentale.

Ce serait pourtant, selon nous, méconnaître la vérité que de juger, par la constitution médicale qui règne depuis quinze ans dans nos pays, celle qui l'avait précédée, et des doctrines écloses et développées sous l'influence de la première, par celles auxquelles la seconde sert aujourd'hui de base. C'est un fait qui s'appuie sur les documents fournis depuis cinquante ans par la médecine française, que, pendant les vingt-cinq ou trente premières années du siècle, notamment de 1805 à 1830, les affections inflammatoires dominaient sur toutes les autres, et que les maladies de l'appareil digestif étaient alors des plus fréquentes. Nous ne prétendons pas dire que toujours ces affections se bornassent à l'estomac. Aussi, le mot *gastrite* présente-t-il un sens trop restreint ; cependant on n'est pas fondé à douter que Broussais ait pn l'appliquer avec raison dans un certain nombre de cas, et maintenant encore c'est le terme le plus convenable pour exprimer certains états morbides, tout en tenant compte des objections à la théorie de l'inflammation.

Un enfant à la mamelle est gorgé de lait par sa nourrice ; il vomit d'abord ce qu'il prend de trop, puis bientôt une partie de ce qui est nécessaire à sa nourriture ; au bout de quelques jours de ce mauvais régime, son estomac ne peut plus supporter le lait, même en petite quantité. Il maigrit rapidement, accuse des douleurs vives au creux de l'estomac ; enfin il succombe, si, par une alimentation plus discrète, et grâce aux ressources de la nature, on n'arrive pas à ramener l'estomac à son état normal. N'est-on pas en droit de dire que cet enfant a eu une gastrite ? et s'il succombe dans ces conditions, ne constatera-t-on pas un état morbide de la muqueuse stomacale ? D'autre part, ces symptômes ne sont-ils pas ceux qu'on observe dans certains empoisonnements par des substances corrosives, à la suite de l'ingestion de boissons très-chaudes, etc. ?

On trouve dans les auteurs de premier ordre, tels que Haller, Morgagni, etc., des faits qui laissent peu de doute à cet égard, et la troisième édition de la *Clinique médicale* du professeur Andral contient une observation qui confirme d'une manière frappante celles des auteurs précédents.

Nous n'avons parlé jusqu'ici que de la gastrite aiguë, et les auteurs qui s'accordent aujourd'hui à considérer cet état comme très-rare, sous la forme idiopathique, regardent, au contraire, la gastrite chronique comme assez commune.

Si pourtant on ne conserve le nom de gastrite qu'à une affection dont l'hyperhémie et les autres signes de la phlogose soient les caractères essentiels, peut-être trouvera-t-on que la gastrite chronique n'est pas si fréquente. La gastralgie, le cancer de l'estomac, l'hypochondrie même, ont été souvent traités comme des gastrites chroniques.

C'est surtout de vingt à cinquante ans qu'on observe la gastrite chronique. Cette affection, plus commune chez les femmes que chez les hommes, tient de près par ses symptômes à celles que nous venons d'énumérer comme pouvant être confondues avec elle. Les causes sont diverses, et si les écarts du régime, ou plutôt un régime antihygiénique, paraissent quelquefois la déterminer, elle semble être due surtout à l'influence que les causes morales exercent sur l'appareil digestif. Quelquefois aussi elle est déterminée par une cause mécanique, comme, par exemple, la hernie de l'estomac.

Douleurs plus ou moins vives, souvent analogues à celles que produit le pincement, s'augmentant par la pression, diminuant quelquefois au moment où des aliments sont ingérés pour reparaître bientôt et avant la fin de la digestion ; pyrosis, diminution ou exagération de l'appétit, dégoût après les premières bouchées avalées, acidité de l'haleine et de la salive, rapports acides, et causant dans le pharynx une sensation de brûlure, nausées, vomissements, tels sont les signes les plus tranchés et les *plus* communs de la gastrite chronique.

Le pronostic de cette affection varie suivant son intensité, suivant la persistance des causes qui l'ont amenée, ou la possibilité de soustraire le malade à ces causes, etc.

Broussais, *Histoire des phlegmasies chroniques*, 4e édit. ; Paris, 1826, 3 vol. in-8°.
Dalmas, dans le *Dictionnaire de médecine*, 2e édition, article Estomac (Inflammation de l').

A. L.

GASTROBRANCHE. (*Histoire naturelle.*) Genre de poissons de l'ordre des chondroptérygiens à branchies fixes, créé par Bloch sur un poisson de la mer du Nord, le *Myxine glutinosa*, qui diffère des myxines par les intervalles des branchies, qui, au lieu d'avoir chacune son issue particulière au dehors, donnent dans un canal commun pour chaque côté, les deux canaux aboutissant à deux trous situés sous le cœur vers le premier tiers de la longueur totale. Nous renvoyons, pour plus de détails à l'article MYXINE de cette Encyclopédie et aux ouvrages suivants :

Bloch, *Mémoires de l'Académie des sciences de l'Institut de France*, et *Histoire des poissons*.

G. Cuvier, *Règne animal*, etc.

E. DESMAREST.

GASTRO-ENTÉRITE. (*Médecine.*) Γαστήρ, *ventre, estomac; ἔντερον, intestin.* Broussais nomma ainsi l'inflammation de la muqueuse gastro-intestinale. L'école de Broussais, regardant comme idiopathiques toutes les lésions de l'intestin qu'on observe après la mort, devait conclure à l'extrême fréquence de la gastro-entérite. Aujourd'hui cette affection ne paraît pas être beaucoup plus commune que la gastrite ; et, dans la plupart des cas, elle est déterminée par l'ingestion de substances vénéneuses, ou la réaction qui se produit de la peau sur la muqueuse intestinale dans certaines maladies, comme les fièvres éruptives, les brûlures étendues. Il n'est même pas exact d'appeler gastro-entérites ces maladies de l'intestin par réaction ; car l'estomac n'y prend souvent qu'une faible part, ainsi que l'intestin grêle : c'est surtout le gros intestin qui s'enflamme, et le nom de *cœco-colite* indique mieux le mal dans la plupart des cas.

On ne songe plus aujourd'hui à considérer le choléra comme une gastro-entérite, et même à l'époque où cette maladie parut en France sous forme d'épidémie, il n'y eut que le chef et les adeptes les plus enthousiastes de l'école physiologique qui s'efforcèrent de rattacher les phénomènes observés alors à ce qui semblait devenu pour eux l'affection type.

Le typhus, la peste, la fièvre jaune, les fièvres intermittentes même, étaient rangés alors parmi les gastro-entérites ; tout au plus leur accordait-on une épithète distinctive. Mais une affection surtout paraissait rentrer à beaucoup d'égards dans la classe des maladies gastro-intestinales, et, considérée sous ce point de vue, justifiait l'opinion régnante alors sur la fréquence des gastro-entérites. Dans cette maladie, l'estomac n'était pourtant pas affecté par lui-même ; seulement, comme tous les organes, il prenait sa part des symptômes. L'intestin grêle, au contraire, était évidemment malade dans toute sa longueur ; quelques points spécialement atteints semblaient autant de foyers d'où le mal rayonnait en tous sens.

Le reste de l'appareil digestif, les poumons, le cerveau, qui participaient à cette affection évidemment générale, les symptômes bilieux, ou tenant du catarrhe, ou bien encore affectant la forme nerveuse, prouvaient, suivant la théorie dominante alors, que tant d'affections décrites sous le nom de fièvres bilieuses, muqueuses, putrides, ataxiques, adynamiques, etc.,

n'étaient autre chose que la gastro-entérite à son maximum d'intensité. C'était une réaction inévitable qui s'opérait dans la science. Longtemps on avait bâti des systèmes, établi des divisions et fait de la médecine avec les arguties de la scolastique, sans penser que l'étude du cadavre pût aider le moins du monde à celle des maladies. Au commencement du siècle dernier, les médecins négligeaient l'anatomie, par suite du fol orgueil qui leur faisait dédaigner la chirurgie ; et beaucoup d'entre eux auraient été fort empêchés s'il leur eût fallu rechercher et constater sur un cadavre des traces pathologiques. Cette ignorance avait fait place au zèle pour la science vers le milieu du dix-huitième siècle ; mais les vieux médecins et les vieilles doctrines avaient longtemps survécu. Il en résulta naturellement que le jour où l'anatomie pathologique eut le droit de se faire écouter, elle fit table rase de tout ce qui l'avait précédée, sans en excepter la médecine d'Hippocrate. Mais quand ce flot eut tout couvert, sinon tout renversé, il reprit son niveau, sa place ; l'anatomie pathologique fut toujours une des lumières de la science et la base la plus certaine sur laquelle se puisse fonder une théorie médicale ; mais elle admit le concours de toutes les doctrines rationnelles pour l'aider à classer les phénomènes observés. Peu de temps avant que les théories dites physiologiques arrivassent à leur apogée, en 1812, MM. Petit et Serres avaient décrit sous le nom de *fièvre entéro-mésentérique* ce que Broussais et ses disciples, impatients du nom de fièvre, appelèrent simplement gastro-entérite et plus tard gastro-entérite folliculeuse.

Une observation attentive a démontré que la lésion intestinale n'est pas le phénomène dominant dans cette affection, qui quelquefois même parcourt toutes ses périodes sans offrir sur aucun point de l'intestin des lésions concomitantes. Elle a repris son nom de fièvre, et l'épithète de *typhoïde* qu'on lui a donnée suffit à la distinguer des autres fièvres graves, sans préjuger en faveur d'aucune théorie exclusive. Dans nos climats, où l'on ne voit ni la fièvre bilieuse ni les fièvres pestilentielles des pays chauds, la fièvre typhoïde peut être considérée comme représentant à elle seule la plupart des fièvres décrites par les auteurs et réunies par Pinel dans les cinq premiers ordres de sa pyrétologie. Broussais n'avait donc pas tout à fait tort en réduisant à la gastro-entérite tant d'affections regardées jusqu'à lui comme distinctes ; seulement il se trompait en voyant tout dans la lésion intestinale.

Nous ne donnons pas la division admise par plusieurs auteurs au sujet de la gastro-entérite, et qui classe cette affection en plusieurs variétés, suivant qu'elle est déterminée par l'action directe de substances toxiques et par le régime, suivant qu'elle est concomitante ou intercurrente à telle ou telle affection. Outre que bien souvent l'estomac ne peut être considéré comme réellement enflammé, il nous semble que la dénomination de gastro-entérite, comme toute autre créée pour exprimer un état idiopathique, ne doit pas s'appliquer à un symptôme.

Le traitement indiqué dans ces différentes circonstances prouve d'ailleurs qu'on n'a pas affaire à des affections semblables. Ainsi dans la gastro-entérite idiopathique, la diète, les antiphlogistiques, les adoucissants, constituent le traitement ; et quand on n'a réellement affaire qu'à une inflammation du tube digestif, on la voit presque toujours s'amender par ces moyens ; mais si l'intestin est sous l'influence d'une réaction, pendant la variole ou toute autre fièvre grave, il est bien douteux que les moyens thérapeutiques aient sur le tube digestif une action réelle, et ce qui modifie la marche du symptôme, c'est l'évolution de l'affection générale. Vouloir hâter la guérison de la prétendue gastro-entérite qui se montre dans la fièvre typhoïde, c'est vouloir guérir l'éruption de la variole avant que cette fièvre éruptive ait achevé son cours.

Broussais, *Histoire des phlegmasies chroniques*; Paris, 1808, in-8°, 2 vol. ; ibid., 1822, in-8°, 3 vol. *Voyez* aussi les différents ouvrages de MM. Bégin, Roche, Joly, et entre autres la plupart des articles de médecine rédigés par les deux derniers de ces auteurs, dans le *Dictionnaire de médecine et de chirurgie pratiques.*
E. Littré, dans le *Dictionnaire de médecine*, 2e édition, 30 volumes, articles GASTRIQUE (Embarras, Fièvre), DOTHIÉNENTERIE, etc.

A. LE PILEUR.

GAUDE. (*Agriculture.*) Plante dont toutes les parties, fleurs et tiges, feuilles et racines, fournissent une couleur jaune, belle et durable, employée en teinture et en peinture. Elle fait partie du genre réséda, de la famille des capparidées (*reseda luteola*).

La gaude est annuelle ; cependant en culture on la traite quelquefois comme une plante bisannuelle. Sa racine est pivotante ; sa tige, droite, striée, s'élève à un mètre ; ses feuilles, alternes, lancéolées, rappellent assez par leur forme les feuilles du saule ; les fleurs sont verdâtres et disposées en longs épis terminaux ; le fruit est une capsule terminée par trois pointes et renfermant de petites graines sphériques, luisantes, de couleur brune.

Dans nos climats, la gaude croît spontanément sur presque tous les terrains, dans les bois, le long des chemins, sur les murailles, et cette circonstance, qui indique une très-grande facilité de végétation pour cette plante, pourrait faire croire, mais à tort, qu'elle est susceptible de donner des produits avantageux dans les terres très-médiocres. M. de Dombasle, qui l'a cultivée pendant longtemps, déclare n'avoir pu en obtenir de récoltes passables que dans des sols de bonne qualité. Toutefois, l'engrais paraissant nuire au développement de la matière colorante, on ne doit pas fumer immédiatement pour la gaude.

Cette plante ne doit être cultivée que sur des terres bien nettes de mauvaises herbes, attendu qu'elle végète d'abord très-lentement, ce qui oblige à des sarclages minutieux, qui deviennent fort chers lorsque les plantes adventices croissent abondamment.

On distingue deux variétés de gaude : l'une, de printemps, doit se semer en mars ; l'autre, d'automne, se sème en août ou septembre. Pour un hectare, on semploie sept à huit kilogrammes de graines, que l'on sème ordinairement à la volée. La semence la plus nouvelle est la plus sûre ; celle de deux ans ne lève qu'en partie. Comme elle est excessivement fine, il faut que le sol soit nivelé et bien ameubli à la surface. On recouvre légèrement ; si le terrain est frais, il suffit de faire passer un rouleau qui applique la graine sur le sol, pour déterminer la germination.

Nous l'avons dit : la culture de la gaude exige, après la germination, des binages très-soignés. On diminue ces frais d'entretien en cultivant, de préférence à la variété printanière, la variété d'automne, qui ne craint nullement les gelées du climat de Paris. En effet, au mois de septembre, les plantes adventices ne poussent pas, à beaucoup près, avec autant de vigueur qu'au printemps ; il en résulte qu'avec un ensemencement d'automne, si la terre est un peu propre, on est dispensé de biner pendant la première jeunesse de la plante, où elle est à peine visible, et l'on peut alors se borner à donner un binage au printemps, époque à laquelle les plantes sont déjà grandes, fortes, et où par conséquent le travail est moins difficile, moins dispendieux. Une autre raison qui motive encore le choix de la gaude d'automne, c'est que sa récolte arrive en juin ou juillet, et que la dessiccation de la plante est alors facile à obtenir. La gaude de printemps ne se récolte qu'au mois de septembre.

Dans plusieurs localités, notamment dans la Seine-Inférieure, on sème la gaude dans une récolte sur pied au moment où on donne à celle-ci le dernier binage, vers le mois de juillet : par exemple, dans des fèves, des haricots, du maïs. Dans quelques autres cantons, on la sème au printemps dans une céréale, pour ne la récolter que l'année suivante ; elle devient ainsi plante bisannuelle.

La gaude est bonne à récolter lorsque les dernières fleurs ont disparu et que les graines sont déjà noires et mûres sur le tiers inférieur de l'épi. La tige et les feuilles commencent à perdre leur couleur verte. Il ne faut pas couper, mais arracher, parce que les teinturiers aiment que les racines fassent partie de la récolte. On dispose les plantes en javelles peu épaisses, et lorsque la partie supérieure est sèche, on les retourne pour que le dessous subisse à son tour l'action de l'air et de la chaleur. Au bout de cinq à six jours, si le temps est favorable, la dessiccation est terminée, et les plantes présentent alors une couleur jaune assez prononcée.

Si la dessiccation était entravée par les pluies, au lieu de jaunir, les plantes bruniraient et perdraient beaucoup de leur valeur.

Pour éviter cet inconvénient de l'humidité, lorsque la récolte n'est pas très-considérable, on dresse les plantes contre un appui quelconque, un mur, une haie, et on les laisse dans cette position jusqu'à ce qu'elles soient devenues sèches et jaunes. Si la culture de la gaude est faite sur une grande échelle, on peut suivre le procédé de M. de Dombasle. Il consiste à se procurer des baguettes d'osier souples et longues de 1^m à 1^m,33, d'en former des couronnes de 0^m,22 de diamètre en entrelaçant les extrémités des baguettes, puis de faire entrer dans chacune de ces couronnes une poignée de gaude qu'on maintient debout en écartant les tiges à la base et en plaçant la couronne aux trois quarts de la hauteur des plantes. Par ce procédé, qui rappelle un peu celui qui est employé pour le séchage du sarrasin, les plantes sont peu exposées à souffrir du mauvais temps.

Avant de rentrer la récolte dans les bâtiments, on secoue les tiges pour en réunir la graine, qui peut fournir de bonne huile à brûler; puis on en forme des bottes de cinq à six kilogrammes, que l'on doit conserver à l'abri de l'humidité jusqu'au moment de la vente.

Cette culture ne convient qu'aux environs des fabriques d'étoffes et des ateliers de teinture; ailleurs elle n'aurait pas de débouchés.

Le produit par hectare varie de 1000 à 3000 kil., soit 200 à 600 bottes, valant 1 franc l'une. Si le produit en argent qu'on peut obtenir de cette plante n'est pas très-considérable, on voit aussi que la culture en est très-simple, qu'elle exige peu de main-d'œuvre, et qu'on peut la vendre sans lui donner aucune préparation spéciale comme en demandent les autres plantes tinctoriales, le safran, la garance, le pastel, etc.

Duhamel du Monceau, *Éléments d'agriculture;* 1779, Paris.
Les *Dictionnaires d'agriculture* édités par Déterville et Pourrat.
Maison rustique du dix-neuvième siècle, deuxième volume.
Schwertz, *Culture des plantes économ.,* in-8°, 1847.
Mathieu de Dombasle, *Calendrier du bon cultiv.*
                                        LOEUILLIET.

GAULE. (*Géographie* et *Histoire.*) — *Bornes et noms.* La Gaule était bornée au

nord par l'océan Germanique, le détroit des Gaules et l'océan Britannique; à l'ouest, par l'océan Atlantique; au sud, par les Pyrénées et la mer Méditerranée; et à l'est, par les Alpes et le Rhin. Ce vaste territoire était désigné sous le nom de Gaule Transalpine (au delà des Alpes, par rapport aux Romains), par opposition à la Gaule Cisalpine (en deçà des Alpes, située au nord de l'Italie. La Gaule Transalpine était encore appelée *Comata,* au nord, parce que ses habitants laissaient croître leur chevelure, et *Braccata,* au sud, parce que les Gaulois de cette région portaient des espèces de hauts-de-chausses (*braccæ*).

Premiers habitants de la Gaule.

Les premiers habitants de la Gaule Transalpine furent les Aquitains et les Ligures, dans le sud; et les Galls (*Galli, Celtes, Galates*) dans le nord. Les Aquitains et les Ligures étaient des peuples originaires de l'Ibérie (Espagne); quant aux Galls, c'était une grande nation, d'origine indo-germanique, venue de l'est, et qui s'était établie dans le nord de la Gaule, en Angleterre, en Écosse et en Irlande.

Colonies phéniciennes et grecques.

Vers le douzième siècle avant J. C., les Phéniciens, dont les colonies s'établirent sur tout le littoral de la Méditerranée, dans un but commercial, fondèrent plusieurs villes sur le rivage méridional de la Gaule. Ils apportèrent, dit-on, aux Gaulois les premiers germes de la civilisation : ils exploitèrent les riches mines d'or, d'argent et de fer que possédait la Gaule; ils fondèrent enfin Nîmes, qui est probablement la plus ancienne ville de France. Mais lorsque Tyr succomba, ses colonies disparurent aussi.

Les Grecs arrivèrent à leur tour dans la Gaule, sur les traces des Phéniciens, et attirés comme eux par les richesses du pays, si favorables à leur commerce. Les Rhodiens, établis à Héraclée et à Rhoda, près des embouchures du Rhône, lui donnèrent son nom (*Rhodanos*). Les Phocéens fondèrent Marseille (*Massilia*) (600 ans avant Jésus-Christ), et y introduisirent la culture de l'olivier, qui fait encore aujourd'hui la richesse de la Provence. Marseille devint une ville importante par sa puissance, sa marine et son commerce; elle exerça une grande influence sur la civilisation des Gaulois du midi; on sait, par exemple, que ceux-ci adoptèrent l'alphabet grec.

Les Marseillais se répandirent à leur tour sur les côtes de la Gaule; ils fondèrent *Agatha* (Agde), *Taurois* (Tarento, près la Ciotat), *Olbia* (Eoubo, à l'embouchure du Gapeau), *Antipolis* (Antibes), *Nicæa* (Nice).

Invasion des Kimris.

Vers le septième siècle avant J. C., un peuple, d'origine indo-germanique comme les

Galls, venant de Germanie, poussé par ce mou-vement qui entraîna de l'Orient sur l'Occident les races humaines jusqu'à Charlemagne, passa le Rhin et envahit la Gaule : c'étaient les Cimbres ou Kimris. Ils refoulèrent les Galls vers le sud et s'emparèrent de l'Angleterre, ne laissant aux Galls, dans cette île, que les contrées montagneuses de l'Écosse et du Pays de Galles, et l'Irlande.

Cette communauté de race et d'origine entre les peuples de France, d'Écosse et d'Irlande explique les similitudes de mœurs populaires, les sympathies et jusqu'aux alliances politiques entre ces nations contre leur ennemi commun.

Invasion des Belges.

Une dernière invasion de peuplades venues de la Germanie, au quatrième siècle, compléta la population de la Gaule : ce fut celle des Belges ou Bolgs, qui refoulèrent dans l'ouest les Kimris, et s'établirent dans le nord, entre la Seine et le Rhin, dans le pays appelé Belgique.

Tableau géographique de la Gaule depuis l'an 200 avant J. C. (1), jusqu'à la conquête romaine.

Vers l'an 200 avant J. C., la Gaule était donc divisée comme il suit :

Les *Belges*, au nord, entre le Rhin, la Seine et les monts Faucilles.

Les *Kimris*, à l'ouest, entre la Seine, la Garonne, l'Océan, et séparés des Galls par une ligne menée de Paris à Périgueux. Les paysans bas-bretons sont les descendants de ces peuples, dont la langue, certaines traditions et quelques traits de mœurs se sont conservés chez eux.

Les *Galls* ou *Gaulois*, au centre et à l'est.

Les *Aquitains*, dans le sud-ouest (Gascogne, Béarn), entre la Garonne et les Pyrénées. Les Basques sont les descendants de ce peuple; mais le type ibérien prédomine fortement chez les Gascons, plus semblables aux Espagnols qu'aux Français du nord. Aussi, comme l'a remarqué avec raison H. Martin, ce sont là les provinces qui ont été le plus difficilement assimilées à l'unité nationale. Les Aquitains étaient braves, rusés, intelligents et vifs, et conservaient en Gaule toutes les mœurs de l'Ibérie.

Les *Ligures*, au sud et au sud-est, habitaient les provinces maritimes du Roussillon, du Languedoc et de la Provence. Ils étaient petits et nerveux, braves, sobres, économes, durs au travail, mais fourbes, intéressés et adonnés à la piraterie.

Enfin, sur les côtes de la Méditerranée, se trouvaient les *colonies grecques*.

Géographie comparée de la Gaule à cette époque.

Chacune des grandes nations que nous venons d'énumérer, était divisée en tribus ou clans, appelés plus tard, par les Romains, *pagi* (pays); on en comptait trois ou quatre cents, dont les principaux étaient :

1° Chez les Belges :

Les *Leuci* (duché de Bar);

Les *Mediomatrici* (pays Messin et Lorraine allemande);

Les *Remi* (diocèse de Reims);

Les *Suessiones* (Soissonnais), célèbres par la légèreté de leur infanterie;

Les *Bellovaci* (Beauvaisis) : c'étaient les plus puissants de tous les Belges : ils pouvaient lever 100,000 soldats;

Les *Caleti* (pays de Caux);

Les *Ambiani* (Amiénois); capitale, *Samaro briva* (c-à-d. pont sur Somme), auj. Amiens;

Les *Atrebates* (Artois);

Les *Morini* (Boulonnais);

Les *Treveri* (pays de Trèves) : c'étaient les meilleurs cavaliers de toute la Gaule;

Les *Eburones* (pays de Liége);

Les *Nervii* (Hainaut et sud de la Flandre);

Les *Menapii* (Gueldre, duché de Clèves; Brabant hollandais);

Les *Batavi* (Batavie, Betaw; de *bat*, profonde; *av*, eau).

Sur le Rhin se trouvaient établis plusieurs peuples germains, tels que les *Tribocci*, les *Nemetes*, les *Vangiones*, les *Ubii* et les *Usipetes*.

2° Chez les Kimris :

Les *Petrocorii* (Périgord);

Les *Lemovices* (Limousin);

Les *Santones* (Saintonge);

Les *Pictones* ou *Pictavi* (Poitou). Le nom des Pictavi rappelle celui des Pictes (Écossais) et la coutume du tatouage;

Les *Andes* ou *Andegavi* (Anjou);

Les *Turones* (Touraine);

Les *Carnutes* (pays Chartrain, Orléanais). C'était la nation la plus importante dans l'ordre politique et surtout dans l'ordre religieux. Capitale, *Autricum* (Chartres);

Les *Senones* (Sénonais) : capitale, *Agiedicum* (Sens) (1);

Les *Lingones* (pays de Langres);

Les *Cenomani* (partie du Maine, le Mans);

Les *Eburovices* (pays d'Évreux);

Les *Essui* (département de l'Orne).

L'*Armorique* ou *Confédération armoricaine* (Bretagne) était la principale confédération des Kimris : c'était le noyau, le centre de cette nation, et l'un des principaux foyers du druidisme.

---

(1) *Voy.* la 1re carte de mon *Atlas historique de la France*, joint à la *Géogr. hist. de la France*.

(1) *Voyez* un article de M. de Longpérier, dans la *Revue de philologie*, t. II. p. 333 et suiv.

Cette confédération se composait :

Des *Nannetes* (diocèse de Nantes), de *nant*, rivière ;

Des *Veneti* (diocèse de Vannes), les plus puissants des Armoricains par leur marine ;

Des *Curiosolites* (pays de Corsault, diocèse de Saint-Malo) ;

Des *Osismii* (diocèses de Saint-Pol de Léon et de Tréguier) ;

Des *Redones* (pays de Rennes) ;

Des *Abrincatui* (Avranchin) ;

Des *Unelli* (pays de Valognes et de Cherbourg);

Des *Baïocasses* (diocèse de Bayeux) ;

Des *Lexovii* (pays de Lisieux, Lieuvin).

3° Les Galls se subdivisaient en trois grandes confédérations : celles des Arvernes, des Éduens et des Séquanes.

Les *Arvernes* (ar, haut, *verann*, contrée) habitaient le plateau central de la France ; ils sont célèbres par leur résistance à l'invasion de César et à celle des Wisigoths, sous Vercingétorix et Ecdicius ; leur capitale était *Gergovie* (au sud-est de Clermont) ; les peuples placés sous leur patronage étaient :

Les *Helvii* (Vivarais) ;

Les *Velauni* (Velay) ;

Les *Gabali* (Gévaudan) ;

Les *Rutheni* (Rouergue) ;

Les *Nitiobriges* (Agénois) ;

Les *Cadurci* (Caourcin ou Querci).

La confédération Éduenne était formée par :

Les *Ædui*, dont le territoire comprenait la partie de la Bourgogne située entre la Loire moyenne, l'Allier et la Saône : leur capitale était *Bibracte* (Autun) ;

Les *Mandubii* (Auxois) : capitale, *Alesia* (Sainte-Reine) ;

Les *Ambarri* (Bresse) ;

Les *Insubres* (Beaujolais et Lyonnais) ;

Les *Segusiavi* (1) (Forez) ;

Les *Bituriges* (Berri) : capitale, *Avaricum* (Bourges).

La confédération des Séquanes (Franche-Comté) avait pour capitale *Vesontio* (Besançon).

Après ces trois groupes de peuples venaient :

Les *Helvetii* (Suisse) ;

Les *Gentes penninæ* (tribus des Alpes), *Lepontii*, etc.;

Les *Allobroges*, de *all-brog*, hauts-lieux (Dauphiné et Savoie entre l'Arve, l'Isère et le Rhône) : capitales, *Vienne* et *Genève* (cen, pointe; av, eau);

(1) *Voyez*, sur la véritable orthographe de ce nom, un article de M. de Longpérier, dans la *Revue de philologie*, t. II, p. 141 et suiv., et un mémoire de M. Aug. Bernard, dans les *Mémoires de la Société nation. des antiquaires de France*, 2ᵉ série, t. VIII, p. 341 et suiv.

Les *Segalauni* (entre l'Isère et la Drôme);

Les *Tricastini* (Tricastin);

Les *Cavares* : capitale, Avignon, *Avenio; d'avon*, eau.

4° Chez les Aquitains :

Les *Tarbelli* (Landes, Béarn) ;

Les *Bigerriones* (Bigorre) ;

Les *Garumni* (pays de Valence et de Montrejant) ;

Les *Auscii* (pays d'Auch, Armagnac, ainsi nommés d'*Eusk*, nom générique des Basques ou Eusk-Aldunac ;

Les *Vasates* (pays de Bazas);

Les *Meduli* (Médoc).

Il y avait encore en Aquitaine les *Bituriges Vivisci*, galls d'origine, établis dans le Bordelais, et les *Boii* ou *Boates*, d'origine kimrique, établis vers la Teste de Buch.

5° Chez les Ligures :

Dans l'Ibéro-Ligurie, à l'ouest du Rhône :

Les *Sardones* (Roussillon); capitale, *Ruskino;*

Les *Elesykes* (territoire de Nîmes et de Narbonne);

Les *Bébrykes*, sur les Corbières.

A l'époque romaine, le pays des Ligures était occupé, sauf le territoire montueux des Sardons, par deux peuples belges ou volces : les *Volcæ Arecomici* et les *Volcæ Tectosages*, qui avaient pour capitale *Tolosa*, Toulouse. Ces Volces habitaient presque tout l'ancien Languedoc, du Rhône à Toulouse.

Dans la Celto-Ligurie (Provence), on trouvait :

Les *Salyi* ou *Salluvii* : capitale, *Arelate* (Arles);

Les *Suelteri* et les *Commoni*;

Les *Oxibii*, à l'embouchure du Var ;

Les *Deceates* et les *Nerusi* le long du Var;

Les *Albœci* : capitale, Riez ;

Les *Vocontii* entre la Durance, le Drac et les Alpes.

État et productions de la Gaule.

Le sol de la Gaule, généralement très-fertile, était, au midi, bien cultivé, et produisait en abondance les olives, les figues, les grenades, les céréales et des vins estimés; au nord et à l'ouest, il était couvert d'immenses bois de chênes, d'ormes, de pins, d'ifs, etc. (forêts des Ardennes, de Chartres, de l'Armorique, etc.). Le centre et l'est étaient généralement cultivés en céréales.

Les Gaulois s'occupaient plus de l'éducation des bestiaux et des porcs que de l'agriculture. La viande était leur principal aliment; on s'explique ainsi la force de la race. Les chevaux de la Belgique (race des Ardennes) étaient nombreux, excellents, et bien entretenus.

Géographie de la Gaule après la conquête romaine.

César laissa subsister les divisions ethnographiques qui existaient avant la conquête; mais Auguste partagea la Gaule en quatre provinces, qui furent appelées *Belgique, Lyonnaise, Aquitaine* et *Narbonnaise.* Les noms des villes et les limites des provinces primitives furent changés; une nouvelle administration s'établit dans la Gaule, et modifia, comme cela arrive toujours en pareil cas, les anciennes divisions géographiques. Les divisions de clans ou cités gauloises furent maintenues; mais on ne sait encore rien sur les subdivisions des quatre grandes provinces.

Sous Tibère, on trouve la Belgique partagée en trois provinces: la *Belgique,* la *Germanie supérieure* et la *Germanie inférieure.*

Sous Dioclétien, les limites des provinces furent complétement changées, ainsi que l'administration de l'empire. La Gaule fut alors divisée en douze provinces:

Première Germanie;
Deuxième Germanie;
Première Belgique;
Deuxième Belgique;
Séquanaise;
Première Lyonnaise;
Deuxième Lyonnaise;
Alpes Grecques et Pennines;
Aquitaine;
Novempopulanie;
Narbonnaise;
Viennoise.

Suivant Sextus Rufus, en 369, sous le règne de Valentinien Ier, on ajouta à cette liste deux nouvelles provinces: la Viennoise fut partagée en deux, *Viennoise* et *Alpes maritimes;* l'Aquitaine fut aussi partagée en deux, *Aquitaine première* et *Aquitaine deuxième.*

Enfin Valentinien ou Gratien, son fils, divisa la Gaule en dix-sept provinces; c'est la division qui nous a été conservée dans la *Notice de l'Empire.* La Narbonnaise fut partagée en deux, et il y eut quatre Lyonnaises au lieu de deux (1).

En 374, sept de ces provinces furent séparées du reste de la Gaule, et formèrent une province à part, qui eut sa capitale (Arles) et son administration distinctes. Ces sept provinces étaient:

La Viennoise;
La première Aquitaine;
La deuxième Aquitaine;
La Novempopulanie;
La première Narbonnaise;
La deuxième Narbonnaise;
Les Alpes maritimes (2).

(1) *Voy.* de La Barre, *Mémoire sur les divisions de la Gaule,* Acad. des inscript. et belles-lettres, t. VIII, p. 403:

(2) M. Guérard fait la remarque que ces deux grandes

La Gaule possédait, sous la domination romaine, des villes nombreuses, riches et peuplées: d'importantes ruines attestent encore aujourd'hui la splendeur de ces cités gallo-romaines.

La Belgique était subdivisée en cinq provinces:

Germanie première;
Germanie deuxième;
Belgique première;
Belgique deuxième;
Grande Séquanaise.

La Germanie première avait pour métropole *Moguntiacum* (Mayence); ses villes principales étaient: *Confluentes* (Coblentz), *Argentoratum* (Strasbourg).

La Germanie deuxième: métropole, *Colonia Agrippina* (Cologne); ville principale: *Noviomagus* (Nimègue).

La Belgique première: métropole, *Augusta Treverorum* (Trèves), résidence du préfet ou gouverneur des Gaules; villes principales: *Mediomatrici* (Metz), *Verodunum* (Verdun).

La Belgique deuxième: métropole, *Remi* (Reims); villes principales: *Bagacum* (Bavay), *Turnacum* (Tournay), *Camaracum* (Cambray), *Taruenna* (Thérouenne), *Bononia* (Boulogne), *Atrebates* (Arras), *Ambiani* (Amiens), *Bellovaci* (Beauvais), *Augusta Suessionum* (Soissons), *Catalauni* (Châlons).

La Grande Séquanaise: métropole, *Vesontio* (Besançon); villes principales: *Aventicum* (Avenche), *Turicum* (Zurich).

La Lyonnaise était divisée en quatre provinces:

Lyonnaise première;
Lyonnaise quatrième;
Lyonnaise deuxième;
Lyonnaise troisième.

La Lyonnaise première: métropole, *Lugdunum* (Lyon); villes principales: *Lingones* (Langres), *Dibio* (Dijon), *Alesia* (Sainte-Reine), *Augustodunum* (Autun).

La Lyonnaise quatrième ou Sénonie: métropole, *Senones* (Sens); villes principales: *Lutetia* (Paris), *Carnutes* (Chartres), *Aurelianum* (Orléans).

La Lyonnaise deuxième: métropole, *Rotomagus* (Rouen); villes principales: *Juliobona* (Lillebonne), *Eburovices* (Évreux), *Saii* (Séez).

La Lyonnaise troisième: métropole, *Turones* (Tours); villes principales: *Cenomani* (le Mans), *Nannetes* (Nantes), *Condate* (Saint-Malo), *Andegavi* (Angers), *Veneti* (Vannes).

divisions se sont perpétuées, presque jusqu'à nos jours, dans la distinction que l'on a faite de la France, en pays de droit coutumier et en pays de droit écrit. P. 11 de son *Essai sur les divisions territoriales de la Gaule.*

L'Aquitaine était divisée en trois provinces :

Aquitaine première ;
Aquitaine deuxième ;
Novempopulanie.

L'Aquitaine première : métropole, *Bituriges* (Bourges) ; villes principales : *Arverni* (Clermont), *Lemovices* (Limoges), *Cadurci* (Cahors).

L'Aquitaine seconde : métropole, *Burdigala* (Bordeaux) ; villes principales : *Pictavi* (Poitiers),. *Santones* (Saintes), *Petrocorii* (Périgueux), *Aginnum* (Agen).

La Novempopulanie : métropole, *Augusta Ausciorum* (Auch) ; villes principales : *Aquæ Tarbellicæ* (Dax), *Elusa* (Eause), *Vasates* (Bazas).

La Narbonnaise était divisée en cinq provinces :

Narbonnaise première ;
Viennoise,
Narbonnaise deuxième ;
Alpes grecques et pennines ;
Alpes maritimes.

La Narbonnaise première : métropole, *Narbo-Martius* (Narbonne) ; villes principales : *Tolosa* (Toulouse), *Nemausus* (Nîmes).

La Viennoise : métropole, *Vienna* (Vienne) ; villes principales : *Geneva* (Genève), *Vasio* (Vaison), *Arausio* (Orange), *Avenio* (Avignon), *Arelate* (Arles), *Massilia* (Marseille).

La Narbonnaise deuxième : métropole, *Aquæ sextiæ* (Aix) ; ville principale : *Forum Julii* (Fréjus).

Les Alpes grecques et pennines : métropole, *Tarantasia* (Moutiers).

Les Alpes maritimes : métropole, *Ebrodunum* (Embrun) ; ville principale : *Nicæa* (Nice).

Diverses conquêtes des Gaulois.

Les Gaulois avaient de bonne heure cherché à envahir les pays voisins de la Gaule. Ils s'étaient, en effet, établis en Espagne (*Ibérie*), où ils avaient pris le nom de Celtibères.

Plus tard ils franchirent les Alpes et se répandirent dans tout le bassin du Pô, qui porta longtemps le nom de Gaule Cisalpine. Ils s'établirent aussi en Allemagne (*Germanie*).

Plus tard encore ils allèrent ravager la Grèce, la Macédoine, la Thrace et l'Asie Mineure ; on les rencontre même en Égypte ; mais ils ne fondèrent d'établissements durables qu'en Thrace et en Asie Mineure (*Galatie*) (1).

Guerres des Gaulois contre les Romains.

Les Romains, qui marchaient à la conquête du monde, rencontrèrent partout les Gaulois, qui furent leurs plus redoutables adversaires.

(1) Γαλατία, de Γαλάται nom grec des Gaulois.

Ils se heurtèrent contre eux, pour la première fois, au siége de Clusium (en *Étrurie* ou *Toscane*).

Vainqueurs des habitants de Clusium, que les Romains avaient voulu défendre, les Gaulois marchent sur Rome, gagnent la grande bataille de l'Allia (1), s'emparent de Rome (391 av. J. C.), brûlent la ville, mais ne peuvent prendre le Capitole. Ils restèrent campés aux portes de Rome, à Tibur (*Tivoli*), pendant dix-sept ans.

Les Romains conservèrent toujours le souvenir de cette défaite ; ils avaient un nom particulier pour la guerre contre les Gaulois : c'était *tumultus*. Lorsqu'il y avait tumulte la patrie était déclarée en danger. C'était en effet une rude guerre que celle que faisaient les Gaulois ; mal armés, nus par bravade, ils se précipitaient en masse sur l'ennemi au cri de *Terriben* (cassez les têtes), et ils combattaient jusqu'à la victoire ou jusqu'à la mort. La fuite leur était inconnue. Ils luttèrent contre les Romains pendant près de quatre siècles : ce ne fut qu'après les avoir soumis que Rome put devenir la maîtresse du monde.

Pendant la guerre des Samnites, les Gaulois cisalpins luttèrent avec vigueur contre les Romains ; mais ils perdirent les deux batailles du lac Vadimon (283) et de Telamone (222), et furent forcés de se soumettre.

A cette époque on trouve des Gaulois mercenaires dans toutes les armées que les Romains ont à combattre : Pyrrhus en avait à sa solde : les mercenaires qui mirent Carthage dans un si grand danger étaient en grande partie des Gaulois.

Lorsque Hannibal envahit l'Italie, il souleva les Gaulois Cisalpins, les incorpora à son armée, et s'en servit surtout pour écraser les Romains à Trasimène et à Cannes. Mais après la défaite d'Hannibal, les Gaulois furent attaqués vigoureusement par les Romains, qui mirent encore trente ans (201-170) à obtenir la soumission définitive de la Gaule Cisalpine.

Dans leurs guerres en Asie, les Romains eurent aussi à soumettre les Gaulois de la Galatie. En Espagne, les Celtibériens leur résistèrent avec courage : tout le monde connaît la résistance de Numance.

Conquête de la Gaule méridionale par les Romains..

Lorsque les Romains eurent enlevé l'Espagne aux Carthaginois et soumis les peuples de cette contrée, il leur fallut, pour communiquer librement avec elle, posséder les passages des Alpes et la partie méridionale de la Gaule. Le sénat cherchait un prétexte pour pénétrer

(1) Petit ruisseau qui se jette dans le Tibre, près de Rome.

dans ce pays, lorsque Marseille lui demanda du secours contre les Salyens, avec lesquels elle était en guerre. Les Romains s'empressèrent d'accourir (154); ils battirent les Salyens, et s'établirent (124) à *Aquæ sextiæ*, Aix, qui fut alors fondée.

Effrayés de cette conquête et du voisinage des vainqueurs, les Arvernes résolurent de les chasser. Bituitus, leur roi, avec deux cent mille soldats et une meute de chiens dressés à la guerre, s'avança contre les légions. « Voilà donc les Romains! s'écria-t-il en les voyant; mais ce n'est pas un repas pour mes chiens! » Cependant la discipline l'emporta sur le nombre et la fureur. Bituitus fut battu au confluent du Rhône et de l'Isère (121). Cent vingt mille Arvernes furent tués, et leur brave roi pris par trahison.

Après cette victoire, Rome soumit les Allobroges, s'empara des passages des Alpes, et alla fonder Narbonne (118), dont le voisinage devait ruiner peu à peu Marseille.

Ce fut ainsi que la Gallia Braccata fut conquise et réduite en *province romaine* (Provence, Dauphiné, Comtat, Languedoc, Roussillon).

Cette province était une base d'opérations, sur laquelle on devait s'appuyer pour conquérir un jour le reste des Gaules; en effet, cent ans après toute cette contrée était conquise par César.

Conquête de la Gaule par César.
(58-51 av. J. C.)

Au moment où J. César résolut d'achever la conquête de la Gaule Transalpine, ce pays était livré à l'anarchie; les druides et les chefs de clans (rois) se disputaient partout le pouvoir : les peuples étaient divisés, comme on l'a vu, en confédérations rivales, et sans cesse en guerre les unes contre les autres.

La nation la plus considérable de la Gaule était alors celle des Éduens, honorés, depuis quelque temps, du titre (alors très-recherché) d'alliés du peuple romain. Fiers de leur puissance, ils opprimaient leurs voisins. Les Séquanes, irrités, appelèrent à leur secours les barbares de la Germanie, qui depuis longtemps convoitaient la possession des Gaules.

Arioviste, roi des Suèves, répondit à cet appel, envahit la Gaule, et la ravagea. Éduens et Séquanes, horriblement foulés par Arioviste, se réunirent contre les barbares; ils furent vaincus, et la Gaule livrée aux Suèves.

Sur ces entrefaites, les Helvètes résolurent de quitter leurs montagnes et de conquérir des terres plus riches; mais pour cela il fallait passer sur le territoire de la Province romaine, alors gouvernée par J. César. Celui-ci était décidé à s'emparer du souverain pouvoir à Rome, et il ne lui manquait pour atteindre son but que la gloire militaire, nécessaire à tout ambitieux qui veut se servir des armées pour détruire la liberté de son pays. Il s'était fait donner le gouvernement de la Province romaine, certain qu'il était, grâce à l'anarchie où était plongée la Gaule, de trouver facilement un prétexte pour en faire la conquête. Les invasions des Helvètes et des Suèves lui fournirent l'occasion qu'il attendait.

Les Éduens étaient divisés en deux partis : l'un, celui des druides, s'appuyait sur les Romains, et il appela César contre les Helvètes. César marcha contre eux, et les battit.

Cependant Arioviste continuait ses ravages; des masses de Germains passaient le Rhin et recrutaient son armée : la Gaule allait devenir Germanie. Les Éduens appelèrent encore César contre Arioviste, qui fut écrasé et refoulé au delà du Rhin. César se posa dès lors comme le défenseur du parti druidique contre celui des chefs de clans.

Il fut aussitôt attaqué par les Belges, qui comprirent très-bien qu'il cherchait à s'emparer des Gaules. Il marcha contre eux, et les vainquit. Puis, avec une énergie et une rapidité admirables, il soumit les Aquitains et les Armoricains, qui furent battus sur mer; puis il passa le Rhin, et battit les Suèves en Germanie. Ensuite, il alla en Bretagne (Angleterre), dont les habitants soutenaient les efforts des Gaulois. Après les avoir battus, il revint dans la Gaule, écrasa les divers peuples belges qui se révoltèrent, et détruisit de fond en comble la brave nation des Éburons, commandée par Ambiorix. Le nord était soumis.

Il était temps de faire un dernier effort pour conserver l'indépendance de la Gaule; car les Romains allaient en être bientôt les maîtres absolus. Les Arvernes, commandés par leur roi Vercingétorix, soulevèrent toute la Gaule centrale. Toute la population en état de porter les armes fut obligée de s'armer; on décida que les lâches seraient brûlés vifs. César s'empara d'abord de *Genabum* (Orléans), d'*Avaricum* (Bourges.) Il livra ensuite la bataille de Gergovie, bataille indécise. Enfin Vercingétorix et les armées de la Gaule tout entière furent battus à Alise; Vercingétorix fut fait prisonnier, et la Gaule soumise. Un million de Gaulois avaient été tués sur trois millions qui avaient combattu.

Religion des Galls.

Les Galls étaient des peuples assez barbares, adorant des objets matériels, les phénomènes, les agents de la nature : lacs, fontaines, pierres, arbres, vents, tonnerre, etc. Ce culte tout matérialiste, cette religion naturaliste, furent remplacés plus tard par le druidisme, qui était la religion des Kimris.

GAULE

Division en clans. Les Galls vivaient divisés en tribus ou *clans* (comme les Arabes d'Algérie et les montagnards écossais), gouvernés par des chefs militaires et héréditaires (*tiern*) qui composaient une noblesse puissante. Une partie de la nation était vouée à l'esclavage. Il est utile de remarquer que dès ces temps éloignés on trouve une aristocratie et l'esclavage établis en Gaule.

Religion des Kimris. — Les druides.

Les Kimris paraissent avoir eu une civilisation plus avancée que celle des Galls. Cette religion, le druidisme, enseignait l'immortalité de l'âme, et avait un caractère plus spiritualiste que le naturalisme pur des Galls. Ils étaient gouvernés par leurs prêtres, les druides, qui formaient une corporation sacerdotale, non pas héréditaire, comme toutes les castes sacerdotales de l'antiquité, mais élective.

Les druides furent toujours en lutte contre la noblesse des clans galliques ; César profita habilement de la rivalité de ces deux classes et de leurs luttes pour arriver au pouvoir ou pour le conserver.

Les bardes appartenaient à la corporation des druides, dont ils composaient la classe inférieure ; ils étaient chargés de conserver les généalogies des chefs et des clans, et chantaient les poésies et les traditions nationales, les exploits des héros.

Beaucoup de coutumes gauloises se sont conservées en Écosse et dans le pays de Galles ; une partie des nombreuses superstitions de la Basse-Bretagne a une origine toute druidique. *Voyez* DRUIDISME, BARDES, FÉES.

Monuments gaulois.

Les monuments des Gaulois étaient simples : ce qui en reste sont des blocs de pierre, énormes, isolés ou en groupes.

Les blocs fichés en terre, isolés ou en avenue sont les *peulvan* ou *menhir* : les paysans les appellent pierres-fittes, pierres fichées ou pierres élevées. Rangés en cercle, ce sont les *cromlech*. Les *dolmen* sont des espèces d'autels composés d'une grande pierre plate posée horizontalement sur plusieurs pierres verticales. Les *barrows* ou *tumuli* sont des cônes de terres qui surmontent un tombeau.

Les monuments gaulois les plus célèbres sont ceux de Carnac, de Lok Maria Ker, et de la lande du Haut-Brien, en Bretagne. Les traditions populaires de nos campagnes font remonter l'origine de la plupart de ces pierres au géant Gargantua, mythe gaulois qui est devenu un personnage important des romans de Rabelais. Les pierres druidiques sont, suivant ces traditions, ses palets, ses bottes, son fauteuil, sa soupière, ses lunettes, sa pierre

à repasser, la boue de ses sabots qu'il décrotte en passant, etc. (1).

Industrie des Gaulois.

L'industrie des Gaulois était assez avancée. On leur attribue l'invention de la charrue à roues, des tonneaux, des salaisons ; ils exploitaient et travaillaient les métaux ; les nombreux objets émaillés que l'on a retrouvés dans les tumuli, les colliers d'or et les vases d'argent que les Romains enlevèrent aux Gaulois, attestent une certaine culture des arts ; leurs riches vêtements étaient célèbres par la beauté de la teinture et des broderies. Ils furent, dit-on, les premiers qui naviguèrent à la voile, sans le secours des rames, et qui se servirent de chaînes de fer pour attacher les ancres des vaisseaux. La marine des Armoricains était très-puissante à l'époque de César.

Importance et persistance de l'élément gaulois dans la formation de la nation française.

Les Gaulois ont été conquis par les Romains et par les Franks ; mais ils n'ont pas été détruits, ils n'ont pas disparu, comme on l'a dit longtemps, dans ces diverses invasions : ils se sont mélangés avec leurs conquérants. La race gauloise a été modifiée par ces mélanges, son langage aussi a changé ; mais, malgré ces modifications de la race et de la langue, le fond essentiel du peuple français est encore aujourd'hui l'élément gaulois.

Les Gaulois sont nos vrais ancêtres ; leur caractère, leurs qualités, leurs défauts, sont encore les nôtres. Ne sommes-nous pas, comme eux, braves, amis de la guerre et des dangers, causeurs, gais, défenseurs de l'opprimé ? La langue gauloise a persisté aussi dans le français ; beaucoup de noms géographiques sont gaulois ; beaucoup de mots qu'on fait dériver du latin le sont aussi.

Les Français sont le produit du mélange des Gaulois, des Romains et des Franks, mélange dans lequel l'élément gaulois a été le plus considérable et a été mis en valeur par le génie romain. Quant à l'influence germanique, elle a été puissante sur les institutions, mais faible sur la langue, les mœurs et l'esprit national (2). De nos jours il s'est fait une très-heureuse réaction contre l'opinion peu favorable que le dix-huitième siècle avait des *Welches*. La période gauloise de notre histoire est belle et glorieuse ; pourquoi donc la repousser ? Pourquoi diminuer notre antiquité et nier un passé qui forme une des plus belles pages

(1) *Voyez l'Atlas*, ARCHITECTURE, pl. VIII, et dans le texte, au mot ARCHITECTURE, t. IV, col. 31 et 32, l'explication de cette planche.

(2) *Voy.* le tome. Ier de l'*Histoire de France* de M. Michelet, liv. I, chap. 3.

GAULE

de notre histoire ? 1814 et 1815 me font regretter le temps de Vercingétorix.

Histoire de la Gaule pendant la domination des Romains.

Après avoir conquis la Gaule, César s'en
servit pour conquérir Rome et l'empire. Modéré dans la victoire, il avait captivé assez les
vaincus pour 'les engager à servir dans ses
armées; c'est avec des Gaulois qu'il composa
la célèbre *légion de l'Alauda*; c'est avec des
Gaulois qu'il prit Rome et remporta la victoire de Pharsale. Les Gaulois entrèrent alors
en masse au sénat; « dans la réalité, a-t-on
dit, c'étaient les vaincus qui avaient le profit
de la victoire. »

Sous Auguste, les choses changèrent : les
Gaulois furent chassés du sénat; la Gaule devint une province romaine, assez bien traitée,
il est vrai, mais à laquelle Rome fit cependant
sentir son joug. La division administrative tout
entière fut changée; limites, noms, tout fut
brouillé à dessein, afin de changer les habitudes et de dérouter les souvenirs, afin de façonner les peuples à la domination romaine
et à la nouvelle administration qu'Auguste
établissait chez eux. Lyon, ville de nouvelle
fondation, devint la capitale des Gaules, au
détriment des anciennes villes gauloises.

D'un autre côté, le droit romain s'établit
dans les Gaules au grand avantage des peuples. Auguste y créa un grand nombre d'écoles,
où l'on enseignait à la jeunesse la langue et les
lettres de Rome et d'Athènes. La langue latine se répandit rapidement dans les hautes
classes; le celtique, altéré par le contact du latin, se conserva cependant dans les masses populaires; il était encore parlé au cinquième
siècle. Il en fut de même pour la religion; Auguste attaqua le druidisme; les classes élevées
adoptèrent le culte des dieux romains; mais le
peuple resta fidèle à la vieille religion des Gau
les. Les violentes persécutions de l'empereur
Claude ne purent la détruire entièrement;
elle se maintint en Armorique, et dans quelques autres pays; huit siècles après, Charlemagne la poursuivait encore; et de nos jours
même il y a, dans certains pays, bien des
pratiques, bien des croyances superstitieuses
qui sont des restes des doctrines druidiques.

Quoi qu'il en soit, la Gaule entra dans le
mouvement de civilisation du monde romain;
elle adopta la langue, les lettres, la religion
et les mœurs de ses vainqueurs, et dès lors
elle joua un grand rôle dans l'histoire de l'empire, auquel elle se réunit promptement et
franchement, après les révoltes infructueuses
de Sacrovir (21 ap. J. C.) et de Civilis (69).

Raconter l'histoire des Gaulois depuis cette
époque, ce serait faire celle de l'empire romain lui-même. Nous aimons mieux citer le
brillant tableau que trace M. Michelet (1) de
la Gaule à cette époque.

Influence de la Gaule sur l'empire romain.

« Les Gaulois passaient les Alpes en foule,
et non-seulement avec César sous les aigles
des légions, mais comme médecins, comme
rhéteurs. C'est déjà le génie de Montpellier,
de Bordeaux, Aix, Toulouse, etc.; tendance
toute positive, toute pratique; peu de philosophes. Ces Gaulois du midi (il ne peut s'a-
gir encore de ceux du nord), vifs, intrigants,
tels que nous les voyons toujours, devaient
faire fortune et comme beaux parleurs et
comme mimes. Ils donnèrent à Rome son
Roscius. Cependant ils réussissaient dans des
genres plus sérieux. Un Gaulois, Trogue-Pom-
pée, écrit la première histoire universelle. Un
Gaulois, Petronius Arbiter, crée le genre du
roman. D'autres rivalisent avec les plus grands
poëtes de Rome; nommons seulement Varro
Atacinus.... et Cornelius Gallus, ami de Virgile (2). Le vrai génie de la France, le génie
oratoire, éclatait en même temps. Cette jeune
puissance de la parole gauloise domina, dès
sa naissance, Rome elle-même. Les Romains
prirent volontiers des Gaulois pour maîtres,
même dans leur propre langue...... Gnipho
forma à l'éloquence les deux grands orateurs
du temps, César et Cicéron...... Nous voyons,
sous Tibère, les Montanus au premier rang
des orateurs et pour la liberté et pour le
génie.... »

« Dans l'art gaulois, dès sa naissance, il y
eut quelque chose d'impétueux, d'exagéré,
de tragique, comme disaient les anciens. Cette
tendance fut remarquable dans ses premiers
essais. Le Gaulois Zénodore, qui se plaisait à
sculpter de petites figures et des vases avec
la plus minutieuse délicatesse, éleva dans la
ville des Arvernes le colosse du Mercure gaulois. Néron, qui aimait le grand, le prodigieux, le fit venir à Rome pour élever au pied
du Capitole sa statue haute de cent vingt pieds,
cette statue qu'on voyait du mont Albano.
Ainsi une main gauloise donnait à l'art cet
essor vers le gigantesque, cette ambition de
l'infini, qui devait plus tard élancer les voûtes de nos cathédrales.

« Égale de l'Italie pour l'art et la littérature, la Gaule ne tarda pas à influer d'une
manière plus directe sur les destinées de l'empire. Sous César, sous Claude, elle avait
donné des sénateurs à Rome; sous Caligula,
un consul. L'Aquitain Vindex précipita Néron, éleva Galba à l'empire; le Toulousain
Bec (Antonius Primus), ami de Martial et

(1) *Histoire de France*, tome I, p. 84.
(2) Virg. *Eclog*. X.

poëte lui-même, donna l'empire à Vespasien ; le Provençal Agricola soumit la Bretagne à Domitien ; enfin d'une famille de Nîmes sortit le meilleur empereur que Rome ait eu, le pieux Antonin….. »

État des personnes.

Après cette remarquable esquisse du rôle que joua la Gaule et de l'influence qu'elle exerça sur l'empire, il faut étudier l'état de la société, l'administration du pays ; il faut voir cette immense oppression des empereurs sur les provinces de l'empire ; il faut voir la tyrannie, les exactions du fisc, ravager la Gaule, la dépeupler, la livrer aux barbares ; il faut enfin constater ce qui a survécu dans les temps modernes, de ces institutions anciennes, et montrer comment notre civilisation actuelle a eu ses germes dans cette organisation violente et corrompue des temps passés.

Nous commencerons par étudier l'état des personnes. Le nouveau peuple formé du mélange des Romains et des Gaulois, ou, si l'on veut, les Gaulois devenus romains par la religion, les mœurs et le langage, est désigné dans l'histoire sous le nom de *Gallo-Romains*.

La société gallo-romaine comprenait deux grandes classes, les hommes libres et les esclaves. Les hommes libres se divisaient eux-mêmes en trois parties bien distinctes : 1° *L'aristocratie,* qui comprenait les grands propriétaires, quelques grands dignitaires revêtus des titres, purement honorifiques, de sénateurs et de clarissimes, les officiers, les prêtres païens d'abord et plus tard les prêtres chrétiens. Cette classe jouissait de plusieurs privilèges, l'exemption de l'impôt, par exemple ; elle possédait une grande partie des terres et de nombreux troupeaux d'esclaves. 2° *Les curiales* ou membres des curies, bourgeoisie des villes ou classe moyenne de ce temps, possédant des propriétés d'au moins vingt-cinq arpents, soumises à l'impôt et affreusement écrasées par le fisc. 3° Le *peuple* proprement dit (*plebs*), classe nombreuse, composée des petits propriétaires, des marchands et des artisans libres constitués en corporations, d'où devait sortir plus tard le tiers état.

Les esclaves se subdivisaient en plusieurs classes : d'abord les *esclaves domestiques* et les *esclaves ruraux* ; ces derniers désignés par une foule de noms : *coloni, inquilini, rustici, agricolæ, aratores, tributarii, originarii, adscriptitii,* désignant des conditions diverses ; esclaves, serfs, métayers cultivant à mi-fruit, fermiers payant une redevance en argent, valets de ferme salariés, etc.

Municipes, curies.

Passons maintenant à l'administration de la Gaule sous les Romains ; il est important, en effet, de savoir ce qu'était le régime municipal des cités gauloises. Les villes admises par les Romains à jouir de tous les droits de la cité romaine s'appelaient *municipia*. Un municipe avait l'entière disposition de ses intérêts locaux, de son administration particulière et locale ; ses habitants, citoyens romains, pouvaient obtenir toutes les charges de l'État, qui seul restait chargé du gouvernement général de l'empire. Les villes gauloises furent, à une certaine époque, presque toutes investies du titre et des droits de municipes. Les municipes étaient administrés par une *curie* ou sénat, dont les membres étaient choisis dans la classe des curiales. C'est ici que nous devons donner quelques détails sur les curiales. Cette classe était, ainsi que nous l'avons déjà dit, composée de ceux des habitants des villes qui possédaient une propriété foncière de plus de vingt-cinq arpents et n'appartenaient pas à la classe de l'aristocratie. Le titre de curiale était héréditaire ; nul ne pouvait sortir de cette classe, en entrant dans l'armée, ou en obtenant des emplois qui l'auraient affranchi des fonctions curiales, avant d'avoir rempli toutes ces fonctions, avant d'avoir passé par tous les degrés de la hiérarchie : les curiales ne pouvaient entrer dans le clergé qu'avec de grandes obligations.

Mais pourquoi la loi les forçait-elle à rester dans leur condition ? c'est que cette classe supportait presque seule l'impôt, et que chacun cherchait à se soustraire à la tyrannie du fisc. Nous parlerons plus tard de l'impôt ; revenons à la curie. La curie ou l'assemblée des curiales nommait les magistrats des municipes : les *duumvirs*, magistrats annuels, maire ou premier magistrat ; l'*édile*, chargé des monuments, des rues, des approvisionnements, des poids et mesures ; le *curator reipublicæ*, chargé de l'administration des finances.

Plus tard, lorsque le régime municipal croula sous la tyrannie des gouverneurs impériaux, on donna à chaque municipe un *défenseur*, qui, chargé d'abord de défendre les intérêts de la cité, en devint bientôt le premier magistrat ; et comme le clergé avait seul alors quelque puissance et quelque énergie, presque partout les évêques furent les défenseurs des cités et se placèrent à la tête de l'administration des municipes. C'est ce qui explique, comment, aux quatrième et cinquième siècles, on voit partout les évêques à la tête des cités, les gouvernant, les administrant, et les défendant contre les barbares, au moment des invasions.

L'administration municipale des cités gallo-romaines s'est conservée, surtout dans le midi de la France, jusqu'à la révolution (Lyon, Marseille, Toulouse, Reims, etc.) ; ailleurs elle fut plus ou moins complétement détruite, puis reparut dans les communes, dans les villes de bourgeoisie, et elle est la base de l'administration municipale de l'Europe moderne.

Impôts.

Pendant toute la durée de l'empire, les impôts furent toujours excessifs; les exactions des gouverneurs et les rapines des agents du fisc accablèrent les peuples : mais vers le quatrième siècle surtout le despotisme des empereurs ne connaissant plus de frein, ne respectant plus les lois, les cités furent soumises à tout ce que l'arbitraire et la violence purent imaginer pour extorquer de l'argent.

D'abord les impôts étaient payés par tout homme libre, depuis quatorze ans jusqu'à soixante-cinq; puis les empereurs ayant accordé des dispenses, des priviléges à toute la classe aristocratique, il en résulta que les curiales seuls payèrent l'impôt. Ils étaient chargés de le répartir et de le percevoir; et, en cas de non-recouvrement, leurs biens étaient responsables. Traquée, dépouillée par le fisc, la classe des curiales disparut peu à peu; les propriétaires se sauvaient chez les barbares, se faisaient colons ou esclaves, abandonnaient leurs terres. « Le monde, dit Le Huërou, fut témoin alors d'un étrange spectacle. La terre, pour la première fois, se vit répudiée par son possesseur; et ce fut à qui ne posséderait rien, pour n'avoir rien à payer. » Les terres devinrent désertes, sans culture. L'or et l'argent de la Gaule passaient à Rome. Les esclaves ou bagaudes se révoltaient de toutes parts, et commettaient, en représailles, les plus affreuses violences (Voy. BAGAUDES). C'est là que se trouvent les vraies causes de la décadence et de la chute de l'empire; la tyrannie effroyable des empereurs et du fisc, la corruption inouïe des mœurs, avaient ruiné l'édifice d'Auguste, lorsque les barbares s'en emparèrent.

A plusieurs reprises, la Gaule chercha à s'affranchir de la tyrannie des empereurs romains; à l'époque des trente tyrans (au troisième siècle), Posthumius et Tetricus furent de vrais empereurs des Gaules. Retombée sous le joug de Rome, la Gaule accepta son sort, et attendit le moment de la délivrance : ce moment arriva à la chute de l'empire; mais quelle délivrance! les barbares à la place du fisc! Voy. BARBARES, FRANKS, WISIGOTHS, BOURGUIGNONS.

Les barbares dans la Gaule.

Les barbares s'établirent dans l'empire en général, et dans la Gaule en particulier, d'abord comme mercenaires; et ils finirent par s'en emparer lorsqu'ils furent les plus forts. Au milieu de la corruption générale, on ne trouvait plus personne à envoyer aux armées; les Germains cherchaient à s'établir

dans l'empire ; les empereurs leur donnèrent des terres à la condition qu'ils défendraient les frontières contre leurs ennemis. Ce fut ainsi que les Franks saliens furent établis par Maximien en 287, comme barbares fédérés ou *Lètes*, entre l'Escaut et la Moselle ; que Constance Chlore établit les Franks ripuaires entre le Rhin et la Moselle; que, vers 412, les Bourguignons et les Wisigoths furent établis, les premiers sur la Saône, les seconds sur la Garonne.

Les chefs de ces barbares furent investis du titre et des importantes fonctions de maître de la milice des Gaules, c'est-à-dire du commandement des armées; ils firent et défirent les empereurs : le Franc Arbogast est surtout célèbre.

Sous Honorius on trouve des barbares fédérés ou Lètes de toutes nations établis en Gaule :

Des Teutons à Chartres ; — *des Suèves* à Bayeux, à Coutances, au Mans, en Auvergne; — *des Taïfales* à Poitiers, Paris, Reims, Amiens, Langres, Autun, Valence; — *des Maures* à Vannes et dans le Cornouailles (Finistère) ; — *des Dalmates*, à Avranches, sur la côte des Nerviens ; — *des Bretons* en Armorique, d'où le nom de Bretagne ; — *des Alains* à Bazas, à Valence, en Anjou; — *des Saxons* à Coutances, à Lisieux et à Bayeux : cette colonie dura jusqu'aux Normands; etc.

Géographie de la Gaule en 481.

En 481, à l'avénement de Clovis, au commencement de notre histoire moderne, la Gaule était ainsi divisée (1) :

1° *Les Saliens :*
Royaume de Clovis, composé de la Batavie, des cités des Nerviens, des Ménapiens, de Tournay.
Royaume de Ragnacaire : cités de Cambray et d'Arras.
Royaume de Cararic : cités de Thérouenne et de Boulogne.

2° *Les Ripuaires :* cités de Cologne et de Trèves.

3° *Les Allemans :* première Germanie.

4° *Les Bourguignons :* Séquanie, Viennoise, première Lyonnaise, Helvétie, Alpes Pennines.

5° *Les Wisigoths :* Novempopulanie, première et deuxième Narbonnaises, province d'Arles, Alpes maritimes, première et deuxième Aquitaines, cité de Tours dans la troisième Lyonnaise.

6° *Bretons :* cités des Curiosolites, des Osismiens, des Curisopites, des Vénètes.

7° *Saxons :* partie des cités de Bayeux et de Lisieux.

8° *Cités romaines relevant nominalement de l'empire.* Cependant une partie des cités de la Gaule n'étaient pas tombées au pou-

(1) *Voy.* de Pétigny, *Institutions merovingiennes.*

voir des barbares et s'administraient elles-mêmes, soumises à des chefs gallo-romains ou aux évêques. Ces cités étaient en grande partie gouvernées par un chef gallo-romain, appelé Syagrius, qui cherchait à maintenir l'indépendance de ce coin de terre; c'étaient celles de Soissons, Beauvais, Vermandois, Senlis, Paris, Sens, Chartres, Troyes, Auxerre, Orléans.

D'autres cités reconnaissaient pour chef Clovis, chef de la milice des Gaules. C'étaient les cités placées sous l'influence de Rémi, archevêque de Reims : ces cités étaient celles de Metz, Toul, Verdun, Reims, Châlons, Amiens.

D'autres enfin, appelées quelquefois les *cités armoricaines*, se gouvernaient elles-mêmes : c'étaient celles d'Angers, de Rennes, du Mans, de Nantes, de Rouen, d'Évreux et de Séez.

On verra ailleurs ce que devinrent ces derniers débris de la Gaule romaine.

Le christianisme dans les Gaules.

Il nous reste, pour terminer, à dire un mot de l'établissement du christianisme dans les Gaules; ce fut sous le règne de Marc Aurèle que la religion chrétienne pénétra dans cette contrée, dont les premiers apôtres furent saint Pothin et saint Irénée; après eux, saint Denis et surtout saint Martin achevèrent la conversion des Gaules, aidés par un grand nombre de missionnaires, dont nous ne pouvons citer tous les noms, mais dont l'histoire locale conserve avec respect le souvenir.

Le christianisme se répandit facilement chez les Gallo-Romains, sauf dans le nord et dans l'ouest, où le druidisme et le paganisme romain firent une longue résistance. Au moment de son triomphe sur le paganisme, le catholicisme eut à lutter contre les barbares ariens (Wisigoths, Bourguignons). Ce fut la raison de l'alliance des évêques et des Gallo-Romains catholiques avec Clovis, et cette alliance explique les succès de ce chef et la durée de son empire.

Après la conversion de Constantin, le clergé catholique arriva bientôt à un haut degré de puissance; il devint possesseur des terres qui avaient appartenu aux temples païens; les fidèles lui firent de nombreuses donations; les évêques furent presque partout les *défenseurs des cités;* l'administration civile et le gouvernement des Gallo-Romains leur furent dévolus; et, on doit le dire, dans ces temps affreux, le clergé se montra digne de la mission de diriger la société.

Hadrien de Valois, *Notitia Galliarum*; Paris, 1675, in-fol.

D'Anville, *Notice de l'ancienne Gaule;* Paris, 1760, in-4°. — *Éclaircissements géographiques sur l'ancienne Gaule;* Paris, 1779, in-4°.

Scipion Dupleix, *Mémoire des Gaules, depuis le déluge, jusqu'à l'établissement de la monarchie françoise;* 1619, in-4°.

L'abbé Bullet, *Description étymologique des villes,*

rivières, montagnes, forêts, curiosités naturelles des Gaules, etc.; 1754, in-f°. (Tome Ier de ses *Mémoires sur la langue celtique.*)

L'abbé Belley, *Éclaircissements géographiques sur l'ancienne Gaule;* 1741, in-12.

Cl. Fauchet, *Antiquités gauloises et françaises;* 1610, 2 vol. in-4°.

Bergier, *Histoire des grands chemins de l'empire romain.*

L'abbé Lebeuf, *Recueil de divers écrits pour servir d'éclaircissement à l'histoire de France et de supplément à la Notice des Gaules;* Paris, 1738, 2 vol. in-12.

Guérard, *Essai sur le système des divisions territoriales de la Gaule;* Paris, 1832, in-8°.

Walckenaer, *Géographie ancienne, historique et comparée des Gaules;* Paris, 1839, 3 vol. in-8°, et atlas in-fol.

D. Martin, *Histoire des Gaules et des conquêtes des Gaulois;* Paris, 1752, 2 vol. in-4°.

Pelloutier, *Histoire des Celtes;* Paris, 1770, 2 vol. in-4°.

Picot, *Histoire des Gaulois;* Genève, 1804, 3 vol. in-8°.

Bertier, *Précis historique sur l'ancienne Gaule;* Bruxelles, 1822, in-8°.

H. W. Edwards, *Des caractères physiologiques des races humaines considérées dans leurs rapports avec l'histoire.*

Fauriel, *Histoire de la Gaule méridionale, sous la domination des conquérants germains;* Paris, 1836. 4 vol. in-8°.

J. Reynaud, art. DRUIDISME, dans l'*Encyclopédie nouvelle.*

Am. Thierry, *Histoire des Gaulois;* Paris, 1854, 2e éd., 3 vol. in-8°. — *Histoire de la Gaule sous la domination des Romains;* Paris, 1840 et années suiv.; in-8°.

Michelet, *Histoire de France,* t. Ier.

H. Martin, *Histoire de France,* t. Ier.

Guizot, *Essais sur l'histoire de France.* — *Cours d'histoire moderne,* 6 vol. in-8°.

Le Huërou, *Histoire des institutions mérovingiennes;* Paris, 1842, 1 vol. in-8°.

De Pétigny, *Histoire des institutions mérovingiennes;* Paris, 1843, 3 vol. in-8°.

L'abbé Dubos, *Histoire critique de l'établissement de la monarchie française dans les Gaules;* 1734, 3 vol. in-4°.

Aug. Pelet, *Description des monuments romains de la France,* exécutée en modèles à l'échelle d'un centimètre pour mètre; 1839, in-8°.

Bourdon de Sigrais, *Considérations sur l'esprit militaire des Gaulois;* Paris, 1774, in-12.

Lacarry, *Historia coloniarum tum a Gallis in exteras nationes missarum, tum exterarum nationum in Gallias deductarum;* Claromontis, 1677, in-4°.

A. Duchalais, *Description des médailles gauloises faisant partie des collections de la Bibliothèque royale;* Paris, 1846, in-8°.

Divers *Mémoires,* dans les *Recueils de l'Académie des inscriptions et belles-lettres,* de l'*Académie celtique* et de la *Société nation. des antiquaires de France,* de la *Société archéologique du midi de la France;* dans le *Bulletin monumental* de M. de Caumont; dans la *Revue numismatique,* de MM. Cartier et de la Saussaye, etc., etc.

LOUIS DUSSIEUX.

GAULE. (*Linguistique.*) *Voyez* les articles BASQUES, CELTES, FLANDRE, FRANCE, etc.

GAULE. (*Religion.*) *Voyez* DRUIDISME, FÉES.

GAULT ou GOLT. (*Géologie.*) Les géologues anglais ont ainsi nommé une masse argileuse très-puissante qui forme l'étage moyen du terrain crétacé; elle se trouve comprise, en France, entre la glauconie crayeuse et les sables verts, qui constituent souvent à eux seuls l'étage inférieur de ce terrain. Le gault, bien développé dans le Boulonnais, le pays de Bray, les départements de l'Aube et de l'Yonne, offre à sa partie supérieure une argile bleue grisâtre faisant pâte avec l'eau, ce qui la rend propre à la fabrication des briques et poteries; la partie inférieure est composée d'une marne un peu micacée, qui passe à l'argile et au sable sur différents points. Des veines d'oxyde de fer coupent çà et là la masse marneuse. Les fossiles sont des ammonites et des coquilles bivalves parmi lesquelles l'*inoceraunus sublatus* paraît être caractéristique.

De la Bèche, *Manuel de geologie.*
Lémeryc, *Statistique du département de l'Aube.*
Rozet, *Description géognostique du Bas-Boulonnais.*

ROZET.

GAVIAL. (*Histoire naturelle.*) On a créé sous cette dénomination un genre de reptiles de la famille des crocodiliens, formé aux dépens de l'ancien groupe des CROCODILES (*Voy.* ce mot). On connaît deux espèces vivantes de ce genre : le GRAND GAVIAL DU GANGE, *Crocodilus longirostris*, et le PETIT GAVIAL, *Crocodilus tenuirostris*; à l'état fossile, on en a découvert plusieurs espèces.

E D.

GAZ. (*Physique.*) La physique des gaz a fait, dans ces dernières années, de grands progrès et des acquisitions précieuses. Des travaux très-remarquables, dus à M. Regnault, ont renversé les bases de la doctrine admise jusqu'à lui, touchant les propriétés des fluides aériformes, et ont introduit en même temps dans les recherches difficiles qui concernent ces substances des méthodes nouvelles, d'une admirable précision.

Nous nous proposons de faire connaître dans cet article les expériences de M. Regnault et les résultats auxquels elles l'ont conduit. Tout ce que nous allons dire est extrait des mémoires imprimés par ce savant dans les *Annales de physique* et dans les *Mémoires de l'Académie.* Nous exposerons successivement, et suivant l'ordre chronologique des publications, ses recherches relatives 1° à la dilatation; 2° à la densité; 3° à la compressibilité des gaz.

I. Les belles expériences de M. Gay-Lussac sur la dilatation des gaz semblaient avoir fixé l'opinion des savants sur les lois et les éléments numériques qui se rapportent à cette théorie si importante de la physique générale. D'après ces expériences, on avait admis universellement : 1° que le coefficient de dilatation entre 0 et 100 degrés est le même pour tous les gaz et pour toutes les vapeurs, ces dernières étant prises à des températures un peu éloignées du point de condensation; 2° que la valeur de ce coefficient dans les limites précitées

de l'échelle thermométrique, est uniformément 0,375.

Des expériences récentes entreprises par un physicien suédois, Rudberg, sur la dilatation de l'air, ont jeté d'abord quelques doutes sur ces résultats. Suivant Rudberg, le coefficient obtenu par M. Gay-Lussac était trop fort, et on devait prendre pour sa valeur un nombre compris entre 0,364 et 0,365.

De nouvelles recherches paraissaient donc nécessaires pour établir définitivement la vraie valeur d'un élément numérique qu'il faut employer à chaque instant dans les calculs de physique, et dont la détermination exacte importe ainsi à toutes les branches de la science.

Le premier objet que s'est proposé M. Regnault a été de fixer la valeur du coefficient de dilatation pour l'air atmosphérique.

La méthode qu'il a employée, semblable à celle que Rudberg avait suivie, a été mise en pratique pour la première fois par Petit et Dulong dans le but de comparer le thermomètre à mercure au thermomètre à air. Mais les modifications que M. Regnault a introduites dans ces appareils et dans l'expérimentation assuraient à ses résultats une précision que ses prédécesseurs n'avaient pas atteinte.

Voici d'abord l'appareil au moyen duquel ses expériences ont été exécutées (*Voy.* l'*Atlas*, PHYSIQUE, pl. 24, fig. 1). L'air dont on étudie la dilatation est contenu dans un réservoir cylindrique AB, terminé par un tube thermométrique étiré en pointe et recourbé à son extrémité CD. Pour y introduire de l'air parfaitement desséché, ce qui est une condition indispensable dans ces expériences, on suspend préalablement ce réservoir dans un vase en fer-blanc dans lequel on fait bouillir de l'eau. La partie effilée du tube est engagée dans un bouchon de liége que reçoit une tubulure pratiquée dans le couvercle du vase, et c'est ce bouchon qui soutient l'appareil placé alors dans une position renversée, c'est-à-dire inverse de celle que représente la fig. 1. La partie AB qui se trouve maintenant inférieure, et le tube thermométrique qui y est adapté, ne sont pas plongés dans l'eau, mais dans la vapeur qui s'en échappe lorsqu'elle est portée à l'ébullition; un ajutage placé à la partie latérale du vase donne issue à la vapeur et établit une communication libre entre l'intérieur et l'extérieur, de sorte que l'eau bout sous la pression atmosphérique. En un mot, on a là cette disposition connue par laquelle, lors de la graduation d'un thermomètre, on expose l'instrument à la température de 100 degrés : le réservoir AB et son tube remplacent ici le thermomètre.

La portion effilée et recourbée qui termine le tube CD, se trouve au-dessus du bouchon de liége qui soutient l'appareil et par conséquent en dehors du vase de fer-blanc. Lorsque l'eau est en pleine ébullition, on adapte, au moyen d'une ligature de caoutchouc, l'extrémité de ce tube à un appareil de dessiccation, qui consiste en une série de tubes communiquants, remplis de fragments de pierre ponce imbibés d'acide sulfurique concentré. Le dernier de ces tubes est en rapport avec une pompe à main, et on peut ainsi aspirer l'air du réservoir AB et y laisser rentrer l'air extérieur : mais celui-ci n'y pénètre qu'après avoir traversé les diverses couches de pierre ponce et abandonné son humidité à l'acide sulfurique qui les mouille.

Dans les expériences de M. Regnault, l'eau étant maintenue en ébullition, on faisait vingt-cinq ou trente fois le vide dans le réservoir, et à chaque fois on laissait l'air extérieur y rentrer très-lentement, en ouvrant convenablement les robinets dont la pompe était munie. On enlevait ainsi complétement l'humidité du tube par ces flux successifs d'air desséché qu'on épuisait et laissait rentrer alternativement. Après cette manœuvre, on laissait une dernière fois rentrer l'air, et, l'appareil à dessiccation étant enlevé, on fermait à la lampe l'extrémité effilée du tube, en observant au même moment la hauteur du baromètre; de sorte que le réservoir se trouvait rempli d'air sec, pris à la température de la vapeur dans laquelle il était plongé et sous la pression atmosphérique observée au baromètre.

Le réservoir AB ainsi préparé, c'est alors qu'on le place comme on le voit fig. 1. Il repose sur un plateau circulaire EE', portant à son centre une tubulure O, et soutenu par trois pieds verticaux, P, P', P'', qu'on a, pour plus de stabilité, réunis à leur partie inférieure par un cercle métallique QQ'. Trois tiges inclinées sont disposées symétriquement autour de la tubulure O; elles sont surmontées de petites boules à vis sur lesquelles le réservoir AB vient s'appuyer; la tige thermométrique jointe au réservoir est fixée d'ailleurs dans le bouchon qui s'engage dans la tubulure O. L'appareil est ainsi convenablement maintenu, et pour le fixer plus solidement encore on le presse sur ses appuis au moyen de la vis V.

Examinons maintenant les pièces placées au-dessous du plateau EE'. Sur un des pieds verticaux P' se trouve montée une traverse mobile *m n* portant un appendice représenté en grand fig. 2. Il se compose d'une petite cuiller *k*, fixée à une tige *f g* que l'on peut faire monter ou descendre à volonté dans la pièce *abcd*. Cette pièce peut glisser sur le bras horizontal *mn*, qui peut lui-même être fixé à des hauteurs variables sur le pied P', au moyen de la vis *c*. — Sur un autre pied, P, se trouve montée à coulisse une pièce horizontale *s t* qui

porte une vis terminée en haut et en bas par une pointe un peu arrondie. — Le réservoir est fixé de telle manière dans l'appareil, que la partie recourbée CD du tube thermométrique se trouve précisément dirigée vers le pied P' et l'on a marqué sur ce pied la hauteur à laquelle la pièce mobile doit être fixée, pour que le centre de la cuiller *k* se trouve précisément à la hauteur et dans la direction de la partie recourbée CD.

Cela posé, on place l'appareil au-dessus d'une petite cuve à mercure, de manière à ce que le tube thermométrique plonge dans le liquide de cinq à six centimètres, comme on le voit sur la figure 1. On a fait à l'avance un trait de lime très-fin sur la tige CD, à l'endroit où on veut la casser. On détache maintenant cette pointe avec une petite pince; le mercure pénètre dans le tube thermométrique, et s'élève à une certaine hauteur dans le réservoir; on enveloppe celui-ci de glace pilée, et on laisse l'appareil ainsi préparé prendre exactement la température de la glace fondante. On a eu soin de garnir la cuiller de cire molle et de la descendre à la hauteur convenable sous le mercure.

On la fait avancer alors le long de la règle qui la porte, jusqu'à ce que l'ouverture du tube capillaire s'engage dans la cire, et l'on note en même temps la hauteur du baromètre. Puis la pièce *s t* étant descendue le long du pied P, on affleure exactement la pointe de la vis avec le niveau du mercure. Enfin, on enlève la glace qui enveloppait le tube, et on laisse la colonne de mercure soulevée se mettre en équilibre de température avec l'air ambiant.

Il s'agit ensuite de mesurer la hauteur du mercure soulevé; M. Regnault s'est servi pour cela d'un kathétomètre donnant à sa lecture le cinquantième de millimètre. Il visait avec la lunette de l'instrument, d'abord le niveau du mercure dans le tube AB; puis, après avoir enlevé la cuve et son support S, la pointe inférieure de la vis *t* qui affleurait, comme on l'a dit, le bain de mercure. La hauteur dont la lunette a fait descendre en passant d'une position à l'autre donnait la quantité cherchée.

On n'a pas encore tous les éléments de la détermination qu'on se propose : il reste à connaître les volumes de l'air dans les différentes circonstances où l'on a opéré, et pour cela il faut avoir les quantités de mercure correspondantes et le coefficient de dilatation du verre qui forme le réservoir. On dégage donc le réservoir avec le mercure soulevé. On le pèse, puis on le remplit entièrement de mercure que l'on fait bouillir pour chasser complétement l'air et l'humidité; enfin, on l'entoure de glace, sa pointe restant plongée dans une capsule pleine de mercure. Quand

on s'est assuré que le liquide reste parfaitement stationnaire à l'orifice de la pointe,
on enlève la glace, et on recueille dans une
petite capsule le mercure qui sort de l'appareil par dilatation. On suspend ensuite le réservoir dans le vase en fer-blanc dont nous
avons parlé précédemment; l'eau est de nouveau portée à l'ébullition, et le mercure qui
s'écoule est reçu dans la petite capsule, que
l'on pèse, ainsi que le réservoir avec le métal
qu'il contient encore. On connaît par là le
poids du mercure à 0 degré, qui remplit
complétement le réservoir, également à 0 degré, et l'on a toutes les données nécessaires
pour calculer 1° la dilatation de l'enveloppe,
2° la dilatation de l'air qu'elle renferme.

Si l'on désigne, en effet, par

H, la pression barométrique au moment où
l'on a fermé au chalumeau la pointe effilée du
tube;

T, la température d'ébullition de l'eau
sous cette pression;

H', la pression barométrique au moment
où l'on a bouché à la cire la pointe plongée
sous le mercure;

h, la hauteur du mercure soulevé;

P, le poids de ce mercure;

P', le poids du mercure à 0° qui remplit
l'appareil à 0°;

p, le poids du mercure sorti par dilatation depuis la température de la glace fondante jusqu'à la température T de l'eau bouillante sous la pression barométrique H;

100 δ, la quantité dont la capacité 1 de
verre se dilate de 0 à 100 degrés;

100 α, la quantité dont un volume d'air 1
se dilate entre les mêmes limites;

Il est facile de voir qu'on aura les relations
suivantes (les hauteurs H, H', h, étant supposées ramenées à 0° par le calcul) :

$$(P'-p)\left(\frac{1+T}{5550}\right)=P'(1+\delta T),$$

et

$$(P'-P)(1+\alpha T)\frac{H'-h}{H}=P'(1+\delta T)$$

qui serviront à déterminer δ et α. Le nombre $\frac{1}{5550}$ qui figure dans ces équations est,
comme on sait, le coefficient de dilatation
absolue du mercure.

Pour donner l'idée des précautions qu'il
faut prendre dans ce genre d'expériences,
nous citerons ici les paroles mêmes de M. Regnault : « En opérant comme on vient de le
rapporter, dit l'illustre physicien, je ne tardai
pas à m'apercevoir d'une cause d'erreur très-
grave. En cassant la pointe du tube thermométrique sous le mercure, lors même qu'elle
était à 1 décimètre au-dessous du niveau du
bain, il y avait toujours une petite quantité
d'air aspirée qui allait se joindre à l'air du ré-

servoir. Le mercure ne mouille pas le verre;
il reste un petit espace probablement rempli d'air entre le tube et le métal; c'est par
cette gaîne que l'air extérieur se trouve aspiré pendant le mouvement ascensionnel du
mercure, par un phénomène analogue à celui
de la trompe. Quelquefois cette aspiration est
assez sensible pour que l'on voie des bulles
d'air entières s'élever, en faisant piston, dans
le tube thermométrique. »

Pour se mettre complétement à l'abri de
cette cause d'erreur, M. Regnault montait sur
le tube, dans la partie plongée, de petits disques
de laiton bien décapé, et il versait en outre,
sur la surface du mercure, avant de casser la
pointe et après l'avoir saisie avec la pince,
une petite couche d'acide sulfurique concentré. On enlevait l'acide lorsque le réservoir
avait été amené à zéro, et l'on faisait descendre ensuite la pièce kn.

Il y a même une précaution à prendre dans
la manière dont on saisit avec la pince la
pointe du tube qu'on veut détacher. On doit
l'appliquer à une certaine distance de l'orifice
qu'on pratique ainsi, sans quoi on verrait encore s'élever dans le tube une petite bulle
gazeuse provenant de l'air qui reste adhérent
à la surface de la pince.

M. Regnault a exécuté par ce procédé une
série d'expériences sur l'air atmosphérique :
nous rapporterons plus bas les nombres qu'il
a obtenus.

Dans la vue de soumettre à un contrôle
mutuel et décisif les résultats fournis par ses
expériences, M. Regnault a procédé par trois
autres méthodes distinctes à ces mêmes recherches sur la dilatation de l'air. Nous ne pourrions, sans dépasser les limites qui nous sont
imposées, décrire ici l'ensemble de ce vaste
travail; nous nous bornons à l'exposé qu'on
vient de lire touchant la première série d'expériences, mais nous mentionnerons les conséquences que les autres ont fournies. Nous
ajouterons seulement quelques mots sur une
seconde méthode suivie par M. Regnault,
parce qu'elle a servi pour la recherche des coefficients de dilatation propres aux gaz autres
que l'air atmosphérique.

Le principe de cette nouvelle méthode ne
diffère point de celui qu'on vient d'appliquer;
mais l'appareil y est disposé de telle manière
que le volume de l'air soumis à l'expérience
reste sensiblement le même aux deux températures extrêmes, l'effet de la dilatation se
trouvant transformé en une variation de force
élastique.

Le réservoir AB est remplacé par un ballon
d'une capacité égale à quatre cents centimètres cubes environ, et le tube thermométrique
qui y est adapté, plus long que le précédent,
porte à peu près en son milieu un renflement

cylindrique très-régulier dont la hauteur est de cinquante millimètres. Ce tube est d'ailleurs étiré et courbé à son extrémité, comme dans l'appareil décrit ci-dessus.

La première chose à faire consiste à jauger ce nouveau réservoir avec le tube qui y est soudé, et à en évaluer le coefficient de dilatation. Pour cela, il faut, en opérant comme on l'a vu dans la précédente méthode, le remplir de mercure sec porté successivement aux températures de 0 degré et de 100 degrés et déterminer les poids du liquide qui le remplit respectivement dans ces deux circonstances. Si l'on réfléchit, d'une part, à la grande capacité de l'appareil qui ne renferme pas moins de cinq kilogrammes de mercure, et, d'autre part, aux opérations que nécessite ce jaugeage, particulièrement à celle qui consiste à faire bouillir le mercure pour en chasser l'humidité, on comprendra facilement que cette détermination préalable exige des manipulations difficiles et délicates pour lesquelles on ne saurait prendre trop de précautions.

La capacité du réservoir étant connue, ainsi que le coefficient qui en donne la dilatation entre 0 et 100 degrés, on introduit l'air sec, comme on l'a fait dans les expériences précédentes, et on procède de la même manière pour déterminer les éléments nécessaires au calcul du coefficient de dilatation de l'air. Mais il est inutile que nous entrions dans ces détails, qui ne diffèrent en rien de ce qu'on a déjà vu.

Comme nous l'avons déjà dit, nous ne parlerons pas non plus d'autres méthodes d'expérimentation que M. Regnault a employées, et qui reposent toujours sur le même principe. Voici seulement les résultats auxquels il est parvenu : en prenant les moyennes fournies par chaque série d'expériences, il a trouvé pour la valeur du coefficient cherché :

Moyenne des déterminations :

1re série.	. . . .	0,36623
2e série.	. . . .	0,36633
3e série.	. . . .	0,36679
4e série.	. . . .	0,36650
Moyenne générale.	. . . . . .	0,3665

ou, à peu près, $\frac{11}{30}$.

Telle est la valeur fournie par l'ensemble de ces premières recherches pour le coefficient de dilatation de l'air atmosphérique, entre 0 et 100 degrés : on voit que le coefficient admis jusqu'à présent, 0,375, diffère notablement de celui que nous venons de donner. En répétant les expériences qui avaient conduit M. Gay-Lussac à ce dernier nombre, M. Regnault y a remarqué en effet certaines causes d'erreur dont on n'avait pas tenu compte et qui expliquent suffisamment la différence signalée (*Voyez* le mémoire cité à la fin de notre article).

Dans toutes les expériences qui ont été décrites jusqu'ici, le coefficient de dilatation de l'air est déterminé d'une manière indirecte. On mesure l'augmentation de force élastique que le gaz, ramené à un volume sensiblement constant, reçoit par l'augmentation de la température et on en conclut la dilatation en se fondant sur la loi de Mariotte.

Pour que la dilatation de l'air fût donnée d'une manière directe, il faudrait que le gaz, renfermé dans une enveloppe éminemment élastique, pût se dilater librement sans qu'il en résultât une augmentation de pression. On ne voit pas comment il serait possible de réaliser pratiquement ces conditions; mais on peut en approcher par la méthode suivante, où la force élastique reste sensiblement la même à 0 et à 100 degrés, une portion très-notable du gaz recueilli dans un réservoir de dilatation se trouvant à une température peu différente de celle de l'air ambiant.

L'appareil imaginé d'après ce principe par M. Regnault est représenté fig. 3 et 4, même planche. Un ballon de verre auquel est soudé un tube capillaire, est placé au milieu d'un réservoir MN, dans lequel il peut être enveloppé successivement de glace fondante et de vapeur d'eau. Le tube est mastiqué dans une tubulure à trois branches *m no* qui reçoit, avec le précédent, un petit tube droit *op* et un troisième tube capillaire DEF, communiquant avec le tube FH destiné à recueillir l'excès de l'air dilaté. On a donné à FH une disposition telle que le volume de l'air, s'arrêtant en *d* lorsque le ballon est dans la glace fondante, occupe, quand le ballon est dans l'eau bouillante, la partie la plus large jusqu'en R. Le tube FH est mastiqué dans une pièce en fer qui reçoit également un tube barométrique BI : la longueur de ce dernier varie, suivant les pressions sous lesquelles on opère, de 1 à 3 mètres. Quant à la pièce en fer, elle est munie de deux robinets R et R'. Le premier, percé d'un seul trou, sert à faire écouler une portion du mercure renfermé dans l'appareil : le second porte deux ouvertures rectangulaires et sert à établir, suivant la position qu'on lui donne, la communication entre FH et BE ou entre FH et l'extérieur. Cette disposition est facile à comprendre à l'inspection de la fig. 5, qui représente une coupe verticale de la pièce et les deux positions (a) et (b) du robinet R'. Tout l'appareil est enveloppé d'un manchon en terre que l'on remplit d'eau, pour maintenir le réservoir de dilatation à une température connue.

Pour procéder à l'expérience, le ballon A étant rempli d'air sec et enveloppé de glace fondante dans MN, *fig.* 4, le tube *op* ouvert et en communication avec l'appareil à dessication, on verse du mercure dans BC jusqu'à amener le niveau en *d*.

Le robinet R' se trouve alors dans sa posilion (a), et le mercure s'élève au même niveau dans les deux tubes communiquants. On ferme à la lampe le tube *op*, et on observe en même temps la pression barométrique et la température de l'eau du manchon que l'on a eu soin de remuer de temps en temps au moyen de l'agitateur *ffgg'*.

On enlève ensuite la glace qui entoure le ballon A, et on porte l'eau du vase M à l'ébullition. L'air se dilate ; et, pour maintenir les deux colonnes de mercure à peu près au même niveau, il faut faire écouler du mercure par le robinet R. Une portion de l'air du ballon passe ainsi dans le tube FH, et les deux colonnes mercurielles sont à peu près au niveau B. On mesure exactement au kathétomètre la différence de hauteur ; et l'on prend de nouveau la pression indiquée par le baromètre et la température de l'eau du manchon.

Cela fait, on a toutes les données nécessaires pour calculer le coefficient de dilatation ; mais il faut en outre déterminer 1° la capacité du ballon ; 2° le volume *v* de E en *d*, occupé par l'air dans le tube FH quand le ballon est dans la glace fondante ; 3° le volume *v'* de E en B que remplit l'air dilaté. Ces divers éléments sont obtenus par un jaugeage au mercure que la disposition de l'appareil rend d'ailleurs assez facile. Il faut remarquer qu'après la détermination de *v* et de *v'*, on doit ajouter aux valeurs trouvées la petite capacité des tubes capillaires, qui se trouve au dehors du vase dans lequel l'eau est en ébullition. Cette capacité est connue par un jaugeage préliminaire : elle doit être très-petite, parce que la température de l'air qui la remplit est toujours assez incertaine.

Si l'on représente par H et H' les hauteurs barométriques indiquées ci-dessus, par *h* et *h'* les différences de niveau des ménisques dans les tubes de l'appareil, on trouvera facilement la relation suivante :

$$1 + \alpha T = \frac{(H' + h')(1 + \kappa T)}{(H + h) + \frac{v}{V} \cdot \frac{H + h}{1 + at} - \frac{v'}{V} \cdot \frac{H' + h'}{1 + at'}}.$$

La quantité inconnue δ entre dans le second membre ; mais, comme elle n'y cause que peu d'influence, on a pu résoudre l'équation par la méthode des approximations successives. M. Regnault a fait par cette méthode une série d'expériences qui ont donné pour valeur moyenne du coefficient de dilatation de l'air le nombre 0,36706.

Ce nombre est sensiblement plus fort que celui que les autres méthodes ont fourni. Cette circonstance n'est pas une chose fortuite, et tient à la différence même des méthodes ; différence qui consiste en ce qu'ici l'air se dilate librement, tandis que précédemment la dilatation était transformée en une augmentation de force élastique.

Il est évident, d'après l'ensemble de ces recherches, qu'on devait procéder de nouveau à la vérification de la loi énoncée au commencement de notre article, touchant l'uniformité de dilatation des gaz. C'est ce que M. Regnault a fait par les expériences suivantes exécutées sur l'azote, l'hydrogène, l'oxyde de carbone, l'acide carbonique, l'acide sulfureux, le cyanogène, le protoxyde d'azote, l'acide chlorhydrique et l'ammoniaque. Ces expériences ont été faites, pour la plupart, par le second procédé dont nous avons indiqué plus haut le principe. Le ballon réservoir, dont on avait déterminé préalablement, comme on l'a dit, la capacité et la dilatation, était suspendu dans l'appareil à ébullition, et communiquait avec l'appareil de dessiccation. On faisait le vide un grand nombre de fois ; et on laissait rentrer l'air lentement à chaque fois, de manière à dessécher parfaitement le ballon. Ce point atteint, on adaptait à la seconde tubulure de la pompe un tube par lequel devait arriver le gaz qu'on voulait étudier. Alors, le vide étant fait dans le ballon, on laissait arriver peu à peu le gaz, à mesure qu'il se produisait dans l'appareil de préparation : puis, quand le ballon était rempli, on interrompait l'introduction du gaz en fermant un robinet, et l'on faisait le vide. On laissait de nouveau rentrer le gaz, on faisait le vide de nouveau, et ainsi de suite à quatre ou cinq reprises ; après quoi, le ballon se trouvait complétement purgé d'air et rempli uniquement par le gaz essayé. On achevait enfin l'expérience comme il a été dit.

Concurremment avec ce procédé, M. Regnault a appliqué, à l'étude des divers gaz ci-dessus désignés, la dernière méthode que nous avons décrite. On comprend facilement les modifications que doit subir dans ces nouvelles expériences la marche indiquée au sujet de l'air atmosphérique ; il est donc inutile de nous y arrêter.

Avant d'exposer les résultats de ces recherches, nous devons mentionner quelques particularités qu'elles ont présentées et qui concernent l'oxygène et l'ammoniaque. M. Regnault a fait plusieurs expériences sur le premier ; mais elles ont donné des nombres tellement variables qu'il lui a été impossible d'en tirer parti ; c'est que le mercure ne peut pas être laissé en contact avec l'oxygène, même pendant un temps assez court, sans absorber une petite quantité de ce gaz. Il en est de même pour l'ammoniaque, qui a donné également les nombres les plus variables : « Le mercure paraissait profondément altéré à sa surface, dit M. Regnault ; il faisait la queue. Évidemment il y avait eu absorption du gaz : mais il m'a été impossible de me rendre compte de la réaction chimique qui avait eu lieu. »

Dans les expériences que M. Regnault a faites sur l'acide chlorhydrique le mercure n'a point paru altéré ; pourtant M. Regnault a quelques doutes sur l'exactitude du nombre qu'il a trouvé. Le mercure, qui n'est point attaqué par l'acide chlorhydrique pur, l'est, au contraire, très-promptement quand il y a concours de l'oxygène. Il est facile de concevoir dès lors que quelques millièmes d'air, mélangés dans le ballon avec le gaz chlorhydrique, puissent amener une absorption sensible, et suffisent, par suite, pour troubler la dilatation de ce gaz.

Le premier fait que M. Regnault ait constaté dans ses expériences est relatif à une circonstance déjà observée sur l'air atmosphérique, comme nous l'avons dit plus haut : c'est que les divers gaz essayés présentent des coefficients de dilatation très-notablement différents, suivant la méthode d'expérimentation à laquelle ils sont soumis. Il s'en faut de beaucoup qu'on obtienne les mêmes valeurs pour les coefficients, d'une part, quand on les détermine par l'observation directe de l'augmentation de volume que subit une même masse de gaz, portée de 0 à 100 degrés, et maintenue sous une pression constante, ou, d'autre part, quand on déduit les coefficients par le calcul, de l'observation des forces élastiques qu'un même volume de gaz possède à 0 et à 100 degrés.

On voit en outre, par la comparaison générale des valeurs, que l'azote, l'hydrogène, l'oxyde et le carbone ont sensiblement le même coefficient de dilatation que l'air, dans les circonstances où les expériences ont été faites, c'est-à-dire lorsque les gaz sont pris, à la température de l'eau bouillante, sous la pression atmosphérique, et, à la température de la glace fondante, sous une pression de 550 millimètres environ.

Dans les mêmes circonstances, le protoxyde d'azote et l'acide carbonique présentent, au contraire, un coefficient de dilatation plus fort.

L'acide sulfureux a donné un nombre beaucoup plus grand que ceux qui ont été obtenus pour les premiers gaz : il en est de même du cyanogène.

Cela résulte immédiatement du tableau ci-dessus, où sont consignées, pour les divers gaz, les valeurs du coefficient de dilatation moyen entre 0 et 100 degrés.

Ainsi ces expériences démontrent que, dans les mêmes circonstances, les gaz n'ont pas *exactement* le même coefficient de dilatation. Pour les gaz examinés, ce coefficient varie entre 0,3665 et 0,3845.

Cette modification à l'une des plus belles lois de la physique devait sembler trop grave, pour qu'on ne cherchât pas à l'appuyer sur de nouvelles expériences. M. Regnault rapporte, en effet, dans son mémoire, plusieurs vérifications obtenues en soumettant les mêmes gaz aux divers modes d'expérimentation indiqués plus haut : ces essais répétés ont confirmé pleinement les premiers résultats. Il y a plus : au moyen d'un ingénieux appareil de comparaison analogue au thermomètre différentiel, l'habile physicien est parvenu à mettre en évidence l'inégale dilatation des gaz et même à mesurer avec précision les différences qu'elle présente. On peut voir dans le travail déjà cité la description et l'usage de cet instrument.

Nous passons maintenant à un nouvel ordre de faits.

Les physiciens ont admis généralement que la dilatation des gaz est constante entre les mêmes limites de température, quelle que soit la pression à laquelle ces gaz se trouvent soumis. Il est difficile, pourtant, de citer des expériences concluantes sur lesquelles cette loi se trouve établie. Plusieurs observateurs ont obtenu, il est vrai, la même valeur pour le coefficient de dilatation de l'air, sous des pressions barométriques différentes ; mais, vu les limites très-peu étendues des variations barométriques dans une même localité, on ne peut rien en conclure évidemment sinon que pour des changements très-faibles de pression les changements du coefficient de dilatation de l'air sont insensibles.

M. Regnault a complété ses belles recherches par des expériences directes sur ce point important de la physique des gaz. Les appareils décrits précédemment ont été adaptés, au moyen de modifications convenables, aux conditions du nouveau problème et ont pu servir à la détermination du coefficient de dilatation des gaz, sous des pressions successivement plus fortes et plus faibles que la pression atmosphérique.

Nous nous bornons à mentionner les résultats obtenus ainsi par M. Regnault.

Voici d'abord ceux qui concernent l'air atmosphérique :

GAZ.	VALEURS du coefficient de dilatation	
	sous volume constant.	sous pression constante.
Hydrogène.....	0,3677	0,3661
Air.........	0,3665	0,3670
Azote........	0,3668	»
Oxyde de carbone..	0,3667	0,3669
Acide carbonique..	0,3688	0,3710
Protoxyde d'azote..	0,3676	0,379
Acide sulfureux...	0,3845	0,3903
Cyanogène.....	0,3829	0,3877

PRESSIONS à 0°.	PRESSIONS à 100°.	DENSITÉS de l'air à 0°, celle de l'air à 0° et sous la pression 760 étant prise pour 1.	VALEUR du coefficient de dilatation.
Millim.	Millim.		
109,72	149,31	0,1444	0,36482
174,56	237,17	0,2294	0,36513
266,06	395,07	0,3501	0,36542
374,67	510,35	0,4930	0,36587
375,23	510,97	0,4937	0,36572
760,00	»	1,0000	0,36650
1678,40	2286,09	2,2084	0,36780
1692,53	2306,93	2,2270	0,36800
2144,18	2924,04	2,8213	0,36894
3655,56	4992,09	4,8100	0,36991

Les densités, prises à 0°, de l'air sur lequel on a opéré ont varié, comme on voit, de 0,1444 à 4,8100, c'est-à-dire de 1 à 33, 3, et, pour une variation aussi considérable dans la densité, le coefficient de dilatation n'a changé que très-peu, de 0, 3648 il est devenu 0,3709.

Mais il a changé en croissant régulièrement avec la densité, et, par conséquent, la loi admise par les physiciens, que l'air se dilate de la même fraction de son volume à 0°, quelle que soit la densité, n'est pas exacte. L'air se dilate, entre les mêmes limites de température, de quantités qui sont d'autant plus considérables, que la densité du gaz est plus grande ou, en d'autres termes, que ses molécules sont plus rapprochées.

Les mêmes résultats ont été obtenus sur l'acide carbonique; la dilatation de ce gaz augmente aussi avec la pression et beaucoup plus rapidement que celle de l'air atmosphérique, comme on le voit par le tableau suivant :

PRESSIONS à 0°.	PRESSIONS à 100°.	DENSITÉS à 0°.	VALEURS du coefficient de dilatation.
Millim.	Millim.		
758,47	1034.84	1,0000	0,36836
901,09	1230,37	1,1879	0,36845
1742,73	2387,79	2,2976	0,37323
3589,07	4759,02	4,7318	0,38598

Ces expériences, tant sur l'air que sur l'a-cide carbonique, ont été faites par la méthode des volumes constants, c'est-à-dire en déduisant le coefficient de dilatation du changement de la force élastique du gaz. Elles ont été vérifiées ultérieurement par la méthode des pressions constantes, dans laquelle on mesure directement la dilatation, comme nous l'avons dit, sans que la pression varie sensiblement.

C'est également par cette dernière méthode qu'on a évalué la dilatation des gaz dont il nous reste à parler, l'hydrogène et l'acide sulfureux.

On a trouvé pour le coefficient de dilatation de l'hydrogène :

Sous la pression de 760mm. . . 0,36613
. . . . 2545 . . . 0,36616

Le coefficient de l'hydrogène ne change donc pas sensiblement avec la pression, au moins entre les limites ci-dessus indiquées de 1 à 4 atmosphères. Entre ces mêmes limites, au contraire, le coefficient de dilatation pour l'air atmosphérique augmente notablement avec la pression; d'où l'on peut conclure avec certitude qu'à des pressions plus fortes que celle de l'atmosphère, le gaz hydrogène a un coefficient de dilatation plus faible que celui de l'air. On se souvient qu'on avait trouvé pour ces deux gaz, pris dans les circonstances ordinaires, des coefficients à peu près égaux.

Quant à l'acide sulfureux, M. Regnault n'a fait que deux déterminations; mais elles suffisent pour montrer que la dilatation croît très-rapidement avec la densité : car, pour un changement très-faible de pression, de 760mm à 980mm, le coefficient de dilatation du gaz a changé de 0,0078, ayant passé de 0,3902 à 0,3980. Remarquons que l'acide sulfureux, à la température de 0° et sous la pression de 980mm n'est pas encore très-près de son point de liquéfaction.

Il est probable, d'après cela, que la plupart des vapeurs ont des coefficients de dilatation très-différents de celui de l'air, lorsqu'on s'approche du point où elles changent d'état et, par conséquent, dans les circonstances où nous les mettons d'ordinaire quand nous nous proposons d'en évaluer la densité.

En résumé, on voit qu'on ne peut admettre, comme conséquence générale de ces recher-ches, les propositions suivantes :

1° Le coefficient de dilatation de l'air sec a pour valeur 0,3665, lorsqu'il est déduit par le calcul des changements de force élastique que subit un même volume de gaz porté de 0 à 100 degrés.

Mais, lorsqu'on déduit ce coefficient des changements de volume que subit une même masse de gaz portée de 0 à 100 degrés, sa force élastique restant constante, on trouve une valeur un peu plus forte, savoir 0,3670.

2° Les coefficients de dilatation des différents gaz ne sont pas égaux, comme on l'a admis jusqu'ici : ils présentent, au contraire, des différences notables.

Pour un même gaz, on obtient souvent des valeurs très-inégales du coefficient de dilatation, suivant qu'on déduit celui-ci de l'observation immédiate du changement de volume que subit une même masse de gaz dont on a fait varier la température de 0 à 100 degrés, la force élastique restant constante : ou, suivant qu'on calcule ce coefficient d'après la variation de la force élastique du gaz, lorsqu'on porte sa température de 0 à 100 degrés, son volume restant constant.

3° L'air et tous les autres gaz, à l'exception de l'hydrogène, ont des coefficients de dilatation d'autant plus grands que leur densité est plus considérable.

4° Les coefficients de dilatation des différents gaz s'approchent d'autant plus de l'égalité que leurs pressions sont plus faibles : de sorte que la loi admise que tous les gaz ont le même coefficient de dilatation peut être considérée comme une *loi limite*, qui s'applique aux gaz dans un état de dilatation extrême, mais qui s'éloigne d'autant plus de la réalité que les gaz sont plus comprimés.

II. La méthode que l'on emploie ordinairement pour déterminer la densité d'un gaz consiste à peser successivement un ballon de verre d'une grande capacité dans les circonstances suivantes :

1° Quand ce ballon renferme de l'air parfaitement sec, à une température connue t et sous la pression H de l'atmosphère;

2° Après avoir raréfié l'air intérieur de telle sorte qu'à la même température t la force élastique ne soit plus qu'une petite quantité h,

3° Quand le ballon renferme, à l'état de pureté parfaite, le gaz dont on veut prendre la densité, la force élastique de ce gaz étant égale à la pression extérieure H', et sa température représentée par t';

4° Enfin, après avoir fait de nouveau le vide dans le ballon et amené le gaz qu'il renferme à la force élastique très-faible h', sa température restant égale à t'.

Si P, p P', p' représentent les poids obtenus, on aura :

P—p pour le poids de l'air qui remplit le ballon à la température t et sous la pression H—h; par suite, en désignant par α et k les coefficients de dilatation du gaz et du verre,

$(P-p) \dfrac{760.}{H} \dfrac{1+\alpha t}{h} \dfrac{}{1+k t}$, pour le poids de l'air qui remplirait le ballon à 0 degré et sous la pression normale de 760 millimètres; de même

$(P'-p') \dfrac{760}{H'.h'.} \dfrac{1+\alpha' t'}{1+k t'}$, pour le poids du gaz essayé qui, dans les mêmes circonstances, remplirait le ballon; enfin

$\dfrac{P'-p'}{P-p} . \dfrac{H-h}{H'-h'} . \dfrac{1+k t'.}{1+k t'} . \dfrac{1+\alpha' t'}{1+\alpha t}$, rapport des deux dernières quantités, pour la densité cherchée du gaz.

Mais cette méthode exige la connaissance exacte de plusieurs éléments dont la détermination présente beaucoup d'incertitude.

En premier lieu, il faut connaître les températures t et t' de l'air et du gaz au moment où l'on ferme le ballon. On prend ordinairement pour t et t' les températures données par un thermomètre placé dans le voisinage de l'appareil; évidemment ce moyen est défectueux : le thermomètre, influencé par des circonstances extérieures, peut indiquer une température différente de celle des couches d'air où il est plongé, à plus forte raison, de celle du gaz qui remplit le ballon. On peut, il est vrai, placer le thermomètre dans le gaz même, comme l'ont fait MM. Dumas et Boussingault; on a ainsi la température exacte, mais il reste toujours à faire la correction qui dépend de α, α' et k; l'incertitude se reporte alors sur ces coefficients.

En outre, il faut que les poids P, p, P', p' soient connus exactement, et c'est dans les pesées qui les donnent qu'on peut commettre les plus fortes erreurs. Car, le ballon est pesé dans l'air; et, pour en avoir le véritable poids, il faut retrancher, du poids obtenu dans chaque pesée, le poids de l'air déplacé. Si l'on fait attention maintenant à cette circonstance que ce dernier poids est toujours comparable au poids du gaz qui remplit le ballon, il sera évident qu'on doit le connaître avec la même exactitude. Mais cela est-il possible? Dans une chambre fermée, la composition de l'air peut changer d'un moment à l'autre; sa température, son humidité d'ailleurs, varient incessamment : il n'y a point d'instrument assez sensible pour suivre cette instabilité, en évaluer les degrés; et, quand même on pourrait les connaître exactement, il resterait toujours à introduire dans les observations les corrections qui en dépendent, corrections qui supposent l'emploi de coefficients très-exacts qu'on est bien loin de posséder.

Un artifice très-simple et très-ingénieux a permis à M. Regnault d'éviter ces difficultés. Au lieu d'équilibrer le ballon accroché sous l'un des plateaux de la balance, au moyen de poids placés sur l'autre plateau, M. Regnault suspend à ce dernier un second ballon hermétiquement fermé, présentant le même volume extérieur que le premier et flottant dans la même couche d'air. De cette manière, toutes les variations qui surviennent dans l'air affectent également les deux ballons, qu'elles proviennent de la composition, de la température ou de la pression barométrique. On n'a donc plus à se préoccuper, au moment des pesées, des observations du baromètre, du thermomètre, de l'hygromètre; il suffit d'attendre que les deux ballons se soient mis en équilibre de température, et dès que l'équilibre est établi, il persiste indéfiniment. On a, par conséquent, un caractère bien certain pour reconnaître le moment où l'on doit inscrire la pesée.

Cette méthode présente encore un autre avantage : le verre étant une substance trèshygrométrique, la quantité d'eau qu'il condense à sa surface varie avec l'état d'humidité de l'air et par conséquent doit apporter dans les différentes pesées une nouvelle cause d'erreur. Ici, les deux ballons étant formés de même verre, plongés dans la même couche d'air, on peut admettre qu'ils condensent la même quantité d'humidité et, par suite, il n'y a pas à tenir compte de cette circonstance.

Voici maintenant la manière d'opérer : le vide étant fait dans le ballon destiné à recevoir le gaz, on le met en communication avec l'appareil où ce gaz est préparé, et l'on ouvre le robinet de manière qu'il y ait entre les deux récipients une légère différence de pression.

Le ballon rempli, on y fait le vide ; puis on le remplit de nouveau. Afin d'éviter toute correction de température, correction qui exige, comme on le voit par les formules rapportées, plus haut, qu'on ait les coefficients de dilatation du gaz et du ballon, on opère à la température constante de la fusion de la glace. Le ballon qui reçoit le gaz est donc placé dans un vase de zinc où il est entouré complétement de glace pilée et, avant de le fermer, on le met quelques instants en communication avec l'atmosphère, afin que le gaz se mette en équilibre avec la pression extérieure. On le sort enfin de la glace et, après l'avoir lavé soigneusement à l'eau distillée et essuyé, on le pèse. On doit du reste l'essuyer avec un linge mouillé, pour éviter le développement de l'électricité qui pourrait causer des erreurs dans la pesée.

Après la pesée du ballon plein de gaz, on y raréfie le gaz, suivant les prescriptions énoncées. Pour cela, on le replace dans la glace fondante et on le met en communication, d'une part, avec la machine pneumatique et, de l'autre, avec un manomètre. On fait le vide, puis on sépare la machine, et, au bout de quelque temps, on note la force élastique indiquée par le manomètre. Enfin, on pèse le ballon de nouveau avec les précautions indiquées. En conservant maintenant les notations convenues, on a, pour le poids du gaz qui remplit le ballon à 0 degré et sous la pression de 760 millimètres,

$$(P-p)\frac{760}{H-h},$$

expression simple dans laquelle n'entrent point, comme dans les formules précédentes, les éléments α, k et t, dont la détermination laisse toujours de l'incertitude. Il est convenable, pour vérifier cette valeur, de recommencer deux ou trois fois les manipulations que nous venons de décrire : le gaz devient plus pur à chaque remplissage, et on ne trouve un poids rigoureusement constant qu'à la quatrième opération.

L'air sec a été soumis préalablement à l'expérience, et le résultat obtenu, comparé à celui qu'on trouve pour le gaz, fournit la pesanteur spécifique cherchée. Nous indiquerons tout à l'heure les applications que M. Regnault a faites de son procédé.

Remarquons auparavant qu'on peut facilement l'étendre à quelques déterminations très-intéressantes pour la physique des gaz. On peut d'abord constater si le gaz sur lequel l'on opère suit la loi de Mariotte pour des pressions plus faibles que la pression de l'atmosphère. Pour cela, le ballon ayant été rempli à la température 0 degré et sous la pression atmosphérique, on le pèse, puis on le remet dans la glace, et on le fait communiquer avec le manomètre et la machine pneumatique. On fait un vide partiel ; on sépare la machine et, après quelque temps, on note la pression. Enfin on ferme le robinet. et on pèse le ballon. Cette même opération successivement renouvelée donne le poids du gaz qui remplit le ballon sous des pressions de plus en plus faibles et à la même température de 0 degré ; on peut, par conséquent, s'assurer si les nombres obtenus dans ces pesées satisfont à la loi de Mariotte.

En outre, il est facile de répéter toutes ces expériences à la température de 100 degrés : on n'a qu'à plonger le ballon dans la vapeur de l'eau bouillante, au lieu de le maintenir dans la glace. Cette modification dans les conditions de l'opération permet donc de déterminer d'abord la densité du gaz par rapport à l'air, pour la température de 100 degrés ; elle donne ensuite les moyens de vérifier, sur le gaz pris dans ces nouvelles circonstances, la loi de Mariotte ; enfin, le poids du gaz qui remplit le ballon à 100 degrés, comparé au poids du même gaz qui le remplit à 0°, donne immédiatement le coefficient de dilatation du gaz entre les deux limites de température. Si l'on désigne, en effet, par P, le poids du gaz à 0° et sous la pression H — h ; par H', la pression barométrique, quand le ballon est dans l'eau bouillante ; par p, le poids du gaz qui est sorti du ballon, à la température T de l'eau bouillante sous la pression H', on aura la relation

$$P\frac{H}{H-h}-P.\frac{H'}{H-h}.\frac{1+kT}{1+\alpha T}=p$$

d'où l'on déduira α, k étant connu.

« En résumé, dit M. Regnault, le procédé que je viens de décrire permet d'obtenir les densités du gaz avec plus de précision et moins de peine que ceux qui ont été employés jusqu'ici. Il donne ces densités à des températures identiques, à 0 et à 100 degrés, c'est-à-dire aux deux points fixes du thermomètre ; par suite il donne immédiatement le coefficient de dilatation du gaz. Enfin, il permet de reconnaître avec une grande exactitude si le gaz suit la loi de Mariotte à la température de la glace fondante ou à celle de l'ébullition de l'eau. »

Voici maintenant le résultat des expériences dans lesquelles M. Regnault a appliqué sa méthode :

On a opéré d'abord sur l'air atmosphérique sec et purgé d'acide carbonique. Neuf déterminations consécutives ont donné, en moyenne, pour le poids de l'air purifié qui remplit le ballon à 0 degré et sous la pression $0^{m \cdot} 76$, le nombre $12^{gr} \cdot 7781$. La plus grande différence observée entre les neuf valeurs trouvées, s'élevait à $0^{gr} \cdot 0065$, $\frac{1}{200}$ environ. M. Regnault attribue une grande partie de cette différence aux changements survenus, pendant la durée des expériences, dans la composition de l'air.

Dans les essais entrepris concurremment pour vérifier sur l'air atmosphérique la loi de Mariotte, on a trouvé constamment une différence dans le même sens entre les valeurs observées et celles calculées; mais cette différence était trop petite pour qu'on ne pût pas la faire dépendre uniquement des erreurs inévitables de l'expérience. — Quant au coefficient de dilatation entre 0 et 100 degrés, il a été trouvé égal à 0,3663, valeur qui diffère très-peu de celle que les méthodes directes avaient fournie.

On a trouvé ensuite pour quelques gaz les nombres suivants :

GAZ.	DENSITÉS à 0° et 0ᵐ 76.
Azote.	0,97137
Hydrogène.	0,06926
Oxygène.	1,10563
Acide carbonique.	1,52910

Pour ce dernier gaz, l'expérience a vérifié la valeur du coefficient de dilatation déjà trouvée. Elle a indiqué de plus un fait très-remarquable, qui sera confirmé et développé ci-dessous: c'est que l'acide carbonique à la température 0°, et sous des pressions plus faibles que la pression atmosphérique, s'écarte d'une manière très-marquée de la loi de Mariotte, tandis qu'à la température de 100 degrés, et pour des pressions également inférieures à la pression atmosphérique, la compressibilité de ce gaz est sensiblement conforme à cette même loi.

Dans un mémoire qu'on peut considérer comme un appendice de celui que nous venons d'analyser, M. Regnault s'est occupé d'une détermination fort importante: celle du poids de 1 litre d'air pris dans les circonstances normales, c'est-à-dire à la température de 0°, et sous la pression de $0^m;76$. MM. Biot et Arago ont trouvé, comme on sait, que ce poids est égal, pour Paris, à $1^{gr} \cdot 299541$, nombre qui a été adopté par tous les physiciens. Les imperfections que présentait encore la théorie des gaz et des vapeurs à l'époque où cette détermination fut obtenue, l'incertitude des corrections qu'il avait fallu introduire dans les calculs qui y conduisirent, certaines conditions enfin de l'expérience, pouvant laisser quelques doutes sur l'exactitude de cette valeur, qu'il faut connaître avec une rigoureuse précision, ont engagé M. Regnault à entreprendre sur ce sujet de nouvelles expériences.

Ces expériences étaient faciles, après celles qui avaient fait l'objet du mémoire précédent. On avait déterminé, en effet, le poids de l'air sec, qui, dans les conditions normales, remplit le ballon à densités, c'est-à-dire dans lequel on renfermait les gaz dont on voulait prendre la densité. Il suffit donc de connaître exactement la capacité de ce ballon à la température de 0 degré, pour obtenir immédiatement le poids du litre d'air.

Or, le kilogramme est, dans notre système, de mesurer le poids de 1 litre d'eau pure et privée d'air, à la température de sa densité maximum, c'est-à-dire à 4 degrés environ : le poids, évalué en kilogrammes, de l'eau pure à 4 degrés qui remplit le ballon pris à 0 degré, exprimera donc en litres la capacité cherchée.

D'après cela, voici comment on a opéré : on a pesé le ballon ouvert, et noté la pression et la température au moment de la pesée; puis on l'a rempli d'eau distillée et privée d'air. Pour cela, on y a introduit d'abord une petite quantité d'eau, et l'on y a fait le vide au moyen de la machine pneumatique pendant qu'on chauffait l'eau qu'il contenait. La vapeur produite ainsi pendant la raréfaction a expulsé complétement l'air atmosphérique. Alors on a fait bouillir, dans un autre ballon d'une grande capacité, de l'eau distillée parfaitement pure, pour la débarrasser complétement de l'air qu'elle contient toujours en dissolution à la température ordinaire. Cet appareil a été mis ensuite en communication avec le ballon à densités, au moyen d'un tube deux fois recourbé qui s'engageait, au moyen d'un caoutchouc, dans la tubulure de celui-ci, et qui plongeait d'un autre côté jusqu'au fond du ballon où l'eau était maintenue en ébullition. Dès lors, en ouvrant le robinet du ballon à densités, l'eau bouillante y pénétrait lentement, sans arriver au contact de l'air; elle était par conséquent dans les conditions exigées. Quand le ballon était rempli exactement, on enlevait le tube recourbé et on le remplaçait par un tube à boule contenant de l'eau bouillie, qui maintenait le ballon plein, à mesure que la température s'abaissait. Enfin, on plaçait l'appareil dans la glace fondante; et, quand il en avait pris exactement la température, on fermait le robinet pour intercepter la communication avec le tube à boule. On avait rempli, par là, le ballon à 0 degré par de l'eau également à 0 degré. Une nouvelle pesée, comparée à la première, donnait le poids de cette eau, poids dont on retranchait le poids de l'air déplacé. Ayant ainsi le poids de l'eau à 0° qui remplissait le ballon, on en concluait le poids de l'eau à 4 degrés qui occuperait le même volume; et, cette correction faite, on avait enfin la capacité du ballon.

Dans les expériences de M. Regnault, la capacité du ballon à densités a été trouvée ainsi égale à 9ᵗⁱᵗ.881086. Précédemment, on avait constaté que le poids de l'air sec qui, à la température de 0 degré et sous la pression de 0ᵐ·76, remplit cette capacité, était égal à 12ᵍʳ·7781. Par suite, on a, pour le poids de 1 litre d'air, dans les mêmes conditions, le nombre 1ᵍʳ· 293187.

Comme on le voit, ce nombre est notablement plus faible que celui qu'on avait admis jusqu'ici.

Du reste, la valeur précédente ne convient rigoureusement que pour la localité où les expériences ont été faites. Pour une autre placée sous une latitude λ et à une altitude *h*, ce poids sera donné par l'expression suivante (dans laquelle R désigne le rayon moyen de la terre ou 6,366,198 mètres) :

$$1^{gr\cdot}\ 292673\ \frac{1}{1+\frac{2h}{R}}\ [1-0,002837.\cos 2\lambda].$$

III. Lorsqu'un fluide élastique, renfermé dans un espace à parois mobiles, est soumis à des pressions extérieures de plus en plus fortes, il offre un volume de plus en plus petit. Boyle et Mariotte sont les premiers physiciens qui aient cherché à déterminer la loi de ce phénomène. Des expériences faites sur l'air atmosphérique les conduisirent à admettre que les volumes qu'une même masse d'air présente, à une température constante, sont inversement proportionnels aux pressions qu'elle supporte. C'est là l'énoncé de cette loi célèbre connue généralement sous le nom de *loi de Mariotte*. Établie d'abord sur l'air atmosphérique, cette loi fut étendue bientôt à tous les gaz, et elle a été admise jusqu'à ces derniers temps par tous les physiciens.

MM. Œrstest et Swendsen, et, plus tard, M. Despretz, élevèrent, il y a quelques années, des doutes sur la généralité de la loi de Mariotte. Tout en la regardant comme applicable à l'air, au moins dans des limites de pression très-étendues, ils reconnurent par divers essais, qu'elle ne représentait point exactement le phénomène offert par les autres gaz. Les expériences de MM. Dulong et Arago, dans leur grand travail sur la mesure des forces élastiques de la vapeur d'eau, ne donnèrent point la solution complète de la question qui nous occupe : ces illustres physiciens vérifièrent directement la loi de Mariotte sur l'air atmosphérique et par des pressions croissantes de 1 à 27 atmosphères; mais on sait que leurs recherches, interrompues par l'administration, ne s'étendirent point aux autres fluides élastiques. Tout récemment enfin, M. Pouillet a constaté, comme M. Despretz, des différences dans la compressibilité des gaz; mais il a admis pour l'oxygène, l'azote, l'hydrogène et quelques autres fluides élastiques, la même loi de condensation que pour l'air atmosphérique.

Ce court exposé suffit pour faire connaître quel était l'état de la question au moment où M. Regnault s'en est occupé. Ici, comme dans ses travaux précédents, il a senti le besoin de fixer l'indécision des physiciens par des expériences directes et précises.

C'est la description de ces expériences que nous allons donner.

Le but principal que MM. Dulong et Arago se proposaient dans le célèbre travail rappelé ci-dessus, n'était point de vérifier la loi de Mariotte; ils voulaient, comme on sait, construire un manomètre à air comprimé, gradué directement, qui pût servir à mesurer les tensions de la vapeur d'eau dans les hautes températures. Leur appareil ne pouvait dès lors être disposé de la manière la plus favorable pour constater les petites divergences possibles dans la loi de contraction de l'air. Avec cet appareil, comme du reste avec tous ceux qu'on a employés jusqu'ici, la difficulté principale consiste dans la mesure exacte du volume de l'air. Il est facile de s'en rendre raison. Le volume primitif du gaz étant 1, sous la pression initiale de 1 atmosphère, n'est plus que $\frac{1}{5}$ sous la pression de 5 atmosphères; que $\frac{1}{10}$ sous la pression de 10, et ainsi de suite. Dans les hautes pressions, ce volume est donc très-petit; et il devient impossible de l'apprécier avec une précision suffisante, surtout si l'on fait attention à la difficulté extrême que l'on rencontre dans le calibrage exact d'un tube de verre, et aux incertitudes qui résultent des variations de forme dans les ménisques du mercure qui remplit des tubes étroits.

M. Regnault a évité tous ces inconvénients, et a pu atteindre, par suite, à une grande rigueur dans les mesures, en disposant l'expérience d'après les principes suivants :

Un tube de verre d'un diamètre inférieur de 8 à 10 millimètres et de 3 mètres de longueur, est placé dans une position verticale et fixé solidement sur des appuis convenables. Fermé à sa partie supérieure par une pièce à robinet, ce tube communique par le bas avec un second tube vertical très-long destiné à contenir le mercure qui pressera l'air renfermé dans le premier tube. Sur ce premier tube, on a tracé deux repères : l'un, vers l'extrémité inférieure, correspond au volume 1; le second, placé exactement à la moitié de la capacité comprise entre l'extrémité supérieure du tube et le premier point de repère, indique par conséquent le volume $\frac{1}{2}$.

On remplit le volume 1 d'air sec, sous la pression de 1 atmosphère; puis, on refoule cet air en faisant monter le mercure dans le second tube, de manière à réduire l'air au volume $\frac{1}{2}$. Si la loi de Mariotte est exacte, on doit trouver que la force élastique est devenue égale à 2 atmosphères.

Maintenant, on remplit le volume 1 d'air sec comprimé à 2 atmosphères, puis on le refoule dans le volume $\frac{1}{2}$; sa force élastique doit être égale alors à 4 atmosphères.

On continue de même : en remplissant le volume 1 d'air comprimé à 4 atmosphères et en le refoulant dans le volume $\frac{1}{2}$, on doit trouver une force élastique égale à 8 atmosphères. Et ainsi de suite.

Dans cette manière d'opérer, on s'assure donc si un volume d'air égal à 1 sous une pression h, acquiert une force élastique 2 h, lorsqu'on le réduit au volume $\frac{1}{2}$. Les volumes occupés par le gaz sont toujours très-considérables, partant susceptibles d'être évalués exactement; et, d'ailleurs, en amenant constamment les ménisques aux mêmes repères, on évite toute incertitude de graduation.

On peut placer en outre un troisième repère correspondant au volume $\frac{1}{4}$ et s'assurer, par des essais analogues, si le volume 1 de gaz sous une pression h acquiert une force élastique 4 h, lorsqu'on le réduit au volume $\frac{1}{4}$.

Voici maintenant la disposition de l'appareil dont nous venons de donner l'idée : un vase en fonte VV'e d (même planche, fig. 6.), formé par une capacité cylindrique VV' qui sert de réservoir à mercure, est muni d'un ajutage cylindrique V'd portant trois tubulures dans lesquelles sont engagés les tubes de verre destinés à renfermer les colonnes de mercure. La portion de l'ajutage qui sert de cuvette à ces tubes communique avec le vase VV' par un petit canal foré dans la fonte. Un robinet en fonte r, que l'on manœuvre avec la manivelle rq, permet d'établir ou d'intercepter à volonté cette communication. Le vase VV' est muni également d'une tubulure

verticale gg' sur laquelle on a adapté, au moyen d'une bride en fer et d'un joint au minium, une petite pompe foulante à eau pp' dont le piston est mû à l'aide du levier o m et de la bielle articulée ij. L'axe o est scellé dans le mur.

Le grand tube manométrique où se trouve la colonne de mercure qui doit comprimer l'air est représenté en bb'; il est ajusté sur le réservoir avec beaucoup de soin et très-solidement. Comme il a une hauteur considérable (20 mètres environ), il est évident qu'il se compose de plusieurs tubes semblables, ajustés bout à bout, et maintenus par des moyens particuliers pour résister à la pression énorme qu'ils supportent. Ces tubes partiels sont en cristal; ils ont 3 mètres de hauteur, 10 millimètres de diamètre intérieur, et 5 millimètres d'épaisseur.

Une forte planche en bois de sapin, $\Theta\Theta'$, formée de plusieurs pièces parfaitement dressées, a été appliquée contre le mur au moyen de scellements. C'est contre cette planche que l'on fixe les tubes, suivant une direction verticale, en les maintenant contre des chevalets de bois f, placés de distance en distance, au moyen de petites brides formées de lames de cuivre très-malléable que l'on arrête avec des vis. De petites bandes en cuir doux sont interposées entre ces brides et les tubes.

Quant à l'ajustement qui sert à réunir deux tubes consécutifs, il y avait de grandes difficultés à vaincre pour le réaliser. M. Regnault y est parvenu d'une manière extrêmement ingénieuse : les deux tubes à réunir sont mastiqués dans des tubulures en fer $abcd$, $a'b'c'd'$ (fig. 7) exactement semblables. Ces deux tubulures portent des bases coniques parfaitement égales qui sont percées d'un trou ayant un diamètre égal à celui des tubes de cristal : une rondelle de cuir $00'$, également percée, est interposée entre les bases des deux ajutages que l'on serre fortement l'un contre l'autre au moyen d'un appareil représenté fig. 8. C'est un collier formé de deux parties qui tournent à charnière autour d'un axe en acier c. L'intérieur du collier est creusé en forme de gorge composée de deux cônes accolés par leurs bases. L'angle à la base de ces cônes est plus aigu que l'angle correspondant dans les cônes qui forment les bases des deux ajutages $abcd$, $a'b'c'd'$; de sorte qu'en tournant la clef f, on exerce une pression considérable et parfaitement égale sur tout le contour des bases coniques, par suite sur le cuir interposé, et l'on obtient une fermeture parfaitement hermétique. Ce mode d'ajutage présente de grands avantages sur tous ceux qui ont été employés dans des expériences analogues, et pour lesquels on se sert de vis et d'écrous; en faisant tourner ceux-ci, on exerce nécessairement une torsion sur les tubes de verre et on risque de les casser. Il est aussi très-dangereux de démonter le manomètre ainsi établi, tandis que, dans l'appareil de M. Regnault, le montage et le démontage se réduisaient à des opérations simples et faciles.

Le tube entier, ainsi formé, atteignait, comme nous l'avons dit, une hauteur totale de plus de 20 mètres. Il est clair que, dans de pareilles conditions, la stabilité du système doit être assurée par des moyens tout spéciaux, et qu'en outre on doit recourir à des appareils particuliers pour observer avec exactitude la hauteur de la colonne mercurielle : aussi, ces expériences ont-elles été faites dans un édifice approprié et avec toutes les ressources mécaniques convenables. Nous ne pouvons ici envisager sous ce point de vue l'institution des expériences, quoiqu'elle offre un grand intérêt par les combinaisons ingénieuses que l'auteur y a déployées : c'est dans le mémoire même de M. Regnault que le lecteur trouvera, sur ce sujet, des renseignements que nous omettons.

Revenons au manomètre. L'ajutage *fd* porte, comme nous l'avons dit, trois tubulures : l'une *b* reçoit le grand tube dont nous venons de parler ; la seconde *a* sert pour des expériences dont il sera question ailleurs (*Voy.* Vapeur) et dans celles dont il est ici question, elle est fermée hermétiquement ; la troisième *c* reçoit le manomètre *cc* '. C'est un tube en cristal pareil à ceux dont il a été question plus haut, qui a une hauteur de 3 mètres environ et un diamètre intérieur de 11 millimètres. Il a été divisé exactement en millimètres dans toute sa longueur. Son extrémité supérieure est mastiquée dans une tubulure en acier munie d'un robinet *r'* exécuté avec beaucoup de soin. Un tube de plomb *tt'''*, soudé à l'extrémité de la tubulure, communique avec une pompe qui fonctionne à volonté comme pompe aspirante ou comme pompe foulante.

Le tube divisé a été préalablement jaugé avec le plus grand soin. Pour cela, on l'a mastiqué dans un robinet à trois voies , semblable à celui représenté fig. 5 , et on a mastiqué également dans la seconde tubulure son autre tube un peu plus long. En versant du mercure dans celui-ci, on remplit exactement le tube divisé jusqu'à l'ouverture de la clef *r'* que l'on a retirée. Après quoi , on intercepte la communication entre les deux branches du siphon , en tournant le robinet inférieur : puis, ouvrant l'autre robinet, on fait écouler le mercure du tube divisé, jusqu'à ce que ce niveau soit descendu à la division choisie à la partie inférieure du tube pour le repère correspondant au volume 1. Ce mercure est pesé.

Il faut maintenant déterminer la division de l'échelle à laquelle correspond le volume $\frac{1}{2}$.

Pour cela on recueille séparément les deux quantités de mercure qui s'écoulent : 1° depuis *r'* jusqu'à la division qu'on suppose correspondre à peu près au volume $\frac{1}{2}$; 2° depuis cette division jusqu'à la division 300. Ces deux quantités seraient égales si la division intermédiaire indiquait rigoureusement la moitié du volume total : cette circonstance ne se présentera donc pas à la première opération ; mais il sera facile de déduire des poids de mercure obtenus la position très-approchée de cette division, et on arrivera, par des tâtonnements convenables, à la trouver exactement, de sorte que les points de repère correspondants aux volumes 1 et $\frac{1}{2}$ seront déterminés avec précision. C'est seulement après ce jaugeage que le tube divisé a été mastiqué dans la tubulure *c*.

Il faut tenir compte, durant l'expérience, de la température du gaz renfermé dans le manomètre. On l'évalue au moyen d'un thermomètre très-sensible, suspendu au milieu d'un manchon de verre qui enveloppe le tube divisé et dans lequel circule rapidement un courant d'eau froide.

Il ne reste plus qu'à fixer la position des repères qu'on vient d'arrêter par rapport à celle des repères tracés sur le grand tube manométrique. Cette comparaison est nécessaire pour l'évaluation des hauteurs de mercure : elle se fait d'ailleurs très-simplement, en amenant successivement le niveau du mercure dans le tube divisé aux points correspondants aux volumes 1 et $\frac{1}{2}$: les deux tubes communiquant entre eux et avec l'atmosphère, le liquide s'élève dans l'un et dans l'autre à la même hauteur ; il suffit donc de noter sur le grand tube les niveaux correspondants aux premiers pour connaître la position relative des points de repère sur les deux colonnes.

Voyons enfin comment on procède aux expériences. Le tube divisé a été préalablement desséché en y faisant le vide et laissant rentrer de l'air sec alternativement, comme on l'a déjà vu : pour plus de sûreté dans cette opération essentielle, le manchon était rempli d'eau chaude.

Le niveau du mercure est amené à la division qui correspond au volume 1, le tube étant rempli du gaz à essayer. Cette manipulation est facile : au moyen de la pompe à eau *pp'*, on fait monter le niveau un peu au-dessus de cette division ; puis, en faisant jouer le robinet *s'* de cette pompe, on diminue la pression aussi lentement que l'on veut jusqu'à ce qu'il y ait affleurement du niveau au point voulu. On ferme alors le robinet *r* qui intercepte la communication entre le manomètre et le réservoir *vv'*. Au bout de quelque temps, on note le thermomètre du manchon et la hauteur du baromètre, puis au même moment

GAZ

on ferme le robinet v' qui communique avec l'appareil à dégagement du gaz.

Au moyen de la pompe foulante pp', on réduit maintenant le volume 1 du gaz au volume $\frac{1}{5}$, en opérant exactement comme on vient de le dire. Quand la chaleur due à la compression du gaz s'est dissipée, on observe de nouveau le thermomètre du manchon, et l'on relève au kathétomètre la position du ménisque dans la grande colonne de mercure. On a ainsi tous les éléments nécessaires pour déterminer rigoureusement la force élastique du gaz.

Quand on voulait opérer sous une plus forte pression initiale, on comprimait le gaz sec dans le tube divisé; on l'amenait ensuite au volume 1 par la même manipulation; et on mesurait la force élastique. En le réduisant enfin au volume $\frac{1}{5}$, on déterminait de nouveau la pression, comme il a été dit.

Si l'on répète les mêmes opérations, en ramenant le gaz au volume 1, on aura un moyen de s'assurer, par l'identité que devront présenter les forces élastiques dans les diverses observations successives, que le robinet r' clôt hermétiquement l'appareil.

Dans cette manière d'opérer, les déterminations successives s'effectuaient sur le gaz de plus en plus comprimé. D'autres fois, les expériences étaient faites dans un ordre inverse : on introduisait immédiatement, dans le tube divisé, le gaz au maximum de compression, et l'on commençait par faire les déterminations sous les pressions les plus fortes. En laissant ensuite échapper du gaz, on faisait les déterminations sous les pressions moindres. Ce dernier mode d'expérimentation a été surtout employé pour les gaz différents de l'air atmosphérique : on était sûr ainsi d'opérer pendant toute la série sur un gaz parfaitement identique.

Les données immédiates de l'observation doivent subir plusieurs corrections que nous allons indiquer d'après M. Regnault.

La première est relative à la pression atmosphérique qui s'exerce sur le sommet de la colonne mercurielle dans le grand tube manométrique, et qui est donnée par le baromètre placé à un niveau plus bas. M. Regnault s'est servi, pour évaluer cette correction, de la formule connue qu'on emploie dans les nivellements barométriques.

Il faut tenir compte, en outre, de la compressibilité du mercure. Les pressions sont mesurées par les hauteurs des colonnes de mercure à 0° qui leur font équilibre, la densité du liquide étant supposée constante dans toute la hauteur de la colonne; mais comme le mercure est sensiblement compressible, sa densité est nécessairement plus grande dans le bas que dans le haut de la colonne. Il faut donc rame-

ner la hauteur observée à ce qu'elle serait si le mercure avait, dans toute la longueur de la colonne, la densité qu'il présente sous la pression atmosphérique. M. Regnault a déterminé pour cela le coefficient de compressibilité du mercure et a calculé, au moyen de ce coefficient, une table de corrections pour toutes les hauteurs observées jusqu'à une limite de 25 mètres.

La température du gaz dans le tube divisé était maintenue presque invariable au moyen du courant d'eau froide circulant dans le manchon; il était pourtant nécessaire de tenir compte des changements très-petits qu'elle pouvait subir pendant toute une série d'expériences. A cet effet, on ramenait, par les formules connues, les volumes gazeux à ce qu'ils auraient été, si la température était restée rigoureusement constante.

Le tube de verre qui renferme le gaz augmentant de capacité, à mesure que la pression intérieure devient plus grande, il était nécessaire de constater l'influence de cette variation sur les volumes mesurés. C'est ce qu'a fait M. Regnault, et il a reconnu par expérience que dans les limites de pression où il s'est tenu la correction qu'il faudrait introduire pour cette cause dans ses résultats était toujours négligeable.

Il ne nous reste plus qu'à faire connaître ses expériences mêmes, dont nous venons d'examiner le principe, et les conséquences que M. Regnault en a tirées.

Ces expériences ont été faites sur l'air atmosphérique, l'azote, l'acide carbonique, et l'hydrogène; nous ne pourrons transcrire ici les tableaux renfermant les nombres qui expriment la compressibilité de ces gaz; mais nous allons énoncer successivement les résultats qui s'en déduisent pour chacun d'eux.

En général, si l'on désigne par V_0 et V_1 les volumes d'une même masse gazeuse sous les pressions respectives P_0 et P_1, on doit avoir, d'après la loi de Mariotte,

$$\frac{V_0}{V_1} = \frac{P_1}{P_0},$$

équation qui exprime que des volumes sont en raison inverse des pressions ; par suite, si la loi de Mariotte est exacte, il faudra que pour toutes les valeurs de V_0 et V_1, et pour les valeurs correspondantes P_0 et P_1, on ait,

$$\frac{\dfrac{V_0}{V_1}}{\dfrac{P_1}{P_0}} = t \ldots\ldots (1);$$

relation qui se déduit de la précédente. Cela posé, examinons, pour chaque gaz ci-dessus nommé, les valeurs du rapport (1) trouvées par expérience.

Air atmosphérique. Les valeurs du rapport (1) sont constamment plus grandes que l'unité et augmentent d'une manière très-régulière à mesure que les forces élastiques deviennent plus considérables.

D'où l'on voit que l'air atmosphérique ne suit pas rigoureusement la loi de Mariotte et qu'il se comprime un peu plus que l'indique cette loi. Les écarts sont d'ailleurs assez considérables pour pouvoir être mesurés avec certitude; dans certaines expériences faites sous de hautes pressions, M. Regnault a trouvé que la différence entre la force élastique observée et la force élastique théorique s'élève à 114 millimètres.

Azote. L'air n'étant pas un gaz simple, mais un mélange de deux gaz, on pouvait être porté à attribuer à cette circonstance les divergences qu'on vient de signaler dans la compressibilité de l'air. Il a donc paru nécessaire de soumettre l'azote à l'expérience.

M. Regnault a observé sur ce gaz les mêmes anomalies que sur l'air; le rapport (1) est plus grand que l'unité et augmente régulièrement avec la pression, c'est-à-dire que l'azote se comprime plus qu'il ne se comprimerait, s'il suivait la loi de Mariotte. Le rapport précité augmente d'ailleurs moins rapidement ici que dans le cas précédent, ce qui rend très-probable, comme le remarque M. Regnault, que l'oxygène s'écarte encore plus de la loi théorique que l'air et l'azote.

Acide carbonique. Mêmes résultats que précédemment. Le rapport (1), lorsque $\frac{V_0}{V_1}$ est sensiblement égal à 2, augmente très-rapidement avec la pression initiale P_0: il passe de 1,0076 à 1,0999 lorsque cette pression passe de 1 à 12 atmosphères environ.

Pour d'autres valeurs de $\frac{V_0}{V_1}$, les écarts sont encore plus considérables : lorsque, par exemple, le volume 1 de gaz, ayant une force élastique de 6820 millimètres, est comprimé à $\frac{1}{5730}$, sa force élastique passe à 20284 millimètres, et le rapport (1) devient 1,1772.

On voit que, pour l'acide carbonique, la loi de Mariotte ne peut pas même être considérée comme une loi approchée, lorsqu'on observe le gaz sous des pressions un peu considérables.

Hydrogène. La compressibilité de l'hydrogène a présenté une anomalie remarquable.

Les valeurs du rapport (1), qui devraient être constamment égales à l'unité, si la loi de Mariotte était vraie, sont constamment plus petites que l'unité et, de plus, vont en diminuant avec la pression.

Ainsi, l'hydrogène ne suit pas la loi de Mariotte non plus que les gaz précédents; et, ce qui est très-remarquable, il s'en écarte en sens contraire. Ceux-ci ont une compressibilité plus grande que celle qu'indique la loi théorique; l'hydrogène, au contraire, a une compressibilité moindre et d'autant moindre que la pression est plus grande.

La force élastique du gaz hydrogène, ajoute M. Regnault, est donc analogue à celle d'un ressort métallique, qui offre une résistance d'autant plus grande à la compression qu'il se trouve déjà soumis à une pression plus considérable.

Pour résumer maintenant les faits que nous venons de passer en revue, nous ne pouvons mieux faire que de reproduire ici textuellement les considérations profondes qu'ils ont suggérées à M. Regnault. « Nous sommes habitués, dit l'illustre physicien, à regarder la loi de Mariotte comme l'expression mécanique, de *l'état gazeux parfait.* Lorsqu'un gaz ne suit pas rigoureusement cette loi et que sa compressibilité est plus grande qu'elle ne devrait l'être, nous considérons le gaz comme un *fluide élastique imparfait.* C'est ce qui avait été déjà reconnu pour plusieurs gaz. Mes expériences montrent que cette circonstance se présente même pour l'air atmosphérique et pour le gaz azote. Pour tous ces gaz, la loi de Mariotte peut être considérée comme une *loi limite,* qui n'est rigoureusement observée que lorsque les gaz sont infiniment dilatés, et dont ils s'écartent d'autant plus qu'on les observe dans un état de plus grande condensation.

« Ces considérations se trouvent profondément modifiées par mes expériences sur l'hydrogène. Si la loi de Mariotte était l'expression mathématique de l'état gazeux parfait, le gaz hydrogène constituerait un fluide élastique plus que parfait. Ce fluide suivrait encore la loi de Mariotte *à la limite,* c'est-à-dire lorsqu'il serait extrêmement dilaté, mais il opposerait une résistance d'autant plus grande que son état de condensation serait devenu plus considérable.

« Il est probable néanmoins que cette résistance élastique n'augmente pas indéfiniment avec la condensation; en d'autres termes, il est probable que le rapport (1) atteint un certain minimum qui, peut-être, se trouve beaucoup au delà des limites de nos expériences; qu'il croît ensuite et converge vers l'unité; qu'il atteint enfin l'unité, pour un certain état de condensation dans le voisinage duquel la loi de Mariotte est rigoureusement suivie. La condensation continuant à augmenter, l'hydrogène s'écarterait de nouveau de la loi de Mariotte, mais en sens contraire de ses écarts primitifs; le rapport (1) deviendrait plus grand que l'unité et irait en croissant jusqu'au moment de la liquéfaction du gaz.

« La température exerce certainement une grande influence sur ce phénomène. J'ai montré, dans mon Mémoire sur la densité des gaz, que l'acide carbonique s'éloigne notablement de la loi de Mariotte sous des pressions plus faibles que celles de l'atmosphère, lorsqu'il est maintenu à la température de 0 degré; mais qu'il ne s'en écarte plus sensiblement pour les très-faibles pressions, lorsqu'on le maintient à la température de 100 degrés.

« En étudiant la compressibilité de l'air atmosphérique à des températures élevées, on trouvera qu'il s'écarte beaucoup moins de la loi de Mariotte qu'à la température ordinaire, entre les mêmes limites de densité; il est même probable que l'on atteindra facilement une température à laquelle les divergences deviendront insensibles à l'observation. Je regarde comme très-vraisemblable qu'à une température plus élevée l'air s'écartera de nouveau de la loi de Mariotte, mais en sens contraire et, par suite, dans le sens où le gaz hydrogène s'en écarte déjà à la température ordinaire.

« Des circonstances semblables, mais dans un ordre inverse, se présenteront pour le gaz hydrogène, quand on le soumettra à des températures de plus en plus basses.

« En un mot, je pense qu'il existe pour chaque gaz, pris dans un état de condensation déterminé, une température à laquelle il suit sensiblement la loi de Mariotte, pour des variations restreintes de pressions; c'est-à-dire pour laquelle on aura :

$$\frac{\frac{V_0}{V_i}}{\frac{P_i}{P_0}} - 1 = 0.$$

« Au-dessous de cette température, le gaz, toujours dans le même état de condensation, s'écartera de la loi de Mariotte, en présentant une compressibilité plus grande que celle déterminée par cette loi; on aura alors :

$$\frac{\frac{V_0}{V_i}}{\frac{P_i}{P_0}} - 1 < 0.$$

« C'est ce que nous reconnaissons à la température ordinaire, pour l'air, l'azote, l'acide carbonique, etc.

« Au contraire, au-dessus de cette température, le gaz, pris toujours dans le même état de condensation, présentera une compressibilité plus faible que celle qui se déduit de la loi. On aura :

$$\frac{\frac{V_0}{V_i}}{\frac{P_i}{P_0}} - 1 < 0;$$

« Et le gaz se trouvera dans le cas qui est réalisé par l'hydrogène, à la température ordinaire.

« La température à laquelle la fonction

$$\frac{\frac{V_0}{V_i}}{\frac{P_i}{P_0}} - 1$$

, change de signe, varie nécessairement pour chaque gaz avec sa densité; elle est d'autant plus élevée que sa densité est plus considérable. »

Les recherches qui nous ont fourni le sujet de l'article qu'on vient de lire ont paru en partie dans les *Annales de Physique*, t. IV et V de la 3ᵉ série. Elles viennent d'être réunies par M. Regnault dans un admirable volume publié sous le titre suivant : *Relation des expériences entreprises par ordre de M. le ministre des travaux publics, et sur la proposition de la commission centrale des machines à vapeur, pour déterminer les principales lois physiques et les données numériques qui entrent dans le calcul des machines à vapeur*; par M. V. Regnault, ingénieur au corps royal des mines, membre de l'Académie des sciences. 1 vol. in-4°, avec atlas grand in-f°.; Paris, F. Didot, 1847.

H. DÉZÉ.

GAZ D'ÉCLAIRAGE. (*Technologie*). « Depuis l'invention des ballons, dit M. le professeur Dumas, il est peu de découvertes qui aient fixé l'attention du public autant que celle de l'éclairage au gaz: aussi, bien des questions de priorité ont dû s'élever sur cette invention, qui, en elle-même, n'est qu'un résultat très-simple des découvertes chimiques du siècle dernier. On savait depuis longtemps, en effet, qu'il se dégage de la lumière dans la combustion de quelques-uns des gaz composés (1); mais ce ne fut que vers 1785 ou 1786, qu'un ingénieur français, nommé Lebon, eut l'idée d'appliquer cette lumière à des usages économiques. Il employait les gaz provenant de la distillation du bois, il préparait ainsi du charbon de bois en vase clos et de l'acide acétique, et il cherchait en même temps à mettre à profit la chaleur de ses fourneaux pour le chauffage des appartements. On voit que cette idée, dont l'inventeur n'avait pas sans doute saisi toute la portée, est

(1) On trouve le fait suivant dans les *Transactions philosophiques* de Londres pour l'année 1739 : « Le Dᵣ Clayton ayant imaginé de distiller, à feu nu, dans une cornue, une certaine quantité de charbon de terre, obtint d'abord du *phlegme*, puis une *substance noire huileuse*, et enfin un gaz (*spirit*), qu'il ne put parvenir à condenser, mais qui s'échappa, soit en séparant le lut, soit en brisant les vases. Un certain jour, l'expérimentateur s'étant approché avec une lumière pour empêcher, au moyen de nouveau lut, la fuite du gaz, il remarqua que ce produit prenait feu à l'approche du corps en ignition. Surpris de ce phénomène, il modifia son expérience en adaptant un tube à son appareil, et il obtint ainsi un jet de gaz qui s'alluma et continua à brûler, sans que toutefois il pût reconnaître ce qui alimentait la flamme.... »

devenue l'origine de deux arts remarquables, la *fabrication de l'acide acétique par la distillation du bois*, et *l'éclairage au gaz*. Mais le *thermolampe* de Lebon, appareil qui donnait à la fois de la chaleur et de la lumière, et qu'il voulait faire adopter comme meuble de ménage, n'eut aucun succès, soit à cause de l'embarras qu'aurait occasionné son maniement, soit à cause de la faible lumière que procuraient les gaz qui s'en échappaient, et qui étaient nécessairement formés d'hydrogène demi-carboné et d'oxyde de carbone, gaz fort peu éclairants.

« Il s'écoula encore plusieurs années avant qu'on eût fait usage de cette découverte d'une manière un peu notable, quoique Lebon eût indiqué la houille comme propre à remplacer le bois d'une manière avantageuse.

« Depuis l'année 1791 jusqu'à 1805 et 1806, M. Murdoch, ayant amené à un assez grand degré de perfection l'appareil propre à dégager le gaz de la houille, éclaira par ce procédé une partie des ateliers de MM. Watt, Boutton et Cie, près de Soho, et les filatures de coton de MM. Philippe et Lée de Manchester.

« A la suite de ces premiers essais, les propriétaires d'un grand nombre d'établissements adoptèrent ce nouveau mode d'éclairage, qui s'étendit rapidement. . . . . . »

Déjà, depuis longtemps, l'éclairage au gaz était généralement répandu à Londres et dans d'autres parties de l'Angleterre, quand Taylor en importa les procédés en France. Depuis cette époque, de nombreuses usines à gaz ont été formées à Paris et dans diverses villes, malgré toutes les difficultés qui se sont offertes. Après avoir éprouvé de nombreuses vicissitudes, la plupart de ces établissements sont maintenant en voie de prospérité, et, chaque jour, à Paris, ce mode d'éclairage prend une nouvelle extension, en dépit des prévisions de Clément Désormes, qui avait cru pouvoir démontrer, par des calculs, l'impossibilité de pouvoir jamais l'adopter avec avantage.

On peut extraire le gaz de l'éclairage de diverses substances, et l'obtenir par des procédés différents; mais la houille, les huiles, le goudron provenant de la distillation du charbon, les résines, sont les corps les plus généralement employés : les deux premiers cependant méritent la préférence sur les autres.

Avant d'entrer dans les détails de la description des appareils, nous présenterons quelques considérations sur le pouvoir éclairant du gaz.

Bien qu'il soit démontré, par la flamme de l'hydrogène et par celle de l'oxyde de carbone, qu'un gaz chauffé au rouge peut devenir lumineux, il n'en reste pas moins certain qu'un gaz pur développe, en brûlant, une lumière extrêmement faible. La source du pouvoir éclairant des gaz se trouve dans un phénomène accidentel qui se réalise pour tous ceux qui sont doués d'une grande faculté lumineuse. Certains gaz en effet, quand ils brûlent, donnent naissance à des produits solides; d'autres, étant chauffés au rouge, se décomposent et laissent en dépôt le corps solide qui en faisait partie. Or, ces corps solides, portés à une température rouge, émettent une grande quantité de lumière, tant qu'ils n'ont pas perdu cette forme.

On peut démontrer ce principe de bien des manières, dit le savant auteur que nous avons cité en commençant : « D'abord, en comparant entre eux les pouvoirs éclairants des gaz. L'hydrogène phosphoré, l'hydrogène carboné, occupent le haut de l'échelle; puis, viennent l'hydrogène demi-carboné, le cyanogène, l'oxyde de carbone, et enfin l'hydrogène. Or ce dernier gaz, en brûlant, ne peut donner naissance à aucun corps solide, tandis que l'hydrogène phosphoré produit de l'acide phosphorique qui se trouve subitement échauffé au rouge, que l'hydrogène carboné et tous les composés analogues, portés à une haute température, se décomposent en charbon et en hydrogène, ou en hydrogène demi-carboné. Le charbon déposé momentanément devient lumineux : mais, à mesure qu'il brûle lui-même, la flamme perd de son éclat. Ce dépôt de charbon, indiqué par le raisonnement, peut être démontré par l'expérience ; il suffit pour cela de placer transversalement une toile métallique au milieu de la longueur d'une flamme de bougie ou de gaz, pour voir apparaître une fumée épaisse et noire au-dessus de la toile. Le phénomène n'aurait pas lieu, ou du moins serait peu prononcé, si l'on coupait la flamme, près de sa base, dans la partie bleue.

« Vers la base d'une flamme ordinaire, s'opère donc la combustion d'une portion du gaz ou de la vapeur qui la produit, ainsi que la décomposition d'une portion de ce gaz ou de cette vapeur. Vers le milieu, la combustion continuant, la décomposition se trouve plus complète, beaucoup de charbon est déposé, la lumière est très-vive. Vers le sommet, le charbon et le reste du gaz ou de la vapeur se brûlent complétement, et la lumière est faible.

« Si on pouvait conserver quelques doutes sur le rôle que jouent les corps solides dans la flamme, il suffirait, pour les dissiper, de placer un morceau de platine ou un brin d'amiante dans un jet de gaz hydrogène : ces deux corps prennent, au milieu d'une flamme qui, par elle-même est à peine visible, un tel éclat, qu'on lui a donné le nom de *lumière sidérale*. »

Par ces divers résultats, il demeure démontré que dans l'éclairage ordinaire la flamme doit son éclat à un dépôt de charbon qui s'opère dans son intérieur, par suite de la décomposition du gaz ou de la vapeur qui la produit. Mais il est évident que ce charbon ne pourra contribuer à l'éclat de la flamme qu'autant que la température en sera très-élevée; ce qui revient à dire qu'il faut que le composé brûlé renferme, en proportion convenable, de l'hydrogène qui peut développer, par sa combustion, la haute température nécessaire pour amener au rouge-blanc les molécules de charbon, en supposant que la combustion ait lieu sur de petites masses et au moyen de l'air ordinaire.

« Quant à ce qui concerne les rapports de la flamme avec l'air, il est clair aussi que l'air doit être en quantité suffisante pour opérer la combustion de tous les produits, mais qu'un excès est nuisible, soit parce que la flamme est ainsi trop refroidie, soit parce que la combustion totale est trop prompte. Par le manque d'air, on aurait une combustion imparfaite, et, par suite, une température peu élevée, ce qui nuirait à l'éclat de la flamme, et donnerait en outre de la fumée. On peut donc dire que le maximum de lumière correspond à peu près au point où la flamme se trouve très-près de donner de la fumée, et qu'elle diminue dès qu'on dépasse ce point, dans l'un ou l'autre sens..... »

La composition du gaz de l'éclairage varie suivant la nature des matières employées à le produire, bien que dans tous les cas ce soit l'hydrogène bicarboné qui y prédomine. Le gaz de l'huile contient, outre ce dernier composé, de l'oxyde de carbone, de l'hydrogène libre et un peu d'azote. Sa densité est variable; quand il est bien préparé, elle doit être égale à celle de l'air, c'est-à-dire, au moins de 0,9 et une fraction.

Le gaz provenant de la houille contient, de plus, de l'acide sulfhydrique (gaz hydrogène sulfuré) et de l'acide carbonique; sa densité n'excède pas 0,6.

Il résulte de ce qui vient d'être dit que le pouvoir éclairant du gaz de l'huile est supérieur à celui du gaz de la houille, puisqu'il est établi que les gaz les plus denses sont généralement les meilleurs.

La préparation du gaz de l'huile est des plus simples. Un cylindre de fonte (Voy. l'Atlas, Arts chimiques, pl. XIV et XV, fig. 1), rempli de fragments de coke, est placé dans un fourneau, et porté au rouge naissant. L'huile arrive dans l'appareil par un tuyau B, communiquant avec un réservoir C, dans lequel elle se maintient toujours au même niveau, au moyen d'un tube D, qui en reçoit, par un robinet d'écoulement E, une quantité proportionnelle à celle qui s'écoule par le tuyau B. L'huile, arrivée dans le cylindre, étant

obligée de traverser le coke porté au rouge, se décompose en grande partie, et donne naissance à du gaz qui s'échappe par le tube F. Ce tube, en revenant dans le réservoir C, et y plongeant de quelques millimètres, y amène le gaz, qui abandonne, dans ce trajet, la majeure partie de l'huile non décomposée qu'il a entraînée. Le gaz traverse ensuite le tube G, et arrive au gazomètre. Le tube G doit avoir, à son extrémité, une double pente, afin que les dernières portions de l'huile qu'il contient puissent se déposer en route, et venir se rassembler dans un réservoir particulier. Le coke, renfermé dans le cylindre, a pour but de multiplier les surfaces chauffées, et d'activer ainsi la décomposition de l'huile. Les huiles ordinaires fournissent environ 830 litres de gaz, par kilogramme.

La préparation du gaz de la houille est plus compliquée que celle du gaz de l'huile. La houille, exposée à une forte chaleur rouge, dans un vase fermé ou dans une cornue, donne lieu, en se décomposant, à des produits, dont les uns sont utiles à l'objet que l'on se propose, tandis que les autres sont inutiles, quelquefois même nuisibles; il faut donc soigneusement séparer ces derniers.

Il en résulte que les appareils employés pour la préparation du gaz de la houille sont composés d'une série de pièces qui n'existent pas dans l'appareil décrit plus haut.

De ces pièces, les unes sont exclusivement employées à la distillation de la houille; ce sont : le fourneau avec ses cornues, le barillet, le condenseur, le dépurateur. Les autres, comme le gazomètre, les tuyaux de distribution, le compteur, et enfin les becs, font partie de tous les appareils.

Nous allons examiner successivement ces différentes pièces.

Les fourneaux (Pl. XIV et XV, fig. 2, 3, 4) sont construits en briques; celles qui avoisinent le foyer doivent être réfractaires; car elles supportent une température élevée et continue. Chaque fourneau contient ordinairement cinq cornues A,A,A,A,A, placées sur deux rangs et chauffées par trois foyers; elles sont placées dans un espace vide qui a la forme d'un four (fig. 2). Au-dessous se trouvent les trois foyers a,a,a, munis de leurs cendriers b,b,b. Chacun de ces foyers lance, par une issue c (fig. 3), sa flamme dans le four; celle-ci, après avoir circulé autour des cornues, s'échappe par les issues pratiquées à la partie supérieure du four, et va se perdre ensuite dans la cheminée générale.

Les cornues sont en fonte grise de bonne qualité; celles que représentent les figures sont de forme cylindrique. Cette forme varie toutefois : on en a fait de rectangulaires à

11.

angles mousses; en France, ou leur donne la forme d'un cylindre aplati à section elliptique; en Angleterre, elles sont aussi elliptiques supérieurement, mais inférieurement, elles se reploient en dedans de manière que *leur capacité en soit réduite.*

On coula les premières cornues d'une seule pièce; mais comme on s'aperçut bientôt que la portion antérieure résistait mieux que le reste, on les fit de deux pièces réunies avec le mastic ordinairement employé pour la fonte.

La partie postérieure de chaque cornue est munie d'une pièce pleine *d d* (*fig.* 3), qui sert à la fixer dans le bâti du fourneau. Les cornues de la série inférieure sont en outre appuyées sur un fort pilier de fer forgé B (même *fig.*), et chacune de celles de la série supérieure est soutenue par une bande de fer CC (*fig.* 2) qui traverse le haut du fourneau, et va se fixer, au moyen de vis et d'écrous, à une barre de fer transversale.

La partie antérieure de chaque cornue est terminée par un manchon *e* (*fig.* 3, 4), à la partie supérieure duquel se trouve un tuyau *f* pour le dégagement du gaz. Un obturateur *g*, maintenu avec une vis de pression, sert à clore la cornue. Afin que cette vis puisse produire son action, elle est fixée à une barre mobile sur charnière; quand on veut charger ou décharger la cornue, il suffit de desserrer la vis. La *fig.* 5 représente avec détails le manchon, l'obturateur et la vis.

L'ouverture des cornues est ordinairement placée du même côté que celle des foyers. Mais, comme il en résulte, en raison de l'excessive chaleur que dégage l'appareil, une très-grande fatigue pour les ouvriers, la disposition inverse a été adoptée dans quelques usines, et le service des cornues en est devenu bien plus facile.

Quand le gaz sort des cornues, il est mêlé avec une quantité plus ou moins considérable de produits qui en altèrent la pureté, et qu'il est nécessaire de séparer. De ces produits, celui qu'on enlève le premier est le goudron. Pour y parvenir, on fait arriver le gaz dans un cylindre D, en tôle ou en fonte, auquel on donne le nom de *barillet.* Les *fig.* 2 et 3 en présentent les principales dispositions.

Les tubes *f,f,f,f,f,* qui partent des cornues, s'élèvent, se recourbent, puis redescendent et viennent plonger dans l'eau que contient le barillet. Une partie du goudron, entraînée par le gaz, se dépose dans ce cylindre, qui a, en outre, pour fonction d'isoler complétement chaque cornue, de sorte que les fentes ou autres accidents qui peuvent arriver à l'une d'elles n'influent en rien sur le travail des autres.

Le barillet est placé au-dessus du fourneau, comme dans les appareils représentés sur la planche, ou dans une cuve qui leur est infé-

rieure. La première disposition permet de le visiter avec plus de facilité; la seconde offre cet avantage, que les produits volatils ont éprouvé un plus grand refroidissement avant d'y parvenir.

La houille ne produit point seulement du goudron et du gaz acide carbonique; elle renferme aussi des produits azotés et du soufre. Il y a de plus, pendant l'opération, formation de sels ammoniacaux, d'hydrogène sulfuré et de sulfure de carbone. Ces deux derniers produits présentent surtout de graves inconvénients; l'hydrogène sulfuré a une odeur désagréable; il noircit l'argent, le cuivre, etc., etc.; il exerce sur l'économie animale une action dangereuse. Ce gaz et le sulfure de carbone donnent en outre, lorsqu'ils brûlent, du gaz sulfureux dont l'odeur est, non-seulement désagréable, mais encore nuisible. Il est donc d'une nécessité absolue de séparer complétement ces deux produits; et l'on y arrive plus facilement pour le gaz hydro-sulfurique que pour le sulfure de carbone, qui cependant peut se condenser dans l'eau.

Comme la totalité du goudron n'est point arrêtée dans le barillet, et que les sels ammoniacaux ne le sont qu'en très-petite partie, le gaz, en sortant de cette portion de l'appareil, par un conduit E (*fig.* 4), se rend dans un long système de tuyaux, nommé *condenseur,* et qui, pour éviter les fuites, ou pouvoir les constater facilement, plonge dans une botte, sous une masse d'eau de quelques centimètres. Ces tubes servent à condenser le reste du goudron entraîné par le gaz.

En sortant du condenseur, le gaz emporte encore avec lui l'acide carbonique, l'acide hydro-sulfurique, le sulfure de carbone et une partie des sels ammoniacaux; il est donc indispensable, avant de le conduire dans le gazomètre, de lui enlever toutes ces substances qui altèrent sa pureté. On employait jadis, à cet effet, des cuves à demi remplies d'un lait de chaux, dans lequel plongeait le tube conducteur du gaz. Ce liquide absorbait l'acide carbonique, condensait le sulfure de carbone ainsi que les dernières parties de goudron, et décomposait, par la chaux qu'il contenait, les sels ammoniacaux, dont l'ammoniaque pouvait être, à son tour, absorbée, en faisant passer le gaz dans une eau acidulée; on augmentait le contact du gaz avec la lessive calcaire, en imprimant de l'agitation au liquide. Cependant, comme ce mode de purification présentait des inconvénients, par la difficulté de se débarrasser du liquide, après la *dépuration,* sans nuire aux localités voisines, on l'abandonna, pour lui en substituer un bien moins avantageux, et qui consistait à faire passer le gaz dans deux cylindres en fonte, remplis, en partie, de chaux éteinte.

Ce procédé laissant beaucoup à désirer, on adopta plus tard la modification imaginée par M. Bérard : le gaz traverse de vastes caisses en fonte, remplies de foin, ou mieux, de mousse saupoudrée, couche par couche, de chaux éteinte. Par ce moyen, employé généralement aujourd'hui, on arrive à une épuration meilleure que par la chaux seule ; mais elle n'est cependant point encore aussi complète que par le lavage au lait de chaux. On s'assure que le gaz est complétement dépouillé d'hydrogène sulfuré, quand il ne noircit plus un papier imprégné d'une solution d'acétate de plomb.

Le gaz, après l'épuration, se rend dans le gazomètre, ou réservoir destiné à le contenir avant sa distribution. Cette portion de l'appareil étant la même, quelle que soit la substance dont est extrait le gaz, nous n'en parlerons qu'après avoir décrit l'appareil au moyen duquel on obtient le gaz du goudron provenant de la distillation de la houille.

Un réservoir ou citerne A (Pl. XVI et XVII, *fig.* 6) laisse écouler, par un robinet B, le goudron qu'il contient, dans une sorte de cuvette C, pourvue elle-même de deux tuyaux, dont l'un, E, verse la substance à distiller dans un entonnoir F, tandis que l'autre porte le trop-plein dans un vase approprié.

Arrivé en F (*fig.* 7 et 8), le goudron descend par le conduit G dans la cornue KLM (*fig.* 8).

Cette cornue, qui n'est qu'un large tuyau coudé en siphon, est placée dans un fourneau, de manière que ses deux extrémités K,M, garnies de couvercles, N,O, soient l'une au-dessus de l'autre et d'un accès facile. La branche inférieure, LM, est presque horizontale ; la branche supérieure forme avec la précédente un angle de dix degrés environ ; les deux branches sont remplies de fragments de coke qui facilitent la décomposition du goudron, lorsqu'il est soumis à une chaleur rouge. Le gaz qui provient de cette décomposition ne pouvant s'échapper supérieurement, parce que la fin du conduit C plonge dans un vase H rempli de goudron, se sépare par l'extrémité M, à laquelle est adapté un conduit P (*fig.* 7 et 8) communiquant avec un réservoir Q. Ce réservoir présente supérieurement une séparation R (*fig.* 7) ne descendant qu'à la moitié environ de sa hauteur et ayant pour but de faciliter, dans le fond du réservoir, l'accumulation des produits liquides de la distillation, et de laisser au gaz toute la liberté de passer au dépurateur par le tuyau SS. Un robinet T (*fig.* 8) permet de vider le réservoir, quand il est assez rempli pour mettre obstacle au dégagement du gaz.

Revenons maintenant au *gazomètre*.

Cet appareil se compose essentiellement de deux parties distinctes, la *citerne* et la *cloche*.

Les citernes, en France, sont, le plus ordinairement, creusées dans le sol, et revêtues d'une maçonnerie solide ; elles doivent être parfaitement étanches, afin que le niveau de l'eau s'y maintienne constamment, et aussi afin d'empêcher l'infiltration, dans les terrains environnants, des produits qui s'y trouvent en dissolution. En Angleterre, les citernes sont des bassins circulaires formés de plaques de fonte assemblées avec des boulons ; ainsi construites, elles ont l'avantage de pouvoir être visitées de tous côtés, ce qui permet d'en réparer les fuites aussitôt qu'elles se manifestent. Ces sortes de réservoirs, malgré leur prix élevé, sont maintenant adoptés en France.

La cloche est formée de plaques de forte tôle, assemblées par une bonne rivure ; elle est recouverte d'une couche épaisse de goudron de gaz, qu'on renouvelle chaque année.

Le gaz ne doit éprouver aucune pression dans le gazomètre ; car cette pression, en se propageant dans tout l'appareil et même jusqu'aux cornues, augmenterait les chances de fuite, et modifierait en même temps la décomposition de la houille. Il est donc de toute nécessité que la cloche du gazomètre soit parfaitement équilibrée dans toutes ses parties ; on y parvient par le mode de suspension suivant : une chaîne, glissant sur deux poulies de renvoi, porte, à son extrémité, des poids de fonte en quantité convenable pour faire exactement équilibre au poids du gazomètre plongé dans l'eau. Le poids de la chaîne et celui de la cloche du gazomètre doivent être calculés de manière que l'équilibre subsiste toujours, à mesure que la cloche sort de l'eau et augmente, en poids, de la quantité d'eau qu'elle cesse de déplacer.

Pour éviter les frais de charpente qu'exige la suspension du gazomètre, on a donné à la cloche une autre disposition : elle est traversée, à son centre, par un manchon en tôle, dans l'intérieur duquel passe un tuyau destiné à recevoir les contre-poids ; ce tuyau repose sur le sol, et supporte, à son extrémité supérieure, les poulies sur lesquelles glissent les chaînes. Un tube ou conduit, placé à la paroi intérieure de la citerne, se relevant ordinairement au centre après s'être recourbé au fond, et communiquant avec la partie supérieure du dépurateur, s'élève jusqu'au-dessus de la surface de l'eau de la citerne, et permet au gaz de remplir la cloche, sans qu'il éprouve de pression, et sans que l'eau puisse remonter dans les tuyaux, dans le cas où le gaz cesserait d'affluer dans l'appareil.

Un autre tuyau, parallèle au premier, et s'élevant à la même hauteur, communique avec les conduits qui portent le gaz jusqu'aux becs.

La *fig.* 9 (Pl. XVI et XVII) représente un gazomètre :

A, citerne.
B, cloche.
a,b,c,d, chaînes, poulies et contre-poids.
C, tuyau venant de l'épurateur.
D, tuyau de distribution.

La *fig.* 10 (même planche) représente un gazomètre d'une construction particulière, imaginé par un Anglais, M. Clegg. Cet appareil, qui se termine supérieurement en pointe, comme un pignon de maison, offre l'avantage de n'exiger qu'une citerne peu profonde : la dépense d'établissement se trouve ainsi considérablement diminuée.

La dimension du gazomètre est nécessairement proportionnée à la quantité de gaz fabriquée dans l'usine. Il vaut mieux, toutefois, en établir deux, et même un plus grand nombre, que de donner à un seul des dimensions trop considérables; on évite ainsi la suspension du travail dans toute l'usine, lorsque quelque réparation devient nécessaire, ce qui a lieu nécessairement quand il n'y a qu'un seul gazomètre.

En sortant du gazomètre, le gaz est, comme nous l'avons vu dans la *fig.* 9, porté par un tuyau D aux conduits de distribution. Les premiers embranchements de ces conduits peuvent être indifféremment coulés en fonte ou étirés en plomb; mais les tuyaux qui conduisent le gaz dans les maisons sont presque toujours en plomb étiré; ils présentent l'avantage d'être faciles à placer et à contourner, suivant les besoins.

Arrivé au lieu où il doit être consommé, le gaz se rend dans un bec, tantôt simple, tantôt analogue, pour la forme générale, aux becs d'Argant. Dans le premier cas, le tube est terminé par une pointe mousse, percée d'un trou qui livre passage au gaz; à quelque distance de la pointe, se trouve un robinet qu'on n'ouvre qu'au moment où l'on veut enflammer le gaz. Quelquefois, au lieu d'un simple trou, on pratique une fente qui a l'avantage de donner une plus large flamme.

Ces dispositions ne sont guère employées que pour l'éclairage des rues; pour l'éclairage intérieur, il convient de rendre la flamme plus fixe. Le tube conducteur est alors terminé, comme nous l'avons dit, par un anneau qui donne au bec la forme de ceux d'Argant, et dont la face supérieure est formée par une lame d'acier percée de trous. Le bec, avec la flamme qui en sort, est entouré d'une cheminée de verre.

La quantité de gaz brûlé dans un bec dépend d'une foule de circonstances, et comme le prix est fixé sur une proportion constatée

d'après la nature du bec, il importe que les compagnies qui le livrent puissent, ainsi que le consommateur, déterminer exactement la quantité de gaz brûlé. Plusieurs *compteurs* ont été imaginés à cet effet; leur construction repose, en général, sur un même principe : une capacité d'une dimension connue se remplit de gaz, s'en vide alternativement, et le mouvement d'une aiguille, sur un cadran gradué indique la quantité de gaz qui a traversé l'appareil. Les *fig.* 11 et 12 (Pl. III et IV) représentent deux compteurs. Le premier, inventé en Angleterre, se compose d'un cylindre court A, divisé en trois capacités par des diaphragmes cylindriques, mobiles autour de son axe; les deux premiers cylindres concentriques sont eux-mêmes divisés, chacun, en trois capacités a,b,c, — d, e, f, par des lames soudées aux deux cercles concentriques, et qui laissent un passage, près de chacun des points de réunion aux deux cercles. Le gaz arrive au centre de cet appareil par l'axe qui est creux, et qui, par sa rotation, entraîne la révolution des deux cylindres concentriques. L'instrument étant à moitié plein d'eau, le gaz ne peut s'y introduire qu'après avoir rempli successivement, à chaque révolution complète, les trois capacités qui sont autour de l'axe; il se dégage, ensuite, par l'orifice g qui surmonte l'appareil, et qui se termine en bec ordinaire. Le volume de gaz contenu dans chacune des trois capacités étant connu, un mouvement d'horlogerie indique, par deux aiguilles extérieures, chaque tiers de révolution, qu'elles expriment en litres ou en mètres cubes. Il suffit donc de faire passer le gaz dans cet instrument, pour connaître la quantité qui s'en est écoulée pendant le temps d'une expérience. En observant la quantité de lumière émise par la combustion, on en déduit aisément le pouvoir lumineux du gaz que l'on veut employer.

Le compteur, représenté *fig.* 12, se compose d'un récipient carré, séparé en deux parties, b et dd, par une large plaque b', se levant et se baissant alternativement, suivant les lignes ponctuées indiquées sur la figure. Cette plaque porte en h un levier qui, au moyen d'un mécanisme dont il est facile de se rendre compte, met en action un mouvement d'horlogerie, et, par suite, un style ou aiguille, qui détermine sur un cadran les unités, dizaines et centaines de mètres cubes de gaz qui ont traversé l'appareil. Le gaz arrive par le conduit a, passe par la soupape c, et ressort par le conduit e, qui le dirige vers les tuyaux de distribution.

Toutes les pièces de l'appareil distillateur étant connues, il est facile de se rendre compte de la marche de l'opération; aussi croyons-nous inutile de nous y arrêter. Nous dirons, toutefois, quelques mots de la houille qu'on emploie pour charger les fourneaux. Le choix en est fort important, puisque, avec le même feu, les mêmes ouvriers et les mêmes frais, on obtient de différents charbons des quantités de gaz fort différentes. En général, il doit être le plus bitumineux possible : le *Canal-Coal* des Anglais fournit jusqu'à 320 litres de gaz par kilogramme; la qualité moyenne du charbon anglais ordinaire en donne 230 litres par kil., tandis que la même quantité de charbon du nord de la France n'en fournit guère que 210 litres. La houille grasse de Saint-Étienne en produirait sans doute davantage; mais elle est d'un prix élevé, et elle contient, de plus, une grande quantité de composés sulfureux. Il est nécessaire, dans le choix de la houille, de tenir compte de la quantité de *coke* qu'elle peut laisser après la distillation, et qu'on peut utiliser.

Quel que soit, du reste, le charbon employé, la proportion de gaz obtenu dépend aussi du degré de température auquel a lieu la décomposition. A une température trop basse ou trop lentement élevée, une partie de l'huile bitumineuse se volatilise sans décomposition et se condense dans le premier réfrigérant, sans produire de gaz. Si la température est trop élevée, le gaz hydrogène carboné dépose une partie de son carbone, en touchant les parois trop échauffées de l'appareil, et il devient moins éclairant. L'expérience a démontré que le degré de température le plus convenable pour obtenir la plus grande quantité possible de gaz hydrogène, le plus chargé de carbone, est celle du *rouge-cerise*; il faut encore qu'elle soit également répartie dans toutes les parties de chaque cornue.

La valeur du pouvoir éclairant du gaz fourni par différentes houilles, par l'huile, par la résine, se détermine par le procédé connu de la comparaison des ombres (*Voyez* Photomètre); cependant le meilleur moyen de comparer deux gaz consiste à rendre leurs lumières égales, et à en déterminer exactement la dépense pour le même temps : le rapport du pouvoir éclairant est évidemment inverse de celui du gaz consommé.

Voici les résultats que présente M. Dumas (*Chimie appliquée aux arts*) pour la comparaison, avec l'huile, du gaz de la houille et de celui de l'huile, tous deux de moyenne qualité; on suppose l'huile brûlée dans une lampe Carcel, et la lumière égale dans les trois cas :

Durée de l'éclairage.	Consommation.
1 heure	42 gr. d'huile.
1 id.	100-110 lit. gaz de houille.
1 id.	28-30 lit. gaz d'huile.

Il est donc évident, comme nous l'avons annoncé au commencement de cet article,

que le gaz de l'huile éclaire beaucoup mieux que celui de la houille.

L'augmentation de dépenses, occasionnée par les nombreux tuyaux nécessaires pour porter le gaz dans un lieu où la consommation est souvent peu considérable, donna l'idée de les supprimer complétement, et de transporter le gaz au moyen de réservoirs mobiles convenables. Afin de rendre le transport plus facile, en diminuant la capacité des vases, on fit usage du gaz à l'huile qui possède un plus grand pouvoir éclairant, et que l'on *comprima* sous une pression de trente atmosphères, de manière à le réduire à 1/30° de son volume. Un réservoir d'une faible dimension pouvait ainsi suffire pendant plusieurs heures. Cependant, quelques inconvénients graves, le danger d'une explosion par exemple, joints à diverses difficultés qui s'étaient présentées dans la réalisation de ce procédé, le firent complétement abandonner.

Dans ces derniers temps, un industriel, M. Houzeau Muiron, a imaginé de transporter du gaz *non comprimé*, dans des réservoirs en tissu imperméable, portant une garniture que l'on adapte au tuyau destiné à conduire le gaz dans un petit gazomètre placé dans le lieu qui doit être éclairé et s'emplissant au moyen d'une pression exercée sur le réservoir. Ce mode de transport, qui n'offre aucun des inconvénients que présentait celui dont nous avons parlé précédemment, semble destiné à propager l'éclairage au gaz.

Le gaz fourni par M. Houzeau est produit par la décomposition de l'huile des eaux savonneuses auxquelles on joint une certaine quantité de résine. D'un pouvoir éclairant sensiblement égal à celui du gaz de l'huile, il donne une belle flamme, n'exige que des appareils réduits de production et de consommation, n'a aucune mauvaise odeur, et ne présente aucun des inconvénients du gaz de la houille.

Tous les établissements d'éclairage par le gaz, soit qu'on y fabrique, soit qu'on y conserve seulement le gaz, sont rangés, par l'*ordonnance royale du 20 août* 1824, dans la deuxième classe des *établissements dangereux*, *insalubres ou incommodes*; ils sont donc soumis aux dispositions des règlements qui concernent les *ateliers classés*, et ils sont en outre spécialement assujettis aux mesures de précaution indiquées dans l'instruction ministérielle annexée à l'ordonnance citée plus haut.

A. D.

Nous avons quelques mots à ajouter à l'article qu'on vient de lire, touchant un procédé nouveau pour l'épuration du gaz de la houille.

Ce procédé, dû à M. Mallet et appliqué déjà dans quelques usines, permet d'enlever au gaz la totalité des produits ammoniacaux qui prennent naissance, comme on l'a vu, dans la distillation du combustible. Il consiste à laver le gaz dans une dissolution métallique (ordinairement le chlorure de manganèse, résidu de la fabrication du chlore) qui s'empare de l'ammoniaque par double décomposition.

L'opération est fort simple : la dissolution métallique est placée dans trois vases en fonte ou en tôle, et on y fait arriver le gaz sous une pression de quelques centimètres. Le lavage s'opère successivement, c'est-à-dire que les liquides traversés par le gaz, de l'entrée à la sortie de l'appareil, sont de forces inégales; le premier et le second, provenant d'une opération antérieure, ont déjà servi à épurer le gaz et sont en partie saturés; le troisième, au contraire, destiné à achever le lavage, est la dissolution neuve et possède par conséquent toute son action. Au bout d'un certain temps, la saturation étant achevée dans le premier laveur, on en retire le liquide, qu'on remplace par celui du second; dans celui-ci, on met la dissolution provenant du troisième laveur, qui reçoit enfin une nouvelle quantité de chlorure manganeux. L'opération s'effectue ainsi par une sorte de cascade.

L'expérience a prouvé que cette méthode donnait d'excellents résultats. Le gaz qui a subi le lavage au chlorure est purifié plus facilement par la chaux, en sorte qu'il arrive aux becs complétement débarrassé d'hydrogène sulfuré. Il y a, en outre, plusieurs avantages qui tiennent à l'absence complète des produits ammoniacaux dans le gaz purifié : les infiltrations des eaux des citernes n'ont plus les mêmes inconvénients; les appareils se détériorent moins rapidement, etc. Ajoutons que la consommation en chaux se trouve diminuée et que le prix des sels ammoniacaux recueillis compense, s'il ne le surpasse, le prix du chlorure de manganèse, produit qui était resté jusqu'ici sans emploi. Dans les localités où l'on ne peut se procurer ce dernier, il est facile de le remplacer : le sulfate de fer joue, en effet, le même rôle que le chlorure de manganèse au contact des sels ammoniacaux.

H. D.

GAZELLE. *Voyez* ANTILOPE.

GEAI. (*Histoire naturelle.*) Genre d'oiseaux, de l'ordre des passereaux créé par Brisson aux dépens des CORBEAUX (*Voy.* ce mot), dont il se distingue par les caractères suivants : bec assez fort, souvent échancré à sa pointe, et garni à sa base de plumes sétacées, dirigées en avant; narines presque ovales, tantôt découvertes, tantôt cachées par les plumes du front et les soies de la base du bec; ailes médiocres; la première penne très-courte, les deux autres étagées, et la quatrième la plus longue; queue égale ou légèrement arrondie.

De la taille des pies, les geais sont également omnivores; ils se tiennent dans les bois, où ils vivent réunis en familles pendant la mauvaise saison, et séparés par couples en été; quelques-uns émigrent pendant l'hiver, d'autres sont, au contraire, entièrement sédentaires : ce sont des oiseaux pétulants, criards et curieux.

On les subdivise ainsi :

§ 1er. *Geais de l'ancien monde.* Tarses courts.

Le GEAI ORDINAIRE, *Garrulus glandarius* Linné. Son plumage est cendré-rougeâtre, avec deux rangées de plumes bleues, rayées transversalement de noir, sur la partie antérieure des ailes; le bec est noir. Cette espèce se trouve dans presque toute l'Europe et dans quelques parties de l'Afrique occidentale et de l'Asie. On en rencontre des variétés jaunâtres et d'autres presque entièrement blanches. On le trouve dans les bois, où il vit de glands, de baies; et son nid, placé sur les arbres ou dans les buissons, contient de cinq à sept œufs d'un blanc verdâtre, parsemés de petits points d'un brun olivâtre : tantôt il est sédentaire, et d'autres fois, au contraire, il voyage. Sa chair est recherchée, et on a fait des parures avec les plumes de ses ailes.

On connaît beaucoup d'espèces de cette subdivision.

§ II. *Geais du nouveau continent.* Tarses longs.

Nous ne citerons parmi eux que

Le GEAI BLEU, *Garrulus cristatus* Vieillot, qui habite le Canada, et dont la couleur générale est le bleu-pourpré clair, avec les ailes et la queue bleues, rayées de noir.

Vieillot, *Ornithologie.*
G. Cuvier, *Règne animal*, etc.

E. DESMAREST.

GÉCARCIN. (*Histoire naturelle.*) Genre de crustacés de l'ordre des décapodes, créé par Leach aux dépens des crabes, dont il diffère par la forme en cœur de sa carapace, et ayant pour caractères : test largement tronqué en arrière; pédicule des yeux court et logé dans des fossettes arrondies; pieds-mâchoires extérieurs très-écartés et laissant voir une partie de l'intérieur de la bouche; deuxième paire de pieds plus courte que les suivantes.

Ces crustacés, connus sous les noms de *Tourlourous*, *Crabes de terre*, etc., se trouvent dans l'Amérique méridionale; ils se tiennent pendant une partie de l'année dans les terres, et même sur les montagnes à une distance quelquefois assez grande de la mer; ils s'y rendent en troupes pour déposer leurs œufs et pour changer de peau. Ils sont parfois très-dangereux à manger, et on attribue alors leur action délétère au fruit du mancenillier, dont on prétend qu'ils se nourrissent; mais cette assertion est réfutée par quelques auteurs, et il semble probable qu'ils sont uniquement carnassiers : leur chair, du reste, est mangée par les habitants des pays qu'ils habitent, et est même assez recherchée.

Un assez grand nombre d'espèces sont indiquées par les auteurs; nous nous bornerons à désigner comme type : le GÉCARCIN TOURLOUROU, *Gecarcinus ruricola* Latreille, dont la couleur générale est le rouge de sang foncé, et qui se trouve communément aux Antilles.

Latreille. *Genera Crustaceorum et Insectorum.*
A. G. Desmarest, *Considérations générales sur les Crustacés.*
Milne Edwards, *Histoire naturelle des Crustacés,* dans les *Suites à Buffon* de Roret.

E. DESMAREST.

GECKO. (*Histoire naturelle.*) *Ascalabotes.* Les erpétologistes donnent ce nom à un genre de reptiles détaché de celui que Linné appelait *Lacerta.* Les geckos ont aussi quatre pattes et une queue, avec les formes des autres sauriens, mais généralement enlaidies; une tête large et plate, de gros yeux mornes, une démarche assez pesante et gauche, avec l'épaississement de leurs doigts, en font des êtres hideux; cette laideur est sans doute la cause du dégoût, de la crainte même qu'ils inspirent; car ils ne sont pas dangereux. Ils sont communs dans les pays chauds, et l'on en trouve une petite espèce dès les rives de la Méditerranée; celle-ci est d'une couleur grisâtre, variée de blanc et de brun; nous l'avons fréquemment observée en Espagne; elle abonde en Égypte et dans l'aride Palestine. Elle s'y tient non-seulement parmi les pierres sèches et les ruines, mais encore dans les habitations, où on la voit poursuivre, jusque sur les plafonds, l'ombre même des insectes volants, dont elle fait sa proie. Le gecko dont il est question est donc une sorte de domestique qui, dans certains cantons, purge les maisons d'araignées et de moustiques; de là cet esprit de sagesse que lui supposait le plus sage des rois; car il paraît que le gecko est l'animal désigné par Salomon, quand il dit : « Je connais trois choses qui sont les plus petites de la terre, mais qui sont plus sages que les sages : les lièvres qui dorment sur la terre, les sauterelles qui voyagent en troupe sans confusion, et les lézards qui habitent les palais des rois. »

BORY DE SAINT-VINCENT.

GÉLATINE. (*Chimie appliquée.*) La *gélatine*, ainsi nommée à cause de sa propriété de former une gelée avec l'eau, est une substance qui ne semble point exister toute formée dans les tissus animaux, mais qui est produite par l'action de l'eau bouillante sur ces mêmes tissus. En effet, quand on fait bouillir pendant longtemps de l'eau avec de la chair musculaire, ou mieux avec des parties blanches, telles que des ligaments, des tendons, des membranes, des cartilages, etc., le liquide se prend, par le refroidissement, en une gelée ayant pour base la gélatine produite pendant l'opération.

La gélatine, d'après M. Gannal, peut être considérée comme formée aux dépens d'une substance organique, très-abondamment répandue dans les tissus animaux. Cette partie organique, qu'il désigne sous le nom de *géline*, et qui se constitue la première sous l'empire des forces vitales, est le premier degré de l'organisation; elle forme le derme, la trame organique, la charpente cartilagineuse, le tissu cellulaire, les aponévroses, les ligaments, les tendons, les membranes internes des vaisseaux, etc.

Traitée par l'eau bouillante, la *géline*, qui compose le tissu de ces parties, se transforme en *gelée*, puis en *gélatine*; et, enfin, par une nouvelle action de la chaleur et de l'eau, la gélatine passe à l'état de *colle forte*.

On ignore encore les différences que présentent ces quatre substances dans leur composition chimique. Cependant, si l'on raisonne par analogie, il est permis de croire que les trois premières ont pour base la même substance organique à *divers états d'hydratation*, c'est-à-dire, combinée avec une plus ou moins grande quantité d'eau.

A l'état de pureté, la gélatine est solide, cassante, incolore, sans odeur ni saveur; elle n'a point d'action sur la teinture bleue de tournesol; elle est plus pesante que l'eau. Soumise à la distillation, elle se décompose, en fournissant une grande quantité de carbonate d'ammoniaque, et en laissant pour résidu un charbon volumineux et difficile à incinérer. Desséchée et chauffée peu à peu dans une capsule d'argent, elle se ramollit en répandant une odeur particulière, puis elle éprouve un commencement de fusion, se boursoufle, et enfin s'enflamme, en laissant pour résidu le charbon dont nous venons de parler.

Insoluble dans l'eau froide, la gélatine acquiert une grande solubilité dans ce liquide, par l'addition d'un acide ou d'un alcali; c'est ainsi que se dissolvent avec facilité la colle forte et les tablettes de bouillon, qui, altérées pendant leur fabrication, contiennent des sels ammoniacaux. L'eau chaude dissout une certaine quantité de gélatine, et la solution, lors même qu'elle ne renferme que 0,025 de cette substance, se prend, par le refroidissement, en une gelée tremblante, ferme et transparente.

L'alcool précipite en flocons blancs la solution de gélatine. L'infusion de noix de galle y détermine un précipité blanc grisâtre, qui s'agglutine, devient élastique et se dessèche ensuite; ce composé particulier (*tannate de gé-*

latine), imputrescible et inaltérable à l'eau, forme la base des peaux et des cuirs tannés.

L'acide sulfurique concentré exerce sur la gélatine une action qui a été étudiée par M. Braconnot. Si l'on fait macérer pendant vingt-quatre heures une partie de gélatine dans deux parties d'acide, on obtient une matière soluble dans l'eau froide, et qui se convertit, par une ébullition prolongée, en une substance sucrée, cristalline, non fermentescible, et contenant de l'azote au nombre de ses principes constituants. Cette substance, à laquelle M. Braconnot a donné le nom de *sucre de gélatine*, s'unit à l'acide azotique pour former un composé acide, cristallisable en beaux prismes incolores.

D'après MM. Gay-Lussac et Thénard, la gélatine est composée de : carbone 47,889, oxygène 27,207, hydrogène 7,914, azote 16,998.

La gélatine a, comme on sait, des usages multipliés ; on l'emploie, associée à des jus de viandes et de légumes, pour composer des *tablettes de bouillon*. A l'état de pureté presque parfaite, dans la *colle de poisson*, elle sert à la clarification de certains liquides et à la préparation des gelées alimentaires. Modifiée par une longue ébullition, elle se transforme en *colle forte*.

Suivant les usages auxquels est destinée la gélatine, on la prépare avec plus ou moins de soin, et avec des substances plus ou moins pures. On l'extrait, en grand, des os traités à la vapeur.

La gélatine, seule, a-t-elle des propriétés alimentaires ? M. Darcet avance qu'elle est essentiellement nutritive ; M. Gannal soutient le contraire ; l'un et l'autre citent des faits nombreux qui paraissent également probants, et la discussion qui s'est élevée entre ces deux expérimentateurs, discussion qui n'a point été sans aigreur, n'a pas eu de solution définitive.

L'Académie des sciences, investie de cette question, nomma une commission pour examiner la *gélatine alimentaire*. M. Magendie fut nommé rapporteur, et se livra à une série d'expériences qui auraient, dit-on, coûté la vie à 1,200 chiens !

Après de longues années d'attente, un rapport parut enfin, mais incomplet ; nous en citerons toutefois les conclusions :

« Nous croyons, dit le rapporteur, que les faits suivants sont mis hors de contestation par nos expériences :

« 1° On ne peut, par aucun procédé connu, extraire des os un aliment qui, seul ou mêlé à d'autres substances, puisse tenir lieu de la viande elle-même.

« 2° La *gélatine*, l'*albumine*, la *fibrine*, prises isolément, n'alimentent les animaux que pour un temps très-court et d'une manière incomplète. En général, ces substances pures excitent bientôt un dégoût insurmontable, au point que les animaux préfèrent se laisser mourir que d'y toucher.

« 3° Ces mêmes principes immédiats, artificiellement réunis, sont acceptés avec plus de résignation que s'ils étaient isolés ; mais, en définitive, ils n'ont pas une meilleure influence sur la nutrition ; car les animaux qui en mangent, même à des doses considérables, finissent par mourir avec tous les signes d'une inanition complète.

« 4° La chair musculaire, dans laquelle la *gélatine*, l'*albumine*, la *fibrine*, réunies organiquement, sont associées à d'autres matières, suffit, même en très-petite quantité, à une nutrition complète et prolongée.

« 5° Les os crus ont le même avantage ; mais la dose consommée en vingt-quatre heures doit être beaucoup plus forte que celle de la viande.

« 6° Toute espèce de préparation, telle que la décoction dans l'eau, l'action de l'acide chlorhydrique, et surtout la transformation en gélatine, diminue les qualités nutritives des os, et semble même, dans certains cas, les faire presque entièrement disparaître.

« 7° Cependant la commission n'a pas voulu se prononcer, pour le moment, sur l'emploi de la gélatine dans la nourriture de l'homme. Elle a compris que des expériences directes pouvaient seules éclairer la question d'une manière définitive.

« 8° Le *gluten* satisfait à lui seul à une nutrition complète et prolongée.

« 9° Les corps gras, pris pour unique aliment, soutiennent la vie pendant quelque temps ; mais ils donnent lieu à une nutrition imparfaite et désordonnée. »

A. DUPONCHEL.

GEMBLOUX. (*Histoire et Géographie*.) Ville de Belgique, dans la province de Namur. Population : 2,400 habitants. On ne peut guère assigner d'époque précise à la fondation de cette ville ; une station romaine occupait, selon toute probabilité, son emplacement ; mais il est probable qu'elle fut détruite lors de la conquête de la Belgique par les Francs. En effet, dans le diplôme par lequel l'empereur Otton 1er confirma la fondation de l'abbaye établie à Gembloux par saint Guibert, ce lieu n'est désigné que comme un simple domaine, et l'empereur, pour mettre le monastère à l'abri des attaques, permet au fondateur d'y faire construire un château ou place forte.

Gembloux reçut des chartes d'affranchissement des ducs de Brabant Godefroid 1er, en 1123, et Godefroid III, en 1187. Saccagé par les milices de Namur en 1136, il essuya un désastre plus terrible encore en 1185, dans la lutte que soutinrent Henri l'Aveugle et Baudouin le Courageux contre Henri Ier, duc de Brabant. Ces catastrophes arrêtèrent les développements qu'aurait pu prendre Gembloux ; et en 1526 on n'y comptait que cent quarante-huit maisons. Pendant les troubles religieux, les Espagnols, sous la conduite de don Juan d'Autriche, attaquèrent à l'improviste, sous les murs de Gembloux, les troupes calvinistes (1578), et leur firent éprouver une sanglante défaite. Cette victoire fut suivie de la prise de la place. Nous n'avons plus à enregistrer, jusqu'à la fin du dix-huitième siècle, que les incendies dont la ville eut à souffrir en 1678 et en 1712, et qui dévorèrent la plus grande partie des bâtiments de l'abbaye. Lorsque les Français envahirent la Belgique, en 1794, ils attaquèrent près de Gembloux le général Beaulieu, qui commandait les Autrichiens, et le forcèrent à abandonner ses positions.

Gembloux n'est plus maintenant qu'une pauvre petite ville, dont le commerce de coutellerie fait toute la richesse. L'ancienne église paroissiale ayant été démolie en 1811, sauf la tour qui domine, isolée, les maisons de la ville, les offices religieux se célèbrent dans l'église abbatiale, dont la construction date du siècle dernier. Quant aux bâtiments claustraux, ils sont maintenant occupés par un pensionnat de demoiselles.

Cette ville a donné le jour à Sigebert dit de Gembloux (1030-1112), qui, outre des Vies de saint Thierry, de saint Maclou, etc., nous a laissé une chronique intéressante, publiée en 1513, et dont le manuscrit autographe, acheté par la bibliothèque de Bruxelles au prix de 1,900 francs, a été décrit par M. le baron de Reiffenberg dans l'*Annuaire de la Bibliothèque royale*, 2e année, p. 107 à 120.

Hugonis Grotii *Annales et historiæ de rebus belgicis;* Amstelodami, 1658.

Les délices des Pays-Bas; Liége, 1769.

Desroches, *Histoire ancienne des Pays-Bas;* 1707.

La Belgique monumentale ; Bruxelles, 1844.

Les délices de la Belgique ; Bruxelles et Leipzig ; 1843.

                A. D'HÉRICOURT.

GENDARMERIE. (*Histoire.*) Dès le seizième siècle, ce nom servait à désigner la cavalerie d'élite, formée sous Charles VII sous la dénomination de *Compagnies d'ordonnance ;* en même temps, cette institution elle-même avait fini par se modifier considérablement ; les quinze compagnies créées dans l'origine furent de beaucoup réduites après le règne de François Ier. Enfin, à la paix des Pyrénées, on ne conserva plus que les quatre premières, dont le roi fut lui-même capitaine, et quelques autres qui appartenaient aux princes du sang, et en prirent le nom. Il en restait huit seulement à l'époque de la journée de Fleurus (1690); mais Louis XIV ayant su du maréchal de Luxembourg que le succès de cette journée était en partie dû au courage des gendarmes, résolut de leur rendre leur ancienne splendeur. Il institua huit compagnies nouvelles, et ce corps subsista ainsi jusqu'en 1788, époque où Louis XVI le supprima, en ne conservant que la compagnie des gendarmes écossais.

Aujourd'hui cette dénomination de gendarmerie s'applique uniquement à un corps militaire spécialement chargé de veiller à l'ordre public et à l'exécution des ordonnances de police. Ce corps, connu avant la révolution de 1789 sous le nom de *maréchaussée*, prit le nom de *gendarmerie nationale*, le 22 décembre 1790. Il formait alors un total de 5,390 hommes, officiers compris. Cet effectifs'augmenta successivement par la création de nouvelles brigades; au 23 février 1848 il comprenait :

La gendarmerie départementale à pied.	3,265 h.
La gendarmerie départem. à cheval.	11,136
La gendarmerie d'Afrique.	708
La gendarmerie maritime.	297
La garde municipale de Paris.	3,244
Le bataillon des voltigeurs corses.	421
Le bataillon des sapeurs pompiers de la ville de Paris.	829
	18,990

Chacune des vingt-cinq légions de la gendarmerie départementale est divisée en compagnies, lieutenances et brigades. Le colonel ou lieutenant-colonel chef de la légion siége au chef-lieu de la légion ; le chef d'escadron commandant de compagnie, au chef-lieu d'un département : chaque brigade, composée de six hommes à pied ou de cinq hommes à cheval, fait le service d'un canton.

A l'armée, la gendarmerie remplit des fonctions analogues à celles qu'elle exerce dans l'intérieur. Le détachement qui accompagne les troupes en marche est commandé par un colonel grand prévôt, et subdivise en divisions de trois brigades, sous les ordres d'un lieutenant prévôt (1). Les gendarmes, en campagne, répriment l'indiscipline des troupes, reçoivent les plaintes des habitants, etc.

Par son personnel et son organisation, la gendarmerie est sous la direction du ministre de la guerre; sa participation à la défense de l'ordre la met en rapport avec le ministre de l'intérieur ; elle ressortit au ministre de la justice pour l'exécution des règlements de police, et à celui de la marine pour la surveillance des gens de mer et le service des ports et arsenaux.   D.

GÉNÉRATION. (*Médecine.*) *Generatio*, γένεσις. Fonction de la vie qui a pour but la reproduction des êtres organisés, et leur propagation à travers l'immensité des temps.

(1) Ordonnance du 3 mai 1832 sur le service des armées en campagne.

En considérant l'acte générateur dans l'ensemble des phénomènes qui servent à le caractériser, depuis l'humble végétal jusqu'à l'homme, à travers les formes si multiples, si variées, sous lesquelles ce phénomène se présente à *l'observation*, on acquiert l'intime conviction qu'une loi fondamentale, immuable et simple, comme tout ce qui découle de la source première de toutes choses, préside *aux diverses combinaisons matérielles qui* ramènent sans cesse et accomplissent toujours ce grand résultat, la transmission de la vie d'individu à individu, et la conservation des genres et des espèces. Cependant, cette loi naturelle a ses anomalies; elle n'est pas tellement absolue, pour tout ce qui fut créé jusqu'ici, qu'on n'ait vu disparaître de la nature vivante des individus, des familles, des genres même, dont on ne retrouve les traces que dans les fossiles, médailles des premiers âges du globe, qui ne semblent être venues jusqu'à nous que pour attester que d'autres lois, maintenant abolies ou modifiées, d'autres conditions d'éléments primitifs, de température et de climat, leur ont été substituées.

La faculté génératrice, inhérente à la matière organisée, est tellement liée à l'histoire des formations successives des couches planétaires de notre globe, que les vastes débris de ces générations passées se retrouvent également sur les flancs escarpés des montagnes primitives, et dans les abîmes souterrains créés par la main de l'homme. Cette même faculté qui se révèle chez les êtres vivants, comme la conséquence et le premier but de la vie, ne saurait exister sans elle; néanmoins, s'il est un point de contact, un rapport entre les corps organisés et la matière exclusivement soumise à *l'empire des lois physiques et chimiques*, on se plairait à reconnaître, dans l'ordre et l'arrangement symétrique des cristaux, un premier élément de ces formations moléculaires, dont la *fixité* et l'absence de toute reproduction par elles-mêmes posent la limite qui sépare ces combinaisons matérielles des formations organiques observées dans les zoophytes. Dans ces derniers, les molécules élémentaires, déjà soumises à la force vitale, se caractérisent par la conversion successive de matières liquides à l'état solide, et constituent les premiers éléments de la vie et de sa reproduction à l'état le plus simple.

La génération, considérée dans l'ensemble des êtres, est donc évidemment la cause impulsive de la vie : elle en est aussi le but; car toutes ces formations secondaires ont également pour résultat le développement de cette faculté.

L'extinction de cette même faculté est comme une mort partielle, qu'atteste la flétrissure des organes sexuels chez les animaux qui en sont pourvus; et, comme l'a dit un de nos physiologistes modernes, c'est alors qu'ils commencent à mourir.

Ce qui frappe le plus dans l'examen de ce grand phénomène, ce sont les doutes, les nombreuses théories auxquelles il a donné lieu. Chercher à soulever le voile mystérieux dont la nature s'y est enveloppée, serait téméraire; quelle que soit la pénétration, la puissance de la pensée chez l'homme, elle recule devant les profondeurs de l'abîme sans fond où vont se perdre les efforts impuissants de l'imagination, quand elle ose franchir les limites étroites assignées à nos sens, et remonter aux causes premières. Mais, si, n'atteignant jamais que des surfaces, le rapprochement des faits dont se compose le vaste tableau du monde organisé, permet à l'homme de les comparer, de juger de leur rapport ou de leur dissidence, il demeure convaincu que la force génératrice, émanée du Créateur, quoique s'exerçant sous des formes aussi nombreuses que variées, depuis l'être le plus simple jusqu'à l'être le plus parfait en organisation, est le constant effet de deux principes dont la tendance instinctive est de se chercher et de se précipiter l'un vers l'autre.

On peut donc admettre que dans la matière organisée interviennent deux principes, sous l'empire de la puissance créatrice : l'un, par ses effets, ayant quelque analogie avec les diverses modifications de l'élément électrique; l'autre, répandu dans l'espace atmosphérique, dans les couches superficielles du globe et des masses liquides. Mais ce ne sont là que de premières combinaisons matérielles du principe vivifiant, avec un ou plusieurs des éléments constitutifs de l'air atmosphérique et de la matière du globe terraqué. Est-ce le concours de l'oxygène, de l'azote, de l'hydrogène, ou du carbone? voilà ce qu'on ne peut dire, et ce qui range cette hypothèse au nombre des problèmes dont on a vainement jusqu'à ce jour tenté la solution; il faut cependant y recourir pour expliquer ces générations spontanées, admises par quelques naturalistes, et vivement contestées par d'autres.

Quoi qu'il en soit de cette hypothèse, elle pourrait servir à faire comprendre l'action d'un principe vivifiant qui, peut-être, émané du rayon solaire, préside à ces agrégations primitives, à cette matière moléculaire, si répandue dans la nature et toujours prête à obéir aux conditions génératrices, à l'impulsion qui peut ou doit leur donner le mouvement et la vie.

La fonction génératrice affecte des modes divers. Dans les genres supérieurs et dans les végétaux, elle a des époques déterminées pour ses développements; la période de floraison pour ces derniers, celle de puberté chez les animaux. L'exercice de cette faculté discontinue et reprend par intervalle; et chez les uns, comme chez les autres, sa durée est moindre que celle de la vie. Les différences offertes par ces modes servent à établir une division naturelle dans l'immense série des êtres vivants; mais dans les degrés les plus inférieurs, peut-être en est-il dont la prompte organisation se complète d'abord, et justifie l'opinion des naturalistes qui croient aux générations spontanées, phénomène que des expériences récentes ont rendu probable : des liquides, dépouillés de l'existence de tout germe, rendue impossible par une distillation répétée, ont offert à l'observation de MM. Dumas et Prévost des êtres formés de toutes pièces et spontanément. Ces traces évidentes d'organisation viennent à l'appui de cette hypothèse admise par plusieurs de nos physiologistes modernes, au moins pour les derniers degrés de l'échelle animale. Il faudrait y rattacher la création spontanée de certains animaux infusoires, observée dans des liquides, et celle de ces myriades d'êtres vivants créés spontanément à la suite de brusques transitions dans la température atmosphérique, surtout après des orages.

Séduits par des apparences trompeuses, divers philosophes ont donné à cette théorie une grande extension. Ils voyaient un principe de vie dans la terre, dans le limon des eaux, et même dans la putréfaction des corps organisés. Mais, depuis, les savantes recherches de Redi, de Swammerdam, ont constaté que les animaux qui se développent dans la substance animale putréfiée sont le produit d'œufs précédemment déposés par des insectes.

Ceux qui repoussent les générations spontanées se fondent sur les expériences de Spallanzani, qui prouvent que les animalcules microscopiques se multiplient par la seule scission de leur corps : ils s'en prennent à la faiblesse des moyens appréciateurs, qui ne nous permettent pas de voir dans ces liquides des œufs ou des germes.

Ainsi donc, passant des probabilités aux choses certaines, commencent pour le naturaliste ces catégories où viennent se classer tous les êtres engendrés sous des conditions égales, analogues; tout corps vivant qui, après avoir atteint le développement nécessaire, se sépare en fractions appelées à devenir autant d'êtres nouveaux, appartient à la *génération fissipare*, qui comprend les animaux infusoires et tous ceux qui, comme eux, ont la faculté de transmettre la vie, en se divisant par scissions. En remontant l'échelle animale, les polypes se présentent avec les conditions de la *génération gemmipare externe*, et les vers intestinaux avec les conditions de la *génération gemmipare interne*. Dans le premier cas, le corps vivant pousse à l'extérieur, dans une partie de sa surface, des bourgeons ou germes qui, dans un temps déterminé, se détachent et forment de nouveaux êtres;

dans le second, ce phénomène est intérieur.

Au-dessus de ces premiers degrés de l'organisation viennent des êtres plus parfaits, chez lesquels la génération s'accomplit par des *organes sexuels, mâles et femelles;* différence établie par la nature des fonctions qui leur sont assignées : les premiers donnant un germe, les seconds un fluide qui le féconde, le développe, et par là favorise son détachement.

Dans ces deux séries, l'individu seul suffit à sa reproduction; dans la troisième, cela est encore possible, quand l'individu est *hermaphrodite*. Néanmoins, il est quelques êtres organisés possédant les deux sexes, et qui ne peuvent engendrer sans le contact d'un autre. Tel est le limaçon qui présente le rare exemple d'un double accouplement, où les individus remplissent à la fois la double fonction de mâle et de femelle. Mais, à mesure que l'organisation se complique et se perfectionne, les organes sexuels se trouvent séparés dans l'espèce, et deviennent le partage d'un seul individu; il est mâle, ou femelle, suivant la nature de l'organe sexuel qui lui est dévolu; et la génération est la conséquence immédiate du concours des deux sexes, de leur accouplement.

Cependant, chez quelques-uns, le germe, ou l'ovule de la femelle, n'est fécondé par la liqueur vivifiante émanée du mâle qu'après avoir été rejeté par la femelle. Ce cas est celui des poissons; mais dans les animaux plus parfaits, tels que les oiseaux et les mammifères, le rapprochement est indispensable; et chez eux les organes sexuels sont disposés de telle sorte, que le fluide vivifiant du mâle pénètre dans l'organe de la femelle; c'est là que l'œuf est fécondé. Quelquefois, après la copulation, l'œuf peut être pondu et couvé; et l'individu n'atteindre le complément de la vie qu'après avoir été soumis à ces deux conditions : tels sont les *ovipares.* D'autres fois, l'œuf fécondé chemine avec une telle lenteur dans le trajet de l'organe excréteur qui lui est propre, qu'il a le temps d'éclore, et l'individu sort du sein de sa mère dans un état complet de formation : cela se voit dans les *ovovivipares.* Mais, en arrivant aux animaux supérieurs, à l'homme lui-même, d'autres conditions génératrices s'établissent encore, et l'œuvre mystérieuse de la nature se modifie et se prolonge, pour mieux assurer le développement de l'être le plus parfait de la création. A l'instant du rapprochement des deux sexes, l'orgasme vénérien, chez la femme, précède et favorise l'action du fluide vivifiant du mâle; ce dernier pénètre l'ovaire, en détache l'ovule qui, dès lors fécondé, parcourt le conduit ou la trompe, qui se dirige vers l'utérus; et, se fixant à l'un des points de la surface de cet organe protecteur, là commence la vie fœtale. L'embryon s'y développe au sein d'une membrane sphéroïdale, dont les dimensions s'accroissent avec lui. Dans cette sphère membraneuse, le nouvel être croît et prend ses développements successifs au sein d'une masse liquide dont il est partout enveloppé. L'organisation s'y complète ; et, après une période déterminée, l'organe dépositaire se contracte, rejette avec effort l'enfant hors du sein de sa mère, et le livre à la soudaine influence de l'air et de l'aliment, qui, désormais, doivent maintenir et prolonger sa vie jusqu'au terme fatal.

Ces différences dans les modes de génération se font également sentir dans les conséquences de cette fonction : chez les insectes, par exemple, l'œuf est entièrement abandonné ; chez les oiseaux, il est couvé, protégé par la mère ; chez les mammifères, plus parfaits encore dans leur organisation, ces soins se prolongent longtemps après la naissance ; et la femelle est munie d'un organe qui sécrète l'aliment nécessaire au premier âge du nouvel être.

La fonction génératrice offre d'autres anomalies, que nous ne pouvons que mentionner ici : elle peut être exclusive à une époque de la vie chez certains êtres, répétée plus fréquemment chez les autres, ne produire qu'un seul individu, ou fournir à la fois à plusieurs générations, comme on l'observe dans les pucerons ; enfin, l'individu peut conserver sa forme première, la perdre plus tard, par une ou plusieurs transformations successives.

En suivant tous les degrés de l'organisation jusqu'à l'homme, on reconnaît que si la génération a des formes variées dans ses actes, elle ne détruit pas pour cela l'unité de principe qui préside à cette fonction ; et en s'arrêtant à l'espèce humaine, comme la plus parfaite, on voit qu'en multipliant les conditions nécessaires au développement de l'individu et à la naissance de l'enfant, les divers états dans lesquels on peut l'observer reproduisent, dans leur ensemble, une sorte d'image des phénomènes remarqués dans les autres espèces : telle est, au moins, l'opinion émise par quelques naturalistes modernes.

Nous avons dit que chez les êtres supérieurs la génération nécessitait le concours de deux individus, mâle et femelle, pourvus de l'appareil sexuel qui leur est propre ; nous ne pouvons qu'indiquer ici les différences qui existent entre eux sous ce rapport. Le mâle est pourvu d'organes sécréteurs propres à fournir le fluide fécondant, et d'un organe érecteur, qui, dans l'accouplement, l'éjacule et le porte dans l'organe femelle. Ce dernier se compose, chez la femme, du vagin, de l'utérus et des ovaires, organes doubles, où résident les ovules ou germes.

Dans ces hauts degrés de l'échelle animale, la fonction génératrice se partage naturelle-
ment en actes successifs, dont voici l'énumération : le rapprochement, ou la copulation ; la conception, ou fécondation ; la grossesse, l'accouchement, et l'allaitement.

Chez l'homme, la tendance et la faculté reproductives s'éveillent à l'âge de la puberté, à cette époque de la vie où la nature complète son œuvre par ces formes gracieuses, cette éclatante fraîcheur qui n'appartiennent qu'au jeune âge ; ce qui chez les animaux semble n'être qu'une faculté instinctive, mais restreinte à de courtes époques, chez l'homme devient un sentiment ; et s'il est vrai que la disposition organique ait une part plus ou moins active au rapprochement des deux sexes, s'il est possible, comme l'a prétendu le docteur Gall, que la tendance génératrice réside dans la région encéphalique qu'on nomme cervelet, il faut admettre alors que cette tendance physique, asservie à l'intelligence, lui doit cette force morale qui fait de l'amour la plus noble et la plus impérieuse des passions.

Dans le cours de la vie humaine, la faculté génératrice a des limites, mais beaucoup moins restreintes pour l'homme que pour la femme. On sait que chez elle la période ordinaire est de quinze à quarante-cinq ans ; elle commence à la puberté dans l'homme, et ne finit qu'à l'âge sénile. Mais les variétés de climat, dont l'influence n'est pas douteuse sur la génération et la prolongation de la vie dans les espèces inférieures, agissent sur l'homme de manière à hâter, ou retarder le développement de cette faculté, de même qu'elles peuvent modifier la durée de sa vie.

Maintenant, abordons la question la plus importante, celle qui fut l'objet de tant de théories, d'hypothèses, les unes ridicules, d'autres plus ou moins ingénieuses, mais ne pouvant jamais s'appuyer que sur des probabilités. Qu'est-ce que la fécondation ? Que se passe-t-il à l'instant où l'œuvre se consomme ? Vainement l'homme a voulu déchirer ce voile impénétrable, en cherchant à surprendre en lui-même le mystère de la nature, il se dérobe à lui ; et c'est encore là une des inconnues du grand problème.

On a pensé que le premier développement d'un être formé de toutes pièces pouvait résulter d'un mélange parfait de matières fournies par les deux sexes, ou bien que l'ovule recevait de lui, au seul contact du fluide vivifiant, l'impulsion de la vitalité ; on a dit aussi que des êtres microscopiques, des animalcules nageant dans le sperme, étaient les agents directs de la fécondation ; qu'il suffisait que l'un d'eux, se fixant à l'ovule, s'y maintint et se nourrît de sa substance, pour s'y développer.

Elle serait longue à faire l'énumération des vaines théories, des nombreuses hypothèses, auxquelles a donné lieu cette importante question ; on en compte plus de deux cents ; mais en les jugeant dans leur ensemble, on peut aisément les ranger en deux systèmes : celui de l'*épigénèse*, et celui de l'*évolution*.

Dans le premier, on admet qu'une force *de formation* préside à l'agrégation spontanée de molécules ayant la disposition préexistante, ou soudaine, propre à constituer l'être. Les savants et les philosophes ont varié dans la manière dont ils ont expliqué l'épigénèse ; ils l'ont appliquée non-seulement à la reproduction des êtres vivants, mais à leur origine première ; et dans ce sens elle s'étendrait à la théorie des atomes, consacrée par Leucippe et Empédocle ; de là découle naturellement l'hypothèse de formations primitives et secondaires.

Dans le second, on admet, au contraire, la préexistence de l'individu dans l'un des sexes, quelle qu'en soit la forme, et qu'à l'instant du contact du fluide vivifiant, émané du mâle dans l'acte générateur, commencent pour cet individu les développements qui doivent en faire un être séparé, indépendant. Les partisans de ce dernier système se divisent en deux sectes : les *ovaristes* et les *animalculistes*.

Les ovaristes pensent que la matière organisée fournie par l'ovaire est un œuf destiné à servir de nourriture à l'embryon qui, plus tard, devient un être semblable à celui dont il provient : on voit par là que les ovaristes donnent à la femelle la part la plus importante du phénomène. Le principe contraire est adopté par les animalculistes, et depuis les découvertes microscopiques, de Leuvenhoeck, d'animalcules dans le sperme de l'homme et de plusieurs animaux, ses sectateurs ; attribuant exclusivement au mâle ce que les ovaristes attribuaient à la femelle, supposent qu'il contient en lui des germes, voyant dans chaque animalcule un petit homoncule, un germe préexistant de toutes les générations futures. Geoffroy Saint-Hilaire combat la préexistence des germes, et dit que « ce système ne « fait que reculer la difficulté, ou même dé- « clarer, à l'aide d'une proposition contradic- « toire en elle-même, qu'elle n'existe pas. » Les animalcules ont été l'objet de curieuses expériences, faites par MM. Dumas et Prévost. Ces savants ont reconnu que leur existence est tellement multiple, qu'on a peine à le concevoir, puisqu'ils se sont assurés qu'un seul millimètre cubique de sperme de grenouille en contenait de trois à quatre cents. Ces faits, bien constatés, donnent une sorte de prééminence à ce dernier système sur tant d'autres hypothèses ; celle-ci se résume en ce sens, qu'elle tend à prouver que la fécondation est l'œuvre de l'animalcule spermatique qui, fournissant les rudiments nerveux du nouvel être, puise dans la substance de l'ovule la matière cellulo-vasculaire qui doit compléter son organisation.

Quant au système de l'évolution, vivement combattu par Buffon, et depuis par Lamarck et Geoffroy Saint-Hilaire, ne s'appuyant que sur des faits probables qui échappent à l'analyse, il a peu de sectaires ; le doute est permis. L'épigénèse, qui explique si naturellement les générations spontanées, a repris faveur de nos jours, non telle que les anciens l'avaient comprise, mais se bornant à exprimer que l'individu, nouveau à son origine, est formé de toutes pièces.

A ce sujet, Lamarck, qui croit que « la cause de la vie est matérielle, puisée dans l'élément ambiant, et qu'il se forme des êtres vivants toutes les fois que cette cause de vie rencontre une matière gélatineuse demi-fluide, pense que c'est de cette manière que se fait, à sa première origine, l'embryon humain ; et de même que les premiers êtres vivants s'étaient, par la suite des temps, compliqués graduellement, de manière à former les êtres vivants actuels ; de même l'embryon humain, de ce premier degré d'organisation si simple, s'élève successivement à celui qui constitue son espèce. »

Quoi qu'il en soit de ces conjectures et de leur importance, l'imagination ne s'en égare pas moins dans le champ des probabilités, et l'on en est encore à savoir ce qu'il y a de positif dans l'acte fécondateur.

Coste, *Embryogénie comparée, cours sur le développement de l'homme et des animaux ;* Paris, in-8° et atlas, 1837 et suiv.

Flourens, *Cours sur la génération, l'ovologie et l'embryogénie ;* Paris, 1836, in-4°.

R. Wagner, *Prodromus historiæ generationis hominis atque animalium ;* Lipsiæ, 1836, in-fol.

Grimaud de Caux et Martin Saint-Ange, *Physiologie de l'espèce, histoire de la génération de l'homme, comprenant l'étude comparative de cette fonction dans les divisions principales du règne animal ;* Paris, 1838, in-4°.

Velpeau, *Embryologie ou ovologie humaine ;* Paris, 1833, in-fol.

BLANCHETON.

GÊNES. (*Géographie et Histoire.*) *Genua* en latin, *Genova* en italien. Ville d'Italie, faisant partie du royaume Sarde ; chef-lieu d'une province et d'une intendance du même nom. Population, 115,000 habitants.

On attribue la fondation de Gênes aux Ligures, qui s'y seraient établis vers l'an 707 avant J. C. Les Romains l'ayant conquise cinq cents ans environ après cette époque, l'incorporèrent à la Gaule cisalpine (222). Pendant la seconde guerre punique, Magon, frère d'Annibal, la détruisit de fond en comble (205) ; mais les Romains, qui connaissaient l'importance de sa position, la reconstruisirent deux ans après (202). Située sur la route que les barbares suivirent pour envahir l'Italie, Gênes fut successivement possédée ou pillée par les Hérules (476) et les exarques grecs (553).

A la chute de l'empire lombard, les Génois, comme tous les autres peuples du nord de l'Italie, se soumirent à Charlemagne. En 936, leur ville fut surprise et pillée par les Sarrasins.

Dès le commencement du dixième siècle, Gênes s'était déclarée indépendante; elle fut dès lors administrée par des consuls jouissant d'une grande autorité. Pendant les premières années du douzième siècle, ces magistrats étaient alternativement au nombre de quatre ou six, et restaient en place trois ou quatre ans. En 1122 on réduisit à une seule année la durée de leurs fonctions; et en 1130 on divisa leurs attributions en deux offices distincts. Il existait en outre dans la république un conseil ou sénat qui devait assister les consuls; mais ce corps n'avait sans doute que des pouvoirs fort limités, car l'histoire en fait à peine deux ou trois fois mention. Le peuple, de son côté, assemblé *en parlement*, et sur la place publique, prenait part à l'administration de l'État, soit en recevant les comptes des magistrats, soit en délibérant sur les intérêts communs, dans les circonstances importantes.

Au mois d'août de l'an 1100 les Génois équipèrent une flotte de vingt-huit galères et six vaisseaux, qu'ils joignirent à la flotte des croisés. En 1133 le pape Innocent II érigea l'église de Gênes en archevêché. A la suite d'une expédition contre les Sarrasins d'Espagne, d'où ils rapportèrent de riches dépouilles, les Génois fortifièrent leur ville. En 1158 l'empereur Frédéric, irrité contre eux, vint les attaquer à la tête d'une puissante armée. La république, effrayée, acheta la paix moyennant douze cents marcs d'argent. A ce prix, l'empereur se chargea de terminer la guerre qui avait éclaté entre elle et Pise (1162), à l'occasion des colonies que toutes deux avaient établies à Constantinople. Il obligea les députés des deux villes à signer à Turin une trêve qui devait durer jusqu'à ce qu'il prononçât sur leurs différends à son retour d'Allemagne. Malgré cette intervention, la guerre éclata de nouveau entre les deux républiques, l'année suivante, au sujet de la Sardaigne, et elle fut continuée activement, nonobstant la discorde civile qui déchira la république génoise, notamment pendant l'année 1169. Enfin, en 1175 l'empereur, qui désirait employer à son service les forces des Pisans et des Génois, les amena à signer un traité par lequel ils s'engageaient à partager également la Sardaigne.

Nous ne suivrons point les Génois dans leurs discussions continuelles avec leurs voisins; il ne s'attache en effet que peu d'intérêt à des expéditions toujours semblables, dans leurs détails et dans leurs conséquences, à des expéditions, dit M. de Sismondi, qui commençaient par le pillage de quelques campagnes, et qui se terminaient toutes, au bout de peu de

jours, par une bataille entre les bourgeois des deux villes; à des expéditions, enfin, où l'art était étranger aux combats, et où la valeur, employée d'une manière toujours uniforme, décidait seule des succès. D'ailleurs, des agitations intestines empêchaient Gênes de disposer de toutes ses forces pour la guerre extérieure; le peuple se plaignait de ne pas avoir dans le gouvernement une part assez grande; enfin, en 1190, par un singulier compromis, la noblesse et les plébéiens s'entendirent pour confier l'administration à un podestat étranger, espèce de roi mercenaire. Le premier fut *Hubert Olivaro*. En 1267 le peuple, encore mécontent, courut aux armes; il nomma un capitaine dont les fonctions devaient durer dix ans, et auquel le podestat se vit contraint de jurer obéissance. Mais cet état de choses ne dura pas longtemps.

Boccanigra, que le peuple avait nommé capitaine, étalait un luxe fastueux qui finit par irriter les nobles; ils prirent les armes, le contraignirent d'abdiquer ses fonctions, et rétablirent le podestat; mais cette victoire ne fut pas de longue durée. Des quatre plus nobles et plus puissantes familles de Gênes, deux, les Spinola et les Doria, firent alliance avec la faction populaire, prirent les armes le 28 octobre 1270, et rendirent le gouvernement plus démocratique; elles obtinrent en échange que les chefs de leurs familles, *Oberto Doria* et *Oberto Spinola*, seraient déclarés capitaines du peuple et chargés pour un temps indéfini de toutes les fonctions qu'exerçaient auparavant les podestats.

Dans le même temps, Charles d'Anjou confisquait les biens de ses matelots génois qui avaient fait naufrage; cette raison détermina les nouveaux chefs de la république à accéder à la faction gibeline; mais les Grimaldi et les Fieschi, ainsi que les autres familles nobles qui avaient été exilées de la ville, prièrent Charles d'Anjou d'entreprendre la guerre contre Gênes, afin de les rétablir dans leur patrie. Après avoir signé avec ces émigrés un traité par lequel il devait être pendant un certain nombre d'années seigneur de Gênes, Charles fit confisquer à son profit les vaisseaux et les propriétés des Génois qui s'étaient établis dans ses États, et déclara la guerre à la république. Plusieurs villes de la Lombardie entrèrent dans cette ligue; mais les Génois repoussèrent les troupes de Charles ainsi que toutes les attaques dirigées contre leur ville. Enfin le pape Innocent V interposa son autorité. La paix fut signée en 1276; et les exilés rentrèrent dans la ville. En 1284 les éternelles hostilités recommencèrent contre les Génois et les Pisans, et les premiers remportèrent une victoire signalée à la hauteur de l'île de la Metoria.

Néanmoins la famille des Fieschi et ses

partisans se voyaient avec peine privés du pouvoir ; et ils cherchèrent à exciter le peuple contre la longue administration des deux capitaines. Ceux-ci, pour prévenir une émeute dont ils redoutaient les suites, se démirent de leurs fonctions en 1291, et il fut établi - qu'à l'avenir elles ne dureraient qu'un an, et que les officiers qui leur seraient adjoints seraient pris moitié parmi les nobles, moitié dans les rangs du peuple. Une nouvelle guerre avec les Vénitiens ne put suspendre les dissensions intestines ; et les Fieschi, à la tête des Guelfes, formèrent le projet de chasser leurs ennemis de la ville ; mais ils échouèrent dans leur entreprise, et furent exilés du territoire de la république. L'ancienne constitution fut alors rétablie, et l'administration confiée aux deux familles qui en avaient été précédemment en possession. *Conrad Doria* s'appliqua dès lors à rendre la république puissante au dehors, et resserra les traités qui l'unissaient avec les Grecs. La sanglante bataille de Corzola ou de Corcyre la Noire (1298) mit fin à la guerre par la défaite des Vénitiens. Alors, pour éviter d'éveiller la jalousie de leurs concitoyens, les chefs génois se démirent de nouveau de leurs fonctions, et firent confier l'administration de la république à des capitaines étrangers.

Tant que les Doria et les Spinola seraient réunis, aucune autre famille ne pouvait espérer de les renverser ; mais la richesse des Spinola avait suscité un grand nombre d'envieux : plusieurs de leurs anciens partisans se réunirent aux Guelfes pour les écraser. Pendant tout un jour le sang coula dans les rues de Gênes. Les Spinola, vainqueurs, chassèrent leurs ennemis, et firent accorder le titre de capitaine du peuple à *Obizzo Spinola*, à qui l'on donna un pouvoir illimité. Toutefois on lui adjoignit *Barnabé Doria*, mais plutôt pour éviter une nouvelle révolte du peuple que pour gouverner. Trois ans plus tard, Obizzo, croyant sa puissance affermie, se fit déclarer seul gouverneur à vie de la ville de Gênes, et jeta Doria en prison ; mais les Grimaldi et les Fieschi, réunis aux Doria, le chassèrent de la ville. Enfin la lassitude et la ruine mutuelle avaient forcé les deux partis à conclure une paix, qu'ils ne paraissaient pas disposés à observer longtemps, lorsque l'empereur Henri VII, passant par Gênes pour aller se faire couronner à Rome, s'efforça de rétablir la paix et l'ancienne constitution. La ville, reconnaissante, se donna à lui pour vingt ans, et Henri créa, à la place du podestat, un vicaire impérial qui rendait la justice à sa place ; mais à sa mort, arrivée le 24 août 1313, de nouveaux troubles éclatèrent. Les Doria, aidés par les Grimaldi et les Fieschi exilés, chassèrent les Spinola. Les Guelfes, ayant voulu rétablir la paix dans la ville, forcèrent les deux fa-

milles à se réconcilier ; mais les Doria aimèrent mieux s'exiler que d'accepter cette condition, et les Spinola, n'osant rester seuls avec les factions ennemies, quittèrent aussi la ville. Les deux familles rivales se réconcilièrent dans le malheur, et, après s'être emparées de Savone et d'Albenga, obtinrent un secours de Visconti, seigneur de Milan, et vinrent assiéger Gênes au mois de mars 1318. Les Grimaldi et les Fieschi, effrayés de la réunion des forces gibelines, demandèrent du secours à toutes les villes guelfes et au roi Robert de Naples, à qui ils se donnèrent pour dix ans.

Après un long siége, qui durait encore en 1322, Robert vint à Gênes, et parvint à rétablir la paix entre les partis. Alors le peuple, fatigué de ces troubles continuels, se choisit pour abbé *Simone Boccanigra* ; et comme ce seigneur comptait un capitaine du peuple parmi ses ancêtres, on lui donna le titre de doge. Pendant son administration, les flottes de la république remportèrent quelques avantages sur les Turcs dans la mer Noire, sur les Tartares dans les environs de Caffa, et sur les Maures en Espagne. Mais Boccanigra, fatigué d'avoir continuellement à se défendre contre les intrigues des quatre puissantes familles qu'il avait exclues du gouvernement, déposa le pouvoir qui lui avait été confié, et le peuple lui donna pour successeur *Jean de Marta*.

Sous celui-ci et sous son successeur *Jean de Valente*, les Génois soutinrent contre les Vénitiens une guerre qui, après de nombreuses alternatives de succès et de revers, se termina enfin, sous la domination du comte *Palavicino*, qui gouvernait à Gênes au nom des Visconti. Après une importante victoire remportée par Paganino Doria, les Génois chassèrent les officiers de Visconti et rappelèrent *Simon Boccanigra*, qu'ils rétablirent dans la dignité de doge. Simon pacifia la république, retira les armes aux nobles et bannit les principaux d'entre eux ; mais les Visconti n'avaient pu lui pardonner, et il mourut en 1363, empoisonné, dit-on, dans un repas donné au roi de Chypre. Le peuple prit aussitôt les armes, et élut pour doge *Gabriel Adorno*, marchand de famille plébéienne mais gibeline. Celui-ci posséda cette charge de 1373 à 1380 ; *Dominique de Campo-Fregoso* lui succéda, de 1370 à 1378 ; du reste, tous deux furent chassés du trône ducal par une émeute populaire.

Nicolas de Guarco succéda à Fregoso en 1378. En 1383, fatigué des émeutes continuelles qu'il avait à combattre, il s'enfuit sous un déguisement, et *Antoniotto Adorno* fut élevé à sa place par les suffrages de ses concitoyens. Ce doge dut à la sagesse de son administration d'être choisi avec le grand-maître de Rhodes pour arrêter la guerre que se faisaient les Florentins et les Milanais (1392).

Cependant les révolutions devenaient si fréquentes, que les citoyens ne trouvèrent plus de garantie dans les lois qu'ils avaient votées. Alors Antoniotto Adorno, pour rendre la paix à sa patrie, offrit à Charles VI, roi de France, de mettre sous sa protection la république de Gênes. En effet, divers gouverneurs venus de France se succédèrent, et, la peste aidant, la tranquillité régna pendant quelque temps. Mais bientôt les Génois se lassèrent de ce calme, et en 1369, profitant de l'éloignement du gouverneur Boucicaut, ils massacrèrent ou chassèrent de la ville tous les Français qui y étaient encore, et nommèrent le marquis de Montferrat capitaine de la république, avec la même autorité que les doges avaient autrefois exercée. Toutefois son pouvoir ne fut pas de longue durée; car les Génois lui fermèrent leurs portes en 1413. Cependant la haine entre les maisons puissantes était si violente, et chaque chef de parti avait sous ses ordres tant de clients et de vassaux, que la ville était transformée en une arène sans cesse teinte du sang des citoyens. *George Adorno*, *Bernabos*, *Goano* et *Thomas de Campo-Fregoso* occupèrent successivement la dignité ducale sans pouvoir pacifier la république ni même préserver son territoire des attaques de l'ennemi. Pour parer au déficit occasionné par la guerre, les Génois vendirent Livourne aux Florentins, au prix de cent mille florins (30 juin 1421).

Sur ces entrefaites, Jean-Antoine Fieschi engagea le duc de Milan à s'emparer de Gênes, et, s'étant fait donner le commandement de cette expédition, il l'amena à un bon résultat. Cet état de choses dura jusqu'au 27 décembre 1435. *Isnard de Guano* ayant été alors nommé doge, *Thomas Fregoso* le renversa, se mit à sa place, et fut renversé à son tour par *Jean-Antoine Fieschi* (1442). *Raphaël Adorno* chassa celui-ci à son tour. Ayant abdiqué, il eut pour successeurs *Barnabas*, *Janus*, puis *Louis* et *Pierre Fregoso*. Sous ce dernier, Alfonse 1er, roi d'Aragon, menaçant la ville, la seigneurie de Gênes fut transférée au roi de France, Charles VII; et Jean d'Anjou, duc titulaire de Calabre, fut nommé gouverneur au nom du roi. Une flotte aragonaise était déjà devant le port, quand la mort d'Alfonse fit échouer cette entreprise (1458). Les Français, maîtres de la ville, luttèrent pendant six ans contre une vigoureuse opposition; enfin le roi Louis XI, désespérant d'établir fermement son autorité sur cette cité turbulente, céda ses droits au duc de Milan (1464).

Pendant cette période, tout occupée de ses dissensions intérieures, Gênes avait perdu les positions qu'elle occupait en Orient. Les Turcs étaient maîtres de Constantinople; Caffa et les îles de l'Archipel avaient été obligées de se soumettre à la domination de ces nouveaux conquérants.

Gênes resta soumise aux ducs de Milan jusqu'à l'époque où Louis XII s'empara de cette dernière ville (1499). Gênes reconnut alors sa domination, et ouvrit ses portes à Philippe de Ravenstein, que le roi lui donna pour gouverneur. L'administration de celui-ci excita de nouvelles révoltes, restées impuissantes et sévèrement punies.

Quand l'armée française eut évacué le Milanais, les Génois tentèrent de nouveaux efforts. *Baptiste Fregoso* rentra dans la ville (1512), à la tête de troupes vénitiennes et suisses. Les Français, trop faibles pour résister, abandonnèrent la ville, et se retranchèrent dans le port, où ils attendirent le retour de l'armée française. Leur attente ne fut point trompée; et en 1513 une flotte française entra dans le port de Gênes, renversa Fregoso, que le peuple avait nommé doge, et remit le pouvoir ducal à la famille d'Adorno, qui avait donné des preuves multipliées d'attachement à la France. Mais ce gouvernement ne dura que quelques semaines; les Français ayant été défaits à Trecate, Fregoso revint au pouvoir. Le retour des Français en 1515 n'apporta aucune modification au gouvernement, si ce n'est que Fregoso changea son titre de doge en celui de gouverneur perpétuel au nom du roi de France. Gênes tomba en 1522 au pouvoir des Espagnols; mais en 1527 les Français la reprirent, et Théodore Trivulzio en fut nommé gouverneur.

A cette époque, André Doria, à la tête des vaisseaux génois, rendait les plus grands services au roi de France; mais ce prince refusa de lui payer la solde de ses galères, et nomma à son préjudice un amiral du Levant; en outre il voulut transporter à Savone le commerce de Gênes. Doria se plaignit; puis, voyant qu'il n'était point fait droit à ses doléances, il passa au service de l'empereur, et vint croiser devant le port de Gênes, appelant ses concitoyens à la liberté. Les Français furent chassés et la constitution réformée; un comité de douze réformateurs fut établi pour organiser la république : toutes les distinctions de guelfes et de gibelins, d'anciens et de nouveaux nobles furent abolies; chaque propriétaire contribuable fut déclaré noble; mais on borna ce privilége à vingt-huit familles, qui furent conservées comme autant de points de réunion et reçurent le titre d'Alberghi. Il fallait appartenir à ces familles pour obtenir les places; mais chaque année sept plébéiens leur étaient adjoints. Les réformateurs créèrent ensuite un grand sénat de quatre cents membres, un petit de cent, et placèrent à la tête du gouvernement un doge bisannuel, huit conseillers de la seigneurie et huit procureurs de la commune. Telle fut la constitution aristocratique qui se maintint à Gênes, sauf de légères modifications. La défection de Doria et des Génois était un coup malheureux pour la France ; « car, dit Brantôme, qui n'est seigneur de Gênes et maître de la mer ne peut guère bien dominer l'Italie. »

Cependant, la constitution aristocratique de Gênes blessa quelques républicains ; jaloux des prérogatives que cette constitution attribuait à un certain nombre de familles nobles et de l'ascendant que prenait Doria, ils résolurent de rétablir le gouvernement populaire. Profitant du moment où André Doria, accablé de vieillesse, se reposait du soin des affaires publiques sur son petit-neveu Gianettino, jeune homme hautain et orgueilleux, Jean Louis de Fiesque, comte de Lavagne, excita le peuple à courir aux armes. Dans la nuit du 2 au 3 janvier 1547, les conjurés s'emparèrent des postes importants et poignardèrent Gianettino. Il ne restait plus qu'à marcher au palais pour chasser la garde du doge et changer le gouvernement ; mais Fiesque, s'étant rendu au port pour y donner quelques ordres, tomba dans la mer et s'y noya. Ses partisans, effrayés, se dispersèrent, et le supplice ou l'exil des plus compromis satisfit la vengeance de Doria.

Pendant le seizième siècle, la puissance de Gênes commença à s'en aller lambeau par lambeau. En 1552 les Français envahissaient la Corse ; en 1566 Soliman s'emparait de l'île de Scio. Au commencement du dix-septième siècle les Génois eurent à étouffer le complot de Vachero et à repousser les tentatives du duc de Savoie. En 1638 ils virent battre à l'entrée de leur port leurs alliés, les Espagnols, par une flotte française. Leur attachement à l'Espagne leur valut une nouvelle humiliation en 1684. Louis XIV, irrité de ce que, non contents de construire des galères pour les Espagnols, ils vendaient encore des munitions aux Algériens, s'en plaignit vivement ; et, sur leur refus d'accorder satisfaction, envoya contre eux une escadre conduite par Seignelay, ministre de la marine, et par Duquesne ; 12,800 bombes jetées dans la ville en détruisirent une grande partie, et la république, se voyant livrée sans défense au courroux du roi de France, envoya son doge à Versailles faire amende honorable (15 mai 1685), malgré la loi qui lui défendait, sous peine de déchéance, de sortir de Gênes. En 1715 nouvel affront, venu, cette fois, de la cour de Vienne : un officier autrichien ayant été insulté, l'empereur en demanda satisfaction, et, sur le refus des Génois, il envahit leur territoire. Le sénat, se voyant dans l'impossibilité de résister, se soumit, paya 300,000 écus, et envoya Clément Doria présenter à l'empereur les excuses de la république.

Pendant la campagne de l'année 1746, si funeste aux armées espagnoles et françaises, et après le désastre de Plaisance (16 juin 1746), Gênes, craignant la vengeance autrichienne, et laissée sans appui à la merci du vainqueur, se hâta d'ouvrir ses portes aux troupes impériales, et accepta toutes les conditions qu'on voulut lui imposer. Bientôt, une révolte ayant chassé les Autrichiens, le comte de Schulenbourg marcha contre la ville ; mais Boufflers et le maréchal de Belle-Ile vinrent au secours des Génois, et repoussèrent leurs ennemis.

La république accéda l'année suivante au traité d'Aix-la-Chapelle (28 octobre 1748), et Louis XV exigea qu'elle fût rétablie dans toutes les possessions qu'elle avait avant la guerre. Cet avantage fut compensé par la perte de la Corse, que les Génois se virent forcés de céder aux Français (15 août 1768).

Lors de la révolution française, la position de Gênes devint très-difficile : menacée par l'Autriche, l'Espagne et l'Angleterre, qui bloquaient son port, elle fut longtemps à se déclarer contre la France ; mais les banquiers génois étaient, à cette époque, propriétaires de quatorze millions de rente sur l'Etat : pour assurer leur fortune, ils engagèrent la république à signer à Paris, le 9 octobre 1796, un traité par lequel elle s'engageait à fermer ses ports à l'Angleterre. L'année suivante Gênes fut en proie à de graves désordres ; le parti aristocratique ayant été vainqueur, les Français furent inquiétés ; mais le langage énergique du ministre français Faypoult et les victoires remportées par Bonaparte firent éclater une révolution où le peuple eut le dessus.

Alors fut décrétée la république ligurienne, sur le modèle de celle de la France (14 juin 1797). Trois ans plus tard les Autrichiens, espérant profiter de la déplorable position de l'armée d'Italie, voulurent conquérir Gênes pour se porter sur le Var et entrer en Provence. Pendant qu'ils resserraient la ville du côté de la mer, une flotte anglaise coupa les communications par mer et interrompit les arrivages de vivres nécessaires à la nourriture des assiégés. Masséna, chargé de défendre la ville, y soutint un des sièges les plus mémorables dont l'histoire fasse mention ; enfin, le 3 juin 1800, après soixante jours de blocus, il fut obligé de négocier ; le mot de *capitulation* fut vivement rejeté par le général français, et il obtint les conditions les plus honorables. Il sortit de la ville le 5 juin ; dix jours après, Napoléon, vainqueur à Marengo, stipulait l'évacuation de Gênes par les troupes autrichiennes, et le 24 du même mois le général Suchet y rentrait. Incorporée à l'empire français le 4 juin 1805, la république de Gênes fut divisée en trois départements dits *des Apennins, de Montenotte et de Gênes* ; la ville de Gênes

12.

fut le chef-lieu de ce dernier, et dès lors elle partagea les vicissitudes de l'empire français. Lors de la chute de Napoléon, la garnison française qui occupait Gênes fut obligée de capituler, et lord Bentinck, ayant pris possession de la ville au mois d'avril 1814, lui rendit la constitution qui la régissait avant 1797. Mais cette mesure ne fut pas confirmée par le congrès de Vienne, et Gênes fut incorporée au royaume de Sardaigne.

« Gênes, comme l'a dit M. de Sismondi, bâtie sur des montagnes arides, entre des rochers que ne couvre aucune verdure et une mer que les poissons semblent fuir, n'avait reçu de la nature qu'une seule faveur, un port aussi sûr qu'il est vaste; c'est à l'industrie et au commerce qu'elle a dû toute son importance. » Cette ville, que l'on appelle *la Superbe* à cause de la magnificence de ses palais, est protégée par d'importantes fortifications; son enceinte extérieure *s'étend jusqu'au sommet de la montagne* sur le penchant de laquelle la ville est bâtie, et elle forme un circuit d'environ seize kilomètres; l'enceinte intérieure a environ la moitié de cette étendue. Les rues, étroites et garnies de maisons élevées, ont un aspect triste et sévère; les plus belles, telles que les rues Nuova, Nuovissima, Balbi, Charles-Félix, quoique bordées de palais dont les façades sont presque tout en marbre, offrent le même aspect. La plus belle place est celle qui se trouve près de la Douane; on y a établi, au-dessus de portiques occupés par de riches magasins, une terrasse dallée de marbre, qui a coûté plus de deux millions de francs. Parmi les palais qui attirent principalement l'attention des étrangers, nous citerons le palais ducal, ancienne résidence des doges, construit par Simon Cantoni, et qui est maintenant le siége du gouvernement; la façade extérieure, décorée de corniches et de balustrades en marbre, présente un ensemble majestueux. Le palais royal, qui a longtemps appartenu à la famille Durazzo, est surtout remarquable par ses magnifiques escaliers de marbre, construits sur les dessins de Ch. Fontana. Le palais Sauli, habité longtemps par la famille Grimaldi, est sans contredit l'un des plus magnifiques, non-seulement de Gênes, mais de toute l'Italie. Celui d'André Doria, décoré d'une superbe colonnade en marbre de Carrare; les palais Bignole, Serra, Balbi, Carrega, du marquis di Negro, etc., attirent à des titres différents l'attention des étrangers. Les églises de Gênes respirent la magnificence, quoique aucune n'ait des dimensions comparables à celle des temples célèbres de l'Italie; les plus remarquables sont celle de Saint-Laurent (la cathédrale), *toute revêtue* de marbre à l'extérieur, et où l'on conserve le fameux vase connu sous le nom de *sacro catino*; celle de Saint-Cyr, l'une des plus an-

ciennes de la ville, et que l'on fait remonter jusqu'à l'an 250; l'église de Notre-Dame-des-Vignes, dont la grande nef est soutenue par seize belles colonnes d'une seule pièce en marbre granitelle fin, etc. Les autres monuments de Gênes sont l'arsenal, la douane, ancienne banque de Saint-George, où l'on conserve encore les chaînes avec lesquelles les Pisans fermèrent inutilement leur port en 1200, souvenir de gloire gardé dans le palais de l'industrie. Dans la même rue est la porte de la Darse, vaste bassin où sont les bâtiments de l'État, en armement, en désarmement ou en réparation; une partie des sept cents forçats renfermés dans le bagne voisin y sont souvent employés aux travaux de réparation. Une ville d'Italie ne pourrait exister sans théâtre : celui de Charles-Félix, élevé d'après les plans du chevalier Charles Baradino, architecte génois, peut rivaliser, pour sa décoration extérieure, la richesse de ses marbres et la magnificence de son foyer, avec les plus beaux de la Péninsule. La foule se presse à ceux de Saint-Augustin (ancienne église) et delle Vigne.

Les Génois ont, à toutes les époques de leur histoire, secouru généreusement leurs pauvres : des magistrats dits de la Miséricorde, des Pauvres, des Artisans, étaient chargés de soutenir la classe nécessiteuse et de distribuer des secours. L'Albergo dei Poveri, qui jouissait en 1789 d'un revenu annuel estimé à 170,000 francs, est dans une situation très-florissante. Cet établissement, fondé en 1564 par Emmanuel Brignole, renferme près de deux cents vieillards ou infirmes, employés à des travaux manufacturiers. L'hôpital de Pammatone, fondé en 1420 par Barthélemy Bosco; le Conservatorio delle Fieschine, où les orphelins apprennent à travailler et notamment à faire ces belles fleurs artificielles admirées dans toute l'Europe; la Casa di recovero del pazzi, maison d'aliénés; l'institution royale de sourds-muets établie en 1801 par le R. P. Octave Assarotti, et une foule d'autres établissements de charité publique, tenus par des religieuses de l'ordre de Sainte-Catherine, sont ouverts pour soulager toutes les indigences et secourir tous les malheurs.

Gênes compte aussi plusieurs établissements consacrés au développement des sciences, des lettres et des arts; nous signalerons l'*académie des beaux-arts,* où l'on voit une bonne collection de tableaux antiques, de dessins, de modèles, etc., avec une bibliothèque d'environ 85,000 volumes. On y a joint une école où cinq professeurs enseignent la peinture, la sculpture, l'architecture, l'ornementation et la gravure. L'*université* compte vingt-neuf professeurs sans les suppléants. Gênes possède en outre un collége royal, un séminaire, une école royale de marine, et quatre bibliothèques, dont la plus importante (celle de l'université) renferme des manuscrits précieux, qui ont été décrits par Sylvestre de Sacy dans ses *Recherches faites dans les Archives de Gênes* (1).

On trouve à Gênes de nombreuses fabriques de damas, de velours, de broderies, de bas de soie, de toiles de coton, de chapeaux, de rubans, de fleurs artificielles, de pâtés que l'on expédie sur tous les points de l'Europe; les ouvrages d'orfévrerie, d'horlogerie, et le filigrane jouissent d'une haute réputation, ainsi que la fabrique de bijoux en corail, dont il se fait un commerce considérable. Le Port franc, réunion de huit beaux édifices, entouré d'une enceinte de murailles, et où toutes les marchandises qui arrivent de l'étranger peuvent être mises en magasin sans payer aucun droit, contribue puissamment à la prospérité du commerce d'exportation.

La Chronique de Gennes; Paris, 1507, in-8°.

Glustiniano, *Annali di Genoa;* Genoa, 1537, in-f°.

Uberti Folietæ *Historia Genuensium;* Genuæ, 1587, in-f°.

Agost. Mascardi, *La congiura dei conte Luigi de Fieschi descr.;* Bologna, 1629, in-4°; la 1re édition est de Venise, 1629, in -4°.

Le cardinal de Retz, *La conjuration du comte Jean-Louis de Fiesque;* Cologne, 1665, in-12, et dans les *Mémoires de Retz.*

Jacobi Bonfadii *Annalium Genuensium, ab anno 1528 usque ad annum 1550, libri V,* cura et studio Ant. Sambucæ; Brixiæ, 1747, in-8°, fig.

Guerra di Genova, o sia diario della guerra d'Italia tra i Galli-Span-Liguri, ai Sard-Austriaci, dall' abbate Gius. M. Mecatti; Napoli, 1749, 2 vol. in-8°.

Bréquigny, *Histoire des révolutions de Gênes jusqu'en 1748;* 1752, 3 vol. in-12.

Millin, *Voyage en Savoie, en Piémont, à Nice et à Gênes;* Paris, 1816, 2 vol. in-8°.

Le marquis Girol. Serra, *La Storia dell' antica Liguria e di Genova;* Torino, 1834, 4 vol. in-8°.

Carlo Varese, *Storia della republica di Genova, dalla sua origine sino al 1814;* Genova, 1835-1839, 8 vol. in-8°.

Émile Vincens, *Histoire de la république de Gênes;* Paris, 1842, 3 vol. in-8°.

Thiers, *Histoire du consulat et de l'empire.*

Guida da Cônes et de ses environs; chez Beuf, libraire à Gênes.

Valery, *Voyage en Italie,* 2e éd.; Paris, 1838, 3 vol. in-8°.

ACH. D'HÉRICOURT.

GENÊT (*Agriculture*). *Genista.* Genre de plantes de la famille des légumineuses.

Le genêt commun ou genêt à balai est l'espèce la plus répandue en France. C'est un arbrisseau de deux à quatre mètres de hauteur, qui croît spontanément dans les terres pauvres et incultes, dans les landes argilo-siliceuses; il est rare et vient mal sur les sols calcaires. Ses rameaux sont anguleux, d'un vert foncé, et garnis de feuilles petites et si caduques, qu'elles tombent presque toutes peu après la floraison. Les fleurs, groupées à l'extrémité des rameaux, sont assez grandes, jaunes et faiblement odorantes.

(1) *Magasin encyclopédique* de Millin, juillet 1807.

Le genêt commun est vivace par les tiges comme par les racines. C'est une plante des pays chauds et tempérés. Il est difficile à conserver dans les pays où les hivers sont rigoureux; les gelées du climat de Paris le tuent quelquefois.

Sans importance dans les pays fertiles et bien cultivés, le genêt commun présente une utilité réelle dans des conditions agricoles opposées, par exemple dans le centre et l'ouest de la France. Ce qui s'oppose à ce qu'on l'emploie plus communément, c'est la lenteur de sa végétation : il faut attendre deux ans avant de commencer à en recueillir les produits.

En Espagne, dans les montagnes de la Galice, sur des terres schisteuses, on le traite à la manière des essences ligneuses, par éclaircies successives. Arrivé à son maximum de développement, après une douzaine d'années, il s'élève jusqu'à huit mètres de haut; alors on l'arrache, et le terrain est cultivé en maïs ou autres plantes pendant un temps plus ou moins long.

En Bretagne et en Sologne, sur des terres maigres, usées, qui, abandonnées à elles-mêmes, seraient promptement envahies par la bruyère et les plantes sauvages qui l'accompagnent, on le sème dans du seigle, ou du sarrasin; la terre reste couverte de genêt pendant cinq ou six ans, après quoi l'on défriche pour remettre en culture le terrain, qui s'est en quelque sorte régénéré pendant la production du genêt.

En Belgique, dans de mauvais fonds sablonneux, on fume, puis on sème à la fois de l'avoine, du trèfle et du genêt; la première année on récolte l'avoine, la seconde le trèfle, et la troisième le genêt. Cette succession repose le sol de la culture des grains, et accroît la faculté productive d'une manière remarquable.

Le genêt est donc la plante améliorante des terres siliceuses, arides, improductives; par ses débris naturels il crée l'humus qui doit un jour rendre sa terre végétale fertile. En outre, pendant sa végétation, il fournit des produits dignes d'intérêt.

On l'emploie comme litière et ultérieurement comme engrais; souvent même on le coupe pour l'enfouir directement dans le sol. Dans son état ordinaire, il est deux à trois fois plus riche en azote, et, par conséquent, deux ou trois fois plus fertilisant, à poids égal, que le fumier d'étable ordinaire.

On utilise le genêt comme combustible pour chauffer le four. Dans les Vosges, on en extrait, par incinération, des cendres riches en potasse, dont on fait usage pour la fabrication du verre de bouteilles.

On s'en sert pour faire des balais et aussi pour couvrir les chaumières.

Quand on se borne à couper les rameaux du genêt, ils repoussent l'année suivante; mais la plante périt si l'on coupe le pied. En toutes saisons les genêtières offrent un pâturage médiocre, dont les bêtes à cornes sont peu avides, mais qui est assez du goût des races de *moutons les plus rustiques.*

Quelques agronomes, Thaër, Arthur Young, estiment qu'après avoir été écrasé ou seulement coupé au moyen du hache-paille, le genêt convient à tous les animaux; bêtes à laine, bêtes à cornes et chevaux.

Il faut environ huit litres de graines par hectare, que l'on sème au printemps, dans une autre récolte, sans recouvrir par un hersage; car la graine de genêt n'aime pas à être enterrée.

Cette semence n'est pas coûteuse : dans les pays où le genêt est commun, on peut la faire *cueillir par des pâtres, moyennant une faible rétribution*, peut-être *cinquante centimes par litre.*

Pour cette plante, ainsi que pour plusieurs autres de la même famille, on ne doit pas attendre trop longtemps pour faire la récolte des graines; car arrivées à maturité, elles ne restent pas dans leurs gousses : celles-ci, douées alors d'une élasticité particulière, s'entr'ouvrent et *subissent un mouvement de torsion en vertu* duquel les graines sont projetées à distance.

Le genêt d'Espagne, *genista juncea*, présente des rameaux cylindriques, lisses, semblables à des joncs, et garnis de quelques feuilles rares, simples, et alternes. Les fleurs jaune doré forment une sorte d'épi à l'extrémité des rameaux; elles épanouissent en été et exhalent une odeur douce et agréable.

Plus que la précédente, cette espèce de genêt redoute les froids. En France, elle ne *croît spontanément que dans les départements* méridionaux.

Tandis que le genêt commun recouvre de vastes étendues dont le sol est absolument dépourvu de carbonate de chaux, au contraire le genêt d'Espagne, du moins en Provence, est très-abondant sur les coteaux calcaires, et fort rare sur les terrains granitiques, où il peut être cultivé cependant.

Le genêt d'Espagne demande à être traité comme le genêt commun; et il fournit des produits analogues; de plus, en diverses contrées, il joue le rôle de plantes textiles. Ainsi, en Espagne, en Italie, et en France dans les Cévennes, vers le mois d'août, les rameaux allongés et vigoureux sont coupés, mis à rouir, puis teillés à la manière du chanvre; et l'on en obtient une filasse grossière, avec laquelle on fabrique des cordages et aussi de la toile qui sert aux usages domestiques.

Le genêt des teinturiers (*genista tinctoria*) est une petite espèce, que l'on peut utiliser comme celles dont nous venons de parler; mais ses propriétés spéciales résident dans les sommités fleuries, dont on peut extraire une couleur jaune, à laquelle on préfère aujourd'hui la gaude.

Le genêt velu (*genista pilosa*) présente des dimensions plus restreintes encore que le genêt des teinturiers : ses tiges, un peu couchées, ont au plus de vingt à trente centimètres. Cette espèce est peut-être la plus convenable de toutes comme plante fourragère destinée au pâturage.

D'après les observations de Sprengel, le genêt velu vient dans les terres siliceuses les plus arides : les moutons le préfèrent à toutes les autres espèces; ses feuilles et ses tiges, tendres et herbacées, ne gèlent jamais; ses racines, qui pénètrent jusqu'à deux et trois mètres de profondeur, l'empêchent de souffrir des sécheresses; il peut donc fournir en tout, temps de la nourriture aux animaux.

Il est à observer que les moutons qui broutent dans les genêtières sont parfois atteints d'une inflammation des voies urinaires. Cette affection, qu'on nomme *genestade* dans le midi de la France, cède promptement à des boissons rafraîchissantes et surtout à un changement de nourriture.

Il existe d'autres espèces de genêts, dont quelques-unes n'ont que des tiges dures, ligneuses, armées d'épines longues et fermes, qui les rendent tout à fait impropres à la consommation des bestiaux.

On ne doit pas les confondre avec la plante vulgairement nommée, mais à tort, *genêt épineux;* celle-ci n'est autre chose que l'ajonc, *olex europœus*, plante qui partage les propriétés du genêt commun, et dont on obtient un fourrage très-estimé pour tous les herbivores, notamment les chevaux.

.   **L.**

GENETTE. (*Histoire naturelle.*) Groupe de mammifères carnassiers, démembré assez récemment du genre naturel des *civettes* (*Voy.* ce mot), dont il se distingue facilement en ce que les poches qui sécrètent la matière odorante sont réduites à de simples enfoncements, au lieu de former un double sac comme chez les civettes proprement dites. L'espèce la plus remarquable est celle que l'on nomme *Genette commune* (*Genetta vulgaris*), que l'on trouve dans la France méridionale, en Afrique, et probablement aussi en Asie.

E. DESMAREST.

GENÈVE. (*Histoire et Géographie.*) Genève, ville principale d'une république presque aussi petite que celle de Saint-Marin, et qui cependant a joué en Europe un rôle quelquefois aussi important que celui des plus grands États. Cependant, elle n'a point brillé par l'éclat de ses triomphes militaires; mais, devenue l'un des centres du protestantisme, elle régna dans le seizième siècle sur tous les esprits qui avaient embrassé les idées nouvelles prêchées par Luther et ses émules.

La fondation de Genève remonte à une haute antiquité, s'il est vrai qu'elle fut bâtie par les Celtes. Quoi qu'il en soit, elle figurait déjà au nombre des cités les plus importantes de la Gaule, puisqu'elle était la capitale des Allobroges, lorsque César vint pour soumettre ce peuple, qui ne posa les armes qu'après dix années de combats. Genève, obligée de subir le joug, conserva néanmoins ses lois et ses mœurs. Elle vécut obscurément sous le sceptre des successeurs d'Auguste; l'histoire n'en parle que pour raconter que sous Marc-Aurèle elle fut détruite en partie par un incendie. Aurélien releva ses murs et ses édifices, et lui accorda le privilége de tenir plusieurs foires; ce privilége suffit pour lui rendre en peu de temps sa première splendeur. Genève prit par reconnaissance le nom de son bienfaiteur, et le quitta bientôt pour reprendre l'ancien; car, il faut le dire, l'ingratitude est le vice des peuples plus encore que celui des rois.

Au quatrième siècle, le christianisme, qui n'avait cessé de grandir au milieu des persécutions, pénétra jusqu'à Genève avec l'apôtre des Gaules, Denis, qui vint y faire entendre sa voix éloquente. Lorsque l'empire romain tomba sous les coups des barbares qui s'en partagèrent les débris, les Burgondes créèrent, sur les bords du Léman, une monarchie dont Genève fut la capitale. Gondebaud, un de leurs rois, voulut y introduire l'arianisme; mais il échoua, et Genève, malgré les efforts de ce prince, ne voulut point se séparer de Rome, à laquelle elle devait, plus tard, porter de si rudes coups. Le royaume des Bourguignons ne tarda point à disparaître et à se confondre dans l'empire formé par les Francs. Lorsque Charlemagne alla combattre, en Italie, la monarchie des Lombards, Genève lui offrit des vivres et des secours de tout genre. Elle fut récompensée de ce dévouement par des franchises importantes.

Bien que soumise à toutes les dominations qui s'élevaient autour d'elle, Genève se gouverna longtemps par ses propres lois. Mais un nouveau pouvoir surgit dans ses murs : ce fut celui de l'évêque, qui gouvernait concurremment avec un chef élu par le peuple. A l'époque où s'éleva la querelle de l'investiture, querelle qui mit aux prises le saint-siége et l'empire, évêque et chef s'unirent pour refuser l'obéissance aux héritiers de Charlemagne. Mais en brisant un joug léger, puisqu'il n'était guère qu'un simple hommage, les Génevois eurent à se défendre contre les seigneurs voisins qui, comme eux, s'étaient rendus indé-

pendants. Le comte du Génevois, entre autres, les tint longtemps en échec.

En 1401, le comté étant passé dans la maison de Savoie, les princes de cette famille ne cessèrent, à leur tour, d'attaquer Genève, tantôt par la ruse, tantôt par la force. La ville était alors partagée entre trois pouvoirs, qui se disputaient l'autorité : c'étaient celui de l'évêque, celui des bourgeois, et celui du duc de Savoie. L'évêque était en même temps prince spirituel et prince temporel; mais il était entouré de conseillers laïques. Le duc de Savoie était lieutenant du prélat, par l'office de vidame (vice domini). A ce titre, il était tenu de prêter serment de fidélité à l'évêque et aux syndics, qui, représentant la bourgeoisie, avaient mission d'en défendre les droits et les franchises. Ils en possédaient les moyens; car c'était entre leurs mains qu'étaient déposées les clefs de la ville, et seuls ils commandaient la milice chargée de la garde de la cité. On conçoit que cet état de choses dut faire éclore de fréquentes luttes. Nous n'entrerons pas dans le détail de ces commotions politiques; il nous suffira de dire que durant le quinzième siècle et la première partie du seizième les ducs de Savoie, étant parvenus à inféoder dans leur famille la dignité épiscopale, exercèrent une prépondérance marquée dans la ville. Les Génevois cherchèrent des alliés, et en trouvèrent, à Fribourg et à Berne, qui les protégèrent efficacement. En vain les évêques eurent-ils recours à des mesures rigoureuses pour étouffer les conspirations, en vain firent-ils couler le sang : ils furent contraints de quitter la ville, chassés par la réforme, qui avait pénétré dans ses murs.

La foi nouvelle, prêchée par Viret et Farel, fit des progrès d'autant plus rapides qu'elle promettait d'établir la liberté politique, en même temps que la liberté religieuse; son triomphe fut consommé le 21 mai 1536, jour où les citoyens assemblés déclarèrent publiquement qu'ils voulaient vivre selon la loi évangélique et la parole de Dieu. A dater de ce moment, tous les liens furent rompus avec l'évêque et les princes de Savoie. Ceux-ci firent alors à Genève une guerre opiniâtre, qui faillit se terminer, en 1602, par un coup de main tenté contre la ville. Henri IV et les cantons de Zurich et de Berne étant intervenus, Charles-Emmanuel reconnut par un traité de paix, conclu en 1603, l'indépendance de la république.

La ville, cependant, s'était donné une constitution où les bourgeois avaient leur part, puisqu'ils formaient le conseil général auquel appartenaient le pouvoir législatif et l'élection des magistrats. Mais un autre conseil, composé seulement de deux cent cinquante magistrats, possédait seul le droit de discuter les lois;

dans son sein étaient pris exclusivement vingt et un membres, composant le petit conseil, en qui résidaient le pouvoir exécutif, le maniement des deniers publics, en un mot, tout le gouvernement. Ce conseil était présidé par quatre syndics.

Ce fut à cette époque que Calvin, fuyant la France, et passant par Genève pour se rendre en Allemagne, fut retenu par Viret et Farel, qui le sommèrent de les aider dans leur mission de réforme. (*Voyez* CALVINISME.)

A dater de ce moment, Calvin commença son règne à Genève; car on ne peut qualifier autrement l'espèce de domination qu'il exerça sur la république. Néanmoins, son zèle trop acerbe souleva contre lui et son compagnon Farel un parti puissant, composé de l'élite des citoyens; ce parti réussit à faire chasser les deux ministres (1538). Calvin se retira à Strasbourg. Le cardinal Sadolet ayant voulu profiter de son absence pour ramener les Génevois dans le giron de l'Église romaine, Calvin les pressa, par deux lettres écrites en 1538 et 1539, de persister dans leur séparation de la foi catholique. Cette séparation était pour Genève le gage de sa liberté politique; aussi, l'intervention de Calvin fut-elle accueillie avec enthousiasme, et il ne tarda pas à être rappelé (1540). Mais il fallut entamer une négociation pour l'enlever aux Strasbourgeois, qui l'avaient adopté et ne voulaient pas consentir à s'en séparer.

Rentré à Genève le 11 septembre 1541, le réformateur prit ses mesures pour se saisir du pouvoir. Il institua un consistoire composé des ministres de Dieu, qui pouvaient ainsi disposer en maîtres du salut et de la réputation des citoyens. Il est vrai que ce tribunal ne pouvait prononcer que des peines ecclésiastiques; mais il dominait tellement le pouvoir exécutif, que celui-ci condamnait toujours ceux que le consistoire voulait frapper. Il faut remarquer que Calvin avait ouvert les portes de Genève aux réfugiés de toutes les nations, et qu'il se trouvait parmi eux une foule d'hommes qui prenaient le masque de la religion pour cacher leurs vices. Ils étaient dévoués à Calvin; ceux que son crédit avait fait entrer dans les conseils de la république lui en assuraient la majorité, tandis qu'il se servait des autres pour diriger la populace. Tels furent les ressorts secrets dont il usa pour affermir sa domination, qui s'éleva bien vite jusqu'au despotisme le plus intolérant et le plus cruel.

En 1530, on lisait en lettres d'or, dans l'hôtel de ville, une déclaration établissant la liberté de conscience. Aussitôt que Calvin fut établi à Genève, tous les citoyens furent sommés d'aller au sermon, souvent deux fois par jour. Il leur fut défendu de conserver dans leur logis aucune image papiste, sous peine d'amende, de prison ou d'exil. Les mêmes peines atteignaient ceux qui osaient parler en mal de Calvin. Les actes les plus simples de la vie privée étaient soumis à une censure sévère et châtiés avec une extrême rigueur. Les citoyens ne pouvaient se livrer aux amusements dont ils avaient depuis longtemps contracté l'habitude. Il leur fut interdit de danser et même de se vêtir à leur fantaisie. Une dame ayant paru en public avec une coiffe que le consistoire déclara immodeste, fut mise en prison, ainsi que deux autres dames qui l'accompagnaient, et jusqu'aux servantes qui avaient coiffé leur maîtresse. Chaque semaine, certains personnages, appelés *anciens,* avaient le droit de pénétrer dans les maisons et d'exercer l'inquisition la plus minutieuse sur tout ce qui se passait dans l'intérieur des habitations et des familles; en un mot, on ne pouvait ni parler ni se réjouir qu'avec la permission du pouvoir ecclésiastique. Il est peut-être superflu d'ajouter qu'aucun livre de théologie ne pouvait paraître sans avoir subi une censure préalable. Tel était, en abrégé, le système du gouvernement établi par Calvin, et qui lui survécut durant près de deux siècles. Le réformateur, qui avait débuté par prêcher dans ses écrits la tolérance pour les opinions et la mansuétude envers les dissidents, ne craignit pas, dans sa conduite, de fouler aux pieds ces mêmes principes qui auraient dû lui être sacrés. Pour établir sur des bases solides son pouvoir usurpé, il fit périr sur l'échafaud ou bannir de la ville, en confisquant leurs biens, tous les hommes qui ne voulurent pas plier sous sa loi. Ayant tué ou chassé ses adversaires, qu'il avait flétris du nom de *libertins,* le maître resta réformateur du pouvoir que nul désormais n'osa lui disputer. Il ne rencontra plus d'ennemis avoués que parmi les savants et les théologiens, qui continuèrent à le harceler jusqu'à sa mort. Il mourut, en 1564, à l'âge de cinquante-cinq ans, entouré d'hommages et de regrets de la part du peuple génevois, qui, accoutumé à sa domination, avait fini par s'y résigner et même par l'aimer. Sa mort ne laissa plus voir que ses grandes qualités. Avide de pouvoir, il ne songea jamais à s'enrichir. Genève, où il régnait, ne lui donnait annuellement que cinquante écus, douze coupes de blé, deux tonneaux de vin et un logement. Mais on sait que les grandes passions étouffent aisément les petites, et c'est ainsi qu'on peut expliquer le désintéressement du réformateur.

C'était de Genève que partaient les prédicants qui se rendaient en Italie, et surtout en France, pour répandre les nouvelles doctrines; c'était de Calvin que ces apôtres du protestantisme recevaient leurs instructions. Il fut donc l'instigateur le plus actif des troubles qui agitèrent les règnes de François II et de Charles IX. Le célèbre Bèze, qui l'avait si puissamment secondé, lui succéda dans la direction du protestantisme, qui, malgré son éclat, n'aboutit cependant qu'à créer une anarchie religieuse, dont tout le monde reconnaît et avoue aujourd'hui les résultats. Quoi qu'il en soit, la ville dont Calvin s'était fait le monarque et le pape continua à jouer le premier rôle dans l'église dissidente. Mais la nouvelle Rome vit son influence, usée par le temps, décliner, et enfin s'éteindre tout à fait. Quant à son histoire politique, elle se borne à des querelles intestines, dénuées de grandeur et, partant, d'intérêt. Nous avons dit que le pouvoir résidait en réalité entre les mains de deux cent cinquante citoyens. Or, quand la ville s'augmenta en richesse et en population, ceux qui étaient exclus du gouvernement, et c'était le grand nombre, voulurent y prendre part. De là naquirent deux partis : celui des *représentants*, qui demandaient la révision de la constitution ; et celui des *négatifs*, qui s'y opposaient. Attaqués sans relâche durant tout le cours du dix-huitième siècle, ces derniers réussirent à garder le pouvoir jusqu'en 1781, époque à laquelle ils en furent dépouillés par une émeute. Mais la France, la Savoie, et Berne, ayant fait marcher leurs soldats, l'ancien état de choses fut rétabli ; il dura jusqu'en 1793.

Durant cette année, le parti démocratique génevois, ayant appelé à son aide des agents du comité de salut public, s'empara du gouvernement.

En 1798 Genève, enveloppée de troupes françaises, fut contrainte de les admettre dans ses murs, et fut englobée dans la grande république, qui allait bientôt se métamorphoser en monarchie impériale. Genève descendit alors au rang de chef-lieu du département du *Léman*. La coalition de tous les peuples de l'Europe contre Napoléon lui rendit, en 1814, son indépendance, en l'agrégeant à la Suisse. Elle reprit son ancienne constitution ; mais des germes de mésintelligence ne tardèrent pas à naître entre les gouvernants et les gouvernés. Mûris en silence, ils éclatèrent enfin et firent éclore une révolution dans l'État. Vers la fin de 1841, une association de mécontents se mit en hostilité ouverte contre les dépositaires du pouvoir. Ceux-ci firent appel à la force ; mais la milice s'étant déclarée pour leurs adversaires, ils furent contraints d'abdiquer, et une nouvelle constitution, où la démocratie s'était fait une assez large part, fut élaborée et acceptée par la majorité. Toutefois cette constitution n'eut pas une longue durée, et en 1846 une nouvelle révolution l'a modifiée dans un sens plus démocratique encore.

Genève forme le vingt-deuxième canton de la Suisse ; à ce titre, elle fournit à la confédération helvétique un contingent de 880 hommes, qui peut être doublé si la réserve est appelée sous les drapeaux. Le territoire de ce petit État n'a que cinq lieues et demie de longueur sur une largeur de deux lieues et demie ; la population s'élève à cinquante-six mille âmes réparties dans trente-huit communes qui rayonnent autour de la capitale ; on évalue les revenus publics à plus de douze cent mille francs, argent de France. La ville, bâtie à l'extrémité occidentale du lac Léman, se trouve placée entre la France, la Savoie et la Suisse. Son enceinte, fortifiée, renferme douze cents maisons et vingt-huit mille habitants. L'intérieur de la cité est divisé, par le Rhône, en deux parties, inégales ; l'une des deux forme une petite île. Quoiqu'elle n'offre pas de monuments remarquables sous le rapport de l'architecture, Genève contient, comme toutes les capitales, plusieurs établissements qui témoignent de son goût pour les arts et de sa sollicitude pour le bien de la population : ainsi, le musée Rath offre une riche collection de tableaux, de statues et de gravures. La ville possède encore un observatoire, un jardin botanique, un cabinet de physique, un musée d'histoire naturelle et une bibliothèque ouverte à tous les citoyens. Des secours sont donnés, par l'hôpital général fondé depuis trois siècles, à tous les Génevois tombés dans le besoin. La santé publique est placée sous la surveillance d'un conseil de médecins et de chirurgiens, dont quelques-uns ont une renommée répandue jusque dans les pays voisins. On trouve à Genève une prison pénitentiaire, qui a pour but de moraliser les coupables en même temps qu'elle les punit.

Le défaut de place ne nous permet pas d'entrer dans de plus longs détails ; nous nous contenterons de signaler à nos lecteurs l'existence d'un grand nombre de sociétés littéraires et savantes qui entretiennent le goût des lettres et des arts dans les classes élevées.

Genève a vu naître dans ses murs une foule de personnes célèbres ; nous mentionnerons entre autres J. J. Rousseau, Bonnet, Necker, de Saussure, madame de Staël. Genève s'est encore rendue remarquable par son industrie ; il en est deux qu'elle cultive avec un succès tout particulier : ce sont l'horlogerie et la bijouterie, qui occupent la majeure partie de ses habitants.

Ant. Jos. Levrier, *Chronologie historique des comtes de Génevois, contenant celle des évêques, princes, et les faits relatifs à la constitution de la ville de Genève, depuis son origine jusqu'à l'établissement de la réformation en* 1838; Orléans et Paris, 1607, in-8°.

Spon, *Histoire de Genève*, rectifiée et augmentée

par Gautier et Firm. Abauzit; Genève, 1730, 2 vol. in-4°, ou 4 vol. in-12.

J. P. Béranger, *Histoire de Genève jusqu'en* 1761; Genève, 1772, 6 vol. in-12.

J. Picot, *Histoire de Genève;* Genève, 1811, 3 vol. in-8°.

Auguste SAINT-PROSPER.

GÉNIE. (*Métaphysique.*) L'étymologie de ce mot en indique le sens véritable. Génie dérive évidemment de *gignere*, créer, produire; mais la création n'étant autre chose pour l'homme, dans les limites physiques et morales où il est resserré, que la découverte d'une combinaison nouvelle, la révélation d'un secret de la nature, créer, pour lui c'est découvrir. Colomb agrandit le monde; Galilée fait tourner la terre autour du soleil; Rousseau fonde le Contrat social; Voltaire forme l'alliance inviolable de l'histoire et de la philosophie; Montesquieu retrouve les droits de l'humanité ensevelis sous la barbarie des codes : telles sont les œuvres du génie. On peut donc le définir, en généralisant le principe de Newton (1) : « Le plus haut degré d'attention dont l'esprit humain soit capable. »

Allié à l'industrie, le génie a civilisé l'univers; il a découvert successivement les rapports de l'homme avec la terre qui le porte, avec les animaux qui l'habitent avec lui, avec ses semblables, avec l'être éternel. Il existe un foyer de génie universel; les rayons qui s'en échappent se concentrent dans le cerveau des hommes de génie comme dans un miroir ardent, et dissipent insensiblement les nuages épais qui couvrent toutes les vérités. Cet immortel flambeau peut s'obscurcir, il ne s'éteint jamais; les siècles les plus grossiers en ont conservé quelques étincelles sous les cendres mêmes de la barbarie. Dans les temps anciens, c'est sur la Grèce qu'il brilla d'un éclat plus vif et plus pur; c'est là que le génie féconda les arts, recula les bornes de l'intelligence, et sembla faire acception de la brillante société des Hellènes, entre tous les peuples de la terre. Cependant avant la Grèce, l'Inde et l'Égypte, la Chine et la Chaldée, avaient fait, sous l'influence du génie de l'homme, les premiers pas dans la carrière des sciences et des arts nécessaires à l'existence et à l'embellissement des sociétés. Dans les temps modernes, d'immenses progrès ont été faits dans toutes les directions, et le génie a successivement éclairé tous les points de l'horizon intellectuel. La main de l'homme a dirigé la foudre; l'air a porté au-dessus des nuages, la nacelle audacieuse; la vapeur a poussé sur les mers son navire vainqueur des vents et des flots; tous les éléments, transformés, déplacés, combinés de mille manières, sont devenus tributaires de l'industrie humaine. Cette grande conquête du génie

(1) Newton répondit à quelqu'un qui lui demandait comment il avait pu découvrir le système du monde : « En y pensant toujours. »

sur la nature semble, comme l'asymptote des géomètres, s'approcher sans cesse d'un but de perfection qui recule toujours.

Disons-le hautement : les hommes de génie ne sont que les instruments les plus parfaits de ce génie universel qui appartient à l'humanité; ceux qu'on appelle de ce nom reçoivent en naissant plus d'aptitude à répandre la lumière, à découvrir des sources nouvelles d'amélioration ou de jouissance : quant au génie, il n'appartient pas aux individus, il est tout entier dans l'espèce.

Le génie, considéré individuellement, suppose une âme forte, un esprit étendu, un jugement prompt, un caractère original; sa plus haute fonction consiste, non à imaginer ce qui peut être, mais à découvrir ce qui est. La faculté d'observer beaucoup, d'observer longtemps, est donc une des premières conditions du génie.

Le privilége du génie est de se frayer vers la vérité une route où personne n'ait marché avant lui, et, comme le dit fort bien l'abbé Dubos : « Ce qu'un homme de génie fait le mieux, c'est ce que personne ne lui a appris à faire. » Le but qu'il se propose paraît inaccessible; mais il y parvient par des moyens inaperçus, comme ces fleuves qui communiquent à l'Océan par des routes souterraines que le vulgaire ne connaît pas.

E. JOUY.

GÉNIE CIVIL. (*Histoire.*) Sous ce titre nous comprenons les corps des ingénieurs des mines et les ingénieurs des ponts et chaussées.

Le corps des *ingénieurs des mines* est spécialement chargé de surveiller l'exploitation des mines, quand elle est faite pour le compte des particuliers, et de la diriger quand elle a lieu dans l'intérêt du domaine public.

Charles VI avait institué, dans chaque bailliage, des commissaires royaux pour surveiller les exploitations et résoudre les difficultés élevées sur le fait des mines. Ils étaient à la fois administrateurs et magistrats. Plus tard on créa un grand-maître surintendant des mines, un lieutenant général et un contrôleur, des lieutenants particuliers, et plusieurs conseillers du roi, pour cette branche importante de l'administration publique; mais il s'écoula bien du temps avant que l'on songeât à choisir des hommes capables de répandre les connaissances de l'art parmi les exploitants et de régulariser leurs travaux. On envoya d'abord des élèves visiter les mines les plus importantes des pays étrangers; on créa des inspecteurs généraux des mines, des commissaires du roi; enfin, en 1783, Louis XVI fonda à Paris *l'École royale des mines*, destinée à former des ingénieurs. En 1788 l'administration et le corps des mines se composaient d'un intendant, de deux commissaires du roi, de cinq inspecteurs généraux, de trois sous-inspecteurs, et de six ingénieurs, dont le nombre devait augmenter à mesure que les élèves auraient acquis une instruction suffisante; d'un directeur de l'école, de deux professeurs, et de douze élèves. Il existait en outre divers fonctionnaires de même nature dans les pays d'états, et une administration spéciale des carrières de Paris.

Le 18 novembre 1810, un décret donna au corps des mines une organisation analogue à celle du corps des ponts et chaussées, et détermina d'une manière précise les fonctions des ingénieurs. Cette organisation a été légèrement modifiée par une ordonnance du 27 avril 1832.

Rétablie à Paris par une ordonnance du 5 décembre 1816, l'école des mines reçoit des élèves ingénieurs, qui sortent de l'école polytechnique, et des élèves externes, qui ne peuvent jamais être admis dans le corps des mines.

L'école des mineurs a été fondée à Saint-Etienne (Loire), en 1816; cette école, organisée seulement en 1831, est destinée à fournir des chefs d'exploitation aux entreprises particulières. Enfin, une école de maîtres mineurs a été établie à Alais (Gard), en 1843.

La création du corps des ingénieurs des ponts et chaussées date de l'année 1750 (Voy. GÉNIE MILITAIRE). Par un arrêté du conseil daté du 9 juillet, et par des lettres patentes du 17 août, on créa un architecte premier ingénieur, quatre inspecteurs généraux, un directeur du bureau des géographes et dessinateurs, vingt-cinq ingénieurs en commission pour les pays d'élection, et un certain nombre de sous-inspecteurs pour suivre les ouvrages. En 1770 le roi établit trois nouveaux ingénieurs pour la généralité de Paris; il érigea les sous-inspecteurs en inspecteurs, et en fixa le nombre à cinquante. Il y avait de plus trois ingénieurs pour les turcies et levées, un inspecteur et un ingénieur pour le pavé.

Les pays d'états avaient en outre leurs ingénieurs ou agents particuliers; mais, par la loi du 19 janvier 1791, ces ingénieurs furent compris dans la nouvelle organisation du corps. Cette dernière loi portait qu'il y aurait une administration centrale des ponts et chaussées, un premier ingénieur, huit inspecteurs généraux, un premier commis, etc.

Le premier ingénieur devait être pris parmi les inspecteurs généraux, et nommé par le roi; les inspecteurs généraux, choisis parmi les ingénieurs en chef du département, et nommés au scrutin par le premier ingénieur et les inspecteurs généraux. Le même décret organisait l'école des ponts et chaussées. Le 18 août suivant, l'administration centrale fut placée sous la dépendance du ministère de l'intérieur, on établit un ingénieur en chef par département, et autant d'ingénieurs ordinaires qu'il en serait demandé par les départements.

Le 1er juillet 1792 une loi réorganisa l'école des ponts et chaussées, et y admit les élèves des anciennes écoles de Bretagne et de Languedoc. Enfin, le corps des ponts et chaussées fut constitué à peu près tel qu'il est aujourd'hui, par le décret du 25 août 1804 (4 fructidor an XII), qui établit cinq inspecteurs généraux, dix-sept inspecteurs divisionnaires, cent trente-quatre ingénieurs en chef, trois cent six ingénieurs ordinaires, quinze aspirants, et soixante élèves. De légères modifications ont été apportées à cette organisation, principalement en ce qui concerne le nombre des ingénieurs, qui est nécessairement variable, et proportionné à l'étendue du territoire et aux besoins du service.

L'école des ponts et chaussées se recrute exclusivement parmi les élèves sortant de l'école polytechnique auxquels le classement a donné le droit de choisir leur carrière.

Le corps des ingénieurs des ponts et chaussées et celui des ingénieurs des mines dépendent du ministère des travaux publics.   D.

GÉNIE MARITIME. (Histoire.) Avant 1765 les bâtiments de la marine royale étaient achetés en Hollande ou construits dans nos ports par des maîtres charpentiers venus, pour la plupart, d'Amsterdam. Une ordonnance du 15 avril 1689 fixait le service et les émoluments de ces constructeurs. Les progrès de l'architecture navale exigeant chaque jour des connaissances plus étendues, Louis XV accorda, par ordonnance du 26 mars 1765, le titre d'ingénieur aux maîtres charpentiers constructeurs les plus instruits. La même ordonnance détermina les fonctions du nouveau corps dans les ports de Brest, Toulon et Rochefort; il y eut un ingénieur en chef, deux ou trois ingénieurs ordinaires, quatre ou six sous-ingénieurs et quelques élèves. Des ingénieurs constructeurs ordinaires furent détachés dans les autres ports, tels que Lorient, le Havre, Nantes, Marseille, Bayonne, Bordeaux, etc., pour y diriger les travaux. Les ingénieurs en chef étaient choisis parmi les ingénieurs ordinaires les plus capables, sans égard à l'ancienneté. Les places d'ingénieurs ordinaires étaient mises au concours parmi les sous-ingénieurs. Les places vacantes de sous-ingénieurs appartenaient aux plus anciens élèves : ceux-ci étaient pris parmi des jeunes gens de seize à vingt ans, qui subissaient un examen spécial, après avoir servi les travaux pendant deux ans sur les chantiers. Une fois admis, ils étaient tenus d'étudier l'arithmétique, la géométrie, l'hydraulique, l'algèbre, l'application de l'algèbre à la géométrie, et de subir sur ces matières un examen qui déterminait leur classement.

Sous le ministère de M. de Boynes (21 janvier 1774) l'état des ingénieurs constructeurs fut plus positivement déterminé. Ils formèrent, avec l'administration de la marine, sous les ordres de l'intendant, un corps unique, qui prit le nom d'*officiers de port*. Une telle confusion ne pouvait durer longtemps ; dès 1776 M. de Sartines sépara de nouveau les ingénieurs constructeurs, et les fit passer sous les ordres du commandant militaire. Ils exécutaient les travaux des ports sous la direction des officiers de la marine. A la révolution de 1789 les ingénieurs des constructions navales se retrouvèrent soumis à un ordonnateur dirigeant en chef les travaux, les approvisionnements, les mouvements, la police des chiourmes et des hôpitaux, et les levées des gens de mer. Le 3 brumaire an IV les attributions et les grades des ingénieurs de la marine furent déterminés par une loi, dont les dispositions ont depuis éprouvé très-peu de changements. Aujourd'hui les membres de ce corps sont pris exclusivement parmi les élèves de l'école polytechnique. Comme le nombre total des officiers, fixé par une ordonnance royale du 2 mars 1838, n'est que de 65, dont un inspecteur général, cinq directeurs, vingt-quatre ingénieurs et 35 sous-ingénieurs, ce n'est qu'à des intervalles éloignés que l'on peut y admettre des élèves sortis de cette école, et toujours en très-petit nombre (1).

D.

GÉNIE MILITAIRE. (*Histoire.*) Ce corps, composé presque entièrement d'officiers qui n'ont sous leurs ordres que les bataillons de sapeurs et les compagnies de mineurs, est, si l'on peut employer une telle expression, le corps le plus civil de l'armée. Il fait peu de service militaire, ou plutôt il n'en fait qu'en campagne. Il porte la toise et la pioche, et non les armes. En temps de paix, il bâtit, répare ou démolit des forteresses et des casernes. En temps de guerre, il attaque ou défend les places, trace les lignes des camps retranchés et les parallèles des siéges. Le génie occupe dans l'armée un rang élevé ; il a pour pépinière l'école polytechnique ; enfin les officiers n'entrent dans son sein que par le grade de lieutenants, à moins qu'ils n'aient commencé à servir dans les sapeurs.

Le mot *génie* a dans la langue militaire, où il ne date guère que d'un siècle, une double acception : il sert tantôt à désigner la science dont Vauban fut le fondateur, et tantôt le personnel de notre armée qui met cette science en pratique. Il a succédé aux anciens

termes d'*engignerie* et d'*engigneurs*, ou *ingignours*, empruntés à l'italien *ingegno*, et se rapportant au maniement des *engins* ou machines de guerre. Quant aux constructeurs de fortifications, ils ne s'appelèrent longtemps qu'*architectes*. Depuis la grande révolution opérée dans l'architecture militaire par l'invention de la poudre et par l'usage de l'artillerie, l'érection des villes fortifiées, les travaux de siége, les fortifications de campagne, ont exclusivement regardé les *ingénieurs* militaires.

Les opérations du génie concernaient primitivement le grand maître des arbalétriers, puis les maîtres et surtout le grand maître de l'artillerie. Ce fut sous des ingénieurs italiens, attirés en France au seizième siècle, surtout par Catherine de Médicis, que se formèrent d'abord les ingénieurs français. Dès 1553, de Serré dirigeait, comme surintendant des fortifications, le siége d'Orléans. Mais Henri IV n'avait pas de corps de génie organisé, lorsque Sully encouragea des officiers d'infanterie à se livrer aux études qui devaient les mettre en état de remplir les fonctions d'ingénieurs militaires, et appela aussi des Italiens à ce service. C'est à cette époque qu'il faut placer l'origine du comité des fortifications. Il se composait de trois hommes : de Sully, habile ingénieur avant d'être grand ministre ; d'Errard de Bar-le-Duc, et de Claude de Châtillon, qui le premier porta le titre de directeur des fortifications.

Sous le ministère de Le Tellier, la surintendance des fortifications ne fut plus qu'un office administratif. On établit, pour diriger les siéges et travaux d'art, un commissaire général des fortifications : le chevalier de Clairville obtint le premier cet emploi. Quant aux officiers du génie, Colbert et Louvois purent bientôt ne plus recourir à des étrangers. Vauban, qui exerça la charge de commissaire général des fortifications depuis 1679 jusqu'en 1707, fonda en 1668 le corps des ingénieurs civils et militaires.

A la paix de Ryswick (1697) on comptait 600 ingénieurs militaires ; mais l'année suivante le désordre des finances en fit renvoyer d'un seul coup la moitié, sans retraite et sans dédommagement. Cette mesure eut des conséquences funestes ; car la plupart des officiers furent réduits à chercher à l'étranger une existence et une patrie ; et dans la guerre de la succession d'Espagne on les vit venir attaquer ces mêmes places qu'ils avaient aidé à bâtir, tandis qu'ils n'avaient laissé en France que des élèves inexpérimentés. Ce fut pour prévenir le retour d'une si fatale pénurie qu'on établit, en 1748, l'*école de génie* de Mézières, pépinière d'ingénieurs, dont Châtillon et Duvignau fondèrent l'instruction sur un plan jus-

(1) Extrait en grande partie du *Dictionnaire des travaux publics, civils, militaires et maritimes*, par M. Tarbé de Vauxclairs; 1838, in-4°.

tement admiré, qui a servi de modèle à toutes les institutions du même genre, tant à
l'étranger qu'en France. Cette école fournit
toujours au corps du génie les officiers nécessaires pour tenir au complet le nombre de
trois cents, fixé par l'ordonnance du 7 février 1744.

En 1750 s'opéra la séparation de la branche militaire et de la branche civile du génie : c'est donc de cette année seulement
qu'on peut dater avec exactitude la naissance de l'arme appelée *génie*. En 1755 le
génie et l'artillerie furent réunis ; mais ils
furent séparés dès 1758, sous le ministère de
Belle-Isle. Le génie eut alors dans ses attributions les fortifications, la castramétation et
les mines ; mais au commencement des guerres
de la république cette dernière branche passa
à l'artillerie, et maintenant la castramétation
semble plutôt appartenir au corps d'état-major qu'au génie. Au reste, le génie a fait
longtemps les fonctions du corps d'état-major,
et il a été tantôt séparé du corps des ingénieurs géographes, tantôt fondu avec lui.

L'arme du génie, qui a présentement son
état-major, son comité, ses généraux, ses régiments, son arsenal, ses écoles et son train,
ne formait d'abord qu'un simple cadre. Son
personnel n'était en 1668 que de 55 individus. Les soldats étaient alors employés pendant la paix aux fortifications ; l'infanterie
exécutait les travaux de siége. Les compagnies
de sapeurs et de mineurs, demandées avec
instance par Vauban dès 1669, et formées
après le siége de Philipsbourg (1688), avaient
été presque constamment fondues dans l'artillerie ; elles ne furent attachées définitivement au génie qu'en 1793.

Le 9 septembre de la même année l'école
de Mézières fut supprimée, et réorganisée
deux ans plus tard à Metz. Depuis lors, le vestibule obligé de l'école du génie militaire fut
l'école polytechnique.

Le personnel du génie militaire s'élevait
le 10 brumaire an IV à 2o,272 hommes. Maintenu à peu près sur ce pied sous l'empire, il
ne compte plus aujourd'hui qu'environ 8,300
officiers ou soldats, savoir : 465 officiers appartenant à l'état-major de l'arme ; sapeurs et
mineurs, 7,077 hommes ; ouvriers, 404 hommes, enfin, 600 gardes, choisis parmi les
sous-officiers les plus instruits des régiments,
et qui sont chargés, soit aux armées, soit
dans les places de l'intérieur, de la surveillance
des travaux, sous la direction des officiers.

D.

GENRE. (*Musique.*) De même que dans les
langues, pour désigner à quel genre appartient tel ou tel mot, on dit : Ce mot est du
genre *masculin*, du *féminin*, ou du *neutre*,
de même en musique, pour désigner à quel
genre appartient particulièrement chacune des
différentes manières d'assembler successivement par tons et par demi-tons les degrés de
l'échelle et d'en former diverses mélodies, on
dit : Cette échelle ou cette mélodie est du genre
diatonique, ou du genre *chromatique*, ou
bien du genre *enharmonique*.

Diatonique s'emploie pour désigner le genre
dans lequel la succession des différents sons
dont se compose l'échelle s'opère selon l'ordre
naturel, c'est-à-dire sans qu'aucun des intervalles qui lui appartiennent y soit altéré
par l'introduction de ♯, ou de ♭, ou de ♮,
étrangers au ton et au mode dans lequel on
procède.

Exemples du genre diatonique.

EN MODE MAJEUR.

EN MODE MINEUR.

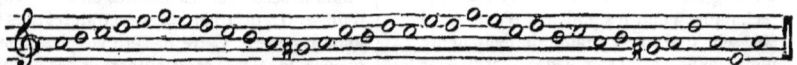

Chromatique s'emploie pour désigner le genre dans lequel on procède en montant ou en
descendant par demi-tons consécutifs.

Exemples du genre chromatique.

Par ♯ et par ♮.

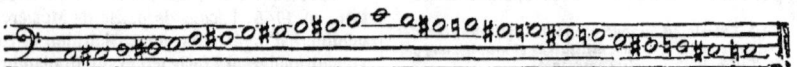

Par ♭ et par ♮.

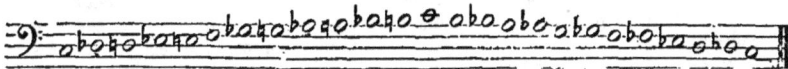

Enharmonique s'emploie pour désigner le genre dans lequel on fait usage de la supposition des ♯ pour des ♭, ou des ♭ pour des ♯.

Exemples pour le genre enharmonique.

Cette métamorphose musicale n'est pas, rigoureusement parlant, d'une exactitude mathématique; car on sait que l'*ut* ♯ est plus haut que le *ré* ♭ d'environ un comma, et que dans toutes les suppositions enharmoniques on rencontre le même vice; mais dans la pratique le sentiment des exécutants vient souvent, selon le besoin, corriger ce défaut, par l'abaissement ou l'élévation de l'intervalle sur lequel s'opère l'enharmonie, en se laissant guider (si l'on peut s'exprimer ainsi) par cet instinct musical qui nous porte toujours à élever un peu les degrés qui vont monter d'un demi-ton, et à baisser aussi un peu ceux qui vont descendre dans la même proportion. Les voix, les instruments à cordes et à archet, plusieurs instruments à vent, ont la puissance d'user de cette faculté; les instruments à sons fixes en sont privés : le clavecin, le forte-piano, etc., etc., sont de ces derniers; aussi est-on obligé, en les accordant, pour en rendre l'ensemble supportable à l'oreille, d'user d'une supercherie, que l'on est convenu de nommer règles ou principes du tempérament.

L'enharmonie est, malgré ses défauts apparents, d'un grand secours pour aider à faire des transitions et sortir du ton principal ou y revenir d'une manière laconique. Les grands compositeurs en ont fait quelquefois un heureux usage, mais toujours avec sobriété. Ce genre demande donc à être traité avec beaucoup d'art, et à n'être employé qu'avec une grande réserve.

H. BERTON.

GENTIANÉES. (*Botanique.*) Famille naturelle de plantes dicotylédonées, monopétales, hypogynes (monopétalie éleuthéro-

gynie, Rich.). Elle présente pour caractères principaux : une corolle régulière, à limbe plus ou moins profondément découpé en cinq lobes; cinq étamines alternant avec les lobes de la corolle; une capsule à une ou deux loges, à deux valves, contenant des graines attachées à des placentas placés le long des sutures des valves; des feuilles entières opposées.

Parmi les principaux genres de cette famille nous citerons les genres *Gentiana, Erythrœa, Chironia, Exacum, Villarsia, Menyanthes, Spigelia.*

Les gentianées contiennent toutes un principe amer énergique; aussi en compte-t-on un assez grand nombre employées en médecine. C'est surtout dans le genre *Gentiana* (gentiane), type de la famille, que se trouvent les espèces médicinales.

Les *gentianes*, dont le nom vient, dit-on, du roi d'Illyrie Gentius, qui le premier fit l'épreuve de leurs propriétés, les *gentianes* sont caractérisées : par un calice à cinq divisions, une corolle infundibuliforme, divisée également en cinq lobes; par des étamines à anthères droites, alternant avec les lobes de la corolle; par un ovaire et une capsule infundibuliformes, uniloculaires, sans style distinct, mais terminés par deux stigmates en forme de crosse.

L'espèce la plus remarquable du genre est la *Gentiana lutea* (grande gentiane, gentiane jaune), à racine volumineuse, simple ou ramifiée, d'un jaune foncé, d'une saveur excessivement amère, d'une odeur forte et désagréable; cette racine est sans contredit le plus puissant et le plus énergique des médicaments amers et toniques indigènes. Les paysans de la Suisse, du Tyrol, de la Bourgogne, de l'Auvergne, en font une abondante récolte, dont les produits sont expédiés dans toute l'Europe.

Plusieurs savants se sont occupés de l'analyse chimique de la gentiane; MM. Henri et Caventou en ont extrait, entre autres produits, un principe amer, cristallin, auquel ils ont donné le nom de Gentianin, et du sucre incristallisable en assez grande quantité. C'est dans le principe amer que résident les propriétés médicales de la gentiane. Le sucre donne, par la fermentation, une eau-de-vie abondante, mais d'un goût désagréable.

La Gentiana lutea n'est point la seule usitée; les Gentiana purpurea et punctata le sont aussi très-fréquemment en Allemagne. La Gentiana acaulis, charmante espèce à grandes fleurs bleues, qui se trouve sur les plateaux élevés des Alpes, du Jura, des Pyrénées, a des propriétés peut-être plus tranchées que la Gentiana lutea; mais la rareté et l'exiguïté de la plante n'en permettent point l'introduction dans la matière médicale.

Après le genre Gentiana, nous citerons le genre Erythræa (Chironia Lamarck), dont une espèce, Erythræa centaurium (petite centaurée), se fait remarquer par ses élégants bouquets de fleurs roses, qui s'épanouissent aux mois de juillet et d'août. Les propriétés amères, toniques et fébrifuges des fleurs de la petite centaurée sont trop généralement connues pour que nous ayons besoin d'insister sur ce sujet.

Le Menyanthe trifoliata (Trèfle d'eau), dont les feuilles et les tiges partagent à un haut degré les propriétés des autres Gentianées, est aussi très-employé, mais principalement contre les affections strumeuses et contre les dermatoses chroniques, etc., etc.

Aux États-Unis, on emploie comme amère et tonique la Spigelia marylandica.

Gab. VERGER.

GÉODES. (Géologie.) Les roches présentent souvent des cavités plus ou moins régulières, plus ou moins considérables, tapissées de cristaux. Lorsque ces cavités sont grandes on les nomme fours à cristaux; mais quand leur diamètre ne dépasse pas quelques centimètres elles sont appelées géodes. Ce sont très-souvent des cavités remplies, postérieurement à la consolidation, par une autre substance que celle de la roche qui les présente: comme le quartz, le fer dans du calcaire, le calcaire dans une masse siliceuse ou schisteuse, etc. Dans ce remplissage l'eau paraît toujours avoir joué un grand rôle, soit qu'elle ait tenu la substance cristallisée en dissolution, soit qu'elle se soit trouvée en très-notable quantité, à l'état liquide ou à celui de vapeur, dans la dissolution elle-même. Tout le monde connaît les belles géodes d'améthyste d'Oberstein, qui gisent au milieu d'une roche volcanique, dans les cavités de laquelle elles ont certainement été formées par une infiltration aqueuse à une haute température.

ROZET.

GÉODÉSIE. (Mathématiques.) On donne ce nom à la science qui a pour objet la mesure de la terre et de ses parties, la détermination de sa forme, celle des arcs de méridiens, de parallèles, etc. Nous exposerons succinctement les principaux procédés qui sont la base de cette science.

Après avoir exploré l'État dont on veut avoir la configuration, on y distingue divers points élevés d'où l'on puisse apercevoir les sommets voisins. Ces points, éloignés de cinq à dix lieues, plus ou moins, étant joints par des lignes, le sol se trouve recouvert par un réseau de triangles qui forment un polyèdre environnant. On projette tous ces angles sur une surface concentrique et semblable à celle du globe terrestre, formée par le prolongement de la surface du niveau des mers; on mesure sur le sol une ligne droite, la plus longue possible, servant de base, et formant le côté de l'un des triangles; on réduit par le calcul cette base au niveau des mers. Enfin, on mesure tous les angles des triangles dans l'espace et l'inclinaison à l'horizon de chaque ligne, afin d'en déduire les élévations respectives des sommités. Comme on connaît, dans le triangle établi sur la base, les angles et un côté, on trouve par le calcul les deux autres côtés; chacun de ceux-ci servant à appuyer un second triangle, on en calcule de même les côtés, et ainsi de proche en proche, de manière à connaître tous les côtés des triangles du réseau. Ces triangles de premier ordre servent ensuite à en former d'autres, ou de second ordre, puis d'autres de troisième ordre, jusqu'à ce qu'enfin on se trouve conduit à de simples levers topographiques. Alors, tous les points remarquables du pays sont liés les uns aux autres par des lignes connues, qui permettent d'en former la carte.

Quoique nous ayons promis au mot CARTE d'expliquer la méthode suivie pour construire ces dessins ou projections d'une partie de la surface terrestre, nous croyons convenable de renvoyer pour ce sujet aux traités spéciaux sur cette matière; et, forcé de nous renfermer dans des limites de rédaction très-resserrées, nous jugeons que nos lecteurs préféreront trouver ici la description des procédés et des calculs géodésiques dont on vient de faire l'exposition.

Mesure des bases. On se pourvoit de deux règles exactement étalonnées: celles de bois sont préférables, parce qu'elles ne s'allongent pas sous l'influence de la chaleur; mais il faut les vernir pour les rendre insensibles à l'humidité, et les garnir d'assemblages latéraux qui les empêchent de se déjeter et de se courber. Les règles de fer ou de cuivre varient de longueur avec la température; on doit donc les armer de thermomètres pour calculer ensuite la véritable longueur sous la température où on les a employées (*Voyez* DILATATION). On pose ces règles à peu près horizontalement sur des madriers soutenus par des trépieds; on ajuste les règles bout à bout, en les alignant dans la direction de la base qu'on a d'abord jalonnée; à cet effet, on les surmonte de pointes verticales qu'on dispose dans l'alignement indiqué.

Comme le sol est sujet à des ondulations, et qu'il serait très-long et très-difficile de poser les règles horizontalement, on préfère en mesurer l'inclinaison avec un *niveau à perpendicule*. Le calcul réduit ensuite la longueur de la règle à celle de la projection horizontale. Soit L cette longueur, θ son inclinaison, L *cos* θ est sa projection; et l'excès de L sur cette projection est L $(1 - cos\ θ)$ ou $2\ L\ sin^2$ $\frac{1}{2}$θ. En exprimant θ en minutes d'arcs, attendu que θ est toujours très-petit, on voit qu'il suffit de diminuer la longueur L de la règle de la quantité $\frac{1}{2}$ L θ ^{2} sin^2 1'.

Il reste ensuite à réduire la base au niveau de la mer; les rayons terrestres qui vont aux deux bouts et interceptent l'arc mesuré B, pris pour base, donnent la proportion R + h : R

:: B $: x = \dfrac{BR}{R + h}$, dans laquelle R est le rayon de la terre, et h l'élévation du sol au-dessus de la mer; et x est la base réduite à son niveau.

On est dans l'usage de mesurer deux bases, dont l'une sert de vérification à toute l'opération; car la seconde est connue de deux manières, savoir : par la mesure directe et par le calcul du triangle qui enchaîne cette base au réseau trigonométrique; ces deux valeurs doivent être égales, ou du moins différer très-peu. C'est ainsi que, dans l'opération géodésique qui a servi en France à la détermination du mètre, on a mesuré une base près de Melun et une près de Perpignan; celle-ci, calculée par une chaîne de cinquante-trois triangles successifs, et éloignée de 200 lieues de la première, a été trouvée de 6006 t., 0960, et la mesure directe a donné :.....6006, 2445

Différence. 0, 1485

L'erreur des calculs n'était, comme on voit, que de 10 pouces et demi, quantité inappréciable sur une chaîne aussi étendue, et que, cependant, on a fait disparaître en la répartissant sur tous les triangles.

Réduction des angles à l'horizon. Soit O (*Voyez* l'*Atlas*, GÉOMÉTRIE, pl. V, fig. 53),

une station d'où l'on découvre les sommets M et N : on a mesuré les angles MOm = h, MOn = h', formés par les horizontales On, Om, avec les rayons dirigés en M et N, ainsi que l'angle MON = C qu'on veut projeter sur l'horizon; c'est-à-dire qu'on cherche l'angle mOn = C'. Les verticaux des stations se coupent selon la droite OZ allant au zénith; la sphère, qui a son sommet en O, est coupée par ces plans et par MON, selon les arcs CB, CA, BA, qui forment un triangle sphérique CAB, dont on connaît les trois côtés 90° − h, 90° − h' et C, et on cherche l'angle BCA = mOn = C' : on en tire donc l'équation

cos C = sin h sin h' + cos h cos h' cos C';

mais les sommets M et N sont toujours éloignés et peu élevés; ainsi les angles h et h sont très-petits. Faisant sin $h = h - \frac{1}{6} h^3$, etc., cos $h = 1 - \frac{1}{2} h^2$, etc., on a, en substituant, et au quatrième ordre près,

$(1 - \frac{1}{2} h'^2 - \frac{1}{2} h^2)$ cos C' = cos C − hh'.

Divisons le premier membre par le coefficient de cos C, et multiplions le deuxième par la puissance − 1 de ce trinôme, qui est = $1 + \frac{1}{2} (h^2 + h'^2)$: on trouve

cos C' = cos C − hh' + $\frac{1}{2}$ $(h^2 + h'^2)$ cos C.

Au lieu de chercher l'angle C', il est plus commode d'évaluer la petite différence δ entre C et C'; C' = C + δ donne cos C' = cos C ^{2} − δ sin C, en négligeant les puissances de δ, qu'on verra bientôt être du deuxième ordre · ainsi

δ sin C = hh' − $\frac{1}{2}$ $(h^2 + h'^2)$ cos C,

on fait sin C = 2 sin $\frac{1}{2}$ C cos $\frac{1}{2}$ C, cos C = cos ^{2} $\frac{1}{2}$ C − sin ^{2} $\frac{1}{2}$ C, et on multiplie le terme hh' par cos^2 $\frac{1}{2}$ C + sin^2 $\frac{1}{2}$ C, qui est = 1 ; toutes réductions faites, et en exprimant en secondes les petits arcs δ, h et h', c'est-à-dire en les multipliant par sin 1'', on trouve

δ = C' − C = $\frac{1}{4}$ 4 $(h + h')^2$ sin 1'' tang $\frac{1}{2}$ C − $\frac{1}{4}$ $(h − h')^2$ sin 1''' cot $\frac{1}{2}$ C.

Telle est l'expression qui donne, en secondes, le petit arc δ, correction que doit éprouver l'angle observé C pour devenir sa projection horizontale C'. On convertit cette formule en table pour en tirer à vue les corrections δ qui conviennent aux angles observés à toutes les stations.

Le premier triangle ayant la base mesurée pour l'un de ses côtés, cette base étant réduite au niveau des mers, et chaque angle étant réduit à l'horizon, il restera à résoudre un triangle sphérique *très-peu courbe*, tracé sur cette surface de niveau. Lorsqu'on connaîtra les deux autres côtés par le calcul que nous allons exposer, les triangles voisins qui s'appuient sur ces trois côtés seront dans le même cas que le premier, puisqu'on en connaîtra les angles et un côté; on en calculera de même les autres côtés, et ainsi de proche en proche, de manière à obtenir tous les éléments des triangles du réseau projetés sur la surface du niveau de la mer.

Résolution des triangles sphériques très-peu courbes. Concevons que des sommets de l'un de ces triangles ABC (fig. 54), on ait tiré des rayons au centre O de la terre; nommons A, B, C les angles, et a, b, c les côtés; puis imaginons une sphère concentrique de rayon 1; les côtés a', b', c', du triangle sphérique semblable tracé à sa surface, donnent l'équation

$$\cos c' = \cos a' \cos b' + \sin a' \sin b' \cos C;$$

mais les arcs semblables a et a' donnent, en développant,

$$\sin a' = \frac{a}{R} - \frac{a^3}{6R^3} \dots, \quad \cos a' = 1 - \frac{a^2}{2R^2}$$
$$+ \frac{a^4}{24R^4} \dots,$$

R étant le rayon de la terre. Il faut en dire autant de sin et cos de b'; donc, en substituant et développant les produits, au cinquième ordre près, on trouve

$$ab\left(1 - \frac{a^2+b^2}{6R^2}\right)\cos C = \frac{a^2+b^2-c^2}{2}$$
$$+ \frac{c^4-a^4-b^4-6a^2 b^2}{24R^2}$$

dégageant, comme ci-devant, cos C de son coefficient,

$$\cos C = \frac{a^2+b^2-c^2}{2ab} + \frac{(a^2+b^2-c^2)^2-4a^2b^2}{24abR^2}.$$

Cela posé, concevons un triangle rectiligne A' B' C' formé avec les trois côtés a, b, c, étendus en ligne droite; on en tirera, pour déterminer l'angle C', la relation

$$\cos C' = \frac{a^2+b^2-c^2}{2ab},$$

d'où

$$\sin^2 C' = 1 - \cos^2 C' = \frac{4a^2b^2 - (a^2+b^2-c^2)^2}{4a^2 b^2}.$$

Le numérateur de ce deuxième membre est celui que nous avons obtenu ci-dessus; donc l'équation devient

$$\cos C = \cos C' - \frac{ab\sin^2 C'}{6R^2} = \cos C' - \frac{S\sin C'}{3R^2},$$

en faisant $\frac{1}{2}ab\sin C' = S =$ la surface de notre triangle rectiligne, qu'on peut supposer égale à celle du triangle sphérique proposé ABC, qui est très-peu courbe. Désignons par δ la petite différence entre les angles C et C', ou C = C' + δ, d'où $\cos C = \cos C' - \delta \sin C'$; on en

tire, en comparant, $\delta = \dfrac{S}{3R^2}$, quantité indépendante des côtés, savoir : $C = C' + \dfrac{S}{3R^2}$.

On a donc aussi $B = B' + \dfrac{S}{3R^2}$, $A = A' + \dfrac{S}{3R^2}$;

ajoutant et remarquant que la somme des trois angles du triangle rectiligne A'B'C' vaut 180°, on trouve

$$A + B + C = 180° + \frac{S}{R^2}.$$

Donc *la somme des angles de tout triangle sphérique très-peu courbe surpasse 180° d'une petite quantité, qui est $= \dfrac{S}{R^2}$*; cette quantité se nomme *excès sphérique;* on peut la calculer aisément; mais nous allons voir que ce calcul n'est pas nécessaire.

Donc aussi *il existe toujours un triangle rectiligne qui a les mêmes côtés qu'un triangle sphérique très-peu courbe, et les angles de ce dernier sont plus grands, chacun que son correspondant, du tiers de l'excès sphérique.* Ainsi, après avoir mesuré et réduit à l'horizon les trois angles d'un des triangles géodésiques, la somme différera de 180°, non-seulement à cause de l'excès sphérique, mais aussi à raison des petites erreurs d'observation. Ce qu'on peut faire de plus exact, en ce qui concerne celles-ci, c'est de les répartir par portions égales sur les trois angles du triangle; quant à l'excès sphérique, il faudrait aussi en retrancher le tiers de chaque angle pour réduire le triangle à être rectiligne; donc on remplira ces deux conditions, en retranchant, de chaque angle du triangle réduit à l'horizon, le tiers de l'excès de leur somme sur 180°, et on aura les angles du triangle rectiligne formé des mêmes côtés que celui-ci. Dans cet état, on résoudra ce triangle, dont un côté est connu; la proposition que les *sinus des angles sont proportionnels aux côtés opposés* donnera les deux côtés inconnus, qui sont aussi ceux du triangle courbe dont il s'agit. Cette belle théorie, due à M. Legendre, est généralement préférée à plusieurs autres qui conduisent aussi aux résultats cherchés, mais qui sont moins simples et moins commodes à appliquer.

Figure de la terre. En considérant la terre comme sphérique, les résultats des calculs ne s'accordent que de loin avec les faits observés. La forme la plus simple, après la sphère, est celle qu'on a essayée, présumant qu'elle pourrait satisfaire aux conditions données par l'expérience; on a donc supposé que *la terre est un sphéroïde engendré par la révolution d'une ellipse autour de son petit axe, qui est celui des pôles; le grand axe, par sa* rotation, *engendre l'équateur.* Pour reconnaître si, en effet, cette forme convient, on a exprimé par des formules tous les éléments de l'ellipsoïde de révolution, et on a examiné si les valeurs numériques qui en résultent concordent avec celles de l'observation. Voici ces formules, telles qu'on les trouve par les principes de la géométrie.

Nommons l la latitude d'un lieu quelconque de la terre, telle que la donnent les calculs astronomiques; A le grand, B le petit axe de l'ellipse; e le rapport de l'excentricité au demi-grand axe; $\frac{1}{p}$ l'aplatissement ou le rapport de la différence des axes au petit axe; N la normale; s un arc de méridien compté de l'équateur jusqu'au point dont la latitude est l; Q le quart du méridien du pôle à l'équateur; on trouve les formules suivantes :

Rayon d'un parallèle à l'équateur,

$$x' = \frac{A \cos l}{\sqrt{(1 - e^2 \sin^2 l)}}$$

Normale,

$$N = \frac{A}{\sqrt{(1 - e^2 \sin^2 l)}}, \quad x' = N \cos l,$$

$$e^2 = \frac{A^2 - B^2}{A^2} = 1 - \frac{B^2}{A^2}, \frac{1}{p} = \frac{A - B}{A}$$

$$= 1 - \frac{B}{A}, \quad s = A (1 - e^2) (\alpha l - \tfrac{1}{2} \beta \sin 2l + \tfrac{1}{4} \gamma \sin 4l),$$

α, β, γ, sont ici des constantes fonctions de e^2. Toutes ces formules se tirent aisément de la considération des propriétés de l'ellipse; en prenant $l = 90°$, s devient $= Q$, et on trouve

$$Q = \tfrac{1}{2} \pi A (1 - \tfrac{1}{4} e^2 - \tfrac{3}{64} e^4).$$

Lorsqu'on veut mesurer l'arc de méridien qui traverse une contrée, on étend un réseau de triangles géodésiques tout le long de cette ligne, et par les procédés ci-dessus exposés, on réduit ces triangles à l'horizon du niveau des mers, et on les résout. Il est aisé de voir que l'arc de méridien, coupant les côtés, forme de nouveaux triangles dont on connaît tous les angles, et dont par suite on peut calculer les côtés, en sorte qu'on obtient toutes les parties de l'arc dont il s'agit; il suffit pour cela de connaître l'angle que fait l'un des côtés avec la méridienne, ce qu'on nomme son *azimut*; cet angle s'obtient par des observations astronomiques. On obtient donc de cette manière la longueur de l'arc total du méridien compris entre des limites dont les latitudes sont connues astronomiquement.

Il est aisé, en faisant cette opération en divers lieux du globe terrestre, de trouver ainsi des valeurs de l'arc d'un degré de méri-

dien pour chacune de ces contrées; cet arc, compris entre les latitudes l et $l + 1$, a une expression analytique facile à tirer de la valeur de s, et on obtient, en substituant, autant d'équations qui contiennent les inconnues A et e^2, qu'on en peut ensuite déduire. On pourra donc déterminer le rayon A de l'équateur et l'aplatissement p, puis le quart Q du méridien.

Telles sont les opérations qui ont été faites en France, au Pérou et en Laponie, pour les établissements du système métrique, dont nous rendrons compte au mot MESURES. Sans entrer ici dans des détails numériques, disons qu'on a trouvé $p = 309,65$, c'est-à-dire que l'aplatissement du globe terrestre est de $\frac{1}{310}$ à fort peu près, ce qui donne, pour les dimensions de cette ellipsoïde,

Q = 5 131 111 toises = 10 000 725 mètres,
A = 3 271 848 toises = 6 376 952 mètres,
B = 3 261 282 toises = 6 356 356 mètres,
$e^2 = 0,00644848$. 　log $e^2 = 3,8094572$,

$$N = A + C \sin^2 l + D \sin 4l,$$
$$s = E l - F \sin^2 l + G \sin 4l,$$
$$t = 111 119,1 - F' \cos (^2l + 1) + G' \cos 2 (2l + 1),$$

ici t désigne la longueur de l'arc d'un degré du méridien à la latitude dont l est le nombre de degrés; en prenant le mètre pour unité, on trouve que

log C = 4,3130397, log D = 1,9975587,
log E = 5,0457890, log F = 4,1888779,
log G = 1,1906773, log F' = 2,7317632,
　　　log G' = 0,0345265,

le degré moyen du méridien en France est

= 57020 toises = 111134 mètres.

Il a été reconnu, par la comparaison des résultats d'expériences, que l'on ne pouvait attribuer au globe terrestre la figure d'un ellipsoïde de révolution, que par approximation, et que les irrégularités de la surface s'écartaient assez de cette figure pour qu'on dût, dans chaque localité, adopter un aplatissement différent. On substitue alors à la véritable forme de la terre, un ellipsoïde dont les dimensions s'accordent avec les données d'expérience qui conviennent à l'étendue qu'on envisage; mais lorsqu'on considère le globe entier, l'aplatissement $\frac{1}{310}$ paraît devoir être employé. Cependant cette constante peut être portée à $\frac{1}{305}$, ainsi que Burckhardt l'a trouvé par la théorie de la lune. Parmi les inégalités du mouvement de cet astre, il en est une qui dépend de la forme du globe terrestre; en observant ces inégalités, tant en longitude qu'en latitude, on peut en conclure la valeur de l'aplatissement terrestre qui s'accorde avec les résultats observés, et c'est ainsi que ce savant astronome a trouvé $p = 305$ à fort peu près. En adoptant cette valeur, il faudrait modifier un peu celles des constantes ci-dessus. En conservant la valeur de Q, on obtient

$A = 3\ 271\ 928$ toises $= 6\ 377\ 109$ mètres,

$B = 3\ 261\ 201$ toises $= 6\ 356\ 199$ mètres,

$e^2 = 0,006546627$, $\log e^2 = 3,81601761$,

$\log C = 4,3196$-14, $\log D = 2,0106902$,

$\log E = 5,0457890$, $\log F = 4,1953798$,

$\log G = 1,2037981$, $\log F' = 2,7382446$,

$\log G' = 0,0455061$.

Comme les oscillations du pendule dépendent non-seulement de l'attraction de la terre, mais aussi de sa rotation diurne, le nombre de ses vibrations accomplies dans un temps donné peut servir à faire connaître la forme du globe terrestre. Des expériences réitérées, faites avec le plus grand soin en divers lieux du globe, par MM. Biot, Kater, Borda, les cap. Fréycinet, Sabine, Duperrey, etc., viennent à l'appui des considérations précédentes, et l'on peut regarder comme un fait démontré par ce concours de preuves, que la terre ne diffère qu'accidentellement d'un ellipsoïde de révolution, comme si la surface avait éprouvé çà et là de petits changements. Le pendule donne $\frac{1}{287}$, $\frac{1}{293}$, $\frac{1}{300}$ d'aplatissement, selon les localités ; mais on voit que ces résultats diffèrent peu de ceux que nous avons adoptés précédemment, et même que les erreurs d'observation peuvent avoir en partie produit ces différences.

Il nous resterait à avoir égard aux élévations des montagnes qui forment les grands accidents de notre globe ; mais les plus considérables, n'excédant pas deux lieues de hauteur verticale, ne peuvent être regardées que comme des éminences rares et de peu d'importance, qui troublent, il est vrai, la forme générale de l'ellipsoïde, mais ne s'y trouvent que comme les rides de la peau d'une orange, tant elles sont petites, comparées au rayon terrestre.

Nous n'avons traité dans cet article que la partie de la géodésie qui n'exige pas les observations astronomiques d'azimut, de longitude et latitude, et qui doivent être examinées à part. Une science aussi vaste ne peut être exposée que par aperçu dans notre dictionnaire, et nous nous contenterons de renvoyer, pour des détails plus étendus, aux traités spéciaux, savoir :

Base du système métrique, par Delambre, 3 vol. in-4°, et un 4° par MM. Biot et Arago.

La mesure de l'arc du méridien, par Delambre.

La *Géodésie* de M. Puissant, 2 vol. in-4°.

On consultera aussi les *Mémoires* de Legendre, parmi ceux de l'Académie des Sciences ; la *Mécanique céleste* de Laplace ; divers volumes de la *Con-naissance des temps* ; le deuxième volume du *Mouvement apparent des corps célestes*, par Dionis du Séjour, etc.

FRANCŒUR.

GÉOGRAPHIE. Dans son acception étymologique la plus littérale, ce mot, qui nous est venu des Grecs par l'intermédiaire des Latins, signifie *description de la terre* ; en ce sens, ce n'est point une science, un art, une théorie : c'est une œuvre descriptive, un tableau, soit écrit, à la manière de Strabon, soit dessiné, comme l'enseignait Ptolémée, et représentant dans son ensemble le globe que nous habitons : un pareil tableau, restreint à une seule contrée, ne serait plus qu'une *chorographie* ; borné à un lieu particulier, il descendrait aux proportions d'une *topographie* ; si le cadre, au contraire, s'agrandissait jusqu'à embrasser, avec la terre entière, le monde dont elle fait partie, nous aurions une *cosmographie* (dans le sens qu'on attribue aujourd'hui à ce mot). Les dénominations de cosmographie, géographie, chorographie, topographie, s'échelonnent donc suivant l'ordre successif de grandeur du sujet qui remplit le cadre ; et l'on ne saurait méconnaître qu'il existe entre ces diverses descriptions une certaine corrélation mutuelle, conséquence inévitable des lois d'existence qui subordonnent le lieu à la contrée, la contrée à la terre, la terre à l'univers ; mais chacune d'elles n'en constitue pas moins un tableau complet, indépendant, ayant son point de vue propre, et par conséquent sa perspective, son dessin, son coloris particuliers. On comprend bien, ainsi, que la géographie n'est point un lambeau de la cosmographie, pas plus qu'elle n'est l'assemblage barriolé des chorographies de toutes les contrées de la terre.

Ce que nous venons de dire de l'œuvre s'applique sans restriction à la science dont cette œuvre est le but et le produit ; science à laquelle appartient aussi, spécialement, le nom de GÉOGRAPHIE (*Erdbeschreibung* des Allemands), qu'il faut, à ce point de vue, définir la *science descriptive de la terre*.

Cette définition explique à la fois quelle est l'étendue et quelles sont les limites du domaine affecté à la géographie. La terre, toute la terre, sans rien omettre de ce qui lui appartient : sa figure et sa grandeur ; les lois qui la meuvent dans l'espace et dans le temps ; la disposition relative, les formes variées et la nature diverse des éléments qui la constituent ; les phénomènes constants, périodiques ou accidentels, de son existence ; la distribution des êtres organisés, adhérents ou mobiles, qui la couvrent et se la partagent ; enfin sa possession par l'homme, avec les démarcations multiples dont il l'a empreinte, suivant

13.

les caractères physiques et moraux, les langages, les croyances religieuses, les coutumes traditionnelles, les nationalités politiques des populations sans nombre répandues à sa surface : et tout cela dans le présent et dans le passé : voilà quel est le domaine de la géographie.

Mais ce domaine si vaste, si varié, si complexe, *il est en même temps défini*, limité : il comprend, avons-nous dit, *toute la terre;* ajoutons : *et rien que la terre;* c'est-à-dire, que jamais dans l'étude des formes, des éléments, des phénomènes, des êtres organisés, de l'homme et de son histoire, il ne peut être fait abstraction de *la terre*, sans que cette étude ne sorte aussitôt du domaine de la géographie pour entrer dans celui d'une science distincte.

Telle est la condition essentielle, le caractère fondamental en vertu duquel se trouvent comprises dans le cadre de la géographie, parallèlement aux sciences abstraites qui en sont exclues : la *géonomie*, qui étudie notre sphère sous l'empire des lois que la mécanique céleste a seule mission d'expliquer; la *géodésie*, qui emprunte à la géométrie ses méthodes pour les appliquer à la détermination des formes et des dimensions terrestres; la *physique générale du globe*, qui considère dans leur ensemble les phénomènes dont l'observation abstraite appartient à la physique propre; la *géognosie*, qui constate le gisement relatif des roches dont la géologie, l'oryctognosie et la minéralogie déterminent l'âge, la composition, et la nature; la *géographie des plantes* et celle *des animaux* (qu'on pourrait appeler *phytonémie* et *zoonémie*), qui examinent par grandes masses corrélatives aux superficies qu'ils couvrent, les végétaux et les animaux que la botanique et la zoologie seules ont attribution d'étudier en eux-mêmes; enfin la *géographie politique*, qui considère les sociétés humaines sous les divers aspects de leur diffusion sur le globe, laissant à l'ethnologie, à la statistique, à l'économie politique, à l'histoire, le droit exclusif d'en scruter la composition intime, les ressources, les conditions organiques, et les annales.....

Ce sont là autant de phases diverses d'une même étude; la synthèse les groupe d'ordinaire sous trois chefs principaux : la *géographie mathématique*, la *géographie physique*, et la *géographie politique*; mais comme cette dernière est le plus habituellement désignée d'une manière absolue par le simple nom de *géographie*, on donne celui de *géographie générale* ou de *géographie universelle* à l'ensemble des trois grandes divisions; d'autres fois, considérant celles-ci, et même leurs subdivisions, comme autant de sciences distinctes rattachées à un même objet, on leur

attribue en commun la dénomination de *sciences géographiques*.

L'étendue d'application du mot *géographie* varie en outre, et se restreint graduellement, de la description générale de la terre avec ses *trois éléments solide, liquide et atmosphérique*, à celle du globe terraqué dépouillé de son atmosphère, et enfin à celle des terres émergées, abstraction faite des eaux : cette étude se spécialisant de plus en plus en abandonnant d'abord l'*orographie*, puis encore l'*hydrographie*.

Il s'en faut, au surplus, que les auteurs soient d'accord sur le nombre et la nomenclature des divisions de la géographie. Ceux même qui reconnaissent les trois divisions principales que nous venons d'indiquer les désignent souvent d'une autre manière : ainsi la géographie mathématique est très-fréquemment appelée *géographie astronomique*, quelquefois *géographie cosmographique*, ou *cosmographie*, ou même simplement *géographie* par excellence, exclusivement aux deux autres; la géographie physique, de son côté, est appelée souvent *géographie naturelle*, parfois *géognosie* (erdkunde des Allemands), ou même *géologie*, et quelquefois encore *géographie pure*, parce qu'elle s'occupe plus spécialement de la terre en elle-même, abstraction faite de sa double sujétion aux lois de l'univers et à la domination de l'homme; et la géographie politique, enfin, est appelée aussi *géographie civile*, *géographie historique* (dans le sens le plus large), même *ethnologie*, et encore *géographie statistique*, ou simplement *statistique*. Le célèbre physicien Ampère, peu soucieux du lien commun qui unit entre elles ces trois branches de la géographie, les dispersait dans la géométrie, la géologie et l'ethnologie, en donnant à chacune de ces sciences son cadre le plus étendu; mais il a fait peu de prosélytes. Bernard Varen, qui a eu l'insigne honneur d'être commenté par le grand Newton, réunit d'un côté la géographie mathématique et la géographie physique sous le titre de *géographie générale*, comme s'occupant du globe terrestre en son entier, tandis que la géographie politique est rejetée à l'écart sous le nom de *géographie particulière*, comme uniquement consacrée à la description successive des diverses parties de la terre; Ritter, au contraire, attribue cette dénomination de géographie générale à la réunion combinée de la géographie physique et de la géographie politique, auxquelles, d'autre part, un savant mathématicien (Lacroix) a donné en commun, à raison de la forme sous laquelle elles se produisent, le nom de *géographie narrative*, par opposition à la *géographie mathématique et critique*, qui se résout en représentations graphiques

ou cartes, et qui reçoit vulgairement aujour-
d'hui, à ce point de vue, la dénomination
(vicieuse, mais admise) de *cartographie*.
La description générale de la terre, sous la
forme exclusivement nârrative, a paru à un
célèbre géographe (M. Walckenaer) mériter
d'être appelée *cosmologie* : nous voyons le
titre analogue de *cosmographie* appliqué de
même pendant tout le moyen-âge, et au delà,
depuis le déclin du *quatrième siècle jusqu'à*
l'issue du seizième, aux descriptions écrites
de la portion connue de la terre; mais Humboldt, en intitulant *Cosmos* sa description
physique de l'univers, semble rendre désormais impossible la restriction de ce mot aux
proportions de la géographie.

Nous en avons dit assez pour faire pressentir quelles études variées doivent constituer l'ensemble d'un cours complet de géographie. — Il est d'abord une provision de
connaissances élémentaires et d'études pré-
paratoires nécessaires pour la parfaite intelligence du sujet, et l'on peut considérer
comme une introduction utile, sinon indispensable, une récapitulation de ces diverses
notions préliminaires au point de vue spécial
de leur application à la géographie.

Puis se développe tout entier le vaste cycle
des sciences géographiques, coordonnées en
trois, ou plutôt en quatre groupes principaux, suivant le caractère particulièrement
mathématique, physique, politique, ou historique, qui les distingue.

Dans la première catégorie se produisent
successivement la géonomie, la géodésie, la
cartographie, et la géographie critique. —
Considérant notre globe dans son unité essentielle au milieu de l'espace, la *géonomie*
s'applique spécialement à l'étudier sous l'empire des lois de la gravitation universelle, d'où
dérivent les phénomènes du jour et de la nuit,
des saisons, de la mesure du temps, et par
suite la *détermination des zones*, des climats,
des cercles de la sphère, des points d'orien-
tation, la théorie des latitudes et des lon-
gitudes : sans parler des vents réguliers, des
courants généraux, et des marées, où les
lois géonomiques se combinent avec des conditions dont l'examen rentre dans le domaine
de la géographie physique. — La *géodésie*,
se préoccupant exclusivement de la figure et
de la grandeur de la terre, préside aux grandes
opérations de mesurage qui, couvrant le sol
d'un réseau de triangles, viennent traduire
en chiffres certains les distances, les hauteurs,
les directions, encadrent les reconnaissances
chorographiques et les levés topographiques
dans des mailles de plus en plus serrées ;
fournissent le rapport exact des diverses unités
de mesure connues aux dimensions fondamentales du globe, seule base invariable de la

métrologie ; tandis que, par la comparaison
de ses résultats avec ceux de la géonomie, elle
arrive successivement à déterminer avec
une précision admirable les différences qui
nous font reconnaître dans notre terre, au
lieu d'une sphère parfaite, au lieu même d'un
sphéroïde de révolution aplati sur les pôles
d'une quantité certaine, un sphéroïde bossué,
une sorte de polyèdre irrégulier à dépressions
et renflements capricieux. Dans son application
à la mer et à ses dépendances, cette partie
de la géographie mathématique reçoit le
nom d'hydrographie. — La *cartographie* a
pour objet spécial la représentation graphique
ou la projection des formes terrestres, soit
dans leur ensemble, soit pour une partie seulement, c'est-à-dire la construction des globes
et des cartes; problème ardu et multiple,
où des théories savantes doivent fournir, pour
chaque point de vue, les formules d'un tracé
obéissant à des conditions d'approximation
diversement combinées ; ayant tantôt à disposer
sur un plan morcelé en fuseaux des délinéations
destinées à se courber sur une armature sphérique ; tantôt, et bien plus souvent, et avec de
bien autres difficultés, à reproduire sur un plan
unique, d'après les lois rigoureuses d'une perspective variable, ou d'après divers systèmes de
développement de surfaces osculatrices, ou
enfin d'après certaines combinaisons conventionnelles, tout ou partie du sphéroïde non dé-
veloppable que nous habitons ; sans négliger
les procédés artistiques de représentation
figurée des aspects et des accidents du sol,
avec les circonstances de divers ordres dont
la notation est essentielle. — Après avoir
appris comment s'obtiennent les positions
géonomiques, comment s'exécutent les levés
géodésiques, comment se tracent les projections, vient le tour de la *géographie critique*,
dernier terme, *nec plus ultra* de la sience du
géographe : il faut qu'une érudition vaste, profonde, complète, lui ait ouvert toutes les sources possibles d'information, qu'il sache apprécier la valeur de chacune, vérifier les
calculs, discuter les observations, deviner les
causes d'erreur, déterminer les corrections,
ramener toutes les mesures à un mètre commun, tous les angles magnétiques aux pôles
du monde, toutes les formes onomastiques à
une orthographe précise, trier, classer, combiner ces matériaux ; enfin, et c'est là surtout
qu'est à la fois l'écueil et le triomphe, se décider au milieu des divergences, suppléer les
lacunes, poursuivre la vérité à travers les incertitudes, la reconnaître, la saisir, et la mettre
en son jour.

Dans le deuxième groupe des sciences géographiques se trouvent comprises celles que
caractérise spécialement l'étude physique de
la terre, savoir, la physique générale du globe,

la géographie physique proprement dite, l'aérologie, l'hydrologie, la géognosie, et la biologie ou géographie des êtres organisés. — La *physique générale du globe* s'occupe des propriétés et des phénomènes constants inhérents à l'existence de notre terre ; c'est elle qui mesure et qui explique la densité, le magnétisme et la température terrestres, elle qui expose les théories du pendule et de l'aiguille aimantée, celle de la chaleur interne et des manifestations par lesquelles elle ébranle le sol et allume les volcans. — La *géographie physique* proprement dite considère dans leurs configurations extérieures les parties constitutives de notre globe, et laissant à l'écart les fluides élastiques que l'œil ne peut saisir, elle distingue et classe les océans et les mers, les continents et les îles, les montagnes et les vallées, les lacs et les rivières, les plaines arrosées et les déserts arides ; elle étudie les rapports, l'enchaînement, la dépendance mutuelle de tous ces accidents du sol, et constate les divisions naturelles que l'orographie et la potamographie déterminent d'un commun accord à la surface de la terre. — L'*aérologie* a pour objet spécial l'étude de l'enveloppe atmosphérique du globe terraqué, dont elle scrute tour à tour la nature, la pesanteur, la température, l'humidité, les mouvements, l'électricité propre, et les phénomènes météoriques ; le baromètre, le thermomètre, l'hygromètre, l'anémomètre, et divers autres instruments sont ses tributaires ; la théorie des climats, celle des vents, la météorologie tout entière entrent dans son domaine. — L'*hydrologie* s'applique à l'élément liquide répandu à la surface de la terre ; elle en examine la nature, la masse, les mouvements constants, périodiques, ou accidentels, la température, la coloration ; elle embrasse la théorie des courants et celle des marées. — La *géognosie* a pour son lot l'élément solide du globe, dont elle étudie les matériaux constitutifs, au point de vue de leur composition, de leur arrangement, de leur origine, de leur âge relatif ; englobant dans le cercle de ses investigations les indications paléontologiques, témoignages successifs de l'existence d'une nature organique disparue, que les terrains où elle est engloutie se sont respectivement assimilée. — Quant à la *biologie*, ainsi dénommée par Lamarck, elle comprend la phytonémie ou géographie des plantes, et la zoonémie ou géographie des animaux ; en d'autres termes, elle considère, à la surface du globe terrestre, non plus la nature inanimée, mais les êtres naturels qui y sont semés d'après certaines lois d'habitat et de fréquence.

Le troisième groupe des sciences géographiques comprend celles qui ont pour thème principal la possession de la terre par l'homme,

ce qui fait le sujet de la géographie ethnologique et de la géographie politique proprement dite. — La *géographie ethnologique* étudie la diffusion, sur le sol, des races humaines envisagées sous les divers rapports des caractères physiques et moraux, des langues, des religions, des mœurs et usages, de la civilisation. — La géographie politique proprement dite se préoccupe plus spécialement des nationalités constituées : elle expose la distinction mutuelle des États, celle des provinces, les circonscriptions administratives, judiciaires, ecclésiastiques, militaires ; la répartition des villes, etc., etc., en un mot tout ce qui appartient à l'existence politique des nations.

Enfin le dernier des quatre groupes que nous avons indiqués dans le cycle entier des sciences géographiques comprend celles où prédomine le caractère historique, c'est-à-dire, d'une part la géographie historique, et d'autre part l'histoire de la géographie. — La *géographie historique* s'applique à la description, pour des temps qui ne sont plus, du théâtre des événements racontés par l'histoire ; tantôt, prenant pour base le sol actuel, elle accumule tous les souvenirs qui s'y peuvent rattacher, applique à chaque lieu la synonymie de tous les noms qu'il a portés ; tantôt, accordant aux conditions chronologiques une part plus grande, elle fait judicieusement abstraction, dans chacun de ses tableaux, des synonymies étrangères à la date de celui-ci ; dans tous les cas, elle ne fait pour ainsi dire qu'habiller un même corps des vêtements qu'il a tour à tour portés. — L'*histoire de la géographie* ne s'arroge point la mission de constater l'état successif réel des pays et des peuples de la terre ; mais bien les opinions qui ont eu cours successivement parmi les hommes réputés les adeptes de la science, les progrès ou les retards qui sont résultés de leurs élucubrations, les lumières que les découvertes des voyageurs ont graduellement apportées au foyer commun, en un mot la marche de l'esprit humain dans l'étude de la terre et dans l'art de la décrire ; c'est à elle qu'il appartient de dresser l'inventaire des sources géographiques que les siècles nous ont léguées, et le double catalogue des meilleurs livres et des meilleures cartes sur l'ensemble et sur chacune des parties de la terre.

Comme toutes les connaissances humaines, la géographie se présente tour à tour sous les trois grandes phases de l'antiquité classique, du moyen âge, et des temps modernes.

Dans la période antique, tous les monuments qu'elle a laissés, depuis son origine à l'âge des traditions mythiques jusqu'à la transformation qu'elle subit au temps de la décadence romaine, peuvent se distribuer en qua-

tre groupes, où les noms d'Homère, d'Hérodote, de Strabon, de Ptolémée, se présentent
d'eux-mêmes pour caractériser les divers aspects sous lesquels la science de la terre se
révéla graduellement au monde ancien, et
chacun de ces noms appelle à se grouper autour de lui d'autres noms qui ont aussi leur
importance, pour lui composer un double cortége de précurseurs et de satellites. Ainsi, les
livres sacrés de l'Orient, les poëtes cycliques et
les logographes gravitent autour d'*Homère*;
les monuments épigraphiques de la Perse et de
l'Égypte, les anciens périples puniques et
grecs, entourent *Hérodote*; les nombreux
historiens d'Alexandre, et ceux de la grandeur romaine, et tous les géographes descriptifs, se rallient à *Strabon*; les philosophes
ou savants de l'Ionie, de la Grèce et d'Alexandrie, et tous les géographes mathématiciens,
sont inséparables de *Ptolémée*.

Après lui, on ne trouve plus que les écrits
de la décadence romaine : itinéraires, notices,
dictionnaires, cosmographies, fastidieuses
mais utiles compilations, dont les plus importantes ont eu pour rédacteur *Éthicus*, et qui
forment une sorte de transition entre l'antiquité classique et le moyen âge proprement dit.

Pour celui-ci, nulle part les monuments
n'en sont colligés, et l'on sait à peine quels
ils sont : certaines portions notables de cette
masse inconnue ont seules été explorées; et
si l'on parvient à grand'peine à rassembler
les éléments épars d'une collection de cette
nature, le fil chronologique ne suffit point à lier
entre eux ces lambeaux hétérogènes, aussi divers de forme et d'étendue que d'objet et de
caractère. Une considération générale de leur
ensemble permet cependant de reconnaître
qu'ils se rangent assez naturellement, par
groupes, en diverses catégories distinctes et
parallèles, comprises dans deux classes principales, celle des géographes proprements dits
et celle des voyageurs, les uns ayant particulièrement mission de décrire, les autres de
raconter. Dans la première classe on voit apparaître tour à tour : 1° les *cosmographes
néo-latins*, subdivisés par familles dont chacune a son type respectif, celle-ci Éthicus,
celle-là Isidore de Séville, telle Honoré d'Autun, telle autre Barthélemy Glanville; et les
poëtes comme Gaultier de Metz, Fazio degli
Uberti, et Berlinghieri; 2° les *cosmographes
orientaux*, distingués aussi par familles, les
uns morcelant le monde par climats, comme
l'Edrisy, d'autres le distribuant par contrées,
comme Aboulfédâ, d'autres encore le décrivant dans l'ordre de leurs propres péré-
grinations, comme Ebn-Bathouthah ; sans
parler des groupes corrélatifs aux nationalités
diverses, tels que les Arabes, les Persans, les
Turcs, les Hébreux, les Arméniens même, etc.;

3° les *chorographes*, dont les productions sont de deux sortes, les unes constituant des documents statistiques officiels,
comme les provinciaux ecclésiastiques, notices, pouillés, les domesday-books, aveux et
dénombrements, terriers, etc.; les autres,
des œuvres privées, comme les écrits d'A-
dam de Brême sur la Scandinavie, de Girauld
le Gallois et de Richard de Cirencester sur
l'Angleterre, de Bernard Guyon et de Gilles
Boüvier sur la France, et autres semblables;
4° les *cartographes*, auxquels la pénurie de
relations détaillées pour certains faits et certaines époques assure une grande importance
dans l'histoire de la géographie, soit que d'une
part on veuille étudier dans les planisphères
systématiques les idées du temps sur l'ensemble de la sphère terrestre, soit que d'autre part
on recherche sur les portulans ou cartes de
mer la constatation des relèvements effectifs
alors accomplis. — Dans la seconde classe, celle
des voyageurs, le théâtre spécial d'exploration sert à les ranger aussi en quatre séries
distinctes : 1° les *pèlerins en terre sainte*
depuis Arculfe jusqu'à Breydenbach et le Huen;
2° les *voyageurs europeens en Tartarie*,
entre lesquels le nom de Marc Polo brille d'un
éclat tout particulier; 3° les *voyageurs chinois*
qui ont sillonné le Si-yu, c'est-à-dire d'occident de la Chine, comme Fa-Hian, Hiuen-
Tsang, et autres; 4° enfin les navigateurs de
l'Océan *occidental*, dont les uns, la plupart
Scandinaves, explorèrent les parages du nord,
tandis que les autres, principalement Italiens
et Catalans, dirigèrent leurs reconnaissances
vers le sud.

De même que la décadence romaine forme,
après l'antiquité classique, une sorte de transition au moyen âge, de même après le moyen
âge la Renaissance vient former dans l'histoire
des sciences, des lettres et des arts, une sorte
d'introduction à l'époque moderne; et cette
période intermédiaire se trouve magnifiquement caractérisée, dans l'histoire spéciale de
la géographie, par les noms de *Gama*, de *Colomb*, de *Magellan*, et de cette double
pléiade de navigateurs et de capitaines qui allèrent, au nom des rois de l'Europe, explorer
et conquérir les deux Indes, désormais humbles vassales vouées à l'oppression de leurs
avides métropoles. La soif des richesses, l'ambition, l'intérêt politique, tel fut le principal
mobile de ces lointaines expéditions.

L'exploration des terres et des mers au
profit direct de la science, l'application d'une
critique rigoureuse à l'élaboration des matériaux recueillis, tel devait être, dans l'histoire de la géographie, le caractère réservé à
l'époque moderne, où les noms de *Cook*, de
Bougainville, de *Lapérouse*, de *d'Urville*,
de *Ross*, parmi les navigateurs; ceux de

Mungo-Park, de *Caillié*, de *Burnes* et de cent autres, parmi les explorateurs terrestres; celui de *Humboldt*, sans rival parmi les voyageurs scientifiques; ceux de *Delisle*, de *d'Anville* et de *Rennell* parmi les géographes de cabinet; ceux de *Malte-Brun* et de *Ritter*, parmi les écrivains, ont acquis une célébrité populaire, et brillent d'un éclat plus vif au milieu d'un nombreux cortége d'autres noms pareillement célèbres et chers à la science. L'exploration du Grand Océan, celle de l'intérieur de chacun des continents de l'ancien et du nouveau monde, la recherche d'un passage par le Nord entre l'Atlantique et le Grand-Océan, celle des terres Antarctiques, enfin les reconnaissances dirigées vers l'intérieur de l'Australie : telles sont les grandes phases sous lesquelles se présente tour à tour, dans cette dernière période historique, l'étude désormais plus soigneuse de notre globe : de curieux problèmes y ont trouvé leur solution, d'autres l'attendent encore, notamment, entre autres, celui des sources du Nil, le plus ancien peut-être de tous ceux que la géographie ait proposés à la curiosité humaine, et dont la recherche se poursuit de nos jours avec un zèle que le temps ni les obstacles n'ont pu décourager. — La création des académies dans les divers États du monde civilisé, l'institution par les gouvernements de grands établissements où s'élaborent les travaux de géographie officielle, la fondation plus récente de sociétés spécialement vouées à la culture des sciences géographiques, assurent désormais le progrès des connaissances et le perfectionnement des méthodes, de manière à procurer enfin à la géographie un rang honorable parmi les sciences exactes.

D'AVEZAC.

GÉOGRAPHIE BOTANIQUE. *Voyez* BOTANIQUE (Géographie).

GÉOGRAPHIE MÉDICALE. Ce que la géographie botanique fait pour les végétaux, la géographie médicale le fait pour les races humaines, pour les tempéraments, pour les maladies. Elle nous apprend à connaître l'influence des climats sur l'organisme et par conséquent sur le développement des affections morbides.

L'exposition des caractères les plus saillants que présentent la géographie et la météorologie des diverses contrées du globe, l'histoire actuelle et rétrospective des constitutions médicales, des épidémies et des endémies, l'étude de la mortalité, enfin l'appréciation de l'influence que les conditions climatériques et telluriques exercent sur la race humaine, tel est le but de la géographie médicale. Bien qu'elle puisse *a priori* saisir des aperçus généraux, de grandes lois, ce n'est que par une étude minutieuse de la topographie et de la géologie d'une contrée, par l'observation longtemps soutenue de sa nosologie, par l'appréciation comparative de ses causes de mortalité, qu'elle peut arriver à formuler avec certitude l'expression de ses recherches. Elle emprunte à la statistique le secours de ses immenses calculs, elle s'aide de tous les moyens d'investigation que la science peut lui fournir pour éclairer son étude; et quand elle parvient à entrevoir une conclusion, à reconnaître une loi, quelques chiffres, quelques lignes suffisent à résumer un travail auquel les observateurs de tous les temps ont coopéré. Trop heureux celui qui parvient à ce résultat, si par trop d'empressement à accueillir une vue nouvelle, à conclure, au lieu d'exposer seulement des faits, il ne donne pas dans une fausse voie !

On ne possède pas d'ouvrage complet sur la géographie médicale. Des topographies restreintes et peu nombreuses sont disséminées dans les recueils scientifiques. Les doctrines sous l'influence desquelles ont été rédigés ces travaux sont aussi éloignées entre elles que les dates de leur publication, et ce n'est qu'avec défiance qu'on peut les rapprocher pour conclure. *Toutefois*, ces notes, utiles à l'histoire des doctrines médicales et à celle des maladies, sont également intéressantes au point de vue philosophique et au point de vue médical; malheureusement on n'en a qu'un petit nombre. Pour des régions considérables on ne trouve rien ou presque rien dans les auteurs, et sur la plupart des points on n'a que des renseignements tronqués.

Les auteurs anciens, et notamment Hippocrate, renferment pourtant à cet égard des données précieuses, *en ce qu'elles permettent de comparer avec les affections qui s'observent aujourd'hui sous les différents climats celles que l'école de Cos décrivait il y a deux mille ans sous le ciel de la Grèce. A mesure que l'étude et la pratique de la médecine se sont étendues sur le globe, la géographie médicale a nécessairement reculé ses limites; mais elle n'a pu marcher que bien lentement, car si l'observation de quelques jours suffit pour constater l'existence d'une affection dans un pays, il faut un séjour prolongé pour reconnaître si cette affection y est endémique, et surtout pour obtenir une série qui permette de remplir le cadre nosologique du lieu où l'on observe. A plus forte raison, l'observation devra-t-elle être plus longue et les observateurs plus nombreux s'il faut classer les maladies d'un pays par ordre de fréquence et tracer la topographie médicale d'une certaine étendue de territoire.

Tandis que le botaniste et le géologue peuvent observer et décrire en passant et presque sans s'arrêter, tandis qu'une faible partie de l'année suffit à l'un et que l'autre a besoin de quelques jours seulement pour compléter le cercle de ses investigations, c'est à peine si l'année entière permet au médecin de jeter les bases d'une observation qui doit, pour être suffisamment confirmée, se continuer pendant une série de trois à cinq ans. En un mot le médecin est dans la même position que le météorologiste, et rien de plus simple, puisque les phénomènes qu'observe le premier sont principalement déterminés par ceux qu'étudie le second.

On ne peut donc s'étonner que la géographie médicale soit encore dans l'enfance, quand on songe que la géographie botanique n'existait pas avant M. de Humboldt, que la géologie, née presque de nos jours, se débrouille à grand'peine du chaos, et que la météorologie ne comptait il y a dix ans, sur la surface du globe, qu'un bien petit nombre de vrais observateurs.

Cette étude des airs, des eaux et des lieux, au point de vue de leur influence sur l'homme, religieusement cultivée par l'école de Cos, puis délaissée pendant le règne ténébreux de la scolastique, avait repris faveur dans la seconde moitié du siècle dernier. Les travaux de Lepecq de la Clôture et de nombreux mémoires insérés dans les recueils de l'Académie des Sciences, de l'ancienne Académie de Médecine, etc. sont des monuments précieux de l'importance qu'on attachait alors à la géographie médicale; mais quand l'école physiologique domina tout on cessa de chercher des lumières ailleurs que dans les lésions anatomo-pathologiques.

Depuis, avec des idées plus larges, l'étude de la géographie médicale s'est relevée. Le savant traducteur d'Hippocrate, M. Littré, a signalé dans les œuvres du père de la médecine des renseignements précieux. En rapprochant la description qu'il fait de certaines maladies observées par les Asclépiades sous le climat de l'archipel et les observations recueillies sous des latitudes analogues par les auteurs modernes, il est arrivé à démontrer que plusieurs de ces maladies, la fièvre bilieuse entre autres, assez communes dans les pays chauds, ne sont que fort incomplètement représentées dans nos climats, et diffèrent essentiellement d'affections qu'on a voulu leur assimiler, tandis que d'autres, comme les fièvres pernicieuses, se rencontrent partout où se retrouvent certaines conditions géographiques signalées par Hippocrate.

Les guerres entreprises au loin, pendant la paix de l'Europe, par la France et l'Angleterre, la nécessité pour ces deux puissances, et surtout pour la dernière, d'entretenir des armées sous presque tous les climats, pour protéger ses colonies, ont été la source d'études la plus féconde peut-être en géographie médicale. Ainsi la campagne de Morée et l'occupation de l'Algérie d'une part, de l'autre les colonies anglaises de la Méditerranée, des deux Indes, etc.,

ont fourni à la science dont nous parlons des matériaux innombrables et du plus grand intérêt.

Un médecin de l'armée française, M. Boudin, en étudiant ces documents, crut y trouver les éléments d'une loi pathologique établissant la coïncidence de certaines affections et l'antagonisme de quelques autres. Entraîné par cette vue brillante et faite pour séduire, il publia en 1843 un travail dans lequel la géographie médicale est considérée presque exclusivement au point de vue de la coïncidence et de l'antagonisme des maladies. Cette théorie, qui porte principalement sur trois affections, la fièvre typhoïde, la phthisie et la fièvre intermittente, est fondée sur le témoignage de plusieurs médecins et de l'auteur lui-même; elle a séduit beaucoup de monde à son apparition, et nous-même, en parlant de l'antagonisme dans ce recueil, nous avons payé tribut à cet engouement; mais, plus tard, en cherchant dans la statistique de nouvelles preuves en faveur des idées de M. Boudin, nous sommes arrivé à un résultat tout contraire, et nous croyons avoir démontré (1) que cette prétendue loi d'antagonisme entre la phthisie et la fièvre intermittente n'est pas fondée pour la France.

En 1840 M. Fuster avait déjà publié sous ce titre: *Des maladies de la France*, un ouvrage qui peut être regardé comme le premier où l'on ait traité la géographie médicale *ex professo*. Toutefois c'est plutôt encore une météorologie qu'une géographie médicale, et, malheureusement, les doctrines de l'auteur en fait de météorologie ne s'accordent nullement avec l'observation scientifique. On peut regretter aussi de ne trouver dans ce livre, malgré son titre, qu'un passage isolé où il soit question, d'une manière explicite, des maladies de la France; encore s'agit-il seulement du choléra de 1832, qui ne peut pas être considéré comme une maladie de notre pays plutôt que d'une autre contrée.

En résumé, quoique la géographie médicale soit riche en matériaux, ses éléments n'ont pas encore été réunis en un traité complet, et dans cette science, comme dans toutes les autres, on doit se défier des écarts où peut jeter l'imagination, qui prend souvent ses aperçus pour des preuves et préfère un sentiment, une conviction, à des documents précis.

Mémoires de l'Académie des Sciences, années 1746 à 1754. — *Savants étrangers*, tom. V.
Mémoires des diverses académies des départements, passim.
Mémoires de la Société royale de Médecine, années 1776 à 1784.
Lepecq de la Clôture, *Collection d'observations sur les maladies et constitutions épidémiques*; Paris, 1785, 3 vol. in-4°.

(1) — Patria, *Géographie médicale de la France*, colonnes 1440 et suivantes.

Raymond, *Topographie de la Provence*, 1779.

Dehorne, *Journal de Médecine militaire*.

Annuaires des départements.

Ramel, *De l'influence des marais et des étangs sur la santé de l'homme*; Marseille, an X, in vol. in-12.

Journal général de Médecine française et étrangère; Paris, 1796 à 1835, 129 vol. in-8°

Montfalcon, *Histoire des marais et des maladies causées par les émanations des eaux stagnantes;* Paris, 1824, in-8°.

Annales d'hygiène publique et de médecine légale, passim.

Guérard, dans le *Dictionnaire de Médecine,* 2° édit., art. CLIMAT.

E. Littré, dans le *Dictionnaire de Médecine,* 2° édition, articles FIÈVRES, BILIEUSE (Fièvre); — dans la *Gazette médicale,* février, 1840. — et dans plusieurs des *arguments* qui précèdent la traduction des différents livres d'Hippocrate, notamment, tome II, pages 630-692, tome III, *avertissement,* pag. V-XVI.

Foster, *Des Maladies de la France;* Paris, 1840, in-8°.

Boudin, *Essai de Géographie médicale;* Paris, 1843, in-8°.

A. LE PILEUR.

GÉOGRAPHIE ZOOLOGIQUE. (*Histoire naturelle.*) La géographie zoologique est cette branche de la zoologie qui a pour but de rechercher les lois de la distribution des animaux, tant vivants que fossiles, à la surface du globe ou dans l'intérieur du sol qui le constitue : mais en outre elle s'occupe également des changements que les lois de la distribution des êtres peuvent subir sous l'influence des agents physiques et sous celle de la civilisation humaine.

Les animaux sont soumis, dans leur répartition géographique , à un certain nombre de lois, qu'ils enfreignent rarement : les uns habitent l'eau, et ont une organisation en harmonie avec la nature de ce milieu ; d'autres passent leur vie au sein de l'atmosphère, et peuvent voler, marcher ou ramper. Suivant qu'ils vivent dans l'eau ou dans l'air les animaux prennent le nom d'*aquatiques* ou celui d'*aériens.* Parmi les premiers on distingue ceux qui habitent l'eau salée, ce sont les *animaux marins;* et ceux qui se trouvent dans les eaux douces, ce sont les *animaux fluviatiles* et *lacustres.* Parmi les animaux aériens il n'y a pas de distinction à établir.

Le nombre total des espèces animales qui peuplent le globe est encore bien loin d'être connu, et cependant le chiffre des catalogues récents est déjà très-élevé. Les classes supérieures comprennent en général beaucoup moins d'espèces que les inférieures ; on compte plus de douze cents mammifères; neuf cents reptiles ; treize cents poissons ; le nombre des oiseaux est beaucoup plus considérable, et celui des articulés, mollusques et zoophytes l'est bien davantage encore : on doit citer surtout la classe des infusoires, qui se compose d'un nombre d'êtres véritablement prodigieux.

L'espace plus ou moins considérable que les animaux habitent à la surface du globe varie beaucoup : il est des espèces qu'on observe dans presque toutes les parties du monde, et d'autres qui sont, au contraire, propres à telle ou telle contrée. Les premières, ou *espèces cosmopolites*, sont très-rares; cependant on peut en citer quelques-unes, principalement dans les classes des oiseaux et des poissons. Pendant longtemps on en avait admis un assez grand nombre; mais leur étude plus approfondie a démontré que ces êtres différaient spécifiquement entre eux , et cela surtout parmi les animaux marins, les baleines par exemple. Buffon, qui avait surtout étudié les mammifères, était arrivé à découvrir cette loi , que les animaux du midi de l'ancien monde et ceux du nouveau diffèrent toujours spécifiquement , et que ce n'est que dans le nord que les espèces sont communes à l'un et à l'autre : l'examen des dispositions géographiques de nos deux hémisphères rend parfaitement compte de cette règle, sans exception chez les mammifères, les reptiles, etc., mais qui n'est plus applicable d'une manière constante lorsqu'on descend dans les régions inférieures de la série animale. Les animaux dont la patrie est limitée sont en très-grand nombre : on peut même dire que c'est la règle générale, tandis que les êtres cosmopolites établissent l'exception.

Quant à la taille des espèces et à leur nombre, on remarque que les animaux les plus volumineux et aussi les plus variés sont propres aux contrées les plus chaudes, c'est-à-dire aux régions intertropicales; et qu'au contraire, à mesure que l'on se rapproche des pôles, les espèces deviennent plus rares et plus petites : c'est à la zone torride qu'appartiennent les éléphants, les girafes, les hippopotames, les rhinocéros , les autruches , les casoars, les boas, les crotales, etc.

La nature du pays influe sur l'organisme de beaucoup d'animaux : dans les pays à température variable, on voit un grand nombre d'espèces revêtir à chaque saison une robe nouvelle ; certains mammifères ont un poil ras en été, touffu en hiver; beaucoup d'oiseaux n'ont un duvet épais que dans la saison froide.

La taille des animaux semble être en rapport avec l'étendue des régions dans lesquelles on les trouve; ainsi les eaux de la mer, qui occupent la plus grande partie de la surface du globe, renferment les plus grandes espèces animales connues , c'est-à-dire les baleines. Un fait curieux, c'est que l'ancien monde, qui surpasse de beaucoup le nouveau en *surface*, est aussi celui qui possède aujourd'hui les plus puissants animaux ; et de plus, il semble que beaucoup des espèces de l'Amérique soient, pour ainsi dire, les représentants en petit de celles de notre continent : lorsque ces espèces ne sont pas du même genre, elles sont souvent de la même famille et assez peu différentes par leurs caractères essentiels.

Du reste, de nombreux changements peuvent survenir dans la distribution des espèces ; le temps seul et la multiplication de ces espèces mêmes suffisent pour amener de grandes modifications ; mais une cause plus active existe dans la civilisation humaine : l'homme a modifié le caractère et la nature de plusieurs carnassiers, et surtout du chien, qui est devenu son auxiliaire le plus actif et le plus utile pour rendre domestiques, et dès lors modifier, un grand nombre de ruminants, le bœuf, le mouton, la chèvre, etc., qui sont devenus la nourriture de l'espèce humaine. Les êtres utiles ont été transportés de leur patrie dans d'autres pays, et cette acclimatation nouvelle a modifié la géographie primitive de ces espèces ; il en a été de même pour les animaux nuisibles, et surtout pour les grandes espèces carnassières, que l'homme a éloignées de lui ; la géographie géologique se modifie donc de plus en plus dans les contrées où la civilisation pénètre davantage.

Si l'on recherche d'une manière générale l'ordre dans lequel les êtres ont été créés, on verra que ce sont, aussi bien dans les animaux que dans les végétaux, les espèces les plus simples qui se sont montrées d'abord, et, avant toutes les autres, celles dont le genre de vie est aquatique : c'est seulement après toutes les autres que les oiseaux et les mammifères ont apparu, et l'homme semble avoir été le dernier terme de ces créations successives. Les animaux les plus anciens sont ceux dont les débris fossiles se retrouvent dans les terrains les plus inférieurs. Beaucoup d'animaux fossiles ne se retrouvent plus aujourd'hui à l'état vivant ; il en est qui n'ont même plus leurs analogues, tandis que pour d'autres on retrouve des êtres qui s'en rapprochent plus ou moins ; et parmi ceux-ci, c'est quelquefois dans l'hémisphère austral que l'on retrouve l'espèce fossile, tandis que l'espèce vivante analogue habite l'hémisphère boréal, et réciproquement ; d'où l'on doit conclure que la distribution géographique des êtres a dû subir diverses modifications.

L'influence qu'a eue sur la formation de certains terrains la fossilisation des animaux a été quelquefois très-grande : dans plusieurs pays on observe que le sol est presque entièrement composé par des débris de grands éléphants ; les coquilles occupent aussi une large part dans la formation de diverses couches de terrain. Les animaux aujourd'hui vivants ont aussi parfois une assez grande influence sur le milieu qu'ils habitent ; on sait, par exemple, que pendant longtemps et que même encore à présent un grand nombre de naturalistes attribuent la formation de plusieurs îles de l'Océanie à l'existence ancienne de polypiers.

La connaissance de la distribution géographique des animaux, et des modifications qu'on peut lui faire subir, n'est pas sans application aux sciences économiques : elle permet de chercher en toute assurance dans une contrée éloignée des produits qui manquent à nos pays, et elle indique quels moyens on doit employer pour acclimater au milieu de nous les espèces étrangères les plus utiles et ainsi augmenter le nombre, encore assez restreint, des animaux domestiques.

Gérard, dans le *Dictionnaire universel d'histoire naturelle*, tome VI, article GÉOGRAPHIE ZOOLOGIQUE.

E. DESMAREST.

GÉOLOGIE. La géologie est une vaste science, qui s'occupe de l'étude de la constitution physique du globe terrestre et de la recherche des lois qui ont présidé à la formation de ses différentes parties. Après avoir réuni un grand nombre de faits, elle les combine pour en déduire des théories plus ou moins probables, suivant que le nombre des faits est plus ou moins considérable. La partie de la science dont l'unique but est la réunion des faits a reçu le nom de *Géognosie ;* celle qui les combine pour essayer de remonter aux causes premières se nomme *Géogénie.* La géologie se trouve donc divisée en deux branches, *géognosie* et *géogénie.*

Vulgairement, la géologie est regardée comme une science nouvelle, bien qu'elle remonte à la plus haute antiquité : les plus anciens systèmes religieux renferment des principes qui annoncent des connaissances géologiques assez étendues. Les Égyptiens admettaient dans leur cosmographie, il y a plus de trois mille ans, la fluidité primitive de notre planète, son séjour prolongé sous les eaux, et des bouleversements successifs à sa surface, produits, suivant eux, par le déplacement de l'axe des pôles, qu'ils supposaient avoir été primitivement parallèle à celui de l'écliptique.

Les Égyptiens transmirent à la Grèce les premières notions cosmographiques. Hérodote, Thalès de Milet, etc., ayant été admis dans le sanctuaire des temples d'Osiris, furent initiés à une partie des mystères, parmi lesquels se trouvaient les connaissances d'alors et les théories sur la formation du globe terrestre. Revenus en Europe, ils professèrent la cosmographie dans les écoles de la Grèce, en ornant cette science de tout le brillant de leur imagination. Des écoles grecques la cosmographie se répandit chez les principaux peuples de l'Europe, et de malheureuses discussions s'élevèrent bientôt entre les philosophes qui l'étudiaient ou la professaient.

Au lieu d'observer la nature pour juger de l'exactitude des théories égyptiennes sur la formation de la terre, les Grecs les avaient commentées et altérées au gré de leur imagination. Ceux à qui ils les transmirent suivirent leur exemple, et de toutes parts on discuta sur la nature et la formation du globe, sans avoir aucune notion exacte sur la constitution physique et les nombreux phénomènes qui se passent à sa surface; les théories contradictoires se succédaient rapidement, et le ridicule devint bientôt l'apanage de tous les géologues.

Enfin parurent Bacon et Newton, qui imprimèrent une marche toute nouvelle à la philosophie naturelle, et les géologues commencèrent à comprendre qu'il fallait observer la nature, au lieu de se livrer à de vides discussions. Ce ne fut cependant que vers la fin du siècle dernier que les beaux travaux de Buffon, de Werner et de Saussure, firent sortir la géologie de l'ornière dans laquelle elle était tombée, et lui imprimèrent un caractère de vérité qu'elle n'avait point encore eu : par eux, les observations furent substituées aux hypothèses, et l'on commença à s'occuper de l'étude des matériaux qui entrent dans la composition de la croûte solide de notre planète.

L'illustre Buffon, dont le style élégant a tant répandu le goût des sciences naturelles, n'étudia qu'une petite partie de la Bourgogne; mais il fit une foule d'expériences dans le laboratoire, pour appuyer sa théorie du globe, conception d'un vaste génie, mais qui, comme toutes les autres, était fondée sur un trop petit nombre de faits.

De Saussure consacra une grande partie de son existence et de sa fortune à l'étude de la constitution physique des Alpes. Escorté de guides et d'ouvriers, il parcourut ces gigantesques montagnes à pied, le marteau à la main, gravissant les rocs les plus escarpés, les cimes les plus élevées, sans être arrêté par les neiges et les glaces éternelles. Chaque année, il ne quittait que chassé par les frimas, et il revenait aussitôt que l'aquilon avait calmé ses fureurs. Pour se reposer de ses grandes fatigues, il consignait à mesure toutes ses observations dans un grand ouvrage, devenu immortel, le premier où les faits géologiques furent exposés avec une vérité et une élégance jusqu'alors inconnues. L'agenda inséré à la fin du huitième volume renferme si bien les véritables principes de la géologie, que le célèbre professeur É. de Beaumont l'a pris pour guide dans le grand ouvrage qu'il publie maintenant.

Pendant que de Saussure gravissait les Alpes, Werner, professeur de minéralogie à l'école des mines de Freiberg, en Saxe, sachant de quelle importance il était de faire connaître les lois suivant lesquelles les espèces minérales se trouvent distribuées dans le sein de la terre, étudia minutieusement le pays qu'il habitait, et se trouva ainsi conduit à la découverte d'une foule de faits nouveaux : il reconnut dans les roches des preuves de dépôts successifs; il établit les rapports intimes entre les masses minérales et les circonstances de leur gisement et de leur structure; enfin il restreignit la géologie à l'observation des faits, et il établit un corps de doctrine qu'il nomma géognosie. Ses nombreux élèves se répandirent bientôt dans les diverses parties du monde, et proclamèrent que les lois reconnues dans une petite partie de l'Allemagne, bien comprises, pouvaient s'étendre à toutes les contrées de la terre; Freisleben, Mohr, Baumer, Bracchi, d'Aubuisson, Charpentier, de Bonnard, etc., explorèrent les différentes parties de l'Europe; de Humbold parcourut le nouveau monde, et revint étonner l'univers par la grande quantité de ses travaux, non-seulement sur les sciences naturelles, mais encore sur presque toutes les parties des connaissances humaines. Debuch parcourut la Scandinavie, l'Italie, les îles de l'Afrique, etc.; et d'Aubuisson a pu dire à juste titre de Werner, comme on disait de Linné : « La terre a été couverte de ses disciples, et d'un pôle à l'autre la nature a été interrogée au nom d'un seul homme. »

Mais c'est à la France que la géologie doit le degré de perfection auquel elle est arrivée; l'école de Werner n'avait pas compris toute l'importance des restes organiques enfermés dans les couches de la terre; ce ne fut qu'au commencement du dix-neuvième siècle, que deux Français, Cuvier et Brongniart, dont les noms sont devenus aussi célèbres que ceux de Werner et de Saussure, montrèrent l'importance de l'étude des fossiles, et donnèrent ainsi à la géologie un nouvel essor. Ils ont prouvé que les restes organiques renfermés dans les couches pierreuses sont les témoins de leur formation, et souvent même les indices des révolutions qu'elles ont éprouvées. L'Angleterre était restée en arrière, dans les études géologiques : Hutton venait de mourir, en laissant une ingénieuse théorie de la formation du globe, appuyée sur un petit nombre de faits, et son élève, Playfair, soutenait cette théorie avec autant d'énergie que de talent; Hall, de son côté, par de belles expériences sur les effets de la chaleur appliquée aux corps soumis à de fortes pressions, donnait un haut degré de probabilité aux principales lois du système huttonien : mais tout à coup un élève de Werner arrive à Édimbourg, et organise, sous les yeux de Playfair et de Hall, la célèbre société Wernérienne. Ce choc fut violent, mais la lumière en jaillit; on abandonna les théories pour les observations exactes, et bientôt furent créées des sociétés géologiques dans la capitale et dans les principales villes de l'Angleterre. Les nombreuses publications de ces sociétés popularisèrent promptement la géologie dans les Iles Britanniques, et bientôt les Anglais se trouvèrent aussi avancés que nous en géognosie. Les Buchland, les Mac-Culloch, les Congbeure, vinrent se placer à côté de Saussure, de Werner, de Cuvier, de Brongniart, et les *Transactions* de la Société géologique de Londres prirent le premier rang parmi les publications géologiques.

L'impulsion était donnée. Une foule d'observateurs parcouraient le globe pour recueillir des faits ; les principales villes du monde formaient des collections, ouvraient des écoles. La géologie, naguère méprisée, avait pris rang parmi les connaissances exactes, et était devenue partie intégrante de l'instruction de l'homme. D'Omalius d'Halloy avait exécuté une petite carte géologique de France ; Smith avait fait celle de la Grande-Bretagne sur une plus grande échelle et avec plus de détails. Notre école royale des mines avait un cours de géologie fait par Brochant de Villiers, longtemps professeur dans celle de la Tarentaise, où les masses gigantesques des Alpes lui avaient révélé de grands secrets.

Les progrès de la science, les besoins de l'industrie minière, réclamaient une carte géologique de France sur une grande échelle. Brochant dressa le plan du travail dont il fit exécuter, de son vivant, la plus grande partie par MM. Dufrénoy et É. de Beaumont. Une foule de découvertes avaient déjà signalé les courses de ces habiles ingénieurs dans les diverses parties de notre pays, lorsque M. de Beaumont annonça qu'une longue suite d'observations l'avait conduit à reconnaître les lois qui ont présidé à la formation des chaînes de montagnes, et les époques relatives du soulèvement de chacune d'elles.

Cette immense découverte, accueillie avec la confiance qu'inspirait le mérite de son auteur, fut confirmée par la presque totalité des observateurs, et la science fit un grand pas...! Maintenant tous les géologues s'occupent, dans leurs voyages, de la détermination de la direction des grandes fentes de la croûte terrestre, des crêtes des chaînes de montagnes, pour arriver à les ranger chacune dans l'époque de sa formation ; car il a été établi par M. de Beaumont, et reconnu ensuite sur presque toute la surface de la terre, que les directions parallèles appartiennent à la même formation.

Depuis Saussure et Werner les géologues avaient abandonné les hypothèses pour ne plus s'occuper que de l'observation des faits ; mais l'esprit humain est tellement organisé, qu'il tend continuellement à franchir les limites qui lui sont assignées. Quelques faits groupés avaient conduit à quelques résultats auxquels les hommes consciencieux s'étaient arrêtés. Mais voici bientôt venir une foule de spéculateurs (1), ayant peu vu la nature, mais beaucoup supputé dans leur cabinet, outrant ces résultats et reculant la géologie au temps des Grecs. Heureusement nous appartenons à une génération positive, qui, si elle se laisse d'abord éblouir par des faussetés brillamment présentées, ne tarde pas à reconnaître son erreur et à faire justice de ceux qui ont voulu la tromper : si quelques intrigants, doués d'un brillant esprit, se servent encore maintenant de la géologie pour arriver à leurs fins, la véritable science en a fait justice, et elle continue sa marche sans s'inquiéter du bruit qu'ils font.

Aujourd'hui nous sommes parvenus à classer positivement les différentes assises, les terrains, qui constituent la portion de la croûte terrestre accessible à nos investigations, à déterminer l'époque de formation de chacune d'elles, les principales circonstances de son gisement, et la population fossile renfermée dans son intérieur. Ici on est arrivé à un immense résultat : on a pu déterminer à quelle époque les êtres organisés ont commencé à paraître sur le globe, et reconnaître qu'ils sont allés en se perfectionnant, pendant des millions de siècles, jusqu'à l'homme, qui paraît être la dernière œuvre du Créateur et celle dans laquelle il a mis le plus de soin.

L'observation de la superposition successive des différentes couches de la terre, des diverses circonstances que présente cette superposition, de la nature des roches et des minéraux qu'ils y trouvent engagés, la détermination des espèces d'êtres organisés végétaux et animaux, qu'un grand nombre renferme, ont permis d'établir dans la croûte du globe un certain nombre d'étages bien marqués, dont nous avons donné l'énumération et fait connaître la position relative à l'article Écorce de la terre.

Les applications de la géologie sont devenues extrêmement nombreuses ; c'est elle qui donne les moyens de découvrir les métaux enfouis dans les entrailles de la terre, qui indique à l'architecte les montagnes dans lesquelles il doit chercher les matériaux de construction ; au cultivateur les terrains propres à telle ou telle culture, les roches qui peuvent servir à amender ses champs, à réparer ses chemins, etc. Elle apprend au fabricant de briques et de poteries à découvrir les couches argileuses qu'il doit employer, et au porcelainier les gîtes de ces beaux kaolins qui sont travaillés maintenant avec tant de succès. L'établissement des puits artésiens, qui a déjà eu et qui aura encore une si grande

(1) Je le dis avec intention.

influence sur les progrès de l'industrie et ceux de l'agriculture, exige la connaissance de la nature du sol que l'on veut percer. C'est par les études géologiques que l'abbé Paramel est parvenu à pouvoir fixer le gisement des sources, même dans des lieux où on n'en n'avait jamais soupçonné.

Ceux qui s'occupent de la description de la surface du globe doivent être initiés aux secrets de la structure intérieure; les différents groupes de substances minérales affectent des formes différentes dans le sol que chacune occupe, et les vallées s'y trouvent disposées suivant certaines lois. Les militaires eux-mêmes peuvent retirer de grands avantages des études géologiques; elles sont indispensables aux ingénieurs, aux officiers d'état-major, dont les uns sont chargés d'ouvrir le sol, et les autres de donner à l'armée une connaissance aussi complète que possible du terrain qu'elle doit parcourir. La nature du sol demande à être examinée sous le rapport de la santé des troupes, de la facilité ou de la difficulté des transports, des ouvrages permanents ou passagers, que l'on doit y établir. L'inclinaison et l'altitude des pentes, la disposition, la profondeur des vallées, ont une très-haute importance dans la stratégie.

L'étude de l'intérieur de la terre peut conduire, non pas à la solution du grand problème de la création, comme quelques-uns l'ont dit, mais à la connaissance de plusieurs des lois auxquelles les différentes époques ont été soumises: nous savons déjà que les êtres organisés sont allés en se perfectionnant, depuis le commencement du développement de la vie sur la terre jusqu'à notre espèce. La géologie nous montre, durant le long intervalle qui a séparé la naissance du premier animal de celle de l'homme, la terre agitée par de violentes commotions intérieures, et sa surface ravagée par des révolutions successives; mais depuis l'apparition du genre humain l'équilibre semble complétement établi, comme pour permettre à notre race de se répandre tranquillement sur la terre, et d'y développer toute l'énergie de son intelligence. Aujourd'hui tout tend vers une stabilité parfaite, qui semble promettre une durée éternelle à l'ordre actuel des choses.

ROZET.

GÉOMÈTRES. (Histoire naturelle.) Genre de lépidoptères nocturnes, créé sous cette dénomination par Linné, parce que les chenilles dont ils proviennent ont l'air de mesurer le terrain sur lequel elles marchent lorsqu'elles se transportent d'un endroit à un autre, ce qui, du reste, leur avait fait appliquer par Réaumur le nom d'arpenteuses. Le groupe des géomètres de Linné est devenu très-nombreux en espèces; on y a créé un très-grand nombre de coupes génériques, et aujourd'hui il constitue la grande tribu des PHALÈNES (Voy. ce mot), tandis que la dénomination particulière de géomètre est restée appliquée à un petit genre qui ne comprend qu'une espèce bien distincte, la G. papilionaria Linné, qui se trouve dans presque tous les bois de l'Europe et a les ailes d'un beau vert pré, traversées par deux rangées de petites lunules blanchâtres, qui parfois se réunissent et ne forment plus qu'une seule bande.

Duponchel et Godart, Histoire naturelle des Lépidoptères d'Europe, etc.

E. DESMAREST.

GÉOMÉTRIE. (Mathématiques.) Ce mot dérive de γῆ, terre, et μέτρον, mesure, parce que d'abord cette science n'avait pour objet que l'art de mesurer les parties de la terre; mais bientôt on a vu que cet art supposait des principes susceptibles d'embrasser toutes les propriétés de l'étendue, et on a donné le nom de géomètre à toutes les personnes versées dans les mathématiques. Toutefois la géométrie est la partie de ces sciences qui se propose l'étude de toutes les propriétés de l'étendue figurée.

On divise la géométrie en deux sections: dans la première on analyse les figures sans le secours de l'algèbre; on exige que les raisonnements soient à la fois d'une exactitude rigoureuse et d'une évidence palpable. On n'y admet de preuves que celles qui se tirent de l'égalité des parties par leur superposition, ou de l'absurdité qui résulterait à supposer vraie une proposition qui serait incompatible avec celle que l'on veut établir. L'ouvrage d'Euclide est un modèle de ce genre de démonstration; ceux de MM. Legendre et Lacroix sont au moins aussi exacts et plus clairs que ce beau monument de l'antiquité. Je n'ose citer mon Cours de mathématiques pures après ces illustres géomètres, que je me suis efforcé d'atteindre.

On sent que ce n'est point ici qu'on doit espérer trouver l'enchaînement de théorèmes qui constitue la science dont nous traitons, science qui exige de longs développements, et par conséquent des traités spéciaux, pour être de quelque utilité; nous renverrons donc aux ouvrages dont nous venons de parler.

Les procédés synthétiques, dont l'emploi est seul autorisé dans cette première section de la géométrie, sont si limités, qu'on n'y peut guère embrasser qu'un petit nombre de figures élémentaires; les lignes droites, les polygones, les plans, le cercle, le cylindre et le cône à bases circulaires, enfin la sphère, sont les seules figures dont il soit possible de reconnaître les propriétés par les moyens resserrés dont nous venons de parler; mais on y rencontre , par compensation , une telle lucidité dans la théorie , qu'on regarde généralement cette section de la géométrie comme un préliminaire indispensable pour s'élever à des études plus profondes et plus variées. C'est par le secours de l'algèbre qu'on donne ensuite à la géométrie toute l'importance qui la rend propre à s'appliquer à une multitude infinie de corps , dont la mécanique, l'astronomie , la physique, etc., font perpétuellement le sujet de leurs recherches. Tant que l'algèbre et la géométrie ont été séparées , dit l'illustre Lagrange , leurs progrès ont été lents et leurs usages bornés; mais lorsque ces deux sciences se sont réunies, elles se sont prêté des forces mutuelles, et ont marché ensemble d'un pas rapide vers la perfection (1).

La seconde section de la géométrie, de beaucoup la plus utile et la plus étendue, renferme, sous le titre d'*algèbre appliquée à la géométrie*, les théories les plus belles et les plus difficiles. C'est à Viète et à Descartes qu'on doit cette science nouvelle , qui est devenue la clef des plus grandes découvertes dans toutes les branches des mathématiques. Ici l'on ne s'astreint plus à n'avouer pour vraies que des propositions rendues évidentes par un mode spécial de démonstration ; au contraire, on perd souvent de vue l'objet qu'on considère , et qui a ses éléments essentiels compris dans des formules dont l'exactitude est assurée ; l'équation algébrique qui en renferme les propriétés est discutée dans toutes ses parties, et peu importe qu'on n'arrive aux résultats que par des transformations compliquées et rendues souvent obscures par la présence de symboles imaginaires ; pourvu qu'ils soient exactement déduits des principes, on les tient pour aussi vrais que s'ils eussent été obtenus en suivant une route perpétuellement éclairée par la synthèse , parce qu'il n'est point de degrés de la vérité. De deux *choses vraies*, dans l'acception rigoureuse du terme, on ne peut pas dire que l'une soit plus vraie que l'autre , quoique celle-ci soit plus difficile à comprendre pour la faiblesse de notre intelligence. L'analyse appliquée à la géométrie conduit donc à des théorèmes aussi exacts que ceux de la géométrie élémentaire, mais que celle-ci n'aurait jamais pu découvrir par les ressources limitées qui lui sont permises.

C'est aux divers articles spéciaux de ce dictionnaire qu'on doit aller chercher les principes fondamentaux de la géométrie conçue dans toute son étendue. *Voyez* les mots COURBE , SURFACE, AIRE, CONSTRUCTION, ASYMPTOTES, CYCLOÏDE, etc.

FRANCŒUR.

(1) *Écoles normales*, tome IV, page 401.

Angles (Mesure des). Pl. I, *fig.* 1. Angle rectiligne, ou espace compris entre deux lignes, et manière de le mesurer.

Fig. 2. Angles ayant leur sommet commun au centre du cercle ; ils peuvent être mesurés par l'arc de cercle compris entre leurs côtés, leur sommet étant au centre.

Fig. 3. Angles ayant leur sommet à la circonférence du cercle ; manière de les mesurer.

Fig. 4. Angle n'ayant son sommet ni au centre ni à la circonférence du cercle

Angles (Subdivision des). *Fig.* 5. Manière de couper un angle par moitié, et de diviser ensuite chaque moitié en deux parties égales.

Angles dièdres. *Fig.* 6. Leur mesure rentre dans celle des angles rectilignes.

Anse de panier. *Fig.* 7. Description de la figure appelée *anse de panier*, employée par les personnes qui, n'étant pas versées dans les sciences mathématiques, trouvent quelque difficulté à décrire une ellipse. Manière d'obtenir cette figure.

Arcs. *Fig.* 8. Rapport de la circonférence au diamètre. (*Voir* APPLICATION DE L'ALGÈBRE A LA GÉOMÉTRIE.)

Fig. 9. Relation qui lie les côtés d'un triangle inscrit à un cercle.

Aires. *Fig.* 10. Moyen de trouver l'aire d'un triangle dont on connaît les trois côtés.

Fig. 11. Moyen de trouver le centre et le rayon d'un cercle inscrit à un triangle donné.

Fig. 12. Manière de mesurer un terrain de forme irrégulière , en réduisant cette figure à celle des trapèzes.

Voir les articles ANGLES , ANSE DE PANIER , ARCS, AIRE.

Asymptotes. Pl. II, *fig.* 13. Propriétés des asymptotes de l'hyperbole.

Fig. 14. Courbe ayant une asymptote.

Les figures 15 à 19 sont celles qui se rapportent à la construction des CADRANS SOLAIRES (*Voyez* la planche qui accompagne cet article).

Circonférence. *Fig.* 20. Exemple servant à établir la manière de rechercher le rapport approché du diamètre d'un cercle à sa circonférence.

Fig. 21. Exemple d'un des procédés graphiques les plus simples par lesquels on a cherché à exprimer , à peu près, la longueur de la circonférence, quand le diamètre est donné, en traçant des lignes de construction facile, à l'aide de la règle et du compas.

Fig. 22. Autre exemple d'un procédé usité, à l'instar du précédent , pour obtenir le rapport du diamètre à la circonférence.

Choc des corps. *Fig.* 23. Exemple d'un corps mobile à ressort parfait lancé contre un plan fixe avec une vitesse donnée. Le résultat doit produire un angle égal à l'angle d'incidence. La même figure sert à déterminer sur quel point on doit diriger un mobile partant d'un point donné, pour qu'il aille rencontrer un corps placé en un autre point.

Fig. 24. Solution du problème précédent, par un double choc ou bricole.

Fig. 25. Application des moyens indiqués dans les deux exemples précédents à un nombre quelconque de bricoles ou de chocs sur des bandes ou plans inclinés, formant un polygone donné.

Fig. 26. Exemple de deux billes égales, dont l'une étant choquée par l'autre va aboutir à un point donné : trouver la direction que doit prendre après le choc la bille qui l'a frappée.

Fig. 27. Problème proposé pour faire bricoler une bille, afin qu'elle aille choquer une autre bille , et l'envoie dans une direction donnée. *Voir* les articles CIRCONFÉRENCE, CHOC.

Frottement. Pl. III, *fig.* 28. Théorème : Le frottement est proportionnel à la pression. Solution déterminant l'effort à employer pour surmonter la force du frottement entre deux corps, l'un traîné sur l'autre.

Fig. 29. Définition de ce que l'on entend par l'angle du frottement, et son usage dans les calculs.

Coin. (*Mécanique.*) *Fig.* 30. Définition du coin. État d'équilibre résultant entre la force du coin et la réaction des parties séparées du corps dans lequel il est introduit.

Fig. 31. Coin à base isoscèle. Application de cette figure à la construction des voûtes, pour établir l'équilibre.

Constructions géométriques. Fig. 32. Formule du premier degré de la théorie des constructions géométriques.

Fig. 33. Même problème que le précédent, résolu au moyen de différentes sécantes se rapportant aux lignes proportionnelles.

Fig. 34. Formule à laquelle peuvent être ramenées toutes les constructions radicales du second degré.

Fig. 35. Théorème complétant la précédente construction.

Fig. 36. Solution dérivant de l'application des principes établis aux figures précédentes, pour construire les racines du deuxième degré.

Fig. 37 et 38. Autres exemples, comportant l'application des mêmes principes.

Courbes. Fig. 39. Equation d'une courbe dont tous les points sont à la même distance d'une droite indéfinie et d'un point donné.

Fig. 40. Courbes du deuxième degré, pouvant être obtenues par un principe commun.

Fig. 41. Solution fournissant un procédé très-simple pour décrire une ellipse, procédé souvent employé dans les arts.

Voir les articles FROTTEMENT, COIN, CONSTRUCTIONS GÉOMÉTRIQUES, COURBES et ELLIPSE.

Cycloïde. Pl. IV, *fig.* 42. Génération de cette espèce de courbe; propriétés remarquables dont elle jouit.

Fig. 43. Renversement de la figure précédente. Preuve établissant que la cycloïde jouit de la propriété d'être une tautochrone.

Décagone. Fig. 44. Procédé pour inscrire dans une circonférence un polygone régulier de dix côtés.

Différentielle (Analyse). Fig. 45. Figure servant à montrer l'origine du calcul différentiel et à expliquer la méthode des tangentes aux courbes.

Écoulement. Fig. 46. Écoulement d'un fluide qui s'échappe d'un vase par un petit orifice, dans l'hypothèse du parallélisme des tranches : définition de cette hypothèse.

Ellipses. Fig. 47. Equation de l'ellipse, rapportée à son centre et à ses axes. Moyen d'obte-

nir la construction de cette courbe par la théorie des foyers.

Fig. 48. Autre procédé commode pour décrire l'ellipse , en la comparant à deux circonférences, l'une inscrite, l'autre circonscrite.

Forces. Fig. 49. Exemple de deux forces agissant dans des directions obliques l'une à l'autre; proposition qui détermine la *résultante*, ou parallélogramme des forces.

Fig. 50. Manière de décomposer une force donnée en plusieurs autres. Équations d'équilibre ou détermination de la résultante ; théorème des moments.

Fig. 51. Exemple de ce qu'on appelle, en mécanique, *moment d'une force.* Proposition qui prouve que les forces étant en équilibre autour d'un point fixe et dans un même plan, le *moment* de la *résultante*, par rapport à ce point, est égal à la somme des *moments* de toutes les *composantes*; équilibre du *levier.*

Fig. 52. Exemple de forces parallèles qui se font équilibre à l'aide d'un levier. Proposition explicative.

Voir les articles CYCLOÏDE, DÉCAGONE, DIFFÉRENTIELLE (Analyse), ÉCOULEMENT, ÉLLIPSE, FORCE, LEVIER.

Géodésie. Pl. V, *fig.* 53. Réduction des angles à l'horizon.

Fig. 54. Idem. Résolution des triangles sphériques très-peu courbes.

Hyperbole. Fig. 55. Propriétés géométriques de cette courbe.

Incommensurable. Fig. 56. Exemple d'un rapport incommensurable.

Fig. 57. Levier de Lagarousse.

Logarithmique. Fig. 58. Propriétés de cette courbe.

Fig. 59 et 60. Nivellement, en ayant égard à la figure arrondie de la terre et à la réfraction atmosphérique.

Parallèles. Fig 61 et 62. Théorie de ces lignes.

Parabole. Fig. 63. Propriétés de cette courbe. *Idem. Fig.* 64. Courbes paraboliques.

Percussion. Fig. 65. Théorie mécanique.

Fig. 66. Polygone inscrit au cercle.

Voyez les articles GÉODÉSIE, HYPERBOLE, INCOMMENSURABLE, LEVIER, LOGARITHMIQUE, NIVELLEMENT, PARALLÈLE et PARABOLE, PERCUSSION, POLYGONE.

Plans. Pl. VI, *fig.* 67, 68 et 69. Procédé topographique du lever des plans.

Perspective. Fig. 66 bis. Exposé de la théorie générale.

Fig. 67 et 68 bis. Procédés pour trouver la perspective d'un point et d'une droite situés sur le plan de l'horizon.

Fig. 68 ter. Perspective d'une droite verticale.

Fig. 69 bis. Perspective d'une figure située sur l'horizon.

Fig. 70 bis. Perspective d'une droite située dans l'espace.

Voyez les articles PERCUSSION, POLYGONE, PLAN et PERSPECTIVE.

Pl. VII, *fig.* 70, 71 et 72. Pompes foulantes et aspirantes.

Plan incliné. Fig. 73. Théorie de cette machine.

Quadrature. Fig. 74. Procédé pour carrer une surface plane quelconque.

Rapporteur. Fig. 75. Description et usage de cet instrument.

Révolution. Fig. 76. Surfaces engendrées par la révolution d'une ligne autour d'un axe.

Roues dentées. Fig. 77. Relations entre les forces et les vitesses d'action s'exerçant sur les roues dentées.

Rotation. Fig. 78. Mouvement général d'un corps autour d'un axe : application aux oscillations d'un pendule composé.

Sections coniques. Fig. 79. Équation de ces courbes.

Voyez les articles POMPE, PLAN INCLINÉ, QUADRATURE, RAPPORTEUR, RÉVOLUTION, ROUES DENTÉES, ROTATION, SECTIONS CONIQUES.

Pl. VIII, *fig.* 80, 81 et 82. Transformation de coordonnées.

Treuil. Fig. 83 et 84. Relation entre la puissance et la résistance agissant sur un treuil.

Trigonométrie. Fig. 85, 86 et 87. Résolution des triangles rectilignes.

Variation. Fig. 88 et 89. Principes du calcul des variations.

Vernier. Fig. 90 et 91. Théorie et usage du vernier pour évaluer les petites fractions de longueur.

Vis. Fig. 94. Théorie de cette machine.

Fig. 95. *Vis sans fin.*

Voyez les articles TRANSFORMATIONS, TREUIL, TRIGONOMÉTRIE, VARIATION, VERNIER et VIS.

GÉOPHILE. (*Histoire naturelle.*) Genre de myriapodes de la famille des scolopendres, créé par Leach, et ayant pour principaux caractères : pattes en nombre toujours au-dessus de quarante paires, allant quelquefois jusqu'à quatre-vingts paires ; anneaux du corps plus nombreux que dans les scolopendres proprement dits ; antennes ayant quatorze articles, etc.

Ces animaux se tiennent dans les lieux humides, sous la terre, dans les feuilles pourries, ou bien sous les décombres ; on les rencontre aussi fréquemment dans l'intérieur des habitations, dans les jardins, dans les bois, etc. Quelques géophiles jouissent de propriétés phosphorescentes et répandent une lueur assez brillante pendant la nuit : c'est principalement en automne qu'ils sont plus remarquables sous ce rapport. Tous recherchent les lieux humides, et ils peuvent vivre quelque temps dans l'eau sans périr, ainsi que l'ont constaté plusieurs zoologistes, et particulièrement M. P. Gervais.

Les géophiles ne sont pas redoutables, et les morsures qu'ils font avec leurs mâchoires sont loin de déterminer une douleur aussi vive que celle des aiguillons des abeilles : toutefois, ils sont susceptibles, s'il faut en croire l'opinion vulgaire et même celle de quelques médecins, de s'introduire dans les narines et d'y causer des maladies cruelles. Plusieurs faits de ce genre ont été consignés dans les archives de la science ; mais cependant la question ne paraît pas complétement résolue. D'après un mémoire publié par un médecin

en 1820, à Metz, il paraîtrait qu'une femme des environs de cette ville fut prise de douleurs de tête qui se faisaient sentir dans la moitié du crâne et affectaient principalement le front et ce sinus ; cet état dura pendant plusieurs mois, et la malade éprouvait de telles souffrances, que sa santé avait été profondément altérée. Son sommeil était depuis longtemps suspendu, et souvent l'exaspération était telle, qu'elle se montrait comme folle : ces crises violentes se répétaient fréquemment, et souvent chacune d'elles durait plusieurs jours ; tous les remèdes furent administrés sans succès, et l'on désespérait de la guérison, lorsque tout à coup le calme fut rétabli, après que la malade eut rendu par le nez un myriapode, que l'on reconnut pour une scolopendre électrique, *Geophilus carpophagus* Leach. Nous avons rapporté avec détail ce fait intéressant ; mais doit-on y croire entièrement ? Nous ne le supposons pas, et nous pensons que l'observation des médecins de Metz n'a pas été faite avec tout le soin que l'on doit mettre dans de tels travaux. Nous disons donc que, pour nous, nous regardons les géophiles comme entièrement inoffensifs.

L'anatomie de ces myriapodes n'a pas encore été étudiée avec grand soin ; toutefois, Tréviranus a publié des observations intéressantes sur leur système nerveux, et l'on sait quelque chose de leurs organes de la génération.

L'Europe n'est pas la seule partie du monde qui possède des géophiles : on en trouve également en Afrique et en Amérique, et l'Asie en possède aussi. On n'en a pas encore décrit un grand nombre d'espèces ; car ces myriapodes échappent facilement aux recherches des entomologistes, et par leur genre de vie, et parce que leurs couleurs peu brillantes font qu'on ne les recueille pas.

L'espèce type, la seule que nous citerons ici, est la SCOLOPENDRE ÉLECTRIQUE ou GÉOPHILE FRUCIVORE, *geophilus carpophagus* Leach ; elle se trouve communément en France, et dans presque toute l'Europe. Cette espèce a environ trois pouces de longueur, et les antennes ont leurs articles tous arrondis, bien distincts et égaux entre eux : elle est d'un blanc jaunâtre, avec une ligne d'un brun violet bordé de jaunâtre sur le dos ; la tête et l'anus jaunes.

Walckenaer et P. Gervais, *Insectes aptères des Suites à Buffon* de l'éditeur Roret, etc.

E. DESMAREST.

GÉORAMA. Deux mille ans se sont écoulés depuis qu'un disciple de Platon, Eudoxe de Cnide, démontrait à ses auditeurs que la terre n'était qu'un vaste globe, idée gigantesque au milieu de gens qui avaient donné à la surface terrestre toutes les formes, depuis celle du plan jusqu'à celle du cylindre. Mais cette conception puissante eut peu de retentissement, et, le positivisme romain n'y voyant qu'un rêve, l'idée de la terre comme globe ne se vulgarisa donc pas et resta cachée dans les livres des savants grecs. Elle eût péri si les hommes qui combattaient au nom du Christ les instincts destructeurs des barbares n'eussent précieusement conservé, au sein de leur retraite, le résultat des premières opérations de l'intelligence. D'ailleurs il était dit que, comme les plus grandes et les plus saintes choses, l'idée grecque ne triompherait qu'après avoir surmonté une infinité d'obstacles.

A l'incrédulité romaine succéda le rigorisme du dogme chrétien, qui, prenant les paroles de la Bible à la lettre, voyait dans une figure de mots l'expression complète d'un système, et ne voulait pas admettre la forme sphérique de la terre. Au septième siècle, un moine grec, nommé Kosmas, surnommé *Indicopleustès*, à cause de ses grands voyages, le navigateur indien, fit une cosmographie dans laquelle il donna à la terre la forme d'un coffre. Dans les siècles suivants l'idée grecque apparaît de temps à autre; mais on n'ose se la communiquer que très-bas. Sur la fin du quinzième siècle et au commencement du seizième, Galilée paya de sept années de captivité son fameux : *Et cependant elle tourne!*

Les *immortelles découvertes de Christophe* Colomb, la navigation hardie de Magellan, autorisèrent Charles-Quint à placer sur l'écusson de Sébastian del Canot, compagnon heureux du grand navigateur portugais, une sphère avec ces mots : *Primus circum dedi;* le premier je l'ai pourpourné.

Dès ce moment un globe fut l'emblème distinctif de la géographie, et l'on fut naturellement amené à construire de grandes sphères, afin d'y placer plus de détails. Cette nécessité une fois admise, on vit des princes, des hommes puissants concourir et rivaliser ensemble pour la construction des globes, qu'on reconnaissait utiles. Ce fut alors que le cardinal d'Estrées, ministre de Louis XIV, fit élever par Coronelli, géographe vénitien, les deux globes de la bibliothèque Royale, de douze mètres de circonférence. Louis XVI fit faire sous ses yeux celui de la bibliothèque Mazarine, qui a trois mètres d'un pôle à l'autre.

La science de la géographie, alors dans l'enfance, offrait un grand inconvénient : la manière peu commode dont étaient placés ces globes pour en étudier les parties. Cet inconvénient devint plus visible à mesure que la grandeur augmentait; on n'en pouvait toujours voir qu'une très-petite portion; ce fut cet inconvénient qui fit abandonner ces immenses machines.

Ainsi quatre siècles de travaux avaient abouti à une complète déception. Le problème à résoudre était toujours le même : « Mettre le spectateur, tout en conservant les formes rigoureuses du globe, en position commode d'étudier, non-seulement l'ensemble, mais les plus infinis détails, d'un hémisphère entier ou au moins d'une de ses portions complètes. » Tel était désormais le grand problème dont il fallait trouver la solution pour que la sphère reprît sa haute, son incontestable utilité.

Ce fut un Français qui eut la gloire de terminer la question. M. Delanglard, esprit judicieux et habile, annonça, en 1823, avoir trouvé le moyen, cherché depuis si longtemps, de pouvoir embrasser sans gêne, sans déplacement, toute la surface terrestre. Ce procédé très-simple, comme toutes les grandes choses, était de construire une sphère creuse; de la faire transparente, afin que toutes les terres pussent se voir à l'intérieur sans, pour cela, les déplacer; introduire au centre le spectateur, et, ainsi, le mettre à même de tout embrasser d'un seul coup d'œil. Cet établissement prit le nom très-heureux de *Géorama*, vue de la terre; mais faute d'être secouru, l'inventeur tomba; il entraîna le *Géorama* dans sa chute, et un aussi bel ouvrage, produit de tant de travaux et de peines, fut détruit, puis vendu à vil prix. Ainsi toute chose doit avoir sa victime; la civilisation du monde n'a-t-elle pas commencé par l'immolation d'un innocent?

Ce qui était jadis arrivé aux idées grecques arriva au Géorama. Personne n'y songea plus pendant un quart de siècle. Mais au bout de ce temps un autre Français entreprit de relever cet établissement et de le faire triompher de tous les obstacles qu'il aurait à surmonter. En effet M. Ch. Aug. Guérin, l'un des hommes les plus actifs de notre époque, s'y dévoua corps et âme; tous les chagrins, tous les ennuis qu'il eut à essuyer, ne le découragèrent pas : il y engagea son temps et sa fortune entière. Il faut chez nous de pareils dévouements pour soutenir la géographie, qui rencontre tant d'indolence et de mauvais vouloir.

Le Géorama de M. Guérin, établi aux Champs-Elysées, est une vaste sphère, de trente pieds de diamètre, au centre de laquelle le spectateur est introduit par un escalier en spirale à double révolution, aboutissant à une galerie circulaire à la hauteur de l'équateur. De là il peut promener ses regards sur cette surface concave, dont le tracé géographique, bien que restreint, d'après les dimensions du globe, a permis à l'auteur d'indiquer tous les grands accidents du sol, tels que : montagnes, vallées, etc. Cette grande peinture de la terre que nous habitons a été embellie par le prestige des couleurs : chaude et brûlante dans la zone torride, elle est verdoyante et fertile dans nos contrées tempérées; mais bientôt toute cette végétation disparaît, et l'on ne distingue plus que des tons noirâtres et obscurs, qui se confondent avec les glaces aux approches des pôles. Ce qui, dans ce pompeux ensemble, représente le domaine des eaux consiste en une étoffe apprêtée, de teinte bleuâtre, assez transparente pour que la douce lumière qui la traverse éclaire les continents, les archipels, les îles et jusqu'aux moindres détails de la surface opaque où sont représentées les parties solides du monde. Citons quelques passages du rapport de la commission qui en rendit compte à l'Académie des sciences, dans sa séance du 28 octobre 1844 (1) :

« Les montagnes généralement rendues sans trop d'exagération; les plaines et les plateaux qu'on a eu garde d'accidenter arbitrairement, comme le font trop souvent certains dessinateurs passionnés pour les hachures; les caspiennes et les lacs heureusement translucides; les volcans en activité rendus étincelants au moyen de lentilles de cristal empourprées; les glaces éternelles des points culminants et des régions circumpolaires pittoresquement exprimées; la teinte chaude répandue sur les contrées de la zone tropicale; enfin l'aspect verdâtre de ces déserts marécageux qui s'étendent sur l'extrémité de l'Asie et de l'Amérique du Nord, composent un ensemble harmonieux, dans l'étendue duquel chaque chose se trouve rigoureusement mise à sa place.

« Nous nous rappelons avoir entendu dire à notre illustre confrère M. de Humboldt, au sortir de l'ancien Géorama : « Malgré le grand usage que j'ai fait toute ma vie de cartes géographiques, je ne m'étais jamais, par exemple, rendu compte de la figure et de l'étendue de la Polynésie, ni de l'océan Pacifique. Ce que je viens de voir rectifie beaucoup des idées que je m'étais forgées sur les rapports qu'ont entre elles les terres et les mers. » En effet, quelque habitude qu'on puisse avoir des cartes, il est une multitude de rapports, de configurations et de distances dont la manière consacrée de représenter les choses ne pourrait donner une idée juste; il faut que la mémoire vienne en aide pour régulariser ce qui est sur une surface plane. Il n'en est point ainsi au Géorama, où il suffit de promener les yeux autour de soi pour comparer la distance entre chaque empire.

« Une séance d'une heure dans son milieu eût à coup sûr épargné de grandes fautes à

(1) Commissaires : MM. Duperrey et Bory de Saint-Vincent, rapporteur.

plus d'un homme d'État. Le cabinet d'un ministre de la marine serait très-convenablement placé dans le Géorama. »

En résumé, tout le monde tirera profit d'une visite dans cet intéressant établissement : le savant s'y rendra pour rectifier les fausses notions que donnent toujours nos cartes ordinaires; le marin, pour reconnaître les navigations lointaines et pressentir de nouvelles explorations; l'homme politique, pour y trouver le rapport des puissances entre elles et agir de là avec connaissance de cause; la jeunesse surtout s'y gravera facilement et profondément dans la mémoire la physionomie du monde entier; enfin, l'homme du peuple lui-même y trouvera une certaine satisfaction en voyant les pays éloignés où quelquefois son fils est obligé de se rendre.

ALINE GUÉRIN.

GÉORGIE. (Géographie.) Au sud du Caucase, entre le Daghestan et la mer Noire, et au nord des montagnes de Karabagh, de Pambaki et de Tcheldir, habite la nation géorgienne. Elle se donne à elle-même le nom de Karthouli, et se divise en quatre branches principales, qui parlent des dialectes différents.

La première, ou celle des Géorgiens proprement dits, qui sont les plus civilisés, habite le Karthli et le Kakhéti, vallées arrosées par le Kour et ses affluents, et l'Imaréthi, qui est à l'ouest des monts Ouloumba et Asmis-Mtha, et s'étend jusqu'aux rives du Tskhéni-Tsqali, affluent du Rioni. Les Pchavi et les Joudamaqari, qui vivent dans des vallées étroites du Caucase, à l'est du haut Aragvi, affluent du Kour, appartiennent à cette même branche, quoiqu'ils parlent l'ancien dialecte géorgien, qui diffère considérablement de celui qui est en usage aujourd'hui.

Les Mingréliens et les habitants de l'Odichi et du Ghouria, tous dans le bassin du Rioni, appartiennent à la seconde branche, dont le dialecte est moins pur que celui de la première.

La troisième se compose de Souanes ou Chanou, qui demeurent dans les Alpes méridionales du Caucase, à l'ouest de l'Elbrouz et au nord de l'Imaréthi, jusqu'aux sources du Tskhéni-Tsqali, de l'Engouri et de l'Égrissi; leur langue, défigurée par un grand nombre de mots empruntés aux idiomes caucasiens, s'éloigne encore plus du géorgien, et est inintelligible même aux Mingréliens.

La quatrième comprend les Lazes, appelés Laj par les Turcs : c'est un peuple farouche; il habite le long de la mer Noire, depuis Trébizonde jusqu'à l'embouchure du Tchorondi, dont le cours les sépare du Ghouria. Leur langue a de l'affinité avec le mingrélien. Dans le moyen âge, leur nom désignait tous les peuples géorgiens qui occupaient les pays

14.

baignés par la mer Noire. Il y eut un royaume de Lazes qui finit par appartenir à l'empire de Trébizonde. Les historiens byzantins disent unanimement que les Lazes sont les anciens Colchidiens.

Les Géorgiens embrassèrent de bonne heure la religion chrétienne; ils avaient de très-anciennes traditions, qu'ils rattachèrent à celles de la Genèse, et, adoptant les généalogies des Arméniens, ils prétendirent descendre comme ceux-ci de Thargamos, arrière-petit-fils de Noé. A travers les fables qui enveloppent leur origine, on voit qu'ils sont descendus des monts de Pambaki, dont la double cime, qu'on nomme Aleghès, conserve de la neige jusqu'au mois de juin. Les Géorgiens, marchant vers le nord, peuplèrent les vallées situées entre cette chaine et le Caucase. Leurs chroniques incertaines, qui remontent jusqu'au troisième siècle avant J. C., indiquent le pays au sud du Kour, jusqu'aux rives du Bedrouji (Debeté), comme celui où demeurait Karthlos, qui passe pour le fondateur de la nation. C'est de là qu'elle se répandit au nord, et plus tard à l'ouest, jusqu'à la mer Noire.

Tous les voyageurs sont d'accord sur l'extérieur avantageux des Géorgiens. « Le sang de Géorgie, dit Chardin, est le plus beau de l'Orient, et je puis dire du monde. Je n'ai pas remarqué un visage laid en ce pays-là, parmi l'un et l'autre sexe; mais j'y en ai vu d'angéliques. La nature y a répandu, sur la plupart des femmes, des grâces qu'on ne voit point ailleurs; je tiens pour impossible de les regarder sans les aimer. L'on ne peut peindre de plus charmants visages ni de plus belles tailles que celles des Géorgiennes; elles sont grandes, dégagées, point gâtées d'embonpoint et extrêmement déliées à la ceinture. » Les voyageurs postérieurs à Chardin ne l'ont pas contredit sur ces éloges, qui pourraient paraître exagérés, et, de même que lui, disent que les Géorgiens ont beaucoup d'esprit, que les hommes sont braves et excellents guerriers, mais en même temps fourbes, fripons, perfides, traîtres, ingrats, superbes, d'une effronterie inconcevable, et vindicatifs. Ils leur reprochent aussi d'être adonnés à l'ivrognerie et aux plaisirs des sens; ils conviennent cependant qu'ils sont civils, humains, graves et modérés.

C'est en Mingrélie et en Géorgie que se recrutent les harems de l'Orient; la perspective d'y passer sa vie n'a rien d'effarouchant pour une jeune Géorgienne. Si elle reste dans son pays, elle y sera de même enfermée; elle sait que pour la marier son père ne la consultera pas, et qu'il la vendra à l'homme le plus opulent; elle désire donc tomber en partage à celui qui, par ses richesses, pourra lui rendre l'existence aussi heureuse qu'elle peut l'imaginer.

De tout temps, le paysan géorgien fut serf des princes et des nobles; par conséquent, il ne s'effrayait pas de l'idée d'être conduit comme esclave à Constantinople. Il savait qu'en restant dans son pays, il le serait également, et y traînerait une vie misérable; tandis qu'il pouvait espérer, par sa bonne conduite ou par sa bravoure, de parvenir chez les Turcs à un sort brillant.

Le nom de Géorgien, que quelques auteurs ont regardé comme dérivé de γεωργός (laboureur en grec), ou de celui des Georgi, peuple cité par les anciens, vient plus probablement de Gurdji (Giorgi), roi de cette nation au onzième siècle. Le pays fut appelé Gurdjistan. M. Klaproth pense que le Kour a pu également faire nommer Kourdjis-an ou Gurdjistan la contrée qu'il traverse. Les Russes nomment la Géorgie Grouzia; on en a fait Grousie et Grousinie, noms très-incorrects.

La Géorgie est un pays montagneux; mais elle a des vallées fertiles, qui mieux cultivées seraient très-fécondes. Le vin, quoique fait avec peu de soin, est excellent; les Géorgiens ont été jusqu'à présent trop insouciants pour le mettre en barriques, et cependant leurs montagnes abondent en bois superbes. L'Iméréthi est plus froid que le Karthli; il est presque entièrement couvert de forêts, de même que la Mingrélie. Les montagnes de toutes ces contrées doivent être riches en métaux.

Tiflis (en géorgien Mtkwari), dans le Karthli, sur le Kour, est la capitale de la Géorgie. C'est une ville fort laide; elle a beaucoup souffert par les guerres; les Russes en ont rebâti une partie à l'européenne. Elle a des eaux thermales célèbres.

Gori est une ville assez considérable du Karthli; Thelavi est dans le Kakhéti; Khouthaissi (Cotatis) dans l'Iméréthi. Les autres villes n'en méritent pas le nom; les maisons sont à moitié enfoncées en terre, et ont des murs en clayonnage; les toits sont en roseaux.

Le Karthli et le Kakhéti forment, sous le nom de Géorgie, un des gouvernements de l'empire russe; sa population, qui s'élève à 239,000 âmes, se compose de Géorgiens, d'Arméniens, de juifs et de tribus turques.

L'Iméréthi et le Ghouria sont occupés militairement par les Russes, de même que la Mingrélie, où règne le dadian, prince misérable. Sur la côte, on trouve Redout-Kaléh, port avec une forteresse à l'embouchure du Khophi.

On peut évaluer au plus à 600,000 âmes la population de tous les pays géorgiens, qui ont pendant si longtemps été ravagés par les peuples du Caucase, ainsi que par les Ottomans et les Persans.

Klaproth, *Voyage au Caucase et en Géorgie.* — *Tableau du Caucase.*

J. A. Guldenstædt, *Reisen nach Georgien und Imerethi.*

, Engelhardt und Parrot, *Reise in die Krym und der Kaukasus*

J. A. von Breitenbauch, *Geschichte der Staaten von Georgien.*

Gamba, *Voyage dans la Russie méridionale.*

ÉYRIÈS.

GÉORGIE. (*Histoire.*) L'Ibérie, dont l'étymologie est incertaine, a formé la Géorgie proprement dite, ou le Karthli, borné au nord par la chaîne des montagnes neigeuses du Caucase, à l'ouest par la Colchide, à l'est par l'Albanie, au sud par l'Arménie, dans une limite variable et longtemps indéterminée. Tout ce pays, lors de la colonisation riveraine des Grecs, était occupé par les *Mosques*, dont faisaient partie les tribus des Tibarrhéniens, des Macroses, des Amardes et autres. Quelques auteurs supposent que les Grecs appelèrent ces peuples *Géorgiens*, du mot γεωργός, *laboureur*; mais cette étymologie est peu soutenable, quand on considère que l'agriculture de cette contrée ne pouvait certainement pas être un objet d'admiration pour la Grèce. Il n'est pas plus raisonnable de penser que ce nom leur fut donné, après l'introduction du christianisme, en l'honneur de saint George, dont la mémoire est tellement vénérée parmi eux, que la majeure partie de leurs églises lui sont dédiées, et qu'ils n'ont pas eu moins de treize souverains du nom de George. L'étymologie la plus vraisemblable est celle qui tire le mot *Géorgie* de *Djorzan*, le plus anciennement donné à cette contrée par les auteurs arabes, ou de *Gourdjistan*, sous lequel elle fut connue au douzième siècle, après l'occupation du pays par les *Courdjes*.

La Géorgie fut, depuis le treizième siècle, subdivisée en plusieurs provinces, dont les noms, pour la plupart imposés par les conquérants venus de la Perse, ont traversé les siècles et se retrouvent dans certaines localités auxquelles il serait impossible d'assigner des limites. Parmi ces démembrements, le *Kakhéthi*, le *Kharthli* et le *Somkhéthi* ont formé, à diverses époques, des royaumes indépendants. Aujourd'hui le *Cara-bag*, entre le Kour et l'Aras, et le *Talidj*, qui borde la mer Caspienne, sont les provinces les plus méridionales de l'empire russe, sur les frontières de la Perse.

Les Géorgiens appellent leur pays *Karthli*, et toutes leurs tribus *Thargamossiani*, noms qu'ils ont adoptés, depuis l'introduction du christianisme, pour se donner une origine biblique. *Thargamos*, patriarche de l'Arménie

et de toute cette partie de l'Asie septentrionale, était le petit-fils de *Japhet*. Il eut huit fils, dont le second, nommé *Karthlos*, vint s'établir sur le versant méridional du Caucase et fut le fondateur de la nation géorgienne. Étienne Orpélian, archevêque de Siounie, qui vivait dans le treizième siècle, rapporte que ce fils du patriarche bâtit, au pied du mont Armaz, une forteresse à laquelle il donna le nom d'*Orpeth*. Cette circonstance est digne d'être notée; car elle nous servira de point de départ pour l'histoire de la race des Orpélians, véritables maires du palais des rois géorgiens.

Mtskethos, l'aîné des fils de Karthlos, fonda, auprès du confluent de l'Aragwi et du Kour, une ville à laquelle il donna son nom, et qui servit de capitale à ses successeurs jusqu'en 470. *Plusieurs d'entre eux furent inhumés.* Il faut rejeter parmi les contes persans la tradition géorgienne selon laquelle un roi des Khazars, qui avait fait une irruption en Géorgie et en Arménie, l'an du monde 2300, aurait donné à son fils *Ouobos* tous les prisonniers ramassés dans la contrée comprise entre le Kour et l'Araxe, et l'aurait établi roi du pays situé à l'est du Térek.

Des fragments de la chronologie des rois géorgiens se trouvent disséminés dans les historiens persans et byzantins; Constantin Porphyrogénète dit que tous ces rois se prétendaient issus de la femme d'Urie, enlevée par David. De Guignes, Guldenstædt et Klaproth en ont donné des listes incomplètes, et qui, cependant, ne comprennent pas moins de 120 monarques; mais nous ne tenterons pas de tirer leurs noms obscurs de l'oubli qui les menace. Il importe fort peu de savoir que des *Artak*, des *Datchi*, des *Bakour*, des *Mirwan*, des *Louarsab*, des *Vaktang*, ont administré sans gloire un peuple incivilisé, sous la tutelle des empereurs d'Occident ou des rois de la Perse; l'attention ne doit se porter que sur quelques rares sommités, qui apparaissent de loin en loin, dans le domaine de l'histoire, comme des oasis dans un désert de sable.

Les chroniques géorgiennes citent *Pharnavaz* ou *Pharnabace* comme le premier qui ait pris le titre de roi de Géorgie. Il vivait environ 300 ans avant l'ère chrétienne. Mais il n'est pas question de lui, sous ce nom du moins, dans la chronologie de de Guignes. Un de ses successeurs, du nom d'*Aderki*, divisa ses États en deux royaumes, celui d'*Armazel* et celui de *Mtsket*, qu'il laissa en mourant à ses deux fils; mais à la sixième génération, le souverain d'Armazel les réunit de nouveau. Un roi, nommé *Mirwan*, fit bâtir la forteresse de Dariel, et élever un rempart pour servir de boulevard à la Géorgie contre les invasions des Alains et des Khazares; cela n'empêcha pas les Alains, dans le siècle suivant (100 ans avant J. C.), de traverser deux fois le Caucase du nord au sud pour se porter vers l'Arménie et la Médie.

A la fin du treizième siècle de l'ère chrétienne, nous voyons un roi, *Aspagour*, abolir la coutume d'immoler des enfants aux idoles. Cet événement fut le présage d'un grand changement qui allait s'opérer parmi les peuples caucasiens, par l'introduction du christianisme. *Mirian* régnait en Géorgie (265 à 318), lorsqu'une esclave que les chroniques arméniennes appellent *Nina*, mais que les martyrologes ne désignent que par les mots de *sainte servante chrétienne*, vint en Géorgie, et y porta, avec l'exemple de toutes les vertus, la foi de Jésus-Christ. Le roi Mirian fit construire à *Mtsketha* une chapelle en bois, où furent déposées de précieuses reliques. *Mirdat*, son petit-fils, remplaça par une église en pierre la baraque due à la piété parcimonieuse de son aïeul. En 469, le roi *Vaktang-Gourgaslan* abandonna sa capitale de Mtsketha pour une nouvelle ville, qu'il avait fait bâtir sur l'emplacement d'un ancien village, nommé *Tphilissi* ou *Tphiliskalaki*, la ville chaude, à cause de ses sources d'eaux thermales. Cette ville n'a pas cessé d'être la capitale du royaume ; elle se nomme aujourd'hui Tiflis.

Le septième siècle de notre ère vit naître l'islamisme. Cette nouvelle religion ne fut pas étrangère aux maux qui vinrent assaillir pendant plusieurs siècles les nations caucasiennes. En 684, le kalife Valid envoie dans le Caucase une armée de 3,000 hommes, sous le commandement de son frère Muslimeh. Celui-ci s'empare de Derbent après une bataille mémorable, où fut tué un héros dont la mémoire est chère aux musulmans : son nom est *Kriklar*. On voit encore son mausolée aux environs de Derbent ; les Lesghis y viennent en pèlerinage.

De cette époque jusqu'à la fin du neuvième siècle, les Arabes continuent leurs incursions dans la Géorgie, le Chirvan et le Daghestan, dont ils forcent ceux des habitants qui tombent en leur pouvoir à embrasser la religion de Mahomet. En 861, ils s'emparent de Tiflis ; mais après cet exploit leur domination commence sa période de décadence. Ils avaient cependant envoyé plusieurs colonies dans le Caucase, et de nos jours encore on trouve, au nord de Derbent, une peuplade arabe dont l'origine remonte jusqu'à cette colonisation. Nous arrivons enfin, en laissant de côté une longue série de petits souverains, sur les noms et l'ordre desquels les chroniqueurs et les historiens ne sont pas même d'accord, à quelques événements qui concernent la race si intéressante des Orpélians.

Les Géorgiens gémissaient depuis longtemps sous le joug des infidèles. Leurs souverains, forcés de suivre les inspirations d'un commissaire étranger, n'avaient plus qu'une ombre d'autorité, et n'osaient même prendre le titre de rois ; ils se faisaient appeler *patricks* (patriciens), ou *mamasakhlisi* (pères de maisons). Sur ces entrefaites, une grande révolution s'opéra dans un pays de l'Orient, voisin des Tatares, et qui s'étend, dit l'archevêque de Siounie, Étienne Orpélian (1), jusqu'aux monts Imaüs. A la suite de cette révolution, une partie de la famille régnante se voua à l'émigration, et, de contrée en contrée, elle arriva au pied du Caucase. Le chef de ces nobles voyageurs était un prince de bonne mine, brave et courageux. Apprenant la triste position des Géorgiens, de plus en plus opprimés par les Persans, il leur fit offrir ses services, et se mit incontinent en devoir de les délivrer de leurs tyrans. La fortune secondant son courage, il put tenir tout ce qu'il avait promis aux peuples de la Géorgie. Ceux-ci, reconnaissants d'un pareil bienfait, décernèrent de grands honneurs à ces étrangers, et surtout à leur brave chef. Le roi lui donna, entre autres domaines, la forteresse d'*Orpeth*, d'où lui fut acquis, pour lui et ses descendants, le surnom d'*Orpélian*. Cette famille ne cessa de rendre à la Géorgie des services signalés ; elle fut en possession de fournir à la couronne ses plus fermes soutiens, et au peuple ses plus braves défenseurs. Convertis à la foi chrétienne, les Orpélians la servirent toujours avec zèle contre les entreprises des infidèles, et acquirent tant de gloire, qu'il n'eût tenu qu'à eux de remplacer sur le trône les fantômes de rois qui s'y succédaient obscurément sous leur protection.

En l'année 1049 de notre ère, sous le règne d'un roi nommé *David*, les Turcs Seldjoukides firent une irruption dans l'Asie-Mineure et les provinces caucasiennes. Le roi David eut peur, et se sauva dans les montagnes ; mais le *sbalasar* ou connétable, Libarid Orpélian, s'avança bravement à la rencontre des infidèles, suivi seulement d'une poignée de guerriers auxquels se joignirent quelques corps arméniens et grecs. Il présenta la bataille à un ennemi dont l'armée était vingt fois plus nombreuse que la sienne, se comporta vaillamment, et fixa la victoire sous ses drapeaux. Cet événement lui acquit tant de gloire, que les nobles géorgiens en conçurent une violente jalousie. Ces ingrats ne rougirent pas de se liguer contre leur chef, qu'ils assassinèrent traîtreusement. Ce forfait n'attendit pas longtemps son châtiment : l'armée des Turcs s'était débandée, mais elle n'était pas détruite, et quand elle revint à la charge, les chrétiens,

(1) *Voyez* le livre curieux et savant de M. Saint-Martin. *Mémoires sur l'Arménie.*

privés d'Orpélian, n'osèrent lui tenir tête; ils furent, pour la plupart, taillés en pièces, et la Géorgie tomba au pouvoir des Seldjoukides. Tiflis ne fut pas plus épargnée que les autres villes, et les vainqueurs y mirent une garnison, pendant-que les débris de l'armée vaincue allaient chercher un refuge dans les hautes montagnes.

Cependant Libarid avait laissé un fils, Ivané Ier. Cet héritier de la gloire paternelle fut rappelé par le roi *David le Fort*, deuxième du nom, et rentra non-seulement en possession de son patrimoine, mais reçut encore le don de la forteresse de Lorhi. L'an 1160, *David III*, qui avait régné avec sagesse et modération, mourut et laissa un fils en bas âge nommé *Temna*, qu'il confia au connétable Ivané Orpélian III, laissant la régence à George, son propre frère. A l'époque de la majorité du prince, les grands du royaume, mécontents de l'administration de George, vinrent trouver Orpélian, le pressant de faire reconnaître le véritable roi. Ivané se rendit à leurs désirs; mais comme il arriva que le régent ne voulut pas rendre la couronne, il fallut recourir aux armes. George se retira à Tiflis, où Ivané vint l'assiéger. Obligé de battre en retraite, celui-ci se retira, avec son pupille, dans la forteresse de Lorhi, et envoya son frère Libarid et ses deux fils demander du secours aux atabeks de Perse et d'Arménie. Le régent ne tarda pas à venir mettre le siège devant Lorhi, qu'il réduisit à la dernière extrémité. La présence seule du jeune roi donnait encore quelque force au parti de ses défenseurs, lorsque ce prince, saisi d'une terreur panique, déserta lui-même sa propre cause, et s'étant laissé couler au pied des remparts, vint se jeter aux genoux de son oncle, implorant sa pitié, et ne demandant que la vie. Le vainqueur, que nous pouvons appeler maintenant *George III*, la lui accorda; mais il lui fit crever les yeux, et le réduisit à cet état abject où l'homme ne peut plus espérer les douceurs de la paternité. La guerre désormais devenait sans objet. Orpélian consentit donc à se rendre, sous la condition qu'il ne lui serait fait aucun mal. George en avait donné sa parole; et cependant, quand il eut en son pouvoir celui qui avait voulu l'empêcher de régner, il ne craignit plus de se parjurer : il traita en tout son prisonnier comme il avait traité son neveu, lui laissant la vie par dérision. Non content de cela, il attira auprès de lui les parents d'Ivané, et les fit tous massacrer, sans égard pour les enfants, les vieillards ni les femmes. Enfin, voulant anéantir, s'il était possible, jusqu'au souvenir de la race des Orpélians, il fit effacer leurs noms *de toutes les inscriptions des églises*, ainsi que des livres historiques.

Libarid, frère du malheureux Ivané, quitta le pays. Ses deux neveux le suivirent dans l'exil, et se réfugièrent, l'un chez l'atabek Ildigouz, l'autre auprès de l'émir de Kondsag. Ce ne fut que longtemps après, sous le règne de *Thamar*, fille et héritière de George III, que l'un d'eux, du nom de Libarid, consentit à rentrer en Géorgie, où on lui restitua la forteresse d'Orpeth. Il fut la source des nouveaux Orpélians.

Le règne de Thamar forme la période la plus glorieuse de l'histoire géorgienne. Cette princesse, que ses peuples reconnaissants appelèrent *Mep'hé*, nom qui ne convient qu'aux souverains de l'autre sexe, eût acquis une célébrité historique sur un champ plus vaste; elle eût été Sémiramis à Babylone, Élisabeth à Londres, Catherine à Saint-Pétersbourg. Elle rappela à son service, ainsi que nous venons de le dire, les illustres rejetons de la race des Orpélians, chassa les Persans qui avaient envahi ses États, conquit tout le pays situé entre le Kour et l'Araxe, rendit tributaires plusieurs princes voisins, et étendit sa domination de la mer Caspienne à la mer Noire. Son fils, *George IV*, surnommé *le Lippu* (*Lascha*), secondé par Ivané Orpélian, entreprit plusieurs guerres heureuses contre les tribus situées hors de la limite méridionale de la Géorgie, et les contraignit à embrasser le christianisme. Mais, en l'année 1220, les Mongols, que conduisaient les généraux de Tchinghis-Khan, entrèrent dans l'Arménie et se portèrent de là vers le Caucase, qu'ils traversèrent en entier, semant partout, sur leur passage, la dévastation et la mort. La vieillesse de George IV fut abreuvée d'amertume par une suite de malheurs qui offrent peu d'intérêt historique. Il laissa un fils en bas âge, qui régna depuis sous le nom de *David IV*, et en confia la tutelle à sa sœur *Rousoudan*. Cette princesse s'empara de la couronne en 1224, au détriment de son neveu. Sous son règne, les Mongols rentrèrent dans l'isthme caucasien, et y causèrent encore une fois d'épouvantables ravages. A dater de cette époque, jusqu'à la fondation du nouveau royaume de Perse (1500 de J. C.), l'histoire géorgienne se confond avec celle des conquêtes de Tchinghis-Khan et de Timour-Lang (Tamerlan). Seulement on voit briller, de temps en temps, quelques beaux faits d'armes, inspirés par le désespoir des vaincus. Des succès momentanés laissent aux peuples opprimés le temps de respirer; mais les conquérants ne tardent pas à revenir, grossis et murmurant comme les vagues de la tempête. De 1305 à 1346, plusieurs combats méritent à *George VI* le surnom de *Très-illustre*. En 1388, Tamerlan ravage de nouveau la Géorgie, dont il emmène le roi, *Bagrat*, prisonnier. Celui-ci feint de se convertir à la religion de Mahomet; il gagne ainsi la confiance

GÉORGIE

du vainqueur, lui demande une armée pour rentrer dans ses États et en appeler les habitants au musulmanisme : le guerrier mongol donne dans le piége, et envoie ses soldats à la mort. Furieux ensuite, et rugissant comme un lion, il rentre en Géorgie, où, dans trois expéditions successives, il dévaste les villes, les campagnes et les monastères, fait couler des flots de sang et ne détruit pas moins de sept cents villages, tandis que *George VII*, fils et successeur de Bagrat, se cache dans les gorges les plus reculées du Caucase. En 1404 Tamerlan abandonne enfin ce malheureux pays. George descend de ses montagnes, reprend successivement Tiflis et les principales forteresses occupées par les Persans, et vit encore quelques années tranquille et heureux, autant qu'il pouvait l'être au milieu des ruines de sa patrie, encore fumantes du sang géorgien. Dix années après, *Alexandre*, de la maison de Bagration, réunit sous sa domination tous les pays géorgiens.

De 1500 à 1703, c'est-à-dire jusqu'au règne de *Vakhtang VI*, le dernier roi de la branche principale des Bagratides, on voit se succéder douze princes du nom de *David*, *Louarsab*, *Simon* ou *George*, tous tribu-táires de la Perse, quelquefois en état de rébellion, mais toujours victimes des dissensions intestines. En 1618 Chah-Abbas emmène cinq cent mille Géorgiens des deux sexes, et les dissémine sur le sol de la Perse. Les royaumes de Kakhéthi et de Karthli se forment des débris de celui de Géorgie ; puis ils se fondent l'un dans l'autre, se séparent de nouveau et se réunissent encore. Les provinces, à cette époque, étaient administrées par des gouverneurs qui prenaient le titre de *khans*. Enfin, Vakhtang VI, qui attacha son nom à un code longtemps vénéré, et l'un des plus belliqueux souverains du Caucase, vient interrompre, par d'éclatantes vertus, cette longue obscurité, jusqu'à ce que, vaincu lui-même et ayant épuisé toutes ses ressources, il se jette dans les bras de la Russie, et se retire à Astrakan, pour y mourir en paix.

Depuis longtemps le zèle religieux des Géorgiens et l'horreur que leur inspirait le joug des mahométans les avaient portés à rechercher secrètement l'alliance de la Russie. Cette puissance s'était déjà, depuis le règne d'Ivan-Vassilievitch, étendue jusqu'au pied du Caucase, et dès l'année 1555 plusieurs tribus tcherkesses avaient reconnu son vasselage. En 1586 un roi de Kakhéthi se mit sous la protection du czar Fodor, et trois ans après une ambassade géorgienne vint implorer son secours contre les Turcs. Cet événement se renouvela souvent, et inspira aux Russes cette convoitise des provinces caucasiennes qu'ils ont, depuis, si largement satisfaite. En 1722,

Pierre le Grand traverse le défilé de Derbent, et vient assiéger le vieux Chamacki, où des sujets de son empire avaient été lâchement assassinés par les Persans. Un traité lui assure la possession des provinces qui bordent la mer Caspienne ; mais quelques années après elles sont rendues à Nadir-Schah. Enfin, arrive le règne d'*Héraclius*, deuxième du nom. Si la dignité de l'histoire nous permettait de reproduire ici une expression devenue proverbiale, nous dirions que ce fut le commencement de la fin. Héraclius, voulant se soustraire à la domination des Persans, se constitua vassal de Catherine II, par le traité de Gheorgiewsk (24 juillet 1783). Douze années après une armée persane vient ravager ses États pour punir cette désertion ; Aga-Mohamed-Khan s'empare de Tiflis, l'abandonne au pillage, met tout à feu et à sang, et emmène vingt mille prisonniers. Héraclius ne reçoit de la Russie que d'impuissants secours ; il meurt (1798) accablé de chagrins et de regrets. Son fils *George* n'eut pas un règne plus tranquille. Constamment occupé à guerroyer contre les montagnards Lesghis et les Persans, il implora la protection de l'empereur Paul Ier, et mourut avec la certitude qu'il était le dernier roi de *Géorgie*. La reine *Marie*, sa veuve, voulut d'abord s'opposer aux prétentions des Russes ; on dit même qu'elle fit poignarder un officier supérieur que le général Tzitzianoff avait chargé de la conduire à Moscou ; mais enfin elle se rendit, et son fils *David* ayant peu après (1800) fait à l'empereur Alexandre une entière cession de l'héritage de ses pères, tous deux se retirèrent à Saint-Pétersbourg. A dater de cette époque la Géorgie devient une province russe ; elle n'est plus du domaine de l'histoire.

Klaproth, *Tableau historique, géographique, ethnographique et politique du Caucase:* Paris, 1827, in-8°.
Chronique géorgienne, trad. par Brosset jeune : Paris, 1831, in-8°.
Wakhoucht, *Description de la Géorgie*, trad. par M. Brosset ; Saint-Pétersbourg, 1841, in-8°.
D.

GÉORGIE. (*Linguistique.*) Les Géorgiens prétendent que leur idiome se trouve, sous le rapport étymologique, dans une indépendance complète à l'égard de tous les autres. Ils appuient cette prétention sur ce que les mots étrangers qui paraissent s'être introduits chez eux (puisqu'ils ne peuvent nier qu'une portion de leur nomenclature ne leur soit commune avec l'ancien persan) font double emploi avec des expressions de même signification qu'ils possédaient déjà auparavant, et qu'ils ont conservées depuis, malgré l'introduction des autres. M. Brosset croit pouvoir cependant établir la parenté du géorgien avec les langues de la grande famille indo-germanique, et il la déduit précisément de ce que les mots du fonds commun se trouvent en très-grand nombre dans les plus anciens livres géorgiens connus. Cette langue tient, selon lui, au sanscrit, par l'intermédiaire des antiques idiomes de la Perse; mais dans sa formation il y a eu implantation des radicaux indiens sur l'antique rejeton médique.

On lit dans une chronique nationale de la Géorgie qu'autrefois cette contrée et l'Arménie n'avaient qu'une seule et même langue. Nous ne savons trop quel degré de confiance il faut accorder à cette allégation; toujours est-il que beaucoup de termes arméniens font encore aujourd'hui partie du vocabulaire géorgien.

L'accumulation des consonnes dans la langue qui nous occupe donne à sa prononciation une harmonie toute rocailleuse.

Le géorgien a des lois fixes pour la formation des mots composés, et est en outre très-riche en flexions grammaticales. Sa déclinaison est simple : elle est la même pour les substantifs, les adjectifs et les pronoms; mais l'emploi des pronoms, soit isolés soit inséparables, soit sujet soit régime, y est soumis à des règles assez compliquées. Le thème du verbe se trouve, à son plus grand degré de pureté, dans la troisième personne du singulier du parfait. Il renferme de une à cinq consonnes radicales, avec une ou deux voyelles, qui le sont également. Les personnes ont chacune leur caractéristique particulière. Les temps de l'indicatif sont au nombre de sept, dont trois passés et trois futurs; certaines particules servent à convertir l'indicatif en conditionnel.

On distingue dans le géorgien, selon M. Brosset, cinq dialectes principaux, ceux de Cakheth, d'Iméreth, de Mingrélie, de Gouria et de Karthli. Le plus pur est, dit-on, parlé par les Pichaws et les Khewsows, qui habitent au nord-ouest du Cakheth, dont ils dépendent. La connaissance du turc et du persan étant fort répandue en Géorgie, il arrive souvent que les écrivains remplacent, par des synonymes empruntés à ces langues, beaucoup de termes de la leur. Depuis quelque temps aussi, on trouve, surtout dans les journaux de Tiflis, une multitude de mots français et latins venus pour la plupart par la voie de la Russie.

La prosodie de la poésie géorgienne est « comme celle des Grecs et des Latins, dit l'archimandrite Eugénius, dans son *Tableau historique de la Géorgie*, fondée sur le tons ou les accents. » Le nombre limité des syllabes est, au contraire, selon M. Brosset, avec la rime finale, qui a été empruntée du turc, la seule règle de la versification géorgienne.

Le plus ancien livre géorgien aujourd'hui connu est la traduction de la Bible, exécutée au huitième siècle par saint Euphémius ou Euthymius, et le monument original le plus célèbre de cette littérature est le poëme du Tariel, composé pas le général Roustewel, qui vivait sous le règne de Thamar. Le titre complet est *L'homme vêtu d'une peau de tigre*, ou *Amours de Tariel et de Nestan Daredjan*. On trouve dans ce poëme une rare fécondité d'invention et une grande richesse d'imagination; selon quelques critiques, il aurait été en grande partie tiré de sources persanes. Les exploits de Thamar ont inspiré au même poëte une autre composition où ils sont célébrés. Les Géorgiens comptent encore comme poëmes héroïques le *Baramiani* et le *Rostomiani* : ils accordent, en outre, une estime toute particulière au *Wisramiani* et au *Daredjaniani*, romans en prose, qui ont pour auteurs, le premier, Sarg de Thmogwi, et le second, Mosè de Khoni. Le recueil d'hymnes, tant religieux que nationaux, du patriarche Antoni jouit d'une grande popularité.

Le *Code* de Wakhtang et la *Chronique* qui porte le nom de ce prince, mort en 1735, sont au nombre des monuments les plus importants de la prose géorgienne.

Paolini et Irbach, *Dictionnaire géorgien italien* Rome, 1629.

F. M. Maggi, *Syntagmata linguarum orientalium quæ in Georgia regionibus audiuntur;* Rome, 1643, in-fol.

Le prince Soulkhan-Saba Orbélian, *Dictionnaire géorgien*, composé vers 1713.

Le patriarche Antoni, *L'art libéral*, ou *Grammaire géorgienne*, composée en 1767.

Ghaï, *Grammaire géorgienne, en russe;* Saint-Pétersbourg, 1802, in-8°.

G. Firalow, *Le maître des langues russe et géorgienne;* Saint-Pétersbourg, 1802, in-4°.

J. S. Vater, *Grusinische oder georgische sprachlehre;* Halle, 1822, in-8°.

J. Klaproth, *Vocabulaire géorgien-français et français-géorgien;* Paris, 1827, in-8°.

Brosset jeune, *Recherches sur la poésie géorgienne, notice de deux manuscrits et extraits du roman de Tariel*, dans le *Journal Asiatique* (avril 1830). — *Mémoires relatifs à la langue et à la littérature géorgienne;* Paris, 1833. — *Éléments de la langue géorgienne;* Paris, 1837, in-8°.

David Tchoubinof, *Dictionnaire géorgien-russe-français;* Saint-Pétersbourg, 1840, in-4°.

Fr. C. Alter, *Ueber georgianische litteratur;* Vienne, 1798, in-8°.

LÉON VAÏSSE.

GÉOTRUPE. (*Histoire naturelle.*) Genre d'insectes coléoptères de la famille des lamellicornes, créé par Latreille, et qui est devenu, sous la dénomination de *géotrupiens*, pour les entomologistes modernes, une tribu distincte, partagée elle-même en plusieurs genres particuliers. Nous n'entrerons pas dans de grands détails à ce sujet; nous nous bornerons à dire que les *géotrupes*, qui portent vulgairement le nom de *fouille-merde*, parce qu'ils voltigent en bourdonnant autour des bouses de vaches, où ils déposent leurs œufs et où vivent leurs larves, sont des insectes de taille moyenne, qui ont des mandibules très-saillantes, plus larges que la tête, dont le corselet est transversal et souvent armé de cornes ainsi que la tête, et dont le corps est arrondi, très-convexe.°

Les géotrupes habitent les endroits sablonneux et se trouvent communément dans toute l'Europe; leurs larves vivent, ainsi que nous l'avons dit, dans les bouses de vaches et ont les mœurs de celles des scarabées (*Voy* ce mot).

L'espèce type est le *Géotrupe stercoraire*, *Geotrupes stercorarius* Lin. qui est long de sept à huit lignes, d'un vert foncé en dessus et vert doré en dessous, avec des raies pointillées sur les élytres, et les intervalles lisses. Il varie beaucoup, et se trouve à Paris.

Mulsant, *Faune entomologique de France; Lamellicornes.*

E. DESMAREST.

GÉRANIACÉES. (*Botanique.*) Les genres de cette famille, qui appartient aux plantes dicotylédonées polypétales hypogynes, Juss. (*Polypét. Éleuthérogynie*, Rich.), ont entre eux une grande analogie par leurs formes extérieures et leur organisation interne : ce sont, en général, des plantes herbacées ou subfrutescentes, à feuilles simples ou composées, alternes, avec ou sans stipules à leur base. Les fleurs sont axillaires ou terminales, souvent grandes, et d'une couleur éclatante ; elles offrent différents modes d'inflorescence.

Chaque fleur présente un calice monosépale, à cinq divisions très-profondes, souvent persistant, quelquefois un peu irrégulier et prolongé à sa base en un éperon creux, plus ou moins long ; une corolle de cinq pétales, tantôt régulière, tantôt irrégulière ; des étamines en nombre variable de cinq à dix, à filets parfois libres et distincts, d'autres fois soudés et monadelphes, tantôt tous anthérifères, tantôt stériles en partie. L'ovaire est tout à fait libre, à trois ou cinq côtes saillantes, à loges en pareil nombre, portant chacune à leur angle externe un, deux, ou même un plus grand nombre d'ovules ; le style, long, simple, se termine par trois ou cinq stigmates linéaires et divergents.

Le fruit se compose de trois à cinq coques uniloculaires, indéhiscentes, contenant une ou plusieurs graines, et réunies sur un axe central. A l'époque de la maturité complète, ces coques se détachent et se séparent les unes des autres, entraînant quelquefois avec elles une partie de leur axe central et du style, qui forme à leur sommet une pointe plus ou moins longue. C'est cette disposition qui a fait donner au genre *Géranium*, type de la famille, le nom qu'il porte (γέρανος, grue, *bec de grue*, en français). Les graines contiennent un embryon renversé, dépourvu d'endosperme.

La famille des Géraniacées se compose de plusieurs groupes de familles secondaires : ce sont les *Géraniées*, les *Oxalidées*, les *Tropœolées*, les *Balsaminées*, les *Linacées*. Les deux dernières en ont été récemment distraites, et forment maintenant des familles distinctes. Nous allons examiner les trois autres.

I. *Géraniées.* Les Géraniées sont herbacées ou subfrutescentes ; elles ont les feuilles simples, munies de stipules, et les fleurs opposées aux feuilles ; les filets de leurs six étamines sont soudés ; trois ou cinq de leurs anthères avortent assez souvent. Le fruit est à cinq coques monospermes, réunies sur un axe central, et se détachant de la base vers le sommet.

Le principal genre de cette famille secondaire, et l'unique, pour ainsi dire, est le *Geranium*, l'un des plus nombreux de tout le règne végétal; aussi les botanistes modernes y ont-ils établi trois divisions : ils ont laissé le nom de *Geranium* à toutes les espèces à calice et à corolle réguliers, à dix étamines, toutes anthérifères; ces espèces, assez nombreuses, sont toutes herbacées; les *Geranium robertianum* (herbe à Robert), *gruinum* (bec de grue), *sanguineum*, *pratense*, sont les plus saillants.

Les mêmes auteurs ont rangé dans le genre *Erodium* toutes les espèces dont la corolle est régulière, mais qui ont cinq étamines stériles ; elles sont également herbacées, mais peu nombreuses. Nous citerons l'*Erodium moschatum*. Enfin, ils ont compris dans le *Geranium Pelargonium* les *Geranium* exotiques, originaires, pour le plus grand nombre, du cap de Bonne-Espérance. C'est à ce genre qu'appartiennent ces grandes et belles espèces cultivées dans les orangeries, telles que les *Pelargonium zonale*, *roseum*, *formosum*, etc., etc. Ces plantes sont, pour la plupart, sous-frutescentes ; leur corolle est plus ou moins irrégulière, et trois de leurs étamines sont privées d'anthères.

Le *Geranium robertianum* et quelques-uns de ses congénères ont une propriété légèrement astringente, qui les a fait quelquefois employer comme toniques.

II. *Tropœolées.* Ce groupe a pour type le *Geranium Tropœolum*, dont quelques espèces, le *Tropœolum majus*, entre autres, sont vulgairement connues sous le nom de *Capucine*. La Capucine, originaire du Pérou, s'est naturalisée dans nos climats, où elle est annuelle, tandis qu'elle est vivace dans sa patrie. Sa tige, couchée, rameuse, devient grimpante, quand elle trouve un appui pour s'élever ; ses feuilles, éparses, peltées, orbiculaires, sont portées sur de longs pétioles. Les fleurs, grandes, irrégulières, éperonnées, d'une vive couleur orangée, répandant une odeur suave ; elles se succèdent pendant tout l'été; les étamines sont au nombre de huit; le style, dressé, triangulaire, présente à son sommet trois divisions, dont chacune porte un très-petit stigmate. Le fruit se compose de trois akènes convexes, recouverts de côtes irrégulières du côté externe, et offrant, au côté interne, deux faces planes, par lesquelles ils sont accolés.

Toutes les parties de la Capucine sont douées d'une odeur et d'une saveur vives, piquantes, analogues à celles que présentent les Crucifères; elle jouit, par conséquent, des mêmes propriétés médicales, c'est-à-dire qu'elle est éminemment stimulante, tonique, antiscorbutique. Les fleurs se mangent, sans apprêt, avec la salade; les boutons de fleurs et les fruits, confits dans le vinaigre, sont employés en assaisonnement, comme les câpres. Il est à regretter, au reste, que l'usage de cette plante ne soit point assez répandu.

III. *Oxalidées.* Elles ont les feuilles ordinairement composées, sans stipules; les fleurs axillaires portent dix étamines et cinq styles divergents à stigmate simple; la capsule est à cinq loges polyspermes; l'embryon est droit dans un endosperme charnu.

Le genre *Oxalis* forme seul la petite famille des Oxalidées. Parmi les nombreuses espèces qui la composent, il en est une surtout, l'*Oxalis ocetosella*, ou *Surelle acide*, qui offre de l'intérêt par ses propriétés acides, dues au *bioxalate de potasse* (sel d'oseille) qu'elle renferme en grande quantité.

L'*Oxalis acetosella*, à laquelle on donne vulgairement les noms d'*alleluia*, *trèfle aigre*, *oseille des bûcherons*, est une petite plante herbacée, commune dans tous les lieux ombragés et humides de l'Europe, surtout dans les pays de montagnes. Sa tige, souterraine, horizontale, renflée d'espace en espace, présente des écailles charnues, de l'aisselle desquelles partent les fibres radicellaires, les feuilles et les fleurs. Les feuilles, pétiolées, composées de trois folioles en cœur renversé, sont pliées en deux suivant leur longueur, et souvent appliquées l'une contre l'autre. Les fleurs, blanches, régulières, sont solitaires. Les fruits sont capsulaires, à cinq angles et à autant de loges, renfermant un grand nombre de graines.

Les feuilles de la Surelle ont une agréable acidité, due, comme nous l'avons dit, au bioxalate de potasse qu'elles contiennent, et que l'on en extrait dans certains pays, en Suisse par exemple, où cette plante est abondante.

Le bioxalate de potasse est employé, en médecine, pour préparer des limonades, des pastilles rafraîchissantes. Dans l'industrie, on s'en sert pour faire disparaître les taches d'encre et de rouille; il est aussi usité pour aviver le rouge de carthame. Enfin, on en extrait l'acide oxalique, un des meilleurs réactifs que possède la chimie pour reconnaître la présence de la chaux.

La saveur acide, si prononcée dans la Surelle, se retrouve à un degré plus ou moins marqué dans toutes les autres espèces de ce genre, et en forme le caractère distinctif.

Gab. VERGER.

GERBOISE. (*Histoire naturelle.*) *Dipus.* Les naturalistes désignent sous ce nom un genre de rongeurs, très-remarquable en ce que les petits animaux qui le composent ont, avec les formes et la taille des rats, les pattes de derrière conformées à peu près comme celles des ruminants, et tellement longues, que, ne pouvant marcher, ils sont pour ainsi dire condamnés à sauter toujours et à se tenir debout comme des bipèdes. On les divise en quatre sous-genres : les *gerboises proprement dites,* les *gerbilles,* les *mériones* et les *hélamys.*

Les **hélamys**, dont il n'existe qu'une espèce, appelée vulgairement *lièvre sauteur du Cap,* sont propres à l'Afrique australe; la seule mérione connue est un petit animal du Canada; les gerbilles et les gerboises, étrangères à l'Europe, et dont pas une seule n'est américaine, habitent les déserts de l'Afrique, en deçà de la ligne, la Syrie, les steppes de l'Asie centrale, et même l'Australasie. On doit citer, entre les espèces de gerboises, l'alactaga, qui est d'une forme très-élégante, qui s'engourdit l'hiver comme les loirs, dont la taille n'excède pas six pouces, et qui cependant peut faire des sauts tellement prodigieux en fuyant, que le cheval le plus agile ne le saurait gagner de vitesse.

BORY DE SAINT-VINCENT.

GERMAINS. (*Histoire.*) Habitants primitifs de la Germania ou de l'Allemagne ancienne.

L'histoire ne décide pas si les peuples primitifs de la Germanie étaient autochthones ou d'origine étrangère; eux-mêmes n'ont laissé aucun renseignement à cet égard, pas même des chants populaires. Ce n'est que par César, Pline et surtout Tacite, que nous avons quelque connaissance de leurs traditions et de leurs mœurs. Tacite incline à les croire indigènes, parce que, selon lui, il n'est pas probable que des hommes aient pu quitter un doux climat, un ciel pur comme celui de l'Asie ou de l'Afrique, pour venir habiter sous un ciel brumeux, dans un pays froid, marécageux et manquant de tout. Cette opinion ne peut soutenir de graves objections. D'une part, les recherches faites par les naturalistes, sur les races humaines, démontrent que la famille germanique appartient à cette race caucasienne qui, partie du plateau central de l'Asie, vint s'épanouir en diverses ramifications à l'occident de l'Europe. D'autre part, les travaux philologiques les plus récents prouvent, d'une manière incontestable, que les langues germaniques ont une grande affinité avec le sanscrit, le zend, le persan et le turc. Les usages des Germains, leur système mythique comme leurs idées religieuses, présentent également de frappantes analogies avec ceux des peuples du centre de l'Asie.

Toutes ces données portent à conclure que les Germains sont originaires de l'Asie, et qu'il faut entendre de ces peuples ce que l'histoire a dit des Celtes, qu'elle représente comme fuyant les steppes de la haute Asie.

Quant à la cause de cette migration, elle ne doit pas être attribuée seulement aux besoins matériels, mais encore et surtout aux idées religieuses et politiques. A une époque bien reculée, il s'opéra dans les Indes de grands changements politiques et religieux, qui y bouleversèrent l'ordre social. L'ancien culte de Bouddha fut remplacé par des institutions dures, violentes, oppressives, qui forcèrent diverses tribus de s'expatrier. La migration s'effectua le long du fleuve Araxe (le *Gihon* de l'Écriture sainte), vers le côté septentrional de la mer Caspienne et le Caucase, en s'avançant vers le nord-ouest.

Quant au nom des *Germains*, Tacite croit qu'il est nouveau et qu'il fut donné par les Gaulois aux *Tungres* qui avaient passé le Rhin; ce qui est certain, c'est que les mots *Germains* et *Germanie* viennent de *ger, her, wher*, signifiant tous trois guerre, bataille, défense, du mot celtique *vigr*, bataille; or, on sait que *mann* veut dire homme : les mots *germann, wehrmann*, signifient donc homme de guerre, de défense; ils furent d'abord un symbole de fraternité, puis sont devenus une dénomination générique.

Le mot *Teuton* est plus ancien; il dérive de *Thuisko, Theisto* et *Teut*, Dieu, fils de *Herta* (*Erde*), la Terre, dont le fils *Mann* est le père des enfants de la Germanie. Mann eut trois fils : *Ingeva, Hermin* ou *Hermion*, et *Isteva*. Les descendants d'Ingeva habitaient le pays qui s'étend du centre de la Germanie à la mer Baltique; c'étaient peut-être les Celtes qui furent chassés par les Belges. Les descendants de Hermin occupaient le centre; c'étaient les Suèves entre l'Elbe et l'Oder, comprenant les Goths et les Quades, les Marcomans, les Celtes, les Longobards, les Hermundures, au sud-ouest des précédents; les Semnons, les Vinduli ou Vandales dans la Poméranie; les Burgundes et les Gépides sur la Vistule. Enfin les descendants d'Isteva étaient répandus à l'ouest de la Germanie; c'étaient peut-être les Bulgares et les peuplades errantes du Noricum et des rives du Danube.

C'est en 320 avant J. C. qu'il est fait mention, pour la première fois, des Germains Gothins et Teutons, par le navigateur massilien Pythéas. Mais la première apparition historique des peuplades de la Germanie est moins ancienne; elle est marquée par le mouvement des Cimbres et des Teutons, lors de leur invasion dans la Gaule et l'Italie, sous les chefs Teutoboch et Bojorix. Depuis ce temps, les Romains furent toujours en présence des Germains, et durent soutenir contre eux de rudes combats sur les bords du Rhin. Bientôt après Teutoboch et Bojorix, parut Arioviste, amenant avec lui 120,000 Germains de la confédération suève, la plus ancienne et la plus nombreuse des confédérations germaniques : elle comprenait les Vinduli, les Burgundes, les Marcomans, les Variniens, les Gothins ou Goths. C'étaient les Séquanais qui avaient appelé les Germains dans la Gaule pour s'aider de leurs forces contre les Éduens; mais quand Arioviste eut battu cette peuplade, il voulut prendre aux Séquanais le tiers de leurs terres, et rechercha l'appui des Romains.

Alors César, qui voulait conquérir le nord de la Gaule, et la voyait avec peine devenir Germaine, attaqua Arioviste et le défit avec le secours de ces mêmes Séquanais qui l'avaient appelé.

L'idée d'empire universel conçue par César ne fut pas abandonnée par Auguste, et bientôt on voit Rome se reprendre aux Germains et soumettre les peuplades du Noricum, de la Rhétie et de la Vindélicie, qui du reste n'étaient pas des Germains proprement dits (an 15 avant Jésus-Christ). Enhardi par ces victoires, Auguste recommence les attaques du côté du Rhin et y envoie Drusus (an 12 avant J. C.). Ce général chasse devant lui les Germains, attaque successivement les Usipétiens et les Chérusques, qui habitaient les bords de la Lippe et du Wéser. Dans cette guerre de neuf ans, les Romains ne firent aucune conquête. Drusus mort, les hostilités recommencèrent; son frère Tibère attaqua d'abord les Sicambres et les Suèves; mais Tibère, espérant peu de succès de la force, employa la perfidie; sous prétexte de traiter de la paix, il attira dans son camp les chefs germains, et ne les relâcha que pour leur assigner des lieux d'exil ou des prisons sur divers points de la Gaule; quarante mille Germains subirent le même sort (l'an 2 avant J. C.). Domitius Ahenobarbus passa ensuite l'Elbe, et établit des digues et des ponts (*pontes longi*), sorte de chemins pour passer les marais.

D'après des recherches récentes, il paraît que les Romains établirent deux routes principales : l'une partant du Memel pour aboutir à l'Ems avec des embranchements sur Osnabrück et le Weser près de Minden; l'autre courant de l'Ems à la Lippe supérieure.

Tibère passe une troisième fois dans la Germanie, en 4 avant J. C., subjugue les Longobards sur l'embouchure de l'Elbe, et gagne les Chérusques en leur prodiguant les noms d'alliés et d'amis. Si désastreuses qu'aient été ces guerres, elles commencèrent à changer la face de la Germanie. On éclaircit les forêts, on perça des routes, on construisit des ponts, des digues, des forts. Déjà les mœurs s'adoucissent, le repos s'établit ; mais c'est un court repos : les Romains ont l'œil sur leur proie et sont prêts à tomber sur elle. Varus travaille de toutes ses forces à asservir la Germanie ; il y commet toutes sortes d'excès. Bientôt un homme se lève pour mettre fin à cette oppression et à la tyrannie romaine. Arminius ou Hermann, fils d'un chef chérusque, élevé à Rome, initié à la science militaire des Romains, révèle à ses compatriotes le danger qui les menace, les exhorte à briser le joug de l'étranger et à reconquérir leur liberté. Les peuplades limitrophes s'insurgent ; Varus accourt ; Hermann et d'autres chefs germains l'accompagnent ; ils lui persuadent de s'avancer jusqu'au Weser, de s'engager dans ses forêts ; ils entraînent les *légions* vers des marais et des *lieux inaccessibles* où s'étaient embusqués les Germains. Là, *entouré de toutes parts*, sans issue possible pour son armée, Varus, désespéré, ne voulant survivre ni à son malheur ni à sa honte, se précipita sur son épée. Avec lui périrent ces trois légions dont la perte arracha plus d'une fois à Auguste ce cri de douleur : « Varus, Varus, rends-moi mes légions ! »

Des recherches récentes portent à croire que cet événement eut lieu en 9 avant J. C., dans la forêt *Teutoberg*, pays actuel de Lippe-Detmold, près de la petite ville de Horn. Là se trouvent *Teutenhof* (cour des Teutons), *Teutoberg*, et *Winfeld* ou *Gewinfeld*, c'est-à-dire champ de gain ou de bataille gagnée.

Les suites de cette victoire furent des plus heureuses pour les Germains ; refoulées au delà du Rhin, les légions romaines ne reprirent plus l'offensive. Mais Hermann, libérateur de la Germanie, éprouva, comme tant de grands hommes, l'ingratitude de ses contemporains. Il fut soupçonné d'aspirer à la tyrannie, et périt assassiné, en 21 de l'ère chrétienne. Sa mort brisa le lien de la confédération chérusque, et les Germains se déchirèrent. Les Romains n'en renoncèrent pas moins à toute invasion, et se bornèrent à se défendre. Bientôt les Bataves secouèrent le joug ; les Bructères, à la voix de leur héroïne Velléda, suivirent leur exemple.

Rome abandonna graduellement ses possessions d'outre-Rhin, et jusqu'à ses camps retranchés du sud de l'Allemagne (*agri decumates*). La guerre entreprise par Marc-Aurèle contre les Marcomans (168 — 180) devint périlleuse pour Rome, et Commode s'empressa d'accepter une paix déshonorante.

Dès ce moment, une impulsion incessante, irrésistible, remue, presse les peuples du nord et les pousse vers le sud.

Les uns paraissent un instant et s'évanouissent. D'autres croissent, s'agglomèrent et deviennent le noyau de nouvelles confédérations ; ainsi les noms de Germains, de Marcomans, de Cattes, de Chérusques, de Hermundures, s'oblitèrent ; d'autres noms surgissent et prévalent. Du sud-ouest de la mer Baltique, de l'Oder et de la Vistule jusqu'au Danube et à la côte de la mer Noire, s'étendent les Goths. Ils imposent aux Romains et inquiètent les Grecs. Aux rives du Bas-Rhin, du Weser et de l'Elbe, se forme la fédération des Francs, composée des peuples Bructères, Amsivares, Chamaves et Chaukes ou Kaukes, descendus du Holstein et de la mer Baltique. Ils se répandent entre le Diemel, le Mein, la Moselle, la Meuse et l'Escaut, et pénètrent dans la Gaule et l'Espagne. Près d'eux sont les Saxons, qui inquiètent les côtes de la Bretagne et s'étendent sur les bords de l'Elbe et du Weser. La redoutable fédération des Alemani ou Alamans se fixe au milieu de l'Allemagne, sur le Rhin et le Danube. Elle comprend les Suèves, les Tenctères, les Usipètes et les Cattes, et s'étend depuis Bâle jusque sur la Lahn. Entre les Francs et les Alemans, se pressent les Burgundes, agglomération de Goths et de Gépides. C'est du choc, du frottement, de la grande mêlée de ces éléments, que se forment les peuples qui naissent à la vie historique et se constituent en société sur le sol de la civilisation.

1° Les Goths se divisent en Wisigoths et Ostrogoths. Les premiers, sous Alarich (396), subjuguent le Péloponèse et l'Illyrie, passent en Italie (400), puis en Gaule et en Espagne. Toulouse devient leur capitale. Les Ostrogoths, sous Teuderich, s'établissent en Italie (490).

2° Les Vandales, de la ligue marcomanne vivaient dans la Dacie ; repoussés par les Goths, ils passent en Hongrie, et de là jusqu'en Andalousie et en Afrique.

3° Les Suèves passent en Gaule sous Hermanrich (441).

4° Les Burgundes, habitants des bords de la Vistule, franchissent le Danube, le Necker et le Rhin (407), et s'établissent dans l'Helvétie. Plus tard, leur royaume s'étend sur la Savoie, le Dauphiné, le Lyonnais et la Franche-Comté.

5° Les Francs sont établis entre le Rhin, le Weser et l'Elbe. Ils se divisent en Saliens et en Ripuaires : les premiers, voisins de la Saale, de la Wahl et de la Meuse ; les seconds, sur les rives du Rhin, de la Meuse et de la Moselle.

Ils s'avancent, en 428, vers la Somme, luttent

contre les Goths et contre Attila, et fondent enfin la grande monarchie franque.

6° Les Saxons, sortis de la presqu'île Cimbrique et de l'île de Jutland, se répandent depuis la Drave jusqu'à l'Elbe, et plus tard depuis l'Eider jusqu'au Rhin. Ils s'allient alors aux Westphaliens; et, enfin, ils passent en Bretagne avec les Angles.

7° Les Langobards apparaissent d'abord sur les bords de l'Elbe, puis passent en Pannonie et de là en Italie.

Parmi tous ces peuples, trois surtout ont opéré des changements d'une haute importance, ont exercé une heureuse et puissante influence sur la marche de la civilisation : ce sont les Ostrogoths et les Langobards ou Lombards en Italie, et les Francs dans la Gaule et dans la Germanie. L'Ostrogoth Teuderich déploya un esprit supérieur et capable d'apprécier les hommes utiles à sa nation et les institutions favorables à ses progrès.

Boèce, Symmaque, Cassiodore, Romains distingués, exercèrent sur lui un ascendant salutaire, l'aidèrent de leurs conseils et firent servir le pouvoir du prince au perfectionnement des arts, des sciences et de l'industrie. Des édifices, des monuments, s'élèvent ; l'agriculture renaît, les relations politiques au dehors et le repos à l'intérieur s'affermissent.

Les Langobards, qui du temps d'Auguste appartenaient à la fédération des Suèves, s'avancèrent, vers la fin du cinquième siècle, jusqu'à l'Elbe et au Danube, et de là passèrent dans l'Italie supérieure, accrus des Saxons, des Sarmates, et des Bulgares ; ils prirent Milan et Pavie, qui devinrent le centre de leur domination.

La puissance des Francs-Saliens eut son principe dans la victoire remportée par Chlodwig sur Syagrius, qui tenait pour les Romains le pays entre la Loire et la Somme. Par la terreur que le chef des Francs imprima aux Thuringiens et par la victoire qu'il remporta sur les Alemans près de Tolbiac, il étendit et assura du côté de l'est son empire naissant. Il soumit les Armoricains, rendit la Bourgogne tributaire, et circonscrivit les Wisigoths dans le Languedoc. Enfin, après s'être débarrassé des autres roitelets francs, qu'il extermina avec une perfidie systématique et une cruauté calculée, Chlodwig nous apparaît comme le souverain absolu, l'autocrate du pays des Francs, tandis qu'à Constantinople la vanité impériale lui déférait les titres de *patrice* et de *vir illustris*. Il fonde la monarchie française.

Mœurs des Germains.

Les peuples germaniques, si divers, si éloignés les uns des autres, offraient des analogies frappantes dans leurs usages, leurs caractères, leurs mœurs et leurs vertus. Tous aimaient la liberté. Ils n'avaient point de villes, et habitaient partout où se rencontraient l'eau et le bois. Les Suèves ne se construisaient même pas de demeures fixes. Les Saxons s'abritaient sous de misérables huttes en bois ou en terre, recouvertes de chaume, peintes de couleurs éclatantes, asile commun de la famille et des bestiaux. Dans les hivers rigoureux, une caverne leur servait de refuge. La guerre était leur vie ; ou si la paix imposait à leur valeur un loisir forcé, ils l'exerçaient alors contre les hôtes terribles de leurs forêts. En tout autre temps, ils se tenaient dans une inaction absolue, laissant aux esclaves l'agriculture et aux femmes les soins du ménage ; de là cette dénomination de *barenhaïeter*, couchés sur des peaux d'ours. Alors ils se livraient avec passion aux jeux de hasard, jusqu'à risquer au sort leur liberté, le premier de leurs biens.

Les Germains étaient bien faits et de haute stature. Longtemps leur vue seule inspira l'effroi aux Romains. Ils avaient les yeux bleus et le regard pénétrant. Leur poitrine large et robuste annonçait leur force et leur aptitude à supporter la fatigue. Les enfants, dès leur naissance, étaient plongés dans l'eau courante et habitués aux bains froids.

Leur caractère distinctif était l'amour de la terre natale, l'honnêteté, la décence, la fidélité.

Le mariage à leurs yeux était un lien sacré établi par les dieux mêmes. L'homme ne se mariait qu'à un âge mûr et prenait une compagne de son âge. L'infraction à la foi conjugale entraînait pour l'un et l'autre la même ignominie, souvent même un châtiment sévère et immédiat. Cette peine était aggravée pour la femme; on lui coupait les cheveux en présence des voisins, et on la chassait du *gau* (de la communauté) à coups de fouet. Les mariages estimés les plus heureux étaient ceux dont il naissait le plus d'enfants.

Le mari témoignait une sorte de vénération à sa femme; il aimait à déférer à ses conseils. Dans les grands dangers surtout, les paroles des femmes avaient l'autorité d'oracles inspirés par les dieux. Cela explique comment plusieurs tribus reconnurent des femmes pour chefs : Ganna, Aurinia chez les Semnons, Velléda chez les Bructères. Pendant l'action même, les femmes secouraient les blessés ou excitaient les combattants.

Le costume des Germains était simple et naturel comme leurs mœurs. Les femmes portaient des vêtements sans manches, de toile bigarrée, serrés autour du corps par une ceinture, et la chevelure longue et flottante. Chez les Suèves, les hommes rattachaient leurs cheveux sur le sommet de la tête. Les Saxons les coupaient sur le devant, et les laissaient croître par derrière et tomber sur leurs épaules. Chez les Cattes, le guerrier conservait intacts sa barbe et ses cheveux jusqu'à ce qu'il eût tué un ennemi, et à sa première victoire, il les coupait sur le corps même de sa victime.

Le vêtement des hommes consistait en un manteau de peau qu'ils serraient autour d'eux ; mais les ornements les plus précieux à leurs yeux c'étaient de belles armes.

Comme ils négligeaient l'agriculture, leurs aliments étaient surtout le gibier et les fruits sauvages, leur boisson l'hydromel et la bière d'orge. Les peuples des bords du Rhin connaissaient l'usage du vin et se le procuraient par des échanges.

La danse était pour eux un amusement favori ; les jeunes gens dansaient nus au milieu des piques et des épées, et savaient en éviter les pointes en exécutant diverses évolutions.

C"était à table que se traitaient d'ordinaire les affaires publiques et privées. Là se décidait la paix ou la guerre, là se contractaient les alliances ou s'opéraient les réconciliations. Toutefois, rien n'était définitivement conclu que le lendemain, quand on avait ratifié de sang-froid les engagements pris dans l'entraînement du repas.

L'hospitalité était mise au rang des devoirs les plus saints. Non-seulement l'ami, mais l'étranger même pouvait compter sur une bonne réception. Si le visité n'était pas assez riche pour traiter dignement le nouveau venu, il le conduisait chez un voisin mieux pourvu, et tous deux étaient bien accueillis. Au départ, le visiteur recevait un présent dont il pouvait même désigner la nature.

Sous le rapport politique, la cité comprenait deux grandes divisions : les libres et les non-libres. Chacune à son tour se subdivisait en deux autres.

Dans la première classe des libres figuraient les *optimates* (*edelingen*, nobles) possédant les grandes propriétés, la haute influence. Dans la seconde étaient les possesseurs des petites propriétés, qu'ils cultivaient eux-mêmes avec leurs serviteurs.

Les non-libres se composaient, d'une part, des *lassus* (*lassi, lozi, losen, liberti*), tenant des terres des hommes libres leurs maîtres, à charge d'une redevance (*alegabes*) en blé, bestiaux ou étoffes ; et, d'une autre part, de serviteurs pouvant être vendus et achetés, et dont le travail appartenait tout entier à leurs maîtres. Au reste, le sort de cette classe était moins dur que celui des esclaves de la Grèce ou de Rome, et, quoique les maîtres en Germanie eussent aussi le droit de vie et de mort sur leurs esclaves, on voit à peine qu'ils en aient jamais fait usage.

Il y avait plusieurs degrés dans l'association politique. Le *sende* ou *cente* se composait d'une famille, ou foyer ; plusieurs *sendes* réunis formaient un *gau* (γῆ, terre productive),

communauté ou petit district. Plusieurs *gaus* enfin faisaient un district. Le plus âgé du *gau* en était le chef, sous le nom de *grauw* (âgé, grave) ; c'était le *graf* de nos jours.

On comptait trois corps distincts dans l'État : 1° les nobles et libres (*edelingen* et *freilingen* ; *rachimburgen* chez les Francs, *arimanen* chez les Langobards), formant une seule communauté ; 2° l'association ou corps des limites, jouissant uniformément du droit de pâturage ; 3° enfin les corps ou grandes fédérations offensives et défensives contre l'ennemi commun.

Les chefs des sendes décidaient les affaires de peu d'importance ; les grauw s'occupaient des intérêts les plus élevés. Les chefs de l'État jugeaient les causes criminelles et les affaires publiques de nature à être portées à l'assemblée nationale ; tels étaient les cas de désertion, de trahison, de lâcheté ou de mutilation d'un membre. Le meurtre n'était pas de leur juridiction : il était abandonné à la vengeance privée de la famille du mort. Les peines étaient diverses, même en matière capitale ; ainsi les traîtres ou transfuges étaient pendus à un arbre ; les lâches, enterrés vifs. Les peines appliquées le plus souvent étaient des amendes en argent ou en bestiaux.

Les assemblées nationales (*dinge*) se tenaient d'ordinaire au temps de la pleine lune, en rase campagne, et de préférence sur quelque tertre dominant une vaste plaine. On s'y rendait en armes. Les jeunes gens parvenus à l'âge viril y recevaient le bouclier et la framée des mains de leurs parents et des chefs.

Quand un chef ou un noble voulait prendre la parole, les prêtres commandaient le silence. La foule témoignait son approbation par un cliquetis d'armes, ou son mécontentement par des murmures.

C'était dans ces assemblées que les Germains, en temps de guerre, se choisissaient leurs chefs (*hertog, herzag*). Ces choix étaient toujours la récompense de la valeur. Quelques peuplades avaient pourtant des chefs qui les gouvernaient en paix comme en guerre, et étaient ainsi des espèces de rois. Mais leur pouvoir était fort limité, et ils en devaient compte à l'assemblée nationale.

Du reste, tous ces peuples étaient loin d'avoir la même forme de gouvernement. Les Saxons vivaient sous des institutions républicaines ; l'organisation monarchique prévalait chez les Suèves. Ces différences tranchées s'expliquent par le caractère de ces peuples et leurs relations plus ou moins intimes avec les Romains.

Les Saxons, rarement en guerre avec Rome, sentirent moins le besoin de se choisir des chefs généraux, et les juridictions locales des districts suffirent au maintien de l'ordre social. Mais les Suèves, presque constamment en lutte contre les Romains, durent recourir à la forme monarchique, plus favorable à la concentration des forces et à l'unité d'action.

La guerre une fois décidée, tous les hommes libres prenaient les armes; c'était le ban (*herban*). Les prêtres accompagnaient l'armée : ils marchaient en tête et portaient le drapeau. Outre le ban, il se formait encore des associations particulières, sorte de confréries de jeunes guerriers, rangés sous un chef de leur choix qui leur fournissait un cheval de guerre et des armes, et toujours prêts à exposer leur vie pour le défendre ou le venger. Ces associations s'étendaient quelquefois jusqu'à devenir des armées.

Les armes des Germains étaient le bouclier en bois ou en cuir et la pique; peu se servaient de l'épée, bien que les auteurs romains parlent d'une longue épée droite, *spatha*. L'infanterie faisait la principale force des armées. Toutefois, les Tenctères, et plus tard les Alemans, qui élevaient des chevaux, eurent de la cavalerie. Ils montaient sans selle ni bride et se tenaient à la crinière. Les cavaliers combattaient aussi à pied. Dans certaines tribus, ils étaient accompagnés de fantassins, qui les protégeaient quand ils étaient renversés de cheval.

L'ordre de bataille était triangulaire. Au moment du choc, les combattants entonnaient un chant en l'honneur des ancêtres, puis frappaient leurs boucliers et faisaient retentir l'air du bruit des tambours et des trompettes.

En approchant de l'ennemi, ils poussaient des cris en tenant leurs boucliers près de leurs bouches. Ce cri de guerre se nommait *bardit*. La plus grande humiliation pour un guerrier était la perte de son bouclier : ce malheur le privait du droit d'assister aux cérémonies religieuses ou aux assemblées publiques. Aussi était-il une cause fréquente de suicide.

Tacite, *De moribus Germanorum.*
Cluverius, *Germania vetus.*
Eckard, *De origine Germanorum ;* Gotting., 1750, in-4°.
Eichhorn (Fr. Gottfr.), *Welfgeschichte;* Gotting., 1814, 5 vol. in-8°.
Grupen, *De originibus German.;* 4 vol. in-4°.
Mela, *De situ orbis,* 1 vol. in-18.
Russel (Will.), *History of ancient Europe;* Lond., 1827, 3 vol. in-8°.
Schiltis, *Thesaurus antiquitatum Teutonicarum;* Ulmæ, 1727, 3 vol. in-fol.

SCHOEN.

GERME. (*Botanique.*) Le mot *germe*, d'où s'est formé le mot *germination*, s'applique particulièrement à la plumule, lorsque, par l'effet des développements, elle sort de la graine et tend à s'élever à la surface du sol. Dans un sens plus général, on donne quelquefois le nom de *germe* à l'ébauche imparfaite de tout être vivant, ou de tout organe que le temps ou la nutrition amène au degré de perfection dont il est susceptible. *Voyez* les mots GERMINATION et GRAINE.

MIRBEL.

GERMINATION. (*Botanique.*) La germination est la suite des développements de l'embryon, depuis le moment de la maturité jusqu'à celui où il se débarrasse des enveloppes séminales et tire directement sa nourriture du dehors.

L'embryon en état de germination prend le nom de *plantule*. On y distingue deux parties principales, le caudex ascendant et le caudex descendant : ce qui ne répond pas rigoureusement à ces mots, radicule et plumule; car le collet répond à l'un ou à l'autre caudex, selon qu'il se développe dans la direction de la plumule ou de la radicule. D'ailleurs, à l'exemple de Linné, je ne considère, sous la dénomination de caudex, que le corps, ou, si l'on veut, que l'axe de la plantule, et nullement les cotylédons, les feuilles et les subdivisions de la racine principale.

Le premier effet de la germination est le gonflement total ou partiel de l'embryon, d'où résulte une rupture dans les enveloppes séminales, rupture qui, toute mécanique qu'elle est, s'opère avec une sorte d'uniformité dans beaucoup d'espèces, à cause de l'organisation primitive des graines et du mode de germination.

Quand l'embryon se gonfle dans plusieurs points à la fois, les enveloppes, fortement distendues, s'entr'ouvrent et se déchirent comme au hasard (comme dans le haricot, la fève). Quand le caudex descendant fait seul effort contre la paroi interne des enveloppes, et que celles-ci n'ont point d'opercule, elles se percent avec plus ou moins de régularité (comme dans le *cyclamen*).

Quand le caudex descendant presse un opercule, cette calotte se détache, et l'ouverture est souvent aussi régulière que si elle eût été faite avec un emporte-pièce (comme dans l'asperge, le dattier).

L'évolution commence presque toujours par le caudex descendant. S'il existe une coléorhize, elle s'allonge; mais le mamelon radiculaire, plus prompt dans sa croissance, la crève à son extrémité (comme dans les graminées, la capucine). S'il n'y a point de coléorhize, le collet, tantôt s'amincit insensiblement dans sa longueur, et se confond avec la radicule (par exemple dans le pin), et tantôt se distingue de la radicule par un bourrelet charnu (par exemple, dans la courge, l'oseille).

Le caudex ascendant se développe peu de temps après, et il ne tarde pas à se montrer, si la plumule est dépourvue de coléoptile; mais si elle en est pourvue, l'apparition du caudex est moins prompte : la plumule pousse et presse légèrement la paroi interne de la coléoptile, qui se dilate, s'amincit et s'ouvre ou se déchire avec plus ou moins de régularité.

Le caudex ascendant commence quelquefois au-dessous des cotylédons, et alors il les soulève et les porte à la lumière (comme on l'observe dans le potiron, la belle de nuit); d'autres fois il commence au-dessus des cotylédons, et alors il les laisse dans la terre, où ils demeurent cachés (par exemple, le maronnier d'Inde, les graminées). Dans le premier cas, on les dit épigés; dans le second, on les dit hypogés.

Les cotylédons épigés verdissent, s'allongent, s'élargissent, se couvrent de poils et de glandes, se marquent de nervures et de veines. Les cotylédons hypogés, ne sortant point des enveloppes séminales, conservent souvent leur couleur blanchâtre et leur forme primitive; et ils augmentent toujours en volume, soit par le simple gonflement du tissu cellulaire dont ils sont formés en grande partie, soit par le gonflement et l'accroissement de ce tissu.

Après la germination, on désigne sous le nom de feuilles séminales les cotylédons épigés, et sous celui de feuilles primordiales, les petites feuilles qui composent la gemmule.

Plusieurs causes tirées de l'organisation des graines contribuent à la germination. Nul doute que le périsperme ne serve de première nourriture à la plantule. Un embryon d'oignon, retiré soigneusement de son périsperme, et placé sur une terre douce et fine, se conserve longtemps sans se flétrir, mais ne prend pas d'accroissement. Si l'on en sème la graine telle qu'elle sort du péricarpe, l'embryon se développera en un long fil; l'une de ses extrémités restera engagée dans les enveloppes séminales; l'autre s'enfoncera dans la terre; toutes deux tireront des sucs nutritifs, celle-ci de l'humidité du sol, celle-là de la substance même du périsperme, changé en une liqueur émulsive, et chacune croîtra en sens inverse de l'autre, par l'effet de sa propre succion. Quand le périsperme sera épuisé, la succion de la racine fournira à l'entretien de toute la plantule, et l'extrémité cotylédonaire se dressera vers le ciel. Le phénomène se passe à peu près de la même manière dans les aloès, les *anthericum*, etc.

L'extrême dureté du périsperme, dans la graine de plusieurs plantes, n'empêche pas qu'il ne puisse remplir ses fonctions; l'eau parvient toujours à le ramollir. Il se résout en une liqueur laiteuse après un temps plus ou moins long, et la partie du cotylédon qui reste sous les tuniques séminales, absorbant cette liqueur, se dilate, se gonfle, s'enfle comme une éponge, et remplit à la fin toute la cavité de la graine.

Les cotylédons jouent un grand rôle à cette première époque de la vie. Si on les retranche

dans le potiron avant ou au moment de la germination, la plumule se fane et meurt; si on en supprime la majeure partie, la plante n'a qu'une végétation faible et languissante; mais si on laisse subsister en entier ces *mamelles végétales*, comme parle Charles Bonnet, on peut impunément couper la radicule et toutes les radicelles qui se développeront durant l'expérience : la tige ne poussera pas avec moins de vigueur que si la jeune plante fût restée intacte. Si l'on divise un embryon de haricot dans toute sa longueur, de telle sorte que chaque portion emporte avec elle un cotylédon, ces deux moitiés se développeront aussi bien qu'un embryon tout entier; preuve évidente que la blessure occasionnée par la soustraction des lobes séminaux n'est pas ce qui met obstacle à la croissance du blastème. Enfin, il suffit d'humecter les cotylédons pour que l'embryon se développe. L'utilité de ces lobes dans la germination ne saurait donc être révoquée en doute. Au reste, la présence des cotylédons n'est pas une condition d'existence pour toutes les plantes. Sans parler des agames et des cryptogames, qui semblent, la plupart, en être dépourvues, il est quelques phénogames dans lesquelles on n'en a point trouvé : témoin les cuscutes.

Duhamel observe que les graines dépouillées de leurs enveloppes réussissent difficilement. Les enveloppes séminales sont bonnes, en ce qu'elles préservent les parties intérieures de la lumière; qu'elles modèrent l'entrée ou le départ des fluides; qu'elles forment un crible que ne traversent point les molécules terreuses et les substances mucilagineuses suspendues dans l'eau. Le tissu plus perméable du hile et la bouche du mycropyle, favorisent pourtant l'introduction des sucs nutritifs.

L'eau, la chaleur et l'air sont des agents extérieurs indispensables à l'évolution des germes.

L'eau assouplit les enveloppes séminales et facilite leur rupture; elle pénètre le tissu de l'embryon et le dispose à recevoir les substances nutritives; celles de ces substances qui ne sont point à l'état gazeux, ne peuvent s'introduire dans la plante et parcourir ses vaisseaux qu'en dissolution dans l'eau. Ce liquide lui-même devient un des principaux aliments de la végétation. Ses éléments, désunis par des procédés naturels que les théories des chimistes n'expliquent point, forment, en se combinant avec le carbone, les principes immédiats, tels que l'amidon, le sucre, la gomme, les acides, les huiles, le camphre, les résines, le ligneux, etc. Il convient, néanmoins, que l'eau soit distribuée avec économie aux végétaux terrestres; sans cela, elle leur est nuisible. Les graines qui sont plongées dans ce liquide y pourrissent presque toutes, à moins

qu'elles n'appartiennent à des végétaux aquatiques; encore, parmi ces dernières, s'en
trouve-t-il quelques-unes qui montent à la
surface de l'eau à l'époque de la germination,
et ne se développent qu'au contact de l'air.
De ce nombre sont les graines des *lemna*
et du *salvinia*.

La chaleur est un stimulant des forces vitales dans tous les êtres organisés. Il est pour
chaque espèce de graine une température nécessaire à sa prompte et vigoureuse germination. Si la chaleur s'élevait au-dessus de 45° à
50°, elle altérerait les organes et détruirait le
principe de la vie; si elle s'abaissait à zéro,
il n'y aurait pas de mouvement organique, et
le germe demeurerait dans l'inaction.

A toutes les époques de la vie, l'air n'est pas
moins indispensable aux plantes qu'aux animaux. Des graines dans le vide de la machine
pneumatique ne germent pas. Homberg cite,
à la vérité, quelques exceptions; mais M. Théodore de Saussure, qui a examiné le phénomène en habile physicien, ne voit dans ces
anomalies prétendues que les résultats d'expériences fautives ou d'observations incomplètes.

Est-ce l'air tel qu'il compose l'atmosphère,
c'est-à-dire formé d'environ 21 parties d'oxy-
gène, de 79 d'azote et de $\frac{1}{300}$ à $\frac{1}{200}$ de gaz
acide carbonique, qui est indispensable à l'é-
volution des germes; ou bien est-ce un seul
de ces gaz; ou bien en est-ce deux agissant
de concert ou séparément? Ces questions ont
été traitées à fond, et l'on sait aujourd'hui
que les graines ne germent pas dans l'azote
et le gaz acide carbonique pur; qu'elles germent quand elles sont en contact avec de
l'oxygène; que ce gaz en état de pureté hâte
leurs premiers développements, mais les fait
bientôt périr; qu'il convient davantage à la
plantule, quand il est mêlé à une certaine
quantité d'azote ou d'hydrogène; que les proportions les plus favorables dans ce mélange
sont trois parties d'hydrogène ou d'azote pour
une d'oxygène; que l'acide carbonique en
excès nuit beaucoup à la germination; que
l'action bienfaisante de l'oxygène consiste à
débarrasser les graines de leur carbone surabondant; que si l'on ne remarque point de diminution dans une atmosphère qui a servi à
la germination, c'est que le volume du gaz
acide carbonique produit est, à très-peu près,
le même que celui de l'oxygène absorbé.

La perte du carbone occasionnée par le dégagement du gaz acide carbonique pendant la
germination produit un effet bien remarquable. Les quantités respectives de l'oxygène,
de l'hydrogène et du carbone, qui composent
la fécule du périsperme, n'étant plus les
mêmes, cette matière passe à l'état de sucre,
et devient soluble, d'insoluble qu'elle était.

Observons que le chimiste imite ce procédé
naturel lorsqu'il transforme l'amidon en sucre, par le moyen de l'acide sulfurique; mais
dans cette préparation de l'art la fécule ne
perd point de carbone, et si la proportion des
éléments change, c'est qu'une partie de l'eau
est décomposée et fixée. Le périsperme, réduit en une liqueur émulsive, pénètre, par
les vaisseaux des cotylédons, jusqu'au blas-
tême, et lui présente la nourriture dont il a
besoin pour se développer. Faible comme il
est, il ne pourrait digérer les sucs de la terre ;
il faut que ses aliments aient reçu une première
préparation. Tout ce qui se passe alors dans la
graine indique le commencement de fermentation spiritueuse ; mais bientôt, la lumière agissant sur la plumule, la fermentation s'arrête,
le gaz acide et l'eau se décomposent, l'oxygène
du gaz est rejeté, le carbone et les éléments
de l'eau se combinent, et forment des produits
inflammables fixes et volatils, tels que les
huiles, les résines, les ligneux, etc., qui remplacent la matière saccharine et le mucilage.
Les mêmes phénomènes ont lieu dans toutes
les jeunes pousses, soit qu'elles proviennent
des racines, soit qu'elles proviennent des
parties exposées à l'air : ces faits ont été développés avec beaucoup de sagacité par Séne-
bier.

D'après ce que je viens de dire, on peut
déjà présumer que toutes les substances qui
augmentent la quantité relative de l'oxygène
de l'atmosphère d'une graine placée dans des
circonstances favorables à sa germination,
doivent hâter l'accomplissement de ce phénomène. Cette conjecture est justifiée par l'expérience. M. de Humboldt a montré que des
graines de cresson alénois germent en six heures dans une dissolution de chlore, tandis que
ces mêmes graines emploient un temps cinq
à six fois plus considérable pour germer dans
de l'eau pure. A l'aide du chlore, on est parvenu à tirer de leur état d'engourdissement
les graines du *dodonaca angustifolia*, du *mimosa scandens*, de quelques autres espèces
exotiques qui avaient résisté aux moyens ordinaires. Les acides nitrique et sulfurique,
délayés dans une grande quantité d'eau, une
dissolution légère d'oxysulfate de fer, le minium, la litharge, et en général toutes les substances qui retiennent faiblement l'oxygène,
ont la même action sur les graines. Au reste,
il est bon de dire que ces germinations hâtives sont rarement heureuses. La plumule
pousse d'abord avec assez de vigueur; mais
bientôt sa croissance se ralentit, et presque
toujours la plante meurt prématurément.

Des trois fluides aériformes dont la réunion
compose l'atmosphère, l'oxygène est donc le
seul indispensable à la germination. Toutefois
ce gaz qui anime les forces vitales, et dont

aucun être organisé ne saurait se passer, serait contraire à tous, si son action n'était tempérée par le mélange d'une grande quantité d'azote. Dans le système de notre monde, la juste proportion des éléments de l'air est une condition d'existence pour les animaux et pour les plantes; les uns et les autres, plongés dans l'oxygène pur, périraient longtemps avant d'avoir atteint l'âge de la reproduction; l'activité organique, portée à son comble, deviendrait la cause d'une mort prochaine, et la vie serait anéantie par la surabondance du gaz qui l'entretient.

Le sol le plus convenable à la germination est celui que l'eau ne lie point en pâte, mais qui la tient suspendue entre ses molécules comme dans une éponge qui se laisse facilement pénétrer par l'air atmosphérique, et qui n'oppose aucune résistance à la jeune pousse. De là, on peut conclure l'utilité des labours, et le mal que font aux semis les pluies qui délayent la terre, surtout lorsque, de grandes sécheresses venant ensuite, elle se prend en une croûte épaisse qui ferme tout accès à l'air, et met obstacle à l'apparition de la plumule. Les graines fines doivent être à peine recouvertes de terre; les grosses graines peuvent être enfoncées plus avant; mais il est une profondeur à laquelle aucune graine ne germe, parce qu'elle n'y trouve pas l'oxygène nécessaire pour transformer en gaz acide son carbone surabondant. Il arrive quelquefois que, lorsqu'on remue la terre d'un jardin de botanique, des graines anciennement enfouies, ramenées à la surface, produisent des plantes perdues depuis longtemps. On a vu sur les ruines d'antiques édifices se développer tout à coup des espèces inconnues dans les pays; leurs graines, transportées sans doute de quelque canton éloigné avec les matériaux du ciment, n'ayant point été exposées au contact de l'air, avaient conservé, durant des siècles, toute leur faculté germinative. Des observateurs dignes de foi attestent que dans les vastes contrées de l'Amérique septentrionale, après la destruction d'une forêt, le sol abandonné à lui même se couvre souvent d'arbres d'une autre espèce que ceux que la hache ou le feu a détruits : phénomène facile à expliquer, si l'on admet que des semences enfoncées dans la terre depuis un temps immémorial, puissent y rester dans l'inaction, et s'y conserver saines jusqu'au moment où elles éprouvent l'influence de l'air atmosphérique.

L'évolution est plus prompte à l'obscurité qu'à la lumière; la raison en est simple. L'un des effets de la lumière sur les plantes est de décomposer le gaz acide carbonique, d'expulser l'oxygène et de fixer le carbone, d'où résulte l'endurcissement des parties. Mais l'embryon, pour germer, a besoin d'être dans un état de mollesse; au lieu de retenir le carbone et de l'assimiler à sa propre substance, il faut qu'il le rejette, ce qui ne peut se faire qu'autant que le carbone, en se combinant avec l'oxygène, forme du gaz acide carbonique. Or la lumière, qui tend sans cesse à décomposer ce gaz et à fixer le carbone, doit nécessairement ralentir la germination.

Il ne semble pas que la terre fournisse par elle-même aucun aliment aux graines; mais elle les reçoit dans son sein; elle les environne d'une humidité bienfaisante; elle les met à l'abri de la lumière; elle les préserve de l'excès de la chaleur et du froid.

Quant à l'espace de temps nécessaire à la germination, il varie selon la nature des graines et les circonstances où elles se trouvent. Les graines des graminées germent très-promptement : quelques-unes, telles que le blé, montrent leur plumule en moins de trente-six heures; les graines des crucifères, des légumineuses, des labiées, des cucurbitacées, etc., sont un peu plus tardives; celles du rosier, du cornouiller, de l'aubépine, etc., ne germent qu'au bout d'un à deux ans : toutes sont plus hâtives quand elles sont semées immédiatement après la récolte. Alors les graines sont encore imbibées des sucs de la végétation; leurs enveloppes sont très-perméables, et leur périsperme est tout prêt à fermenter. Quand les graines sont desséchées ou racornies par l'âge, on peut avancer l'époque de leur germination, en les faisant tremper, quelques heures avant de les semer, dans de l'eau à une douce température.

Germination des dicotylédons. Si, laissant de côté les exceptions et les anomalies, on ne considère que les faits généraux, on trouve que le mode de germination distingue assez bien les dicotylédons des monocotylédons; mais si l'on pénètre dans les détails, on ne voit plus de limites.

Une graine dicotylédone étant semée, les lobes séminaux s'écartent, déchirent leurs tuniques, repoussent la terre de droite et de gauche, font passer dans la radicule l'émulsion qu'ils contiennent ou qu'ils puisent dans le périsperme. Le caudex descendant se dirige vers le centre de la terre; le caudex ascendant, souvent arrêté par son sommet entre les cotylédons, se courbe d'abord en arc, puis se redresse et monte vers le ciel. Les lobes séminaux, tantôt immobiles vers le collet, qui ne prend aucun accroissement, restent cachés sous le sol (comme dans le noyer, la capucine); et tantôt, poussés par le collet qui s'élève, gagnent la surface de la terre (par exemple, dans la belle de nuit, le potiron). Ainsi s'exécute la germination dans une multitude de graines bilobées. Portons à présent notre attention sur quelques faits particuliers.

15.

L'embryon du manglier, arbre des lagunes maritimes des contrées équinoxiales, se développe dans le fruit encore suspendu à la branche. Il perce le péricarpe, produit un caudex descendant de plusieurs décimètres de longueur, se détache par son propre poids, laissant son cotylédon au fond du fruit ; la radicule tombe la première, et s'enfonce verticalement dans la vase, où il ne tarde pas à s'enraciner.

Le gui est essentiellement parasite ; sa germination n'a de suite que lorsqu'elle s'opère sur la jeune écorce d'un végétal ligneux. Son caudex descendant perce les enveloppes séminales, et s'ouvre à son extrémité inférieure en une espèce de coléorhize, qui prend la forme du pavillon d'un cor de chasse. De l'intérieur de cette coléorhize sortent des suçoirs radicaux, par lesquels l'embryon s'attache à l'écorce des branches.

La cuscute, plante parasite privée de cotylédons, enfonce dans la terre son caudex descendant, et déploie son caudex ascendant en une ligne sans feuilles aussi déliée qu'un fil. Cette tige, qui ne tarde pas à se ramifier, enveloppe dans ses replis les herbes voisines, s'attache à leur écorce par de petits suçoirs, se dessèche à sa partie inférieure, et finit par se séparer de la terre, dont elle n'a plus besoin.

Germination des monocotylédons. Dans le maïs et d'autres plantes de la famille des graminées, l'embryon, tout à fait excentrique, est recouvert par la double paroi du tegmen et du péricarpe, qu'il crève sitôt qu'il commence à germer. En premier lieu, les deux appendices antérieurs du cotylédon se touchent par leurs bords et cachent le blastème ; mais durant la germination ces appendices s'écartent, la coléorhize et la plumule paraissent comme deux petits cônes à bases opposées ; ensuite le mamelon radiculaire s'allonge vers le centre de la terre et perce la coléorhize, dont les lambeaux subsistent en forme de gaîne à la base de la radicule ; le caudex ascendant s'élève vers le ciel ; la piléole, cette feuille primordiale extérieure, close de toutes parts, s'amincit, s'étend, se fend à son sommet, et laisse poindre les autres feuilles de la gemmule. Le cotylédon demeure sous la terre dans les enveloppes séminales, et ne prend qu'un faible accroissement. A la fin, la substance du périsperme, absorbée par le cotylédon, s'épuise, et la plantule, sevrée, tire toute sa nourriture de la terre et de l'air.

Dans l'oignon, l'asphodèle, le jonc, etc., le cotylédon sort de terre, se développe en un long fil grêle, se redresse vers le ciel, portant la graine à son sommet ; et la coléoptile, située à sa base, se fend en longueur pour laisser sortir la plumule. Dans les cypéracées, la plumule se développe d'abord et paraît la première. Dans l'*alisma*, le *potamogeton*, etc., le collet descend dans la terre, poussant devant lui la radicule, jusqu'à ce que des radicelles, formées immédiatement au-dessous de la plumule, qui s'échappe de la coléoptile par une fissure latérale, attachent plus fortement la plantule au sol.

Direction de la plumule et de la radicule pendant la germination. Pendant la germination, la plumule s'élève vers le ciel, et la radicule descend vers le centre de la terre. Cette loi ne souffre d'exception que pour quelques parasites qui germent en tous sens. Comme jusqu'ici on a recherché inutilement la cause du phénomène général, on soupçonne qu'il résulte de cet ordre de choses que nous appelons la *vie*, et dont le principe nous est et nous sera toujours inconnu. Duhamel introduisit, dans des tubes d'un diamètre déterminé, des graines d'un diamètre à peu près égal à celui des tubes ; ce fut tantôt une fève, tantôt un gland, tantôt un marron ; il recouvrit ces graines de terre humide, et suspendit les tubes de façon que les radicules regardaient le ciel et les plumules la terre. Les radicules et les plumules se développèrent ; mais parce que les premières ne purent descendre, et que les secondes ne purent monter, les unes et les autres se contournèrent en spirale.

Hunter plaça une fève au centre d'un baril rempli de terre, lequel tournait sur lui-même par un mouvement continu. La radicule, sans cesse éloignée de sa direction naturelle, s'allongea dans la direction de l'axe du baril.

M. Knight attacha des graines de haricot autour d'une roue que l'eau faisait mouvoir. Les radicules gagnèrent l'axe de la roue ; les plumules sortirent de la circonférence en rayons divergents.

Remarque sur la nature des cotylédons. Les cotylédons sont les premières feuilles dans la graine. On sait que lorsque leur tissu n'est pas rempli par le périsperme, ils sont minces et veinés comme des feuilles ordinaires ; ceux qui s'élèvent au-dessus du sol et reçoivent la lumière verdissent et décomposent le gaz acide carbonique à la manière des autres feuilles.

Ils se rapprochent des feuilles encore par de certains caractères propres aux différentes espèces. Ainsi, après la germination, les cotylédons épigés des borraginées sont tout couverts de poils rudes ; ceux de la sensitive se meuvent et s'appliquent l'un contre l'autre dès qu'on les touche, etc. La cuscute n'a point de feuilles et n'a point de cotylédons.

L'unité ou la pluralité des cotylédons s'accorde en général avec la structure des feuilles.

La plupart des monocotylédons ont des feuilles engaînantes, de sorte que la plus extérieure recouvre les autres. Le cotylédon est la première feuille de l'embryon, et il cache la plumule comme dans un étui; mais la plupart des dicotylédons ont, au contraire, des feuilles libres pétiolées, ou du moins rétrécies à leur base, et dès l'embryon elles se montrent telles, puisqu'il offre plusieurs cotylédons distincts.

Ces rapports dans l'organisation végétale ne dépendent pas de lois si rigoureuses, que la nature ne puisse jamais s'en affranchir : les ombellifères, beaucoup de synanthérées, etc., ont deux cotylédons, et toutefois leurs feuilles sont engaînantes.

MIRBEL.

GERS (Département du). (*Topographie et Statistique.*) — *Topographie.* — Le département du Gers, un de ceux qui ont été formés de l'ancienne province de Guyenne, et qui comprend, outre la majeure partie de l'Armagnac, une petite portion du Comminges, est situé dans la région sud-ouest de la France. Il a pour bornes : au nord, le département de Lot-et-Garonne ; à l'ouest, celui des Landes ; au sud, ceux des Basses et des Hautes-Pyrénées ; à l'est, celui de la Haute-Garonne ; au nord-est, celui de Tarn-et-Garonne. Sa superficie est de 626,399 hect. Cette superficie est ainsi répartie entre les diverses natures de sols et de propriétés :

Contenances imposables.

Terres labourables	333,585 hect.
Vignes	87,772
Prés	60,866
Bois	59,276
Landes, pâtis, bruyères, etc.	35,711
Cultures diverses	20,634
Vergers, pépinières et jardins	6,101
Propriétés bâties	4,515
Oseraies, aunaies, saussaies	261
Étangs, abreuvoirs, mares, canaux d'irrigation	233

Contenances non imposables.

Routes, chemins, places publiques, rues, etc.	13,581
Forêts, domaines non productifs	2,285
Rivières, lacs, ruisseaux	1,456
Cimetières, églises, presbytères, bâtiments publics	123
Total	626,399 hect.

Le nombre des propriétés bâties est de 70,344, dont 68,999 consacrées à l'habitation, 1,151 moulins, 176 manufactures, fabriques et usines diverses, et 18 forges et hauts fourneaux.

Quoique partagé entre les deux bassins fluviaux de la Garonne et de l'Adour, le département du Gers présente, dans son ensemble, une inclinaison à peu près uniforme vers le nord et le nord-ouest. Sa surface est sillonnée par de nombreux cours d'eau peu sinueux et coulant presque parallèlement dans l'une ou l'autre de ces deux directions.

Les rivières principales de la partie du département située sur le bassin de la Garonne sont, de l'est à l'ouest, la Save, la Gimone, l'Artois, le Gers (qui donne son nom au département) et la Bayse. Toutes ces rivières sont des affluents directs de la Garonne (dans les départements de la Haute-Garonne, Tarn-et-Garonne et Lot-et-Garonne). — Une petite portion du cours de l'Adour arrose l'angle sud-ouest du département, et s'y grossit de l'Arcos et de la Lees. La Midou et la Douze, qui, réunies sous le nom de Midouze, vont se joindre à l'Adour dans le département des Landes, arrosent aussi la partie occidentale du département.

C'est dans le département du Gers que commencent les premiers gradins du vaste amphithéâtre qui se termine aux sommités des Pyrénées. Le pays est généralement montueux et élevé, coupé de gorges et de collines. — Il renferme un assez grand nombre d'étangs, qui sont en général très-poissonneux.

Huit routes nationales et dix-sept routes départementales traversent le département. Le parcours des premières est de 418,488 mètres, celui des secondes de 513,883 mètres.

Climat. — Doux, salubre et tempéré, mais variable, ainsi que les vents.

Productions. Histoire naturelle. — Les races d'animaux domestiques n'offrent rien de remarquable ; les animaux sauvages et carnassiers sont en petit nombre. Le gibier ailé est plus abondant que le gibier de plaines. Les oiseaux de toute espèce sont fort communs. Les rivières sont peu poissonneuses.

Les essences dominantes dans les forêts sont le chêne et l'orme ; après celles-là viennent le tremble, le charme, le frêne, le bouleau, l'érable, etc. Les arbres à fruit de toute espèce sont assez multipliés.

Le département renferme des carrières de marbre rouge et vert, de gypse, de pierre à bâtir, de marne, d'argile à poterie, etc. On y trouve plusieurs établissements d'eaux thermales et minérales.

Divisions administrative et politique. — Le département du Gers est divisé en cinq arrondissements de sous-préfecture, dont les chefs-lieux sont Auch (chef-lieu du département), Condom, Lectoure, Lombez et Mirande. Il renferme 29 cantons et 497 communes.

Il fait partie de la 20ᵉ division militaire (Toulouse) et du 24ᵉ arrondissement forestier

(Pau). Il est du ressort de la cour d'appel d'Agen et de l'académie de Cahors. Auch est le siége d'un archevêque, qui a pour suffragants les évêques d'Aire, de Tarbes et de Bayonne.

Population. — Elle est de 314,885 âmes, ainsi réparties entre les cinq arrondissements :

Auch. . . . . . :	62,959
Mirande.	85,270
Condom.	72,222
Lectoure.	52,325
Lombez.	42,109
Total.	314,885

Industrie agricole. — Le Gers est un département essentiellement agricole. Les terres labourables y occupent plus de la moitié de la superficie du sol. Les vignes en occupent près du septième, les prés environ le dixième, les bois à peu près autant que les prés, les landes et terrains vagues plus du dix-huitième, et les cultures diverses, y compris les jardins, à peu près un vingt-cinquième. Les procédés agricoles s'améliorent sensiblement. En 1836 le sol a produit 998,500 hectol. de céréales, 192,825 hectol. de maïs, 86,300 hectol. d'avoine, 40,500 hectol. de légumes secs, 18,000 hectol. d'autres menus grains, et 58,000 hectol. de pommes de terre. — Le climat et les pâturages du département y favorisent particulièrement l'élève des chevaux, dont la race a reçu depuis un certain nombre d'années de notables améliorations. On s'y occupe aussi de la production des mulets. On porte à 25,000 le nombre des chevaux, mulets et ânes nourris dans le département. L'élève des bêtes à laine y a fait surtout de grands progrès; le département en possède près de 388,000, tant indigènes que de races fines. L'élève des porcs a aussi un grand développement : on n'en compte pas moins de 145,000. L'éducation des abeilles est négligée, quoique le miel y soit d'excellente qualité. Enfin on porte à près de 117,000 le nombre des bêtes à cornes que nourrit le département. On engraisse une grande quantité d'oies et de canards, dont on sale les cuisses et les ailes pour le commerce. — Parmi les plantes industrielles, il faut mettre en première ligne le chanvre et le lin ; l'ail et l'oignon sont l'objet d'une culture en grand. La récolte de vin dépasse un million d'hectol. : la moitié est consommée par les habitants ; une forte partie du surplus est convertie en eaux-de-vie, connues dans le commerce sous le nom d'eaux-de-vie d'Armagnac ; le reste est livré à l'exportation.

Le revenu territorial est évalué à 16,415,000 fr., et le nombre des propriétaires à 102,145; ce qui donnerait pour chacun d'eux, en moyenne, un revenu de plus de 160 fr. Le nombre des divisions parcellaires de la pro-

priété est de 1,191,277; 11 à 12 par propriétaire.

Industrie manufacturière et commerciale. — Le commerce du département a surtout pour objet les productions du sol; il exporte en Espagne beaucoup de bétail. La fabrication des eaux-de-vie, la minoterie et la tannerie tiennent un rang distingué dans l'industrie locale, qui s'occupe aussi de la fabrication de la crème de tartre. Le pays renferme quelques usines peu importantes, telles que des verreries, des faïenceries, des fabriques de poterie. On y fait des toiles, des étoffes de coton, de la grosse chapellerie. Le canton de Saint-Clar est le centre d'une grande fabrication de rubans de fil, qui occupe presque toutes les femmes du pays.

Foires. — Le nombre des foires du département est de 420, se tenant dans 87 communes. Les principaux articles de commerce sont les bestiaux de toutes espèces, les chevaux, les mulets et la volaille; les grains de toutes sortes ; les toiles, draperie et mercerie; les planches, les armoires et la tonnellerie. Les foires de Castelnau-Barbarens sont consacrées à la vente des bêtes à laine. Celles de Lombez, du 7 septembre et 25 octobre, sont renommées pour le commerce des mulets.

Impôts directs. — Le département a payé à l'État, en 1839 :

Contribution foncière . . .	1,646,481 fr.
Contributions personnelle et mobilière.	286,900
Contribution des portes et fenêtres.	148,388
Total des impôts directs.	2,081,769 fr.

Parmi les noms distingués dont s'honore le département, nous citerons ceux de Scipion Dupleix, de Dubartas, de Blaise de Montluc, du duc de Roquelaure, de l'antiquaire Sabathier, du maréchal Lannes, duc de Montebello, du général Subervic, de l'abbé de Montesquiou.

Balguerie, *Tableau statistique du département du Gers;* in-8°, an X.
Chantreau, *Annuaire du Gers pour l'an XI ;* in-8°.
Cazaux (D. L). *Annuaire du Gers pour l'an XII ;* in-4°, 1805.
Peuchet et Chanlaire, *Statistique du Gers ;* in-4°, 1809.
Burgelès, *Chronique ecclésiastique du diocèse d'Auch;* in-4°, 1746.
Dralet, *Plan détaillé de topographie, suivi de la topographie du département du Gers, avec un plan;* in-8°, 1801.
Le baron Chaudruc de Crazannes, *Description des voies romaines du départ. du Gers* (Bull. de M. de Caumont, t. IV, p. 407).

G.

GERTRUYDENBERG. (*Géographie et Histoire.*) Cette petite ville, appelée quelquefois dans les chartes *Mons historis*, fait partie de la province du Brabant septentrional, royaume de Hollande. C'est en 647 que l'on en trouve la première mention, dans une donation faite par Pepin de Landen à Gertrude sa fille. Cette princesse y construisit une église que consacra saint Amand, évêque de Tongres. En 972, Gertruydenberg fit partie de la dotation de l'abbaye de Thorren, au diocèse de Liége. En 1331, on y construisit un château fort pour mettre ce lieu à l'abri des attaques; dix ans plus tôt, Marguerite, abbesse de Thorren, y avait fondé un chapitre de chanoines. Cette ville fut assiégée en 1420 par les habitants de Dordrecht, qui s'en emparèrent, la livrèrent au pillage et l'incendièrent. La situation élevée de Gertruydenberg la préserva de l'inondation de 1421.

En 1573 (28 août), pendant les guerres qui signalèrent les commencements de la république des Provinces-Unies, un réfugié français, nommé Poyet, à la tête d'un nombreux parti de calvinistes, s'en rendit maître par escalade avec une telle promptitude, que la garnison fut taillée en pièces avant d'avoir pu se mettre en défense. Cette place resta au pouvoir des Provinces-Unies jusqu'en 1589, où elle fut rendue au prince de Parme par la garnison anglaise chargée de la défendre. Le prince Maurice de Saxe vint l'investir deux ans après (28 mars 1593), et, malgré une vigoureuse défense, l'obligea à capituler. Par reconnaissance il lui fut donné le gouvernement de cette ville, dont la seigneurie appartint dans la suite à la maison de Nassau-Orange. En 1710, Gertruydenberg fut choisi pour le lieu où devaient se rencontrer les plénipotentiaires de la France et ceux des provinces alliées. Les conférences durèrent trois mois et demi, et restèrent sans résultat, grâce aux prétentions exagérées des ennemis de Louis XIV. En 1793, Dumouriez assiégea Gertruydenberg, s'en empara, et y trouva une marine abondante. Les Prussiens reprirent la ville, malgré la belle défense du colonel Tilli, et enfin, lors de la conquête de la Hollande par Pichegru, les Français s'en emparèrent de nouveau. Dès lors, Gertruydenberg a suivi toutes les phases de la Hollande.

Miræl *Notitia ecclesiastica Belgiæ*, c. 73.
Guichardin, *Description des Pays-Bas*.
De Thou, *Histoire*, liv. 88.
Grotius, Strada, en un mot tous les historiens qui ont écrit sur les guerres pour l'indépendance de la Hollande et sur la conquête de ce pays par les Français.

A. D'HÉRICOURT.

GESSE. (*Agriculture.*) *Lathyrus.* Genre de plantes appartenant à la famille des légumineuses, et dont plusieurs espèces intéressent l'agriculture.

La gesse cultivée (*Lathyrus sativus*), désignée encore sous les noms de jarosse, jarat, pois carré, pois breton, lentille d'Espa-

gne, est une plante annuelle à tige anguleuse, faible et ramifiée; les feuilles sont composées de deux à quatre folioles étroites et lancéolées; les fleurs, solitaires, pédonculées, de couleur ordinairement rose-bleuâtre, sont remplacées par des gousses larges, ovales, munies sur leur suture dorsale de deux rebords membraneux en forme de gouttière. Ces gousses renferment trois ou quatre semences obtusément cubiques.

La gesse se cultive à la manière des vesces et des pois, avec lesquels elle présente beaucoup d'analogie, par son mode de végétation, par l'abondance de ses produits et par ses qualités alimentaires; mais elle les dépasse en rusticité : elle a la propriété de réussir sur des terres légères, assez maigres, et de braver les sécheresses de l'été.

Cette plante, qui réussit fort bien dans les pays chauds et tempérés, n'est pas cultivée (peut-être n'est-elle pas connue) dans les pays septentrionaux, par exemple en Angleterre et en Allemagne.

On en distingue deux variétés : l'une de printemps, l'autre d'automne. On sème à raison de deux hectolitres de graines par hectare, et l'on récolte dans le courant de la belle saison, lorsque la moitié des gousses est déjà formée, à une époque naturellement subordonnée à celle de l'ensemencement.

Tous les animaux mangent volontiers ce fourrage frais ou séché; mais on le cultive surtout pour les bêtes à laine, auxquelles il convient parfaitement.

La graine, cueillie encore verte, sert à la nourriture de l'homme dans plusieurs localités. Quand elle est tout à fait mûre et sèche, on la fait tremper dans l'eau ou bien concasser, pour la donner aux animaux, notamment aux porcs, qu'elle engraisse fort bien.

Gesse chiche ou ciche (*Lathyrus cicera*), nommée aussi genette, garoute, garousse, et comme la gesse cultivée, jarosse et jarat. Cette espèce, plus petite que la précédente dans toutes ses parties, en diffère principalement par ses fleurs, qui sont de couleur rougebrique, et par ses gousses moins larges, n'offrant à leur suture dorsale qu'un léger sillon.

La culture de la gesse chiche est répandue dans le midi et quelques parties du centre de la France. On la sème à peu près épais comme le blé, assez longtemps avant l'hiver, de la fin d'août au 15 septembre. Elle utilise les terres médiocres, légères, siliceuses ou calcaires, sur lesquelles elle végète avec force, et où l'on pourrait l'employer avec succès comme engrais végétal.

Elle redoute les terres humides et les froids de nos hivers. Cette plante procure un fourrage assez abondant, dont les ruminants, les moutons particulièrement, sont fort avides;

au contraire, les chevaux et les mulets l'appètent peu.

Tandis qu'elle fournit une fane alimentaire, il paraît que la graine est vénéneuse et qu'elle agit comme un poison mortel sur l'homme et sur les animaux.

Dans les pays pauvres et en temps de pénurie, on fait quelquefois entrer sa farine en mélange dans le pain : tant que la proportion est faible, au-dessous d'un douzième, on ne s'aperçoit pas trop de ses mauvais effets ; mais à une dose plus élevée, surtout quand on en fait usage peu de temps après la récolte, elle détermine les accidents les plus graves, ordinairement des paralysies incurables. M. Vilmorin (1) a vu plusieurs personnes atteintes d'affaiblissements et de paralysies plus ou moins complètes des membres inférieurs, pour avoir fait usage de pain mélangé de gesse chiche. M. Lefour dit avoir vu, pendant deux années de suite, plusieurs chevaux périr par suite de l'usage, comme fourrage, de gesse chiche non battue.

Yvart rapporte que des troupeaux de bêtes à laine ont plus ou moins souffert après avoir mangé de ce grain. Enfin nous-même avons observé des truies affectées de paralysie du train postérieur à la suite d'une pareille consommation.

Il est quelques espèces de gesses vivaces qui croissent dans les prairies et que l'on pourrait multiplier avec avantage : telles sont la gesse des prés et la gesse des marais. La première, très-recommandée par Arthur Young pour la qualité de son fourrage, se distingue par ses racines traçantes et ses fleurs jaunes disposées en grappe courte ; la seconde est précieuse dans les prairies humides : ses fleurs, qui épanouissent à la fin de l'été, sont bleuâtres, au nombre de quatre à six sur le même pédoncule.

La gesse des marais ou gland de terre, ainsi appelée à cause des petits tubercules noirs, pyriformes, et bons à manger, qui se développent sur les racines, est vivace, croît dans les champs et les haies. Ses fleurs, d'un beau rouge clair, ont une odeur douce et agréable.

La gracieuse plante vulgairement désignée sous le nom de pois de senteur n'est autre que la gesse odorante.

D'autres espèces annuelles, comme la gesse sans feuilles, la gesse velue, la gesse articulée, viennent spontanément parmi les récoltes céréales de nos départements méridionaux. Ce sont de mauvaises herbes que les efforts des cultivateurs doivent tendre à faire disparaître.

LOEUILLIET.

(1) Journal d'agriculture pratique, tome IV, seconde série, page 202.

GÉVAUDAN. (Géographie et Histoire.) Cette province, habitée par les anciens Gabali (Voyez ce mot), fit successivement partie de l'Aquitaine première, du royaume d'Austrasie et du duché d'Aquitaine, et fut possédée héréditairement par la maison de Toulouse depuis le dixième jusqu'en vers la fin du onzième siècle. A cette dernière époque, le comte de Toulouse l'aliéna en faveur des évêques de Mende, pour subvenir aux frais de son voyage en terre sainte. Le droit que revendiquaient ces prélats d'exercer exclusivement dans leur diocèse l'autorité temporelle, droit longtemps disputé, leur fut reconnu, moyennant une bonne somme d'argent. Enfin, il leur fut confirmé par Louis le Jeune, duquel l'évêque Adelbert III obtint la fameuse bulle d'or, conservée jadis en original dans la cathédrale de Mende, et publiée dans les preuves du Gallia christiana. Le roi dit, dans cette charte : « Qu'on n'avait vu de mémoire d'homme aucun évêque de Gévaudan venir à la cour des rois de France, ses prédécesseurs, pour leur jurer fidélité, parce que ce pays, de difficile accès, avait toujours été au pouvoir des évêques qui y exerçaient l'autorité spirituelle et temporelle ; qu'Adelbert, sachant que la justice royale appartenait à l'autorité royale, était venu reconnaître, en présence des principaux barons du royaume, que son évêché dépendait de la couronne de France, et que, se soumettant à la personne du roi, il lui avait prêté serment de fidélité. Le roi « déclare aussi que cet acte ne préjudicie en rien aux droits dont les évêques gabalitains avaient toujours joui, et il accorde à Adelbert et à ses successeurs l'évêché des Gabali, avec les droits régaliens ; il veut enfin que cette église soit libre et exempte de toute exaction (1). »

En vertu de cette bulle, obtenue en 1151, les évêques de ce diocèse se qualifiaient de comtes de Gévaudan, titre qu'ils avaient soin de distinguer de celui d'évêques du diocèse de Mende. Rentré dans son domaine, ce même Adelbert se donna, dans l'acte de la fondation du monastère de Saint-Cyriaque (2), le titre d'évêque indigne de la sainte église de Mende.

Malgré cette aliénation, le Gévaudan conserva ses vicomtes, qui avaient commencé en 951, par Bernard, fils de Béranger, vicomte de Milhaud en Auvergne, et issu probablement des comtes de Toulouse, ducs d'Aquitaine. La vicomté de Gévaudan, dont les titulaires devinrent par alliance comtes de Provence et de Barcelone, fut portée aussi par la main d'une femme dans la maison d'Aragon. Pierre II, roi

(1) On trouvera encore trois lettres curieuses de cet Adelbert au roi, publiées par dom Brial dans la Collection des historiens de France, t. XVI, p. 160.
(2) Gallia christ., I, 24.

d'Aragon (mort en 1213), l'engagea à Raymond VI, comte de Toulouse. Celui-ci ayant été excommunié pendant les guerres de l'Albigeois, l'évêque de Mende prétendit, comme seigneur, à la confiscation de la vicomté. En 1258, Louis IX transigea avec le roi d'Aragon, qui lui céda ses droits sur les vicomtés de Milhaud et de Gévaudan. Quant à la souveraineté que réclamait l'évêque de Mende, Louis se la fit céder par Odilon, en échange de divers biens.

En 1306, intervint un traité de pariage entre Philippe le Bel et l'évêque Guillaume. Ce dernier garda, pour lui et ses successeurs, le titre de comte du pays et la moitié de la ville; et les effets du traité subsistèrent jusqu'au dix-huitième siècle. « Le bailliage du pays, dit d'Expilly (*Dict. des Gaules*), est en pariage entre l'évêque et le roi. On rend la justice tour à tour en leur nom. Quand c'est le tour du roi, la justice se rend à Marvejols; quand c'est celui de l'évêque, elle se rend à Mende. »

Le Gévaudan faisait partie du gouvernement du Languedoc, et formait un district de la généralité de Montpellier. Il comptait parmi les pays d'états.

L'*assiette*, ou assemblée diocésaine de Mende, formant les états particuliers du Gévaudan, se composait de l'évêque ou de son grand vicaire, président; du commissaire principal ou bailli; des consuls de Mende et de Marvejols, commissaires ordinaires; de sept députés ecclésiastiques; six abbés et un chanoine de la cathédrale; de huit barons entrant tour à tour chaque année aux états du Languedoc, et de douze autres admis seulement à ceux du Gévaudan; de dix-huit consuls des principales localités, et d'un syndic au choix de l'assemblée. La session se tenait alternativement à Mende et à Marvejols.

La population totale était évaluée à 150,000 âmes.

Les bornes de la province étaient : à l'est, les rivières d'Allier et de Borne et la montagne de Lozère, qui la séparaient du Vélay, du Vivarais et du diocèse d'Uzès; au sud, le diocèse d'Alais; à l'ouest, le Rouergue; au nord, l'Auvergne. Sa plus grande étendue était de 76 kilom. du sud au nord, et 52 kilom. de l'est à l'ouest. Couvert de montagnes, ce pays était autrefois hérissé de châteaux fortifiés; là plupart ont été démolis depuis 1632.

« C'est dans le canton de la Planèse, à 4,000 toises à l'ouest de Saint-Flour, au petit village nommé les Ternes, près du pont et dans le bois qui est sur la droite, que l'on tua, en 1787, ce terrible lynx qui s'est acquis, sous le nom de *bête du Gévaudan*, presque autant de renommée qu'un conquérant (1). »

(1) *Mémoire sur les Gabali*, par M. Walckenaër.

Le Gévaudan était divisé en deux parties, septentrionale et méridionale. La première, beaucoup plus étendue que l'autre, comprenait le haut Gévaudan, dont les principales localités étaient : Mende, capitale du pays; Marvejols, Bagnols, Chirac, la Canourgue, Langogne, Espagnac, Saint-Cheli d'Apchier, Châteauneuf-de-Randon, Tournel, Canillac, Cenaret, Peyre, Salgues, Malzieu, Grezès. Ce dernier château, qui, dans le dix-huitième siècle, appartenait à l'évêque de Mende, avait été le chef-lieu de la vicomté.

Dans le Bas-Gévaudan, appartenant au pays des Cévennes, on remarquait : Florac, Barre, Saint-Germain de Calbrette, Saint-Étienne de Val-Francisque, Grisac ou Roure, Quezac, Bedonesse.

Aujourd'hui le Gévaudan forme le département de la Lozère.

Louvreleul, *Mémoires historiques sur le pays de Gévaudan, et sur la ville de Mende*; 1726, 2ᵉ part., in-12.

L'abbé Prouzet, *Annales du Gévaudan et des contrées circonvoisines*; 1846, in-8°.

D.

GEX (Pays de). (*Géographie* et *Histoire*.) *Gesiensis pagus* ou *tractus*. Petit pays avec titre de seigneurie et de baronnie, ayant environ 28 kilom. de longueur sur 20 de largeur. Il était borné au nord par le pays de Vaud; au sud, par le Rhône et la Savoie; à l'est, par le lac de Genève, et à l'ouest, par le mont Jura ou de Saint-Claude, et par la Franche-Comté. Ce territoire, malgré son peu d'étendue, a joué un rôle assez important dans notre histoire, grâce à sa position entre la France et la Savoie, qui furent si souvent en guerre. Il renfermait le célèbre passage de l'Écluse ou de la Cluse, qui défendait l'entrée du Bugey et de la Bresse.

Les comtes de Genève possédèrent ce pays jusqu'à la fin du treizième siècle. Amé V, comte de Savoie, connu sous le nom de *Comte-Vert*, après quelques démêlés avec le dauphin Charles, relativement à plusieurs places du Dauphiné, conclut en 1356, à Paris, un traité en vertu duquel il acquit les seigneuries de Faucigny et de Gex. Cette dernière acquisition lui fut enlevée par la république de Berne, en 1556. Mais le traité de Lausanne la rendit à Emmanuel-Philibert, duc de Savoie, en 1564. Henri IV occupa, en 1589, le pays de Gex, qui, peu de temps après, fut repris par le duc de Savoie. La ville fut alors pillée et brûlée, et le château démantelé. En 1601, par la paix signée à Lyon, le 17 janvier, le duc Charles-Emmanuel Iᵉʳ obtint de Henri IV le marquisat de Saluces, et, en échange, il abandonna à la

deuxième série des *Mémoires de l'Acad. des inscript.*, t. V, p. 366 et suiv. — *Voyez* aussi, sur la bête du Gévaudan, Legrand d'Aussy, *Voyages*.

France le pays de Gex, outre la Bresse, le Bugey, Valromey, provinces qui avaient perdu leur importance pour la maison de Savoie, depuis qu'elle n'était plus maîtresse du pays de Vaud ni de la ville de Genève.

Les Gexois, incorporés à la France, conservèrent les priviléges dont ils avaient joui sous la domination des ducs de Savoie. Ainsi, ils pouvaient tenir tous les trois ans une assemblée d'états, et présenter au roi des cahiers sur les objets qui intéressaient l'administration locale. De plus, ils pouvaient, sans payer aucun droit, vendre à Genève et en Suisse les produits de leur territoire. Ces priviléges cessèrent à l'époque où cette vallée fut réunie à la Franche-Comté; et ce ne fut qu'en 1775 que, grâce aux pressantes sollicitations de Voltaire, un arrêt du conseil, assimilant aux pays étrangers le pays de Gex, dont le domaine de Ferney faisait partie, l'affranchit des fermes, des gabelles, et des traites que tiraient les fermes générales pour le transit des marchandises de Gex à Genève et en Suisse.

Le pays de Gex, après sa réunion à la France, avait été, à titre d'engagement, donné à la maison de Condé, qui en a joui jusqu'à la mort de mademoiselle de Charolais. Cette princesse en disposa en faveur du comte de la Marche, son exécuteur testamentaire. Ce territoire forme aujourd'hui un arrondissement du département de l'Ain. Il avait pour capitale Gex, aujourd'hui chef-lieu de sous-préfecture, et renfermant une population de 2,834 habitants.

Guichenon, *Histoire de Bresse et de Bugey, Gex et Valromey.*

D.

GEYSERS. (*Géologie.*) Dans toutes les contrées volcaniques il existe un certain nombre de sources thermales, dont quelques-unes jaillissent en sortant de terre et donnent naissance à des colonnes de vapeurs semblables à celles qui sortent souvent des cratères. En Islande, pays presque entièrement volcanique, ces sortes de sources sont extrêmement nombreuses, et présentent des phénomènes spéciaux qui méritent toute l'attention des géologues et des physiciens.

Dans cette île, au pied de petites collines et sur un sol plat, on remarque plusieurs petits monticules diversement colorés, avec un petit cratère au centre, d'où sortent des masses d'eau chaude contenant une grande quantité de silice, et qui s'élèvent en jaillissant à une hauteur plus ou moins considérable. Ces sources se nomment *Geysers* dans la contrée; les deux principales sont le *grand Geyser* et le *Strokmur.*

Le grand Geyser sort d'un monticule de 2 à 3 mètres de haut, dont la partie supérieure présente une espèce de soucoupe, ou bassin presque circulaire de 15 m. de largeur et de 1 m. de profondeur. Une ouverture, formant l'extrémité d'un énorme tube cylindrique, de 3 mèt. de diamètre, reconnu sur une profondeur de 22 m, se voit au milieu du bassin. Toute la masse est formée par de la silice plus ou moins pure, et l'intérieur du bassin est tapissé d'une couche siliceuse assez lisse; il est presque toujours rempli d'une eau limpide, dont la température s'élève jusqu'à 85°. Cette eau n'est pas tranquille; elle oscille continuellement, et, par intervalles, après un bruit intérieur, il sort du tube une colonne qui s'élève dans l'air jusqu'à 30 et même quelquefois jusqu'à 100 mètres, en répandant une grande quantité de vapeurs, ce qui annonce une très-haute température; la silice est en dissolution dans cette eau, et en se déposant par le refroidissement, elle forme des incrustations dans l'intérieur du bassin et sur les flancs du monticule.

M. Descloizeaux, qui a visité l'Islande en 1846, a fait des expériences avec des thermomètres à dévissement sur la température de l'eau, dans toute la longueur des tubes du grand Geyser et du Strokmur. Avant une grande éruption, il a constaté que jusqu'à 3 mètres au-dessous de la surface de l'eau dans le bassin la température ne variait que de 85° à 85°,2 ; qu'à 13 mètres de profondeur elle était de 120°,4, et à 22 m., 50, de 127°,5. Deux heures après une grande éruption, le même jour, sept heures après la première expérience, la température de la surface étant restée à 85°, celle du fond n'était plus que de 122°,5, et la moyenne de toutes celles observées dans la longueur du tube n'avait varié que de 0°,5 ; pendant une grande éruption, le thermomètre, descendu au fond, donna 124°,24.

Il résulte de là qu'au fond du grand Geyser il existe un maximum de température immédiatement avant, et un minimum immédiatement après les grandes éruptions, et que la température moyenne de la colonne varie très-peu.

Le calcul montre que la température d'une colonne d'eau bouillante ayant la hauteur et la densité de celle du Geyser, dans les circonstances où ont été faites les expériences, serait de . . . . 136°,15
le maximum trouvé est de. . . . . 127°,05
la différence est donc de. . . . . 9°,10

Ainsi, au point le plus bas de la colonne du Geyser que le thermomètre de M. Descloizeaux ait atteint (22 m., 81), l'eau n'est pas en ébullition ; d'où il faut conclure que le foyer quelconque qui échauffe cette eau est bien intérieur à la profondeur à laquelle le thermomètre est parvenu.

Le Strokmur, situé à une petite distance

du grand Geyser, est moins considérable; mais les colonnes d'eau s'y élèvent tout aussi haut. La température du canal, jusqu'à une profondeur de 10 mètres, a présenté des résultats analogues à celle du Geyser : le maximum trouvé a été de 115° et le point d'ébullition d'une colonne d'eau identique avec celle du Strokmur serait, à la base, 120°,04 ; ce qui donne une différence de 5°,04. Ainsi donc encore, la colonne d'eau qui remplit le canal du Strokmur ne bout pas à sa partie inférieure.

Depuis longtemps on soupçonne que le phénomène des Geysers dépend de la cause qui produit les éruptions volcaniques ; de ce que l'eau n'est point en ébullition à l'extrémité des tubes qui l'amènent dans les bassins, ainsi que de l'existence d'un maximum et d'un minimum de température, M. Descloizeaux a cru pouvoir tirer l'explication suivante du phénomène :

« Si la colonne du Geyser communique par un canal long et sinueux avec l'espace quelconque qui reçoit l'action directe de la chaleur souterraine, après une grande éruption, pendant laquelle il y a eu projection d'une grande quantité d'eau et de vapeur, les parties inférieures de la masse liquide sont refroidies, et la vapeur d'eau qui arrive toute formée du réservoir soumis à l'action de la chaleur a une tension moindre que celle à laquelle peuvent faire équilibre le poids de la colonne d'eau et celui de l'atmosphère; cette vapeur viendra se condenser au contact de l'eau qui remplit le canal sinueux, et abandonnera à cette eau sa chaleur latente. L'accroissement de température de l'eau du canal se transmet de proche en proche jusqu'à la partie inférieure de la colonne centrale du Geyser, où le thermomètre peut pénétrer; mais cet accroissement est retardé par l'air atmosphérique et les autres gaz que la vapeur entraîne avec elle. Cependant, au bout d'un temps plus ou moins long, l'eau du canal doit bouillir, et la vapeur, continuant à se former, ne peut plus s'y condenser. Cette vapeur doit s'accumuler et acquérir une tension de plus en plus grande, jusqu'à ce que cette tension soit capable de vaincre la résistance de la colonne d'eau et de la lancer en l'air.

« Si le dégagement souterrain de vapeur était parfaitement régulier, les éruptions devraient se succéder à des intervalles à peu près égaux; mais il n'en est pas ainsi, et une série d'observations, commencée le 3 juillet et terminée le 15, a montré qu'il y a, à peu d'exceptions près, une éruption tous les jours, mais que les intervalles qui séparent deux éruptions consécutives varient de douze à trente heures. Les deux plus hautes éruptions de la première quinzaine de juillet ont atteint, l'une 47 mètres, et l'autre 49 mètres. »

Cette explication, qui nous paraît parfaitement naturelle, diffère peu de celle qui a été donnée par M. Leyell dans ses *Principes de géologie.*

M. Herschell a représenté le phénomène des Geysers d'une manière aussi simple qu'ingénieuse : après avoir porté au rouge le tuyau d'une pipe à tabac, il en remplit le réservoir avec de l'eau froide, en inclinant un peu la pipe ; l'eau coule dans le tuyau, et alors il se produit une série d'explosions violentes, dans lesquelles un jet de vapeur précède toujours le jet d'eau; l'intervalle des explosions dépend de l'intensité de la chaleur et de l'inclinaison du tuyau ; leur durée dépend de son épaisseur et de son pouvoir conducteur.

Leyell, *Principes de géologie.*
Bulletin de la Société géologique de France, 2e série, t. III, page 380.

ROZET.

GIBBON. (*Histoire naturelle.*) A la tête de la série animale et dans l'ordre des quadrumanes viennent se placer les chimpanzés et les orangs-outangs, et, immédiatement après on met généralement les singes qu'Illiger et, depuis lui, tous les zoologistes ont indiqués sous la dénomination scientifique d'*hylobates*, et que l'on connaît plus vulgairement sous le nom de *gibbons.*

Comme les chimpanzés et les orangs-outangs, les gibbons ont des bras descendant jusqu'aux malléoles externes; leurs conques auriculaires moyennes sont de la forme de celles de l'homme, ainsi que leurs ongles, aplatis aux pouces, mais convexes et demi-cylindriques aux autres doigts; ces animaux n'ont pas de queue, ni d'abajoues; leur pelage est très-épais, leur museau court et leur encéphale bien développé; il y a des callosités aux fesses, ce qu'on ne remarque pas chez les chimpanzés, et ce qui a peut-être lieu, au contraire, chez les orangs-outangs : aussi plusieurs zoologistes ont-ils réuni ces deux genres en un seul.

Les gibbons, dont la taille est ordinairement moyenne, sont moins forts et moins robustes que les orangs, les chimpanzés, et même que les cynocéphales ; ils sont doux et timides. Ils sont, en général, peu actifs; mais néanmoins, quand on les inquiète, ils montrent une grande agilité, et leurs longs bras leur servent également pour courir à la surface du sol et grimper au milieu des arbres, ce qu'ils font de préférence ; presque tous vivent par troupes, et se trouvent dans les contrées les plus chaudes du continent de l'Inde et dans les grandes îles qui l'avoisinent, telles que Sumatra, Bornéo et principalement Java. Ils sont omnivores, comme l'homme, et les aliments dont ils se nourrissent de préférence sont les fruits, les racines et les tubercules bulbeux de plusieurs végétaux : ils aiment aussi les œufs, et même les insectes, ainsi que divers autres petits animaux. On peut les élever en domesticité, et on en a cité plusieurs qui avaient reçu une éducation assez remarquable.

Les naturalistes ne sont pas d'accord sur le nombre d'espèces que l'on doit admettre dans ce genre; les mieux connues sont les dix suivantes que nous allons indiquer, nous bornant à en décrire seulement une :

1° GIBBON LAR. GRAND GIBBON DE BUFFON. (*Hylobates lar*, Linné, Auct.) Plus petit que l'orang-outang, il est de couleur noire ou brun-noir, avec l'encadrement de la face et les quatre extrémités de couleur blanchâtre; il habite la presqu'île de Malacca et le royaume de Siam. Buffon parle en ces termes du sujet qui a vécu sous ses yeux : « Ce singe nous a paru d'un naturel tranquille et de mœurs assez douces; ses mouvements n'étaient ni trop brusques, ni trop précipités; il prenait doucement ce qu'on lui donnait à manger : on le nourrissait de pain, de fruits, d'amandes, etc. ; il craignait beaucoup le froid et l'humidité, et n'a pas vécu beaucoup de temps hors de son pays natal. » Depuis Buffon, Fr. Cuvier a été à même d'étudier à l'état de domesticité diverses espèces de gibbons, et en particulier le gibbon syndactyle, et il a publié des observations à peu près semblables, que l'on pourra voir dans l'*Histoire naturelle des mammifères de la ménagerie du Muséum.*

2° Le GIBBON SIAMANG (*Hylobates syndactylus*, Raffles); l'un des mieux connus de tous et qui habite Java et Sumatra.

3° Le GIBBON DE RAFFLES (*Hylobates Rafflesii*, Et. Geoffroy).

4° Le GIBBON AGILE ou WOUWOU (*Hylobates agilis*, Fr. Cuvier); de Sumatra et, dit-on, de Bornéo.

5° Le GIBBON A FAVORIS BLANCS (*Hylobates leucogenys*, Ogilby); espèce peu connue.

6° Le GIBBON HOOLOCK (*Hylobates hoolock*, Harlan); de l'Inde continentale, vers le 26e degré de latitude nord, et spécialement de l'Assam.

7° Le GIBBON CONCOLOR (*Hylobates concolor*, Harlan); de Bornéo.

8° Le GIBBON COROMANDE (*Hylobates coromandus*, Ogilby); de l'Inde continentale.

9° Le GIBBON CENDRÉ (*Hylobates leuciscus*, Camper); a vécu à Paris et est assez bien connu.

10° Le GIBBON ENTELLOIDE (*Hylobates entelloïdes*, Isid. Geoffroy); espèce nouvellement décrite, et qui a été prise dans la presqu'île Malaise, vers le 12e degré de latitude nord.

Buffon, *Histoire naturelle générale et particulière.*

G. Cuvier, *Règne animal.*

Fr. Cuvier, *Mammifères de la ménag. du Muséum.*
A. G. Desmarest, *Mammalogie.*
Isidore Geoffroy-Saint-Hilaire, *Archives du Muséum d'histoire naturelle.*

E. DESMAREST.

GIBELINS. *Voy.* GUELFES.

GIBRALTAR. (*Géographie et Histoire.*) La ville de Gibraltar, baignée par les eaux du détroit du même nom, est située sur la côte méridionale d'Espagne, par 36° 6' 30" de latitude nord, et 7° 39' 46" de longitude ouest, à vingt-deux lieues sud-est de Cadix; elle est bâtie au pied du promontoire qui, connu dans les temps anciens sous le nom de Calpé, formait, avec la montagne africaine d'Abyla, les colonnes d'Hercule. Le canal qui sépare les deux caps, s'appelait le détroit de Gadès, et la baie qui s'enfonce derrière le promontoire européen, était le port de Calpé, le plus fréquenté de tous ceux de l'Ibérie, avant que Cadix ne lui eût enlevé la prééminence.

Ce fut à Calpé que s'embarquèrent les Vandales, premiers conquérants de l'Espagne romaine, quand une nouvelle irruption de barbares les chassa de la Bétique, à laquelle ils avaient donné leur nom (Vandalousie), et les poussa sur les rivages de l'Afrique. Ce fut encore au pied de ce rocher que, vers l'an 92 de l'hégire (711 de l'ère chrétienne), sous le califat d'Abdel-Mélec, Taric, lieutenant de Moussa, vainqueur des Maures, vint débarquer avec ses Arabes. Le promontoire de Calpé prit dès lors le nom de celui qui le premier y avait planté l'étendard du prophète, et il s'appela Gebel-Taric (montagne de Taric), nom que la corruption a converti en celui de Gibraltar.

La vieille ville de Gibraltar fut d'abord construite sur la côte occidentale de la baie, près de Jezira Alhadra (Ile Verte), là où se trouve aujourd'hui Algésiraz. Ce ne fut que plus tard, après l'expulsion complète des Maures, que les Espagnols posèrent une ville sur le flanc de la montagne même; ils la fortifièrent, et en firent une citadelle redoutable qui garda le nom de Gibraltar. Ils la citaient avec orgueil comme un boulevard imprenable, quand, en 1704, une flotte anglo-hollandaise, sous le commandement de l'amiral Rooke, vint croiser devant Cadix, dans le but de mettre à contribution les villes du littoral espagnol. Un soir que les capitaines de la flotte se trouvaient rassemblés à bord du vaisseau amiral, ils eurent l'idée de tenter un coup de main sur Gibraltar, afin, disaient-ils, de mortifier l'Espagne, et de mettre en réputation les armes de S. M. Britannique. L'idée parut bonne; elle fut adoptée et mise sur-le-champ à exécution. Cent cinquante hommes formaient la garnison de la place; ils se rendirent après une résistance de quelques heures, qu'ils auraient pu prolonger. Maîtres de Gibraltar, les

Anglais se gardèrent bien de le rendre. Bientôt ce lieu devint pour eux de la plus haute importance, et comme place de guerre, et comme ville de commerce. En 1782, les forces de la France et de l'Espagne vinrent s'y briser, comme devant un mur de diamant. Depuis cette époque, ses possesseurs se sont appliqués à la rendre plus forte encore : six cents pièces de canon, du calibre de trente-six à quarante-huit, hérissent les flancs d'un rocher taillé à pic et de quatre cents mètres de hauteur. Gibraltar peut donc être regardé, dans toute l'acception du terme, comme imprenable ; car il n'existe, dans tout le monde, aucune autre place où la nature et l'art aient réuni des moyens de défense aussi formidables.

La ville s'étend en amphithéâtre au pied du rocher ; elle renferme de douze à quinze mille habitants environ. Bien que des Espagnols et des juifs forment la majeure partie de sa population, elle présente un aspect de propreté, dû probablement à la longue possession des Anglais ; elle est bien bâtie, et les maisons particulières ainsi que les établissements publics y sont entremêlés de plantations qui répandent une agréable fraîcheur.

Le rocher de Gibraltar, qui, comme nous l'avons dit, forme la pointe australe de l'Europe, ne tient à l'Espagne que par une langue de terre sablonneuse extrêmement basse. Du haut de ce rocher, on jouit d'une vue imposante ; en face, et dans le lointain, on découvre la côte d'Afrique, avec Ceuta, qui est restée aux Espagnols, et le mont aux Singes (Abyla). Du côté de l'Espagne, l'œil plane sur la baie, puis sur la petite ville de Saint-Roch et sur ses fortifications abandonnées ; de distance en distance, on aperçoit, sur le rivage, des tours en ruine, élevées jadis pour défendre le pays contre les attaques des Maures.

Au sommet du rocher, vers l'ouest, au milieu de roches bouleversées, habitent et se multiplient de nombreux singes, du genre *magot*. Cette localité est le seul point de l'Europe où l'on rencontre de semblables animaux.

Ign. Lopez de Ayala, *Historia de Gibraltar* ; Madrid, 1852, in-4°.
Th. James, *History of Gibraltar* ; London, 1722, 2 vol. gr. in-4°.

Am. Dupont.

GIRELLE. (*Histoire naturelle.*) Genre de poissons que l'on a séparé des labres, dont il se distingue par sa tête, entièrement lisse et sans écailles, et par sa ligne latérale, fortement coudée vis-à-vis la fin de la nageoire caudale. Ces poissons, ornés des couleurs les plus vives et les plus variées, vivent par troupes nombreuses dans presque toutes nos mers d'Europe, principalement dans les environs des rochers. Pline rapporte que les girelles attaquent les hommes qui nagent

auprès d'elles et les mordent avec plus ou moins de force ; il ajoute que la bouche de ces poissons, pleine de venin, infecte toutes les substances alimentaires qu'ils rencontrent dans la mer, et les rend nuisibles à l'homme. Aujourd'hui que l'on connaît mieux les mœurs des girelles, on doit reléguer les assertions de Pline au nombre des erreurs nombreuses qui se trouvent dans ses écrits.

Parmi les espèces assez nombreuses de ce genre, nous indiquerons seulement la GIRELLE COMMUNE (*Labrus Julis*, Linné), qui habite l'Océan et la Méditerranée ; elle est de petite taille, et se fait remarquer par sa couleur violette, relevée de chaque côté par une bande en zig-zag d'un bel orange.

G. Cuvier et Valenciennes, *Histoire naturelle générale et particulière des poissons*.
E. Desmarest.

GIESSEN. (*Géographie* et *Histoire*.) Ville du grand-duché de Hesse-Darmstadt, chef-lieu de la principauté de la Haute-Hesse et d'un district. Population, 8,000 habitants.

Cette ville est située dans une belle contrée, à l'endroit où la Lahn reçoit la Velbeck. Elle était autrefois entourée de fortifications, à présent détruites. Les bâtiments les plus remarquables sont : le château ou le bâtiment actuel de la chancellerie, la nouvelle église, l'ancienne caserne, aujourd'hui utilisée pour les cours de clinique, et les collections d'histoire naturelle. Il ne faut pas oublier l'édifice où est le siége de l'université qui a rendu célèbre le nom de Giessen.

Cette université fut fondée en 1607 par le landgrave Louis. C'était à l'époque où les confessions réformée et luthérienne se séparaient l'une de l'autre. L'université de Marbourg resta aux réformés, tandis que celle de Giessen fut consacrée aux luthériens. Mais l'une nuisait à l'autre, et la prospérité fut longue à venir. Enfin l'assemblée des États s'occupa de Giessen : elle lui accorda une allocation de 10,000 florins ; en même temps l'université hérita des biens de l'ancienne université de Mayence, et son revenu annuel, qui s'élève maintenant à 60,000 florins, lui permet d'attirer des professeurs célèbres, et lui assure la présence d'un nombre respectable d'étudiants.

De l'université de Giessen dépendent une faculté de théologie catholique, un institut philologique, un pedagogium, un séminaire homilétique et pédagogique, un séminaire pour les maîtres d'école, deux bibliothèques, une maison d'accouchement et une école de sages-femmes, une école forestière, de belles serres avec deux jardins botaniques, l'un destiné aux étudiants en médecine, l'autre aux élèves des eaux et forêts ; ajoutons un laboratoire de chimie, un cabinet de minéralogie, de chimie et de physique, un observatoire. Le séminaire homilético-philologique distribue chaque année des prix aux étudiants. Soixante bourses sont affectées à l'entretien des plus pauvres d'entre eux.

G.

GIRAFE. (*Histoire naturelle.*) Par les particularités remarquables que présente la girafe, par sa forme élégante, bizarre, par sa belle parure, par sa démarche singulière, sa grande taille, sa douceur, etc., il est naturel que cet animal ait attiré de bonne heure l'attention des hommes : aussi l'a-t-on signalé depuis la plus haute antiquité.

Pour exposer d'une manière convenable l'histoire de la girafe, nous prendrons pour guide un excellent travail publié en 1845, dans les *Mémoires de la Société du Muséum d'histoire naturelle de Strasbourg*, par MM. Joly et Lavocat, et ayant pour titre : *Recherches historiques, zoologiques, anatomiques et paléontologiques sur la girafe*. Nous suivrons les divisions adoptées par les deux naturalistes que nous venons de nommer.

§ I. *Partie historique et bibliographique.*

La girafe est représentée sur plusieurs monuments anciens; on la voit figurée sur les temples de l'Égypte et de la Nubie, et on la retrouve dans la célèbre mosaïque de Palestrine.

On croit que l'animal désigné par Moïse, dans le *Deutéronome*, sous le nom de *Zemer* n'est autre chose que la girafe; cependant Bochart en fait une espèce du genre antilope.

Une foule d'auteurs postérieurs à l'écrivain sacré ont mentionné ou décrit la girafe; nous allons les passer rapidement en revue, en les classant en géographes, voyageurs, historiens, poëtes, littérateurs, naturalistes, etc.

Agatharchides, qui vivait un siècle avant Jésus-Christ, semble être le premier géographe qui ait signalé la girafe; il dit que cet animal, le *camelopardalis* des Grecs, habite le pays des Troglodytes. Plus tard, Artémidore en dit quelques mots dans sa *Description de la terre*; puis Strabon et Solin s'en occupent à leur tour; et enfin Léon l'Africain en donne, dans sa *Description de l'Afrique* (1556), une assez bonne description. Depuis cette époque, les géographes ne nous apprennent rien de nouveau sur l'animal qui nous occupe : toutefois Malte-Brun et Charles Ritter le mentionnent dans leurs écrits.

Les voyageurs en grand nombre ont étudié la girafe; Cosmas Indicopleustès (525 de notre ère) dit qu'elle se trouve en Éthiopie, et si ce fait, rapporté également par un grand nombre d'auteurs, était vrai à cette époque, il n'en est pas de même aujourd'hui : car l'Éthiopie ne nourrit plus de girafes. Marco-Polo cite cet animal comme habitant l'île de Zanzibar, et voici ce qu'il en rapporte : « Les habitants du pays ont encore une espèce d'animal qu'ils nomment *graffa* : il a le col long de trois pas, les jambes de devant bien plus longues que celles de derrière, la tête petite, et il est de plusieurs couleurs, comme blanc, rouge et marqueté par le corps. Cet animal est doux et ne fait de mal à personne. » Citons encore, parmi les voyageurs qui parlent de la girafe, au moyen âge, Bernard de Breydenbach et Baumgarten; à l'époque de la renaissance, Thevet, Marmol, Baudier, Villamont et Jérôme Lobo, et enfin, plus récemment, Levaillant, Carteret, et MM. Belzoni, Mollien, Rüppell, Caillaud, Ed. Combes et Tamisier, le capitaine Laplace, etc., qui nous donnent de nombreux détails, principalement sur les mœurs de cet animal.

Occupée sans cesse à enregistrer les faits dignes d'être transmis au souvenir des hommes, l'histoire ne pouvait passer sous silence la première apparition de la girafe dans une contrée différente du pays qu'elle habite. Aussi Athénée nous apprend-il que Ptolémée Philadelphe montra pour la première fois cet animal aux habitants d'Alexandrie, dans cette pompe triomphale devenue si célèbre par sa richesse et sa magnificence. Au rapport de Diodore de Sicile, de Pline et de Dion Cassius, les Romains n'avaient pas encore vu de girafe, lorsque, dans les jeux du cirque qui se célébrèrent l'an 45 avant Jésus-Christ, le dictateur Jules César fit paraître cet animal aux yeux du peuple. Depuis Jules César jusqu'à Philippe, successeur de Gordien III, le *Camelopardalis* reparut de temps en temps à Rome; et dans une fête on en vit à la fois dix dans le cirque; Aurélien en montra également plusieurs. Les empereurs de Constantinople eurent de bonne heure l'occasion de connaître le *camelopardalis* : sept animaux de cette espèce furent vus à Constantinople : le premier a été décrit par Philostorge; deux autres avaient été envoyés de l'Inde à l'empereur Anastase; beaucoup plus tard, Michel Paléologue en reçut un en présent du roi d'Éthiopie; le cinquième est celui dont Busbeck étudia les os; le sixième fut amené à l'occasion des fêtes splendides qui furent célébrées lors de la circoncision de Mahomet III; enfin le septième fut envoyé en 1822, par le pacha d'Égypte. Jusqu'en 1827, l'Europe chrétienne n'avait pu voir que trois girafes vivantes : la première fut adressée à l'empereur Frédéric II par le sultan d'Égypte : c'est celle qui a été imparfaitement décrite par Albert le Grand, sous les deux noms d'*Oraflus* et d'*Anabula*; la deuxième fut offerte par le sultan Bibars à Mainfroi, fils naturel du même Frédéric II; enfin la troisième, dont on voit encore aujourd'hui l'image dans les fresques qui ornent le palais de Poggio-Cajano, fut donnée en 1486, à Laurent de Médicis, par le soudan d'Égypte : elle a été indiquée par Ange Politien et par Antonio Castanzi. En 1826 Ismaïl-Pacha envoya en Europe trois girafes : *il offrit l'une à Charles X, l'autre à l'empereur d'Autriche, et la troisième au roi d'Angleterre : le premier de ces animaux a pu seul arriver en Europe, et après avoir passé l'hiver à Marseille, est parvenu à Paris au mois de juin 1827 : c'est celui que l'on a vu pendant près de vingt ans attirer une foule de curieux dans la ménagerie du Muséum, et qui est mort au mois de janvier 1845. En 1836, après avoir essuyé bien des fatigues et bravé bien des périls, M. Thibaut fut assez heureux pour ramener en Angleterre cinq girafes, qu'il avait prises dans le Darfour et le Kordofan : deux d'entre elles se sont accouplées à Londres, et ont produit le plus petit individu, qui vit encore dans les jardins de la Société zoologique, et sur lequel nous aurons occasion de revenir dans cet article. Une girafe vivante fut amenée en France en 1844, et mourut à Toulouse ; ses restes, acquis par le conseil municipal de cette ville, sont devenus pour MM. Joly et Lavocat un sujet d'études aussi curieuses qu'intéressantes. Enfin, en 1846, un de nos compatriotes, le docteur Clot-Bey, a fait don à la ménagerie du muséum d'histoire naturelle de Paris d'une girafe mâle ; et tout récemment M. Bourdon Gramont, gouverneur du Sénégal, que la marine vient de perdre, a également envoyé à cet établissement une jeune girafe femelle, qui vient d'y arriver au moment où nous écrivons cet article (septembre 1847).*

Un animal aussi extraordinaire que la girafe ne pouvait manquer d'inspirer les poëtes : aussi plusieurs en parlent-ils, et surtout Horace, Oppien, Herricus, etc.

Plusieurs littérateurs et polygraphes ont également parlé du *Camelopardalis*. Héliodore l'a parfaitement décrit dans son roman des *Amours de Théagène et de Chariclée*, et il indique l'*amble* comme étant son allure naturelle. Isidore de Séville et Albert le Grand parlent de la girafe, mais d'une manière erronée. Ange Politien, J. Ludolf, Antonio Castanzi, et plus récemment Mongez, se sont occupés de cet animal.

Des zoologistes en très-grand nombre ont étudié le *Camelopardalis*. Aristote semble l'avoir connu et le mentionner, sous les noms de παρδιον et d'ιππάρδιον ; mais cette assertion, soutenue par Allamand et Pallas, est niée par Buffon et G. Cuvier. Pline n'a laissé qu'une description incomplète de la girafe, quoiqu'il l'ait vue en nature. Au moyen âge, nous ne trouvons que des compilateurs plus ou moins maladroits. Pierre Gilles, le premier, donne une description qui semble faite d'après l'animal vivant ; Belon et Prosper Alpin agissent de même. Aldrovande et Johnson ont longuement parlé de la girafe, mais ils n'ont guère ajouté que des fables à l'histoire de ce beau ruminant. Linné n'en a donné qu'une trop courte description ; celle de Hasselquist est trop longue et trop sèche, selon Buffon, qui lui-même n'en a peut-être pas dit tout ce qu'il pouvait en dire. Pallas, Pennant, Blumenbach, A. G. Desmarest, G. et F. Cuvier, Et. Geoffroy Saint-Hilaire, et MM. Salze, Schniz, Isid. Geoffroy Saint-Hilaire, Owen, Paul Gervais, etc., ont décrit plus ou moins brièvement la girafe dans des travaux spéciaux ou dans divers dictionnaires d'histoire naturelle. Enfin nous rappellerons le travail important de MM. Joly et Lavocat, dont nous avons déjà donné le titre et qui est le plus complet de tous.

Parmi les anatomistes qui ont étudié la girafe, nous devons signaler quelques considérations de MM. Geoffroy Saint-Hilaire père et fils, insérées dans la *Philosophie anatomique* et dans le *Dictionnaire classique* ; quelques faits intéressants relatifs au squelette, indiqués par G. Cuvier ; quelques détails sur la langue et les estomacs par sir Edward Home ; un grand travail anatomique de M. Richard Owen, dans les *Transactions of zoological Society of London*, 1838-1839 ; et surtout le mémoire de MM. Joly et Lavocat, déjà cité, et comprenant l'anatomie complète du *Camelopardalis*.

Des paléontologistes, mais seulement dans ces derniers temps, ont signalé la présence de la girafe dans le sein de la terre. M. Duvernoy, le premier, a révélé l'antique existence de la girafe dans nos propres contrées, et presque en même temps MM. Cautley et Falconer faisaient une découverte analogue dans les monts Himalaya.

§ II. *Partie zoologique.*

La girafe constitue un genre particulier de ruminants, qui a reçu des auteurs le nom de *Camelopardalis*, et qui est principalement caractérisé par l'existence permanente, et dans les deux sexes, de cornes coniques, toujours recouvertes par une peau velue et continue avec celle de la tête : ces cornes offrant, chez les jeunes individus, un noyau osseux tout à fait distinct des autres os du crâne ; au milieu du chanfrein est un tubercule ou troisième corne, plus courte, mais plus large que les deux autres, et comme elles simplement articulée dans le jeune âge avec les os du front. Outre ces caractères principaux, le genre girafe présente encore les suivants : trente-deux dents ; une tête allongée, à lèvres et langue très-mobiles, sans mufle ou espace nu autour des narines; cou fort long; tronc relevé en avant et très-élevé sur jambes; deux doigts à chaque pied, sans ergots même rudimentaires, etc.

Ce genre ne renferme qu'une seule espèce à l'état vivant : c'est la girafe ou *Camelopardalis girafa*, Gmelin, qui a reçu des auteurs une foule de noms que nous ne croyons pas devoir rapporter ici. Cet animal a une tête petite, portée sur un très-long cou, des jambes hautes et disproportionnées, un tronc remarquable par sa brièveté, et enfin une robe très-élégante. Le fond du pelage est le blanc grisâtre : sur ce fond se trouvent parsemées une grande quantité de taches d'un brun fauve, ordinairement rhomboïdales, mais quelquefois assez irrégulières. La partie inférieure des quatre extrémités, leur face interne et le dessous du ventre, sont de couleur blanche; la tête offre aussi cette teinte avec des taches grisâtres; le front est brun : avec l'âge toutes les taches deviennent plus foncées; mais elles le sont toujours moins chez la femelle que chez le mâle, et celui-ci se distingue encore par une taille plus élevée et par des cornes un peu plus longues. La queue, assez grêle et peu longue proportionnellement à la taille de l'animal, est terminée par une touffe de gros poils ou crins noirs; elle est brune dans le reste de son étendue et garnie, comme le reste du corps, de poils ras et très-fins.

La girafe ne broute pas l'herbe des prairies; elle est au contraire destinée à se nourrir du feuillage des arbres qui croissent dans les lieux arrosés et fertiles qui entourent le désert, lieux qu'elle habite sur la lisière des vastes forêts : en Europe, les feuilles qu'elle préfère sont celles des abricotiers sauvages, de l'acacias et surtout des mimosas. La forme de la girafe, son long cou, une conformation particulière de sa tête qui lui permet de l'élever d'une manière notable, etc., semblent bien indiquer qu'elle doit nécessairement prendre une telle nourriture. « Et ce qui prouve, dit Et. Geoffroy Saint-Hilaire, que cet animal est décidément appelé à brouter les hautes branches des arbres, c'est sa manière gênée de prendre à terre. Elle s'y décide en faveur d'une branche de mimosa; mais on voit à la gaucherie de ses mouvements, au temps qu'elle emploie, et aux précautions qu'elle est forcée de prendre, qu'elle agit vraiment contre les allures naturelles à sa conformation. Ainsi, elle écarte d'abord d'une petite quantité un de ses pieds de devant, puis l'autre, pour recommencer plusieurs fois le même manége; et ce n'est qu'après de telles tentatives qui font baisser le tronc, qu'elle se détermine à fléchir le cou et à porter ses lèvres et sa langue sur la chose qui lui est offerte. » En outre tout le monde a pu remarquer que, dans leur parc, nos girafes du Muséum méprisaient les végétaux qu'elles avaient à leurs pieds, et qu'au contraire elles dépouillaient les branches des arbres, arbres le plus haut qu'elles le pouvaient.

En captivité, on peut nourrir la girafe avec du lait de vache ou de chamelle, avec un mélange de grains de maïs, d'orge et de fèves de marais brisés au moulin, et même avec des pommes, des carottes, etc.

La girafe marche l'*amble*, c'est-à-dire que, au lieu de lever alternativement le pied droit d'un côté et le pied gauche de l'autre, elle lève presque en même temps les deux pieds du même côté. L'amble est une conséquence nécessaire de la conformation extérieure du *Camelopardalis girafa* : en effet, la grande longueur des membres, et le court espace qui sépare les pieds antérieurs des postérieurs, ne permettaient pas le mode de progression par paires diagonales qui a lieu chez la plupart des mammifères à corps moins court : à chaque instant le pied de derrière eût frappé le membre antérieur latéralement correspondant, si les extrémités n'eussent été mises en mouvement par paires latérales. La vitesse de ce genre d'allure peut être très-grande, puisque, à chaque pas, le poids du corps ou le centre de gravité, supporté seulement par deux membres latéraux, se trouve en équilibre très-instable : l'imminence de la chute détermine l'animal à ramener les extrémités aux soutiens, d'autant plus rapidement qu'elles ont été plus soulevées; dans ce cas la succession des membres sera rapide et la progression très-accélérée, tandis que, si les extrémités ont été moins soulevées, la marche sera moins vive en raison de ce principe : l'instabilité de l'équilibre dans les allures est la mesure de leur vitesse. D'autres particularités organiques venant encore se joindre à celle que nous venons de signaler, il en résulte que le mode de progression de la girafe est assez grand; et c'est ce que les voyageurs rapportent en général, car ils disent qu'à la course cet animal va au moins aussi vite que le cheval; toutefois ils ajoutent que lorsque ce quadrupède court sa démarche semble ridicule, et tout le monde a pu constater ce fait au Muséum, surtout lorsqu'on voyait parfois nos deux girafes se poursuivre. Les lions sont leurs ennemis les plus dangereux, et l'on assure qu'elles leur échappent par la course.

Douces et craintives, les girafes vont par troupes de cinq, six, sept individus, et rarement davantage. On ignore si les mâles et les femelles forment des couples au moment des amours, ou si les mâles possèdent plusieurs femelles à la fois; ce qui est, dit-on, plus probable. Quoi qu'il en soit, il paraît que, semblables sous ce rapport à presque toutes les espèces de cerfs, avec lesquelles du reste ils ont de nombreux rapports, les mâles se livrent des combats furieux, et se disputent à coups de cornes la possession des femelles : ce que l'on a surtout pu constater à Londres.

On ignore la durée de la vie du *Camelopardalis girafa*; mais il est à présumer qu'elle doit être assez considérable, d'autant plus que la girafe qui a produit à Londres deux petits avait encore quelques-unes de ses dents de premier âge à cette époque. En outre, on peut voir dans notre cabinet d'anatomie comparée des têtes qui, par leur ossification presque en une seule pièce, semblent avoir appartenu à des animaux qui auraient vécu fort longtemps.

On trouve des girafes dans une grande partie de l'Afrique, depuis le Kordofan, entre l'Abyssinie et la Haute-Égypte, jusqu'au Sénégal et en Cafrerie : il semble probable qu'elles ont habité jadis le Saïd, mais ce fait n'est pas démontré, et est même nié par quelques naturalistes. On les rencontre principalement dans les grandes forêts de la Nubie, de l'Abyssinie, de la Sénégambie, et dans celles des environs du cap de Bonne-Espérance.

Quelques auteurs, et particulièrement Et. Geoffroy Saint-Hilaire et M. Duvernoy, ont supposé qu'il en existait plusieurs espèces, deux au moins : mais cela n'est pas démontré, et généralement on n'en admet qu'une seule.

Les Hottentots chassent la girafe et la tuent avec des flèches empoisonnées ; ils mangent sa chair et font grand cas de la moelle de ses os. Avec la peau, qui est très-épaisse, ils fabriquent des vases à conserver de l'eau. Les cavaliers abyssins l'emploient à faire des housses et même des boucliers. Enfin les Nègres se servent des crins de girafe pour lier les anneaux de fer ou de cuivre dont ils se font une parure et même un talisman.

Les girafes adultes fuient dès qu'elles aperçoivent l'homme ; aussi ne peut-on guère prendre en vie que les jeunes, surtout celles qui tettent encore ; il arrive souvent qu'en voulant se défaire de leurs liens elles se cassent quelque membre ou se rompent le cou. Toutefois on en prend assez souvent, et nous avons indiqué le nombre de celles qui ont été amenées dans nos ménageries européennes.

Nous ne parlerons pas de la vogue extraordinaire de celle qui arriva à Paris en 1827 : on sait quelle affluence elle attira au Muséum pendant près de vingt ans ; nous renvoyons à un mémoire spécial qui a été publié à ce sujet par M. Salze ; disons seulement que cet animal, qui était une femelle, provenait du désert au sud de la ville de Sennaar ; qu'il a vécu dix-huit ans, et que, mort en 1845, sa dépouille a été montée pour nos galeries, où l'on peut la voir aujourd'hui ; tandis que plusieurs points importants de son organisation intérieure ont été étudiés par M. de Blainville, qui a fait faire à M. Werner, peintre du Muséum, des dessins qui en représentent la myologie et doivent accompagner un travail que va publier dans quelque temps le célèbre professeur d'anatomie comparée. En 1843 une autre girafe femelle a été envoyée au Muséum par le docteur Clot-Bey et a présenté les mêmes mœurs que la célèbre girafe de 1827 ; enfin il y a quelques jours à peine, un jeune mâle, provenant des forêts de la Sénégambie, vient d'arriver à notre ménagerie. Cet individu, âgé d'environ deux ans, a un peu plus de trois mètres de hauteur ; son cou, comparativement à celui de l'autre individu de la même espèce qui existe à la ménagerie, semble plus gros, sa tête moins effilée ; il est très-doux et paraît ne plus se ressentir de son long voyage. Espérons que nous pourrons obtenir à Paris, dans quelques années, l'accouplement de ces deux beaux ruminants, et que, comme à Londres, nous en obtiendrons des petits.

Enfin nous devons parler des girafes qui ont été amenées en Angleterre. En 1836 on voyait à Londres sept girafes : trois chez M. Cross, au jardin zoologique de Surrey, et quatre dans la ménagerie de la Société zoologique, à Regent's-Park. Une d'elles était femelle et les trois autres étaient mâles : elles avaient reçu les noms de Zaïda, Malbrouch, Selim et Guib-Allah. Ce dernier, l'un des mâles, et Zaïda, la femelle, s'accouplèrent une première fois le 18 mars 1838 et une seconde le 1er avril de la même année ; le rapprochement des sexes a lieu, dans cette espèce, de la même manière que chez les cerfs : le mâle fait aussi entendre un faible cri d'un timbre tout à fait guttural. Plusieurs mois s'étant écoulés sans que la femelle donnât aucun signe de grossesse, on doutait que la fécondation eût eu lieu : mais bientôt le ventre se gonfla un peu, et l'on aperçut du côté gauche les mouvements du fœtus, qui occupait la corne gauche de l'utérus. Cependant comme un an après le dernier rapprochement, la parturition n'avait pas encore eu lieu, et que le développement de l'abdomen n'avait pas continué d'une manière bien sensible, on doutait de nouveau, lorsque des signes extérieurs d'une prochaine parturition se manifestèrent dans les premiers jours de juin 1839. Enfin le 15 du même mois, c'est-à-dire après 444 jours de gestation, ou 15 mois lunaires 3 semaines et 3 jours après le dernier accouplement, Zaïda mit bas un petit. C'était un mâle. Au bout d'une minute, il fit une première inspiration, accompagnée d'un frémissement spasmodique de tout le corps ; il prit une pose volontaire, continua à respirer d'une manière régulière, et une demi-heure après sa naissance il fit des efforts pour se relever, se mit d'abord sur ses genoux de devant, et marchant bientôt, quoique en vacillant, il tourna autour de sa mère. Celle-ci ne l'accueillit pas : tout ce qu'on obtint d'elle fut un regard d'étonnement pour le jeune importun qui dès lors lui resta tout à fait étranger ; aussi ne tarda-t-il pas à devenir malade, et le 28 juin il mourut. A sa naissance, la jeune girafe mesurait déjà 6 pieds 10 pouces anglais depuis le bout du museau jusqu'à l'origine de la queue, et elle avait plus de cinq pieds de hauteur ; sa queue avait un pied cinq pouces ; ses proportions différaient en quelques points de celles des adultes ; son cou était comparativement moins long, sa tête moins effilée ; quant à ses couleurs, elles étaient à peu près les mêmes. Les soins trop empressés dont on avait entouré la femelle lors de la naissance de son petit furent considérés comme la cause de son indifférence pour ce dernier ; on pense qu'ils l'avaient empêché de donner un libre cours à ses instincts ; et, comme dans les phénomènes instinctifs, tous les actes se suivent en s'enchaînant d'une manière pour ainsi dire nécessaire, la femelle, qui n'avait pas accompli librement le premier, fut aussi détournée de ceux qui en eussent été la conséquence naturelle. On se promit bien dès lors de l'abandonner à elle-même, si pareil cas se représentait, et plus tard on eut lieu de constater toute la justesse de ces réflexions. En effet, Guib-Allah et Zaïda ayant été rapprochés, un nouvel accouplement eut lieu le 20 mars 1840; la femelle entra de nouveau en gestation, et le 26 mai 1841, c'est-à-dire 431 jours, ou 15 mois lunaires et 7 jours après, une seconde girafe naquit à la ménagerie de Regent's- Park. C'était un mâle comme le précédent. La mère, à laquelle on laissa supporter sans le tourmenter tout le travail, eut pour son petit la tendresse qu'on espérait d'elle ; ce jeune animal prit bientôt des forces ; il continua à vivre, et vit encore aujourd'hui. A une semaine, il avait déjà 6 pieds de haut ; à trois semaines, il mangeait les mêmes aliments que sa mère, et il ruminait avec une égale facilité. M. Richard Owen (*Transactions of the zoological society of London*, t. II) a publié une notice sur les jeunes girafes dont nous venons de parler ; nous en avons donné un extrait, et nous y renvoyons le lecteur pour plus de détails.

Des figures de girafes ont été faites par les naturalistes les plus anciens : mais celles qui ont le plus attiré l'attention sont la figure de la girafe arrivée à Paris en 1827 et dessinée par M. Meunier pour le *Buffon* des éditeurs Verdière et Ladrange, et la planche publiée à Londres et représentant Guib-Allah et Zaïda avec son petit. Enfin nous pouvons citer encore une bonne figure qui vient d'être donnée dans le *Dictionnaire universel d'histoire naturelle* dirigé par M. Charles d'Orbigny.

Plusieurs naturalistes se sont demandé quelle était l'utilité de la girafe dans l'harmonie zoologique, à quoi servait cet animal ; et Buffon lui-même s'est adressé cette question, sans la résoudre d'une manière satisfaisante. Laissons Et. Geoffroy Saint-Hilaire répondre à cette question : « Comme les vues intentionnelles sont toujours restées dans le domaine des impénétrables desseins de la Providence, il vaut mieux demander dans quels rapports nos efforts de domination sur les êtres ont placé à notre égard la girafe. Or, ce que l'on en sait, c'est que les peuples des parties centrales de l'Afrique disputent au lion la girafe ; qu'ils trouvent à sa poursuite les mêmes avantages, à sa possession la même utilité, qu'ils la considèrent comme un excellent, et surtout comme un très-abondant gibier. Elle est pour les Noirs africains ce que sont pour les Européens les bêtes fauves de nos forêts. Buffon a dit des cerfs, qu'ils peuplent, embellissent, animent nos bocages, qu'ils servent aux délassements et aux plaisirs des grands de la terre. Pourquoi n'en dirait-on pas tout autant de la girafe? Il y a parfaite analogie entre les uns et les autres, sauf que ce sont les bois qui deviennent les lieux de refuge de nos bêtes fauves, et que ce sont les déserts pour les girafes et les antilopes. Il est sans doute inutile d'expliquer comment et pourquoi la nature des choses en a ainsi décidé. »

§ III. *Partie anatomique.*

Nous ne pourrons entrer, dans cette Encyclopédie, dans de grands détails sur l'anatomie de la girafe; nous indiquerons seulement les faits principaux, renvoyant pour les autres aux travaux de M. Richard Owen, et surtout à ceux tout spéciaux de MM. Joly et Lavocat, que nous avons déjà été à même de citer plusieurs fois.

Splanchnologie. La forme de la bouche diffère de celle que cet organe affecte chez tous les autres ruminants : la lèvre supérieure est beaucoup plus extensible, et l'intérieur de la cavité buccale présente des papilles très-nombreuses et très-développées. La langue est remarquable par son extensibilité, sa grande flexibilité, et elle sert tout à la fois d'instrument de préhension, de gustation et de déglutition : la myologie en a été étudiée avec soin et est assez singulière. La surface du pharynx est ridée par des saillies et des dépressions très-prononcées. Les glandes salivaires ressemblent à celles des autres ruminants. Comme toutes les parties situées le long du cou, l'œsophage se fait remarquer par sa grande longueur, d'un diamètre à peu près uniforme partout; il se compose de deux fortes couches de fibres musculaires. L'estomac, formé sur le type de celui des rumimants à cornes pleines et caduques, offre les quatre divisions principales admises pour ces derniers. La panse est énorme et bifide à son extrémité inférieure; le bonnet présente des cellules peu profondes et de la forme de celles des autres ruminants; le troisième estomac ressemble presque entièrement à celui du bœuf; la caillette offre des plis longitudinaux peu développés. Le duodénum, lui-même très-dilaté à son origine, reçoit les sucs pancréatique et biliaire à un décimètre environ de l'ouverture pylorique : l'intestin grêle se distingue par sa longueur et par son faible diamètre. Le cœcum n'offre rien de particulier. Le colon, presque sans bosselures, est remarquable par sa grande longueur et se termine sans rien de remarquable au rectum. Le pancréas est très-analogue à celui du bœuf. Le foie est petit, de forme presque elliptique, de couleur bleu-grisâtre à l'extérieur, gris-bronzé à l'intérieur. Il paraîtrait qu'on a constaté la présence d'une vésicule biliaire, mais non pas dans tous les individus qu'on a été à même de disséquer. La rate est de forme ovale, presque orbiculaire; elle est mince et molle. Les reins, de couleur brun foncé, sont unis et lisses à l'extérieur et présentent à l'intérieur une teinte légèrement jaunâtre. Le larynx est presque à l'état rudimentaire.¹ La trachée-artère est très-développée. Les poumons n'offrent rien de remarquable; cependant ils sont petits relativement à la grosseur de l'animal auxquels ils appartiennent. Le cœur est de forme très-allongée et conique, situé vers la région médiane de la poitrine : les oreillettes sont petites comparativement aux ventricules. Les testicules sont allongés, ovales. La prostate est formée de deux corps glanduleux, séparés, allongés, situés au côté extérieur des canaux déférents. Les ovaires sont de forme ovale, placés dans un vaste sac péritonéal, formé par une expansion du ligament large de l'utérus. Ce dernier organe est petit. La vulve, le clitoris et l'urètre ressemblent à ces mêmes parties chez les ruminants à cornes. L'œuf de la girafe est de figure sphérique, il a un douzième de ligne de diamètre, et il est immédiatement enveloppé par un chorion gélatineux et transparent.

Ostéologie. Le crâne est prolongé au-devant des molaires en un long prisme triangulaire; la région frontale est très-large et très-haute, relevée sur la ligne médiane en une sorte de pyramide qui forme un os distinct, terminée plus en arrière par deux longues éminences osseuses : derrière celles-ci, le crâne se rétrécit et s'incline en arrière, limité de chaque côté par des crêtes temporales qui ne se rapprochent pas dans la tête vue en dessus; le développement de la région frontale ne laisse rien apercevoir des arcades, qui sont petites, droites, et, de plus, fort relevées au-dessus de l'arcade dentaire. La mâchoire inférieure se distingue par la gracilité et la longueur de ses branches horizontales, et par la grande étendue de sa symphyse. Deux cornes particulières, recouvertes par la peau, se trouvent sur le crâne, et un rudiment d'une troisième sur la ligne médiane : ces diverses cornes ont donné lieu à des discussions longues et assez diffuses entre les savants, et l'espace nous manque pour en parler ici. La colonne vertébrale se compose de cinquante vertèbres, dont sept cervicales, quatorze dorsales, cinq lombaires, quatre sacrées et vingt coccygiennes. Les vertèbres cervicales forment à elles seules, par leur longueur, près de la moitié du rachis. Le sternum est peu ossifié et composé de sept os spongieux, unis entre eux par des cartilages. Les côtes sont au nombre de quatorze paires, sept vraies et sept fausses. Au membre antérieur : l'omoplate est triangulaire, long par rapport à sa largeur; l'humérus est assez court; le cubitus, au contraire, est très-long et parfaitement distinct du radius, qui à lui seul forme tout l'avant-bras et surpasse de beaucoup en longueur l'humérus lui-même; le carpe est formé de six os, disposés sur deux rangs; il n'existe qu'un métacarpien principal qui est presque aussi long que le radius; enfin la première phalange est très-longue et la dernière grosse. Au membre postérieur : le bassin offre de la ressemblance avec celui du cheval; le fémur se distingue par son grand volume proportionnel et par la grande dimension d'avant en arrière de sa tête inférieure; le tibia ne présente rien de remarquable; la rotule a la forme d'un cône renversé et légèrement courbé en arc; le tarse présente, à la première rangée, le calcanéum, l'astragale, et un autre os; et à la seconde, indépendamment de l'union du scaphoïde et du cuboïde en un os unique, on voit aussi les deux cunéiformes se souder non-seulement entre eux, mais aussi avec la pièce scaphoïdo-cuboïdienne; le métatarse est grêle; les phalanges n'offrent rien de particulier.

Odontologie. Il n'y a pas de canines; on remarque huit incisives à la mâchoire inférieure, et six molaires de chaque côté pour chacune des mâchoires. Nous ne pouvons pas donner ici la description de ces dents, et nous renvoyons principalement aux ouvrages de G. et Fr. Cuvier, etc.

Syndesmologie. MM. Joly et Lavocat ont fait connaître pour la première fois l'appareil ligamenteux de la girafe; mais nous ne croyons pas pouvoir entrer ici dans des détails à ce sujet.

Myologie. Le système musculaire de la girafe présente, en général, un grand développement : les fibres musculaires sont grosses et serrées ; à ces premières conditions d'énergie viennent s'ajouter des dispositions très·favorables : ainsi le renflement des éminences osseuses, sur lesquelles les muscles s'implantent ou glissent, écarte ces forces du centre du mouvement, détruit leur parallélisme avec les rayons osseux, et rend leur action plus efficace. Certains muscles trop longs, au cou par exemple, sont divisés par des interruptions tendineuses. Dans d'autres cas, aux membres principalement, plusieurs muscles se réunissent pour produire un seul effet. Presque tous les muscles sont enveloppés de membranes aponévrotiques, qui en assurent la position et en rendent la contraction plus énergique. En plusieurs points, l'appareil musculaire est recouvert de couches de tissu fibreux jaunes. Il n'y a pas de muscles péaussiers. Nous n'entrerons pas dans l'énumération particulière des divers muscles, renvoyant à l'ouvrage de MM. Joly et Lavocat.

Angéiologie. Les vaisseaux de la girafe ont, en général, un assez grand calibre, remarquable surtout pour les principaux troncs, comme l'aorte et les veines caves, dont le volume et l'épaisseur sont bien plus considérables que dans le bœuf et le cheval : du reste les dispositions essentielles, le mode de distribution générale et le trajet de l'appareil vasculaire sont à peu près les mêmes que ceux qui s'observent chez les ruminants.

Névrologie. Le cerveau de la girafe diffère peu de celui des autres ruminants ; son volume est plus grand que celui que présente la masse cérébrale chez le cheval et le bœuf ; son poids est considérable ; il n'y a pas de particules pierreuses dans la glande pinéale, dont la substance est cependant ferme et solide. Le cervelet, placé tout à fait en arrière du cerveau, n'offre rien de particulier. La moelle épinière se remarque surtout par l'extrême longueur de sa portion cervicale. Quant aux nerfs, ils présentent des dispositions à peu près analogues à celles des autres ruminants.

§ IV. *Partie paléontologique.*

Assez récemment MM. Cautley et Falconer ont découvert dans les terrains tertiaires des collines Siva, des monts Himalaya de l'Inde, des débris de girafes, qu'ils rapportent à deux espèces particulières auxquelles ils donnent les noms de *Camelopardalis sivalensis* et *affinis*.

L'Europe présente aussi au moins ·une espèce distincte de girafe : c'est à M. Duvernoy que l'on en doit la découverte ; elle provient des environs d'Issoudun, et a reçu le nom de *Camelopardalis Biturigum*. Cette espèce est fondée sur un fragment assez complet de mâchoire inférieure, qui fait aujourd'hui par-

tie de la riche collection paléontologique du Muséum de Paris.

M. Nicolet, d'après ce que rapporte M. Agassiz, a trouvé en Suisse, dans un terrain de molasse, une dent fossile que l'on rapporte également au genre *Camelopardalis.*

Enfin le *Sivatherium giganteum* de MM. Falconet et Cautley, provenant aussi de l'Inde, a été placé par Et. Geoffroy Saint-Hilaire dans le genre girafe, sous la dénomination de *Camelopardalis primigenius* ; mais d'après les observations de M. de Blainville, il est bien démontré aujourd'hui que cet animal doit entrer dans le groupe naturel des antilopes.

Parmi les nombreux ouvrages qui traitent de l'histoire naturelle de la girafe, nous nous bornerons à citer les suivants :

Pline, *Historia naturalis.*
Pierre Gilles, *Ex Æliani historia de vi et naturæ animalium.*
C. Gesner, *De Quadrupedibus.*
Prosper Alpin, *Rerum Ægyptiarum.*
Pallas, *Miscellanea zoologica.*
Linné, *Systema naturæ.*
G. Cuvier, *Règne animal.* — *Leçons d'anatomie comparée,* etc.
Schinz, *Naturgeschichte und Abbildungen,* etc.
Buffon, *Histoire naturelle générale et particulière,* t. XIII ; Suppl., t. III et t. VII.
A. G. Desmarest, *Dictionnaire d'histoire naturelle* de Déterville. — *Mammalogie,* etc.
Fr. Cuvier, *Dictionnaire des sciences naturelles* de Levrault. — *Mammifères de la Ménagerie du Muséum,* etc.
Is. Geoffroy Saint-Hilaire, *Dictionnaire classique d'histoire naturelle.* — *Cours de Mammalogie,* etc.
Salze, *Observations sur la girafe envoyée au roi par le pacha d'Egypte,* dans les *Mémoires du Muséum,* 1827.
Et. Geoffroy Saint-Hilaire, *Quelques considérations sur la girafe,* dans les *Annales des sciences naturelles,* 1re série, tome XI.
Pander et d'Alton, *Die Skelete der Wiederkäner,* passim, pl. I et·II.
Sir Everard Home, *Philosophical transactions,* 1830.
Owen, *Transactions of Society zoological of London,* 1838-1839.
De Blainville, dans les *Comptes rendus de l'Académie des sciences,* 1837.
Duvernoy, dans les *Comptes rendus,* 1845.
Falconer et Cautley, dans le journal l'*Institut,* 1841.
Joly et Lavocat, *Recherches historiques, zoologiques, anatomiques et paléontologiques sur la girafe* (extrait des *Mémoires de la Société du Muséum d'histoire naturelle de Strasbourg)*; 1845, in·4°, avec planches lithographiées.

E. DESMAREST.

GIRONDE (Département de la). (*Topographie* et *Statistique.*) — Topographie. Le département de la Gironde est un département maritime de la région sud·ouest de la France. Il est baigné à l'ouest par l'Océan, et a pour limites : au nord, le département de la Charente·Inférieure ; à l'est, ceux de la Dordogne et de Lot·et·Garonne ; au sud, celui des Landes.

Portion de l'ancienne Guyenne, le département de la Gironde répond à la presque totalité du Bordelais et à la partie principale du

Bazadois. — Le Bordelais renfermait treize pays : la Benauge, l'Entre-deux-Mers, le Cusaguez, le Grave, le Médoc, les Landes de Bordeaux et le Buch (arrondissement de Bordeaux); le Fronsadais (arrondissement de Libourne); le Bourgez, le Blayez et le Vitrezai (arrondissement de Blaye); enfin, le Born et le Charensin, qui font aujourd'hui partie du département des Landes.

La superficie du département de la Gironde est de 975,100 hectares. C'est le plus grand département de France. Cette superficie est ainsi répartie :

Contenances imposables.

Landes, pâtis, bruyères, etc. .	326,411 hect.
Terres labourables.	28,356
Vignes.	138,823
Bois.	106,709
Prés.	64,606
Cultures diverses.	27,470
Propriétés bâties.	7,437
Vergers, pépinières et jardins.	7,060
Oseraies, aunaies, saussaies.	6,664
Étangs, abreuvoirs, mares, canaux d'irrigation.	6,653

Contenances non imposables.

Routes, chemins, places publiques, rues, etc.	31,500
Rivières, lacs, ruisseaux. . .	18,538
Forêts, domaines non productifs.	4,184
Cimetières, églises, presbytères, bâtiments publics. . .	599
Total.	975,100 hect.

Le nombre des propriétés bâties est de 136,564, dont 134,545 consacrées à l'habitation, 1,626 moulins, 46 forges et hauts fourneaux et 347 fabriques, manufactures et usines diverses.

La Garonne, grossie déjà des nombreux affluents dont elle a reçu les eaux, notamment du Tarn, du Lot et du Gers, reçoit encore, dans ce département, un nouvel affluent aussi considérable qu'elle-même, la Dordogne. Leurs eaux confondues forment un large estuaire de 18 lieues d'étendue, qui porte à la mer la totalité des eaux du bassin de la Garonne. Cet estuaire reçoit le nom particulier de Gironde, qu'il a transmis au département.

La pente générale du département est au nord-ouest : c'est celle qu'y suit le cours de la Garonne jusqu'au confluent de la Dordogne, au point dit le Bec-d'Ambez, et celui de la Gironde, du Bec-d'Ambez à la mer. La Dordogne, depuis son entrée sur le département jusqu'au Bec-d'Ambez, coule d'abord à l'ouest, puis au nord-ouest comme la Garonne.

Au-dessus du confluent de la Dordogne, la Garonne n'a, dans le département, que deux affluents notables, la Dropt et le Ciron. L'un et l'autre viennent du Lot-et-Garonne.

La Dordogne, avant sa jonction, reçoit par la droite, à Libourne, un affluent considérable : l'Isle, qui elle-même se grossit de la Dronne, du Palais et de la Saye.

Une autre rivière, la Leyre, arrose les landes qui s'étendent au midi de la Garonne; elle se jette dans le bassin d'Arcachon, vaste lagune qui communique avec l'Océan.

De toutes ces rivières, quatre sont navigables : la Garonne, la Dordogne, l'Isle et la Dronne.

Au nord du bassin d'Arcachon, sur la lisière des dunes qui bordent la côte, on trouve encore deux lacs ou étangs d'une assez grande étendue, l'étang de la Canau et celui de Carcans.

Le sol est fertile dans le nord du département et sur les rives de la Garonne et de la Dordogne. Il n'est coupé par aucune montagne. La partie sud-ouest ne présente que des landes d'une vaste étendue, à peu près perdues jusqu'à ce jour pour la production.

Bordeaux, Blaye et Pauillac peuvent être considérés comme des ports de mer, puisque les navires de tout tonnage y arrivent; mais le port de la Teste-de-Buch, dans le bassin d'Arcachon, est le seul qui soit véritablement situé sur l'Océan.

Sept routes nation. (parcours total 414,82: mètres) et 19 départementales (parcours total 596,252 mètres) traversent ou parcourent le département.

Climat. — Humide et tempéré. Les vents dominants sont ceux du nord-ouest et du sud-ouest.

Productions. Histoire naturelle. — Le gibier abonde dans les terres, et le poisson sur les côtes. Les essences dominantes des forêts sont le chêne et le pin. L'olivier y vient en pleine terre, quoiqu'il n'y soit pas l'objet d'une culture en grand.

On n'exploite aucune mine dans le département; mais on tire de plusieurs carrières de bonne pierre à bâtir.

Division administrative. — Le département de la Gironde est partagé en six arrondissements de sous-préfecture, dont les chefs-lieux sont : Bordeaux, Bazas, Blaye, Lesparre, Libourne et la Réole. Il renferme quarante-huit cantons et cinq cent quarante-trois communes.

Bordeaux, chef-lieu du département, est le quartier général de la onzième division militaire, laquelle se compose des trois départements des Landes, de la Gironde et des Basses-Pyrénées; c'est le siége d'une cour d'appel, qui comprend dans son ressort les départements de la Charente, de la Dordogne et de la Gironde; celui d'une académie universitaire, qui a dans son ressort les trois mêmes départements, et celui d'un archevêché qui, outre le diocèse de Bordeaux, a pour suffragants les évêchés d'Agen, d'Angoulême, de Poitiers, de Périgueux, de la Rochelle et de Luçon. Le département appartient au trente et unième arrondissement forestier, dont Bordeaux est aussi le chef-lieu.

Population. — Elle est, d'après le dernier recensement, de 602,444 âmes, ainsi réparties dans les six arrondissements :

Bordeaux.	285,895
Libourne.	110,074
Blaye.	58,723
La Réole.	53,338
Bazas.	55,480
Lesparre.	38,934
Total.	602,444

Industrie agricole. — La Gironde est un département vignicole. Les terres livrées à la charrue ne forment guère plus des deux neuvièmes du département; aussi la production céréale est-elle loin de suffire à la consommation locale. La production des fourrages est insuffisante aussi, quoique 64,606 hectares, sur 975,100, soient en nature de prés. Les plantations forestières occupent une étendue de 125,000 hectares environ, ou plus du huitième de la surface totale. Les landes en occupent le tiers.

Plus d'un neuvième du sol est planté en vignes. La vigne, comme nous l'avons dit, est la première richesse agricole du département. On évalue à 2,280,000 hectolitres la récolte annuelle des vins de toutes qualités. Quelques-uns sont classés en première ligne parmi les vins fins. Il suffit de nommer le Château-Margaux, le Laffite, le Grave et le Sauterne, pour rappeler les vins les plus exquis de nos tables.

On évalue à environ 400,000,000 de fr. le revenu foncier du département, et à 179,260 le nombre des propriétaires; ce qui porte le moyenne le revenu, par tête, à plus de 223 fr. Le nombre des divisions parcellaires de la propriété foncière est de 1,833,928, ou de plus de 10 parcelles, terme moyen, par propriétaire.

Industrie manufacturière et commerciale. — Bordeaux est le centre du commerce de tout le département. Le principal aliment de ce commerce est l'exportation des vins du territoire bordelais, et celle des eaux-de-vie de Cognac et d'Armagnac. On fabrique aussi dans cette ville des liqueurs fines estimées, notamment une anisette d'un parfum et d'une qualité exquise.

Bordeaux est l'entrepôt des denrées coloniales pour une partie de la France méridionale et pour la presque totalité de la France centrale. On y fait de nombreuses expéditions pour le long cours, et des armements journaliers pour l'Amérique, l'Afrique et l'Inde.

A Bordeaux et dans le département, il existe de grands chantiers de construction pour les navires de commerce, des fabriques de cordages, des ateliers pour la préparation des aliments destinés aux voyages de long cours; des fabriques d'essence de térébenthine, de résine et de goudron; quatre hauts fourneaux pour la fonte du fer; des aciéries, des fabriques de plomb laminé et de plomb de chasse, des raffineries de sucre, des tanneries, des tonnelleries, des poteries, des tuileries, des faïenceries, des verreries, des fabriques de produits chimiques, des filatures de coton, des manufactures d'indiennes, des teintureries, des chapelleries, etc., etc. Les marais salants de Saint-Vivien fournissent abondamment d'excellent sel à la consommation du département et des départements voisins.

Foires. — Le nombre des foires du département est de 534; elles se tiennent dans 106 communes. Les principaux articles de commerce sont les bestiaux, les laines, les grains, les merrains, les barriques, les jambons, etc. Bordeaux a deux foires principales, celles du 1er mars et du 15 octobre; elles durent l'une et l'autre quinze jours.

Impôts directs. — Le département a payé à l'État en 1839 :

Contribution foncière.	2,910,136 fr.
Contributions personnelle et mobilière.	756,500
	492,741
Contribution des portes et fenêtres	492,741
Total des impôts directs.	3,159,377 fr.

Douanes. — Le département a quatre bureaux de douanes, dépendant de la direction de Bordeaux. Ces bureaux sont situés à Pauillac, à Bordeaux, à Libourne et à Blaye.

Bordeaux et le pays qui forme aujourd'hui le département de la Gironde ont vu naître un très-grand nombre d'hommes distingués : pour nous borner aux plus éminents, nous citerons d'abord Ausone, Clément V, Montesquieu, Dacier; puis, parmi nos contemporains, l'avocat de Sèze, MM. Decazes et Peyronnet, le peintre Carle Vernet, le statuaire Dupaty, et le médecin Magendie.

La Boétie, *Historique description du solitaire et sauvage pays de Médoc*; in-12, 1593.
A. Joubert, *Du Médoc ; observations sur la culture de cette contrée*; in-8°, 1836.
Pagnierre, *Classification et description des vins de Bordeaux et des cépages particuliers au département de la Gironde*; in-12, 1828.
Jouannet, *Statistique du département de la Gironde*; 2 vol. in-4°, 1839-41. — *Notice sur les produits naturels des Landes et de la Gironde*, in-8°.

J. Arago, *Promenades historiques, philosophiques et pittoresques dans le département de la Gironde;* in-8° et atlas, 1799.

Du Caila, *Notice sur quelques monuments, usages et traditions antiques du département de la Gironde,* dans les *Mém. de la Société royale des antiquaires de France,* t. IV, p. 265.

G.

GISORS. (*Géographie et Histoire.*) *Gisortium, Cæsortium.* Petite et ancienne ville, jadis capitale du Vexin normand, aujourd'hui chef-lieu de canton du département de l'Eure, arrondissement des Andelys.

Louis IV avait donné Gisors à Guillaume, duc de Normandie, en 940. Louis VI, et Henri Ier, roi d'Angleterre, qui s'étaient voué une haine terrible, la firent éclater en 1110, à l'occasion de cette forteresse, livrée à Henri par son châtelain, nommé Pagan. Comme les deux rois étaient convenus que, si l'un ou l'autre venait à en faire l'acquisition, il raserait les fortifications de la place, qui était située précisément à la frontière des deux dominations, Louis demanda la démolition du château. Plusieurs grands et évêques de France proposèrent que le différend fût terminé par un combat corps à corps, et Louis ne demandait pas mieux. Les deux armées, campées sur l'Epte, applaudirent à ce défi; mais le monarque anglais ne fit qu'en rire, et la querelle entre les deux rois continua par des incendies et des ravages réciproques.

Louis VII réunit Gisors à la couronne, en 1158. Sa fille Marguerite le porta, trois ans après, en dot à Henri II, roi d'Angleterre, dont elle n'eut point d'enfants. Cependant, le Vexin ne redevint français qu'en 1193. Philippe-Auguste se plut à embellir Gisors en 1197, et s'y retira; l'année suivante, après la perte de la bataille livrée sous les murs de cette place. Depuis cette époque, Gisors fut plusieurs fois pris et repris pendant les guerres contre les Anglais.

Le château était extrêmement fort. Il s'élevait sur une petite montagne, à l'extrémité de la ville, et près de la rivière de l'Epte. Sa situation, aussi bien que la solidité de sa construction, en faisait un poste presque imprenable. Il se composait de deux enceintes, avec un donjon au milieu de la seconde. Aujourd'hui encore ses ruines sont très-importantes, et une partie du château, dont les restes sont remarquables par leur belle conservation, sert de halle. L'église paroissiale est une construction du treizième siècle; la nef et quelques autres parties sont, toutefois, postérieures à cette époque. Le portail, construit au temps de la renaissance, est un monument remarquable. Dans l'intérieur, on remarque les vitraux, le jubé qui supporte les orgues, et de belles sculptures attribuées à Jean Goujon.

L'industrie, à Gisors, est assez active, et on y fait un commerce considérable de grains.

La population est de 3,616 habitants.

Le comté de Gisors, donné en 1718 à Louis-Charles-Auguste Fouquet, en échange de Belle-Isle, fut érigé en duché par lettres enregistrées en 1742, et devint pairie en 1748.

A. Deville, *Notice historique sur le château de Gisors,* dans les *Mémoires de la Société des antiq. de Normandie.*

D.

GLACE. (*Physique.*) La solidification de l'eau par le refroidissement est un phénomène si commun, que l'habitude de le voir émousse la curiosité et empêche de réfléchir à ce qu'offre de singulier un liquide auquel un abaissement de température de quelques degrés communique une dureté comparable à celle de la pierre. Ce fait, déjà si remarquable quand on le considère isolément, le devient bien davantage encore lorsqu'on l'étudie avec attention; car bientôt on acquiert la certitude qu'il est produit par une de ces forces dont l'influence se fait indistinctement ressentir à tous les corps de la nature : en effet, il n'est pas de liquide que le froid ne puisse solidifier; seulement, pour obtenir ce résultat, il faut, suivant la nature des substances, leur faire éprouver un refroidissement plus ou moins considérable, et tenir compte de quelques circonstances particulières qui accompagnent le changement d'état de chacune d'elles, ou qui en sont la conséquence immédiate.

L'invention d'un instrument propre à mesurer la chaleur devait nécessairement précéder la découverte de certains détails relatifs au fait de la congélation. Aussi ne doit-on pas être étonné si les anciens n'ont connu que le résultat définitif d'un phénomène dont aujourd'hui il nous est si facile de suivre les progrès. Lorsque le temps est froid, si on plonge un thermomètre dans de l'eau à 10 ou 12 degrés, on voit la température de ce liquide baisser graduellement jusqu'à 0. Parvenue à cette limite, aussi longtemps que l'eau n'est pas complétement gelée, elle cesse de se refroidir; après quoi le thermomètre descend de nouveau, et, en définitive, se fixe à la température de l'espace dans lequel il est placé.

L'énergie du froid et le volume de liquide mis en expérience déterminent la durée du temps nécessaire pour en opérer la congélation : or, si elle a lieu lentement et qu'on en suive les progrès, on remarque qu'elle est assujettie à une marche régulière; d'abord de petites aiguilles triangulaires se montrent à la surface du liquide, puis de nouvelles aiguilles se joignent à celles-ci sous un angle de 120 ou de 60 deg., et peu à peu, les interstices qui les séparent continuant à se remplir de la même manière, cet assemblage ne forme bientôt plus qu'une masse où il est habituellement difficile de reconnaître les traces de sa structure primitive. Néanmoins, M. Héricart de Thury et Hassenfratz ont plusieurs fois observé des morceaux de glace régulièrement cristallisés ; ils avaient la forme d'un prisme hexaèdre et étaient terminés par des pyramides d'un même nombre de côtés, ce qui leur donnait quelque ressemblance avec le cristal de roche. Au surplus, cette tendance de l'eau à cristalliser se manifeste encore dans la neige, qui tombe fort souvent sous la forme d'étoiles à cinq rayons, et dans les congélations qui, pendant les temps de gelée, se déposent à la surface des vitres. Enfin, même à défaut d'observations directes, la disposition cristalline de la glace ne pourrait être révoquée en doute, puisque, d'après les expériences du docteur Brewster, elle agit sur la lumière ainsi que le font toutes les substances cristallisées.

Il est des circonstances dans lesquelles l'eau reste liquide au-dessous du terme de la congélation. Fahrenheit observa le premier ce phénomène, qui se renouvelle toutes les fois que l'on maintient dans un repos parfait l'eau que l'on soumet à l'action du froid. Blagden a fait à cet égard de nombreuses recherches, et le résultat de ses expériences a prouvé qu'en général, si ce liquide est chargé d'impuretés qui en troublent la transparence, il ne pourra atteindre sans geler le degré de froid auquel il parvient lorsqu'il est pur et limpide. Ainsi, de l'eau de rivière contenant des particules limoneuses ne peut descendre au-dessous du 0 de notre échelle thermométrique, tandis que celle qui est distillée se refroidit jusqu'à 4 degrés ½, et si avant de la mettre en expérience, on a eu la précaution de la faire bouillir elle atteindra la température de 7 degrés. Cette différence paraît due à l'agitation que produit dans la masse du liquide non bouilli le dégagement de l'air qu'il tenait en dissolution, et qui s'en échappe sous la forme de bulles lorsqu'on approche de la limite où doit s'opérer le changement d'état. M. Gay-Lussac, en recouvrant avec une légère couche d'huile de l'eau qu'il refroidissait peu à peu, est parvenu à — 12 degrés sans qu'il y ait eu congélation. En général, il serait difficile de fixer bien précisément le terme possible du froid que l'on peut, en pareil cas, faire subir à ce liquide; seulement, on sait que, lorsqu'il a dépassé la température où il devrait se convertir en glace, une légère agitation suffit pour déterminer à l'instant la formation d'un nombre d'aiguilles d'autant plus grand que le refroidissement était lui-même plus considérable; et cette solidification partielle est accompagnée d'un dégagement de chaleur qui fait aussitôt remonter le thermo-

mètre à la température de la glace fondante. A cet égard, le moyen le plus sûr de commander en quelque sorte la réunion des particules aqueuses, c'est de jeter dans le liquide un petit glaçon tout formé, ou de frotter légèrement les parois du vase qui le renferme avec une substance susceptible d'y faire naître une espèce de frémissement analogue à celui qui produit les vibrations sonores; cette agitation se transmet aux particules de l'eau et leur imprime un mouvement qui change leur position respective et fait que, parmi elles, plusieurs se rencontrent dans le sens favorable au développement de leur attraction mutuelle; car dans les phénomènes de la congélation, aussi bien que dans ceux de la cristallisation, il est plausible d'admettre l'existence d'une *polarité*, qui, lorsqu'elle n'est pas contrariée par des causes perturbatrices, préside à la superposition des particules des corps inorganiques.

La légèreté spécifique de la glace est un fait remarquable par sa singularité, mais surtout important par ses conséquences; en effet, si l'eau, en se solidifiant, diminuait de volume, les glaçons qui se forment à la surface de ce liquide, devenus plus pesants que lui, tomberaient au fond et s'y accumuleraient; en sorte qu'à la suite d'un froid intense et prolongé, il n'y aurait pas d'étangs ou de rivières qui ne fussent complètement gelés. Cet inconvénient, dont il serait facile de prévoir les funestes résultats, est fort heureusement impossible, parce que la couche glacée qui recouvre l'eau restée liquide, la garantit du froid de l'atmosphère et prévient sa congélation : aussi, dans les hivers les plus longs et les plus rudes des climats habités, la glace n'acquiert jamais plus de trois pieds d'épaisseur; c'est ce que l'on observa lorsqu'en 1740 on construisit à Saint-Pétersbourg, avec des glaces retirées de la Newa, un édifice qui avait 52 pieds et demi de longueur sur 16 de largeur et 20 de hauteur.

De toutes les raisons que les physiciens ont alléguées pour expliquer la *légèreté spécifique* de la glace, les plus probables sont indubitablement celles qui l'attribuent, d'une part, au dégagement de l'air dissous dans l'eau, et de l'autre, à l'arrangement régulier des molécules, qui laissent entre elles des interstices dont le volume s'ajoute à celui du liquide et en diminue la densité. Au surplus, quelle que soit la cause de cette expansion, son énergie est telle qu'il est peu d'obstacles dont elle ne vienne à bout quand elle est sollicitée par un froid très-intense. Ainsi, pendant l'hiver, des vases très-épais sont brisés lorsque l'eau qu'ils contiennent vient à geler. Néanmoins, pour que cet effet soit produit, il faut que la surface supérieure du liquide soit d'abord solidifiée ; sans quoi, la dilatation se fait de bas en haut, et, au lieu d'être terminée par un plan, la glace présente une convexité. Huyghens, pour découvrir si une résistance mécanique pourrait s'opposer à l'action expansive de la glace, imagina de renfermer de l'eau dans un canon de fer très-épais, qui ensuite éclata avec bruit lorsque, pendant une nuit très-froide, il fut exposé à l'action de la gelée. De semblables expériences avaient déjà été faites par les académiciens de Florence, et, en calculant la résistance qu'avait dû opposer le vase de métal dans lequel on avait renfermé l'eau, Musschembroek trouva que pour en opérer la rupture il avait fallu une force de plus de vingt-cinq milliers.

La glace, malgré sa dureté, s'évapore quand elle est exposée à l'air libre ; elle est, ainsi que l'eau, susceptible de réfracter la lumière et la chaleur ; aussi, Mariotte est-il parvenu à construire avec cette substance une loupe, à l'aide de laquelle il lui fut possible de concentrer les rayons du soleil, de manière à brûler de la poudre placée à son foyer. Achard de Berlin s'est assuré que par le frottement on rendait un morceau de glace électrique ; en sorte que le refroidissement détruit la faculté conductrice de l'un des corps, qui, dans les conditions ordinaires, possèdent cette propriété à un très-haut degré.

La glace se forme lentement, même sous l'influence d'une basse température ; par la même raison, elle fond graduellement, quoique exposée à une chaleur assez forte. Or, rien n'est plus facile que l'explication de ce fait, pourvu qu'on se rappelle qu'en mêlant ensemble une livre de glace à 0 et une livre d'eau à 75 degrés, on obtient deux livres de liquide à 0 ; le calorique contenu dans l'eau chaude étant complétement employé à fondre la glace avec laquelle il se combine et où il existe sous la forme de *chaleur latente* (*Voyez* CALORIQUE). Dès lors, il est évident que ces deux substances ne diffèrent qu'en ce que l'une contient une portion de calorique dont l'autre est privée ; or, c'est le temps indispensable à cette acquisition ou à cette perte, qui limite la durée de la formation et de la fonte de la glace. D'après cela, il n'est pas difficile de se rendre compte du froid insupportable qui accompagne la plupart des dégels.

Longtemps les physiciens ont différé d'opinion sur la manière dont la glace se forme dans les rivières : les uns prétendaient qu'elle est produite par la congélation de l'eau placée à leur surface, et les autres soutenaient qu'elle commence par le liquide qui en occupe le fond. De part et d'autre, on citait des observations et des expériences favorables au système que l'on avait adopté, en sorte que la question restait indécise. Il paraît cependant que, sauf quelques exceptions dépendantes de circonstances particulières, la couche d'eau la plus extérieure se gèle la première ; c'est du moins ce que prouve l'observation journalière, et ce qu'indique la densité du liquide : au terme de la congélation, elle est moindre qu'à la température de 4 degrés ; par conséquent, elle détermine les parties les plus froides à se porter à la surface.

THILLAYE.

GLACES FLOTTANTES. (*Physique du globe.*) Les glaces qui flottent à la surface de l'eau, ayant anciennement pu produire des phénomènes géologiques assez importants et en produisant même encore maintenant, méritent d'attirer l'attention du géologue. Dans les cours d'eau, elles usent les roches par le frottement, rongent les berges, transportent à une grande distance des fragments de roches tombés dessus ou englobés dans leur intérieur. Dans la mer, des masses énormes de glaces, détachées de celles des régions polaires, viennent jusque sous les tropiques chargées de fragments de roches qui tombent dans l'endroit où elles se fondent. Sur les rives de la Baltique, on a vu plusieurs blocs de granit emportés par les glaces dans lesquelles ils se trouvaient engagés. On a cru pouvoir expliquer de cette manière le transport de blocs provenant des roches de la Scandinavie dans les plaines de l'Allemagne, à une époque où le niveau de la Baltique était plus élevé que maintenant ; celui des blocs des Alpes sur les pentes du Jura, quand la mer occupait la vallée qui sépare ces deux chaînes. Mais, en proposant cette explication, on n'a pas réfléchi que, d'après le changement de la direction des vents et les courants opposés, on devrait trouver aussi des roches provenant des montagnes de l'Allemagne sur le sol scandinave, et des roches du Jura sur les pentes des Alpes ; or c'est ce qui n'a pas lieu. Voici venir maintenant une autre hypothèse, qui veut expliquer le transport de ces blocs par l'action de glaciers semblables à ceux que nous présentent les Alpes et les Pyrénées (*Voyez* GLACIERS).

Quand une masse très-considérable de glace flottante, comme on en voit plusieurs dans la mer, vient à échouer sur une côte, elle en abaisse assez la température pour nuire à la végétation. On a souvent vu des navires aller se briser, surtout pendant la nuit, contre des masses de glace flottante.

ROZET.

GLACES. (*Technologie.*) La fabrication des *glaces* est d'une très-grande importance, et pour décrire cet art avec toute l'étendue qu'il exigerait, un gros volume pourrait à peine suffire. Notre cadre ne nous permet pas d'entrer dans d'aussi grands détails. Nous allons cependant essayer d'en donner une connaissance

GLACES

suffisante pour que le lecteur ne soit pas étranger à la manière dont on opère, et puisse juger des difficultés qu'on rencontre à chaque pas dans ce genre d'industrie.

Une glace est un plateau de verre, d'une égale épaisseur dans toute son étendue, sans stries ni bulles, et parfaitement poli sur ses deux faces, ne présentant absolument aucun défaut. Ce plateau doit être tel, qu'au moyen de l'étamage d'une de ses surfaces polies il acquière la faculté de reproduire l'image des objets, sans rien changer à leur couleur ni à leur forme. La proportion des substances qui composent ce verre doit être dans un rapport si exact, que par une chaleur sagement dirigée elles se combinent et se saturent réciproquement, de manière que la combinaison des matières soit parfaite, et qu'aucun acide ne puisse attaquer le verre des glaces, à l'exception seulement de l'acide fluorique.

Nous prendrons pour exemple de cette fabrication la belle manufacture de Saint-Gobin, la plus considérable de l'Europe.

Choix des terres. L'argile propre à la fabrication des fours et des creusets est une des choses les plus importantes; elle doit être assez réfractaire pour ne pas se vitrifier ni se ramollir par l'action du feu, et être assez ductile pour recevoir et conserver la forme qu'on veut lui imprimer. On l'essaye par les réactifs chimiques, et on rejette toute celle qui ne remplit pas les conditions nécessaires L'argile de *Fontaine-les-Eaux* est celle qu'on emploie constamment à Saint-Gobin.

On la mêle avec de l'argile cuite, provenant des vieux fours ou des vieux creusets; on la nomme ciment. On la réduit en poudre fine, passée au tamis de soie, et on la mêle avec l'argile, soit en parties égales, soit 3 parties d'argile sur 5 de ciment, soit en d'autres proportions, selon la ténacité et la viscosité de l'argile. C'est avec cette argile ainsi préparée qu'on construit les fours, les creusets ou pots et les cuvettes.

Les pots ou creusets ont la forme d'un cône tronqué renversé, de 8 décimètres de hauteur et de grand diamètre; le petit diamètre a quelques centimètres de moins. On ne les fabrique plus au moule; on les fait à la main, ainsi que les cuvettes, qui sont carrées ou rectangulaires.

Du four de fusion et de la halle. On nomme halle l'atelier dont le four occupe le centre. Le four représente un carré de 3 mètres environ de côté; aux quatre angles sont construits quatre petits fours ou arches, qui reçoivent du four de fusion le calorique suffisant par des ouvertures carrées, longues et étroites. Trois de ces arches sont destinées à faire sécher les pots et les cuvettes; la quatrième sert à faire sécher le mélange des matières dont le verre se compose.

Il règne tout le long des murs longitudinaux de la *halle*, solidement construits en pierres de taille, des fours dont les ouvertures sont semblables à celles des fours ordinaires. Ces fours, destinés à la recuisson des glaces, lorsqu'elles ont été coulées, portent le nom de *carquaises*. Leurs planchers sont élevés au niveau des tables sur lesquelles on coule les glaces. Leur longueur est de 10 mètres, sur 6 mètres de largeur, et peuvent contenir jusqu'à 10 glaces, que l'on place les unes à côté des autres.

Composition du verre. On n'emploie aujourd'hui que la soude artificielle qui se fabrique à la manufacture de Chauny, succursale de Saint-Gobin : ce sel contient de 0,85 à 0,95 de soude pure. La soude artificielle à ce degré de pureté présente une foule d'avantages sur la meilleure soude du commerce: 1° on n'a plus besoin de fritter la matière avant l'enfournage ; 2° on est dispensé d'ajouter les oxydes de manganèse et d'arsenic, et le vert de cobalt, pour purifier le verre ; 3° on n'obtient presque plus ces matières impures qu'on désignait sous le nom de *fiel de verre*.

Lorsqu'on a déterminé exactement la quantité réelle d'alcali que la soude renferme, on y mêle du sable siliceux, purifié par des lotions convenables, pris de la butte d'Aumont, près de Senlis, que l'on emploie de préférence à tous les autres. La proportion est de 3 parties de sable sur une partie de sel de soude pur; on y ajoute de la chaux éteinte à l'air et tamisée dans une proportion égale au septième de la quantité du sable. Enfin on ajoute du *calcin*(1) sans aucune proportion ; mais on a adopté l'usage d'ajouter, sur 100 parties de *calcin*, une partie de soude pure, afin de compenser la perte que le vieux verre éprouve toujours par une fusion longtemps soutenue.

Lorsque les matières sont bien mélangées, on ne les fritte plus ; on les met tout de suite dans les pots qui ont été introduits et chauffés à grand feu et à vide dans les fours. On enfourne en trois temps différents, et par portions égales : d'abord le premier tiers; lorsqu'il est fondu, on verse le deuxième tiers, et après la fonte de celui-ci, le troisième tiers. On laisse séjourner la matière pendant seize heures dans les pots ; on en remplit ensuite les *cuvettes* placées entre les pots, et on l'y laisse encore seize heures pour l'*affiner*. Pendant les deux ou trois dernières heures, on cesse d'ajouter du combustible, on ferme les ouvreaux, et on laisse la matière prendre la

(1) Le *calcin* ou *casson* est le verre pur et non coloré qui provient de l'écrémage ou du curage des cuvettes, des bavures de glace, que l'on mêle sans inconvénient à leur composition.

consistance requise; cela s'appelle *faire la cérémonie.*

Coulage. Pendant ces trois dernières heures, on prépare les instruments pour le coulage : 1° Une *table* en bronze de 3ᵐ,25 de long, sur 1ᵐ,62 de large, et 16 à 19 centimètres d'épaisseur, soutenue par un fort pied en charpente sur trois roues de fonte, qui en facilitent le déplacement; 2° un *rouleau* ou cylindre de bronze, de 1ᵐ,62 de long, sur 32 centimètres de diamètre; 3° deux *tringles,* également en bronze, destinées à supporter le rouleau pendant le trajet qu'il parcourt, et dont l'épaisseur détermine celle que la glace doit avoir ; 4° le *chariot à tenailles,* pour transporter les cuvettes, à l'aide de la potence qui le supporte. C'est avec ce chariot qu'on prend la cuvette; elle aide à la sortir en la serrant dans une entaille longitudinale qui en fait tout le tour ; elle est placée ensuite sur le *chariot à ferrasse,* qui sert à la conduire très-rapidement sous la potence; là elle est prise par la *tenaille,* qui l'embrasse par sa ceinture; on l'élève par le cric que porte la potence, et on la porte au-dessus de la table. Après avoir écrémé le verre, on le verse d'abord sur l'extrémité gauche du rouleau, et on ne finit que lorsqu'on est parvenu à l'extrémité droite.

Alors, la table ayant été bien nettoyée, deux ouvriers l'étendent dessus, en conduisant le rouleau sans trop de précipitation jusqu'au delà de la glace formée, et le lancent brusquement sur des chevalets où une poupée est destinée à le recevoir.

Aussitôt que la glace a perdu de sa fluidité, qu'elle s'est raffermie, on la pousse dans la carguaise, où on la laisse jusqu'à ce qu'elle soit entièrement refroidie; alors on les retire les unes après les autres avec précaution, on les examine, on les coupe selon la grandeur qu'elles doivent avoir, en en retranchant les défauts. Les rognures, ou bandes que l'on en détache, sont mises à part, brisées et pulvérisées, et constituent le *calcin* qu'on ajoute avec tant d'avantage à la composition.

Pour terminer une glace, il faut en polir les deux surfaces, et l'étamer lorsqu'on en veut faire un miroir. L'opération du polissage se fait en deux temps : le *dégrossi* ou *douci,* et le *poliment.*

Douci. Sur une table en pierre dure, bien dressée et placée isolément, dans une position horizontale et à 65 centimètres de hauteur, on scelle la face la plus unie de la glace, au moyen de plâtre coulé ; on scelle pareillement une autre glace, ayant le tiers ou le quart de la superficie de celle qu'on a scellée sur la table, sur la grande base d'un moellon taillé en pyramide quadrangulaire tronquée, dont le poids est d'environ une livre par pouce carré de la glace. On adapte à ce moellon une roue d'une construction légère, d'environ 10 pieds de diamètre, dont la circonférence est formée d'un morceau de bois arrondi, de manière à pouvoir être saisi à la main.

Deux ouvriers, placés debout l'un vis-à-vis de l'autre, après avoir posé la glace du moellon sur la glace fixée sur la table, projettent entre elles du gros sable ou du grès mouillé; ils tirent et poussent alternativement le moellon, en le faisant tourbillonner sur lui-même sur toute la surface de la grande glace; ils continuent ainsi de même jusqu'à ce que les surfaces soient bien unies ; alors ils emploient du sable plus fin. Ils doucissent la seconde surface de la même manière.

Polissage. Cette opération se fait de la même manière que celle du *douci*; mais, au lieu de grès, on emploie de l'émeri très-fin délayé dans beaucoup d'eau, et l'on promène dessus une glace de même volume. On scelle la glace avec du plâtre, comme pour le douci, et, au lieu d'employer le moellon, on se sert d'une polissoire formée d'un plateau de bois d'un pouce d'épaisseur, 15 de long, sur 4 ou 5 de large, surmonté d'une forte masse de plomb ayant la même forme que le bois, mais de 2 ou 3 pouces d'épaisseur ; une cheville en bois, placée horizontalement, sert à la manœuvrer. La surface inférieure est garnie d'un morceau de feutre ou de drap cloué sur l'épaisseur de la polissoire; les deux ouvriers ont chacun une polissoire semblable, qu'ils font mouvoir séparément. Au lieu de grès on emploie le sulfate de fer rouge (rouge dit d'Angleterre), délayé dans l'eau. On commence par le plus gros, on finit par le plus fin, et l'on continue jusqu'à ce que les deux surfaces soient parfaitement polies, sans aucun défaut. Ces deux dernières opérations se font aujourd'hui par des mécaniques, que notre cadre ne nous permet pas de décrire, et qu'on trouve dans le *Traité complet de mécanique appliquée aux arts,* par Borgnis.

La glace étant ainsi préparée, il ne reste plus qu'à l'étamer. Nous avons consacré un article spécial à cette opération. *Voyez* ÉTAMAGE.

LENORMAND et MELLET.

GLACIÈRES NATURELLES. (*Géologie.*) Dans plusieurs chaînes de montagnes il existe des cavernes contenant une certaine quantité de glace, que l'on n'a jamais vue fondre entièrement, même dans les étés les plus chauds. J'ai eu occasion d'observer quelques-unes de ces glacières naturelles dans les Vosges, aux environs de Gérardmer. Là le phénomène m'a paru devoir être attribué à des courants d'air souterrains, très-froids, qui débouchent dans les cavernes par certaines ouvertures des roches. Dans d'autres contrées, la quantité de glace accumulée pendant l'hiver, se trouvant à l'abri des rayons du soleil, ne fond point pendant l'été, de sorte qu'il en reste toujours une masse plus ou moins considérable.

Si l'on jette modérément de l'eau dans une glacière naturelle, cette eau se convertit en glace au bout de quelques heures, en sorte que, dans les contrées qui possèdent de semblables cavernes, on peut ainsi se procurer de la glace pendant tout l'été.

Dans les régions polaires, dont la température moyenne est à plusieurs degrés au-dessous de zéro, il existe, à une petite profondeur au-dessous de la surface du sol, des couches de glace qui ne fondent jamais, lors même que les chaleurs de l'été sont assez fortes pour faire mûrir les récoltes.

ROZET.

GLACIERS. (*Géologie.*) Ces majestueuses masses de glace qui remplissent le fond des vallées sur les pentes du mont *Blanc*, et s'étendent jusque dans les villages bâtis au pied de cette gigantesque montagne, qui se retrouvent çà et là dans toute la chaîne des Alpes, dans les hautes régions des Pyrénées, dans toutes les chaînes du monde dont l'altitude atteint la limite des neiges perpétuelles, et qui existent au niveau de l'Océan dans les régions polaires, paraissent avoir joué un rôle important dans les derniers phénomènes géologiques qui ont modifié la surface du globe:

Depuis longtemps, les géologues attribuaient à de forts courants d'eau, à l'action de bas en haut qui a fait surgir les montagnes, le transport de ces blocs erratiques, de ces sables avec cailloux roulés, qui couvrent le fond des grandes vallées, la surface des plaines, celle de plusieurs plateaux élevés, et qu'on rencontre quelquefois sur certains sommets et sur certaines pentes de montagnes, à une hauteur considérable ; un jour enfin, la fatigue et le mauvais temps ayant forcé M. de Charpentier à passer la nuit dans la cabane d'un chasseur de chamois du Valais, Jean-Pierre Perraudin, le célèbre géologue, en s'étendant au coin du feu avec son hôte, lui expliquait comment ces blocs de roches, ces amas de sables et de graviers qui couvrent le fond des vallées des Alpes, avaient, jadis, été transportés par d'immenses cours d'eau qui remplissaient alors les vallées ; le chasseur, après l'avoir attentivement écouté, lui répondit : « Les blocs de nos « vallées sont trop considérables pour que l'on « puisse croire qu'ils aient jamais été trans-« portés par les eaux ; et puisque, maintenant, « nous voyons les glaciers de ces mêmes vallées « transporter de pareils blocs, il n'est pas né-« cessaire d'aller chercher plus loin la cause de « la dispersion des autres. » M. de Charpentier resta dix-huit ans à méditer l'opinion de Perraudin et à étudier la nature, pour savoir si cette explication pouvait être admise. Enfin,

en 1834, à la réunion des naturalistes suisses à Lucerne, il fit part du résultat de ses longues recherches et des conséquences auxquelles elles l'avaient conduit.

Attribuer le phénomène erratique aux glaciers était une idée si nouvelle, si hardie, qu'elle fut d'abord accueillie froidement par les uns et tournée en ridicule par les autres. Cependant de nombreux et intrépides observateurs, Venotz, Agassiz, Dosar, Renoir, Martins, Leblanc, etc., allèrent s'établir sur les glaciers pendant des mois entiers, étudièrent minutieusement tous les phénomènes qu'ils présentent, et la théorie de M. de Charpentier eut bientôt un grand nombre de défenseurs ; plusieurs même la poussèrent bien au delà des limites que lui avait fixées son auteur : on reconnut des traces d'anciens glaciers dans les Vosges, le Jura, les montagnes de la Bourgogne, dans celles de l'Écosse, et jusque dans des plaines élevées de moins de cent mètres au-dessus du niveau de la mer ; enfin, on est allé jusqu'à prétendre qu'à une époque peu éloignée de la nôtre, la surface de la terre était presque entièrement couverte de glaces et de glaciers, auxquels on devait attribuer la formation de tous ces dépôts de transport qui constituent le grand terrain diluvien.

Avant de donner notre opinion sur cette théorie, nous allons exposer succinctement les faits, en nous aidant de l'article remarquable *sur les glaciers de Chamonix*, publié par M. Martins dans le t. XVII de la *Revue des deux mondes.*

A partir de la limite des neiges perpétuelles, dont l'altitude est de 2,700 mètres dans les Alpes, le fond de presque toutes les vallées est couvert d'une couche de glace plus ou moins épaisse, à surface inégale, très-crevassée, et sur laquelle on voit souvent des pointes, des obélisques de glace, dont quelques-uns ont quinze mètres de hauteur ; cette couche ou plutôt cette nappe de glace, est ce que l'on nomme un *glacier.* L'origine de chaque glacier se trouve à la limite de ces neiges perpétuelles, et son extrémité inférieure, son pied, descend souvent à 1,500 mètres au-dessous de cette limite, au milieu des champs cultivés et même jusque dans les villages, Chamonix, Courmayeur, etc. Il n'y a que les grands glaciers qui aient une telle étendue : les autres s'arrêtent à des hauteurs variables, sur les flancs des montagnes.

Voilà le fait ; voici maintenant ce que l'observation a révélé sur la manière dont se forment les glaciers.

Pendant les saisons froides, même en été, il tombe sur les hautes montagnes une grande quantité de neige ; cette neige, chassée par les vents, s'accumule dans les dépressions qui forment l'origine des vallées, et dont plusieurs

GLACIERS ·

sont de véritables cirques à parois escarpées; les neiges, ainsi accumulées, tendent à descendre par leur propre poids, et l'eau provenant de leur fusion pendant la journée, venant ajouter son action à celle de la pesanteur, elles descendent progressivement et continuellement. Elles arrivent ainsi dans une région moins froide, où elles subissent diverses modifications qui finissent par les transformer en une glace limpide. Les rayons du soleil, faisant fondre la partie supérieure de la couche de neige, il en résulte une petite quantité d'eau qui s'infiltre dans la masse, dans laquelle se forment alors une quantité de petits grains de glace : c'est ce que l'on appelle le *névé*. L'eau continuant d'arriver sur le névé, celui-ci s'agglomère lentement et finit par se transformer en une glace blanchâtre, remplie d'une infinité de bulles d'air : c'est la *glace bulleuse;* l'infiltration continuant à travers la masse bulleuse, la glace se parfait, les bulles disparaissent, la masse prend cette belle couleur azurée que l'on admire dans tous les glaciers. Ainsi, un glacier se compose des couches de neige, accumulées dans une cavité élevée pendant une longue série d'années, et qui se convertissent progressivement en glace.

Si les chaleurs de l'été ne faisaient pas fondre le pied et la surface des glaciers, ceux-ci, s'accroissant continuellement par le haut, prendraient un immense développement; mais, chaque année, une certaine épaisseur de la nappe est fondue par la chaleur du soleil (trois mètres environ dans les Alpes) : c'est ce que M. Agassiz a nommé *ablation;* dans le même temps, le pied fond rapidement, et le glacier serait bientôt détruit s'il n'était continuellement alimenté par une nouvelle quantité de glace; il s'établit ainsi une espèce d'équilibre qui en perpétue l'existence. Dans les étés chauds et secs, le glacier diminue notablement, tandis qu'il augmente, au contraire, dans ceux qui sont froids et pluvieux. Ainsi, comme le flux de la mer, chaque glacier doit osciller autour d'une limite moyenne, qu'il ne peut jamais beaucoup dépasser d'un côté ou de l'autre. Certains glaciers cependant restent suspendus aux flancs des montagnes et paraissent stationnaires. M. Martins attribue ce fait aux petites dimensions des cirques qui alimentent ces glaciers : « Plus les cirques seront vastes et élevés, dit-il, et plus la quantité de glace qui s'y accumulera sera considérable, plus aussi les émissaires des champs de neige descendront dans les basses vallées, et regagneront pour ainsi dire le terrain que la fusion leur fait perdre chaque année. » M. Desor a remarqué que l'influence de la grandeur et de l'élévation des cirques contre-balance même celle de l'exposition, ce qui fait que les glaciers les plus considérables des

Alpes Bernoises se trouvent sur le flanc méridional de la chaîne.

Les glaciers ont un mouvement de progression assez rapide de haut en bas. MM. Agassiz et Desor, au moyen de repères fixés de chaque côté de la vallée, et d'une ligne de piquets plantés sur le glacier, sont parvenus, par une longue suite d'observations, à déterminer la marche annuelle de celui de l'Aar : ils ont constaté que dans sa partie moyenne il avance de 71 mètres par an; la vitesse de progression se ralentit vers le pied, où elle n'est plus que de 39 mètres; elle augmente, au contraire, vers la tête, dont la marche est de 75 mètres par an.

Le mouvement des glaciers est produit par la formation continuelle, à la partie supérieure, d'une nouvelle quantité de glace; par l'inclinaison de la pente du terrain, et par l'eau, qui, s'introduisant dans les crevasses, extrêmement nombreuses, gèle, et alors, par son augmentation de volume, en passant de l'état liquide à l'état solide, pousse le glacier en bas. Suivant M. Martins, l'inclinaison de la pente aurait peu d'influence sur la rapidité de la marche; mais celle-ci serait singulièrement modifiée par les parois du couloir dans lequel se meut le glacier : « Le frottement de la glace contre les parois, dit-il, ralentit considérablement la progression des parties latérales du glacier. Il y a plus : si un promontoire s'avance vers le milieu de la vallée, le glacier, arrêté par un de ses côtés, contourne l'obstacle avec une extrême lenteur, ou plutôt, ce côté reste en arrière, tandis que la partie moyenne et le bord opposé continuent à marcher avec leur vitesse relative. »

Les glaciers, exerçant une forte pression sur les roches qu'ils recouvrent, et contre lesquelles ils s'appuient, y laissent des marques de leur passage, qui varient suivant la nature de ces roches et la configuration du lit occupé par chaque glacier. Entre le glacier et le sol qu'il recouvre, il existe une couche, plus ou moins épaisse, très-humide, composée de cailloux de diverses grosseurs et de sable fin. Les roches qui gisent au-dessous de cette couche sont polies par le frottement et présentent de nombreuses stries rectilignes, semblables à celles que l'on formerait avec la pointe d'un burin. Ces stries sont produites par le passage, sur les roches, des cailloux et des sables de la couche humide, qui les sépare du glacier. Elles sont toujours dirigées dans le sens de la marche du glacier, mais elles se croisent quelquefois, ce qui doit être attribué aux petites déviations latérales auxquelles cette marche est sujette. Des deux côtés de la vallée, les roches frottées par le glacier présentent des stries analogues, produites par des cailloux et les sables enchâssés dans la glace. Les stries sont toujours moins marquées sur les roches dures, quartz, granit, gneiss, que sur les roches tendres, calcaire, serpentine, etc.

Sur les roches qui encaissent le glacier, les stries sont parallèles à la surface; mais, dans les endroits où la vallée se rétrécit, elles se redressent : ce qui doit être attribué à l'effort que fait le glacier pour franchir le passage plus étroit, qui oblige la surface à se relever. La position d'un glacier agit donc à la fois sur le fond et sur les flancs de la vallée qui le contient. Elle polit les roches et démolit celles qui ne sont pas assez solides pour lui résister. Les roches polies ont généralement une forme particulière ; elles sont arrondies en amont, tandis qu'en aval, elles ne se trouvent aucunement altérées : « Vu de loin, dit M. Martins, un groupe de rochers ainsi arrondis rappelle l'aspect d'un troupeau de moutons ; de là, le nom de *roches moutonnées*, qui leur a été donné par de Saussure, et qui leur est resté.

Les glaciers portent sur leur dos et poussent devant eux les débris des montagnes qui les dominent. Ces débris forment sur le glacier de longues traînées parallèles à ses rives, ou sont accumulés, à l'extrémité, en longues digues transversales : c'est ce que l'on appelle les *moraines*. Les premières sont les moraines *latérales* et *médianes*, selon qu'elles se trouvent sur les bords ou vers le milieu du glacier ; les secondes sont les *moraines terminales* ou *frontales*. M. Martins nomme *moraine profonde* cette couche humide de sable et de cailloux qui gît au-dessous du glacier. Voici comment ce savant observateur explique la formation des moraines :

« Par les causes ordinaires des éboulements, qui sont très-communs dans les hautes montagnes, une grande quantité de débris pierreux tombent sur les glaciers : ces débris, emportés par la glace dans son mouvement progressif, se disposent en longues traînées parallèles aux rives, ou s'accumulent à l'extrémité sous forme de grandes digues transversales. On voit souvent plusieurs moraines latérales sur le même glacier, parce que les débris tombent sur des points inégalement distants du milieu, et dont la vitesse est par conséquent différente. La moraine médiane est produite par la jonction de deux glaciers d'une puissance peu différente ; à l'extrémité de l'éperon qui les sépare, la moraine latérale gauche de l'un s'adosse à la moraine latérale droite de l'autre ; toutes deux se confondent bientôt, et forment la moraine médiane du glacier, composée de la réunion des deux autres. Après un trajet plus ou moins long, les débris atteignent l'escarpement terminal du glacier, tombent et s'accumulent au pied, où ils s'entassent les uns sur les autres, et forment la moraine terminale, que le glacier pousse devant lui en marchant. On a calculé que sur le glacier de l'Aar, dont la longueur est de 8 kilomètres, un bloc met cent trente-trois ans à parcourir l'espace compris entre le promontoire de l'Abschwung, qui sépare les deux affluents principaux, et l'extrémité inférieure. »

Les débris, blocs, cailloux, etc., transportés à la surface du glacier, ne sont aucunement altérés par lui ; mais il n'en est pas de même de ceux qui se trouvent dessous et qui sont engagés entre les flancs de la vallée et les bords du glacier, où il existe toujours des vides, dans lesquels il tombe une certaine quantité de débris. Ces derniers débris, continuellement pressés, broyés, triturés par le glacier, se réduisent en cailloux, en sables, en boues ; les cailloux, surtout ceux des roches tendres, sont striés à leur surface : « Ces cailloux striés, dit M. Martins, sont des médailles frustes, dont la présence annonce, d'une manière presque certaine, l'existence antérieure d'un glacier disparu ; car le glacier seul a le pouvoir de façonner et de strier ainsi les cailloux : l'eau les polit et les arrondit, mais elle ne les strie pas ; de plus, elle efface les stries burinées par les glaciers. » M. Martins a constaté ce fait important au pied du glacier du Grindelwald, dont les torrents, qui sortent de l'escarpement terminal, ne roulent plus que des cailloux lisses et complétement dépourvus de stries. J'ai, de mon côté, examiné avec soin les cailloux des plages de la mer, et ceux qui sont charriés par plusieurs torrents et rivières, et je n'y ai jamais reconnu de stries.

Tous les faits précédents ont été parfaitement constatés par MM. Agassiz, Desor, Studer, Leblanc, Martins, etc., et reconnus comme étant le résultat de la seule action des glaciers ; or, dans presque toutes les vallées des Alpes occupées par des glaciers, des moraines latérales se trouvent à des hauteurs que les glaciers n'atteignent plus ; des moraines terminales sont à une grande distance en avant de la limite extrême qu'ils aient atteinte de mémoire d'homme ; des stries sur les rochers, identiques avec celles que les glaces burinent journellement, s'observent jusqu'à 300 mètres au-dessus de la surface des glaciers ; on peut donc dire avec quelque certitude que les glaciers des Alpes, principalement ceux de la vallée de Chamonix, les mieux étudiés jusqu'à présent, ont jadis été beaucoup plus étendus qu'ils ne le sont aujourd'hui.

Les observateurs cités plus haut pensent que ces glaciers sont arrivés jusque sur le versant escarpé du Jura qui regarde les Alpes, où ils auraient apporté les nombreux débris de ces montagnes qui s'y trouvent dispersés.

Le mont Sion, petite montagne voisine des Solèves, était le point de réunion de trois immenses glaciers antédiluviens : celui du Rhône,
qui devait remplir tout le bassin du Léman ;
celui de l'Isère, qui débouchait par les vallées d'Annecy et du Bourget, et celui de l'Arve,
qui, s'intercalant entre eux comme un coin
aigu, venait se terminer près du village de
Vers. Selon M. Martins, « le glacier du Rhône
était formé de la réunion de tous ceux des
vallées latérales au cours de ce fleuve, dominées
par les plus hautes montagnes de la Suisse ; il
devait remplir tout le Valais, et s'étendre dans
la plaine qui sépare le Jura des Alpes jusqu'au fort l'Écluse : c'était le glacier principal
de la Suisse, celui qui a charrié cette immense
quantité de blocs répandus sur les pentes du
Jura jusqu'à une hauteur de 700 mètres au-
dessus des eaux du Léman ; les autres n'étaient
que de faibles affluents de ce gigantesque glacier, incapables de modifier sa direction :
ainsi, lorsque le glacier de l'Arve vient à le
rencontrer sur la crête des Solèves et sur les
flancs des Voirons, on reconnaît, à la disposition des moraines, que le glacier du Rhône
continue sa marche, tandis que celui de l'Arve
s'arrête brusquement : de même un fleuve
rapide refoule le faible ruisseau qui lui apporte
ses eaux. »

Plusieurs autres glaciers secondaires occupaient les principales vallées de la Suisse, celles de l'Aar, de la Reuss, etc.; le glacier du
Rhin devait occuper tout le bassin du lac de
Constance, et s'étendre jusqu'aux frontières de
l'Allemagne.

« Ainsi donc, » continue M. Martins, dont les
opinions sont partagées par tous les observateurs cités plus haut, « pendant la période de
froid qui a précédé l'apparition de l'homme
sur la terre, la Suisse était une vaste mer
de glace, dont les racines s'enfonçaient dans
les hautes vallées des Alpes, tandis que son
escarpement terminal s'appuyait sur le Jura ;
de même, sur le versant méridional de la
chaîne, les glaciers descendaient dans les
plaines du Piémont et de la Lombardie. La
plupart des lacs de la haute Italie doivent
leur existence aux moraines frontales de ces
grands glaciers : en barrant le cours des
fleuves, elles les ont forcés à s'étendre sous
forme de nappes liquides. »

Nous avons dit, au commencement de cet
article, que l'on avait reconnu des traces d'anciens glaciers dans plusieurs chaînes de montagnes où il n'en peut exister dans l'état actuel
des choses. Plusieurs géologues nient que ces
traces soient le résultat de l'action des glaciers, et ils ne veulent y voir que celles de courants d'eau. Ils disent, avec raison, que cette
grande extension des glaciers, à une époque
antérieure à l'existence de l'homme, est con-

traire à tout ce que les phénomènes géologiques et paléontologiques nous ont révélé sur le
décroissement progressif de la température du
globe jusqu'à l'époque actuelle. Les glaciéris-
tes répondent qu'un grand abaissement de
température n'est pas nécessaire pour que les
glaciers prennent une très-grande extension ;
qu'au Spitzberg, où les glaciers descendent
jusque dans la mer, la température moyenne
de l'année est de 8° au-dessous de zéro, et que
celle de l'été est de 2°,4 au-dessus ; qu'en
Islande, où les glaciers arrivent jusqu'au bord
de la mer, la température moyenne de l'année
varie de 0° à + 4° ; que si la température
moyenne de Genève, qui est de +9°,5, s'abaissait seulement de 4°, la limite des neiges éternelles dans les Alpes ne serait plus qu'à 1955
mètres au-dessus de la mer, ce qui permettrait
aux glaciers de Chamonix d'arriver jusque dans
les plaines de la Suisse. Si l'on ajoute à cela l'augmentation d'étendue qui résulterait naturellement de là pour les cirques alimentaires,
on comprendra que le glacier de l'Arve ait pu
venir jusqu'à Genève. Le climat nécessaire
pour la production de ce phénomène n'a rien qui
doive effrayer : c'est celui d'Upsal, de Stock-
holm, de Christiania, et d'une partie de l'État
de New-York. Si l'on accorde que la température moyenne d'une portion du globe ait pu
s'abaisser de 4° pendant un temps, assez long
il est vrai, on est forcé d'admettre l'ancienne
extension des glaciers, qui explique très-
simplement une des plus grandes révolutions
du globe.

M. de Charpentier explique d'une autre
manière l'ancienne extension des glaciers dans
les Alpes : suivant les belles observations de
M. E. de Beaumont, la grande chaîne des Alpes
aurait été soulevée très-récemment, après le
dépôt du terrain de transport qui remplit tout
l'espace compris entre le Jura et les montagnes
de la Bourgogne. Alors, suivant M. de Charpentier, ces montagnes auraient été beaucoup
plus élevées qu'elles ne le sont maintenant ;
et, la température de la contrée ayant certainement considérablement baissé, par suite
de cette grande élévation, elles se seraient
bientôt couvertes de neige, et il se serait formé de nombreux et immenses glaciers qui
auraient pu arriver jusqu'auprès de la crête
du Jura. Les masses soulevées auraient ensuite éprouvé un tassement, qui aurait duré
autant de temps que les parties, mal assises et
disloquées, en auraient mis à se consolider
complétement. Ce tassement ayant notablement abaissé les montagnes, le climat serait
devenu moins froid, et l'étendue des glaciers
aurait diminué jusqu'aux limites actuelles.

Il est bien certain, comme nous le prou-
verons ailleurs, que la croûte du globe a
éprouvé, à diverses époques, et notam-

ment immédiatement avant l'établissement de l'ordre actuel des choses, des bouleversements considérables, qui ont singulièrement changé le niveau de ses différentes parties : la grande Cordillère a été portée à plus de cinq mille mètres au-dessus de la mer, les Alpes à quatre mille, et des montagnes de l'Asie à plus de sept mille. D'après la loi de décroissement de la température à mesure que l'on s'élève (1° centigrade pour 174 mètres), il est évident que la température des régions ainsi élevées a été considérablement abaissée, et que là où régnait un climat tropical il s'est bientôt établi un climat polaire ; mais dans le moment même où ces régions s'élevaient si haut, d'autres, précédemment élevées, ont dû s'abaisser : car la croûte terrestre ne présente qu'une masse de débris entassés les uns sur les autres ; or, par les abaissements, conséquence naturelle des soulèvements, et sans avoir aucunement besoin de recourir aux tassements de M. de Charpentier, des climats antérieurement polaires sont devenus tempérés, et même tropicaux dans la zone torride ; alors les glaciers ont fondu, dans les Vosges, dans les montagnes du Morvan, dans celles de l'Écosse, etc., ou ont beaucoup perdu de leur étendue, dans les Alpes. Voilà, ce me semble, la meilleure explication que l'on puisse donner de l'ancienne extension des glaciers et de leur présence dans des contrées où toutes les circonstances physiques s'opposent à ce qu'il y en ait maintenant. Quant à ces abaissements de température moyenne de 4°, pendant un temps assez long pour permettre à des glaciers de s'établir et de produire tous les phénomènes qu'on leur attribue, on ne peut les supposer, sans supposer en même temps de grands bouleversements ; or les bouleversements de la surface terrestre ne peuvent provenir que de l'action des agents intérieurs. Nous dirons ailleurs quels changements ces bouleversements ont pu apporter dans les climats, et nous ferons voir qu'ils conduisent à une explication simple de beaucoup de phénomènes paléontologiques.

De Charpentier, *Mémoire sur les glaciers.*
Agassiz, *Description des glaciers des Alpes.*
Martins, dans la *Revue des deux mondes*, t. XVII, mars 1847.

ROZET.

GLADIATEUR. (*Antiquités.*) Les gladiateurs (*gladiatores*, μονομάχοι) étaient des hommes qui combattaient dans l'amphithéâtre ou ailleurs pour amuser le peuple romain (1). Cette coutume fut, dit-on, inventée par les Étrusques, et prit son origine de l'usage où ils étaient de tuer des esclaves et des prisonniers auprès des bûchers funéraires (2).

(1) Quint. *Declam.* 302.
(2) Tertull. *De Spectac.* 12. — Serv. *Ad Virg. Æn.* X, 519.

La première exhibition de ces jeux sanglants dont il soit fait mention à Rome eut lieu l'an 264 av. J. C., dans le *forum Boarium*, par l'ordre de Marcus et de Décimus Brutus, aux funérailles de leur père (1). D'abord les gladiateurs ne parurent que dans les funérailles publiques ; mais plus tard des combats eurent lieu aux obsèques de la plupart des personnages d'un rang élevé, et même à celles des femmes (2). Quelquefois des particuliers laissaient une somme d'argent destinée à payer les frais d'un spectacle de cette sorte (3). Les combats de gladiateurs avaient aussi leur place dans les réjouissances publiques (4), et particulièrement dans les fêtes que donnaient au peuple les édiles et les autres magistrats ; dans ce cas, le nombre des combattants était souvent considérable (5). Il s'accrut encore et s'éleva à des chiffres presque incroyables, sous l'empire, quand la passion des Romains pour ces spectacles fut parvenue à son apogée ; après le triomphe de Trajan sur les Daces, on fit paraître devant le peuple plus de dix mille gladiateurs (6).

Les gladiateurs étaient soit des prisonniers de guerre (7), des esclaves (8), ou des malfaiteurs condamnés par jugement, soit des citoyens libres qui combattaient volontairement. Parmi ceux qui combattaient dans l'arène par suite d'une condamnation, les uns *étaient condamnés ad gladium*, et ils devaient être tués dans le délai d'un an au plus ; les autres étaient condamnés *ad ludum*, et ils avaient des chances pour eux : leur peine leur était remise, et ils devenaient libres au bout de trois ans (9). Les hommes libres qui exerçaient pour de l'argent ce dangereux métier s'appelaient *auctorati* (10), et leur salaire *auctoramentum* ou *gladiatorium* (11). A leur entrée au service, ils prononçaient un serment dont Pétrone nous a conservé les termes (12). Même sous la république, des hommes libres combattirent en qualité de gladiateurs (13) ; mais ils paraissent avoir appartenu aux basses classes. Sous l'empire, on vit descendre dans l'arène des chevaliers, des sénateurs (14), et jusqu'à des

(1) Valer. Max. II, 4, § 7. — Liv. *Epit.* 16.
(2) Suet. *Jul.* 26. — Spartien, *Hadr.* 9.
(3) Senec. *De brev. Vit.* 20.
(4) Athen. IV. p. 153. — Sil. Ital. XI, 51.
(5) Cic. *Pro Mur.* 18 ; *De Off.* II, 16.
(6) Dion Cass. LVIII, 15.
(7) Vopisc. *Prob.* 19.
(8) Suet. *Vitell.* 12.
(9) Ulpien, *Collat. Mos. et Rom. Leg.* tit. II, s. 7, § 4.
(10) Quint. *Declam.* 302. — Hor. *Sat.* II, vII, 58.
(11) Suet. *Tib.* 7. — Tit. Liv. XLIV, 31.
(12) « In verba Eumolpi sacramentum juravimus, uri, vinciri, verberari, ferroque necari, et quidquid aliud Eumolpus jussisset, tanquam *legitimi gladiatores* domino corpora animasque religiosissime addicimus. » *Satyric.* 117. — Cf. Senec. *Epist.* 7.
(13) Liv. XXVIII, 21.
(14) Dion Cass. LI, 22 ; LVI, 25.— Suet. *Jul.* 39 ; *Aug.* 43 ; *Ner.* 12.

femmes (1). Enfin Sévère mit un terme à ces excès (2).

Les gladiateurs étaient gardés dans des écoles (*ludi*), où ils étaient instruits et préparés par des maîtres appelés *lanistæ* (3). La réunion des gladiateurs qui se trouvaient confiés aux soins d'un lanista, était appelée *familia* (4). Ils étaient quelquefois la propriété des lanistæ, et ceux-ci les louaient aux magistrats ou aux citoyens qui voulaient donner des jeux; d'autres fois, ils appartenaient aux citoyens eux-mêmes, qui payaient des lanistæ pour les instruire. Ainsi, les écrivains parlent du *ludus Æmilius* à Rome (5), et du ludus de César à Capoue (6). La haute main sur toute les écoles de gladiateurs qui appartenaient aux empereurs était confiée à un personnage de haut rang, appelé *curator* ou *procurator* (7). Les gladiateurs s'exerçaient dans les écoles avec des épées de bois (8). On réglait avec soin leur régime, et on leur donnait une nourriture fortifiante, destinée à entretenir et à augmenter leur vigueur corporelle (9). Il y avait un grand nombre d'écoles de gladiateurs à Ravenne, à cause de la salubrité renommée du climat (10).

Les combats avaient lieu quelquefois auprès des bûchers funéraires, quelquefois dans le forum, plus souvent dans l'amphithéâtre. L'individu qui voulait faire combattre des gladiateurs publiait quelques jours d'avance le programme du spectacle : ce programme portait le nombre et quelquefois les noms des combattants (11). Au jour dit, on les amenait dans l'arène, on leur en faisait faire le tour, et on les appareillait par couples (12); puis on examinait leurs épées, pour voir si elles étaient convenablement aiguisées (13). Le spectacle commençait par une sorte d'assaut préliminaire, appelé *prælusio*, et pour lequel on se servait d'épées de bois (14); après quoi, les trompettes donnaient le signal du véritable combat. Quand un gladiateur était blessé, le peuple criait : *Habet*, ou *hoc habet* (il en tient); le vaincu laissait tomber ses armes en signe de soumission, et levait la main pour demander merci. Son sort dépen-

(1) Tac. *Ann.* XV, 32. — Suet. *Dom.* 4. — Juv. VI, 250. — Stace, *Silv.* I, VI, 85.
(2) Dion Cass. LXXV, 10.
(3) Suet. *Jul.* 26. — Cic. *Pro Rosc. Amer.* 40. — Juv. VI, 218; XI, 8.
(4) Suet. *Aug.* 42.
(5) Hor. *De Art. poet.* 32, et Porph. *ad. l.* — Publ. Vict. *Reg. VIII.*
(6) Cæs. *Bell. Civ.* I, 14.
(7) Tac. *Ann.* XI, 35; XIII, 22. — Suet. *Cal.* 27. — Orelli, *Inscr.* 2832.
(8) Suet. *Cal.* 32; 54.
(9) Tacit. *Hist.* II, 88.
(10) Strabon, V, p. 213.
(11) Cic. *Ad fam.* II, 8. — Suet. *Jul.* 26.
(12) Hor. *Sat.* I, VII, 20.
(13) Dion Cass. LXVIII, 3. — Suet. *Tit.* 9. — Juste-Lipse, *Excurs. ad Tac. Ann.* III, 37.
(14) Cic. *De Orat.* II, 78, 80. — Ovid. *Ars amat.* III, 515. — Senec. *Epist.* 117.

dait alors des spectateurs, qui élevaient leurs mains en tournant le pouce vers la terre s'ils voulaient lui faire grâce, et en tenant le pouce en l'air s'ils désiraient sa mort (1). Ce signe était l'ordre formel de recevoir le dernier coup (*ferrum recipere*), ce que les gladiateurs faisaient en général avec le plus grand courage (2). Si la vie du vaincu était épargnée, il avait fini sa tâche pour ce jour-là : ce congé était appelé *missio* (3). Il y avait des combats de gladiateurs *sine missione* (4), c'est-à-dire où la vie des vaincus n'était jamais épargnée; ce genre d'exhibition fut défendu par Auguste (5).

On donnait ordinairement des palmes aux vainqueurs (6); parfois aussi ils recevaient une gratification en argent (7). Les vieux gladiateurs, quelquefois même ceux qui n'avaient exercé que peu de temps, recevaient leur congé de celui qui donnait les jeux, à la requête du peuple, qui leur présentait une épée de bois (*rudis*); et de là ceux qui avaient reçu ce congé étaient appelés *rudiarii* (8). Ils rentraient alors dans la condition qu'ils occupaient, libres ou esclaves, avant d'être gladiateurs. Cependant il restait sur le nom de celui qui avait exercé ce métier une tache infamante, et il lui était interdit, à ce qu'il paraît, de faire partie de l'ordre équestre, si par la suite il devenait assez riche pour aspirer à cet honneur (9). Celui qui était entré esclave dans une école de gladiateurs, et qui y avait été affranchi, n'acquérait pas, par là, tous les droits attachés d'ordinaire à l'affranchissement; il entrait seulement dans la classe des *peregrini dediticii* (10).

Les combats de gladiateurs furent abolis par Constantin (11). Cependant ils paraissent avoir été en usage jusqu'au temps d'Honorius, par qui ils furent définitivement supprimés (12).

Les gladiateurs étaient divisés en différentes classes, qui tiraient leurs noms de leurs armes, de leur manière de combattre ou d'autres circonstances. Voici par ordre alphabétique les noms des plus importantes de ces classes:

Andabatæ (13). Ils portaient des casques où il n'y avait pas d'ouverture pour les yeux, de sorte qu'ils combattaient sans y voir, ce qui excitait au plus haut point l'hilarité des spectateurs (14).

(1) Hor. *Ep.* I, XVIII, 66. — Juv. III, 36.
(2) Cic. *Tuscul.* II, 17; *Pro Sext.* 37; *Pro Mil.* 34.
(3) Mart. XII, XIX, 7.
(4) Tit. Liv. XLI, 20.
(5) Suet. *Aug.* 45.
(6) Suet. *Cal.* 32. — Cic. *Pro Rosc. Amer.* 6.
(7) Juv. VII. 243. — Suet. *Claud.* 21.
(8) Cic. *Philip.* II, 29. — Hor. *Ep.* I, I, 2. — Suet. *Tib.* 7. — Quint. *Declam.* 302.
(9) Quint. *l. c.*
(10) Gaius, I, 13.
(11) *Cod.*, II, tit. 43.
(12) Theodoret. *Hist. Eccles.* V, 29.
(13) Cic. *Ad. Fam.* VII, 10.
(14) Orelli, *Inscr.* 2577.

Catervarii (de *caterva*, troupe). C'était le nom donné aux gladiateurs qui combattaient, non par paires, mais plusieurs contre plusieurs (1).

Dimacheri. Ils paraissent avoir été ainsi désignés, parce qu'ils combattaient avec deux épées (2).

Equites. C'étaient ceux qui combattaient à cheval (3).

Essedarii. C'étaient ceux qui combattaient sur des chariots, à la manière des Gaulois et des Bretons (4).

Fiscales. On appelait ainsi, sous l'empire, les gladiateurs nourris et instruits aux frais du trésor (5).

Hoplomachi. Nom donné à ceux qui combattaient armés de toutes pièces (6). Juste-Lipse pense qu'ils n'étaient autres que les samnites, dont la dénomination, tombée en désuétude sous l'empire, avait été remplacée par ce terme nouveau.

Laqueatores. Ceux-ci se servaient d'un lacet (*laqueus*), pour saisir et terrasser leurs adversaires (7).

Meridiani. On nommait ainsi les gladiateurs qui paraissaient vers le milieu du jour, après les combats avec les bêtes féroces, lesquels avaient lieu dans la matinée. Ils étaient armés à la légère (8).

Murmillones. Ce nom leur venait, dit-on, de ce qu'ils portaient sur leur casque l'image d'un poisson (*mormyrus*, μορμύρος) (9). Les armes des murmillons étaient semblables à celles des Gaulois. Ils combattaient ordinairement contre les rétiaires ou contre les thraces (10).

Ordinarii. On désignait ainsi les gladiateurs réguliers, qui combattaient par paires, selon la manière habituelle (11).

Postulaticii. C'étaient des gladiateurs supplémentaires, que celui qui donnait les jeux ajoutait, sur la demande du peuple, aux combattants déjà fournis par lui (12).

Provocatores. Ceux-ci combattaient contre les samnites (13); c'est là, avec leur nom, tout ce que nous savons sur eux. Il en est fait mention dans les inscriptions (14).

Retiarii. Ils portaient pour toutes armes une lance à trois pointes, appelée *tridens* ou *fuscina*, et un filet, dans lequel ils cherchaient à envelopper leur adversaire.

Le rétiaire était vêtu d'une courte tunique et avait la tête nue. S'il manquait son coup en jetant son filet, il prenait la fuite, tandis que son adversaire le poursuivait à travers l'arène, et tâchait de le frapper, avant qu'il pût se préparer pour un nouvel essai. Cet adversaire était ordinairement un sécuteur ou un murmillon (1).

Samnites. Ils étaient ainsi appelés à cause de leurs armes semblables à celles de ce peuple; ils étaient distingués surtout par leur bouclier long (2).

Secutores. Quelques écrivains disent que ceux-ci étaient ainsi nommés parce que, en combattant les rétiaires, ils les poursuivaient comme nous l'avons dit plus haut. D'autres pensent que cette appellation désignait la même chose que ce qu'on entendait par *suppositilii*, c'est-à-dire des gladiateurs prêts à remplacer ceux qui étaient tués ou mis hors de combat (3).

Thraces ou *Thræces*. Ils étaient armés à la manière des Thraces, avec un bouclier rond (4) et une courte épée, appelée par Juvénal (5) *falx supina*; ils combattaient d'ordinaire, ainsi que nous l'avons déjà dit, contre les murmillons.

Les combats de gladiateurs, de même que tous les jeux du cirque, fournirent aux artistes romains des sujets souvent reproduits (6). Plusieurs statues, qui sont parvenues jusqu'à nous, et qui jouissent d'une réputation méritée, en sont une preuve suffisante. Les bas-reliefs en stuc du tombeau de Scaurus à Pompéi, dessinés par Mazois (7), représentent des combats de gladiateurs très-propres à donner une idée nette et claire de ce genre de spectacle. Les combattants y sont vêtus et armés selon la classe à laquelle ils appartiennent; les thraces, les samnites, les murmillons, portent le *subligaculum*, espèce de tablier attaché au-dessus des hanches. Leur bras droit seul est couvert d'un brassard, le gauche étant protégé par le bouclier. La plupart des armes offensives sont absentes : on suppose que l'intention du sculpteur était de les composer en bronze et de les ajouter. Les lanistæ, qui se tiennent derrière les combattants pour les surveiller et les forcer d'attendre ou d'exécuter l'ordre du peuple, sont

(1) Suet. *Aug.* 43; *Cal.* 50.
(2) Artemid. II, 32. — Orelli, *Inscr.* 2584.
(3) Orelli, 2577, 2589.
(4) Orelli, 2566, 2584, etc.
(5) Capitol. *Gord. III*, 52.
(6) Suet. *Cal.* 35. — Mart. VIII, 74. — Orelli, 2566.
(7) Isid. XVIII, 26.
(8) Senec. *Epist.* 7. — Suet. *Claud.* 34. — Orelli, 2587.
(9) Festus, s. v. RETIARIO.
(10) Cic. *Phil.* III, 12; VII, 6. — Juv. VIII, 200. — Suet. *Cal.* 32. — Orelli, 2566, 2580.
(11) Senec. *Epist.* 7. — Suet. *Aug.* 45 · *Cal.* 26.
(12) Senec. *l. c.*
(13) Cic. *Pro Sext.* 64.
(14) Orelli, 2566.

(1) Juv. II, 143; VIII, 203. — Suet. *Cal.* 30; *Claud.* 34. — Orelli, 2572.
(2) Tit. Liv. IX, 40. — Cic. *Pro Sext.* 64.
(3) Suet. *Cal.* 30. — Juv. VIII, 210.
(4) Festus, *v. s. Thræces*.
(5) Juv. VIII, 201.
(6) Plin. *H. N.* XXXV, 33. — Vopisc. *Carin.* 18.
(7) *Ruines de Pompéi*, tome I, pl. 32. — Le *Magasin pittoresque*, année 1838, p. 333, a reproduit le dessin de ces bas-reliefs.

vêtus de la tunique, et tiennent une baguette à la main. Dans divers endroits de la frise sont écrits les noms des personnages auxquels appartenaient les gladiateurs représentés, et aussi les noms de ces gladiateurs eux-mêmes, et le nombre des victoires remportées précédemment par eux.

Juste-Lipse, *Saturnalium sermonum, sive de gladiatoribus, lib. II* (tome III de ses œuvres, éd. d'Anvers, 1637, 6 vol. in-fol.).

Dictionary of greek and roman antiquities, ed. Will. Smith, art. GLADIATORES.

▸ LÉON RENIER.

GLANAGE. (*Agriculture.*) Action de glaner, travail du glaneur. Le glanage est une opération utile en elle-même, en ce sens qu'elle a pour objet de relever les épis des graines céréales qui, soit par leur isolement de la tige, soit par une rupture de la tige, n'ont pas été repris dans les gerbes ; cette opération s'exécute à la main. Les cultivateurs peu fortunés la font pour leur compte ; et les cultivateurs plus riches l'abandonnent aux pauvres ou aux ouvriers qui, dans la moisson, s'occupent à lier les gerbes. Dans ce dernier cas, le liage des gerbes a besoin de beaucoup de surveillance, parce que les ouvriers qui l'exécutent pourraient, en le faisant négligemment ou avec malveillance, rendre le glanage plus productif. L'opération du glanage est, dans quelques départements, une prérogative analogue à la vaine pâture. DUBRUNFAUT.

GLANDES. (*Anatomie.*) *Glans*, gland ; ἀδήν, glande. Les anatomistes donnaient autrefois le nom de *glandes* à un grand nombre d'organes d'un tissu généralement mou, comme fongueux, d'une forme plus ou moins arrondie ou olivaire, mais très-différents de nature et de fonctions. C'est ainsi qu'ils appelaient de ce nom : 1° les organes parenchymateux qui séparent immédiatement du sang un liquide quelconque : tels sont le *foie*, la *parotide* ; 2° les petits corps arrondis ou lenticulaires qui versent immédiatement sur la peau ou sur les membranes muqueuses les humeurs qui les lubrifient ; 3° les pelotons rougeâtres que l'on rencontre de distance en distance sur le trajet des vaisseaux lymphatiques ; 4° divers corps dont les fonctions sont encore inconnues, comme la *glande pinéale*, la *glande pituitaire*, les *glandes de Pacchioni*, dans le cerveau ; la *glande thyroïde*, au devant du cou. Aujourd'hui, on ne donne dans la science le nom de *glandes* qu'à ceux de ces organes qui sont le siége d'une *excrétion*, et qui sont pourvus d'un canal *excréteur* ; on appelle les seconds *cryptes* ou *follicules* ; les troisièmes ont reçu le nom de *ganglions lymphatiques* (*Voyez* ce mot) ; les quatrièmes, enfin, sont nommés *ganglions glandiformes*. On ne compte plus, par conséquent, dans l'organisme humain que seize glandes : les deux *glandes* *lacrymales*, situées à l'angle externe des yeux, sous les paupières : elles sécrètent les larmes ; les six *glandes salivaires*, trois de chaque côté, derrière et sous la mâchoire inférieure, les deux *parotides*, les deux *sous-maxillaires* et les deux *sublinguales* : leur nom indique leurs fonctions ; les deux *glandes mammaires*, organes sécréteurs du lait : elles ne sont en activité que chez la femme après la gestation ; le *foie*, organe sécréteur de la bile ; le *pancréas*, situé profondément derrière l'estomac, sorte de glande salivaire abdominale, dont le conduit excréteur va se réunir au *canal cholédoque*, conduit de la bile, pour s'aboucher avec lui dans le *duodénum ;* les deux *reins*, glandes où s'élabore l'urine ; enfin, les deux *testicules*, ou organes sécréteurs de la liqueur séminale. Quelques auteurs rangent aussi les *ovaires* au nombre des glandes.

Les botanistes ont nommé *glandes*, par analogie avec celles des animaux, de petits corps arrondis que l'on remarque sur les feuilles et sur les jeunes pousses de certaines plantes, et dont l'usage paraît être de sécréter des fluides particuliers. Ils en ont distingué sept espèces, en raison de leurs formes différentes.

C. LEBLANC.

GLARIS. (*Géographie* et *Histoire*.) Un des cantons de la Suisse. Il s'étend entre 6° 14' et 6° 45' de longitude orientale, entre 46° 39' et 47° 8' de latitude septentrionale. Il est borné, au nord et à l'est, par le canton de Saint-Gall ; au sud, par le canton des Grisons ; à l'ouest, par ceux d'Uri et de Schwitz. Sa superficie est de 37 lieues carrées ; sa population, de 29,000 habitants.

Ce canton est un des plus montagneux de la Suisse. Il est entouré par trois hautes chaînes, couvertes de neiges perpétuelles, et laissant pendre leurs glaciers blanchissants jusque dans les belles vallées de la Sernft, de la Linth et de Klœn. Les principaux sommets sont le Kisten, élevé de 8,650 pieds au-dessus de la mer ; le Haut-Glœrniset, haut de 8,820 ; le Hausstock, haut de 9,610 ; et le Dœdi, dont la cime atteint 11,110 pieds. De nombreuses chutes d'eau descendent de ces hauteurs, et, se réunissant en ruisseaux, en torrents, en rivières, parcourent et fertilisent les basses terres. Le principal de ces courants est la Linth, qui descend du mont Dœdi, reçoit, entre autres affluents, la Sernft et la Lœntsch, et va se jeter dans le lac de Wallenstadt. Autrefois des débordements annuels ravageaient les plaines étroites qui bordent cette rivière ; maintenant, grâce aux beaux travaux de l'ingénieur Escher, elle va rejoindre par un canal le lac de Wallenstadt, qu'un autre canal réunit au lac de Zurich. Il se trouve dans l'intérieur du canton plusieurs petits lacs, dont le principal est celui de Klœn.

17.

Glaris est surtout un canton pastoral ; le fond des vallées, très-fertile, bien cultivé, produisant des fruits en abondance, n'occupe qu'un fort petit espace, tandis que la partie inférieure du versant des montagnes est couverte d'excellents pâturages. Les bœufs sont d'une belle race ; les chevaux sont renommés pour leur force et la sûreté de leurs pieds ; les chèvres sont nombreuses. Un des plus remarquables produits du pays est, avec le beurre, le fromage vert appelé *schabziegre*, tellement dur qu'on ne le mange que râpé. On recueille en grande abondance les plantes médicinales qui entrent dans la composition du thé suisse, objet d'un commerce très-étendu. Les rivières et les lacs fournissent beaucoup de poissons, surtout des truites renommées. On trouve sur les montagnes des chamois, des marmottes, des coqs de bruyère, l'aigle des Alpes, le grand aigle. Le règne minéral est riche en ardoises, en grès, en marbre, en fer. On rencontre en plusieurs endroits des sources d'eaux minérales, dont les principales sont à Braunwald, Bettschwanden et Linththal.

Si la nature du sol ne laisse dans cette contrée que peu de place à l'agriculture, en revanche, le commerce et l'industrie sont florissants. Le plus grand nombre des manufactures fabriquent des indiennes, des cotonnades, des mousselines ; on exploite les richesses minérales que recèle la terre, surtout les ardoises. Les principaux articles d'exportation sont les étoffes, les fromages, entre lesquels les schabziegres tiennent le premier rang, les ardoises, les fruits secs, les herbes médicinales ; les importations consistent en denrées coloniales, en teintures, en fer brut ou travaillé, en acier, en cuivre, en coton, en tabac, en vin et en grains. L'activité et l'habileté commerciales qui distinguent les Glarinois sont telles que, ne trouvant pas dans les ressources du pays un aliment suffisant, elles poussent les Glarinois à quitter leur patrie, et à aller exercer leur industrie à l'étranger : un tiers de la population est habituellement éloigné du canton.

Ses habitants sont généralement protestants. Les trois vingtièmes seulement professent le catholicisme. Les deux communions s'entendent du reste à merveille, et pratiquent l'une envers l'autre une extrême tolérance. D'ordinaire la même église sert aux cérémonies des deux cultes.

Le canton de Glaris fut un des sept premiers qui firent partie de la confédération. Il y entra en 1352, après s'être révolté l'année précédente contre le bailli autrichien, et conquit glorieusement sa liberté aux deux batailles de Næfels (1352 et 1388). Allié avec le canton de Schwitz, il soutint une guerre contre Zurich, au quinzième siècle, pour la posses-

sion des vallées de Gater et d'Utznach. Il les posséda jusqu'en 1798 : à cette, époque elles furent réunies au canton de Saint-Gall.

Le canton de Glaris est un des cinq petits cantons. La constitution du 3 juillet 1814 reconnaît la souveraineté dans la *landsgemeinde*, c'est-à-dire dans l'assemblée générale de tous les citoyens âgés de plus de seize ans. Mais les protestants et les catholiques, par un compromis venu après de longues discussions, tiennent leurs assemblées séparément, et ne se réunissent que pour les objets d'un intérêt général. Un *landamman*, qui est alternativement pendant trois ans un réformé, pendant deux ans un catholique, préside le *landrats* ou conseil nommé par la landsgemeinde générale, et composé de quarante-huit membres dont par les réformés et de quinze élus par les catholiques.

Le canton fournit à la confédération un contingent de 482 hommes, et une somme annuelle de 5,165 francs.

Il est divisé en 15 districts appelés *tawgen;* à proprement parler, il ne renferme pas de ville. GLARIS, son chef-lieu, n'est qu'un gros bourg, peuplé de 4,600 habitants, et situé dans une vallée étroite au pied du Glœrniset. L'aisance y règne généralement. C'est le centre industriel du canton ; on y fabrique des mousselines, des châles, des étoffes imprimées. C'est là que Zwingle prêcha sa réforme religieuse et politique. C'est là que prirent naissance les Tschudi, une des principales familles de Suisse, qui a fourni au canton dix-sept landammans, et dont les membres ont exercé en Suisse, pendant trois siècles consécutifs, les fonctions de *mayeurs*.

Les autres lieux remarquables sont : *Schwanden*, dans une situation singulièrement pittoresque, au confluent de la Linth et de la Sernft ; *Næfels*, célèbre par les victoires qu'y remportèrent les gens du canton de Glaris ; *Mollis*, *Matt*, *Ruti*, etc.   G.

GLASCOW ou GLASGOW. (*Géographie*.) Ville d'Écosse, dans le comté de Lanerk. C'est le siège d'un archevêché. Sa population est de 281,000 habitants.

Glascow, la seconde ville de l'Écosse quant au rang, est la première sous les rapports de l'étendue du commerce et de l'industrie. Située sur la Clyde, au milieu de charmants paysages, elle est régulièrement et élégamment bâtie, au moins dans les parties les plus modernes. La rivière, qui passe sous trois ponts, est bordée de beaux quais. De majestueux édifices embellissent les rues larges et droites ; les plus remarquables sont : le nouveau palais de justice avec la prison, la banque d'Écosse, le théâtre, le casino, le *Trade's Hall*, l'hôtel de ville avec la statue de William Pitt ; le *Tontine-Hôtel*, rendez-vous général de tous les négociants ; la bourse, l'antique cathédrale, haute de 210 pieds, regardée comme le plus beau temple d'architecture gothique de toute l'Écosse ; la vaste et belle église catholique, bâtie en 1815 ; l'hôpital des aliénés, l'obélisque de Nelson, sur l'esplanade Grean.

Au point de vue scientifique et littéraire, Glascow ne tient pas un rang moins distingué parmi les villes d'Écosse. Son université attire annuellement 1,700 étudiants ; ses institutions se rapprochent de celles des universités d'Allemagne. Elle a été enrichie dans les derniers temps par les donations de J. Anderson et de G. Hunter. Le premier lui légua en 1796 sa bibliothèque, son musée et toute sa fortune ; le second lui fit présent de ses collections de médailles et de préparations anatomiques, de curieux manuscrits et de tableaux précieux. Elle possède en outre un gymnase, un observatoire, un jardin botanique, une institution pour l'enseignement des sciences, fondée par Anderson. Indépendamment de ces établissements, on trouve à Glascow l'institut des sourds-muets, la bibliothèque de la ville, les sociétés de littérature et des sciences naturelles, celle pour le perfectionnement de l'industrie et les progrès du commerce, enfin l'institution pour l'instruction spéciale de la classe ouvrière, fondée en 1822, et devenue le modèle de tous les établissements de ce genre dans les autres grandes villes du Royaume-Uni.

Le caractère distinctif de Glascow, c'est l'activité commerciale et l'instinct des entreprises industrielles. C'est là que fut construit, en 1800, le premier bateau à vapeur qu'on ait vu en Europe. Aujourd'hui plus de 400 machines fonctionnent dans ses manufactures. Cette ville est le centre de l'industrie cotonnière de l'Europe ; elle possède, en outre, de nombreuses fabriques de porter, toiles, tapis, cristal, sucre, savon, porcelaine, faïence, câbles, cuirs, chandelles, fil d'archal. Cette active fabrication alimente un commerce important, facilité par le canal de Forth-et-Clyde, qui unit Glascow et Édimbourg ; par celui de Monkland, qui lui fournit abondamment la houille nécessaire à sa consommation, et par celui d'Androssan, qui, par Paisley, le fait communiquer avec ce port. Un chemin de fer l'unit à Berwick. La marine marchande de Glascow jauge plus de 40,000 tonneaux, et c'est la plus nombreuse de l'Écosse, après celle d'Aberdeen.

L'importance et la prospérité de Glascow remontent très-haut. Cette ville était dès 560 le siège d'un évêché. Son université fut fondée en 1450 par Jacques II et l'évêque Purnbull : Adam Smith y professa.

Le philosophe Reid était né à Glascow.

G. Denholms, *History of the city of Glascow*; Glascow, 1804, in-8°
G.

GLATZ. (*Géographie* et *Histoire*.) Ancien comté de Silésie, qui forme aujourd'hui les deux cercles de Glatz et d'Habelschwerdt, dans la régence de Breslau.

Ce comté appartenait, au quinzième siècle, à la couronne de Bohême ; l'empereur Ferdinand III l'acquit en 1561 ; il échut à la Prusse par conquête en 1742.

C'est un pays riche, arrosé par la Neisse et la March, nourrissant 100,000 habitants sur un territoire de 32 lieues carrées. La nature montagneuse du sol n'est pas très-favorable à l'agriculture ; mais l'élève des bestiaux est considérable et bien entendu. On trouve dans les montagnes des sources minérales, de la chaux, des pierres à bâtir, du charbon de terre. Le bois fournit un article de commerce important.

GLATZ, *Glacium*, chef-lieu du cercle et du comté de même nom, est situé sur les deux rives de la Neisse. C'est une ville forte, possédant une belle citadelle. Elle fut assiégée en 1622 par les Impériaux ; en 1760, pendant la guerre de Sept-Ans, Loudon s'en empara par un coup de main. Frédéric le Grand répara et augmenta ses fortifications, et elle fut vainement assiégée en 1807, pendant la guerre avec la France.

La ville a une population de 6,500 habitants. Elle renferme trois arsenaux, sept casernes et plusieurs magasins militaires. Elle possède un gymnase, plusieurs établissements philanthropiques, des tisseranderies, de nombreuses distilleries, brosseries et usines.

G.

GLAUCONIE. (*Géologie*.) M. Brongniart a ainsi nommé un mélange de calcaire et de grains verts, qui se rencontre principalement dans le calcaire grossier et dans la partie moyenne du terrain crétacé ; c'est plutôt une modification de roche qu'une espèce distincte, car on la rencontre dans presque tous les calcaires. La glauconie est presque toujours peu solide ; elle devient même friable et meuble ; elle offre une couleur verdâtre passant au noir, ou jaunâtre, ou blanchâtre.

M. Brongniart en a distingué trois variétés principales :

Glauconie compacte : texture compacte, couleur brune ou noirâtre ;

Glauconie crayeuse à base de calcaire crayeux : grains verts et beaucoup de sable.

Glauconie sableuse (*grennsand, sable vert*) : friable, beaucoup de sable et de grains verts, et peu de calcaire.

ROZET.

GLOBULES. (*Anatomie microscopique*.) Quand on examine, sur un animal vivant, le sang encore entraîné par le mouvement circulatoire, ce liquide ne paraît point homogène ; il tient en suspension des myriades de petites particules, roulant sur elles-mêmes, et s'entremêlant de mille manières. Ce phénomène est connu depuis longtemps ; Malpighi l'observa le premier. Ces corpuscules, nommés *globules*, ont des dimensions déterminées et affectent des formes particulières, suivant la classe des animaux chez lesquels on les observe. Ils sont elliptiques chez les poissons, les reptiles et les oiseaux, tandis que, chez les mammifères, ils offrent l'aspect d'une lentille circulaire.

Il faut bien se garder, cependant, d'en juger d'une classe à l'autre, de croire, par exemple, qu'ils sont identiques chez les poissons, les oiseaux et les mammifères. Chez les premiers, on aperçoit de grands et de petits globules, ayant tous des noyaux à leur centre ; si on les soumet à un lavage, et qu'on les y agite, l'eau dissout l'enveloppe, le noyau seul persiste. Chez les oiseaux et les mammifères, au contraire, si l'on prend des globules (et pour cela il ne faut pas se contenter de comprimer le caillot, mais il faut battre le sang dans un vase pour en séparer la fibrine : ils se déposent alors, et en décantant la liqueur, ils restent parfaitement isolés), si l'on prend des globules et qu'on les soumette au microscope, on aperçoit une sorte d'enveloppe, et au milieu une espèce de noyau ; mais si on les lave, l'enveloppe avec le noyau disparaît, et l'eau reste colorée en rouge, comme le sérum dans certaines maladies. Les globules, chez les oiseaux et les mammifères, ne sont donc pas analogues à ceux des poissons. On peut, en conséquence, distinguer des globules *sans noyau* et des globules *avec noyau*, les premiers appartenant aux mammifères et aux oiseaux, les seconds aux reptiles et aux poissons.

Cette opinion, du reste, que professe le professeur Magendie, n'est pas celle de plusieurs autres physiologistes ; MM. Prévost et Dumas, entre autres, admettent l'existence d'un noyau dans les globules du sang humain.

Le volume des globules varie suivant les animaux. Ceux de l'homme sont excessivement petits : Leuwenhoeck leur donnait 1/170ᵉ de ligne ; Della Torre, 1/750ᵉ. Mais tous les globules d'un même individu n'ont pas les mêmes dimensions ; on doit admettre un terme moyen, qui, d'après MM. Prévost et Dumas, serait de 1/150ᵉ de millimètre.

Les globules les plus gros sont ceux de la salamandre : ils ont, suivant quelques-uns, 1/35 et même 1/30ᵉ de millimètre. Chez les oiseaux, ils ont une grosseur moyenne, qui varie de 1/55ᵉ à 1/100ᵉ de millimètre.

La proportion des globules varie dans le sang des différents animaux ; MM. Prévost et Dumas, qui ont fait des expériences à ce sujet, ont trouvé que, sur 10,000 parties, le sang de l'homme en contient 1,292 de globules, celui du chien 1,232, celui du lapin 938, celui du cheval 920, celui du pigeon 1,557, celui de la grenouille 690, celui de l'anguille 600.

La structure des globules n'est pas bien déterminée ; selon quelques auteurs, ils sont formés d'une enveloppe fibrineuse, renfermant l'*hématosine* (matière colorante du sang) ; selon d'autres, ils sont composés d'albumine solide et de fibrine, contenues dans une enveloppe de matière colorante.

Indépendamment des globules rouges, on trouve dans le sang humain d'autres globules, qui diffèrent des premiers par leur dimension, leur conformation, leur couleur : ce sont les *globules blancs*. Mais tout porte à faire croire que ces globules, dont la présence dans le sang en circulation, est difficile à constater, sont de petites masses de fibrine qui se sont coagulées sur le verre du microscope.

Quel est l'usage des globules dans l'acte de la circulation ? On l'ignore, et probablement on l'ignorera longtemps encore. Cependant, on peut admettre qu'ils jouent un grand rôle dans la coloration du sang, puisque l'analyse chimique constate, dans ces petits corps, la présence d'une proportion notable de fer, à laquelle ils doivent leur pesanteur.

Il résulte, en outre, des recherches de MM. Andral et Gavarret, que le nombre des globules diminue d'une manière notable et constante, 1° après des pertes de sang considérables et fréquemment répétées ; 2° chez les individus dont la nutrition est altérée par une alimentation de mauvaise nature ou insuffisante ; 3° dans la phthisie pulmonaire, en raison de l'obstacle que cette maladie présente à l'hématose ; 4° chez les femmes chlorotiques, et en général chez les individus à diathèse séreuse ; 5° pendant la grossesse ; 6° chez les individus soumis aux émanations saturnines (de plomb), etc., etc.

La plupart des autres liquides de l'organisme, soit normaux, soit anormaux, présentent aussi des globules : tels sont la *lymphe*, le *chyle*, le *lait*, le *pus*, etc., etc.

Nous dirons quelques mots de ceux du *lait* et de ceux du *pus*. Soumis au microscope, le premier de ces liquides paraît composé d'une multitude de globules sphériques, dont le diamètre varie depuis 1/20ᵉ jusqu'à 1/100ᵉ de millimètre. Formés par la matière grasse, ils sont réguliers et nagent librement dans un liquide qui ne contient pas d'autres particules. Lorsque les globules laiteux sont agglomérés et mêlés à des corps granuleux, on peut déclarer que le lait n'est point encore formé, ou qu'il est de mauvaise nature. Si l'on distingue au milieu des véritables globules d'autres globules pointillés, dentelés et opaques, c'est que le lait contient du pus ; il est facile de vérifier ce fait par une seconde épreuve : car, en ajoutant au liquide quelques gouttes d'une solution alcaline, les globules purulents sont dissous en quelques minutes, et les globules laiteux restent intacts, tandis que l'éther dissout complétement ces derniers, sans exercer la moindre action sur le pus. Chez les animaux fatigués, ou que l'on trait trop souvent, on rencontre quelquefois des globules sanguins mêlés à ceux du lait ; l'ammoniaque dissout complétement les premiers. La quantité de matière grasse est ordinairement en rapport avec celles des autres éléments solides du lait, en sorte que l'on peut approximativement en reconnaître la richesse, d'après la quantité de globules qu'il contient (1).

En examinant le *pus* au microscope, on y découvre des globules qui nagent dans un liquide : leur diamètre est de 1/100ᵉ de millimètre environ ; il peut cependant varier. Leur forme est sphérique ou lenticulaire ; mais ils peuvent se *réunir entre* eux de manière à former des grumeaux irréguliers ; d'un autre côté, ils sont souvent mélangés avec des globules de graisse plus ou moins nombreux. Ils sont plus ou moins transparents, denticulés sur leurs bords, et marqués dans leur centre d'un point rond et blanc. D'après les recherches de plusieurs observateurs, il paraît que les globules purulents, comme les globules sanguins, sont composés de deux substances différentes : l'enveloppe et le noyau. Leur déformation est des plus lentes, car on en retrouve encore au bout de plusieurs mois.

Les globules forment un excellent caractère pour distinguer le pus du mucus. Ceux du mucus, en effet, ont les bords parfaitement limités et la surface couverte d'une infinité de petites pointes ; ils sont mêlés à des corpuscules de forme variable, à des espèces d'écailles semblables à des débris d'*epithelium* (épiderme muqueux).

Dans la phthisie pulmonaire, les globules ordinaires du pus sont mêlés avec une substance granuleuse formée par l'accumulation d'une poussière excessivement fine, beaucoup plus fine que les globules purulents ; cette poussière, qui n'est autre que la matière tuberculeuse, ne se rencontre dans aucune autre maladie du poumon.

A. DUPONCHEL.

GLOCESTER ou **GLOUCESTER**. (*Géographie et Histoire*.) Comté d'Angleterre, borné par ceux de Warwick au nord-est et au nord, de Worcester et de Monmouth à l'ouest, de Somerset au sud, de Wilts au sud-est, de Berks et d'Oxford à l'est. Sa population est de 431,300 habitants, répandus sur une superficie de 59 lieues carrées géographiques.

Cette province, une des plus belles du royaume, est arrosée par la Severn et l'Avon

inférieur, la Wye et le Skoud, leurs affluents. Le terrain, assez peu régulier, est sillonné de collines entre lesquelles s'étendent de larges vallées. De belles forêts et de gras pâturages en couvrent la majeure partie : aussi l'éducation du bétail est-elle la principale occupation des habitants ; néanmoins l'agriculture et l'industrie sont loin d'être négligées. La première s'occupe particulièrement des poiriers et des pommiers ; on récolte aussi des blés, des légumes, des herbes, du lin, du bois. La seconde embrasse surtout la fabrication des draps, des bas, des épingles, du cidre, des fromages. En outre, on exploite les riches mines de houille, de fer et de gypse que renferme le sol. Il se trouve à Cheltenham des sources minérales renommées.

Le comté de Glocester fait partie des diocèses de Bristol et de Glocester ; il est divisé en 30 districts, et nomme huit députés au parlement.

GLOCESTER, *Claudia castra*, chef-lieu du comté de même nom, est une ville épiscopale, peuplée de 12,000 habitants.

Cette ville, d'une médiocre étendue, est située sur la Severn, laquelle y est traversée par un magnifique pont en pierre d'une seule arche de 150 pieds anglais d'ouverture. On y remarque encore la cathédrale, édifice imposant, et le palais de justice. Elle possède une société d'agriculture. C'est une cité commerçante et industrieuse, enrichie surtout par l'immense fabrication d'épingles à laquelle elle se livre, et dont on évalue la valeur à plus de 25 millions de francs par an. Elle nomme deux députés à la chambre des communes.

Glocester fut une des premières villes qui, en 1641, se déclarèrent contre le roi Charles Iᵉʳ.

Elle a donné son nom à plusieurs comtes ou ducs pour la plupart issus du sang royal d'Angleterre. Le premier fut *Robert*, comte de Glocester. Ce fils naturel de Henri soutint en 1138 les droits de Mathilde, sa sœur, au trône d'Angleterre, contre Étienne de Blois. Les revers qu'il éprouva ne lui firent point abandonner ses projets ; il soutint ses partisans par son courage et les ranima par ses promesses. Il conserva un parti à sa sœur jusqu'à sa mort, arrivée en 1146.

Thomas Woodstock, duc de Glocester, frère d'Édouard III et l'un des tuteurs du jeune Richard II, fils d'Édouard (1377), voulut détrôner son neveu (1399). Il obtint d'abord quelques succès, mais enfin il fut arrêté et conduit à Calais, où il fut exécuté par ordre du roi.

Un autre duc de Glocester, oncle et tuteur de Henri VI, se rendit célèbre par son goût pour les lettres, et fonda en Angleterre une des premières bibliothèques publiques. Ce prince, entouré du respect et de l'affection du peuple, portait ombrage à la cour ; il fut accusé de

---

(1) Donné, *Mémoire sur le lait*, 1837.

trahison et jeté en prison. Peu de temps après, on le trouva mort dans son lit. Quoique l'on assurât que sa mort était naturelle et que son corps ne portât aucune trace de violence, on ne douta pas cependant qu'il n'eût été sacrifié à la haine de ses ennemis.

Richard, duc de Glocester, frère d'É-douard IV, s'empara de la régence à la mort de ce prince. Il obtint la garde de ses neveux, Édouard V et le duc d'York, les fit enfermer à la tour de Londres, sous prétexte de leur santé, et mit alors tout en œuvre pour obtenir la couronne. Il fit périr les deux jeunes captifs, et se fit proclamer roi le 22 juin 1483, sous le nom de Richard III.

Le titre de duc de Glocester fut rétabli en 1764 en faveur de *William Henri*, neveu de Georges III. *William Frédéric*, son fils, hérita de ce titre en 1807, et le conserva jusqu'à sa mort (1834).

Sam. Lysons, *A collection of Glocestershire antiquities.* London, 1803, in-fol.

Sam. Rudder, *New history of Gloucestershire;* Cirencester, 1779, in-fol.

Th. Rudge, *The history of county of Gloucester;* Gloucester, 1803, 2 vol. in-8°.

THÉODORE BÉNARD.

GLOGAU. (*Géographie et Histoire.*) Cette ville, qu'on appelle aussi Grand-Glogau (*Gross-Glogau*), pour la distinguer d'une autre, de moindre importance, qui porte le même nom, est une place forte de Prusse, chef-lieu de cercle dans la province de Silésie, régence de Liegnitz. Sa population est de 15,000 hab.

Le vieux château de Glogau a été le siége d'un duché formé vers le milieu du douzième siècle, et qui parvint à la maison de Brandebourg vers le commencement du quatorzième. *Frédéric II* s'empara de la ville le 9 mai 1741, et la conserva après la paix. Assez considérables déjà, ses fortifications ont reçu depuis cette époque beaucoup d'accroissement et de perfectionnement. En 1758, un incendie consuma près du tiers de ses maisons. Le 2 décembre 1806, après la bataille d'Iéna, le général Vandamme assiégea cette place, et le commandant de Reinhard la lui rendit après une faible résistance.

La ville de Glogau est située sur la rive gauche de l'*Oder*; elle communique par un pont de bois avec une île nommée Dom-Insel. Elle renferme huit églises, dont deux catholiques; deux gymnases, une école d'accouchements, deux hôpitaux. Elle est bien fortifiée, et possède un arsenal, des casernes, des magasins militaires, et une prison d'État qu'on appelle la Hernburg. Quoique place de guerre, l'industrie et le commerce n'y sont pas négligés. Il y a des tisseranderies, des fabriques de tabac et de cire d'Espagne. Sa navigation sur l'Oder est fort active. G.

GLOMERIS. (*Histoire naturelle.*) Genre de myriapodes de l'ordre des chilognathes, et qui est devenu une petite famille distincte, renfermant les trois genres *glomeris*, *zephronia*, et *glomeridesmus*. Nous ne parlerons que du seul groupe des *glomeris*, dont le corps est convexe en dessus et concave en dessous, présentant de chaque côté une rangée de petites écailles très-remarquables et assez semblables à celles que l'on voit sur les trilobites.

On connaît une quinzaine d'espèces européennes de ce groupe, et l'on en a pris aussi en Égypte et en Algérie. L'espèce type est le *Glomeris marginata* Leach, qui se trouve, au commencement du printemps, dans tous les environs de Paris, est d'une couleur gris d'ardoise, et se roule en boule dès qu'on le touche.

H. Lucas, *Histoire naturelle des crustacés*, et dans les *Suites à Buffon* de Duménil.

Walckenaër et P. Gervais, *Insectes aptères des Suites à Buffon* publiées par Roret.

E. DESMAREST.

GLOSSOPHAGES. (*Histoire naturelle.*) C'est à Étienne Geoffroy Saint-Hilaire que l'on doit la création de ce genre de mammifères chéiroptères, démembré des phyllostomes, dont il se distingue par son museau allongé et étroit, et par sa langue très-allongée, mais peu large, et recouverte en avant de poils nombreux, tandis qu'elle est creusée dans son milieu par un sillon longitudinal chez les phyllostomes.

On distingue quatre espèces de glossophages, toutes propres à l'Amérique méridionale et principalement au Brésil : le type est le GLOSSOPHAGE DE PALLAS (*Glossophaga Pallasii*, Étienne Geoffroy), qui se trouve à Surinam, n'a pas de queue, et dont la membrure interfémorale est large.

Ét. Geoffroy Saint-Hilaire, dans les *Annales du Muséum,* t. XV.

A. G. Desmarest, *Mammalogie,* 1821-1822.

E. DESMAREST.

GLOUTON. (*Histoire naturelle.*) Le glouton, que plusieurs zoologistes réunissent aux ours, est devenu par Klein le type d'un genre distinct qui est généralement adopté aujourd'hui, et est placé dans la division des carnassiers-mustéliens. Sa tête est forte, son corps couvert de poils longs et abondants, d'un brun-marron. Cet animal est haut sur pattes ; ses pieds, pentadactyles, sont semi-plantigrades, et armés d'ongles forts et non rétractiles ; ses oreilles sont assez semblables à celles des chats.

Le Glouton, qui porte scientifiquement le nom de *Gulo arcticus* A. G. Desmarest, est presque exclusivement carnassier : il est audacieux et attaque même les grands ruminants ;

pour cela il grimpe sur les arbres, attend au passage les animaux dont il espère se rendre maître, s'élance sur eux en ayant soin de les saisir au cou et de leur ouvrir les gros vaisseaux de cette région. On a vu des gloutons en domesticité, et alors leur naturel change beaucoup ; nous renvoyons à ce que Buffon dit à cet égard. Ces animaux habitent le nord de l'Europe et de l'Asie, ainsi que les régions froides de l'Amérique. On en trouve des débris fossiles dans presque toutes les contrées de l'Europe, notamment en Allemagne et en France.

Le grison, le ratel et le taïra, qui ont été réunis quelquefois au glouton, doivent en être distingués, ainsi que nous le dirons dans d'autres articles.

A. G. Desmarest, *Mammalogie*, 1821-1822, etc.

E. DESMAREST.

GLUTEN. (*Chimie organique.*) Le *gluten* est une matière végéto-animale qui existe dans la plupart des *céréales*, et surtout dans le blé, où elle se trouve mêlée à de l'amidon, à du sucre, à de la gomme et à une certaine quantité d'albumine.

On obtient le gluten en formant une pâte avec la farine de froment, et en la malaxant sous un filet d'eau, jusqu'à ce que l'eau conserve sa limpidité, et qu'il reste dans les mains une substance grisâtre, molle, d'une odeur fade, très-élastique, et susceptible de s'étendre comme une membrane.

Ainsi extrait, le gluten renferme une grande proportion d'eau (0,66). Exposé à une douce chaleur, il perd cette eau, diminue de volume et se transforme en une matière dure, transparente et cassante comme de la corne. A une température plus élevée, il se boursoufle, se noircit et se décompose comme les matières animales.

Insoluble dans l'eau froide, il perd sa flexibilité dans l'eau bouillante. Les solutions alcalines et l'acide acétique le dissolvent à une douce chaleur. Traité par l'alcool, il se sépare en deux substances, que M. Taddei regarde comme des principes particuliers : l'un, soluble, a reçu de ce savant le nom de *gliadine* ; l'autre, insoluble, celui de *zimome*. M. Berzélius regarde la gliadine comme du *gluten pur*, et la zimome comme de l'*albumine végétale*.

Le gluten, brut et desséché, est formé, selon M. Boussingault, de carbone 53,5, hydrogène 7, azote 15, oxygène 24,5.

Partie constituante des farines de froment, de seigle et d'orge, c'est, par sa présence en plus grande proportion dans la première de ces farines, que le gluten lui donne la propriété de former, avec l'eau, une pâte plus ferme, plus consistante, et surtout plus extensible, et, par suite, de donner, après la fermentation et la cuisson, un pain plus léger que celui qu'on obtient avec les autres farines.

La proportion moyenne du gluten est de 0,10 dans la farine de froment, de 0,05 dans celle de seigle, de 0,03 dans celle d'orge.

Jusqu'à ces derniers temps, le gluten était peu employé par lui-même ; mais comme on savait que c'est à la plus ou moindre grande proportion de ce principe qu'est due la plus ou moins grande légèreté du pain, on a pensé, avec raison, que si l'on pouvait en ajouter à la pâte une certaine quantité, on obtiendrait des pains plus légers et plus agréables encore. Aussi commence-t-on à employer, dans les boulangeries, le gluten extrait, par un nouveau procédé, de la farine que l'on convertit en amidon.

La même substance trouve une application importante dans la préparation des *pâtes dites d'Italie*, dont la qualité est d'autant meilleure, qu'elles ont été préparées avec des farines plus riches en gluten.

A. DUPONCHEL.

GLYPTIQUE. (*Archéologie, Beaux-Arts.*) La *glyptique* est, dans l'acception originelle du mot (γλύπτειν), l'*art de la gravure*. Mais ce nom a pris un sens plus restreint, et il s'applique particulièrement à la *gravure sur pierres*, et le fait distinguer de la gravure sur cuivre, qui est un art tout à fait différent.

Nous ne pouvons donner ici un traité complet de l'étude des pierres gravées ; nous pouvons seulement essayer de prouver l'intérêt dont cette étude est susceptible pour les personnes qui se livrent aux arts et à la littérature, et son utilité pour la comparaison et l'intelligence des monuments.

Les pierres gravées que nous ont laissées les Grecs et les Romains, par leur petitesse et la solidité de la matière, ont échappé facilement aux ravages des siècles qui détruisent les plus beaux ouvrages de l'art : elles offrent aux artistes des modèles de goût pour l'invention ; aux amateurs, des compositions dans lesquelles ils trouvent de jolis épisodes mythologiques, qui, presque tous, ont rapport à des passages de poëtes anciens ; des imitations de statues ou de bas-reliefs célèbres, dont elles nous conservent seules le souvenir.

Ces jolis ouvrages de l'art peuvent orner des éditions d'auteurs classiques, leur servir de vignettes ou inspirer les artistes qui voudraient composer des sujets dans le vrai caractère de l'antique.

Une pierre gravée peut, ainsi qu'un bas-relief, aider à restaurer une statue mutilée et privée de ses attributs, en offrant un sujet semblable entouré de tous ses accessoires.

Les pierres gravées sont donc des monuments aussi intéressants que les sculptures, les peintures et les médailles. Leur possession est déjà une richesse par la matière même; elle acquiert une valeur de plus quand ces produits de la nature sont embellis par les arts. Non-seulement les riantes fictions de la mythologie, les souvenirs sévères de l'histoire, sont tour à tour retracés sur les pierres gravées; mais on peut y suivre pas à pas la marche de l'art, depuis son enfance jusqu'à sa perfection.

La glyptique a probablement dû son origine aux inscriptions tracées sur des pierres tendres. On a cherché à rendre ces inscriptions durables en les gravant sur des pierres plus solides, et les caractères gravés sur des cachets ont donné l'idée d'y représenter ensuite des figures. Aux traits grossiers, premiers essais de l'art naissant, succédèrent des imitations mieux faites de la nature, et ce premier pas une fois franchi, on marcha facilement vers l'idéal, qui est le but vers lequel doivent toujours tendre les artistes.

L'idéal n'est et ne peut être que la nature perfectionnée; car, de quelque imagination que soient doués les poëtes ou les artistes, ils ne peuvent s'élancer au delà des choses créées. Aussi, doivent-ils bien se garder, en voulant agrandir le domaine de l'art, de ne produire que des chimères et des monstres. La sculpture en grand serait plus sujette à cette erreur que la glyptique, puisque les objets diminués acquièrent ordinairement de la grâce et du fini; mais il est un autre écueil à éviter, c'est qu'en rapetissant les figures, on doit craindre d'en rapetisser aussi l'idéal et d'en amaigrir l'expression; ce qu'a fait le graveur Louis Siriès, dont les gravures sont appelées, avec raison, des égratignures.

L'art des proportions n'est pas la moindre partie de la glyptique, et outre la perfection du contour, il faut que ces proportions se trouvent encore dans les formes du relief.

Il est une sorte de perspective qui fait paraître les objets comme détachés du fond, quoiqu'ils n'en sortent pas même à demi. Le bas-relief ne doit pas avoir la rondeur d'une figure coupée en deux : il paraîtrait ainsi lourd et gigantesque; mais le méplat, qui consiste à dessiner des formes, avec très-peu de relief, est le triomphe de l'art chez les anciens : et c'est ce que les modernes exécutent le moins bien. On n'a pas trouvé, dans les écrits des anciens, de détails sur les procédés de la glyptique, excepté quelques traits épars dans Pline; mais, comme nous sommes beaucoup plus avancés qu'eux dans la mécanique, il est présumable que les nôtres sont plus parfaits. Cependant, avec plus de moyens d'exécution, nos meilleurs graveurs n'ont pas encore atteint à la perfection des premiers artistes grecs (1).

Les instruments dont on se sert pour graver les pierres sont une espèce de tour, appelé touret, auquel est fixée la bouterolle. Cette bouterolle, ou tarière, est un petit morceau de fer ou de cuivre, que le touret met en mouvement pour user et entamer la pierre; on aide son action par des poudres et des liquides. Les anciens employaient le naxium, espèce de poussière de grès du Levant. On lui préféra ensuite le schiste d'Arménie, et enfin l'émeri, dont on se sert aujourd'hui. Les anciens employaient encore, pour polir les pierres, l'os de seiche, qu'ils nommaient ostracites. La poudre de diamant, dont ils se servaient aussi, a prévalu chez les modernes.

Avant de graver une pierre, on la taille en rond ou en ovale, et on en polit la surface, qui est quelquefois plane et quelquefois bombée; quand elle a cette dernière forme, on la nomme cabochon.

Les pierres gravées en creux se nomment intailles, du mot italien intaglio, je taille, je forme en taillant. Les pierres gravées en relief se nomment camées.

Quand la gravure est terminée, il faut lui donner le poli sans altérer la finesse des traits: cette opération se fait avec du tripoli, et au moyen de petits instruments de bois ou d'une brosse mise en mouvement par le touret. Il ne faut pas que ce poli soit trop brillant, parce qu'il produit des reflets qui nuisent à l'effet du camée. C'est ainsi que dans les médailles on aime que le fond ait de l'éclat, et que les figures gravées dans le coin soient mates.

Toutes les pierres ont été employées par les graveurs; leur nomenclature appartient à l'histoire naturelle. Les matières qui ont été le plus ordinairement gravées en creux, sont la cornaline, la sardoine, l'aigue-marine, l'agate, l'améthyste, les jaspes. Plus une pierre est dure et précieuse, plus on doit présumer que le travail en a été exécuté par un artiste habile. Les pierres tendres ou communes ont ordinairement été travaillées par des artistes vulgaires.

Les camées sont des ouvrages exécutés en relief sur des matières à plusieurs couches, en général, sur la sardonyx, qui est l'alliage d'une couche de sardoine à une de cacholong. L'artiste se sert ordinairement du fond brun pour faire ressortir la figure en blanc. Quand la pierre a trois couches, la couche supérieure sert à rendre la couleur foncée des cheveux, de la barbe ou des vêtements. L'artiste, par des épaisseurs ménagées, rembrunit ou adoucit les teintes naturelles de la pierre.

On pense que l'art de la glyptique a pris son

(1) Voy. Laurent Natter, Traité de la méthode antique de graver, etc.; Londres, 1754.

origine chez les Égyptiens, qui devancèrent tous les autres peuples dans les sciences et dans les arts. Les plus anciennes pierres gravées sont les *scarabées*, ainsi nommées parce qu'elles ont la figure de cet insecte, qui était sacré en Égypte. Ce sont des espèces de camées : leur base est plate et le plus souvent couverte de figures hiéroglyphiques gravées en creux. Quelquefois on y voit des figures de divinités, ou leurs attributs. Les Éthiopiens gravaient aussi des cachets. Nous lisons dans l'Écriture que le *rational* du grand prêtre des juifs était orné de pierres sur lesquelles étaient gravés les noms des tribus.

On trouve dans l'Asie des traces de la glyptique antérieures au règne d'Alexandre : ce prince scella des actes avec le cachet de Darius ; et nous avons des cylindres persépolitains dont les figures ressemblent à celles que l'on voit encore sur les débris des temples et des murs des anciennes villes de la Perse. Plusieurs pierres gravées représentent aussi des rois parthes et sassanides.

Les pierres gravées arabes et mahométanes n'offrent que des inscriptions, la religion musulmane proscrivant la représentation des images.

Si les Étrusques avaient reçu des Égyptiens les procédés de la glyptique, ils la pratiquaient avant les Grecs. En effet, on trouve des gravures étrusques sur des scarabées : on y trouve aussi des gravures du plus ancien style grec, qui avaient autrefois été confondues avec les étrusques par la ressemblance du travail : mais les premiers essais de l'art ont partout une certaine conformité.

La gravure en pierres, cultivée, ainsi qu'on le voit, chez presque tous les peuples civilisés, fut cependant perfectionnée dans la Grèce, de même que tous les arts ; et il n'est pas étonnant de l'y voir s'élever comme la sculpture, avec laquelle elle a tant de rapports.

L'art a sa partie mécanique et sa partie poétique ; la seconde sert à perfectionner la première. L'exécution n'est rien sans la pensée ; et le but de l'art devant être la perfection, c'est la nature embellie que l'artiste doit exprimer. Les Égyptiens, les Indiens, les Étrusques, excellaient dans la partie mécanique ; mais les Grecs y ont joint ce sentiment exquis, ce goût parfait, au moyen desquels les arts d'imitation ont atteint chez eux jusqu'au beau idéal, qui en a fait des arts créateurs.

C'est surtout quand les artistes ont entrepris de représenter des dieux, qu'il leur a fallu choisir dans les formes humaines chacune des parties qui constituent la beauté, pour en former un tout exempt des défauts qui déparent plus ou moins chaque individu, et arriver ainsi à la perfection que l'esprit peut imagi-

ner. Quand Phidias se fut inspiré de la lecture d'Homère pour former son Jupiter Olympien, il fut aidé dans cette entreprise, si hardie et si glorieusement exécutée, par la grandeur colossale de son ouvrage, par l'alliage de l'or et de l'ivoire, et par l'expression qu'il pouvait donner à cette figure imposante par la grandeur des traits et la majesté de l'ensemble ; mais quand un artiste n'a pour produire du *grandiose* qu'une pierre dont les petites dimensions se bornent à des traits presque imperceptibles, combien il lui est plus difficile d'y exprimer l'idéal de la divinité ! c'est pourtant ce qu'ont fait plusieurs habiles graveurs.

Les pierres gravées en creux servaient aux anciens pour leurs anneaux et leurs cachets ; mais elles étaient aussi un objet de luxe, et elles enrichissaient leurs vêtements. Les dames romaines s'en servaient pour orner leurs coiffures : elles en paraient leurs bracelets, leurs ceintures, leurs agrafes ; le bord des robes en était même quelquefois chargé avec profusion.

Sans doute les pierres que l'on choisissait pour parures étaient les plus brillantes, telles que les saphirs, les émeraudes, les topazes, les améthystes, et surtout celles qui étaient taillées en cabochon (on nomme ainsi les pierres dont la superficie est convexe) ; mais il est encore plus vraisemblable que les pierres employées à cet usage étaient les camées. En effet, le travail d'une pierre gravée en creux était en quelque sorte perdu, lorsque cette pierre était placée dans la coiffure ou dans quelque partie d'un habillement, puisque ce travail ne peut se distinguer parfaitement que par le moyen des empreintes en relief.

Les camées, au contraire, offrent à la vue des bas-reliefs précieux, dans lesquels les nuances des agates et des sardoines forment des tableaux par une variété de couleurs tout à fait agréable. Il est donc probable qu'on les a, de tout temps, destinés aux parures. Il en existe cependant dont la grandeur et le volume s'opposaient à ce qu'on pût les employer à cet usage. Ceux-ci devaient être destinés à enrichir des vases, des meubles précieux, ou le laraire de quelque personnage riche et important.

Les pierres gravées furent aussi placées par les anciens dans leurs trésors, et ils en firent des collections. Marcus Scaurus, beau-fils de Sylla, eut le premier, à Rome, un cabinet semblable. César et Pompée formèrent également des collections de pierres gravées ; et pour que cette richesse ne fût point enfouie, ils voulurent que le public en eût la jouissance : César consacra dans le temple de *Venus Genitrix* les pierres gravées qu'il avait enlevées à Mithridate, et Marcellus, ce fils d'Octavie, que Virgile a chanté, déposa les siennes dans le temple d'Apollon Palatin.

Il fallait un revenu considérable ou une grande puissance pour entreprendre alors de former de semblables collections, car une seule pierre gravée coûtait des sommes énormes, et les amateurs mettaient une telle importance à la possession de ces petits monuments, qu'au rapport de Pline le sénateur Nonius préféra l'exil à la privation d'une belle bague.

A l'époque où le goût des pierres gravées se répandit à Rome, les plus belles matières furent employées à représenter les traits des empereurs; aussi ces monuments sont-ils extrêmement intéressants pour l'iconographie. Ils sont d'autant plus précieux, que, la plupart des statues antiques que nous possédons ayant été mutilées, ils peuvent servir de modèles pour leur restauration. Enfin, ce qui ajoute un nouvel intérêt à ces précieux camées, c'est que quelques-uns, probablement, ont été jadis l'ornement ou la richesse des plus grands personnages de l'antiquité.

La barbarie des siècles qui suivirent la décadence de l'empire romain fit disparaître le goût des pierres gravées; ces monuments de l'art furent dispersés, et quelques-uns se trouvèrent enfouis dans le sein de la terre, pour en sortir dans des temps plus dignes de les apprécier.

Heureusement que les trésors des églises recélèrent beaucoup de ces monuments, qu'une piété peu éclairée regardait comme des objets de dévotion. Nous sommes redevables à cette croyance de la conservation des camées les plus célèbres; l'*Agate de la Sainte-Chapelle*, qui représente l'apothéose d'Auguste, passait pour le triomphe de Joseph.

L'*Apothéose de Germanicus*, que l'on a gardée pendant près de sept cents ans dans l'abbaye de Saint-Èvre de Toul, y était considérée comme représentant l'apôtre saint Jean, et l'on prenait l'aigle romaine pour l'emblème qui accompagne ordinairement cet évangéliste.

La belle aigue-marine qui représente *Julie, fille de Titus*, surmontait l'oratoire de Charlemagne, conservé longtemps dans le trésor de Saint-Denis, et les lettres MA, gravées sur la monture, indiquent assez que l'on en avait fait la sainte vierge Marie.

Beaucoup d'autres pierres gravées servaient d'ornements aux châsses et aux reliquaires, et même aux vêtements pontificaux. C'est ainsi qu'une belle tête d'Auguste, en camée, ornait à Saint-Denis le buste de saint Hilaire. Une améthyste, représentant Caracalla, ornait un missel, et au moyen d'une inscription on en avait fait un *saint Pierre*. Beaucoup

de semblables hasards nous ont conservé d'autres beaux camées.

A l'époque de la renaissance des arts on rechercha ces monuments avec beaucoup d'empressement; le goût s'en répandit de nouveau, et les artistes, encouragés, essayèrent de marcher sur les traces des anciens. Il y en eut de fort habiles, et leurs ouvrages furent placés avec honneur dans les collections des souverains. Laurent de Médicis fit travailler continuellement à Florence pour enrichir sa galerie; mais les beaux ouvrages des artistes de l'antiquité auront toujours une juste préférence sur ceux de leurs imitateurs. Quoi qu'il en soit, on chercha alors à former des collections; et les souverains mirent leur amour-propre à avoir de beaux cabinets de pierres gravées. Les princes ne furent pas les seuls qui recherchèrent ce genre de monuments. De riches amateurs consacrèrent leur fortune à en former des collections : Pétrarque fut un des premiers.

Pour réunir une suite de pierres gravées il faut une grande dépense, des recherches longues et persévérantes, et le plus souvent il faut qu'un heureux hasard nous dirige vers des objets dignes de notre attention. Quelques particuliers ont pourtant formé des collections remarquables; mais celles qui peuvent à plus juste titre exciter l'admiration, offrir à l'étude de belles ressources, et au goût des modèles de perfection, sont les collections des souverains, pour lesquelles la magnificence royale n'a rien épargné. Le temps, borné pour un homme, cesse d'avoir des limites pour un établissement auquel chaque siècle vient apporter le tribut de ses découvertes, en même temps que celui de ses productions. Ces riches collections n'appartiennent point à un seul souverain, à un seul peuple : la publicité en fait la propriété de tous ceux qui savent en jouir comme d'un objet agréable à voir ou nécessaire à étudier; mais on a trouvé le moyen de rendre cette publicité plus grande et de mettre, pour ainsi dire, ces objets précieux dans la possession de tous ceux qui attachent moins de prix à la matière qu'au degré d'utilité qu'ils peuvent retirer d'un monument.

Les *empreintes des pierres gravées* multiplient à l'infini les productions d'un habile artiste, non pas dans une copie où l'ignorance et la maladresse peuvent altérer et défigurer son ouvrage, mais par une représentation fidèle, et par l'usage même auquel il a été destiné. En effet, les premières pierres gravées ont été des sceaux et des cachets. Le creux n'était qu'une matrice faite pour produire des reliefs, et celui qui a l'empreinte d'une gravure en creux possède l'ouvrage même de l'artiste, tel qu'il est impossible au dessin ou à la gravure de le représenter.

Une collection d'empreintes a l'avantage de réunir les sujets intéressants épars dans les divers cabinets, et que l'on chercherait en vain à se procurer d'une autre manière. Elle peut se classer, selon les goûts ou les besoins de celui qui la possède, relativement à l'art, à la mythologie, à l'histoire. On peut y prendre des modèles pour dessiner, y trouver l'idéal ou les attributs des dieux, et les portraits des grands hommes.

Il faudrait pour réunir et classer les plâtres des statues une vaste galerie, un immense musée; mais on peut réunir dans un petit espace un nombre très-considérable d'empreintes de pierres gravées, où l'on a, non-seulement des têtes et des figures isolées, mais des groupes et des compositions aussi remarquables pour l'intérêt du sujet que pour l'élégance de l'exécution.

On y trouve la copie de statues encore existantes, ce qui peut faire penser que quelques-unes nous retracent des statues dont le temps nous a privés.

Elles ont conservé les noms de plusieurs habiles graveurs cités par les auteurs anciens; et par ce moyen nous pouvons fixer l'époque à laquelle on doit attribuer quelques-uns de ces ouvrages de l'art.

Mais comme toute collection doit avoir pour les artistes un but utile, et pour les gens du monde au moins un but d'agrément, il est inutile de former une collection d'empreintes trop nombreuse, et dans laquelle on admet, sans choix, des gravures qui ne sont intéressantes ni sous le rapport de l'art, ni sous celui de l'instruction. Parmi les pierres dont le travail est mauvais, ou, du moins, n'est pas remarquable, on ne doit insérer dans une collection que celles qui offrent l'intérêt du sujet.

C'est ainsi que l'on peut y classer les gravures primitives, essais de l'art dans son enfance, celles qui nous font voir sa décadence, ou celles des divers styles d'imitation.

De même, on doit y placer celles qui représentent un trait de mythologie ou d'histoire, ou une divinité représentée avec un attribut curieux. Quant à ces mauvaises pierres, soit antiques, soit modernes, qui remplissent les trois quarts des cabinets, elles seraient déplacées dans celui d'un véritable amateur. Elles le seraient encore plus dans les mains de ceux qui cherchent à s'instruire.

La classification des pierres gravées doit être méthodique, selon le but de celui qui les réunit; on peut les classer d'après les pays, le style de l'art, ou les sujets mythologiques et historiques.

La glyptique a des rapports particuliers avec la numismatique, par le travail de la gravure, qui a les mêmes principes, et dont l'exécution est tout à fait semblable, à la dureté près de la matière; aussi réunit-on ordinairement les collections de pierres gravées aux collections de médailles.

Nous devons désigner quelques-uns des caractères auxquels on peut distinguer les pierres gravées antiques des modernes.

On doit examiner d'abord si la matière de la pierre a été connue et travaillée par les anciens, si elle provient d'un gisement d'où ils ont pu en tirer pour leur usage, et si les bons artistes l'ont employée.

Le fini du travail, un certain caractère de dessin, la fidélité du costume, le fond de la gravure très-poli, sont des indices assez certains d'antiquité. L'emploi de la perspective rend une pierre très-suspecte, les anciens l'ayant ignorée jusqu'à un certain point.

Les inscriptions ajoutant beaucoup de prix aux pierres, les faussaires ont souvent inscrit des noms de graveurs célèbres sur des ouvrages médiocres ou même modernes; il faut donc examiner si la beauté du travail répond à la réputation de l'artiste auquel on l'attribue, et le comparer aux autres ouvrages connus de cet artiste. La manière dont les lettres sont gravées est aussi un bon indice; les grands artistes inscrivaient leur nom eux-mêmes avec beaucoup de soin. Quelques graveurs modernes ont écrit les leurs en caractères grecs, entre autres le fameux Pichler, qui l'a tracé ainsi, ΠΙΧΛΗΡ, et Natter, qui a traduit le sien par le mot grec ΥΔΡΟΣ.

On connaît les noms d'un grand nombre de graveurs anciens, que l'on classe en six divisions principales, savoir : 1° graveurs grecs avant le siècle d'Alexandre; 2° depuis Alexandre jusqu'à Auguste; 3° depuis Auguste jusqu'à Marc-Aurèle; 4° commencement de la décadence de l'art; 5° graveurs grecs dont l'époque est incertaine; 6° graveurs romains.

Les pierres les plus célèbres sont, parmi les intailles, le *Démosthène*, le *Mécène*, le *Persée*, le *Mercure* de Dioscorides, le *Taureau* d'Hyllus, l'*Achille cytharæde* de Pamphile, la *Méduse* de Solon, la *Julie* d'Évodus, la *Minerve* d'Aspasius, et quelques autres. Quoique l'antiquité du *cachet de Michel-Ange* ne soit pas constatée, cette petite pierre n'en est pas moins très-célèbre.

Parmi les camées, on doit citer l'*Apothéose d'Auguste*, connue sous le nom de *camée de la Sainte-Chapelle*; le camée de Vienne, qui représente aussi une *Apothéose d'Auguste*, et qui est peut-être d'un travail plus fini en général, mais moins sévère et moins grandiose que celui de Paris. La pierre est d'ailleurs d'un tiers plus petite. Ces deux grands camées sont hors de proportion avec tous ceux que l'on connaît. Le cabinet de Paris en possède en outre plus de quarante d'une beauté très-remarquable, parmi lesquels sont l'*Apothéose* de *Germanicus*, la *Vénus* de Glycon. Celui de Vienne en réunit presque autant : il serait trop long de les citer ; on peut les admirer dans l'ouvrage de l'abbé Eckhel, intitulé : *Choix de pierres gravées du Cabinet impérial;* Vienne, 1788.

La *glyptographie* est la science de celui qui s'occupe des connaissances littéraires relatives à l'art de la glyptique ; elle tient essentiellement à la critique des pierres gravées. Pour acquérir cette science il faut consulter avec soin les ouvrages descriptifs ou critiques des meilleurs glyptographes.

Mariette, *Traité des pierres gravées ;* Paris, 1750, 2 vol. in-fol.

Bracci, *Commentaria de antiquis scalptoribus;* Florentiæ, 1784, 2 vol. in-fol.

Rossi, *Gemme antiche figurate;* Roma, 1707, 4 vol. in-4°.

Ant. Fr. Gori, *Thesaurus gemmarum antiquarum,* Florentiæ, 1750, 3 vol. in-4°.

Winckelmann, *Description des pierres gravées du baron de Stoch;* Florence, 1760, in-fol.

Lachau et Leblond, *Description des pierres gravées du duc d'Orléans;* Paris, 1780, 2 vol. in-fol.

Eckhel, *Pierres gravées du Cabinet impérial;* Vienne, 1788, in-fol.

Millin, *Pierres gravées inédites ;* Paris, 1817, in-8°. — *Introduction à l'étude des pierres gravées;* Paris, 1797. Ce dernier ouvrage est suivi d'une *Bibliothèque glyptographique.*

Dubois, *Choix de pierres gravées antiques, égyptiennes et persanes ;* Paris, 1817, in-4°.

Lenormant, *Trésor de numismatique et de glyptique.*

Dumersan.

GNEISS. (*Géologie.*) Roche hétérogène, cristalline, essentiellement composée de feldspath lamellaire ou grenu, et de mica en paillettes distinctes plus ou moins abondantes ; structure feuilletée, glanduleuse, stratiforme. On distingue quatre variétés principales de cette roche :

Gneiss quartzeux, du quartz disséminé, en grains, lits ou veines.

Gneiss talqueux, admettant une plus ou moins grande quantité de talc.

Gneiss porphyroïde, présentant des cristaux de feldspath plus ou moins bien déterminés.

Gneiss graphiteux, du graphite remplaçant en partie le mica.

Les différentes variétés de cette roche constituent un grand terrain, une puissante assise de la croûte solide du globe, celle qui paraît avoir été la première consolidée, qui sert de base à toute la série des roches neptuniennes, et se trouve percée par toutes les espèces de roches plutoniques, dont les masses originaires lui sont toutes inférieures. C'est principalement la base du terrain primitif, composé de *gneiss, micaschistes* et *talcschistes*, celui dans lequel on n'a encore reconnu aucune trace de débris organiques, et qui a vraisemblablement été consolidé avant le commencement de la vie sur la terre.

La stratification du terrain gneissique est évidente, mais rarement régulière, dans une certaine étendue : on y remarque beaucoup de plis et de contournements, et des masses énormes coupées de fissures prenant toutes sortes de directions, et parmi lesquelles il est impossible de distinguer celles de stratification. A sa partie supérieure, ce terrain présente des couches de micaschiste, alternant avec celles du gneiss, et l'on voit les deux roches passer l'une à l'autre. Quelquefois le gneiss se charge simplement de quartz, et passe au micaschiste sans que les strates des deux roches alternent entre eux : dans toutes les localités où les formations sont en contact, elles se trouvent toujours intimement liées.

Vers le bas du groupe, le gneiss se granule, et passe insensiblement au leptinite, qui forme, suivant moi, le plus ancien groupe de la série plutonique. On voit cette roche pousser de nombreuses ramifications dans le gneiss. On cite un grand nombre de roches en couches subordonnées dans la formation du gneiss ; mais ces prétendues couches m'ont paru n'être que des amas stratiformes et des masses transversales venues d'en bas.

Le calcaire blanc, lamellaire ou saccharoïde, renfermant souvent du talc ou de la serpentine (cipolin), dit *calcaire primitif*, forme dans le gneiss des amas qui ne sont réellement pas stratifiés, mais bien coupés par des fissures qui les divisent en prismes irréguliers. Il existe beaucoup de ces amas dans le gneiss des Vosges, où plusieurs sont exploités comme marbres. Ceux-ci, que j'ai étudiés avec soin, ne se lient nullement à la roche encaissante, au milieu de laquelle ils paraissent être venus à la manière des roches plutoniques. M. Cordier pense que la plus grande partie des calcaires dits primitifs sont simplement des masses subordonnées dans le gneiss ou dans le micaschiste. Le quartz, quelquefois bleuâtre, se présente aussi dans le gneiss en amas et en filons. Nous avons déjà dit que toutes les roches plutoniques pénètrent dans le gneiss : on y connaît des masses transversales de *leptinite, granit, syénite, protogine, eurite, porphyre, diorite, trapp, ophiolithe, pegmatite, basalte, trachyte*, etc.

Le groupe du gneiss est extrêmement riche en minéraux cristallisés de presque toutes les espèces ; les métaux y sont aussi très-abondants et les gîtes assez riches pour être exploités avec avantage. On y connaît, en exploitation, des mines de manganèse, de galène argentifère, de cuivre, d'étain, d'argent, de cobalt, d'antimoine, de graphite, de fer, etc. L'étain se trouve ordinairement engagé dans des veines et des filons d'hyalomicte, avec de nombreux cristaux de tourmaline.

Le gneiss a pris un grand développement dans

la partie centrale des Alpes, dans les Vosges, dans les montagnes qui séparent la Loire du Rhône et de la Saône, dans les Cévennes, les Pyrénées, les montagnes de l'Auvergne. Dans l'ouest de la France, le gneiss se présente par lambeaux entre le granit et le micaschiste auxquels il se lie intimement. Dans les hautes montagnes, les Alpes, les Pyrénées, il offre des pentes escarpées et des crêtes aiguës, hérissées de pointes si déliées qu'on les nomme aiguilles : les couches, souvent verticales, offrent des contournements extrêmement bizarres. Les vallées principales sont étroites, et commencent souvent par un cirque à bords très-inclinés. Les vallées secondaires ne sont souvent que de profondes crevasses. Dans les contrées où les montagnes de gneiss sont peu élevées, comme dans les Vosges, la Bourgogne et l'Auvergne, elles présentent des contours arrondis, peu d'escarpements, et point de crêtes dentelées.

La structure schistoïde du gneiss et la variabilité de ses parties constituantes, le rendant peu solide, font qu'il est peu employé dans les arts : il est presque toujours impossible de le tailler; il fournit cependant d'assez bon moellon; mais de médiocres matériaux pour réparer les routes. Les calcaires sont exploités comme marbres et comme pierre à chaux grasse : l'exploitation des minerais métalliques donne souvent de grandes richesses.

Dans les hautes montagnes, la surface du sol gneissique est ordinairement sèche et aride; mais dans les collines et les montagnes dont l'altitude ne dépasse pas 1000 m., elle est humide et assez fertile. Dans les Vosges, les plus hautes cimes sont couvertes de belles forêts; d'excellentes prairies entrecoupées de champs cultivés occupent le fond des vallées, et s'élèvent même jusqu'à une certaine hauteur sur les flancs. Néanmoins, on peut dire, en général, que le sol occupé par le gneiss est peu fertile.

ROZET.

GNOSTICISME. (*Histoire religieuse.*) On désigne sous ce nom les doctrines religieuses et philosophiques d'un grand nombre de sectes, qui naquirent et se développèrent en Orient durant les premiers siècles du christianisme. Il est dérivé du mot *gnose*, Γνῶσις, connaissance, que ces sectaires donnaient généralement à leur doctrine. Cette gnose était, suivant eux, une science ésotérique et mystérieuse, destinée aux esprits supérieurs et aux élus, qui faisait connaître le secret de l'univers, enseignait la dernière raison des choses, et initiait l'homme à la loi par laquelle le monde des esprits est uni au monde des corps.

Le gnosticisme ou, pour mieux s'exprimer, les sectes gnostiques avaient puisé leurs idées dans les doctrines philosophico-religieuses de l'Assy-

rie, de la Perse, de l'Inde, de l'Égypte, doctrines qui, depuis la conquête d'Alexandre, avaient pénétré davantage dans la Grèce et l'Occident. Laissant de côté les superstitions et les croyances les plus grossières dont étaient mêlées les religions de ces contrées, elles avaient recueilli les principes cosmogoniques et psychologiques qu'enseignaient ces religions; et y associant quelques idées d'origine hellénique, puis d'origine chrétienne, elles en avaient composé divers systèmes religieux, qu'elles opposèrent énergiquement à la foi évangélique. La gnose, qui variait dans les diverses écoles gnostiques, était donc due à un syncrétisme des doctrines orientales; et ce fut précisément à raison des racines qui la rattachaient à celles-ci qu'elle rencontra de nombreux partisans chez les peuples des provinces asiatiques de l'empire romain.

Le gnosticisme se forma dans des conditions analogues à celles dans lesquelles le christianisme s'est formé lui-même. Il prit naissance sous les mêmes influences. Il sortit du mélange que les événements politiques avaient amené entre les populations de l'Orient et de l'Occident; mais il fut un produit infiniment moins parfait de l'union des croyances et des doctrines de l'Asie et de l'Europe; aussi son existence fut-elle de courte durée, comparée à celle de la religion chrétienne, qui n'a pas cessé de subsister, de grandir et de s'étendre. Le gnosticisme n'eut ni la simplicité ni la vertu pratique de la foi évangélique. Métaphysiquement plus riche, fournissant la solution d'une foule de questions sur lesquelles le christianisme gardait un prudent silence, il se lançait par cela même dans la région périlleuse des abstractions et du mysticisme. Il manquait en outre d'un point de départ, d'une sorte de généalogie historique, et débutait tout de suite par des spéculations dénuées de preuves externes. Voilà pourquoi il s'efforça de s'emparer des écrits canoniques des chrétiens, qu'il interprétait à sa guise, supprimant, corrigeant comme interpolé ce qui blessait ses principes et ses dogmes; imitant enfin, sur une plus grande échelle, l'exemple des sectes chrétiennes, chez lesquelles un grand nombre d'ouvrages apocryphes étaient fabriqués, les gnostiques essayèrent d'accréditer, par des ouvrages prétendus inspirés et d'une antiquité supposée, les idées chimériques qu'ils professaient.

Le gnosticisme ne fut point, ainsi que quelques-uns l'ont prétendu, une défection du christianisme; il ne lui fut point postérieur; mais, une fois qu'il eut à lutter avec lui, il fut réduit, sentant le désavantage qu'il avait dans cette lutte, à faire des emprunts à son adversaire. Quelques sectes gnostiques cherchèrent à s'approprier une partie des principes chrétiens', en les modifiant à leur point de vue, et c'est en ce sens seulement qu'elles peuvent être considérées comme des hérésies , chrétiennes. Mais le fond des gnostiques demeura toujours l'ennemi irréconciliable des disciples de Jésus, qui leur rendaient au reste haine pour haine.

Nous venons de dire que le gnosticisme n'offrait point le côté pratique de la foi évangélique, côté par lequel celle-ci conquit presque tous ses adeptes. Plus on s'éloigna du temps de la Grèce antique, plus on perdit le goût des discussions métaphysiques, des systèmes mythiques et cosmogoniques qui parlaient si fort à l'imagination des peuples de l'Orient, plus, par conséquent, le christianisme conquit d'avantages sur son rival. Une doctrine qui faisait de la vérité l'apanage d'un petit nombre d'esprits d'élite, qui promettait le salut à ceux-là seulement qui s'étaient plongés dans les contemplations mystiques du monde spirituel, ne pouvait être accueillie par la masse comme celle qui ne demandait que la foi d'un enfant et la vertu que tout le monde pense pouvoir atteindre. L'esprit de caste, en disparaissant, repoussait l'idée d'une caste intellectuelle. L'homme, qui a besoin d'une religion, non pour satisfaire son désir de connaître, mais pour trouver un encouragement dans la pratique du bien, un appui qui l'aide à lutter contre ses passions mauvaises, une consolation dans l'infortune, un motif d'espérance qui calme les maux présents, dut préférer aux ingénieux et riches systèmes psychologiques du gnosticisme la morale si efficace et si bien adaptée au cœur humain du christianisme. Or, cette vertu pratique, cet esprit d'amour et de charité, cette parfaite intelligence de nos besoins moraux, qui sont propres au christianisme, ne semblent pas s'être rencontrés, au moins au même degré, dans le gnosticisme.

Le christianisme, dans le syncrétisme qu'il opéra, avait préféré les principes, moins mystiques, du platonisme aux doctrines théosophiques de l'Asie, et il n'avait guère emprunté à celles-ci que cet amour plus vif, ce sentiment plus profond, cette chaleur d'âme, que n'a point connue la morale, belle mais froide, de la philosophie hellénique. Il avait surtout écarté soigneusement toute idée qui, en ouvrant la porte au polythéisme par une trop grande importance attribuée aux esprits inférieurs et intermédiaires, pût éloigner de la créature humaine la divinité, l'être, l'essence suprême. Il avait voulu que l'homme, pouvant entrer en relation avec Dieu, sinon par l'esprit du moins par le cœur, trouvât dans la souveraine perfection une source à laquelle il pût puiser toute vertu, un guide, un appui qui ne pût lui manquer. Il n'avait vu, enfin, dans l'homme que la créature de Dieu,

afin que l'homme dût tout à Dieu, et que la dépendance où il se trouvait placé par rapport à l'Être suprême le contraignît à la vertu.

Le gnosticisme, au contraire, faisait de l'homme une émanation directe de la divinité, et lui inspirait par là quelque légitime motif d'orgueil; il lui offrait le retour à la pureté primitive, non comme le résultat d'une vertu pratique dont un homme-Dieu lui avait fourni le modèle, mais comme le prix d'une aspiration stérile vers les choses d'en haut, d'une contemplation mystique qui détruisait la société active pour laquelle nous sommes créés. Unissant par une chaîne directe l'homme à Dieu, il donnait accès au panthéisme, doctrine devant laquelle toute religion se brise; car elle détruit les relations du créateur et de la créature, et éteint chez l'homme les sentiments de respect, d'amour, de reconnaissance pour la divinité, à laquelle il cesse de rien devoir, et qui n'est plus qu'une force nécessaire et incompréhensible, un être muet et indifférent.

Le gnosticisme ne put donc avoir qu'une durée passagère; mais, néanmoins, il joua un grand rôle dans l'histoire du christianisme, et il en éclaire puissamment les origines.

Le gnosticisme paraît avoir pris naissance dans ces écoles de la Syrie et de la Palestine, où les enseignements de la loi mosaïque étaient associés aux doctrines venues de la Perse, de l'Inde, de l'Égypte et de la Grèce. Tandis que la morale juive subissait une modification profonde par l'influence des principes d'amour venus de l'Orient, et par les principes d'humanité apportés de la Grèce, la théologie en subissait une non moins profonde, qui substituait au simple et majestueux monothéisme de la Genèse une théogonie complexe, mythique, puisée à la source asiatique. La révolution morale aboutit au christianisme, qui en fut la consommation; la révolution théologique fit naître les systèmes gnostiques. Ces deux écoles, l'école chrétienne et morale d'une part, l'école théogonique et gnostique de l'autre, exercèrent l'une sur l'autre une influence réciproque; mais, diverses dans leurs doctrines, elles ne se réconcilièrent jamais, et la victoire demeura presque complétement à la première.

Le néoplatonisme alexandrin naquit aussi dans les conditions qui déterminèrent la formation des deux écoles dont nous venons de parler; mais l'élément hellénique y prédomina davantage, les traditions du paganisme occidental y demeurèrent plus vivantes, et c'est ce qui explique comment il ne se fondit pas avec le gnosticisme. Il trouva plus de partisans dans l'Occident, dont il conservait la religion nationale en la transformant; il fut plus opposé encore au christianisme que le gnosticisme lui-même; aussi ne lui fit-il aucun emprunt, et fut-il le dernier rempart derrière lequel s'abrita le polythéisme gréco-romain avant de périr.

Ainsi le gnosticisme se place naturellement, comme intermédiaire, entre le néoplatonisme et le christianisme ; il offre avec ces deux doctrines des points nombreux de contact ; mais il reste dépourvu de la base historique sur laquelle reposaient l'une et l'autre, et il ne paraît pas avoir exercé sur le vulgaire l'influence qu'ont eue celles-ci.

L'idée d'une connaissance supérieure qui permet de saisir la nature de l'Être suprême, de le comprendre, et le nom de *gnose* que les gnostiques donnèrent à cette connaissance, se retrouvent déjà, suivant la remarque de M. J. Matter, dans la doctrine de Pythagore. Ce philosophe prenait le mot Γνῶσις dans l'acception de contemplation et d'étude de l'infini, de l'éternel ; et, au dire de Proclus, le principal élément des Λόγοι ἀπόῤῥητοι de l'école pythagoricienne était la doctrine de Dieu, c'est-à-dire la connaissance du dieu suprême. Ce même philosophe appelait la partie transcendante de la philosophie Ἐπιστήμη ou Γνῶσις τῶν ὄντων. Comme on sait que Pythagore avait puisé ses idées en Orient et en Égypte, il y a lieu de croire qu'il avait rapporté en Grèce un système ayant pour but, comme celui des gnostiques, de révéler à l'homme par une science supérieure le mystère de Dieu et du monde. Platon eut des idées analogues, qu'il avait en partie puisées à la même source, et il fit consister la véritable philosophie dans une science supérieure, qu'il nomme Γνῶσις ou Ἐπιστήμη τῶν ἀληθῶν καὶ ὄντως ὄντων. En comparant les principes de cette gnose platonicienne avec ceux de la gnose des gnostiques, M. J. Matter a fait voir qu'il y avait une assez frappante analogie, non-seulement dans les idées, mais encore dans les expressions. Il est donc très-vraisemblable que les gnostiques avaient puisé à la source pythagoricienne et platonicienne, et ces emprunts leur étaient d'autant plus faciles, que les systèmes des deux philosophes étaient parfaitement connus des juifs alexandrins, au milieu desquels se formèrent diverses sectes gnostiques.

Les gnostiques firent, d'un autre côté, des emprunts à l'école de ces mêmes juifs alexandrins qui avaient opéré l'alliance du mosaïsme et du platonisme ; ils prirent à Aristobule et à Philon ce système d'allégorisation, d'interprétation par le sens figuré, qui leur permettait de présenter à l'appui de leurs croyances des faits et des enseignements de la Bible, qui y étaient au fond complétement étrangers. Ce système d'allégorisation fut également adopté par les chrétiens, afin de pouvoir rattacher la loi juive à la loi évangélique, en si manifeste contradiction avec elle, et de se donner le moyen d'écarter les témoignages qui allaient à l'encontre de leurs

principes. Mais les gnostiques poussèrent ce système beaucoup plus loin que les chrétiens : ils en usèrent au point de ne plus voir dans les faits les plus réels que des images destinées à retracer sous un voile emblématique les spéculations sorties de leur imagination.

Ils admirent, comme Philon, que l'Être suprême est la lumière primitive ou l'archétype de la lumière, source d'où émanent des rayons qui éclairent les âmes. Ils en firent, comme lui, l'âme du monde, qui agit dans toutes ses parties. Cet être remplit et limite lui-même tout son être. Ses puissances et ses vertus remplissent et pénètrent tout. Les gnostiques formèrent de ces puissances, Δυνάμεις, des personnes réelles, des vertus de Dieu incarnées. Et cette conception tout orientale, qui est aussi celle de Philon, fournit aux chrétiens l'idée de l'incarnation du Verbe, du *Logos* de Dieu, qu'ils adoptèrent afin de faire accorder le principe monothéiste, auquel ils étaient fortement attachés, et que le Christ, comme juif, avait professé, avec celui de la divinité du Christ lui-même, qu'ils admirent pour la plupart de fort bonne heure. Ces puissances offrent beaucoup d'analogie avec les *idées* de Platon.

Quand on compare la conception que les chrétiens se sont formée du Christ, il est difficile de n'y pas reconnaître une imitation du *Logos* de Philon, dérivé du *Logos* platonique, et d'après lequel les gnostiques semblent aussi avoir conçu leur *Sophia*.

Dans la doctrine philonienne, qui était celle d'une partie des juifs alexandrins avant l'établissement du christianisme et la naissance du Sauveur, le *Logos* est l'image du Dieu sans commencement (ἀγέννητος) et prototype du temps (αἰών) ; il est une forme plus brillante que le feu, qui n'est pas la lumière pure ; il habite en Dieu, car c'est dans son intelligence infinie que l'Être suprême se fait les types ou les idées de tout ce qui doit se réaliser dans ce monde. Le *Logos* est donc le véhicule par lequel Dieu agit sur l'univers. On peut le comparer à la parole de l'homme.

Le Logos étant le monde des idées (Κόσμος νοητός) au moyen duquel Dieu a créé les choses visibles, il est le Dieu plus ancien (θεὸς πρεσβύτερος), en comparaison du monde, qui est le fils le plus jeune (υἱὸς νεώτερος). Le Logos, chef des intelligences, dont il est le représentant général, est nommé par Philon *Archange*, type et représentant de tous les esprits, même de ceux des mortels. Il est aussi appelé l'homme type et l'homme primitif.

Les chrétiens adoptèrent toutes ces idées, et les appliquèrent à Jésus-Christ, mais en les faisant sortir de la sphère élevée dans laquelle le philosophe juif les avait laissées pour les incarner dans des faits réels ; ils leur donnèrent un caractère nouveau, plus matériel, mais plus pratique; ils en firent une sanction de leur morale admirable. Les gnostiques les laissèrent davantage dans la sphère de l'abstraction, et rendirent par cela seul leur effet moral moins efficace. La *Sophia* (σοφία) ne fut plus qu'une création de la métaphysique; elle ne constitua plus une personne réelle qui avait vécu parmi les hommes, qui leur avait donné le modèle de toutes les vertus, et les avait conduits au salut éternel. Ce ne fut plus qu'un être de raison, qui n'était pas à la portée du vulgaire et cessait d'être un modèle accessible pour eux. Plusieurs gnostiques le sentaient bien, lorsqu'ils s'efforçaient de faire croire que la puissance divine, la *Sophia*, s'était incarnée; Simon le Magicien se donnait pour une incarnation de la grande puissance de l'Être suprême, et prétendait que son Hélène était la première pensée de Dieu. La Philumène d'Apelles, Agapé, Marcelline, paraissent avoir été dépeintes par les gnostiques comme des hypostases des vertus divines.

Certains autres points de doctrine qui sont consignés dans Philon se retrouvent aussi chez les gnostiques; mais comme ils appartiennent à presque tous les autres systèmes philosophico-théologiques qui avaient cours alors, on ne peut affirmer que ces sectaires les aient pris au juif alexandrin. Tel est, par exemple, le dogme de la chute de l'homme, et de son retour à un état primitif.

Les gnostiques, de même que les chrétiens, rapportèrent le mal à la matière, à laquelle ils vouèrent une haine plus profonde encore que ces derniers. Il y a, disaient-ils, dans l'âme humaine, un principe irrationnel, celui des penchants et des passions qui enfantent le désordre, principe émané des esprits inférieurs qui remplissent les airs comme ministres de Dieu, les démons, et qui sont les protecteurs des hommes, mais dont la puissance est bornée, et qui n'ont pas eu celle de mieux faire. Il en résulte que la condition de l'homme est misérable : son corps, qui est pris de la terre, et le principe irrationnel, qui l'anime concurremment avec le principe rationnel, sont haïs de Dieu, tandis que l'âme rationnelle qui lui a été donnée est comme captive dans cette prison, dans ce cercueil qui l'entoure. L'état actuel de l'homme n'est plus d'ailleurs sa condition primitive, où il était l'image du Logos; une chute, causée par la volupté, l'a précipité de sa première hauteur; cependant il peut s'en relever en suivant la *direction* de la Sophia et des anges que Dieu lui envoie pour l'aider à se dégager des entraves du corps, et en combattant le mal, dont Dieu n'a permis l'existence que pour lui fournir le moyen d'exercer sa liberté (1).

Il est fort probable que les gnostiques, principalement ceux des sectes qui se formèrent en Égypte, firent des emprunts à la théologie professée dans les sanctuaires de ce pays. Mais, vraisemblablement, cette théologie n'était plus, à l'époque à laquelle le gnosticisme prit naissance, la doctrine religieuse du temps des Pharaons. Elle s'était pénétrée d'idées et de croyances apportées de la Grèce et de la Syrie. *Voy.* ÉGYPTE. (*Religion.*) Il demeure donc impossible d'assigner les éléments réellement égyptiens que s'approprièrent les nouveaux sectaires.

Les origines chaldéennes et perses du gnosticisme se laissent plus facilement saisir. On retrouve dans cette doctrine des idées qui sont évidemment puisées à cette source. Déjà la doctrine mazdéenne s'était introduite dans la Judée plusieurs siècles avant notre ère, et avait modifié le caractère du mosaïsme primitif. La Kabbale était tout entière une importation de la Chaldée et de la Perse. Certaines sectes juives, telles que celle des pharisiens, en avaient adopté plusieurs dogmes. La théogonie chaldéo-persane devait donc être fort connue dans la Palestine, et l'on s'explique facilement comment elle s'infiltra chez les nouveaux sectaires. Et d'ailleurs plusieurs points de la théologie mazdéenne offrent, nous le répétons, une extrême ressemblance avec le platonisme, auquel elle paraît avoir fourni de nombreux principes, et elle dut se présenter dès lors d'elle-même, comme un complément de cette philosophie hellénique. Les *férouers* du Zend-Avesta (*voy.* ZOROASTÉRISME) sont aussi bien les modèles des *Éons* gnostiques, que les idées de Platon, les anges des juifs et les démons des néoplatoniciens. Ormuzd répond parfaitement au *Logos*, au *Nous*, au *Christos*, au *Demiurgos* des gnostiques. Les Amschapands sont les six génies qui assistent Ormuzd. Les Izeds rappellent les trente Éons du Plérôme; l'*Ophiomorphos* de certaines sectes gnostiques correspond à Ahriman.

Il semble aussi vraisemblable que le gnosticisme a puisé beaucoup aux sources brahmaniques et bouddhiques. Les analogies qu'on rencontre entre quelques-unes de ses idées et les dogmes des deux religions *indiennes* peuvent toutefois s'expliquer par les origines voisines du mazdéisme et de celles-ci; car peut-être est-ce par l'intermédiaire de la doctrine de Zoroastre que des principes brahmaniques et bouddhiques ont généralement pénétré jusque dans la Grèce, et entré dans le pythagorisme et le platonisme; et la ressemblance qui existe, par exemple, entre la manière dont Philon expli-

---

(1) J. Matter, *Histoire du gnosticisme,* 2ᵉ édit.,

tom. I, p. 71-72. Nous avertissons ici le lecteur que nous avons fait de fréquents emprunts à ce savant ouvrage, *tout en ne partageant pas complétement les vues de l'auteur.*

que les théophanies et les apparitions d'anges, et l'idée hindoue de la Maya n'est pas due certainement à un emprunt fait par le philosophe juif aux philosophes de l'Inde (1). Brahm rappelle sans doute le *Bythos* gnostique; mais Brahm avait, en Égypte, en Perse, des frères qui ont pu fournir, aussi bien que lui, l'idée du modèle d'après lequel Bythos fut conçu.

Les sectaires qui nous occupent empruntèrent aussi certains principes aux théogonies syrienne et phénicienne, autant qu'on en peut juger par les faibles et imparfaites notions que nous avons sur ces théogonies. Ils semblent avoir spiritualisé ces principes, les avoir dépouillés du matérialisme grossier qu'ils respiraient, des traces de sabéisme et de naturalisme dont ils étaient empreints, avant de les adapter à leur système.

Comme l'a fort bien remarqué M. J. Matter, le gnosticisme fut donc une sorte d'éclectisme analogue à celui que les juifs d'Alexandrie formèrent entre le judaïsme et la philosophie grecque, à celui que les philosophes d'Alexandrie opérèrent entre le platonisme, le péripatétisme et le pythagoréisme, à celui que les docteurs chrétiens d'Alexandrie, saint Clément à leur tête, ont établi entre ces systèmes et le christianisme; ajoutons, moins réservé que nous sommes que ce savant, analogue au christianisme orthodoxe lui-même, qui fut un éclectisme des doctrines juives, grecques et orientales, éclectisme le plus habile de tous, le plus raisonnable, le plus approprié aux besoins moraux de tous les âges, aux besoins métaphysiques de son époque, et qui a opéré par sa vertu prodigieuse la rénovation d'une partie du monde.

Mosheim a essayé d'établir que les sectes gnostiques étaient sorties de la secte des Ophites, qui est à ses yeux une secte juive, secte qui aurait eu pour premier fondateur un nommé Euphrate dont parle Origène. Mais son hypothèse, fort mal appuyée, a rencontré peu de partisans, et elle a été victorieusement combattue par M. J. Matter. On ne saurait assigner un fondateur particulier au gnosticisme, qui ne constitua jamais une religion une, et qui n'est que la réunion de plusieurs sectes de doctrines analogues, réunion que la science seule a opérée. Ses véritables fondateurs furent ceux qui établirent les premières sectes comprises sous son nom; mais on ignore malheureusement qui ils furent. *Simon*, surnommé *le Magicien*, et *Cérinthe*, furent regardés par les Pères de l'Église comme les chefs du gnosticisme, ou du moins comme deux sources d'où seraient sortis, suivant leur langage, des fleuves d'une per-

(1) Cf. **J. J. Schmidt**, *Ueber die Verwandtschaft der gnostisch-theosophischen Lehren mit den Religionssystem der Orient*; Leipsick, 1828, p. 15.

nicieuse hérésie. Mais il a pu exister des sectes gnostiques sorties directement du judaïsme, dont les écrivains ecclésiastiques ne nous auront pas parlé, parce qu'ils ne les considéraient pas comme des hérésies chrétiennes; et ces sectes ont pu être antérieures à la propagation des doctrines de Simon et de Cérinthe. Toutefois, dans l'incertitude où nous sommes à cet égard, nous ferons commencer le gnosticisme avec ces deux personnages.

Simon était un *goële* ou magicien contemporain des apôtres : il admettait la mission de Jésus comme fils de Dieu ; mais il se plaçait au-dessus de lui, en se donnant comme une apparition de Dieu le père. Il étonna la Samarie par ses miracles, et le peuple, dans son admiration, le surnomma *la grande puissance de Dieu*. Les apôtres qu'il rencontra lui conférèrent le baptême; mais la dissidence de doctrine l'éloigna d'eux. On n'a sur cet enthousiaste que des traditions incertaines, et tellement mêlées de merveilleux qu'elles ne peuvent inspirer aucune confiance. Suivant saint Irénée, il disait à ses disciples qu'il était la parole de Dieu, la première image du parfait, le paraclet, le tout-puissant, ayant tous les attributs de Dieu. On enseignait, dans son école, que l'Être suprême est la racine de l'univers. On le comparait à un feu auquel étaient attribuées une double série d'effets : les uns visibles (les créations matérielles), les autres invisibles (les créations intellectuelles); car toutes les créations s'opéraient, suivant les simoniens, par des déploiements émanés de ce feu central, de cette source primitive de lumière : et par cette conception fondamentale, ces sectaires se rattachent incontestablement aux principes communs des autres sectes gnostiques. L'Être suprême, disaient-ils, a produit trois couples d'êtres unis qui ont été les origines des choses : ce sont Νοῦς et Ἐπίνοια, Φωνή et Ἔννοια, Λογισμός et Ἐνθύμησις. La première pensée de Dieu, Ἔννοια, est la mère de tout ce qui existe; c'est par elle qu'ont été faites les premières classes des esprits, les anges et les archanges ; c'est elle qui a créé le monde par ces derniers; c'est elle aussi qui leur en a confié le gouvernement.

Les simoniens expliquaient l'invasion du mal dans le monde par la révolte des esprits créés par la première pensée de Dieu. Cette pensée, *Ennoia*, sujette à la métempsycose, esclave des formes et des lois du monde matériel, incapable de s'y développer librement et de s'élever jusqu'à la lumière primitive d'où elle était émanée, fut, dans ses longues migrations, l'objet d'outrages toujours renouvelés de la part des esprits rebelles. Elle gémissait dans les plus cruelles souffrances, lorsque l'Être suprême, las des désordres que les passions des esprits produisaient dans le gouvernement du monde, résolut de la délivrer et de rétablir la primitive harmonie des choses. Parcourant tous les degrés de l'existence, depuis celle de l'Être suprême jusqu'à celle de l'homme, le père d'*Ennoia* apparut à tous les êtres, suivant la forme qui leur était propre, et enfin aux Samaritains sous celle de Simon, natif de Gitton. Cette idée des manifestations successives de Dieu rappelle les Avatars ou incarnations successives de Vichnou, et elle semble une des idées gnostiques qui rattachent le plus ces doctrines au brahmanisme.

Les bornes de cet article nous empêchent de nous étendre sur les divers systèmes des nombreuses sectes gnostiques; nous ne pouvons que donner une courte notice sur chacun de ces systèmes.

Ménandre fut le successeur de Simon; *il se* donna comme envoyé par la *puissance suprême de Dieu. Cérinthe* se rattacha davantage au christianisme par son système religieux, qui était une association des principes chrétiens à la gnose. De même que Simon, il refusait à Dieu l'œuvre de la création; il l'accordait à une puissance inférieure qui ne connaissait pas l'Être suprême, Ἀρχή suivant saint Irénée. Moins absolu que certains autres gnostiques, qui faisaient du Jéhovah des livres mosaïques un être méchant, jaloux du bonheur et de la science du genre humain, persécutant tous les hommes supérieurs, il regardait les livres sacrés des Hébreux comme une révélation d'un ordre secondaire, provenant d'un esprit inférieur, de l'un des anges. Juif de nation, il se rattachait aux Ébionites, et sa doctrine semble avoir été une de celles qui se rapprochaient le plus du christianisme primitif.

Nous avons nommé plutôt les précurseurs du gnosticisme que ses chefs véritables. *Saturnin, Bardesane, Basilide, Valentin,* furent les fondateurs des plus célèbres sectes gnostiques proprement dites. La Syrie, l'Égypte et l'Asie Mineure furent les foyers principaux de leur enseignement. Bien que fort différentes dans leurs principes, les théologies professées par les diverses sectes admettaient comme fondamentale l'idée d'un monde intellectuel *hypostasié,* c'est-à-dire d'un monde spirituel composé d'intelligences, plus ou moins semblables à l'Être suprême, mais dont les pensées et les affections, moins pures que celles de leur source divine, ont rendu nécessaire un monde plus grossier, une existence plus matérielle.

D'après les travaux de M. J. Matter, l'école de Syrie se caractérise comme la plus ancienne, en ce qu'elle est plus simple et plus sobre dans ses théories que celle de l'Égypte. Son idée dominante est le dualisme de l'Asie centrale, et ce dualisme se présente chez elle sous les véritables formes de l'intuition orientale,

tandis qu'il revêt en Égypte celles de la spéculation grecque.

En Égypte, c'est l'idée de la matière dans le sens platonique qui prédomine, avec ses attributs, le vide, les ténèbres et la mort. Dans ces théories, la matière ne peut s'animer que par la communication d'un principe de la vie divine. Elle résiste même à l'influence qui doit la spiritualiser. Ce qui résiste à cette communication, c'est *Satan.* Satan, c'est la matière rebelle, la matière qui ne participe pas à Dieu; or comme Dieu est tout, ce qui ne participe pas à lui n'est rien, n'est qu'une négation; c'est la limite, l'écorce extrême de ce qui existe. L'école égyptienne inclinait ainsi au panthéisme.

En Syrie, au contraire, le dualisme, d'accord avec le mazdéisme, admet un second principe intellectuel très-actif dans son empire des ténèbres, et très-audacieux contre l'empire des lumières. Chez les sectes de cette contrée on ne retrouvait plus autant les idées de l'école de Philon; l'école de l'Asie Mineure se distinguait de celle de la Syrie et de l'Égypte par ses tendances plus pratiques; elle se rattachait par là davantage au christianisme, et se plaçait comme un intermédiaire entre celui-ci et les écoles syrienne et égyptienne.

Quant à l'origine du monde intellectuel et du monde inférieur, toutes les écoles gnostiques étaient d'accord sur ces deux principes, l'émanation et la création par le *Démiurge.* Le monde intellectuel était, à leurs yeux, le déploiement des facultés de l'Être suprême, du père inconnu; il s'était fait par une suite d'émanations. Le monde inférieur, au contraire, n'était pas l'ouvrage de Dieu; il était celui d'une puissance inférieure.

Mais les écoles de Syrie et d'Égypte n'attribuaient pas le même caractère à ce démiurge. La seconde, d'accord avec Philon, faisait de cet être l'âme du monde créant et agissant dans les choses visibles comme agent de l'Intelligence suprême, y réalisait les idées que lui communiquait cette intelligence, surpassant quelquefois ses conceptions, mais les exécutant sans les comprendre. La première regardait le démiurge comme une puissance orgueilleuse, jalouse et ennemie de l'Être suprême, ayant un empire à lui, en combattant avec ses anges l'influence divine. C'était à cet esprit qu'ils identifiaient le Jéhovah des Juifs. Par cette conception, l'école syrienne brisait complétement avec la tradition juive, et s'enlevait plus que les autres écoles tout point de départ historique, toute tradition. Elle se rattachait aux théories indiennes, dont elle professait l'ascétisme, et s'éloignait davantage par ces raisons du christianisme évangélique.

Saturnin, que quelques anciens regardaient comme un disciple de Simon et de Ménandre, est un des plus célèbres chefs d'école qu'ait produits le gnosticisme. Il était originaire d'Antioche, et vécut sous le règne d'Hadrien. Il adopta l'idée mazdéenne des sept Amschapands, dont il fit sept anges, qu'il donnait comme occupant le degré inférieur du monde intellectuel. Ces sept anges, qu'il assimile aux Élohim de la Genèse, avaient créé le monde. C'était un retour à l'antique religion des Juifs (*Voy.* ANGE). Tout en faisant de Jéhovah un être imparfait, il le plaçait assez haut; il le croyait sans méchanceté et en faisait l'adversaire de Satan. Tout opposé au judaïsme, il en combattit le dogme et la morale; il prescrivit la continence absolue, la défense du mariage, comme le moyen le plus sûr de faire la guerre à Satan, et la voie qui conduisait à l'élection. Son école se répandit peu : elle combattait la nature, n'offrait aucun côté pratique, et ne pouvait faire beaucoup d'adhérents; mais elle donna naissance à un assez grand nombre de sectes.

Bardesane, natif d'Édesse et qui tirait son nom d'un petit fleuve situé près de cette ville, fut le fondateur de la seconde école gnostique de Syrie. Il embrassa d'abord la doctrine chrétienne; mais porté par la tournure de son esprit vers les spéculations, il ne se satisfit pas de ses principes, et alla puiser dans l'étude des philosophies grecque et chaldéo-persane les éléments d'une doctrine nouvelle. Cependant Bardesane conserva toujours un assez grand attachement pour la foi chrétienne, qu'il avait confessée au péril de sa vie.

Ce sectaire publia successivement des commentaires sur l'Inde, des dialogues sur le destin, des hymnes, des apologies. Porphyre et Eusèbe nous ont conservé quelques fragments de ses ouvrages, mais la plus célèbre composition de Bardesane fut sans contredit les cent cinq hymnes dans lesquelles il avait exposé les mystiques doctrines de la gnose.

Il admettait l'authenticité des écrits canoniques des juifs et des chrétiens; mais, d'accord n cela avec beaucoup de docteurs chrétiens t juifs, surtout avec l'école de Philon et de la Kabbale, il recourait aux interprétations mystiques et allégoriques, et retrouvait dans la Bible une partie de la doctrine que d'autres créaient de toutes pièces.

Bardesane admettait l'existence des Éons (en syriaque *Ithie*) ou êtres participant de la nature du Dieu éternel, et que celui-ci avait produits en répandant la vie hors de lui. Le premier de ces êtres émanés du père inconnu était sa compagne, Σύζυγος, qu'il avait placée dans le paradis terrestre et qui y devint, par lui, la mère du fils du Dieu vivant, de Christus. Au Christus ou au fils succédaient, dans ce système allégorique, sa sœur et son épouse, le saint esprit, que l'Église orthodoxe appelle elle-

même l'*amour du fils pour le père*. Les émanations du Plérôme procédaient ainsi par des *syzygies*, chacune composée d'intelligences de sexe différent. Cette doctrine rappelle tout à fait la théogonie brahmanique, dans laquelle chaque dieu, uni à sa *Sacti*, c'est-à-dire à son activité personnifiée, donne naissance à un nouveau dieu qui enfante, par une union semblable avec son activité créatrice, un nouvel être; système qui se retrouve également dans la religion égyptienne, bien que sous une forme plus matérielle, dans les triades.

Bardesane admettait sept de ces syzygies, de ces émanations par couples mystiques, et disait qu'avec le secours des quatre Éons, types des éléments, le fils et l'esprit (ou la Sophia) ont fait le ciel et la terre, et en général tout ce qui est visible. Outre ces sept syzygies, il supposait une heptade spéciale, en disant qu'après avoir formé le monde, les puissances créatrices préposèrent à son gouvernement des génies qui résidèrent dans les sept planètes dont ils portaient le nom. L'idée de la syzygie une fois transportée sur le soleil et la lune, que la plupart des théogonies antiques considéraient comme époux, c'était une conséquence toute simple pour Bardesane, d'attribuer à leur union mensuelle la conservation du monde et des forces qui l'animent. Ce sectaire ouvrait ainsi la porte aux idées astrologiques, dont il admettait en partie les chimériques croyances. Il joignait aux princes de la terre, aux sept esprits planétaires et aux génies des douze constellations du zodiaque, trente-six autres intelligences astrales qu'il nommait décans, δεκανοί, et qui étaient admis dans l'astrologie égyptienne.

De même que Σύζυγος était la compagne du père, *Sophia-Achamoth*, sa fille, était la compagne du Christ. Mais, comme fruit d'une émanation moins parfaite, parce qu'elle était plus éloignée du Plérôme, elle était loin d'être aussi parfaite que sa mère ou son frère. C'était elle qui avait dirigé la formation de la matière par un démiurge qui suivait ses idées. Bientôt elle avait senti son isolement et sa séparation du Plérôme, et après s'être longtemps attachée, avec une sorte de passion, aux charmes de l'existence terrestre, elle s'était désabusée et avait enfin aspiré à retourner vers la source d'où elle était émanée; c'était par l'amour de son frère, qui était pour elle la parfaite image de la lumière divine, qu'elle avait retrouvé la pureté. Une des hymnes les plus célèbres de Bardesane représentait, sous l'image d'un hymen, l'union de Sophia avec Christos. Proposée à l'exemple des mortels, Sophia offrait aux hommes purs, aux *pneumatiques*, l'image du mystique amour qui devait les arracher à la condition basse que leur fait la vie matérielle.

Suivant Bardesane, l'homme ne tenait des *Éons* que l'âme ou le principe spirituel, ψυχὴ πνευματ κή; cette âme seule était immortelle: le corps, σὰρξ αἰσθητή, ὁ φαινόμενος ἄνθρωπος, appartenant au monde matériel, se détachait un jour de l'âme et se perdait dans la catégorie commune des êtres qui n'ont que le principe de la vie animale. Ce philosophe repoussait donc le dogme de la résurrection des corps, comme l'entendent les chrétiens.

Il y avait de la sorte, dans ce système, une distinction profonde entre l'homme extérieur et l'homme intérieur. L'homme matériel, l'homme appartenant au monde visible était seul sujet au destin, c'est-à-dire au gouvernement des puissances sidérales; l'homme moral était libre pour tout ce qui regardait sa vie rationnelle. Chrétien, quant au point de vue sous lequel il envisageait l'homme moral, ce sectaire tombait dans toutes les rêveries de la science astrologique, par son opinion sur l'homme *hylique* ou matériel.

Marinus fut le plus savant des disciples de Bardesane; il opposa aux orthodoxes de puissants arguments pour repousser ce que leurs dogmes offraient d'inconciliable avec la raison; mais il s'appuyait pour cela sur des doctrines qui ne l'étaient pas moins.

L'école de Bardesane ne parait pas avoir duré au delà du cinquième siècle. L'Église repoussa du christianisme, quelques efforts qu'ils fissent pour s'y rattacher, ses nombreux partisans, malgré les vertus dont ils donnaient l'exemple, et qui les rendaient dignes d'être comptés au nombre des disciples de Jésus.

Basilide, quoique né en Syrie, fonda une secte qui appartient à l'école égyptienne; il parait d'abord avoir suivi Ménandre, qu'il quitta sans doute pour se rendre en Égypte, où il était déjà connu la 125ᵉ année de notre ère, et où on le rencontre encore vers l'an 131 à 133. Il prétendait avoir reçu les principes qu'il professait, de *Glaucias,* interprète de saint Pierre. Il acceptait une partie des livres apostoliques et rejetait les autres comme supposés; dans cette dernière catégorie étaient placées par lui, au dire de saint Jérôme, les épîtres de saint Paul à Tite, à Timothée et aux Hébreux. Par contre, il admettait les prétendues *prophéties de Cham* et *de Barchor,* fait d'autant plus curieux, remarque M. J. Matter, que les gnostiques estimaient généralement assez peu les livres prophétiques, qu'ils attribuaient, dans la règle, à l'inspiration des anges ou des esprits secondaires.

Basilide, soit pour exposer sa doctrine, soit pour montrer dans quel sens il fallait interpréter les Évangiles, composa vingt-quatre livres d'interprétations, Ἐξηγητικά, dont il ne nous reste que quelques fragments.

Dans son système, les émanations de l'Être suprême n'étaient que des êtres allégoriques, des attributs hypostasiés de la divinité. Le *premier-né* de ces êtres, le πρωτόγονος, était l'*Esprit*, Νοῦς; de Νοῦς émanait le *Verbe*, Λόγος; de Λόγος venait l'*Intelligence*, Φρόνησις; de Φρόνησις la *Sagesse*, Σοφία; de Σοφία la *Force*, Δύναμις; de Δύναμις la *Justice*, Δικαιοσύνη. Les cinq premières de ces émanations constituaient autant de qualités intellectuelles; les deux dernières étaient des qualités morales. Ces idées, ces conceptions de la Divinité étaient autant de créations, autant d'êtres qui étaient tous Dieu, qui n'étaient rien sans lui, mais qui avaient une existence moyenne qui les plaçait au-dessus de simples allégories. Basilide reconnaissait une *Ogdoade* primitive, d'où il faisait sortir, par voie d'émanation, trois cent soixante cinq Οὐρανοι ou Intelligences; ce fut du moins un dogme admis par son école. C'est à cette école qu'il faut rapporter une partie des nombreux amulettes connus sous le nom d'*abraxas. Voy.* ce mot.

Dans le système basilidien, l'âme humaine n'est autre chose qu'un rayon de lumière céleste qui se trouve, depuis le commencement du monde, dans une migration perpétuelle. Le but de cette migration est, conformément à l'économie universelle des choses divines répandues dans la matière, de séparer l'âme de tout mélange matériel ou *hylique*, afin qu'elle puisse retourner un jour à son origine. Les coupables instincts qui l'entravent et la contrarient dans son affranchissement du monde matériel et dans son élévation vers le monde supérieur, sont autant de mauvais esprits, originairement étrangers à l'âme, mais qui, par suite du trouble et de la confusion primitive des choses divines et hyliques, se sont associés à elle au point de former une seconde âme, l'âme animale, ψυχὴ προσφυὴς ἄλογος, opposée à l'âme rationnelle, ψυχὴ λογική.

L'école de Basilide reconnaissait divers degrés de foi et d'élection, et ces degrés conduisaient plus particulièrement à la distinction des grades, lesquels correspondaient probablement aux divers degrés de la vie religieuse.

Valentin effaça bientôt la gloire de Basilide, et modifia les doctrines de l'école gnostique égyptienne. *Isidore,* fils de ce dernier, parait même s'être rattaché à son enseignement. Valentin, que saint Irénée place à la tête de tous les gnostiques, florissait vers l'an 136. Il composa de nombreux et d'importants ouvrages; le plus célèbre est signalé par Tertullien comme portant le titre de *La fidèle sagesse.* Woide croit en avoir retrouvé une version copte manuscrite, que le docteur Askew a rapportée d'Égypte, et que possède aujourd'hui le *British museum.* M. Éd. Dulaurier, savant orientaliste, qui partage cette opinion, en annonce une traduction complète (1).

Dans ce traité le système des émanations, la doctrine de la lumière se retrouve visiblement; mais on n'y aperçoit aucune trace du dualisme persan.

Ainsi que le système de Basilide, celui de Valentin offre une double série de manifestations et d'êtres qui tous se rattachent à une seule cause première, et qui néanmoins ne se ressemblent pas; les uns sont des déploiements immédiats de la plénitude de la vie divine, et les autres ne sont que des émanations d'un génie secondaire. Le chef de l'une et de l'autre série, qui n'est chef immédiat que de la première, est un être parfait, un abîme, βυθός, qu'aucune intelligence ne saurait sonder; car aucun œil ne saurait atteindre les invisibles et les ineffables hauteurs qu'il habite. On ne peut comprendre la durée de son existence. Il a toujours été, il est le Προπάτωρ, la Προάρχη; il sera toujours, il ne vieillit pas. Le déploiement de ses perfections (διάθεσις) a donné l'existence aux mondes intellectuels.

Suivant Valentin, le Bythos, après avoir passé des siècles infinis dans le repos et le silence, résolut de se manifester, et pour cela il se servit de sa pensée, Έννοια ou Σιγή, le silence, qui seul était à lui, qui n'était pas une manifestation de son être, mais qui était la source de toute manifestation, la mère qui reçut le germe des créatures. La première manifestation que produisit cette pensée de l'Être suprême fut l'Intelligence, Νοῦς, qui fut son fils unique, μονογενής. Ce Νοῦς fut le premier des Éons, c'est-à-dire la première manifestation des puissances de Dieu. De là se produisirent, par une sorte de génération mystique, les autres Éons, qui sont, les uns du genre masculin, les autres du genre féminin.

Avec le Premier-né naquit sa compagne la Vérité, et ils forment avec Bythos et Ennoia la racine, la source de toutes choses. Leurs manifestations sont le Verbe et la Vie, dont les révélations sont l'Homme et l'Église.

Valentin professait sur la chute de certains Éons des doctrines analogues à celles que nous avons fait connaître, et attribuait au Christ la mission de rétablir l'harmonie du Plérôme, qui avait été troublée par le désir inconsidéré des Éons des derniers degrés, de contempler les perfections de l'Être suprême. A la tête de ces Éons qui avaient ressenti une passion folle pour la contemplation du Plérôme se plaçait Sophia, la Sagesse, dont la rédemption avait commencé à être opérée par Horus.

Valentin distinguait les hommes en trois classes : 1° Les pneumatiques, qui ont des germes de vie divine et qui manifestent cette vie dans le monde; 2° les hyliques, qui suivent aveu-

(1) Voy. le Journal asiatique, 4ᵉ série, tom. IX (juin 1847), p. 237 et suiv.

glément les désirs que leur inspirent la matière dont ils sont composés et les esprits qui les dominent; 3° les psychiques, qui flottent incertains entre les deux classes. Les hyliques périront un jour tout entiers, et ne pourront jamais parvenir à un certain degré de pureté ou de félicité; les psychiques eux-mêmes ne seront immortels qu'en revêtant le πνεῦμα, qui est un manteau d'incorruptibilité. Privés du sens supérieur des pneumatiques, ils ne comprennent pas les choses célestes; ils ne s'élèvent même à la foi que par les miracles; aussi est-ce pour eux qu'ils sont faits. Et néanmoins, même avec ce secours, ils ne peuvent s'élancer que jusqu'à l'empire du Démiurge, degré fort inférieur de félicité. Les pneumatiques, au contraire, parviendront un jour à un degré de perfection où ils pourront rejeter loin d'eux le principe psychique, qui servait ici de véhicule à leur intelligence.

Parmi les disciples de Valentin les uns n'apportèrent presque aucune modification à sa doctrine, et parmi eux il faut ranger Axionicus; les autres en modifièrent puissamment les principes, et de ce nombre furent Secundus, Ptolémée, Marcus, Colarbasus, Héracléon, Théodote et Alexandre.

Les Ophites constituent une branche fort importante et très distincte du gnosticisme égyptien. Ils tiraient leur nom du rôle que le serpent (ὄφις) jouait dans leur système. Ces sectaires, fort opposés au judaïsme et au christianisme, établissaient entre le Créateur et l'Être suprême une distinction absolue, qui les conduisait à la déconsidération du premier. Ils admettaient le principe de l'émanation, et donnaient le nom de Jaldabaoth au démiurge que Sophia Achamoth avait produit. Six génies étaient émanés de ce Jaldabaoth, c'étaient Jao, Sabaoth, Adonaï, Eloï, Oraïos et Astaphaïos. Jaldabaoth se sépara de sa mère, et opéra le schisme des intelligences pures et de celles qui se trouvaient en rapport avec la matière. Il avait voulu se donner pour le père, avait créé l'homme par orgueil; mais Sophia avait animé l'homme du principe pneumatique. Le démiurge en fut jaloux, et, dans sa colère, il donna naissance à un nouvel être, qui n'était que son image réfléctée dans la matière; cet être fut Ophiomorphe, le génie à la forme tortueuse, l'esprit serpent, l'intelligence du mal.

Cet Ophis était considéré par certains ophites comme un bon génie, dont Sophia s'était servie contre Jaldabaoth, auquel ils appliquaient une partie de ce que les traditions juives rapportaient de Jéhovah. De là une scission profonde qui s'opéra entre les ophites, selon qu'ils considéraient Ophiomorphe comme un bon ou comme un mauvais génie.

L'Ophisme donna naissance à deux sectes,

celle des *Caïnites* et celle des *Séthiens*; les premiers, très-opposés au judaïsme, les seconds s'en rapprochant au contraire beaucoup.

Les ophites, qui paraissent avoir fini par tomber dans une assez grande démoralisation, se conservèrent jusque vers le milieu du sixième siècle.

Deux autres écoles, celle de *Carpocrate* et d'*Épiphane* d'une part, celle de *Cerdon* et de *Marcion* de l'autre, enfantèrent un grand nombre de sectes, qui ont été rattachées au gnosticisme. Dans la première catégorie il faut ranger les *Prodiciens*, les *Antitactes*, les *Borboniens*, les *Phibionites*, les *Gnostiques*, les *Archontiques*, les *Adamites*; dans la seconde les écoles de *Marcus*, de *Lucain* et d'*Apelles*.

L'école de *Carpocrate*, la plus considérable de toutes, eut l'Égypte pour berceau, quoique ses doctrines fussent cosmopolites; elle fut non-seulement antijudaïque, en ce sens qu'elle combattit les lois du mosaïsme; mais elle proscrivit encore toutes les lois humaines: elle ne reconnut que la loi de la nature. Dans son éclectisme, cette école accordait ses hommages aux grands philosophes, aux prophètes de toutes les écoles, à Zoroastre, à Pythagore, à Platon, à Aristote, à Jésus-Christ; et il semble qu'Alexandre Sévère en ait professé les doctrines.

Cerdon, qui vint à Rome vers l'an 140 de notre ère, semble s'être rattaché aux principes de Simon le magicien, dont quelques auteurs l'ont regardé comme disciple. *Marcion* compléta cet enseignement, et effaça presque son maître. Il était né à Sinope, au commencement du second siècle; il embrassa d'abord la religion chrétienne; mais choqué de l'anthropomorphisme des livres juifs, il les repoussa, comme enseignant un dieu différent de celui des chrétiens. Bien que M. J. Matter ait compris la secte de Marcion dans le gnosticisme, elle nous paraît s'en éloigner complétement, par son dédain pour toutes les théories spéculatives, et par son attachement au côté pratique et moral du christianisme, qui lui fit rejeter tout ce que cette religion avait adopté de commun avec les idées orientales.

Le gnosticisme s'éteignit vers le sixième siècle, ou du moins à partir de cette époque il ne se propagea plus que dans l'ombre, pour reparaître ensuite, au moyen âge, sous de nouvelles formes, dans la doctrine de certains hérétiques. Déjà, avant de disparaître complétement, il s'était fondu avec le *manichéisme*. La doctrine des *Pauliciens* offre un mélange des principes de cette dernière religion et de ceux du gnosticisme. Aux pauliciens qui fleurirent au huitième et au neuvième siècle, succédèrent plus tard, en Orient, les *Euchites*, en Occident les *Cathari*; enfin les derniers vestiges du gnosticisme se sont retrouvés chez les *Bogomiles*.

Tel est le tableau abrégé que ce court article nous permet de tracer d'une des phases religieuses les plus importantes des premiers siècles de notre ère, tableau nécessairement imparfait, puisque nous ne connaissons les gnostiques que par leurs adversaires, et que presque tous leurs écrits ont été anéantis par les orthodoxes. Le peu que nous pouvons connaître de ces doctrines nous permet cependant d'affirmer qu'elles étaient trop mystiques et trop métaphysiques pour avoir pu constituer une religion appropriée aux instincts religieux généraux de l'humanité.

A. Neander, *Allgemeine Geschichte der christlichen Religion und Kirche*, 2e édit.
J. Matter, *Histoire du gnosticisme*; Paris, 2e édit.
Münter, *Versuch über die kirchlichen Alterthümer der Gnostiker*; Anspach, 1790, in-12.

ALFRED MAURY.

GOBE-MOUCHES. (*Histoire naturelle.*) Grand genre d'oiseaux de l'ordre des passereaux dentirostres, créé par Linné, partagé en plusieurs groupes distincts par les ornithologistes modernes, et comprenant un très-grand nombre d'espèces tant indigènes qu'exotiques, qui ont pour caractères principaux: le bec moyen, d'une largeur et d'une longueur variables selon les espèces, élargi et déprimé à la base, qui est hérissée de longs poils, comprimé et fortement échancré vers la pointe chez les espèces les plus fortes, passant insensiblement à la forme du bec-fin chez les plus petites; trois doigts antérieurs et un postérieur presque aussi long que les autres, les deux latéraux à peu près égaux; des ailes qui, repliées, ne recouvrent pas la moitié de la queue, et dont la première rémige est fort courte, tandis que la troisième et la quatrième sont, au contraire, de grande dimension: la seconde étant un peu plus longue que celles-ci.

Les gobe-mouches sont à peu près répandus sur tout le globe: mais ils se rencontrent principalement dans les contrées équatoriales, où ils trouvent une nourriture abondante, laquelle, ainsi que l'indique leur nom, consiste en insectes ailés qu'ils attrapent presque toujours au vol. Ces oiseaux perchent habituellement sur le sommet des arbres les plus élevés, ne viennent presque jamais sur le sol et ne peuvent y courir. Ils habitent les forêts épaisses et les lieux retirés; leur nid est placé en général à l'extérieur: rien ne le protège, et il n'est pas fait avec beaucoup d'industrie. Le cri des gobe-mouches est aigu et triste: la femelle pond à la fois trois ou quatre œufs, quelquefois cinq, marqués de taches rousses. La mue est simple pour les mâles de quelques espèces, double pour d'autres: pour les femelles, on ignore si leur mue est double ; tout ce qu'on sait, c'est que leur couleur est toujours la même : chez les mâles dont la mue est double, le plumage change à des époques périodiques ; semblable pendant l'automne à celui des jeunes et des femelles, il est au printemps orné des couleurs les plus riches et les plus tranchées. La livrée, déjà agréable chez les espèces de nos climats, brille chez les étrangères du plus bel éclat et des nuances les plus variées : chez ces dernières les sexes se distinguent facilement par des différences constantes de couleurs assez tranchées.

Nous indiquerons comme type :

Le GOBE-MOUCHES PROPREMENT DIT (*Muscicapa grisola*, Linné), qui, chez les deux sexes, a toutes les parties supérieures, le cou, les flancs et la poitrine d'un brun cendré avec une raie longitudinale d'un brun foncé sur la tête ; le front blanchâtre, la gorge blanche, ainsi que le ventre. Cet oiseau, qui n'a pas plus de six pouces de longueur totale, se trouve principalement en Suède et en Russie.

Vieillot, *Ornithologie.*
G. Cuvier, *Règne animal.*

E. DESMAREST.

GOBIE. (*Histoire naturelle.*) Genre de poissons créé par Linné, mais considérablement restreint par les naturalistes modernes, et ne comprenant plus que les espèces ayant pour caractères : nageoires ventrales réunies sur toute leur longueur et formant un disque concave ; corps allongé ; tête arrondie, médiocre ; joues renflées ; yeux rapprochés ; dos garni de deux nageoires, dont la postérieure assez grande. Ces poissons se tiennent dans les fonds argileux, et y passent l'hiver dans des canaux qu'ils s'y creusent : au printemps ils préparent, dans des lieux riches en fucus, un nid qu'ils recouvrent de racines ; nous reviendrons plus tard sur ce sujet important, dont plusieurs zoologistes, et particulièrement M. Coste, se sont occupés dans ces derniers temps.

On trouve plusieurs espèces de ce genre dans nos mers européennes ; nous ne citerons que le *Gobius niger*, qui n'a pas plus de cinq pouces, dont le corps est arrondi, d'un brun noirâtre, à nageoires dorsales liserées de blanchâtre. Il se trouve sur les rivages de l'Océan ; sa chair est bonne : aussi ce poisson est-il recherché par les pêcheurs.

G. Cuvier et Valenciennes, *Histoire naturelle générale et particulière des poissons.*

E. DESMAREST.

GOELAND. *Voyez* MOUETTE.
GOELETTE. (*Marine.*) Petit bâtiment à deux mâts inclinés, portant des voiles diversement taillées : les deux inférieures, et les plus grandes, trapézoïdales, sont du genre de celles qu'on nomme *latines ;* celles de l'avant sont triangulaires : ce sont les *focs ;* celles qui se hissent au haut des mâts sont carrées comme les *huniers,* quelquefois aussi triangulaires et à antennes.

La goëlette a pris naissance aux États-Unis ; c'est là qu'il faut encore aller pour trouver les modèles les plus parfaits de ce genre de bâtiments ; leurs *pilots-boats* (bateaux-pilotes), qui font tout le commerce de cabotage du golfe du Mexique et des Antilles, sont de charmants navires.

Depuis quelques années, la goëlette est adoptée en Europe ; on en arme même en guerre. La goëlette de guerre porte de six à huit caronades.

Les qualités qui rendent la goëlette si précieuse comme fine voilière et bonne marcheuse, ces qualités, qui font son mérite, font aussi son danger ; surprise par un grain, elle s'incline sous le vent qui la pousse en flanc, elle chavire et sombre sous ses voiles démesurées. Les accidents de ce genre ne sont pas rares, surtout aux États-Unis.

On donne le nom de *goëlette-brick,* ou *brick-goëlette,* à un bâtiment dont le grand mât porte une voilure de goëlette, et le mât de misaine une voilure de brick.

V. G.

GOITRE. (*Médecine.*) Le *goître,* improprement appelé par les anciens Βρογχοκήλη (bronchocèle), *hernia gutturalis, struma tracheocele,* etc., est un accroissement anormal, une hypertrophie de la glande thyroïde, endémique, héréditaire, dans les contrées froides et humides, comme les vallées des Alpes, le Bas-Valais, la Maurienne, où l'on rencontre 80 individus goîtreux sur 100. Le goître n'est accompagné ni d'inflammation ni de changement de couleur à la peau.

On a longtemps attribué le goître à l'usage des eaux provenant de la fonte des neiges ; depuis, l'on a cherché d'autres causes ; mais les auteurs de ces recherches ont été loin de s'accorder dans leurs conclusions. Dans ces derniers temps, M. Boussingault a émis une opinion toute nouvelle, fort ingénieuse, et qui a rallié un grand nombre de partisans. Suivant le savant chimiste, la cause de la maladie serait dans la désoxygénation de l'eau, désoxygénation qui peut se faire de plusieurs manières : 1° par l'élévation du sol ; 2° par le contact prolongé de l'eau avec certaines substances, telles que le fer, les matières organiques, enfin avec tous les corps avides d'oxygène. Cette théorie a certainement sur toutes celles qui l'ont précédée l'avantage de faire concorder les faits les plus opposés en apparence, elle est séduisante par sa simplicité ; mais avant de l'admettre exclusivement il faut encore bien des preuves.

Si tous les âges peuvent être atteints par le goitre, l'enfance et la jeunesse y sont plus exposées que l'âge adulte et la vieillesse. Les femmes y sont plus sujettes que les hommes. Il se transmet aisément par voie de génération, et plutôt, dit-on, dans la ligne paternelle.

On cite des exemples d'individus devenus goitreux après avoir soulevé des fardeaux, ou bien à la suite de cris et de contractions violentes, comme celles, par exemple, auxquelles donne lieu l'accouchement.

Le goitre peu volumineux n'est qu'une difformité désagréable, surtout chez les femmes. Mais quand il acquiert assez de volume pour comprimer les parties voisines, comme le larynx, les artères carotides, les veines jugulaires, l'œsophage, les glandes salivaires, il doit nécessairement en gêner les fonctions; il peut même déterminer des accidents graves.

Après avoir persisté pendant longtemps à l'état de simple hypertrophie, le goitre peut se transformer en tissus morbides, de nature variable, et qui en rendent le diagnostic plus fâcheux encore.

Le traitement du goitre est aussi incertain que son étiologie est obscure. La thérapeutique de cette affection présente un assemblage de médications empiriques, toutes plus bizarres les unes que les autres; elle est par conséquent bien loin d'être rationnelle. On peut, néanmoins, réduire à trois chefs principaux les méthodes curatives employées contre cette affection.

1° On cherche à la faire disparaître par des médicaments qui portent sur la nutrition et sur l'absorption: ces médicaments, tous internes, sont les mêmes que ceux que l'on emploie ordinairement contre l'état lymphatique. Au premier rang, se trouve l'iode, avec ses composés; ce corps constituait naguère, sans qu'on s'en doutât, la portion active de l'éponge calcinée, vantée dans le cas d'hypertrophie de la glande thyroïde.

2° On cherche à résoudre les goitres par des topiques ou des moyens locaux; les préparations mercurielles, et celles d'iode, sont, dans ce cas, les médicaments qui présentent le plus de chances de succès.

3° Enfin on attaque la tumeur par des moyens chirurgicaux. De ces moyens, le plus doux est la compression; viennent ensuite le vésicatoire, le séton. On a proposé la ligature en masse de la glande hypertrophiée; M. Mayor de Lausanne l'a, dit-on, pratiquée avec succès. Nous citerons encore la ligature d'une ou de deux artères thyroïdiennes; ce moyen n'est pas sans danger. Quant à l'extirpation de la glande, cette opération a presque toujours été suivie d'accidents mortels.

Il va sans dire que pour assurer le succès d'une médication, quelle qu'elle soit, la première condition à remplir est de transporter le malade hors du pays où le goitre est endémique, de le placer dans une localité sèche, aérée; en un mot, de l'entourer de toutes les conditions hygiéniques qui peuvent favoriser le traitement.

C. LEBLANC.

GOLCONDE. (*Géographie.*) Ville forte de l'Inde, dans le royaume du Dekhan, située sur un rocher au pied d'une haute montagne à cent vingt kilomètres de Doltabat.

Golconde était autrefois la capitale d'une province du même nom qui, au quinzième siècle, fut conquise par les mahométans. Ceux-ci firent de cette province un état particulier, qu'ils appelèrent *royaume de Golconde*, mais qui, en 1687, fut réuni à l'empire des Mongols, par Aureng-Zeib.

Vers 1719, Tchin-Kili-Khan, gouverneur de Golconde pour les Mongols, se rendit indépendant, et son fils Ghazi-ed-Din, qui lui succéda, sut conserver à l'État sa liberté. Mais Nizam-Ali-Khan, ayant à combattre à la fois Haïder-Ali, les Mahrattes et les Anglais, se déclara vassal de ces derniers; en 1800, à sa mort, arrivée trois ans après, son fils, Elbirza-Sekander-Djah, fut reconnu sultan du Dekhan par l'Angleterre, qui ne lui laissa cependant que l'ombre de la puissance souveraine.

Dès le dix-septième siècle les souverains avaient abandonné Golconde, leur résidence, à cause de l'insalubrité de l'air et de la position, et étaient venus s'établir à Haïder-Abad, qui n'en est qu'à quatre kilomètres, et qui n'est considérée que comme une citadelle. En cas d'alarme ou de danger, les principaux personnages de la ville et les marchands vont chercher un refuge dans cette place, que les Indiens regardent comme imprenable.

Golconde est célèbre par ses prétendues mines de diamants; elle est l'entrepôt de ces pierres précieuses recueillies dans la Krichna et le Pennar, et c'est dans la ville même qu'on les taille. De là sans doute est venue cette renommée d'opulence et de grandeur dont elle ne jouit guère aujourd'hui que dans les opéras-comiques et dans les récits merveilleux inventés à plaisir.

THÉODORE BÉNARD.

GOLIATH. (*Histoire naturelle.*) De Lamarck a créé sous ce nom un genre de coléoptères, de la famille des lamellicornes mélitophiles, et qui comprend quelques espèces remarquables par leur grande taille et leur rareté. Ces insectes ont pour caractères: lèvre échancrée en gouttière pour donner passage aux lobes soyeux des mâchoires; pattes antérieures sans aucune dentelure à leur côté extérieur; sternum large. Les mâles ont le chaperon refondu et dilaté en manière de corne; mais ce chaperon étant simplement carré dans les femelles, ce caractère ne permettrait pas de reconnaître les espèces dont on ne posséderait que ce dernier sexe.

Les entomologistes ne sont pas d'accord sur le nombre d'espèces que l'on doit compter dans ce genre : on en réunit quelquefois plusieurs ensemble, et dans d'autres cas, au contraire, on fait probablement plusieurs espèces avec une seule. Tout récemment (23 *juin* 1847) M. de la Ferté-Sénectère a communiqué à la Société entomologique de France une note de M. Melly dans laquelle ce naturaliste, d'après l'inspection de vingt-deux individus, réunirait en une seule espèce les *Goliathus giganteus*, *Drurii*, *cacicus*, *regius* et *princeps*; parce qu'il aurait trouvé tous les passages de l'un à l'autre. Nous pensons que de nouvelles observations sont nécessaires pour confirmer l'opinion de M. Melly, mais nous avons cru devoir la signaler ici pour qu'elle puisse trouver confirmation ou infirmation.

L'espèce type est le GOLIATH GÉANT, *Goliathus giganteus* Lamarck, qui est longue de trois pouces : la tête et le corselet sont d'un blanc jaunâtre, et ce dernier présente des raies noires; les élytres sont noires, avec le disque et le bord extérieur jaunâtres. Cet insecte a été trouvé à Sierra-Leone, sur la côte de Guinée.

De Lamarck, *Animaux sans vertèbres*.
Lepelletier de Saint-Fargeau et Serville, *Encyclopédie méthodique*, Insectes.
Gory et Percheron, *Monographie des cétoines*.
Burmeister, *Handbuch der entomologie*.
Schaum, *Revue critique de la famille des lamellicornes mélitophiles*, dans les *Annales de la Société entomologique de France*, 1844, etc.

F. DESMAREST.

GOMPHOLITE. (*Géologie.*) *Nagelflule* des géologues suisses. C'est, suivant M. d'Omalius d'Halloy, une roche fragmentaire à base composée d'une pâte de macigno, renfermant des fragments de diverses substances, principalement de quartz et de calcaire plus ou moins arrondis. Cette roche fait partie de la grande classe des conglomérats de la division des *poudingues*. Le *gompholite monogénique* de M. Brongniart n'est, d'après la définition de M. d'Omalius, qu'un *calcaire poudingiforme*.

Le gompholite forme des couches et des amas irréguliers; il est tenace, friable ou meuble; sa couleur varie suivant celle de sa pâte et des fragments de roches qui s'y trouvent englobés. Cette roche se rencontre principalement dans les terrains tertiaires, dans lesquels elle constitue des dépôts très-puissants : la Suisse est à cet égard une localité classique.

ROZET.

GONDOLE. (*Marine.*) Les dictionnaires de marine définissent ainsi la *gondole* : embar-

cation de passage et d'agrément dont on se sert à Venise. Elle est à fond plat, son bau n'est pas grand en raison de sa longueur, qui est de 32 pieds (11 mètres); elle a l'*étrave* et l'*étambot* (pièces de bois faisant suite à la quille, à l'avant et l'arrière) prolongés à une certaine hauteur; les bouts finissent en volute recourbée en dehors; une cabine, plus ou moins élégante, en occupe le milieu : c'est là que se placent les passagers.

Une ancienne peinture, qui représente le pont du Rialto, fait voir un noble vénitien dans une de ces embarcations telles qu'on les fabriquait alors; l'homme et la barque sont revêtus d'étoffe de couleur ponceau, et la gondole ne porte pas à son extrémité cette flamme de fer dentelée qui la décore aujourd'hui. Une chronique de l'année 890 donne à entendre que la gondole des doges était jadis ornée de drapeaux et de peintures éclatantes. De nos jours, et même dans les siècles passés, la couleur noire est et a été la seule affectée aux gondoles.

On donne le nom de *gondoliers* aux marins qui montent la gondole. Deux de ces hommes suffisent pour la mener; ils sont debout et rament en poussant devant eux. Celui qui est devant appuie sa rame du côté gauche, sur le tranchant d'une pièce de bois plus élevée que le bord de la gondole, et échancrée circulairement pour recevoir le manche de la rame. Le gondolier de derrière, élevé sur la poupe afin de voir la proue par-dessus la couverture, est placé sur un morceau de planche qui déborde de quatre doigts sur le côté gauche, et il ne se soutient que par le manche de sa longue rame appuyée sur le côté droit de la gondole.

Autrefois les gondoliers savaient par cœur de longs passages du Tasse et de l'Arioste, et ils les chantaient avec une mélodie toute particulière; mais ce talent semble aujourd'hui se perdre. Les chants ont cessé avec l'indépendance de Venise, et il est rare de trouver deux personnes qui sachent réciter, de cette manière, un passage du Tasse.

Deux gondoliers se réunissent ordinairement pour chanter les strophes. On en connaît les airs par Rousseau, qui les a fait imprimer. Ils n'ont point une mélodie proprement dite; c'est une sorte de milieu entre le *canto fermo* et le *canto figurato*, se rapprochant du premier par une déclamation de récitatif, et du dernier par des passages et des roulades dont l'effet est de prolonger et d'embellir le son d'une syllabe. Les deux chanteurs sont placés, l'un à l'avant et l'autre à l'arrière; le premier commence le chant; quand il a fini sa strophe, le second continue la strophe suivante, et ainsi de suite en alternant. Entendus de près, ces chants sont rudes et criards; mais à une certaine distance, ils deviennent harmonieux.

Au temps de la splendeur de Venise, les

gondoles couvraient par milliers ses lagunes et ses nombreux canaux ; aujourd'hui, c'est à peine si l'on en compte quelques centaines.

L. LÉGER.

GONIOMÈTRE. (*Minéralogie.*) Γωνία, *angle*; μέτρον, *mesure. Pour reconnaître la na-* ture géométrique des cristaux, il n'y a d'autre moyen que de les soumettre à des mesures rigoureuses, à l'aide d'instruments qui portent le nom de *goniomètres.*

Le plus simple de ces instruments, appelé *goniomètre de Garengeot*, du nom de son inventeur, consiste en deux lames d'acier (*Voyez* l'*Atlas*, OPTIQUE, pl. X, *fig.* 1), réunies par le moyen d'une virole, autour de laquelle elles peuvent se mouvoir. On applique les bords, angulairement écartés, de ces deux lames, sur les faces dont on veut mesurer les angles, et on obtient ainsi l'inclinaison. On reporte les lames ainsi écartées sur un *rapporteur (fig.* 2), et l'on n'a plus qu'à lire l'angle sur le limbe de ce dernier instrument.

On a perfectionné le goniomètre de Garengeot en fixant les deux lames au centre même du rapporteur. Alors, pour rendre ce petit instrument très-portatif, on est dans l'usage de briser la demi-circonférence au milieu, en y pratiquant une charnière perdue, invisible quand l'arc est étendu.

Malgré ce perfectionnement, le goniomètre de Garengeot ne peut donner que les degrés, ou tout au plus les demi-degrés, attendu que son rayon n'est que de quatre centimètres, et qu'on ne peut le garnir d'un *vernier*, qui, en le compliquant, le rendrait moins commode. Les goniomètres de *réflexion* présentent donc de très-grands avantages sous le rapport de la précision, et on doit les employer de préfé- *rence pour les observations délicates.* Malus, Wollaston, M. Babinet, ont attaché leurs noms à des instruments de ce genre; ceux des deux premiers, quoique susceptibles d'une grande précision, sont toutefois moins employés que celui de M. Babinet, qui est plus facile à manier, et dont nous allons parler avec quelques détails.

L'instrument (*fig.* 3), qu'on peut tenir à la main ou fixer sur un pied, consiste en un cercle garni de deux lunettes *a*, *b*, et d'une alidade *c*, qui tourne au centre; la lunette *a* est fixe; l'autre, *b*, est mobile et garnie d'un vernier. Au centre se trouve un petit support, susceptible de tourner sur lui-même, et sur lequel on fixe, avec de la cire molle, le cristal qu'on veut mesurer.

Les lunettes renferment chacune intérieurement deux fils, croisés à angles droits. Ces fils sont placés au foyer de l'oculaire, et se trouvent ainsi éclairés par un faisceau de rayons parallèles, quand la lunette est tournée vers le jour; ils peuvent, dès lors, remplacer, dans la lunette fixe, des points de mire qui se trouveraient à une distance infinie.

Pour se servir de l'instrument, il faut commencer par disposer chacune des lunettes au moyen des tirages, de manière à voir distinctement des objets éloignés. En amenant alors la lunette mobile *b* vis-à-vis de la lunette fixe *a* on aperçoit les quatre fils. Après cette opération, on place, parallèlement au cercle, l'un des fils de la lunette fixe; on dispose l'arête du cristal perpendiculairement au plan du même cercle, et l'on procède à la mesure de l'angle de la manière suivante :

On tourne d'abord l'oculaire de la lunette mobile, pour que ses fils deviennent obliques sur ceux de la lunette fixe, à 45°, par exemple, ce qui donne de la facilité pour observer les coïncidences dont on a besoin. On met l'alidade sur 180° et la lunette mobile sur la partie opposée du cercle; puis on fait mouvoir le support du cristal, pour placer ce dernier de manière à réfléchir les fils de mire dans la lunette mobile, et amener le point de croisement des fils de cette dernière sur le fil vertical de la lunette fixe.

Cela fait, on ne touche plus ni au support ni à la lunette *b*, mais on fait mouvoir l'alidade jusqu'à ce qu'on amène l'autre face du cristal, à diriger de même les lignes de mire et à effectuer la même coïncidence du point de croisement avec le fil vertical de la lunette *a* fixe. Il n'y a plus alors qu'à lire, sur le limbe, l'angle que font les deux faces.

Il arrive fréquemment que la lumière extérieure, qui tombe sur le cristal et s'y réfléchit, est beaucoup plus forte que celle qui vient de l'extérieur de la lunette fixe; il en résulte que l'image des fils de mire est perdue dans cette lumière, et qu'il devient impossible de l'apercevoir. Pour remédier à cet inconvénient, il faut placer des écrans noirs autour du cristal, afin de le priver de toute lumière qui ne sort pas de la lunette fixe.

C. P.

GORÉE. (*Géographie.*) Arrondissement dans les possessions françaises en Sénégambie. Il comprend l'île de Gorée, et toute la côte depuis la baie d'Ioi jusqu'à la Gambie. Ses comptoirs principaux sont : Albreda, sur ce dernier fleuve, et Seghiou, sur la Casamance.

Le chef-lieu de l'arrondissement est GORÉE, située dans l'île du même nom. Cette île, peu distante du cap Vert, dont elle est séparée par le canal Dakar, a environ 400 toises de long sur 170 de large. C'est un rocher fort élevé dans la mer, nu et stérile. Les deux tiers du terrain sont occupés par la ville, qui possède une bonne rade et est protégée par deux forts. Aussi est-ce une précieuse position. On y remarque l'église, l'hôtel du gouvernement, l'hôpital et la caserne. Il s'y trouve une école et un entrepôt pour les marchandises étrangères. L'île possède 6,000 habitants, dont 5,000 résident dans la ville.

Les ,indigènes nommaient autrefois cette contrée *Bir* ou *Barsaguiche*. Au commencement du dix-septième siècle, les Hollandais s'en emparèrent, et ils lui donnèrent le nom d'une des îles de leur pays (*Goerée*, Gorée). En 1667, cette possession leur fut enlevée par l'escadre de l'amiral d'Estrées, et fut confirmée à la France par le traité de Nimègue. En 1804, les Anglais l'occupèrent, et ils la gardèrent jusqu'en 1814.

Bien que l'arrondissement de Gorée, ainsi que celui de Saint-Louis, appartienne en grande partie à des peuplades indépendantes, et soit une possession de nom plutôt que de fait, il constitue un point important des colonies françaises. Gorée est actuellement d'un grand avantage pour le commerce de la gomme, de l'ivoire, de la poudre d'or, etc.'Son importance s'accroîtra encore dans l'avenir à cause des facilités qu'il présentera pour les communications avec l'intérieur de l'Afrique par le cours de la Gambie, du Sénégal et du Djoliba.

G.

GORGONE. (*Histoire naturelle.*) Genre de zoophytes de l'ordre des polypiers flexibles ou entièrement pierreux, créé par Linné, et qui, pour les zoologistes modernes, est devenu, sous la domination de *gorgoniées*, un groupe particulier, comprenant une dizaine de genres, dont les deux principaux sont ceux des *gorgones* et des *corailes :* nous parlerons seulement ici des gorgones, renvoyant à un autre mot pour les animaux du genre des corailes.

Les anciens naturalistes classaient les gorgones avec les plantes sous les noms de *lithophytes*, *lithoxyles*, etc.; Boerhaave les appelle *titanocératophytes ;* d'autres zoologistes leur appliquèrent les dénominations de *corallines frutescentes*, *flusi vestiti ;* ce fut enfin Linné qui les nomma GORGONES, *gorgonia*.

Les gorgones ont pour caractères : polypiers dendroïdes, inarticulés, formés intérieurement d'un axe en général corné et flexible, rarement assez dur pour être poli, et quelquefois mou : cet axe est revêtu d'une écorce gélatineuse et fugace, ou bien charnue, crétacée, plus ou moins tenace, toujours animée et souvent irritable, renfermant des polypes et leurs cellules, et devenant friable par la dessiccation.

Ces animaux se trouvent attachés aux rochers et aux corps marins par un empâtement assez étendu, et dont la surface est dépouillée de la substance charnue qui recouvre les autres parties du polypier. Une tige, qui se ramifie beaucoup, part de cet empâtement ; les rameaux varient considérablement par leurs formes et par leurs situations respecti-

ves : tantôt ils sont épars ou latéraux, d'autres fois distiques ou pinnés ; quelques-uns sont flexueux ; d'autres sont droits, courbés, libres ou anastomosés ; presque tous ont une forme cylindrique, quoiqu'il y en ait cependant de légèrement comprimés, de presque plans, d'anguleux, etc.

Dans les eaux de la mer, les gorgones offrent de brillantes couleurs ; il n'en est pas de même pour les individus conservés dans les collections : ils ne présentent que des couleurs ternes, telles que le blanc, le noir, le vert, le rouge, etc. La grandeur de ces zoophytes varie depuis cinq centimètres jusqu'à plusieurs mètres de hauteur, et leur diamètre est parfois très-considérable. Ils habitent toutes les mers et toujours à une profondeur considérable ; comme la plupart des espèces de polypiers, les plus grandes et les plus nombreuses espèces se trouvent entre les tropiques, tandis que les latitudes froides et même tempérées n'en possèdent plus qu'un assez petit nombre. Ce n'est que comme objets d'étude et de curiosité qu'on recueille les gorgones : car ces animaux ne sont d'aucun usage, ni dans les arts, ni en médecine.

Le groupe des gorgones a été subdivisé en plusieurs genres distincts, tels que ceux des *Gorgonia*, des *Briareum*, etc. On en connaît un grand nombre d'espèces : nous nous bornerons à citer la *Gorgonia flabellum* , Ellis, qui se trouve dans toutes les mers, et que sa forme particulière a fait surnommer GORGONE ÉVENTAIL.

De Lamarck, *Animaux sans vertèbres.*
De Blainville, *Manuel de zoophytologie.*

E. DESMAREST.

GORKUM. (*Histoire* et *Géographie.*) Ville de la Hollande méridionale, sur le canal de Zéderik, royaume néerlandais. Elle possède un tribunal de première instance, une école latine, une société de philologie et quatre hospices. Sa population est de 7,000 habitants.

Cette ville a été fondée en 1230 par un seigneur nommé Arkel, qui y fit construire un château fort. L'an 1378, Jean d'Arkel, évêque d'Utrecht, y établit un chapitre de quatorze chanoines, auquel il joignit un décanat. Gorkum prit plus tard une grande importance, et lorsque les dissensions éclatèrent au seizième siècle, on y comptait trois établissements religieux. Cette place fut des premières à s'associer aux troubles qui agitèrent la Hollande, et en 1571 elle ouvrit ses portes au prince d'Orange. L'année suivante, Guillaume de la Mark, comte de Lumée, y assassina, le 9 juillet, dix-neuf prêtres et moines qui , par la prise de Gorkum, étaient tombés entre les mains de ses partisans. Le pape Clément X les mit au nombre des saints trois ans plus tard. Pendant la guerre que les Français portèrent en Hollande, à la fin du siècle dernier, ils s'emparèrent de Gorkum, qui, à cause des ouvrages qui la défendaient, avait mérité le surnom de *clef de la Hollande*. Une inondation qui éclata en 1809 la détruisit presque complétement; mais les Français la reconstruisirent, relevèrent les fortifications, et en firent une des places les plus fortes du pays. Cependant Gorkum fut une des premières qui reçurent les troupes alliées lors de la dissolution de l'empire français. Depuis lors elle est devenue le chef-lieu de la province de Frise.

Nous citerons comme principal édifice le temple réformé, autrefois église de Saint-Vincent, où on retrouve encore les mausolées des seigneurs d'Arkel; l'hôtel de ville, où l'on voit plusieurs tableaux remarquables, etc.

Le principal commerce de la ville consiste en blé, chanvre, beurre, fromage, etc. Les foires abondent en chevaux frisons, dont on connaît la réputation.

Parmi les hommes célèbres nés à Gorkum, nous signalerons Guillaume Estius, célèbre docteur de l'université de Douai; Jean Narcassel, évêque de Castorie; Thomas Erpenius; les peintres Abraham Bloemar, Jean Vender-Heyden, et Kamphnizen, qui a laissé également des poésies remarquables.

On voit dans les environs de Gorkum le château de Lœvesten, célèbre par l'emprisonnement de Grotius et par son évasion singulière : il s'échappa, en effet, dans un coffre que l'on croyait plein de livres. On montre à Gorkum la maison où il arriva, son portrait et ceux de Hoogerbetts et d'Erpenius, magnifiquement peints sur verre, ainsi qu'une pompe, dont le beau travail de feston de fer a été donné au propriétaire de la maison par un des parents de Grotius.

Guill. Estius, *Historia martyrum Gorcomensium majori numero fratrum minorum, etc., lib. IV*; in-8°, Douai, 1603. Une traduction de cet ouvrage a paru à Douai en 1606.

J. Kok, *Dictionnaire historique et topographique des provinces néerlandaises* (en hollandais); Amsterdam, 1785-1800, 38 vol. in-8°.

Les délices des Pays-Bas; édit. de 1779; 8 vol. in-12.

Dewez, *Dictionnaire géographique du royaume des Pays-Bas*; 1 vol. in-8°, Bruxelles, 1819.

Richard, *Guide du Voyageur en Hollande*; Paris, 1844.

A. D'HÉRICOURT.

GOTHS. (*Histoire.*) Dès les premiers temps de l'empire romain, les frontières avaient été exposées aux excursions passagères des Barbares. Mais avec le règne de Dèce (troisième siècle) commence leur véritable histoire; aux courses des Calédoniens dans la Grande-Bretagne, des Germains et des Francs dans les Gaules, des Quades et des Marcomans sur le Danube, des Perses et des Sarrasins en Orient, des Mauces en Afrique, succèdent des invasions formidables. Les premiers qui paraissent sont les Goths; poussés hors de leurs possessions par le choc des Huns, leur proximité de la frontière romaine la plus faible et la plus récemment établie leur ouvrait une route facile à de nouvelles conquêtes.

Quelle était l'origine de ce peuple? Il résulte des récits de Jornandès, leur compatriote et leur historien, récits fondés sur des chroniques fabuleuses, mais où se trouvent cependant épars des faits dont l'histoire a constaté la vérité; il résulte de ces récits qu'à une époque très-reculée, les Goths étaient établis au nord de la mer Noire et du Danube. Cette nation puissante et nombreuse était partagée en deux grandes tribus, les Goths orientaux ou Ostrogoths, gouvernés par des chefs de la famille des Amales, et les Goths occidentaux ou Visigoths, ayant pour chefs les Baltes. Plus tard, mais dans des temps perdus encore dans la nuit des siècles, ils suivirent la même route que les Sarmates, pour aller se fixer dans la Scandinavie, dont ils chassèrent les Cimbres; de là ils étendirent leur domination sur une partie des barbares qui à cette époque occupaient le nord de l'Europe. Odin, leur premier législateur, fut aussi leur dieu. Quelques auteurs prétendent que la division des Goths en orientaux et en occidentaux est postérieure à Odin. Nous ne discuterons point ici cette question, non plus que celle de savoir si, avec beaucoup d'autres peuples européens, cette nation est venue d'Asie, et nous prendrons leur histoire à l'époque où elle s'appuie sur des faits.

Ce fut dans le siècle des Antonins, au moment où l'empire romain était arrivé au plus haut point de splendeur, que les Goths, quittant la Scandinavie, firent leurs premiers pas, et vinrent s'établir à l'embouchure de la Vistule, soumettant les Vandales et d'autres peuplades, qui dès lors furent considérées comme gothiques.

Sous Caracalla (215, ère chrétienne), ils s'étaient déjà avancés au delà des monts Carpathes (monts Krapacks, entre la Hongrie et la Pologne), et faisaient la guerre aux Romains sur le Danube; Maximin, assassin et successeur d'Alexandre Sévère, était un prisonnier goth, enrôlé dans la milice romaine, où il s'éleva aux premiers rangs par sa valeur et sa force corporelle.

Fiers de leurs conquêtes, grossis de toutes les hordes qui s'étaient incorporées à eux, les Goths se précipitent, comme un torrent, sur l'Empire, à l'époque de la chute de Philippe et de l'élévation de son successeur (249). Conduits par leur roi *Cniva*, ils inondent la Dacie, franchissent le Danube et mettent tout à feu et à sang. Dèce accourt pour s'opposer à leurs ravages; trahi par Gallus, il est vaincu, et périt, avec son fils aîné, en combattant.

Gallus, proclamé Auguste avec Hostilius, second fils de Dèce, s'engage à payer un tribut annuel aux vainqueurs, qui consentent, à ce prix, à quitter les terres romaines. Bientôt, manquant à leur parole, ils envahissent de nouveau la Mœsie, et ne cessent d'inquiéter l'Empire, sous les règnes d'Émilien, de Valérien et de son fils Gallien ; ils poussent même leurs excursions dans l'Asie Mineure. Encouragés par leurs succès, ils construisent une flotte, descendent le Borysthène (Dniéper), franchissent la mer Noire, le Bosphore, et viennent se répandre jusque dans les mers de la Grèce.

Claude le Gothique, puis Aurélien, les repoussent au delà du Danube (270-274). Après avoir conclu la paix avec eux, Aurélien abandonne la Dacie conquise par Trajan ; ramenant les colons romains sur la rive droite du Danube, il fait de cette mesure de prudence un gage de paix avec les barbares.

Depuis leurs expéditions maritimes, les Goths, en paix avec les Romains, s'étaient multipliés et étendus. Le grand *Hermanric*, de la noble race des Amales, avait réuni sous ses lois toutes les bandes guerrières qui étendaient leurs courses depuis la Baltique jusqu'au Borysthène. Les Visigoths, réunis aux Ostrogoths, avaient cédé la prééminence à ces derniers, et le Danube séparait l'empire sauvage des Goths de l'empire civilisé des Romains.

Tel était l'état des nations gothiques au quatrième siècle, quand les Huns attaquèrent l'empire d'Hermanric. Les Goths, qui formaient une armée plutôt qu'un peuple, ne peuvent résister aux hordes nombreuses vomies par le Volga et le Tanaïs ; ils succombent, et l'Europe avec eux. Vaincus, ils se dispersent, et le plus grand nombre se réfugie en Pannonie et en Thrace, sur les terres des Romains.

L'Empire s'était divisé sous les faibles fils de Théodose. Arcadius régnait en Orient, Honorius en Occident ; tous deux se laissaient gouverner par des ministres ambitieux, Rufin et Stilicon. Ce dernier, de race vandale, était un grand capitaine. Rufin, craignant ses entreprises, déchaîne les barbares sur l'Empire ; il engage les Huns à se précipiter sur l'Asie, et livre l'Europe aux Goths commandés par *Alaric I.*

La Grèce est envahie ; les barbares pénètrent jusque dans le Péloponèse, où Stilicon les poursuit. Mais, pendant que le général d'Honorius les combat, les arrête, Arcadius traite avec Alaric, et le nomme général des armées impériales et gouverneur de l'Illyrie. Le faible monarque croit gagner le barbare par ces faveurs ; il ne fait que le rendre plus redoutable.

Les Goths proclament Alaric roi des Visigoths, et, sous sa conduite, ils envahissent,

l'Italie, la première année de ce cinquième siècle, fameux par la destruction de l'empire d'Occident et par la fondation des royaumes barbares. Vaincu une première fois par Stilicon, près de Polentia, puis une seconde fois sous les murs de Vérone, Alaric se retire en Grèce.

Deux ans après, les Goths reprennent les armes, sous la conduite de *Radagaire* ; ils franchissent les Alpes Juliennes, au nombre de quatre cent mille, et viennent de nouveau se jeter sur l'Italie. Stilicon les poursuit avec une poignée de soldats, les atteint près de Florence, les détruit complétement. Radagaire et ses quatre fils, tombés entre les mains du vainqueur, sont mis à mort ; les autres prisonniers sont vendus comme des bêtes de somme. L'Italie est encore sauvée ; mais les autres provinces sont envahies de toutes parts.

Pendant que l'Empire s'écroule pièce à pièce, Honorius se prive du seul appui qui lui reste. Excité contre Stilicon par ses courtisans, il le fait périr. A la nouvelle de la mort du seul homme qu'il redoute, Alaric fond de nouveau sur l'Italie ; il vient se présenter devant Rome, ferme le Tibre, et bientôt la famine et la peste désolent les assiégés. Le Goth consent à s'éloigner au prix d'une somme immense ; Honorius, renfermé dans Ravenne, ne ratifie point le traité. Alaric assiége de nouveau la ville éternelle, et force les Romains à recevoir de sa main, pour Auguste, Attale, préfet de Rome. De nouvelles négociations s'entament avec l'empereur ; Alaric consent à un arrangement, il dépouille Attale des ornements impériaux ; mais les tergiversations et le manque de foi d'Honorius rallument sa fureur, il remet la pourpre sur les épaules d'Attale et marche sur Rome. L'heure fatale sonne le 24e jour d'août de l'année 410 ; Rome est forcée ou trahie ; les Goths élèvent leurs enseignes au haut du Capitole, et annoncent ainsi au monde que la ville des Césars a changé de maîtres. Après six jours de pillage, les Barbares s'éloignent comme effrayés ; ils s'enfoncent dans l'Italie méridionale ; Alaric meurt près de Cosenza, et ses soldats lui creusent une tombe ignorée dans le lit du Crathis.

Ataulfe, beau-frère et successeur d'Alaric, fait la paix avec Honorius, dont il épouse la sœur Placidie, et s'engage à ramener à l'obéissance les provinces révoltées. Il quitte l'Italie et va dans les Gaules se mettre en possession de la Narbonnaise et des deux Aquitaines (413). Pressé par Honorius, auquel les succès de son général Constance ont rendu quelque courage, menacé par ce dernier, Ataulfe passe en Espagne, pour prendre possession des provinces appartenant encore à l'Empire ; il y trouve à combattre d'autres

Germains, les Suèves, les Alains et les Vandales.

Assassiné à Barcelone (415), Ataulfe a pour
successeur Vallia. Rappelé en Aquitaine par
Honorius, *Vallia* meurt lui-même, en arrivant à Toulouse (420). Son fils *Théodoric I* lui
succède, et reste allié des Romains pendant
tout son règne, dont la fin est marquée par
l'invasion d'Attila et de ses Huns. La victoire
de Châlons, remportée par Aétius, repousse
les barbares au delà du Rhin; mais Théodoric, qui avec ses Visigoths était venu au secours des Romains, est tué pendant l'action
(451). *Thorismond* monte sur le trône de son
père, et ne l'occupe que deux ans. Après lui,
son frère *Théodoric II* règne jusqu'en 466. Un
troisième frère, *Euric*, ceint la couronne; il
s'occupe d'abord du soin d'étendre sa domination en Espagne, et d'y achever la destruction
des Suèves; puis, s'alliant au Vandale Gen-
séric, il attaque l'Empire, et ajoute le Berry
à ses possessions (474). Après lui, *Alaric II*
étend sa domination jusqu'à la Loire; en sorte
que le royaume des Visigoths a pour frontières, au midi et à l'occident la mer, à l'orient
les Bourguignons, au nord les Francs sur
lesquels règne Clovis. Abandonné par les
évêques catholiques de son royaume, Alaric
est vaincu et tué par Clovis à la bataille de
Vouillé (507). Ses deux fils, *Amalaric* et *Gé-
salric*, lui succèdent; mais ce dernier ayant
été tué peu après dans un combat contre les
Francs, Amalaric règne seul dans un état
presque continuel de guerre avec les successeurs de Clovis; il périt les armes à la main
(531), et son successeur, *Theudis*, se retire
en Espagne, abandonnant tout ce que ses prédécesseurs avaient possédé dans les Gaules.
Depuis ce temps, l'histoire des Visigoths se
confond avec celle d'Espagne.

Amollis par la douceur du climat, par la
prospérité, par les richesses, les rois goths
contractent des vices qu'ils n'avaient point
quand ils étaient barbares. *Roderic* (Rodri-
gue), le dernier d'entre eux, souille le trône
par ses débauches. Personne n'ignore l'histoire, vraie ou fausse, de la fille du comte
Julien, à laquelle, dit-on, Roderic fit violence.

Animés du désir de se venger, Julien et son
frère Oppas, archevêque de Tolède, favorisent l'invasion des Arabes, commandés par
Tarik, lieutenant de Moussa, vainqueur des
Maures. Roderic, vaincu à la bataille de Xé-
rès, y perd la couronne avec la vie (714).
Tarik, profitant de sa victoire, achève en peu
de mois la conquête de l'Espagne, à l'exception des montagnes des Asturies, qui servent
de refuge à Pélage et à une poignée de soldats, et qui deviennent le berceau d'une nouvelle monarchie espagnole.

En 476, le fantôme qu'on appelait encore
empire d'Occident s'était évanoui au souffle
d'Odoacre, roi des Hérules. Depuis sept années, l'Italie respirait sous la domination du
monarque barbare, lorsque *Théodoric* l'A-
male, roi des Goths (Ostrogoths) qui étaient
restés en Pannonie après l'invasion des
Huns, se présente en Italie. Jeune encore,
Théodoric avait acquis la réputation d'un grand
capitaine. Zénon, empereur d'Orient, connaissait trop bien le caractère avide et belliqueux des Ostrogoths, il redoutait trop l'ambition de leur chef, pour ne pas désirer l'éloignement de ces dangereux voisins; il engage
donc Théodoric à passer en Italie, pour y combattre Odoacre, espérant ainsi détruire ou du
moins affaiblir les barbares les uns par les
autres. L'entreprise sourit à Théodoric; il
passe les Alpes, attaque les Hérules, et, vainqueur, se rend maître de la personne d'O-
doacre, et le fait périr quelque temps après,
au milieu d'un festin (489-493).

Théodoric prend, dès lors, le nom de roi d'I-
talie: car il possède cette contrée tout entière, à
l'exception de Venise, qui, après avoir fondé sa
liberté au temps d'Attila, sait la conserver sous
le monarque goth. Il meurt à soixante-douze
ans (526), après un règne de trente-trois ans,
laissant en paix et florissante cette Italie qui,
depuis deux siècles, était affligée de tant de
maux. Il avait laissé subsister les formes romaines dans son œuvre législative, l'*Edit de
Théodoric;* il avait tenté de soumettre à une
même loi, puisée dans les principes romains,
ses anciens et ses nouveaux sujets; il s'était
entouré d'hommes romains, parmi lesquels
on remarquait Cassiodore, un des derniers
littérateurs latins; enfin son règne avait été
une sorte de continuation de l'Empire.

Après sa mort, la discorde éclate entre les
Romains et les Goths. La fille de Théodoric,
Amalasonte, tutrice du jeune roi, de son fils
Atalaric, était romaine d'éducation et de
mœurs; les Goths se révoltent contre elle et
associent à son pouvoir *Théodat*, qui la fait assassiner (535). Justinien régnait alors à Constantinople; il convoitait l'Italie; il prend prétexte de l'assassinat d'Amalasonte, et se proclame son vengeur. Alors commence une guerre
qui pendant vingt ans désole et ruine l'Italie.
Dans la première période de cette guerre, les
armées impériales, conduites par Bélisaire,
sont toujours victorieuses, et *Vitigès*, successeur de Théodat, est amené captif à Constantinople. Mais Bélisaire est rappelé, et les Goths
se relèvent sous *Totila*. En peu de temps il se
rend maître de tout le pays, et ses succès continuent, jusqu'au moment où Bélisaire revient
le combattre. Le général de Justinien est cependant rappelé une seconde fois, sans avoir
pu complétement abattre *la domination des*

Goths. Enfin arrive l'eunuque Narsès, qui leur porte les derniers coups. En vain *Téia*, successeur de Totila, oppose une résistance désespérée; la guerre se termine par l'extermination presque complète des Goths, et l'Italie est rattachée pour un moment à l'empire d'Orient (552).

Ce fut ainsi que, par un bizarre caprice de la fortune, un eunuque renversa le trône élevé par Odoacre et Théodoric et défendu par Totila, comme si la Providence eût voulu qu'une sorte de honte accompagnât la fin de ce que la violence avait fondé. Et cependant la destruction de la monarchie des Goths fut un grand malheur pour l'Italie. Par l'invasion des Grecs, elle perdit, avec son indépendance, sa nouvelle nationalité, et se trouva derechef exposée à toutes les calamités qui accompagnent la conquête.

Jornandès, *De Getarum, sive Gothorum origine et rebus gestis* (publ. avec trad. dans la collection Panckoucke).

J. Pinkerton, *Recherches sur l'origine et les divers établissements des Scythes et des Goths*; trad. de l'anglais par Miel; Paris, 1804, in-8°.

Hug. Grotius, *Historia Gothorum, Vandalorum,* etc.; Amstelodami, 1655, in-8°.

Prætorius, *Orbis gothicus*; 1688-89, 4 tomes in-fol. — *Mars gothicus*; 1691, in-fol.

Manso, *Geschichte des ostgotischen Reiches in Italia*; Breslau, 1824, in-8°.

Giov. Tamassia, *Storia del regno dei Goti e dei Longobardi in Italia*; Bergamo, 1825-26, 3 vol. in-8°.

Fauriel, *Histoire de la Gaule méridionale, sous la domination des conquérants germains*; Paris, 1836, 4 vol. in-8°.

Castillo, *Historia de los reyes godos, que venieron a España*; Madrid, 1624, in-fol.

ERN. ROSELLE.

GOTHIQUE. (Architecture). *Voy.* OGIVE.

GOUJON. (*Histoire naturelle.*) Genre de poissons qui ne comprend qu'une seule espèce, le *goujon, Cyprinus gobio*, qui était anciennement placé dans le groupe naturel des cyprins, dont il ne diffère, d'une manière générale, que par la petitesse de ses nageoires dorsale et anale, sans épines à l'une ni à l'autre. C'est principalement dans les eaux douces de la France et de l'Allemagne que ces poissons abondent. Leur chair, blanche et facile à digérer, les fait beaucoup rechercher des pêcheurs. Le goujon varie de couleur suivant l'âge; mais il est le plus souvent d'un bleu noirâtre sur le dos, avec des taches bleues placées sur la ligne latérale; ses nageoires, d'une couleur brun-clair, sont piquetées de brun plus foncé.

G. Cuvier et Valenciennes, *Histoire naturelle générale et particulière des poissons*, etc.

E. DESMAREST.

GOUT. (*Littérature, Philosophie, Beaux-arts.*) Voltaire, dans trois pages dignes de son admirable génie, a laissé une trace de lumière sur ce sujet difficile et complexe, qu'il s'est contenté d'effleurer en passant. Averti par ce brillant signal de ne pas nous jeter à l'étourdie dans une route qu'il a plutôt franchie que parcourue, nous nous contenterons, dans cet article, de suivre la marche et les progrès dans les lettres et dans les arts chez les diverses nations qui les ont cultivés.

Une femme célèbre a défini le goût « une harmonie, un accord de l'esprit et de la raison. » Une autre femme d'esprit (la duchesse du Maine) soutient, au contraire, que « le goût ne tient qu'aux sentiments et aux sensations; qu'il est indépendant de tout raisonnement, de tout calcul, et par conséquent qu'il ne peut ni se perfectionner ni s'acquérir. » Ces deux propositions nous semblent également loin de la vérité.

Le goût matériel, c'est-à-dire la faculté de connaître et d'apprécier les saveurs diverses, naît avec nous et se développe avec le sens qui en est l'organe. L'homme n'a pas besoin d'éducation pour goûter le fruit du pêcher, pour savourer la liqueur qu'il extrait du raisin. Le goût intellectuel, que l'on peut définir la faculté d'apprécier les saveurs morales (si l'on ose hasarder cette expression) et de se procurer les jouissances que donnent les lettres et les arts; ce goût qui tient à la fois à ce que la pensée et les sens ont de plus exquis, s'il ne peut s'acquérir quand on n'en a point le germe, peut du moins, quand on l'apporte en soi, se fortifier par l'exemple et se perfectionner sous des influences favorables. Il en est du goût comme de l'amour : il s'inspire, il ne s'apprend pas.

Les progrès du goût se lient aux progrès de l'humanité même. Le goût tombe avec les mœurs, renaît quand elles se régénèrent, s'efface quand la virilité des nations s'affaiblit, et se relève plus fier quand elles recouvrent leur énergie et leur liberté. Le goût suit le mouvement de la civilisation, et, comme la société est quelquefois riche de lumières et pauvre de vertus, le goût se montre alors d'une extrême délicatesse, mais dénué de grandeur et de génie.

Les trois plus anciennes nations dont l'histoire nous ait conservé le souvenir, l'Inde, la Chine et l'Égypte, manquaient essentiellement de goût. Les poésies sacrées des Indiens ont de la grandeur, de la force, de la naïveté; leurs statues sont exécutées avec finesse, avec pureté même dans leurs divers détails; mais l'ensemble de toutes ces compositions est hideux. Les nations indiennes ont connu le luxe, la splendeur, quelquefois l'élégance dans les arts; mais le goût y fut toujours étranger. Chez ce peuple, la peinture des objets physiques est souvent forte, colorée, expressive; mais la multitude des épisodes incohérents, l'entassement des images, la longueur des récits, privés d'intérêt et d'action, attestent une littérature vieillie dans son berceau.

Si quelque philosophe morose se mettait un jour en tête de prouver que la naissance du goût est un premier symptôme de la décadence physique des nations, la durée de l'empire de la Chine viendrait merveilleusement à l'appui de ce paradoxe. On serait tenté de croire que la privation totale du goût intellectuel est chez le peuple chinois le résultat d'un vice de conformation : on en chercherait vainement la trace la plus légère dans leurs arts, dans leurs monuments, dans leurs mœurs et dans leurs usages; chez eux, tout est grotesque, jusqu'à la nature humaine.

Si le goût chez les Égyptiens eut encore moins de noblesse, il eut aussi moins de bizarrerie que chez les Indiens. Privé de la faculté d'inventer, le peuple égyptien, dans sa passive et stérile immobilité, vit encore dans ses momies. Il dormait jadis à la surface de la terre; il dort aujourd'hui dans ses catacombes. L'Égypte avait sa grandeur, sa majesté silencieuse : la simplicité des formes, l'immensité des masses, la régularité des proportions, se faisaient déjà remarquer dans ses monuments; mais c'est au sein d'un peuple libre, sous le beau ciel de la Grèce, que le goût devait se choisir une patrie. L'éducation du genre humain se perfectionne à travers les âges : aux romantiques Indiens, chez lesquels la poésie et les arts s'étaient distingués, dans leur extravagance, par un caractère de douceur et d'idéalité qui n'était pas toujours dénué de charme, succédèrent les graves Égyptiens, peuple du symbole et du silence; il porta dans les arts l'extrême sévérité de ses mœurs, et l'exagération de ce grandiose auquel s'attachent les idées de puissance et de durée.

Les Grecs vinrent enfin : cette nation privilégiée, en réunissant dans un culte commun le beau naïf et la grâce extérieure des formes, en joignant la sévérité à l'élégance, le naïf à la grandeur, la pensée à l'exécution, trouva le secret de concilier les qualités contradictoires qui distinguaient les habitants du Gange et ceux du Nil, et fonda, parmi les Hellènes, l'école et le temple du goût.

Tous les mystères de ce culte nouveau leur furent à la fois révélés. La variété dans l'unité, l'éclat dans la simplicité, l'art d'étonner et d'attendrir sans déchirer le cœur et sans révolter les sens, le talent heureux de captiver l'âme et l'oreille par un rhythme plein de charme et d'harmonie, un idiome sonore, souple, abondant, également propre à l'expression des sentiments les plus doux et les plus énergiques, tous ces avantages réunis satisfaisaient aux besoins intellectuels d'un peuple ingénieux et mobile, qui enseigna au monde l'art de créer avec ordre, d'inventer sans bizarrerie, et d'i-

miter sans servitude. Ses poëtes, ses peintres, ses statuaires, ses architectes, vinrent à l'envi déposer aux pieds de cette Vénus-Uranie, déesse de l'ordre et de la beauté, leur style, leur pinceau, leur ciseau et leur compas.

Le génie est au monde moral ce que l'astre du jour est au monde physique : il a présidé à la naissance de tous les peuples de la terre; mais jusqu'à l'apparition des Grecs, sa lumière, répandue sans ordre, sans règle, et disséminée dans l'espace, perdait ses droits à l'admiration des hommes. Le goût naquit, et concentrant dans un foyer commun les rayons du génie que son prisme avait décomposés, il en mélangea, il en assortit les couleurs; le goût apporta la symétrie, la propriété, l'élégance, dans le domaine de l'intelligence, et y laissa un fanal éternel, qui brille encore après quarante siècles.

Les Romains, dont le goût natif était rude et grossier, sentirent du moins le mérite des Grecs, et les imitèrent : mais quand ils s'abandonnèrent à la seule impulsion du génie national, ils tombèrent dans l'exagération. Lucain, Sénèque le tragique et Juvénal sont uniquement Romains : Tite-Live imite Hérodote; Tacite, Thucydide; Virgile, Homère; Horace, Pindare; Cicéron, Platon et Démosthènes. Le théâtre latin ne fut qu'une contre-épreuve du théâtre grec, et tous les monuments des arts dont Rome s'enrichit, n'étaient que les dépouilles de cette même Grèce, qui, du sein de ses ruines, régnait encore sur ceux qui tenaient le monde asservi.

Parmi les peuples modernes, on vit se reproduire le même phénomène que nous avons observé chez les anciens. Dante, Rabelais, Shakspeare, étaient des intelligences fortes, des génies bruts, semblables à ces demi-dieux des premiers âges, chez qui l'héroïsme se mêlait à la grossièreté. Un rayon des lumières grecques pénétra l'épaisse atmosphère où le monde intellectuel était enseveli, et annonça la renaissance des lettres. Les Hellènes furent encore les régénérateurs du goût, et c'est en France qu'il choisit sa seconde patrie. Le goût est pour ainsi dire indigène sur le sol français; partout ailleurs, c'est une fleur exotique qui se conserve chez quelques curieux, comme une de ces plantes rares et délicates que l'on cultive en serre chaude, mais que l'on craindrait d'exposer en pleine terre.

Chez les nations amoureuses de l'indépendance, les lettres et les arts, privés de modèles, furent longtemps sans goût; la barbarie s'acclimata et se civilisa, pour ainsi dire, parmi les peuples germaniques. Si de grands défauts suivirent cet excès d'une licence effrénée, on ne peut nier qu'il en résulta quelques avantages dont le goût lui-même peut profiter un jour.

Espérons qu'après tant de vicissitudes le culte du goût finira par devenir européen, et que bientôt il n'y aura plus qu'un seul goût dans le monde civilisé. Les défauts et les beautés de toutes les productions intellectuelles des régions diverses y seront appréciés également ; il n'y aura plus de schisme dans les arts : de même que la civilisation tend à la liberté légale, les esprits tendent à l'établissement d'une littérature européenne fondée sur les principes du beau et sur les règles invariables du goût.

E. JOUY.

GOUTTE. (*Médecine.*) On appelle ainsi une maladie caractérisée par des douleurs en général très-vives, du gonflement, quelquefois de la rougeur à la peau, et la formation de productions tophacées. Cette maladie siége principalement aux articulations et paraît, d'après les indications de l'anatomie pathologique, affecter surtout la membrane synoviale et les extrémités spongieuses des os. Cependant on la voit quelquefois sévir sur d'autres organes, et envahir les viscères, soit de prime abord, soit par métastase.

On dit que l'étymologie de ce nom de *goutte* est due à ce que, vers le douzième siècle et sous le règne des théories de l'humorisme, l'affection dont il est question ici fut considérée, ainsi que l'amaurose, la cataracte et beaucoup d'autres, comme tenant au dépôt d'une goutte de quelque humeur âcre dans un point de l'organisme. Plus tard, son siége le plus habituel lui fit donner le nom d'*arthritis*, et l'école physiologique, en le lui conservant, la réunit au rhumatisme articulaire comme une variété de la même phlogose.

Tout en effet semblait favoriser sur ce point les doctrines de Broussais, l'invasion brusque, la douleur vive et tous les autres caractères de l'acuité, les symptômes s'amendant presque toujours, pour quelque temps du moins, sous l'influence des saignées locales, des antiphlogistiques en général, enfin le régime tonique et excitant considéré par tous les auteurs comme une des causes les plus constantes du mal, et une diète frugale comme une condition essentielle de guérison.

Aussi la goutte fut-elle dûment classée parmi les affections bien nombreuses qui se rattachaient immédiatement à la gastrite.

On a distingué plusieurs sortes de goutte qui peuvent se réduire à deux, la goutte régulière et la goutte irrégulière. La goutte régulière est la seule qui se manifeste par des caractères extérieurs bien tranchés. Héréditaire dans certains cas, le plus communément elle est acquise ; les excès vénériens, ceux de la table, l'usage d'aliments de haut goût et de vins très-excitants, l'influence d'un climat humide, etc., ont été considérés comme ses causes les plus

ordinaires ; mais il faut, avant tout, une prédisposition particulière, une idiosyncrasie bien marquée chez ceux qui doivent la goutte à ces causes, dont la seconde paraît cependant avoir une importance bien réelle. Au reste, si la goutte n'est pas toujours due aux influences que nous venons d'énumérer, elle est constamment exaspérée par elles ; et pourtant les goutteux ont bien rarement le courage de se sevrer des plaisirs, qu'ils savent devoir rappeler leurs douleurs.

C'est vers la fin de l'hiver qu'on voit ordinairement la goutte se montrer pour la première fois. Le peu d'énergie des fonctions de la peau pendant l'hiver et surtout pendant les froids humides du printemps, peut-être aussi les plaisirs de la table, plus recherchés dans la saison froide, telles sont les causes probables qui tendent à déterminer cette époque. Quoi qu'il en soit, l'attaque de goutte débute inopinément : souvent après s'être couché bien portant, on est réveillé en sursaut par une douleur vive et qui siége le plus communément dans l'un des gros orteils. La douleur varie de caractère suivant les individus ; cependant elle consiste, en général, dans des élancements comparés par les malades au passage brusque à travers les tissus d'une lame de canif, d'un clou, d'un fer rouge. L'articulation malade se gonfle, la peau rougit, les douleurs s'exaspèrent, et le moindre contact du drap de lit, de la main la plus soigneuse, devient la cause de vives souffrances. Les signes d'un état fébrile modéré se manifestent, le pouls et la respiration sont plus ou moins accélérés, la peau est chaude surtout à la face, la langue blanchâtre ; la fin du premier accès se marque par de la sueur, et c'est ordinairement le matin que le mieux arrive, pour faire place vers le soir à un nouvel accès. Au bout d'un temps plus ou moins long, les douleurs vont diminuant, et on observe qu'elles se calment en général quand le gonflement est arrivé à son plus haut point, quelquefois même un peu avant ; les symptômes morbides se dissipent peu à peu, et souvent des sueurs acides et des urines sédimenteuses marquent la résolution du mal.

Les attaques se succèdent à intervalles de plus en plus rapprochés, et si les premières ne laissent souvent pas de traces, il n'en est pas de même de celles qui frappent le malade déjà plusieurs fois éprouvé. On voit alors les articulations s'altérer profondément ; les doigts se déforment, des concrétions tophacées gênent les mouvements et rendent les membres difformes ; enfin, dans quelques cas, le malheureux goutteux perd le mouvement, et se voit condamné à une immobilité que des douleurs atroces rendent plus déplorable encore.

Sous le nom de goutte irrégulière on com-

19.

prend les affections qui, bien que reconnues pour tenir à la diathèse goutteuse, n'offrent point les signes caractéristiques de cette maladie.

On ne peut méconnaître une analogie frappante entre le rhumatisme articulaire et la goutte. L'un et l'autre ont le même siége et une marche analogue. Les concrétions tophacées de la goutte et le peu de succès qu'obtiennent contre elles les antiphlogistiques sont les principaux signes qui distinguent ces deux affections. L'étiologie de la goutte est inconnue, son traitement ne l'est pas moins. On observe en général que les saignées locales diminuent momentanément les douleurs, mais dans ce cas les attaques sont plus longues. Le régime est un moyen assez puissant, quoiqu'il soit rarement employé contre cette affection. Enfin l'usage de certaines eaux minérales et surtout de celles de Vichy prises à la source, en quantité raisonnable, et, dans le cas d'acidité constatée des urines et des sueurs, procure un amendement trop grand et prouvé par trop d'observations pour qu'on puisse hésiter à le conseiller aux goutteux. Il n'en est pas de même du remède absurde de Cadet de Vaux, sous l'influence duquel on a vu si souvent des malheureux succomber à l'apoplexie.

Ferrus, dans le *Dictionnaire de médecine*, 2e édition. Nous renvoyons le lecteur à la bibliographie très-complète qui suit cet article.

A. L.

GOUVERNAIL. (*Marine.*) Les personnes même les plus étrangères à la marine n'ignorent pas de quelle importance est le *gouvernail* pour un vaisseau. L'emploi si fréquent, au figuré, du nom de cette machine, a dû nécessairement le leur apprendre; et, en effet, qui n'a pas été fatigué de ces perpétuelles allusions au vaisseau de l'État, conduit par des mains inhabiles à tenir le *gouvernail*, et abandonné sans direction fixe sur une mer orageuse?

Laissons de côté le langage des rhéteurs, et rentrons dans le sens propre. Le *gouvernail* est sans contredit la plus utile de toutes les machines qui concourent à faire naviguer un vaisseau, puisque c'est l'action du *gouvernail* qui l'amène et le maintient dans telle direction que l'on veut, et le préserve ainsi de tous les dangers qui peuvent se rencontrer sur sa route. Le *gouvernail* est précisément au vaisseau ce qu'est la queue au poisson : d'un coup de queue, le poisson change subitement sa direction de droite à gauche ou de gauche à droite ; d'un coup de gouvernail, le vaisseau en fait autant.

Techniquement parlant, la machine appelée *gouvernail* a pour effet d'imprimer au vaisseau des mouvements de rotation autour de son axe vertical ; elle est en bois, et se compose généralement de deux pièces : la

mèche et le *saffran*. La première est en chêne de la meilleure qualité et d'une longueur un peu plus grande que celle de l'étambot, contre lequel le gouvernail doit s'appliquer; la seconde est en sapin et un peu plus longue que la distance de l'extrémité de la quille à la flottaison du vaisseau. Ces deux pièces sont solidement réunies par de bonnes chevilles de fer à tête, et rivées sur virole. Le *gouvernail* ainsi formé a pour épaisseur l'équarrissage de sa mèche, qui est égal à la largeur de l'étambot du vaisseau ; on lui donne ordinairement pour largeur, par en bas, autant de pouces que le vaisseau a de pieds dans sa plus grande largeur, et par en haut, c'est-à-dire au-dessus de la flottaison, les trois quarts seulement de cette dimension. Outre le chevillage dont nous avons parlé, le *gouvernail* est encore consolidé par les ferrures qui servent à l'attacher au vaisseau; ces ferrures à double bande, qui l'embrassent dans toute sa largeur, se terminent par une espèce de gond renversé qui doit entrer et tourner librement dans une des ferrures de l'étambot, différant de celles du *gouvernail*, en cela seulement qu'elles se terminent par une espèce de conduit semblable à celui des pentures d'une porte.

On conçoit que le *gouvernail*, ajusté comme on vient de le voir, doit tourner librement autour d'un axe qui a pour direction la direction commune de tous les axes des cylindres qui terminent chacune de ses ferrures. Voici maintenant comment on le maintient en repos ou on le fait mouvoir à volonté.

La partie supérieure de la mèche, à laquelle on donne le nom de *tête du gouvernail*, pénètre dans l'intérieur du vaisseau par un trou pratiqué dans la voûte que forme la pompe, au-dessus de l'extrémité de l'étambot. Cette tête est percée d'une mortaise dans laquelle on fait entrer une forte barre en bois ou en fer qui sert de levier pour faire tourner le *gouvernail*, et qui, lorsque celui-ci n'est incliné d'aucun côté, se trouve parallèle à l'axe longitudinal du vaisseau. La *barre du gouvernail*, à laquelle on donne aussi le nom de *timon* (d'où dérive *timonnier*, marin qui dirige le vaisseau à l'aide du gouvernail), est établie au-dessus du pont inférieur des vaisseaux, du faux-pont des frégates, et du pont unique des bâtiments qui n'en ont qu'un seul. On la fait mouvoir par divers moyens, selon la grandeur du bâtiment, à laquelle on comprend qu'est proportionnée la résistance qu'oppose le *gouvernail*; ou c'est simplement à la main, ou en se servant de cordes et de poulies, ou enfin à l'aide d'un treuil, où la puissance est appliquée aux extrémités des rayons d'une double roue, et qui par cette raison a été nommée *roue du gouvernail*. Dans ce dernier cas, la force se communique au moyen d'une corde, dont le milieu embrasse par plusieurs tours le cylindre du treuil, et dont les bouts, passant à travers les ponts et dans des poulies convenablement placées au milieu et sur les côtés du vaisseau, vont s'amarrer sur l'extrémité de la barre.

Cela posé, il est facile de comprendre de quelle manière on peut faire tourner le vaisseau en changeant la position droite de son *gouvernail*. En poussant la barre d'un côté, on incline le *gouvernail* de l'autre ; il se trouve alors choqué par une portion de l'eau que la proue a divisée, et qui coule le long de la carène, en cherchant à se rapprocher de l'autre portion. Ce choc le pousse vers le côté où l'on a porté la barre, et le mouvement se communiquant au vaisseau, l'avant tourne vers le côté opposé ; conséquemment, si l'on veut faire tourner l'avant d'un vaisseau vers tribord ou la droite, il faut pousser la barre du *gouvernail* vers bâbord ou la gauche, et réciproquement. Voilà le principe très-simple de l'art de gouverner un vaisseau. Cet art, il est vrai, se complique de quantité de circonstances tirées de l'état du vent et de la mer, ainsi que de la voilure du vaisseau, mais dont nous devons ici nous borner à indiquer l'existence, sans examiner quelle peut être leur influence. Notre objet ne saurait être, dans les bornes étroites où nous sommes obligé de nous renfermer, d'exposer même succiactement la théorie du *gouvernail*. Cette théorie a été parfaitement développée dans un savant ouvrage espagnol, intitulé : *Examen maritime, ou traité de mécanique applicable à la construction et à la manœuvre des vaisseaux*, dont il a été fait une excellente traduction avec des notes, par Lévesque, examinateur de la marine.

Lorsqu'un vaisseau vient à être démonté de son *gouvernail* à la mer (et cet accident est assez fréquent), il se trouve dans la plus grande détresse. Indépendamment des dangers qu'il y court de donner sur des écueils, à raison de ce qu'il ne peut suivre aucune direction voulue, si le temps devient mauvais après qu'il a perdu son *gouvernail*, ou si, comme cela arrive le plus souvent, c'est pendant une tempête qu'il l'a perdu, sa position devient extrêmement périlleuse, en ce qu'il ne peut s'empêcher de présenter constamment le travers au vent et aux lames qui le battent d'une manière effroyable.

J. T. Parisot.

GOUVERNEMENT. (*Politique.*) Toute nation forme un corps dont le souverain (le pouvoir législatif) est la tête : le peuple défend le souverain par sa propre force ; le souverain conserve le peuple par sa volonté exprimée par des lois. Mais l'État ne saurait vivre si la constitution ne plaçait entre le souverain et le peuple une puissance intermédiaire, établie pour organiser cette force et pour faire exécuter ces lois : cette puissance s'appelle *gouvernement, prince, pouvoir exécutif.* Si l'on peut parler ainsi, la loi se fait homme dans la personne du prince, et, revêtue de ce corps, agit et se meut, commande et défend, récompense et punit. C'est ainsi qu'elle est animée. Dans la bouche du souverain, la loi est une volonté ; dans les mains du prince, elle est une puissance : La loi, dit Cicéron, est un prince muet, et le prince une loi parlante.

Rousseau dit que le souverain (le pouvoir législatif) a le droit de destituer le prince et de changer la forme du gouvernement. Inoffensif dans le domaine des abstractions, ce paradoxe est descendu malheureusement dans le monde positif. Un acte du parlement anglais enlève la royauté à Charles Ier ; un autre prononce l'abdication de Jacques II ; l'assemblée constituante brise les formes de la monarchie française ; l'assemblée législative suspend le monarque ; la convention établit la république ; le 9 thermidor crée un directoire ; le 18 brumaire, un consulat ; en 1814, un sénat, quinze ans asservi, et un corps législatif, quinze ans muet, déposent Napoléon trahi par la victoire, et rappellent l'ancienne dynastie, que l'Europe avait déjà rappelée. On feignait de ne pas voir que placer la forme du gouvernement dans les mains du souverain, c'était détruire la souveraineté : le prince qui possède un pouvoir actif l'emporte avec le temps sur la loi, puissance inerte et passive ; et l'autorité qu'on veut donner aux peuples contre les rois finit toujours par rendre les rois maîtres des peuples. Le pouvoir législatif, sans force coërcitive, ne peut recourir à la violence que pour sa propre perte : lorsque Marius, Sylla, Pompée, César, Nassau, Cromwell, Bonaparte, sont appelés à venger, à défendre, à protéger les législateurs, la loi cède au glaive, les formes du pouvoir cessent d'exister, et l'autorité succombe sous le despotisme ou la tyrannie.

Le premier consul vit très-bien que la puissance législative n'avait aucun droit légitime sur la forme du gouvernement, et il condamna par son exemple la violence à laquelle il devait le suprême pouvoir. Ce n'est pas au corps législatif, c'est au peuple même qu'il soumit la constitution impériale, qui tua la république, et cet acte additionnel de 1815, qui tua l'empire. Les États de l'Union américaine ont interdit au pouvoir législatif de porter atteinte à la forme du gouvernement, et c'est le peuple assemblé en *convention* qui s'est réservé ce droit. En Angleterre, on croit à l'omnipotence parlementaire ; on doit y croire pour justifier l'expulsion des Stuarts et la légitimité de la succession d'Orange. Cette doctrine politique s'établit en France : c'est une arme puissante contre les ministres, qui se tournera tôt ou tard contre les minorités législatives, contre le pouvoir exécutif, et enfin contre les libertés publiques.

Le gouvernement, quelle que soit sa forme, n'a pas sans doute le droit de commander à la loi; son devoir est d'en assurer l'exécution : il est le ministre et non le maître du souverain. On n'obéit pas au prince, mais à la loi, dont il est l'organe, et qui sans lui serait muette et stérile. On a besoin du consentement exprès ou tacite de tout citoyen pour l'incorporer à la cité; le besoin est le même pour l'assujettir légitimement à l'empire du prince. Des hommes qui se réunissent par le serment d'obéir aux mêmes lois, doivent préalablement stipuler la puissance qu'ils veulent donner au *législateur, et la forme du gouvernement* chargé d'exécuter la volonté souveraine; car presque jamais la tyrannie n'est écrite dans la loi même, et toujours elle provient du mode vicieux de l'élection du législateur ou du mode arbitraire dont le gouvernement l'exécute.

Le pouvoir exécutif et la puissance législative dérivent donc d'une même source, le pacte social, la loi constitutive : le prince ne saurait donc être l'agent passif des volontés souveraines. Même dans la démocratie, on ne peut priver le gouvernement de sa part de souveraineté, sans lui faire perdre en même temps son droit de cité; paradoxe étrange, qui ferait gouverner les citoyens par un être qui n'est plus citoyen. Comme la volonté doit se mesurer à la force, avant de vouloir il faut savoir si l'on peut ce qu'on veut; aussi, le souverain ne doit jamais parler sans avoir consulté le prince, et le prince ne doit jamais refuser d'agir quand le souverain a parlé.

Ce principe est applicable aux États républicains même, et le prince y doit participer, comme partie du souverain, à la loi qu'il doit faire exécuter comme gouvernement. Quelques publicistes offrent les *plébiscites* pour preuve que le prince n'est qu'un agent passif des volontés souveraines. Ils oublient que ces plébiscites furent le motif d'une guerre séculaire entre le peuple, d'un côté, et les consuls et le sénat forcés de faire exécuter des lois auxquelles ils n'avaient pas coopéré; ils oublient qu'au rapport de Tite-Live ce même peuple demanda et obtint par les lois *Horatia, Publicia* et *Hortensia,* la sanction légitime de ces plébiscites illégaux; ils oublient enfin cette remarque de Tacite, que les empereurs, se portant héritiers de la puissance populaire, arrivèrent au despotisme d'un seul, par cette même usurpation qui avait établi la tyrannie de tous. Le chemin qui devait conduire les tribuns, par des violences légales, à une indépendance sans mesure, fit tomber Rome, par des lois arbitraires, dans une servitude sans miséricorde.

Les peuples jaloux de leur liberté ont toujours redouté les usurpations du pouvoir exécutif : pour refréner la puissance du prince, Sparte établit des éphores, Rome des tribuns, Venise des *inquisiteurs d'État.* Mais ces peuples perdirent leur indépendance par les moyens mêmes qu'ils avaient pris pour la conserver. En Pologne, les magnats troublèrent sans cesse l'exercice de la royauté élective et nationale, et ils sont tombés sans honneur sous un despotisme héréditaire et étranger.

Mais, d'un autre côté, quel que soit le gouvernement, république ou monarchie, ce qui le gêne, ce sont les lois; il ne saurait s'en voir contraint et limité; tout obstacle l'indigne, et il n'a de trêve que lorsqu'il l'a brisé par la force, aplani par la ruse, ou détruit par la corruption. Mably, dont la rudesse spartiate outre toujours la vérité, a dit cependant sans exagération : « Le législateur doit partir de ce principe, que la puissance exécutrice a été, est et sera éternellement l'ennemie de la puissance législative. » Tout être intelligent, il faut le dire, ne veut d'autre guide que sa raison, d'autre maître que lui-même. Si le prince veut toujours briser les tables de la loi, le peuple, par intervalles, brise le glaive du prince; l'un pousse au despotisme, l'autre à l'anarchie. Entre ces majestés rivales, la souveraineté, toujours disputée et souvent indécise, vient tour à tour détruire, par d'effroyables catastrophes, la honte de la servitude ou les excès de la licence.

Tout gouvernement tend sans cesse au pouvoir absolu; il y marche par toutes les voies : violence, serments, parjures, promesses, corruption. Toutefois, nul ne jouit moins du despotisme que le despote; trop au-dessus du peuple pour être jamais en rapport direct avec lui, il ne peut l'aimer ni le haïr. Aussi, les rois qui règnent par eux-mêmes sont rarement enclins au pouvoir absolu... Qu'en feraient-ils ? Ils ne dispensent le bien et le mal que par la main des ministres, des courtisans, des favoris, des maîtresses, des confesseurs : ceux-ci ont seul intérêt à pousser les princes vers la tyrannie; avides de l'or du peuple, ils veulent l'envahir; altérés de faveurs, ils veulent écarter les services, les talents, les vertus; justiciables de l'opinion publique, ils veulent l'opprimer ou la punir. Le pouvoir absolu peut seul suffire aux crimes de ces puissances subalternes. Aussi, en exceptant les règnes de quelques Tibères, plus dominés par la terreur et l'hypocondrie qu'inspirés par l'esprit de prévision et l'art de régner, ouvrez les martyrologes politiques, et parmi les innombrables victimes des favoris, des confesseurs et des maîtresses, à peine en trouverez-vous que le prince ait frappées pour une injure personnelle. Les rois faibles sont toujours usurpateurs, parce que le despotisme est une mine de richesses et de vengeances qui s'exploite au profit des courtisans qui les maîtrisent.

Lorsque le gouvernement absorbe la souveraineté, les lois sont sans force, puisque celui qui doit les faire exécuter est assez fort pour les enfreindre; mais alors le prince et le peuple, n'ayant plus dans le législateur un arbitre commun, un juge mutuel, se trouvent aux termes de l'état de nature, et l'un et l'autre ne relèvent que de leur épée. Le prince étant sans cesse agresseur, cet état de nature se change, à chaque événement, en état de guerre. Usurpation ou oppression d'un côté, conspiration ou révolte de l'autre, haine et perfidie partout, voilà le tableau réel de tout pays où les lois ne sont pas la sauvegarde réciproque du peuple et du gouvernement. C'est de là qu'est parti Machiavel pour écrire son *Traité du Prince.*

Pour parvenir à l'usurpation des pouvoirs, le gouvernement abuse sans cesse des mêmes droits, dont l'usage est nécessaire à la stabilité de l'ordre et au maintien des libertés.

Chargé de l'exécution des volontés législatives, il ne peut seul remplir ce devoir; il acquiert la puissance de se donner des substituts, et il multiplie outre mesure le nombre de ces magistrats inférieurs, dépositaires d'une partie de son autorité. Or, les fonctionnaires appartiennent au prince, et non au législateur et au pays; c'est de lui qu'ils tirent honneurs, places, traitements, toute leur existence sociale; aussi, ne balancent-ils jamais entre les ordres secrets du gouvernement et la volonté publique de la loi: soldats civils du prince, ils combattent pour lui, se dévouent à sa fortune, et forment un État dans l'État. Dès lors, la protection légale ne suffit plus à la sécurité, et il faut pour jouir de la liberté, non-seulement que la loi le veuille, mais encore que le prince ne s'y oppose pas.

Cet abus corrompt le peuple; il voit que le prince qui parle est plus fort que la loi qui se tait, et il passe de la légalité à la servitude. Il corrompt même les membres de la puissance législative, qui, ayant besoin des grâces du prince pour eux-mêmes ou pour les leurs, finissent par lui vendre la majesté souveraine des lois et les libertés inviolables de la nation. Les républiques, craignant toujours le pouvoir exécutif, lui ôtent le droit de nommer aux fonctions publiques; l'aristocratie crée des corps hors desquels on ne peut prendre les employés civils : en France, les parlements étaient héréditaires; aujourd'hui, les tribunaux sont viagers. Partout, le remède, quel qu'il soit,

est au-dessus du mal; j'ai vu un magistrat, accusant le plus intrépide capitaine du siècle, oser dire à ses juges : « L'Europe vous demande sa tête ! » j'ai vu un autre fonctionnaire, accusant un soldat prévenu d'un crime politique, oser dire aux jurés : « Il n'est pas de puissance humaine qui puisse l'arracher de mes mains ! » J'ai vu les deux infortunés succomber sous ces scandaleuses accusations; et plus tard, j'ai vu les deux accusateurs expirer dans les angoisses d'une lente agonie, poursuivis par les ombres ensanglantées de leurs victimes. Tel est l'état de l'ordre judiciaire, malgré tout ce qu'on a cru faire pour son indépendance, et malgré les vertus et les talents d'un grand nombre de magistrats. Je ne dirai rien de l'ordre administratif : sa servilité a été proclamée, du haut de la tribune, par ce ministre qui trouvait politiquement moral que tous les fonctionnaires fussent placés dans la honteuse alternative de perdre leurs emplois ou de voter et d'agir contre les lois et leur conscience.

A cette armée civile, il faut joindre l'armée sacerdotale, corps de prêtres dominant l'homme depuis la naissance jusqu'à la mort, et la société dans les chaires, les confessionnaux, les actions, les paroles, les pensées. Un clergé célibataire est toujours hors de la nation : instrument de servitude, lorsque le prince est son chef reconnu; instrument de trouble, lorsqu'il est soumis à un souverain étranger; toujours jaloux de tous les pouvoirs, toujours ennemi de toutes les libertés; changeant tour à tour, selon les temps, la légitimité en usurpation, l'usurpation en légitimité; voulant que le ciel domine la terre, afin d'asservir au joug des prêtres les peuples et les rois, prêchant l'obéissance pour envahir le commandement; apôtre de tous les règnes, pour usurper sans interruption le droit de régner.

A ces deux grands *instruments de l'usurpation* de tous les princes il faut joindre la puissance militaire. Chargé d'exécuter la loi, le prince pourvoit, par des magistrats, à sa paisible exécution; mais c'est par des corps armés qu'il lui donne une sanction pénale. Les forces de l'État appartiennent au souverain, c'est-à-dire à la puissance législative; mais c'est le prince, c'est-à-dire le gouvernement, qui les réunit, les dirige et les fait agir. Lorsque la force publique est momentanément réunie, le prince ne peut exercer sur elle qu'une influence salutaire, parce que ce n'est pas pour lui, mais contre un tiers qu'il l'a rassemblée. Voilà pourquoi les amis sincères de la liberté sont partisans des gardes nationales, des milices, et pourquoi enfin ils préfèrent la conscription à ce mode de recruter l'écume de la société, pour en faire les régulateurs serviles de l'ordre social.

Quel que soit le mode de recrutement, dès que l'armée est permanente, elle appartient au prince, qui seul dispose des emplois, de l'avancement, des récompenses et des punitions. Les lois qui enlèvent au gouvernement le *droit* de destitution sans jugement, celles qui lui tracent le mode d'avancement, sont toujours facilement éludées, et toujours illusoires.

Le dogme de l'obéissance passive, auquel les plus grands et les plus sages capitaines attachent la discipline, la régularité des manœuvres, la spontanéité des mouvements stratégiques et, par suite, la victoire, semble être en effet une nécessité de l'état de guerre, où l'armée, dirigée par une seule volonté, doit s'offrir *comme un seul corps* et combattre comme un seul homme. Mais ces hommes-machines, nécessaires dans les combats, portent dans la paix la même abnégation de raison et de volonté, et le prince les emploie contre leurs familles et *leurs* concitoyens avec la même *fa*cilité que s'il avait à combattre des ennemis extérieurs.

Ajoutez à ces instruments de despotisme les soldats recrutés à l'étranger, les gendarmeries, les polices, les impôts, l'espionnage, la délation, la corruption et la vénalité, et vous verrez que le prince, puissance unique, permanente, et constamment occupée d'accroître son pouvoir et d'affaiblir les puissances rivales, doit finir, quels que soient la nature du gouvernement et les éléments dont il se compose, par usurper, à l'aide du temps, de la ruse et de la violence, une autorité plus ou moins absolue.

Ces réflexions devraient rendre inutile toute discussion sur le pouvoir réel des divers gouvernements. Mais, comme c'est le champ de bataille entre les peuples et les rois, le terrain sur lequel tous les publicistes élèvent leurs systèmes, il est difficile de s'en taire.

De la création du gouvernement, de la fin pour laquelle il est institué, dérivent les principes suivants :

1° Le prince est établi pour l'exécution des lois ;

2° Le seul devoir du prince est de pourvoir à leur exécution ;

3° Il n'a de *droits* légitimes *que ceux qui* dérivent de ce devoir ;

4° Il ne peut substituer sa volonté privée à la volonté souveraine sans usurpation, sans cesser d'être magistrat légitime, sans s'établir en état de guerre avec le peuple qu'il gouverne.

La corrélation des devoirs et des droits fait seule toute la légitimité de l'état social. Par là, la force que le gouvernement déploie n'est pas une agression, mais l'exercice légitime d'un droit nécessaire, sans lequel la loi serait vaine et la société impossible. Cette force, n'é-

tant qu'un moyen, doit toujours atteindre et ne dépasser jamais le but indiqué par la loi.

Le prince qui *s'élève à côté ou au-dessus* des lois perd tout à la fois l'amour des peuples et la légitimité de sa puissance. L'amour des peuples a pour base le bien-être que procurent des lois justes, exécutées avec justice : il est même indépendant *des défauts personnels des princes* ; ainsi le peuple est si naturellement porté à aimer ses rois, les rois ont si peu à faire pour obtenir cet amour, que, s'ils ne sont pas aimés, on peut assurer qu'ils ne veulent pas l'être. La légitimité du pouvoir que la constitution a donné se perd aussi par l'usurpation des prérogatives qui envahissent les libertés publiques ; ce qu'on appelle *droit du plus fort* soulève aussitôt contre lui ce qu'on nomme *état de guerre ;* la tyrannie qui s'élève sur la loi qu'elle abat, la servitude qui s'étend sur la liberté qu'elle étouffe, n'offrent qu'un triomphe momentané. Peut-être même désormais l'imprimerie et les besoins de la civilisation moderne assureront, avant longtemps, la victoire perpétuelle de la liberté sur le despotisme.

L'époque des institutions des peuples est celle de leur force ; croyant qu'ils auront toujours la même ardeur et la même puissance pour défendre leur liberté, ils craignent peu ce gouvernement qui doit un jour envahir toutes leurs immunités politiques. Presque tous, cédant au besoin du *salut de l'État*, ont fait taire toutes leurs prérogatives devant cette loi suprême ; ils ont imaginé les dictateurs, les *caveant consules*, les *bills d'atteindre*, la suspension des lois *d'habeas corpus ;* et sous des noms divers ils ont voulu donner au prince le droit de sauver le pays malgré les lois. Quelques publicistes ont prétendu que, si le prince n'a pas ce droit par la volonté expresse de la constitution, c'est un devoir pour lui de l'usurper. Il eût été mieux, peut-être, de dire que s'il est un seul moment où la loi ne puisse sauver l'État, il faut en conclure qu'elle est insuffisante ou funeste ; qu'il faut l'abroger, la remplacer par une autre, et qu'il ne faut jamais que l'homme s'arroge l'empire de la loi ; car les raisons qu'emploie Montesquieu pour donner, dans les jours de crise, un pouvoir absolu au prince, sont les mêmes que Mably met en œuvre pour donner au peuple un droit arbitraire d'insurrection. La loi seule est l'autorité et la liberté : hors de la loi, on ne trouve qu'usurpation et révolte.

Chargé d'assurer l'État contre les attaques de l'étranger, le prince est investi du soin de la sûreté extérieure, d'où le droit de paix et de guerre, et les prérogatives qui en dérivent. Chargé de prévenir ou de punir les violations de l'intérieur, il est investi des pouvoirs administratif et judiciaire. Le prince est, par lui-même ou par des magistrats de son choix, le seul exécuteur légitime des volontés du souverain, et l'administration et la magistrature lui appartiennent exclusivement.

A côté de la puissance législative et de l'autorité exécutive, les modernes ont établi un troisième pouvoir, qu'ils ont nommé *judiciaire*; Montesquieu a consacré cette erreur. Il n'a pas vu qu'il plaçait deux pouvoirs exécutifs en regard l'un de l'autre; qu'il créait deux forces à la même volonté, et qu'il courbait le peuple sous deux jougs à la fois. Si dans les monarchies l'on a séparé le pouvoir exécutif de la puissance législative, c'est qu'en donnant une force sans frein à une volonté sans limites, on établissait le despotisme; car le prince eût pu faire des lois tyranniques pour les exécuter tyranniquement. Mais le pouvoir judiciaire, organe passif de la loi qu'il applique à des cas particuliers, ne peut se soustraire à son empire : ces deux autorités, administrative et judiciaire, dérivent également du même principe, le besoin d'exécuter les lois; elles doivent conséquemment se trouver réunies dans les prérogatives du prince, qui est à la fois l'administrateur, le juge et le chef militaire de l'État.

Mais lorsque le prince usurpe, en tout ou en partie, la puissance législative, alors la liberté des personnes et la sûreté des propriétés exigent qu'on lui interdise le droit des jugements; car il faut alors enlever autant que possible le droit d'exécuter la loi à celui qui a usurpé le pouvoir de la faire. Montesquieu et presque tous les publicistes modernes, n'ayant sous les yeux que des monarchies plus ou moins absolues, ont pris l'abus pour l'usage et le fait pour le droit. Cette frayeur salutaire d'une royauté législatrice porta les Romains à démembrer le consulat par l'établissement des préteurs, des questeurs, des édiles, des censeurs, des tribuns et des trésoriers, qui enlevèrent aux successeurs des Tarquins les affaires privées, les jugements publics, la police des mœurs, la direction des travaux, l'influence sur les plébéiens et les finances.

Dans les États modernes, les princes ont abandonné plusieurs parties de leur autorité légitime pour conserver, sans exciter la révolte, des prérogatives usurpées : ainsi, tant que, sous les champs de mars et de mai, les rois de France étaient assujettis à une puissance législative nationale, ils conservèrent soigneusement le droit de rendre la justice. Dès qu'ils se furent emparés du droit de faire des lois, le soin de les appliquer fut livré par eux à des parlements. Alors l'indépendance, l'inamovibilité, l'hérédité des cours de justice, devinrent un abus salutaire, parce qu'il remédiait en partie à un abus plus grand, le des-

potisme. Alors le peuple ne vit qu'avec horreur le pouvoir royal, devenu législatif, tenter parfois de redevenir puissance judiciaire, soit en attaquant l'indépendance des cours souveraines, soit en établissant des cours prévôtales ou des tribunaux par commissaires, en un mot, en voulant couvrir d'une apparence de légalité ses vengeances particulières; car l'injustice est moins souvent dans l'iniquité des jugements que dans la violation des formes judiciaires.

Si les rois choquent nos mœurs et nos principes lorsqu'ils veulent juger les citoyens par eux-mêmes ou par leurs délégués, ce n'est point parce qu'ils joignent le pouvoir judiciaire au pouvoir exécutif; car la liberté n'en aurait rien à craindre, puisque la loi serait toujours sa sauvegarde; mais parce qu'ils l'unissent à la puissance législative, et que les justiciables sont sans appui contre de tels juges, puisque la loi n'est rien lorsque le magistrat peut la faire à son gré ou la violer impunément.

La part de souveraineté que la constitution donne au prince, ou l'usurpation plus ou moins considérable de la puissance législative par le pouvoir exécutif, ont servi jusqu'à ce jour à distinguer les diverses espèces de gouvernement.

Si le prince possède à la fois le pouvoir législatif et la puissance exécutive, le gouvernement est simple; il y a *tyrannie* lorsque l'usurpation est nouvelle ou contestée, *despotisme* lorsque l'usage et le temps ont consacré l'envahissement. Le maître tient dans sa main la loi et le glaive; aucun obstacle ne peut s'opposer au mal qu'il veut faire, et ce gouvernement est le pire de tous : c'est celui de Néron. Mais le prince est aussi tout ensemble la force et la volonté; rien ne peut arrêter le cours des biens qu'il veut dispenser, et cet effroyable gouvernement peut encore être le meilleur : il fut celui des Antonins. Ces gouvernements ont le grand avantage d'acquérir, par leur centralisation, une activité et une intensité remarquables; ils ont aussi l'horrible inconvénient de n'offrir aucune sauvegarde aux vertus, aux libertés, aux talents, au travail, et d'administrer avec un esprit de vertige, d'avidité, de vengeance et de folie, toujours funeste au peuple et souvent au despote même.

Les gouvernements simples se distinguent par le nombre de membres qui les composent; on les divise en *démocratie, aristocratie, monarchie* et *despotisme*. Montesquieu a réuni les deux premières, et n'a fait de l'aristocratie qu'une forme du gouvernement démocratique; Platon et Polybe ont réuni les deux dernières, et n'ont fait du despotisme qu'une variété de la monarchie. Ainsi Rousseau a dit avec justesse qu'il est un point où chaque forme de gouvernement se confond avec la suivante; il a très-bien vu qu'il existe dans la vitalité de chaque gouvernement un principe d'activité qui le pousse hors de ses limites, et le dirige vers l'espèce qui en approche le plus. Ce défaut de stabilité dans les principes avait déjà fait dire à Platon que *l'aristocratie, la démocratie et la monarchie ne constituaient pas des républiques*, mais des agrégations d'hommes dont une partie était asservie à l'autre.

Le gouvernement mixte est celui où les pouvoirs législatif et exécutif sont séparés; c'est le seul auquel les philosophes de l'antiquité ont donné le nom de *république*. Platon refuse ce titre à la démocratie même, et ne l'accorde qu'au gouvernement mixte de Crète et de Lacédémone. Cette espèce de gouvernement est susceptible d'autant de formes qu'il y a de combinaisons entre les gouvernements simples; ainsi il est un point où il peut n'être presque plus qu'un gouvernement simple. Les gouvernements *représentatifs* modernes sont des formes de républiques : en France, c'était le principe monarchique qui dominait les éléments dont il se composait; en Angleterre, c'est l'aristocratique; c'est le démocratique en Suède. Nous verrons, au mot RÉPUBLIQUE, que l'élément dominateur détermine en réalité la valeur nominale de ces diverses espèces de gouvernements.   J. P. PAGÈS.

GRACE. (*Littérature, Beaux-arts.*) On a cherché l'origine de la grâce dans l'utilité, dans la convenance, dans la justesse des similitudes, dans l'exactitude des rapports et des proportions. Ces tentatives de la métaphysique et de la philosophie pour apprécier rigoureusement ce qui est le moins susceptible d'une appréciation rigoureuse n'ont jeté aucun jour sur la question; on n'a pas trouvé le secret de la vie dans le sensorium, dans la glande pinéale, dans l'appareil nerveux, dans un réduit plus ignoble encore, où les physiologistes l'ont tour à tour supposé : on cherchera tout aussi vainement le secret de la grâce dans une analyse métaphysique, ou dans la solution d'un problème de génération.

Dans les œuvres de la nature, les choses qui frappent les sens par leur masse, leur étendue ou leur soudaineté, sont terribles par leur grandeur; celles dont les proportions sont plus en harmonie avec les nôtres, dont les effets sont avec nous dans des rapports plus immédiats, plus sympathiques, sont belles et utiles; ces dernières, sous des formes moins prononcées, sont gracieuses.

Il n'y a de grâce ni dans le torrent qui bondit, ni dans la foudre qui gronde, ni dans la vaste étendue de l'Océan, ni même dans la

sérénité d'un beau ciel, dans la majesté d'un bel arbre : la grâce appartient spécialement aux femmes, aux fleurs, à quelques espèces d'oiseaux et de quadrupèdes, dont les mouvements souples et légers attestent une organisation plus fine et plus délicate.

La ligne rigoureusement droite, le contour nettement arrêté, tout ce qui porte un caractère de force, de promptitude et de grandeur imposante, reste étranger à la grâce. Parmi les objets naturels, ce ne sont ni les plus grands, ni les plus utiles, mais les plus délicats et les plus faibles, qui sont les plus gracieux; dans l'espèce humaine, la grâce paraît être le partage tellement exclusif des femmes, que celles qui se distinguent physiquement ou moralement par les qualités de l'autre sexe, répudient presque toujours ce don enchanteur pour de plus mâles vertus. Sapho, qu'Horace surnomme la *Vérité*; Cornélie, mère des Gracques, madame Dacier, lady Russel, madame Roland, d'héroïque mémoire, madame de Staël elle-même, semblent avoir échangé le doux prestige de la grâce, contre une gloire plus éclatante et plus durable.

Il y a des peuples à qui la grâce est inconnue, soit par dureté de mœurs, soit par âpreté de caractère, ou par vice d'institution; tels furent, dans l'antiquité, les Égyptiens et les Juifs, chez qui l'ignorance s'apprenait pour ainsi dire, et où l'intelligence semblait se pétrifier à la voix des prêtres. La Chine, ayant ses institutions dans ses mœurs, dans ses coutumes, a constamment montré un éloignement invincible pour tout ce qui est gracieux; dans les arts, elle en est encore à ces formes bizarres, à ces grotesques ébauches que l'imagination des peuples enfants invente dans leur berceau.

La littérature chez les Grecs indique assez exactement la marche de la civilisation. Elle eut d'abord de la grandeur : Homère est sublime, Eschyle est terrible; la beauté vint ensuite : Hérodote, Sophocle, en sont, pour ainsi dire, les représentants; la grâce se montra la dernière, à la suite d'Euripide et de Ménandre.

La grâce fut la dernière conquête que les Romains firent sur les Grecs; ces tyrans du monde ne l'empruntèrent à la Grèce que lorsqu'ils l'eurent entièrement soumise : Térence, Horace, Virgile, Catulle, Tibulle, ont embelli quelquefois ce qu'ils ont toujours imité.

Rome, dix siècles après avoir perdu le sceptre du monde, reconquit celui des arts, et l'Italie, légataire de l'ancienne Grèce, réclama son héritage par la voix des Michel-Ange, des Arioste, des Tasse et des Raphaël. L'Italie donna les premières leçons de grâce à l'Europe, couverte encore des ténèbres de la barbarie : la France en profita la première.

La grâce française, dont Marot et Montaigne offrirent les premiers modèles, se distingua de la grâce noble et sévère des Italiens, par plus de saillie, de malice et de gaieté. Depuis ce temps, il semble que la patrie de Racine, de Boileau, de Chaulieu, de Parny et de Voltaire soit devenue celle de la grâce et du goût : son culte dégénéra en fadeur et en mignardise vers la fin du dernier siècle, où fleurirent les Dorat, les Pezay, les Boucher, les Coypel ; on exagéra la délicatesse, on tomba dans l'afféterie.

Les deux autres puissances littéraires de l'Europe, l'Angleterre et l'Allemagne, riches en conceptions fortes, restèrent étrangères à la grâce dans les ouvrages de l'art et de l'esprit. Peut-être est-ce aux dépens de cette grâce naïve, de ce charme inexprimable du bon goût, que la France nouvelle semble diriger exclusivement vers la gravité des études toutes les facultés de l'intelligence.

JOUY.

GRADES. (*Histoire militaire.*) Le nombre des grades, des degrés au moyen desquels on monte, dans la carrière des armes, l'échelle de l'avancement, est aujourd'hui de onze : caporal, sergent, sous-lieutenant, lieutenant, capitaine, chef de bataillon, lieutenant-colonel, colonel, maréchal de camp, lieutenant général, et maréchal de France. Dans la cavalerie, les grades de brigadier, de maréchal des logis, et de chef d'escadron, correspondent à ceux de caporal, sergent, et chef de bataillon. Outre les grades dont l'énumération précède, il existe des offices de fourrier, sergent-major, maréchal des logis chef, adjudant, adjudant-major, officier payeur, quartier-maître, trésorier, major, et général en chef; mais ce ne sont pas des grades proprement dits, puisqu'on peut les franchir et avancer sans les recevoir. Les classes ne sont pas non plus des grades : ainsi, le capitaine de première classe n'est qu'un capitaine comme celui de seconde.

Les titulaires des dix premiers grades aujourd'hui existants et des offices qui y correspondent forment deux catégories distinctes : celle des officiers, et celle des sous-officiers. On divise les officiers en trois classes : en subalternes, qui sont les sous-lieutenants, les lieutenants et les capitaines ; en supérieurs, qui sont les majors, les chefs de bataillon et d'escadron, les lieutenants-colonels et les colonels; enfin, en officiers généraux, qui sont les maréchaux de camp, les lieutenants généraux et les maréchaux de France. La catégorie des sous-officiers comprend les adjudants, les sergents-majors et les maréchaux des logis chefs; les sergents, les maréchaux des logis ordinaires et les fourriers. Le pauvre caporal, comme on voit, n'est pas même sous-officier.

Notre hiérarchie militaire, il n'est pas besoin de le dire, a subi de nombreuses variations.

Plusieurs grades ont disparu, et principalement ceux qui, à d'autres époques, formèrent les premiers et les derniers degrés de l'échelle; la dénomination de quelques-uns a changé ; quelques autres, au contraire, conservent encore leur désignation primitive, et ont vu leurs attributions se modifier.

Il n'y eut chez nous, à parler proprement, aucune hiérarchie de grades jusque vers le milieu du quinzième siècle : il n'y avait qu'une hiérarchie politique. Mais, à mesure que les corps permanents s'établirent et furent commandés par des chefs à la nomination du roi et révocables; à mesure que Charles VII institua les compagnies d'ordonnance (1438), François Ier les légions (1534), Henri II les régiments (1557), on vit la hiérarchie militaire naître, et devenir de plus en plus analogue à ce qu'elle est aujourd'hui.

Le grade de *maréchal de France*, supprimé sous la première république, rétabli sous l'empire, ne forma pas toujours l'échelon supérieur. Le *grand maréchal*, jusqu'en 1191, le *connétable*, jusqu'en 1627, le *maréchal général de France* (titre créé pour Turenne en 1660, donné à Villars en 1732, et dont le maréchal Soult a été revêtu en 1847) furent placés au-dessus des maréchaux de France.

Au deuxième échelon de la hiérarchie se trouvent placés les *lieutenants généraux*. Il n'en fut pas non plus toujours de même. Les charges de *grand maître des arbalétriers*, et de *grand maître de l'artillerie*, occupèrent cette place tant qu'elles existèrent, c'est-à-dire, la première, de 1270 à 1523 ; la seconde, de 1358 à 1762. Mentionnons également, comme supérieures jadis au grade de lieutenant général, les différentes charges de *colonels généraux*, qui ont existé en France : le colonel général de l'infanterie ; le colonel général des Suisses et Grisons ; le colonel général de la cavalerie légère et étrangère ; le colonel général de la cavalerie; les colonels généraux de la garde impériale, des carabiniers, des chasseurs à cheval, des chevau-légers lanciers, des cuirassiers, des dragons, des hussards, des gardes nationales du royaume (*Voyez* COLONEL). Le titre de lieutenant général ne s'appliqua d'abord qu'à l'officier qui représentait le roi à la tête des troupes. A partir du règne de Louis XIII, on le donna à tous les officiers qui eurent un commandement immédiat sous le commandant en chef, roi, prince ou maréchal. Il est ainsi arrivé quelquefois qu'un maréchal de France n'ait eu que le titre de lieutenant général ; à Rocroi, par exemple, le maréchal de L'Hôpital n'était que lieutenant général sous le duc d'Enghien. Sous Louis XIV, les capitaines généraux étaient, dans l'armée, sous les ordres du maréchal qui la commandait, et avaient le droit de commander aux autres lieutenants généraux. Pendant la république et l'empire les lieutenants généraux furent appelés *généraux de division* ; ils ont repris ce titre depuis la révolution de février.

Après les lieutenants généraux viennent les *maréchaux de camp*, qui sous la république et l'empire s'appelèrent *généraux de brigade*, et qui ont aussi repris cette dénomination depuis la révolution de février. Ce grade date de François Ier. Les officiers qui en étaient revêtus s'occupaient, de concert avec le général en chef, du campement ou des cantonnements et logements de l'armée. A partir de Louis XIV, ces fonctions passèrent au maréchal général des logis de l'armée, grade auquel correspond aujourd'hui celui de *chef d'état-major*. Depuis ce temps, les maréchaux de camp furent employés sous les ordres des lieutenants généraux; mais ils ne commandèrent les brigades qu'à dater des dernières années du règne de Louis XVI. De 1665, époque où les brigades furent instituées, à 1788, leur commandement appartint aux titulaires d'un grade qui n'existe plus, aux brigadiers des armées du roi.

Le titre de *colonel*, qui ne date que de Louis XII, était alors associé à celui de capitaine, et donné aux chefs des bandes qui composaient l'infanterie. François Ier le donna aussi au premier des six capitaines de chacune des sept légions qu'il créa en 1534. Lorsqu'on en revint peu après à l'ancien système des bandes militaires, les commandants de bandes gardèrent le titre de colonels jusqu'en 1544, que fut créée la charge de colonel général de l'infanterie. Les chefs de corps furent alors nommés *mestres de camp*, jusqu'en 1661 ; puis, successivement, ils s'appelèrent colonels, jusqu'en 1721; mestres de camp, jusqu'en 1730; colonels, jusqu'en 1776 ; *mestres de camp commandants*, jusqu'en 1788; colonels, jusqu'en 1793; *chefs de brigade*, jusqu'en 1803, époque où ils reprirent leur dénomination actuelle.

Un décret impérial de mars 1809 avait institué des *colonels en second*, mais qui ne remplissaient pas les fonctions des *lieutenants-colonels* actuels. Ils étaient destinés simplement à commander les corps provisoires dont la formation pouvait être jugée nécessaire ; la restauration les a supprimés. Au contraire, il y a eu de 1776 à 1788 des *mestres de camp en second*, dont l'emploi offrait beaucoup d'analogie avec le grade qui porte maintenant le titre de lieutenant-colonel. Ce titre, depuis 1552, époque de son introduction dans la hiérarchie militaire, jusqu'en 1791, où il en disparut momentanément, ne fut porté que par le capitaine de la compagnie de chaque corps dite compagnie colonelle. En 1791, chaque bataillon et chaque escadron reçurent un lieutenant-colonel, qui à partir de 1793 s'appela

chef de bataillon et *chef d'escadron*. En 1803 le premier consul intercala entre le colonel et les chefs de bataillon ou d'escadron un nouvel officier, dit *gros-major*. En 1815 les gros-majors de Napoléon prirent le titre de lieutenants-colonels qu'ils ont aujourd'hui, et cet emploi devint, ce qui jusqu'alors n'était pas, un grade par lequel il fallut passer pour arriver à celui de colonel.

L'origine des grades de *chef de bataillon* et de *chef d'escadron*, si l'on substitue le mot commandant au mot *chef*, remonte au règne de Louis XII ou de Henri II. En tout cas, l'emploi depuis Louis XIV n'était rempli que par des capitaines. La vraie création du grade ne date donc que de 1793.

Le titre de *capitaine* est un de ceux qui sont le plus déchus de leur importance primitive.

Quant à celui de *lieutenant*, supprimé par Charles IX, rétabli par Henri IV, il a toujours gardé depuis la même valeur.

Les *sous-lieutenants*, introduits d'abord dans la cavalerie par Henri IV, l'ont été ensuite par Louis XIV dans l'infanterie. Les *enseignes* en avaient jusqu'alors rempli l'emploi.

Avant de parler du grade de *sergent*, mentionnons celui de *centenier*, qui n'existe plus. Dans les légions de François Ier, les centeniers avaient place entre les enseignes et les sergents. Pour apprécier l'importance réelle de ce grade, il faut ne pas perdre de vue que les lieutenants actuels ne commandent qu'une des deux sections de la compagnie, c'est-à-dire quarante ou quarante-huit hommes.

Le titre de *sergent* jusqu'à Louis XII n'a servi à dénommer aucun grade. On l'employa à cette époque pour désigner des officiers subalternes dont l'emploi était à peu près celui des titulaires actuels.

Les *caporaux*, que François Ier institua, s'appelèrent d'abord *caps d'escadre*, c'est-à-dire chefs d'escouade. Leur dénomination actuelle n'apparaît pour la première fois que dans les ordonnances de Henri II. Ils occupent aujourd'hui le degré tout à fait inférieur de la hiérarchie militaire; mais il y a eu autrefois deux grades encore plus humbles : ceux d'*anspessade* et d'*appointé*. Le premier, dont l'origine remonte aux guerres d'Italie du seizième siècle, et qui ne fut supprimé qu'en 1762, valait à ses titulaires, de même que celui d'appointé, qui le remplaça immédiatement, et qui subsista jusqu'en 1791, une solde un peu plus forte que celle des simples soldats, et le droit de commander en l'absence du chef d'escouade.

SICARD.

GRAINE. (*Botanique.*) La graine est l'œuf végétal.

Les seuls caractères essentiels de la graine

sont de naître dans une cavité close, et d'offrir un petit corps organisé, qui réunit en lui toutes les conditions nécessaires pour reproduire une plante semblable à celle dont il est issu, dès que les circonstances extérieures favoriseront sa croissance.

Linné a posé en principe que la fécondation est indispensable à la formation d'une graine : cependant, comme les caractères distinctifs d'un être se doivent tirer de lui-même, et non de quelques circonstances hors de lui, telles, par exemple, que les causes qui ont amené son développement, s'il naît de plantes privées d'organes sexuels des corps reproducteurs, que nous ne puissions distinguer des graines par aucun caractère organique, il est de toute évidence que pour nous ces corps seront des graines, encore qu'ils se soient formés sans fécondation.

Je ne parlerai de la graine arrivée au terme de sa maturité qu'après avoir traité de son organisation et de son développement, depuis le moment où elle commence à paraître, jusqu'à celui où l'on peut découvrir la première ébauche de l'embryon (1). Avant cette époque elle porte le nom d'*ovule*. Dans l'origine l'ovule est un petit corps arrondi, attaché dans la cavité du péricarpe par un cordon plus ou moins allongé, qui a reçu le nom de *funicule*. Ce petit corps n'offre dans toute sa masse qu'un tissu cellulaire continu. Plus tard on trouve une enveloppe extérieure, la *primine*, et un corps intérieur pulpeux, le *nucelle;* plus tard encore le nucelle est remplacé par trois enveloppes, la *secondine*, la *tercine* et la *quartine*. Cette dernière contient l'embryon. Examinons ces cinq parties selon l'ordre de leur développement.

On remarque à la superficie de la primine le hile, point où le funicule s'attache à l'ovule; le prostype funiculaire, ligne en relief qui montre la route que suivent les vaisseaux du funicule dans l'épaisseur de la paroi; la chalaze, glande qui termine le prostype et marque l'endroit où la primine s'unit au nucelle; l'exopyle, orifice de la primine. Il s'en faut beaucoup que l'exopyle soit très-apparent dans toutes les espèces; cependant il y a toujours un signe quelconque qui en fait reconnaître la place : c'est un prolongement grêle de l'enveloppe, ou un petit mamelon ombiliqué, ou une légère impression, ou bien enfin la convergence des stries, qui distinguent à la surface de la primine les séries de cellules dont son tissu est composé. En général, l'exopyle n'a aucune adhérence avec les parties environnantes; il

est isolé; mais cette loi n'est pas sans exception. Avant la fécondation l'exopyle du *cucumis anguria* est caché dans un tissu cellulaire avec lequel il est continu; celui du *nymphœa alba* adhère au funicule; celui du *statice armeria* est bouché par un cylindre charnu qui descend du haut de la cavité du péricarpe. Souvent le faisceau vasculaire du funicule se partage dans la chalaze en ramifications qui se dirigent vers l'exopyle. Contre le sentiment de M. R. Brown, j'admets que l'exopyle est le sommet organique de l'ovule, et que la chalaze en est la base, quelle que soit d'ailleurs la position de cette glande relativement à l'exopyle.

Des quatre enveloppes ovulaires la primine est la seule dans laquelle on observe un appareil vasculaire. Un simple tissu cellulaire constitue les trois autres.

Le nucelle n'est point un organe particulier, c'est une masse celluleuse de laquelle se dégagent successivement trois organes distincts, la secondine, la tercine et la quartine. La séparation opérée, il n'existe plus de trace du nucelle. Toutes les fois qu'il est possible d'observer cette masse celluleuse dans son premier âge, elle se montre soit sous la forme d'un corps épais, moulé sur la paroi du sac de la primine, dont il remplit entièrement la capacité, soit sous la forme d'un cône court et grêle qui n'occupe qu'un très-petit espace au fond de la primine. Tout autre aspect indique qu'un développement précoce a déjà modifié la structure du nucelle. De même que la primine, ce corps existe dans la plupart des espèces avant la fécondation. Son attache, large empâtement, correspond toujours à la base de l'ovule, c'est-à-dire à la chalaze, laquelle met le nucelle en communication avec les vaisseaux du funicule.

Quand, dès l'origine, le nucelle remplit toute la capacité de la primine, il s'opère ordinairement avant la fécondation un partage de sa substance. Le tissu le plus extérieur se détache, et devient un sac membraneux qui constitue la secondine, et le tissu intérieur, débarrassé de son écorce, constitue la tercine. Mais quand à sa naissance le nucelle n'est qu'une petite masse conique au fond de la cavité de la primine, les modifications qu'il subit sont plus nombreuses, et ce n'est que par des observations très-délicates et souvent répétées qu'on peut en suivre la série. D'abord le nucelle s'allonge et s'épaissit; puis il se creuse, se dilate, et ne cesse de s'étendre en tous sens que lorsqu'il rencontre la paroi de la primine, contre laquelle il s'applique. Alors on doit le considérer comme un double sac dont la paroi, formée de deux lames cellulaires réunies, l'une extérieure, l'autre intérieure, offre l'alliance de la secondine et de la

---

(1) J'aurais pu me borner à donner ici l'analyse des mémoires de MM. Treviranus, R. Brown et Brongniart; mais j'ai voulu exposer les faits d'après mes propres observations. De là vient que ma manière de voir diffère quelquefois de celle des botanistes que je viens de nommer.

tercine. Cet état n'est que transitoire : presque immédiatement la secondine se soude et s'incorpore à la primine, et la tercine se dégageant devient un sac distinct.

Quoique la secondine adhère à la chalaze par sa base, on n'y découvre aucune ramification vasculaire ; son sommet s'engage dans le col de la primine, atteint l'exopyle, se prolonge rarement au delà, et se termine par un orifice que je nomme endopyle.

On vient de voir qu'après le complet développement de la secondine, la tercine se présente soit sous la forme d'une masse celluleuse, soit sous celle d'un sac. Dans le premier cas, la tercine est fixée à la secondine par son sommet et par sa base, et elle n'éprouve aucun changement dans sa structure, jusqu'à la formation de la quartine. Dans le second cas, la tercine n'adhère à la secondine que par son sommet, et elle se remplit d'un tissu qui la transforme en une masse celluleuse. Il suit de là que, quel qu'ait été primitivement le mode de développement du nucelle, la tercine offre toujours une structure uniforme au moment qui précède la formation de la quartine.

C'est au milieu de la masse celluleuse de la tercine, et dans la direction de son axe, que les premiers linéaments de la quartine apparaissent. Ils forment d'abord un boyau grêle qui tient par un bout à la chalaze, et par l'autre bout au col de la secondine. Mais bientôt ce boyau, d'un tissu cellulaire délicat et diaphane, se détache de la chalaze, s'enfle, s'arrondit, refoule sur les côtés le tissu de la tercine, et reste suspendu comme un lustre au sommet de l'ovule.

Peu après l'apparition de la quartine on distingue dans le tissu transparent de cet organe un fil délié, qui descend du sommet de l'ovule et se termine par un très-petit globule. Le globule est l'embryon à l'état rudimentaire ; le fil ou *suspenseur* est une espèce de cordon ombilical. Par rapport aux enveloppes de l'ovule, l'embryon est dans une situation renversée. Le point du globule auquel aboutit le suspenseur, et qui, par conséquent, regarde le col de la secondine, se développe en radicule dont l'extrémité se dirige vers l'endopyle. Le point diamétralement opposé produit un ou deux cotylédons, et la partie intermédiaire devient le collet de l'embryon.

Avant que l'embryon soit visible, ou pendant son développement, une liqueur laiteuse remplit dans beaucoup d'espèces les cellules de la tercine ou de la quartine. Insensiblement cette liqueur s'évapore ; mais elle laisse dans les cellules un dépôt concret plus ou moins blanchâtre, qui est la matière du périsperme.

Cette description ne s'applique pas indifféremment à tous les ovules. Pour donner une idée sommaire de leur développement, j'ai dû considérer les faits d'une manière générale, et sans égard aux anomalies qui se rencontrent. Un examen approfondi des exceptions eût été déplacé ici : qu'il me suffise de dire que, si jeunes qu'on prenne certains ovules, on n'y observe jamais le nucelle à l'état d'un corps plein ; que s'il a été tel primitivement, comme je suis très-porté à le croire, il a subi ses métamorphoses à une époque où il était impossible de l'étudier ; que la secondine échappe aussi aux recherches dans plusieurs espèces ; que dans quelques autres la quartine ne se distingue pas, ou se distingue mal de la tercine, et que l'existence de celle-ci est quelquefois problématique.

Maintenant que j'ai donné un aperçu de l'organisation et des développements de l'ovule, je vais parler de la graine, c'est-à-dire de l'ovule parvenu à maturité. Les enveloppes séminales diffèrent de ce qu'elles étaient dans l'ovule, et elles reçoivent des noms particuliers ; elles sont au nombre de trois : l'*arille*, le *test* et le *tegmen*.

L'arille est une excroissance du tissu du funicule, qui n'existe que dans un petit nombre de graines, et n'y paraît jamais avant la fécondation. Cette excroissance forme une tunique extérieure membraneuse ou charnue, laquelle se détache ordinairement de la graine mûre en entier ou en partie. Pour donner une idée de cet appendice funiculaire, je vais passer en revue quelques exemples saillants.

Dans le muscadier, l'arille, ou *macis* des droguistes, est une lame d'un rouge-citron, épaisse, charnue, découpée en lanières qui s'appliquent sur la graine, mais ne la recouvrent qu'imparfaitement. Dans la *revenala*, l'arille est une membrane frangée, d'un beau bleu de ciel, et d'un toucher gras : elle cache la graine tout entière. Dans le fusain à larges feuilles, l'arille est pulpeux, fermé de toutes parts, et d'une couleur orangée. Dans le fusain galeux, l'arille est également orangé et pulpeux ; mais il s'ouvre et s'évase en cupule irrégulière. Dans l'*oxalis*, l'arille est mince, élastique, blanchâtre ; il se crève quand la graine est mûre, et la lance au dehors par l'effet d'une force contractile. Dans la plupart des méliacées, l'arille est une membrane charnue qui, ne pouvant s'étendre autant que la graine, se déchire toujours en quelques points de sa superficie. Dans le *bocconia frutescens*, l'arille est rouge, succulent, mamelonné ; il adhère au funicule et forme un godet qui reçoit la base de la graine. Dans le *polygala vulgaris*, l'arille, divisé en trois lobes, forme une très-petite couronne autour de l'ombilic. Dans le *sterculia balanghas*, trois caroncules blanchâtres, placées d'un seul côté de l'ombilic, composent évidemment une espèce d'arille.

Aucune graine n'est privée du test; souvent c'est la seule enveloppe séminale dont on puisse constater l'existence. Le test a pour origine la primine seule, ou la primine à laquelle s'est soudée la secondine. On voit à sa surface le hile, et même, dans beaucoup d'espèces, l'exopyle, la trace du prostype funiculaire et la glande chalazienne. Ainsi, sans qu'il soit nécessaire d'avoir recours à l'anatomie, il est presque toujours facile de déterminer, par l'observation des caractères extérieurs, où sont la base et le sommet d'une graine, et dans quelle direction se porte la radicule, puisqu'elle pointe constamment vers l'endopyle, qui correspond à l'exopyle.

Quoique le test soit, en général, une enveloppe comparable pour la consistance à la coquille de l'œuf ou à l'écaille de l'huître, il se rencontre des graines dans lesquelles cette tunique est d'une substance fongueuse ou charnue, ou même pulpeuse. On distingue souvent dans le test plusieurs lames de différente nature, que l'on a prises quelquefois pour autant d'enveloppes séminales; mais en y regardant de près on voit ordinairement qu'on ne peut enlever ces lames sans occasionner une rupture dans le tissu.

On remarque encore sur certains tests des caroncules, renflements pulpeux ou coriaces, qui sont produits par un développement particulier du tissu. Dans le haricot et dans beaucoup d'autres légumineuses, il y a au-dessus du hile une caroncule sèche et dure, en forme de cœur. Dans la chélidoine, sur le prostype funiculaire, il y a une crête caronculaire, laquelle est blanchâtre et succulente; on peut soupçonner de l'analogie entre les caroncules et l'arille.

Le tegmen, n'étant autre chose que la secondine libre, manque toutes les fois que la secondine s'est incorporée à la primine.

Sous ces enveloppes est l'amande, laquelle est constituée souvent par l'embryon seul, et plus souvent encore par l'embryon et le périsperme.

On donne le nom de périsperme à la tercine ou à la quartine, quand le tissu cellulaire de l'une ou l'autre de ces enveloppes ovulaires s'est rempli d'une fécule amylacée ou d'un mucilage épaissi, qui en fait un corps solide. Le périsperme recouvre l'embryon en tout ou en partie : il lui fournit pendant la germination une nourriture que l'on peut comparer à celle que le fœtus du poulet tire du vitellus, partie de l'œuf vulgairement connue sous le nom de jaune.

La fécule ou le mucilage est insoluble dans l'eau avant la germination; mais quand la graine est placée dans les circonstances favo-

rables à son développement, cette matière change de nature et devient très-soluble. Alors elle est telle qu'elle doit être pour servir de nourriture à l'embryon.

Dans les labiées et dans beaucoup de borraginées et de légumineuses, dans les rosacées, les méliacées, les thymélées, etc., le périsperme est si mince, qu'on l'a pris longtemps pour une tunique séminale.

Le périsperme est farineux dans les graminées, les nyctaginées, etc.; oléagineux et charnu dans les euphorbiacées, etc.; élastique et dur comme de la corne dans les palmiers, le café, et autres rubiacées, etc. Le périsperme de quelques légumineuses, des malvacées, des plantago, etc., se convertit dans l'eau en une matière mucilagineuse.

Aucune plante connue appartenant à la famille des ombellifères, des renonculacées, des graminées, des conifères, etc., n'est privée de périsperme; au contraire, ce corps ne s'est jamais offert dans la famille des vraies aurantiacées, des crucifères, des alismacées, etc.; il y a des familles, telles que celles des borraginées et des légumineuses, où il s'amincit en passant d'une espèce à une autre, et finit par s'évanouir totalement.

L'embryon, comme on l'a vu, se forme dans les enveloppes ovulaires, et il a d'abord avec elles une communication organique par le suspenseur; arrivé à maturité, il se détache des parties qui l'environnent, et jouit de la force vitale nécessaire à son développement. Il comprend dans sa masse le blastème et le corps cotylédonaire.

Le blastème a deux germes principaux bien distincts, la radicule et la plumule, fixées base à base par une partie intermédiaire, nommée collet. Ces deux germes ne diffèrent pas moins par leur nature que par leur situation, la radicule éprouvant le besoin de l'ombre et de l'humidité, et la plumule de l'air et de la lumière, dès que l'une et l'autre commencent à se développer, sans que rien alors puisse intervertir cette tendance naturelle.

Le corps cotylédonaire offre un ou plusieurs cotylédons, appendices minces ou charnus, selon que l'amande a ou n'a pas de périsperme, qui naissent du collet et sont évidemment les premières feuilles de l'embryon.

Beaucoup de naturalistes, et Linné est de ce nombre, ont pensé, qu'un embryon, à quelque classe qu'il appartienne, ne peut recevoir l'impulsion vitale que par voie de fécondation; mais l'école moderne n'admet pas cette doctrine dans toute sa rigueur. Il se rencontre aussi des botanistes qui sont d'avis que c'est trop circonscrire l'idée qu'on doit se faire d'un embryon végétal que de vouloir qu'il ait nécessairement des cotylédons, une radicule et une plumule. Ils croient qu'en bonne logique, il ne faut pas exclure de la classe des végétaux embryonés les conferves, les algues, les lichens, les champignons, et autres plantes d'une structure très-simple, lesquelles produisent souvent, dans des espèces d'ovaires, des corps comparables aux graines, par la propriété qu'ils ont de former, en se développant, de nouvelles plantes tout à fait semblables à celles dont ils sont sortis.

Lorsque la radicule et la plumule ont leurs bases contiguës, le collet représenté par le plan de jonction des deux organes n'est qu'un être de raison; mais lorsque la radicule et la plumule sont séparées l'une de l'autre, le collet qui leur sert de lien commun est une partie très-réelle et très-apparente, dont la forme varie selon les espèces. Néanmoins, il est difficile d'assigner nettement la limite du collet d'un embryon quelconque, tant que la germination n'a pas eu lieu ; aussi, dans la botanique descriptive, où l'on n'a pas pour but la marche des développements, ne distingue-t-on jamais le collet de la radicule.

La radicule est la racine dans la graine. Son caractère essentiel consiste en ce qu'elle reçoit l'extrémité inférieure de tout le système vasculaire de l'embryon. Cette extrémité se divise quelquefois en plusieurs mamelons. Beaucoup de graminées en ont souvent trois et même plus. On demande s'il faut admettre autant de radicules qu'un embryon a de mamelons radiculaires ; ou bien ne voir dans les mamelons que les divisions d'une radicule unique ; ou encore ne considérer comme radicule que le mamelon inférieur : questions oiseuses, qui ne roulent que sur de vaines distinctions nominales, et ne méritent pas l'attention des naturalistes.

Tantôt la radicule est nue, c'est-à-dire que son sommet se montre à découvert à la superficie de l'embryon ; tantôt la radicule est coléorhizée, c'est-à-dire qu'elle est cachée dans une coléorhize, poche charnue, close de toutes parts, dont nous devons la connaissance au célèbre Malpighi. A bien considérer la coléorhize, ce n'est autre chose qu'une écorce plus ou moins épaisse, qui se détache d'elle-même de chaque mamelon radiculaire.

Quand la radicule est coléorhizée, on ne peut l'apercevoir que par le secours de l'anatomie ; encore ce moyen n'est-il pas toujours sûr, car il est des espèces où la radicule et la coléorhize ne deviennent perceptibles qu'au moment de la germination.

La plumule est la première ébauche des parties qui doivent se développer à l'air et à la lumière. Dans certaines espèces, elle est composée d'une tigelle, rudiment de la tige dont ces végétaux seront pourvus, et d'une gemmule, petit bouton de feuilles appliquées les unes sur les autres ; dans d'autres, elle n'offre qu'une gemmule ; dans d'autres, qu'une légère irrégularité ; dans d'autres enfin, elle ne décèle son existence que pendant la germination. La plumule est quelquefois coléoptilée, c'est-à-dire qu'elle est logée dans une cavité cotylédonaire, sorte d'étui qui prend le nom de coléoptile ; plus souvent elle est nue.

Les cotylédons peuvent être définis les premières feuilles visibles dans la graine. Ils n'ont cependant pas la forme des feuilles ordinaires ; mais cela est une suite des circonstances qui accompagnent leur développement. Les appendices, arrêtés de toutes parts dans leur croissance, se sont moulés, pour ainsi dire, sur la paroi de la cavité qu'ils remplissent.

Le nombre des cotylédons fournit de bons caractères pour diviser les embryons cotylédonés en deux classes : ceux qui n'ont qu'un cotylédon ou les monocotylédons, ou unilobés ; ceux qui en ont plusieurs ou les polycotylédons, que l'on désigne plus communément sous le nom de dicotylédons, ou bilobés, parce que le nombre de leurs lobes passe rarement deux.

Comme on a remarqué que les plantes cotylédonées se réunissent, à peu d'exceptions près, en familles naturelles qui sont entièrement monocotylédones ou dicotylédones, on a groupé les familles d'après ces caractères, lesquels s'accordent presque toujours avec ceux que l'on tire de l'organisation des tiges et de leur développement. Par suite des modifications et des dégradations successives que subit l'embryon dans la série des espèces, la radicule et le corps cotylédonaire se confondent quelquefois en une seule et même masse ; mais si l'on parcourt la série, on voit bientôt les deux organes se dégager l'un de l'autre, et redevenir libres et distincts.

Quelques graines contiennent plus d'un embryon. C'est une superfétation comparable à celle d'un œuf qui renferme plusieurs fœtus. On compte souvent deux embryons dans la graine du gui, du *carex maxima*, etc. ; on en compte jusqu'à huit dans l'oranger.

L'organisation interne de l'embryon est très-simple ; sa masse est composée en grande partie de tissu cellulaire. Des linéaments vasculaires très-déliés, et dont la distribution varie d'espèce à espèce, se portent du collet dans la radicule, les cotylédons et la plumule, et ils s'affaiblissent et s'effacent à mesure qu'ils s'éloignent du collet, que je considère comme le centre de la vie de l'embryon. Les linéaments vasculaires qui passent dans les cotylédons ont été désignés par Grew sous le nom de racines *séminales*, et par Charles Bonnet sous celui de *vaisseaux mammaires*, parce qu'en effet les cotylédons fournissent à la jeune plante une liqueur alimentaire, une sorte de lait végétal, sans lequel il ne me semble pas qu'elle puisse se développer. J'ai observé que les communications vasculaires sont en général plus marquées entre la radicule et les cotylédons, qu'entre les cotylédons et la plumule. Cela provient, selon toute apparence, de ce que, dans le fœtus végétal, la plumule est la partie organisée la dernière. Quoi qu'il en soit, il résulte de cet état de choses, que pendant la germination les sucs nourriciers affluent presque toujours en plus grande abondance vers la radicule, laquelle par conséquent s'allonge avant la plumule.

DE MIRBEL.

GRAISIVAUDAN ou **GRÉSIVAUDAN.** (*Géographie*). Pays du ci-devant Dauphiné, s'étendant entre les montagnes, le long du Drac et de l'Isère; borné, au nord, par la Savoie propre; à l'est, par le Briançonnais et le comté de Maurienne; au sud, par l'Embrunois, le Gapençois et le Diois, et, à l'ouest, par le Viennois et une partie du Diois. On lui donnait 8 myriam. (17 à 18 lieues) dans sa plus grande longueur, sur 7 myriam. (15 lieues) de largeur. Grenoble en était la seule ville considérable. Les autres localités remarquables étaient : la Grande-Chartreuse, Domaine, Lesdiguières, Voiron, Voreppe, Saint-Guillaume, Vizille, la Mure, Mens, le Bourg-d'Oysans, Saint-Bonnet et le Fort-Barreaux. Le Graisivaudan fait aujourd'hui partie du département de l'Isère.

GRAISSES, CORPS GRAS. (*Chimie* et *Technologie.*)

CORPS GRAS.

Nous décrirons sous le titre de *corps gras* une classe nombreuse et intéressante de composés qui entrent comme principes immédiats dans les matières grasses, ou qui s'y rattachent naturellement. Nous aurons ensuite à étudier : d'une part, les matières grasses elles-mêmes, que nous partagerons en deux groupes distincts par leur origine, et formant premièrement les *graisses*, secondement les *huiles grasses* ou *fixes*; d'autre part, les composés dérivés des unes et des autres par la saponification.

Les composés que nous allons examiner sont tous formés de carbone, d'hydrogène et d'oxygène, et les deux premiers éléments sont dans tous en grand excès : tous aussi, comme on peut le prévoir d'après cette constitution, sont très-combustibles. Insolubles dans l'eau, ils se dissolvent facilement, en général, dans l'éther et dans les huiles essentielles; tous enfin se liquéfient à une température peu élevée, quand ils ne sont pas liquides à la température ordinaire. Quelques-uns sont volatils; mais la plupart se décomposent en se vaporisant. Par ces caractères génériques, les corps gras que nous étudions, et qu'on

pourrait appeler simples par opposition aux substances complexes qu'on connaît vulgairement sous ce nom, par ces caractères, disons-nous, les corps gras simples se rapprochent beaucoup, comme on voit, des huiles fixes et des graisses : celles-ci en effet ne sont autre chose que des combinaisons des premiers.

Les corps gras se partagent naturellement en deux groupes, suivant le rôle chimique qu'ils jouent dans ces combinaisons : les uns, comme la stéarine, l'oléine, la butyrine, etc., sont neutres; les autres ont des caractères acides assez tranchés : parmi ces derniers, comme le nom l'indique, se trouvent l'acide stéarique, l'acide margarique, etc. Nous allons les étudier dans l'ordre où nous venons de les nommer.

A. On connaît un assez grand nombre de ces corps neutres; nous nous bornerons ici à ceux qui offrent le plus d'intérêt.

Stéarine. C'est du suif qu'on l'extrait ordinairement. Pour cela, le procédé le plus simple consiste à faire fondre le suif et à l'agiter dans un flacon avec de l'éther; puis, quand la masse est refroidie, à décanter la partie liquide et à comprimer le résidu de manière à le dessécher : ce résidu est de la stéarine, mais mélangée de substances étrangères; pour l'avoir pure il faut la dissoudre dans l'éther bouillant, la faire cristalliser comme on vient de le dire, et répéter plusieurs fois ces opérations. On l'obtient alors sous forme de petites lames blanches et brillantes. Elle est fusible à 62 degrés, et se prend par refroidissement en masse demi-transparente, assez dure et cassante.

La stéarine est très-soluble dans l'éther bouillant, comme le montre cette préparation, mais peu soluble dans l'éther à froid. Elle est également peu soluble dans l'alcool.

Margarine. On l'extrait de l'huile d'olive par un traitement analogue à celui qui sert à préparer la stéarine au moyen du suif. C'est une substance blanche, qui a l'aspect nacré de la perle et qui est fusible à 28 degrés. Elle est très-soluble dans l'éther.

Oléine. L'oléine a été découverte par M. Chevreul dans la graisse de porc. Pour l'obtenir à l'état de pureté il faut faire subir à cette graisse un traitement assez long, dont voici la description succincte : on chauffe dans un matras un mélange de graisse et d'alcool, et au bout de quelque temps on décante la liqueur : il y a un résidu, sur lequel on ajoute de l'alcool bouillant, et dont on dissout ainsi une nouvelle quantité; on continue de même jusqu'à ce que toute la graisse soit dissoute. L'alcool recueilli après chaque opération laisse déposer par refroidissement une certaine quantité de stéarine, qu'on sépare, et en réduisant alors la liqueur l'oléine qu'elle tient en dissolution se rassemble en une couche qui semble formée par de l'huile d'olive. Mais en cet état l'oléine contient encore un peu de stéarine : pour la purifier complétement il faut, après l'avoir agitée avec de l'eau, l'exposer à une température assez basse pour que la stéarine se dépose. On filtre alors, et en traitant plusieurs fois sa partie liquide de la même manière, on finit par obtenir l'oléine à l'état de pureté. On peut l'extraire aussi de l'huile d'olive : cette préparation est même préférable à celle que nous venons de décrire, parce que l'huile d'olive contient plus d'oléine que la graisse.

L'oléine est un liquide incolore, sans odeur, qui ressemble à l'huile d'olive blanche. Elle se solidifie par un froid de 6 à 7 degrés au-dessous de 0°, et se prend alors en une masse formée d'aiguilles. Elle est un peu soluble à chaud dans l'alcool dont la densité est de 0,816. On peut la vaporiser dans le vide sans qu'elle subisse de décomposition.

Butyrine. C'est un principe qui se trouve dans le beurre, comme on le voit d'après le nom qu'il a reçu. Pour l'en extraire il faut d'abord séparer du beurre le sérum ou lait de beurre qu'il retient toujours en petite quantité, puis la stéarine, qui en est également une des parties constituantes : on y parvient en décantant avec soin le beurre fondu, qui est surnagé alors par le sérum, puis en laissant la masse purifiée exposée pendant quelques jours à une température d'environ 20 degrés. Dans ces circonstances, la stéarine se dépose. La matière huileuse est alors filtrée et mise en digestion avec l'alcool à la même température. Au bout de quelque temps l'alcool se trouve chargé de butyrine, et par une distillation ménagée on obtient celle-ci pour résidu. Mais elle renferme un peu d'acide butyrique ; il faut encore la traiter par le carbonate de magnésie pour neutraliser l'acide. Le butyrate formé est soluble ; on le sépare donc facilement. On reprend enfin par l'alcool, et la liqueur distillée donne la butyrine.

Elle est liquide à la température ordinaire, mais se congèle à une température voisine de 0°. Elle est légèrement odorante. L'alcool la dissout très-facilement à chaud.

Hircine. Nous mentionnons seulement ce nouveau principe immédiat, qui fait partie de certaines graisses animales, notamment de celle du bouc. On le trouve aussi, mais en petite quantité, dans la graisse de mouton.

Cétine. Le blanc de baleine traité par l'alcool bouillant fournit une dissolution qui donne par refroidissement un dépôt cristallin de cétine.

C'est une substance blanche, cassante, sans odeur, comme la précédente. Elle fond à 49 degrés, et on peut la vaporiser dans le vide sans qu'elle se détruise.

La *phocénine*, la *cérine*, appartiennent à ce même groupe des matières neutres, mais ne présentent que peu d'intérêt.

Les caractères spécifiques des corps que nous venons de passer en revue sont peu tranchés, comme on le voit ; les plus importants, les seuls à noter, pour ainsi dire, sont leur point de fusion et leur solubilité dans les divers réactifs. Leur composition atomique est d'ailleurs extrêmement complexe ; mais ils offrent, au contraire, une propriété générique très-digne d'attention, et qui est devenue le principe d'applications nombreuses, comme nous allons le faire comprendre.

Lorsqu'on traite par les alcalis les matières grasses neutres, telles que la stéarine, l'oléine, la cétine, etc., il s'opère une transformation chimique remarquable, qui constitue ce qu'on appelle la *saponification* du corps gras. En général, l'action des alcalis donne naissance à un principe particulier, la *glycérine*, et à un ou plusieurs sels dont les éléments sont, d'une part, l'alcali, de l'autre, un ou plusieurs acides dérivés du corps gras modifié. Ce composé salin, simple ou multiple, n'est autre chose qu'un *savon*. Nous reviendrons ailleurs sur le phénomène chimique de la saponification ; mais nous devons d'abord, pour qu'on le comprenne plus aisément, faire connaître les corps auxquels elle donne naissance : c'est, en premier lieu, la glycérine, puis les acides gras. La glycérine se trouve ainsi placée à la suite des corps gras neutres, stéarine, oléine, etc.; mais ce rapprochement n'implique point une similitude de propriétés, et il faut se garder de la comprendre dans le groupe des corps que nous venons d'étudier.

Glycérine. Isolée par Schéele sous le nom de *principe doux des huiles*, la glycérine a été étudiée plus tard par M. Chevreul, qui a fixé ses caractères chimiques et lui a donné le nom sous lequel nous la connaissons maintenant. C'est un liquide transparent, incolore, offrant une consistance sirupeuse et une saveur sucrée très-prononcée. Ce liquide est soluble dans l'eau, dans l'alcool et dans l'éther ; il est inflammable et brûle à la manière des huiles.

En traitant la glycérine par l'acide sulfurique concentré on obtient un acide particulier appelé *sulfo-glycérique*, qui donne des sels solubles avec la chaux et la baryte. Il est analogue à l'acide sulfo-vinique. (*Voy.* ÉTHER.)

Pour préparer la glycérine on prend parties égales d'huile d'olive et de litharge bien pulvérisée, qu'on mélange avec un peu d'eau, et qu'on chauffe, en remuant constamment et remplaçant l'eau qui s'évapore, jusqu'à ce que la masse ait pris une consistance pâteuse. Il y a dans cette circonstance, entre l'oxyde de plomb et les principes immédiats de l'huile, une réaction de tous points semblable à celle que nous avons mentionnée plus haut comme constituant la saponification : ici, l'oxyde de plomb remplace l'alcali, et le savon qu'on obtient est plombique au lieu d'être alcalin ; mais la glycérine est également formée. On la sépare facilement du savon plombique, qui est insoluble, et, comme elle retient encore de l'oxyde de plomb, on la traite par l'acide sulf-hydrique, qui précipite le métal. Il ne reste plus alors qu'à filtrer la liqueur et à la concentrer, d'abord au bain-marie, puis dans le vide sec.

Passons maintenant aux acides gras.

B. Ceux-ci, comme les matières neutres de même nature, sont assez nombreux : nous n'étudierons également que les plus remar-quables..

Acide stéarique. Il dérive de la stéarine par la saponification, c'est-à-dire qu'en trai-tant la stéarine par un alcali, on la transforme, d'une part, en glycérine, et d'autre part, en acide stéarique qui s'unit à l'alcali. Mais ce n'est point au moyen de la stéarine pure qu'on prépare l'acide stéarique ; on se sert pour cela d'une matière première où elle se ren-contre, associée à d'autres principes de même nature : c'est de la graisse de porc qu'on l'ex-trait, par le procédé suivant.

On prend 100 parties de graisse purifiée, 100 parties d'eau et 25 parties de potasse caus-tique : on met le tout dans une capsule, et on chauffe à 100 degrés environ, en ayant soin de remuer de temps en temps le mélange et de remplacer l'eau à mesure qu'elle s'évapore. La masse prend bientôt un aspect laiteux, et devient homogène. Alors la saponification est effectuée, et on a un mélange de savon et de glycérine. Mais le savon est complexe, c'est-à-dire formé de plusieurs sels dont la base com-mune est la potasse : les acides qui la saturent sont l'acide stéarique, l'acide margarique et l'a-cide oléique, ou, en d'autres termes, le savon formé est un mélange de stéarate, de margarate et d'oléate de potasse. Cela tient à la composi-tion de la graisse employée, qui renferme, outre la stéarine, de l'oléine et de la margarine, les-quelles ont donné naissance, par l'action de l'alcali, aux acides oléique et margarique.

Pour retirer l'acide stéarique pur du mélange de glycérine et de savon, produit immédiat de la saponification, il faut maintenant recueillir le savon, en séparer autant que possible le liquide dont il est imprégné, puis le traiter par l'alcool froid, qui dissout l'oléate de po-tasse, sans attaquer sensiblement le marga-rate ni le stéarate. En filtrant et lavant à l'al-cool, on obtient un résidu presque uniquement formé des deux derniers sels.

La question est ainsi ramenée à séparer du stéarate le margarate et une petite quantité d'o-léate. Cela se fait en dissolvant la masse dans l'alcool bouillant : il se forme par refroidisse-ment un dépôt de stéarate sur lequel on ré-pète plusieurs fois le même traitement par l'al-cool ; on finit par séparer ainsi tous les sels étrangers, qui restent en dissolution dans le véhicule, tandis que le stéarate s'en précipite.

Rien de plus facile maintenant que d'extraire de ce stéarate pur l'acide stéarique. Il suffit de faire chauffer ce sel avec de l'acide chlorhydri-que étendu : l'acide minéral s'empare de la potasse, et déplace l'acide organique, qui vient se réunir au-dessus du liquide aqueux. Dès qu'il est figé, on l'enlève par décanta-tion et on le lave à l'eau pour enlever le chlo-rure de potassium qu'il peut retenir. L'acide stéarique est pur et le lavage arrêté dès que l'eau qui s'écoule ne précipite plus par les sels d'argent.

Ainsi obtenu, l'acide stéarique est une sub-stance solide, blanche, sans odeur, plus légère que l'eau. Il fond à 70 degrés seulement, par conséquent à une température plus élevée que la stéarine. Dans le vide, on peut le vapori-ser sans qu'il se détruise ; mais à l'air, dans les circonstances ordinaires, il subit une dé-composition partielle, et une partie seulement se volatilise sans s'altérer. Les produits gazeux de cette distillation sont facilement inflammables.

L'éther et l'alcool dissolvent très-facilement l'acide stéarique, qui est, au contraire, insolu-ble dans l'eau. La dissolution alcoolique, éva-porée lentement, le laisse déposer à l'état cristallin, sous forme de larges écailles.

Ajoutons que l'acide stéarique s'unit à la plupart des bases salifiables, et peut donner ainsi une nombreuse série de sels. On connaît les stéarates à deux états de saturation cor-respondant à des sels neutres et à des bisels. Le seul fait que nous ayons à mentionner ici touchant les stéarates concerne l'action de l'eau sur le stéarate neutre de potasse. Quand on mélange à la température ordinaire 10 par-ties d'eau et 7 parties de sel, on n'obtient qu'un mucilage opaque ; pour qu'il y ait dissolution il faut employer 25 parties d'eau bouillante pour 1 partie de stéarate : on a alors une li-queur limpide. Mais si on y ajoute de l'eau froide en grande quantité, si on l'étend, par exemple, de 1000 fois son poids, il y a décom-position du sel : il s'en sépare une certaine quantité de potasse, qui reste en dissolution, et il se forme un bistéarate de potasse, qui se dépose sous forme de petites écailles nacrées. Le phénomène que nous présente dans ce cas le stéarate de potasse s'observe également sur certains sels minéraux, ceux d'étain, par exemple.

Nous nous sommes étendu un peu longuement sur l'acide stéarique, parce qu'il forme aujourd'hui un des combustibles d'éclairage les plus répandus. Les bougies dites *de l'Étoile, du Phénix*, etc., ne sont en effet que de l'acide stéarique.

Acide margarique. Il dérive de la margarine, comme l'acide stéarique de la stéarine. On peut l'extraire de la graisse de porc, comme le précédent, mais la préparation est alors assez compliquée. Il vaut mieux employer, comme matière première, la graisse humaine ou l'huile d'olive, dont on opère la saponification à la manière ordinaire. Le savon obtenu est un mélange de margarate et d'oléate alcalin qu'il est facile de séparer ; car l'oléate de potasse se dissout très-bien à froid dans l'alcool, tandis que le margarate y est très-peu soluble. Le margarate une fois obtenu, la préparation s'achève comme celle de l'acide stéarique. On chauffe le sel avec l'acide chlorhydrique étendu, et on recueille l'acide margarique mis en liberté.

Les caractères de ce nouveau composé ont la plus grande analogie avec ceux du précédent : le point de fusion, un peu moins élevé, se trouve ici à la température de 60 degrés. Il y a aussi une différence dans la solubilité des deux acides dans l'alcool ; l'acide margarique s'y dissout plus facilement que l'acide stéarique.

Cette analogie de propriétés se retrouve dans les sels formés par les deux acides.

L'acide margarique existe tout formé dans le gras de cadavre.

Acide oléique. En décrivant la préparation de l'acide stéarique, nous avons vu que la saponification de la graisse de porc donne un savon formé d'oléate, de margarate et de stéarate alcalin ; qu'en outre, ce mélange salin, traité par l'alcool à froid, abandonne au liquide la plus grande partie de l'oléate, tandis que les deux autres sels ne s'y dissolvent qu'en très-petites proportions. Prenons maintenant cette dissolution alcoolique : soumise à une évaporation lente, elle donnera donc un résidu formé d'oléate de potasse avec traces des deux autres sels. En reprenant ce résidu à froid par l'alcool très-concentré, on enlèvera le premier, qui s'y dissout très-facilement ; il faudra répéter néanmoins sur cette liqueur les opérations qu'on a faites sur la précédente, afin d'arriver à séparer le plus complétement possible l'oléate du stéarate et du margarate.

L'oléate obtenu, traité ensuite par l'acide tartrique en solution, sera décomposé, et on verra l'acide oléique mis en liberté se réunir, à la manière de l'huile, au-dessus du liquide aqueux. On l'enlèvera avec une pipette, et, après l'avoir lavé, on l'exposera au froid : la congélation en séparera les dernières traces des sels étrangers.

L'acide oléique liquide a l'aspect et la consistance des huiles, joints à une saveur et à une odeur peu prononcées. Il se congèle à une température un peu inférieure à 0°.

Quand on le chauffe jusqu'à le faire bouillir, il se volatilise, mais se décompose en partie dans le changement d'état. Insoluble dans l'eau, il se dissout très-facilement dans l'alcool à 0,822.

Il forme avec ses bases salifiables des sels à différents états de saturation. Comme les acides précédents, il dérive d'une matière grasse neutre, l'oléine, par la saponification. On a déjà dit que la graisse d'où on l'extrait contient en effet de l'oléine.

Nous verrons ailleurs qu'on le prépare en grand pour certains usages industriels.

Les acides dont nous venons de parler sont les corps les plus importants du groupe que nous étudions : quelques autres pourtant méritent d'être signalés après ceux-là. Nous ajouterons donc quelques mots avant de terminer l'histoire chimique des acides gras.

Nous avons nommé précédemment la butyrine comme un des principes constituants du beurre. Quand on traite le beurre par un alcali, à la manière ordinaire, on obtient l'acide butyrique, dérivé de la butyrine, par la même modification qui donne l'acide stéarique de la stéarine ; mais il y a ici une particularité : c'est qu'il se produit en même temps que l'acide butyrique deux autres acides de même nature : l'acide *caprique* et l'acide *caproïque*. En effet, si l'on saponifie le beurre par la potasse, qu'on étende d'eau la masse résultante et qu'on y ajoute de l'acide tartrique, on trouve, en soumettant la liqueur à la distillation, qu'elle dégage des produits volatils, parmi lesquels on reconnaît les trois acides nommés plus haut. Leur séparation mutuelle est assez difficile : on parvient pourtant à les isoler après les avoir saturés par la baryte.

Ces trois acides, comme le montre la préparation que nous venons d'indiquer, sont volatils ; tous trois sont également doués de saveur et d'odeur assez tranchées. L'acide caprique est solide et fusible à 18 degrés : les deux autres sont liquides à la température ordinaire. L'acide butyrique est du reste le seul des trois qui ait été étudié avec soin : c'est un acide assez puissant. On l'a observé parmi les produits de la fermentation lactique.

Nous mentionnerons encore l'acide gras dérivé de l'hircine : l'*acide hircique*, qui paraît se développer spontanément dans la graisse du bouc, et donner à celle-ci son odeur caractéristique.

GRAISSES.

Les notions que nous venons de donner sur les principes immédiats des corps gras en général nous dispensent d'exposer ici l'histoire chimique des graisses. Nous nous bornerons à énumérer ceux de ces produits qui offrent le plus d'intérêt par les usages auxquels ils sont employés.

Nous comprenons sous le nom de *graisses* toutes les matières grasses provenant des animaux : le beurre, l'huile de poisson, etc., appartiennent donc à la catégorie des corps que nous avons à examiner.

Les graisses offrent un ensemble de caractères génériques qui permet de les distinguer facilement de tous les autres principes immédiats de nature animale. Fusibles à une température peu élevée quand ils ne sont pas liquides ; tachant le papier ; insolubles dans l'eau et peu solubles dans l'alcool ; inflammables ; donnant naissance à des savons, sous l'influence des alcalis : telles sont les propriétés essentielles par lesquelles on peut définir les graisses. Ajoutons que ce sont des substances neutres, peu sapides, contenant comme principes élémentaires l'oxygène, l'hydrogène et le carbone, ces deux derniers ordinairement en grand excès par rapport au premier ; enfin, admettant généralement comme principes immédiats, mais en proportion variable suivant les espèces, la stéarine, la margarine, l'oléine, auxquels il faut joindre, dans la plupart des cas, une matière colorante en très-petite quantité.

Ces généralités suffiront pour faire comprendre ce que nous allons dire de chaque graisse en particulier.

Graisse de porc, axonge, saindoux. On connaît sous ces diverses dénominations la graisse qu'on retire de la panne du porc. Pour la préparer on coupe la panne en tranches minces ; on la passe à l'eau froide pour en séparer les traces de sang et de matière colorante ; puis on la chauffe jusqu'à fusion avec une certaine quantité d'eau. On passe le mélange liquide à travers un tamis serré, et on le laisse refroidir : après quoi, on enlève la graisse qui s'est solidifiée au-dessus de l'eau. Il faut la faire fondre une seconde fois au bain-marie pour en chasser les dernières traces d'eau ; puis, quand on doit la conserver, la couler dans des vases qu'on bouche avec soin.

C'est une substance blanche, molle, presque inodore, qui entre en fusion à 27 degrés.

On l'emploie comme aliment ; mais elle a beaucoup d'autres usages : ainsi, on s'en sert en pharmacie, pour préparer certains onguents (O. gris, O. citrin, pommade mercurielle, etc.) ; dans la parfumerie, comme base des pommades cosmétiques ; dans les arts enfin, pour le travail des cuirs, pour graisser les roues des voitures, etc.

Suif. C'est un mélange de graisses provenant du mouton, du bœuf, etc. ; mais la partie principale est la graisse de mouton. La préparation des suifs donne lieu à une industrie importante dans les grandes villes, où le nombre des animaux abattus pour la boucherie est considérable. La matière première livrée aux fondoirs est la graisse brute, enveloppée de diverses membranes et tissus animaux ; on en extrait le suif par fusion, suivant un procédé indiqué par Darcet et rendu obligatoire à Paris par le conseil de salubrité. Ce procédé consiste à chauffer le suif brut avec de l'eau acidulée par l'acide sulfurique. L'action de l'acide altère les tissus qui enveloppent la graisse, et celle-ci s'en sépare alors très-facilement. Après une ébullition prolongée pendant quelque temps, tout le suif se réunit à la surface du bain. Cette préparation a, sur l'ancien procédé de la fonte à feu nu, l'avantage de donner beaucoup moins de déchets. L'opération s'effectue d'ailleurs sans répandre l'odeur désagréable qui se développait dans le mode primitif de traitement.

Le suif est fusible à 40 degrés environ. Il offre beaucoup de variétés dans ses propriétés physiques.

Il est employé principalement pour l'éclairage.

Huile de pieds de bœuf. On l'obtient par la digestion des pieds de bœuf dans l'eau bouillante. L'huile se sépare et surnage le bain : on l'enlève et on la laisse déposer, pour l'épurer.

L'huile de pieds de bœuf s'épaissit et se fige difficilement : c'est à cause de cette propriété qu'elle est particulièrement employée pour graisser les rouages des machines.

Beurre. Tout le monde connaît le procédé qu'on suit pour préparer le beurre : tout le monde aussi en connaît les propriétés et les usages. Nous n'avons donc qu'à mentionner ici sa composition chimique. Les principes immédiats qu'il fournit à l'analyse sont assez nombreux : on y trouve la margarine, l'oléine et la butyrine ; l'altération qu'il éprouve par la saponification a conduit quelques chimistes à y admettre en outre l'existence d'autres principes particuliers, d'où l'on faisait dériver les acides caprique et caproïque qui prennent naissance sous l'influence des alcalis.

Huile de baleine. L'huile de baleine, dont la production a donné naissance à une navigation devenue importante, s'extrait du lard que fournissent les baleines et plusieurs autres cétacés, par un procédé semblable à celui que nous avons indiqué pour les corps précédents. Le lard, coupé par morceaux, est fondu avec de l'eau dans de vastes chaudières. L'huile qui se forme est recueillie et mêlée encore avec de l'eau dans des baquets où on la laisse déposer. Le produit de ce traitement est l'huile de baleine telle qu'on la trouve dans le commerce.

Elle est d'une couleur rougeâtre, et son odeur est excessivement désagréable. Jusqu'ici il a été impossible de l'épurer convenablement. On l'emploie à l'état brut pour la fabrication des savons, et dans certaines localités pour la préparation du gaz d'éclairage. *Voyez* HUILES, SAVONS.

Chevreul, *Recherches chimiques sur les corps gras.*

H. DÉZÉ.

GRAMINÉES (Famille des). (*Botanique.*) Cette famille est l'une des plus importantes du règne végétal. La canne à sucre, le riz, le maïs, le blé, l'orge et nos autres céréales appartiennent à ce groupe. On trouve des graminées dans toutes les contrées du globe, et la verdure qui tapisse nos prairies en est formée en grande partie. On en connaît aujourd'hui plus de *dix-huit cents* espèces. Ce sont des herbes annuelles ou vivaces, à l'exception des *bambusa* ou bambous, dont la tige ligneuse s'élève à cinquante et même à soixante pieds, et qui forment de véritables forêts dans les terrains bas et marécageux de la zone équatoriale.

Les racines des graminées sont fibreuses ou capillaires : leur tige porte le nom spécial de *chaume*. Ordinairement elle est simple, cylindrique et fistuleuse, quelquefois rameuse, *comprimée, remplie de moelle*; elle est toujours garnie, d'espace en espace, d'articulations *noueuses et solides*, *plus rapprochées* vers sa base que vers son sommet. Les feuilles sont pétiolées, alternes, linéaires, et le plus souvent étroites ; elles naissent une à une de chaque nœud. Les pétioles, minces et dilatés, sont roulés en gaîne autour du chaume et s'étendent d'un nœud à l'autre. Au point de jonction de la lame et du pétiole on observe la *ligule*, espèce de collerette, formée tantôt par *un appendice membraneux, court, aigu* ou tronqué, entier ou fendu, tantôt par une houppe de poils. L'inflorescence est presque terminale ; elle offre tous les états intermédiaires depuis l'épi simple jusqu'à la panicule composée.

Les fleurs, hermaphrodites ou polygames par avortement, mais rarement diclines, sont dépourvues de calice et de corolle ; elles sont accompagnées d'enveloppes particulières analogues à des spathes. Ces enveloppes sont la *glume* et la *glumelle*; chacune se compose habituellement de deux bractées écailleuses, scarieuses, *inégales, opposées et insérées l'une* un peu au-dessus de l'autre. La bractée inférieure ou externe, souvent pliée en carène, plus grande et plus épaisse que la supérieure, offre une ou plusieurs nervures parallèles ; fréquemment la nervure du milieu, et quelquefois aussi les deux latérales, se prolongent en arêtes droites ou tortillées en différents sens. Ces arêtes partent tantôt de la base de

la bractée, tantôt de son sommet, et tantôt d'un point intermédiaire. La bractée supérieure ou interne, plane ou concave, est souvent à deux nervures, lesquelles se prolongent rarement en arêtes.

La glume est une enveloppe externe, contenant tantôt une seule fleur, tantôt deux ou un plus grand nombre, disposées dans un ordre alterne distique le long d'un rachis ou axe commun. Les bractées de la glume sont nommées *spathelles*. Dans quelques genres la glume manque entièrement, ou bien elle n'est formée que d'une seule spathelle.

La *glumelle* est l'enveloppe plus voisine des organes sexuels ; elle ne renferme jamais plus d'une fleur ; ses bractées prennent le nom de *spathellules*. La glumelle existe toujours, mais quelquefois elle est réduite à la spathellule externe. Une glume et une ou plusieurs glumelles constituent une *locuste*.

Les étamines, insérées sur le réceptacle à la base de l'ovaire, sont très-rarement en nombre indéterminé. Ordinairement il y en a trois, quelquefois six, ou quatre, ou deux, ou une seule. Leurs filets sont grêles et capillaires; leurs anthères, sans connectif, sont vacillantes, bifurquées aux deux bouts et attachées par le milieu. Entre la glumelle et les étamines on observe, sur le réceptacle, la *lodicule*, formée ordinairement par deux paléoles rapprochées l'une de l'autre, fort petites, de forme variée et de consistance glanduleuse ou pétaloïde. La lodicule offre quelquefois plus de deux paléoles (dans les genres à plus de trois étamines), ou une seule ; ou bien elle manque.

L'ovaire, arrondi ou allongé, souvent marqué d'un sillon longitudinal, est simple et uniloculaire ; sa cavité ne renferme qu'un seul ovule dressé. Le style, rarement indivisé, se bifurque le plus souvent dès sa base, et part tantôt du sommet, tantôt de la face de l'ovaire. Chacune de ses branches se termine en un stigmate plumeux ou en forme d'aspersoir.

La graine adhère au péricarpe qui reste clos ; le périsperme est farineux et très-grand ; l'embryon est monocotylédoné, latéral, et placé en dehors du périsperme ; le cotylédon, charnu et collé au périsperme, a la forme d'un écusson ; la plumule est libre, placée en avant ; la radicule est renfermée dans un petit sac qu'elle perce au moment de la germination.

La culture des *céréales* s'étend sur la majeure partie habitable de la terre, partout où les peuples ont acquis un certain degré de civilisation. Il n'est donc pas sans intérêt d'indiquer les limites entre lesquelles sont renfermées les principales espèces, et le climat le plus favorable à chacune d'elles.

Le riz est la céréale dominante dans les plaines équatoriales, quand elles sont susceptibles d'être arrosées. Il est plus commun dans l'ancien que dans le nouveau continent, et l'on sait qu'il remplace le pain chez la plupart des peuples de l'Asie méridionale. On en retire aussi la liqueur spiritueuse connue sous le nom d'*arack*.

Le riz n'est pas moins en usage que dans la zone équatoriale, au Japon, en Chine, dans l'Afghanistan, dans la Perse et dans une partie de la *Turquie* d'Asie. Les plateaux de l'Asie centrale paraissent se refuser presque généralement à son admission. En Chine, le P. Gerbillon l'a vu cultiver par 38° 30', sur le Hoang-Ho, et on l'indique aussi à Hlassa, au Thibet. Plus à l'ouest, le Turkestan et la partie méridionale de la Boukharie, par 40° à 42° de latitude, et le Térek au nord du Caucase, par 43°, sont ses limites septentrionales en Asie. Le littoral de la Méditerranée en produit beaucoup jusqu'à la latitude de 43° à 45°, selon les localités. Il venait très-bien dans le midi de la France; mais on a été forcé d'en interdire la culture, à cause des exhalaisons morbifiques qu'elle occasionne. Le Piémont est la contrée la plus septentrionale où on en cultive en Europe. Dans le Népal, on en voit encore certaines variétés dans des vallées élevées de onze cents toises.

Aux États-Unis d'Amérique, le riz donne des récoltes abondantes dans la partie basse de la Louisiane, des Florides, de la Géorgie et des Carolines. Il prospère même en Virginie, entre le 36ᵉ et le 37ᵉ parallèle. J'ignore si on a essayé d'en introduire la culture dans la Haute-Louisiane, au delà de 32° ou 33° de latitude. Ce qu'il y a de certain, c'est qu'on ne le cite pas au nombre des productions de cette contrée. Il ne paraît pas qu'il vienne au Chili et dans la partie de l'Amérique australe tempérée, située à l'est des Andes. La rareté des pluies et des rivières, jointe à l'aridité naturelle du sol, y est peu favorable à sa culture. La meilleure qualité de riz du Brésil est récoltée, selon Mawe, dans le district montueux de Santos, province de Saint-Paul, entre 24° et 25° de latitude sud.

Les différentes espèces de *sorgho* ou *doura* (*sorghum*) sont abondamment cultivées dans les plaines sablonneuses de l'Afrique septentrionale, de l'Arabie et de l'Indoustan. Ce sont des végétaux précieux pour les contrées chaudes et privées d'eau, où ni le riz ni les céréales des pays tempérés ne prospèrent. Ces graminées deviennent assez rares dès qu'on s'éloigne du littoral septentrional de la Méditerranée, et elles ne dépassent point la limite de la région du riz : les récoltes en sont chanceuses au delà du 42ᵉ degré. Plusieurs sorghos sont cultivés en Chine et au Japon, et les grains du *sorghum saccharatum* font un des principaux aliments des habitants de la Boukharie. Dans l'Afrique australe, une espèce particulière, le *sorghum Caffrorum*, est la seule céréale que connaissent les peuplades sauvages de ces contrées. Plusieurs espèces ont été introduites dans les colonies de l'Amérique.

La plupart des sorghos se distinguent par de larges feuilles semblables à celles du maïs, et des tiges qui ont souvent huit à douze pieds de haut, remplies d'une moelle qui contient une matière sucrée tres-abondante. Les panicules sèches de quelques espèces sont employées à faire des balais. Les grains sont de la grosseur de ceux du millet. La farine qu'on en obtient donnant un pain assez lourd, l'on *s'en sert plus fréquemment en bouillie*; c'est un des mets favoris des Arabes. Les sorgho et le riz appartiennent à la région de l'oranger et de l'olivier.

Le *maïs* est la céréale cultivée de préférence à toute autre dans le nouveau continent, et principalement dans la zone équatoriale. Beaucoup de peuplades de cette partie du monde en tiraient leur principale nourriture longtemps avant l'arrivée des Européens. Les lignes d'arrêt septentrionales du maïs sont, dans le nord des États-Unis, vers 43° ou 44°, et sur le Missouri, vers 47°. Ici les chaleurs sont encore assez fortes pour le faire mûrir en six semaines. Depuis l'introduction du maïs dans l'ancien continent, sa culture s'est répandue sur la majeure partie de l'Afrique et de l'Asie équatoriales tempérées. Elle cesse, dans l'ouest de la France, entre 46° et 47°; sur les bords du Rhin, entre 50° et 51°, et en général ne dépasse point en Europe la limite des vignobles.

Le climat le plus favorable au *blé* est celui de la zone tempérée. Cette céréale domine sur toutes les autres dans l'Angleterre, la plus grande partie de la France et de l'Allemagne, la Hongrie, la Russie au sud du 50ᵉ parallèle, et dans les États-Unis d'Amérique, entre les 35° et 45° de latitude. Sa culture est encore considérable, mais moindre que celle du riz, du maïs et des sorghos, dans la péninsule Hispanique, l'Italie, la Grèce et l'Archipel, la Barbarie, l'Égypte, l'Orient et la Perse septentrionale : elle paraît peu répandue en Chine et au Japon.

Les chaleurs fortes et continues de la zone équatoriale ne conviennent point au blé; aussi devient-il de plus en plus rare dans les plaines, à mesure qu'on s'approche des tropiques; et, quoiqu'on ne manque pas d'exceptions à la règle, on peut dire qu'en général il ne prospère dans cette zone qu'à une grande élévation au-dessus de la mer. Selon M. de Humboldt, la culture des céréales de la zone tempérée ne commence dans les montagnes de l'Amérique méridionale, entre 0° et 10° de latitude, qu'à la hauteur où elle cesse en Europe, entre 42° et 46° de latitude. Il a cependant observé le blé dans la province de Caracas, à deux cent soixante-dix toises, et cette même céréale est cultivée dans l'intérieur de Cuba, dans des plaines un peu élevées. D'après les voyageurs les plus modernes, le blé est cultivé assez fréquemment au Soudan, au Bornou, au Sennâr et dans les oasis de l'Oman. Inconnu dans les plaines méridionales de l'Indoustan, il reparaît un peu au nord de Calcutta, et il abonde dans les vallées de l'Himalaya. Des voyageurs anglais en ont observé des champs jusqu'à la hauteur prodigieuse de deux mille toises. Il paraît qu'il est assez fréquent au Thibet et sur d'autres plateaux de l'Asie centrale.

Les lignes d'arrêt septentrionales du blé varient beaucoup selon le climat. En Suède, il n'y en a plus au nord du 60° parallèle; en Livonie, il est rare et n'y atteint pas le 58°; dans la Russie centrale, il ne réussit guère au delà du 55° ou du 56°, et dans le voisinage de l'Oural, sa limite s'abaisse encore de quelques degrés; en Sibérie, de l'Oural à l'Ienisey, il réussit plus ou moins bien entre 54° et 57° de latitude; mais il n'est pas rare que les froids précoces y détruisent les moissons. On n'en rencontre plus dans la Sibérie orientale, et il vient fort mal en Daourie, par 52° à 54°. On ignore jusqu'à quelle latitude on peut le cultiver sur les côtes occidentales de l'Amérique; dans l'intérieur de ce continent, on en a fait des essais heureux à Carlton-House, dans la Nouvelle-Bretagne, par 52° 50' de latitude, longitude 106° 2' ouest de Greenwich; mais plus à l'est, dans le voisinage des grands lacs du Canada, il ne mûrit plus par 48°.

Le blé est un objet de culture fort important dans les colonies du cap de Bonne-Espérance et de la Nouvelle-Hollande, de même que dans la vaste province de la Plata et dans le midi du Chili. Molina assure même que les indigènes de ce dernier pays cultivaient le blé et l'orge longtemps avant l'arrivée des Espagnols.

Le blé domine particulièrement dans la région de la vigne et de la plupart des arbres fruitiers. Partout où ces derniers ne réussissent plus, la culture du blé disparaît.

L'orge supporte des climats beaucoup plus rigoureux que le blé; elle dépasse la limite des arbres fruitiers; son terme marque celui de la culture des céréales, et en général de presque tous les produits agricoles. La promptitude avec laquelle l'orge accomplit ses développements dans les contrées boréales, est étonnante. Dans le Finmark oriental, elle est cultivée jusque sous le 70° parallèle : c'est le point le plus septentrional de toute culture connue. Dans la Laponie suédoise, les céréales s'arrêtent avec les sapins, entre 68° et

69°. En Finlande, il ne paraît pas que ces graminées s'avancent au delà du 65°. Dans la Russie boréale, le plateau de partage des eaux qui, au nord, se portent vers la mer Blanche, et au sud, vers la mer Noire, fixe leur de 62°. Dans le voisinage de l'Oural, leur culture s'arrête au-dessus de 55° ou 56°. En Sibérie, elle cesse entre 61° et 62° sur l'Irtych, et sous la même latitude dans les environs de Jakoutzk. A l'est du Lena, jusqu'à l'Océan oriental, elle n'a lieu nulle part au nord du 55° parallèle, et dans le voisinage des Alpes de la Daourie; il est même des contrées où elle ne prospère plus sous le 51° ou le 52° degré. Au Kamtchatka, il n'y a que quelques districts de l'intérieur, entre 53° et 55° de latit., où les étés soient assez chauds pour faire mûrir l'orge et le seigle.

Sur la côte occidentale de l'Amérique du Nord, les Russes cultivent l'orge dans leurs établissements de l'entrée de Norton, par 58° de lat. Dans l'intérieur du nouveau continent, les essais les plus septentrionaux ont été faits lors de l'expédition du capitaine Franklin dans la Nouvelle-Bretagne, par 54° de lat. et 102° de long. ouest de Greenwich. On y sema de l'orge en mai, et on put la récolter après un intervalle de quatre-vingt-dix jours. Dans le Canada, l'agriculture cesse au delà du 50° parallèle.

La région où l'orge est cultivée le plus fréquemment commence là où le blé cesse d'être le grain dominant dans le nord de l'Europe et de l'Amérique, et dans les pays montueux plus méridionaux. Du reste, on sait qu'elle prospère également dans la région du blé et même dans celle du riz et des sorghos. On en récolte dans les oasis de l'Afrique septentrionale, au Bornou, au Soudan, dans l'Oman, dans la Chine septentrionale, au Thibet et sur les autres plateaux de l'Asie susceptibles d'agriculture. Enfin, elle a également été introduite dans les colonies de l'hémisphère austral tempéré.

Ce qui vient d'être dit relativement à l'orge peut s'appliquer aussi, en grande partie, au *seigle* et à l'*avoine*. Le seigle, surtout, est aussi commun que l'orge, dans le nord de l'Europe et dans une partie de la Sibérie; mais ces deux espèces sont beaucoup plus rares que l'orge dans l'Asie tempérée et équatoriale, ainsi qu'en Afrique. Elles paraissent aussi exiger des étés plus chauds. Le *millet* vient dans la zone équatoriale et dans une grande partie de la zone tempérée.

La zone équatoriale possède encore quelques espèces particulières de céréales à graines petites et semblables à celles du millet. De ce nombre sont le *teff* ou *poa abyssinica*, des plateaux de l'Abyssinie; l'*éleusine corac-*

cana, le *panicum frumentaceum*, et plusieurs autres espèces du même genre, fréquemment cultivées dans l'Indoustan, etc.

Aucune espèce de céréale n'a encore été trouvée à l'état sauvage ; aussi n'est-on point d'accord sur la patrie de la plupart d'entre elles, et quelques botanistes pensent qu'un certain nombre, du moins, de ces espèces cultivées, ne sont autre chose que des variétés provenant d'autres espèces sauvages, et regardées comme distinctes.

DE MIRBEL.

Schreiber, *Historia graminum ;* Lipsiæ, 1769, 2 vol. in-fol.

G. L. Kœler, *Descriptio graminum*, Francofurti, 1802, in-8°.

Palisot de Beauvois, *Essai d'une nouvelle agrostographie ;* Paris, 1812, in-4°.

G. B. Trinius, *Fundamenta agrostographiæ, sive theoria constructionis floris graminei ;* Vindobonæ, 1820, in-8°. — *Clavis agrostographiæ antiquioris ;* Coburgi, 1822, in-8°. — *Species graminum ;* Petropoli, 1820 et années suiv.; in-4°.

C. S. Kunth, *Agrostographia synoptica, sive enumeratio graminearum omnium, hucusque cognitarum ;* Stuttgard, 1833-36, 3 vol. in-8°.

GRAMMAIRE. La grammaire est généralement définie *l'art de parler et d'écrire correctement :* ainsi entendue, elle renferme les règles que l'on doit suivre dans chaque langue pour s'exprimer d'une manière conforme au bon usage ; et il y a autant de grammaires que de langues différentes. Mais, outre ces grammaires si variables et si arbitraires, il en est une qui, s'élevant au-dessus des formes particulières et des coutumes locales, embrasse ce qu'il y a de commun dans le langage de toutes les nations, et cherche dans la nature de l'intelligence humaine la raison de faits qui se montrent partout les mêmes au milieu de la plus grande diversité : on la nomme *Grammaire générale*. On peut la définir la science du discours ou des signes de la pensée considérés dans ce qu'ils ont d'essentiel et de commun à toutes les langues.

La grammaire générale est souvent nommée *grammaire raisonnée* ou *philosophique : raisonnée*, parce que ce n'est en effet qu'à l'aide de la comparaison et du raisonnement que l'on parvient à poser les principes communs à toutes les langues ; *philosophique*, parce qu'elle suppose une connaissance approfondie de la pensée, qu'on ne peut devoir qu'à la philosophie.

La science des signes est immense ; elle devrait, pour être complète :

1° Faire l'analyse de tout discours, en déterminer les éléments essentiels, assigner les différentes espèces de mots qui correspondent aux différentes espèces d'idées, et faire connaître soit les diverses modifications que reçoivent les mots pour exprimer toutes les modifications de la pensée, soit les diverses manières dont les mots se combinent et se disposent dans la phrase, pour exprimer des jugements entiers ;

2° Étudier les matériaux même du discours, rechercher quels sont les divers moyens dont on peut se servir pour rendre la pensée, soit gestes, soit paroles, soit signes écrits ; les décomposer dans leurs éléments les plus simples, et les comparer entre eux, de manière à arriver au système le plus parfait de parole, de lecture ou d'écriture ;

3° Suivre les mots dans leurs diverses transformations et dans leurs compositions, jusqu'aux idées simples et fondamentales qui doivent être représentées par des mots *racines*, et montrer comment ces mots élémentaires se réunissent pour exprimer toutes les idées les plus composées ; poser, en un mot, les bases de la science étymologique ;

4° Considérer les mots sous le rapport de leurs significations diverses, et montrer comment ils se suppléent les uns les autres en vertu des rapports de ressemblance ou d'analogie qui donnent lieu aux diverses figures, aux tropes et aux synonymes ;

5° Rechercher les rapports mutuels de la parole et de la pensée, et montrer que les langues sont, non-seulement des moyens d'expression et de communication, mais encore des méthodes analytiques, des formules propres à conserver les idées acquises, des instruments indispensables pour en former de nouvelles ;

6° Remonter enfin à l'origine du langage, chercher, par la comparaison attentive des langues, si toutes dérivent d'un langage unique ou d'un petit nombre d'idiomes primitifs, et suivre la filiation de ceux-ci depuis les temps les plus reculés jusqu'à nos jours.

Ces grandes questions, qui se rattachent toutes à la théorie des signes, n'ont cependant pas toujours été considérées comme faisant essentiellement partie d'une même science. Dumarsais est le premier qui ait eu le projet de les embrasser toutes, et Court de Gébelin est le seul qui ait tenté d'exécuter ce projet gigantesque. La première partie seule a été regardée comme faisant l'objet essentiel de la grammaire générale. On y a quelquefois joint la seconde, qui traite du matériel des mots ; Condillac et la plupart des grammairiens qui l'ont suivi y ont rattaché la cinquième, qui traite de l'influence du langage sur la pensée ; mais les autres questions ont été généralement considérées comme étrangères à la grammaire générale, et ont été traitées à part ou rapportées à d'autres études. Ainsi, la recherche des étymologies fait à elle seule l'objet d'une vaste science ; l'étude des tropes et de la propriété des mots est généralement rapportée à la rhétorique ; l'étude de l'origine et de la comparaison des langues a fait, depuis quelques années surtout, l'objet des recherches des savants allemands, et a conduit à quelques résultats du plus grand intérêt.

La grammaire générale, même bornée à être la science des signes de la pensée considérés dans leurs éléments, leurs modifications et leurs combinaisons, offre encore une vaste carrière. Elle doit s'occuper successivement de déterminer les différentes espèces de mots qui correspondent aux différentes espèces d'idées; d'indiquer les variations que les mots subissent dans leurs formes, pour exprimer les diverses modifications et les nuances les plus délicates de la pensée; enfin, de faire connaître les rapports des mots entre eux, et les règles d'après lesquelles ils se combinent et se réunissent en phrases pour rendre les combinaisons des idées. Quelques grammairiens ont proposé d'appeler la première partie idéologie ou nomenclature; la deuxième, lexigraphie ou accidence; la troisième est généralement appelée syntaxe et construction.

Nous renvoyons, pour la première partie, pour l'analyse des différentes espèces de mots, à l'article Discours, où nous avons présenté la décomposition de tout langage, et au nom de chaque espèce de mots: Substantif, Adjectif, etc.; pour la seconde, aux noms des modifications ou formes diverses que reçoivent les mêmes mots pour exprimer des idées accessoires, aux articles Cas, Nombres, etc.; pour la dernière, au mot Syntaxe.

Nous terminerons par une esquisse rapide de l'histoire de la science grammaticale.

Les anciens ne paraissent point avoir fait de la grammaire générale une science spéciale; cependant on trouve, soit dans les traités de logique, soit dans les écrits qu'ils avaient composés sur leur propre langue, les principes et quelques-unes des applications principales de cette science. Les travaux les plus précieux qui nous restent en ce genre sont le Traité de l'Interprétation d'Aristote et les Commentaires d'Ammonius et de Boëce sur ce traité; le Traité de la Syntaxe d'Apollonius Discole; celui de Priscien, de Arte grammatica, sive de Octo partibus orationis et earum constructione. Nous avons perdu les ouvrages d'une foule de grammairiens d'Alexandrie, ainsi que le Traité du savant Varron, Sur les causes et les origines de la langue latine.

A la renaissance des lettres, on s'occupa beaucoup des langues grecque et latine, mais pas de grammaire générale. Le siècle suivant vit publier la Minerve de Sanctius (Franç. Sanchez, professeur à Salamanque), le meilleur ouvrage qui eût paru jusqu'alors sur la langue latine; elle fut imprimée en 1587. Peu après, Gérard Vossius écrivit ses traités de Arte grammatica, de Analogia, où l'on trouve une foule de recherches curieuses et utiles sur la science grammaticale.

Mais ce n'est que vers la fin du dix-septième siècle, en 1660, que parut le premier ouvrage vraiment philosophique et spécial, sur la théorie pure des langues: c'est la Grammaire générale et raisonnée de Port-Royal; l'auteur est Arnauld. Cet ouvrage sortait de la même école qui avait publié les meilleures grammaires grecque et latine, et la meilleure logique; ce qui nous apprend assez que la science grammaticale ne peut faire de progrès qu'à la faveur de l'observation attentive des langues et d'une connaissance approfondie de l'esprit humain.

Dès ce moment, la philosophie eut accès dans la grammaire, et on obtint pour fruit de cette union des ouvrages plus méthodiques, plus profonds, et d'utiles réformes dans l'étude et dans l'enseignement des langues. C'est à ce nouvel esprit que l'on doit les Doutes et Remarques du P. Bouhours, sur la langue française (1674 et 1675); la Grammaire française de Regnier Desmarais (1706); la Grammaire sur un nouveau plan, du P. Buffier, qui ne se montra pas moins habile grammairien qu'il ne s'était montré sage et profond logicien dans son traité du Sens commun; les savantes recherches de l'abbé Dangeau sur un grand nombre de points de grammaire, sur les cas élémentaires de notre langue, sur les conjugaisons des langues anciennes comparées aux modernes; l'ingénieux travail de l'abbé Girard connu sous le nom de Synonymes français (le vrai titre est: La justesse de la langue française, ou les différentes significations des mots qui passent pour synonymes) (1718), dans lequel il démontre qu'il n'y a pas de mots qui soient parfaitement synonymes, et établit, entre des expressions identiques en apparence les distinctions les plus lumineuses; les divers écrits de d'Olivet, l'un des principaux rédacteurs du Dictionnaire de l'Académie, surtout son Traité de la prosodie, dans lequel il envisage notre langue sous un point de vue tout nouveau, sous celui de l'accent, de la quantité et de l'aspiration, et montre de quelle importance peut être pour la poésie et l'éloquence ce genre de considérations, négligé jusque-là.

Au milieu de ces hommes distingués qu'a produits le dix-huitième siècle, on doit accorder une des premières places à Dumarsais. Il sentit de bonne heure l'imperfection de nos grammaires et le vice de la méthode ordinaire d'enseignement; pour y remédier, il proposa, dans son Exposition raisonnée d'une nouvelle méthode pour apprendre la langue latine (1722), de substituer à l'étude des mots isolés, des déclinaisons, des conjugaisons et des règles abstraites de la grammaire, la lecture et l'explication de phrases entières, au moyen de versions interlinéaires. Cette méthode, accueillie et propagée par quelques bons esprits, entre autres par l'abbé Radonvilliers, n'a pu cependant s'introduire dans les écoles, où l'on aurait craint sans doute qu'elle n'abrégeât trop le temps des études.

Dumarsais avait conçu un ouvrage qui devait embrasser dans toute son étendue la science de la parole, telle à peu près que nous l'avons présentée précédemment. Il ne put exécuter ce beau projet dans son entier; mais il en a traité, dans ses *Principes de grammaire*, dans son *Traité des tropes*, dans les nombreux articles insérés dans l'*Encyclopédie*, plusieurs des parties principales, et a laissé ainsi de précieux matériaux à ses successeurs.

Le plus remarquable d'entre eux est sans contredit Condillac. M. Thurot (dans le Discours préliminaire de sa traduction de Harris) ne craint pas de proclamer sa *Grammaire* (publiée en 1755, dans son *Cours d'études*) l'ouvrage le plus parfait qui existe en ce genre dans aucune langue : l'auteur ne se borne pas, comme on l'avait fait jusque-là, à traiter des différentes espèces de mots, des changements qu'ils reçoivent dans leurs formes, de leurs constructions dans la phrase; il remonte jusqu'à l'origine de la parole, montre comment les hommes ont d'abord exprimé leurs pensées par des moyens naturels, comment ils ont été conduits à se servir de signes artificiels, et il fait voir avec une clarté admirable, comment les signes, inventés d'abord pour communiquer nos pensées, ont servi à analyser, à éclaircir nos premières idées, ou même à en former de nouvelles dont nous serions privés sans leur secours.

L'ouvrage de Condillac, très-court et ne renfermant que des principes généraux, laissait à désirer un travail plus complet où fût résumé ce qui se trouvait de bon dans les grammaires publiées jusque là ; c'est ce qu'entreprit Beauzée, dans la *Grammaire générale et raisonnée*, qu'il publia en 1767 : on reproche cependant à cet ouvrage, si utile, de la diffusion, des divisions trop multipliées, et des définitions peu exactes.

La fin du dix-huitième siècle compléta la théorie des langues par deux entreprises presque gigantesques, le *Traité de la formation mécanique des langues*, du président Desbrosses, et le *Monde primitif, analysé et comparé avec le monde moderne*, de Court de Gébelin. Le premier donna à la science étymologique, qui jusque-là n'avait été qu'ébauchée par les travaux de Ménage, de Huet, de Caseneuve et du P. Besnier, des bases nouvelles et solides, en l'appuyant sur l'analyse de l'organe vocal de l'homme, et sur la filiation des idées.

Court de Gébelin traite successivement des mots et des choses exprimées par les mots ; il décompose les mots dans leurs derniers éléments, cherche à fixer la valeur primitive de ces éléments, les suit dans les différentes langues connues (dans son deuxième volume), et montre comment ils forment les mots composés en suivant des lois d'étymologie qu'il détermine; puis, considérant les mots selon les diverses fonctions qu'ils remplissent dans le discours, il fait un des traités les plus intéressants de grammaire générale. La deuxième partie, qui n'a pu être achevée, traitait des notions des premiers hommes sur la mythologie, l'histoire, l'astronomie, etc.

Notre siècle a bien vu naître quelques ouvrages sur la science de la parole; mais ce ne sont guère que des abrégés, des développements, ou quelquefois des travestissements, des travaux originaux exécutés dans le siècle précédent. Cependant, entre ces publications, on doit remarquer les *Principes de la grammaire générale*, de Sylvestre de Sacy, ouvrage à la fois élémentaire, par sa forme et sa clarté, qui le mettent à la portée des jeunes enfants, et très-savant, par les nombreux exemples tirés de l'observation et de la comparaison de langues peu répandues; la *Grammaire* de Destutt-Tracy, ouvrage dont le principal mérite est, selon l'auteur lui-même, d'être la suite et la conséquence d'un bon traité d'idéologie; le mémoire de M. de Gérando, *Sur les signes et l'art de penser, considérés dans leurs rapports mutuels*, qui renferme le plus complet et le plus lumineux développement de la doctrine de Condillac sur l'influence du langage.

Dans cette rapide esquisse, nous avons dû nous borner à suivre les progrès de la grammaire générale proprement dite; nous n'aurions pu indiquer les nombreux ouvrages que chaque année voit éclore sur la grammaire française, sans dépasser de beaucoup les limites que nous nous sommes prescrites; nous croyons cependant devoir faire une exception en faveur des ouvrages si originaux et si profonds de M. Lemare (*Cours théorique et pratique de langue française, de langue latine*); de la *Grammaire des grammaires* de M. Girault-Duvivier, où toutes les difficultés se trouvent exposées et discutées; et du *Dictionnaire des difficultés de la langue française* de M. Laveaux.

Il resterait enfin à suivre les progrès de la grammaire générale chez les nations voisines, dans l'Angleterre et surtout dans l'Allemagne, qui n'a pas donné moins d'attention que la France à cette étude; pour abréger, nous nous contenterons de donner une liste des principaux ouvrages :

ANGLETERRE. James Harris's *Hermes, or philo-*

sophical *Inquiry into the universal grammar* (traduit en français, avec un Discours préliminaire et d'excellentes notes, par Fr. Thurot. Paris, an IV; en allemand, par Ch. Gf. Ewerbeck; Halle, 1788).

Adam Smith's *Considerations concerning the first formation of language, and the different genius of original and compounded languages* (à la suite de la *Théorie des sentiments moraux*).

Lord Monboddo's *On origin and progress of languages* (traduit en allemand par Schmidt; Riga, 1784).

Horne-Tooke's *Diversions of Purley.* — Ἔπεα Πτερόεντα, ouvrage curieux sur l'étymologie des mots et sur les procédés intellectuels qui ont présidé à leur formation.

ALLEMAGNE. J. C. Adelung, *Uber d. Ursprung d. sprache und d. bau d. Worter;* Leipzig. 1781.

Adelung's *Mithridates, od. Allgemeine sprachenkunde, mit. d. Vater Unser in beynahe 500 sprachen;* Berlin, 1806-1817.

Vater's *Versuche in allgemein. Sprachlere;* Halle, 1801.

J. Gf. Herder's *Abhandlung, üb. d. Ursprung e. sprach ;* Berlin, 1772.

L'Allemagne a produit une foule d'autres ouvrages du même genre, dont on trouvera l'indication au commencement de l'ouvrage intitulé: *Literatur der philologie, philosophie,* etc., von J. Sam. Ersh; Leipzig, 1824.

BOUILLET.

GRAMME, *Voyez* POIDS ET MESURES.

GRANDE BRETAGNE. *Voyez* ANGLETERRE, ÉCOSSE, IRLANDE, CANADA, INDES, NOUVELLE HOLLANDE, ETC.

GRANGE. (*Agriculture.*) C'est le nom qu'on donne au local destiné à conserver les grains en gerbes et à serrer les pailles qui proviennent du battage des céréales.

La grange parmi les bâtiments de ferme doit occuper une portion centrale; elle doit être à portée des étables, écuries, bergeries, c'est-à-dire à portée des animaux qui consomment la paille comme fourrage ou bien l'emploient comme litière.

La grange renferme les plus riches récoltes du cultivateur : il faut donc en éloigner avec un soin particulier toutes les causes d'incendie, et par conséquent tenir à distance les tuyaux de cheminée et les dépendances de la ferme dans lesquelles on fait du feu.

Il est utile de donner à une grange des dimensions en largeur et en hauteur plus considérables qu'à tout autre bâtiment : d'abord parce que pour une longueur donnée, toujours plus grande que les deux autres dimensions, plus on augmentera ces dernières et plus on se rapprochera de la forme cubique. Or, à égalité de surface, entre tous les solides parallélipipédiques, c'est le cube qui renferme le plus grand espace; ensuite, la toiture formant l'un des principaux objets de dépense dans la construction d'une grange, si on lui donne une grande hauteur, par exemple 8 mètres sous gouttière, on augmentera la quantité de gerbes qu'il est possible de mettre à l'abri sous une toiture donnée.

Une grange doit être divisée en deux parties au moyen d'un passage transversal: d'un côté l'on met les céréales d'hiver, de l'autre les céréales de printemps. Ce passage, auquel on donne la largeur d'une travée (4 mètres), sert à introduire dans la grange les voitures qui apportent les récoltes des champs à la ferme. Souvent aussi on décharge les voitures en faisant passer les gerbes par des ouvertures pratiquées dans les grands murs de la grange.

C'est dans ce passage, dont nous venons de parler, qu'on établit l'aire à battre lorsque l'égrainage se fait au fléau.

Le sol de la grange, surélevé de quelques décimètres par rapport au terrain environnant, doit être formé de matériaux perméables, pour qu'il soit parfaitement sec.

L'aire exige une construction spéciale : il faut qu'elle soit bien dressée, sans trous ni fissures où pourrait se perdre le grain, et bien ferme pour résister aux chocs du fléau.

A l'endroit où l'on veut l'établir, on creuse le sol à la profondeur de 25 centimètres, et l'on rapporte de la terre franche un peu argileuse en quantité suffisante pour remplir la cavité. Cette terre est délayée sur place avec de l'eau et réduite par le piétinement en pâte molle bien homogène, dont on extrait avec soin les pierres et les corps étrangers analogues. Cette espèce de bouillie, abandonnée à elle-même, se dispose suivant un plan horizontal à la surface. Lorsqu'elle commence à sécher et à prendre quelque consistance, elle prend aussi du retrait; il faut alors agir de façon que le retrait ne puisse avoir lieu que dans le sens de l'épaisseur et point du tout suivant la superficie, de manière à former des crevasses, ce qui arriverait infailliblement si l'on ne prenait aucun soin pour l'empêcher. En conséquence il est nécessaire de frapper tous les jours la terre avec une batte, légèrement d'abord, pour ne pas entamer une substance encore tendre et pâteuse, — quelques planches couchées sur l'aire permettent d'en parcourir la surface sans la gâter avec les pieds; — en tassant peu à peu, en comprimant partout également de haut en bas, on obtient enfin une aire de niveau, bien ferme, sans fissures, formée d'une terre compacte, battue, plus résistante que le sol naturel.

Ce travail, que l'on doit effectuer pendant l'été, dure de deux à quatre semaines, selon la température.

Pour empêcher les animaux rongeurs de fouiller l'aire et de la percer, il serait utile de revêtir le pourtour au-dessous de la surface d'une petite muraille formée de silex coupant, de morceaux de verres, etc.

Il est bon de mélanger avec la terre que l'on emploie de la fiente de bêtes à cornes, jusqu'à la proportion de 1 de fiente pour 2 de terre. Dans les pays où l'on fabrique de l'huile d'olive, on fait, dit-on, entrer son marc en mélange avec la terre dans la composition de l'aire. Par ces deux moyens on donne du liant à la terre, elle s'affrite moins à la surface et pendant le battage ne produit pas de poussière qui altère la belle apparence du grain.

Le sang de bœuf, appliqué comme enduit sur l'aire, donne un fort bon résultat.

On introduit aussi avec avantage dans la terre réduite en pâte du tan, et surtout de la bourre; les filaments qui pénètrent la terre en divers sens en relient toutes les parties et s'opposent jusqu'à un certain point à la formation des crevasses.

Une aire en bois conviendrait fort bien. Les planches épaisses de 4 à 5 centimètres ne devraient pas être clouées sur les lambourdes, mais seulement posées, afin de pouvoir, à coups de maillets, les chasser et les serrer à mesure que, suivant les joints, il se forme des vides par suite de la dessiccation du bois.

Dans quelques localités on a établi avec succès des aires en asphalte.

L'aire doit être bordée latéralement par un petit mur de 40 à 50 centimètres de hauteur, destiné à empêcher le grain de se perdre dans les gerbes ou la paille.

On trouvera aisément l'espace que doit offrir une grange pour recevoir une récolte d'un poids connu, en observant que

100^k de gerbes de blé occupent 0^m,920 (1)

id.	id.	seigle	0,960
id.	id.	orge	0,880
id.	id.	avoine	0,900
id.	id.	pois et vesces	1,280

La moyenne de ces différents nombres est de 0,988; soit en général 1^m pour 100^k de gerbes.

L'appréciation d'une récolte de céréales par le nombre d'hectolitres de grain qu'elle rend à l'hectare est chose usuelle ; or il est facile de remonter du nombre d'hectolitres fourni par une récolte à la capacité de la grange nécessaire pour contenir cette récolte. En moyenne, 100^k de gerbes fournissent 30^k de grains de blé ; par conséquent, pour 30^k de blé récolté, il faut un espace de 1^{m}3 ; donc, pour un hectolitre, qui représente 80^k, il faut 2^{m}66. Ainsi, pour emmagasiner le produit de 10 hectares rapportant chacun 20 hectolitres de blé, en tout 200 hectolitres, la grange devra présenter une capacité égale à 200 fois 2^{m}66 ou 532^m cubes. Il faudra y ajouter l'espace qui correspond à l'aire à battre, et celui qui est nécessaire pour mettre de côté les pailles au début du battage.

Nous devons faire observer que l'emplacement occupé par un poids donné de gerbes est subordonné aux proportions respectives de la paille et du grain. Ces proportions varient d'une année à l'autre dans une même localité. Elles diffèrent d'une manière assez régulière

(1) Block, dans la *Maison rustique du dix-neuvième siècle*, tome IV.

suivant les terres et les climats. C'est ainsi qu'un quintal de gerbes récoltées dans les terres fortes de la Brie est plus volumineux que le même poids de gerbes récoltées dans les champs calcaires de la Provence. Dans le premier, il y a une plus grande quantité de paille ; or, à poids égal, la paille occupe plus de place que le grain.

L'emplacement nécessaire varie encore, et par la même raison, suivant la hauteur à laquelle le blé a été coupé, c'est-à-dire suivant la hauteur du chaume laissé sur le terrain.

Dans l'estimation de la capacité d'une grange, il faut se rappeler que le comble est toujours embarrassé de charpente, et qu'en raison de la place qu'elle occupe et de la difficulté qu'elle apporte au rangement des gerbes, la portion du comble que l'on peut utiliser n'est que les deux tiers de la capacité totale.

Dans les granges, les gerbes ne doivent pas être posées directement sur la terre, mais bien sur une base en fascines, fagots de jonc, paille de colza, etc., afin de les soustraire à la fraîcheur humide du terrain.

La partie de la récolte qui est en contact avec les murs participe à leur humidité pendant les mauvais temps et subit une altération plus ou moins grave ; aussi, pour éviter cet inconvénient, beaucoup de cultivateurs laissent un intervalle de 0^{m}50 entre les murs et la masse de gerbes.

Les granges ne sont pas partout indispensables. Dans les pays où, comme dans le midi de la France, en Espagne, en Italie, le battage se fait en plein air immédiatement après la récolte, il n'y a pas lieu à la conservation des gerbes, et il n'existe pas de granges ; dans les autres contrées de l'Europe moins favorisées par le climat, les récoltes de céréales sont nécessairement emmagasinées jusqu'au moment du battage, qui s'exécute à couvert, à l'époque où les travaux des champs laissent les ouvriers disponibles.

La conservation des gerbes peut avoir lieu en granges ou bien en meules; les deux méthodes sont employées ici et là, suivant l'habitude, sans qu'aucune circonstance impérieuse vienne commander ou défendre l'un ou l'autre de ces deux moyens de conservation. Les meules, usitées en Allemagne, en Belgique, en Angleterre, sont possibles partout en France. Leur emploi permet d'économiser des capitaux importants, nécessaires à la construction des granges; on y conserve les récoltes en aussi bon état que dans les bâtiments les mieux disposés; on y a moins à redouter la fermentation lorsque la récolte n a pas été rentrée parfaitement sèche ; enfin le grain est moins exposé aux ravages des souris, qui font tant de dégâts dans les granges.

Un inconvénient qu'on reproche aux meules, mais auquel il est facile de parer : c'est que pendant qu'on les forme ou qu'on les démolit la masse des gerbes est découverte et exposée à la pluie. Pour éviter cet accident, on doit opérer avec promptitude, par exemple faire ou défaire une meule dans le cours d'une journée ; et dans le but de protéger momentanément les gerbes contre une averse, il faut avoir une grande toile goudronnée, qu'on jette sur la meule au moment où la pluie va tomber. On donne à cette toile une pente convenable en accumulant par-dessous quelques gerbes vers le centre de la meule.

Lorsqu'une meule est terminée, la partie supérieure, disposée en cône, forme égout, et les eaux, même abondantes, pénétrent difficilement une masse fortement tassée avec cette précaution, que les gerbes présentent une légère inclinaison de dedans en dehors.

Au bout d'une quinzaine de jours, les gerbes ont ressué, la meule s'est affaissée et a pris son assiette définitive. Alors, par un temps sec, on lui pose une couverture en chaume, de façon à la mettre complétement à l'abri des plus mauvais temps, pluies, neiges, vents, etc.

L'adoption des meules permettrait de réduire la grange à n'être plus qu'un atelier de préparation des grains : au centre serait l'aire ou bien la machine à battre ; il suffirait de réserver d'un côté un emplacement capable de recevoir environ 5,000 gerbes de 10 à 12^k chacune, ce qui est le contenu d'une meule de dimension ordinaire, et de l'autre côté un local pour emmagasiner la paille.

On distingue trois sortes de meules :
1° Les meules sur terre ;
2° Les meules avec support ;
3° Les meules avec support et toit mobile.

1° Les premières sont généralement employées en France. Pour leur établissement, il faut d'abord, à l'endroit où l'on veut poser la meule, tracer une circonférence de 7 à 8^m de diamètre, puis, suivant cette circonférence, creuser un fossé de 0^m 66 de profondeur, dont on rejette la terre sur le terre-plein circulaire. Sur ce terre-plein ainsi exhaussé et défendu contre les eaux, on établit un soustrait de fagots, puis au-dessus un lit de paille sur lequel on construit la meule.

2° Les meules à support sont en usage en Amérique et en Angleterre. Elles reposent sur un grillage en charpente, supporté lui-même par des potelets de 0^{m}75 de hauteur. Ces derniers, à leur partie supérieure, présentent souvent des entonnoirs évasés et renversés. Par ce moyen on se préserve entièrement des animaux rongéurs, des fouines, des chats, qui salissent la paille et communiquent au grain une odeur repoussante. Ce résultat important est tout à fait impossible à obtenir dans les granges.

3° Les meules avec support et toit mobile sont connues sous le nom de meules à la Hollandaise. Les fig. 7, 8 et 9 (Voyez l'Atlas, Architecture, pl. XXXIX) représentent deux exemples différents de meules à toit mobile.

Les toits mobiles dispensent des couvertures en paille que, dans le système ordinaire, il faut faire et défaire chaque année. Ils permettent d'abriter les gerbes, si peu qu'il y en ait, et aussi de n'enlever que la portion dont on a besoin, sauf à descendre plus ou moins le toit mobile.

Ces sortes de constructions, que l'on appelle souvent des gerbiers, sont donc à la convenance des petits cultivateurs, qui parfois manquent de bâtiments, ou bien ne peuvent réunir assez d'ouvriers pour rentrer dans un jour une meule tout entière : chose indispensable avec les meules non couvertes.

De Morel-Vindé, Essai sur les constructions rurales économiques ; 1824.
De Perthuis, article GRANGE du Dictionnaire complet d'agriculture, publié par Déterville.
Maison rustique du dix-neuvième siècle, tome Ier; 1838.
De Gasparin, Cours d'agriculture, tome II; 1846.
                                        LOEUILLIET.

GRANIT. (Géologie.) Roche hétérogène, essentiellement composée de feldspath lamellaire, de quartz et de mica, en cristaux imparfaits, distincts, texture grenue. On en distingue trois variétés principales :
Granit commun ; feldspath, quartz et mica, à peu près également disséminés ; couleurs variables.
Granit porphyroïde ; des cristaux de feldspath dans un granit à petits grains.
Granit syénitique ; des cristaux d'amphibole quelquefois assez nombreux.
Le granit est très-répandu dans la nature, il occupe des parties considérables de la surface du globe, et forme une des assises les plus importantes de sa croûte solide ; c'est la plus ancienne des roches plutoniques, quoi qu'en veuillent dire certains géologues, qui ne l'ont jamais bien étudié dans ses grandes masses. Beaucoup de roches plutoniques prennent çà et là la structure granitique, ce qui est cause qu'on les a souvent confondues avec le granit, et que l'on a souvent fait jouer à cette roche un rôle qui ne lui appartient aucunement. Pendant longtemps on a regardé le granit comme formant le noyau cristallin du globe, la roche la plus inférieure à laquelle on puisse arriver ; mais des observations récentes ont démontré que les masses porphyriques et euritiques gisent au-dessous de celle du granit.

La roche dominante du terrain granitique est le granit proprement dit, composé de cristaux distincts plus ou moins irréguliers, de quartz, de feldspath et de mica, avec diverses substances minérales accidentelles. Il arrive souvent que le mica est remplacé par l'amphibole, le talc ou la stéatite; alors on a deux nouvelles roches : la *syénite* ou granit amphibolique, la *protogyne* ou granit talqueux, qui sont toujours parties intégrantes du terrain granitique. Ces roches forment quelquefois des masses distinctes; mais souvent aussi elles ne sont autre chose que des variétés de la grande masse. Quand le granit contient ensemble de l'amphibole et du mica, on le nomme granit *syénitique;* il prend le nom de granit *talqueux* ou *stéatiteux,* s'il renferme du talc ou de la stéatite avec le mica.

Le caractère le plus saillant des roches de ce groupe est d'être composées de cristaux distincts des substances que nous venons de nommer, dont les dimensions et la régularité sont extrêmement variables. Dans les parties supérieures du groupe la grosseur des cristaux diminue; le mica, l'amphibole, le talc, etc., disparaissent; et la roche passe au leptinite d'une manière fort irrégulière, en poussant dans cette formation, qui recouvre souvent le granit, des ramifications, dont plusieurs la traversent et vont beaucoup au delà. Dans les parties inférieures, les mêmes phénomènes se produisent. De plus, le feldspath devient compacte (*pétrosilex*), et la roche devient un granit euritique, qui passe à l'eurite granitoïde, et finalement au porphyre. Toutes ces roches, dont la nature minéralogique ne diffère pas notablement, sont intimement liées les unes aux autres : c'est un fait général, facile à constater, et qui a cependant été longtemps ignoré.

Il y a une liaison intime, un passage insensible bien évident, des roches granitiques de toutes les espèces aux roches porphyriques correspondantes. Cependant j'ai vu, dans quelques parties des Vosges et des montagnes du Morvan, les granits reposer brusquement sur les porphyres, les deux roches étant néanmoins soudées entre elles, mais sans passage gradué; alors, dans le plus grand nombre des cas, la roche grenue était un pegmatite, qui n'est qu'un granit sans mica, ou avec très-peu de mica. J'ai souvent observé cette roche à la base des masses granitiques, dans lesquelles elle poussait de nombreuses ramifications, qui s'étendaient souvent bien au delà : il me paraît probable, d'après cela, que les masses de pegmatite, dont la décomposition a donné naissance au kaolin, (*terre à porcelaine*), appartiennent à la partie inférieure du terrain granitique, dont elles font partie.

Les syénites et les protogines anciennes ne sont que des variétés du granit, au milieu duquel elles gisent souvent en y passant de tous côtés d'une manière insensible; quelquefois elles le remplacent (massifs des Ballons d'Alsace et de Servance pour la syénite; du Brézouars pour la protogine, dans les Vosges).

Les syénites se lient intimement aux porphyres amphiboliques et aux diorites, qui se granulent par degrés jusqu'à devenir une roche granitique; en un mot, il existe, pour toutes les roches granitiques, quelle que soit leur nature minéralogique, depuis les roches compactes, une série de granulation identique.

Jamais les granits ne sont stratifiés, bien que le contraire se lise dans plusieurs ouvrages; ils sont seulement coupés par une infinité de fissures qui les divisent eu polyèdres irréguliers : ce sont, très-rarement, des prismes analogues à ceux des basaltes et des trachytes.

Un grand nombre d'autres roches plutoniques : eurites et porphyres de toutes les espèces, diorites, aphanites, serpentines, trachytes, basaltes, etc., forment des filons et des masses transversales dans le granit. On y a quelquefois cité des masses transversales de gneiss; mais on s'est trompé : la surface de séparation entre le granit et le gneiss est très-sinueuse, en sorte qu'un morceau de gneiss peut très-bien pénétrer dans la masse granitique sans être d'une formation postérieure. Il arrive quelquefois que le granit et le gneiss alternent entre eux, et alors le granit contient presque toujours des fragments anguleux du gneiss. J'ai vu de nombreux exemples de ce fait dans les Vosges, dans les Alpes et sur les côtes de Bretagne. Le granit des trottoirs de Paris, qui vient de Bretagne, renferme beaucoup de fragments de gneiss, ce qui se voit parfaitement après une grande pluie. Le granit est donc certainement postérieur au gneiss, quoique lui étant inférieur.

Les substances métalliques sont assez abondantes dans les granits; elles sont souvent associées aux filons d'eurite et de porphyre, qui leur servent quelquefois de gangue; elles gisent aussi fréquemment au milieu des filons de quartz et de barytine; l'étain a toujours une gangue d'hyalomicte. Les principaux minerais que l'on rencontre dans les granits sont : le fer oxydé, le fer pyriteux et arsénieux aurifère, le cuivre pyriteux, l'étain oxydé, la galène, plus ou moins argentifère, le chrome oxydé, l'urane oxydé, le molybdène, etc. M. Dufrénoy pense que la plupart des mines de fer de la partie orientale des Pyrénées gisent à la jonction des roches granitiques avec les calcaires, et qu'il existe une relation intime entre la formation de ces minerais et le soulèvement de la chaîne granitique. M. Boussingault a vu, en Amérique, dans la syénite un filon de fer hydraté aurifère, renfermant des grains de platine; dans les montagnes de l'Oural, l'or et le platine se trouvent aussi fréquemment associés.

Presque toujours, dans le voisinage des filons pierreux ou métalliques que traversent les roches granitiques, les solbandes sont décomposées jusqu'à une certaine profondeur : le feldspath est passé à l'état de kaolin, souvent imprégné de fer oxydé, phénomène évidemment dû à la formation des filons.

Les minéraux en assises sont moins abondants dans le granit que dans le gneiss et le micaschiste; on y trouve du quartz, de l'actinote, de l'épidote, des grenats, des zincons, du disthène, de la pinite, du spath pleurite.

Les nivellements exécutés pour les travaux de la nouvelle carte de France m'ont donné le moyen de déterminer la puissance de la formation granitique dans les Vosges, et j'ai trouvé 660 mètres pour cette puissance maximum. Au-dessous du granit viennent les porphyres et les eurites.

Quand les montagnes granitiques atteignent une altitude de 800 à 1,000^m, elles offrent des formes arrondies plus ou moins allongées, constituant des massifs, dans chacun desquels on distingue une masse centrale, généralement en forme de dôme, d'où partent des ramifications qui divergent dans tous les sens, en s'abaissant graduellement. Les vallées commencent ordinairement par un cirque évasé. Elles sont extrêmement nombreuses, et tombent les unes dans les autres dans toutes les inclinaisons. Les pentes et même les sommets des montagnes sont fréquemment couverts de blocs granitiques entassés les uns sur les autres, quelquefois arrondis par la décomposition superficielle, mais présentant souvent des arêtes vives et des pointes aiguës, qui font reconnaître de loin le sol granitique.

Dans toutes les contrées où le sol est peu élevé, le Morvan, la Bretagne, il présente une surface mamelonnée, avec des plateaux plus ou moins étendus.

Les sources sont généralement abondantes et les eaux d'une excellente qualité dans les roches granitiques; elles sont froides, et plus froides que dans toutes les autres, ce qui nuit aux céréales et aux pommes de terre, qui n'y croissent pas très-bien ; mais les pâturages y sont gras, les prairies abondantes et les forêts d'une belle venue, surtout les forêts d'arbres verts. Quelques-unes des vignes de la Bourgogne, mais non des meilleurs crus, sont plantées sur le sol granitique, dans une couche provenant de la décomposition de la roche.

Les métaux contenus dans le groupe granitique, surtout l'étain, sont exploités dans diverses contrées avec bénéfice. Mais généralement les gîtes métallifères de ce groupe ne sont que le prolongement de ceux de la formation porphyrique inférieure, plus riche en métaux que ceux du granit. Il résulte de là que, dans l'exploitation, les filons doivent presque toujours être suivis de haut en bas, si l'on veut en tirer le meilleur parti possible.

Les granits sont d'excellentes pierres de construction; on les taille parfaitement dans le Morvan, le Limousin et la Bretagne; c'est avec eux qu'ont été construits ces élégants clochers à sculptures si délicates, qui décorent les églises et les chapelles de tous les villages bretons. Ils fournissent aussi d'excellents matériaux pour charger les routes. Les gigantesques monuments de l'antique Égypte, les immenses statues d'hommes et d'animaux qui décorent cette contrée, et dont plusieurs sont en partie enfouis dans les sables, ont été faits avec la syénite des cataractes du Nil. Les kaolins provenant de la décomposition des pegmatites sont employés pour la fabrication de la porcelaine dans toutes les contrées de la terre. Du granit décomposé il résulte un sable bon pour les mortiers.

L'origine plutonique du granit est contestée par quelques géologues, qui n'ont certainement pas bien étudié ses masses dans la nature; ils veulent que ce soit une roche neptunienne métamorphisée. Quelques roches métamorphiques prennent, il est vrai, çà et là, une structure granitoïde; mais on ne voit nulle part le véritable granit passer insensiblement à une roche de sédiment, comme cela devrait arriver souvent dans le cas du métamorphisme. Toujours et partout, au contraire, le granit se comporte comme les autres roches plutoniques. L'eau a sans doute joué un rôle dans la formation du granit : c'est incontestable, puisqu'il contient toujours une certaine quantité d'eau de cristallisation; mais de ce que la lave rouge du Vésuve contient aussi une assez grande quantité d'eau, il n'en résulte pas que ce soit une roche neptunienne. M. Scheerer, savant allemand, vient de publier un mémoire très-curieux sur la nature plutonique du granit, dans lequel il montre que l'eau a dû effectivement jouer un rôle important dans la formation de cette roche. Il admet que le bain granitique formait une bouillie épaisse et humide, soumise à une forte pression, qui empêchait le dégagement de l'eau, et ayant une assez haute température pour fondre ses éléments minéralogiques, dont la fusion d'ailleurs devait être beaucoup facilitée par la présence de l'eau. De là tous les phénomènes que présente la cristallisation du granit, tels que la solidification de la silice, qui paraît avoir eu lieu la dernière. *Voyez* DISSOLUTION.

Discussion sur la nature plutonique du granit, etc., par M. Scheerer; dans les *Annales de Poggendorff*, t. LXVIII, page 319.
Bulletin de la Société géologique de France, 2ᵉ série, t. IV, page 468.

ROZET.

GRANITONE. (*Géologie.*) *Gabbro* des Italiens et de M. Rose. M. d'Omalius d'Halloy nomme ainsi une roche composée de saussurite et de diallage, à texture granitoïde, d'une couleur verdâtre ou grisâtre, renfermant de la serpentine, du mica, de la marcassite, de la nigrine, etc.

Cette roche se présente dans la nature en filons et en amas; elle accompagne ordinairement les ophiolithes, auxquelles elle se lie intimement. Elle a pris un grand développement dans les Apennins, où elle perce en un grand nombre de points les calcaires qui constituent cette chaîne de montagnes. On en connaît des masses aux environs de Briançon, dans la Silésie et au Pérou.

Le granitone prend un beau poli, ce qui fait qu'il est souvent employé dans les arts comme pierre de décoration.

ROZET.

GRANIVORES. (*Histoire naturelle.*) On appelle *granivores* tous les animaux qui se nourrissent de graines; mais ce mot est plus généralement appliqué aux oiseaux qui ont la même habitude: ces derniers appartiennent principalement à l'ordre des passereaux, et sont réunis eux-mêmes par quelques auteurs en un ordre distinct; tels sont les *alouettes, mésanges, bruants, gros-becs, bouvreuils*, etc.

E. DESMAREST.

GRAPHITE. (*Géologie.*) *Plombagine, mine à crayons.* C'est un carbure de fer d'un gris de fer ou de plomb, pesant 2,1 à 2,4, doux au toucher, se laissant rayer par le couteau, brûlant difficilement au chalumeau; frotté sur le papier, il laisse une marque, ce qui fait qu'il est employé pour fabriquer les crayons les plus estimés; le meilleur pour cette industrie est celui du Cumberland. On l'emploie aussi pour adoucir le frottement des machines en bois; on en frotte les objets en tôle et en fonte pour les préserver de la rouille; mêlé avec de l'argile, il sert à fabriquer les creusets réfractaires, dont les meilleurs viennent de Passau.

Le graphite a son gisement dans le terrain primitif, où il se présente en filons, en veines, en amas, en rognons et en parties disséminées. Il remplace quelquefois le mica dans le gneiss.

ROZET.

GRAPHOMÈTRE. (*Géodésie.*) Le graphomètre est un instrument qui sert, dans les opérations d'arpentage et de géodésie, à mesurer les angles. Il se compose d'un demi-cercle en cuivre divisé en 180° comme le rapporteur, mais avec cette différence qu'il porte deux diamètres, dont l'un est fixe et l'autre mobile autour d'un axe vertical placé au centre du demi-cercle. Le premier de ces diamètres unit par une ligne droite les degrés 0 et 180; le second promène ses extrémités sur tous les degrés de la division. On l'appelle *alidade*. A chacun des bouts de ces diamètres est soudé à angle droit vertical un petit morceau de cuivre nommé *pinnule*. Toutefois les deux pinnules de cha-

que diamètre ne sont pas exactement pareilles: celle contre laquelle on applique l'œil est pleine et seulement traversée au milieu par une fente très-étroite; l'autre est vide et seulement divisée par un cheveu bien noir.

Quand on veut mesurer l'angle que deux objets font entre eux par rapport au point où l'on se trouve, on place les deux pinnules de chaque diamètre de manière que la fente de l'une et le cheveu de l'autre se trouvent en ligne droite avec ces objets et se confondent exactement avec eux, et on n'a plus qu'à lire le chiffre devant lequel se trouve la ligne de l'alidade pour en avoir la mesure exacte.

Les graphomètres ne peuvent pas être grands, afin d'être transportés commodément. Il en résulte que les degrés de leur division sont trop petits pour pouvoir être fractionnés en minutes, et à plus forte raison en secondes; or, dans la plupart des cas, ces fractions ne pourraient pas être négligées sans erreurs graves. On remédie à cet inconvénient en gravant un vernier sur le bout de l'alidade.

Quelquefois les pinnules sont remplacées par des lunettes, et alors le graphomètre peut servir à mesurer les distances d'objets beaucoup plus éloignés. Souvent aussi il est muni d'une boussole, qui en rend l'usage beaucoup plus commode pour le lever des plans.

Le graphomètre que nous venons de décrire est le *commun*. Il y en a un autre, dont l'usage est moins général parce que son prix est beaucoup plus élevé. C'est celui qui est connu sous le nom de *cercle répétiteur*. Ce n'est plus, comme le précédent, un demi-cercle entier; de plus les deux diamètres sont mobiles et toujours armés de lunettes au lieu de pinnules. Leur grand avantage consiste surtout dans la possibilité que l'on a, en les employant, de mesurer le même angle par une infinité d'arcs; en sorte qu'en prenant la moyenne, on arrive à une exactitude sur laquelle on peut compter.

Imaginez que le cercle de la *fig.* 1 (*Voyez l'Atlas*, GÉOMÉTRIE, pl. IX), soit monté sur un *genou* et sur un *pied*, et orienté de manière à se trouver dans le plan de deux objets éloignés I et K: on se propose de mesurer l'angle que forment les rayons visuels CA, CB, qui joignent I et K au point C. Concevez, en outre, que ce cercle puisse tourner autour d'un axe de manière que, sans sortir du plan des objets, un rayon quelconque CA, tournant avec ce cercle, puisse être dirigé vers tous les points compris dans ce plan; que ce cercle porte deux lunettes AA' BB', mobiles autour d'un axe central C, et placées, l'une AA' en dessus du limbe, l'autre BB' en dessous, et indépendantes de leur rotation. Ces lunettes sont représentées dans la *fig.* 1 par leur axe optique.

Le cercle peut tourner sur son axe perpendiculaire en entraînant avec lui les deux lunettes, et aussi chaque lunette peut tourner seule sans changer la position du cercle. Des *vis de pres-*

sion, affectées à chacun de ces trois mouvements indépendants, servent à les arrêter à volonté, et des *vis de rappel* produisent les petits mouvements nécessaires pour ajuster facilement les objets.

Les lunettes sont formées de deux verres convexes (un *objectif* et un *oculaire*), et par conséquent font voir les objets renversés, ce qui importe peu pour le but qu'on se propose. Ces verres sont assez écartés l'un de l'autre pour que les foyers coïncident au même point intérieur du tube, à peu de distance de l'oculaire (la forme et la distance des verres sont combinées pour satisfaire à ces conditions). Le tube contient, à ce foyer commun , un *réticule*, sorte de diaphragme à jour qui porte deux fils très-fins se croisant à angle droit : l'un de ces fils est parallèle au limbe, l'autre lui est perpendiculaire; le point de croisement est dans l'axe optique, et doit être dirigé juste sur le signal qu'on vise. On dirige d'abord la lunette à peu près sur cet objet, et ensuite, avec la vis de rappel, on achève de faire coïncider le signal et le point où les fils se croisent.

Le limbe est divisé en parties égales, savoir, en degrés, demi-degrés ou quarts de degré, etc., selon la grandeur de l'instrument; ces divisions vont même quelquefois jusqu'à procéder de cinq en cinq minutes. La lunette supérieure traîne avec elle une pièce qui porte un *vernier*, pour laisser lire les fractions de divisions à l'aide d'une *loupe*.

Qu'on ait d'abord placé le cercle sur son pied dans le plan des deux objets proposés I et K, fixé la lunette supérieure A'CA (*fig.* 1) sur le zéro de la graduation en A , et tourné ce cercle , à l'aide de son mouvement général sur l'axe qui lui est perpendiculaire, jusqu'à ce que cette lunette A'CA vise juste sur l'objet à droite I; ensuite, qu'on fasse tourner la lunette inférieure B'CB pour viser l'objet à gauche K , il est clair que l'angle ACB, formé par les axes des deux lunettes, est mesuré par l'arc intercepté AB.

Mais si l'on fait tourner ce cercle en totalité, emportant avec lui les deux lunettes, jusqu'à ce que le rayon CB, dont la lunette inférieure se dirigeait à gauche en K , vienne prendre sa direction CA sur l'objet à droite I , la lunette supérieure sera transportée en CD, le point A (zéro de la division de l'instrument) sera en D, en faisant l'arc AD égal à AB. Dans cet état, si l'on détache la lunette supérieure, actuellement selon CD, pour la diriger selon CB sur l'objet à gauche K , la graduation marquée par le point B sera la mesure de l'arc DB, double de celui DA qu'on cherche; en sorte qu'on aura, il est vrai, fait deux fois l'observation de l'angle proposé, mais qu'en divisant la graduation de DA par 2, on aura celle de cet angle.

Répétez une autre fois cette opération double, c'est-à-dire , faites tourner le cercle emportant ses deux lunettes, jusqu'à ce que la supérieure BB' revienne s'aligner sur le point I, en passant de l'objet K à gauche, sur celui I de droite : le zéro de l'instrument sera rejeté de D en E, et la lunette inférieure le sera selon CD. Détachez celle-ci, et faites-la revenir sur le point K vers la gauche, et l'arc EDAB sera triple de AB ; puis réitérez la même manœuvre, faisant tourner le cercle en totalité pour ramener la lunette infé-

rieure sur le point I et le zéro de l'instrument en F, puis visez le point K avec la lunette supérieure selon BB' : l'arc FEDAB sera quadruple de celui qu'on demande. On devra donc prendre le quart de la graduation marquée par le vernier de la lunette supérieure, et ainsi de suite.

Il est clair que si dix observations ramenaient la lunette supérieure sur le zéro de l'instrument, ces dix arcs vaudraient 360°, et que chaque arc serait de 36°; le résultat serait à l'abri des erreurs, soit des divisions du cercle, soit de la précision avec laquelle les lunettes tournent autour du centre. Il est vrai que ce serait un événement bien extraordinaire de se trouver ramené de la sorte juste sur le numéro zéro des divisions. Mais si vous admettez qu'après dix observations on soit tombé sur 320°, par exemple, et que la division correspondante soit affectée de quelque inexactitude, comme vous divisez par 10 pour obtenir votre angle, l'erreur est aussi réduite au dixième, en sorte que si l'instrument, au lieu de 320°, devait réellement marquer 320° 5', dont le dixième est 32° 30'', il est clair que l'erreur finale sur l'angle cherché ne serait que de 30'', au lieu de 5'. Ainsi, le cercle répétiteur présente l'avantage, lorsqu'on opère avec soin et adresse, d'atténuer les erreurs qui tiennent aux vices de construction de l'instrument.

D'après ces notions, on concevra la formation du cercle répétiteur (*fig.* 3). La colonne S est percée dans sa longueur d'un canal légèrement conique, où est logé un axe central d'acier, fixé perpendiculairement au centre d'un disque circulaire O. C'est autour de cet axe d'acier que se fait le mouvement général qui entraîne le cercle et ses lunettes, mouvement qu'on arrête à volonté par la vis de pression O. Ce disque est gradué, et l'alidade O, munie d'un vernier, donne les valeurs angulaires de la rotation générale.

Un pied à trois branches très-solides porte un plateau MN, sur lequel le disque et la colonne dont on vient de parler sont établis, en sorte que le cercle répétiteur pose sur trois vis v, v', v'', destinées à donner diverses petites inclinaisons à la colonne S. En haut de cette colonne sont portés le limbe et ses lunettes, sur un axe V autour duquel il peut basculer. La vis de pression P arrête ce mouvement en serrant une pièce de cuivre en quart de cercle qui tient à l'axe V. On amène le limbe dans le plan des objets à viser, en dirigeant à la fois les deux lunettes vers eux ; il faut pour cela incliner le limbe par le mouvement général qu'arrête la vis P, et achever l'effet à l'aide des vis v, v', v'', du plateau, au centre duquel est fixé l'axe de la colonne.

Le limbe MN est soudé à son centre à un arbre d'acier perpendiculaire autour duquel tournent les deux lunettes AB, A'B : la *fig.* 3 montre comment ces lunettes doivent être ajustées pour que les rotations soient indépendantes. Cet axe entre dans un canal alésé juste sur son calibre, qui perce la pièce V et va se souder au centre d'un disque circulaire T. Lorsque le disque circulaire tourne, il entraîne dans sa rotation et l'axe, et le limbe, et les deux lunettes. On travaille le contour de ce disque T, nommé tambour, en sillons où s'engagent les filets d'une *vis sans fin*, pressée contre eux par un ressort, afin de produire de petits mouvements; et comme on peut soulever ce ressort pour dégager les filets de la vis, le limbe et les lunettes peuvent prendre ensemble de grands mouvements. L'arbre dont on vient de parler doit être exactement concentrique aux limbes et aux arcs de vernier de la lunette supérieure. Il faut beaucoup de soin et de talent pour rendre tous ces détails précis dans leurs rapports.

Lorsqu'on veut faire usage du cercle répétiteur, après avoir dirigé la colonne et le limbe sous les inclinaisons qui conduisent à avoir les deux objets dans le plan du limbe, on met la lunette supérieure sur zéro, on dégage le tambour T de sa vis sans fin, et l'on fait tourner le cercle jusqu'à amener l'objet de droite dans le champ de cette lunette; on achève par la vis du tambour la coïncidence exacte des fils et de l'objet. En même temps, un second observateur vise l'objet à gauche avec mesure : à la rigueur une seule personne peut suffire à cette mesure, mais on ménage beaucoup de temps lorsqu'on est deux. De là on passe a une deuxième mesure de l'angle, puis à une troisième, une quatrième, etc.; on lit l'arc indiqué par la dernière direction, et l'on divise par le nombre des observations : le quotient exprime la valeur de l'angle cherché.

On a souvent besoin de prendre la distance d'un signal au zénith, c'est-à-dire, l'angle que fait la verticale avec le rayon visuel dirigé au sommet proposé; angle qui est le complément de la *hauteur* à 90°. Alors on fait tourner le limbe autour de l'axe V jusqu'à ce qu'il soit vertical; le tambour T est même testé d'un poids qui fait équilibre autour de l'axe V à celui du limbe et des lunettes, pour que le centre de gravité demeure sans cesse dans l'axe de la colonne S; on rend la colonne aussi verticale : cela se fait à l'aide du niveau à bulle d'air, comme nous le verrons plus bas; puis on procède à l'observation, d'après le principe suivant. (Voyez *fig.* 4.)

On fixe la lunette supérieure sur le zéro A'CA (*fig.* 2): puis, en faisant tourner le système autour de la colonne, on amène le limbe dans le vertical de l'objet, vers lequel on dirige la lunette supérieure A'CA, en faisant tourner le cercle, après avoir levé la vis du tambour; la lunette supérieure A'CA reste fixée au zéro du limbe. L'angle dont on demande la valeur est ACD, CD étant une verticale. On dirige la lunette inférieure B'CB de manière qu'un *niveau* dont elle est munie ait sa bulle d'air au milieu; car, dans ce genre d'observations, les verres de la lunette inférieure ne sont d'aucun usage, et l'on ne se sert que de ce niveau.

Maintenant lâchez la vis de pression O (*fig.* 4), et faites tourner la colonne de 180° autour de son axe, ce qu'il vous sera aisé de faire, puisque le plateau circulaire est gradué et porte une alidade; le limbe sera alors tourné du côté opposé : s'il regardait l'est, il sera maintenant vers l'ouest; la lunette A'CA aura tourné autour de la verticale.

CHARLES RENIER.

GRASSEYEMENT. On nomme ainsi un vice de prononciation qui porte exclusivement sur la consonne R, et qui en dénature, en atténue, ou quelquefois même en supprime le son.

Ce défaut s'exerce de plusieurs manières, qui sont plus ou moins choquantes. Ainsi il substitue quelquefois à la lettre R le son d'une autre lettre, le V, le L, le G dur; d'autres fois il la fait précéder d'une articulation superflue, du Z, par exemple. Toutes ces variétés du grasseyement sont, au reste, assez rares. Mais il en est une autre extrêmement commune, à laquelle les professeurs de déclamation font une guerre acharnée, et dont la correction accapare invariablement les premières études de quiconque se destine à parler en public. Ce défaut si répandu se nomme *rostacisme* ou grasseyement proprement dit. Il résulte de la mauvaise direction donnée à la langue, dans l'articulation de la lettre R. La langue, au lieu d'être portée vers le palais pour y vibrer au passage de l'air poussé au dehors, est au contraire abaissée vers les dents inférieures; il en résulte que la vibration nécessaire à l'articulation de la lettre n'étant pas exécutée par la langue, on cherche à y suppléer par une contraction des cartilages du gosier. Le son est alors sourd, étouffé, désagréable.

Talma, dont l'esprit n'a rien négligé de tout ce qui peut contribuer à la perfection dramatique, dont la vaste intelligence embrassait tout, depuis le grand travail de la conception et de la composition, jusqu'aux plus minutieux détails de l'exécution; Talma, disons-nous, a inventé une méthode et laissé des préceptes pour la correction du grasseyement. Voici en quoi consiste cette méthode, généralement usitée aujourd'hui. On commence par prononcer vivement les deux sons *te* et *de*, et l'on continue cet exercice assez longtemps pour donner au bout de la langue l'élasticité dont cet organe a besoin pour passer d'une ancienne habitude à une nouvelle pratique. Quand on pense que ce but est atteint, on s'exerce fréquemment et longtemps à déclamer, c'est-à-dire à lire ou à réciter en soutenant la voix : seulement, chaque fois que l'articulation R se présente, on la remplace par l'articulation *te, de*, prononçant *dlomper, coutdage*, au lieu de *tromper, courage*. On évite ainsi de faire agir le gosier dans la prononciation de la lettre dont il s'agit, et l'on arrive à désapprendre la mauvaise habitude contre laquelle on a engagé ce combat difficile. Une fois là, ce n'est plus qu'un jeu, et l'on substitue aisément, à la prononciation vaincue par le travail, une prononciation plus sonore et plus correcte.

Cette méthode, comme nous l'avons dit, est d'un usage général, et on peut ajouter que c'est la seule efficace. Quant aux cailloux, aux bouchons, etc., introduits, en mémoire de Démosthène, dans la bouche des élèves changés en patients, nous devons dire que l'emploi dans le cas de grasseyement en est au moins inutile. La seule chose qu'on puisse dire en leur faveur, c'est qu'en forçant les muscles et les organes qui servent au langage à agir malgré la présence d'obstacles gênants, ils donnent à leurs mouvements une agilité qui subsistera quand l'obstacle aura disparu.

Reste à discuter maintenant cette question : si le grasseyement est une aussi fâcheuse infirmité que le donnent à entendre les artistes dramatiques et les orateurs dont la prononciation roule en vibrations luxuriantes, et si l'exercice de la parole est complétement interdit à ceux qui en sont affligés. Tout en convenant qu'une articulation pure et sonore est infiniment préférable, nous trouvons néanmoins qu'on attache trop d'importance à une défectuosité dont le désagrément est tout entier de convention, et n'afflige réellement que très-peu l'oreille, pourvu, bien entendu, que le défaut ne soit que léger et tel qu'il se rencontre *communément*. Les Chinois n'ont pas d'R, et, quand ils traduisent un nom propre étranger, ils remplacent cette articulation par L. L'adoucissement de l'articulation R, et sa suppression presque complète dans beaucoup de cas, constituent un des caractères de la prononciation anglaise. Tous les Provençaux grasseyent horriblement; *tous les Parisiens* font sortir du fond de leur larynx les vibrations que devrait exécuter leur langue. Enfin, la ridicule exagération qu'à certaine époque de la mode imposa aux *Inc-oyables* et aux *Merveilleuses*, n'est pas sans offrir d'autres exemples : Aristophane la poursuivait déjà de sa raillerie chez Alcibiade et les jeunes beaux de son temps; de nos jours, les femmes et les chanteurs de romances cherchent certains effets de sentimentalité langoureuse dans l'affectation de ce défaut, qui, à vrai dire, n'est pas toujours dénué de quelque grâce.

Terminons en nommant quelques artistes devenus célèbres malgré un grasseyement invétéré et inattaquable aux corrections, tels que Grandval, mademoiselle Leverd, madame Dorval. Tout en approuvant les efforts faits pour épurer la prononciation et la rendre irréprochable, *n'est-il pas permis d'admettre que les qualités dramatiques, l'esprit, l'intelligence, peuvent faire oublier un vice de langage, supportable après tout, et qu'il y a une sévérité exagérée à interdire le théâtre, le barreau, la tribune, aux talents, si grands qu'ils soient, que dépare et annule, selon les rigoristes, une prononciation tant soit peu défectueuse?*

SAINT-AGNAN CHOLER.

GRAUWACKE. (*Géologie.*) Nom donné par les Allemands à diverses espèces de roches, *psammite, quartzite, grès, brèches, ar-*

kose, etc., ce qui avait introduit une grande confusion dans la science. Ils ont aussi donné ce nom à plusieurs terrains, ceux dans lesquels dominent les roches que nous venons de nommer. Les Français ont appelé *Grauwacke* les roches arénacées de leur terrain de transition; mais depuis que la classification des roches a pris une certaine régularité, on a distingué, et on devait distinguer plusieurs espèces dans le grauwacke.

ROZET.

GRAVELINES. (*Géographie et Histoire.*) *Gravelina, Graverengæ.* Forte ville maritime de la ci-devant Flandre, aujourd'hui du département du Nord (arrondissement de Dunkerque). Avant le douzième siècle, Gravelines n'était qu'un chétif village nommé Saint-Villebrod, que le comte Thierry d'Alsace fit fortifier pour arrêter les courses des Anglais, où il attira de nombreux étrangers et dont il fit son séjour ordinaire. Son fils Philippe acheva les fortifications et perça, entre la mer et la ville, un canal que la rivière d'Aa remplit aussitôt en y formant un port commode. Le commerce vivifia rapidement cette localité dont Rigord disait déjà, dans les premières années du treizième siècle : *Gravaringas, villam opulentam in finibus Flandriæ sitam.* La possession en fut souvent disputée.

En 1302, Oudart de Maubuisson la prit et y mit le feu; cédée aux Anglais par le traité de Brétigny, elle leur fut reprise par Philippe le Hardi, duc de Bourgogne, en 1377; l'évêque de Norwich y rentra, et la saccagea en 1382; les Anglais l'occupèrent au quinzième siècle. Elle finit cependant par rester au duc de Bourgogne pour passer au pouvoir de Charles-Quint, qui en 1528 y fit construire un château et plusieurs bastions. Trente ans plus tard, il se livra sous ses murs une bataille célèbre.

En 1558, le maréchal de Termes, qui avait pris d'assaut Dunkerque, Berg-Saint-Vinox et Nieuport, se vit attaqué, le 13 juillet, par le comte d'Egmont, à la tête de 12,000 hommes de pied et 3,000 chevaux. Il n'avait tout au plus que 10,000 hommes, dont plus de la moitié étaient Allemands et le reste Gascons. Ces derniers se défendirent avec vaillance; les Allemands, au contraire, paraissaient indifférents à l'issue du combat. Sur ces entrefaites, dix vaisseaux anglais, qui, par hasard, se trouvaient à portée d'entendre la canonnade, accoururent s'embosser sur la droite de l'armée française, appuyée à la mer. Les soldats de Termes furent saisis d'un trouble extrême quand ils se virent pris à revers par l'artillerie anglaise, précisément du côté où ils s'étaient crus le plus en sûreté. Ils se mirent à fuir; mais ils rencontrèrent bientôt les paysans flamands, furieux des outrages qu'ils avaient reçus, des pillages et des cruautés qu'on avait exercés contre eux. Ils ne firent grâce à aucun des fuyards. L'armée tout entière fut détruite, et ses chefs, de Termes, Villebon, Annebault, le comte de Chaulnes, Sénarpons et Morvilliers, demeurèrent captifs entre les mains des Espagnols. Cette défaite, suivant de si près celle de Saint-Quentin, fit perdre courage à Henri II, et détermina les conditions sévères de la paix de Cateau-Cambrésis.

Les maréchaux de la Meilleraye, Rantzau et de Gassion, secondant le duc d'Orléans, qui commandait, en 1644, l'armée des Pays-Bas, se réunirent tout à coup, le 1er juin, pour attaquer Gravelines, tandis que Tromp, avec une flotte hollandaise, attaquait cette ville par mer. Le siége fut long; tous les ouvrages furent défendus avec beaucoup de vigueur : les Français y perdirent beaucoup de gens de marque. Enfin, Ferdinand de Solis, qui commandait dans la place, fut obligé de se rendre le 29 juillet.

Gaston d'Orléans, maître de la ville, détruisit les travaux importants que Philippe IV y avait exécutés : une grande écluse de 45 pieds de largeur, formant un vaste bassin où les bâtiments, toujours à flot, étaient à l'abri du canon.

Le 18 mai 1652, la ville se rendit aux Espagnols commandés par l'archiduc Léopold. Le siége avait duré soixante-neuf jours.

Le 30 août 1658, un siècle après la bataille de Gravelines, cette ville, canonnée pendant près d'un mois, ouvrit ses portes au maréchal de la Ferté. Ce fut le premier siége que Vauban conduisit en chef.

Depuis le traité des Pyrénées, cette place est toujours restée au pouvoir de la France.

Le chevalier Deville et Vauban firent ajouter de nouveaux ouvrages qui en ont perfectionné le système de défense. Elle est inaccessible du côté de la mer, et le terrain marécageux qui l'environne peut être inondé à volonté. Avant la révolution, Gravelines était chef-lieu d'une subdélégation, et avait un magistrat composé d'un bailli, d'un mayeur, de cinq échevins, d'un pensionnaire, d'un greffier, et d'un procureur-syndic.

Sa population est de 5,582 habitants.

La prise du fort Saint-Philippe par le duc d'Orléans, avec ce qui s'est passé au siége de Gravelines en 1644; in-8°, 1644.—*Continuation de ce siége;* in-4°, 1644.
La prise de Gravelines; in-4°, 1644.
Les délices des Pays-Bas, t. III, 1769.
Description des places qui sont aujourd'hui le théâtre de la guerre dans les Pays-Bas; 1795, in-8°.
Annuaire du département du Nord, t. II, 1804.

D.

GRAVITATION. (*Physique.*) Tous les corps qui sont en notre pouvoir, quand nous les jetons en l'air et que nous les abandonnons à leur impulsion, descendent, suivant une direction perpendiculaire, sur la surface de la terre; ils y sont poussés par une force dont la cause première est inconnue et à laquelle on a donné le nom de *gravité.*

Si nous lançons obliquement un de ces corps en l'air, la force dont nous venons de parler, sans être ni détruite ni diminuée, est essentiellement modifiée dans son effet définitif. Le mouvement ascendant imprimé au corps lancé, à une pierre par exemple, est détruit au bout d'un certain temps, et la pierre en reçoit un second, descendant, qui finit par la conduire à la surface, où, rencontrant un obstacle à tout nouveau progrès, elle est forcée au repos. Mais pendant tout ce temps, elle a continuellement dévié de son progrès rectiligne, et a décrit une courbe concave vers le centre de la terre, courbe sur laquelle se trouve un point au *maximum* d'*élévation*, un *sommet*, une *apogée*, précisément comme celui de la lune dans son orbite, point où la direction de son mouvement est perpendiculaire au rayon.

Lorsque la pierre, lancée obliquement en l'air, rencontre, dans sa descente, la surface de la terre qui l'arrête, son mouvement ne se dirige pas *vers le centre*, mais elle fait avec le rayon terrestre le même angle que quand elle a quitté la main qui l'a lancée. Comme il est évident que si elle n'était point arrêtée par la surface de la terre elle continuerait à descendre, mais *obliquement*, il n'y a aucune raison de croire qu'elle atteindrait jamais le centre vers lequel son mouvement n'a jamais été dirigé dans aucune partie de sa course visible. On peut donc admettre qu'elle circulerait plutôt autour de ce centre, comme fait la lune autour de la terre, en retournant au point d'où elle est partie, après avoir parcouru une orbite elliptique dont le centre occuperait le foyer inférieur; et, s'il en est ainsi, on peut également admettre que la même force de gravité peut (puisqu'elle s'exerce à toutes les hauteurs accessibles au-dessus de la surface et même dans les hautes régions de l'atmosphère) s'étendre jusqu'à 60 rayons de la terre ou jusqu'à la lune. Ce serait donc là cette puissance (car il doit y avoir quelque puissance) qui l'écarte à chaque instant de la tangente de son orbite, et la maintient dans la courbe d'une ellipse que l'expérience nous apprend être bien celle qu'elle parcourt.

Si l'on fait pirouetter une pierre autour d'un cordon, elle tire ce cordon par la *force centrifuge*, et cette force, si la vitesse de rotation est suffisamment accrue, finit par casser le cordon et laisser échapper la pierre. Quelque fort que soit le cordon, il peut, par une vitesse rotatoire suffisante de la pierre, être amené au plus haut degré de tension qu'il soit susceptible de supporter sans se casser; et si l'on sait quel poids il est capable de soutenir, la vitesse nécessaire, en pareil cas, se mesure aisément. Si l'on suppose maintenant que le centre de la terre soit uni à un poids à sa surface, par un cordon dont la force est précisément suffisante pour soutenir le poids qui y est suspendu; si l'on admet, de plus, pour un instant, que la gravité n'existe point et que le poids soit mis en mouvement par la seule vitesse de rotation que le cordon peut contre-balancer, la tension du cordon sera exactement égale à la gravité de ce poids; et toute puissance, qui poussera continuellement ce poids vers le centre avec une force égale à la gravité de ce poids, remplacera l'action du cordon, et pourra lui être substituée, si elle est divisée. Si donc on la divise et qu'on fasse agir la gravité à sa place, le poids circulera alors, comme auparavant, sa tendance vers le centre, ou sa gravité, étant exactement balancée par sa force centrifuge Connaissant le rayon de la terre, on peut calculer le temps périodique pendant lequel un corps, ainsi balancé, doit circuler, pour maintenir cet équilibre; et l'on trouve 1 h 23' 22''.

Si l'on fait le même calcul pour un corps à la distance de la lune, en supposant sa pesanteur, ou sa *gravité*, la même qu'à la surface de la terre, l'on trouve que le temps demandé est de 10h 45' 30''. Cependant la période réelle de la révolution lunaire est de 27j 7h 43'; il est donc évident que la vitesse de la lune ne suffit pas, à beaucoup près, pour la soutenir contre une pareille puissance, en supposant qu'elle tourne dans une circonférence, et en négligeant la légère ellipticité de son orbite. Pour qu'un corps à la distance de la lune, ou la lune elle-même, pût conserver sa distance à la terre, par l'effort extérieur de sa force centrifuge, tout en admettant que son temps de révolution fût celui qui appartient, en effet, à cet astre, le calcul apprend qu'il faudrait que la gravité, au lieu d'être aussi intense qu'à la surface, fût, à peu de chose près, 3,600 fois moins énergique, ou, en d'autres termes, l'on trouve que son intensité est tellement affaiblie par l'éloignement du corps sur lequel elle agit, qu'elle n'est capable d'y produire, dans le même temps, que la 3,600e partie du mouvement qu'elle imprimerait à la même masse de matière, à la surface de la terre.

La distance de la lune au centre de la terre est un peu moindre que soixante fois la distance du centre à la surface; l'on a donc 3,600 : 1 : : 60² : 2²; en sorte que la proportion dans laquelle on doit admettre que la gravité de la terre est affaiblie à la surface de

la lune, si c'est réellement la force qui retient la lune dans son orbite, en sorte que cette proportion doit être celle des carrés des distances mises en comparaison avec cette gravité. Or, cette diminution d'énergie n'a rien, au premier abord, d'incompatible avec l'accroissement de distance, puisque l'on voit toutes les autres forces présenter le même résultat. On peut donc admettre que la *gravité* est une puissance réelle dont l'action se manifeste à chaque instant; qu'elle s'étend jusqu'aux plus grandes hauteurs accessibles, et même beaucoup au delà, et qu'elle ne disparaît jamais entièrement, bien qu'elle diminue rapidement à mesure que l'on s'élève au-dessus de la surface. D'une autre part, il paraît évident que la lune est poussée vers la terre par quelque puissance qui la retient dans son orbite, et que l'intensité de cette puissance est telle qu'elle correspond à une diminution de gravité, dans la proportion des carrés des distances.

C'est sur ce raisonnement que Newton semble avoir établi, d'abord et provisoirement, sa loi de *gravitation universelle*, loi que l'on peut ainsi formuler:

Toutes les molécules de la matière s'attirent en raison directe de leur masse et en raison inverse du carré de leur distance.

Bien que, sous cette forme abstraite et générale, la proposition ne semble pas, de prime abord, applicable à la question, parce que la terre et la lune ne sont pas de simples molécules, mais de grands corps sphériques; cependant, comme Newton prouva que dans ce cas l'attraction était précisément la même que si toute la matière de chaque sphère était réunie à un centre, et que les sphères fussent de simples molécules placées en ce point, la loi générale s'y applique également.

Newton démontra de plus, dans son ouvrage des *Principes mathématiques de la philosophie de la nature*, que:

1° De la première des lois de Képler (*Voyez*, pour ces lois, l'article ATTRACTION), il résulte que la force qui maintient les planètes dans leurs orbites, les dirige vers le centre du soleil;

2° Que la première et la seconde de ces mêmes lois donnent pour conséquence nécessaire, que l'attraction solaire suit la raison inverse du carré de la distance;

3° Que la troisième loi, enfin, indique que toutes les planètes, à l'unité de distance, sont également attirées.

Après ces démonstrations, Newton put établir comme définitive la grande loi qui est énoncée plus haut.

En partant de cette loi, il reconnut que tous les phénomènes du mouvement des corps célestes, les mouvements des planètes autour du soleil, leur rotation sur elles-mêmes, les mouvements des satellites, ceux des comètes, sont uniquement produits par une impulsion initiale combinée avec l'attraction solaire.

Le calcul lui fit découvrir que les planètes auraient pu décrire des ellipses, des paraboles, des hyperboles (1); que la nature de l'orbite dépendait de la vitesse et de la distance initiale au soleil, et qu'enfin, les dimensions de la courbe et son excentricité étaient liées à la direction de l'impulsion initiale.

L'astronomie n'est donc qu'un grand problème de mécanique, embrassant à la fois l'état passé, présent et futur du système du monde, et pour la solution duquel l'analyse n'emprunte à l'expérience que quelques données indispensables.

CH. PRIEUR.

GRAVITÉ. (*Mathématiques.*) La gravitation est la force qui pousse tous les corps de la nature les uns vers les autres, et que Newton a appelée aussi *attraction* ; cette force, que l'étude des mouvements planétaires a démontrée agir en raison directe des masses et inverse des *carrés des distances*, embrasse dans sa sphère d'activité tous les corps célestes et terrestres; c'est ainsi que la lune gravite vers la terre, et que cette force, combinée avec l'impulsion qu'elle a primitivement reçue, retient ce globe dans son orbite. C'est en ce sens qu'il faut entendre le mot de *gravité*, qui n'est autre chose que la résultante de tous les efforts que l'attraction exerce sur un corps de nature donnée. La gravitation est une théorie, la gravité est une force.

La pesanteur terrestre est un cas particulier de la gravité; car notre globe attire les corps qui sont situés à sa surface, et les fait descendre *lorsqu'ils ne sont point retenus*. Pourtant il ne faut pas confondre les termes de gravité et de pesanteur, qui s'appliquent à des notions différentes ; car le pesanteur est un effet composé de deux causes : d'abord elle décroît à mesure qu'on s'éloigne de la surface de la terre, parce qu'on s'écarte du centre de gravité où réside la puissance attractive, et, sous ce rapport, elle est absolument de même nature que la gravité. Mais en outre, la pesanteur décroît en s'approchant de l'équateur, parce que la révolution diurne de notre globe développe une force centrifuge qui est contraire à la gravité et doit en affaiblir l'intensité. La pesanteur est la différence de ces deux forces, et l'expérience a prouvé que la première est le 289me de la seconde sous

l'équateur; mais en s'avançant vers le pôle, comme le rayon du cercle décrit va en diminuant, on trouve que la force centrifuge décroît comme le carré du sinus de la latitude. Comme 289 est le carré de 17, et que cette force croît comme les carrés des vitesses, si la terre tournait dix-sept fois plus vite, les corps cesseraient de peser sous l'équateur, parce que leur force centrifuge serait précisément égale et opposée à la gravité; et par une circulation plus rapide encore, les corps s'échapperaient de sa surface comme les pierres lancées par les volcans.

Voici les lois mathématiques de la gravité d'une masse m, comparée à la pesanteur. Si h est la hauteur à laquelle on s'élève au-dessus du niveau de la mer, l'attraction du centre de la terre, r étant le rayon, est $\dfrac{m}{r^2}$ à ce niveau,

$$g' = \frac{m}{(r+h)^2}$$ sur la sommité; et la différence est, en développant et se bornant aux troisièmes puissances de r, $g - g' = \dfrac{2hm}{r^3}$,

c'est-à-dire que la gravité diminue de $\dfrac{2hm}{r^3}$ lorsqu'on s'élève à la hauteur h; cette quantité est très-petite, puisque r est de plus de 6,350,000 mètres. *Voyez* GÉODÉSIE.

Soit G la pesanteur sous l'équateur, force qu'on sait être G=9^m, 780044, la pesanteur en tout autre lieu dont la latitude est λ est donnée par l'équation

$$g = G + D \ sin^2 \lambda, \quad log \ D = 2,7063442,$$
ou bien $g = 9^m,805472 (1 - 0,002837 \ cos\ 2\lambda)$.

On trouvera la démonstration de ces formules à la page 270 de la cinquième édition de ma *Mécanique*.

FRANCOEUR.

GRAVURE. Cet art, qui remonte à la plus haute antiquité, consiste à tracer un dessin quelconque sur une matière dure. Pendant plusieurs siècles, il n'a été que d'un intérêt secondaire; mais il a acquis tout d'un coup le plus haut degré d'importance quand, par la découverte de l'impression, on est parvenu à tirer des planches gravées des *épreuves* ou *estampes*, qui portent également le nom de *gravures*. Ce mot vient du grec γράφειν, *tracer*.

La gravure a été exercée chez tous les peuples de l'antiquité; plusieurs auteurs anciens en font mention, et on trouve encore quelques patères ou d'autres pièces de métal sur lesquelles on voit différents sujets gravés.

Nous ne nous arrêterons pas sur l'emploi de cet art chez les anciens; nous ne parlerons pas non plus de la découverte faite en 1452 par Maso Finiguerra : il en sera question au mot NIELLE. Nous tâcherons seulement, dans

---

(1) Les trois courbes que nous venons de nommer ont des formes qui appartiennent à ces figures connues en *géométrie* sous la dénomination générale de *sections coniques*. L'*ellipse* est une courbe fermée, obtenue en coupant un cône par un plan qui coupe toutes les arêtes. La *parabole* est une courbe indéfinie qu'on obtient par un plan parallèle à une arête. Enfin, l'*hyperbole* est formée de deux courbes symétriques ; c'est encore une section conique par un plan qui coupe en même temps les deux nappes du cône.

cet article, de faire connaître de la manière la plus succincte la théorie et la pratique des différentes espèces de gravures, que l'on doit séparer en trois divisions : A. GRAVURE EN CREUX ou *en taille-douce* et *sur métal ;* — B. GRAVURE EN RELIEF ou *entaille d'épargne* et *sur bois ; —* C. GRAVURE EN BAS-RELIEF OU de *médailles* et de *pierres fines.*

A. GRAVURE EN CREUX ou sur métal, ordinairement sur cuivre rouge, mais qu'on fait aussi sur cuivre jaune, sur acier, sur étain, et qui d'abord a été faite sur de petites plaques d'argent. On doit comprendre dans cette division : 1° la *gravure au burin* ; 2° la *gravure à l'eau-forte* ; 3° la *gravure au pointillé* ; 4° la *gravure dans le genre du crayon* ; 5° la *gravure en mezzotinte* ; 6° la *gravure au lavis* ; 7° la *gravure en couleur* ; 8° la *gravure de musique* ; 9° la *gravure de cachet.*

B. LA GRAVURE EN RELIEF, ordinairement sur bois, mais aussi quelquefois sur cuivre jaune et sur acier : 10° la *gravure à une seule taille* ; 11° la *gravure en camaïeu* ; 12° la *gravure de vignettes sur acier et sur cuivre jaune.*

C. LA GRAVURE SUR PIERRE FINE, en bas-relief, ou de médailles et sur verre. On ne peut, à proprement parler, regarder ces arts comme des espèces de gravures ; ils tiennent plutôt à la sculpture, et peuvent être considérés, relativement à cet art, comme la miniature par rapport à la peinture (*Voyez* MÉDAILLES). Quant à la gravure sur pierres fines, son résultat est, en apparence, le même que celui de la gravure de médailles ; mais les moyens d'exécution sont tout à fait différents (*Voyez* GLYPTIQUE).

A. LA GRAVURE SUR MÉTAL. Cet art devint en peu d'années un objet de la plus haute importance, par la découverte de Maso Finiguerra, qui en 1452 trouva le moyen de tirer épreuve d'une plaque de métal qu'il avait gravée pour l'église de Saint-Jean de Florence : on peut voir les détails de cette découverte dans l'*Essai des Nielles, gravures des orfévres florentins du quinzième siècle,* par Duchesne aîné ; un vol. in-8°, Paris, Merlin, 1826.

Comme la gravure alors ne s'employait que pour orner des bijoux, les plaques dont on se servait étaient d'une très-petite dimension, et le métal qu'on employait ordinairement était l'argent. Lorsque, quelques années après, Mantegna et d'autres orfévres gravèrent sur des planches plus grandes, et avec l'intention de tirer des épreuves qui reçurent le nom d'*estampes,* du mot *stampare,* imprimer, on fit usage d'un métal moins précieux, tel que l'étain ; depuis on a employé ordinairement du cuivre rouge, quelquefois du cuivre jaune, et plus nouvellement encore des planches d'acier.

1. *Gravure au burin.* C'est la gravure la plus ancienne et celle qui donne les plus beaux résultats ; cependant il est rare d'employer le burin seul, et ordinairement on se contente de terminer avec cet instrument le travail préparé avec l'eau-forte. Les figures étant tracées sur la planche, on prend un *burin,* petit barreau d'acier trempé, dont le bout, que l'on nomme *nez* ou *bec,* est coupé de biais et présente ainsi une pointe ; lorsqu'on veut s'en servir, on le place à plat sur le cuivre, tandis qu'on tient dans la main le *manche,* qui ressemble à la moitié d'un champignon. La manière de tenir cet instrument, comme on le voit, ne ressemble en rien à celle en usage pour dessiner au crayon, à la plume ou au pinceau. Le burin dirigé par les doigts est poussé par la paume de la main qui reçoit l'impulsion du bras entier. Il serait impossible, dans un article de la nature de celui-ci, de faire connaître toutes les ressources de l'art, et de montrer la route que doit suivre un graveur.

Les tailles dans la gravure sont ordinairement croisées, excepté dans les parties qui approchent des lumières ; et quoiqu'on ait quelquefois gravé avec un seul rang de tailles, cela peut être regardé comme une singularité ou un tour de force qu'on ne doit pas chercher à imiter : il serait également fâcheux de multiplier le croisement des tailles, et on ne le fait que dans les fonds et quelques parties d'ombre. Elles ne doivent pas être toujours de la même force ; on les fait ordinairement plus fines et plus déliées dans les fonds et dans les demi-teintes ; souvent même, en approchant des lumières, on les termine par quelques points qui ont l'air de prolonger la taille.

Les travaux dans les premiers plans doivent être plus larges ; cependant on doit éviter l'abus dans lequel on est souvent tombé depuis quelque temps, de placer sur les devants des tailles qui choquent l'œil par leur épaisseur, et qui laissent entre elles des blancs qu'on est obligé de remplir par de petits moyens qui sont moins un principe de l'art qu'une ressource pour dissimuler une faute.

Quoiqu'on puisse rigoureusement se servir exclusivement du burin, encore est-il rare de n'employer que ce seul instrument ; souvent les linges, les plumes et les parties les plus délicates des chairs sont terminées avec la *pointe sèche.*

2. *La gravure à l'eau-forte.* Lorsqu'on veut graver à l'eau-forte on prend une planche de cuivre, on la vernit, et avec une pointe on dessine, en enlevant ce vernis, qu'on a eu soin de noircir au moyen de la fumée d'un flambeau.

Dans la gravure à l'eau-forte, on en distingue de plusieurs natures, l'une dite *eau-forte* de peintre, et c'est à proprement parler cette manière à laquelle appartient le nom de gravure à l'eau-forte; elle est variée à l'infini dans ses moyens et dans ses résultats. Il serait difficile d'en présenter les principes, les uns ayant pris une pointe fine, d'autres une grosse pointe ou une échope, instrument semblable à la pointe, mais dont le bout présente un triangle irrégulier, dans lequel, suivant la manière de le tenir, on trouve des pleins et des déliés; d'autres variant la grosseur de leur pointe suivant le travail qu'ils veulent faire; quelques-uns mettant un peu de régularité dans leurs travaux; d'autres affectant au contraire de n'avoir aucune méthode, et arrivant également à l'effet qu'ils désirent.

On doit nommer parmi ceux qui se sont fait remarquer dans la gravure à l'eau-forte François Mazzuoli, dit Parmesan, auquel les Italiens ont attribué cette découverte, tandis qu'il est seulement le premier qui s'en soit servi en Italie. D'un autre côté, les Allemands l'ont revendiquée en faveur d'Albert Durer. Cette question peut être maintenant résolue, mais d'une manière assez singulière; car, au lieu d'attribuer cette invention à l'un de ceux à qui on avait voulu en faire honneur, on peut assurer qu'elle est due à Wenceslas d'Olomutz, dont il existe au British Museum une gravure extrêmement curieuse, représentant une figure allégorique et satirique, avec la date de 1496, pièce que je crois unique, et qui a échappé aux recherches de MM. de Heinecke, de Murr et de Bartsch; elle est extrêmement curieuse, puisque par sa date elle montre une antériorité de dix-neuf ans sur les gravures d'Albert Durer, dont la plus ancienne porte l'année 1515, et que celles du Parmesan sont encore plus récentes, ce peintre n'étant né qu'en 1503.

Une autre classe, nommée eaux-fortes de graveur, est destinée à préparer le travail qui doit être terminé au burin. Elle ne présente pas autant de variété dans son apparence: elle est plus régulière; lorsque les tailles s'y croisent, c'est avec un soin particulier; suivant le goût de chacun, elle présente un travail plus ou moins avancé, mais qui ne sera jamais bien que lorsqu'il se trouvera terminé par le burin.

Quelques graveurs ont souvent employé de l'eau forte seule, ou du moins ils ne se sont servis du burin que pour reprendre quelques parties qui n'avaient pas mordu à l'eau-forte. Dans ce cas, leur travail présente la liberté de la pointe, et cependant une régularité de taille que n'offrent pas les eaux-fortes de peintre.

Le travail de la pointe étant terminé, il reste à faire mordre, ce qui consiste à verser sur la planche de l'acide nitrique mélangé d'eau, et auquel on donne le nom d'eau-forte.

3. Gravure au pointillé. Quoique ce genre de gravure semble, au premier aperçu, dériver de la gravure dans le genre du crayon, et que ce nom ait été particulièrement adapté aux gravures qui ont été si fort à la mode en Angleterre à la fin du siècle dernier, encore doit-on dire qu'avec des moyens différents, longtemps auparavant, on avait fait des estampes qui présentaient quelques ressemblances avec ces dernières, en ce que, comme dans celles-ci, leurs auteurs n'employaient aucune espèce de taille, et que l'effet qu'ils obtenaient n'était dû qu'au nombre et à l'intensité de points irréguliers dont ils composaient leurs gravures.

4. Gravure dans le genre du crayon. Cette manière de graver a été inventée dans le dernier siècle; et quoiqu'il y ait eu alors quelque indécision pour savoir quel en était réellement l'inventeur, il est maintenant certain que l'honneur de l'invention appartient à François, et que Demarteaux a perfectionné cette découverte nouvelle à un tel point, qu'il a pu en être regardé comme le créateur.

Pour parvenir à imiter l'irrégularité d'un crayon passé sur les grains du papier, on prend un cuivre préparé et verni, ainsi que cela a déjà été dit; mais au lieu de se servir de la pointe ordinaire, on emploie une pointe divisée en plusieurs parties inégales, et on trace ainsi le contour de sa figure, puis on imite les hachures soit avec ces pointes, soit avec des roulettes qui présentent également à leur circonférence des aspérités inégales.

Cette manière de graver, qui était employée avec succès pour fournir des principes et des études dans un grand nombre d'écoles de dessin, est maintenant bien moins en usage, parce qu'elle est remplacée avec avantage par la lithographie.

5. La gravure en mezzotinte. L'invention de cette manière de graver est due à Louis Siegen, lieutenant au service du prince Robert, palatin, vers 1611: on ignore ce qui a pu l'amener à la découverte de ces procédés, qui, du reste, sont maintenant bien perfectionnés. Lorsqu'on veut graver en mezzotinte, on prend un cuivre plané avec le plus grand soin, et souvent on préfère le cuivre jaune, parce que, son grain étant plus serré et plus fin, on pense qu'il s'use moins vite. On y fait faire le grain par un ouvrier au moyen d'un outil nommé berceau, qui ressemble à un large ciseau, dont le bout, au lieu d'être droit, est la portion d'un cercle: le biseau est strié et présente à l'extrémité une succession de pointes très-aiguës, qui entrent dans la planche au moyen du mouvement que fait l'ouvrier en berçant sa main. Pour faire cette

opération, on passe le berceau successivement par bande dans la hauteur, puis sur la largeur, et ensuite par chaque diagonale, en recommençant jusqu'à vingt fois de chaque côté.

Le graveur alors, sans vernir sa planche, décalque son dessin sur le cuivre même, après quoi il prend un instrument nommé *racloir*; c'est une lame aiguisée des deux côtés, avec laquelle il enlève le grain de la planche, d'abord en entier dans toutes les parties claires, ensuite plus légèrement dans les demi-teintes et les parties plus ou moins ombrées. Quelquefois, au lieu du *racloir*, le graveur emploie l'*ébarboir*, barreau en acier à trois ou quatre faces, et dont les angles, moins aigus que celui du *racloir*, font un travail plus doux. Mais en tout cas dans les clairs purs le *racloir* ne suffit pas, parce qu'il pourrait lui-même occasionner quelques légères rayures, qu'on efface au moyen du *brunissoir*, instrument d'acier très-poli, de la forme d'un crayon aplati.

Cette manière d'opérer, comme on voit, est entièrement opposée à celle de la gravure ordinaire, car la pointe ou le burin, dans la main du graveur, semble faire l'effet d'un crayon noir sur un papier blanc, tandis que dans la mezzotinte le racloir semble être un crayon blanc sur du papier de couleur.

6. *La gravure au lavis*. Les épreuves des planches gravées au lavis offrent quelques ressemblances avec celles qu'on tire des gravures en mezzotinte; mais les procédés qu'on emploie dans cette manière de graver sont si variés et si longs à décrire, qu'il serait déplacé de vouloir les donner avec précision dans cet article. Il suffira de savoir qu'on vernit la planche plusieurs fois, et qu'au moyen d'une encre particulière, on lave comme on le ferait sur du papier, et qu'on fait mordre à plusieurs fois.

7. *Gravure en couleur*. Ce qu'on nomme gravure en couleur n'est pas, à proprement parler, une manière de graver, mais plutôt un procédé particulier d'imprimer plusieurs genres de gravures, au moyen desquels on obtient une estampe coloriée, qui a l'apparence d'un tableau, d'une gouache ou d'une aquarelle.

La mezzotinte et la gravure au lavis sont les seules qu'on emploie, comme étant d'un travail plus facile et plus prompt que les autres, et surtout comme ayant plus de ressemblance avec l'effet du pinceau, et présentant un velouté plus en rapport avec la peinture. Lorsqu'on veut graver un tableau et le rendre avec ses couleurs, on partage ce travail sur trois ou quatre planches, qui seront ensuite imprimées successivement sur la même feuille, et contribueront ainsi à la représentation du même objet.

Il n'est pas besoin de dire qu'on n'emploie que les trois couleurs primitives, le *bleu*, le *jaune* et le *rouge*, leur mélange donnant toutes les autres.

8. *Gravure de musique*. On se sert ordinairement de planches d'étain pour graver la musique; et quoiqu'on emploie le burin pour quelques parties, la plus grande partie du travail se faisant au moyen de poinçons qu'on *frappe* avec un marteau, on pourrait regarder cette manière de graver comme une espèce de ciselure.

9. *Gravure de cachet*. Cet art est mixte, et a quelques rapports avec la gravure au burin, avec la ciselure, et aussi avec la gravure de médailles. Mais la manière d'en tirer épreuve est tout à fait différente de celle qu'on emploie pour imprimer les planches gravées; c'est pourquoi nous ne nous étendrons pas sur les divers procédés, mais nous dirons seulement qu'on se sert alternativement de *burin*, d'*échope* et de *poinçons*.

B. GRAVURE EN TAILLE D'ÉPARGNE. Cette espèce de gravure est bien moins ancienne que la gravure en creux; cependant on ne peut assigner d'une manière précise le pays et l'époque où elle fut d'abord mise en usage; on peut toutefois regarder comme probable que les Chinois la pratiquaient dans le onzième siècle, tandis que c'est seulement dans le commencement du quinzième qu'on en aperçoit des traces en Europe.

Cette manière de graver, plus longue, plus difficile et moins agréable que l'autre, n'a pu être mise en usage que bien après elle; au contraire, l'impression en étant plus simple et plus facile, c'est de cette dernière gravure qu'on a tiré des épreuves en premier. On connaît un saint *Christophe* gravé sur bois en 1423; tandis que ce n'est qu'en 1452 qu'on fit à Florence une épreuve de la gravure en creux sur métal.

La gravure en taille d'épargne s'exécute ordinairement sur du bois; cependant on en fait aussi sur du cuivre pour des estampilles, et sur de l'acier pour des poinçons, des vignettes ou des ornements qu'on emploie particulièrement dans la fabrication des billets de banque, et les ornements que les relieurs placent sur le dos des livres

10. *Gravure à une seule taille*. C'est ordinairement sur du buis qu'on exécute cette gravure; cependant on emploie aussi le poirier pour les objets de grande dimension, ou dont le travail n'exige pas autant de finesse. Lorsque la planche dont on veut se servir est bien dressée et polie, on la saupoudre de *sandaraque*, qu'on frotte avec un papier de manière à l'introduire dans les pores du bois, afin qu'en dessinant l'encre ne s'étende pas irrégulièrement comme sur du papier qui boit,

et que les traits soient bien nets. Alors le dessinateur trace lui-même à la plume la composition qu'il veut publier. Quant à la gravure, elle s'exécute par des artistes d'un ordre inférieur, qui souvent même savent fort peu le dessin, et dont le talent se borne à enlever toutes les parties du bois restées blanches, et à laisser en saillie tous les traits, toutes les hachures qu'a dessinés le peintre, et qui deviennent alors autant de *tailles*.

Cette opération se fait avec une lame longue et étroite, à laquelle on donne aussi le nom de *pointe*, et qui se trouve prise dans un manche rond et fendu par le milieu sur toute la longueur; elle y est fortement serrée au moyen d'une longue virole conique, qui ne laisse sortir qu'un bout de cinq à six lignes de la lame. On se sert de cette pointe de diverses manières : ainsi, pour faire des hachures ou des traits délicats, on tient cette pointe comme un crayon, en l'écartant un peu à droite de la perpendiculaire; puis, après avoir suivi le trait dessiné, on retourne la planche, pour suivre la hachure voisine; par conséquent, l'entre-taille se trouve enlevée, et le sillon triangulaire qu'elle laisse, quoique ressemblant à celui que forme le burin, n'y a aucun rapport, puisque dans la gravure en tailles creuses le sillon du burin ou de la pointe doit être rempli d'encre et produire les traits aperçus sur l'épreuve; tandis que dans celle-ci ce qu'on enlève est la partie qui ne doit point laisser de trace sur le papier, et qu'on *épargne* les tailles qui doivent marquer à l'impression. Lorsqu'il faut donc enfoncer la pointe avec plus de force, au lieu de la tenir de même qu'un crayon, on la prend à pleine main, en laissant passer le bout entre l'annulaire et le petit doigt; par ce moyen, la force du coup ne dépend plus de celle des doigts, mais de celle de la main et du poignet.

Quoiqu'on ait souvent répété que la gravure sur bois a donné naissance à la gravure sur métal, c'est une grande erreur, et il suffit d'avoir la moindre connaissance de la manière d'opérer dans ces deux espèces de gravures, pour être convaincu qu'il n'y a aucun rapport entre elles, et que par conséquent l'habitude de l'une ne peut donner aucune facilité pour l'autre. Aussi ne trouve-t-on point de graveurs qui se soient distingués dans les deux manières. Car si l'on admire les gravures sur cuivre faites par Albert Durer, Lucas de Leyde, Lucas de Cranach et autres, ce serait une erreur de croire que les gravures en bois qui portent leur chiffre soient de leurs propres mains; elles sont seulement faites d'après leurs compositions, ou tout au plus d'après le dessin qu'ils ont tracé eux-mêmes sur la planche de bois. Ces planches ont été gravées par des ouvriers qui travaillaient sous leur direction.

11. *Gravure à plusieurs tailles.* En se servant de l'expression *plusieurs tailles*, il ne faut pas croire qu'on veuille parler du nombre des hachures, ni de leur croisement; mais comme ceux qui exerçaient la gravure sur bois étaient nommés *tailleurs de bois, tailleurs de cartes à jouer*, on a donné le nom de *taille* à la planche même qui avait été *taillée* ou *gravée*; par conséquent, lorsqu'on a fait avec des planches de bois des gravures en couleur, comme il fallait employer deux et même trois planches, on a nommé cette manière *gravure à plusieurs tailles*, ou gravure en *camaïeu*, gravure *en clair-obscur*.

On sent bien que c'est de là qu'est venue la méthode employée pour l'impression des indiennes et des papiers peints.

12. *Gravure en taille d'épargne sur cuivre et sur acier.* Ces deux manières, quoique semblables en apparence à la gravure sur bois, sont exercées par les graveurs de cachets et les graveurs de médailles; les uns font toutes ces estampilles qu'on imprime à la main, et rarement elles sont un objet d'art.

Jansen, *Essai sur l'origine de la gravure en bois et en taille douce, et sur la connaissance des estampes des quinzième et seizième siècles ;* Paris, 1808, 2 vol. in-8°.

Léon de Laborde, *Hist. de la gravure en manière noire ;* Paris, 1839, in-8°.

P. Deleschamps, *Des mordants, des vernis et des planches dans l'art du graveur, ou traité complet de la gravure ;* Paris, 1836, in-8°.

DUCHESNE aîné.

GRÈBE. (*Histoire naturelle.*) Groupe d'oiseaux de l'ordre des palmipèdes, créé par Latham et adopté par tous les ornithologistes. Le corps chez ces oiseaux est long, la tête arrondie, emplumée, le cou allongé; le bec, plus long ordinairement que la tête, est robuste, droit, et présente vers son milieu les narines, qui sont closes en partie par une membrane; les yeux sont à fleur de tête; la langue est légèrement échancrée à son extrémité; les jambes sont courtes, dénuées de plumes à leur extrémité; les tarses sont comprimés; les doigts antérieurs sont réunis à leur base par une membrane; le pouce est isolé, court, et ne porte sur la terre que par son extrémité; les ailes sont moyennes et la queue nulle.

Ces oiseaux vivent habituellement sur la mer; cependant on les trouve souvent aussi dans les rivières; on les rencontre fréquemment dans les archipels peu éloignés des grands continents. Ils nagent avec aisance, plongent souvent, et ont le plumage lustré, comme satiné, et très-serré. Leur nourriture consiste en poissons, insectes, mollusques, vers, etc., qu'ils recherchent au milieu des eaux; ils se nourrissent aussi de plantes marines, et principalement d'algues. Lorsqu'ils viennent à terre, ils se tiennent presque droits et marchent avec difficulté; dans les eaux, quoique plus actifs, ils paraissent néanmoins assez embarrassés; leur vol est excessivement lourd. Tous nichent en automne; mais les jeunes n'ont pris leur livrée définitive qu'à l'âge de deux ou trois ans, circonstance qui rend plus difficile la délimitation des espèces, et n'a pas peu contribué à augmenter inutilement le nombre de celles qu'ont admises la plupart des auteurs. Les grèbes nichent dans l'eau, quelques fois à découvert, d'autres fois au milieu d'une touffe de roseaux ou d'autres plantes aquatiques. Leur nid, qui est flottant, consiste en un amas considérable de débris de végétaux, non pas entrelacés, mais superposés; un simple godet à fleur d'eau est le point qu'occupent les œufs, dont le nombre varie suivant l'espèce.

On connaît une douzaine d'espèces de ce genre, et elles appartiennent à l'ancien et au nouveau continent. L'Europe en possède cinq espèces, dont la plus connue est :

Le GRÈBE HUPPÉ (*Podiceps cristatus* Latham), dont les joues sont pourvues d'une large fraise d'un noir lustré; le bec, plus long que la tête, est rougeâtre; la couleur générale est brune. Se trouve en France, en Angleterre, en Allemagne, etc.

Latham, *Ornithologie*.

E. DESMAREST.

GRÈCE. (*Géographie.*) La Grèce a porté différents noms aux différentes époques de son histoire. Nommée d'abord *Hellade* ('Ελλάς), du nom des *Hellènes* ("Ελληνες), l'une des deux races principales dont se forma sa population, elle fut appelée par les Romains *Græcia*, des *Græci* (Γραικοί), la première des tribus helléniques établies en Italie avec lesquelles ils furent en rapport; enfin, plus tard, quand elle devint province romaine, elle fut appelée *Achaia*, du nom de la *confédération Achéenne*, qui y était alors l'État dominant. *Voyez* ACHAÏE.

Aujourd'hui la Grèce forme un royaume indépendant, dont les limites sont à peu près celles de la province romaine d'Achaïe.

GÉOGRAPHIE ANCIENNE.

Le territoire occupé par la Grèce proprement dite s'étend entre le 37ᵉ et le 40ᵉ degré de latitude Nord, sur une superficie d'environ 4,000 lieues carrées. Il forme une presqu'île, bornée à l'ouest par la mer Ionienne, au sud par la mer de Crète, à l'est par la mer Égée, au nord par les monts Cambuniens et les monts Acrocérauniens, qui séparaient la Grèce de la Macédoine et de l'Illyrie (1).

(1) Ces deux contrées, à une certaine époque, ont fait partie de la confédération hellénique. Mais toutes deux étant dans le livre le sujet d'articles particuliers, il n'en sera pas question ici.

La Grèce était divisée en trois parties distinctes, qu'on peut diviser ainsi : *Grèce septentrionale*, *Grèce centrale* ou *Hellade proprement dite*, *Grèce méridionale* ou *Péloponèse*. Cette dernière ne tient au continent que par un isthme fort étroit, et termine la péninsule Hellénique par une seconde péninsule bien plus caractérisée. A ces trois parties principales il faut ajouter les *Iles* et les *Colonies*.

Le sol de la Grèce est montagneux, surtout dans la partie continentale ou Grèce proprement dite. Une chaîne principale, nommée monts *Helléniques* et quelquefois *Pinde*, du nom de sa partie la plus importante, se prolonge jusqu'au *golfe de Corinthe* d'un côté, jusqu'à l'*Euripe* de l'autre, en prenant différentes dénominations, dont la plupart rappellent des souvenirs historiques ou mythologiques : le *Pinde* proprement dit, le *Timphrestus*, le *Callidrome*, le *Corax*, le *Parnasse*, avec ses dix sommets; le *Lycorée*, la plus haute cime de toute la chaîne; le *Cyrphis*, l'*Hélicon*, le *Libethrius*, le *Cithéron*, le *Parnès*, le *Pentélique*, l'*Hymette*, le *Laurium*. — De cette chaîne se séparent, à l'ouest, une chaîne secondaire qui recevait dans sa partie méridionale les noms d'*Olympe* et de *Thyamis*; à l'est, l'*Othrys*, et l'*Œta*, qui va se terminer sur les bords du golfe Maliaque, au défilé des *Thermopyles*, et dont le mont *Cnemis* est une ramification. — Outre cette grande chaîne centrale, on remarque, près de la côte orientale, une chaîne élevée, dont font partie les monts *Olympe*, *Ossa*, *Pélion*, *Sepias* et *Æantium*.

Les montagnes du Péloponèse, qui paraissent se rattacher à celles du reste de la Grèce, présentent une chaîne principale, qui portait les noms de *Lyrcis*, *Artemisius*, *Cronius*, *Taygetus*, et plusieurs rameaux, dont l'un formait les monts *Cyllène*, *Lampé*, *Pholoé*, *Érymanthe*; un autre, les monts *Ménale*, *Lycée* et *Ithôme*; enfin, le troisième, moins élevé que les deux autres, portait le nom de mont *Zarex*.

Les côtes de la Grèce sont irrégulières et découpées par des golfes nombreux, séparés par des caps ou promontoires, dont les noms sonores rappellent presque tous de grands souvenirs. Ainsi, à l'est, la *mer Égée* forme sur les côtes de la Hellade le golfe *Pélasgique*, le golfe *Maliaque*, et l'*Euripe*, détroit de peu de largeur, qui s'étend entre la Béotie et l'île d'Eubée, et qui offre cette particularité que le flux et le reflux s'y font sentir, dans les nouvelles lunes, jusqu'à douze fois par jour; le golfe *Saronique*, qui renferme les îles d'Égine et de Salamine. — Sur la côte occidentale, que baigne la mer Ionienne, on rencontre le golfe d'*Ambracie*, resserré à son entrée par le promontoire fameux d'*Actium*, et le golfe de *Corinthe*, qui s'enfonce à plus de quarante lieues dans les terres, et va se rapprochant du golfe Saronique, dont il n'est enfin séparé que par l'espace étroit occupé par l'isthme de Corinthe.

Les rivages du Péloponèse sont plus accidentés encore. D'un côté, ils se creusent pour recevoir dans les golfes d'*Hermione* et d'*Argos* les eaux de la mer de Myrtos (*Myrtoum mare*), nom que prend là la mer Égée; de l'autre ils dessinent dans la mer Ionienne les golfes *Chelonites* et *Cyparisius*; enfin au sud, ils forment trois grands caps ou promontoires : le cap *Acritas*, le cap *Ténare*, le cap *Malée*, entre lesquels s'enfoncent les golfes de *Messénie* et de *Laconie*.

La Grèce ne possède pas de grands fleuves, mais elle est arrosée par une foule de petits cours d'eau plus ou moins célèbres. La mer Ionienne reçoit : le *faux Simoïs*, qui sert de décharge au petit lac *Pelodes*, qu'il traverse et dans lequel tombe aussi le *faux Scamandre*; la *Thyamis*; l'*Achéron*, qui traverse le marais *Achérusien* et reçoit le *Cocyte*; l'*Arachtus* ou *Aréthon* et l'*Avos*; l'*Achéloüs*, le plus considérable des fleuves de la Grèce; l'*Événus*, le *Pénée*, l'*Alphée*, le *Pamisus* et l'*Eurotas*. Parmi ces fleuves, les quatre derniers appartiennent au Péloponèse. Dans la mer Égée se jettent l'*Inachus*, l'*Asopus*, le *Sperchius*, et le *Pénée*, qui traverse la célèbre vallée de Tempé, et reçoit plusieurs affluents, dont les plus remarquables sont l'*Apidanus* et le *Titaresius*.

Aux lacs que nous avons cités il faut en ajouter quelques autres, plus importants par leur célébrité que par leur étendue, tels que le lac *Stymphale*, au pied du mont Cyllène, le lac d'*Orchomène*, au sud-ouest du précédent; les marais de *Lerne*, sur les bords du golfe Argolique; enfin, dans la Béotie, le lac *Copaïs*, qui se décharge dans l'Euripe, par des conduits souterrains, qui traversent dans toute son épaisseur le mont *Ptoos*, et que l'on regarde comme un ouvrage des Pélages (1).

Examinons maintenant la géographie politique de chacune des trois parties qui constituaient la Grèce à l'époque où elle jouissait de toute sa grandeur et de toute sa liberté, c'est-à-dire depuis la guerre Médique jusqu'à la fin de la guerre du Péloponèse.

I. *Grèce septentrionale.*

Cette partie s'étendait depuis les limites septentrionales de la Grèce jusqu'au golfe d'Ambracie, et jusqu'à la chaîne du mont Œta vers le sud.

(1) *Voyez* ce mot, et, plus loin, l'art. GRÈCE (*Histoire*). *Voyez* aussi l'art. KATAVOTHRA, dont l'auteur attribue à ces conduits une autre origine.

Elle comprenait les deux contrées connues dans l'histoire sous le nom d'Épire et de Thessalie. La première était à l'ouest de la seconde, et en était séparée par la chaîne du Pinde.

1. L'ÉPIRE était une vaste province, au sol montagneux et mal cultivé, mais riche en gras pâturages, qui nourrissaient de nombreux troupeaux et une race de chevaux célèbre. Ses principales divisions étaient la *Chaonie*, qui s'étendait le long de la mer Ionienne, et avait pour capitale *Chimera*; — la *Thesprotie*, située au sud de la Chaonie, province maritime comme elle, et ayant pour villes principales *Buthrotum* et *Ambracie*; — la *Molosside*, à l'est de la Thesprotie, habitée par l'ancienne et puissante nation des *Molosses*, et dont les villes les plus remarquables étaient *Dodone* et *Passaro*; — l'*Athamanie*, qui était au sud-est de la Molosside, avait pour chef-lieu *Argithea*, et paraît avoir compris la *Dolopie*, ou pays des *Dolopes*.

2. La THESSALIE fut le berceau des peuples grecs. C'est un pays vaste et fertile, qui ne forme en quelque sorte qu'une grande vallée, traversée par le Pénée et ses affluents, et limitée au nord par les monts Cambuniens, à l'ouest par le Pinde, au sud par l'Otrys et l'Œta, à l'est par le Pélion et l'Ossa. La nombreuse race de chevaux qui paissait dans ses riches prairies donna de bonne heure une haute réputation à la cavalerie thessalienne, et fut l'origine de la fable des centaures, moitié hommes et moitié chevaux.

La Thessalie se subdivisait en cinq contrées, savoir : la *Phthiotide*, qui occupait toute la partie méridionale de la province, et renfermait la nation des Maliens, qui donnait son nom au golfe Maliaque, et celle des Æniancs, qui habitait la vallée du Spachius; ses villes principales étaient *Hypate*, *Héraclée*, *Hellas-Lamia* et *Phères*. — La *Magnésie*, péninsule formée par le golfe Pélasgique et le golfe Thermaïque, et qui comptait parmi ses villes remarquables *Magnésie* et *Iolcos*. — La *Pélasgiotide*, au sud des monts Cambuniens et Olympe; elle comprenait la *Perrhébie*, et avait *Larisse* pour capitale et *Gonos* pour ville principale. La vallée de Tempé était située dans cette province. — La *Thessaliotide*, qui occupait le centre de la Thessalie, et dont la ville la plus célèbre était *Pharsale*. C'était le pays des enchantements et de la superstition. — L'*Histiæotide*, qui était située sur les pentes orientales du Pinde et avait pour villes principales *Gomphi* et *Tricca*.

II. *Grèce centrale,* *ou Hellade proprement dite.*

La Grèce centrale contenait neuf contrées.

1. La MÉGARIDE occupait la plus grande partie de l'isthme de Corinthe. C'était une

petite contrée de huit lieues environ de longueur de l'ouest à l'est, sur une largeur de trois à quatre lieues. Sa ville principale était *Mégare*, située à peu de distance du golfe Saronique, sur une petite baie duquel se trouvait son port, appelé *Nisœa*.

2. L'ATTIQUE occupait une péninsule qui s'étend du nord-ouest au sud-est. Elle avait pour bornes, au nord, la Béotie et le détroit de l'Euripe; à l'ouest, la Mégaride; au sud, le golfe Saronique; à l'est, la mer Égée. Sa surface, divisée en trois parties : la *Diacrie* ou région montagneuse, le *Pédion* ou la plaine, et la *Paralie* ou rivage, était, d'après les calculs les plus récents, de quarante milles géographiques carrés. Son sol, naturellement stérile, fut tellement amélioré par le travail de ses habitants, que l'Attique finit par passer pour un pays fertile. — *Athènes*, située entre le Céphisus et l'Ilissus, à peu de distance du golfe Saronique, sur lequel elle avait trois ports, *le Pirée*, *Munichie* et *Phalère*, était sa seule ville importante. Cependant il faut citer *Marathon*, immortalisée par la victoire que Miltiade y remporta sur les Perses; *Éleusis*, célèbre par son temple de Cérès et de Proserpine, et qui communiquait avec Athènes par un chemin appelé la *Voie sacrée*; *Phylé*, et les forteresses d'*Œnoé* et de *Décélie*.

3. La BÉOTIE se trouvait au nord de l'Attique, et s'étendait sur toute la partie orientale de la Hellade proprement dite, depuis la Phocide jusqu'à l'Euripe, depuis le golfe d'Oponte jusqu'au golfe de Corinthe. Quoique couverte en grande partie de montagnes et de marais, elle était fertile en blé et en pâturages; mais son air épais et brumeux contribuait à mériter aux Béotiens la réputation de lourdeur et de stupidité qu'ils avaient entre tous les Grecs. — Ses principales villes étaient : *Thèbes*, capitale, située sur l'Isménus et défendue par une citadelle appelée *Cadmée*; *Platée*, célèbre par la défaite des Perses; *Thespies*; *Orchomène*, qui disputait la prééminence à Thèbes; *Chéronée*, devenue fameuse plus tard par la victoire qu'y remporta Philippe; *Coronée*, où Agésilas vainquit les Athéniens, les Thébains et les Argiens; *Leuctres*, illustrée aussi, postérieurement à l'époque qui nous occupe, par la victoire d'Épaminondas; *Onchestus*, *Tanagra*, *Lébadée*, *Haliarte*, et *Aulis* sur l'Euripe, en face de Chalcis.

4. La PHOCIDE s'étendait, du nord au sud, du mont Œta au golfe de Corinthe; de l'est à l'ouest, de la Béotie à la Doride et à la Locride occidentale. — Ses villes principales étaient : *Delphes*, célèbre par son oracle et par les immenses richesses de son temple; *Élatée*, située sur les frontières de la Thessalie, et qui devint la seconde place de la Phocide; *Anticyre*, située sur le golfe de Corinthe et renom-

mée par son ellébore; *Crissa*, avec un port nommé *Cyrrha*, sur le golfe auquel elle donnait son nom.

5 et 6. La LOCRIDE était séparée par la Phocide en deux districts différents. La *Locride occidentale* était située au sud-ouest, sur la côte du golfe de Corinthe, et la *Locride orientale* au nord-est, sur les rivages méridionaux du golfe Maliaque. — La première était la demeure des *Locriens Ozoles* ou *Hespériens*, qui avaient pour villes principales *Naupacte* (auj. *Lépante*) et *Amphissa*. — La seconde était habitée par les *Locriens Opuntiens*, dont la capitale était *Opus* ou *Oponte*, avec le port de *Cynos*, situé sur le golfe Opuntien, auquel la ville donnait son nom, et par les *Locriens Épicnémidiens* ou habitants du mont Cnémis, qui avaient pour capitale *Thronium*, sur le petit fleuve Boagrius.

7. La DORIDE, petite contrée montagneuse située sur le flanc méridional du mont Œta, avait été le berceau de la race Dorienne. Elle renfermait quatre villes, qui lui firent donner le nom de *Tétrapole Dorienne*, et dont aucune n'eut jamais de célébrité. C'étaient *Pindus*, *Érinéun*, *Boïum* et *Cytinium*.

8. L'ÉTOLIE, bornée à l'ouest par l'Achéloüs et au sud par le golfe de Corinthe, touchait à la Locride et à la Doride à l'est, à la Thessalie et à l'Épire au nord. C'était une des plus grandes contrées de la Grèce : elle avait environ seize lieues de longueur sur sept de largeur. Mais c'était aussi la moins civilisée: le sol y restait inculte; les habitants, grossiers, perfides, endurcis aux fatigues guerrières, vivaient surtout de brigandages. — Leurs principales villes étaient : *Thermus*, au centre de la province, et qui devint plus tard le chef-lieu de la ligue Étolienne; *Calydon*, à quelque distance de l'Événus, et *Chalcis*.

9. L'ACARNANIE, à l'ouest de la Grèce centrale, était renfermée entre la mer Ionienne à l'ouest et au sud, le golfe d'Ambracie au nord, et l'Achéloüs à l'est. Ses habitants étaient aussi sauvages que ceux de l'Étolie. — Ses villes principales étaient : *Stratus* et *Anactorium*. Dans l'île de *Leucade*, qui forma d'abord une presqu'île unie à l'Acarnanie, et en fut ensuite séparée par un canal creusé de main d'homme, se trouvait la ville du même nom, habitée par une colonie corinthienne.

III. *Grèce méridionale ou Péloponèse.*

Cette division de la Grèce se composait de huit États.

1. L'ARCADIE, placée au centre du Péloponèse, touchait ainsi à toutes les autres contrées de cette péninsule. C'était un pays montagneux, bien arrosé, abondant en pâturages,

habité par une population paisible et adonnée à la vie pastorale. — Ses villes principales étaient : *Tégée, Orchomène, Mantinée,* célèbre par la victoire qu'y remporta Épaminondas, et *Mégalopolis,* fondée par le même général, et qui devint la capitale de l'Arcadie.

2. La LACONIE, dont le territoire renfermait environ 100 milles carrés, était bornée au nord par l'Arcadie et l'Argolide ; à l'ouest, par la Messénie et le golfe de Messénie ; au sud par le golfe de Laconie ; à l'est, par le golfe de l'Argolide. Le climat y est inégal, le sol aride et pierreux, mais susceptible néanmoins d'être fertilisé par une bonne culture. — La capitale était *Sparte.* Les autres villes, peu importantes, étaient *Amycles,* autrefois considérable ; *Gythium,* au fond du golfe de Laconie, et regardé comme le port et l'arsenal de Sparte ; *Sellasie,* où furent livrées plusieurs batailles ; *Hélos,* ville jadis puissante, mais réduite à l'état de bourg depuis que les Spartiates en avaient réduit les habitants en esclavage.

3. La MESSÉNIE, contrée de plaines, agréable et fertile, occupait tout l'angle sud-ouest du Péloponèse. Elle était bornée au nord par le fleuve *Neda.* — Ses villes principales étaient : *Andania,* dont *Ira* était probablement la citadelle ; *Messène,* bâtie en 369 av. J.C:, au pied de la montagne fortifiée d'*Ithôme,* qui était devenue si célèbre dans les guerres des Messéniens contre les Spartiates ; *Méthone, Corone,* et *Pylos* (auj. *Navarin*); cette dernière était située vers le fond de la baie qui est couverte par la longue île de Sphacterie.

4. L'ÉLIDE, située au nord de la Messénie, était un pays fertile, peuplé d'habitants paisibles et laborieux. — Parmi ses villes remarquables elle comptait : *Élis,* qui donnait son nom au pays ; *Cyllène,* située sur le golfe auquel elle donnait son nom, et regardée comme le port de la ville précédente ; *Scillonte, Pylos, Pise,* l'ancienne capitale du pays, détruite par les Éléens, et dans les environs de laquelle se trouvait *Olympie,* fameuse par son temple de Jupiter et par les jeux solennels qui s'y célébraient en présence de la Grèce entière.

5. L'ACHAÏE formait la côte septentrionale du Péloponèse. — Elle comptait douze villes, parmi lesquelles il faut mentionner : *Patræ* (auj. *Patras*), voisine du golfe de Corinthe, sur lequel elle possédait un port, le meilleur de toute cette côte ; *Hélice,* ancienne capitale du pays ; *Ægium,* qui fut plus tard le chef-lieu de la ligue achéenne ; *Dyme* et *Pallène.*

6. La SICYONIE, petit pays à l'est de l'Achaïe propre, tirait son nom de sa capitale, *Sicyone,* qui avait un port sur le golfe de Corinthe ; outre cette ville, elle possédait encore *Phlionte,* renommée pour ses vins.

7. La CORINTHIE occupait la partie occidentale de l'isthme qui unit le Péloponèse au reste de la Grèce. C'est un pays aride ; mais sa position sur les deux mers, si favorable au commerce, réparait bien l'infertilité de son territoire. Aussi *Corinthe,* sa capitale, fut-elle fameuse par sa richesse, devenue proverbiale. Elle avait une citadelle sur une montagne (*Acrocorynthe*) et deux ports, l'un sur le golfe de Corinthe et appelé *Lechæum,* l'autre sur le golfe Saronique et nommé *Cenchræ.*

8. L'ARGOLIDE, située au nord-est du Péloponèse, comprenait en outre une assez grande péninsule qui s'étend entre le golfe d'Argos et le golfe Saronique. — Elle renfermait plusieurs des cités les plus anciennement célèbres de la Grèce : *Argos,* sa capitale, avec le port de *Nauplie* ; *Épidaure,* célèbre par son temple d'Esculape ; *Hermione,* renommée par sa pourpre ; *Mycènes,* la rivale d'Argos ; *Némée,* où se célébraient les jeux Néméens ; *Tirynthe, Trézène, Cléones, Lerne.*

IV. *Iles de la Grèce.*

Parmi les îles qui appartenaient à la Grèce trois se font remarquer par leur étendue et leur importance, et méritent une mention particulière. Ce sont :

1. L'EUBÉE, située dans la mer Égée, le long des côtes de la Grèce centrale, dont elle est séparée par l'Euripe. Cette île, fertile en riches pâturages, et abondant en carrières de marbre et d'asbeste, est traversée par une chaîne de hautes montagnes, dont les portions les plus remarquables sont les monts *Telethrius* et *Ocha.* Elle se termine au nord-ouest par le promontoire *Tenœum,* et au sud-est par celui qu'on appelait la *Pointe Blanche* (Λευχή 'Αχτή). — Ses principales villes étaient *Chalcis* (auj. *Négrepont*), capitale de l'île et l'une des plus fortes places de la Grèce, *Érétrie, Caryste, Orée.*

2. La CRÈTE, située au sud de la mer Égée, qu'elle borne de ce côté. Elle se distingue par son étendue (60 lieues de l'est à l'ouest, sur une largeur variable de 3 à 13 lieues). Elle est traversée dans toute sa longueur par la chaîne du mont *Ida,* qui prenait dans sa partie occidentale le nom de *montagnes Blanches,* et vers l'est celui de *mont Dicté.* Le sol de la Crète, léger et pierreux, mais très-fertile dans les plaines et les vallées, produit des vins estimés, de l'huile et des fruits exquis. Les villes principales étaient *Gnosse, Gortyne* et *Cydonia.*

3. CHYPRE, ou *Cypre,* située vis-à-vis des côtes de la Cilicie, dont elle est séparée par un canal qui en porte le nom (*Aulon cilicius*). Cette grande île est traversée dans toute sa longueur par la chaîne élevée du mont *Olympe.* Le climat en est sain et agréable, le sol fertile, les montagnes riches en mines d'or, d'ar-

gent, d'émeraudes et surtout de cuivre. — Les principales villes étaient *Salamine*, *Citium*, *Amathonte*, *Paphos*, *Idalie*.

Les îles moins importantes se divisent en deux catégories, celles qui se trouvent dans la mer Égée, et celles qui sont baignées par la mer Ionienne. Les premières sont :

1. Le groupe des CYCLADES, ainsi nommées par les Grecs, parce qu'ils les croyaient rangées en cercle autour de l'île de *Délos*, la plus petite d'entre elles, mais la plus célèbre par ses souvenirs mythologiques, et la plus importante par son commerce. Après celle-ci, on remarque *Paros*, aride et stérile, mais fameuse par ses beaux marbres blancs, et qui possédait le meilleur port de la mer Égée; *Naxos* ou *Dia*, la plus grande des Cyclades et la plus fertile, surtout en vins excellents; *Andros*, couverte de montagnes entre lesquelles s'étendent de riches vallées; *Mélos* (auj. *Milo*), *Sériphos*, *Téos*, *Ténos*, *Ios*, etc.

2. Les SPORADES, semées dans la mer à l'est des Cyclades, et parmi lesquelles on distingue *Théra* (auj. *Santorin*), *Amorgos*, *Scyros*, etc.

3. Enfin un grand nombre d'îles isolées et ne se rattachant à aucun groupe, telles que *Cythère*, dans le golfe de Laconie; *Salamine* et *Égine* dans le golfe Saronique; *Sciathos*, *Scopelos* et *Halonèse*, sur les côtes de la Thessalie; plus au nord, *Imbros*, *Samothrace* et *Lemnos*.

Dans la mer Ionienne, on trouve, en remontant du sud au nord :

Zacinthe (auj. *Zanthe*), sur les côtes de l'Élide, fertile, quoique couverte de forêts; *Céphalénie*, traversée par la chaîne du mont *Ænus* et découpée par des golfes profonds : elle est située vis-à-vis l'entrée du golfe de Corinthe; *Ithaque*, longue, étroite, couverte de montagnes, et séparée de la précédente par un détroit assez resserré; les *Échinades*, près de l'Acarnanie; *Corcyre* (auj. *Corfou*), appelée par Homère *île des Phéaciens*, et située sur les côtes de l'Épire.

V. Colonies grecques.

La Grèce, trop resserrée dans ses étroites limites, avait déversé son trop-plein sur tout le monde connu; elle avait envoyé des colonies dans toutes les contrées voisines de la Méditerranée, en Europe, en Asie, en Afrique. Nous allons examiner ou plutôt énumérer ces colonies à l'époque de leur plus grande puissance, en les divisant d'après les contrées qu'elles occupaient.

1. *Colonies établies sur les côtes de l'Asie Mineure et dans les îles voisines.* — Ces colonies se partageaient en trois catégories principales, qui portaient le nom des populations grecques auxquelles elles avaient dû leur origine. C'étaient :

La DORIDE, appelée d'abord *Hexapole*, puis *Pentapole des Doriens*, du nombre des villes qu'elle renfermait. Elle occupait deux petites péninsules sur les côtes sud-ouest de la Carie, et les îles do *Cos* et de *Rhodes*. Ses principales villes étaient, sur le continent, *Halicarnasse* et *Cnide*, cette dernière célèbre par son temple de Vénus; dans l'île de Cos, *Astypalée*, qui prit plus tard le nom de *Cos*; dans l'île de Rhodes, *Lindus*, *Ialysus* et *Camirus*, dont la population se réunit ensuite dans une seule ville, qui prit aussi le nom de l'île, et joua sous ce nom un rôle important dans les derniers temps de l'histoire grecque.

L'IONIE, confédération composée de douze villes bâties sur les côtes septentrionales de la Carie, sur les côtes méridionales de la Lydie, et dans les îles de *Chios* et de *Samos*. Les plus importantes de ses villes étaient *Milet*, célèbre par son commerce et par sa puissance maritime; *Éphèse*, fameuse par son temple; *Phocée*, sur la côte méridionale du golfe de Cyme, et qui fut la métropole de Marseille; *Clazomène*, *Erythres*, *Téos*, *Priène*, *Colophon*, et enfin *Chios* et *Samos*, dans les îles de même nom.

L'ÉOLIDE, qui occupait la partie septentrionale des côtes de la Lydie et la partie méridionale de celles de la Mysie, les îles de *Lesbos*, de *Ténédos*, et le groupe d'*Hécatonnèse*. Sur le continent, elle comptait douze villes confédérées, parmi lesquelles les plus importantes étaient *Cyme* ou *Cume*, au sud du golfe auquel elle donnait son nom, et *Smyrne*, avec un vaste et excellent port. Dans l'île de Lesbos, on remarquait *Mitylène*, *Méthymne*, *Éresus*.

En dehors de ces trois grandes confédérations on trouvait encore, sur les côtes méridionales de l'Asie Mineure, *Tarse* et *Soles*, dans la Cilicie; *Side* et *Aspende* dans la Pamphylie; *Phasélis* et *Limyre* dans la Lycie.

Quant aux côtes septentrionales du même pays, elles se trouvent comprises dans le paragraphe suivant (1).

2. *Colonies établies sur les côtes de la Propontide, du Pont-Euxin, du Palus-Méotides et de la Thrace.* — Le plus grand nombre des colonies établies au nord de l'Asie Mineure devaient leur origine à la puissante ville de Milet, et appartenaient par conséquent à la race Ionienne. Parmi elles on remarquait :

Sur l'Hellespont et la Propontide : *Abydos*, sur la côte de Mysie, à l'entrée de l'Hellespont; *Lampsaque*, dans le même pays, célèbre par la beauté de son port, par l'excellence des vignobles qui l'entouraient, et par le culte dont le dieu Priape y était l'objet; *Cyzi-*

---

(1) *Voyez* d'ailleurs l'art. ASIE MINEURE.

que, dont la fondation remontait aux temps fabuleux, et qui était une des nombreuses villes que les nouveaux colons n'avaient pas bâties, mais occupées, agrandies et enrichies; *Byzance*, située dans une magnifique position, qui la destinait à devenir la capitale d'un grand empire; *Périnthe*, nommée par la suite *Héraclée; Chalcédoine*, sur la côte nord-est de la Propontide, presque en face de Byzance : elle avait été fondée avant cette dernière ville, et la maladresse des colons, qui n'avaient pas su choisir le magnifique emplacement qu'ils avaient sous les yeux, l'avait fait nommer la *ville des Aveugles*.

Sur le Pont-Euxin : *Héraclée-du-Pont*, sur la côte septentrionale de la Bithynie, célèbre par sa statue d'Hercule; *Sinope*, en Paphlagonie, la plus puissante des colonies grecques du Pont-Euxin; *Amisus*, dans le Pont; *Trapezus* (auj. *Trébizonte*), avec un beau port, dans le même pays; *Cerasus*, des environs de laquelle le cerisier fut apporté en Europe; *Dioscurias*, sur la côte orientale, un des principaux marchés de ces parages pour le commerce des esclaves; *Phanagorie*, dans une péninsule formée par le Palus-Méotides, le Bosphore, le Pont-Euxin, et le fleuve Hypanis; *Olbia*, à l'embouchure du Borysthène; *Apollonie, Tomes, Odessus, Salmydessus*, etc.

Dans l'intérieur du Palus-Méotides et sur les côtes de la Chersonèse Taurique : *Tanaïs* (auj. *Azof*), à l'embouchure du fleuve, dont elle avait pris le nom, et qui lui apportait toutes les productions de l'intérieur de la Sarmatie; *Panticapée*, qui devint la capitale d'un petit État grec connu plus tard sous le nom de *royaume du Bosphore; Théodosie*, la ville la plus commerçante du pays, grâce à la grandeur et à la sûreté de son port.

Sur les côtes de la Thrace : *Sestos*, à l'endroit le plus resserré de l'Hellespont en face d'Abydos; *Cardie*, à l'embouchure du fleuve Mélas; *Abdère*, l'une des plus anciennes villes de la Thrace, agrandie par une colonie venue de Téos; *Maronée*, dont les environs produisaient un vin célèbre, etc.

Tous les établissements coloniaux dont il a été question jusqu'à présent se trouvaient à l'est de la mère patrie. Nous allons parler maintenant de ceux qui se trouvaient à l'ouest.

3. *Colonies établies en Italie.* — Dès les temps héroïques, des émigrations nombreuses passèrent de la terre grecque sur la terre italienne.

Ainsi, dans l'Italie centrale, furent établies *Spina*, à l'embouchure la plus méridionale du Padus; *Ancône*, sur la mer Adriatique, au fond d'un golfe resserré par deux promontoires qui lui donnent la forme d'un coude (ἀγκών); *Pallantium* et *Tibur; Cumes*, puissante par

sa marine; *Parthénopé*, détruite par les Cuméens et remplacée par *Neapolis* (auj. *Naples*).

Dans l'Italie méridionale ces établissements se multiplièrent tellement, qu'ils firent donner à cette contrée le nom de GRANDE-GRÈCE. C'est là, en effet, que se trouvaient : *Tarente*, qui, placée dans une situation avantageuse, sur le golfe de son nom, parvint bientôt à un haut degré de prospérité, et donna elle-même naissance à d'autres villes, dont les principales furent *Brindes* et *Héraclée; Sybaris*, célèbre par les mœurs efféminées de ses habitants, et qui, détruite par les Crotoniates, fut remplacée par *Thurii; Posidonie* (nommée par les Romains *Pæstum*) et *Métaponte*, fondées par les habitants de cette dernière ville; *Crotone*, fameuse par son athlète et par son école de philosophie; *Locres* (Locri Epizephyrii), qui, moins riche et moins puissante que Sybaris et Crotone, fonda néanmoins *Hippone*, sur le golfe de Terina; *Rhegium* (auj. *Reggio*), sur le détroit qui sépare l'Italie de la Sicile; *Élée, Pyxus, Temesa, Hydronte*, etc.

4. *Colonies établies dans la Sicile et dans les îles voisines.* — La Sicile partageait avec l'Italie inférieure le nom de Grande-Grèce; en effet, les établissements grecs y abondaient. C'étaient principalement, sur la côte orientale : *Zancle*, appelée *Messana* (Messine) depuis l'arrivée d'une colonie de Messéniens; *Tauromenium* (auj. *Taormine*), *Leontium* (auj. *Lentini*), *Catane, Mégare*, et la puissante *Syracuse*. Sur la côte méridionale on trouvait *Camarina, Géla, Acragas* (Agrigente), *Sélinonte*. Sur la côte septentrionale étaient *Égeste* et *Himère*, etc. *Voyez* SICILE.

Lipara, la plus grande des îles Éoliennes ou Vulcaniennes, avait été peuplée, à une époque reculée, par une colonie venue de Cnide.

La *Sardaigne* dut aux Grecs la fondation de *Caralis* (auj. *Cagliari*) et d'*Olbia*.

Enfin, en *Corse, Alalia* ou *Aleria* fut bâtie par une colonie venue de Phocée.

5. *Colonies établies en Gaule et en Espagne.* — Ces contrées si éloignées de la Grèce virent cependant arriver jusque sur leurs rivages ces propagateurs de la civilisation.

La plus célèbre des colonies qui s'établirent en Gaule était *Massilia* (Marseille), fondée par une émigration de Phocéens. Devenue riche et puissante par son commerce, elle fut à son tour la mère de nombreuses colonies, parmi lesquelles il faut citer *Nice, Antipolis* (Antibes), *Olbia, Agatha* (Agde). On y ajoute quelquefois *Caballio* (Cavaillon), *Avenio* (Avignon), et *Nemausus* (Nîmes).

Sur la côte orientale de l'Espagne se trouvaient huit villes grecques, parmi lesquelles il faut nommer *Sagonte*, au sud-ouest de l'embouchure de l'Èbre, et *Emporiœ* (Ampurias), au pied des Pyrénées.

GÉOGRAPHIE MODERNE.

La Grèce, telle qu'elle est actuellement constituée, est un des États de l'Europe méridionale. Compris entre les 36° 23′ et 39° 30′ de latitude nord, et les *18° 23′* et 23° 42′ de longitude est, cet État est borné au nord par l'empire ottoman, à l'ouest par la mer Ionienne, au sud par la Méditerranée, et à l'est par l'Archipel. Sa superficie est de 47,600 kilomètres carrés, sa population de 860,000 habitants.

Nous n'avons pas beaucoup à dire de la géographie physique de la Grèce, déjà décrite plus haut. Nous ne pourrions que répéter les mêmes choses sous d'autres noms. Encore beaucoup, parmi les noms anciens, sont-ils restés tels qu'autrefois. Ainsi, si le Parnasse s'appelle aujourd'hui le *Liacoura;* si l'Achéloüs, l'Eurotas, l'Alphée, l'Achéron, sont devenus l'*Aspropotamo*, l'*Iri*, le *Rouphia*, le *Macropotamo;* si l'île d'Eubée se nomme à présent *Négrepont;* si le cap Ténare est le cap *Matapan*, le Taygète, l'Asope, le Céphise, Naxos et Leucade ont gardé leurs noms. Il en est de même pour la plupart des cités, dont *les appellations sonores rappellent encore les grands souvenirs d'autrefois.*

Le sol, fertile comme aux temps antiques, et favorisé par un magnifique climat, n'attend *pour produire qu'une culture intelligente et soigneuse.* Les montagnes, couvertes de belles forêts et abondant en richesses minérales, appellent l'exploitation. Les matières premières s'offrent à l'industrie manufacturière, qui ne sait pas les employer. Aussi le commerce de ce beau pays se réduit-il à l'exportation de l'huile d'olives, des merrains, des peaux, des soies grèges, des laines et des fruits de table.

La population se compose des Grecs ou Hellènes proprement dits dans la Grèce continentale, et des Maïnotes dans la Morée (l'ancien Péloponèse). On y trouve aussi, et en nombre assez considérable, des Albanais, des Bulgares et des Valaques, et en outre beaucoup d'Européens occidentaux, surtout des Français, des Anglais, des Bavarois.

Le gouvernement est une monarchie constitutionnelle; le pouvoir est partagé entre le roi, le sénat et la chambre des députés. La religion de l'État est la catholique grecque, qui y compte un synode supérieur, seize métropolitains et dix-sept évêques. L'armée se compose d'environ 4,000 hommes et la flotte de trente petits bâtiments. Les revenus sont évalués à plus de seize millions de francs.

La Grèce, divisée primitivement en dix *monarchies*, est partagée, depuis 1838, en vingt-quatre *diocèses* ou départements. En

voici les noms, avec ceux de leurs chefs-lieux :

Argolide, *Nauplie;* Hydra, *Hydra;* Corinthie, *Sicyone;* Achaïe, *Patras;* Cyllénie ou Kynèthe, *Calavryta;* Élide ou Élée, *Pyrgos;* Triphylie, *Cyparissia;* Messénie, *Calamata;* Mantinée, *Tripolitza;* Gortyne, *Carithéna;* Lacédémone, *Sparte;* Laconie ou Maïna, *Axiopolis;* Étolie, *Missolonghi;* Acarnanie, *Argos;* Eurytanie, *Œchalie;* Phocide, *Amphisse;* Phthiotide, *Lamia;* Attique, *Athènes;* Béotie, *Livadie;* Eubée, *Chalcis;* Tinos et Andros, *Tinos;* Syra, *Syra;* Naxos-et-Paros, *Naxos;* Théra, *Théra.* — On voit, par leurs noms, que plusieurs de ces départements, entre autres les cinq derniers, se composent des îles qui dépendent de la Grèce.

A cette division il faut ajouter sept *hypodiocèses* (sous-diocèses) ou arrondissements qui se rattachent aux diocèses; ce sont ceux de Spezzia-et-Hermione, département du diocèse d'Argolide; de Pylie, département de la Messénie; de Trichonie, département de l'Étolie; de Locride, département de la Phthiotide; de Mégare-et-Égine, département de l'Attique; de Sciathos, département de l'Eubée; de Milos, département de Syra.

Le siége du gouvernement grec a été transféré successivement, pendant la guerre de l'Indépendance, dans les villes de *Nauplie*, de *Damala*, de *Trézène*, d'*Égine*, de *Paros*, de *Spezzia*, d'*Argos*. Depuis 1834 il est fixé à ATHÈNES, devenue définitivement la capitale du royaume. *Syra*, *Patras*, *Nauplie*, *Corinthe*, *Hydra*, en sont les principaux ports et les places de commerce les plus importantes. *Navarin*, sur le golfe du même nom, est la station de la marine militaire.

Kiepert, *Atlas topographique et historique de la Grèce ancienne et de ses colonies*, Leipzig, 1846, in-fol. (allem.).

Pausanias, *Description de la Grèce*; éd. de L. Dindorf, dans la *Bibliothèque Grecque* de F. Didot; Paris, 1845, gr. in-8°. — Le même, traduit en français par Clavier, Paris, 1814-1823, 7 vol. in-8°.

Strabon, *Géographie*; éd. de Gust. Kramer; Berlin, 1844 et années suiv. — Le même, traduit par Laporte du Theil, Gosselin, Coray et Letronne; Paris, 1805-1819, 5 vol. in-4°.

Gosselin, *Géographie des Grecs analysée*; Paris, 1790, in-4°. — *Recherches sur la géographie des anciens;* Paris, 1797, 4 vol. in-4°.

C. Mannert, *Géographie der Griechen und Rœmer*; Nuremberg, 1788-1825, 18 vol. in-8°.

J. A. Cramer, *Description of ancient Greece*; Oxford, 1828, 3 vol. in-8°.

F. C. A. Kruse, *Hellas, oder geograph. antiq. Darstellung des alt. Griechenland und seinen Colonien*; Leipzig, 1825, 4 part. en 5 vol. in-8° et atlas in-fol.

Hoffmann, *La Grèce et les Grecs dans l'antiquité*; Leipzig, 1841, in-8° (allem.).

Fél. Ansart, *Essai de géographie historique ancienne*; Paris, 1837, in-8°.

Neigebaur et Aldenhoven, *Manuel du voyageur en Grèce*; Leipzig, 1842, 2 vol. in-12 (allem.).

Aldenhoven, *Itinéraire descriptif de l'Attique et du Péloponèse*; Athènes, 1841, in-8°.
J. A. Buchon, *La Grèce continentale et la Morée*; Paris, 1843, in-12.

LÉON RENIER.

GRÈCE. (*Histoire.*) La Grèce, presqu'île projetée dans la Méditerranée, ne tient au continent européen que par sa partie septentrionale; aussi est-ce de ce côté que lui sont venus ses premiers habitants, d'abord les *Pélasges*, peuple industrieux et pacifique, puis les *Græci* ou *Hellènes*, peuple belliqueux, qui soumirent facilement les premiers occupants, en firent leurs esclaves, et effacèrent jusqu'à leur nom. La Grèce en effet prit alors le nom de Hellade.

Ce fut dans le quinzième et le quatorzième siècle avant l'ère chrétienne, que la race hellénique devint dominante dans la Grèce.

Déjà les habitudes de la vie sauvage faisaient place dans ce pays à des mœurs plus sédentaires; déjà les tribus errantes se fixaient sous les ordres de leurs chefs ou rois; déjà les villes s'élevaient, lorsque, entre les deux invasions que nous venons de rappeler, des colonies parties des côtes de la Phénicie, de l'Asie Mineure et de l'Égypte, vinrent accélérer ce changement en apportant sur le sol grec les germes d'une civilisation nouvelle. L'Égypte surtout exerça une grande influence; car les traditions nous montrent un Égyptien à l'origine de la civilisation de presque toutes les villes grecques : Inachus et Danaüs à Argos, Lélex à Mégare, Cécrops à Athènes. A Thèbes ce fut un Phénicien, Cadmus, qui joua ce rôle de premier législateur. Grâce à ces étrangers, auxquels il faut joindre encore des Crétois et des Thraces, les mœurs s'adoucirent, les travaux communs s'organisèrent; la culture des terres fonda la propriété, la propriété fit naître les idées de justice; en un mot, la société se constitua.

Les descendants des premiers Hellènes étaient divisés en quatre races distinctes, qui tiraient leurs noms des premiers chefs auxquels elles avaient obéi; *Hellen*, fils de Deucalion, avait engendré Dorus, Æolus et Xuthus; mais ce dernier était mort jeune, et ses deux fils, *Ion* et *Achæus*, avaient hérité de ses droits, et partagé avec leurs oncles l'empire et la race d'Hellen. De là quatre peuples : les *Doriens*, les *Éoliens*, les *Ioniens* et les *Achéens*.

Dans les premiers temps la plus grande puissance appartenait à ces derniers, qui occupaient presque tout le Péloponèse. Il en fut ainsi pendant toute la période qu'on appelle les temps héroïques. Alors l'histoire se réduit aux exploits individuels; des hommes élevés au-dessus des autres par leur force et leur courage accomplissent seuls des actes de justice et d'humanité, domptant les bêtes sauvages, tuant les brigands, écartant les fléaux de toute espèce. Hercule et Thésée, héros pendant leur vie, demi-dieux après leur mort, jouent le premier rôle dans cette histoire, où les peuples sont représentés par des individus. Cependant c'est de leur temps qu'eut lieu la première entreprise nationale faite par les Grecs : il s'agit de l'*expédition des Argonautes*, à laquelle tous deux prirent part, et qui avait pour but véritable de purger les mers des brigands qui les infestaient.

Après le voyage du navire Argo, deux grandes guerres, nationales aussi, l'une dans le pays même, l'autre au dehors, sont les plus importants événements de cette période, qui appartient moins à l'histoire qu'à la poésie. La première est la *guerre de Thèbes*. Étéocle, un des fils d'Œdipe, le martyr de la fatalité, inceste et parricide, ayant chassé son frère Polynice, celui-ci revint l'assiéger dans Thèbes, suivi de sept héros qu'on appelle ordinairement les *sept chefs*. Les deux frères s'entre-tuèrent dans un combat, et des sept héros, un seul, *Adraste*, survécut à cette guerre. Mais leurs fils, devenus grands, s'allièrent à leur tour pour les venger; et renouvelant la guerre, qu'on appela alors *guerre des Épigones* (descendants), ils s'emparèrent de Thèbes et mirent sur le trône Thersandre, fils de Polynice.

Le second de ces grands événements, plus célèbre et plus important, est la *guerre de Troie*. Pâris ou Alexandre, fils de Priam, ayant enlevé Hélène, épouse de Ménélas, roi de Sparte, fournit le motif, ou peut-être le prétexte de cette guerre, dont le résultat, dans l'hypothèse d'une victoire, devait être si avantageux aux Grecs, en les rendant maîtres du commerce de la mer Noire.

A la nouvelle de l'outrage la Grèce tout entière avait pris les armes. « Si des princes refusent d'abord d'entrer dans la confédération, ils sont bientôt entraînés par l'éloquence persuasive du vieux Nestor, roi de Pylos, et par les discours insidieux d'Ulysse, roi d'Ithaque; par l'exemple d'Ajax, de Salamine; de Diomède, d'Argos; d'Idoménée, de Crète; d'Achille, fils de Pélée, qui régnait dans un canton de la Thessalie, et d'une foule de jeunes guerriers. Après de longs préparatifs l'armée, forte d'environ cent mille hommes, se rassemble au port d'Aulis, et près de douze cents voiles la transportent sur les rives de la Troade (1). » Le siége de Troie dura dix ans (1199-1189). Enfin la ville tomba sous les efforts des Grecs. Ce succès, si lent à venir, fut acheté par la mort de plusieurs entre les chefs les plus illustres; et le retour des survivants fut marqué par les plus sinistres revers. « Mnesthée, roi d'Athènes, finit ses jours dans

(1) Barthélemy, *Voyage du jeune Anacharsis*, Introduction.

22.

l'île de Mélos; Ajax, roi des Locriens, périt avec sa flotte; Ulysse, plus malheureux, eut souvent à craindre le même sort pendant les longues années qu'il erra sur les flots. D'autres, *encore plus à plaindre, furent reçus dans leur famille comme des étrangers*.... Trahis par leurs parents et leurs amis, la plupart allèrent, sous la conduite d'Idoménée, de Philoctète, de Diomède et de Teucer, en chercher de nouveaux en des pays inconnus (1). »

Divers mouvements de population, tels que l'invasion des Thessaliens dans l'Hémonie, et l'émigration des Éoliens sur les côtes de l'Asie Mineure, eurent lieu pendant les quatre-vingts ans qui suivirent la guerre de Troie, et servirent de prélude à une révolution plus importante. Les descendants de Pélops, qui régnaient sur le Péloponèse, en avaient expulsé la famille royale d'Argos et de Mycènes, qui descendait d'Hercule. Les Héraclides, réfugiés parmi les Doriens de la Thessalie, profitèrent des dissensions qui éclatèrent en Grèce après la prise de Troie, et tentèrent de recouvrer leur héritage. Après trois expéditions inutiles, reconnaissant qu'il était trop difficile de forcer le passage de l'isthme de Corinthe, si aisé à défendre, ils construisirent une flotte, descendirent sur les côtes de l'Égialée, et s'emparèrent d'Argos, de Lacédémone et de la Messénie. Maîtres ainsi du Péloponèse, ils le partagèrent entre eux : Téménus eut Argos et Mycènes; Cresphonte, la Messénie; les deux fils d'Aristodème, la Laconie et Sparte. Alors s'arrêta le grand mouvement commencé par les Pélasges et cette perpétuelle fluctuation des peuples. Alors les diverses tribus songèrent à s'asseoir solidement sur le sol qu'elles occupaient et à organiser leur constitution intérieure. La plupart des États adoptèrent le gouvernement républicain, en lui donnant différentes formes. Les temps héroïques sont finis; les temps historiques commencent.

Tableau chronologique de l'histoire grecque, depuis le commencement des temps historiques, jusqu'à la réduction de la Grèce en province romaine (2).

PREMIÈRE PÉRIODE.

1104 — 500 av. J. C.

Retour des Héraclides (3).

Av. J. C. 1104. Les Doriens, conduits par les descendants d'Hercule, chassent les Achéens de l'est et du sud du Péloponèse (1). Les Héraclides se partagent leur conquête (2) : Téménus obtient l'Argolide (3), Aristodème (ses deux fils Eurysthène et Proclès) la Laconie (4), Cresphonte la Messénie (5), l'Étolien Oxylus l'Élide (6).

Les Achéens expulsés par les Doriens vont à leur tour, sous la conduite de Tisamène fils d'Oreste, chasser les Ioniens du pays (7) que ceux-ci occupaient sur la côte septentrionale du Péloponèse (8).

Env. 1080. Expéditions partielles des Doriens, qui s'emparent successivement d'Épidaure (9), de Trézène (10), d'Égine (11), de Sicyone (12), de Phlionte (13) et de Corinthe (14).

1068. Leur tentative contre Athènes échoue par le dévouement de Codrus (15). En se retirant, ils fondent Mégare (16).

Colonies d'Asie.

De 1069 à 1006. Les Éoliens, refoulés hors de la Thessalie et de la Béotie par les migrations des Thessaliens et des Béotiens (17), s'embarquent sous la conduite de Penthilus et de ses fils, pour aller fonder des colonies sur la côte nord-ouest de l'Asie Mineure et dans les îles adjacentes (18).

Env. 1050. Diverses troupes de Doriens vont s'établir en Crète (19), dans plusieurs îles au sud de la mer Égée (20), sur la côte sud-ouest de l'Asie Mineure et dans les îles adjacentes (21).

(1) Barthélemy, *Voyage du jeune Anacharsis*, introduction.

(2) La première partie de ce tableau, jusqu'à la mort d'Alexandre, est due à M. É.-A. Bétant, *professeur à l'Académie de Genève*, qui l'a déjà fait imprimer à la suite de sa traduction de l'*Histoire grecque* de Gemistus Pletho; Genève, 1841, in-12.

(3) Hérodote, IX, 26, parle de la tentative que fit Hyllus, fils d'Hercule, pour rentrer en possession du royaume de Mycènes; mais il ne raconte pas la grande expédition des Doriens. *Voy.* aussi Thucydide, I, 9.

(1) Thucydide, I, 12, fixe la date de cet événement à l'an 80 après la guerre de Troie. *Voy.* aussi Isocrate. *Archid.* 6, et *Panath.* 99; Diodore de Sicile, IV, 58; Apollodore, II, 8; Pausanias, II, 18.

(2) Ruse de Cresphonte pour s'assurer le meilleur lot; Pausan. IV, 3.

(3) Pausan. II, 19 et 38. Étendue de l'Argolide à cette époque; Hérod. I, 82.

(4) Origine des deux familles régnantes à Sparte; Hérod. VI, 52; Plutarque, *Vie de Lysand.* 29; Pausan. III, 1.

(5) Pausan. IV, 3.

(6) Pausan. V, 3 et 4; Strabon, VIII, 3.

(7) Strabon, VIII, 7.

(8) Hérod. I, 145; Polybe, II, 41; Strab. VII, 8, et VIII, 7; Diod. VII, 6.

(9) Sous la conduite de Déiphonte; Pausan. II, 26. Aventure d'Hyrnétho; *ibid.* 28.

(10) Pausan. II, 30.

(11) Hérod. VIII, 46; Pausan. II, 29. Leur chef s'appelait Triaco; Schol. Pind. *In Nem.* III, 1; Tzetzès, *In Lycoph.* 176.

(12) Sous la conduite de Phalcès, fils de Téménus; Pausan. II, 6.

(13) Sous la conduite de Régnidas; Pausan. II, 13.

(14) Sous la conduite d'Alétès; Thuc. IV, 42; Apollod. II 8.

(15) Lycurgue, *In Leocrat.* 20; Pausan. VII, 25.

(16) Hérod. V, 76; Strab. IX, 1.

(17) Thuc. I, 12.

(18) Hérod. I, 149, donne la liste des douze villes fondées par les Éoliens sur le continent; la plus considérable était Cymé, surnommée *Phriconis*, près de laquelle était le *Panœolium*, lieu de rassemblement de la confédération éolienne. Les villes insulaires étaient au nombre de sept, dont cinq à Lesbos (Mitylène, Méthymne, Antissa, Érésus, Pyrrha), une à Ténédos et une aux Hécatonnèses. *Voy.* Strab. XIII, 1, et Pausan. III, 2.

(19) Dans les villes de Gnosse, Lyctos et Gortyne; Strab X, 4.

(20) Par exemple à Théra, sous la conduite de l'Héraclide Théras, Hérod. IV, 147, et à Mélos, Thuc. V, 84.

(21) Villes du continent : Cnide et Halicarnasse. Iles : Cos et Rhodes (Ialysus, Camirus et Linde). Ces villes formaient une confédération, qui avait pour

1050. Les Athéniens abolissent chez eux la royauté, et remplacent les rois par des *Archontes viagers*, dont le premier est Médon, fils aîné de Codrus (1).

1044. Les Ioniens, qui après leur expulsion du Péloponèse par les Achéens avaient trouvé un refuge en Attique, abandonnent ce pays, et vont, sous la conduite de Nélée, d'Androclus et d'autres fils de Codrus, fonder des colonies sur la côte ouest de l'Asie Mineure et dans les îles voisines (2).

Env. **1030.** Sous le règne d'Agis et de Soüs à Sparte (3), *une partie des anciens habitants* du pays (*Périèques*) s'insurgent contre les Spartiates ou descendants des conquérants doriens. Ils sont soumis par la force des armes, et réduits à la condition d'esclaves publics, sous le nom d'*Hilotes* (4).

D'env. **1000 à 800.** Progrès des Grecs d'Asie dans le commerce, les arts et la civilisation. Ils doivent ces progrès à l'excellence de leur climat, à leur position avantageuse pour le commerce maritime, et à leurs relations avec les grandes monarchies asiatiques (5).

Sur la fin de cette période, les Grecs d'Asie, se laissant corrompre par leur prospérité, tombent dans la force et la mollesse, qui amènent leur décadence (6). Au lieu de rester unis, ils se divisent, séparent leurs intérêts (7), et quelquefois même se font la guerre les uns aux autres (8).

point central le temple d'Apollon situé sur le promontoire Triopium; Hérod. I, 144; Thuc. VIII, 35.

(1) Cette charge était héréditaire dans la famille de Codrus. Il y eut successivement treize archontes viagers. Cette magistrature ne différait guère de la royauté qu'en ce que l'archonte était responsable; c'était un premier pas vers la démocratie; Lycurg. *In Leocrat.* 20; Pausan. I, 39, et VII, 2; Schol. d'Aristoph. *Nub.* 2.

(2) Sur leur passage ils formèrent des établissements dans quelques-unes des Cyclades, par exemple à Délos, Strab. X, 5, où les Ioniens célébraient anciennement une fête, Thuc. III, 104. Les Ioniens fondèrent douze villes en Asie, dix sur le continent : Phocée, Clazomènes, Érythres, Téos, Priène, Colophon, Lébédos, Myonte, Éphèse et Milet; deux dans les îles voisines : Chios et Samos. Hérod. I, 142-148; Strab. XIV, 1; Pausan. VII, 2. Plus tard la ville éolienne de Smyrne y fut ajoutée; Hérod. I, 150. Les Ioniens d'Asie étaient unis par une confédération, dont le centre était le temple de Neptune Héliconien, sur le promontoire Mycale, où se célébraient aussi les fêtes *Panionia;* Hérod. I, 143, 148, 170; VI, 7; Strab. XIV, 1; Denys d'Halicarnasse, *Hist.* IV, 25.

(3) Strab. VIII, 6; Plut. *Vie de Lyc.* 2. Mais Pausanias, III, 2, place cet événement sous le règne d'Alcamène (787-750 av. J. C.).

(4) On fait dériver ce mot d'*Hélos* en Laconie, en supposant que cette ville fut le foyer de la rébellion.

(5) On manque de renseignements historiques sur l'époque florissante des Grecs d'Asie; mais on peut juger de l'étendue de leur commerce par le nombre des colonies qu'ils fondèrent. Les Milésiens seuls en avaient fondé quatre-vingts (Plin. *Hist. nat.* V, 29), pour la plupart sur les rives de la Propontide, de l'Hellespont, et jusque dans la Chersonèse Taurique. Les Phocéens avaient dirigé leur commerce vers l'ouest, dans toute la Méditerranée, jusqu'aux colonnes d'Hercule; Hérod. I, 163. Ils fondèrent plusieurs colonies, entre autres Marseille; Thuc. I, 13; Strab. IV, 1.

(6) Plut. *Vie de Lyc.* 4; Diod. *Fragm.* 531; Athénée, XII, 26-31, et XIV, 19, 20.

(7) Hérod. I, 141.

(8) Samos et Milet, dans la guerre de Chalcis et d'Érétrie, Hérod. V, 99, et plus tard au sujet de Priène,

Env. **900.** Les poèmes attribués à Homère se répandent en Ionie (1).

Progrès des Lacédémoniens.

885. Lycurgue gouverne Lacédémone en qualité de tuteur de son neveu Charilaüs (2). Il met un terme à l'anarchie qui régnait parmi les Spartiates, en leur donnant des lois (3). De concert avec Iphitus, roi d'Élis, il règle la célébration des jeux Olympiques, dont il assure la périodicité (4).

De **880 à 810.** L'esprit guerrier des Spartiates, développé par les institutions de Lycurgue, commence à se montrer, sous les rois Charilaüs, Taléclès, et Alcamène, par l'entier assujettissement de tous les restes de l'ancienne population achéenne en Laconie (5) et ensuite par des attaques dirigées contre les peuples du voisinage, les Argiens (6) et les Arcadiens (7).

Thuc. I, 115; Samos et Éphèse, Pausan. V, 4; Samos et Priène, Plut. *Quest. gr.* 20; Priène et Milet, ibid. Schol. d'Aristoph. *Pac.* 359; Chios et Milet contre Érythres, Hérod. I, 18; Milet et Érythres contre Naxos, Plut. *Virt. mul.;* Polyen, VIII, 36; Myonte et Milet, Polyen, VIII, 35.

(1) Il règne une extrême incertitude sur la personne et sur l'époque d'Homère; Hérodote, II, 53, dit qu'il vécut 400 ans avant lui, c'est-à-dire 884 avant J. C. L'auteur de la *Vie d'Homère*, faussement attribuée à Hérodote, dit qu'il naquit 622 ans avant l'expédition de Xerxès, c'est-à-dire 1102 ans av. J. C. Les poèmes d'Homère qui étaient chantés en Ionie furent apportés pour la première fois en Grèce par Lycurgue le législateur; Plut. *Vie de Lyc.* 4; Josèphe, *In Apion.* I, 2.

(2) Aristote, *Pol.* II, 7; Strab. X, 4; Plut. *Vie de Lyc.* 3. Dans Hérodote, I, 65, ce neveu est Léobotas, ce qui ferait remonter l'époque de Lycurgue à 995 av. J. C.

(3) Hérod. I, 65; Plut. *Vie de Lyc.* 2. Les lois de Lycurgue étaient moins des institutions nouvelles que la réintégration des anciennes coutumes des Doriens. Les principaux traits de cette constitution étaient : le principe aristocratique dominant dans le gouvernement; le respect pour les usages anciens et l'éloignement pour toute innovation d'origine étrangère; la subordination de toutes les classes de citoyens; la simplicité et la régularité des mœurs; l'importance donnée à l'éducation des enfants et à la gymnastique, qui formait une population guerrière; les repas communs, qui entretenaient la sobriété; la répartition des terres en domaines inaliénables; l'interdiction de toute industrie lucrative; en un mot l'absorption de la vie privée dans la vie publique. Au reste, les lois sur l'éducation et la manière de vivre ne concernaient que les Spartiates proprement dits. Les Périèques continuèrent à habiter les petites villes de la Laconie, et à posséder leurs terres sous charge d'une redevance. Sur la constitution de Sparte, *voyez* Aristote, *Pol.* II, 6; Xénophon, *Rép. des Lacéd.*; Thucydide, *Discours du* 1er *livre,* c. 73-86 et 121-124; Plutarque, *Vie de Lycurgue* et *Institutions des Lacédémoniens;* Justin, III, 5.

(4) Pausan. V, 4 et 8. Depuis la publication des jeux, il devait y avoir une suspension d'armes dans tout le Péloponèse; les infractions à cette trève sacrée étaient punies d'une amende payable au temple de Jupiter; Thuc. V, 49. L'Élide, où se célébraient les jeux, devait jouir d'une paix perpétuelle; Polyb. IV, 16.

(5) Alors seulement furent soumises les villes d'Ægys, de Phares, de Géronthres, d'Hélos et d'Amycles; Pausan. III, 2.

(6) Charilaüs et plus tard Nicandre envahissent l'Argolide; Pausan. III, 7.

(7) Hérod. I, 66. L'expédition contre Tégée fut repoussée par le courage des habitants, dont les femmes

Env. 800. Guerre entre Chalcis et Érétrie ; presque toute la Grèce y prend part (1).

776. Corébus, le premier vainqueur aux jeux Olympiques dont le nom soit connu (2). Commencement de l'ère des olympiades (3). •

754. Institution des éphores à Sparte (4).

742. La durée de l'archontat à Athènes est réduite à dix ans. Alcméon, dernier des archontes viagers ; Charon premier des archontes décennaux (5).

748. A Corinthe la royauté est changée en oligarchie. L'autorité demeure dans la famille des Bacchiades pendant quatre-vingt-dix ans (6).

Phidon, roi d'Argos, dixième descendant de Téménus, étend sa domination sur une grande partie du Péloponèse. Il préside aux jeux Olympiques, en enlevant cette prérogative aux Éléens (7).

même prirent les armes; le roi Charilaüs fut fait prisonnier par les Tégéates ; Pausan. VIII, 48.

(1) Hérod. V, 99 ; Thuc. I , 13. Le sujet de la guerre était la plaine fertile de Lélanton ; Strab. X, I.

(2) Il était Éléen et fut vainqueur à la course du stade, qui était originairement le seul combat ; Pausan. V, 8 ; Strab. VIII, 3. Plus tard on ajouta le pentathle (saut, disque, javelot, lutte, course), le pugilat, la course armée, et enfin la course des chars, qui passait pour la plus honorable. Pendant plusieurs siècles les Grecs eurent seuls le droit de disputer les prix ; Hérod. V, 22 ; mais dans les derniers temps on y admit aussi des Macédoniens, des Épirotes, des Thraces et même des Romains. Les jeux Olympiques se célébraient tous les quatre ans, à l'époque de la pleine lune qui suivait le solstice d'été, ce qui correspond en moyenne au 1ᵉʳ juillet.

(3) Hérodote fait ses calculs chronologiques d'après les générations d'hommes, à raison de trois par siècle, II, 142. Chaque peuple de la Grèce comptait les années d'après sa principale magistrature, les Athéniens d'après leurs archontes, les Lacédémoniens d'après leurs éphores, les Argiens d'après les prêtresses du temple de Junon. Pour les événements importants, Thucydide réunit ces différentes dates ; il indique aussi quelquefois le vainqueur aux jeux Olympiques, III, 8 ; V, 49. Xénophon, dans son Histoire grecque, compte d'après les olympiades ; mais on présume que ces indications ont été ajoutées par une main plus récente. Au rapport de Polybe , XII, 12, l'historien Timée (contemporain d'Alexandre, et dont il ne reste que quelques fragments), fut le premier qui s'efforça d'établir l'ère commune des olympiades. Mais ce n'est que dans Polybe (2ᵉ siècle av. J. C.), et surtout dans Diodore de Sicile (contemporain d'Auguste), que cette ère est suivie avec régularité. Pour réduire les olympiades en années avant l'ère chrétienne, il faut multiplier par 4 le nombre moins un de l'olympiade donnée, ajouter au ·produit le chiffre moins un ·de l'année de cette olympiade, et retrancher cette somme de 776.

(4) Hérodote, I, 65, et Xénophon, Rep. Lac. 8, attribuent à Lycurgue l'institution des éphores, que la plupart des auteurs placent cent trente ans plus tard, sous le règne de Théopompe ; Arist. Pol. V, 11 ; Plut. Vie de Lyc. 7 ; Cicéron, De leg. III, 7 ; De rep. II, 33 ; Dion Chrys. 36.

(5) Velleius Paterculus, I, 8.

(6) Télestas fut le dernier des rois de Corinthe; après lui la ville fut gouvernée par des prytanes annuels ; Pausan. II, 4. Les Bacchiades étaient une famille nombreuse, qui tirait son nom de Bacchis, quatrième descendant de l'Héraclide Alétès ; Hérod. V, 92 ; Diod. frag. 638 ; Strab. VIII, 6.

(7) Ce fut lui qui introduisit dans le Péloponèse l'usage de poids , de mesures et de monnaies uniformes ; Hérod. VI, 127 ; Strab. VIII, 3 ; Pausan. VI, 22. Son arrogance et sa tyrannie le rendirent odieux à tous les Grecs, et il fut enfin renversé par les Lacédémoniens,

---

Guerres de Messénie.

743. Première guerre. Les Spartiates envahissent la Messénie sans déclaration de guerre. Leurs prétextes sont : l'insulte faite par des Messéniens à de jeunes filles lacédémoniennes dans le temple de Diane Limnatis, le meurtre du roi Téléclès, et quelques démêlés relatifs à des troupeaux. Le chef des Messéniens est leur roi Euphaès, celui des Lacédémoniens Alcamène (1).

740. Chalcis et Érétrie fondent, sur le littoral de la Thrace, les villes dites de la Chalcidique (2).

737. Après de beaux faits d'armes, les Messé- ·niens, pressés par leurs ennemis, sont contraints de se retirer sur le mont Ithome, où ils continuent à se défendre. Aristodème immole sa fille pour obéir à l'oracle (3).

735. Les Corinthiens fondent Corcyre et Syracuse (4).

724. Les Messéniens manquant de vivres, abattus par la perte d'une grande bataille livrée au pied du mont Ithome , et de plus effrayés par des prodiges sinistres, tombent dans le découragement. Aristodème se tue sur le tombeau de sa fille (5). Ithome capitule. Ceux d'entre les Messéniens qui ne s'expatrient pas s'engagent à payer annuellement aux Lacédémoniens la moitié du produit de leurs terres (6).

716. Candaule, roi de Lydie, est assassiné par Gygès (7). Commencement de la dynastie des Mermnades, qui se montrent hostiles aux Grecs d'Asie (8). •

environ 736 av. J. C.; Arist. Pol. V, 8. La contradiction chronologique qui existe entre ces données et le passage d'Hérodote indiqué ci-dessus a fait supposer l'existence d'un autre Phidon, qui aurait vécu vers l'an 600 av. J. C.

(1) Le seul auteur qui raconte en détail les guerres de Messénie est Pausanias (IV, 4-23 ', qui vivait environ neuf cents ans après cette époque. Ses renseignements sont tirés des traditions orales qu'il avait recueillies dans le pays, et de quelques ouvrages actuellement perdus, tels que l'histoire de Myron de Priène et les poëmes de Tyrtée. Son récit n'est pas exempt de circonstances romanesques. Il paraît que les Messéniens, pendant leur long exil et depuis leur retour dans leur patrie, avaient fait une sorte d'épopée des traditions relatives à leurs guerres contre les Lacédémoniens.

(2) Strab. X, 1.

(3) Pausan. IV, 9.

(4) Le fondateur de Syracuse fut l'Héraclide Archias, Thuc. VI, 3 ; celui de Corcyre, Chersicrate ; Strab. VI, 2. L'année précédente les Chalcidiens avaient fondé Naxos , la plus ancienne des colonies grecques en Sicile ; Thuc. VI, 3.

(5) Pausan. IV, 12 ; Plut. De superst. 7.

(6) Pausan. IV, 14. Des Messéniens fugitifs prirent part à la fondation de Rhegium par les Chalcidiens. Héracl. de Pont. Fragm. 25. La fondation de Tarente par les Lacédémoniens date aussi de la même époque.

(7) Hérod. I, 7-14. L'usurpation de Gygès est racontée un peu différemment par d'autres auteurs. Platon. République, II, 3, donne la fable de l'anneau magique. Plutarque. Quæst. Gr., rapporte que Gygès s'empara du royaume avec l'aide d'une armée.

(8) Gygès régna de 716-678; Ardys, 670°-629; Sadyattès, 629-617; Alyattès, 617-560; Crésus, 560-546. Tous ces rois firent la guerre aux Grecs d'Asie, jusqu'à ce qu'ils les eussent entièrement soumis. Gygès pendant son règne (la date précise est inconnue) attaqua Milet et Smyrne, et prit la ville de Colophon ; Hérod. I, 14. Les Smyrnéens se défendirent vaillamment; Pausan. IV, 21, IX, 29

685. *Seconde guerre de Messénie* (1). Trente-neuf ans après leur soumission, les Messéniens, sous la conduite d'Aristomène, s'insurgent contre les Spartiates. Bataille de Deræ en Messénie. Les Messéniens ont pour alliés les Éléens, les Arcadiens, les Argiens et les Sicyoniens (2); ceux des Lacédémoniens sont les Corinthiens, les Lépréates et les Samiens (3).

684. Victoire d'Aristomène. Tyrtée, poëte athénien, est appelé, en vertu d'un oracle, pour diriger les Spartiates (4).

683. Les Messéniens perdent une grande bataille par la trahison de leur allié Aristocrate (5). Ils se retirent dans Ira (6).

682. La durée de l'archontat à Athènes est réduite à un an. Éryxias dernier archonte décennal; Créon premier archonte annuel (7).

Ardys roi de Lydie. Il s'empare de Priène (8).

668. Fin de la seconde guerre de Messénie. Malgré une défense héroïque, la citadelle d'Ira est emportée par les Lacédémoniens. Une grande partie des Messéniens s'exilent, soit en Arcadie (9), soit à Rhegium et ensuite à Messine (10). Ceux qui restent dans le pays sont réduits à la condition d'Hilotes, et les terres de la Messénie sont partagées entre les Lacédémoniens (11).

Tyrannies dans la plupart des États de la Grèce (12).

667. Orthagoras, tyran de Sicyone. Ses descendants (*Orthagorides*) conservent l'autorité pendant près d'un siecle (13).

(1) Pausan. IV, 15-24.
(2) Strabon, VIII, 4, présente quelques différences.
(3) Les Samiens leur envoyèrent des vaisseaux; Hérod. III, 47.
(4) L'opinion commune est que Tyrtée était du bourg d'Aphidna en Attique. Cependant Strabon, VIII, 4, cite des vers de ce poëte où il semble se dire lui-même Dorien. Toutefois cela peut se rapporter non à Tyrtée, mais aux Lacédémoniens et à leur migration de la Doride dans le Péloponèse. Il n'y a donc rien à changer à la tradition.
(5) Roi des Arcadiens, selon Pausanias; ou plus exactement roi d'Orchomène en Arcadie; Strab. VIII, 4.
(6) Citadelle sur une montagne près de la frontière d'Arcadie.
(7) Velleius. Pat. I, 8.
(8) Hérod. I, 15.
(9) Les Arcadiens les accueillirent, et leur donnèrent leurs filles en mariage; Polyb. IV, 33. Indignés de la trahison de leur roi Aristocrate, ils le condamnèrent à être lapidé, et abolirent la royauté en Arcadie ; Pausan. IV, 62.
(10) Sous la conduite de Gorgus, fils d'Aristomène. Ce dernier mourut à Rhodes, en se rendant auprès du roi des Mèdes pour solliciter ses secours en faveur des Messéniens; Pausan. IV, 24.
(11) Excepté les villes de Méthone et d'Asiné, dont la population était d'origine argienne; Pausan. IV, 24.
(12) La tyrannie était une autorité illégitime que s'arrogeait un citoyen dans un État ayant une constitution républicaine. C'était un retour extra-légal à l'ancienne royauté. Presque toujours les tyrans avaient commencé par être les chefs du parti populaire dans la lutte de celui-ci contre l'aristocratie, ou des classes indigènes contre la noblesse dorienne dans les États doriens. C'est pourquoi Lacédémone leur fit partout la guerre, jusqu'à ce qu'elle les eût renversés; Arist. *Pol.* V, 9; Hérod. V, 92; Thuc. I, 18.
(13) Ce fut de toutes les tyrannies grecques celle qui se maintint le plus longtemps, grâce à sa modération et à son respect pour la justice; Arist. *Pol.* V, 9; Plut. *De sera num. vind.* 7. Hérodote, VI, 126,

657. Cypsélus renverse à Corinthe l'oligarchie des Bacchiades, et s'empare de la tyrannie (1). D'abord il se montra cruel; mais lorsqu'il eut affermi sa puissance, il gouverna avec modération (2), et se distingua par sa magnificence (3). Il régna trente ans.

Législation de Zaleucus à Locres, et de Charondas à Catane (4).

640. Proclès, tyran d'Epidaure (5).

632. La ville de Cyrène en Libye est fondée par une colonie de Théréens (6).

629. Sadyattès, roi de Lydie. Il s'empare de Smyrne, et fait la guerre aux Clazoméniens et aux Milésiens (7).

Thrasybule, tyran de Milet (8).

627. Périandre, fils de Cypsélus, succède à son père dans la tyrannie de Corinthe. Il gouverne d'abord avec douceur et ensuite avec une grande cruauté (9).

620. Législation de Dracon à Athènes. Ces lois ne changèrent rien à la constitution politique de l'État; elles n'étaient qu'un code pénal d'une extrême sévérité (10).

620. Clisthène, dernier tyran de Sicyone, de

donne la série de ses successeurs : Andréas, Myron, Aristonyme, Clisthène.

(1) La famille des Bacchiades gouvernait Corinthe depuis quatre-vingt-dix ans; leur orgueil et leur luxe les rendit odieux; Élien, *Var. Hist.* I, 19; ils furent chassés de Corinthe par Cypsélus, avec l'aide des classes inférieures; Hérod. V, 92; Arist. *Pol.* V, 8; Pausan. II, 4.
(2) Il n'avait pas besoin de garde pour sa sûreté personnelle; Arist. *Pol.* 9; Polyen, V, 31.
(3) Il fit construire un trésor à Delphes, Hérod. I, 14, et consacra à Olympie une statue de Jupiter en or et de grandeur colossale; Strab. VIII, 6.
(4) Les principaux traits de ces législations se trouvent dans Diod. XII, 11, 20, 21; Polyb. XII, 8; Héracl. de Pont. 29. Les premières lois écrites en Grèce furent celles de Zaleucus, Strab. VI, 1; celles de Lycurgue n'étaient que des sentences. Charondas fut le législateur, non-seulement de Catane sa patrie, mais encore de toutes les autres villes chalcidiennes de la Grande-Grèce; Arist. *Pol.* II, 9.
(5) Beau-père de Périandre, tyran de Corinthe; Hérod. III, 50, 51; Diog. Laert. I, 94; Plut. *De pyth. or.* 2; Pausan. II, 28. Il se brouilla avec Périandre, qui l'assiégea dans Épidaure et le fit prisonnier; Hérod. III, 52.
(6) Sur la conduite de Battus. Ils s'établirent dans un des cantons les plus fertiles de la côte de Libye; Hérod. IV, 153-159; Diod. IV, 81; Strab. XVII, 3; Justin, XIII, 7; et le poëte Callimaque, natif lui-même de Cyrène, *Hymn. in Apoll.* 88.
(7) Hérod. I, 16.
(8) Sa guerre contre Alyattès, roi de Lydie, et la ruse par laquelle il obtint la paix; Hérod. I, 20-22. Conseil qu'il donne à Périandre d'abattre la noblesse pour gouverner plus aisément; Hérod. V, 92; Diog. Laert. I, 100; Arist *Pol.* V, 9.
(9) Hérod. V, 92; III, 48-53; Diog. Laert. I, 94-101. Ainsi que la plupart des tyrans, Périandre chercha à donner de l'éclat à son règne et de l'occupation au peuple par la construction de beaux édifices, l'envoi des colonies et l'extension du commerce; Arist. *Pol.* III 8; V, 9. Il avait le goût des arts, et attira auprès de lui des poëtes, tels qu'Arion, Hérod. I, 23, et des philosophes; c'est ce qui le fit mettre au rang de sept sages de la Grèce; Plut. *Conviv. Vie de Sol.*; Diog. Laert. I, 94-101. Il régna quarante-quatre ans; Arist. *Pol.* V, 9.
(10) Arist. *Pol.* II, 9; Platon, *De leg.* IV, p. 714; Plut. *Vie de Sol.* 22. Aussi furent-elles bientôt abandonnées; Élien, *Var. H.* VIII, 10; Aul. Gell. XI, 18.

là famille des Orthagorides (1). Théagène, tyran de Mégare (2).

617. Alyattès, roi de Lydie. Il fait la guerre aux Milésiens, et s'allie ensuite avec eux (3).

612. Conspiration de Cylon pour s'emparer de la tyrannie d'Athènes; le peuple l'assiège dans la citadelle et le force à l'évacuer. Les Alcméonides égorgent les partisans de Cylon réfugiés au pied des autels (4).

604. Guerre des Athéniens et des Mégariens pour la possession de l'île·de Salamine. Après plusieurs revers, les Athéniens parviennent à s'en rendre maîtres (5).

600. Fondation de Marseille par une colonie de Phocéens (6).

596: Guerre malheureuse des Lacédémoniens contre les Tégéates (7).

Épiménide est appelé de Crète pour purifier Athènes et la délivrer des calamités qui pèsent sur elle depuis le crime cylonien (8).

594. Solon, archonte éponyme, est chargé par les Athéniens de leur donner des lois. Il est l'auteur de la constitution démocratique qui régit dès lors Athènes (9).

(1) Sa généalogie; sa somptuosité; mariage de sa fille Agariste; Hérod IV, 126-130. Ses mesures politiques hostiles aux Doriens; *ibid.* V, 67, 68. Il fut le chef de l'armée que les amphictyons envoyèrent contre Cirrha; Pausan. II, 9; X, 37.

(2) Thuc. I, 126; Arist. *Pol.* V, 4; *Rhet.* I, 2.

(3) Ruse de Thrasybule, tyran de Milet. Hérod. I, 18-22.

(4) Hérod. V, 71; Thuc. I, 106.

(5) Sous le commandement de Pisistrate, Plut. *Vie de Sol.* 9-12; Pausan. I, 40; Polyen, I, 20.

(6) Thuc. I, 13.

(7) Hérod. I, 66.

(8) Plut. *Vie de Sol.* 12. Les Alcméonides sont exilés.

(9) La première mesure de Solon fut le dégrèvement (σεισάχθεια), c'est-à-dire la diminution des dettes par l'élévation du taux de la monnaie, afin de remédier aux abus de l'usure et de la contrainte par corps. Il fit ensuite du gouvernement une démocratie, tempérée par quelques principes aristocratiques. La souveraineté législative et judiciaire résidait dans l'assemblée du peuple. Tous les magistrats étaient temporaires, responsables et désignés par le sort, excepté les dix généraux qu'on élisait tous les ans. Les lois étaient préparées par un conseil ou sénat, votées par l'assemblée du peuple, et confiées à la garde des tribunaux pour en réprimer les infractions. Le sénat, composé de 400 membres (40 de chaque tribu), se divisait en 10 sections ou *prytanies*, qui avaient à tour de rôle la présidence du corps et l'administration des affaires. Les neufs *archontes* annuels continuèrent de former la première magistrature; mais leur autorité fut restreinte. Le premier (*éponyme*) avait pour attributions tout ce qui concernait les relations de famille et les héritages; leïdeuxième (*roi*) le culte et la religion de l'État; le troisième (*polémarque*) la surveillance des étrangers et des métèques; les six autres (*thesmothètes*) ce qui n'était pas du ressort des tribunaux ordinaires. En sortant de charge, et après avoir rendu un compte satisfaisant, les archontes entraient dans l'*aréopage*. Ce corps possédait dans le principe des pouvoirs très-étendus; mais avec le temps il fut réduit aux fonctions juridiques. Au reste, il est difficile de distinguer dans la législation d'Athènes ce qui fut l'œuvre de Solon, parce qu'on y apporta plus tard des modifications nombreuses. Cependant les Athéniens ne cessèrent de le regarder comme l'auteur de leur constitution et comme le fondateur de la démocratie; Arist. *Pol.* II, 9; Xén. *Rep. ath.*; Plut. *Vie de Sol.*; Diog. Laert. I,2. Voyez en outre les articles ATHÈNES, ARCHONTE, ARÉOPAGE.

590. Le philosophe Pittacus, tyran de Mitylène (1). Alcée.et Sappho, poètes lyriques, de Lesbos (2).

590. La ville de Cirrha en Phocide est détruite par les forces réunies des villes amphictyoniques, pour cause d'impiété envers Apollon Pythien (3).

580. Les Éléens détruisent la ville de Pise, depuis longtemps en différend avec eux pour la présidence des jeux Olympiques (4).

566. Polycrate s'empare de la tyrannie de Samos (5), et la conserve avec un bonheur inouï pendant quarante-trois ans. Sous son règne l'île de Samos a une marine puissante (6) et un commerce étendu (7).

560. Crésus, roi de Lydie (8). Il étend par ses conquêtes l'empire des Lydiens, et achève de soumettre les Grecs d'Asie (9).

560. Thalès de Milet, l'un des sept sages de la Grèce, chef de l'école de philosophie appelée *ionienne* (10).

(1) Appelé à cette charge (αἰσυμνήτης) par le suffrage de ses concitoyens, pour mettre fin aux troubles qui désolaient Mitylène, il abdiqua volontairement au bout de dix ans; Arist. *Pol.* III, 9; Diog. Laert. I, 78; Denys d'Halic. V, 73; Plut. *Vie de Sol.* 14; Strab. XIII, 2.

(2) Voyez plus loin, l'art. GRÈCE (*Littérature*).

(3) Les Cirrhéens avaient été accusés de cultiver une partie des terres consacrées au dieu et de rançonner ceux qui allaient consulter l'oracle de Delphes. Les amphictyons décrétèrent contre eux une espèce de croisade; Plut. *Vie de Sol.* 11; Strab. IX, 3; Pausan. X, 37; Eschin. *Ctesiph.* p. 498.

(4) Pausan. VI, 22.

(5) Avec l'aide de quinze hommes seulement. Hérod. III, 120; Polyen, I, 23.

(6) Hérod. III, 122; Thuc. I, 13.

(7) Puissance de Polycrate; Hérod. III, 39; son incroyable prospérité; ibid. 40-43; guerre que lui firent les Lacédémoniens; ibid. 44-56; sa fin malheureuse; Hérod. III, 120-125. Ses relations avec le poète lyrique Anacréon de Téos; ibid. 121; Strab. XIV, 1.

(8) Son origine, Hérod. I, 6-7. A l'âge de trente-cinq ans succède à son père Halyattès, ibid. 26, et il fait périr son frère Pantaléon, révolté contre lui, ibid. 92. Il étend l'empire des Lydiens sur toute l'Asie Mineure jusqu'au fleuve Halys; ibid. 28. Sa générosité envers Miltiade, Hérod. VI, 37, et envers Alcméon, ibid. 125. Son entretien avec Solon; Hérod. I, 29-33; Plut. *Vie de Sol.* 27. Ses malheurs domestiques; Hérod. I, 34-45. Il forme le projet de faire la guerre aux Perses, afin de venger son beau-frère Astyage et d'arrêter les progrès de Cyrus; ibid. 46. Il consulte les oracles, et fait de magnifiques présents au temple de Delphes; ibid. 46-55, 92; V, 36; VIII, 35. Son alliance avec les Lacédémoniens; Hérod. I, 69. Il porte la guerre en Cappadoce, livre à Cyrus un combat douteux, et revient à Sardes; ibid. 71-78. Défait par Cyrus dans la plaine de Sardes et assiégé dans la citadelle, il est pris vivant au bout de quatorze jours; ibid. 79-85. Placé sur un bûcher, il est sauvé miraculeusement; ibid. 86-91; Nicolas de Damas, Fragm.; Justin, I, 7. Traité humainement par Cyrus, il lui donne d'utiles conseils; Hérod. I, 88, 155, 207. Il accompagne Cambyse dans son expédition d'Égypte; Hérod. III, 14, 34, 36. Voyez LYDIE.

(9) Les premiers qu'il attaqua furent les Éphésiens; il subjugua ensuite successivement tous les Ioniens, les Éoliens et les Doriens du continent; mais, n'ayant point de marine, il fit alliance avec ceux des îles; Hérod. I, 6; ibid. 26, 27.

(10) Thalès était originaire de Phénicie, Hérod. I, 170. Il prédit une éclipse de soleil; ibid. 74; indique à Crésus un moyen ingénieux de passer l'Halys; ibid. 75. Il donne aux Ioniens un conseil salutaire; ibid.

560. A la faveur des dissensions politiques, Pisistrate s'empare de la tyrannie à Athènes. Deux fois chassé, il reprit deux fois le pouvoir. Il le garda jusqu'à sa mort, arrivée trente-trois ans après sa première élévation (1).

559. Cyrus, fils de Cambyse, renverse l'empire des Mèdes, et fonde la monarchie des Perses (2).

548. Après de longues guerres, les Lacédémoniens triomphent des Tégéates (3), ainsi que des Argiens, auxquels ils enlèvent la Cynurie (4). Incendie du temple de Delphes; les villes amphictyoniques le rebâtissent à frais communs (5).

546. Prise de Sardes par Cyrus, et destruction du royaume de Lydie (6). Les Perses subjuguent les Grecs d'Asie (7).

540. Pythagore établit son école de philosophie à Crotone (8).

539. Cyrus, roi des Perses, périt dans une expédition contre les Massagètes; il a pour successeur son fils Cambyse (9).

527. Mort de Pisistrate, tyran d'Athènes; Hippias, l'aîné de ses fils, lui succède dans la tyrannie (10).

525. Les Grecs d'Asie prennent part, en qualité d'auxiliaires, à l'expédition de Cambyse contre l'Égypte (1).

522. Darius, fils d'Hystaspe, devient roi de Perse (2). Il rétablit Syloson, frère de Polycrate, dans la tyrannie de Samos (3).

520. Les Lacédémoniens, conduits par leur roi Cléomène, remportent une grande victoire sur les Argiens, dans le bois sacré d'Argos (4).

514. Hipparque, fils de Pisistrate, est tué par Harmodius et Aristogiton (5).

510. Les Pisistratides sont expulsés d'Athènes par les Lacédémoniens (6), qui avaient déjà chassé la plupart des autres tyrans de la Grèce (7).

509. Athènes se divise en deux factions : l'une aristocratique, ayant à sa tête Isagoras; l'autre populaire, dont le chef est Clisthène. Isagoras, qui a le dessous, réclame l'appui des Lacédémoniens. Leur roi Cléomène réussit d'abord à chasser Clisthène et la plupart de ses adhérents; mais lorsqu'il entreprend d'établir un gouvernement oligarchique, le peuple se soulève, le force d'évacuer l'Acropole, et met à mort les partisans d'Isagoras (8).

Clisthène, de retour à Athènes, jouit de la plus grande autorité, et fait à la constitution de Solon divers changements tendant à renforcer la démocratie (9).

507. Les Grecs d'Asie prennent part à l'expédition de Darius contre les Scythes (10). Leurs

178. Voyez aussi Plut. Vie de Sol. 4 et suiv.; Diog. Laert. I, 22-44.

(1) Hérod. I, 59-64; Arist. Pol. V, 9; Plut. Vie de Sol. 39-42.

(2) Événements auxquels Cyrus dut la naissance, l'éducation et la royauté; Hérod. I, 107-130. Sa victoire sur Crésus; ibid. 75-91. Son inimitié contre les Grecs d'Asie; ibid. 141. Sa réponse aux députés lacédémoniens; ibid. 152-153. Ses expéditions dans la Haute Asie; ibid. 153 et 177; contre Babylone, ibid. 178-191; contre les Massagètes, où il trouva la mort après un règne de trente ans; ibid. 201-214; Diod. II, 44; Justin, I, 4, 6. Comme pour tous les fondateurs de villes ou d'empires, la tradition avait embelli l'histoire de Cyrus; Hérod. I, 95. La Cyropédie de Xénophon n'est qu'un roman historique, dont le but est de représenter l'idéal d'un monarque; Cicer. Epist. ad. Quint. fr. I. Alexandre trouva le tombeau de Cyrus près de Pasargades; Arrien, VI, 29; Strab. XV, 3; Plut. Vie d'Alex. 69.

(3) Hérod. I, 67-68. Depuis ce temps les Tégéates furent les constants alliés des Lacédémoniens.

(4) Combat des trois cents; héroïsme d'Othryade, Hérod. I, 82.

(5) Hérod. I, 50. Les Alcméonides se chargèrent de l'entreprise, et mirent ainsi dans leurs intérêts les prophètes du temple; Hérod. V, 62; Pindar. Pyth. VII, 9; Pausan. X, 5. On fit des collectes jusqu'en Égypte; Hérod. II, 180.

(6) Hérod. I, 79-83. Pour la date, qui est très-contestée, voyez Solin, I, 112, et Diog. Laert. I, 95.

(7) Sous la conduite d'Harpage, lieutenant de Cyrus; Hérod. I, 162-170. Il ne traita qu'avec Milet, parce que (selon Diog. Laert. I, 1) cette ville était la seule qui n'eût point envoyé de renforts à Crésus.

(8) Il était natif de Samos, d'où il s'exila pour fuir la tyrannie de Polycrate; Jambliq. Vie de Pythag.; Justin, XX. 4; Diog. Laert. VIII, 3.

(9) Hérod. I, 214; II, 1. D'après Ctésias, Cyrus perdit la vie dans une expédition contre Amoréus, roi des Derbices, peuple de Thrace, et avec des circonstances différentes de celles que rapporte Hérodote.

(10) Thucydide, I, 20, et VI, 54, affirme de la manière la plus positive que ce fut Hippias qui succéda à son père. L'opinion populaire à Athènes, qui se retrouve dans le dialogue d'Hipparque, attribué à Platon, soutenait que ce fut Hipparque.

(1) Hérod. II, 1. Ils envoyèrent des vaisseaux, qui coopérèrent à la prise de Memphis; Hérod. III, 13, 19, 25; Polycrate, tyran de Samos, fournit à lui seul quarante galères; Hérod. III, 44. Sur toute l'expédition de Cambyse en Égypte, voy. Hérod. III, 1-38.

(2) Après la mort de Cambyse les Mages régnèrent pendant sept mois; ils furent renversés par la conjuration de sept Perses; Hérod. III, 67-87.

(3) Hérod. III, 159-14.

(4) Hérod. VI, 76-83. Presque toute la noblesse dorienne y périt (six mille citoyens); Hérod. VII, 148. La ville d'Argos fut défendue par les femmes argiennes sous la conduite de Télésilla; Pausan. II, 20; Plut. Virt. mul. Cette défaite, selon Hérodote, fut cause que les esclaves s'emparèrent du gouvernement d'Argos, ou (ce qui est plus probable) que les périèques de l'Argolide s'affranchirent momentanément de la domination d'Argos; Arist. Pol. V, 2.

(5) Hérod. V, 55-56; Thuc. V, 54-58.

(6) Hérod. V, 62-65; VI, 123; Thuc. VI, 59; Élien Var. Hist. XI, 9.

(7) Les Lacédémoniens chassèrent les Cypsélides de Corinthe, 582 ans av. J.-C., Lygdamis de Naxos, Eschine de Sicyone, Symmachus de Thasos, Aulis de Phocide, Aristogène de Milet; quelques-uns par la force des armes, la plupart au moyen d'une simple sommation. Ces expulsions eurent lieu sous les rois Anaxandridas, Cléomène et Démarate; Thuc. I, 18; Plut. Vie de Lyc. 30.

(8) Hérod. V, 66-72.

(9) Sa première mesure fut d'abolir l'ancienne division des Athéniens en quatre tribus, et d'en créer dix nouvelles, afin de rompre tous les liens qui attachaient encore les citoyens à l'ancien ordre de choses. Le nombre des sénateurs fut porté à cinq cents. C'est depuis ce moment que toutes les charges furent désignées par le sort. Clisthène admit à la bourgeoisie beaucoup d'étrangers et de métèques. Enfin il institua l'ostracisme, exil honorable, qui permettait au peuple d'éloigner pour un temps, sans accusation formelle, le citoyen puissant dont la présence paraissait dangereuse pour l'égalité républicaine; Arist. Pol. VI,2.

(10) La date de cet événement est incertaine; d'autres le placent à l'an 513 avant J.-C. L'expédition de Darius contre les Scythes est racontée par Hérodote, IV, 1, 83-143, par Ctésias, p. 38, et par Justin, II, 5.

vaisseaux forment sur l'Ister un pont, duquel Darius leur laisse la garde. Miltiade propose de le rompre, afin de faire périr l'armée des Perses et d'affranchir l'Ionie (1); ce projet est repoussé par Histiée, tyran de Milet. Darius l'en récompense en l'emmenant à Suse (2).

507. Expédition des Perses contre la ville grecque de Barcé, colonie de Cyrène en Libye (3).

506. Athènes se voit menacée par la coalition des Lacédémoniens, des Béotiens, des Éginètes et des Chalcidiens d'Eubée (4). L'armée péloponésienne, qui s'était avancée jusqu'à Éleusis, est dissoute par la retraite des Corinthiens, et par la mésintelligence des deux rois Démarate et Cléomène. Les Athéniens battent les Béotiens, et se rendent maîtres de Chalcis (5).

505. Les Spartiates, inquiets de l'agrandissement des Athéniens, forment le projet de rétablir Hippias dans la tyrannie; ce projet tombe, grâce à l'opposition des Corinthiens (6).

501. Les Perses, à la sollicitation d'Aristagoras, tyran de Milet, font une expédition contre Naxos (7). L'entreprise ayant échoué, Aristagoras, pour prévenir le courroux du roi contre lui, fait soulever toute l'Ionie, qui se proclame indépendante de la domination des Perses (8).

500. Aristagoras se rend à Sparte et à Athènes, pour demander des secours en faveur des Ioniens révoltés (9).

Quoique malheureuse, elle eut cependant pour résultat de soumettre aux Perses la plus grande partie de la Thrace et les colonies grecques de cette contrée (Byzance, Périnthe, Ænus, Abdère, Cardie, Acanthe, etc.). Ce furent les Perses Mégabaze et Otanes qui opérèrent cette conquête; Hérod. IV, 143; V, 1, 26-37.

(1) Comparez Cornel. Nepos, I, 3.

(2) Il lui permit d'abord de fonder la ville de Myrcine en Thrace; mais ensuite, craignant qu'il ne s'y rendît indépendant, il l'appela auprès de lui, et le retint dans une captivité honorable; Hérod. V, 11, 23-24.

(3) Barcé fut détruite; Hérod. IV, 162-167, 200-205.

(4) Hérod. V, 74-89; Pausan. III, 4.

(5) Les terres des nobles chalcidiens (hippobotes) furent confisquées et distribuées à quatre mille colons athéniens. Depuis ce temps la ville de Chalcis, dont l'ancienne prospérité est attestée par le grand nombre des colonies qu'elle envoya en Sicile et sur le littoral de la Thrace, perdit toute son importance politique et commerciale.

(6) Hérod. V, 90-96. Discours du Corinthien Sosiclès contre la tyrannie. Hippias, qui était venu à Lacédémone, s'en retourna dans sa retraite de Sigée, et passa ensuite à Sardes auprès du satrape Artapherne, frère du roi Darius.

(7) Hérod. V, 28-34. Après que le tyran Lygdamis eut été chassé de Naxos par les Spartiates, les Naxiens se divisèrent en deux partis : celui des nobles et celui du peuple. Les premiers, ayant eu le dessous, se retirèrent à Milet, dont Aristagoras était gouverneur à la place d'Histiée. Aristagoras intéressa en leur faveur le satrape Artapherne, qui leur donna des troupes pour rentrer à Naxos.

(8) Hérod. V, 35-38. Histiée, qui était retenu à Suse, excita aussi la révolte, afin d'être renvoyé lui-même pour l'apaiser. Sur la ruse qu'il employa pour faire parvenir son message à Aristagoras, voyez Énée le tacticien, 31; Aul. Gell. XVII, 9; Polyen, I, 24. Le premier acte des Ioniens révoltés fut de déposer tous leurs tyrans et d'élire à leur place des généraux.

(9) Hérod. V, 39-55.

DEUXIÈME PÉRIODE.
500 — 431 av. J. C.
Guerre d'Ionie.

500. Les Athéniens envoient vingt vaisseaux, et les Érétriens cinq, au secours de l'Ionie (1).

499. La ville de Sardes est prise et brûlée par les Ioniens, qui, à leur tour, sont battus par les Perses, près d'Éphèse (2). L'insurrection gagne les villes grecques de l'Hellespont, la Carie et l'île de Cypre (3).

498. Les généraux perses commencent à réprimer la révolte de l'Ionie, en soumettant Cypre, la Carie et les villes de l'Hellespont. Aristagoras abandonne l'Asie (4).

495. Les Ioniens concentrés à Milet livrent aux Phéniciens, devant l'île de Ladé, une grande bataille navale, qu'ils perdent par la trahison des Samiens (5).

494. Les Perses prennent la ville de Milet, dont ils réduisent les habitants en esclavage (6).

493. Les Perses achèvent de soumettre les îles qui avaient pris part à la révolte (7). Ils rétablissent Éacès dans la tyrannie de Samos (8), et règlent l'administration de l'Ionie (9).

Simonide de Céos et Pindare de Thèbes, poëtes lyriques; Eschyle, athénien, poëte tragique (10).

492. Première expédition des Perses contre la Grèce, sous le commandement de Mardonius. Sa flotte est détruite devant l'Athos par une tempête, et lui-même est battu par les Bryges, peuple de Thrace (11).

491. Darius fait sommer les Grecs de reconnaître sa souveraineté (12). Guerre des Athéniens contre les Éginètes (13). Le roi Démarate, exilé de Lacédémone, se retire auprès de Darius (14).

(1) Hérod. V, 97-99. Ce fut le prétexte de la guerre que le roi Darius fit plus tard à ces deux villes.

(2) Hérod. V, 100-102. A la suite de cette défaite, les Athéniens abandonnent leurs alliés. Courroux de Darius à la nouvelle de l'incendie de Sardes; renvoi d'Histiée. Hérod. V, 105-107.

(3) Hérod. V, 103-104. Les villes de l'Hellespont étaient : Byzance, Chalcédoine, Lampsaque, Cyzique, Abydos, etc. Les îles de Chios et de Samos étaient aussi insurgées, ainsi que Lesbos et toute l'Éolide.

(4) Hérod. V, 108-126. L'île de Cypre fut soumise par Artybius, la Carie par Daurisès, l'Hellespont et l'Éolide par Hyméas, Otanes et Artapherne. Aristagoras s'enfuit à Myrcine en Édonie, et périt l'année suivante dans une expédition contre les Thraces. Voy. Thuc. IV, 102.

(5) Hérod. VI, 1-17. Courage et habileté de Denys le Phocéen.

(6) Hérod. VI, 18-21. Les Milésiens captifs furent transportés sur les bords du golfe Persique.

(7) Hérod. VI, 26-33. Fin d'Histiée de Milet; toutes les villes ioniennes sont saccagées.

(8) Hérod. VI, 25. Il était fils de Syloson et neveu de Polycrate.

(9) Hérod. VI, 42.

(10) Eschyle naquit en 525; il mourut en 456, âgé de soixante-neuf ans.

(11) Hérod. VI, 43-45. Ils furent cependant subjugués par les Perses.

(12) Hérod. VI, 46-49. Toutes les îles y consentirent, et donnèrent la terre et l'eau en signe de soumission.

(13) Hérod. VI, 50, 73, 85-93. Tentative inutile pour établir la démocratie à Égine. Otages éginètes détenus à Athènes.

(14) Hérod. VI, 51-70.

Guerres médiques.

490. *Première guerre* (1). Darius envoie 200,000 hommes, sous la conduite de Datis et d'Artapherne, contre les Athéniens et les Érétriens (2). Cette armée s'embarque en Cilicie, traverse les Cyclades, et aborde en Eubée, où elle assiège et prend Érétrie. De là les Perses, guidés par Hippias, fils de Pisistrate, passent en Attique, et descendent dans la plaine de Marathon. Victoire des *Athéniens commandés par* Miltiade (3).

489. Miltiade échoue à l'attaque de Paros. De retour à Athènes, il est accusé de trahison, et, condamné à une amende, il meurt sans pouvoir la payer (4).

486. Les préparatifs de Darius pour une nouvelle expédition contre la Grèce sont suspendus par la révolte de l'Égypte (5).

485. Mort de Darius; son fils Xerxès lui succède (6). Gélon tyran de Syracuse (7).

484. Xerxès soumet l'Égypte (8), et reprend les projets de son père contre la Grèce. Percement de l'Athos; ponts jetés sur l'Hellespont et sur le Strymon (9).

484. Naissance d'Hérodote (10).

483. Aristide est exilé d'Athènes par l'ostracisme (11).

481. L'armée des Perses se rassemble à Critalles en Cappadoce (12), leur flotte (12), dans les ports d'Ionie. Xerxès passe l'hiver à Sardes (13).

(1) Hérod. VI, 94-125; Corn. Nep. *Milt.* 5-6; Justin, II, 9.

(2) La vengeance de l'incendie de Sardes et de l'appui que les Athéniens et les Érétriens avaient donné à la révolte de l'Ionie ne fut que le prétexte et l'occasion de cette guerre. Le vrai motif était l'ambition de Darius, qui désirait étendre l'empire des Perses en Europe. Voyez l'anecdote du médecin Démocède; Hérod. III, 129-138.

(3) La bataille de Marathon fut livrée le sixième jour du mois athénien boédromion (9 septembre); Plut. *Vie de Cam.* 19. Les Athéniens ne furent secourus que par les Platéens; Hérod. VI, 108; Isocr. *Pan.* 9; Plut. *Vie d'Arist.* 5. Les Lacédémoniens n'arrivèrent qu'après la bataille; Hérod. VI, 105-106, 120; Pausan. I, 28; Lucien, *Astrol.* 25. Parmi les dix généraux athéniens (un de chaque tribu) était Aristide; Plut. *Vie d'Arist.* 5. La conduite héroïque de Cynégire (frère du poète Eschyle, Suidas s. v.) est racontée par Corn. Nepos, *Milt.* 5, et par Justin, II, 9, qui l'amplifie. Ce dernier auteur exagère aussi le nombre des morts, qu'il fait monter à vingt mille. Les Athéniens tués à Marathon furent enterrés dans une tombe commune sur le lieu même du combat; Thuc. II, 34; Pausan. I, 32. Hippias, qui avait servi de guide aux Perses, périt à Marathon; Justin, II, 9; Cic. *ad Att.* IX, 10. Vœu des Athéniens pour cette victoire; Xénoph. *Anab.* III, 2.

(4) Hérod. VI, 132-136; Corn. Nep. *Milt.* 7.

(5) Hérod. VII, 1.

(6) Ibid. 2-4.

(7) Arist. *Pol.* V, 9. Il régna sept ans, et eut pour successeur son frère Hiéron; Diod. XI, 38.

(8) Hérod. VII, 7.

(9) Ibid. 20-25, 33-36.

(10) Aul. Gell. XV, 23, Denys d'Hal. *Jud. de Thuc.* p. 820; Suidas s. v. Ἡρόδοτος.

(11) Plut. *Vie d'Arist.* 8. Outre Aristide, on cite parmi les victimes de l'ostracisme : Clisthène l'auteur de la loi, Thémistocle, Cimon, Xanthippe père de Périclès, Mégaclès aïeul d'Alcibiade, Thucydide fils de Mélésias, Callias, et finalement Hyperbolus; Thuc. VIII, 73; Plut. *Vie d'Alcib.* 13.

(12) Composée de vaisseaux de la Phénicie, de l'Égypte, de Cypre et de l'Asie Mineure.

(13) Hérod. VII, 26-32. Anecdote du Lydien Pythius.

480. *Seconde guerre médique* (1). Xerxès se met en marche pour la Grèce, au commencement du printemps, avec 1,700,000 hommes de pied, 80,000 chevaux et 1,200 navires (2).

480. A l'approche du danger, les Grecs tiennent conseil, et arrêtent leur plan de défense (3).

480. Les Athéniens abandonnent leur ville et montent sur leurs vaisseaux (4). Les Grecs ayant renoncé à défendre la Thessalie, Xerxès se rend maître de ce pays (5).

Premiers engagements sur terre aux Thermopyles (6), et sur mer à Artémisium (7). Mort héroïque de Léonidas et des trois cents Spartiates (8). Les Perses envahissent la Grèce centrale (9), essayent de piller le temple de Delphes (10), et brûlent la ville d'Athènes, abandonnée de ses habitants (11).

480. Victoire navale remportée par les Grecs à Salamine, et due en grande partie à l'habileté de Thémistocle (12). Xerxès retourne à la hâte

(1) Hérodote a consacré au récit de cette guerre les trois derniers livres de son histoire; il y entre dans les plus grands détails sur ces événements si glorieux pour sa patrie et si rapprochés du temps où il écrivait. La même histoire est racontée plus sommairement, mais avec *exagération et emphase*, par Diodore de Sicile, XI, 1-37. Voyez aussi les *Vies de Thémistocle* et d'*Aristide* par Plutarque, ainsi que Justin, II, 10-14.

(2) Hérod. VII, 37-43. Revue à Abydos, ibid. 44-53. Passage de l'Hellespont; ibid. 54-57. Dénombrement de l'armée dans la plaine du Dorisque; ibid. 59-100. Marche à travers la Thrace jusqu'à Therme en Macédoine, ibid. 108-127.

(3) Assemblés à l'isthme, ils décidèrent d'abord de faire cesser entre eux toute inimitié, d'envoyer des espions à Sardes, et d'engager tous les Grecs à faire cause commune; Hérod. VII, 145-147. On n'obtint aucun secours des Argiens, de Gélon, des Corcyréens, ni des Crétois; ibid. 148-171. Le plan de campagne qu'on adopta ensuite fut de garder les trois passages les plus faciles à défendre : 1° comme avant-poste, le défilé de Tempé au nord de la Thessalie : les Grecs l'occupèrent, mais ils l'abandonnèrent parce qu'il pouvait être tourné; ibid. 172-174; 2° les Thermopyles et le bras de mer entre la pointe septentrionale de l'Eubée et le continent, afin d'arrêter à la fois l'armée de terre et la flotte des ennemis; ibid. 175-177; 3° l'isthme de Corinthe, où les Péloponésiens comptaient opposer la plus sérieuse résistance, et qu'ils fortifièrent d'un mur; ibid. VIII, 71.

(4) Hérod. VII, 138-144. [Plut. *Vie de Thém.* 9.]

(5) Mouvements de la flotte des Perses depuis Therme jusqu'aux Aphètes; naufrage au cap Sépias; ibid. 179-193. Marche de Xerxès à travers la Thessalie; ibid. 196-197.

(6) Description des Thermopyles; Hérod. VII, 198-201. Les Grecs dans le défilé; ibid. 202-206. Xerxès reconnaît le passage; ibid. 207, 209. Attaques inutiles; ibid. 210-212. Les Perses tournent la montagne; ibid. 213-218. Mort de Léonidas et de ses compagnons; ibid. 219-233.

(7) Description de l'Artémisium; Hérod. VIII, 1-5. Manœuvre des barbares; ibid. 6-9. Combats, tempête; ibid. 10-17. Retraite des Grecs; ibid. 18-26. [Plut. *Vie de Thém.* 8.]

(8) Diodore, XI, 9-10, et Justin, II, 11, font pénétrer Léonidas dans le camp des Perses pendant la nuit. Hérodote ne parle pas de cette circonstance.

(9) Xerxès ravage la Phocide; Hérod. VIII, 31-33.

(10) Ibid. 36-39.

(11) Ibid. 40-41, 50-53.

(12) La flotte grecque à Salamine; Hérod. VIII, 42-49. Thémistocle engage les Grecs à y rester; ibid. 56-63. Marche de la flotte perse; ibid. 64-66. Conseil tenu par Xerxès; ibid. 67-69. Ruse de Thémistocle; ibid.

en Asie, laissant Mardonius avec trois cent mille hommes pour continuer la guerre (1).

Le jour même de la bataille de Salamine, Gélon et les Syracusains remportent une grande victoire sur les Carthaginois, devant la ville d'Himère en Sicile (2).

Naissance d'Euripide (3).

479. Bataille de Platée en Béotie, gagnée sur les troupes de Mardonius par les Grecs, ayant à leur tête Pausanias. Cette victoire met un terme aux agressions des Perses contre la Grèce (4).

Bataille de Mycale en Ionie, livrée le même jour que celle de Platée, sous le commandement de Léotychide et de Xanthippe, aux troupes laissées par Xerxès pour garder l'Ionie. A la suite de cette victoire, les Grecs d'Asie s'affranchissent de la domination des Perses (5).

Continuation de la guerre maritime contre les Perses. Formation de l'empire des Athéniens (6).

478. Prise de Sestos par la flotte grecque (7).

Les Athéniens relèvent leur ville, et la fortifient, malgré l'opposition des Lacédémoniens. Ils achèvent aussi la construction du Pirée (8).

477. La flotte grecque, sous la conduite de Pausanias, s'empare de Cypre et de Byzance (9).

Les Grecs d'Asie et des côtes septentrionales de la mer Égée, récemment affranchis de la domination du roi, se placent sous le protectorat des Athéniens, et concluent avec eux un traité d'alliance contre les Perses. Ils s'engagent à marcher sous le commandement des Athéniens, et à payer un tribut annuel; dont la répartition est confiée à Aristide (1).

476. Première expédition des alliés sous la conduite de Cimon. Prise d'Éion, de Scyros et de Caryste (2).

473. La ville de Naxos, ayant voulu se séparer de l'alliance d'Athènes, est assiégée et asservie par les Athéniens (3).

473. Pausanias accusé de trahison est mis à mort à Sparte (4). Thémistocle, banni d'Athènes, se réfugie auprès du roi de Perse Artaxerxès (5).

469. Cimon, à la tête de la flotte des alliés, remporte dans le même jour une double victoire sur les Phéniciens et sur les Perses, à l'embouchure du fleuve Eurymédon en Pamphylie (6).

468. Les Argiens détruisent Mycènes, Tirynthe, Ornées et quelques autres petites villes de l'Argolide, dont la population n'était pas d'origine dorienne (7).

465. L'île de Thasos se révolte contre les Athéniens. Ceux-ci la réduisent par les armes, et la forcent à raser ses murailles, à livrer ses vaisseaux, à leur payer un tribut, et à leur céder les mines d'argent qu'elle possédait sur le continent voisin (8).

464. Sparte est renversée de fond en comble par un tremblement de terre (9). Les Hilotes profitent de cette occasion pour se révolter (10).

74-82. Bataille de Salamine : ibid. 83-96. Elle se donna le vingtième jour du mois boédromion (23 septembre); Plut. *Vie de Camill.* 19; Polyen, III, 11. [Voy. aussi, sur la bataille de Salamine, Plut. *Vie de Them.* 11-15.]

(1) Feinte de Xerxès; Hérod. VIII, 97. Proposition de Mardonius; ibid. 100-104. Retraite de la flotte perse; ibid. 108-110. Mardonius laissé en Grèce; ibid. 113-114. Fuite de Xerxès; ibid. 115-120.

(2) Hérod. VII, 166; Aristot. *Polit.* 24. Le récit de cette victoire se lit dans Diodore, XI, 20-25; seulement cet auteur dit qu'elle eut lieu le même jour que le combat des Thermopyles.

(3) Sophocle était alors âgé de quinze ans, Eschyle de quarante-cinq, et Pindare de trente-neuf.

(4) Cette bataille est racontée avec les plus grands détails dans Hérodote, IX, 1-85; Diod. XI, 27-33. Aristide commandait les Athéniens; Plut. *Vie d'Arist.* 11-21. De la dîme du butin les Grecs consacrèrent à Delphes un trépied d'or; Thuc. I, 132; Corn. Nep. *Paus.* 1. Après leur victoire, ils firent le siége de Thèbes, pour punir cette ville de l'appui qu'elle avait donné aux barbares; Hérod. VII, 86-88.

(5) Les Samiens furent les premiers qui appelèrent en Ionie la flotte grecque; Hérod. IX, 90-99. A son arrivée, les Perses se retirèrent sur le continent, et les Phéniciens dans leurs foyers; ibid. 95-97. Bataille de Mycale; ibid. 98-107; Diod. XI, 35-37. Après cette victoire la flotte grecque, pour seconder la défection des Grecs d'Asie, se dirigea vers l'Hellespont, où elle assiégea et prit Sestos, ibid. 114-121. C'est là que se termine l'histoire d'Hérodote.

(6) L'histoire des quarante-huit ans qui s'écoulèrent entre la fin de la guerre médique et le commencement de celle du Péloponèse a été racontée sommairement par Thucydide, I, 89-118.

(7) Ibid. 89.

(8) Ibid. 89-93; Diod. XI, 39-43; Plut. *Vie de Thém.* 18; Corn. Nep. *Them.* 7. La construction du Pirée avait été commencée trois ans auparavant sous l'archontat de Thémistocle. Diodore place avec vraisemblance l'achèvement de ce port une année après la construction des murailles d'Athènes. Les longs murs ne furent bâtis que l'an 459 avant J. C.

(9) Thuc. I, 94; Diod. XI, 44-45. Trahison de Pausanias; Thuc. I, 170-133.

(1) Thuc. I, 95-96; Diod. XI, 37; Plut. *Vie d'Arist.* 23-24; Corn. Nep. *Arist.* 2-3. La somme totale du tribut fut fixée à quatre cent soixante talents (deux millions quatre cent quatre-vingt quatre mille francs). Cet argent était confié à la garde de magistrats athéniens (hellénotames), et déposé dans le temple de Délos; par la suite les Athéniens le transportèrent à Athènes, et en disposèrent pour l'embellissement de leur ville.

(2) Thuc. I, 98; Plut. *Vie de Cim.* 7-8; Corn. Nep. *Cim.* 2.

(3) Thuc. I, 98-99. Ce fut la première ville qui fut réduite de l'état d'alliée à celui de sujette. Ensuite la plupart des autres subirent successivement le même sort. Au commencement de la guerre du Péloponèse il ne restait plus d'alliés indépendants que les Lesbiens et les Chiotes.

(4) Thuc. I, 128-134; Diod. XI, 45; Corn. Nep. *Paus.* 4.

(5) Thuc. I, 135-138; Diod. XI, 54; Plut. *Vie de Thém.* 22-31; Corn. Nép. II, 8-10; Thémistocle mourut trois ans après.

(6) Thuc. I, 100; Diod. XI, 60-61; Plut. *Vie de Cim.* Plusieurs historiens placent après cette victoire la conclusion du traité par lequel le roi de Perse reconnut l'indépendance des Grecs d'Asie. Nous croyons devoir renvoyer cette paix après les conquêtes de Cimon en Cypre, l'an 449 avant J. C.

(7) Diod. XI, 65; Strab. VIII, 6; Pausan. II, 16; VII, 25; VIII, 27. Ils ne laissèrent subsister que les murs cyclopéens des citadelles de Mycènes et de Tirynthe. Une partie de la population se dispersa; le reste fut réduit en esclavage (les Ornéates d'Argolide étaient dans le même état que les Hilotes de Laconie).

(8) Thuc. I, 100-101; Diod. XI, 70. A la même époque eut lieu le premier établissement d'une colonie athénienne sur le Strymon, dans l'endroit appelé plus tard Amphipolis.

(9) Thuc. I, 101, 103; Diodore, XI, 63-64, place cet événement trois années plus tôt. Vingt mille personnes périrent dans ce tremblement de terre.

(10) C'étaient pour la plupart des Messéniens.

Ils se retirent sur le mont Ithome, où ils soutiennent, contre les Lacédémoniens et leurs alliés, un siège de dix ans.

461. Les Lacédémoniens, qui avaient appelé les Athéniens pour les aider à faire le siège d'Ithome (1), les renvoient honteusement. Les Athéniens, irrités de cet affront, rompent le traité qui les unissait à Sparte, et s'allient avec ses éternels ennemis, les Argiens (2).

Les Mégariens entrent dans l'alliance d'Athènes (3).

460. Les Athéniens et leurs alliés font une expédition dans l'île de Cypre. Appelés en Égypte par Inaros, chef des Égyptiens révoltés, ils vont à son secours avec leur flotte, et font pendant six ans la guerre en Égypte avec des succès variés. Mais enfin les Perses répriment la révolte, et chassent ou massacrent les Grecs auxiliaires des Égyptiens (4).

458. Guerre des Athéniens contre les puissances maritimes du Péloponèse, les Épidauriens, les Corinthiens et les Éginètes. Les Athéniens gagnent une bataille navale près de Cécryphalée, une seconde près d'Égine, et mettent le siège devant cette ville. Les Corinthiens, pour le faire lever, opèrent une diversion en Mégaride ; mais ils sont battus par les vieillards et les enfants d'Athènes, commandés par Myronides (5).

457. Une armée lacédémonienne, qui avait secouru les Doriens de la Tétrapole contre les Phocéens, est attaquée à son retour par les Athéniens à Tanagre en Béotie. Les Athéniens perdent la bataille ; mais deux mois plus tard ils font une nouvelle expédition, sous le commandement de Myronides, battent les Béotiens à Énophytes, et engagent la majeure partie de la Béotie dans l'alliance d'Athènes (6).

456. La flotte athénienne, sous la conduite de Tolmidès, ravage les côtes du Péloponèse (1).

454. Périclès fait une expédition navale du même genre, défait les Sicyoniens dans une descente, et soumet aux Athéniens Trézène et l'Achaïe (2).

450. Trêve de cinq années entre les Athéniens et les Péloponésiens (3).

449. Cimon fait une expédition dans l'île de Cypre, et meurt au siège de Citium. A leur retour, les Athéniens défont les Perses sur terre et sur mer près de Salamine en Cypre (4).

Effrayé de ces envahissements des Athéniens, le roi de Perse conclut avec eux une paix, par laquelle il reconnaît l'indépendance des Grecs d'Asie, et s'engage à éloigner ses armées et ses flottes des côtes de la Grèce (5).

447. Réaction en Béotie. Les partisans de l'oligarchie s'étaient retirés à Orchomène et à Chéronée. Les Athéniens marchent contre cette dernière ville, et la prennent ; mais, au retour, ils tombent à Coronée dans une embuscade, et laissent un certain nombre des leurs entre les mains des Béotiens. Afin de les ravoir les Athéniens s'engagent à évacuer entièrement la Béotie (6).

445. L'Eubée et Mégare se révoltent contre Athènes. Les Péloponésiens envahissent l'Attique, sous le commandement de Plistoanax ; mais Périclès l'engage à la retraite, et fait conclure entre Athènes et Lacédémone une paix de trente ans (7).

à Orchomène, où ils se maintinrent jusqu'à la réaction qui eut lieu dix ans après.

(1) Thuc. I, 108; Diod. XI, 84. Les Athéniens pillèrent Gythium et Méthone, soumirent Zacynthe et Céphallénie, et prirent Naupacte, qu'ils donnèrent aux Messéniens exilés.

(2) Thuc. I, 111; Diod. XI, 88.

(3) Thuc. I, 112; Diod. XI, 86; Plut. Vie de Cim. 18. A la même époque eut lieu une paix de trente ans entre les Argiens et les Lacédémoniens ; Thuc. V, 14.

(4) Thuc. I, 112; Diod. XII, 3-4; Plut. Vie de Cim. 19. D'après Diodore, cette double victoire fut remportée par Cimon, et la paix se conclut pendant qu'il assiégeait Salamine.

(5) Thucydide ne fait pas mention de cette paix ; cependant il paraît la supposer, VIII, 56. Le traité fut négocié par l'Athénien Callias, fils d'Hipponicus. Les conditions furent que les Athéniens ne commettraient plus d'agression contre les États du roi, que les vaisseaux de celui-ci ne dépasseraient pas les roches Cyanées ni les îles Chélidoniennes, et que ses troupes de terre ne s'approcheraient pas des côtes de l'Asie Mineure à une distance moindre de cinq cents stades ; Isocrat. Paneg. p. 68 ; Areop. p. 156 ; Lycurg. In Leocrat. p. 197 ; Aristid. Panath. p. 206 ; Demosth. De fals. leg. p. 426 ; Plut. Vie de Cim. 13 ; Pausan. I, 8 ; Suidas, s. v. Κίμων. D'autres placent cette paix vingt ans plus tôt, après la bataille de l'Eurymédon.

(6) Thuc. I, 113; Diod. XII, 6; Plut. Vie de Péricl. 18. Les Athéniens étaient commandés par Tolmidès, qui périt dans la bataille. Selon Xénophon, Memor. III, 5, le combat fut livré à Lébadée, et selon Pausanias, I, 27, près d'Haliarte. Cette journée, en affranchissant la Béotie de la domination d'Athènes, rendit à Thèbes sa prépondérance, et à l'aristocratie béotienne le pouvoir qu'elle avait perdu.

(7) Thuc. I, 114; Diod. XII, 7; Andocid. De pace, p. 24; Eschin. De fals. leg. p. 51; Pausan. V, 23. Par ce traité les Athéniens rétrocédèrent les places du Péloponèse qu'ils possédaient ; mais ils subjuguèrent entièrement l'Eubée ; Thuc. I, 114; Diod. XII, 22; Plut. Vie de Pér. 22-23. Plistoanax fut soupçonné de

(1) Les Athéniens leur envoyèrent quatre mille hommes, sous la conduite de Cimon ; Aristoph. Lysist. 138 ; Plut. Vie de Cim. 16, 17.

(2) Ils bannirent aussi par l'ostracisme leur général Cimon, partisan déclaré des Lacédémoniens. Enfin, lorsque après une défense de dix ans les Messéniens furent obligés d'évacuer Ithome et de sortir du Péloponèse, les Athéniens les reçurent, et les établirent dans la ville de Naupacte, qu'ils avaient prise sur les Locriens-Ozoles.

(3) Thuc. I, 103. A cause de la guerre que leur faisaient les Corinthiens. Rien n'excita davantage la haine de ces derniers contre Athènes.

(4) Thuc. I, 104, 109-110; Diod. XI, 77; Hérod. VII, 7. Les insurgés se rendirent maîtres de la majeure partie de l'Égypte, de tout le cours du Nil, ainsi que de Memphis, hormis la citadelle. Enfin le roi de Perse envoya contre eux une armée commandée par Mégabyze. Celui-ci défit les Égyptiens, et renferma les Athéniens dans l'île du Nil, nommée Prosopitide, qu'il prit en comblant le canal. Les débris de l'armée athénienne se sauvèrent par terre jusqu'à la ville grecque de Cyrène en Libye.

(5) Thuc. I, 105-106; Diod. XI, 78; Lysias, Or. Fun. p. 196. Égine se rendit aux Athéniens après neuf mois de siège ; elle rasa ses murailles, livra ses vaisseaux, et s'imposa un tribut annuel. Voy. l'art. ÉGINE.

(6) Thuc. I, 108; IV, 95; Diod. XI, 81-83; Justin, III, 6. L'expédition des Athéniens en Béotie avait pour but d'appuyer le parti populaire, trop faible par lui-même dans ce pays, et de protéger contre les empiétements des Thébains l'indépendance des autres villes béotiennes. La bataille d'Œnophytes donna au parti démocratique une supériorité passagère et chèrement achetée par la sujétion aux Athéniens. Les principaux partisans de l'oligarchie se retirèrent

440. Samos se révolte contre les Athéniens. Périclès conduit une flotte contre cette ile, qu'il soumet après un siége de neuf mois (1).

434. Guerre entre les Corcyréens et les Corinthiens pour la possession d'Épidamne. Les Corcyréens sont vainqueurs dans une première rencontre; mais, voyant les Corinthiens faire contre eux des préparatifs formidables, ils sollicitent et obtiennent d'être reçus dans l'alliance d'Athènes (2).

432. Seconde bataille navale entre les Corcyréens et les Corinthiens; ces derniers ont le dessus, mais la présence d'une escadre athénienne les empêche de soumettre Corcyre (3).

Potidée, avec l'aide de Corinthe, sa métropole, se révolte contre les Athéniens. Ceux-ci remportent une victoire sous les murs de cette ville, qu'ils investissent (4). Alors les Corinthiens pressent les Lacédémoniens et leurs alliés de faire invasion dans l'Attique. Les Péloponésiens tiennent à Sparte une assemblée, dans laquelle la guerre contre Athènes est résolue (5).

TROISIÈME PÉRIODE.

431 — 362 av. J. C.

Guerre du Péloponèse (6).

A. Jusqu'à la paix de Nicias.

431. Le premier acte d'hostilité est l'entreprise nocturne des Thébains contre Platée, ville alliée d'Athènes (7).

431. L'armée péloponésienne envahit l'Attique, sous la conduite d'Archidamus. Les Athéniens, suivant l'avis de Périclès, se renferment dans leur ville, et abandonnent leurs campagnes aux dévastations des ennemis. En revanche ils envoient leur flotte infester les côtes du Péloponèse (1).

430. Seconde invasion des Péloponésiens en Attique; ils achèvent de ravager le pays (2).

La peste se déclare à Athènes, et y occasionne une grande mortalité (3). La flotte athénienne, commandée par Périclès, aborde sur divers points du Péloponèse, particulièrement à Épidaure, où elle commet des dévastations (4).

430. Pendant l'hiver, la ville de Potidée se rend aux Athéniens qui l'assiégeaient (5).

429. Les Péloponésiens commencent le siége de Platée; après plusieurs assauts inutiles, ils se décident à investir la place (6).

429. Le général athénien Phormion défait, avec des forces inférieures, la flotte péloponésienne dans le golfe de Crissa (7).

Périclès meurt de maladie (8).

428. Troisième invasion des Péloponésiens en Attique. L'île de Lesbos, excepté Méthymne, se soulève contre les Athéniens. Ceux-ci y envoient une armée sous la conduite de Pachès, qui met le siége devant Mitylène (9).

s'être laissé gagner par l'argent de Périclès, Thuc. V, 16.

(1) Thuc. I, 115-117; Diod. XII, 27; Plut. *Vie de Pér.* 25-29. Le motif de la guerre fut un différend entre Milet et Samos, et un mouvement insurrectionnel, qui livra le gouvernement de cette dernière ville au parti aristocratique. Les Samiens, vaincus, rasèrent leurs murailles, livrèrent leurs vaisseaux et s'imposèrent un tribut. La ville de Byzance, qui avait partagé leur défection, eut le même sort. Dans cette expédition Périclès eut pour collègue dans le commandement Sophocle, le poëte tragique; Strab. XIV, 1; Plut. *Vie de Pér.* 8; Cic. *de Off.* 1, 40; Justin, III, 6.

(2) Thuc. I, 24-31; Diod. XII, 30. Discours des deux partis dans l'assemblée des Athéniens, Thuc. I, 32-44. Les Athéniens ne firent avec les Corcyréens qu'une alliance défensive, afin de n'être pas appelés à rompre le traité de paix conclu avec le Péloponèse.

(3) La bataille se livra près des iles Sybota, voisines de la côte d'Épire; Thuc. I, 46-55; Diod. XII, 33. Les Corinthiens ne pardonnèrent pas aux Athéniens de les avoir empêchés de tirer vengeance de leur colonie de Corcyre.

(4) Thuc. I, 56-65; Diod. XII, 34, 37. Les Corinthiens craignirent pour la ville, qui était une de leurs colonies, et pour leurs propres soldats, qui s'y trouvaient bloqués.

(5) On déclara le traité de paix rompu; Thuc. I, 67-87, 119-125. Les deux partis s'envoyèrent d'abord des ambassades et des sommations réciproques; Thuc. I, 126-139. Les Athéniens se décidèrent à la guerre d'après le conseil de Périclès; Thuc. I, 140-146; Plut. *Vie de Pér.* 29-30.

(6) Alliés des Lacédémoniens : tout le Péloponèse (à l'exception d'Argos et de l'Achaïe) : Mégare, la Phocide, la Locride, la Béotie, Ambracie, Leucade, Anactorium. — Alliés des Athéniens : Chios, Lesbos, Platée, Naupacte, l'Acarnanie, Corcyre, Zacynthe; les villes tributaires situées sur le littoral de l'Asie Mineure et de la Thrace, ainsi que la plupart des îles de la mer Égée.

(7) Thuc. II, 2-6; Diod. XII, 41; Demosth. *In Near.*; Æneas, *Poliorcet.* 2. L'entreprise échoua, et les trois

cents Thébains qui étaient entrés dans Platée périrent presque tous.

(1) Première invasion; Thuc. II, 10-23; Diod. XII, 42-44; Plut. *Vie de Pér.* 33-35. Expédition de la flotte athénienne; Thuc. II, 23, 25, 30. Après la retraite des ennemis, les Athéniens en masse ravagent la Mégaride; ibid. 31. Ils expulsent les Éginètes de leur ile, et la peuplent de colons Athéniens; ibid. 27. Pendant l'hiver ils célèbrent les funérailles des citoyens morts dans les combats de l'été. Périclès prononce leur oraison funèbre; ibid. 34-46. Au commencement de la guerre du Péloponèse l'historien Hérodote avait cinquante-trois ans, Thucydide quarante, Xénophon douze, le médecin Hippocrate vingt-huit, Socrate trente-sept, lepoëte Sophocle soixante-quatre, Euripide quarante-neuf.

(2) Thuc. II, 47, 55-57; Diod. XII, 45.

(3) Thuc. II, 48-54; Hippocrat. *Épidém.* II, 2. La maladie enleva quatre mille quatre cents hoplites et plus de dix mille matelots.

(4) Cette flotte se composait de cent cinquante vaisseaux, dont cinquante de Chios et de Lesbos; elle portait quatre mille hoplites et trois cents cavaliers. C'est après cette expédition que Périclès se vit en butte à l'animosité des Athéniens, qui le condamnèrent à l'amende; Thuc. II, 59-65; Plut. *Vie de Pér.* 35.

(5) Thuc. II, 70; Diod. XII, 46. Les habitants évacuèrent la ville, qui fut repeuplée par une colonie d'Athéniens.

(6) Thuc. II, 71-78. Les Lacédémoniens entendaient peu l'art des siéges; ils étaient sur ce point bien inférieurs aux Athéniens. Thucydide, en décrivant avec détails l'attaque de Platée, semble avoir eu l'intention de faire contraster l'inhabileté dont les Lacédémoniens y firent preuve, avec la tactique consommée que déployèrent ses concitoyens au siége de Syracuse.

(7) Thuc. II, 83-92; Diod. XII, 48. Il y eut deux actions consécutives, l'une près de Patræ en Achaïe, l'autre près de Naupacte; les Athéniens furent partout vainqueurs.

(8) Thuc. II, 65; jugement porté sur son administration et sur son caractère; Plut. *Vie de Pér.* 38-39.

(9) Thuc. III, 1-19; Diod. XII, 52, 55. Les Péloponésiens envoyèrent au secours de Lesbos une flotte, qui ne fit que se montrer sur les côtes d'Asie.

Platée continue à être bloquée par les Péloponésiens et les Thébains. La moitié des assiégés réussissent à s'échapper (1).

427. Quatrième invasion de l'Attique. Mitylène capitule; les Athéniens punissent sévèrement sa défection (2).

427. Les Platéens, pressés par la famine et ne pouvant plus résister, se rendent aux Lacédémoniens; ils sont tous mis à mort; la ville est rasée, et son territoire abandonné aux Thébains (3).

Sédition de Corcyre (4). Première expédition des Athéniens en Sicile, sous le commandement de Lachès (5).

426. Fondation d'Héraclée-Trachinienne par les Lacédémoniens. Le général athénien Démosthène fait une expédition malheureuse en Étolie; il réussit mieux en secourant les Acarnaniens contre les Ambraciotes (6).

425. Cinquième invasion de l'Attique par les Péloponésiens, sous les ordres d'Agis (7).

Démosthène, avec un petit nombre d'Athéniens, occupe et fortifie Pylos en Messénie. L'armée des Péloponésiens accourt aussitôt, et fait de vains efforts pour l'en déloger; leur flotte est battue par les Athéniens dans le port de Pylos. Par suite de cette défaite, 420 hoplites lacédémoniens se trouvent bloqués dans l'île de Sphactérie. Les Spartiates, pour les sauver, proposent inutilement la paix. Enfin ces guerriers sont tous pris par les Athéniens commandés par Cléon, et conduits à Athènes (8).

425. Massacre du parti aristocratique à Corcyre (9).

(1) Thuc. III, 20-24; Diod. XII, 56. Deux cent douze Platéens traversèrent les lignes de circonvallation, et se réfugièrent à Athènes.

(2) Thuc. III, 25-30. Les Athéniens furent sur le point de condamner à mort la population tout entière; c'était l'avis de l'orateur Cléon. Cependant on se borna à faire périr mille Mityléniens, principaux auteurs de la défection, et à confisquer toutes les terres de Lesbos, excepté celles de Méthymne; elles furent distribuées à des colons athéniens.

(3) Thuc. III, 52-68. Il ne restait dans Platée que deux cent vingt-cinq hommes, qui furent condamnés par des juges venus de Lacédémone.

(4) Thuc. ibid. 69-85; elle fut occasionnée par l'aristocratie, qui, appuyée des Péloponésiens, voulait faire rompre l'alliance d'Athènes.

(5) Thuc. III, 86-88; Diod. XII, 53-54.

(6) Thuc. III, 89-116; Diod. XII, 59-60. Les Péloponésiens ne firent pas cette année d'invasion en Attique, à cause d'un tremblement de terre qui eut lieu au moment de leur départ.

(7) Thuc. IV, 2. Cette invasion fut la dernière avant la paix de Nicias, parce que les Athéniens, une fois qu'ils eurent en leur pouvoir les prisonniers de Pylos, décidèrent qu'on les mettrait à mort si les Péloponésiens envahissaient de nouveau l'Attique.

(8) Thuc. IV, 3-41; Diod. XII, 61-63; Plut. Vie de Nic. 7 Démosthène avait formé le projet de s'emparer de quelque point du Péloponèse, d'où les Athéniens pussent faire des incursions sur les terres de leurs ennemis, et favoriser la désertion des esclaves. Il choisit pour cela la ville de Pylos, alors en ruines et tout à fait déserte, mais dont il releva les fortifications à la hâte. Pylos (aujourd'hui Navarin) avait appartenu jadis à la Messénie; mais depuis la conquête de ce pays par les Lacédémoniens elle était considérée comme faisant partie de la Laconie.

(9) Thuc. IV, 46-48. Le parti démocratique fut encouragé par la présence de la flotte athénienne, qui se rendait en Sicile sous la conduite de Sophocle et d'Eurymédon.

424. La prospérité des Athéniens est à son comble. Nicias s'empare de Cythère, et ravage les côtes de la Corinthie, de la Laconie et de l'Épidaurie (1). Les Athéniens se rendent maîtres de Niséa, et peu s'en faut qu'ils ne le deviennent de Mégare (2).

424. Les Grecs de Sicile conviennent entre eux de terminer leurs différends et de renvoyer la flotte athénienne (3).

Les Lacédémoniens forment le projet de faire révolter les sujets d'Athènes. Le Spartiate Brasidas, par une marche hardie à travers la Thessalie, conduit un corps de troupes sur le littoral de la Thrace, et enlève aux Athéniens les villes d'Acanthe, de Stagire, d'Amphipolis, de Torone, ainsi que la plupart de celles de la Chalcidique (4).

Il se forme en Béotie une vaste conspiration pour livrer ce pays aux Athéniens (5); mais les mesures sont mal prises, et les Athéniens parviennent seulement à fortifier un point de la côte septentrionale, nommé Délium. Les Béotiens, accourus à la défense de leur territoire, les défont dans une grande bataille, les chassent de la Béotie, et reprennent Délium (6).

423. Les Athéniens, abattus par ces revers, consentent à faire avec les Lacédémoniens une trêve d'une année et à leur rendre les prisonniers de Pylos (7).

422. La guerre recommence sur les côtes de

(1) Thuc IV, 42-43, 49, 53-57; Diod. XII, 65; Plut. Vie de Nic. 6. Diodore ajoute même une victoire remportée par Nicias sur les Béotiens à Tanagre.

(2) Thuc. IV, 66-74; Diod. XII, 66. Les Mégariens souffraient de la guerre plus qu'aucun autre peuple; Aristophan Acharn. 729 seq. D'ailleurs il y avait à Mégare, comme presque toutes les villes grecques, un parti démocratique, qui, pour avoir l'avantage, désirait la présence des Athéniens.

(3) Thuc. IV, 58-65.

(4) Thuc. IV, 78-88, 102-116; Diod. XII, 67,-68. Lors de la prise d'Amphipolis, l'historien Thucydide était à Thasos à la tête d'une escadre athénienne. Il ne put arriver à temps pour défendre Amphipolis, mais il conserva aux Athéniens la ville d'Éion, à l'embouchure du Strymon; il n'en fut pas moins banni par le peuple d'Athènes, qui lui imputa la chute d'Amphipolis. La possession de cette ville surtout importante parce que là était le seul pont qu'il y eût sur le Strymon, et que les Spartiates en étant maîtres pouvaient étendre leurs opérations à l'orient de ce fleuve.

(5) Thuc. IV, 76, 77. Démosthène et Hippocrate, appelés par le parti démocratique, devaient envahir la Béotie, l'un du côté de Thespies, l'autre du côté de Tanagre; mais il y eut erreur, et les Béotiens, prévenus, firent manquer l'entreprise.

(6) ibid. 89-101; Diod. XII, 69, 70. Délium était un endroit consacré à Apollon, dans le territoire de Tanagre et près du canal de l'Eubée. Le général des Athéniens Hippocrate périt dans cette journée avec mille de ses soldats. Socrate se trouvait à la bataille de Délium; Plat. Apolog. 17; Élien, Var. Hist. III, 17. Il sauva la vie à Alcibiade blessé, Plat. Conv. 36; d'autres disent à Xénophon, Strab. IX, 2; Diog. Laert. II, 22.

(7) Thuc. IV, 117-119; Diod. XII, 72. D'après cette convention, chacun des deux partis devait conserver ce qu'il possédait au moment de la trêve avait été jurée; ce qui n'empêcha pas Brasidas de recevoir dans son alliance la ville de Scioné, qui s'était révoltée contre les Athéniens deux jours après la conclusion du traité; Thuc. IV, 120-123. Plus tard il reçut encore la défection de Mendé; mais cette ville fut aussitôt reprise par Nicias, qui investit aussi Scioné; ibid. 129-131.

Thrace, où les Athéniens envoient une flotte commandée par Cléon. Celui-ci reprend Torone, et s'avance sous les murs d'Amphipolis; mais là il est défait par Brasidas, dans une action où ces deux généraux perdent la vie (1).

421. Après la mort de ces deux chefs, qui étaient le plus opposés à la paix, Athènes et Lacédémone, également fatiguées de dix années d'hostilités, concluent entre elles une paix et une alliance pour cinquante ans. Cette paix porte le nom de *paix de Nicias*, parce que ce fut lui qui la négocia pour les Athéniens (2).

B. Depuis la paix de Nicias jusqu'à la reprise des hostilités.

421. Les Argiens se mettent à la tête d'une ligue qui se forme dans le Péloponèse contre Lacédémone, et dans laquelle entrent les Mantinéens, les Éléens et les Chalcidiens de Thrace (3). Mésintelligence entre Athènes et Sparte à cause de la non-exécution de quelques articles du traité de paix (4).

420. Les Lacédémoniens concluent une alliance particulière avec les Thébains. Athènes s'en irrite; à l'instigation d'Alcibiade, elle s'allie à son tour avec les Argiens, et entre dans la coalition d'Argos, d'Élis et de Mantinée (5).

419. Hostilités entre Argos et Épidaure. Les Argiens ravagent l'Épidaurie, qui est défendue par les Lacédémoniens (6).

418. Les Lacédémoniens et leurs alliés envahissent l'Argolide. Les Argiens, enfermés par eux de toutes parts sous les murs de leur ville, courent le plus grand danger; mais Agis consent à retirer ses troupes et à conclure une trêve de quatre mois (7).

Les Argiens et leurs alliés rompent la trêve, entrent en Arcadie et s'emparent d'Orchomène; mais ils sont complétement défaits par les Lacédémoniens près de Mantinée (8).

(1) Thuc. V, 2-3, 6-11; Diod. XII, 73-74.

(2) Thuc. V, 14-24; Diod. XII, 74-75; Plut. *Vie de Nic.* 9. Cette paix fut conclue au printemps, dix années après la première invasion de l'Attique par Archidamus. Les Athéniens s'y décidèrent à cause de leurs revers récents, et dans la crainte que la révolte de leurs alliés ne s'étendît davantage; les Lacédémoniens pour être délivrés des autres ennemies de Pylos et de Cythère, qui favorisaient la désertion des Hilotes, et parce qu'ils craignaient que les Argiens ne voulussent pas renouveler avec eux la paix de trente ans qui était près d'expirer. Les Béotiens, les Mégariens, les Corinthiens et les Éléens refusèrent de souscrire à ce traité; ils se contentèrent de faire avec les Athéniens une trêve particulière, qu'on renouvelait tous les dix jours.

(3) Thuc. V, 27-31; Diod. XII, 75. Les Corinthiens, qui avaient été les premiers promoteurs de cette ligue, changèrent d'avis, et se rapprochèrent des Lacédémoniens. Thuc. V, 48.

(4) Ibid. 33-38; Diod. XII, 77. Les Athéniens refusaient d'évacuer Pylos tant que les Lacédémoniens ne leur auraient pas fait rendre Panactum, que les Béotiens avaient pris.

(5) Thuc. V, 40-48. Plut. *Vie d'Alcib.* 13.

(6) Thuc. V, 53-56.

(7) Ibid. 57-60. Les alliés de Lacédémone étaient les Béotiens, les Corinthiens, la plupart des Arcadiens, les Épidauriens, les Pelléniens, les Phliasiens, les Mégariens, les Sicyoniens. Ceux d'Argos étaient les Mantinéens, les Athéniens et les Éléens. Ces derniers n'assistèrent pas à la bataille de Mantinée.

(8) Ibid. 61-75; Diod. XII, 78-7

Paix entre les Argiens et les Lacédémoniens; dissolution de la ligue d'Argos (1).

417. Un régime aristocratique s'établit momentanément à Argos; mais bientôt le peuple reprend le dessus, renoue l'alliance avec Athènes, et rompt de nouveau avec Lacédémone (2).

416. Les Athéniens s'emparent de l'île de Mélos, dont ils massacrent les habitants (3).

Des députés de Ségeste en Sicile viennent à Athènes solliciter des secours contre les Sélinontins (4).

415. *Expédition de Sicile* (5). Au milieu de l'été, les Athéniens font partir pour cette île une flotte nombreuse, commandée par Alcibiade, Nicias et Lamachus (6).

415. Arrivés en Sicile, ces généraux attirent à leur parti Naxos et Catane (7).

Alcibiade, rappelé à Athènes pour se justifier des accusations dirigées contre lui, se sauve dans le Péloponèse, et devient l'auxiliaire des Lacédémoniens (8).

(1) Thuc. V, 76-81.

(2) Ibid. 81-83. Suivant Diodore, XII, 80, le règne de l'aristocratie dura huit mois. Plus tard les Lacédémoniens établirent les exilés argiens à Ornées; Thuc. VI, 7.

(3) Thuc. V, 84-116. Mélos, colonie de Lacédémone, était demeurée neutre jusqu'alors. Les Athéniens voulaient la soumettre pour qu'il ne fût pas dit qu'une île échappait à leur domination. Conférence des députés athéniens avec le conseil des Méliens; Ibid. 85-113. L'issue de cette guerre fut que tous les Méliens en état de porter les armes furent mis à mort, le reste de la population réduit en servitude, et l'île repeuplée de colons athéniens.

(4) Thuc. VI, 6; Diod. XII, 82-83.

(5) Le prétexte avoué de cette expédition fut de secourir Ségeste contre les Sélinontins, et de rétablir dans leur patrie les Léontins, que les Syracusains en avaient expulsés; mais le motif véritable était le désir de subjuguer l'île entière et d'étendre du côté de l'occident l'empire athénien; Thuc. VI, 15, 90; Isocr. *de Pac.* 83; Plut. *Vie d'Alc.* 17; *Vie de Nic.* 12; Pausan. I, 11. La guerre entre Ségeste et Sélinonte provenait d'une contestation relative aux limites des territoires de ces deux villes. Les Sélinontins, abusant de la faiblesse de leurs voisins, avaient considérablement empiété sur leurs terres. On en était venu aux armes, et les Ségestains, vaincus, après avoir vainement imploré l'assistance d'Agrigente, de Syracuse et de Carthage, s'étaient enfin adressés aux Athéniens. Quant aux Léontins, à la suite d'une dissension entre le peuple et le parti aristocratique, les Syracusains, appelés par ce dernier, avaient dépeuplé la ville en engageant des riches à venir habiter Syracuse, et en forçant le peuple à se disséminer de divers côtés; Thuc. V, 4. Or les Léontins étaient en parenté avec les Athéniens, à raison de leur origine chalcidienne; ibid. VI, 79. Ce fut au nom de cette alliance que les exilés réclamèrent leur appel. L'expédition de Sicile est racontée par Thucydide, liv. VI et VII; par Diodore, XIII, 1-33; par Plutarque, *Vie de Nicias*, 12-30, et par Justin, IV.

(6) Assemblée du peuple à Athènes, dans laquelle est résolue l'expédition de Sicile; discours de Nicias et d'Alcibiade; Thuc. VI, 8-26. Mutilation des Hermès; Ibid. 27-29. Départ de la flotte; Ibid. 30-32. Dispositions des Syracusains; Ibid. 32-41. Les Athéniens passent de Corcyre à Rhegium; Ibid. 42-46.

(7) Ibid. 46-51. Tentative inutile sur Messine et sur Camarine; Ibid. 52.

(8) Ibid. 53, 60-61. Avant le départ de la flotte, tous les Hermès (statues de Mercure) qui étaient dans les rues d'Athènes, avaient été mutilés en une seule nuit. Les nombreux ennemis d'Alcibiade l'accusèrent d'être l'auteur de ce sacrilége, et profitèrent de son absence pour alarmer le peuple sur ses projets am-

Premier combat sous les murs de Syracuse. Les Athéniens y sont vainqueurs; mais, ne pouvant, faute de cavalerie, tenir la campagne, ils retournent hiverner à Catane (1).

Les Syracusains réclament les secours de Corinthe et de Lacédémone (2).

414. Les Athéniens, ayant reçu un renfort de cavalerie, commencent le siége de Syracuse, qu'ils investissent d'un double mur. Les Syracusains essayent vainement de s'opposer à cet ouvrage; ils sont défaits et forcés de se renfermer dans leur ville (3).

Le Lacédémonien Gylippe, avec des soldats du Péloponèse, vient au secours des Syracusains (4). Son arrivée relè à leur courage. Il remporte sur les assiégeants un premier succès, et arrête la circonvallation (5).

414. Le traité de paix conclu entre les Lacédémoniens et les Athéniens est rompu par ces derniers, qui, à la sollicitation des Argiens, envoient une flotte infester les côtes de la Laconie (6).

C. Depuis la reprise des hostilités jusqu'à la prise d'Athènes par Lysandre.

313. La guerre du Péloponèse recommence. Les Lacédémoniens s'emparent de Décélie en Attique, fortifient cette position, y laissent des troupes, et dirigent de là des incursions continuelles sur les terres des Athéniens (7).

En Sicile Gylippe remporte de nouveaux avantages sur les Athéniens, prend leurs forts, les attaque sur mer, et les contraint de se borner à la défensive (8).

Les Athéniens essuient défaite sur défaite dans le port et sous les murs de Syracuse. Ils veulent se retirer par mer; mais la sortie du port leur est fermée par les ennemis. Ils abandonnent alors leurs vaisseaux, et se mettent en route par terre; mais les Syracusains les arrêtent, massacrent une partie de l'armée, et emmènent le reste captif à Syracuse (9).

bitieux. Mandé à Athènes, sur la dénonciation de l'orateur Andocide, il craignit d'être mis en cause, et s'enfuit d'abord à Thurii, puis à Lacédémone, où il travailla de tout son pouvoir contre les Athéniens; Plut. *Vie d'Alc.* 20, 21; Corn. Nép. VII, 4.

.(1) Thuc. VI, 63-75. Prise d'Hyccara; *ibid.* 62.

(2) Ibid. 88-93. Alcibiade, qui se trouvait à Sparte, appuya chaudement leur demande.

(3) ibid. 94-103. La circonvallation ne fut pas tout à fait achevée; autrement Syracuse eût infailliblement succombé. A l'arrivée des Péloponésiens il restait encore à construire du côté du nord la partie du mur qui devait aboutir à la baie de Trogilus.

(4) Ibid. 104.

(5) Thuc., VII, 1-7.

(6) Ibid. VI, 105.

(7) Décélie, située à cent vingt stades au nord d'Athènes, dominait les environs de cette ville et interceptait ses communications directes avec l'Eubée, d'où les Athéniens tiraient la plus grande partie de leurs subsistances; aussi l'occupation de cette place leur causa-t-elle les plus grands dommages; ils eurent ainsi leurs terres constamment ravagées, furent obligés de faire un service pénible, et virent déserter plus de 20,000 de leurs esclaves; ibid. VII, 19, 27-28.

(8) Ibid. 21-25. Lettre de Nicias au peuple d'Athènes pour lui exposer la situation de l'armée et demander des renforts; ibid. 11-18

(9) Les Athéniens envoient au secours de Nicias une nouvelle armée, sous la conduite de Démosthène et d'Eurymédon; ibid. 26, 31, 33, 35, 42. Tentative sur les Épipoles; ibid. 43-45. Les généraux athéniens

412. Le désastre éprouvé par les Athéniens en Sicile excite tous leurs sujets à la rebellion : Chios, Milet, Érythres, Clazomènes, Téos, Lesbos, Rhodes se révoltent successivement. Leur défection est soutenue par les Lacédémoniens et par le satrape Tissapherne. Les Athéniens envoient en Ionie une flotte, qui reprend Lesbos et bloque Chios (1).

411. Les villes de l'Hellespont se révoltent contre Athènes (2).

.Conspiration de quelques Athéniens pour renverser chez eux la démocratie. Le pouvoir est remis à un conseil composé de quatre cents des principaux citoyens (3).

L'armée navale athénienne, stationnée à Samos, proteste contre cette révolution, maintient la démocratie, et rappelle Alcibiade (4).

Les quatre cents, soupçonnés d'entretenir des intelligences avec les ennemis, sont déposés, et remplacés par une assemblée de cinq mille citoyens (5).

L'Eubée se détache des Athéniens (6).

Les Lacédémoniens se brouillent avec Tissapherne, et passent dans l'Hellespont, où les appelle le satrape Pharnabaze. L'Hellespont devient le théâtre de la guerre (7).

se décident à lever le siége et à partir par mer; ils sont retenus par une éclipse de lune; ibid. 47-50. Grand combat sur terre et sur mer; défaite des Athéniens; ibid. 51-56. Catalogue des alliés des deux partis; ibid. 57-58. Les Syracusains ferment l'entrée de leur port. Les Athéniens tentent inutilement de forcer le passage; ils sont mis en déroute; ibid. 59-71. L'armée athénienne prend le parti de se retirer par terre; ibid. 72-80. Les Syracusains la poursuivent, l'atteignent sur les bords du fleuve Assinarus, et la font toute prisonnière; ibid. 81-85. Ils mettent à mort Nicias et Démosthène, et enferment les prisonniers dans les carrières; ibid. 86-87.

(1) Thuc. VIII, 1-60; Diod. XIII, 34, 36, 37. Alcibiade, qui passa alors de Sparte en Ionie, seconda activement les défections. Tissapherne conclut au nom du roi de Perse, avec les Lacédémoniens, un traité d'alliance, par lequel il s'engageait à fournir des vivres et des subsides à leur flotte aussi longtemps qu'elle ferait la guerre aux Athéniens en Ionie. L'intérêt du roi était de détruire l'empire des Athéniens sur les villes grecques d'Asie, afin de faire plus aisément rentrer ces dernières sous sa propre domination.

(2) Thuc. VIII, 61-62, 64, 80. C'étaient Abydos, Lampsaque, Byzance, auxquelles il faut joindre l'île de Thasos.

(3) Ibid. 63-72. Les chefs de ce complot furent Pisandre, l'orateur Antiphon, Phrynichus et Théramène. Ils persuadèrent le peuple en lui faisant entendre qu'Alcibiade ne voulait être rappelé qu'à cette condition, et qu'il leur procurerait l'alliance de Tissapherne et les subsides du roi. Les Athéniens, ne voyant pas d'autre moyen de continuer la guerre, firent à leur haine contre Lacédémone le sacrifice de leur liberté; Aristot. *Pol.* V, 4.

(4) Ibid. 73-77, 81-82; Plut. *Vie d'Alc.* 25.

(5) Thuc. VIII, 90-91, 97-98. Sorte de démocratie tempérée, dans laquelle le pouvoir législatif et judiciaire était exercé, non plus par l'assemblée générale du peuple, mais par l'élite de la bourgeoisie. Plat. *De leg.* VI, p. 755.

(6) Thuc. VIII, 94-96.

(7) Différends entre les Lacédémoniens et Tissapherne; ibid. 85-88. Le navarque Mindarus emmène sa flotte dans l'Hellespont; ibid. 99-102. Il est défait par les Athéniens près du Cynossèma; ibid. 105-106. — Ici se termine l'histoire de Thucydide, la vingt et unième année de la guerre du Péloponèse. L'histoire grecque de Xénophon continue sans interruption.

GRÈCE

410. Les Athéniens remportent à Cyzique une grande victoire sur la flotte lacédémonienne (1).

Agis marche de Décélie contre Athènes; il est repoussé (2).

Les Athéniens, commandés par Alcibiade, font une expédition contre Abydos, battent Pharnabaze, et ravagent le pays du roi (3).

409. Les Athéniens reprennent Chalcédoine et Byzance, et envoient une ambassade en Perse(4).

408. Alcibiade rentre à Athènes, où il est nommé général en chef (5).

Cyrus le jeune prend le gouvernement des provinces maritimes de l'Asie Mineure, et se montre zélé partisan des Lacédémoniens (6).

407. Lysandre, navarque des Lacédémoniens, défait la flotte athénienne pendant l'absence d'Alcibiade. Celui-ci est déposé, et remplacé par Conon et neuf autres généraux (7).

406. Callicratidas, navarque des Lacédémoniens, prend Méthymne, défait Conon, et l'enferme dans le port de Mitylène (8).

Les Athéniens vont au secours de leur flotte assiégée, et remportent sur les Lacédémoniens une grande victoire aux Arginuses (9).

Denys l'ancien s'empare de la tyrannie à Syracuse (10).

405. Lysandre détruit la flotte athénienne à Ægos Potamos (11); il fait voile vers Athènes, et bloque cette ville par mer, tandis qu'Agis en fait le siège par terre (1).

404. *Fin de la guerre du Péloponèse.* Athènes, en proie à la famine, capitule aux conditions que lui imposent les Lacédémoniens. Lysandre abat les fortifications du Pirée, et confie le gouvernement d'Athènes à trente citoyens (2).

Suprématie de Lacédémone.

404. *Les Trente exercent la tyrannie à Athènes* durant huit mois (3). Au bout de cet intervalle, quelques bannis, conduits par Thrasybule, s'emparent du fort de Phylé et ensuite du Pirée (4).

403. Après dix mois de guerre entre ceux du Pirée et le parti des Trente, ces derniers sont chassés; Thrasybule rentre dans Athènes, rétablit la démocratie, et proclame une amnistie générale (5).

401. Environ dix mille soldats mercenaires grecs prennent part à l'expédition de Cyrus le jeune contre son frère Artaxerxès, roi de Perse; et, malgré le mauvais succès de cette entreprise, parviennent à effectuer leur retraite jusqu'en Grèce (6.)

(1) Xénoph. I, 1; Diod. XIII, 49-51. Les Athéniens furent aussi vainqueurs sur terre. La flotte lacédémonienne fut détruite, et le navarque Mindarus tué.

(2) Xén. I, 1.

(3) Xén. I, 2. Cette victoire les rendit maîtres du Bosphore, et leur permit de lever une taxe sur tous les vaisseaux sortant du Pont-Euxin.

(4) Xén. I, 3. Alcibiade contribua surtout à la prise de ces deux villes, défendues par Pharnabaze; Plut. *Vie d'Alc.* 31; Diod. XIII, 66-67. Les ambassadeurs athéniens furent arrêtés en route, et détenus pendant trois ans par Pharnabaze; Xén. I, 4.

(5) Xén. I, 4; Plut. *Vie d'Alc.* 32-34; Diod. XIII, 68. Il amenait beaucoup d'argent et un grand nombre de vaisseaux pris à l'ennemi.

(6) Xén. I, 4. Cyrus était le second fils du roi de Perse, Darius Nothus. Sa résidence était Sardes en Lydie; il avait le commandement de la province dont la place d'armes était la même (7).

(7) Xén. I, 5. Alcibiade se retira en Chersonèse, dans un château qui lui appartenait. Les dix généraux qui le remplacèrent étaient : Conon, Léon, Diomédon, Périclès, Érasinide, Aristocrate, Archestrate, Protomachus, Thrasyllus et Aristomachus; Diod. XIII, 74.

(8) Xén. I, 6.

(9) Xén. I, 6; Diod. XIII, 97-100; Plut. *Vie de Lys.* 7. Les Arginuses étaient trois petites îles situées entre Lesbos et le continent; Strab. XIII, 1. Ce fut la plus grande bataille navale livrée entre les Grecs. La flotte athénienne était forte de cent cinquante vaisseaux, celle des Lacédémoniens de cent vingt. Celle-ci en perdit soixante-dix-sept, avec le navarque Callicratidas; Cic. *de Off.* I, 24. Une tempête survenue après la bataille empêcha les généraux athéniens de recueillir leurs morts. Le peuple leur en fit un crime, et les condamna tous ensemble à perdre la vie; Xén. I, 7; Diod. XIII, 101-103. Socrate, alors prytane, s'opposa en vain à cette injuste condamnation; Xén. *Memor.*, I, 1; Plat. *Apolog.* 20; Val. Max. III, 8.

(10) Denys d'Halic. *Arch.* VII, p. 1313. Il conserva l'empire pendant trente-huit ans; Diod. XIII, 91, 92.

(11) Xén. II, 1; Diod. XIII, 105-106; Plut. *Vie de Lys.* 9-11; Corn. Nép. VII, 8; IX, 1-2; Justin. V, 6. Des cent quatre-vingt vaisseaux athéniens il n'en échappa que neuf, avec lesquels Conon se réfugia auprès d'Évagoras, roi de Salamine en Cypre; Isocr. *Évag.* p. 199.

(1) Xén. II, 2.

(2) Xén. II, 2; Diod. XIII, 107; Plut. *Vie de Lys.* 16-18. Les conditions de la paix furent que les Athéniens renonceraient à tout empire sur leurs alliés; qu'ils reconnaîtraient la suprématie des Lacédémoniens, rappelleraient les exilés, livreraient leurs vaisseaux de guerre, excepté douze, et laisseraient abattre les longs murs. Cette dernière clause était une garantie prise par les Péloponésiens, qui devenaient par là maîtres de bloquer par terre Athènes, lorsqu'ils le voudraient. Les Corinthiens et les Thébains désiraient qu'on rasât complétement cette ville; mais les Lacédémoniens s'y opposèrent, en considération de la gloire qu'elle avait procurée à toute la Grèce; Justin, V, 8. Après la prise d'Athènes, Lysandre soumit également Samos, renversa la domination des Athéniens chez tous leurs alliés, et fit gouverner ceux-ci par des harmostes ou commissaires lacédémoniens; Diod. XIV, 3.

(3) Xén. II, 3; Diod. XIV, 4-8; Justin, V, 9; Sallust. *Cat.* 51. Les Trente, dont les plus connus sont Critias et Théramène, furent tous pris dans l'ancien conseil oligarchique des quatre cents. Ils furent chargés de rédiger une nouvelle constitution; mais au lieu de s'acquitter de ce mandat, ils gardèrent pour eux toute l'autorité, et nommèrent eux-mêmes un sénat et des juges qui leur étaient dévoués. Ils restreignirent aux trois mille citoyens les plus riches le droit de cité, celui d'avoir des armes, et celui de séjourner dans la ville. A l'égard des autres ils s'arrogèrent un pouvoir arbitraire; et, secondés par la présence d'une garnison lacédémonienne, ils exilèrent ou firent périr sans forme de procès tous ceux qu'ils redoutaient ou qu'ils voulaient dépouiller. Enfin ils poussèrent si loin les exactions et la violence, que la division se mit à ce sujet dans leur propre sein : Théramène, qui se montrait plus modéré que ses collègues, fut sacrifié à la haine de Critias; Xén. II, 3.

(4) Xén. II, 4.

(5) Ibid.; Diod. XIV, 32-33; Justin, V, 9-10; Corn. Nep. VIII, 1-3. Les Trente seuls furent exclus du décret d'amnistie; Lysias, in *Eratosth.* p. 125. Cette même année l'historien Thucydide, alors âgé de soixante-huit ans, revint de son exil; Thuc. V, 26.

(6) Xén. III, 1. Thémistogène de Syracuse, auquel Xénophon attribue la relation de la retraite des dix mille, paraît être un nom qu'il a supposé afin de ne pas se citer lui-même. Voyez aussi Diod. XIV, 19-31; et surtout l'*Anabase* de Xénophon. L'armée de Cyrus se composait de cent mille barbares et de quatorze mille Grecs. Ces derniers avaient plusieurs généraux,

400. Les Lacédémoniens envoient dans l'Asie Mineure une armée sous la conduite de Thimbron, afin de protéger contre Tissapherne les villes grecques de ce pays (1).

Condamnation de Socrate (2).

399. Dercyllidas remplace Thimbron, et porte la guerre dans la province de Pharnabaze (3).

399. Les Lacédémoniens envahissent l'Élide sous la conduite d'Agis (4).

398. Continuation de la guerre en Asie Mineure, sous la conduite de Dercyllidas. Paix de Sparte avec Élis (5).

397. Conspiration de Cinadon à Sparte (6).

396. Agésilas prend le commandement de l'armée d'Asie Mineure (7).

395. Ses succès contre les satrapes perses. Il ravage la Phrygie, la Carie et la Mysie (8).

Le roi de Perse, afin de le forcer à s'éloigner, excite par ses émissaires les villes de Thèbes, de Corinthe et d'Argos à former une coalition contre Sparte (9). Il donne le commandement de sa flotte à l'Athénien Conon (10). La guerre

dont le plus célèbre était le Lacédémonien Cléarque. Elle partit de Sardes, s'avança jusqu'en Mésopotamie, et rencontra l'armée royale à Cunaxa. Cyrus fut tué dans la bataille et son armée se dispersa. Les Grecs, restés seuls, trahis par Tissapherne, qui fit assassiner leurs généraux, parvinrent cependant à effectuer leur retraite, en se dirigeant vers le Pont-Euxin. Arrivés en Ionie, la plupart s'engagèrent dans l'armée de Thimbron. L'expédition entière, depuis le départ des Grecs jusqu'à leur retour, dura quinze mois; Xén. *Anab.* VII, 8.

(1) Xén. *Hell.* III, 1; Diod. XIV, 38. Thimbron ne fit aucune entreprise importante.

(2) Cette date est incertaine; Diod. XIV, 33, 37; Aristid. t. II, p. 236; Diog. Laert. II. 44. La même année Platon se retira à Mégare; Diog. Laert. III, 6; et Xénophon fut exilé d'Athènes, pour cause de *laconisme*; Pausan. V, 6.

(3) Xén. III, 1. Ce général poussa la guerre avec plus de vigueur que Thimbron; il prit neuf villes dans l'espace de huit jours.

(4) Les Éléens étaient depuis longtemps brouillés avec les Lacédémoniens. *Voyez* Thuc. V, 49-50. Agis fit deux irruptions consécutives dans l'Élide, qu'il ravagea tout entière, hormis la ville d'Élis. La date de cet événement est controversée, d'autres la fixent à l'année 401.

(5) Xén. III, 2.

(6) Xén. III, 3. Cette conspiration, qui fut découverte et réprimée, était le résultat de la haine portée à la caste privilégiée des Spartiates par les classes inférieures, les Hilotes, Périèques et Néodamodes; Arist. *Pol.* V, 6.

(7) Xén. III, 4; *Ages.* 1; Diod. XIV, 79; Plut. *Vie d'Agés.* 6; *Vie de Lys.* 23; Pausan. III, 9; Corn. Nep. XVII, 2; Justin, VI, 2. Agésilas partit pour l'Asie avec six mille Péloponésiens, deux mille Lacédémoniens Néodamodes, et trente Spartiates (dont Lysandre) pour le seconder dans le commandement. La flotte fut mise également sous ses ordres, contrairement à l'usage suivi jusqu'alors par les Spartiates, de ne pas confier au même chef le commandement des forces de terre et celui de l'armée navale.

(8) Xén. *Hell.* III, 4; *Agés.* 1; Diod. XIV, 80. Tissapherne paya de sa tête ses revers; le roi de Perse le fit mettre à mort; et le remplaça par Tithraustès.

(9) Xén. III. 5. Athènes, qui n'avait pas, comme ces trois États, reçu de l'argent du roi, entra cependant aussi dans cette ligue, à laquelle se joignirent encore l'Eubée, Leucade, l'Acarnanie, et les Chalcidiens de Thrace; Diod. XIV, 82.

(10) Sur la recommandation du satrape Pharnabaze; Diod. XIV, 39; Plut. *Vie d'Artax.* 21; Justin, VI, 1; Corn. Nep. IX, 4.

commence en Phocide et en Béotie. Lysandre périt à Haliarte, et Pausanias évacue la Béotie (1).

Guerre de Corinthe.

394. Les Lacédémoniens, quoique vainqueurs dans une bataille livrée près de Corinthe aux Corinthiens, aux Argiens, aux Béotiens et aux Athéniens, ne croient pas pouvoir tenir tête à cette ligue, sans rappeler d'Asie leur armée et leur roi (2). Agésilas, renonçant à ses projets de conquête, revient en Grèce par la route de terre, rencontre les ennemis à Coronée en Béotie, et remporte sur eux une grande victoire (3).

394. Pisandre, beau-frère d'Agésilas et commandant de la flotte lacédémonienne, est battu près de Cnide par les Perses, commandés par l'Athénien Conon. La flotte péloponésienne est anéantie (4).

393. Massacre du parti aristocratique à Corinthe. Les fugitifs obtiennent le secours des Lacédémoniens, et la guerre se concentre autour de Corinthe et de Sicyone (5).

Conon, à la tête de la flotte royale, chasse les Lacédémoniens des îles et des villes grecques de l'Asie Mineure; puis il fait voile vers les côtes

(1) Les Locriens-Opontiens étaient en guerre avec les Phocidiens; ceux-ci appelèrent à leur secours les Lacédémoniens, tandis que les Béotiens prirent parti pour Oponte. Lysandre à la tête des Phocidiens entra en Béotie, s'empara d'Orchomène, et voulut gagner pareillement Haliarte; mais les Thébains se jetèrent dans cette place, et tuèrent Lysandre dans une sortie; Diod. XIV, 81; Plut. *Vie de Lys.* 29; Justin, VI, 4; Corn. Nép. VI, 3. Pausanias fut puni de sa retraite par la destitution et l'exil.

(2) Xén. IV, 2; Diod. XIV, 83. Cette bataille se livra près du fleuve Néméa, limite de la Corinthie et de la Sicyonie. Les coalisés avaient 24,000 hoplites, les Lacédémoniens 23,000. Des 600 Spartiates qui décidèrent la victoire huit seulement furent tués, tandis que la perte des ennemis monta à 10,000 hommes; Xén. *Agés.* 7; Démosth. *in Lept.* p. 472.

(3) Xén. IV, 3; *Agés.* 2; Diod. XIV, 84; Plut. *Vie d'Agés.* 17, 18; Corn. Nep. XVII, 4. La bataille se donna dans la plaine entre Coronée et Onchestos, près du temple de Minerve Itonienne, où les Béotiens célébraient leurs fêtes nationales. Xénophon, qui, depuis son retour d'Asie, s'était lié avec Agésilas, l'accompagna dans cette expédition, et porta ainsi les armes contre ses concitoyens, qui étaient comme auxiliaires dans l'armée béotienne; Xén. *Anab.* V, 3; Plut. *Vie d'Agés.* 18. Exilé précédemment d'Athènes, il fut accueilli par les Lacédémoniens, qui lui donnèrent un asile à Scillonte en Élide; c'est là qu'il composa la plupart de ses ouvrages; Diog. Laert. II, 52; Plut. *De exsil.* 10; Dion Cassius, XXXVII, 20.

(4) Xén. IV, 3. Cet auteur, qui, dans toute son histoire, montre beaucoup de partialité pour Agésilas et les Lacédémoniens, ne donne que fort peu de détails sur cette victoire. On en trouve davantage dans Diodore, XIV, 83, et dans Justin, VI, 3. La flotte des Perses, commandée par Conon et par Pharnabaze, était forte de quatre-vingt-dix voiles; phéniciens, cypriens et grecs; celle des Lacédémoniens se composait de quatre-vingt-cinq galères. Pisandre mourut en combattant vaillamment. Les Perses prirent cinquante vaisseaux et firent cinq cents prisonniers.

(5) Xén. IV, 4; Diod. XIV, 86; Corn. Nep. XVII, 16. Il se livra un combat sanglant au Léchée, port de Corinthe; les Lacédémoniens y furent vainqueurs. Athènes envoya au secours de Corinthe le général Iphicrate avec un corps de troupes mercenaires, qui se distingua par sa valeur. C'est à cette occasion que l'orateur Lysias prononça l'oraison funèbre qui se trouve dans ses œuvres.

du Péloponèse, et aborde à Athènes, dont il relève les longs murs (1).

392. *Les Lacédémoniens, sous la conduite d'Agésilas, font une dernière expédition contre Corinthe. Une de leurs divisions est taillée en pièces par Iphicrate près du Léchée* (2).

391. *Agésilas fait avec les Achéens une expédition contre l'Acarnanie* (3).

390. *Les Acarnaniens font la paix avec les Achéens, et concluent une alliance avec Lacédémone. Expédition d'Agésilas en Argolide* (4).

389. *La guerre maritime recommence sur les côtes d'Asie entre les Athéniens et les Lacédémoniens* (5).

388. *Les Lacédémoniens s'établissent à Égine, d'où ils infestent par leurs incursions les rivages de l'Attique* (6).

387. *Paix d'Antalcidas.* Ce Spartiate, envoyé en ambassade auprès d'Artaxerxès, négocie avec lui un traité, en vertu duquel toutes les villes grecques d'Asie doivent désormais appartenir au roi de Perse, et aucun État de la Grèce ne conserver des sujets. Les Béotiens, les Corinthiens et les Argiens, contre lesquels cette dernière clause est dirigée, sont néanmoins forcés par les menaces d'Agésilas d'y accéder (7).

(1) Xén. IV, 8; Diod. XIV, 84; Justin, VI, 8; Plut. *Vie d'Agés.* 23 ; Pausan. I, 2; Corn. Nep. IX, 4. Conon avait persuadé à Pharnabaze de lui donner à cet effet une somme d'argent considérable ; il fit travailler à la reconstruction des murs les equipages des vaisseaux barbares. Avant de commencer ce travail, il donna à tout le peuple une grande fête, où il fit immoler une hécatombe; Athén. I, 8.

(2) Xén. IV, 8. Xénophon n'a pas suivi en cet endroit l'ordre chronologique. Jusqu'à la fin du ch. 7 il raconte sans interruption ce qui se passait en Grèce ; mais dans le ch. 8, il reprend le récit des événements qui avaient eu lieu sur mer et en Asie pendant les quatre années précédentes.

(3) Xén. IV, 6; *Agés.* 2.

(4) Xén. IV, 7.

(5) Principalement sous les généraux Téleutias pour les Lacédémoniens, et Thrasybule pour les Athéniens. A cette époque Conon n'était plus général. Envoyé par les Athéniens auprès du satrape Tiribaze *pour s'opposer aux négociations d'Antalcidas*, il avait été arrêté et mis aux fers à Sardes. Quelques-uns prétendent que de là il fut envoyé dans l'intérieur de l'Asie et mis à mort par l'ordre du roi; Isocr. *Paneg.* 41; Diod. XIV, 85 ; Corn. Nep. IX, 8. D'après un autre récit, plus vraisemblable, il s'échappa de sa prison et s'enfuit auprès d'Évagoras en Cypre, où il mourut de maladie, laissant une fortune considérable à son fils Timothée ; Lysias, *pr. Aristoph. bon.* p. 658. Pausanias vit encore son tombeau et celui de son fils dans le Céramique d'Athènes ; Pausan. I, 9.

(6) Xén. V, 1.

(7) Xén. V, 1; Diod. XIV, 110 ; Justin, VI, 6. Xénophon, avec sa partialité ordinaire, vante la politique qui dicta ce traité. Au contraire Isocrate, *Paneg.* 47, 48, et Plutarque, *Vie d'Agés.* 23; *Vie d'Artax.* 21, flétrissent l'égoïsme avec lequel les Lacédémoniens abandonnèrent aux barbares leurs compatriotes d'Asie. L'indépendance stipulée pour toutes les villes de la Grèce était spécieuse; mais en réalité c'était l'intérêt de Sparte, qui, en dissolvant ainsi toutes les agrégations d'États, acquérait sur chacun d'eux en particulier une supériorité incontestable. Thèbes surtout voyait s'écrouler l'empire qu'elle s'était arrogé sur le reste de la Béotie. Ainsi, par exemple, les Lacédémoniens en vertu du traité relevèrent Platée, l'ennemie mortelle des Thébains; Pausan. IX, 1. Antalcidas trouva plus tard en Perse même la peine de l'empressement qu'il avait mis à trahir les intérêts de

Domination oppressive des Lacédémoniens sur leurs alliés.

385. *Les Spartiates, fiers de l'alliance du roi, font sentir leur puissance à tous les États de la Grèce. Ils détruisent Mantinée, dont ils forcent les habitants à se disséminer dans des bourgades* (1).

383. *Guerre d'Olynthe. Les Olynthiens, qui s'étaient assujetti plusieurs villes grecques du littoral de la Thrace, ayant refusé de leur rendre l'indépendance, conformément au traité d'Antalcidas, les Lacédémoniens leur déclarent la guerre* (2).

Phébidas, se rendant en Thrace avec un corps de troupes lacédémoniennes, occupe, en passant, la citadelle de Thèbes, et donne dans cette ville la prépondérance au parti oligarchique (3).

382. *Téleutias, frère d'Agésilas et chef de l'armée lacédémonienne envoyée contre Olynthe, après quelques succès remportés aux environs de cette ville, est défait et tué par les Olynthiens* (4).

381. *Les Lacédémoniens font une expédition contre Phlionte, pour y soutenir le parti aristocratique. Agésilas assiège cette ville* (5).

380. *Les Olynthiens, vaincus par Polybiade, sont réduits à demander la paix. Les Phliasiens capitulent aussi* (6).

389. *Des exilés Thébains rentrent secrètement à Thèbes, mettent à mort les principaux oligarques, appellent le peuple à la liberté, et chassent les Lacédémoniens qui occupaient la Cadmée* (7).

la Grèce. Après la bataille de Leuctres, il retourna auprès d'Artaxerxès pour lui demander de secourir Lacédémone. Mais il fut reçu avec une telle froideur que, soit dépit, soit crainte de revenir à Sparte sans avoir rien obtenu, il se laissa mourir de faim ; Plut. *Vie d'Artax.* 22.

(1) Xén. V, 2; Diod. XV, 5, 12. Ils renversèrent ainsi non-seulement la puissance de Mantinée, mais encore son gouvernement démocratique. Ils rétablirent aussi à Phlionte les chefs du parti aristocratique, qui en avaient été exilés.

(2) Xén. V, 2; Diod. XV, 19. Eudamidas marcha le premier contre eux avec une armée de 2,000 hommes.

(3) Xén. V, 2; Diod. XV, 20, 21. Thèbes était divisée en deux factions : celle de la démocratie, dont le chef était Isménias; et celle de l'oligarchie, dont le chef était Léontiade. Ce dernier, pour assurer le triomphe de son parti, traita secrètement avec Phébidas, et lui livra la Cadmée. Les Spartiates blâmèrent en apparence cette violation du droit des gens, et condamnèrent Phébidas à 100,000 drachmes d'amende ; mais ils ne rendirent point aux Thébains leur citadelle, et appuyèrent toutes les violences du parti oligarchique ; Plut. *Vie de Pélop.* 5, 6 ; Corn. Nép. XVI, 1.

(4) Xén. V, 3; Diod. XV, 21.

(5) Xén. V, 3. Le peuple de Phlionte refusait de restituer les biens précédemment confisqués sur les partisans de l'aristocratie, que l'influence d'Agésilas avait fait rappeler de l'exil. Ces derniers se plaignirent à Lacédémone.

(6) Xén. V, 3; Diod. XV, 23.

(7) Xén. V, 4; Diod. XV, 26-27; Plut. *Vie de Pélop.* 7-13; *De Socratis dæmon.*; Corn. Nep. XVI, 2-3. Pélopidas et Mellon furent les chefs de cette tentative hardie. Ils furent soutenus par les Athéniens, qui rendirent ainsi la pareille aux Thébains, qui avaient secondé l'entreprise de Thrasybule.

Guerre de Béotie.

A. Jusqu'à la bataille de Leuctres.

378. Les Lacédémoniens ravagent la Béotie, sous la conduite de Cléombrote et d'Agésilas (1).

Les Athéniens commencent à regretter leur alliance avec Thèbes; le coup de main tenté par l'harmoste lacédémonien Sphodrias contre le Pirée les engage à la renouveler (2).

Ils forment une ligue avec plusieurs villes maritimes, et préparent ainsi le rétablissement de leur empire (3).

377. Nouvelle irruption d'Agésilas en Béotie (4).

376. Cléombrote, voulant pénétrer en Béotie, est arrêté au passage du Cithéron. Les Lacédémoniens équipent une flotte considérable, et bloquent le Pirée; ils sont battus par Chabrias (5).

375. Les Athéniens, commandés par Timothée, remportent une nouvelle victoire navale sur les Lacédémoniens, près d'Alyzia en Acarnanie. Les îles de la mer Ionienne entrent dans leur alliance (6).

Les Thébains subjuguent toutes les villes de la Béotie, détruisent Platée et Thespies (7), et attaquent la Phocide (8).

Jason, président (ταγός) de la Thessalie, forme des projets de domination sur la Grèce (9).

374. Les Athéniens, jaloux de l'accroissement de la puissance thébaine, cessent de le favoriser par leur coopération, et font la paix avec Lacédémone. Cette paix est bientôt rompue à l'occasion de Corcyre, dont les deux États se disputent la possession. La flotte athénienne commandée par Iphicrate remporte une victoire sur les Lacédémoniens (10).

373. La guerre de Corcyre continue. Le général lacédémonien Mnasippus est défait et tué par les Corcyréens. Iphicrate, envoyé d'Athènes au secours de ceux-ci, fait prisonnier un renfort envoyé aux Lacédémoniens par Denys, tyran de Syracuse (1).

372. Paix définitive entre Athènes et Lacédémone. Chaque parti s'engage à retirer ses garnisons, et garantit l'indépendance à toutes les villes de la Grèce, conformément au traité d'Antalcidas. Les Thébains seuls font difficulté pour laisser libres les villes de Béotie; aussi sont-ils exclus du traité (2).

371. Le roi Cléombrote reçoit de Lacédémone l'ordre d'entrer de Phocide en Béotie. Les Thébains marchent à sa rencontre sous le commandement d'Épaminondas. Bataille de Leuctres. Défaite et mort de Cléombrote. Retraite des Lacédémoniens (3).

B. Depuis la bataille de Leuctres jusqu'à la bataille de Mantinée.

371. Les Athéniens proposent à toutes les villes grecques de renouveler la paix, dite d'Antalcidas (4).

La plus grande partie du Péloponèse profite de l'abaissement des Lacédémoniens pour se soustraire à leur suprématie. Les Arcadiens se réunissent, fondent Mégalopolis, et relèvent Mantinée (5).

370. Révolution à Tégée; les partisans de l'aristocratie s'enfuient à Sparte. Agésilas fait inutilement une expédition pour les rétablir (6).

370. Les Thébains s'allient avec la Phocide, l'Étolie et la Locride (7).

Les Thébains, sous la conduite d'Epaminon-

---

(1) Xén. V, 4.

(2) Ibid.

(3) Ce fait n'est pas expressément indiqué par Xénophon; mais il se trouve dans Diodore, XV, 28-30, et dans Plutarque, *Vie de Pélop.* 13. Chios, Byzance, Rhodes, Mitylène, l'Eubée et plusieurs autres États entrèrent dans cette ligue. Athènes, instruite par ses disgrâces, traita ses nouveaux alliés avec beaucoup plus d'égards, et renonça formellement à l'usage de confisquer et de distribuer à des colons athéniens (κληροῦχοι) les terres de ceux dont elle avait eu à se plaindre. La marine athénienne se releva depuis ce moment, et elle compta jusqu'à trois cents vaisseaux; Démosth. *De fals.* leg. p. 369.

(4) Xén. V, 4; Diod. XV, 34.

(5) Xén. V, 4; Diod. XV, 34-35. La bataille se donna entre Naxos et Paros. Le navarque des Lacédémoniens était Pollis.

(6) Xén. V, 4; Diod. XV, 36. Suivant Diodore, le combat fut livré près de Leucade, Alcétas, roi des Molosses, s'allia aussi avec les Athéniens.

(7) Isocr. *Platate*; Diod. XV, 46; Pausan. IX, 1.

(8) Xén. VI, 1.

(9) Ibid.; Diod. XV, 60. Jason était tyran de Phères; élu tagos de la confédération thessalienne, il leva une armée considérable, et manifesta l'intention de s'immiscer dans les affaires de la Grèce, auxquelles les Thessaliens étaient jusqu'alors demeurés à peu près étrangers.

(10) Xén. VI, 2.

(1) Xén. VI, 2.; Diod. XV, 47. Cette même année les villes d'Hélice et de Bura en Achaïe furent renversées par un tremblement de terre, et englouties par une inondation; Diod. XV, 48-49; Pausan. VII, 23; Strab. VIII, 7; Plin. IV, 8.

(2) Xén. VI, 3; Diod. XV, 50. Selon Diodore, le roi Artaxerxès provoqua par une ambassade la conclusion de cette paix, qui, dans l'intention d'Athènes et de Lacédémone, était surtout dirigée contre les Thébains.

(3) Xén. VI, 4; Diod. XV, 51-56; Plut. *Vie de Pélop.* 20-23. Les Thébains n'étaient que six mille, et n'avaient aucun allié; les Lacédémoniens étaient fort supérieurs en nombre. Épaminondas était le général en chef de l'armée thébaine; Pélopidas commandait le bataillon sacré. Épaminondas contribua surtout à la victoire par l'ardeur qu'il inspira à ses troupes, et par l'ordre de bataille, alors nouveau, qu'il adopta. Au lieu de ranger son armée en phalange d'égale profondeur, il porta toute l'élite de ses forces à l'aile gauche, qu'il disposa en colonne serrée; et, refusant sa droite, il chargea lui-même l'aile droite des Lacédémoniens, où Cléombrote se trouvait. Ceux-ci furent enfoncés, et la mort du roi décida la déroute. Les Thébains perdirent trois cents hommes, les Lacédémoniens quatre mille, parmi lesquels quatre cent Spartiates sur sept cent qui étaient à l'armée. La bataille de Leuctres fit perdre aux Lacédémoniens la suprématie (ἡγεμονία) qu'ils exerçaient sur les Grecs depuis près de cinq cents ans.

(4) Xén. VI, 5. Les Éléens seuls s'y refusèrent, afin de ne pas rendre l'indépendance aux villes de la Triphylie. Les Athéniens étaient toujours plus jaloux des succès des Thébains. Ils avaient reçu très-froidement la nouvelle de leur victoire à Leuctres.

(5) Diod. XV, 59; Pausan. VIII, 27; Démosth. *De fals. leg.* p. 344. Diodore ne place la fondation de Mégalopolis que quatre ans plus tard; XV, 72.

(6) Xén. VI, 5. Il y eut aussi à Argos des troubles, pendant lesquels la plupart des riches furent massacrés; Diod. XV, 58.

(7) Ibid. 57.

das et à la tête des Béotiens, des Locriens, des Phocidiens, des Eubéens et des Acarnaniens, font une expédition contre le Péloponèse, où les appellent les Arcadiens, les Argiens et les Éléens (1).

Épaminondas envahit la Laconie et restaure la Messénie (2).

Athènes envoie du secours aux Lacédémoniens (3).

368. Seconde invasion des Thébains dans le Péloponèse; ils ne dépassent pas l'Achaïe. Denys de Syracuse envoie des renforts aux Lacédémoniens (4).

368. Lycomède engage les Arcadiens à prendre une position indépendante de leurs alliés. Tentatives inutiles faites au nom du roi de Perse pour rétablir la paix (5).

367. Les Lacédémoniens, commandés par Archidamus, fils d'Agésilas, remportent sur les Arcadiens, à Midéa, une victoire qui ne leur coûte pas un seul homme (*bataille sans larmes*) (6).

Ambassade des Grecs auprès du roi de Perse. Pélopidas en obtient des conditions avantageuses aux Thébains; mais la plupart des États refusent d'y souscrire (7).

366. Troisième invasion des Thébains dans le Péloponèse; ils s'attachent Sicyone et l'Achaïe. Celle-ci leur échappe bientôt après leur retraite (8).

La ville de Phlionte, quoique pressée de tous côtés par les Argiens et les Sicyoniens, résiste cependant, et demeure fidèle à l'alliance de Lacédémone (9).

Troubles à Sicyone. Euphron, qui s'était emparé du pouvoir dans cette ville, est assassiné à Thèbes. Ses meurtriers sont absous (10).

Alliance d'Athènes et de l'Arcadie. Paix particulière de Corinthe et de Phlionte avec les Thébains (11).

(1) Xén. VI, 5; Diod. XV, 62 67; Plut. *Vie de Pélop* 24-25. Les alliés restés fidèles aux Lacédémoniens étaient : Corinthe, Épidaure, Trézène, Hermione, Sicyone et Pellène.
(2) Diod. XV, 80; Plut. *Vie de Pélop.* 24; Pausan. IV, 27. Xénophon ne parle pas directement du rétablissement de la Messénie.
(3) Xén. VI, 5. Les deux États conclurent une alliance, à condition de partager le commandement ; Xén. VII, 1.
(4) Ibid.; Diod. 68-69.
(5) Xén. VII, 1. Cette même année les Thébains, sous la conduite de Pélopidas, firent une expédition en Thessalie contre Alexandre, tyran de Phères; Plut. *Vie de Pélop.* 26.
(6) Xén. VII, 1; Diod. XV, 72; Plut. *Vie d'Agés.* 23.
(7) Xén. VII, 1; Plut. *Vie de Pélop.* 30. Pélopidas fut l'objet de distinctions particulières, à cause de sa réputation et de la gloire des Thébains. Parmi les clauses du traité, il était stipulé que la Messénie serait déclarée indépendante, et que les Athéniens renonceraient à leur empire maritime.
(8) Xén. VII, 1; Diod. XV, 75. Sicyone s'attacha aux Thébains, à la suite d'un mouvement populaire qui donna le pouvoir à un citoyen nommé Euphron. L'Achaïe se sépara d'eux, parce que, contre l'opinion d'Épaminondas, ils avaient voulu établir des harmostes ou commissaires thébains dans toutes les villes.
(9) Xén. VII, 2.
(10) Xén. VII, 3.
(11) Xén. VII, 4; Diod. XV, 76. Le motif qui détermina les Athéniens à cette alliance, fut que les Thébains refusaient de leur rendre Oropc.

365. La guerre éclate entre les Éléens et les Arcadiens; ceux-ci envahissent l'Élide, qu'ils ravagent en entier, hormis la capitale (1).

364. Les Lacédémoniens prennent le parti des Éléens. La célébration des jeux Olympiques est troublée par la guerre. Les Arcadiens défont les Lacédémoniens près de Cromnus (2).

363. Dissensions intérieures en Arcadie. Il s'y forme un parti nombreux, à la tête duquel est Mantinée, et qui veut se détacher de Thèbes pour s'allier à Lacédémone (3).

362. Quatrième invasion des Thébains dans le Péloponèse. Épaminondas se rend à Tégée pour appuyer le parti thébain; le parti opposé, soutenu par les Lacédémoniens et les Athéniens, concentre ses forces à Mantinée. Épaminondas fait une incursion contre Sparte. Bataille de Mantinée. Mort d'Épaminondas; retraite des Thébains (4).

QUATRIÈME PÉRIODE.

362 — 323 av. J. C.

Cessation momentanée des guerres intestines.

361. Les Grecs, également fatigués de la guerre, concluent entre eux une paix générale, à laquelle les Lacédémoniens refusent seuls d'accéder, pour ne pas reconnaître l'indépendance de la Messénie (5).

Les villes maritimes de l'empire des Perses forment contre le roi Artaxerxès un vaste soulèvement, auquel se joignent les Grecs d'Asie (6).

Agésilas va en Égypte au secours de Ta-

(1) Xén. VII, 4; Diod. XV, 77. Suivant Diodore, la cause de cette guerre fut que des bannis arcadiens partis d'Élis s'étaient emparés d'un château fort en Triphylie, d'où ils menaçaient l'Arcadie.
(2) Xén. VII, 4. Les jeux furent célébrés sous la présidence des citoyens de Pise et la protection armée des Arcadiens et des Athéniens. Les Éléens firent une attaque vigoureuse pour reprendre leur droit de présider les jeux; mais ils ne purent y réussir.
(3) Xén. VII, 4; Diod. XV, 82. L'autre parti choisit pour point central Tégée. Le principal motif que les Mantinéens mettaient en avant pour se détacher de Thèbes, c'était que depuis l'occupation d'Olympie on avait détourné une partie des richesses du temple, pour subvenir aux frais de la guerre.
(4) Xén. VII, 5; Diod. XV, 83-87; Justin, V, 7-8. Les deux armées renfermaient l'élite des guerriers de toute la Grèce. Du côté des Mantinéens il y avait vingt-deux mille hommes; du côté des Tégéates trente-trois mille. Épaminondas fit encore usage de l'attaque en colonne. « Il conduisait, dit Xénophon, son armée comme une galère, la proue en avant. » Quelques auteurs prétendent qu'Épaminondas fut tué par Gryllus, fils de Xénophon; Pausan. IV, 11. Mais ce fait est peu probable, puisque les Athéniens étaient rangés à l'extrême gauche, tandis que les Thébains avaient en tête les Lacédémoniens à l'autre extrémité; Diod. XV, 87. Plutarque, d'après Dioscoride, cite Anticratès le Lacédémonien comme lui ayant porté le coup mortel, et ajoute que les Spartiates lui décernèrent de grandes récompenses et affranchirent sa postérité de tout impôt; Plut. *Vie d'Agés.* 35.
(5) Gémistus Pléthon, p. 3 [de la traduction de M. Rètant]; Diod. XV, 89 ; Plut. *Vie d'Agés.* 35. Les Arcadiens furent ceux qui demandèrent le plus instamment que les Messéniens fussent compris dans le traité; Polyb. IV, 33.
(6) Gémist. p. 3-8; Diod. XV, 90-91. Le roi de Perse comprima cette révolte, soit par la force, soit par la trahison.

-chos, chef des insurgés de ce pays, et ensuite de Nectanabis. Il meurt à son retour en Grèce (1).

360. La paix est rompue à l'occasion de Mégalopolis : une partie des habitants veulent abandonner cette ville; les Athéniens, appelés par le parti contraire, les obligent à y rester concentrés (2).

360. Démêlés des Athéniens avec Alexandre, tyran de Phères, et avec les Olynthiens, auxquels Timothée essaye en vain d'enlever Amphipolis (3).

Philippe II, fils d'Amyntas, se met en possession du royaume de Macédoine. Il rend la liberté aux Amphipolitains, et défait, près de Méthone, les Athéniens qui soutiennent son compétiteur Argéus. Il fait la paix avec Athènes (4).

357. *Commencement de la guerre Sociale.* Rhode, Cos, Chios et Byzance secouent le joug des Athéniens, qui envoient inutilement contre ces villes les généraux Chabrias, Charès, Timothée et Iphicrate (5).

Philippe, après avoir subjugué les Péoniens et les Illyriens, attaque l'une après l'autre les villes grecques du littoral de la Thrace. Il prend Amphipolis, Pydna et Potidée, fonde Philippes, et secourt les Thessaliens contre les tyrans Lycophron et Tisiphonus (6).

---

(1) Gémist. p. 8-10; Diod. XV, 92-95. Agésilas avait alors plus de quatre-vingts ans; Xén. *Agés.* 1; Plut. *Vie d'Agés.* 36-40. La révolte de l'Égypte, sous Tachos et Nectanabis, ne fut réprimée que dix ans plus tard, par le roi de Perse Artaxerxès Ochus.

(2) Gémist. p. 10-11; Diod. XV, 94. La fondation de Mégalopolis avait eu pour but politique d'augmenter les forces des Arcadiens, en leur donnant un centre qui leur permit de résister à l'influence lacédémonienne. Il était dans l'intérêt d'Athènes que ce résultat fût maintenu.

(3) Gémist. p 11-12; Diod. XV, 95. Pour ce qui regarde Olynthe, voyez Démosth. *In Aristocr.* p. 669.

(4) Gémist. p. 12-14; Diod. XVI, 2. Philippe acheta la paix des Athéniens en leur faisant rendre Amphipolis.

(5) Gémist. p. 16-17; Diod. XVI, 7. Le soulèvement des villes que les Athéniens étaient parvenus à replacer dans leur dépendance fut causé par les vexations qu'ils recommençaient à exercer contre elles. La révolte des alliés fut soutenue par Mausole, satrape de Carie. Les Athéniens envoyèrent d'abord Charès et Chabrias avec une flotte, qui fit inutilement le siège de Chios. Chabrias périt à l'attaque du port de cette ville; Corn. Nep. XII, 4. Les alliés ravagèrent les îles d'Imbros et de Lemnos, dépendantes d'Athènes, et mirent le siège devant Samos. Mais de nouveaux renforts, amenés aux Athéniens par Iphicrate et Timothée, les forcèrent de le lever pour aller au secours de Byzance. Les deux flottes étaient en présence dans l'Hellespont lorsqu'il s'éleva une violente tempête; Iphicrate et Timothée s'étant opposés à ce qu'on livrât bataille, Charès les accusa de trahison, et les fit déposer et condamner à une forte amende; Corn. Nep. XIII, 4; Élien, *Var. Hist.* XIV, 3. Demeuré seul chef de la flotte athénienne, Charès, afin de se procurer de l'argent, fournit des secours au satrape Artabaze, révolté contre le roi de Perse. Celui-ci s'en plaignit à Athènes, et fit répandre le bruit qu'il allait envoyer trois cents vaisseaux au secours des alliés. Les Athéniens, effrayés de cette menace, mirent fin à la guerre sociale, et reconnurent l'indépendance des villes maritimes; Diod. XVI, 21.

(6) Gémist. p. 17-18, 35; Diod. XVI, 8. Il fut appelé en Thessalie par les Alévades, famille noble de Larisse; Diod. XVI, 14. Tisiphonus et Lycophron, après

---

356. Denys le jeune, tyran de Syracuse, attaqué et chassé par le Syracusain Dion, se retire en Italie (1).

355. *Fin de la guerre Sociale*, qui avait duré trois ans. Les Athéniens, cédant aux menaces du roi de Perse, font la paix avec les alliés (2).

Guerre Sacrée.

355. Les Phocidiens, accusés d'avoir cultivé une partie de la plaine sacrée de Crissa, sont condamnés par les Amphictyons à une amende, qu'ils refusent de payer. Les Amphictyons leur déclarent la guerre. Le chef des Phocidiens est Philomélus (3).

354. Les Phocidiens sont attaqués par les Béotiens, les Locriens, les Doriens et la plupart des Thessaliens. Ils sont indirectement soutenus par les Athéniens, les Lacédémoniens et les Achéens (4).

353. Philomélus est vaincu et tué par les Béotiens. Son frère Onomarchus, qui lui succède dans le commandement, pille les trésors du temple de Delphes, pour subvenir aux frais de la guerre. Il fait des incursions en Béotie et en Locride (5).

Guerre dans le Péloponèse entre les Argiens et les Lacédémoniens. Les Athéniens prennent possession de la Chersonèse de Thrace, qui leur est cédée par le roi Kersoblepte (6).

352. Onomarchus, appelé en Thessalie, au secours de Lycophron, tyran de Phères, défait dans deux rencontres les Thessaliens et Philippe leur allié, mais dans une troisième bataille, il

avoir tué leur beau-frère Alexandre, tyran de Phères, s'étaient emparés eux-mêmes de l'autorité.

(1) Gémist. p. 19-53; Diod. XVI, 9-13, 16-29; Plut. *Vie de Dion*, 22-57; Corn. Nep. X, 4-10. Cette même année naquit Alexandre le Grand, dans la nuit où le temple de Diane à Éphèse fut brûlé par Hérostrate; Plut. *Vie d'Alex.* 3; Cic. *de Div.* I, 23.

(2) Voyez l'année 357.

(3) Gémist. p. 55; Diod. XVI, 25; Pausan. IV, 2a. Le décret amphictyonique condamnait aussi les Lacédémoniens, pour avoir occupé en pleine paix la citadelle de Thèbes. Les plus ardents promoteurs de la guerre Sacrée furent les Thébains et les Thessaliens: ceux-ci à cause de leur ancienne inimitié contre la Phocide; Hérod. VIII, 27-20; ceux-là pour punir les Phocidiens du refus qu'ils avaient fait de les suivre dans le Péloponèse; Xén. *Hell.* VII, 5. On soupçonnait les Thébains de vouloir s'emparer eux-mêmes des trésors de Delphes; Isocr. *Phil.* p. 93; Démosth. *De fals. leg.* p. 347. C'était peut-être pour les prévenir que Philomélus avait déjà, deux ans auparavant, occupé Delphes; Diod. XVI, 14.

(4) Gémist. p. 86; Diod. XVI, 24-30. La guerre Sacrée présente le tableau d'irruptions réciproques, mais sans suite. Les Phocidiens luttent contre les Thessaliens en soutenant les tyrans de Phères en guerre avec le reste de la Thessalie; pour résister aux Thébains, ils cherchent à exploiter la haine que ceux-ci ont inspirée aux autres villes de Béotie. La durée de la guerre s'explique par la facilité que les Phocidiens ont, au moyen des trésors de Delphes et de la connivence des Lacédémoniens, de soudoyer de nombreux mercenaires tirés de toute la Grèce.

(5) Gémist. p. 36-37; Diod. XVI, 32-33.

(6) Gémist. p. 57-58; Diod. XVI, 34. Les Lacédémoniens ayant attaqué les Mégalopolitains, ceux-ci appelèrent à leur secours les Argiens, les Sicyoniens et les Messéniens. Les Lacédémoniens envahirent alors l'Argolide, prirent Ornées, défirent les Argiens, et ils ne se retirèrent qu'à l'approche d'une armée thébaine.

est lui-même vaincu et tué. Son frère Phayllus lui succède (1).

351. Phayllus à la tête de nombreux auxiliaires envahit la Béotie, où il est défait plusieurs fois. En revanche, il saccage les petites villes de la Locride (2).

Philippe, qui s'avançait avec une armée contre la Phocide, est arrêté par les Athéniens au passage des Thermopyles (3).

Phayllus meurt de maladie, et laisse la conduite de la guerre à Phalécus. Celui-ci est battu par les Béotiens à Chéronée (4).

La guerre continue dans le Péloponèse. Les Lacédémoniens attaquent Mégalopolis et ravagent l'Arcadie. Les Thébains vont au secours de leurs alliés, et forcent Lacédémone à faire la paix avec Mégalopolis (5).

350. Philippe devient maître de l'Eubée, et y établit des tyrans (6).

350. Le roi de Perse Ochus réprime la révolte de l'Égypte. Il a pour auxiliaires dans cette expédition des Thébains, des Argiens et des Grecs d'Asie (7).

349. Guerre d'Olynthe. Les Athéniens envoient des secours à cette ville, attaquée par le roi de Macédoine (8).

347. Philippe s'empare de Mécyberna, de Torone, d'Olynthe, et pousse ses conquêtes jusqu'en Chersonèse (9).

346. Fin de la guerre Sacrée. Les Béotiens, épuisés par dix années d'hostilités continuelles, invoquent le secours de Philippe (10). Celui-ci endort les Athéniens par un simulacre de paix,

traverse rapidement la Thessalie, franchit les Thermopyles, et arrive en Phocide à la tête d'une armée formidable. Phalécus abandonne le pays; les Phocidiens se soumettent aux conditions que Philippe et le conseil amphictyonique veulent leur imposer (1).

La Grèce soumise à Philippe.

344. Après s'être tenu pendant deux ans éloigné de la Grèce, Philippe fait une expédition dans le Péloponèse, pour protéger la Messénie et l'Arcadie contre les attaques des Lacédémoniens. Sa flotte aborde sur les côtes de Laconie. Les Lacédémoniens, effrayés, demandent la paix, et reconnaissent enfin l'indépendance de Mégalopolis, de Mantinée et de Messène (2).

343. Timoléon, envoyé par les Corinthiens au secours de Syracuse, se rend maître de cette ville, et fait partir le tyran Denys le Jeune pour Corinthe (3).

342. Philippe étend son empire du côté de la Thrace (4).

341. Les Athéniens, sous la conduite de Phocion, font de nouveau la conquête de l'Eubée (5).

340. Philippe assiège Périnthe et Byzance; les Athéniens, rompant la paix qu'ils avaient faite avec lui, vont au secours de ces villes, et l'obligent à lever le siége (6).

338. Philippe, cherchant un prétexte pour porter ses armes dans le centre de la Grèce, obtient des Amphictyons une sentence contre la ville d'Amphissa et une demande de secours. Il passe brusquement les Thermopyles, et s'empare d'Élatée (7). Les Athéniens et les Thébains,

---

(1) Gemist. p. 58-59; Diod. XVI, 55-56. Cette année Démosthène prononça sa première *Philippique*, dans laquelle il dévoila aux Athéniens les plans ambitieux du roi de Macédoine.

(2) Gemist. p. 59; Diod. XVI, 37. Les Phocidiens reçurent cette année un renfort de mille Lacédémoniens, de deux mille Achéens et de cinq mille Athéniens.

(3) Gemist. p. 60; Diod. XVI, 38; Demosth. *De fals. leg.* p. 367.

(4) Gemist. p. 60-61; Diod. XVI, 38.

(5) Gemist. p. 61-62; Diod. XVI, 39. A la même époque les Thébains, épuisés par la guerre de Phocide, s'adressèrent au roi de Perse, qui leur envoya 300 talents d'argent; Gemist. p. 62; Diod. XVI, 40.

(6) Deux de ces tyrans, Clitarque d'Érétrie et Callias de Chalcis, feignirent de s'allier avec Athènes, qui leur envoya des troupes commandées par Phocion; mais tous les deux se conduisirent en traîtres, et Phocion eut de la peine à ramener ses soldats; Demosth. *Phil.* III, p. 113; *De pace*, p. 88; Plut. *Phoc.* 13-14.

(7) Gemist. p. 62-66; Diod. XVI, 40-51.

(8) Les Olynthiens, par crainte de Philippe, avaient précédemment fait 'alliance avec Athènes. Aussi, lorsqu'ils, furent attaqués, envoyèrent-ils à Athènes trois ambassades consécutives, à l'occasion desquelles Démosthène prononça les trois *Olynthiennes*, pour engager les Athéniens à les secourir. Ceux-ci le firent avec zèle; mais ils ne purent les sauver; Demosth. *De fals. leg.* p. 426.

(9) Gemist. p. 66-67; Diod. XVI, 53-54; Demosth. *De cor.* p. 241.

(10) Les Thébains avaient été battus près de Coronée par les Phocidiens, qui leur avaient pris Orchomène Coronée et Corsies. Gemist. p. 67-68; Diod. XVI, 56, 58. Les Athéniens envoyèrent à Philippe une ambassade, dont firent partie Eschine et Démosthène. Celui-ci accusa ses collègues de s'être laissé corrompre par les largesses du roi; Demosth. *De cor.* p. 252. Philippe trompa les Athéniens par les plus belles promesses; Demosth. *De pace*, p. 89; *Phil.* II, p. 73. Eschin. *De fals. leg.* p. 46.

(1) Gemist. p. 69-71; Diod. XVI, 59-60. La sentence portait que les villes de la Phocide seraient détruites, et leurs habitants disséminés dans des villages; que les Phocidiens payeraient chaque année 60 talents au temple de Delphes, jusqu'à ce qu'ils eussent restitué ce qu'ils en avaient dérobé; qu'avant la même époque ils ne pourraient avoir ni armes ni chevaux; enfin qu'ils seraient à jamais exclus de la confédération amphictyonique, et qu'on donnerait à Philippe les deux voix qu'ils y possédaient. Athènes fut le dernier État qui souscrivit à cette clause; Demosth. *De pace*, p. 60.

(2) Demosth. *Phil.* II, p. 69; *De fals. leg.* p. 425. Ce fut à cette occasion que Démosthène prononça la seconde *Philippique*.

(3) Gemist. p. 54-43; Diod. XVI, 65-70; Plut. *Vie de Tim.* 9-18. Ensuite Timoléon chassa tous les autres tyrans de la Sicile; Gemist. p. 45-50; Diod. XVI, 72-73; Plut. *Tim.* 16-24, 32-35; et il repoussa les Carthaginois, qui avaient envahi cette île; Gemist. p. 50-51, Diod. XVI, 78-81; Plut. *Tim.* 25-51.

(4) Gemist. p. 71-72; Diod. XVI, 71. Il attaqua principalement la Chersonèse, où les Athéniens avaient plusieurs établissements. Diopithe, envoyé par les Athéniens au secours de ce pays, fut défait près de Cardia; Demosth. *pro Chers.*

(5) Gemist. p. 72-73; Diod. XVI, 74. Demosth. *De cor.* p. 255; Eschin. *in Ctesiph.* p. 66; Plut. *Phoc.* 12-13. Ce dernier appelle Plutarque le tyran d'Érétrie que Phocion renversa; les autres auteurs le nomment Clitarque.

(6) Gemist. p. 73-74; Diod. XVI, 74-77. Le roi de Perse y envoya des renforts à la demande des Athéniens; Demosth. *Epist.Phil.* p. 100. L'armée athénienne était commandée par Charès; elle le fut ensuite par Phocion; Plut. *Phoc.* 14.

(7) Gemist. p. 85; Diod. XVI, 84-85. C'est ce qu'on appelle la seconde guerre sacrée; Eschin. *in Ctesiph.* p. 68, 93; Demosth. *De cor.* p. 277. La nouvelle de la prise d'Élatée occasionna dans Athènes, où elle ar-

alarmés de ses projets et enflammés par les discours de Démosthène, prennent les armes et s'avancent jusqu'à la frontière de Béotie. Bataille de Chéronée. Victoire de Philippe. Anéantissement de l'indépendance de la Grèce (1).

337. Dans une assemblée générale des Grecs à Corinthe, Philippe se fait déclarer général en chef pour la guerre qu'il médite contre les Perses (2).

336. Au milieu des préparatifs de cette grande expédition, Philippe périt, victime d'une vengeance particulière. Son fils Alexandre lui succède (3).

Règne d'Alexandre le Grand (4).

336. Agitation générale, produite dans la Grèce par la mort de Philippe. Alexandre déconcerte

riva pendant la nuit, une extrême agitation; Demosth. *De cor.* p. 224. Le peuple s'assembla spontanément, et, sur la proposition de Démosthène, décréta l'envoi d'une ambassade à Thèbes et la guerre contre Philippe. Démosthène se rendit lui-même à Thèbes et détermina les Thébains à se joindre à ses compatriotes; Demosth. *De cor.* p. 298; Eschin. *in Ctesiph.* p. 75.

(1) Gemist. p. 75; Diod. XVI, 85-87. L'armée macédonienne était forte de trente mille fantassins et de deux mille cavaliers. Celle des Grecs était moins nombreuse et, suivant l'usage du temps, composée en grande partie de mercenaires. Les généraux athéniens étaient Charès et Lysiclès. Corinthe Corcyre, Leucade, Mégare, l'Achaïe et l'Eubée avaient envoyé des renforts. Demosth. *De cor.* p. 306. Les Grecs eurent d'abord l'avantage et mirent en fuite les Macédoniens; mais Philippe rétablit le combat, et finit par remporter la victoire. Son fils Alexandre, alors âgé de dix-huit ans, y contribua beaucoup par sa valeur. Plut. *Alex.* 9. Les Athéniens eurent nulle morts et deux mille prisonniers. A la suite de cette victoire Philippe mit garnison dans la Cadmée; Diod. XVI, 87. Les Athéniens songèrent d'abord à se défendre; mais Philippe leur offrit la paix, et renvoya sans rançon leurs prisonniers. Lycurg. *in Leocr.* p. 169; Plut. *Alex.* 28; Pausan. I, 34; Justin, IX, 4. Sur le sépulcre des Thébains morts à Chéronée on éleva un lion colossal en marbre; Pausan. IX, 40. « Avec eux, dit l'orateur Lycurgue, *in Leocrat.* p. 184, fut enterrée la liberté de tous les Grecs. » Les Athéniens condamnèrent à mort leur général Lysiclès; Gemist. p. 75-76; Diod. XVI, 88.

(2) Gemist. p. 76; Diod. XVI, 89. Les Lacédémoniens refusèrent leur adhésion, afin de ne pas céder à d'autres le commandement; Justin, IX, 5. Les Arcadiens suivirent cet exemple; Diod. XVII, 5.

(3) Gemist. p. 77-79; Diod. XVI, 91-94; Justin, IX, 6-8. Philippe fut tué par un de ses gardes, nommé Pausanias, qui se vengea ainsi d'un déni de justice. Philippe était alors dans la vingt-quatrième année de son règne et dans la quarante-septième de son âge. Alexandre avait vingt ans; Plut. *Alex.* 2.

(4) Les principaux historiens anciens du règne d'Alexandre sont : 1° Diodore de Sicile, qui vivait sous l'empereur Auguste, et qui écrivit en grec une histoire générale en 40 livres, dont le dix-septième est consacré à l'histoire d'Alexandre. — 2° Plutarque, qui vivait sur la fin du premier siècle de l'ère chrétienne. Il a donné la biographie d'Alexandre dans les *Vies Parallèles des hommes illustres de la Grèce et de Rome.* — 3° Arrien de Nicomédie en Bithynie a écrit, sur la fin du deuxième siècle après J. C., un ouvrage spécial sur l'expédition d'Alexandre, intitulé *Anabasis*, comme la *Retraite des dix mille* de Xénophon. Ce livre, composé sur des matériaux actuellement perdus (les *Mémoires* d'Aristobule et de Ptolémée) est regardé comme le plus exact de ceux qui traitent le même sujet. — 4° Justin, auteur de la même époque, abréviateur du grand ouvrage historique de Trogue Pompée, que nous n'avons plus. L'histoire d'Alexandre

par sa promptitude les projets de défection. Il convoque une nouvelle assemblée des Grecs à Corinthe, et se fait conférer le titre de général en chef pour la guerre contre les barbares (1).

335. Expédition d'Alexandre contre les Thraces et contre les Illyriens révoltés. Il fait rentrer ces peuples sous sa domination (2).

Les Thébains, qui depuis la bataille de Chéronée avaient leur citadelle occupée par une garnison macédonienne, se soulèvent, sur la fausse nouvelle de la mort d'Alexandre. En peu de jours celui-ci arrive devant Thèbes, qu'il prend et détruit de fond en comble. Cet acte de sévérité comprime dès le principe les mouvements insurrectionnels dans tous les États de la Grèce (3).

334. Alexandre s'embarque pour l'Asie au commencement du printemps, et traverse l'Hellespont avec une armée de 35,000 hommes (4).

Les satrapes et les garnisons persanes de l'Ionie, de la Lycie et de la Phrygie, se rassemblent pour s'opposer à lui. Bataille du Granique (5). Cette

comprend le onzième et le douzième livre de Justin. — 5° Quinte-Curce, auteur plus moderne, quoique d'une époque incertaine. Son ouvrage, uniquement consacré à l'histoire d'Alexandre, est surchargé d'amplifications. Les deux premiers livres et une partie du dixième sont perdus. [Voyez pour plus de détails sur ces auteurs et sur les autres historiens d'Alexandre : *Alexandri magni historiarum scriptores ætate suppares : vitas enarravit, librorum fragm. colleg.*, etc. Rob. Geier ; Lipsiæ, 1844, in-8°. - Arriani *Anabasis et Indica*, ed. Fr. Dubner; *Reliqua Arriani et scriptorum de rebus Alexandri Magni fragmenta*, ed. Car. Müller; Paris, 1846, gr. in-8°. — Sainte-Croix, *Examen critique des historiens d'Alexandre le Grand;* Paris 1775, in-4°.]

(1) Arrien, I, 1; Diod. XVII, 2-4; Plut. *Alex.* 11; Justin, XI, 2. Les Grecs espéraient que la mort de Philippe leur rendrait l'indépendance. A Athènes ce furent surtout les orateurs Charidème et Démosthène qui excitèrent le peuple à secouer le joug des Macédoniens; Eschin. *in Ctesiph.* p. 64; Plut. *Phoc.* 16. La même année Darius Codoman monta sur le trône de Perse; Arr. II, 14; Diod. XVII, 8; Justin, X, 3.

(2) Arr. I, 1-6; Diod. XVII, 8; Plut. *Alex.* 11. Cette expédition lui procura comme auxiliaires pour la guerre contre les Perses les Agriens, les Triballes, les Taulantiens et les Illyriens.

(3) Arr. I, 7-10; Diod. XVII, 8-15; Plut. *Alex.* 11-13. La destruction de Thèbes fut résolue dans une assemblée des alliés à Corinthe, sur les instances des Platéens, des Thespiens et des Phocidiens, qui avaient à venger sur les Thébains la ruine de leurs propres villes. Thèbes fut pillée et rasée, excepté la citadelle, les temples et la maison du poète Pindare ; six mille Thébains périrent les armes à la main, trente mille furent vendus comme esclaves. Les Athéniens s'étaient montrés disposés à la révolte : Alexandre exigea qu'ils lui livrassent dix des orateurs qui excitaient le peuple contre lui ; les principaux étaient Démosthène et Lycurgue. Cependant sur l'intercession de l'orateur Démade, il se contenta de l'exil de Charidème.

(4) Arr. I, 11; Diod. XVII, 17; Plut. *Alex.* 15; Justin, XI, 6. Trente mille hommes de pied et quatre mille cinq cents chevaux (infanterie : douze mille Macédoniens, sept mille Grecs alliés, cinq mille mercenaires, cinq mille Thraces et Illyriens, mille archers agriens; cavalerie : mille cinq cents Macédoniens, mille cinq cents Thessaliens, six cents Grecs, neuf cents Thraces ou Péoniens). Il était suivi par une flotte de cent soixante galères, dont vingt athéniennes; Diod. XVII, 22. Il n'avait de vivres que pour un mois, et d'argent que 70 talents (383,000 francs). Il laissait à Antipater le gouvernement de la Macédoine.

(5) Arr. I, 11-17; Diod. XVII, 17-21; Plut. *Alex.* 13-16; Justin, XI, 6. Alexandre débarqua sur les

victoire, jointe à la prise d'Halicarnasse sur le chef de mercenaires Memnon, soumet à Alexandre la plus grande partie de l'Asie Mineure (1).

333. Memnon forme le projet d'arrêter les progrès d'Alexandre en coupant ses communications avec la Grèce. A cet effet il entreprend d'occuper les îles de la mer Égée, et s'empare de Chios et de Lesbos. Mais sa mort délivre Alexandre d'un adversaire qui commençait à être redoutable (2).

332. En même temps les généraux de Darius engagent Agis, roi de Lacédémone, à faire une diversion en leur faveur, en 'attaquant les Macédoniens du côté de la Grèce (3).

Alexandre traverse et subjugue la Pisidie, la Phrygie et la Cilicie. Il rencontre à Issus l'armée persane, commandée par Darius, et la met en déroute (4). Cette victoire lui ouvre le chemin de la haute Asie. Darius propose inutilement la paix (5).

côtes de la Troade, et, plein des souvenirs d'Homère. Il se rendit d'abord sur les ruines d'Ilion, où il sacrifia à Minerve. Ensuite il se dirigea le long de l'Hellespont et de la Propontide jusqu'au fleuve Granique, derrière lequel les Perses l'attendaient. Le Rhodien Memnon, qui commandait un corps de troupes grecques à la solde des Perses, conseillait aux satrapes de ne point livrer de bataille générale, mais de se retirer en ravageant le pays devant l'armée macédonienne. Cet avis fut repoussé. Alexandre passa le Granique à la vue des Perses et malgré leur vive résistance. Cette action d'éclat le mit à même d'opérer promptement la conquête de tout le littoral de l'Asie Mineure, et de prendre cette ligne pour première base d'opérations.

(1) Arr. I, 23-30; Diod. XVII, 27-29; Plut. Alex. 17-18. Après la prise d'Halicarnasse, l'armée se divisa en deux corps, dont l'un sous la conduite de Parménion prit sa route par l'intérieur et marcha sur Sardes; l'autre, commandé par Alexandre, longea la côte jusqu'aux frontières de la Cilicie, et de là, traversant la Pisidie, rejoignit Parménion en Phrygie, à Gordium.

(2) Arr. II, 1-2; Diod. XVII, 29. Pharnabaze et Autophradate essayèrent de donner suite aux projets de Memnon, et s'emparèrent encore de Ténédos; mais ils ne poussèrent pas plus loin leur entreprise.

(3) Arr. II, 13. Agis reçut des généraux perses trente talents et huit vaisseaux pour cette expédition.

(4) Arr. II, 3-11; Diod. XVII, 30-39; Plut. Alex. 19-21; Justin, XI, 3-9, Quinte-Curce, III. Arrien seul explique clairement la marche des deux armées avant la bataille d'Issus et leur position le jour du combat. Diodore et Plutarque se bornent au récit de l'action; Justin ne donne aucun détail, et Quinte-Curce est peu intelligible. D'après Arrien, Alexandre avait déjà franchi les Portes Amaniques, qui séparent la Cilicie de la Syrie, et il s'était avancé jusqu'à la ville de Myriandre. Darius s'engagea dans les défilés de la Cilicie, sans savoir qu'Alexandre en fût déjà sorti. A cette nouvelle, celui-ci rebroussa chemin, et joignit les Perses sur les rives du fleuve Pinarus. Pendant la bataille les Perses tournaient le dos à la Cilicie, et les Macédoniens à la Syrie, puisque la droite de ces derniers était appuyée aux montagnes et leur gauche à la mer. L'armée des Perses, forte de six cent mille hommes selon Arrien et Plutarque, de cinq cent mille selon Diodore, ou de quatre cent mille selon Justin, eut cent mille hommes tués. Les Macédoniens perdirent cent cinquante cavaliers et trois cents fantassins. Darius se sauva non sans peine. Sa mère, sa femme et ses enfants furent faits prisonniers, et traités avec la plus grande distinction par Alexandre. Les trésors du roi déposés à Damas furent livrés avec la ville à Parménion.

(5) Arr. II, 14; Quint. C. IV, 1. Darius renouvela

332. Avant d'agir contre le centre de la monarchie persane, Alexandre se dirige contre les États maritimes, afin de ne laisser derrière lui aucun ennemi. Il soumet la Syrie, la Phénicie, la Palestine, après les sièges de Tyr et de Gaza (1), et pousse jusqu'à l'Égypte, qu'il occupe sans opposition. Il bâtit la ville d'Alexandrie, et visite le temple de Jupiter Ammon (2).

Agis porte la guerre en Crète, et soumet aux Perses toute cette île (3).

331. Alexandre revient d'Égypte par la Phénicie, passe l'Euphrate et le Tigre, joint Darius dans la plaine d'Arbèles, et remporte sur lui une victoire décisive (4). Darius s'enfuit vers les provinces septentrionales de son empire. Alexandre prend possession de Babylone, de Suse et de Persépolis (5).

Les Lacédémoniens et leurs alliés d'Achaïe, d'Élide et d'Arcadie, prennent les armes contre les Macédoniens. Ce mouvement est comprimé par une victoire qu'Antipater remporte sur Agis près de Mégalopolis (6).

330. Alexandre poursuit Darius dans sa fuite à travers la Médie, le pays des Parthes, et jusqu'aux frontières de l'Hyrcanie, où il le trouve assassiné par Bessus, satrape de la Bactriane (7).

Bessus, qui a pris le titre de roi de Perse, est poursuivi par Alexandre à travers l'Hyrcanie et l'Arachosie jusqu'à. sa capitale de Bactres,

sans plus de succès la même tentative pendant le siège de Tyr; Arr. II, 25; Quint. C. IV, 5.

(1) Le siège de Tyr dura sept mois; Arr. II, 17-24; Diod. XVII, 40-46; Plut. Alex. 24-25; Quint. C. IV, 2-4. Le siège de Gaza dura deux mois; Arr. II, 25-27; Diod. XVII, 48; Plut. Alex. 26; Quint. C. IV, 6.

(2) Arr. II, 25; III, 3-5; Diod. XVII, 49-52; Plut. Alex. 26-27; Justin, XI, 11; Quint. C. IV, 6-8.

(3) Diod. XVII, 48; Plut. Alex. 29; Quint. C. IV, 1.

(4) Arr. III, 8-15; Diod. XVII, 55-61; Plut. Alex. 31-33; Justin, XI, 12-14; Quint. C. IV, 9-16. Alexandre passa l'Euphrate à Thapsaque, puis le Tigre, sans éprouver de résistance, et atteignit l'armée royale dans la plaine de Gaugamèle, à six cents stades de la ville d'Arbèles en Assyrie. Strab. XVI, p. 738. Darius avait fait venir des troupes des extrémités les plus reculées de son empire : aussi les historiens estiment-ils son armée à un million de fantassins, quatre cent mille cavaliers, et deux cents chars armés de faux. Alexandre avait environ quarante mille hommes de pied et sept mille chevaux. Les Perses eurent l'avantage sur quelques points, et pillèrent même le camp de leurs adversaires. Mais Alexandre enfonça le corps où se trouvait Darius, et décida ainsi la victoire. Arrien évalue la perte des Perses à trois cent mille hommes, avec des éléphants et les chars armés de faux; Diodore seulement à quatre-vingt-dix mille hommes, et Quinte-Curce à quarante mille. Alexandre ne perdit que cent hommes et mille chevaux qui périrent de fatigue. La ville d'Arbèles, où se trouvaient le trésor de Darius et les gros bagages de l'armée, tomba, aussitôt après la bataille, au pouvoir des Macédoniens.

(5) Arr. III, 16-18; Diod. XVII, 64-72; Plut. Alex. 34-42; Quint. C. V, 1-7.

(6) Diod. XVII, 62-63; Quint. C. VI, 1. Cette bataille fut très-sanglante. Agis y périt avec cinq mille trois cents Lacédémoniens; les Macédoniens y perdirent trois mille cinq cents hommes. Sparte envoya des députés à Alexandre pour obtenir son pardon; Diod. XVII, 73. Les défections qui se préparaient en Grèce furent aussitôt arrêtées.

(7) Arr. III, 19-22; Diod. XVII, 73; Plut. Alex. 42-43; Justin, XI, 15; Quint. C. V, 8-13.

qu'il abandonne pour se sauver en Sogdiane (1).

329. Alexandre passe l'Oxus et entre dans la Sogdiane en poursuivant Bessus, qui lui est livré par le satrape Spitaménès (2). Après avoir ordonné son supplice, Alexandre fait une expédition contre les Scythes au delà du fleuve Iaxarte (3).

328. La Sogdiane et la Bactriane se révoltent à l'instigation de Spitaménès. Alexandre parvient difficilement à réduire ces provinces (4).

327. Expédition dans l'Inde (5). Alexandre part de Bactres avec une armée de 120,000 hommes et entre dans l'Inde, dont les peuples se soumettent à lui de gré ou de force. Il traverse l'Indus et l'Hydaspe, défait le roi Porus, et pousse jusqu'à l'Hyphasis, où le mécontentement de ses soldats le force à rebrousser chemin (6).

326. Alexandre, ayant regagné l'Hydaspe, s'embarque sur ce fleuve, qu'il descend jusqu'à sa jonction avec l'Acésinès et avec l'Indus; et après avoir couru les plus grands dangers, surtout chez les Oxydraques et les Malliens, il parvient à Pattala, près de l'endroit où l'Indus se jette dans l'Océan (7).

L'armée reprend la route de terre à travers la Gédrosie et la Carmanie jusqu'en Perse (8); tandis que la flotte, sous les ordres de Néarque, reconnaît les côtes de l'Océan depuis l'embouchure de l'Indus jusqu'au golfe Persique (9).

325 Alexandre se rend à Suse, où il est rejoint par Néarque, après quatre mois de navigation. Il travaille dès lors à consolider son vaste empire et à établir une fusion entre les Perses et les Macédoniens (10).

324. Arrivé à Babylone, Alexandre s'occupe de travaux d'administration intérieure; il reçoit des ambassades de la plupart des peuples connus, et fait des préparatifs pour de nouvelles conquêtes (1).

323. Alexandre meurt à Babylone (2).

CINQUIÈME PÉRIODE.

Histoire des successeurs d'Alexandre jusqu'à la bataille d'Ipsus.

323 — 301 av. J. C.

A. Depuis la mort d'Alexandre jusqu'à la mort de Perdiccas.

323. *Philippe Arrhidée*, frère d'Alexandre, et *Alexandre Ægus*, fils posthume du conquérant et de Roxane, sont proclamés rois de Macédoine, sous la tutelle de Perdiccas, Léonat et Méléagre (3). Antipater et Cratère sont chargés de la direction des affaires d'Europe. Premier partage des gouvernements entre les généraux d'Alexandre (4).

Les Grecs établis par Alexandre dans l'Asie supérieure se révoltent, et au nombre de vingt-huit mille hommes d'infanterie et trois mille de cavalerie se mettent en marche pour l'Europe. Ils sont battus par Python, et massacrés jusqu'au dernier (5).

Guerre Lamiaque (6). Les Athéniens, les Étoliens et les habitants de la plupart des villes du nord et du centre de la Grèce (7) secouent le joug macédonien, et vont, sous le commande-

lexandre, en vertu duquel tous les exilés étaient autorisés à rentrer dans leur patrie; *Diod.* XVIII, 8; Dinarque, *in Demosth.* 81, p. 101, 103; Quint. Curc. X, 2, 4; Plut. *Apophthegm. lac. Eudam.* 17.

(1) Arr. VII, 15-25; Diod. XVII, 112-115; Plut. *Alex.* 73; Justin, XII, 13. A la nouvelle de l'arrivée du roi, Harpalus, que ce prince avait chargé de la garde de ses trésors, s'enfuit de Babylone avec six mille hommes et 5,000 talents, et va se mettre sous la protection des Athéniens; Diod. XVII, 108.

(2) Arr. VII, 24-30; Diod. XVII, 116-118; Plut. *Alex.* 74-77; Justin, XII, 14-16; Quint. Curc. X, 9-10. Alexandre était âgé de trente-deux ans et dix mois; il mourut le 28 du mois *daesius* (16 avril); Plut. *Alex.* 76. Diogène le cynique mourut le même jour à Corinthe; Diogen. Laert. VI, 79; Plut. *Sympos.* VIII, 1, p. 717; C. Suidas, s. v. Διογένης.

(3) Diod. XVIII, 1-3; Justin, XIII, 1-4; Arrien, *ap. Phot.* cod. 92, p. 216-217. Alexandre Ægus naquit deux mois après la mort de son père.

(4) L'Égypte échut à Ptolémée, la Syrie à Laomédon, la Cilicie à Philotas, la Médie à Python; à Eumène la Paphlagonie, la Cappadoce et quelques pays voisins non encore soumis; à Antigone, la Pamphylie, la Lycie et la grande Phrygie; à Cassandre (qu'il ne faut pas confondre avec le fils d'Antipater) la Carie, à Méléagre la Lydie, à Léonat la petite Phrygie, la Thrace à Lysimaque. On laissa les provinces d'Asie à ceux qu'Alexandre y avait déjà établis. Un Arrhidée, autre que le fils de Philippe, fut chargé des funérailles d'Alexandre, qui eurent lieu après deux ans de préparatifs. Ce fut cet Arrhidée qui partagea pendant quelques mois avec Python la régence, après la mort de Perdiccas.

(5) Diod. XVIII, 7.

(6) Diod. XVIII, 8 et suiv.; Arrien, *ap. Phot.* cod. 92, p. 217; Strab. IX, p. 433.

(7) Voy. dans Diod. XVIII, 11, l'énumération des peuples qui entrèrent dans la ligue.

(1) Arr. III, 28-29; Diod. XVII, 78-83; Plut. *Alex.* 45; Quint. C. VII, 3-4.

(2) Arr. III, 30; Quint. C. VII, 5.

(3) Arr. IV, 1-4; Quint. C. VII, 7-9. Ce fleuve est aussi appelé Tanaïs; mais il ne faut le confondre avec celui qui sépare l'Europe et l'Asie. Les Scythes avaient été excités contre Alexandre par la fondation d'une nouvelle ville. Alexandrie construite sur l'Iaxarte, pour servir de boulevard contre leur pays.

(4) Arr. IV, 15-16; Quint. C. VII, 10; VIII, 1-4. C'est dans la Sogdiane, à Maracanda, qu'eut lieu le meurtre de Clitus; Arr. IV, 8-9; Plut. *Alex.* 30-32; Justin, XII, c; Quint. C. VIII, 1-2.

(5) Arr. IV, 22; V, 29; Diod. XVII, 84-95; Plut. *Alex.* 57-62; Justin, XII, 7-8; Quint. Curc. VIII, 9; XI, 5. Voyez aussi pour la description de l'Inde l'ouvrage spécial d'Arrien, intitulé *Indica*.

(6) Suidas, s. v. Βραχμᾶνες, a conservé l'inscription qu'Alexandre fit graver sur les autels élevés au terme de son expédition : Ἐγὼ μέγας Ἀλέξανδρος ὁ βασιλεὺς ἔφθασα μέχρι τούτου.

(7) Arr. VI, 1-20; Diod. XVII, 96-101; Plut. *Alex.* 65-66; Justin, XII, 9-10; Quint. Curc. IX, 3-10. La navigation jusqu'à l'embouchure de l'Indus dura sept mois suivant Plutarque, dix suivant Strabon, XV, 1.

(8) Arr. VI, 21-29; Diod. XVII, 105-106; Plut. *Alex.* 67; Justin, XII, 11-12; Quint. Curc. IX, 10. Alexandre divisa son armée de terre en deux corps : l'un, sous la conduite de Cratère, reçut l'ordre de retourner vers l'Hydaspe, et de venir par l'Arachosie et la Drangiane le joindre en Carmanie : l'autre avec Alexandre se mit en marche à travers le pays des Orites et la Gédrosie.

(9) Néarque de Crète avait écrit lui-même la relation de son voyage. Arrien l'a insérée en grande partie dans son livre sur l'Inde, ch. 21-42.

(10) Arr. VII, 1-14; Diod. XVII, 107-111; Plut. *Alex.* 68-72; Quint. Curc. X, 1-4. Cette année eut lieu aux jeux olympiques la proclamation d'un ordre d'A-

ment de Léosthène, attendre Antipater aux Thermopyles. Bataille de Lamia. Antipater y est battu; il se retire dans Lamia, dont les Grecs commencent aussitôt le siége.

Les Étoliens bientôt fatigués se retirent, et Léosthène est tué en repoussant une sortie (1).

Léonat arrive au secours d'Antipater avec vingt mille hommes d'infanterie et deux mille cinq cents chevaux; il est battu par Antiphile (2), successeur de Léosthène, et reste lui-même sur le champ de bataille (3).

La flotte athénienne est battue par celle des Macédoniens auprès des îles Échinades (4).

322. Cratère vient d'Asie, avec une nouvelle armée, au secours d'Antipater (5). Levée du siège de Lamia. Défaite des Athéniens à Crannon (6).

Antipater et Cratère, après avoir soumis les villes de la Thrace, se mettent en marche vers l'Attique. Les Athéniens se rendent à discrétion, et reçoivent à Munichie (7) une garnison macédonienne. Antipater leur donne un gouvernement aristocratique, à la tête duquel il place Phocion, et réduit le nombre des citoyens à neuf mille, en transportant dans la Thrace tous ceux, au nombre de douze mille, dont la fortune est inférieure à 2,000 drachmes (8).

Mort de Démosthène et d'Hypéride (9). Antipater et Cratère marchent contre les Étoliens, qui leur opposent une vive résistance (10).

321. Mais bientôt, appelés par Antigone et Ptolémée contre Perdiccas, ils passent en Asie, et Cratère livre à Eumène une bataille où il est vaincu et tué (11).

Expédition de Perdiccas contre Ptolémée. Il essaye vainement de passer le Nil près de Péluse, et est massacré par ses soldats (12).

B. Depuis la mort de Perdiccas jusqu'à la mort d'Eumène.

Python et Arrhidée sont nommés régents (1). Eumène est condamné à mort, ainsi que les autres lieutenants de Perdiccas (2).

Représentation de la première pièce de Ménandre à Athènes (3).

320. Antipater est nommé régent à la place de Python et d'Arrhidée; et, après avoir procédé à un nouveau partage des provinces, il quitte l'Asie et ramène en Macédoine la famille royale (4).

319. Eumène, abandonné de la plus grande partie de ses troupes, se retire dans la forteresse de Nora, où il est assiégé par Antigone (5).

318. Mort d'Antipater. Polysperchon est nommé régent, et Cassandre, fils d'Antipater, chef des gardes (6).

Cassandre se brouille avec Polysperchon et se retire auprès d'Antigone (7).

Eumène s'échappe de Nora, et traite avec Polysperchon, qui le charge de combattre en Asie les entreprises d'Antigone contre l'autorité royale (8).

Polysperchon rend aux villes grecques leur liberté, et rétablit à Athènes le gouvernement démocratique (9).

Alexandre, son fils, entre avec une armée dans l'Attique (10).

317. Phocion et les autres chefs du parti aristocratique se réfugient dans son camp; ils sont livrés par lui aux Athéniens qui les condamnent à boire la ciguë (11).

Cassandre vient prendre possession du Pirée et de Munychie, où il est, bientôt après, assiégé par Polysperchon (12).

Le siége traînant en longueur, Polysperchon en

(1) Diod. XVIII, 13; Justin, XVII, 8. Les Athéniens firent à Léosthène de magnifiques funérailles; l'orateur Hypéride prononça son oraison funèbre. Diod. ibid.; Plut. Vie des X orat. p. 849; Harpocrat. Lex. s. v. Ιλιλαι. Stobée, Serm. 124, 36, nous a conservé un fragm. de ce discours. Démosthène était encore en exil; mais la part active qu'il avait prise à la formation de la ligue le fit rappeler bientôt après; Plut. Dem. 27; Vie des X orat. p. 846.

(2) Voy. sur ce général, Plut. Phoc. 24.

(3) Diod. XVIII, 14 et 15; Plut. Phoc. 25; Justin, XIII, 8. Ce succès fut dû en grande partie au courage de Ménon, commandant de la cavalerie thessalienne. Diod. ibid.; Plut. Pyrrh. 1.

(4) Diod. XVIII, 15.

(5) Diod. XVIII, 16; Arrien, ap. Phot. cod. 92, p. 217.

(6) Diod. XVIII, 17; Pausan. X, 3, 3; Polyb. IX, 29, 2; Plut. Demosth. 28; Camil. 19; Phoc. 26.

(7) Plut. Phoc. 27, 28; Demosth. 28.

(8) Diod. XVIII, 18; Plut. Phoc. 28.

(9) Plut. Demosth. 28-30; Vie des X orat. p. 846 et 849; Phoc. 29; Arrien, ap. Phot. cod. 92, p. 213; Lucien, Éloge de Démosth.

(10) Diod. XVIII, 24, 25. — Deux événements dignes d'être mentionnés eurent encore lieu cette année : 1° l'expulsion des Athéniens de l'île de Samos par Perdiccas; Diod. XVIII, 18; Diogen. Laert. X. 1; 2° la conquête de la Cyrénaïque, par Ophella, lieutenant de Ptolémée; Diod. XVIII, 19-22; Arrien, ap. Phot. cod. 92, p. 220.

(11) Diod. XVIII, 30; Plut. Eumen. 7; Cornel. Nep. Eumen. 3 et suiv; Arrien, ap. Phot. cod. 92, p. 221.

(12) Diod. XVIII, 36; Strab. XVII, p. 1144; Pausan. 1, 6

(1) Diod. XVIII, 39; Arrien, ap. Phot. cod. 92, p. 221.

(2) Plutarque, Eumen.; Corn. Nep. Eumen. Diod. XVIII, 37.

(3) Cette pièce était intitulée Ὀργή, la Colère. Ménandre avait alors vingt et un ans; Prolog. Aristoph. p. XXX; Euseb. Chron. Ol. 114, 4.

(4) Antipater et Ptolémée conservèrent, le premier les provinces d'Europe, le second l'Égypte; Séleucus, qui n'avait joué jusque là qu'un rôle secondaire, eut le gouvernement de Babylone; Antigone eut la Phrygie et la Lycie, et le commandement de l'armée chargée de combattre Eumène; Diod. XVIII, 39; Arrien, ap. Phot. cod. 92, p. 224.

(5) Diod. XVIII, 41 et suiv.; Plut. Eumen. 10-12; Cornel. Nep. Eumen. 5.

(6) Diod. XVIII, 44, 49.

(7) Diod. XVIII, 54.

(8) Diod. XVIII, 58-63; Plut. Eumen. XIII.

(9) Diod. XVIII, 55, Plut. Phoc. 31, 32.

(10) Diod. XVIII, 65; Plut. Phoc. 33.

(11) Diod. XVIII, 66. 64-67; Plut. Phoc. 37; Corn. Nep. Phoc. 2; Élien, Var. hist. III, 47. Phocion était âgé de quatre-vingt-cinq ans. Il y avait deux jours que son arrêt était exécuté, lorsque Cassandre entra dans le Pirée.

(12) Diod. XVIII, 68. Cassandre était arrivé avec trente-cinq vaisseaux de guerre et quatre mille hommes de débarquement. Nicanor, auquel il avait donné peu de temps avant la mort de son père, le commandement de la garnison de Munychie, lui en avait ouvert les portes. L'armée de Polysperchon se composait de vingt mille Macédoniens, quatre mille alliés, mille chevaux, et soixante-cinq éléphants qu'Antipater avait ramenés de l'Asie; c'étaient les premiers que l'on eût vus dans la Grèce.

laisse le commandement à son fils, et entre dans le Péloponèse. Il assiège sans succès Mégalopolis, et, après y avoir éprouvé de grandes pertes, il est forcé de renoncer à cette entreprise (1).

Antigone remporte, dans l'Hellespont, une victoire complète sur la flotte royale (2).

Athènes traite avec Cassandre, qui rétablit dans cette ville le gouvernement aristocratique et en donne la direction à Démétrius de Phalère (3).

Olympias fait mourir Philippe Arrhidée et sa femme Eurydice (4); Alexandre Ægus est proclamé seul roi de Macédoine.

Agathocle s'empare du pouvoir souverain à Syracuse (5).

316. Guerre entre Eumène et Antigone, dans l'Asie supérieure (6).

Cassandre assiège Olympias dans Pydna (7).

315. Eumène, après une bataille où il est vainqueur, mais où il perd ses bagages, est livré par les Argyraspides à Antigone, qui le fait mettre à mort (8).

C. depuis la mort d'Eumène jusqu'au traité de 311.

Séleucus se réfugie auprès de Ptolémée (9). Prise de Pydna par Cassandre. Olympias est condamnée à mort par les Macédoniens, et massacrée par les parents d'Eurydice, les soldats envoyés pour la tuer ayant refusé de tremper leurs mains dans le sang de la mère d'Alexandre (10).

(1) Son infanterie y fut en grande partie écrasée par ses éléphants; Diod. XVIII, 69-72.
(2) Diod. XVIII, 72.
(3) Diod. XVIII, 74; Diogèn. Laert. V, 75; Strab. IX, p. 398.
(4) Diod. XIX, 4; Justin XIV, 5; Pausan. I, 11, 4; I, 25, 6.
(5) Diod. XIX, 2.
(6) Diod. XIX, 17-34, 37-38; Justin, XIV, 3-4; Plut. Eumen. 15; Cornél. Nep. Eumen. 7-9.
(7) Diod. XIX, 49.
(8) Diod. ibid. 39-44; Justin, XIV, 4; Plut. Eumen. 16 et suiv. Cornél. Nep. Eumen. 10 et suiv. La perte de l'armée royale s'élevait à peine à trois cents hommes, celle d'Antigone dépassait cinq mille morts. Mais il était resté maître du champ de bataille et des bagages, du trésor, des femmes et des enfants des Argyraspides, dont le camp avait été surpris par sa cavalerie, pendant qu'ils poursuivaient son infanterie. Il s'ensuivit une négociation entre Antigone et ces troupes, qui vendirent leur général à son ennemi, sous le commandement duquel elles se rangèrent. Elles avaient trop la conscience de leur infamie pour souffrir que celui qu'elles avaient trahi restât le prisonnier d'Antigone, ou qu'il devînt son ami, comme le voulait Démétrius. La mort d'Eumène fut donc ordonnée pour leur complaire. Mais il fut bientôt vengé: Antigone licencia peu de temps après les Argyraspides, les distribua par compagnies, dans l'Arachosie, et chargea le gouverneur de cette province de les appliquer aux travaux les plus pénibles (Diod. XIX, 48). Telle fut la fin de cette fameuse phalange, qui, après avoir dompté la Grèce sous Philippe, avait, avec Alexandre, fait la conquête de l'Asie.
(9) Délivré, par la mort d'Eumène, du plus redoutable champion de la cause royale, Antigone se défit de Python, dont l'influence lui faisait ombrage (Diod. XIX, 46, 47); puis, après s'être emparé, avec l'aide de Séleucus, du trésor royal, conservé à Suse, voyant en lui un rival plus dangereux encore, il chercha un prétexte pour s'en débarrasser. Mais Séleucus devina ses projets, et se hâta de lui échapper; Diod. ibid. 55.
(10) Diod. XIX, 49, 50; Justin, XIV, 6; Pausan. I, 11,

Fondation de Cassandrée (1) et rétablissement de Thèbes (2) par Cassandre.

314. Mort de l'orateur Eschine (3).

Antigone envoie dans le Péloponèse Aristodème, un de ses lieutenants, pour y lever des troupes (4). Polysperchon et son fils Alexandre font alliance avec lui contre Ptolémée, Séleucus, Cassandre et Lysimaque (5).

Les deux partis proclament la liberté des villes grecques (6).

Expédition de Cassandre dans le Péloponèse, dont il soumet la plus grande partie. Après son départ, Alexandre y arrive à son tour; mais Cassandre l'attire dans son parti, en lui promettant le gouvernement de cette contrée (7).

Antigone se rend maître de Joppé, de Gaza et de Tyr. Il envoie dans le Péloponèse, avec une flotte de cinquante vaisseaux, Télesphore, qui soumet toute cette péninsule, à l'exception de Sicyone et de Corynthe (8).

313. Cassandre fait la guerre aux Étoliens et à Éacide, roi d'Épire. Celui-ci est vaincu et tué. Alceste II lui succède (9).

Conquête de l'île de Chypre par Ptolémée (10).

312. Bataille de Gaza. Démétrius, fils d'Antigone, y est défait par Ptolémée et Séleucus (11); celui-ci redevient maître de la Babylonie (12). Ptolémée, neveu et lieutenant d'Antigone, aborde avec une armée sur les côtes de la Béotie, chasse de Chalcis la garnison macédonienne, s'avance dans l'Attique, où sa présence engage Démétrius de Phalère à embrasser le parti d'Antigone, et de là passe de nouveau dans la Béotie, qu'il soumet entièrement, ainsi que la Phocide et la Locride (13).

311. Réconciliation entre les généraux d'Alexandre, à l'exception de Séleucus. Cassandre conserve la direction des affaires de la Macédoine; Lysimaque de la Thrace; Ptolémée de l'Égypte; Antigone de l'Asie. La Grèce est déclarée libre (14).

4; I, 25, 6; IX, 7, 2. Roxane et son fils s'étaient enfermés dans Pydna avec Olympias. Ils tombèrent en même temps que cette princesse dans les mains de Cassandre, qui les retint prisonniers à Amphipolis, dans l'intention de les faire périr quand il le pourrait sans danger. En même temps, afin de se ménager des droits au trône, quand toute la famille de Philippe serait éteinte, il épousait Thessalonice, fille de ce prince et d'une autre femme qu'Olympias.
(1) Diod. XIX, 52; Paus. V, 23, 3.
(2) Diod. XIX, 53-54. Il y avait vingt ans que cette ville avait été détruite par Alexandre. Ce fut, suivant Pausanias, IX, 7, 1, par haine contre ce prince, que Cassandre la rétablit Plusieurs villes contribuèrent à ce rétablissement; les Athéniens surtout se distinguèrent dans cette circonstance par leur zèle et leur libéralité; Pausan. IX, 7, 1; Plut. Polit. præc. p. 814.
(3) Apollonius, Æschin. Vit.
(4) Diod. XIX, 57.
(5) Diod. XIX, 60.
(6) Diod. XIX, 61, 62.
(7) Diod. XIX, 63, 64.
(8) Diod. XIX, 74.
(9) Diod. XIX, 74, 88.
(10) Diod. XIX, 79.
(11) Diod. XIX, 80-85; Plut. Demetr. 5.
(12) Diod. XIX, 90; Appien, Syr. 54.
(13) Diod. XIX, 77, 78.
(14) Diod. XIX, 105.

D. Depuis le traité de 311 jusqu'à la bataille d'Ipsus.

Cassandre fait mourir Alexandre Ægus et sa mère (1).

310. Bataille d'Himère; Agathocle y est battu par Hamilcar, général des Carthaginois (2). Siège de Syracuse (3).

Expédition d'Agathocle en Afrique (4).

Polysperchon fait venir de Pergame *Hercule*, fils d'Alexandre et de Barsine; et, après l'avoir proclamé roi de Macédoine, il s'avance contre Cassandre (5).

309. Ils se réconcilient; Hercule est mis à mort, et Polysperchon, nommé gouverneur du Péloponèse, reçoit de Cassandre un secours de quatre mille hommes (6).

Défaite d'Hamilcar, près de Syracuse; il est fait prisonnier et mis à mort (7).

308. Victoire d'Agathocle sur les Carthaginois, en Afrique (8); il prend le titre de roi (9).

307. Démétrius Poliorcète chasse les garnisons mises par Cassandre à Mégare et à Munychie, et rend la liberté aux Athéniens (10). Ceux-ci, dans la vivacité de leur reconnaissance, lui érigent, ainsi qu'à son père, une statue auprès de celles d'Harmodius et d'Aristogiton; ils leur décernent à tous deux le titre de *Dieux sauveurs*, leur consacrent des pontifes qui devront désormais remplacer les archontes, et décrètent que les ambassadeurs qu'on leur enverra à l'avenir seront nommés *théores*. En même temps ils renversent les trois cent soixante statues qu'ils avaient élevées à Démétrius de Phalère, et le condamnent à mort. Mais Démétrius Poliorcète avait eu soin de l'envoyer à Thèbes avec une bonne escorte. Plus tard il se retira en Égypte, auprès de Ptolémée, qui l'accueillit à sa cour (11).

Agathocle revient en Sicile (12).

306. Expédition de Démétrius contre l'île de Chypre. Siège de Salamine (13). Ptolémée vient au secours de cette ville avec cent cinquante vaisseaux. Il est battu par Démétrius, et se sauve avec huit galères seulement (14).

A cette nouvelle Antigone prend le titre de roi, et le donne à son fils. Ptolémée, Lysimaque et Séleucus en font autant (15).

305. Agathocle fait la paix avec les Carthaginois (16).

304. Siège de Rhodes par Démétrius (17).

303. Levée du siège de Rhodes. Démétrius donne aux Rhodiens les machines qu'il avait

fait construire contre eux (1), et il part pour la Grèce, avec trois cent trente galères. Il chasse Cassandre de l'Attique, et le poursuit jusqu'aux Thermopyles (2).

302. Il entre ensuite dans le Péloponèse; et, après s'être rendu maître de Sicyone et de Corinthe, les seules places du pays qui tinssent encore pour Cassandre, il célèbre à Argos ses noces avec Déidamie, fille d'Éacide (3); puis il se rend à Athènes, et s'y livre aux plus infâmes débauches (4).

301. Alliance de Cassandre, Lysimaque, Séleucus et Ptolémée, contre Antigone et Démétrius (5).

Celui-ci va rejoindre son père en Asie (6), où Lysimaque se trouvait déjà avec une nombreuse armée (7).

Bataille d'Ipsus entre Lysimaque et Séleucus d'une part, Démétrius et Antigone de l'autre. Ce dernier y est tué, Démétrius se sauve avec neuf mille hommes à Éphèse, d'où il passe bientôt après dans la Grèce (8).

Partage définitif de la monarchie d'Alexandre en quatre royaumes : *Égypte, Syrie, Thrace* et *Macédoine*. Lysimaque ajouta à son gouvernement l'Asie antérieure jusqu'au Taurus; le reste demeura à Séleucus : seulement on donna la Cilicie à Plistarque, frère de Cassandre.

SIXIÈME PÉRIODE.

Histoire de la Macédoine et de la Grèce, depuis la bataille d'Ipsus jusqu'à la prise de Corinthe par les Romains.

301 — 146 av. J. C.

A. Depuis la bataille d'Ipsus jusqu'à la prise de Sicyone par Aratus.

Démétrius, resté en possession de Tyr, de Sidon, de Chypre et de plusieurs villes maritimes de l'Hellespont (9), s'embarque avec une armée de dix-neuf mille hommes, et fait voile vers Athènes (10).

300. Des députés de cette ville, où Lacharès venait d'usurper l'autorité souveraine (11), vont à sa rencontre pour lui interdire l'entrée; et il obtient avec peine qu'on lui rende les vaisseaux qu'il a laissés dans le port (12).

Mésintelligence entre Séleucus, Lysimaque et

(1) Diod. XIX, 105; Justin, XV, 2; Pausan. IX, 7, 2.
(2) Diod. XIX, 106-110.
(3) Diod. XX, 14, 15.
(4) Diod. XX, 3-18.
(5) Diod. XX, 20.
(6) Diod. XX, 28; Plut. *de Vitioso pud.* 4, p. 830, D; Pausan. IX, 7, 2; Justin, XV, 2; Lycophron, *Cassandr.* v. 800.
(7) Diod. XX, 29-31.
(8) Diod. XX, 33, 34, 38.
(9) Diod. XX, 54.
(10) Diod. XX, 45, 46; Plut. Demetr. 8; Philochor. ap. Dionys. Halic. t. II, p. 115. *Fragm. Historicor. graecor.* t. I, p. 408, ed. Didot.
(11) Diod. XX, 46.
(12) Diod. XX, 53.
(13) Diod. XX, 47-49.
(14) Diod. XX, 49-52.
(15) Diod. XX, 53; Plut. Demetr. 18.
(16) Diod. XX, 79.
(17) Diod. XX, 81-88, 91-92; Plut. Demetr. 21, 22.

(1) Diod. XX, 99.
(2) Diod. XX, 100; Plut. Demetr. 23.
(3) Diod. XX, 102, 103; Plut. Demetr. 25.
(4) Diod. XX, 110; Plut. Demetr. 25-27.
(5) Diod. XX, 106.
(6) Diod. XX, 111.
(7) Diod. XX, 107 et suiv.
(8) Plut. Demetr. 28-30; *Pyrrh.* 4; Diod. XXI, *Eclog.* 1; Justin, XV, 4.
(9) Plut. Demetr. 32. Il avait en outre, dans la Grèce, des garnisons à Mégare, à Corynthe, à Sicyone, et était maître de la plus grande partie du Péloponèse.
(10) Plut. Demetr. 30.
(11) Lacharès, qui jusqu'alors avait été le chef du parti populaire, s'était laissé gagner par Cassandre, et c'était d'après les conseils et avec l'appui de ce prince qu'il s'était emparé de la tyrannie; Pausan. I, 23, 5.
(12) Parmi ces vaisseaux se trouvait une galère à treize rangs de rames; Plut. Demetr. 31. En quittant le Pirée, il se rendit à l'isthme de Corinthe; puis, ayant donné à Pyrrhus, son beau-frère, le commandement des troupes qu'il laissait dans la Grèce, il fit voile vers l'Hellespont.

Ptolémée (1). Séleucus demande en mariage Stratonice (2), fille de Démétrius, qui la conduit lui-même en Syrie, avec une armée, et enlève en passant la Cilicie à Plistarque (3).

299. Après avoir mis de fortes garnisons dans ses possessions d'Asie, Démétrius revient en Grèce, assiège Athènes, la prend par la famine, et y rétablit le gouvernement démocratique (4). Lacharès se sauve en Béotie, et est assassiné par les habitants de Coronée (5).

298. Mort de Cassandre. *Philippe* IV, son fils aîné, lui succède et meurt peu de temps après (6).

297. Ses deux autres fils, *Antipater* et *Alexandre*, sont alors proclamés rois, et règnent conjointement avec leur mère Thessalonice (7).

Démétrius, après avoir laissé une garnison dans le Musée, va soumettre les Mégariens, qui avaient secoué son autorité, et passe dans le Péloponèse (8).

296. Antipater tue sa mère Thessalonice, et cherche à détrôner son frère Alexandre (9).

295. Démétrius défait les Spartiates et leur roi *Archidamus, dans deux combats*, l'un à Mantinée, l'autre sous les murs mêmes de Sparte. Sur le point de prendre cette ville, il est appelé en Macédoine par Alexandre (10).

Pyrrhus II, fils d'Éacide, roi d'Épire, qu'Alexandre avait aussi appelé à son secours, entre en Macédoine, en chasse Antipater et rétablit sur le trône Alexandre, qui lui cède, pour prix de ce service, l'Ambracie, l'Acarnanie, l'Amphilochie et la ville maritime de Nymphée (11).

Démétrius entre à son tour en Macédoine (12).

(1) Plut. *Demetr.* 31; Justin, XV, 4.
(2) Séleucus, après en avoir eu un enfant, la céda à son fils Antiochus. Voyez l'histoire de ce second mariage dans Plutarque, *Demetr.* 38; cf. Valer. Maxim. V, 7.
(3) Plut. *Demetr.* 31, 32.
(4) Plut. ibid. 33, 34; Pausan. I, 25, 8.
(5) Il avait emporté dans sa fuite les boucliers d'or de l'Acropole, et même les ornements de ce métal qu'il put détacher de la statue de Minerve. Les Coronéens le tuèrent pour s'emparer de ses richesses; Pausan. I, 23, 8. Voyez on outre sur ce personnage Plut. *Mor.* p. 579, D; 538, C; 1,090, C.
(6) Dexipp. ap. Syncell. p. 264-267. ed. Paris; Porphyr. ap. Scaliger.; Euseb. p. 63; Justin, XV, 4; XVI, 1.
(7) Dexipp. et Porphyr. ibid.; Justin, XV, 1.
(8) Plut. *Demetr.* 33; Pausan. I, 25, 6.
(9) Plut. *Demetr.* 36; *Pyrrh.*, 6; Justin, XVI, 1; Dexipp. ap. Syncell. p. 264-267. ed. Paris; Porphyr. ap. Scaliger. Euséb. p. 63.
(10) Plut. *Demetr.* 35.
(11) Plut. *Pyrr.* 6. Pyrrhus, que nous avons déjà vu paraître dans cette histoire, était fils d'Éacide, roi d'Épire, et de Pthie, fille de ce Ménon qui se distingua à la tête des Thessaliens dans la guerre Lamiaque (*Voy.* plus haut, col. 727.) Ayant perdu son père, lorsqu'il était encore au berceau, Pyrrhus fut élevé par Glaucias, roi d'Illyrie, qui le rétablit sur le trône lorsqu'il eut atteint l'âge de douze ans. Détrôné quatre ans après par Néoptolème, il se réfugia auprès de Demetrius, qui avait épousé sa sœur Déidamie, se distingua à la bataille d'Ipsus, et suivit en Grèce son beau-frère, qui lui donna le commandement des garnisons qu'il laissa dans le Péloponèse, et ensuite l'envoya en otage à Ptolémée. Celui-ci lui donna en mariage Antigone, que sa femme Bérénice avait eue d'un premier lit; et il lui fournit les moyens de remonter sur le trône; Plut. *Pyrrh.* 1-3; Pausan. I, 11, 5.
(12) Plut. *Demetr.* 36; *Pyrrh.* 7; Justin, XVI, 1.

294. Alexandre, qui n'a plus besoin de ses services, lui tend des embûches. Démétrius le prévient en le faisant assassiner, et est proclamé roi de Macédoine (1).

Ptolémée s'*empare* de l'île de Chypre (2).

291. Expéditions de Démétrius en Épire, et de Pyrrhus en Thessalie et en Étolie (3).

290. Les Étoliens, aidés de Pyrrhus, s'emparent de Delphes et de la Phocide. Démétrius célèbre à Athènes les jeux Pythiques (4).

289. Mort d'Agathocle (5).

288. Démétrius se prépare à reconquérir l'Asie. Ptolémée, Séleucus, Lysimaque et Pyrrhus se liguent contre lui (6).

287. Ces deux derniers entrent en Macédoine. Démétrius, abandonné de son armée, qui passe du côté de Pyrrhus, est obligé de fuir, et va rejoindre dans le Péloponèse son fils Antigone Gonatas (7).

Lysimaque et Pyrrhus se partagent la Macédoine (8).

Les Athéniens abolissent le pontificat des dieux sauveurs (9), et nomment des archontes.

Démétrius rassemble quelques troupes et vient mettre le siège devant leur ville. Mais ils envoient vers lui le philosophe Cratès; il se laisse fléchir et passe en Asie, avec onze mille hommes (10).

286. Lysimaque force Pyrrhus à lui abandonner toute la Macédoine, dont il se fait proclamer roi (11).

Après avoir obtenu quelques succès en Asie, Démétrius est contraint de se rendre à Séleucus, qui le fait enfermer pour le reste de ses jours, dans un château royal (12).

285. Ptolémée s'associe son second fils, Ptolémée II, *Philadelphe* (13); l'aîné, Ptolémée *Céraunus*, se retire auprès de Lysimaque (14).

(1) Plut. *Demetr.* 36, 37; *Pyrrh.* 7; Justin, XVI, 1.
(2) Plut. *Demetr.* 33, 36.
(3) Plut. *Pyrrh.* 7; *Demetr.* 41.
(4) Plut. *Demetr.* 40.
(5) Diod. XX, *Eclog.* 12, p. 278; Bip. Lucien, *Macrob.* 10.
(6) Plut. *Demetr.* 43, 44; *Pyrr.* 10, 11; Justin, XVI, 2.
(7) Plut. *Demetr.* 44; *Pyrr.* 11; Dexipp. ap. Syncell. p. 266, D; Porphyr. ap. Scaliger. Euseb. p. 63; Justin, XVI, 2. — Antigone *Gonatas*, fils de Demetrius et de *Phila* fille d'Antipater, avait reçu ce surnom parce qu'il était né à Goni (Γόνοι ou Γόννοι) en Thessalie. Sa mère, en apprenant les nouveaux revers éprouvés par Démétrius, termina ses jours par le poison, ne pouvant se résoudre, dit Plutarque, *Demetr.* 45, à voir son époux descendre encore une fois au rang de simple particulier.
(8) Plut. *Pyrrh.* 12; Pausan. I, 10, 2.
(9) Diphile exerçait alors cette charge; son nom fut, par décret du peuple, effacé de la liste des magistrats éponymes; Plut. *Demetr.* 46.
(10) Plut. ibid.
(11) Plut. *Pyrrh.* 13; Dexippe. ap. Syncell. p. 266, A; Justin, XVI, 1, 10, 2.
(12) Plut. *Demetr.* 46-50; Dexipp. ap. Syncell. p. 264 sqq.; Plutarque rapporte qu'il fut gardé à vue dans un lieu qu'il appelle la *Péninsule de Syrie*, εἰς Χερρόνησον τὴν Συριαχὴν, et qui, suivant Étienne de Byzance, s. v. Ἀπάμεια, est le même qu'*Apamée*, ou *Pella de Syrie*.
(13) Lucien, *Macrob.* 12; Porphyr. ap. Scaliger. Euseb. p. 63; Justin, XVI, 2. Athénée nous a laissé, V, p. 196, A-203, B, une brillante description des fêtes du couronnement de Ptolémée Philadelphe.
(14) Pausan. I, 10, 2. Il avait été surnommé ainsi,

Thurium se soumet aux Romains (1).

283. Mort de Démétrius (2) et de Ptolémée (3). Lysimaque, cédant aux instigations d'Arsinoé, sa dernière femme, fait empoisonner Agathocle, son fils aîné.

Lysandra, veuve de ce prince, et son frère Ptolémée Céraunus, se retirent auprès de Séleucus (4).

Philétère, gouverneur de Pergame pour Lysimaque, se rend indépendant (5).

282. Séleucus déclare la guerre à Lysimaque (6).

281. Bataille de Curopedium en Phrygie. Lysimaque y est vaincu et tué. Séleucus réunit la Thrace et la Macédoine à ses autres États (7).

Première invasion des Gaulois dans la Thrace (8).

280. Séleucus est assassiné, au milieu d'un sacrifice, par Ptolémée Céraunus, qui se fait proclamer roi de Macédoine (9).

Formation de la ligue achéenne (10).

Pyrrhus, appelé par les habitants de Tarente, contre les Romains, passe en Italie (11).

Il gagne sur le consul Valérius Lævinus la bataille d'Héraclée (12).

Trois armées gauloises, de cent mille hommes chacune, se dirigent vers la Macédoine et la Thrace. La première, commandée par Cérétrius, enlève pour toujours la Thrace à la Macédoine; la seconde, sous les ordres de Brennus et d'Acichorius, envahit la Pæonie; la troisième, sous les ordres de Belgius, entre en Macédoine et défait Ptolémée Céraunus, dans une bataille où ce prince est tué (13).

Les Macédoniens prennent tour à tour pour

rois *Méléagre*, frère de Céraunus, et *Antipater*, neveu de Cassandre; enfin, après une anarchie de trois mois, un noble macédonien, nommé *Sosthène*, prend le commandement de l'armée, bat les Gaulois de Belgius, et les force à évacuer la Macédoine (1).

279. Bataille d'Asculum. Pyrrhus y défait une seconde fois les Romains (2).

Brennus et Acichorius entrent en Macédoine avec leur armée, grossie des débris de celle de Belgius; ils écrasent Sosthène et son armée, et se dirigent sur Delphes. Les Grecs, au nombre de vingt mille, les attendaient aux Thermopyles; le sentier qui avait autrefois servi à Xerxès les conduit dans la Phocide. Ils approchaient de Delphes quand un tremblement de terre et un ouragan jettent le désordre dans leurs rangs. Les Grecs en profitent pour les tailler en pièces. Ceux qui échappent à ce désastre périssent dans leur retraite, par la faim, la fatigue et le fer des populations soulevées (3).

278. Une partie des Gaulois établis dans la Thrace sont appelés par Nicomède en Asie Mineure, et s'emparent de la Phrygie, à laquelle ils donnent le nom de *Galatie*, ou *Gallo-Grèce* (4).

277. Pyrrhus passe en Sicile. Il bat les Carthaginois, s'empare de presque toutes les villes de l'île, et proclame son fils Agathocle roi de Sicile (5).

276. Antigone Gonatas épouse Phila, fille d'Antiochus Soter, et prend possession de la Macédoine (6).

275. Pyrrhus quitte la Sicile et revient en Italie; il est battu à Bénévent par le consul Curius Dentatus (7).

274. Il retourne en Épire, d'où il passe en Macédoine, défait une armée gauloise qu'Antigone a prise à sa solde, et enlève à ce prince le pays tout entier (8).

273. Sans prendre le temps de consolider sa conquête, il passe dans le Péloponèse avec une nombreuse armée, et va attaquer Sparte, où il éprouve un échec (9).

272. Après avoir ravagé le territoire de cette ville, il marche sur Argos, où il s'était ménagé des intelligences. Il y entre en effet sans éprouver de résistance; mais alors les habitants courent aux armes, et, forcé de se retirer, il est

---

à cause de la violence de son caractère, qui le faisait comparer à *la foudre* (χεραυνός); Pausan. X, 19, 3.

(1) Tit. Liv. Epitom. lib. XI.

(2) Plut. *Demetr.* 52. Son corps fut envoyé à Antigone Gonatas, qui lui fit faire de magnifiques funérailles; Plut. ibid. 53.

(3) Lucien, *Macrob.* 12; Polyb. II, 41; Porphyr. ap. Scaliger. Euséb. p. 63.

(4) Memnon, ap. Phot. cod. 224, p. 370; Strab. XIII, 4, p. 623; Justin, XVII, 2; Pausan X, 19, 7.

(5) Strab. XIII, 4, p. 623; XII, 8, p. 543; Tit. Liv. XXXIII, 21; XLII, 55; Pausan. I, 8, 1; I, 10, 4; Lucien, *Macrob.* 12.

(6) Pausan. I, 10, 4; Justin, XVII, 1.

(7) Pausan. I, 10, 5; Memnon, ap. Phot. cod. 224, p. 370; Polyb. II, 41; Justin, XVII, 2.

(8) Pausan. X, 19, 5. Ne se trouvant pas en forces pour attaquer les Grecs, ils n'osèrent pénétrer plus avant. Pausanias nomme leur chef *Camboule*.

(9) Memnon, ap. Phot. cod. 224, p. 372; Pausan. I, 10, 2; Justin, XXIV, 1-3.

(10) Polyb. II, 41.

(11) Plut. *Pyrrh.* 16; Justin, XVII, 2; Tit. Liv. Epitom. lib. XIII; Polyb. I, 6, 5; II, 41, 11; VII, 25 a; Pausan. 1, 12, 1-3; Paul. Oros. IV, 1.

(12) Denys d'Halicarn. fragm. lib. XVIII; Plut. *Pyrrh.* 16, 17; Tit. Liv. Epitom. lib. XIII; Justin, XVIII, 1, 2; Florus, I, 18; Frontin, *Strat.* II, 5, 21; IV, 13; Eutrop. II, 11; Aurel. Vict. *De vir illustrib.* 35.

(13) Pausan. X, 19, 7; I, 16, 2; Justin, XXIV, 4, 5; Polyb. IX, 35, 4; Dexipp. ap. Syncell.; Diod. Excerpt. Vales. p. 562, 4; Excerpt. Hœschel. p. 495, 4. Ptolémée Ceraunus avait régné neuf mois, depuis la mort de Séleucus. Pendant ce temps il avait épousé Arsinoé, sa sœur, veuve de Lysimaque, et fait égorger les deux fils qu'elle avait eus de ce prince; il avait fourni à Pyrrhus un corps de troupes macédoniennes, pour son expédition d'Italie.

(1) Porphyr. ap. Euseb. ed. Venet. p. 350, 351; Dexipp. ap. Syncell. *l. l.*; Pausan. IX, 7, 3; Justin, XXIV, 5.

(2) Plut. *Pyrrh.* 21; Frontin, *Strat.* II, 3, 21; Eutrop. *Breviar.* II, 13; Florus, I, 18; Tit. Liv. Epitom. lib. XIII; Paul. Oros. IV, 1.

(3) Pausan. X, 19-23; Diod. Excerpt. Hœschel. p. 497, 91; Justin, XXIV, 6-8.

(4) Pausan, X, 23, 9; Tit. Liv. XXXVIII, 16; Strab. XII, 5, p. 566 et suiv.; Polyb. I, 6, 5.

(5) Plut. *Pyrrh.* 21-23; Diod. Excerpt. Hœschel. p. 497, 17.

(6) *Arati solensis vit.* I, ed. Buhle, t. II, p. 431; Pausan. I, 16, 2; Memnon, ap. Phot. cod, 224, p. 373.

(7) Denys d'Halic. fragm. lib. XIX, 13; Plut. *Pyrrh.* 25, 26; Plin. *Hist. Nat.* VIII, 6; Frontin, *Stratag.* II, 11, 1; Aurel. Vict. *De vir. illustr.* 35; Appien, *Samnit.* p. 69; Tit. Liv. Epitom. lib. XIV.

(8) Plut. *Pyrrh.* 25; Pausan. I, 13, 2. Diod. Excerpt. Vatic. p. 82, ed. Dind.

(9) Plut. *Pyrrh.* 26-29; Athen. XII, 8; Pausan. I, 13, 5-6; IV, 29, 6.

tué par la main d'une femme, dans le désordre de la retraite (1).

Son fils *Alexandre* lui succède comme roi d'Épire.

Antigone Gonatas, qui a profité du départ de son rival pour reprendre une partie de son royaume (2), le recouvre tout entier à sa mort (3).

Les Lacédémoniens, aidés de Ptolémée Philadelphe, vont l'attaquer dans ses États (4).

Prise de Tarente par les Romains. Ils sont maîtres de toute la Grande-Grèce, excepté Brundusium (5).

270. Hiéron II prend le titre de roi de Syracuse (6).

269. Invasion de la Macédoine, par une armée composée de Gaulois et d'aventuriers grecs. Antigone les taille en pièces, puis il marche contre les Lacédémoniens, qui se hâtent d'évacuer le pays (7).

268. Il va mettre le siège devant Athènes, la prend, et met garnison au Musée (8).

267. Alexandre roi d'Épire, profitant de l'absence d'Antigone, envahit la Macédoine, gagne la phalange, et demeure un instant maître du royaume. Mais il en est bientôt chassé par Démétrius, fils d'Antigone, qui le dépouille même de l'Épire (9).

Antigone soumet Mégare, la Phocide et la Locride.

266. Prise de Brundusium par les Romains (10).

Aræus, roi de Sparte, est défait et tué par les Macédoniens, près de Corinthe (11).

265. Acrotatus, son fils et son successeur, éprouve le même sort dans un combat livré sous les murs de Mégalopolis, à Aristomède, tyran de cette ville (12).

264. Les Mamertins livrent Messine aux Romains (13).

Victoire d'Appius Claudius sur les Carthaginois et Hiéron II (14).

263. Hiéron II fait alliance avec les Romains (15).

Eumène I, successeur de Philétère, s'empare de l'Éolide (16).

262. Prise d'Agrigente par les Romains (17).

(1) Plut. *Pyrrh.* 30-34; Justin, XXV, 5; Pausan. I, 13, 7; Orose, IV, 5. Du temps de Pausanias on voyait encore au milieu de l'agora d'Argos le trophée que les Argiens avaient élevé en souvenir de leur victoire, et le tombeau de Pyrrhus dans le temple de Cérès, et son bouclier d'airain au-dessus de la porte de cet édifice; Pausan. II, 21, 3.
(2) Pausan. I, 13, 6.
(3) Justin, XXVI, 1.
(4) Justin, XXVI, 2.
(5) Tit. Liv. Épitom. lib. XV; Eutrop. II, 8; Florus, I, 18.
(6) Pausan. VI, 12, 2; Polyb. VII, 7, 8; Tit. Liv. XXIV, 4; Lucien, *Macrob.* 40.
(7) Justin, XXVI, 2.
(8) Justin, XXVI, 2; Pausan. III, 6, 3.
(9) Justin, XXVI, 2, 3. Alexandre, aidé par les Acarnaniens, rentra plus tard en possession de ses États.
(10) Eutrop. II, 9; Florus, I, 20.
(11) Plut. *Agis*, 3.
(12) Plut. ibid.
(13) Polyb. I, 10 et suiv.; Flor. II, 2; Diod. Excerpt. Hœschel, 499, 90.
(14) Eutrop. II, 10; Flor. II, 2.
(15) Polyb. I, 16 et suiv.; Diod. Excerpt. Hœschel. p. 501, 30.
(16) Strab. XIII, 4, p. 624; Justin, XVII, 3.
(17) Polyb. I, 18, 19; Diod. Excerpt. Hœschel. p. 502.

256. Antigone Gonatas rend aux Athéniens leur ancien gouvernement, mais en maintenant une garnison dans leurs murs.

254. Atilius Régulus est vaincu et fait prisonnier, en Afrique, par le Spartiate Xantippe (1).

251. Antigone Gonatas s'empare de l'Acrocorinthe (2).

Prise de Sicyone par Aratus, et réunion de cette ville à la ligue achéenne (3).

B. Depuis la prise de Sicyone par Aratus jusqu'à la guerre des deux ligues.

250. Aratus, élu stratége de la ligue achéenne, va, avec dix mille hommes, au secours des Béotiens, attaqués par les Étoliens; lorsqu'il arrive ses alliés, vaincus à Chéronée, ont traité avec leurs ennemis et se sont joints à leur confédération (4).

244. Agis IV, roi de Lacédémone (5).

243. Aratus, élu stratége pour la seconde fois, surprend l'Acrocorinthe et en expulse la garnison macédonienne. Il rend aux Corinthiens les clefs de leur ville, qu'ils n'ont point eues en leur pouvoir depuis le temps de Philippe (6).

Corinthe et Mégare entrent dans la ligue achéenne (7). Alliance de Ptolémée III avec la ligue achéenne (8).

Tentatives d'Aratus pour délivrer Argos de la tyrannie d'Aristomachus Ier (9).

Mort d'Antigone Gonatas; son fils *Démétrius II* lui succède (10).

Aratus persuade à Lysiade, tyran de Mégalopolis, de renoncer au pouvoir, et d'unir cette ville à la ligue achéenne (11).

242. Mort d'Alexandre, roi d'Épire. Son fils, *Pyrrhus*, lui succède sous la tutelle de sa mère, Olympias (12).

241. Mort d'Eumène Ier. *Attale Ier* lui succède (13).

239. Agis IV essaye de rétablir à Sparte la législation de Lycurgue (14).

Victoire d'Attale Ier sur les Galates; il prend le titre de *roi de Pergame* (15).

238. Invasion des Étoliens dans le Péloponèse; Aratus marche à leur rencontre avec l'armée des Achéens et de leurs alliés; puis, renonçant

(1) Polyb. I, 32-35; Eutrop. II, 21; Tit. Liv. Epitom. lib. XVIII; Flor. II, 18; Appien, *Bell. pun.* VIII, 3; Val. Max. I, 1, 14; Frontin, *Stratag.* II, 2, 11; 3, 10; Dion Cass. fragm. 151, p. 244, éd. Gros.
(2) Plut. *Arat.* 17; Polyen, *Stratag.* IV, 6, 1. Cette forteresse était occupée par un officier macédonien nommé Alexandre, qui s'y était rendu indépendant. Antigone le fit empoisonner, et parvint ensuite à dépouiller sa veuve Nicæa, par un odieux stratagème.
(3) Plut. *Arat.* 4-9; Polyb. IV, 8, 4; X, 25, 3; Pausan. II, 8, 2-3.
(4) Plut. *Arat.* 16; Polyb. II, 43; *de Virt. et vitiis*, n. 43; Pausan. II, 8, 3.
(5) Plut. *Agis*, 3; *Agesilas*, 40.
(6) Polyb. II, 43, 4; Plut. *Arat.* 18-23; Pausan. II, 8, 4.
(7) Polyb. II, 43, 4 et 5; Plut. *Arat.* 23, 24; Pausan. II, 8, 4.
(8) Plut. *Arat.* 24; Pausan. ibid.
(9) Plut. *Arat.* 25-28; Pausan. II, 8-5.
(10) Polyb. II, 44; Porphyr. in Armen. Euseb. interpret. c. 38.
(11) Plut. *Arat.* 30; Polyb. II, 44, 5. Ce dernier nomme ce tyran *Lydiade*.
(12) Justin, XVIII, 1, 2.
(13) Strab. XIII, 4, p. 624.
(14) Plut. *Agis*, 3-15; Pausan. III, 10, 6.
(15) Strab. XIII, 4, p. 624.

à leur livrer bataille, il les laisse passer et renvoie ses alliés. Parmi ces derniers se trouve Agis IV avec un corps de troupes lacédémoniennes (1).

Les Étoliens s'emparent de Pellène et en sont chassés par Aratus (2).

Pendant l'absence d'Agis IV, une révolution éclate à Sparte. Léonidas II, son collègue, qu'il avait fait exiler et remplacer par Cléombrote, est rappelé et rétabli sur le trône ; lui-même, peu de temps après son retour, est mis à mort avec toute sa famille. En lui s'éteint la première maison des rois de Sparte ou des *Proclides* (3).

237. Les Étoliens veulent enlever l'Acarnanie à Pyrrhus II, roi l'Épire ; Olympias appelle à son secours Démétrius, qui envahit la Béotie, et va attaquer les Étoliens jusque sur leur territoire (4).

Aratus conclut avec les Étoliens une alliance offensive et défensive (5). Il essaye vainement de s'emparer d'Athènes (6).

235. Mort de Léonidas II. Cléomène III, son fils, lui succède (7).

233. Mort de Démétrius ; *Antigone II Doson*, son frère, épouse sa veuve Chryséis, et est proclamé roi de Macédoine, au détriment du jeune Philippe, son neveu (8).

232. Aristomachus II, tyran d'Argos, dépose son autorité, et cette ville entre dans la ligue achéenne (9). Hermione et Phliunte en font autant (10).

231. Teuta, reine d'Illyrie (11).

229. Les Illyriens sont attaqués par les Romains (12).

Aratus achète à prix d'argent la retraite du commandant de la garnison macédonienne à Athènes, et enlève ainsi cette ville et l'île de Salamine à Antigone Doson (13).

L'île d'Égine, la Messénie et une grande partie des villes de l'Arcadie se réunissent à la ligue achéenne (14).

227. Conquête de l'Illyrie par les Romains, qui en donnent une partie à Démétrius de Pharos (15).

Des députés romains sont envoyés aux Achéens et aux Étoliens, pour leur faire part des résultats de cette guerre (16). Ils sont admis par les Corinthiens aux jeux isthmiques (17).

226. Les Lacédémoniens, les Éléens et ceux des Arcadiens qui marchent sous la bannière de Sparte, sont les seuls peuples qui n'aient pas encore accédé à la ligue. Aratus veut profiter de la grande jeunesse de Cléomène pour les y forcer, et il fait des incursions sur le territoire arcadien. Mais il s'attire ainsi de dures représailles : Cléomène entre à son tour sur le territoire de la ligue, s'empare d'Athenæum, sur le territoire de Mégalopolis, et y laisse une forte garnison (1).

225. Il va ensuite au secours des Éléens, attaqués par Aratus, qu'il bat, d'abord près du mont Lycée, puis sous les murs de Mégalopolis (2).

224. Fort de ces succès, Cléomène croit pouvoir reprendre les projets dans l'exécution desquels Agis a échoué ; laissant donc son armée en Arcadie, il court à Sparte avec quelques soldats étrangers, fait égorger les éphores, exile quatre-vingts des principaux citoyens, et rétablit les institutions de Lycurgue (3).

Il marche ensuite contre les Achéens, leur enlève Mantinée, Tégée, Orchomène, les bat en bataille rangée près de Dyme, et demande pour prix de la paix et de son accession à la ligue, le titre de généralissime (4).

Les Achéens rejettent ces propositions. Alors Cléomène, aidé des subsides de Ptolémée (5), leur enlève Pellène, Phénée, Argos, Phliunte, Cléone, Épidaure, Trézène, Hermione, Corinthe, dont il assiège la citadelle, et pratique des intelligences jusque dans Sicyone (6).

Les Étoliens font avec lui une alliance offensive et défensive (7).

223. Aratus fait passer un décret par lequel les Achéens nomment Antigone généralissime de la ligue et s'engagent à lui livrer l'Acrocorinthe (8).

Antigone se présente à l'isthme de Corinthe avec vingt-deux mille hommes ; Cléomène essaye vainement de lui disputer le passage : la perte d'Argos, dont les Achéens viennent de redevenir maîtres, lui fait craindre pour Sparte : il se replie sur la Laconie. Antigone entre alors à Corinthe, dont la citadelle lui est livrée, puis il s'empare d'Orchomène et de Mantinée (9).

Pendant l'hiver Cléomène envoie sa famille en otage à Ptolémée, pour en obtenir des renforts (10) ; il affranchit les Hilotes, surprend et ruine de Mégalopolis (11).

232. Bataille de Sellasie. Cléomène, complé-

---

(1) Plut. *Arat.* 31 ; *Agis*, 13-15 ; Polyen, *Stratag.* VIII, 59 ; Polyb. IV, 8, 4.
(2) Plut. *Arat.* 31.
(3) Plut. *Agis*, 16-31.
(4) Justin, XXVIII, 1.
(5) Polyb. II, 44, 1 ; Plut. *Arat.* 34.
(6) Plut. *Arat.* 34.
(7) Plut. *Cleom.* 38 ; Polyb. IV, 35.
(8) Polyb. II, 44, 2 ; 45, 2 ; Dexipp. ap. Syncell. p. 267, B. éd. Paris. On l'avait surnommé Doson (δώσων, *devant donner*) parce qu'il promettait beaucoup et ne donnait jamais ; Plut. *Coriol.* 11 ; Etym. magn. p. 394, 2 ; Justin, XXVIII, 3.
(9) Pausan. II, 8, 5 ; Plut. *Arat.* 35 ; Polyb. II, 44, 3 et 6 ; 60, 4.
(10) Polyb. II, 44, 6 ; Plut. *Arat.* 35.
(11) Polyb. II, 4, 7-10, 9 ; Appien, *Illyr.* 7 ; Dion Cass. t. I, fragm. 162, éd. Gros.
(12) Polyb. II, 11 ; Appien, ibid. ; Dion Cass. ibid.
(13) Plut. *Arat.* 34 ; Pausan. II, 8, 8.
(14) Plut. *Arat.* 34.
(15) Polyb. II, 11 ; Appien, *Illyr.* 7 et 8.
(16) Polyb. II, 12, 8.
(17) Polyb. II, 12, 8.

(1) Plut. *Cleom.* 3-4 ; Polyb. II, 46, 7.
(2) Plut. *Arat.* 36-37 ; *Cleom.* 5-6 ; Polyb. II, 51, 3.
(3) Plut. *Cleom.* 7-11.
(4) Plut. *Cleom.* 12, 14-17 ; *Arat.* 38 ; Pausan. II, 9, 1.
(5) Polyb. II, 51, 2.
(6) Polyb. II, 52, 2 ; Plut. *Cleom.* 17-19 ; *Arat.* 39, 40.
(7) Polyb. II, 45-46 ; 52, 8.
(8) Polyb. II, 51-52 ; Plut. *Cleom.* 16 et 19 ; *Arat.* 38 et 40 ; Pausan. II, 9, 2.
(9) Polyb. II, 52, 9 ; 53, 1-6 ; 54, 1-14 ; Plut. *Cleom.* 20, 21 ; *Arat.* 43-45 ; Pausan. VIII, 8, 6. — Cette dernière ville, dont les habitants furent réduits en esclavage, fut donnée aux Argiens, qui y envoyèrent une colonie, et lui donnèrent le nom d'*Antigonie* qu'elle portait encore au temps de Plutarque.
(10) Plut. *Cleom.* 22.
(11) Plut. *Cleom.* 23, 24 ; *Philop.* 5 ; Polyb. II, 55 ; 1-6 ; Pausan. II, 9, 2 ; IV, 29, 3 ; VIII, 27, 10.

tement défait, se sauve à Sparte et de là en Égypte (1).

Antigone entre à Sparte en vainqueur, abolit toutes les réformes opérées par Cléomène, suspend la royauté, et donne à la ville un gouverneur béotien, nommé Brachillus (2).

Rappelé en Macédoine par une invasion des Illyriens, il quitte le Péloponèse, après avoir laissé des garnisons à Orchomène et dans l'Acrocorinthe (3).

221. Mort d'Antigone Doson. *Philippe V*, son neveu, lui succède (4).

Les Étoliens déclarent la guerre aux Messéniens. Ils débarquent en Achaïe, sous les ordres de Scopas et de Dorimaque, traversent le Péloponèse, pour se rendre dans la Messénie, qu'ils ravagent entièrement, et, à leur retour, battent, près de Caphyes, les Achéens, commandés par Aratus (5).

220. Sur l'invitation des Achéens, Philippe passe dans le Péloponèse, convoque à Corinthe les députés de la ligue, et déclare la guerre aux Étoliens (6).

C. Depuis la guerre des deux ligues (7) jusqu'à la proclamation de la liberté de la Grèce par T. Quinctius Flamininus.

220. Les Thessaliens, les Épirotes, les Phocidiens, les Béotiens, les Acarnaniens, les Eubéens, et tous les peuples du Péloponèse, excepté les Éléens et les Spartiates, se rangent sous les drapeaux des Achéens et de Philippe. — Les Étoliens ont pour eux les Ambraciens, les Éléens et les Spartiates, qui, réunis à la ligue par Antigone Doson, après la bataille de Sellasie, viennent de s'en séparer et de renouveler leur alliance avec les Étoliens (8).

Mort de Cléomène (9). Fin de la seconde maison des rois de Sparte, ou des *Agides*.

Les Spartiates massacrent les éphores nommés sous l'influence d'Antigone Doson, et élisent deux rois : Agésipolis, petit-fils de Cléombrote, et Lycurgue (10).

Pendant que Philippe assiège Ambracie, Scopas, général des Étoliens, se jette sur la Macédoine (11).

(1) Plut. *Cleom.* 27-29; *Arat.* 46; *Philop.* 6; Polyb. II, 65-69; Pausan. VII, 7, 2; VIII, 49, 4; II, 9, 2.
(2) Plut. *Cleom.* 30; Pausan. II, 9, 2; Polyb. II, 70, 1; XX, 5.
(3) Plut. *Cleom.* 50; *Arat.* 46; Polyb. II, 70, 1-7.
(4) Polyb. IV, 2, 5; 5, 5; Porph. ap. Scal. Euseb. p. 63, XXIX, 2.
(5) Polyb. IV, 5-12; Plut. *Arat.* 47.
(6) Polyb. IV, 25-26. Cette guerre est connue dans l'histoire sous le nom de *guerre des deux Ligues;* Polybe l'appelle la *guerre Sociale* ou la *guerre des Alliés* (Συμμαχικὸς πόλεμος), parce qu'il ne la considère que sous le point de vue de Philippe et des Achéens.
(7) Polybe expose avec beaucoup de détails, dans les vingt-cinq premiers chapitres du quatrième livre de son *Histoire*, les causes et les préliminaires de cette guerre, au récit de laquelle il consacre les chapitres 26 à 57, 58 à 87 du même livre, et les chapitres 1 à 30, 91 à 106, du cinquième livre.
(8) Polyb. IV, 6, 9; 25, 8.
(9) Polyb. IV, 35, 8; Plut. *Cleom.* 58; Pausan II, 9, 3.
(10) Polyb. IV, 35, 8-13. Lycurgue était d'une famille obscure, mais il était fort riche; « il donna, dit Polybe, un talent à chacun des éphores, et *il fut fait* descendant d'Hercule et roi de Sparte. » Son premier acte fut de chasser de Sparte son jeune collègue; Tit. Liv. XXXIV, 26; Polyb. XXIV. 11.
(11) Polyb. IV, 61-62.

Cette diversion n'empêche pas le roi de prendre Ambracie. Ithorie et Pæanium tombent ensuite en son pouvoir; mais il est forcé de retourner dans ses États pour repousser une incursion des Dardaniens (1).

Attale Ier, roi de Pergame, soumet avec l'aide des Gaulois, qu'il a fait venir de la Thrace, les villes de Cyme, Smyrne, Phocée, Téos, Colophon, Lemnos, etc. (2).

219. Philippe attaque les Étoliens dans l'Élide, et leur enlève la Triphylie; mais il est encore une fois rappelé en Macédoine, par la trahison de ses ministres Apellas, Léontius, Ptolémée et Mégaléas (3).

Guerre des Rhodiens et de Prusias Ier, roi de Bithynie, contre Byzance (4).

Guerre des Romains contre Démétrius de Pharos. Ils soumettent l'Illyrie (5).

218. Philippe prend Thermus, capitale de l'Étolie et la ruine (6).

Les Romains font alliance avec Marseille (7).

217. Philippe entre dans le Péloponèse, ravage la Laconie, et bat deux fois Lycurgue, roi de Sparte (8).

Les Étoliens demandent la paix; elle leur est accordée, à condition que chaque peuple gardera les conquêtes qu'il a faites pendant la guerre. *Fin de la guerre des deux ligues* (9).

216. Mort d'Hiéron II, roi de Syracuse. Hiéronyme, son petit-fils et son successeur, se déclare pour les Carthaginois (10).

215. Philippe conclut avec Annibal un traité d'alliance offensive et défensive (11).

214. Hiéronyme est assassiné. Hippocrate et Épicyde se mettent à la tête du gouvernement de Syracuse (12).

Rome déclare la guerre à Syracuse, et bientôt, le consul M. Marcellus en commence le siège (13).

213. Philippe fait empoisonner Aratus (14).

Première guerre de Macédoine.

Cédant aux instances de Démétrius de Pharos, qui s'est réfugié auprès de lui, Philippe se prépare à aller attaquer les Romains en Italie. Ayant

(1) Polyb. IV, 64-66.
(2) Polyb. V, 77-78.
(3) Polyb. IV, 67-77; V, 1-5.
(4) Polyb. III, 2, 5; IV, 38-52.
(5) Polyb. III, 16 et 18-19; Appien, *Illyr.* 8; Justin. XXIX, 2.
(6) Polyb. V, 6-9.
(7) Polyb. III, 95, 6-7; Tit. Liv. XXI, 20 et 25.
(8) Polyb. V, 17-24.
(9) Polyb. V, 103-108.
(10) Tit. Liv. XXIV, 4-6; Polyb. VIII, 4. Suivant ces deux auteurs, Hiéron avait lorsqu'il mourut quatre-vingt-dix ans; suivant Lucien, *Macrob.* 10, p. 214, il était dans sa quatre-vingt-douzième année. Tous trois s'accordent à dire qu'il mourut de maladie, dans son lit. C'est donc à tort qu'on lit dans Pausanias, VI, 12, 4, qu'il fut tué par Dinomène. Suivant Tite-Live, ce nom était celui de l'un des meurtriers d'Hiéronyme. Il y a sans doute une lacune dans le texte de Pausanias.
(11) Tit. Liv. XXIII, 33; Appien, Excerpt. legat. *Macedonic.* 1; Polyb. III, 2, 3; voyez le texte de ce traité, ibid., VII, 9.
(12) Tit. Liv. XXIV, 7; Polyb. VII, 6, 1; Diod. Excerpt. Vales. p. 568, 90.
(13) Tit.-Liv. XXIV, 21; Plut. *Marcell.*
(14) Polyb. VIII, 14; Plut. *Arat.* 52.

24.

rassemblé cent vingt galères à deux rangs de rames, il débarque sur la côte d'Illyrie, s'empare de la ville d'Orique et assiège Apollonie. Mais battu par le préteur Valerius Lævinus, près de l'embouchure de l'Aoûs, il est forcé de brûler sa flotte, et de regagner par terre la Macédoine (1).

212. Prise de Syracuse par Marcellus (2).

211. Lævinus conclut avec les Étoliens un traité d'alliance offensive et défensive, auquel accèdent bientôt après Attale, roi de Pergame, les Messéniens, Pleurate, roi d'Illyrie, et, enfin, Machanidas, tyran de Sparte (3).

210. La Sicile est réduite en province romaine (4).

207. Deuxième bataille de Mantinée. Machanidas y est battu et tué par Philopœmen (5). Nabis s'empare à Sparte de l'autorité souveraine (6).

205. *Fin de la première guerre de Macédoine.* Philippe fait la paix avec les Romains (7).

203. Cependant, Philippe envoie à Annibal quatre mille Macédoniens, pour combattre à Zama (8), et la même année il déclare la guerre à Attale Ier et aux Rhodiens, qui dans la dernière guerre ont fourni des secours aux Romains (9).

Il attaque sans succès Pergame (10).

Il gagne sur les Rhodiens la bataille navale de Ladé (11).

202. Il est battu par eux et par Attale, près de l'île de Chios, et perd une grande partie de sa flotte (12).

Deuxième guerre de Macédoine.

200. Philippe attaque Athènes, et ravage l'Attique. Sur la plainte des Athéniens, les Romains lui déclarent la guerre (13).

199. La flotte d'Attale et des Rhodiens,

après avoir poursuivi Philippe jusqu'en Macédoine, vient mouiller à Égine. Attale se rend à Athènes, où le peuple lui décerne de grands honneurs (1).

Philippe assiège Abydos, dont les habitants, réduits à la dernière extrémité, s'entre-tuent pour ne point tomber en son pouvoir (2).

Le consul Sulpicius parcourt les provinces illyriennes soumises à Philippe; il le bat sur les bords du Lycus, à Athacus, à Octolophe, et pénètre jusqu'au cœur de la Macédoine; mais le défaut de vivres le force bientôt à évacuer ce pays (3).

198. T. Quinctius Flamininus aborde en Épire, attaque Philippe, qui s'est retranché sur les bords du fleuve Aoûs, le bat en plusieurs rencontres, le chasse de l'Épire, pénètre avec lui dans la Macédoine, et va prendre ses quartiers d'hiver dans la Phocide et dans la Locride (4).

Pendant ce temps, la flotte combinée des Romains, des Rhodiens et d'Attale, commandée par L. Quinctius, fait la conquête de Chalcis et de l'île d'Eubée; puis elle va mouiller au port de Cenchrée, où sa présence décide les Achéens à quitter l'alliance de Philippe, pour celle des Romains (5).

Au commencement du printemps, T. Quinctius Flamininus pénètre dans la Macédoine, et gagne sur Philippe, avec l'aide des Étoliens, la bataille décisive de Cynocéphales (6).

Fin de la deuxième guerre de Macédoine. Philippe obtient la paix; il renonce à toutes ses possessions et à toutes ses alliances dans la Grèce, brûle sa flotte, et s'engage à ne pas tenir armés plus de cinq cents soldats; il livre comme otage son fils Démétrius (7).

Mort d'Attale Ier. *Eumène II* lui succède (8).

196. T. Quinctius Flamininus proclame aux jeux isthmiques la liberté des Grecs (9).

---

(1) Tit. Liv. XXIV, 40; Polyb. V, 108-110.

(2) Tit. Liv. XXV, 23-31; Zonar. IX, p. 423, B; Florus, II, 6. Le siége avait duré trois années, c'est-à-dire trois campagnes, trois étés, en ne comptant pas les deux hivers, pendant lesquels il avait été converti en blocus; c'est ainsi qu'il faut entendre ces expressions de Tite-Live, XXV, 31 : « Se quidem tertium *annum* circumcedere Syracusas; » XXXI, 31 : « Fatigati *prope per triennium* terra marique urbe munitissima obsidenda. » En effet, Marcellus ne put arriver devant Syracuse qu'au printemps de l'an 214, où il fut nommé consul, et cette ville fut prise avant la fin de l'été de l'an 212. On sait qu'Archimède fut une des victimes de cette grande catastrophe. Voyez sur les efforts de génie au moyen desquels ce grand géomètre retarda la chute de sa patrie, Polyb. XIII, 8, 9; Plut. *Marcell.* 14-18; Vitruv. IX, 3; Quintil. I, 10, et Tit. Liv. I. l.; et sur sa mort, outre les auteurs déjà cités, Tzetzès, *Chil.* II, *Hist.* 35; Val. Max. VIII, 7, 7, extr.; Cicer. *Tuscul.* V, 23.

(3) Tit. Liv. XXVI, 24; XXIX, 12; Polyb. IX, 30-39; X, 41; XI, 6; XVIII, 20.

(4) Tit. Liv. XXVI, 40.

(5) Polyb. XI, 11-18; Plut. *Philop.* 10; Pausan. VIII, 50, 2-3.

(6) Polyb. XIII, 6; XVI, 13; Plut. *Philop.* 12; Pausan. IV, 29, 10; VIII, 50, 5.

(7) Tit. Liv. XXIX, 12; Polyb. XIII, 1; Justin, XXX, 3.

(8) Tit. Liv. XXX, 33; Frontin, *Strat.* II, 3, 16.

(9) Polyb. XVI, 4, 1-3, et 8, 1-3.

(10) Polyb. XVI, 1. Diod. Excerpt. de virt. et vit. 575, 21.

(11) Polyb. XVI, 1 A. éd. Didot.

(12) Polyb. XVI, 2, 3.

(13) Polyb. XVI, 27; Tit. Liv. XXXI, 1, 6, 7, 8; Diod. Excerpt. Vales. 579, 30.

(1) Polyb. XVI, 25-26; Tit. Liv. XXI, 14 et 15; Pausan. I, 4, 5; I, 8, 1. On lui rendit, dit Polybe, de plus grands honneurs qu'à aucun autre des bienfaiteurs d'Athènes; on fit de lui un des héros éponymes de la ville, et l'on donna son nom à une tribu qu'on ajouta aux dix qui existaient déjà.

(2) Polyb. XVI, 30-35; Tit. Liv. XXXI, 16-18.

(3) Tit. Liv. XXX, 34-43; Polyb. XVIII, 6, 3.

(4) Tit. Liv. XXII, 9-18; Plut. *Flamin.* 3-6.

(5) Tit. Liv. XXII, 16-17; 19-23; Polyb. XVII, 6, 7.

(6) Tit. Liv. XXXIII, 9-10; Polyb. XVIII, 1-16; Plut. *Flamin.* 7-8; Strab. IX, 5, t. II, p. 314.

(7) Tit. Liv. XXXIII, 11-13 et 30; Polyb. XVIII, 17-22 et 23; Plut. *Flamin.* 9; Appien, Excerpt. Legat. *Macedon.* 7, 1-2.

(8) Tit. Liv. XXXIII, 21; Polyb. XVIII, 24; XXII, 5, 5.

(9) Polyb. XVIII, 27-31; Tit. Liv. XXXIII, 30-35; Plut. *Flamin.* 10-13. Les Grecs accueillirent cette proclamation avec de tels cris d'enthousiasme, que, suivant Plutarque, des corbeaux qui passaient au-dessus du stade tombèrent morts au milieu de l'assemblée. Les Romains, cependant, avaient été moins généreux qu'habiles : avant leur arrivée dans la Grèce, cinq peuples réglaient à leur gré leur conduite; tous les autres, alliés ou soumis au roi de Macédoine, formaient ensemble une confédération redoutable. La déclaration des jeux isthmiques brisa cette confédération, et dès lors on compta dans la Grèce seize peuples indépendants, dont aucun n'était assez puissant pour faire courir à Rome un danger sérieux; c'étaient, hors de la Grèce propre : les Macédoniens et les Épirotes; dans la Thessalie, les Phtiotes, les Magnètes, les Thessaliens, les Per-

D. Depuis la proclamation de la liberté de la Grèce par Flamininus jusqu'à la prise de Corinthe par Mummius.

195. Flamininus convoque à Corinthe les députés de la Grèce ; et fait décréter par l'assemblée, que la guerre sera déclarée à Nabis, pour le forcer à rendre la liberté à Argos, dont il s'est emparé pendant la guerre de Macédoine (1).

L'armée romaine entre aussitôt en campagne (2), et pénètre dans la Laconie, tandis que la flotte, commandée par L. Quinctius, et à laquelle se sont joints Eumène et les Rhodiens, va faire le siége de Gythium, qui, après une vigoureuse résistance, se rend à discrétion (3).

Flamininus, après avoir eu avec Nabis une conférence qui n'amène aucun résultat, commence le siége de Sparte (4). A cette nouvelle les Argiens se soulèvent, et chassent leur garnison lacédémonienne (5).

Le tyran, réduit à la dernière extrémité, consent à traiter aux conditions qui lui sont imposées (6).

Flamininus retourne à Argos, et préside les jeux Néméens, pendant lesquels il fait proclamer la liberté des Argiens ; puis il retourne prendre ses quartiers d'hiver en Béotie (7).

194. Flamininus réunit à Corinthe les députés de la Grèce ; il les invite à la concorde, et après avoir retiré les garnisons romaines de l'Acrocorinthe, de Chalcis, d'Érétrie, d'Orée et de Démétriade, il s'embarque pour l'Italie, avec son armée (8).

192. Nabis, cédant aux instigations des Étoliens, essaye de recouvrer les villes maritimes de la Laconie qui lui ont été enlevées dans la dernière guerre, et va mettre le siége devant Gythium (9).

Les Achéens lui déclarent la guerre ; Phi-

lopémen, leur stratége, après un échec éprouvé sur mer, marche au secours de Gythium et bat une partie des troupes du tyran ; mais pendant qu'il ravage les terres de la Laconie, Nabis se rend maître de la ville assiégée (1).

Il est battu près de Sparte, par Philopémen (2).

Les Étoliens font alliance avec Antiochus, contre les Romains; ils s'emparent de Démétriade (3).

Le sénat envoie une ambassade en Grèce, pour sonder les dispositions des différents peuples, et ordonne au préteur M. Bæbius de passer en Épire avec son armée (4).

Les Étoliens forment le projet de s'emparer de Lacédémone. Sous prétexte de secourir Nabis, contre les Achéens, ils lui envoient mille fantassins et trente cavaliers, commandés par Alexamène, qui le tue et est, bientôt après, massacré, ainsi que sa troupe, par le peuple (5).

Philopémen se rend aussitôt à Sparte, et persuade aux habitants d'entrer dans la ligue achéenne (6).

Antiochus arrive à Démétriade avec dix mille fantassins, cinq cents cavaliers et six éléphants. Amynandre, roi des Athamanes, se range de son parti (7).

Il se rend maître de Chalcis et de l'Eubée (8).

Après avoir emporté d'assaut la ville de Phères, et soumis toutes les autres places de la Thessalie, excepté Larisse, il assiège cette ville; mais l'arrivée des Macédoniens et des Romains, commandés par Appius Claudius, le force à se retirer (9).

Il passe l'hiver en Eubée, et y célèbre son mariage avec une jeune fille de Chalcis (10).

191. Son expédition dans l'Acarnanie. Il y renonce, après s'être rendu maître de Médium, à la nouvelle que le consul M' Acilius Glabrio vient de débarquer en Épire avec une nouvelle armée; et il retourne à Chalcis (11).

Philippe, aidé de M. Bæbius d'abord, puis de M' Acilius, reprend toutes les places de la Thessalie qui s'étaient rendues à Antiochus, et soumet le pays des Athamanes, dont le roi s'enfuit à Ambracie (12).

Antiochus se retranche avec son armée aux Thermopyles. Il y est complétement battu par

rhèbes et les Athamanes ; dans la Grèce centrale : les Acarnaniens, les Étoliens unis aux Phocidiens et aux Locriens ; les Béotiens, les Athéniens et les Eubéens ; enfin dans le Péloponèse, les Spartiates, les Messéniens, les Éléens, et enfin la ligue achéenne, dont le territoire comprenait l'Achaïe propre, Sicyone, et l'Arcadie, à laquelle se joignit bientôt Argos, délivrée du joug de Nabis, et qui recouvra Corinthe, que lui rendit Flamininus, lequel lui confia en outre le soin de garder Gythium et les autres villes maritimes enlevées par lui au tyran de Lacédémone.

(1) Tit. Liv. XXXIV, 22-24.

(2) Flamininus fut joint, à son arrivée dans le Péloponèse, par Aristénète, stratége des Achéens, avec dix mille fantassins et mille cavaliers. En entrant dans la Laconie, il vit arriver mille cinq cents Macédoniens et quatre cents cavaliers thessaliens, que lui envoyait Philippe ; enfin, les exilés de Sparte, commandés par Agésipolis, vinrent se ranger sous ses ordres.

(3) Tit. Liv. XXXIV, 23-29.

(4) Tit. Liv. XXXIV, 30-37.

(5) Tit. Liv. XXXIV, 40.

(6) Tit. Liv. XXXIV, 38-40 ; Justin, XXXI, 3. La première de ces conditions était qu'Argos et son territoire seraient immédiatement évacués par les troupes du tyran. — Parmi les autres il en est une qui mérite d'être remarquée : c'est celle par laquelle « Nabis s'o- « bligea à ne conserver sous sa dépendance aucune « ville de l'île de Crète, et à remettre aux Romains « celles qu'il y possédait. » Tit. Liv. XXXIV, 35.

(7) Tit. Liv. XXXIV, 41. Le premier usage que les Argiens firent de leur liberté, ce fut de se réunir à la ligue achéenne.

(8) Tit. Liv. XXXIV, 48-52.

(9) Tit. Liv. XXXV, 12-13 ; Justin, XXXI, 3.

(1) Tit. Liv. XXXV, 25-26 ; Pausan. VIII, 50, 7-10 ; Plut. Philop. 13.

(2) Tit. Liv. XXXV, 27-30 ; Justin, XXXI, 3 ; Plut, ibid.

(3) Tit. Liv. XXXV, 51-54.

(4) Tit. Liv. XXXV, 23-24.

(5) Tit. Liv. XXXV, 35-36 ; Plut. Philop. 14 ; Pausan. VIII, 50, 10.

(6) Tit. Liv. XXXV, 37 ; Plut. Philop. 13 ; Pausan. VIII, 51, 1 ; Plut. Philop. 14.

(7) Tit. Liv. XXXV, 43 et 47 ; App. Syriac. 12-13.

(8) Tit. Liv. XXXV, 46, 47, 50 et 51.

(9) Tit. Liv. XXXVI, 9-10 ; App. Syriac. 16.

(10) Tit. Liv. XXXVI, 11 ; Plut. Philop. 17. « Oubliant, dit Tite-Live, les deux grandes entreprises qu'il avait formées, la guerre contre les Romains et l'affranchissement de la Grèce, ainsi que tous les soins qu'elles exigeaient, il passa le reste de l'hiver dans les festins, dans les plaisirs qui marchent à la suite des excès de la table, et dans la stupeur d'un sommeil provoqué par la fatigue encore plus que par la satiété. Cette soif de plaisirs atteignit tous ses lieutenants qui commandaient ses quartiers d'hiver, et se répandit parmi ses soldats. »

(11) Tit-Liv. XXXVI, 11, 12.

(12) Tit. Liv. XXXVI, 13, 14 ; App. Syriac. 17.

M' Acilius, et s'enfuit en Asie, avec le peu de troupes qui lui restent (1).

Siége et prise d'Héraclée par l'armée romaine (2).

Les Étoliens demandent à traiter; mais la dureté des conditions qui leur sont proposées les décide à se défendre jusqu'à la dernière extrémité (3).

Siége de Naupacte. Après une vigoureuse défense, les Étoliens demandent et obtiennent une trève qui leur permette d'envoyer à Rome des ambassadeurs pour traiter de la paix (4).

Les Messéniens et les Éléens entrent dans la ligue achéenne, qui comprend alors tout le Péloponèse (5).

Philippe se rend maître de Démétriade, et achève de soumettre les Athamanes, les Perrhèbes, les Dolopes (6).

Le sénat accorde à ses ambassadeurs la liberté de son fils Démétrius (7).

190. L. Scipion, nommé consul, part pour la Grèce, avec son frère Scipion l'Africain, qui remplit auprès de lui les fonctions de lieutenant (8).

Les Étoliens, réduits au désespoir, à la nouvelle de la réponse que le sénat a faite à leurs ambassadeurs, prennent encore une fois la résolution de combattre jusqu'à la dernière extrémité, et vont prendre position sur le mont Corax, pour fermer aux Romains le chemin de Naupacte (9).

M' Acilius prend Lamia et va assiéger Amphisse, où il est rejoint par les deux Scipion, qui arrivent par l'Épire et la Thessalie, à la tête d'une nouvelle armée de treize mille fantassins et cinq cents cavaliers (10).

Les Étoliens obtiennent, par l'intercession des Athéniens, une nouvelle trève de six mois (11).

L. Scipion lève le siége d'Amphisse, traverse la Macédoine et la Thrace, et passe en Asie (12).

Il gagne sur Antiochus la bataille de Magnésie, et termine ainsi la guerre de Syrie (13).

189. Le consul M. Fulvius Nobilior arrive en Épire, pour achever la soumission des Étoliens, qui pendant la guerre d'Asie avaient repris sur Philippe la plupart des places et des contrées qu'il leur avait enlevées (14).

(1) Tit. Liv. XXXVI, 16-21 ; App. Syriac. 18-20. Caton, qui parvint à débusquer les Étoliens des hauteurs qui commandent le défilé, et à s'emparer de ce poste important, eut ainsi la principale part à cette victoire. Aussi le consul l'envoya-t-il en porter la nouvelle à Rome ; Plut. Cat. Maj. 13-14.
(2) Tit. Liv. XXXV, 22-24.
(3) Tit. Liv. XXXVI, 27-30.
(4) Tit. Liv. XXXVI, 34-35. Ces ambassadeurs furent fort mal reçus ; on leur donna le choix de s'abandonner entièrement à la discrétion du sénat, ou de payer mille talents (5,750,000 fr.) et de n'avoir à l'avenir d'autres amis et d'autres ennemis que ceux du peuple Romain; et comme ils hésitaient à accepter ces dures conditions, on leur enjoignit de quitter Rome dans la journée, et l'Italie dans l'espace de quinze jours. Tit. Liv. XXXVII, 1.
(5) Tit. Liv. XXXVI, 31-32 et 35.
(6) Tit. Liv. XXXVI, 33 et 34.
(7) Tit. Liv. Ibid. 35 ; App. Syriac. 20.
(8) Tit. Liv. XXXVII, 4.
(9) Tit. Liv. Ibid. 4.
(10) Tit. Liv. Ibid. 4-6.
(11) Tit. Liv. Ibid. 6-7. Ils envoyèrent encore à Rome des ambassadeurs, que le sénat refusa de recevoir.
(12) Tit. Liv. XXXVII, 7 et 33.
(13) Tit. Liv. XXXVII, 33-44 ; Diod. Excerpt. legat. p. 621, 54 sqq.
(14) Tit. Liv. XXXVIII, 1-3. Amynandre, roi des

Siége d'Ambracie (1).

Les Ambraciotes capitulent, et les Étoliens obtiennent la paix, en s'obligeant à payer 100 talents et à n'avoir d'autres amis ni d'autres ennemis que ceux du peuple Romain (2).

Les Lacédémoniens renoncent à l'alliance des Achéens, et envoient prier Fulvius de venir dans le Péloponèse recevoir la soumission de leur ville ; les Achéens leur déclarent la guerre (3).

Fulvius se rend dans le Péloponèse, convoque une assemblée générale à Élis, et décide les deux partis à envoyer à Rome des ambassadeurs qui n'obtiennent du sénat qu'une réponse ambiguë (4).

188. Philopémen marche contre Lacédémone, et se fait livrer les auteurs de la défection ; dix-sept sont massacrés sur-le-champ par les exilés lacédémoniens, qui se trouvent dans l'armée achéenne ; soixante-trois autres sont le lendemain condamnés à mort, et livrés au supplice. Ensuite, les Achéens, réunis à Tégée, décident que les Lacédémoniens détruiront leurs murailles; qu'ils aboliront les lois de Lycurgue, rappelleront tous les exilés, et banniront les esclaves affranchis par les tyrans et les mercenaires-étrangers qui ont servi dans leurs armées (5).

184. Sur les plaintes des Lacédémoniens, des commissaires romains arrivent dans le Péloponèse ; une assemblée de la ligue achéenne est convoquée à Clitor en Arcadie, pour les recevoir. Ils blâment les mesures qui ont été prises à l'égard de Sparte, et semblent prêts à en demander l'annulation. Lycortas, qui cette année exerce les fonctions de stratége, parvint à les en dissuader (6).

183. Presque tous les États de la Grèce envoient à Rome des députés ; jamais, dit Polybe, le sénat n'en avait reçu un aussi grand nombre à la fois. Démétrius, second fils de Philippe, venait défendre son père, accusé d'avoir empiété sur les possessions du roi de Pergame; on lui répondit que pour cette fois on ne ferait pas la guerre au roi de Macédoine, mais que c'était à sa seule considération; et on le congédia après l'avoir comblé d'honneurs (7).

Quant aux députés du Péloponèse, trois commissaires, Flamininus, Cæcilius et Appius Claudius furent chargés d'écouter leurs plaintes et de régler leurs différents. Ils se contentèrent de décider que les exilés de Sparte pourraient rentrer dans leur patrie, et que cette ville aurait le droit de relever ses murailles. Du reste, Q. Mar-

Athamanes, avait, avec leur secours, battu Philippe et recouvré son royaume.
(1) Tit. Liv. XXXVIII, 4-7.
(2) Tit. Liv. XXXVIII, 9-11 ; Polyb. XXII, 8-13.
(3) Tit. Liv. XXXVIII, 30-32.
(4) Tit. Liv. XXXVIII, 32. La députation des Achéens avait pour chefs Diophane, l'un des partisans les plus zélés des Romains, et Lycortas, père de l'historien Polybe. Celui-ci fut encore envoyé en ambassade l'année suivante, auprès du roi d'Égypte, pour renouveler l'alliance qui existait depuis longtemps entre la ligue et la famille de ce prince; Polyb. XXIII, 1.
(5) Tit. Liv. XXXVIII, 33-34; Plut. Philop. 16 et 17; Pausan. VII, 8, 9; VIII, 81, 2-3; Plut. Philop. 16.
(6) Tit. Liv. XXXIX, 35-37. Philopémen l'y aida puissamment; Pausan. VIII, 81, 4.
(7) Polyb. XXIV, 1-3; Tit. Liv. XXXIX, 47, 48; Justin, XXXII, 2; App. Excerpt. legat. 7, 4. Cet accueil bienveillant, qui avait pour but d'augmenter son crédit à la cour de son père, le rendit, dit Tite-Live, un objet d'envie, et causa sa perte.

cius fut envoyé dans la Péloponèse pour surveiller l'exécution de cette décision (1).

Les Messéniens, à l'instigation de Dinocrate, se séparent de la ligue achéenne (2) et marchent contre le bourg de Colonide (3).

Philopémen, alors âgé de soixante-dix ans, était retenu par la fièvre à Argos ; à cette nouvelle, il monte à cheval, arrive le même jour à Mégalopolis, y rassemble une petite troupe de cavalerie, et court au-devant des Messéniens. Surpris par des forces supérieures, il est fait prisonnier en protégeant la retraite de ses cavaliers, et conduit à Messène, où il est enfermé dans un cachot et forcé de boire la ciguë (4).

182. Lycortas, élu stratége des Achéens, marche contre les Messéniens, et, en ravageant leur territoire, les force à demander la paix et à lui livrer ceux qui ont voté la mort de Philopémen (5) ; il fait ensuite faire à ce grand homme de magnifiques funérailles. Messène rentre dans la ligue achéenne (6).

181. Démétrius, accusé par Persée d'aspirer au trône et de s'entendre avec les Romains pour détrôner son père, est mis à mort par ordre de celui-ci (7).

179. Philippe meurt, au milieu de ses préparatifs pour renouveler la guerre contre Rome (8). son fils *Persée* lui succède (9).

(1) Polyb. XXIV, 4 ; Tit. Liv. XXXIX, 48.
(2) Polyb. XXIV, 8 ; Plut. *Philop.* 16. Dinocrate, ennemi personnel de Philopémen, avait été envoyé en ambassade à Rome pour les Messéniens. Il y eut de nombreuses conférences avec Flamininus, qui l'avait connu dans la guerre contre Nabis, et qui, ayant été chargé d'aller demander à Prusias la tête d'Annibal, le ramena avec lui jusqu'à Naupacte. Ils firent alors auprès du conseil des Démiarges de la ligue achéenne une première tentative, que Philopémen fit échouer. Alors Dinocrate retourna à Messène, se fit élire stratége, et entreprit seul la révolution qu'il avait espéré accomplir avec la coopération de Flamininus.
(3) Plut. *Philop.* 18 ; suivant Tite-Live, XXXIX, 49, c'était *Corone*, et non Colonide, que menaçaient les Messéniens.
(4) Plut. *Philop.* 18-20 ; Tit. Liv. XXXIX, 49-50 ; Justin, XXXII, 1 ; Pausan. IV, 29, 12 ; VIII, 51, 5-7 ; Polyb. XXIV, 8-9.
(5) Dinocrate se tua, pour ne point tomber au pouvoir des Achéens ; ses complices furent mis à mort ; Plut. *Philop.* 21 ; Pausan. VIII, 51, 8.
(6) Plut. *Philop.* ibid. ; Tit. Liv. XXXIX, 50 ; Polyb. XXIV, 12 ; Pausan. VIII, 51, 8 ; Justin, XXXII, 1. — L'armée entière reconduisit de Messène à Mégalopolis l'urne qui contenait les cendres de Philopémen. Cette urne était portée par le fils du stratége. Polybe, l'historien ; elle était entourée des personnages les plus considérables de la nation. Sur toute la route les populations accouraient en foule pour se joindre au cortège ; la Grèce entière comprenait qu'elle venait de perdre le dernier de ses grands hommes.
(7) Tit. Liv. XL, 5-13 ; 20-24 ; Justin, XXXII, 2 ; Polyb. XXIV, 7-8 ; Diod. Excerpt. Vales. p. 576, 98. Tite-Live surtout a raconté fort au long les intrigues au moyen desquelles Persée parvint à faire périr son frère. Suivant Plutarque, *Paul. Ém.* 8, il n'était pas le fils de Philippe, et ce fut là le principal motif de l'acharnement avec lequel il poursuivit Démétrius : il craignait que le secret de sa naissance ne vînt à se découvrir, et avait hâte de se débarrasser de celui qui avait le plus grand intérêt à cette découverte.
(8) L'innocence de Démétrius n'avait pas tardé à lui être démontrée ; la douleur qu'il ressentit de l'avoir fait périr hâta sa mort ; Tit. Liv. XL, 44-48 ; Diod. Excerpt. Vales. p. 576, 98 ; Justin, XXXII, 3 ; Plut. *Paul. Ém.* 8.
(9) Polyb. XXVI, 8 ; Plut. Ibid.

Troisième guerre de Macédoine.

172. Eumène, roi de Pergame, vient à Rome se plaindre des empiétements de Persée ; le sénat déclare la guerre au roi de Macédoine (1).

171. Le consul P. Licinius Crassus, chargé de la conduite de cette guerre, passe en Thessalie, et livre au roi des combats de cavalerie, qui amènent peu de résultats (2).

170. Les Épirotes embrassent le parti de Persée (3).

A. Hostilius succède à P. Licinius dans le commandement de l'armée. Il est battu en plusieurs rencontres par le roi, qui gagne en outre une grande bataille sur les Dardaniens (4).

169. Persée se rend maître de la plus grande partie de l'Illyrie (5).

Il cherche à attirer dans son parti Gentius, roi d'une partie de cette contrée ; mais il ne peut se décider à lui payer les subsides qu'il demande pour prix de sa coopération et se prive ainsi d'un utile allié (6).

Q. Marcius Philippus, successeur d'A. Hostilius, arrive en Thessalie, pénètre dans la Macédoine par le mont Olympe (7), et se rend maître des défilés de Tempé et des villes voisines (8).

Ptolémée Philometor et Ptolémée Évergète II, attaqués par Antiochus IV, roi de Syrie, demandent des secours aux Achéens. Les partisans des Romains font repousser cette demande, et décider qu'on enverra seulement des ambassadeurs chargés d'engager les rois à faire la paix (9.)

Paul Émile est nommé consul et chargé du commandement de la guerre de Macédoine (10).

168. Vingt mille Bastarnes appelés par Philippe, et auxquels il refuse la solde qu'il leur avait promise, refusent de prendre part à la guerre, et regagnent leur pays (11).

Gentius se déclare pour Persée, et commence les hostilités contre les Romains. Le préteur Anicius, envoyé contre lui, se rend maître de toute l'Illyrie, et en moins de trente jours, termine la guerre en s'emparant de sa personne (12).

Paul Émile arrive en Macédoine, et gagne sur Persée la bataille de Pydna (13).

(1) Tit. Liv. XLII, 11-18 ; 25-27.
(2) Tit. Liv. XLII, 29-67 ; Plut. *Paul. Ém.* 9.
(3) Diod. Excerpt. Vales. 576, 70.
(4) Polyb. XXVII, 13-14 ; Tit. Liv. XLIII, 3 ; Plut. *Paul. Ém.* 9.
(5) Tit. Liv. XLIII, 18-20 ; Plut. ibid.
(6) Polyb. XXVIII, 8-9 ; XXIX, 2-3 ; Tit. Liv. XLIII, 20 25 ; Diod. Excerpt. Vatic. p. 81, 22-23, 9, ed. Dind. App. Excerpt. de Virt. et Vit. *Macedon.* 18, 4 ; Plut. ibid.
(7) Sur les difficultés qu'il eut à surmonter et sur les moyens qu'il employa pour faire descendre à ses éléphants les pentes rapides des montagnes, voyez M. Armandi, *Hist. militaire des éléphants*, p. 227 et suiv.
(8) Polyb. XXVIII, 9-12 ; Tit. Liv. XLIV, 1-13.
(9) Paus. VII, 10 ; Polyb. XXIX, 10.
(10) Tit. Liv. XLIV, 17 ; Plut. *Paul. Ém.* 10.
(11) Tit. Liv. XLIV, 26-27 ; Diod. Excerpt. Vales. p. 580, 63 ; App. Excerpt. de Virt. et Vit. *Macedon.* 16, 2.
(12) Tit. Liv. XLIV, 27, 30-32.
(13) Tit. Liv. XLIV, 23, 32-42 ; Plut. *Paul Ém.* 15-22 ; L'armée macédonienne se composait de quarante-cinq mille hommes, dont vingt mille, suivant Tite-Live, et vingt-cinq mille suivant Plutarque, restèrent sur le

Persée s'enfuit presque seul à Pella, puis à Amphipolis, où il s'embarque pour Samothrace (1).

Il y est bientôt suivi par la flotte romaine, commandée par le préteur Cn. Octavius, auquel il se rend, avec Philippe, son fils aîné (2).

Anicius se rend maître des principales villes de l'Épire, et soumet tout le pays ; il divise l'Illyrie en trois districts, à chacun desquels il donne un gouvernement particulier, et proclame la liberté des Illyriens (3).

Le parti des Romains chez les Étoliens, aidé par le commandant des troupes romaines dans le pays, massacre cinq cent cinquante citoyens du parti opposé, et envoie les autres en exil. Paul Émile approuve cette cruelle exécution (4).

167. Il divise la Macédoine en quatre districts indépendants, dont les habitants ne doivent payer au peuple romain que la moitié du tribut qu'exigeaient les rois ; mais auxquels il est défendu de communiquer entre eux et avec les États voisins (5). Il ordonne ensuite, sous peine de mort, à tous ceux qui ont été revêtus de quelque charge ou qui ont rempli une mission sous le gouvernement royal, de sortir de la Macédoine et de se rendre en Italie (6).

Il reprend le chemin de l'Italie avec son armée, et en traversant l'Épire il en abandonne le pillage à ses soldats (7).

167. Les principaux citoyens de l'Achaïe, au nombre de plus de mille, accusés d'avoir été, soit ouvertement, soit de cœur, partisans de Persée, reçoivent l'ordre de se rendre en Italie pour y être jugés (8).

---

terrain. Paul Émile n'avait que trente mille hommes, dont douze mille légionnaires romains et autant d'Italiens. Sa perte fut insignifiante ; Tite-Live et Plutarque disent qu'elle ne dépassa pas cent hommes. Une éclipse de lune, qui eut lieu la veille de la bataille, a permis d'en fixer exactement la date au 22 juin.

(1) Tit. Liv. XLIV, 43-45; Plut. *Paul. Ém.* 23.

(2) Tit. Liv. XLV, 5-6. Le précepteur de ses autres enfants venait de les livrer au préteur ; et ce motif contribua à hâter sa soumission. Il quitta, dit Plutarque, *Paul. Ém.* 26, le temple où il avait trouvé un asyle, comme les bêtes sauvages, auxquelles on présente leurs petits pour les faire sortir de leurs terriers.

(3) Tit. Liv. XLV, 26.

(4) Tit. Liv. XLV, 28 et 31.

(5) Tit. Liv. XLV, 29-30. Diod. Excerpt. Vales. p. 282, 5-42.

(6) Tit. Liv. XLV, 32.

(7) Tit. Liv. XLV, 34; Plut. *Paul. Ém.* 29. Il avait distribué son armée dans tout le pays, et pris des précautions pour que les habitants ne pussent se douter de ses intentions. Le pillage commença partout le même jour et à la même heure. En un seul jour, dit Plutarque, soixante-dix villes furent pillées, et cent cinquante mille individus réduits en esclavage et vendus. Et cependant un si grand désastre ne produisit pas plus de onze drachmes pour chaque soldat.

(8) Polyb. XXX, 10; Pausan. VII, 10, 2. Un traître vendu aux Romains, Callicrate, qui était alors stratége de la ligue achéenne, fut chargé de l'exécution de cet ordre, qu'il avait provoqué par ses dénonciations. Il déploya dans l'accomplissement de cette odieuse mission une rigueur extrême : les malheureux qui essayèrent en se cachant de se soustraire à la nécessité de quitter leur patrie, leur famille et leurs amis, furent impitoyablement mis à mort. Les autres

---

Paul Émile et Anicius triomphent, le premier de Persée, le second de Gentius. Ces deux princes, après avoir suivi, avec leur famille, le char des triomphateurs, sont envoyés, le premier à Albe, le second à Iguvium (1).

158. Mort d'Eumène II ; son frère *Attale II* lui succède (2).

156. Pillage d'Orope par les Athéniens (3).

155. Condamnés pour ce fait à payer une amende de 500 talents, ils envoient à Rome une ambassade composée de l'académicien Carnéade, du stoïcien Diogène et du péripatéticien Critolaüs (4).

---

furent déportés dans différentes villes de l'Italie ; le sénat, malgré les prières réitérées de leurs concitoyens, qui lui envoyèrent à ce sujet plusieurs ambassades, refusa toujours de faire instruire leur procès. Ce fut seulement dix-sept ans après que Polybe, l'un des bannis, devenu l'ami de Scipion l'Africain, obtint, par le crédit de ce général, qu'il leur fût permis de rentrer dans leur patrie : mais la plupart avaient péri; Pausan. ibid.; Polyb. XXXI, 8; XXII, 7, 14-17; XXXIII, t, 3-0; 2, 15; Plut. *Cat. maj.* 9; *Apophthegm.* p. 199. Pendant tout ce temps Callicrate exerça en Achaïe une autorité presque souveraine; mais il était tellement haï et méprisé que dans les bains publics on refusait d'entrer dans les salles où il avait pénétré, avant qu'elles eussent été purifiées, et que les enfants eux-mêmes, en sortant des écoles, le poursuivaient de leurs huées et faisaient retentir à ses oreilles le nom de traître; Polyb. XXX, 20. Il mourut l'année où les bannis revinrent d'Italie. Les statues qu'on lui avait élevées furent aussitôt abattues, et celles de Lycortas, qu'il avait fait abattre, furent relevées ; Pausan. VII, 12, 2; Polyb. XXXVII.

(1) Tit. Liv. XLV, 39-40 et 44; Plut. *Paul. Em.* 21-24. On ignore quelle fut la fin de Gentius; quant à Persée, jeté dans une prison souterraine, au milieu des immondices et des insectes les plus ignobles, il y passa sept jours avec les criminels destinés au dernier supplice. Privé des choses les plus nécessaires à la vie, il y serait mort de faim si ses compagnons de captivité, émus de compassion à la vue d'une si grande infortune, n'avaient partagé avec lui leur nourriture. Paul Émile eut aussi pitié de lui : il parla en sa faveur au sénat, et obtint qu'il fût transféré dans une prison moins horrible, et là où il ne fit mourir d'une manière moins affreuse peut-être, mais avec un raffinement inouï de cruauté : les soldats chargés de le garder avaient ordre de n'exercer sur lui aucun mauvais traitement; ils imaginèrent de l'empêcher de dormir et de le tenir constamment éveillé, jusqu'à ce qu'il mourût d'insomnie et de fatigue; Diod. ap. Phot. p.381, éd. Bekk.; Plut. *Paul. Ém.* 37. Voy. aussi la *Lettre de Mithridate au roi Arsace*, dans les fragments de Salluste, *Hist.* liv IV. — Des deux fils du roi de Macédoine, l'aîné, Philippe, mourut à Albe, à l'âge de dix-huit ans, deux ans après son père (Polyb. XXXVI, t, d) ; le second, Alexandre, gagna d'abord sa vie au métier de tourneur, puis ayant appris la langue latine, et s'étant rendu habile dans la calligraphie, il obtint l'emploi de scribe des magistrats de la ville d'Albe, emploi qu'il exerça, dit Plutarque, *avec beaucoup d'intelligence.*

(2) Strab. XXII, p. 624.

(3) Pausan. VII, 11, 2.

(4) Pausan. ibid.; Cicer. *Acad.* IV, 45; *de Orat.* II; 37; *Ep. ad Att.* XIII, 25; *Tuscul.* IV, 3; A. Gell. XVII, 21, 48; Macrob. *Saturn.* I, 8; Plin. *Hist. Nat.* VII, 30; Élien, *Var. hist.* III, 17; Plut. *Cat. maj.* 22. Cette ambassade est célèbre dans l'histoire; les trois philosophes discoururent publiquement à Rome, et l'on alla en foule les entendre. Carnéade surtout excita l'admiration par son éloquence. Il fit un jour l'éloge de la justice ; ses auditeurs s'étant récriés sur la force de ses arguments : « Demain, leur dit-il, je parlerai contre la justice, et tout aussi bien. » Le vieux Caton n'aimait point ces hommes si habiles à

150. Les Achéens déportés en Italie obtiennent la permission de retourner dans leur patrie (1).

Commencement de la querelle de Sparte et de la ligue achéenne ; les deux partis envoient à Rome des députés (2). Le sénat désigne des commissaires pour aller sur les lieux décider le différend (3).

149. Un aventurier nommé Andriscus se fait passer pour un fils naturel de Persée, soulève la Macédoine et est proclamé roi de ce pays, sous le nom de *Philippe VI* (4).

Il taille en pièces l'armée du préteur P. Juventius, qui reste lui-même sur le champ de bataille (5).

148. Il est à son tour battu et fait prisonnier par un autre préteur, Q. Cœcilius Métellus. La Macédoine est réduite en province romaine (6).

Les Lacédémoniens, battus par Démocrite, stratége des Achéens, s'enfuient en désordre jusqu'à Sparte (7).

Arrivée des commissaires romains. Ils déclarent aux Demiurges de la ligue, réunis à Corinthe, que l'intention du sénat est que non-seulement Sparte, mais aussi Corinthe, Argos, Héraclée du mont OEta, Orchomène d'Arcadie, et toutes les villes qui ont appartenu à Philippe, se séparent des Achéens. Cette déclaration excite dans l'assemblée une indignation générale ; on se précipite sur tous les Lacédémoniens qui se trouvent à Corinthe, et les commissaires eux-mêmes n'échappent que par une fuite précipitée à la fureur du peuple (8).

147. Le sénat envoie en Achaïe de nouveaux commissaires ; on ne daigne pas même les entendre : le stratége Critolaüs les renvoie à la prochaine assemblée générale qui doit avoir lieu dans six mois, et, sans perdre de temps, il se prépare à la guerre (9).

Le sénat *déclare la guerre aux Achéens*, et envoie contre eux le consul L. Mummius (10).

Les Béotiens et les Chalcidiens, que Métellus a frappés d'une amende en punition des ravages qu'ils ont exercés sur les terres des Phocidiens, font alliance avec les Achéens (11).

146. Métellus, espérant terminer la guerre avant l'arrivée du consul, quitte la Macédoine et s'avance vers la Grèce centrale (1).

Critolaüs va l'attendre aux Thermopyles, avec l'armée combinée des Achéens, des Béotiens et des Chalcidiens ; cette armée est taillée en pièces, et il s'empoisonne, pour ne point survivre à ses soldats (2).

Diæus, le stratége de l'année précédente, prend alors le commandement ; il rallie ce qui reste de l'armée de Critolaüs, en jette une partie dans Mégare, ordonne une levée en masse, et va se poster, avec tout ce qu'il a pu réunir de troupes, à l'isthme de Corinthe (3).

Métellus, à son tour, après avoir reçu la soumission de Chalcis, de Thèbes et de Mégare, vient placer son camp à Leucopetra, à l'entrée de l'Isthme (4).

Cependant le consul Mummius arrive à grandes journées ; il vient à peine de prendre le commandement de l'armée romaine, quand il est attaqué par les Achéens, qui sont encore une fois taillés en pièces. Trois jours après, Corinthe tombe au pouvoir du consul, qui fait passer les hommes au fil de l'épée, réduit en esclavage les femmes et les enfants, saccage la ville, y met le feu, et quand le feu est éteint, fait renverser avec le fer tout ce qui n'a pu être atteint par l'incendie (5).

Thèbes et Chalcis furent ensuite démantelées et la Grèce fut réduite en province romaine sous le nom de *province d'Achaïe* (6).

Attale II, dont le royaume comprenait la plus grande partie de l'Asie Mineure, régnait encore à *Pergame* ; il mourut en 138, et eut pour successeur son neveu *Attale III*, qui en 133 laissa par son testament ses États au peuple romain (7).

En 96 Rome acquit de la même manière un autre État grec, la *Cyrénaïque*, dont le dernier

---

prouver tout ce qu'ils voulaient : « Donnons-leur ce qu'ils demandent, dit-il , et renvoyons-les promptement chez eux. » Il obtinrent en effet que l'amende fût réduite à 100 talents.

(1) Pausan. VII, 10 , 2 ; Polyb. III, 8, 4. Plut. *Cat. maj.* 9.

(2) Ceux des Achéens étaient Diæus et Callicrate. Ce dernier mourut en chemin ; Pausan. VII, 13, 1.

(3) Pausan. VII, 12, 2.

(4) Tit. Liv. Epitom. lib. XLIX ; Euseb. *Chron.* I, 38, p. 170 ; Justin, Prol. lib. XXXIII ; Eutrop. IV, 6 ; Pausan. VII, 13, 1. Suivant Polyb. XXXVII, d, il prétendait être *Philippe*, fils aîné de Persée.

(5) Tit. Liv. Epitom. lib. L ; Oros. IV, 22 ; Diod. Exerpt. de *Virt. et Vit.* p. 590, 96 ; Eutrop. IV, 6.

(6) Tit. Liv. Epitom. l. L ; Eutrop. IV, 6 ; Zonar. IX, p. 466 ; Porphyr. ap. Euseb. I, 39, p. 178 ; J. Obsequens, 78.

(7) Pausan. VII, 13, 1. Damocrite , qui aurait pu facilement se rendre maître de cette ville, se hâta de faire sonner la retraite. Condamné pour ce fait à une amende de 50 talents, et n'ayant pas le moyen de la payer, il s'enfuit en Asie.

(8) Pausan. VII, 14, 1 ; Justin, XXXIV, 1 ; Tit. Liv. Epitom. lib. LI.

(9) Pausan. VII, 14, 3-4 ; Polyb. XXVIII, 1-3 ; Diod. Exerpt. Vatic. 103, 1 éd. Dindorf.

(10) Pausan. VII, 14, 5 ; Tit. Liv. Epitom. lib. LII.

(11) Pausan. VII, 11, 4 ; Polyb. XL, 1.

---

(1) Pausan. VII, 15, 1.

(2) Pausan. VII, 15, 1-3 ; Vell. Paterc. I , 11 ; Zonar. II, 117 ; Oros. V, 3 ; Tit. Liv. Epitom. lib. LII. — Suivant Appius Claudius , cité par Orose, vingt mille Achéens restèrent sur le champ de bataille , et , de ceux qui échappèrent à cette boucherie , sept mille périrent quelque temps après à Chéronée , en cherchant à gagner le Péloponèse. Pausanias dit que Critolaüs disparut sans qu'on pût savoir ce qu'il était devenu. Il suppose qu'il était tombé, en fuyant, dans un des nombreux abîmes que l'on rencontre dans la plaine marecageuse située entre le mont OEta et la mer.

(3) Pausan. VII. 15, 4 ; Polyb. XL, 2-6.

(4) Pausan. VII, 15, 3-8.

(5) Pausan. VII, 16, 1-8 ; Zonar. II, 117 et suiv. ; Oros. V, 3 ; Justin, XXXIV, 2 ; Aurel. Vict. *de Vir. illustr.* 60 ; Flor. II, 16 ; Vell. Paterc. I, 13 ; Tit. Liv. Epitom. lib. LII ; Eutrop. IV, 6 ; Cic. *Epist. famil.* IV, 6 ; Strab. VII, 7 et IX, 2 ; Dion Chrys. *Or.* I , 235 et 263 ; II, 11, ed. Reisk ; Plin. *Hist. Nat.* XXXIV, 2. — Critolaüs, au lieu de s'enfermer dans l'Acrocorinthe, où il aurait pu soutenir un long siège, et peut-être obtenir du consul certaines conditions, perdit la tête, et courant à Mégalopolis, il mit le feu à sa maison, tua sa femme pour l'empêcher de tomber au pouvoir des Romains et s'empoisonna.

(6) Voy. les auteurs cités dans la note précédente, et Polyb. XL, 9-11.

(7) Strab. XIII, p. 624 ; Plut. *Tib. Gracch.* 14 ; Tit. Liv. Epitom. lib. LVIII. Oros. V, 8 ; Plin. *Hist. Nat.* XXXIII. 11.

roi, Ptolémée Apion, désigna également le peuple romain pour son héritier (1).

L'île de *Crète* fut conquise en 65, par Q. Métellus (2).

La même année la *Pamphylie* et la *Cilicie*, la *Bithynie*, la *Paphlagonie* et le *Pont*, furent réduits par Pompée en provinces romaines (3).

Rhodes et *Marseille* conservaient un reste d'indépendance ; elles le perdirent pendant les guerres civiles qui se terminèrent par la chute de la république romaine. Dès lors, à l'exception du petit royaume de *Bosphore*, moitié grec, moitié barbare, mais plus barbare encore que · grec, la Grèce entière, et toutes les contrées où ses colonies avaient porté la civilisation, furent soumises aux Romains.

Nous terminerons ici cet article : à partir de sa réunion à l'empire romain, la Grèce n'a plus d'histoire qui lui soit propre ; les événements dont elle est encore quelquefois le théâtre ne l'intéressent point ou n'intéressent que quelques-unes de ses parties : ils ont été ou seront racontés ailleurs.

L'histoire de la lutte héroïque par laquelle les Grecs modernes ont recouvré leur indépendance trouvera également sa place dans d'autres articles. Nous en avons déjà fait connaître les principaux épisodes dans les notices qui ont été déjà publiées sur les lieux où ils se sont passés ; le lecteur en trouvera la suite dans les articles que nous consacrerons à la MORÉE, qui a donné son nom à cette guerre, et aux SOULIOTES, qui en ont donné le signal.

C. O. Müller, *Geschichten hellenischer Stœmme und Stœdte*; 2e éd. publ. par Schneidewin ; Breslau, 1845, 3 vol. in-8°.

Clavier, *Histoire des premiers temps de la Grèce, depuis Inachus jusqu'à la chute des Pisistratides*, 2e éd.; Paris , 1822, 3 vol. in-8°.

R. Rochette, *Histoire critique de l'établissement des colonies grecques*; Paris, 1815, 4 vol. in-8°.

Clinton, *Fasti Hellenici. The civil and literary chronology of Greece, from the earliest accounts to the death of Augustus*; Oxford, 1834, 3 v. in-4°.

Rollin, *Histoire ancienne*, avec les notes de M. Letronne; Paris, F. Didot frères, 1837, 10 vol. in-12.

Schlosser, *Universal-historische Übersicht der alten Welt und ihrer Cultur*; Francfort, 1826-1834, 9 vol. in-8°. —Le même trad. en français par M. de Golbéry ; Paris, 1826 et suiv.

J. Mitford, *History of ancient Greece, its colonies and conquests*; Londres, 1784, 2 vol. in-4°. — Le même , trad. en français par J. L. Curra ; Paris, 1786, 9 vol. in-8°. — *The history of the world, from the time of Alexander to that of Augustus*; Londres, 1807, 2 vol. in-4°.

W. Mitford, *The History of Greece, carefully revised by W. King*; Londres, 1838, 8 vol. in-8°. .

Goldsmith, *The Grecian history to the death of Alexander*; Londres, 1809, 2 vol. in-8°.

(1) Tit. Liv. Epitom. lib. LXX ; Jul. Obsequens, 109; Justin, XXXIX, 5; App. *Bell. Mithridat.* 121.

(2) Tit. Liv. Epitom. lib. C. Justin. XXXIX, 5; Vell. Paterc. II, 34; Oros. VI, 4; Dion. Cass. XXXVI, 1, 2; App. tom. I, p. 99; Plut. *Vie de Pomp.* 39.

(3) Tit. Liv. Epitom. lib. C, CI et CII; Plut. *Pomp.* 17-42; App. *Bell. Mithrid.* 118; Diod. Excerpt. Vat. p. 140, 19 ed. Din.

Thirwall, *History of Greece*, nouvelle éd., augment. Londres, 1848 et années suiv. 9 vol. in-8°.

Droysen, *Geschichte des Hellenismus*; Hambourg, 1836-1843, 2 vol. in-8°.

LÉON RENIER.

GRÈCE. (*Linguistique.*) Pendant longtemps ce furent les fables dont les Grecs se plaisaient à envelopper le berceau de leur race qui s'opposèrent à l'investigation des sources de leur langue ; aujourd'hui, au contraire, ce sont les progrès de la science appliquée à l'étude de la langue qui doivent nous conduire vers la découverte de l'origine de la race.

Lorsque les anciens se hasardèrent dans la voie des recherches étymologiques, ils ne sortirent guère de chez eux ; on ne s'imaginait point en général pouvoir trouver au delà des limites de la Grèce la racine d'un mot grec. Platon, il est vrai, avoue quelque part qu'il faut recourir aux langues étrangères, aux langues barbares, comme on les appelait , pour découvrir les principales sources où ses compatriotes avaient puisé la leur ; mais cet aveu du philosophe ne put prévaloir contre le préjugé qui élevait dans l'esprit des Grecs une barrière infranchissable entre eux et les barbares; aussi n'a-t-il amené comme conséquence, de la part des savants , des grammairiens de l'antiquité, aucun travail utile, aucune lumière réelle.

Hérodote et Diodore nous parlent des Pélasges comme ayant apporté en Grèce une certaine civilisation ; mais ils ne disent rien de la part que la langue de ce peuple eut dans la constitution définitive de celle des Hellènes. Bien que plus rapproché du berceau de sa nation par l'époque où il a vécu, le premier des deux historiens que nous venons de citer paraît ignorer les circonstances et les éléments de la formation de la langue grecque. Les Pélasges étaient considérés comme un peuple étranger, ayant parlé une langue qui lui était propre. Cette langue était, nous assure le père de l'histoire, éteinte de son temps ; mais, tout en avouant ne pas la connaître, il prétend, d'après l'opinion reçue probablement, qu'elle différait essentiellement du grec, assertion du reste qui n'a rien de bien concluant , faite, comme elle l'est, à une époque où les éléments de l'étude comparative des langues, les principes qui permettent de suivre , d'un idiome à l'autre, et de reconnaître sous ses transformations diverses un même radical , étaient si complètement ignorés. Strabon et Pausanias, en nous parlant d'une race antique qui habitait le Péloponèse avant l'arrivée des Hellènes, nous laissent également dans l'ignorance, comme ils l'étaient eux-mêmes, sans doute, sur la nature de la langue de cette race.

Quand l'étude du grec eut été introduite dans l'Occident, au silence des anciens sur les origines de cette langue succédèrent, de la part des modernes, des hypothèses qui n'étaient guère préférables à l'ignorance. Au commencement du dix-septième siècle, l'Allemand Alstédius, qui, dans son *Encyclopédie de la Bible*, prétend prouver en thèse générale que c'est dans l'Écriture sainte qu'il faut chercher le principe de toutes les connaissances humaines, soutient en thèse particulière que les sources du grec se trouvent dans l'hébreu, dans le chaldéen et dans le syriaque, et surtout dans la première de ces langues, comme étant celle que devait parler, selon lui, le fils de Japhet, Javan, qui fut père des Ioniens, peuple sous le nom duquel tous les Grecs étaient connus des barbares. D'autres ajoutèrent à l'énumération des sources supposées du grec, l'arabe et le persan. A la fin du dix-septième siècle, un professeur de l'université de Padone, Pierre Éric, rejetait bien loin l'idée de la position secondaire que voulaient faire au grec les partisans des origines orientales, et, dans un ouvrage intitulé *Renatum e mysterio principium philologicum*, il faisait de l'idiome d'Homère la plus ancienne des langues. Mais l'opinion la plus singulière qui ait été soutenue sur cette matière est sans contredit celle de l'Anglais Webb, qui en 1788 publiait à Londres un livre pour développer les raisons qui, selon lui, devaient faire croire que le grec était un emprunt fait aux Chinois. L'opinion de Webb n'a pas été professée par d'autres que par lui; mais la thèse des origines hébraïques a eu longtemps de nombreux partisans. Quelques érudits cependant admettaient plusieurs sources distinctes. Ainsi, à côté de celle des Ioniens ou aborigènes on mettait celles des Pélasges et des Thraces. Un rédacteur de l'*Encyclopédie britannique* fait venir les Pélasges de l'Arabie. Lord Monboddo, dans son ouvrage *De l'origine et des progrès du langage*, ne sait s'il faut faire du pélasgique une branche du gothique ou du celtique. Quant aux dialectes helléniques, tels que le dorien et l'ionien, il les fait venir de l'Égypte. L'Allemand Martin, cité par le père Buffier dans son *Discours sur l'étymologie*, prétend, de son côté, indiquer les changements introduits dans le grec par Cadmus, le fondateur de Thèbes. En admettant comme démontrée l'existence des colonies amenées en Grèce, de l'Égypte et de la Phénicie, par Inachus et Cécrops, Danaüs et Cadmus, on pouvait en effet, avec quelque raison, penser que la langue de ces advènes devait avoir influé sur celle des habitants primitifs. Les compagnons du Lydien Pélops qui donna son nom au Péloponèse, pouvaient au même titre avoir eu quelque part à la formation des dialectes des parties méridionales de la Grèce.

C'est en se plaçant sur un terrain plus solide que celui de suppositions de la nature des précédentes, qu'Olaüs Rudbeck, dans son *Atlantica*, et Ihre, dans son *Glossaire*, rattachent le grec au gothique. Seulement, peut-être l'amour-propre national est-il pour quelque chose dans le jugement de ces auteurs, lorsqu'ils disent que la langue des Goths est plutôt encore la mère que la sœur de celle des Grecs. Jamisson, dans son *Hermes scythicus*, établit différemment l'ordre de filiation, lorsqu'il entreprend de démontrer que la terminaison ειν des infinitifs grecs est devenue la terminaison *an* ou *ian* du mœso-gothique, la terminaison *en* de l'allemand, et que de la terminaison ιχος des adjectifs grecs sont venues les terminaisons *ags, igs, eigs* du mœso-gothique, *ig* de l'allemand, etc.

Une partie de la population de l'ancienne Grèce fut-elle autochthone, comme le prétendaient les Grecs eux-mêmes? C'est une question que les érudits modernes croient en général pouvoir, sur les données même de la langue, résoudre négativement. Dans tous les cas, si les pentes des monts de la Thessalie et les plateaux de l'Arcadie furent le séjour d'une race antérieure à celles dont l'histoire, plus ou moins fabuleuse, des premiers temps nous retrace l'arrivée sur le sol grec, la civilisation y est venue, avec les premiers développements importants de la langue, à la suite de tribus qui paraissent être sorties de l'Asie centrale, les unes par les pays situés au nord de la mer Noire, en traversant la Dacie, la Mœsie et la Thrace, et y laissant une partie de leurs populations, d'où sortit plus tard, selon quelques auteurs, le peuple des Goths; les autres, par l'Asie Mineure où, selon quelques autres, la race qui reçut le nom de pélasgique conserva plus longtemps qu'ailleurs son idiome originaire. Ces Pélasges parlaient « une langue grossière, que l'on a pu sans invraisemblance comparer à un idiome de l'Océanie, » dit M. Egger, dans un *Aperçu sur les origines de la littérature grecque*. Le pélasgique différait considérablement sans doute de la langue poétique et harmonieuse que parla Apollon à Delphes : nous n'en pouvons toutefois pas juger sur les faits, les Pélasges n'ayant pas eu le temps de se développer assez dans l'état isolé pour fixer leur idiome par des monuments, avant qu'à leur domination vint se substituer celle d'une peuplade nouvelle, mais se rattachant, selon toute apparence, à la même souche, la peuplade des Hellènes, qui donna son nom à la langue hellénique ou grecque propre.

Les études des modernes sur la constitution étymologique de cette langue ont démontré combien elle a peu de rapports avec les langues orientales, telles que l'hébreu et le syriaque, d'où l'on avait si longtemps voulu la faire dériver, tandis qu'on lui en a découvert de frappants avec plusieurs idiomes européens, tels que le slavon et l'allemand, qu'on ne pensa que fort tard à lui comparer, et elle est aujourd'hui considérée comme ayant, ainsi que ceux-ci, pour point de départ plus ou moins direct, l'idiome originaire de l'antique Arie, d'où se formèrent dans le sud de l'Asie les langues sacrées des Hindous et des Parses. La ressemblance d'un grand nombre de racines, ressemblance qui va jusqu'à identité presque complète en bien des cas, dans plusieurs noms de nombre par exemple, une similitude parfaite dans les procédés de la conjugaison et de la dérivation, établissent une étonnante analogie entre le grec et le sanscrit. Sur quelques points les rapprochements sont plus frappants encore avec le zend.

Le grec avant d'arriver à l'état sous lequel nous le connaissons a, du reste, subi de grandes altérations, et ce n'est que par la comparaison qu'on a faite de cette langue avec celles auxquelles elle est plus récemment apparentée, qu'on en a pu poursuivre l'examen étymologique. M. Pott, qui pose ce principe, fait remarquer, à l'appui, que bien des mots grecs de signification diverse n'ont entre eux d'autre différence que celle de l'accent ou de l'aspiration, tandis que les primitifs sanscrits auxquels ils se rapportent diffèrent entre eux par des consonnes. Aux 11,633 mots grecs que M. Pott examine dans son *Lexique*, il rapporte 2,055 mots sanscrits, 138 zends, 36 arméniens, 648 latins, 292 gothiques, 728 allemands, 526 slavons, 40 russes, 800 lithuaniens et 327 celtiques.

Le grec a, comme le sanscrit et le latin, trois genres. Il a aussi le nombre duel, qui manque à la dernière de ces deux langues, et l'article défini, qui manque à l'une et à l'autre. L'emploi du duel semble du reste, d'après ce que nous voyons par les auteurs, avoir été facultatif chez les Grecs. Quant à celui de l'article, il est fort peu fréquent dans Homère. Les grammairiens rangent les noms en trois déclinaisons, que l'on distingue par la terminaison du nominatif et du génitif singuliers. Les cas ne sont qu'au nombre de cinq, par l'absence de l'ablatif, (qui, du reste, se trouve bien souvent aussi supprimé de fait en latin, puisqu'au pluriel il y coïncide constamment avec le datif). La conjugaison grecque est à la fois plus riche et plus régulière que la conjugaison latine. Les anciens grammairiens reconnaissaient treize formes de verbes différentes. Ces formes peuvent se réduire à deux principales, dont l'une, qui paraît être la plus ancienne, a, comme le sanscrit, la première personne du présent de l'indicatif terminée en *mi* (μι) et l'autre l'a terminée comme le latin en *o* (ω). Dans l'une comme dans l'autre conjugaison les articulations *m*, *s*, *t*, sont, comme en sanscrit, en latin, en slavon, en lithuanien et

en gothique, les caractéristiques des trois personnes. Le radical du verbe se trouve dans le temps qui offre la forme la plus brève, dans celui que les grammairiens appellent l'aoriste second. Ce terme d'aoriste, emprunté au grec même, répond à notre passé défini malgré le sens tout contraire que fournit l'étymologie. L'on désigne comme aoriste premier une forme de ce temps qui, bien que d'un usage plus commun dans les auteurs, semble pourtant postérieure de formation à l'autre. L'addition d'une voyelle initiale sous le nom d'augment et le redoublement de la consonne initiale concourent avec la terminaison à caractériser plusieurs temps. L'optatif, que l'on compte au nombre des modes, peut être considéré comme se composant des temps secondaires du subjonctif. L'infinitif est, comme le participe, susceptible des trois temps. Le premier de ces deux modes s'emploie fréquemment substantivement et comme régime d'une préposition. Les verbes grecs sont susceptibles de trois voix, savoir la voix active, la voix passive et la voix moyenne ou réfléchie. La plupart des temps du moyen lui sont communs avec le passif. Parmi les caractères saillants de la langue grecque, on doit compter l'extension donnée dans cette langue à l'emploi des particules, et la faculté qu'elle a de créer des mots nouveaux, faculté qui lui permet d'ajouter, à une nomenclature de termes simples, déjà très-riche, un nombre à peu près illimité de termes composés. Moins inversif dans ses constructions que le latin, le grec tire pourtant, pour la vivacité et l'énergie du style, un grand secours des inversions qui lui sont permises, ainsi que de l'ellipse, dont il fait un très-fréquent usage.

Soit que nous considérions l'antiquité du grec, ses qualités diverses ou l'influence que son étude a eue sur les langues plus modernes, de l'Europe, il commande au plus haut point notre attention. Depuis l'époque à laquelle on rapporte la composition des poëmes homériques, jusqu'à celle de la chute de l'empire grec, plus de 2,000 ans se sont écoulés, pendant lesquels cette langue servit à interpréter les plus hautes conceptions du génie, les plus subtils détails de la pensée. Poétique et pittoresque, en même temps que claire et précise, et aussi douce et harmonieuse que riche et flexible, elle justifie l'éloge qu'en a fait Horace, quand il a dit :

....Graiis dedit ore rotundo Musa loqui,

et fait comprendre le jugement enthousiaste qu'en a porté un de nos plus habiles hellénistes modernes, en la déclarant « la plus belle langue que les hommes aient jamais parlée. »

Ce n'est pas du reste que le grec ait été parlé avec ce caractère d'unité qu'on reconnaît à d'autres langues anciennes, au latin par exemple. Strabon nous apprend que de son temps on remarquait des particularités dans le langage de chaque ville. Divisés en petits États, les peuples de la Grèce semblent avoir considéré comme une marque d'indépendance de conserver chacun aussi longtemps que possible l'emploi de son dialecte. Cependant, dès une époque très-reculée, le culte religieux de Dodone et de Delphes *créa des centres où tendirent à se fondre par le rapprochement les nuances de langage des habitants des diverses localités*. Les chants épiques que leur mérite fit accueillir également dans toutes les parties de la Grèce contribuèrent aussi à conduire la langue vers l'unité. Non pas toutefois que ces chants fussent exempts des particularités qui appartenaient aux dialectes locaux, puisque, dans Homère et Hésiode, il se rencontre des formes et des expressions que les grammairiens prononcent *éoliennes, doriennes* et *ioniennes*. Mais l'explication de ce fait tient à la solution d'une question de philologie critique au sujet de l'origine des célèbres épopées grecques, qu'il ne nous appartient pas de traiter ici. Quelques personnes ont voulu en conclure que les dialectes étaient autrefois moins distincts, et que ce fut après la composition des grands poëmes épiques, que la langue, d'abord unique, se partagea en plusieurs. Le contraire nous semble de toute évidence.

Selon le savant géographe Malte-Brun, on aurait distingué dans le grec primitif deux idiomes : d'une part, l'*hellénique ancien*, fort rapproché du pélasgique et se subdivisant en arcadien, thessalien et macédonien; d'autre part, l'*œnotrien*, qui, transporté plus tard dans la Grande-Grèce et mêlé aux idiomes italiotes, aurait formé le latin. Cette classification toute conjecturale se rapporte à une époque qui échappe au contrôle de l'histoire.

Les principaux dialectes que l'on a positivement reconnus dans la *langue des temps historiques* sont au nombre de quatre, qui, suivant l'ordre probable dans lequel ils ont été fixés, sont : l'éolien, l'ionien, le dorien et l'attique. Ces dialectes s'élevèrent tous successivement au rang de langue cultivée et écrite, rang dans lequel ils se maintinrent simultanément pendant une durée de plusieurs siècles. Les différences qui distinguaient ces dialectes provenaient principalement de la nature variable des voyelles et de la permutation des consonnes de même organe. (*Elles étaient sans doute plus grandes pour le macédonien, qui au temps d'Alexandre était inintelligible aux Grecs méridionaux.*) Tous les dialectes peuvent en outre avoir, en proportion du degré d'ancienneté de chacun, conservé plus ou moins du grec pélasgique. Ceux qui à ce titre en doivent avoir conservé davantage sont l'éolien et l'ionien. Ces deux dialectes sont sans contredit les plus anciens des quatre, ayant probablement été fixés avant la guerre de Troie. C'est d'eux que sont sortis les deux autres, le dorien étant une branche secondaire de l'éolien, et l'attique une transformation de l'ionien.

L'éolien fut parlé d'abord en Béotie ; puis il s'étendit peu à peu sur les districts voisins, et finit par embrasser dans son domaine la plus grande partie de la Hellade ou Grèce propre, de sorte qu'il n'y avait, au nord de l'Isthme, que la Mégaride, l'Attique et la Doride où le dialecte éolien n'eût pas cours. De là il passa avec les colonies éoliennes en Asie Mineure, où il fut parlé, non-seulement dans cette partie du littoral située entre la Mysie et l'Ionie, qui prit le nom d'Éolie, mais aussi dans quelques îles du nord de la mer Égée, situées près de la côte orientale, telles que Lesbos. L'éolien, dit Malte-Brun, se rapprochait de l'œnotrien et avait par conséquent *beaucoup d'affinité avec le latin*. C'était le dialecte auquel Homère donnait le nom de langue des dieux et celui de tous qui avait conservé le plus de formes primitives. Dans la bouche du peuple il garda longtemps des tournures archaïques qui lui donnaient pour les habitants des autres parties de la Grèce un caractère d'étrangeté. Le trait distinctif qui s'y perpétua, ce fut l'articulation aspirée particulière, qu'il substituait à l'aspiration simple devant les voyelles initiales, et qui se figurait par une lettre, de la forme de notre F, dite *digamma*. Par le peu de vestiges qui sont restés de l'éolien ancien, conservés dans les inscriptions, on voit qu'il présentait plusieurs variétés ou sous-dialectes, et que le langage des Béotiens, celui des Thessaliens et celui des Étoliens, bien que tous de la branche éolienne, n'étaient pas exactement les mêmes.

Le dorien eut primitivement cours dans les régions septentrionales de la Grèce, telles que l'Épire et la Doride ; mais il fut introduit dans le Péloponèse lorsque les peuples de race dorienne firent invasion dans cette contrée, où Sparte fut le foyer principal du dorien, comme Athènes devait l'être plus tard de l'attique. Ce dialecte passa aussi avec les colonies fournies par la population qui le parlait, d'un côté en Asie Mineure, dans les îles de Rhodes et de Crète, et dans la plus grande partie de l'Archipel, de l'autre dans cette portion de la basse Italie qui prit le nom de Grande-Grèce, et dans la Sicile. Le dorien avait avec l'éolien *les plus grands rapports*. Il était également grave ; il affectionnait particulièrement le son *a* qu'il substituait aux sons *i, o*, ou des autres dialectes; mais il avait aussi quelque chose de dur et de rude. En repoussant, comme ils le faisaient, toute fusion avec les autres peuples, les Doriens, d'où sont sortis les Spartiates, gardèrent plus intacte la langue de leurs ancêtres ; aussi certains mots et certains tours de phrase employés à Sparte reproduisaient-ils quelques-unes des formes les plus anciennes de la langue gréco-pélasgique. Au dorien comme à l'éolien se rapportaient plusieurs dialectes secondaires. Le plus pur était celui de la Messénie. On en retrouve les formes dans les poëtes lyriques. Celui de Syracuse était un dorien adouci, comme on le voit par les poésies de Théocrite. Le dorien concourut avec l'éolien à la formation du latin.

L'ionien fut d'abord parlé dans les régions méridionales de la Grèce propre, sur les bords de la mer, principalement en Attique ainsi que dans toute l'Achaïe, et même dans le nord de l'Argolide, puisque Pausanias (liv. II, ch. 37) nous apprend que le langage des Athéniens et celui des Argiens étaient originairement identiques. Il passa ensuite, avec les colonies des Athéniens et des Achéens, dans cette province de l'Asie Mineure qui, du nom de la race à laquelle appartenaient ces deux peuples, fut dite Ionie, et qui comprenait Milet, Éphèse et Smyrne, avec l'île de Samos. Là, il se perpétua exempt des modifications qu'il subit dans l'Attique, sa mère patrie, où il finit par se transformer en un dialecte nouveau. Il se partagea les îles de l'Archipel avec le dialecte éolien. Le caractère du dialecte ionien est la douceur et même une sorte de mollesse efféminée. Les Ioniens aiment le concours des voyelles, changent les brèves en longues ou en diphthongues, rejettent toutes les contractions, retranchent souvent les consonnes initiales pour adoucir la prononciation, évitent les articulations gutturales et multiplient les labiales. Ce dialecte, comme les précédents, avait ses variétés, puisque Hérodote en compte quatre chez les seuls Ioniens d'Asie. De tous les dialectes grecs l'ionien fut le plus anciennement cultivé. Il forme la base des poésies homériques ; mais mêlé, comme il s'y trouve, à des formes appartenant à tous les dialectes, il a reçu le nom de langue épique. Ce fut aussi le dialecte dans lequel écrivirent Hérodote et Hippocrate.

Autant les Doriens mirent, comme nous l'avons vu, de ténacité à conserver le type primitif de leur dialecte, autant les Ioniens d'Europe semblent, au contraire, avoir mis d'empressement à se dépouiller du leur. Leur langage prit peu à peu un caractère différent de celui des Ioniens d'Asie. Les rapports avec les étrangers, beaucoup plus fréquents pour les habitants de l'Attique que pour les autres portions de la famille grecque, introduisirent dans le dialecte qu'ils parlaient des perfections, des délicatesses nouvelles, bien qu'il demeurât dans sa prononciation plus mâle que l'ionien d'Asie sans prendre la roideur du dorien ; car il devint à la fois plus souple que l'un et plus précis que l'autre. Le trait principal de la physionomie du dialecte attique consistait dans l'usage fréquent qu'il faisait de l'élision et dans la tendance qu'il avait à contracter tout ce qui était susceptible de contraction.

Ce dialecte se fixa le dernier des quatre. Cette fixation date de l'époque de la puissance d'Athènes. Pendant la brillante période athénienne, la capitale de l'Attique étant devenue le centre des sciences et des lettres, la perfection que donnèrent ses écrivains au langage qui s'y parlait lui acquirent la supériorité sur tous les autres dialectes grecs. Aussi, à l'époque du règne de Philippe en Macédoine l'ancien dialecte attique était-il devenu la langue commune de toutes les portions de la population grecque, et il fut bientôt le seul cultivé par tous les écrivains en prose. Les poëtes firent encore des vers éoliques, doriques ou ioniques, comme on fit longtemps chez nous des vers latins ; mais ces dialectes ne se conservèrent plus comme langue vivante que dans la bouche du vulgaire ; et à partir du troisième siècle avant notre ère aucun d'eux ne se rencontre dans les monuments écrits.

La langue commune qui s'établit comme nous venons de le dire, et qu'on désigne spécialement sous le nom d'*hellénique*, adopta les contractions des Attiques ; toutefois, elle ne devint ainsi d'un usage général qu'à la condition de se départir d'une partie des particularités qui constituaient le caractère de l'Attique, et qui furent désignées sous le nom d'*atticismes* quand elles se rencontrèrent encore sous la plume des auteurs postérieurs à la période athénienne.

L'hellénique fut propagé dans toutes les parties de l'immense empire d'Alexandre ; il fut parlé à toutes les cours des princes macédoniens ses successeurs, et devint langue vulgaire, non-seulement en Macédoine, mais encore en Égypte et en Syrie. Il fut particulièrement étudié et fixé par les grammairiens de l'école d'Alexandrie.

Plusieurs siècles auparavant des colons grecs avaient porté leur langue à l'autre extrémité de la Méditerranée, sur la côte d'Espagne et dans la Gaule Narbonnaise.

Sous la domination romaine, l'idiome de la Grèce ne perdit point de son lustre ; il était à Rome l'objet d'une étude toute particulière, à tel point qu'on y attachait plus de prix à parler correctement grec que latin. Il fut cultivé par tous les gens instruits du monde romain, et jusqu'à la chute de l'empire d'Orient le grec fut à Constantinople la langue du gouvernement comme celle des relations particulières.

Cependant, cette grande extension du grec ne put avoir lieu sans être l'occasion de nouvelles altérations. L'admission d'expressions et de formes étrangères donna naissance au grec *hellénistique*, ainsi désigné du mot ἑλληνιστής, signifiant un étranger qui parle grec, et dont le dialecte alexandrin fut le plus important. Un autre dialecte altéré fut celui des juifs hellénistes qui avait cours en Syrie, et dans lequel ont été écrits les livres du Nou- veau Testament et traduits ceux de l'Ancien. Ce dialecte se fait remarquer par l'introduction de tournures sémitiques et par l'abandon com- plet du nombre duel.

La corruption du grec avait commencé à Alexandrie ; elle fit des progrès bien plus ra- pides à Byzance. Du dialecte hellénistique il se forma, par suite du mélange chaque jour plus considérable des locutions provinciales et des termes empruntés aux langues barbares, une nouvelle forme du grec, que cultivèrent surtout les hommes d'église, et qui prit de là le nom de grec *ecclésiastique*.

Lorsqu'après la prise de Constantinople par les Turcs le rôle officiel de la langue grecque eut cessé, nulle règle n'arrêtant plus l'invasion des éléments étrangers, les changements qui survinrent dans le grec ecclésiastique donnè- rent naissance au grec moderne ou *romaïque*, lequel fut ainsi nommé de ce que les Turcs considéraient comme romaine toute la popula- tion de l'empire grec qui était étrangère à leur race. Cette langue, qui a aussi reçu le nom de *aplo-hellénique*, a depuis cette époque cons- tamment été en se modifiant, et elle a succes- sivement admis dans son vocabulaire des élé- ments latins, turcs, slaves, albanais, italiens et français. Celui des anciens dialectes avec lequel le grec moderne a le plus de rapport, c'est l'io- nien, ou plutôt sa variété, l'attique ; et si l'on prend ce dialecte comme type de l'ancien hellé- nique, on trouvera que le romaïque ne s'éloigne peut-être pas beaucoup plus de celui-ci que ce dernier ne s'éloignait lui-même du dorique. On a dit encore avec quelque raison qu'il y avait peut-être moins de différence entre le grec mo- derne et celui du Nouveau-Testament qu'en- tre ce dernier et le grec d'Homère, et que, dans tous les cas, le romaïque était resté plus près de l'hellénique que l'italien ne l'était du latin.

Le domaine du grec moderne, bien moins étendu que ne le fut celui de l'ancien à l'époque de la domination macédonienne, embrasse ce- pendant encore, outre les deux grandes divi- sions de la Grèce actuelle, la Livadie et la Mo- rée, la Thessalie, une partie de la Romélie, de l'Albanie et de l'Anatolie, l'Archipel, Candie, Chypre et les îles Ioniennes. Le voyageur an- glais North Douglas, qui parcourut la Grèce et l'Asie Mineure de 1810 à 1812, dit que dans les provinces septentrionales le grec moderne est surtout mélangé de skipetar ou albanais, tandis qu'à Athènes et en Morée

l'élément étranger qui domine est l'italien. Il ajoute qu'à Mégare la langue est bien moins corrompue que dans l'Attique, où elle l'est, tant pour les mots que pour la prononciation, plus que nulle part ailleurs, à l'exception ce- pendant sans doute des îles Ioniennes ; car ici elle a subi à un point considérable encore l'in- fluence de l'italien. Le romaïque le plus pur est celui qui se parle dans les îles les moins fréquentées de l'Archipel et dans quelques can- tons montagneux de l'intérieur. C'est là sur- tout qu'on trouve dans le grec moderne des façons de parler qui appartiennent à l'antiquité la plus classique, ainsi que le dit l'helléniste Dansse de Villoison dans ses notes recueillies pendant son voyage en Grèce. « Il y a, ajou- te-t-il, des îles, entre autres Zéa, où l'on a conservé des mots de l'ancien grec qui sont oubliés dans les villes. » Partout du reste l'i- diome moderne a, comme le reconnaît M. Ju- les David, conservé quelques petites phrases, quelques formules, quelques locutions, reste de la langue antique. Il y a dans le grec d'au- jourd'hui telle expression qu'on retrouve dans Homère, mais qu'on ne rencontre dans aucun auteur postérieur. De plus, il est fort probable qu'il s'est transmis à travers les générations, dans la bouche du peuple, beaucoup d'expres- sions de la langue vulgaire ancienne qui n'ont été admises dans aucune des productions litté- raires dont nous avons pu avoir connaissance. Nous trouvons les mots de la langue classique défigurés sous l'orthographe actuelle, mais peut-être les Grecs anciens, dans la conver- sation, avaient-ils déjà autrefois l'habitude d'une partie au moins des contractions et des suppressions de désinences que nous ob- servons dans le langage vulgaire de notre époque. Toutefois, il est juste de reconnaître dans le romaïque, outre l'introduction des mots étrangers, d'autres changements encore. C'est ainsi que, pour ne parler d'abord que du vocabulaire, on trouve un nombre considéra- ble de mots qui, tout en gardant plus ou moins fidèlement la forme primitive, ont changé de signification ; et il est bon de remarquer, en passant, la part d'influence que les idées chré- tiennes, en remplaçant celles du paganisme, ont eue sur ce changement. Quant aux modifi- cations qu'a subies la grammaire, en voici les principales. Les nombres ont été réduits à deux par la suppression du duel, et les cas à quatre par celle du datif, celui-ci se trouvant remplacé par l'emploi d'une préposition ré- gissant le nom à l'accusatif. Le premier nom de nombre est employé comme article indé- fini ; les degrés de comparaison se forment à l'aide de particules, plusieurs des temps du verbe au moyen d'auxiliaires. Le verbe *avoir* (ἔχω) sert, en grec moderne, comme dans les langues néo-latines, à la formation des temps du passé; mais le verbe *vouloir* (θέλω), qui, joint à une forme dérivée de l'ancien infinitif, sert à composer, comme en allemand et en anglais, le futur et le conditionnel, rapproche davantage, sous ce rapport, le *romaïque des langues germaniques*. Le mode infinitif, devenu hors d'usage, est suppléé par une périphrase dans laquelle le verbe se met au subjonctif. La voix moyenne a été supprimée; enfin, selon M. Jules David, ce qui reste de l'ancienne conjugaison est si peu de chose qu'on peut, dans la langue moderne, le reléguer parmi les irrégularités. Quant à ce qui est de la construction, elle est, par l'effet du contact des langues de l'Occident, devenue de moins en moins transpositive.

Le grec moderne n'est pas exempt de dialectes. Quelques voyageurs prétendent en avoir compté jusqu'à *soixante-douze*; mais la plupart ne sont guère que des patois produits par une prononciation altérée et par des idiotismes dus au contact plus habituel de quelque peuple étranger. Malte-Brun établit deux dialectes principaux, l'un le *romeïka* ou romaïque propre, avec les sous-dialectes de Constantinople ou des Fanariotes, de Salonique, de Janina, d'Athènes et d'Hydra; l'autre, qu'il désigne sous le nom d'*éolodorien*, parlé à Sparte, à Candie et à Chypre. Sur le continent, le plus saillant de ces dialectes est celui du Magne; parmi ceux des îles, on doit distinguer celui de Candie, qui est l'objet d'une certaine culture littéraire.

Le grec littéral a continué à être écrit avec pureté par les savants grecs; cependant on a renoncé en Grèce à la prétention de le perpétuer comme langue nationale, et la partie littéraire de la population cultive avec succès le *romaïque*; seulement, chaque jour les auteurs empruntent à l'hellénique des tours de phrase et des locutions qui rendent moins facile à tracer la ligne de démarcation entre les deux idiomes.

Quant à la prononciation, c'est une question de savoir si les Grecs modernes ont conservé celle des anciens. Reuchlin a soutenu que oui; Érasme a cru le contraire. Il est possible que, par la réforme que ce dernier a opérée dans la manière de lire le grec dans les écoles, il n'ait pas réussi à rendre à toutes les lettres leur valeur primitive; mais il ne nous en paraît pas moins certain que le son identique donné par les Grecs d'aujourd'hui à plusieurs voyelles différentes, ou à des réunions de voyelles, prouve qu'ils se sont écartés, à une époque qu'on ne saurait, il est vrai, fixer maintenant, de la prononciation de leurs ancêtres. Nous sommes confirmés dans cette opinion quand, en regard de l'orthographe capricieuse que présentent les manuscrits grecs sous la plume des copistes du moyen âge, qui prenaient à chaque instant l'un pour l'autre ces nombreux homophones, nous mettons l'orthographe des époques antérieures, qu'on peut bien, avec quelque apparence de raison, penser devoir son uniformité plus grande à l'absence des causes d'erreur que portait en elle la prononciation altérée des époques suivantes. Pour ce qui est des consonnes, nous sommes. parfaitement disposés à admettre que ce sont réellement les Occidentaux qui en ont changé la valeur, quand elles exprimaient des articulations qui n'existaient pas dans leur système phonétique. C'est ainsi que les Français se méprennent sur la valeur du delta (δ) et du thêta (θ) lorsqu'ils les prononcent comme un *d* et un *t*, au lieu de leur conserver le son sifflant, analogue à celui du *th* anglais, que leur donnent les Grecs; c'est ainsi encore qu'on serait probablement plus près de la prononciation primitive du gamma (γ) et du khi (χ) en les prononçant ainsi qu'on le fait en Grèce, comme le ghaïn des Arabes et le *ch* des Allemands, qu'en leur donnant, comme on le fait en France, les valeurs du *g* et du *k*. Quant au bêta (β), que nous prononçons *b* et que les Grecs modernes prononcent *v*, nous ne serions pas étonné qu'il eût eu autrefois, selon les localités, l'une et l'autre valeur. Aux preuves que nous avons données des altérations de la prononciation chez les Grecs eux-mêmes, nous pouvons cependant ajouter encore le fait que l'aspiration n'existe plus dans le romaïque, bien qu'on y ait conservé les signes, dits *esprits*, que les Grecs anciens avaient inventés pour l'indiquer dans l'écriture.

La prononciation de l'hellénique avait, dit-on, un caractère singulièrement musical, et les Grecs montraient au sujet de l'accentuation une grande délicatesse d'oreille. Aussi vit-on dans un discours politique sur un objet de la plus grande importance l'orateur interrompu tout à coup par son auditoire, pour une faute d'accent qu'il venait de commettre. Il est vrai qu'en Italie, en Allemagne ou en Angleterre, une faute contre les règles de l'accent ne pourrait pas davantage passer inaperçue, et que c'est le déplacement de la syllabe accentuée qui nous signale souvent à nous-mêmes, dans sa prononciation, le natif de telle ou telle de nos provinces.

L'accent tonique en grec est toujours placé sur une des trois dernières syllabes. On a beaucoup discuté sur l'effet que produisait cet accent; et quelques érudits ont pensé que cet effet était différent de celui que produit l'accent des langues modernes. Le fait est que, contrairement à ce qui a lieu dans ces langues, la syllabe accentuée n'était pas nécessairement longue en grec ancien. De là la question de savoir comment pouvaient se concilier la quantité et l'accent, et si l'un ne détruisait

pas souvent l'autre. De là encore la conclusion que plusieurs ont tirée, que le temps
avait effacé de la langue parlée ce que servaient à représenter les accents écrits, qui paraissent avoir été introduits par les grammairiens anciens en vue de faciliter aux étrangers
l'étude de la prononciation. Dans la langue
grecque moderne on ne se préoccupe plus
de la quantité des syllabes, ou plutôt l'accent
et la quantité longue coïncident.

La versification des anciens Grecs était basée
sur l'arrangement des syllabes brèves et des
longues ; celle des modernes, que l'on peut
faire dater du onzième siècle, est basée sur
le nombre des syllabes et la position de l'accent. Les vers vont communément de quatre à
quinze syllabes ; ils peuvent être rimés ; mais
la rime n'en est point une condition obligatoire.

L'alphabet grec se compose de vingt-quatre
lettres, dont sept voyelles et dix-sept consonnes. Quant à l'origine de cet alphabet, il est
évidemment phénicien, quels que soient les
titres relatifs de Cadmus, de Palamède, et
de Simonide comme l'ayant introduit, coor-
donné et complété. Dans le nombre des vingt-
quatre lettres dont nous venons de parler, ne
comptent ni le *bau* (F), nommé plus tard
digamma, dérivé du *vau* ou *vav* sémitique
et en usage seulement chez les Éoliens, ni le
koppa (ϙ), dérivé du *koph*, ni le *san* ou *sanpi*
(⟋), dérivé du *schin*. Les deux dernières lettres furent de bonne heure rangées parmi les
lettres superflues, et identifiées, la première
avec le kappa (K, κ), et la seconde avec le
sigma (Σ, σ). Les grammairiens n'admettaient pas non plus comme lettre l'*éta* (H, η)
qui, avant de représenter une voyelle longue,
avait servi à désigner l'aspiration.

Le savant critique allemand Wolf croit
que les chants des rapsodes servirent, à défaut de l'écriture, pendant plusieurs siècles
à transmettre les épopées homériques, et le
critique anglais Wood croit qu'on peut assigner l'époque où commencèrent les compositions en prose, c'est-à-dire le sixième siècle
avant notre ère, comme celle à laquelle l'é-
criture devint en Grèce d'un usage général.

La langue grecque ne règne pas seule sur
le territoire de l'ancienne Grèce. Quatre autres
langues y sont parlées aujourd'hui, le turc,
un dialecte slavon parlé par les tribus bulgares qui habitent une partie de la Macédoine,
le valaque et l'albanais. Il est vrai que, par
une sorte de compensation, le grec est entré
comme élément étymologique dans chacune
des langues de l'Europe, auxquelles il fournit aujourd'hui la nomenclature de toutes les
sciences.

Voyez les articles ACCENT, DIALECTES, IOTA-
CISMES.

HISTOIRE DE LA LANGUE.

G. Burton, *Historia linguæ græcæ ;* Londres, 1657,
in-8°.

L. Ingewald Elinglus, *Historia græcæ linguæ;*
Leipsick, 1691.

L. Reinhard, *Historia græca lingua critico-lit-
teraria ;* Leipsick, 1722, in-8°.

Th. Chr. Harles, *Introductio in historiam linguæ
græcæ;* Altenbourg, 1778, 3 vol. in-8°.

GRAMMAIRIENS ANCIENS.

1° *Traités Grammaticaux.*

Aristophanis Byzantii fragmenta, ed. Aug. Nauck ;
Halis, 1848, in-8°.

Apollonii Dyscoli, *De constructione orationis
libri IV*, ex recens. Imm. Bekkeri ; Berol. 1817, in-8°.
— *De pronomine,* ed. Imm. Bekker ; Berol., 1813,
in-8°.

Theodosii Alexandrini, *Grammatica*, ed. Gœttling ;
Lips., 1822, in-8°.

Anecdota græca, ed. Imm. Bekker ; Berol., 1814-1821,
3 vol. in-8°.

Anecdota græca e codd. Mss. Bibl. reg. Paris.
ed. Bachmann ; Lips., 1828-1829, 2 vol. in-8°.

*Anecdota græca e codd. Mss. Bibliothecarum
Oxoniensium*, ed. J. A. Cramer ; Oxonii, 1835-1837,
4 vol. in-8°.

Grammatici græci, ed. Guil. Dindorf ; Lips., 1823,
in-8°.

2° *Lexiques, dictionnaires,* etc.

Etymologicon magnum, opera Fr. Sylburgi ; ed,
nova. Lips., 1816, in-4°.

Etymologicon græcæ linguæ Gudianum, ed. Sturz ;
Lips., 1818, in-4°.

Orionis Thebani *Etymologicon,* ed. Sturz ; Lips.,
1820, in-4°.

Hesychii *Lexicon,* ed. J. Alberti ; Luduni Batav.,
1746-1766, 2 vol. in-fol. — *Hesychii Lexicon e codice
Ms. Bibliothecæ D. Marci restitutum et ab omni-
bus Musuri correctionibus repurgatum, sive sup-
plementa ad ed. Hesychii Albertinam,* auctore
N. Schow ; Lips., 1792, in-8°.

Suidæ *Lexicon,* ed. Thom. Gaisford ; Oxonii, 1834,
3 vol. in-fol. — L'édition du même ouvrage publiée à
Halle par M. G. Bernhardy, sera préférable, quoique
beaucoup moins coûteuse ; malheureusement elle est
loin encore d'être achevée.

Pollucis *Onomasticon,* ed. Imm. Bekker ; Berol.,
1846, in 8°.

Photii *Lexicon,* ed. Porson ; Lips., 1823, 2 vol. in-8°.
Zonaræ *Lexicon,* ed. Tittmann ; Lips., 1808, 2 vol.
in-4°.

Thomæ Magistri *Ecloga vocum Atticarum,* ed.
Jacobitz, Lips., 1833, in-8°.

Phrynici *Ecloga nominum et verborum atticorum,*
ed. Aug. Lobeck ; Lips., 1820, in-8°.

Harpocration et Mœris, ex recens. Imm. Bekkeri ;
Berol. 1833, in-8°.

Philemonis Grammatici quæ supersunt, ed. Osann. ;
Berol. 1821, in-8°.

Ammonius, *De differentia adfinium vocabulorum,*
ed. G. H. Schæfer ; Lips. 1822, in-8°.

GRAMMAIRIENS MODERNES.

1° *Traités Grammaticaux.*

Constantin Lascaris, *Grammaire grecque* (écrite
en grec); Milan, 1476. C'est le premier livre qui ait été
imprimé avec des caractères grecs.

Alde Manuce, *Grammaticæ græcæ institutiones ;*
Venise, 1815, in-4°.

Théodore Gaza, *Introductivæ grammaticæ libri IV* ; Paris, 1829.

Nic. Clenard, *Institutiones linguæ græcæ* ; Lou-
vain, 1850, in-4°.

G. Budé, *Commentarii linguæ græcæ ;* Paris, 1248,
in-fol.

J. Camerarius, *Commentarii linguæ græcæ* ; Bâle,
1551.

W. Camden, *Grammaticæ græcæ institutio*; Londres, 1691, in-8°.

Claude Lancelot, *Nouvelle méthode pour apprendre la langue grecque*, dite *Grammaire greeque de Port-Royal*; Paris, 1655, in-8°.

Jac. Weller, *Grammatica græca*; Leipsick, 1781, in-8°.

J. Frid. Fischer, *Animadversiones in Velleri grammaticam græcam*; Lips., 1798-1801, 4 vol. in-8°.

Van Lennep, *Etymologicum linguæ græcæ*, ed. Ever. Scheid.; Traj. ad Rhenum, 1791, 2 vol. in-8°. — L. C. Walekenarii, *Observationes acad. et Dan. a Lennep præl. acad. de analogia linguæ græcæ*, ex recens. Ever. Scheid. ibid. 1790, in-8°.

G. Hermann, *De emendanda ratione grammaticæ græca*; Lips., 1801, in-8°.

J. L. Burnouf, *Méthode pour étudier la langue grecque*; Paris, 1813, in-8°.

Phil. Buttmann, *Ausführliche griechische Sprachlehre*; nouvelle ed. avec des notes de Lobeck, Berlin, 1830-1339, 2 vol. in-8°.

Aug. Matthiæ, *Ausführliche griechische Grammatik*; 3° éd., Leipsick, 1835, 3 vol. in-8°. Le même ouvrage, trad. en français, par MM. J. Fr. Gail et Longueville; Paris, 1831-1842, 4 vol. in-8°.

Thiersch, *Griechische Grammatik versueglich der homertschen Dialektes*; Leipzig, 1826, in-8°.

Raphaël Kühner, *Ausführliche Grammatik der griechischen Sprache*; Hanovre, 1834-1835, 2 vol. in-8°.

V. C. F. Rost, *Griechische Grammatik*; nouvelle éd.; Gottingue, 1841, in-8°.

Fr. Vigeri *De præcipuis græcæ dictionis idiotismis liber*, cum animadversionibus Hoogevenii, Zeunii, et G. Hermanni; ed. quarta, Lips., 1834, in-8°.

G. Bernhardy, *Wissenschaftl. Syntax. d. Griech. Sprache*; Berlin, 1829, in-8°.

Lamb. Bos, *Ellipses græcæ*, cum priorum editorum suisque observationibus, ed. G. H. Sturz; Lips., 1808, in-8°.

Benj. Weiske, *Pleonasmi græci, sive de vocibus quæ in sermone græco abundare dicuntur*; Lips., 1807, in-8°.

H. Hoogeveen, *Doctrina particularum linguæ græcæ*; in epitom. redeg. Schütz; Lips., 1806, in-8°.

Matthæi Devarii *Liber de græcæ linguæ particulis*, ed. Reinhold Klotz; Lips., 1842, 2 vol. in-8°.

Lobeck, *Paralipomena grammaticæ græcæ*; Lips., 1837, in-8°. — *Pathologiæ sermonis græci prolegomena*; ib. 1843, in-8°. — *De verborum græcorum et nominum verbalium technologia*; Regimontii, 1846, in-8°.

*   2° Dictionnaires, etc.*

Zacharie Calliergi, *Grand dictionnaire étymologique de la langue grecque*; Venise, 1499, in-fol.

Henri Estienne, *Thesaurus linguæ græcæ*; Paris, 1572, in-fol. — Une deuxième édition éditée par MM. Barker et'Dibdin a paru à Londres en 1816. — Une troisième, confiée aux soins de MM. Hase, Th. Fix, Dindorf, Dübner, etc., est en voie de publication chez MM. Firmin Didot frères. Le premier des dix volumes dont elle doit se composer a paru en 1831, le septième en 1843.

Jean Scapula, *Lexicon græco-latinum*, 1580. C'est un extrait du grand ouvrage de Henri Estienne.

Corneille Schrevelius, *Lexicon manuale græcolatinum*; Leyde, 1643, in-8°.

Cl. Lancelot, *Le jardin des racines grecques*; nouvelle édition accompagnée d'un *traité de la formation des mots grecs*, par M. Ad. Regnier. Paris, 1837, in-12.

Benj. Hederich, *Lexicon manuale græco-latinum et latino-græcum*, ed. Pinzger et Passow; Lips., 1825-1827, 3 vol. in-8°.

J. G. Schneider, *Dictionnaire critique grec-allemand*; Iena, 1804, 2 vol. in-4°.

Jos. Planche, *Dictionnaire grec-français*; Paris, 1809, in-2°. — MM. Wendel-Heyl et Pillon ont fait à l'édition de 1838 d'importantes additions.

Rost, *Grichisch-deutsches und deutsch-griechisches Wœrterbuch*; 4 volumes in-8°, Gottingue, 1829.

Fr. Passow, *Handwœrterbuch der griechischen Sprache*, éd. revue par Rost et Palm; Leipzig, 1843-1844, 2 vol. in-4°.

Alexandre, *Dictionnaire français-grec*; 11° éd. Paris, 1848, in-8°. — *Dictionnaire français-grec*; Paris, 1843, in-8°.

W. Pape, *Handwœrterbuch der griechischen Sprache*; Brunswick, 1842-1843, 3 vol. in-8°. — *Etymologisches Wœrterbuch*, etc.; Berlin, 1836, in-8°.

Damm, *Novum lexicon græcum etymol. et reale*; ed. nov. cur. J. M. Duncan; Londres, 1827, in-8°.

Morelli *Lexicon græco-prosodiacum*; nouvelle éd.; Londres, 1821, in-4°.

Alex. Pillon, *Synonymes grecs*; Paris, 1847, in-8°.

GREC MODERNE.

1° Traités Grammaticaux.

Martin Crusius, *Turcogræcia*; Bâle, 1584.

J. M. Langius, *Philologia barbaro-græca*, renfermant avec des considérations sur l'histoire de la langue, une grammaire et un glossaire; Nuremberg, 1707-1708, in-4°.

Ananias d'Antiparos, *Grammatica græca vulgaris*; Venise, 1784, in-4°.

Athanase Christopoulos, *Grammaire grecque moderne*, en grec; Vienne, 1805.

Jules David, *Méthode pour étudier la langue grecque moderne*; Paris, 1821, in-8°. — *Parallèle des langues grecques, ancienne et moderne* (en grec moderne); Paris, 1820, in-8°.

G. Kutuffa, *Compendio di grammatica dello lingua greca moderna*; Livourne, 1826, in-8°.

M. Leake, *Researches in Greece*; Londres, 1814, in-4°.

W. V. Lüdemann, *Neugriechische Grammatik*; Leipzig, 1826.

Minoïde Minäs, *Théorie de la grammaire de la langue grecque*; Paris, 1827, in-8°.

Michel Schinas, *Grammaire élémentaire du grec moderne*; Paris, 1829, in-8°.

Theocharopoulos, *Grammaire grecque universelle*; Paris, 1830, in-8°.

Coray, Ἄτακτα; Paris, 1828-1835, 5 vol. in-8°.

2° Dictionnaires.

Jean Meursius, *Glossarium græco-barbarum*; Leyde, 1814, in-4°.

Du Cange, *Glossarium ad scriptores mediæ et infimæ græcitatis*; Lyon, 1688, 2 vol. in-fol.

Zalyk, *Dictionnaire français grec-moderne*; Paris, 1809, in-8°.

Dehèque, *Dictionnaire grec-moderne français*; Paris, 1825, in-16.

Coumas, *Dictionnaire grec-moderne* (en grec); Vienne, 1826, 2 vol. in-4°.

LÉON VAÏSSE.

GRÈCE. (*Littérature* [1].)

Première Période. Depuis les temps les plus reculés jusqu'à la législation de Solon.

Le nom d'Homère est le premier qui se présente lorsqu'on essaye d'esquisser le tableau de la littérature grecque. Mais la poésie homérique n'a pu évidemment être le *début* de l'esprit grec; la perfection même dont elle porte l'empreinte suppose des essais anté-

(1) Nous avons cru devoir ajouter à cet article de courtes notes contenant l'indication des *meilleures éditions* et des *traductions françaises* des auteurs cités par notre savant collaborateur.   L. R.

rieurs qui l'ont préparée. Nous admettrons donc nécessairement une époque anté-homérique. Et ce n'est pas seulement le genre de poésie qui a dû différer ; l'état social lui-même nous apparaît avec des différences profondes. Les traditions historiques et poétiques s'accordent pour placer au début de la civilisation grecque une race, un théâtre et un genre de poésie tout autres que ceux où Homère a brillé. Avant la race hellénique, à laquelle appartint Homère, toutes les traditions placent la race pélasgique, dont l'enfance s'écoula sous la tutelle sacerdotale, et enfanta une poésie religieuse, dont l'origine se rattache à Orphée et dont la Thrace fut le berceau. Ce qu'on sait de cette époque anté-homérique se réduit à d'obscures traditions, ou plutôt à des fables, aux fictions de la mythologie. Les noms fabuleux de LINUS, OLEN, EUMOLPE, THAMYRIS, ORPHÉE, MUSÉE, la remplissent, et elle s'arrête à la guerre de Troie, le premier événement où commence réellement l'histoire de la Grèce.

Quelles traces reste-t-il de l'antique constitution sacerdotale qu'on attribue à l'histoire des Pélasges, et qu'on dit avoir été détruite par la race héroïque des Hellènes. Ce que l'on sait de la religion et de la poésie héroïque de cette époque se réduit à fort peu de chose. La Thrace paraît avoir été alors l'antique foyer d'une poésie, fille de la religion. Des écoles ou des familles de chantres (*Aœdes*) existèrent en Grèce longtemps avant Homère et Hésiode, dans la Piérie, au pied de l'Olympe, et dans la Béotie, voisine de l'Hélicon. Les Muses *Olympiades, Piérides, Héliconiades*, invoquées par Homère et par Hésiode, sont les symboles de ce développement poétique qui les a précédés. Orphée est donc antérieur à ces deux poëtes ; mais les théogonies orphiques sont l'ouvrage d'écrivains postérieurs. A en croire d'illustres savants en tête desquels nous nommerons M. Creuzer, les débris du culte pélasgique et de l'ancienne poésie sacerdotale symbolique et théologique se conservèrent dans les mystères: opinion contestée par d'autres savants non moins recommandables. Quoiqu'il en soit, à l'époque sacerdotale des Pélasges succéda l'époque héroïque des Hellènes ; à la poésie religieuse et mystique née dans la Thrace succéda la poésie épique, dont l'Ionie fut le berceau.

Entre la prise de Troie et l'apparition d'Homère s'écoula un assez long intervalle, qu'il nous est impossible de remplir par aucun autre nom : mais on ne peut douter que la poésie n'ait fleuri dans cet intervalle. Homère lui-même nous apprend qu'avant lui d'autres poëtes avaient déjà pris la guerre de Troie pour objet de leurs chants. Dans l'*Odyssée*(1), DÉMODOCUS, poëte du roi des Phéaciens, célèbre les derniers événements qui suivirent l'incendie

(1) Ch. VIII, v. 490.

de Troie. Nous voyons également PHÉMIUS dans le palais d'Ulysse chanter le retour des Grecs (1). Les poëtes de cette époque, qui se montrent à la suite des rois, peuvent se comparer à ce que furent les bardes dans la Gaule, les scaldes chez les Scandinaves, ou les troubadours dans les châteaux des princes et des seigneurs au moyen âge. Ces poëtes étaient des improvisateurs inspirés par chaque circonstance. Les événements amenés par les migrations des peuples, les guerres, les révolutions intérieures étaient pour eux un texte inépuisable. Le peu de fixité de l'état social à cette époque, et la passion des aventures, qui est le caractère dominant des siècles héroïques, firent naître des expéditions lointaines, qui imprimèrent un long ébranlement aux populations, et par suite aux intelligences. Elles devinrent le sujet de divers cycles épiques, qui furent l'aliment de la poésie dans les siècles suivants. La première de ces expéditions fut celle des Argonautes en Colchide sur la côte orientale du Pont-Euxin pour la conquête de la Toison-d'Or. Cette première grande course maritime de la Grèce frappa vivement les imaginations. Autour de ces faits se groupent les noms brillants de Jason et de Médée, de Castor et Pollux fils de Tyndare, de Pelée père d'Achille, d'Hercule, d'Orphée. Puis la guerre des sept chefs contre Thèbes, à laquelle se rattachent les catastrophes d'Œdipe et de ses deux fils Étéocle et Polynice. Enfin la guerre de Troie, qui enrôla une si nombreuse génération de héros, et qui en transportant la population hellénique sur les bords de l'Asie mineure la familiarisa avec une foule d'idées jusqu'alors inconnues pour elle, et exerça ainsi une influence décisive sur la civilisation ; elle amena entre les peuplades grecques des liaisons plus intimes, et concourut à les fondre en une seule nation : elle accrut par là la puissance de la Grèce ; par suite, elle agit sur les mœurs, sur les institutions politiques et les lois, et prépara la révolution qui plus tard substitua presque partout le gouvernement démocratique à la monarchie et à l'oligarchie. La guerre de Troie marque donc une ère nouvelle dans l'histoire des Grecs. Nul événement n'a changé davantage la physionomie et les habitudes de cette nation. Il a été pour elle ce que les croisades furent au moyen âge pour les nations modernes.

HOMÈRE (2), né en Ionie non loin du théâtre

(1) *Odyss.* ch. I, v. 52.
(2) *Homeri et Homeridarum opera et reliquiæ*, ex veterum criticorum notationibus optimorum que exemplarium fide rec. F. A. Wolf. pars 1ª *Ilias*, acced. *Prolegomena*; Halæ, 1794, 2 vol. in-8°. — *Homeri carmina, cum brevi annotatione*, cur. C. G. Heyne; Lips., 1802-1822, 9 vol. in-8°. — *Homeri carmina*, ed. Bothe; Lips., 1832-1835, 6 vol. in-8°. — *Homeri carmina et cycli epici reliquiæ*; Paris, 1837, in-8° (dans la *Bibliothèque grecque* de F. Didot). — *Homeri Ilias*, ed. Spitzner; Gothæ, 1832-

25.

de cette guerre, en entendit le retentissement prolongé, et fut inspiré par les souvenirs vivants qu'elle avait laissés. Il nous reste
sous son nom deux grandes épopées, l'*Iliade*
et l'*Odyssée*, l'une qui se rapporte au siége
de Troie, l'autre qui chante les aventures d'U-
lysse avant son retour à Ithaque. Ces poëmes
peuvent être considérés comme l'encyclopédie
des temps héroïques : ils peignent et résument
toute la civilisation grecque de cette époque. Les
mœurs, la religion, tout l'état social s'y reproduisent en traits fidèles et naïfs. Le caractère
essentiel d'Homère, c'est le naturel et la simplicité ; ses chants retracent l'enfance du genre
humain dans la naïveté de ses mœurs primitives, et avec ses sentiments instinctifs tant
soit peu grossiers. Ses héros et ses dieux sont
des hommes de la nature, à peine façonnés
par un commencement de civilisation. Mais il
y a une teinte poétique jetée sur la rudesse
de cette nature inculte. Aussi Homère plaît-il
à tous les âges ; il intéresse, il attache, même
dans de plates traductions où toutes les beautés de sa langue ont disparu. Une des parties les
plus admirables dans les poëmes homériques,
c'est l'individualité des caractères, c'est la puissance de *création* qui a donné à chaque héros
sa physionomie propre et si nettement dessinée, sans que la foule des imitateurs ait pu
en dénaturer le fond. Ainsi le roi des rois,
Agamemnon avec son orgueil, le sage Nestor
et le bouillant Achille, l'éloquent et astucieux
Ulysse, Hector et Andromaque, le vieux Priam,
sont des figures à jamais gravées dans le souvenir des hommes, et dont il n'est plus au pouvoir de personne d'altérer le type. C'est là le
côté par où Virgile est resté bien inférieur à
son modèle.

Mais j'ai nommé Homère ainsi que l'*Iliade* et
l'*Odyssée* : puis-je oublier que l'authenticité
de ces poëmes, et l'existence même du poëte, a
été attaquée naguère, et avec des arguments
dont il est difficile de méconnaître la force ?

Comme il est toujours difficile de se transporter dans un ordre de choses fort différent de
celui avec lequel on est familiarisé, on ne se
prête pas volontiers à croire qu'un poëme
tel que l'*Iliade* et l'*Odyssée* n'ait pas été exécuté sur un plan conçu d'avance, et profondément médité par l'auteur ; on se refuse à admettre que chacun de ces poëmes ne soit qu'un recueil de fragments épars, restés longtemps
détachés les uns des autres, et dont on s'est
enfin avisé de composer un tout. L'esprit est
d'abord révolté d'une telle supposition, elle
semble même absurde ; mais à un examen plus

réfléchi elle prend un grand caractère de probabilité.

Ce n'est pas ici le lieu de reproduire la con-
troverse remarquable qui s'est engagée sur
ces questions ; il nous suffira de résumer les
résultats auxquels elle a conduit. Nous avons
les poésies homériques dans l'état où elles sont
sorties des mains des grammairiens d'Alexandrie : nous ne pouvons juger que par conjectures de leur état primitif et des formes diverses par lesquelles elles ont passé aux époques antérieures. Un fait important et qui peut
servir de point de départ aux conjectures, c'est
la mesure prise d'abord par Solon, puis par
Hipparque, pour contraindre les rhapsodes qui
chantaient les fragments homériques à suivre,
en les récitant, l'ordre des événements (1).
Il en résulte évidemment : 1° que du temps
de Solon les poésies homériques n'existaient
que sous la forme fragmentaire ; que les rhapsodes chantaient indistinctement, sans observer
un ordre régulier, tel ou tel fragment connu
sous des titres particuliers, tel que les *Exploits
de Diomède*, le *Catalogue des vaisseaux*, les
Jeux funèbres, la *Visite aux ombres dans
l'enfer*, etc. ; 2° que c'est dans la première moitié du sixième siècle avant J. C. qu'on a établi
un certain ordre dans ces fragments épars et
qu'on a astreint les rhapsodes à s'y conformer ; c'est vers la seconde moitié du même
siècle que cet ordre a été fixé et consacré par
une rédaction écrite ; 3° Pendant l'intervalle
écoulé entre leur composition primitive et
cette rédaction, les poëmes homériques, non
écrits, et conservés uniquement par la mémoire
et la tradition orale, n'ont pu échapper à des
altérations nombreuses.

Il nous reste quelques mots à dire de la
mythologie d'Homère. Son système religieux
est le pur anthropomorphisme. S'il n'est pas le
créateur de cette mythologie qui a peuplé
l'Olympe de divinités aux formes humaines,
qui partagent toutes les passions des hommes et
toutes leurs faiblesses, c'est lui du moins qui l'a
exposée dans ses développements les plus riches.
Le polythéisme grec se compose de plusieurs
couches mythologiques superposées les unes
aux autres. La couche primitive, la plus ancienne dans l'ordre logique comme dans l'ordre des temps, doit être le *naturalisme*, auquel succéda l'*anthropomorphisme*, qui devint la religion poétique et populaire, et enfin
le *symbolisme allégorique* ou la religion philosophique. Le plus souvent ces diverses couches sont mélangées et confondues en doses variables. Dans Homère c'est l'anthropomorphisme qui prédomine. Ce système suppose donc
un polythéisme antérieur, le naturalisme, c'est-
à-dire la personnification et l'apothéose des

1836, 4 vol. in-8°. — *Homeri Odyssea*, ed. Baumgar-
ten-Crusius ; Lips., 1822-1824, 3 vol. in-8°. — *OEuvres d'Homère*, traduction nouvelle, par Dugas-
Montbel, avec le texte en regard, et des *Observations
sur l'Iliade et l'Odyssée* ; Paris, F. Didot, 1828-1850,
4 vol. in-8°.

(1) *Voy.* Diogène Laerce, II, 57 ; et Platon, dans
Hipparque.

forces de la nature. Et, chose étonnante, on en voit à peine quelque trace dans Homère ; à peine si l'on rencontre de loin en loin quelque divinité cosmogonique, telle que l'Océan et Téthys, échappée à la destruction du culte primitif. Il semble pourtant qu'un culte qui a régné longtemps n'a pu s'abolir d'une manière si complète et si brusque, et qu'il a dû laisser des traces profondes au sein du culte qui survit. La substitution d'un système religieux tel que l'anthropomorphisme à un autre système tel que le naturalisme n'a pu s'opérer que par une grande révolution. Mais où sont dans l'histoire les traces de cette révolution ? ce ne peut être que la conquête des Hellènes sur les Pélasges. Il ne paraît pas douteux que les révolutions politiques et littéraires qui firent prévaloir la civilisation hellénique et la poésie d'Homère et d'Hésiode sur la poésie orphique et sacerdotale, ne se rattachent à la grande revolution religieuse qui substitua l'anthropomorphisme au naturalisme. Nous retrouverons les traces évidentes de cette révolution dans les poëmes d'Hésiode : la *Théogonie* bien comprise n'est que l'histoire poétique de cette métamorphose et de la lutte qui s'établit entre le culte ancien et le culte nouveau. Ainsi s'explique l'expulsion de l'antique Fatum et de la dynastie des Titans.

Mais alors il reste toujours ce problème à résoudre : si le naturalisme a précédé l'anthropomorphisme, comment se fait-il qu'il n'en reste plus de traces dans Homère ? d'où vient qu'il se retrouve complétement dans Hésiode, qui est postérieur à Homère ?

Pour résoudre cette difficulté, il faut entrer dans quelques détails sur les ouvrages attribués à HÉSIODE (1). Sur seize dont les titres sont cités par Tzetzès il ne nous en reste que trois, *les Travaux et les Jours*, la *Théogonie*, et le *Bouclier d'Hercule*. Bien qu'ils portent le nom du même auteur, ils paraissent appartenir par le fond des idées à des époques très-différentes. La *Théogonie*, en particulier, est, à certains égards, le plus ancien monument que nous ayons de la mythologie grecque ; nous y trouvons la généalogie de la race des Titans et de ces divinités cosmogoniques en qui se personnifient les forces de la nature : c'est là l'histoire la plus ancienne du naturalisme primitif. A la race des Titans s'oppose Jupiter, chef des dieux olympiens, représentant des forces morales : la victoire reste aux divinités nouvelles. Tel est le fond du poëme. Mais sur ce fond viennent s'accumuler confusément une foule de mythes tantôt informes et à peine

ébauchés, tantôt raffinés jusqu'à l'excès ; souvent le même mythe revient sous des formes diverses, d'où résultent les contradictions les plus étranges. Or, si la *Théogonie* est une collection de mythes antiques sur la généalogie des dieux et sur leurs combats, on conçoit que l'auteur ait fait des emprunts à des époques très-différentes ; et quoique plus récent qu'Homère, il a pu travailler sur un fond plus ancien. Seulement il est aisé de concevoir l'incohérence de ces fragments antiques au milieu desquels se trouvent interpolés des morceaux plus modernes. Aussi le savant critique G. Hermann, dans sa lettre à Ilgen, ne voit-il dans ce poëme qu'un assemblage confus de fragments étrangers l'un à l'autre, de débris des chants nombreux que possédait l'antiquité sur l'origine des dieux et du monde, cousus ensemble et remaniés, sans que le compilateur ait toujours eu l'intelligence du sens véritable de ces documents anciens.

Quant au poëme *des Travaux et des Jours*, pour la forme et pour le fond, il est évidemment postérieur à Homère. Les idées morales du poëte, tout imparfaites qu'elles sont encore, appartiennent à un état social déjà plus avancé que l'âge héroïque. On y voit le passage de la vie guerrière à la vie laborieuse. C'est un recueil de préceptes sur l'agriculture et de maximes de morale, entremêlées de superstitions puériles, notamment sur la distinction des jours heureux et malheureux. *Le Bouclier d'Hercule* est un fragment épique, dont l'authencité a été contestée avec raison.

Les ouvrages d'Homère et d'Hésiode devinrent dans la suite des siècles les bases de l'éducation de la jeunesse grecque. Ces recueils poétiques des croyances nationales furent considérés comme des espèces de livres sacrés : on les faisait apprendre par cœur aux enfants ; de là l'influence générale de la poésie et des arts sur l'esprit du peuple grec.

Après Homère et Hésiode il y a dans l'histoire littéraire une lacune de quelques siècles. Dans cet intervalle se prépara la révolution qui devait changer les constitutions des petits États de la Grèce. Ce mouvement commence vers l'établissement des olympiades (776 avant J. C). En même temps l'institution des jeux publics concourut à former l'unité nationale. Ces réunions solennelles et périodiques eurent pour premier effet de rapprocher les différentes fractions de la famille hellénique, et de créer un lien parmi ces peuplades encore peu policées. Tels furent les jeux Olympiques célébrés en l'honneur de Jupiter à Olympie en Élide ; les jeux Néméens en l'honneur d'Hercule, à Némée, en Argolide ; les jeux Pythiques célébrés à Delphes en l'honneur d'Apollon ; et les jeux Isthmiques à l'isthme de Corinthe, en l'honneur de Neptune.

(1) *Hesiodi carmina*, Recensuit et commentariis instruxit Carolus Goettlingius ; ed. II, Gothæ, 1843, in-8°. — *Hesiodi carmina, Apollonii carmina*, etc. gr. et lat. ed. F. S. Lehrs ; Paris, 1841, gr. in-8° (dans la *Bibliothèque grecque* de F. Didot.)

Les révolutions politiques de cette époque ouvrirent un nouveau champ à la poésie. Un changement général s'opère dans le gouvernement des petites cités de la Grèce ; la plupart expulsent les rois pour fonder des constitutions démocratiques ou oligarchiques. L'épopée avait chanté les origines des petits États monarchiques ; la poésie lyrique sortit du tumulte des États populaires ; le génie de la liberté inspira les poëtes : ils chantèrent la patrie et l'indépendance nationale. La poésie lyrique, expression libre et spontanée des mouvements de l'âme, prend des caractères divers, selon la nature des sentiments qui l'inspirent : tantôt elle est religieuse, et célèbre les dieux par des hymnes dans les fêtes solennelles ; tantôt prenant le ton héroïque, elle chante la patrie et la liberté ; c'est ainsi qu'à l'époque où nous sommes parvenus, les guerres, les luttes fréquentes, la haine de l'ennemi et des tyrans exaltaient les âmes et inspiraient aux poëtes de mâles accents. D'autres fois, la poésie lyrique prend le caractère élégiaque et raconte les souffrances de l'âme repliée sur elle-même ; ou bien l'indignation fait jaillir la raillerie mordante, qui s'exhale en ïambes satiriques. Enfin la poésie prend aussi un caractère moral d'utilité pratique ; elle donne aux hommes d'ingénieuses leçons sous le voile de l'apologue ou sous la forme concise des sentences gnomiques.

Jusqu'alors les poëtes étaient aussi musiciens ; les deux arts étaient étroitement unis, ou plutôt le chant et la danse constituaient un art unique avec la poésie. Peu à peu ils se séparent l'un de l'autre, et forment des arts distincts. Parmi les poëtes de cette époque on cite Tyrtée (1), dont les chants belliqueux enflammaient le courage des Spartiates dans les guerres qu'ils firent aux Messéniens ; il nous reste quelques morceaux de lui. Archiloque (2) de Paros, inventeur de l'ïambe, qui florissait au septième siècle avant notre ère ; son esprit satirique et l'amertume de ses vers lui firent de nombreux ennemis. Les circonstances que la tradition rapporte de sa vie paraissent fabuleuses : on sait seulement qu'il chanta aux jeux olympiques un hymne célèbre en l'honneur d'Hercule. Il ne nous reste de lui que des fragments. Callinus d'Éphèse, inventeur du

vers élégiaque, se fit connaître aussi par des chants de guerre. Alcman (1), de Sardes en Lydie, poëte érotique, florissait vers 670. Alcée de Mitylène (2) fit des vers virulents contre Pittacus, qui le força de s'exiler ; dans ses poésies il attaquait la tyrannie, et célébrait tour à tour Vénus et Bacchus. La tendre Sapho (3) de Lesbos, contemporaine d'Alcée, se rendit célèbre par son amour pour Phaon ; Denys d'Halicarnasse nous a conservé d'elle une *ode à Vénus,* et Longin un autre morceau, qui a été traduit par Boileau ; ce sont des vers brûlants de passion.

Dans cette période parurent aussi les législateurs qui donnèrent aux petites républiques de la Grèce leurs premières constitutions. Le plus ancien de tous, Lycurgue, fit de Sparte une espèce de convent militaire, et fonda la grandeur future de sa patrie sur l'austérité des mœurs et des lois. Stobée nous a conservé l préambule des lois de Zaleucus et de Charondas, législateurs des Locriens et des habitants de Catane. Le premier législateur d'Athènes fut Dracon, dont les lois, écrites en caractères de sang, furent bientôt abolies. Enfin Solon donna aux Athéniens des lois plus durables, parce qu'elles étaient mieux assorties à leur caractère : Solon fut aussi un des sept sages, et il a laissé des poésies dont nous avons quelques fragments, une *prière aux Muses* en soixante-seize vers, et un morceau de dix-huit vers *sur les âges de la vie* (4).

Deuxième Période. Depuis la législation de Solon jusqu'à l'avénement d'Alexandre.

(594-336 av. J. C.)

Mais avec Solon commence l'époque la plus brillante et la plus féconde de la littttérature grecque.

Jusqu'ici l'Asie Mineure et les îles de la Méditerranée en avaient été le théâtre ; maintenant la Grèce proprement dite, et Athènes en particulier, deviennent le foyer des lumières et le centre du monde civilisé. Nous voici arrivés au point le plus important du développement intellectuel de la Grèce. Les Grecs, divisés en un grand nombre de tribus et d'États indépendants, n'étaient que faiblement unis par la communauté de leur origine, de leur langue et

---

(1) Dans le *Delectus poesis Græcorum elegiacæ, iambicæ et melicæ* de Schneidewin ; Gottingæ, 1838-39, in-8° ; et dans les *Poetæ lyrici græci* de Th. Bergk ; Lipsiæ, 1843, in-8°. — M. Firm. Didot a donné une édicion spéciale des *Fragments de Tyrtée,* avec une double traduction en vers et en prose ; Paris, in-12.

(2) Recueils cités dans la note précédente. — *Archilochi iambographi principis reliquiæ.* Quas accuratius collegit, adnot. viror. doctor. suisque animadversionibus illustravit, et præmissa de vita et scriptis poetæ comment. nunc seorsum ed. Ign. Liebel ; ed. II, Viennæ, 1818, in-8°.

(1) Rec. cit. — *Alcmanis lyrici fragmenta,* collegit et rec. fr. Th. Weicker ; Giessæ, 1815, in-4°.

(2) Rec. cit. — *Alcæi reliquiæ,* colleg. et adnot. critic. instruxit Aug. Matthiæ ; Lipsiæ, 1827, in-8°.

(3) Recueils de Schneidewin et de Théod. Bergk. — *Selecta poetriarum græcarum carmina et fragmenta,* éd. A. Schneider ; Giessæ, 1802, in-8°. — *Sapphus fragmenta,* ed. A. Chr. Fr. Neue ; Berolini, 1827, in-4°.

(4) Rec. cit. — *Solonis carminum quæ supersunt,* præmissa commentatione de Solone poeta, ed. Nic. Bach ; Bonnæ, 1825, in-8°.

de leur religion, par le retour périodique des jeux solennels, auxquels toute la nation prenait part, et enfin par le conseil des amphictyons, espèce de centre politique, où se traitaient quelquefois les intérêts généraux. Les guerres médiques vinrent resserrer ces liens, jusqu'alors peu étroits; le danger commun obligea ces petites républiques à réunir leurs forces pour les opposer à l'ennemi qui menaçait l'indépendance générale; des victoires remportées sur les Perses date l'époque de la grandeur, de la Grèce. A Athènes le gouvernement démocratique avait prévalu dans toute sa pureté. Tandis que dans les autres cités l'ambition des citoyens ne connaissait rien de plus noble que les prix donnés dans les jeux solennels à l'agilité et à la force corporelle, les Athéniens seuls se montraient sensibles à la gloire des talents et du génie. Chez eux l'éloquence conduisait au pouvoir; les concours publics, en faisant de la poésie un goût général et populaire, firent éclore une génération de poètes, qui portèrent l'art dramatique au plus haut point de perfection. Athènes dut la suprématie à ses grands hommes. Mais bientôt, enivrée de sa puissance, elle abusa de son pouvoir, et fit sentir le joug à ses alliés, qui formèrent une ligue contre elle, sous la direction de Sparte. De là la guerre du Péloponèse, au bout de laquelle Athènes, humiliée, subit la domination de Sparte, sa rivale. Enfin, après l'éclat passager de Thèbes sous Pélopidas et Épaminondas, Philippe de Macédoine hérite de ces dominations successives, et réunit la Grèce entière sous ses lois.

C'est dans cette période agitée que la langue et la littérature grecque parvinrent à leur plus haute perfection. Jusqu'alors la poésie, embrassant l'universalité de la vie sociale, avait rempli le triple office de l'histoire, de la philosophie et de la religion. Soit qu'il s'agît de transmettre les souvenirs du passé aux générations à venir, soit que l'on voulût conserver le dépôt des connaissances acquises ou les préceptes de la sagesse pratique, soit enfin que l'on enseignât les croyances religieuses, on employait le rhythme et le langage mesuré des vers, pour les graver plus profondément dans la mémoire. Désormais la séparation va s'opérer; chaque genre sera cultivé distinctement, et deviendra l'objet d'une étude spéciale. Le développement des relations sociales, joint à la connaissance de l'écriture, qui se répandit dans la Grèce avec l'introduction du papyrus égyptien, amenèrent l'emploi usuel de la prose. Chaque genre de poésie se dédoubla en quelque sorte: ainsi de la poésie épique sortit l'histoire; la philosophie spéculative sortit de la poésie gnomique, sous laquelle on résumait les préceptes de la sagesse pratique et l'expérience de la vie. Les plus remar-

quables parmi ces poëtes gnomiques furent THÉOGNIS de Mégare (1), et PHOCYLIDE de Milet (2). On y comprend aussi les sept sages, au nombre desquels on compte THALÈS, fondateur de la philosophie ionique, et PYTHAGORE, auquel on a attribué les *vers d'or* (3), et qui fut le fondateur de l'école italique dans la Grande-Grèce. Enfin XÉNOPHANE de Colophon (4), auteur d'un poëme sur la nature, fut le chef de l'école éléatique. Telles sont les trois grandes écoles qui représentent la philosophie pendant la première partie de cette période.

Philosophie.

I. Depuis Thalès jusqu'à Socrate.

La philosohie grecque, comme la poésie, naquit dans l'Asie Mineure. Là, comme partout, elle débuta par les tentatives les plus téméraires: dès les premiers pas elle voulut expliquer le monde; ses premiers essais furent des cosmogonies. Ici, comme dans toutes les branches de la civilisation hellénique, nous retrouvons l'antagonisme des deux races: l'esprit dorien et l'esprit ionien se manifestent par des caractères divers, en philosophie comme dans les arts et la poésie. L'esprit ionien est le sensualisme en toutes choses; sa philosophie fut donc un empirisme. Cette race au caractère mobile, ouverte à toutes les impressions du dehors, se préoccupa surtout des phénomènes sensibles, et chercha à expliquer l'existence des choses du point de vue matérialiste: les philosophes ioniens prirent tour à tour pour principe l'eau, l'air, le feu. L'esprit dorien, doué de plus de profondeur et de solidité, s'élève au-dessus des impressions sensibles: aussi, la philosophie de l'école italique ou pythagoricienne a-t-elle une tendance plus marquée vers les recherches morales; le besoin de l'unité et de l'ordre porte ses spéculations au delà des phénomènes du monde extérieur. L'importance que Pythagore accorda aux idées mathématiques, qui semblent planer comme un intermédiaire entre le monde sensible et le monde idéal, prépara la transition de la philosophie sensuelle des ioniens à la philosophie platonicienne, qui cherchait l'essence des choses dans les idées pures de la raison, révélées par l'intuition intérieure. Enfin

(1) Recueils de Schneidewin et de Th. Bergk. — *Theognidis elegi,* secundis curis recens. Imm. Bekker; Berolini, 1827, in-8°. — *Theognidis reliquiæ,* in novum ordinem disposuit, comment. crit. et not. adj. Th. Welcker; Francof. ad M., 1826, in-8°.

(2) Rec. cit. — *Phocylidis carmina,* cum selectis adnot. aliquot doctor. viror., gr. et lat., ed. M. J. Ad. Schier; Lipsiæ, 1718, in-8°.

(3) *Pythagoræ et Pythagoreorum carmen aureum,* gr. et lat. cum integris animadv. Sylburgi, Amerbachii, Needhami, ed. J. Ad. Schier; Lipsiæ, 1780, in-8°.

(4) *Xenophanis Colophonii carminum reliquiæ,* éd. S. Karsten; La Haye, 1832, in-8°.

l'école éléatique admit dans sa doctrine deux éléments divers, l'un ionien, l'autre dorien ; le système de Xénophane est un mélange où les deux philosophies contemporaines coexistent sans être fondues véritablement : sa physique est ionienne, sa théologie est pythagoricienne. C'est cette combinaison de deux élément divers, les idées sur le monde, et les idées sur Dieu, qui forme le caractère propre de la philosophie de Xénophane. Malgré leur accord momentané, il est évident que l'avenir doit les séparer, et faire prévaloir l'un ou l'autre.

La philosophie prit pour point de départ la question de l'origine et du principe élémentaire du monde : elle chercha à la résoudre d'abord par l'expérience et la réflexion, appliquées tantôt à la matière de la sensation (école ionique), tantôt à sa forme (école pythagoricienne), ensuite par l'opposition de l'expérience et de la raison (école éléatique).

École ionique. THALÈS, de Milet, fut le premier chez les Grecs qui s'occupa de recherches spéculatives sur l'origine du monde. L'eau fut pour lui le principe d'où viennent toutes choses. On lui attribue le précepte *Connais-toi toi-même.* ANAXIMANDRE, aussi de Milet, modifia les idées de Thalès : il prit pour premier principe l'*infini*, qui contient tout en soi, et qu'il appela l'Être divin. Cependant sa doctrine est restée assez équivoque, car, suivant les uns, il attribue à cet infini une nature distincte des éléments; suivant d'autres, il en fait quelque chose d'intermédiaire entre l'eau et l'air. ANAXIMÈNE, disciple d'Anaximandre, considéra l'air comme l'élément infini et primitif.

École pythagoricienne. PYTHAGORE, né à Samos vers l'an 571, se prépara par des voyages et par de longues études à sa mission philosophique. On prétend qu'il avait passé vingt-deux ans en Égypte. Il s'établit à Crotone, et y fonda un célèbre institut. Cette espèce de communauté, dans laquelle il se proposait de réaliser ses doctrines philosophiques et politiques, souleva de violentes inimitiés : au bout d'un certain nombre d'années, elle fut attaquée et dispersée par la violence. Le nom de Pythagore est resté grand dans l'histoire de la philosophie; il a le mérite incontestable d'avoir donné une forte impulsion aux sciences mathématiques et à la morale. Il transporta dans la philosophie les idées des rapports des nombres et des tons, il chercha de mystérieuses analogies entre les idées morales et les idées des nombres; la monade et la dyade sont pour lui les éléments de tout ce qui existe. Pythagore, un des premiers, mit en honneur la croyance à l'immortalité de l'âme, sous la forme encore bien imparfaite de la métempsycose. Ses disciples les plus célèbres furent PHILOLAUS, ARCHITAS (1) et LYSIS ; et après eux OCELLUS de Lucanie (2), et TIMÉE de Locres (3) maître de Platon.

École éléatique. — XÉNOPHANE de Colophon (4), contemporain de Pythagore, fonda une école à Élée, dans la Grande-Grèce. Il ramena toute la réalité de l'univers à l'intelligence, comme à la substance unique ; il identifia Dieu et le monde, et fut ainsi le premier auteur du panthéisme idéaliste. PARMÉNIDE (5) donna à ce système son développement le plus élevé. ZÉNON d'Élée, disciple et ami de Parménide, fit avec lui un voyage à Athènes, vers l'an 460, et il y défendit le nouveau système. Il posa les fondements de la dialectique, dont il donna le premier des leçons.

A l'école ionique se rattache l'*école atomistique*, dont le point de départ est l'empirisme et le matérialisme. Ce système, exposé par LEUCIPPE et par DÉMOCRITE (6), sera repris et développé plus tard par Épicure. HÉRACLITE d'Éphèse (7) appartient aussi par sa patrie et par ses principes aux philosophes ioniens. Le feu lui parut être l'agent universel et l'élément fondamental de toutes choses. Cependant il admet la lutte des éléments divers comme l'origine de tous les changements. C'est lui qui enseigna que toutes choses sont dans un flux continuel, axiome dont les sophistes abusèrent à l'excès, en le transportant dans le domaine des idées morales, de la justice et de la vérité. Ce principe devint ainsi l'arc-boutant du scepticisme.

ANAXAGORE, de Clazomène (8), passe pour être le premier avant Socrate qui reconnut l'existence d'une intelligence supérieure gouvernant le monde et la nature par ses lois. Cependant cette pensée devait avoir pénétré peu avant dans sa doctrine, puisque pour expliquer l'univers il eut recours aux *homœoméries*, qui ne sont autre chose que les atomes, dont tout est composé selon les matérialistes.

(1) *Architæ Tarentiti fragmenta moralia, politica, physica et mathematica*, dans le t. II des *Opuscula Græcor. vet. sententiosa et moralia*, de J. C. Orelli; Leipzig, 1821, in-8°.

(2) *Ocellus Lucanus, De rerum natura*, ed. A. F. G. Rudolph.; Lipsiæ, 1801, in-8°. — *Ocellus Lucanus, De rerum natura, en grec et en français*, par le marquis d'Argens ; Berlin, 1762, in-8°.

(3) *Timæus, De anima mundi et natura*, ed. J. J. de Gelder ; Lugd. Batav., 1836, in-8°. — *Timée de Locres, en grec et en français, avec des dissertations*, etc., par le marquis d'Argens ; Berlin, 1762, in-8°.

(4) *Voyez* ci-dessus, col. 782.

(5) *Parmenidis Eleatæ carminum reliquiæ*, ed. S. Karsten ; Amsterdam, 1835, in-8°.

(6) *Democriti Abderitæ operum fragmenta*, ed. Mullach ; Berlin, 1843, in-8°.

(7) *Heracliti Ephesii epistola ad Hermodorum*, ed. Boissonade; Amsterdam, 1829, à la suite d'*Eunape*. — Fr. Jacobs, *De Heracliti Ephesii fragmentis*, dans ses *Lectiones Stobenses*; Iena, 1827, in-8°.

(8) *Anaxagoræ Clazomenii fragmenta quæ supersunt*, ed. Ed. Staubach ; Lipsiæ, 1827, in-8°.

Poésie lyrique.

La poésie lyrique avait déjà jeté un vif éclat dans la période précédente ; mais le nom le plus illustre dans ce genre appartient à la période actuelle ; c'est PINDARE, le seul représentant qui nous reste de la poésie dorienne. Il fait la transition entre la Grèce ancienne et la Grèce nouvelle. Ses maîtres avaient été LASUS, SIMONIDE (1), MYRTIS et CORINNE (2). Il nous reste de lui quarante-cinq hymnes ou chants de victoire, en l'honneur des vainqueurs aux jeux publics et des divinités qui présidaient à ces fêtes, savoir 14 *Olympiques*, 12 *Pythiques*, 11 *Néméennes*, 8 *Isthmiques* (3). Il avait composé une foule d'autres poésies. Le triomphe des vainqueurs aux jeux publics était célébré dans la soirée même qui suivait la lutte. Comme il ne se trouvait sans doute pas toujours sur les lieux des poëtes d'une verve assez féconde pour improviser ces chants, il est probable que les chanteurs chargés de célébrer la victoire savaient par cœur un certain nombre d'odes qu'on pourrait appeler banales, et applicables en pareille circonstance. Parmi les poésies de Pindare il y en a peut-être quelques-unes de cette espèce. On préparait au vainqueur une seconde fête, à laquelle prenaient part ses amis, sa famille, ses concitoyens, les compagnons de son enfance ; cette fête l'attendait au retour dans sa ville natale. Plusieurs odes de Pindare ont été faites pour ces solennités. Enfin quelques-unes de ses odes ne peuvent avoir été composées que longtemps après l'événement, ce qui indique des anniversaires où l'on célébrait le souvenir des victoires. Dans les odes chantées à ces anniversaires il est à peine question de l'exploit qui en est le prétexte ; le poëte use de la liberté la plus étendue pour parler de la gloire des ancêtres de son héros et pour rappeler les fables qui entourent le berceau de sa naissance. Pindare chanta les victoires du roi Hiéron, qui l'accueillit à sa cour, mais il célébra aussi des citoyens obscurs, dont le nom serait resté à jamais inconnu s'il n'avait été proclamé dans les jeux publics. Ces odes étaient chantées par des chœurs composés d'hommes exercés à cet emploi ; elles étaient en quelque sorte représentées, c'est-à-dire accompagnées d'une pompe éclatante et de danses. Les poésies de Pindare ont en général un caractère solennel et public, qui suppose une représentation d'apparat ; il y règne d'un bout à l'autre un ton grave et sérieux, souvent un enthousiasme exalté et un caractère religieux. Elles étaient faites non pour la lecture réfléchie du cabinet, mais pour être récitées devant la foule, au milieu d'un spectacle pompeux. Leur principal caractère est l'enthousiasme lyrique, qui se manifeste par des mouvements fougueux, irréguliers, des métaphores hardies, des images grandes et sublimes, au milieu desquelles le style est souvent obscur à force de hardiesse. Ces odes, représentées au moins autant que chantées, préparaient la transition au genre dramatique.

Parmi les autres lyriques, les plus célèbres furent STÉSICHORE (1) d'Himère, en Sicile, adversaire de Phalaris, tyran d'Agrigente ; ANACRÉON de Téos (2), qui a donné son nom à un genre de poésie gracieux, où l'on chante l'amour et les plaisirs ; SIMONIDE (3), qui fut le maître et le rival de Pindare, et inventa l'élégie moderne ; quelques fragments que nous avons de lui portent l'empreinte d'une sensibilité touchante. BACCHYLIDE de Céos (4), autre rival de Pindare, et neveu de Simonide, eut aussi la faveur d'Hiéron, roi de Syracuse ; ses poésies se distinguaient par la profondeur des pensées et l'élévation de la diction.

Poésie dramatique.

I. Tragédie et drame satyrique (5).

En Grèce, la poésie dramatique résulta du concours des deux grandes formes poétiques qui s'étaient développées les premières : l'épopée et la poésie lyrique vinrent se confondre dans le drame. A l'épopée il emprunta le récit, qui ne tarda pas à se partager en dialogue ; la poésie lyrique lui donna ses chœurs, qui furent en effet le germe des représentations théâtrales.

---

(1) Recueils de Schneidewin et de Th. Bergk. — *Simonidis Cei, Leoprepis filii, carminum reliquiæ*, ed. F. G. Schneidewin ; Brunsvigæ, 1835, in-4°.

(2) *Poetriarum græcarum carmina et fragm.*, ed. A. Schneider ; Giesæ, 1802, in-8°.

(3) *Pindari opera quæ supersunt.* Textum in genuina metra restituit et ex fide librorum mss. doctorumque conjecturis rec., annot. crit., scholia integra, interpret. lat., commentarium perpet. et indd. adj. A. Bœckh ; Lipsiæ, 1811-21 ; 2 tomes en 4 vol. In-4°. — *Pindari opera quæ supersunt, cum lectionis variet. et annott. iterum cur. Chr. Gtlo. Heyne*, ed. nova, cur. Gdfr. Henr. Schæfer ; Lipsiæ, 1817, 3 vol. In-8°. — *Pindari opera, ex recens. Bœckhii*, ed. Dissen ; Gothæ, 1830, 2 vol. in-8°. — *OEuvres de Pindare*, texte revu par M. Théob. Fix, et trad. en français par M. Sommer ; Paris, 1847, 3 vol. in-8°.

(1) Recueils de Schneidewin et de Th. Bergk. — *Stesichori Himerensis fragmenta*, collegit, dissertat. de vita et poesi auctoris præmisit Kleine ; Berolini, 1828, in-8°.

(2) *Anacreontis carmina*, ed. J. F. Fischer ; Lipsiæ, 1793, in-8°. — *Anacreontis nomine quæ feruntur carmina*, ed. E. Ant. Mœbius ; Gothæ, 1826, in-8°. — *Anacreontica quæ dicuntur*, ed. F. Mehlhorn ; Glogaviæ, 1825, in-8°. — *Anacreontis carminum reliquias* ed. Theod. Bergk ; Lipsiæ, 1834, in-8°.

(3) *Voyez* ci-dessus, col. 785.

(4) Recueils de Schneidewin et de Th. Bergk. — *Bacchylidis Cei fragmenta*, ed. Ch. F. Neue ; Berlin, 1822, in-8°.

(5) Gull. Schneider, *De originibus Tragœdiæ græcæ* ; Vratislaviæ, 1817, 2 vol. in-8°. — Kayser, *Historia critica tragicorum græcorum* ; Gottingæ, 1845, in-8°. — Welcker, *Die griechischen Tragœdien mit Rücksicht auf den epischen Cyclus geordnet* ; Bonn, 1839-1841, 3 vol. in-8°.

L'origine de la poésie dramatique chez les Grecs se rattache, comme partout, à la religion nationale. Dans les fêtes des dieux, une partie essentielle *du culte public consistait dans les chœurs*, qui, en chantant et dansant au son de la musique, représentaient quelque fable relative à la divinité dont on célébrait les louanges. Ainsi Hérodote raconte (V, 67) que les habitants de Sicyone représentaient par des chœurs les aventures d'Adraste, un de leurs anciens rois. Quoique ce culte fût antérieur à l'époque où la poésie dramatique prit naissance et se partagea en deux genres, le tragique et le comique, Hérodote, par une espèce d'anachronisme, appelle tragiques les chœurs des Sicyoniens, parce qu'ils représentaient les malheurs d'Adraste. Le même historien (V, 83) attribue l'origine des drames comiques à des chœurs formés par les habitants d'Égine. A Athènes, des chœurs semblables à ceux de Sicyone et d'Égine faisaient partie des fêtes de Bacchus, qui se célébraient soit à l'époque des vendanges, soit lorsqu'on mettait le vin en perce. Dans l'origine, ces chœurs se bornaient à chanter les louanges de Bacchus, sans être accompagnés d'aucune action ; plus tard on s'avisa de couper le chant des chœurs par quelque récit qu'on appela épisode. Telle fut donc l'origine de la tragédie : les chants lyriques en furent d'abord la partie fondamentale. Le rôle du chœur dans le drame, et la part qu'il prit à l'action, a varié selon les temps et selon les auteurs. En général, le chœur de la tragédie représente le bon sens public ; il joue en quelque sorte le rôle de médiateur entre l'homme et les dieux ; son langage est celui de la modération, sa tâche de calmer les passions irritées.

Thespis, contemporain de Solon et de Pisistrate, passe pour l'inventeur de la tragédie : il rendit le chœur plus régulier, et y adjoignit un acteur qui débitait un récit, ou représentait une action. « Thespis, dit Horace, « inventa le genre inconnu de la tragédie, et « promena sur des chariots les acteurs qui « chantaient ses poëmes. » Le chariot ou le tombereau de Thespis n'a pas d'autre autorité que ce passage d'Horace, qui paraît avoir confondu ici la tragédie avec la comédie : celle-ci était ambulante ; mais la tragédie était représentée à côté de l'autel de Bacchus. Phrynichus d'Athènes, disciple de Thespis, est connu par sa *Prise de Milet*, qui le fit mettre à l'amende, pour avoir trop vivement ému la sensibilité des spectateurs : Thémistocle fit les frais de la représentation d'une de ses tragédies. Choerilus (1), contemporain d'Eschyle, donna plus de pompe au costume ; ce fut pour lui que les Athéniens construisirent le premier théâtre.

Eschyle (1), né à Eleusis l'an 525 avant J C., mort en 436, fut appelé le père de la tragédie, parce qu'il donna au drame une forme régulière ; il ajouta un second acteur, et par là il inventa le dialogue. Par la suite, Sophocle introduisit un troisième et un quatrième acteur, et Eschyle en fit autant. Ses pièces ont un caractère de grandeur et sont pleines d'idées hardies ; il met en scène des dieux et des demi-dieux ; son style est élevé, lyrique et souvent obscur. Ses plans sont d'une extrême simplicité, il ne connaît pas l'art de nouer et de dénouer une action : chez lui, le chœur prend encore une très-grande part au drame ; dans quelques pièces même il joue le principal rôle, comme dans les *Suppliantes* ou les *Euménides*. Il ne reste d'Eschyle que sept tragédies ; mais dans le nombre se trouvent quelques-unes de ses plus célèbres, telles que *les Perses*, le *Prométhée enchaîné*, et la trilogie de l'*Orestie*, comprenant *Agamemnon*, *les Choëphores* et *les Euménides*.

Sophocle (2), du bourg de Colone en Attique, né en 495 et mort en 406, était plus jeune qu'Eschyle de trente ans, et plus âgé qu'Euripide de quinze. Il porta la tragédie grecque à sa perfection. Il concourut souvent avec Eschyle ; il remporta sa première victoire sur lui à l'âge de vingt-neuf ans. Chez le peuple athénien, si passionné pour le beau, le succès de son *Antigone*, jouée en 442, le fit nommer général de l'expédition de Samos, concurremment avec Périclès et Thucydide. Ce fut lui qui mit un troisième acteur sur la scène ; il abrégea les chœurs, et leur donna une part moins directe dans l'action. Le chœur devint ainsi accessoire, après avoir été partie principale dans l'origine. La connaissance profonde du cœur humain fit de Sophocle un grand maître dans l'art de peindre les passions ; et néanmoins la tragédie conserve chez lui son caractère religieux, avec une rare élévation morale, et une sorte de pressentiment des pures vérités du christianisme. Son style a, en général, cette noble simplicité qui est un des caractères de la perfection. C'est parmi les sept ouvrages qui nous restent de lui qu'il faut chercher les chefs-d'œuvre de la tragédie grecque : *Œdipe roi*,

---

' (1) *Chœrili Samii quæ supersunt*, ed. A. F. Næke ; Lipsiæ, 1817, in-8°.

(1) *Æschyli dramata quæ supersunt et deperditorum fragmenta*, ed. C. G. Schütz ; Leipzig, 1809-1822, 5 vol. in-8°. — *Apparatus criticus et exegeticus in Æschyli tragœdias*; Halle, 1832, 2 vol. in-8°. — *Æschyli Dramata*, ed. Wellauer; Leipzig, 1823-1830, 3 vol. in-8°. — *Théâtre d'Eschyle*, trad. nouv., par A. Pierron; Paris, 1841, in-12.
(2) *Sophoclis tragœdiæ septem et deperdit. fragm.* ed. Erfurdt; Leipzig, 1802-1825, 7 vol. in-8°. — *Sophoclis tragœdiæ*, ed. G. Hermann, Leipzig, 1822-1825, 7 vol. in-12. — *Sophoclis tragœdiæ*, ed. Wunder, Gothæ, 1845-1848, 2 vol. in-8°. — *Sophoclis Ajax*, ed. Lobeck; Leipzig, 1835, in-8°. — *Sophoclis Philoctetes*, ed. Ph. Buttmann; Berlin, 1822, in-6°. — *Tragédies de Sophocle*, trad. du grec par M. Artaud, 2e éd.; Paris, 1841, in-12.

Œdipe à Colone, Philoctète, sont comparables pour. l'idéal et la pureté des formes, à tout ce que la statuaire antique a produit de plus parfait.

EURIPIDE (1) était né à Salamine, l'an 480 avant J. C., le jour même de la bataille de Salamine. Par une singulière coïncidence, le nom des trois grands tragiques se trouve attaché à cette célèbre journée, puisque Eschyle y avait combattu en guerrier valeureux, et que Sophocle, âgé de quinze ans, y chanta l'hymne de la victoire, à la tête de la jeunesse athénienne. Aristophane, parmi les traits mordants qu'il lance contre Euripide, n'a pas épargné l'obscurité de sa naissance : il était fils d'une marchande de légumes. Élève d'Anaxagore et de Prodicus, ami de Socrate, il transporta sur la scène les idées et le langage de la philosophie, et quelquefois aussi les raffinements de la rhétorique. Il n'a pas été surpassé dans la peinture des passions; Aristote l'appelle *le plus tragique des poëtes*. Il cherche surtout à émouvoir, à exciter la pitié. Sophocle subordonna la passion au caractère, et le caractère à la grandeur idéale : chez Euripide la passion est la chose principale; le caractère et la dignité y sont subordonnés aux effets pathétiques. Son style est clair, élégant, harmonieux et facile; il a souvent des passages d'une beauté ravissante, et d'autres fois il tombe dans les trivialités. Ce défaut lui a valu de fréquentes parodies des poëtes comiques. Chez lui le chœur n'a plus qu'un rôle très-secondaire; ses chants ne tiennent plus au sujet, et dégénèrent en hors-d'œuvre. Les ouvrages d'Euripide furent très-recherchés dans toute la Grèce. On raconte qu'après la défaite de Nicias en Sicile un grand nombre d'Athéniens durent leur salut aux vers de ce poëte; ceux qui purent en réciter échappèrent à la mort ou à l'esclavage. Dix-neuf de ses pièces sont parvenues jusqu'à nous. On sait que Racine l'a fréquemment imité. Il mourut en 406, un an avant Sophocle, à la cour d'Archélaüs, roi de Macédoine, auprès duquel il s'était retiré.

Les ouvrages des trois grands tragiques étaient regardés par les Athéniens comme des monuments de la gloire nationale. L'orateur Lycurgue, qui vécut entre les années 404 et 320, fit passer une loi ordonnant qu'une copie exacte et authentique des tragédies d'Eschyle, de Sophocle et d'Euripide serait déposée aux archives de l'État, et qu'un des premiers magistrats de la république, le greffier de la ville, veillerait à la conservation de ce dépôt. Ptolémée-Évergète, roi d'Égypte, voulant faire corriger les copies qui existaient à Alexandrie, obtint qu'on lui confiât cet exemplaire, moyennant un cautionnement de 15 talents; mais il aima mieux perdre cette somme que de rendre le manuscrit : il ne renvoya aux Athéniens qu'une copie de leur original.

Le drame satyrique (1), qui faisait le complément des tétralogies, paraît avoir été un genre intermédiaire ; nous n'avons pour en juger que le *Cyclope* d'Euripide.

II. Comédie (2).

La tragédie avait dû sa naissance aux chœurs dithyrambiques par lesquels les villes de la Grèce célébraient les fêtes de Bacchus. La comédie naquit dans les campagnes. Aux fêtes du même dieu ou des autres divinités champêtres, les habitants de plusieurs villages ou bourgs de l'Attique se réunissaient pour chanter des chœurs *phalliques*, dans lesquels régnait la licence la plus effrénée; les acteurs, traînés sur des chariots, se rendaient d'un village à l'autre, et faisaient assaut de sarcasmes avec les passants. Le chœur fut ainsi l'origine de la comédie comme de la tragédie; mais il suivit les destinées de la comédie ellemême : son rôle, très-important dans la vieille comédie, perdit peu à peu de son caractère, quand la comédie moyenne cessa d'être politique, et à la fin il fut entièrement supprimé dans la comédie nouvelle. Une des différences profondes qui distinguaient la comédie antique de la comédie des modernes, c'est la *parabase*, digression dans laquelle le poëte, représenté par le chœur, s'adressait directement aux spectateurs, et s'entretenait avec eux de luimême, de ses rivaux, de ses ennemis, et souvent même traitait les questions relatives aux affaires publiques. Quelque anti-dramatique que nous paraisse aujourd'hui cette interruption de l'action, la parabase, impatiemment attendue de l'auditoire, était le morceau capital de la pièce. C'est que la comédie avait un caractère tout politique chez les Athéniens; c'était le complément de leurs institutions démocratiques : tout était de son ressort; elle attaquait indistinctement les particuliers ou

(1) *Euripidis tragœdiæ et fragmenta*, ed. Aug. Matthiæ; Leipzig, 1813-1837, 10 vol. in-8°. — *Euripidis tragœdiæ*, ed. Pflugk; Gothæ, 1834-1842 (il n'a paru de cette édition que 2 vol. contenant huit tragédies). — *Euripidis tragœdiæ*, ed. G. Hermann; Leipzig, 1831-1841 (il n'a également paru que huit trag. formant 3 vol.). — *Euripidis fabulæ*, ed. Theob. Fix; Paris, 1843, in-8° (dans la *Bibliothèque grecque* de F. Didot). — *Euripidis Hecuba*, ed. Porson. — *Euripidis Phœnissæ*, ed. Valckenaer. — *Tragédies d'Euripide*, trad. du grec par M. Artaud ; Paris, 1842, 2 vol. in-12. — *Hippolyte, tragédie d'Euripide*, trad. en français, avec le texte en regard, revue et annotée par M. Theob. Fix; Paris, 1843, in-12.

(1) Is. Casaubon, *De satyricâ Græcorum poësi et de Romanorum satyra*; nouvelle éd. Halle, 1774, in-8°. — *Fragmenta Græcorum satyrographorum*, ed. C. Friebel; Berlin, 1837, in-8°.
(2) *Fragmenta comicorum græcorum*, ed. Aug. Meineke; Berlin, 1839-1841, 4 vol. in-8°. (Ce recueil est précédé d'une *Histoire critique des comiques grecs*, qui en forme le premier volume.) — *Fragmenta comicorum gr.*, colleg. et disposuit Aug. Meineke, ed. minor ; Berlin, 1847, 2 vol. in-8°.

les hommes d'État; chefs de partis, généraux, orateurs, écrivains, tous étaient tributaires de ses plaisanteries et des ridicules qu'elle versaità pleines mains.

ARISTOPHANE (1), le poëte le plus célèbre de l'ancienne comédie, nous a laissé onze pièces, sur un bien plus grand nombre qu'il fit représenter. De ses prédécesseurs, ÉPICHARME, CRATINUS, EUPOLIS, etc., nous n'avons que quelques fragments. Les comédies d'Aristophane, telles qu'elles sont, nous présentent le tableau le plus fidèle des mœurs d'Athènes. Ce qui fait la valeur éminente d'Aristophane à nos yeux, c'est qu'il est l'historien le plus véridique de la vie publique et privée de la démocratie grecque. Il nous fait la peinture de la corruption d'Athènes avec une énergie et une vérité de couleurs que ne peut offrir aucun autre monument historique. Nul ne décrit la décadence des mœurs grecques d'une manière plus vive et' plus frappante.

La licence de la comédie, qu'on avait tenté maintes fois de réprimer, n'expira qu'avec la liberté politique. Divers décrets défendirent de nommer, les hommes vivants, d'attaquer les magistrats; mais ces décrets n'étaient pas longtemps observés, et la comédie reprenait bientôt son ancienne allure. Enfin, après la prise d'Athènes par Lysandre, Lamachus, un des membres du gouvernement des Trente, établi sur les ruines de la démocratie, défendit, l'an 404, de traduire sur la scène les événements du temps, d'y nommer les personnes vivantes; il interdit les parabases. Tout citoyen attaqué par les auteurs comiques eut le droit de porter plainte devant les tribunaux. Ce fut un coup mortel pour la *vieille comédie*. Elle perdit son caractère essentiel, la satire politique et les personnalités injurieuses, la censure publique des actes du gouvernement et de ceux qui avaient part au maniement des affaires. Le retour momentané de la démocratie ne rendit pas à la comédie ses priviléges. Alors commence la *comédie moyenne*, qui dura jusqu'à Ménandre. Toute personnalité en était bannie, sans que cependant la satire fût exclue. Ne pouvant plus nommer les individus, les poëtes désignaient par des allusions et par un persifflage plus fin les caractères qu'ils voulaient immoler à la risée publique. Le *Plutus* est un échantillon de la comédie moyenne. Une ressource des poëtes pour amuser et exciter le rire, fut aussi de parodier les ouvrages oonnus. Enfin MÉNANDRE (2), l'homme de génie

de la *comédie nouvelle*, inventa la comédie de caractère, dont le trait essentiel est la peinture des mœurs. C'est donc dans les sujets que la différence est frappante : dans la vieille comédie, ils étaient réels, et même individuels; dans la nouvelle, les poëtes s'attachèrent aux vices et aux ridicules de la société. Il s'ensuivit un changement dans les masques; ne pouvant plus faire le portrait des personnes vivantes, on donna aux masques des traits bizarres. Enfin, depuis l'abolition de la démocratie les citoyens riches n'eurent plus d'intérêt à se charger de la dépense des chœurs; ainsi disparut la pompe du spectacle, le chœur ne fut plus qu'un simple rôle de la pièce, et finit même par être retranché tout à fait.

Histoire (1).

Nous avons vu que les progrès de l'écriture au sixième siècle et le développement des relations sociales avaient fait prévaloir l'emploi de la prose. Les connaissances historiques et géographiques commencèrent à s'accroître, par les guerres qui mirent les Grecs en contact avec l'Asie et l'Afrique, par le lien fédéral qui se forma entre les divers États, par les progrès du commerce et par les voyages. On se mit à recueillir les traditions, les souvenirs du passé, encore bien mélangés de fables. Ainsi se fit le passage de la poésie à l'histoire. CADMUS et HÉCATÉE de Milet, HELLANICUS de Mitylène (2), auteur du premier essai de chronologie, furent les précurseurs d'Hérodote. Enfin HÉRODOTE d'Halicarnasse (3), né en 484 avant Jésus-Christ, fut appelé le *père de l'histoire*, parce que le premier il connut l'art de faire un tout régulier de parties incohérentes. Jeune encore, Hérodote quitta Halicarnasse asservie, et s'établit à Samos. Depuis l'âge de vingt-cinq ans il parcourut les principaux pays connus, la Grèce, la Macédoine, la Thrace, les pays situés à l'embouchure de l'Ister et du Borysthène, une grande partie de l'Asie, et il alla peut-être jusqu'à Babylone; il fit un long séjour en Égypte et en Afrique. Il s'occupa dans ses excursions

---

(1) *Aristophanis comœdiæ*, ed. Phil. Invernitz; Leipzig, 1794-1828, 12 vol. in-8°. — *Aristophanis comœdiæ et deperditarum fragmenta, ex nov. recens.* Guil. Dindorf; *Scholia græca in Aristophanem*, ed. Fr. Dübner; Paris, 1838-1842, 2 vol. gr. in-8°. (*Bibl. gr.* de F. Didot). — *Comédies d'Aristophane*, trad. du grec, par M. Artaud, 2° éd. Paris, 1845, in-12.

(2) *Menandri et Philemonis reliquiæ*, ed. Aug. Meineke; Berlin, 1823, in-8°. — *Menandri et Phi-*

lemonis fragmenta auctiora et emendatiora, ed. Fr. Dübner; Paris, 1838 (*Bibl. gr.* de F. Didot, à la suite d'Aristophane).

(1) Ger. J. Voss, *De historicis græcis libri III*. Auctiores et emendatiores ed. Ant. Westermann; Leipzig, 1838, in-8°. — *Fragmenta historicorum græcorum*. ed. Car. Theod. Müller; Paris, 1841-1848, 2 vol. gr. in-8° (*Bibl. gr.* de F. Didot).

(2) Le recueil cité dans la note précédente contient tout ce que l'on connaît de ces trois historiens.

(3) *Herodoti Historiarum libri IX*, ed. Jo. Schweighæuser; Strasbourg, 1816-24, 7 tomes en 14 vol. in-8°. — *Herodoti Musæ*, edd. Fr. Creuzer et J. C. F. Bæhr; Leipzig, 1830-1838, 4 vol. in-8°. — *Herodoti Historiarum libri IX*, ed. Guil. Dindorf; *Ctesiæ, Castoris, Eratosthenis, etc. fragmenta*, ed. Car. Müller; Paris, 1844, gr. in-8° (*Bibl. gr.* de F. Didot). — *Histoire d'Hérodote*, trad. du grec, par Larcher;. Paris, 1802, 9 vol. in-4° ou in-8°.

de rassembler les matériaux d'une histoire de la guerre des Grecs contre les Perses. A son retour à Samos, il les mit en ordre, et rédigea son ouvrage, suite attrayante de tableaux historiques et géographiques, rattachés comme autant d'épisodes à une action unique, grande et importante, dont le dénoûment est le désastre de Xerxès. Il le lut en partie à l'assemblée des jeux Olympiques en 456, puis à la fête des Panathénées, où il obtint de grands applaudissements et excita l'enthousiasme général. Il suivit la colonie athénienne envoyée à Thurium en 444, et y vécut jusqu'au temps de la guerre du Péloponèse. Il y retoucha son ouvrage, qui embrasse un espace de trois cent vingt ans. Le caractère religieux d'Hérodote se montre dans tout son livre ; il est quelquefois un peu crédule, et même superstitieux ; néanmoins sa véracité est reconnue aujourd'hui ; les explorations des modernes en Égypte, par exemple, n'ont fait que confirmer les assertions d'Hérodote qui avaient été l'objet de quelques doutes.

THUCYDIDE (1), né treize ans après Hérodote, en 471, fut un historien non moins célèbre, mais dans un genre tout différent. Il créa l'histoire politique. Homme d'État, ayant pris part au gouvernement d'Athènes, et victime lui-même des caprices de la démocratie, il fut à même de connaître à fond les menées des partis et les ressorts secrets qui décidaient souvent des délibérations publiques. Il eut pour maître le rhéteur Antiphon, et passe pour avoir fréquenté, comme Périclès, l'école d'Anaxagore. Dans la huitième année de la guerre du Péloponèse il commandait une flotte athénienne dans la mer Égée : Brasidas, général lacédémonien, ayant attaqué à l'improviste la ville d'Amphipolis, les habitants appelèrent à leur secours l'amiral athénien : Thucydide ne put arriver à temps, mais il sauva une autre place dont les Péloponésiens allaient aussi s'emparer. Il n'en fut pas moins exilé d'Athènes, et se fixa en Thrace, où il resta vingt ans. Il revint à Athènes, soit après la prise de cette ville par Lysandre, époque où les exilés eurent la permission de rentrer, soit l'année suivante, où une amnistie générale fut publiée. Pausanias dit que dans ce voyage il fut assassiné ; mais il se trompe de date, car on voit dans l'histoire de Thucydide qu'il a survécu à la guerre du Péloponèse. Telles sont

les circonstances de sa vie qui nous sont connues.

Pendant son exil, Thucydide rassembla des matériaux pour l'*histoire de la guerre du Péloponèse*, et n'épargna ni soins ni dépenses pour connaître non-seulement les causes qui la suscitèrent, mais encore les intérêts particuliers qui la prolongèrent. Il se rendit chez les différentes nations ennemies, consulta partout les chefs de l'administration, les généraux, les soldats, et fut lui-même témoin de la plupart des événements qu'il avait à raconter. Son histoire comprend les vingt et une premières années de cette guerre. Partout son ouvrage respire l'amour de la vérité. On raconte qu'il assista jeune encore à la lecture qu'Hérodote fit de son histoire aux jeux Olympiques : ému de ces récits et des acclamations qu'excitait l'auteur, on a prétendu que cette impression de sa jeunesse avait décidé de sa vocation comme historien. Cette anecdote a été contestée ; elle n'a pourtant rien d'invraisemblable dans l'existence toute poétique des grands écrivains de la Grèce. Parmi les morceaux célèbres de son histoire, on cite l'éloge des citoyens morts en combattant, qu'il met dans la bouche de Périclès, et la description de la peste, qui fut imitée par Lucrèce, lequel le fut lui-même par Boccace dans sa peinture de la peste de Florence.

XÉNOPHON (1), né en 445, et mort en 356, historien, philosophe, militaire et homme d'État, continua l'histoire de Thucydide jusqu'à la bataille de Mantinée. Il écrivit aussi la *retraite des Dix mille*, qu'il avait dirigée lui-même. Parmi ses autres ouvrages, les plus importants sont la *Cyropédie*, espèce de roman moral et politique, et ses *Mémoires sur Socrate*. Son style pur, élégant et plein de grâce, le fit surnommer l'*Abeille attique*. Il fut exilé d'Athènes comme dévoué au parti dorien ; les Lacédémoniens lui donnèrent des terres. Disciple de Socrate, il paraît être celui qui a reproduit avec le plus de fidélité son enseignement et ses idées.

Les quatre grands géographes, STRABON (2),

---

(1) *Thucydidis de bello Peloponesiaco libri VIII*, ed. Poppo ; Leipzig, 1821-1840, 4 part. en 11 vol. in-8°. — *Thucydidis de bello Pelop. lib. VIII*, ed. Gœller ; Leipzig, 1836, 2 vol. in-8°. — *Thucydidis da bello Pelop. lib. VIII. Acced. Marcellini vita Thucydidis et scholia gr.*, ed. F. Haase ; Paris, 1840, gr. in-8° (*Bibl. gr.* de F. Didot). — *Histoire grecque de Thucydide*, trad. en français, par Ch. Lévesque ; Paris, 1795, 4 vol. in-8° ou in-4°. — *Histoire de la guerre de Pélop.*, trad. franç. par M. Ambr. F. Didot ; Paris, 1833, 4 vol. in-8°.

(1) *Xenophontis quæ exstant*, recens. et interpretatus est J. G. Schneider ; nouvelle ed. publ. par F. A. Bornemann ; Leipzig, 1815-1840, 6 vol. in-8°. — *Xenophontis scripta quæ supersunt*, ed. G. Dindorf ; Paris, 1839, grand in-8° (*Bibl. gr.* de F. Didot). — *Œuvres complètes de Xénophon*, trad. en fr. par Dacier, Larcher, Lévesque, Gail, etc. ; Paris, 1842, in-12.

(2) *Géographie de Strabon*, éd. Coray ; Paris, 1815-1819, 4 vol. in-8° (les préfaces et les notes sont en grec moderne). — *Strabonis geographica*, rec. Gust. Kramer ; Berlin, 1844-1847, vol. 1 et 2, in-8° (il y en aura 4). — *Strabonis geographica*, ed. Fr. Dübner ; Paris, in-8° (*Bibl. gr.* de F. Didot). — *Géographie de Strabon*, trad. du grec en français par MM. Laporte du Theil, Gosselin, Coray et Letronne ; Paris, 1805-1819, 5 vol. in-4°.

PAUSANIAS (1), PTOLÉMÉE (2), ÉTIENNE de Byzance (3), appartiennent à l'époque suivante ; nous les nommons ici par anticipation, pour n'avoir pas à y revenir.

Philosophie.

Depuis Socrate jusqu'aux néoplatoniciens.

La philosophie fut illustrée à cette époque par les plus grands génies. Mais ils eurent pour précurseurs les sophistes, qui furent aussi les maîtres des grands orateurs, et qui exercèrent une influence politique et littéraire autant que philosophique.

Jusques vers la 90ᵉ olympiade, les philosophes et leurs écoles avaient été disséminés dans toutes les villes de la Grèce. A cette époque Athènes devint leur quartier général, ce qui ne contribua pas peu à donner une direction nouvelle à leurs études. GORGIAS de Léontium, en Sicile (4), PROTAGORAS d'Abdère, HIPPIAS d'Élis, PRODICUS de Céos, THRASYMAQUE, TISIAS, sont les plus célèbres sophistes dont les noms nous soient parvenus. Leur doctrine, dont le fond consistait à appliquer à la morale et à la politique ce principe de la physique antique « que toutes choses sont dans un flux continuel, » conduisait directement au scepticisme : c'était pour eux une arme commode dans l'art de disputer et de prouver indifféremment le pour et le contre. Ces abus de la dialectique, lorsqu'ils furent portés à leur comble, suscitèrent la réaction puissante de Socrate, qui fit un appel au bon sens, et qui rendit à la philosophie une direction pratique. Il pulvérisa les sophistes, et montra le néant de leurs subtilités. Mais les sophistes, justement confondus comme philosophes, ne furent pourtant pas complétement inutiles au développement de l'esprit grec : ils jouèrent comme rhéteurs un autre rôle, qui maintint leur importance. Dans un État démocratique, où le talent de la parole était de première nécessité pour agir sur la multitude, quiconque aspirait à prendre part aux affaires publiques devait étudier l'art de bien dire. Tous les grands hommes d'Athènes, Thémistocle, Aristide, Cimon, Périclès,

Alcibiade, eurent besoin de séduire le peuple par leur éloquence, avant de commander son admiration par leurs grandes actions. Le même Gorgias que Socrate se plaisait à confondre comme sophiste avait été député auprès des Athéniens par les habitants de Léontium, pendant la guerre du Péloponèse ; son éloquence apprêtée fit fureur parmi les Athéniens, qui secoururent les Léontins, et forcèrent Gorgias de s'établir à Athènes, où il donna des leçons de rhétorique. Il nous reste de lui deux déclamations, genre frivole, dans lequel les idées sont entièrement sacrifiées à l'art d'arranger les mots. Cet art nouveau prospéra, et Athènes vit s'ouvrir des écoles où la rhétorique fut professée dès lors sans interruption (1).

Nous avons vu que les subtilités des sophistes, l'effronterie avec laquelle ils s'annonçaient pour soutenir indifféremment le pour et le contre, et le doute universel qui résultait de leurs principes, avaient provoqué une réaction salutaire. SOCRATE ramena la philosophie à l'étude de l'homme intérieur ; ses disciples la rendirent plus complète et plus systématique : la psychologie et la morale furent créées comme sciences. Socrate n'a point écrit ; mais l'esprit de son enseignement nous a été transmis par ses élèves. Xénophon a reproduit fidèlement ses idées, mais sans les systématiser. D'autres après lui fondèrent des écoles, et professèrent des principes très-divers. Telles furent l'école *Cyrénaïque*, dont le chef, ARISTIPPE (2), rapportait tout à la volupté ; c'est le précurseur d'Épicure : l'école *Cynique*, fondée par ANTISTÈNE (3), etc. La plus célèbre de toutes fut l'*Académie*, qui eut pour chef PLATON (4), génie vaste et brillant, qui alliait tout le charme de l'inspiration poétique aux conceptions les plus hautes de la raison. En regard de son école il convient d'opposer l'école *Péripatéticienne*, fondée par son disciple ARISTOTE (5), génie en-

---

(1) Pausaniæ Græciæ descriptio, ed. C. G. Slebelis ; Leipzig, 1822-1828, 5 vol. in-8°. — *Pausaniæ Græciæ descriptio*, edd. Schubart et Walz ; Leipzig, 1838-1839, 3 vol. in-8°. — *Pausaniæ Græciæ descriptio*, ed. L. Dindorf ; Paris, 1845, gr. in-8° (*Bibl. gr.* de F. Didot).

(2) *Ptolemæi geographiæ libri VIII*, edd. Wilberg et Grashof ; Essendiæ, 1838, sqq. in-fol. — *Ptolemæi geographia*, ed. Nobbe ; Leipzig, 1845-1845, 3 vol. in-16. — *Géographie de la Gaule*, extr. de Ptolémée, texte et traduction franç.; par M. Léon Renier, dans l'*Annuaire de la Soc. des Antiquaires de France pour* 1848, in-18.

(3) *Stephanus Byzantius*, ed. G. Dindorf ; Leipzig, 1825, 4 vol. in-8°. — *Stephani Byzantii* Ἐθνικῶν quæ supersunt, ed. Ant. Westermann ; Leipzig, 1839, in-8°.

(4) *Oratores græci*, ed. Reiske ; Leipzig, 1770-1775, 12 vol. in-8° (tom. VIII). — *Orat. Attici*, ed. Imm. Bekker ; Berlin, 1823-1824, 5 vol. in-8° (tom. V).

(1) Spengel, Συναγωγὴ τεχνῶν, *sive artium scriptores ab initiis usque ad editos Aristotelis de rhetorica libros ;* Stuttgard, 1828, in-8°.

(2) *Aristippi epistolæ gr. et lat. cum notis varior.* ed. J. Cons. Orelli, dans sa *Collectio epistolarum græcarum ;* Leipzig, 1818, in-8°.

(3) *Antisthenis fragmenta*, ed. A. G. Winckelmann ; Zurich, 1842, in-8°.

(4) *Platonis quæ exstant*, stud. Soc. Bipont.; Biponti, 1781-1786, 12 vol. in-8°. — *Platonis quæ exstant opera*, ed. G. Stallbaum ; Leipzig, 1823-1825, 12 vol. in-8°. — *Platonis opera omnia*, rec. et commmcnt. instruxit God. Stallbaum ; Gothæ, 1833-1842, vol. I à X, in-8°. — *Platonis opera quæ feruntur omnia*, ed. Baiter, J. G. Orelli, A. G. Winckelmann ; Zurich, 1839-1842, 1 vol. en 2 part. in-4°. — *Platonis dialogi selecti*, cur. Heindorf, ed. II, 1806-1829, 4 vol. in-8°. — *OEuvres de Platon*, trad. du grec, par M. Vict. Cousin ; Paris, 1826-1858, 10 vol. in-8°.

(5) *Aristotelis opera*, ex rec. Imm. Bekkeri, ed. acad. reg. Borussicæ ; Berlin, 1831-1836 ; 5 vol. in-4°. — *Aristotelis opera omnia*, ed. Buhle ; Biponti, 1791-1800, 5 vol. in-8° (cette édition est restée incomplète). — *Aristotelis opera, ex recens. Bekkeri.* Acced. indices Sylburgiani ; Oxford, 1837, 11 vol.

cyclopédique, qui assujettit jusqu'à la marche libre de l'imagination aux lois d'une raison sévère. Platon et Aristote ont en quelque sorte épuisé tout le domaine de la pensée et du savoir humain. Platon traitait la philosophie comme un art, Aristote comme une science. Platon distingue la connaissance empirique de la connaissance rationnelle ; il admet pour la connaissance de Dieu une source surnaturelle et plus élevée que pour la connaissance du monde réel ; c'est là le caractère distinctif de sa doctrine. Aristote est l'inventeur de la logique ; le premier il l'a réduite en système, et soumise à des principes certains ; mais il n'admet comme sources de nos connaissances que la raison et l'expérience ; il rejette cette source supérieure de l'intuition, admise par Platon. L'influence de Platon et d'Aristote sur la postérité a été immense. L'idéalisme de l'un et l'empirisme de l'autre sont les deux éléments de la philosophie grecque : aujourd'hui encore toute philosophie est inévitablement aristotélicienne, ou platonicienne.

Deux autres sectes issues de l'école de Socrate ont exercé un peu plus tard une grande influence sur la vie pratique : l'une, celle d'ÉPICURE (1), professait le culte de la volupté et l'insouciance pour les affaires publiques, en même temps qu'elle enlevait aux dieux le gouvernement des affaires humaines ; l'autre, celle du *Portique*, qui eut pour fondateur ZÉNON de Cittium, réhabilitait la grandeur morale de l'homme, en faisant un appel à sa liberté. Enfin, après avoir parcouru le cercle des opinions et des systèmes, l'esprit humain retomba dans le scepticisme où il avait déjà flotté avant la venue de Socrate. Les nouveaux représentants de ce scepticisme universel furent CARNÉADE et les *nouveaux Académiciens*, puis SEXTUS EMPIRICUS (2) et ÆNÉSIDÈME.

Du scepticisme au mysticisme il n'y a qu'un pas ; c'est la marche naturelle de l'homme, qui va par soubresauts, et se précipite toujours d'un excès dans l'excès contraire. Cette transition sera l'œuvre et le caractère du néoplatonisme d'Alexandrie.

Orateurs (1).

La théorie de l'art de la parole avait été inventée en Sicile ; mais l'éloquence naquit à Athènes. Là en effet elle avait des intérêts sérieux à défendre, et souvent elle fut un moyen de s'emparer du gouvernement. Les grammairiens nous ont transmis une liste de dix orateurs attiques, qui tous ont laissé des ouvrages. Il suffit de les passer rapidement en revue : nous trouverons parmi eux l'homme le plus éloquent qui ait jamais agi sur ses semblables par le talent de la parole.

ANTIPHON (2), de Rhamnus en Attique, né en 479, avait suivi les leçons de Gorgias : il ouvrit une école de rhétorique, où Thucydide se forma. Il ne plaidait pas lui-même, mais il composait des plaidoyers pour les accusés qui les prononçaient. Il ne parla qu'une seule fois en public, pour se défendre contre une accusation de trahison. Il eut des commandements dans la guerre du Péloponèse, et équipa à ses frais soixante trirèmes. Il prit la principale part à la révolution qui établit à Athènes le gouvernement des quatre cents, dont il fut membre. Pendant la courte durée de cette oligarchie, Antiphon fut envoyé à Sparte pour négocier la paix ; le mauvais succès de cette ambassade renversa le gouvernement. Antiphon fut accusé de trahison, et condamné à mort. Il reste de lui quinze discours, relatifs à des procès particuliers ; ils servent à faire connaître la procédure criminelle à Athènes.

ANDOCIDE (3), fils de Léogoras, d'Athènes (468-400), commanda la flotte athénienne dans la guerre entre les Corinthiens et les Corcyréens. Accusé de profanation avec Alcibiade, dans l'affaire de la mutilation des Hermès, il échappa à la peine en dénonçant ses complices. Rentré à Athènes sous le gouvernement des quatre cents, il fut mis en prison, et s'évada. Il revint dans sa patrie après la chute des trente tyrans. Ayant échoué dans une ambassade à Sparte, il n'osa plus se montrer à Athènes, et mourut dans l'exil. Il nous reste de lui quatre discours importants pour l'histoire de la Grèce : l'un sur les mys-

in-8°. — *Aristotelis de animalibus historiæ lib. X*, ed. J. G. Schneider ; Leipzig, 1812, 4 vol. in-8°. — Traductions françaises: 1° des *OEuvres complètes*, par M. Barthélemy Saint-Hilaire ; Paris, 1830 et suiv. : 3 vol. ont paru ; — 2° de l'*Hist. des animaux*, par Camus, 1783, 2 vol. in-4° ; — 3° de la *Métaphysique*, par MM. Pierron et Zevort ; Paris, 1840, 2 vol. in-8° ; — 4° de la *Morale* et de la *Politique*, par Thurot ; Paris, 1823-1824, 3 vol. in-8°.

(1) *Epicuri Physica et Meteorologica, duabus litteris ejusdem comprehensa ; ed.* J. G. Schneider ; Leipzig, 1813, in-8°. — *Epicuri fragmenta librorum II et XI de natura, volum. papyraceis ex Herculano erutis probabiliter restituta ; ed.* J. C. Orelli ; Leipzig, 1818, in-8°.

(2) *Sexti Empirici opera*, ed. J. A. Fabricius ; Leipzig, 1718, in-fol. — *Sexti Empirici opera*, ed. Imm. Bekker ; Berlin, 1842, in-8°.

(1) Ruhnkenius, *Historia critica oratorum græcorum*, dans ses *Opuscula*, Leyde, 1807, 2 vol. in-8°. — Belin de Ballu, *Histoire critique de l'éloquence chez les Grecs* ; Paris, 1813, 2 vol. in-8°. *Oratorum græcorum quæ supersunt monumenta ingenii*, ed. J. Jac. Reiske ; Leipzig, 1770-1775, 12 vol. in-8°. — *Oratores Attici, ex recens.* Imm. Bekkeri ; Berlin, 1823-1824, 5 vol. in-8°. — *Oratores attici et quos sic vocant sophistæ*, ed. Dobson ; Londres, 16 vol. in-8°. — *Oratores attici*, ed. J. G. Baiter et Herm. Sauppe ; Zurich, 1838-1843, in-4°. — *Oratores attici*, edd. Vœmel, Ahrens et Baiter ; Paris, 1845, sqq. 3 vol. gr. in-8° (*Bibl. gr.* de F. Didot).

(2) *Antiphontis orationes XV*, ed. Ed. Mœtzner ; Berlin, 1836, in-8°.

(3) *Andocidis orationes IV*, ed. Car. Schiller ; Leipzig, 1835, in-8°.

tères d'Éleusis, qu'on l'accusait d'avoir profanés; le second sur sa rentrée à Athènes; le troisième sur la paix avec Sparte; le quatrième contre Alcibiade.

LYSIAS (1), d'Athènes (459-380), fils d'un Syracusain, fut à quinze ans un des fondateurs de la colonie de Thurium. Après avoir reçu à Syracuse les leçons de Tisias, il prit part au gouvernement de Thurium jusqu'à plus de cinquante ans. Exilé alors comme partisan d'Athènes, il se rendit dans sa patrie. Forcé de fuir, sous le régime des trente tyrans, il se retira à Mégare. Puis il s'associa à Thrasybule, pour la délivrance d'Athènes, où il mourut. Il nous reste de lui trente-quatre discours judiciaires; ils se distinguent par la méthode, la clarté, le sentiment des convenances. Il n'a pas la force de Démosthène, mais son style est pur et élégant.

ISOCRATE (2), d'Athènes (436-338), le plus célèbre de tous les professeurs d'éloquence, était élève de Gorgias, de Prodicus et de Tisias. Comme il lui manquait la puissance d'organe et la hardiesse, au lieu d'affronter la tribune, il se borna à ouvrir une école de rhétorique, où se formèrent les plus grands orateurs de la Grèce, Isée, Lycurgue, Hypéride, Démosthène. Aussi jouissait-il d'une immense considération. Il publia des discours sur divers sujets de politique. Le plus célèbre est le *panégyrique* ou discours prononcé devant le peuple assemblé : son double but est d'engager les Grecs à se réunir pour faire la guerre aux Perses, et en même temps de vanter la prééminence d'Athènes. Isocrate passa dix ou quinze ans à retoucher ce discours. Son style est harmonieux et très-travaillé; c'est le modèle de la pureté attique. Après la bataille de Chéronée, Isocrate se laissa mourir d'inanition, pour ne pas survivre à l'indépendance de sa patrie.

ISÉE (3), disciple de Lysias et d'Isocrate, florissait vers 350. Il fut un des maîtres de Démosthène. Il se distingue par une sage ordonnance ; son style est à la fois vigoureux et élégant. Il a laissé onze discours, tous judiciaires, et relatifs la plupart à des affaires de succession.

ESCHINE, d'Athènes (1), rival de Démosthène, était né dans une condition obscure : il fut longtemps à se faire connaître et à lutter contre une vie misérable. Il avait été envoyé comme ambassadeur dans le Péloponèse, auprès de Philippe, et enfin au conseil des amphictyons : là il se brouilla avec Démosthène, son collègue, et il ne put se laver du soupçon d'avoir été gagné par l'or du roi de Macédoine. Ayant perdu le procès qu'il intenta à Ctésiphon pour avoir fait voter une couronne d'or à Démosthène avant qu'il n'eût rendu ses comptes, il fut forcé de s'exiler. Il ouvrit une école de rhétorique à Rhodes, puis à Samos, où il mourut à soixante-quinze ans. Il ne reste de lui que trois discours, son plaidoyer contre Ctésiphon, qui est un chef-d'œuvre auquel on ne peut opposer que la défense de son rival ; un discours contre Timarque, qui voulait se porter son accusateur; et enfin une apologie contre le reproche d'avoir prévariqué dans son ambassade.

LYCURGUE (2), d'Athènes, disciple de Platon et d'Isocrate, mort en 325, âgé de plus de quatre-vingts ans. On n'a de lui qu'un seul discours, *contre Léocrate;* il s'y trouve beaucoup de digressions mythologiques.

HYPÉRIDE (3), ami de Démosthène, puis son accusateur, lorsque le grand orateur eut accepté l'or d'Harpalus, est cité comme le troisième des orateurs attiques; on le place immédiatement après Démosthène et Eschine. Il se recommande par la force, la simplicité et une sage ordonnance.

DINARQUE (4), de Corinthe, florissait vers 320. On le classe d'ordinaire après Hypéride.

Enfin DÉMOSTHÈNE (5), le plus grand orateur de la Grèce et peut-être de tous les pays et de tous les siècles. Il perdit son père à l'âge de sept ans, et sa fortune fut dilapidée par ses tuteurs. Résolu, dès son jeune âge, de les

---

(1) *Lysiæ orationes quæ supersunt omnes, cum deperditarum fragmentis*, ed. J. Franz ; Munich, 1831, in-8°. — *OEuvres complètes de Lysias,* trad. en fr. par Auger ; Paris, 1783, in-8°.

(2) *Isocratis orationes et epistolæ*, ed. Coray ; Paris, 1807, 2 vol. in-8°. — *Isocratis orationes et epistolæ*, ed. J. G. Balter ; Paris 1846, gr. in-8° (*Bibl. gr.* de F. Didot). — *OEuvres d'Isocrate,* trad. du grec par Auger ; Paris, 1781, 3 vol. in-8°.

(3) *Isæi orationes IX,* cum not. var. Reiskii et Taylori ; Leipzig, 1773, in-8°. — *Isæi opera,* ed. G. H. Schæfer ; Leipzig, 1822, in-8°. — *Isæi orationes XI, cum aliquot deperditar. fragm.*, ed. Schœmann; Gryphiswaldiæ, 1831, in-8°. — *Les Orateurs athéniens, ou Harangues de Lycurgue, d'Andocide, d'Isée, de Dinarque et de Demade,* trad. du grec en français par Auger ; Paris, 1792, in-8°.

(1) *Æschinis opera omnia*, cum comment. Hier. Wolfii, Taylori, etc.; *Dinarchi or. III,* cum adnot. H. Wolfii ad primam, J. J. Reiskii ad omnes; *Lycurgi or.* cum adnot. J. G. Hauptmanni; *Andocidis or. IV,* cum ado. J. J. Reiskii, etc.; Leipzig, 1809, 2 vol. in-8°.

(2) *Lycurgi orat. Attici contra Leocratem oratio,* ed. J. G. Hauptmann ; Leipzig, 1753, in-8°. — *Lycurgi oratoris quæ exstant,* ed. A. G. Becker ; Magdebourg, 1821, in-8°.

(3) Il ne nous reste rien de cet orateur; mais Libanius le croit l'auteur du discours *sur les conventions avec Alexandre,* discours qui est généralement attribué à Démosthène.

(4) *Dinarchi orationes III,* ed. Mætzner ; Berlin, 1842, in-8°.

(5) *Demosthenis opera,* ed. G. H. Schæfer ; Leipzig, 1821-1822, 5 vol. in-8° ; *Apparatus criticus et indices,* ed. Schæfer et Seiler; Leipzig, 1824-1833, 5 vol. in-8°. — *Demosthenis opera ex rec. G. Dindorfii;* Oxford, 1846, 4 vol. in-8°. — *OEuvres complètes de Demosthène et d'Eschine;* traduction de l'abbé Auger, nouv. éd. revue et corrigée par M. Planche; Paris, 1819-1821, 10 vol. in-8°. — *OEuvres complètes de Démosthène,* trad. en français, par M. Stievenart : Paris, 1840, 1 vol. gr. in-8°.   D

poursuivre et d'obtenir justice contre eux, il
dirigea de bonne heure ses études vers ce but.
Il fut disciple de Platon et d'Euclide de Mégare
pour la philosophie; pour la rhétorique, on
a prétendu qu'il ne s'était pas trouvé assez riche pour suivre l'école d'Isocrate; il reçut les
leçons d'Isée. A dix-sept-ans il composa cinq
plaidoyers contre ses tuteurs: on les a encore;
il gagna son procès. Mais la première fois qu'il
voulut parler devant l'assemblée du peuple
il échoua. Il est superflu de répéter ce que
tout le monde sait de ses efforts incroyables,
et des études opiniâtres auxquelles il se
livra pour triompher de quelques défauts de
nature et se rendre digne de la vocation
qu'il sentait en lui. A vingt-cinq ans il fit ses
deux discours contre Philippe. Son premier discours contre Philippe est de l'année 352; il
avait alors trente-trois ans. Dès lors il s'attacha à poursuivre le roi de Macédoine, à dévoi-
ler ses projets ambitieux, et à lui susciter des
ennemis. Pendant quatorze ans ce fut sa
pensée dominante et le but de toutes ses dé-
marches. Des soixante et un discours qu'il
nous a laissés, douze se rapportent à cette
guerre acharnée qu'il fit à Philippe. C'est là qu'il
mit en œuvre toutes les ressources que peut
offrir le génie animé par l'amour du bien public pour réveiller un peuple frivole, insou-
ciant et mobile, et le porter à des résolutions
durables autant que vigoureuses. Le trait essentiel et caractéristique de son éloquence est
l'alliance étroite du raisonnement et de la
passion. Il démontre continuellement la du-
plicité de Philippe, ses usurpations tantôt violentes tantôt cauteleuses; il gourmande les
Athéniens sur leur apathie, et toujours il fait
passer dans ses paroles une chaleur, une vé-
hémence qui, encore aujourd'hui, après plus de
deux mille ans, nous font partager les sentiments
qu'il éprouvait lui-même. Il succomba dans ce
long duel avec Philippe; mais sa patrie reconnaissante lui décerna une couronne d'or, et
cette récompense, contestée par un rival jaloux, fut pour *le plus puissant des orateurs*,
ainsi que l'appelle Plutarque, l'occasion d'un
nouveau triomphe, où il se surpassa lui-même.
Condamné à l'exil pour avoir reçu les dons
d'Harpalus, il rentra dans Athènes pendant la
guerre Lamiaque, puis il finit par s'empoisonner pour n'être pas livré vivant à Antipater.

**Troisième Période. Depuis Alexandre,
jusqu'au quatrième siècle de notre ère.**

Après Démosthène et son contemporain Aristote, la littérature grecque entre dans une
époque de décadence; on peut ajouter qu'elle
change de caractère et de direction. Si dès lors
elle produisit des génies moins hardis et
moins féconds, le progrès des lumières et une
civilisation plus générale, effet des conquêtes

d'Alexandre, peuvent être envisagés comme
une compensation. Les esprits inventeurs
devinrent plus rares, l'esprit critique se développa à proportion. Athènes avait été jusque
là le principal siège des lettres et des arts;
Alexandrie, la nouvelle capitale de l'Égypte,
se substitua à son influence. Par sa position
admirable entre l'Europe, l'Asie et l'Afrique,
cette dernière ville devint l'entrepôt du commerce du monde et le confluent des doctrines
orientales, qui vinrent féconder par leur mélange les jets, un peu épuisés, de la philosophie grecque. Les Ptolémées, qui régnèrent
avec quelque gloire sur l'Égypte, encouragèrent
les sciences et les lettres. La fameuse bibliothèque d'Alexandrie et le Musée, qu'ils fondèrent, furent un asile splendide offert aux savants: des revenus particuliers étaient affectés
à l'entretien de ceux qui y demeuraient. L'a-
bondance même du papyrus, qui croît en
Égypte, aidait à la multiplication des manuscrits. Tout concourut donc à faire prévaloir
l'érudition sur le libre essor des intelligences,
qui cependant ne fut pas complètement étouffé.
C'est ainsi que la littérature transplantée d'A-
thènes à Alexandrie changea de caractère:
elle devint l'objet d'études réglées; au lieu
d'hommes de génie il y eut des savants. Ce fut
à Alexandrie qu'on traça ce cercle des connaissances humaines qu'il fallait avoir parcouru
pour aspirer au titre d'homme lettré: là naquirent les *sept arts libéraux*, qui deviendront
le *trivium* et le *quadrivium* du moyen âge:
grammaire, rhétorique, dialectique, arithmétique, géométrie, astronomie et musique. Alors
la critique des mots fut en honneur, tous les
grands poëtes fournirent une matière inépuisable de commentaires. Les lettres déchurent
donc; mais leur plaie la plus incurable fut la
déchéance du caractère moral: à la cour des
princes elles contractèrent l'esprit de servitude, et se prostituèrent trop souvent à une
basse flatterie.

Nous avons parlé précédemment de Ménandre et de Philémon, les gloires de la comédie
nouvelle, qui par les dates appartiennent
à cette époque, mais que nous avons nommés par anticipation, pour ne pas rompre
l'ensemble. Quant aux *poëtes d'Alexandrie*,
ils étaient savants, mais ils manquaient d'imagination et de goût; ils usaient beaucoup de
temps et de patience à faire des anagrammes ou
autres futilités du même genre. Qu'il nous suffise de citer LYCOPHRON (1), auteur d'un poëme
sur Cassandre, dont le style obscur et entor-
tillé ne rachète pas la bizarrerie de la composition; CALLIMAQUE de Cyrène (2), poëte froid,

(1) *Lycophronis Alexandra, sive Cassandra*, ed.
R. G. Reichard; Leipzig, 1788, in-8°. — *Is. et J.
Tzetzes Scholia in Lycophronem*, ed. C. G. Mueller-
Leipzig, 1811, 3 vol. in-8°.
(2) *Callimachi hymni, epigrammata et frag.*

dénué de verve, dont il nous reste quelques hymnes ; Apollonius de Rhodes (1), auteur des *Argonautiques*, poëme dont l'allure se rapproche plus de l'histoire que de l'épopée. La poésie didactique est le genre vraiment propre aux alexandrins ; comme ouvrage remarquable de cette époque nous citerons les *Phénomènes* d'Aratus (2), poëme où il décrit le cours et l'influence des astres : il a été traduit par Cicéron.

Cependant nous rencontrons un véritable poëte, Théocrite, de Syracuse (3), créateur d'un genre nouveau, la pastorale, qu'il porta tout d'abord à la perfection. Il semble qu'à certaines époques d'épuisement, la société blasée éprouve le besoin de se reporter vers cet âge idéal d'innocence qu'une croyance poétique place au début de la vie du genre humain. Les tableaux de la vie pastorale sont de nature à satisfaire cette disposition d'esprit : c'est ce qui fit, vers la fin du dix-huitième siècle, l'immense succès des idylles de Gessner et de *Paul et Virginie*. Théocrite en a été le digne modèle par la grâce, la naïveté et la fraîcheur de ses peintures. Après lui, mais à distance, brillent encore Bion de Smyrne et Moschus de Syracuse.

Les conquêtes d'Alexandre agrandirent le champ de l'histoire. Mais alors naquit une tendance au merveilleux, un penchant pour le romanesque, qui la dénature. On est d'autant plus heureux de voir apparaître Polybe, fils

de Lycortas, de Mégalopolis (205-123) (1), qui a porté dans l'histoire une étendue de vues qui semble n'appartenir qu'aux temps modernes. Homme d'État, militaire, formé par Philopœmen, il avait été un des chefs de la ligue achéenne. A l'âge de quarante ans il fut conduit à Rome comme otage, et il y séjourna dix-sept ans : il devint l'ami et le compagnon d'armes du jeune Scipion Émilien. Pour rassembler les matériaux du grand ouvrage dont il avait dès lors conçu la pensée, il fit des voyages au delà des Alpes, dans les Gaules, en Ibérie, et même sur la mer Atlantique. Scipion lui fit communiquer les *libri censuales*, registres conservés au Capitole, et d'autres documents historiques. De retour en Grèce, après le senatus-consulte qui permit aux otages achéens de rentrer dans leur patrie, il rendit de grands services à ses compatriotes, et s'opposa vainement à la guerre contre les Romains. Cette guerre éclata pendant qu'il était avec Scipion en Afrique, où il assista à la prise de Carthage. Il ne rentra en Grèce qu'après la prise de Corinthe. La Grèce était réduite en province romaine ; il parcourut le Péloponèse en qualité de commissaire, et établit avec douceur le nouveau régime, et mérita la reconnaissance des habitants. Après un voyage en Égypte et en Espagne, où il accompagna Scipion, il revint en Achaïe, où il mourut d'une chute de cheval, dans un âge avancé. Des quarante livres de son *Histoire générale*, qui embrassait cinquante-trois années, de 220 à 146, il ne nous reste que les cinq premiers, et quelques fragments des autres. La lecture en est attachante. Jamais l'histoire n'a été écrite par un homme d'un plus grand sens, d'une perspicacité plus profonde, et d'un jugement plus libre de tout préjugé. Peu d'écrivains ont réuni à un plus haut degré les connaissances militaires et politiques ; aucun n'a poussé plus loin l'impartialité et le respect pour la vérité.

La Grèce, devenue province romaine, perdit jusqu'à son nom ; ses vainqueurs l'appelèrent Achaïe. Rome, devenue capitale du monde grâce à ses fières et rudes vertus, professait un grand mépris pour les Grecs. Caton regardait l'étude des lettres grecques comme un amusement frivole, indigne d'un homme libre. Cependant, comme le dit Horace, « la Grèce « vaincue subjugua à son tour son farouche « vainqueur, et introduisit la civilisation dans « le Latium, encore barbare. » Encore un peu de temps, et la Grèce Égyptienne devient elle-même une province de Rome. Toute ombre d'indépendance périt alors. Cependant la

menta ; ed. J. A. Ernesti ; Leyde, 1761, 2 vol. in-8°. — *Callimachi quæ supersunt*, ed. Blomfield ; Londres, 1815, in-8°. — *Hymnes de Callimaque*, nouvelle éd. avec une version franç. et des notes, par La Porte du Theil ; Paris, an III, in-18.

(1) *Apollonii Rhodii Argonautica*, ed. Wellauer ; Leipzig, 1828, 2 vol. in-8°. — *Expédition des Argonautes, ou conquête de la Toison d'or, poëme en IV chants*, trad. du grec par Caussin de Perceval ; Paris, 1802, in-8°. Voyez en outre la note 2.

(2) *Arati Solensis Phænomena et Diosemea, gr. lat. Accedunt versionum Arati poeticarum Ciceronis, Germanici et R. F. Aviani quæ supersunt ;* ed. J. Th. Buhle ; Leipzig, 1793-1801, 2 vol. in-8°. — *Arati Solensis Phænomena et Diosemea*, ed. Ph Buttmann ; Berlin, 1826, in-8°. — *Arati Solensis Phænomena et Diosemea, cum scholiis*, ed. Imm. Bekker ; Berlin, 1828, in-8°.

(3) *Theocriti, Bionis et Moschi carmina, gr. cum commenti. integris* L. C. Valckenarii, Brunckii et Toupli, ed. Heindorf ; Berlin, 1810, 2 vol. in-8°. — *Theocritus,*)Bio et Moschus, ed. Kiessling ; Leipzig, 1819, 2 vol. in-8°. — *Theocritus, Bio et Moschus*, ex recogn. Aug. Meinekii ; ed. II, Berlin, 1836, in-12. — *Theocritus, Bio et Moschus*, iter. curant. J. F. Boissonade ; Paris, 1837, in-32. — *Poetæ bucolici et didactici. Theocritus, Bio et Moschus*, recogn. Ameis ; *Nicander, Oppianus, Aratus et Scholia*, ed. Fr. Dubner ; Paris, 1846, gr. in-8° (*Bibl. gr.* de F. Didot). — *Theocriti Carmina*, recens. Chr. Ziegler ; Tubingue, 1844, in-8°. — *Theocritus*, ed Chr. Wordsworth ; Cambridge, 1844, in-8°. — *OEuvres de Théocrite*, trad. en vers français, par F. Didot ; Paris, 1833, in-8°. — *OEuvres de Théocrite*, trad. en, français, avec le texte grec en regard, revu et annoté par Léon Renier ; Paris, 1847, in-12.

(1) *Polybii Lycortæ filii Historiarum quidquid superest*, ed. Jo. Schweighæuser ; Leipzig, 1789-1795, 8 vol. in-8°. — *Polybii et Appiani quæ supersunt ;* Paris, 1839, 2 vol. gr. in-8° (*Bibl. gr.* de F. Didot). — *OEuvres de Polybe*, trad. en français, par M. Bouchot ; Paris, 1847, 3 vol. in-12.

littérature grecque, par la force vitale dont elle était douée, prolonge son existence durant plusieurs siècles, et jette encore par intervalles d'assez vives lueurs. On vit même au siècle des Antonins comme une renaissance de cette littérature, qui semblait avoir épuisé, par tant de chefs-d'œuvre dans tous les genres, une fécondité prolongée depuis Homère jusqu'au siècle des Ptolémées.

L'histoire, particulièrement, ne cessa d'être cultivée et de produire certains ouvrages remarquables à divers titres. DIODORE de Sicile (1), dans sa *Bibliothèque historique*, composée de quarante livres, embrassait un espace de onze cents ans jusqu'à l'année 60 avant J. C. Plus de la moitié de l'ouvrage est perdu; il ne nous en reste que les cinq premiers livres, puis les livres XI à XX, et enfin des fragments des livres VI à X. Le premier contient des renseignements curieux sur l'Égypte et ses divinités. DENIS d'Halicarnasse (2) nous a laissé un travail très-important sur les *Antiquités romaines* en vingt livres, dont il ne reste que les onze premiers.

FLAVIUS JOSÈPHE (3), né à Jérusalem, l'an 37 de J. C., avait pris part à la révolte des Juifs contre les Romains, après s'y être opposé de tout son pouvoir. Fait prisonnier, il prédit à Vespasien sa grandeur future, fut affranchi, et accompagna Titus à Jérusalem. Il écrivit l'histoire de la guerre de Judée et de la destruction de Jérusalem; elle est regardée comme un chef-d'œuvre. Sous le titre d'*Antiquités Judaïques*, il donna aussi l'histoire des Juifs jusqu'à la douzième année de Néron, pour faire connaître sa nation aux Grecs et aux Romains. ARRIEN (4), né dans le second siècle à Nicomédie, et gouverneur de la Cappadoce, se distingua à la fois comme philosophe et comme historien. Disciple d'Épictète, il nous a conservé la substance de la doctrine de son maître, sous le titre d'*Entretiens*. De plus, il a écrit l'*Histoire de l'expédition d'Alexandre*, dans laquelle il a pris pour modèle le style de Xénophon. APPIEN d'Alexandrie (1) nous a conservé des renseignements précieux pour l'*histoire des guerres civiles* de Rome. DION CASSIUS (2), né en 155, en Bithynie, avait composé en quatre-vingts livres une *Histoire romaine* qui allait jusqu'à l'an 229 de J. C. Il ne nous reste que des fragments des trente-six premiers livres; un certain nombre de ceux qui suivent sont entiers. HÉRODIEN (3), mort vers 250, écrivit l'histoire des empereurs romains depuis la mort de Marc-Aurèle jusqu'à l'avénement de Gordien le Jeune, c'est-à-dire pendant un espace de cinquante-neuf ans, depuis 180 jusqu'à 238.

Mais l'écrivain le plus éminent de toute cette époque est sans contredit PLUTARQUE (4), le plus populaire et le plus répandu de tous les prosateurs de l'antiquité. Ses *Vies parallèles* des grands hommes de la Grèce et de Rome sont une des lectures les plus attrayantes et les plus instructives, par le charme du récit et par le caractère moral qui y domine. Né à Chéronée en Béotie, l'an 50 de J. C., Plutarque étudia la philosophie à Athènes, sous Ammonius de l'école d'Alexandrie. Il voyagea ensuite, et vint à Rome, où il enseigna la philosophie à Adrien, qui le fit consul et gouverneur d'Illyrie. Puis il revint dans sa patrie, où il fut archonte et prêtre d'Apollon. Il y mourut, dans un âge avancé. Outre ses *Vies parallèles*, on a de lui un grand nombre d'*œuvres morales*, vaste répertoire d'anecdotes, de causeries et de considérations sur les sujets les plus divers. Son style, quoique empreint de quelque recherche, rappelle cependant encore les beaux jours d'Athènes.

Plutarque est presque le dernier représentant sérieux du polythéisme grec et de l'esprit des temps antiques.

(1) *Diodori Siculi Bibliothecæ historicæ libri qui supersunt*, ed. P. Wesseling; Amsterdam, 1746, 2 vol. in-fol. — *Diodori Siculi Bibliotheca historica*, ex recens. Lud. Dindorfii; Leipzig, 1828 1831, 6 vol. in-8°. — *Diodori Siculi Bibliothecæ historica quæ supersunt*, gr. lat. ex nov. rec L. Dindorfii; Paris, 1842-1844, 2 vol. gr. in-8° (*Bibl. gr. de F. Didot*). — *Diodore de Sicile*, trad. par le C. Miot; Paris, 7 vol. in-8°.

(2) *Dionysii Halicarnassensis opera omnia*, ed. J. J. Reiske; Leipzig, 1774-1777, 6 vol. in-8°. — *Les antiquités romaines de Denys d'Halicarnasse*, trad. du grec par l'abbé Bellenger; Paris, 1723, 2 vol. in-4°.

(3) *Josephi Flavii quæ reperiri potuerunt opera omnia*, ed. Havercamp; Amsterdam, 2 vol. in fol. — *Flavii Josephi opera*, gr. lat. ed. G. Dindorf; Paris, 1845-1847, 2 vol. gr. in-8° (*Bibl. gr. de F. Didot*).

(4) *Arriani Anabasis et Indica*, gr. lat. ed. Fr. Dubner; *Reliqua Arriani et scriptores de rebus Alexandri M.*, ed. Car. Muller; Paris, 1846, gr. in-8° (*Bibl. gr. de F. Didot*).

(1) *Appiani Alexandrini romanarum historiarum quæ supersunt*, ed. Jo. Schweighæuser; Leipzig, 1785, 3 vol. in-8°. — (*Voy.* POLYBE.) — *Appien, Hist. des guerres civiles de la rép. romaine*, trad. du gr. par Combes-Dounous; Paris, 1803, 3 vol. in-8°.

(2) *Dionis Cassii historiæ romanæ quæ supersunt*, ed. Fr. G. Sturz, Leipzig, 1824-1843, 9 vol. in-8°.

(3) *Herodiani historiarum libri VIII*, ed. Jo. Schweighæuser; Bâle, 1781, in-8°. — *Herodiani historiarum libri VIII*, ed. Irmish; Leipzig, 1789-1805, 8 vol. in-8°.

(4) *Plutarchi Cheronensis quæ supersunt omnia opera*; ed. Reiske; Leipzig, 1774-1792, 12 vol. in-8°. — *Plutarchi opera*, gr. lat. edd. Dœhner et Dubner, 8 vol. in-8° (*Bibl. gr. de F. Didot*). — *Plutarchi vitæ parallelæ*, ed. G. H. Schæfer; Leipzig, 1825-1830, 6 vol. in-12. — *Plutarchi vitæ parallelæ*, ed. Sintenis; Leipzig, 1839-1841, 4 vol. in-8°. — *Plutarchi scripta quæ moralia dicuntur*, ed. Dan. Wyttenbach; Leipzig, 1796-1834, 10 vol. in-8°. — *OEuvres de Plutarque*, trad. du grec par Amyot, avec des notes et des observations par MM Brottier, Vauvillers et Clavier; Paris, 1818-20, 25 vol. in-8°. — *Vies des hommes illustres de Plutarque*, trad. par l'abbé Ricard; Paris, 1799-1805, 12 vol. in-8°. — *OEuvres morales de Plutarque*, trad. par le même; Paris, 1783-1795, 17 vol. in-12.

La philosophie subit à cette époque les mêmes vicissitudes de résurrection et de décadence. Le principe du mysticisme se trouvait déjà dans Platon, par cela seul qu'il admettait une source de vérité surnaturelle et supérieure à la raison. Le contact des doctrines orientales avec la philosophie grecque, et la fusion qui s'opéra entre ces deux éléments dans l'école d'Alexandrie achevèrent l'œuvre commencée. L'école *Néoplatonicienne* chercha à compléter Platon par Aristote et par les traditions orientales. De là datent les tentatives d'éclectisme et de syncrétisme, soit pour concilier entre elles les différentes sectes de la philosophie grecque, soit pour les concilier avec les croyances émanées des religions de l'Asie. Le syncrétisme était un mélange de la philosophie grecque avec celle de l'Orient d'une part, et avec le christianisme de l'autre ; cet amalgame des principes les plus opposés eut l'Égypte pour berceau. Les premiers auteurs de ce système furent POTAMON d'Alexandrie et AMMONIUS SACCAS. Le plus célèbre des disciples d'Ammonius, PLOTIN (1), véritable créateur de cette doctrine, fut aussi le moins déraisonnable des Alexandrins. Sa doctrine est consignée dans les *Ennéades;* recueil des réponses de Plotin à des questions qui lui étaient adressées, mis en ordre par les soins de Porphyre, son disciple. Poussant à l'extrême la croyance au pouvoir de la raison pour s'élever jusqu'à la vérité, Plotin ne regardait la dialectique que comme un échelon pour arriver à la lumière, qui ne peut venir que d'en haut, et il remplaça ainsi la méditation par une intuition intellectuelle. Ses successeurs, PORPHYRE (2), JAMBLIQUE (3), PROCLUS (4), tombèrent dans toutes les extravagances du mysticisme, de l'extase et de la théurgie ; jaloux d'imiter en tout le christianisme, ils prétendirent jusqu'à faire des miracles. Enfin l'empereur Justinien détruisit le néoplatonisme en fermant les écoles d'Athènes, et les philosophes allèrent chercher un asile auprès de Kosroès, roi de Perse.

Ici nous devons réparer une omission, en ajoutant quelques mots sur l'apologue ou la fable, genre intermédiaire entre la poésie et la philosophie, genre essentiellement populaire, en ce que, dans un récit court et facile à retenir, il allie la fiction à la morale. L'apologue tient de la poésie en ce qu'il met en scène les animaux, les plantes, les êtres inanimés, en leur prêtant les caractères, les sentiments, les passions et le langage de l'homme ; il tient de la philosophie en ce qu'il a pour but de mettre en lumière une vérité pratique, un enseignement moral, ou une règle de conduite. Il se retrouve non-seulement à l'origine de la poésie, mais à toutes les époques : telle est la fable du *Rossignol et de l'Épervier* dans Hésiode, celle du *Renard et de l'Aigle* dans Archiloque. Mais le nom dans lequel semble se personnifier l'apologue est celui d'ÉSOPE (1). Ses fables sont la source la plus abondante à laquelle aient puisé tous ceux qui après lui ont voulu s'essayer dans ce genre d'écrire. Au nom d'Ésope se rattachent une foule de traditions et de légendes presque merveilleuses : ce qu'on en peut tirer de plus certain, c'est qu'il fut esclave, qu'il vécut au sixième siècle avant J. C., et qu'il fut contemporain de Solon et de Crésus. Platon faisait grand cas d'Ésope, et il le désigne comme un des meilleurs instituteurs de l'enfance. On sait que Socrate, dans sa prison, mit en vers quelques-unes de ses fables. Enfin ce n'est pas sa moindre gloire d'avoir donné Phèdre à la littérature latine, et la Fontaine à la France.

A la dernière époque de la littérature grecque appartient un des plus ingénieux imitateurs d'Ésope, BABRIUS, dont les fables ne nous étaient connues que par un petit nombre de fragments, lorsque M. Minoïde Mynas en découvrit en 1843 un recueil assez nombreux dans un des couvents du mont Athos. Le manuscrit qui les contient, malheureusement mutilé dans sa dernière partie, présente une série de cent vingt-trois fables, rangées par ordre alphabétique, et s'arrêtant à la lettre O. L'édition *princeps* (2) a été donnée par M. Boissonade, et imprimée par Firmin Didot. Babrius adresse ses fables à un certain Branchus, fils d'un roi Alexandre, que M. Boissonade supposait être l'empereur Alexandre Sévère. M. Lachmann, dans la préface de l'édition qu'il a donnée du même auteur (3), conjecture avec plus de probabilité que cet

(1) *Plotini opera omnia, et Porphyrii liber de vita Plotini,* ed. Creuzer; Oxford, 3 vol. in-8°.
(2) *Porphyrii de abstinentia ab'esu animalium,* ed. J. de Rhoer; Utrech, 1767, in-4°. — *Porphyrii de antro nympharum,* ed. Van Goens; Utrech, 1765, in-4°.
(3) *Jamblichus Chalcidensis, De vita Pythagorica liber,* ed. Kiessling ; Acced. *Porphyrius, de vita Pyth.* Leipzig, 1815-1816, 2 vol. in-8°. — *Jamblici adhortatio ad philosophiam,* ed. Kiessling; Leipzig, 1813, in-8°. — *Jamblici theologoumena arithmeticæ,* ed. F. Ast; Lipsiæ, 1817, in-8°.
(4) *Procli philosophi platonici opera,* ed V. Cousin ; Paris, 1820-1827, 6 vol. in-8°.

(1) *Æsopi fabulæ quales ante Planudem ferebantur,* ed. Fr. de Furia (acc. Prolegom. edit. : Fabricii, not. litter., Th. Thirwhitti *de Babrio,* Imm. G. Huschkii diss. *de Archilocho,* Rich. Bentlei *de Æsopo*) ; Leipzig, 1810, in-8°. — *Æsopi fabulæ et Archilochi fragmenta,* ed. Coray ; Paris, 1810, in-8°.
(2) *Babrii fabulæ iambicæ CXXIII,* ed. J. F. Boissonade ; Paris, 1844, in-8°.
(3) *Babrii fabulæ æsopeæ,* Car. Lachmann et amici emendarunt. *Ceterorum poetarum choliambi,* ab A. Meineke collecti et emendati; Berlin, 1845, in-8°. — *Babrii fabulæ æsopeæ,* cum fabularum deperditarum fragm. recens. et breviter illustravit G. Cornwall Lewis; Oxford, 1846, in-12. — *Fables de Babrius,* texte grec, publié avec des variantes par M. Théob. Fix ; Paris, 1846, in-12.

Alexandre pourrait être un arrière-petit-fils d'Hérode le Grand, que Vespasien fit roi d'une partie de la Cilicie. Une des fables de Babrius (57, 12), dans laquelle il dit avoir été victime de la mauvaise foi des Arabes, semble indiquer qu'il voyagea en Arabie. On ne trouve dans Phèdre aucune imitation de Babrius : mais Avianus, autre poëte latin, qui doit avoir vécu dans le troisième ou le quatrième siècle, a imité plusieurs de ses fables. Vers la fin du second siècle et le commencement du troisième, Julius Titianus, rhéteur de l'école de Fronton, l'a imité également. Babrius doit donc avoir vécu dans la première moitié du second siècle. Il se pique d'écrire dans un langage simple et clair ῥήσει λευκῇ : les principales qualités de son style sont une concision élégante et une correction recherchée.

Un autre genre, qui n'appartient guère qu'à l'époque d'épuisement des littératures, le *roman*, réclame aussi une mention spéciale (1). Le plus remarquable et le plus connu de ces ouvrages est le *Daphnis et Chloé* de LONGUS (2), charmante pastorale, dont les tableaux naïfs ont inspiré l'auteur de *Paul et Virginie*. On ne sait rien sur Longus et sur sa vie, on ignore même le siècle où il a vécu. Nous citerons encore *les Amours de Théagène et de Chariclée*, dont l'auteur, HÉLIODORE (3), contemporain de Théodose le grand, fut évêque de Tricca, en Thessalie : des pirates, des combats, des enlèvements, des captivités, voilà tous les ressorts de l'ouvrage. Viennent ensuite les *Amours de Leucippe et de Clitophon*, par ACHILLES TATIUS (4), et les *Amours d'Abrocome et d'Anthia*, par XÉNOPHON D'Éphèse (5). Le défaut général de tous ces romans est de n'offrir que des mœurs vagues et fictives et des aventures communes; mais il y a de la grâce dans quelques détails.

Sous les empereurs, l'art oratoire, dénué de l'énergie vitale que lui communiquent les institutions libres, fut réduit aux jeux de la sophistique. Toujours amoureux du talent de la parole, les Grecs allaient encore en foule écouter les déclamations des rhéteurs dans les écoles, et plus d'une fois on vit s'user

sur des questions futiles un talent digne de traiter des questions plus graves. Qu'il nous suffise de citer DION CHRYSOSTOME (t), dont il nous reste quatre-vingts dissertations philosophiques, morales ou littéraires écrites d'un style élégant; HÉRODE ATTICUS (2), qui fut le maître de MARC-AURÈLE (3), et passa pour le sophiste le plus éloquent de son temps : MAXIME de TYR (4), qui nous a laissé quarante et un discours sur divers sujets de philosophie, de littérature et de morale. Mais de tous ces rhéteurs le plus spirituel et le plus célèbre fut sans contredit LUCIEN (5), qui, dans sa verve satirique, étale à nos yeux toutes les plaies du monde païen, et achève de démolir le vieux polythéisme. Son style est toujours clair, simple et facile : plein de savoir sans pesanteur, à la fois amusant et instructif, il répand sur tous les sujets une teinte d'esprit et de gaieté, et cache un bon sens profond sous l'enveloppe de la bouffonnerie : il a mérité d'être appelé le Voltaire de son temps.

Au quatrième siècle nous trouvons encore parmi les rhéteurs le grand nom de LIBANIUS (6), qui réunit dans son école JULIEN (7), depuis empereur et adversaire du christianisme, avec saint BASILE (8) et saint JEAN CHRYSOSTOME (9), qui devinrent de fervents apôtres de la religion nouvelle. Nous aurions à retracer ici les destinées de la littérature chrétienne, qui fut pour l'esprit grec un élément de rénovation, et qui

(1) *Collection des Romans grecs*, traduits en fr. avec des notes, par MM. Courier, Larcher, et autres hellénistes ; Paris, 1822-1841, 13 vol. in-8°. — *Scriptores erotici græci*, ed. Mitscherlich ; Biponti, 1792-1794, 3 vol. in-8°.

(2) *Longi Pastoralia*, gr. lat. ed. E. E. Seiler; Leipzig, 1843, in-8°. — *Les amours pastorales de Daphnis et Chloé*, traduction de messire J. Amyot, revue, corrigée, complétée de nouveau, refaite en grande partie, par P. L. Courier ; Paris, 1821, in-8°.

(3) *Heliodori Ethiopica*, ed. Coray; Paris, 1804, in-8°.

(4) *Achillis Tatii Alexandrini de Leucippes et Clitophontis amoribus lib. VIII*, ed. Fr. Jacobs; Leipzig, 1821, 2 vol. in-8°.

(5) *Xenophontis Ephesii de Anthia et Habrocome lib. V*, ed. P. Hofmann Peerlkamp; Haarlem, 1818, in-4°.

(1) *Dionis Chrysostomi orationes*, ex recens. Reiskii ; Leipzig, 1798, 2 vol. in-8°. — *Dionis Chrysostomi opera*, e recens. Ad. Emperii ; Brunswick, 1844, 2 vol. in-8°.

(2) *Herodis Attici opera quæ supersunt*, ed. Raph. Fiorillo ; Leipzig, 1801, in-8°.

(3) *M. Aur. Antonini imperatoris et philosophi, commentarii libri XII*, ed. J. Matth. Schultz; Sleswig, 1802, in-8°. — *M. Aur. Antonini, comment.*, ed. Coray; Paris, 1816 , in-8°. — *M. Antonini commentarii; Epicteti dissertationes fragm. et enchiridion, cum comment. Simplicii; Cebetis tabula ; Maximi Tyrii dissertationes; Theophrasti caracteres XV*, gr. lat. ed. Fr. Dubner; Paris, 1840, gr. in-8° (*Bibl. gr.* de F. Didot).

(4) *Maximi Tyrii dissertationes*, ed. Reiske; Leipzig, 1774, 2 vol. in-8°.

(5) *Luciani Samosatensis opera*, ed. Lehmann; Leipzig, 1822-1841, 9 vol. in-8°. — *Luciani opera*, ed. Jacobitz ; Leipzig, 1836-1841, 4 vol. in-8°. — *Luciani Samosat. op.*, gr. lat. ed. G. Dindorf; Paris, 1840, gr. in-8° (*Bibl. gr.* de F. Didot). — *OEuvres de Lucien*, trad. du grec par Belin de Ballu ; Paris, 1788, 6 vol. in 8°.

(6) *Libanii orationes et declamationes*, ed. Reiske; Altenbourg, 1791-1797, 4 vol. in-8°. — *Libanii epistolæ*, ed. J. Chr. Wolf ; Leipzig, 1738, in-fol.

(7) *Juliani imp. opera quæ supersunt omnia*, ed. Spanheim; Leipzig, 1696, in-fol. — *Juliani imp. epistolæ*, ed. Heyler; Mayence, 1818, in-8°.

(8) *S. Basilii opera omnia*, studio monach. ord. S. Benedicti congregationis S. Mauri (J. Garnier et Prud. Maran); ed. parisina altera, emendata et aucta, Paris, 1839, 3 vol. gr. in-8°.

(9) *S. Joannis Chrysostomi opera*, ed. B. de Montfaucon ; ed. parisina altera, emendata et aucta; Paris, 1839, 13 vol. gr. in-8°. Cette édition a été soignée par M. Théob. Fix.

enfanta de remarquables travaux, où de grandes beautés se mêlent à beaucoup d'alliage. Aux deux grands noms que nous venons de citer il faudrait joindre ceux des saint JUSTIN (1), des ORIGÈNE (2), des CLÉMENT d'Alexandrie (3), EUSÈBE de Césarée (4), GRÉGOIRE de Nazianze (5), SYNÉSIUS (6), et tant d'autres Mais l'histoire de la littérature chrétienne est un sujet assez vaste pour mériter d'être traité à part : elle dépasse d'ailleurs les limites du monde grec, car elle recèle les éléments qui préparent déjà le monde moderne.

J. A. Fabricius, *Bibliotheca græca, seu notitia scriptorum veterum græcorum*, 1705-1728, 14 vol. in-4°. — Nouvelle éd. du même ouvrage, donnée par Harless ; Hambourg, 1790-1809, 13 vol. in-8°. Cette édition, n'ayant pas été terminée, ne rend pas inutile la précédente.

Schœll, *Histoire de la littérature grecque profane ;* Paris, 1825-1825, 8 vol. in-8°.

C. O. Müller, *Geschichte der griechischen Literatur bis auf das Zeitalter Alexanders ;* Breslau, 1841, 2 vol. in-8°.

Bernhardy, *Grundriss der griechischen Literatur, mit einem vergleichenden Ueberblick der rœmischen ;* Halle, 1836-1845, 2 gr. vol. in-8°.

Bode, *Geschichte der hellenischen Dichtkunst ;* Leipzig, 1838-1840, 3 tomes en 5 vol. in-8°.

ARTAUD.

GRÈCE. (*Beaux-arts.*) Nous ne nous occuperons dans cet article que de la sculpture et de la peinture chez les Grecs ; l'architecture ayant été traitée ailleurs avec un développement suffisant (7).

SCULPTURE.

Avant de suivre l'art sculptural chez les Grecs, dans ses diverses périodes de développement, de progrès et de décadence, il est nécessaire de dire quelques mots sur les matériaux dont se servaient les sculpteurs (8).

Ces matériaux étaient fort nombreux : toute substance susceptible de se modeler sous sa main, de se polir sous le ciseau, de se figer dans le moule, fut employée par ces industrieux artistes. L'*argile grasse* possédant au plus haut degré la première de ces propriétés, et pouvant en outre se durcir facilement au so-

(1) *S. Justini opera*, ed. D. Maran ; Paris, 1742, in-fol.

(2) *Origenis opera ;* Paris, 1759, 4 vol. in-fol.

(3) *Clementis Alexandrini opera omnia*, ed. R. Klotz ; Leipzig, 1831-1834, 4 vol. in-12.

(4) *Eusebii Pamphili historia ecclesiastica*, ed. H. de Valois ; Paris, 1659, in-fol. — *Eusebii Pamphili præparationis evangelicæ lib. XV*, ed. Heinichen ; Leipzig, 1842-1843, 4 vol. in-8°.

(5) *S. Gregorii Nazianzeni opera omnia quæ exstant,'opera et stud. monachorum ordinis S. Benedicti e congr. S. Mauri (le second volume a été publié par M. Caillau) ;* Paris, 1778-1840, 2 vol. in-fol.

(6) *Synesii opera ;* Paris, 1633, in-fol.

(7) *Voyez* l'art. ARCHITECTURE, texte et explication des planches, tome IV, col. 27 et suiv.

(8) *Voyez* une intéressante notice sur ce sujet, insérée par M. de Clarac dans son *Manuel de l'histoire de l'art chez les anciens*, tome I, p. XIII-XXXV.

leil ou au feu, on peut croire qu'elle servit aux premiers essais qui furent tentés. L'histoire de *Prométhée* plaide pour cette hypothèse (1) ; et le terme même d'*art plastique*, ἡ πλαστική, par lequel les Grecs désignaient souvent la statuaire, rappelle proprement l'action de modeler l'argile.

Ensuite vint le *bois*. Différents arbres fournirent aux sculpteurs les blocs d'où ils faisaient sortir l'image des dieux : les auteurs mentionnent le chêne, le cèdre, le citronnier, le sycomore, le pin, le myrte (2), le saule, la vigne (3), le figuier, le buis et l'ébène. La facilité avec laquelle le bois se laisse travailler fut probablement le seul motif qui en conseilla et en perpétua l'usage ; cependant il n'est pas inutile de remarquer que certains bois étaient particulièrement consacrés à la reproduction de certaines divinités : ainsi le figuier servait exclusivement à la confection des images de Bacchus.

La *pierre* fut peu employée dans les premiers temps ; cependant l'usage n'en était pas tout à fait inconnu : on peut le conclure du bas-relief qui se voit sur la porte de Mycènes, dite *Porte des Lions*. Mais quand l'art eut atteint un certain degré de perfection, ce fut surtout parmi les pierres calcaires qu'il choisit ses matériaux. Paros et le mont Penthélique lui fournirent leurs magnifiques marbres blancs. D'autres carrières donnèrent des marbres de couleurs variées. Quelquefois diverses sortes de marbres, diversement nuancés, furent mis en œuvre pour une seule et même statue : ce genre d'ouvrage reçut un nom, et s'appela la statuaire *polylithique*.

Le *bronze* (χάλκος), l'*argent* et l'*or* rivalisèrent avec le marbre : l'usage si général qu'on en faisait déjà aux temps décrits par Homère est une preuve suffisante que les œuvres d'art confectionnées avec ces métaux étaient déjà connues à cette époque. Le fer ne fut employé que beaucoup plus tard, et l'art de le jeter en fonte eut pour inventeurs *Rhœcus* et *Théodore* de Samos (4).

Ce fut à une époque plus moderne encore que la statuaire employa l'*ivoire*. Le plus souvent cette matière, recherchée pour sa beauté et sa rareté, était alliée à l'or, et servait à représenter les chairs, tandis que le précieux métal était employé pour les accessoires et les ornements.

Abordons maintenant l'histoire de la statuaire chez les Grecs. Cette histoire peut se diviser en plusieurs périodes :

(1) Hes. *Theog.* 571, etc. — Stob. *Serm.* 1.

(2) Il y avait à Temnos, en Asie Mineure, une statue de Vénus en bois de myrte, dont on attribuait la consécration à Pelops. Pausan. V, 13, 7.

(3) Selon quelques auteurs, la Diane d'Éphèse était de ce bois ; suivant d'autres, elle était de cèdre.

(4) Pausan. X, 38,

Première Période. Depuis les temps les plus reculés jusqu'à la 50° olympiade (580 av. J. C.).

L'histoire réelle dans les arts est toujours précédée de fables et de mythes, époque obscure, peuplée par l'imagination, d'artistes divins et d'œuvres miraculeuses, qui vont toujours en se rapprochant de la vérité, à mesure que les ténèbres se dissipent. D'abord ce sont des dieux et des démons : *Vulcain, Minerve,* les *Dactyles*, les *Cabires* ; ensuite viennent des tribus humaines, telles que celles des *Telchines* et des *Cyclopes* ; enfin, on trouve des personnages doués en apparence d'une individualité réelle, mais qui ne sont cependant que les personnifications de l'art ou de ses diverses branches, ou les représentants de quelque famille d'artistes. Parmi ces noms collectifs, le plus célèbre est celui de *Dédale*, l'ancêtre mythique d'une nombreuse postérité de travailleurs (*les Dédalides*), l'auteur d'un grand nombre d'inventions et de perfectionnements artistiques. Il fut principalement renommé pour ses ξόανα (statues de bois), et fit faire un grand pas à la sculpture, en représentant la nature humaine marchant et agissant, au lieu de la représenter immobile, les jambes unies et les bras pendants, comme on avait fait jusqu'alors. Dédale était Athénien (1). Après lui, *Smilis*, dont le nom vient de σμίλη, *couteau à tailler le bois*, exerça son art à Samos et à Égine : quelques œuvres remarquables lui étaient attribuées (2). *Endœus* d'Athènes passait pour avoir été l'élève de Dédale; on montrait comme étant de lui différents objets, entre autres une statue colossale en bois, représentant *Minerve poliade*, dans le temple de cette déesse à Érythrée, en Ionie. Pausanias (3) affirme avoir vu cette statue.

Bien que le *bouclier d'Achille* et les *chiens d'or* et *d'argent* du palais d'Alcinoüs puissent être de pures fictions, néanmoins on trouve dans les poëmes homériques des preuves suffisantes qu'à cette époque les dieux avaient déjà leurs statues. Seulement, comme les idées qu'on se faisait de la Divinité étaient encore grossières et mal définies, il est permis de conjecturer que dans la représentation des êtres surnaturels on cherchait plutôt à inspirer le respect et la crainte, qu'à produire des monuments artistiques (4). Toutefois, il n'en était pas toujours ainsi; plusieurs passages de l'*Iliade* (5) prouvent que les dieux étaient déjà

représentés sous forme humaine. Leurs statues étaient en bois, sans nul doute, et l'on peut conclure des termes dans lesquels en parle Homère, qu'elles étaient bien supérieures aux ouvrages exécutés du temps de Dédale. Il y a d'ailleurs un monument de sculpture encore existant, et qui remonte au moins au temps d'Homère : c'est le bas-relief placé sur la porte de Mycène, qui représente deux lions se dressant contre une espèce de borne (1). On peut donc supposer qu'au temps d'Homère les Grecs, et principalement les Ioniens de l'Asie Mineure, avaient déjà fait de notables progrès dans la statuaire. Sans discuter ici les motifs de cette supériorité des colonies sur la mère-patrie, contentons-nous de constater qu'elle existait, et non-seulement pour les colonies asiatiques, mais encore pour celles de l'Italie et de la Sicile. Ainsi nous voyons que vers l'an 720 avant J. C. ce fut *Learchus*, venu de Rhégium à Sparte, qui fit la plus ancienne statue de bronze dont il soit fait mention : c'était une *statue de Jupiter*; elle était composée de plusieurs morceaux joints ensemble (2). Il paraît que ce fut peu de temps après que *Gitiade* de Sparte exécuta en bronze la *statue de Minerve* qui était conservée dans le temple de Minerve Calciœque (3). Un autre grand morceau, également en bronze, appartenant à cette époque, était la *statue colossale de Jupiter*, consacrée à Olympie par Cypselus ou par Périandre de Corinthe (4). Vers l'an 650, *Myron* de Sicyone consacra dans le temple d'Olympie deux θάλαμοι de bronze, qui existaient encore au temps de Pausanias (5).

Le temps écoulé entre l'époque où furent composés les poëmes homériques et le cinquième siècle avant notre ère peut être appelé l'âge des découvertes; en effet, presque toutes les inventions qui eurent pour résultat le développement des procédés artistiques remontent à cette époque, qui est véritablement la première période historique de l'histoire de l'art. *Glaucus* de Chios ou de Samos découvrit alors l'art de souder les métaux (6). Mais de tous les inventeurs de cette époque reculée les plus célèbres furent *Rhœcus* et *Théodore* de Samos, qui vivaient vers le temps de Polycrate : ils découvrirent l'art de couler les statues en métal (7), art qui semble avoir appartenu exclusivement à la Grèce; au moins rien ne prouve qu'il ait été mis en usage par aucune autre nation antique.

---

(1) Pausan. IX, 3, 3 ; X, 17, 4 ; I, 21, 4 ; II, 15, 1 ; VII, 4, 5, 7 ; VIII, 53, 5 ; IX, 11, 4. Apollodor. *Biblioth.* III, 1, 3.
(2) Pausan V, 17, 1 ; VII, 4, 4
(3) VII, 5, 4.
(4) *Iliad.* XI, 36, etc. — Hes. *Scut. Herc.* 144, 146, 258, etc.
(5) *Iliad.* II, 478 ; III, 396 ; VI, 92, etc.

(1) Pausan. II, 16, 4.
(2) Pausan. III, 17, 6.
(3) Pausan. III, 17, 2.
(4) Strab. VIII, p. 353, 378. — Phot. et Suid. *lexic.* s. v. Κυψελιδῶν.
(5) Pausan. VI, 19, 2.
(6) Herodot. I, 25.
(7) Pausan. VIII, 14, 5 ; X, 38, 3 ; Diod. I, 98.

La terre cuite, employée dès les temps les plus reculés, continua à être en usage pour les images des dieux, bien que les statues faites de cette matière fussent destinées au culte domestique et privé plutôt qu'au culte public. On en a découvert dans les tombeaux athéniens un grand nombre de petites dimensions et d'un travail grossier (1). Les ornements et les bas-reliefs des maisons, des portiques, des temples, étaient ordinairement en terre cuite particulièrement à Corinthe, et à Athènes dans le Céramique (2).

Homère ne fait pas mention de statues des dieux en marbre; cependant rien ne prouve qu'il n'en ait pas existé à cette époque. Pline (3) calcule que des ouvrages en marbre furent exécutés par *Malas*, à Chios, au commencement de l'ère d'Olympie; et vers la 50ᵉ olympiade (580 av. J. C.) *Dipœnus* et *Scyllis* devinrent célèbres par leur habileté dans ce genre de sculpture. Le plus ancien ouvrage de sculpture en marbre que l'on connût au temps de Pausanias fut vu par lui à Mégare; c'était un groupe qui représentait *Corèbe tuant Pœné* (4). Il existe encore quelques morceaux qu'on peut certainement faire remonter à une époque antérieure à la 50ᵉ olympiade.

Avant d'en finir avec les œuvres de cette période, mentionnons encore le fameux *coffre de Cypselus*, à Olympie, vu et décrit par Pausanias (5). Il était en bois de cèdre, orné, sur les quatre côtés et sur le couvercle, de figures en or et en ivoire, représentant des scènes prises dans les traditions des âges héroïques.

Ainsi, pendant le laps de temps dont nous venons de nous occuper la sculpture était presque exclusivement consacrée à la reproduction des images des dieux. Bien que le marbre et le bronze commençassent à devenir d'un usage plus répandu, le bois était encore la matière la plus employée. Les statues étaient peintes, et souvent couvertes de riches vêtements. Le style qu'on retrouve dans tous ces premiers essais de l'art est celui qu'on appelle *archaïque* ou *hiératique*. Les figures sont roides et gauches. Les physionomies n'ont que peu ou point d'individualité; les yeux sont longs et petits, l'angle extérieur un peu retroussé; la bouche, également retroussée vers les coins, a l'air de sourire. La chevelure est travaillée avec soin, mais roide, tombant d'ordinaire en ligne droite et recourbée à l'extrémité. Les bras pendent le long du corps, à moins que la statue ne porte quelque

chose dans ses mains. Les draperies sont également roides, avec des plis symétriques et nullement naturels.

Comme les arts furent, pendant tout ce temps, employés exclusivement au service de la religion, ils ne firent que peu de progrès vers la beauté et la vérité, chaque artiste recevant de ses prédécesseurs, avec le dieu qu'il avait à représenter, un type reçu et inaltérable. La religion, mère des arts naissants, nuisait donc à leur développement. Mais quand l'art, plus libre, reprit ses droits et ouvrit aux imitateurs de l'œuvre divine les routes de la nature et les sentiers de la fantaisie, la religion céda à son tour à l'influence des progrès, et les vieux types de convention disparurent pour faire place aux nouvelles créations du génie. Cette importante révolution s'opéra vers la 50ᵉ olympiade.

Deuxième Période. Depuis la 50ᵉ olympiade jusqu'à la 75ᵉ (580-480 av. J. C.).

Cette période, bien que ne comprenant qu'un seul siècle, développa tous les éléments qui concoururent à faire de l'art grec ce qu'il devint à son époque la plus florissante. Les relations, agrandies avec les peuples étrangers, qui agrandissaient le domaine des idées; le commerce s'étendant et la richesse croissant avec lui, les merveilles enfantées par la poésie épique, les vérités découvertes par la philosophie, qui toutes deux marchaient au devant l'une de l'autre, l'une élevant les hommes jusqu'au ciel, l'autre faisant descendre le ciel jusqu'aux hommes; les exercices corporels et les jeux publics, qui fixaient l'attention sur les perfections physiques, commencèrent à faire reculer devant la nature la convention et la tradition, jusque-là maîtresses absolues. Cependant l'imitation des choses existantes conserva d'abord un caractère dur et sévère, et rencontra encore de graves obstacles dans les formes conventionnelles.

Le nombre des artistes qui fleurirent durant cette période est véritablement extraordinaire. Jusque le fils avait suivi invariablement les errements, la méthode, les procédés du père. Sans disparaître encore, le culte de la tradition laissa plus de place à l'inspiration personnelle, et l'éducation des artistes, si longtemps renfermée dans le cercle étroit de la famille, passa dans les écoles, où elle se développa plus librement.

Les Ioniens de l'Asie Mineure et les insulaires de la mer Égée, qui avaient d'abord devancé les autres Grecs dans la pratique des beaux arts, atteignirent l'apogée de leur gloire entre la 55ᵉ olympiade et la 63ᵉ. Les présents que Crésus envoya à Delphes, et dont une partie était l'œuvre du Samien *Théodore*, doivent avoir été exécutés au commencement de cette

(1) Voy. Schol. *ad. Aristoph. Av.* 435.
(2) Pausan. I, 2, 4 ; I, 3, 1.
(3) *H. N.* XXXVI, 4, 2.
(4) Pausan. I, 43, 7.
(5) IV, 17, 2, etc.

période. Samos était célèbre par l'habileté de ses artistes dans la fonte des métaux, tandis que Chios possédait la première grande école de sculpteurs en marbre, l'école où brillèrent surtout *Bupalus* et *Anthermus* (60ᵉ olympiade). L'école de Sicyone donna à ces artistes de redoutables rivaux, à la tête desquels il faut nommer *Dipœnus* et *Scyllis*, tous deux venus de Crète. Pline (1) mentionne quelques-unes de leurs œuvres. Nommons encore leurs disciples *Dorycleidas*, *Médon* et *Théoclès* (2). Quant à la Grande Grèce et à la Sicile, bien que les arts continuassent à y fleurir, on y connaît peu de noms à citer. Entre ceux dont la mémoire subsiste, les plus célèbres sont *Daméas* de Crotone et *Pythagore* de Rhégium.

Le temps avançant, le siège des supériorités artistiques changea plus d'une fois de place ; mais Sicyone conserva sa réputation (3). Là florissaient vers la 70ᵉ olympiade, parmi les sculpteurs en métaux, *Canachus* et *Aristoclès*. L'œuvre la plus célèbre du premier était une statue colossale en bronze d'*Apollon Philésien*, placée dans le Didymæum. L'ensemble était plein de vigueur, mais roide, dépourvu d'élégance, touchant de près à l'ancien style hiératique ; le dieu tenait un faon dans sa main droite étendue en avant, et un arc dans sa main gauche. Sa physionomie était dure, ses cheveux roides, pendants des deux côtés de la face, légèrement bouclés à l'extrémité (4).

A Égine, où les arts paraissent avoir fleuri alors comme auparavant, le plus célèbre entre les sculpteurs fut *Callon*, vers la 66ᵉ olympiade (5). Athènes, qui à cette époque devint la rivale d'Égine, fit en peu de temps d'immenses progrès, sous l'influence des Pisistratides, et elle commença à produire des artistes célèbres : tels furent *Critias* et *Hégias* ou *Hégésias*, dont le premier fit, pendant la 75ᵉ olympiade, les statues d'*Harmodius* et d'*Aristogiton*.

Argos se distingua aussi, et ce qui doit lui faire accorder une grande importance dans cette histoire, c'est que les grands artistes d'Athènes qui ouvrent la troisième période, et qui portèrent l'art athénien à son apogée, ne sont pas les disciples de Critias ou d'Hégias, mais bien de l'Argien *Ageladas* (66ᵉ olympiade). Ajoutons à ce nom ceux d'*Aristomédon*, de *Glaucus*, de *Dionysius*, etc.

Parmi les œuvres nombreuses de cette époque les images des dieux tiennent le premier rang. Le style hiératique y gardait encore ses

droits, et ce n'est pas là qu'il faut chercher les pas opérés vers la perfection. La plupart étaient en bois, et les formes traditionnelles s'y conservaient, au point qu'on remplaçait les vieilles statues par leur copie exacte (1), et que l'on copiait également sur les dieux de la mère patrie les images qu'importaient les colons sur la terre qu'ils allaient peupler (2). Cependant le bois commençait bien à faire place à d'autres matériaux plus précieux, mais peu à peu et en défendant son terrain : quelquefois une statue de bois était *acrolithe*, c'est-à-dire qu'elle avait la tête, les pieds et les bras en marbre ; d'autres fois elle était recouverte d'ivoire et d'or (3).

A côté des statues de dieux destinées au culte, il faut mentionner celles qui étaient consacrées dans les temples comme offrandes et comme *ex-voto*. Là les artistes n'étaient plus enchaînés par la convention traditionnelle, et ils pouvaient suivre les conseils de leur goût et les inspirations de leur fantaisie.

Enfin durant cette période, vers la 58ᵉ olympiade, on commença à élever des statues aux vainqueurs dans les jeux nationaux, et bientôt cette sorte d'images se multiplia considérablement. Bien qu'en général ces statues ne fussent pas des portraits, comme Pline (4) le fait remarquer, elles étaient cependant destinées à rappeler les qualités physiques, la force, l'agilité, l'habileté, l'adresse, auxquelles les athlètes avaient dû leur triomphe, et elles fournissaient aux artistes l'occasion de mettre dans leurs œuvres une grande variété de caractères, d'attitudes et de mouvements (5). Il est rarement question pendant cette période de statues érigées en public ou consacrées dans les temples, en l'honneur de personnages distingués, autres que les athlètes. Ces statues paraissent avoir été en général des portraits (εἰκόνες, *statuæ iconicæ*) ; les plus anciennes qui soient mentionnées sont celles de *Biton* et de *Cléobis*, qui furent consacrées dans le temple de Delphes vers la 50ᵉ olympiade (6).

Malgré les efforts que l'art grec avait déjà tentés pour l'ornementation extérieure des temples et des édifices, on n'avait pas encore, avant la période dont nous nous occupons, orné les frises, les attiques, etc., à l'aide de bas-reliefs ou de statues en marbre. Nous possédons deux grands ouvrages en ce genre, d'après lesquels on peut juger du style général de ces ornements. Ce sont les métopes de Sélinonte

---

(1) *H. N.* XXXVI, 4.
(2) Pausan. V, 17, 1 ; VI, 19.
(3) Plin. *H. N.* XXXVI, 4.
(4) Müller, *Manuel d'Archéol.* n. 87.
(5) Pausan. III, 18, 5 ; IV, 14, 2.

---

(1) Pausan. VIII, 42.
(2) Dionys. Hal. II, 22 ; VIII, 88. — Strab. IV, p. 179.
(3) Pausan. II, 4, 1 ; VI, 25, 4 ; etc. — Eurip. *Troad.* 1081.
(4) *H. N.* XXIV, 9.
(5) Pausan. VI, 10, 1 ; VIII, 40. — Schol. *Ad. Pind. Ol.* VII. — Xenoph. *Memor.* III, 10, 6.
(6) Herod. I, 31.

en Sicile, *conservées maintenant au musée de Palerme*, et les magnifiques statues découvertes en 1812, à Égine, et qui font aujourd'hui l'ornement de la glyptothèque de Munich. Le caractère général de celles-ci est un mélange de style archaïque avec une curieuse tendance à *l'imitation naturelle*. Des trous dans le marbre ont fait conjecturer que certaines parties de ces statues, les armures peut-être, étaient en bronze et attachées au marbre avec des clous. Des traces de peinture sont visibles partout, excepté dans les parties qui représentent la chair.

En outre, il existe encore, tant en bronze qu'en marbre, un grand nombre d'ouvrages de cette époque; mais pour en fixer la date il ne faut pas trop se fier à l'emploi du style archaïque, qui ne fut jamais abandonné, et qui était encore en usage pour les images religieuses au temps de l'empire romain.

Troisième Période. Depuis la 75° olympiade jusqu'à la 111° (480-336 av. J. C.).

Pendant cette période Athènes fut le centre des arts; après les guerres médiques la puissance lui vint avec la richesse, et elle employa l'une et l'autre à la création de chefs-d'œuvre en tout genre. La statuaire eut sa bonne part dans cette glorieuse tâche. Sublime d'abord avec *Phidias*, quand il n'y avait que des souvenirs héroïques à perpétuer et des divinités bienveillantes à présenter à la vénération des citoyens triomphants, elle devint gracieuse et spirituelle sous le ciseau des successeurs de ce grand artiste, quand les calamités amenées par la guerre du Péloponèse eurent développé au plus haut degré chez les Athéniens, pressés d'oublier leurs malheurs, l'amour des plaisirs sensuels et des faciles récréations.

Argos fut, après Athènes, le séjour favori des arts et la patrie des grands artistes.

L'essor que prit la sculpture dans ces deux villes avait été préparé par *Calamis* d'Athènes et *Pythagore* de Rhégium : le premier habile à faire vivre sur la pierre la majesté des dieux, la grâce des belles femmes, la vigueur des coursiers fougueux (1); le second admiré pour la soigneuse vérité des détails et la puissance d'expression qu'il savait donner à ses statues (2).

Vers la 82° olympiade Phidias commença sa carrière. Son génie était si universellement reconnu, que tous les grands travaux exécutés au temps de Périclès le furent sous sa direction; de telle sorte que tous les artistes d'Athènes, alors si nombreux, durent mettre ses idées en œuvre et travailler d'après ses plans (3). Lui-même, indépendamment des

ouvrages en marbre et en bronze, était spécialement chargé d'exécuter les statues colossales en or, et en ivoire, dont les villes grecques faisaient les frais avec une si étonnante prodigalité. Parmi ses ouvrages les principaux furent la *Minerve du Parthénon*, exécutée vers la troisième année de la 83° olympiade et que Pausanias a décrite (1); le *Jupiter Olympien*, exécuté pendant la 86° olympiade, une des sept merveilles du monde (2); la *Minerve Poliade*, haute de cinquante pieds (3), et placée sur l'Acropole. Phidias mourut avant d'avoir achevé cette statue, qui fut terminée par *Mys* (4). Les deux premiers de ces ouvrages étaient en or et en ivoire, le dernier en bronze. Leur caractère, ainsi que celui de tous les ouvrages de Phidias, était une extrême simplicité, qui ne nuisait en rien à la grandeur et à la majesté de l'ensemble et des détails. En général, le génie de Phidias brillait surtout dans la représentation des dieux, et il excellait principalement à montrer aux hommes l'image de Minerve, qu'il reproduisait sous ses divers caractères, tantôt divinité guerrière, tantôt déesse de la sagesse et des arts paisibles (5).

Nous savons peu de chose sur les disciples de Phidias, dont les plus célèbres furent *Agoracritus* de Samos et *Alcamène* d'Athènes. Tous deux suivirent les traces de leur maître, et s'appliquèrent à représenter les divinités; tous deux furent renommés pour la beauté, la douceur, la majesté sereine qu'ils surent mettre sur le visage des déesses. On admirait surtout, parmi les œuvres du premier, l'*Hécate Epipyrgidie*, la *Vénus des jardins* (Ἀφροδίτη ἡ ἐν κήποις); parmi celles du second, la *Némésis de Rhamnus*.

Nous possédons encore une suite de marbres sculptés par l'école de Phidias, et dont quelques-uns furent sans nul doute l'œuvre du maître lui-même. Ce sont : 1° une partie des seize métopes et de la frise qui ornaient des petits côtés de la cella du temple de Thésée; 2° un grand nombre de métopes du Parthénon, une grande partie de la frise de la cella, plusieurs figures colossales, et quelques fragments des deux frontons de ce temple (6); 3° les bas-reliefs du temple de la *Victoire sans ailes*, qui appartiennent, il est vrai, à une époque postérieure, mais où se retrouvent ce-

(1) Plin. XXIV, 19, 11. — Quint. XII, 10, 7. — Cic. *Brut.* 18. — Lucian. *Imag.* 6.
(2) Plin. XXIV, 19, 4. — Pausan. VI, 6, 1; 13, 4.
(3) Plut. *Pericl.* 13.

(1) I, 24, 8, etc. — Cf. Plin. *H. N.* XXVI, 4, 4.
(2) *Voyez* cette description dans Pausanias, V, 11. — Cf. Tit. Liv. XLV, 28. — Quint. XII, 10, 9. — Quatremère de Quincy, *Jupiter Olympien*, II, 11.
(3) Strabon, VI, p. 278.
(4) Pausan. I, 28, 2.
(5) Plin. *H. N.* XXIV, 19, 1. — Pausan. I, 28, 2. — Lucian. *Imag.* 6.
(6) Le plus grand nombre de ces fragments se trouvent aujourd'hui au Musée britannique; ils sont connus sous le nom de *marbres d'Elgin.*

pendant les qualités qui distinguèrent Phidias
et son école. Toutes ces sculptures sont du
style le plus pur et le plus élevé, réunissant à
une simplicité sans affectation, à l'absence de
toute recherche et de tout effort pour atteindre à l'effet, la plus scrupuleuse imitation de
la nature, la plus exacte vérité dans les poses
et les mouvements. Ces sculptures seules don-
neraient raison aux anciens critiques, qui regardaient le grand et le sublime, μεγαλεῖον
καὶ σεμνόν, comme les caractères distinctifs
de Phidias et de ses élèves (1). Phidias fut
l'Eschyle de la sculpture : l'art, après lui, fit
des progrès dans la perfection des procédés et
dans l'exécution des détails ; mais, absolument
parlant, Phidias et son école restèrent supérieurs à tous ceux qui vinrent après eux.

Pour montrer quelle influence l'école athénienne exerça à cette époque sur toute la Grèce,
ajoutons aux sculptures dont nous venons
de faire mention les bas-reliefs du temple
d'Apollon Ἐπικούριος, à Bassæ, près de Phi-
galie, bâti vers la 86ᵉ olympiade, par Icti-
nus (2), et les sculptures du temple de Jupiter
Olympien, exécutées par Pæonius et par Alcamène (3). Quoique appartenant à une méthode
et à un style différents, quoique placées bien
au-dessous par de nombreuses imperfections,
elles offrent quelques-unes des qualités qui distinguent les grandes œuvres de cette époque,
et qu'on eût vainement cherchées à une époque antérieure.

Vers le temps où Phidias élevait si haut la
gloire de l'école athénienne, l'école d'Argos
arrivait aussi, avec Polyclète, à son plus haut
point d'illustration. Polyclète était inférieur à
son rival dans la représentation des dieux (4),
malgré la gloire que lui valut sa statue colossale de Junon (5) ; mais il porta à la plus
grande perfection l'art de représenter avec le
bronze la nature humaine en action. Pline (6),
en mentionnant plusieurs de ses ouvrages,
vante l'habileté avec laquelle il sut joindre au
caractère et à l'expression des physionomies
la beauté des traits et la pureté des formes.
Une de ses statues, représentant un *jeune
homme armé d'une lance* (δορύφορος), possédait à un tel point cette harmonieuse correction, qu'elle fut adoptée par tous les artistes
comme devant servir à l'avenir de règle et de
point de comparaison (7). Polyclète se dis-

tingua aussi dans les statues-portraits : celle
d'*Artémon*, mécanicien du temps de Périclès,
est citée avec les plus grands éloges. Disons
enfin qu'il entra en lutte avec Phidias, et que
son *Amazone* remporta le prix.

Myron d'Éleuthère, qui vivait dans le 87ᵉ
olympiade, fut, comme Polyclète, disciple
d'Agéladas. Imitateur scrupuleux de la nature,
il négligeait l'expression, et sacrifiait trop
le sentiment à la forme (1). Sa *génisse* en
bronze a été célébrée par toute l'antiquité (2).
Un *chien*, un *discobole*, des *athlètes combattant* augmentèrent sa gloire, grâce à l'harmonie des formes et à la vérité du mouvement.
Parmi ses statues de dieux nous mentionnerons seulement un groupe colossal, représentant *Hercule, Jupiter et Minerve*, qu'il fit
pour les Samiens (3). Pline nous apprend
qu'il avait gardé de l'ancien style la manière
de traiter les chevelures.

L'abandon de l'idéal sublime trouvé par Phidias devint encore plus manifeste dans les œuvres de *Callimaque* et de *Démétrius*. Quintilien (4) caractérise le premier de ces deux
artistes par l'expression de *nimius in veri-
tate*, parce qu'il s'attachait trop aux détails
aux dépens de l'ensemble. En un mot, vers
la fin de la guerre du Péloponèse et dans les
années suivantes ce fut l'esprit de Polyclète
qui inspira les sculpteurs, et leurs principales
productions furent des statues de bronze en
l'honneur des athlètes et des grands citoyens(5).

Le changement qui s'opéra dans l'esprit public à Athènes après la guerre du Péloponèse ne pouvait manquer de se faire sentir aussi
dans les arts. Ce furent surtout *Scopas* de Paros et *Praxitèle* d'Athènes qui imprimèrent
à leurs œuvres le caractère de cette époque.
Mais aux doux sentiments et aux passions
exaltées qu'ils surent exprimer ils joignaient
encore la force d'invention et la pureté d'exécution. Aussi les qualités qui distinguaient
leurs œuvres, quoique d'une nature moins
élevée que celles qu'avaient cherchées leurs de-
vanciers, les ont-elles fait placer, par plus d'un
juge, au-dessus des maîtres de l'école précédente. Parmi ces qualités, les plus saillantes
étaient la beauté physique et la grâce corporelle;
les mythes où ils choisissaient de préférence
leurs sujets étaient ceux de Vénus et de Bacchus. Pline (6) mentionne un grand nombre
d'ouvrages de Scopas : un *Apollon*, un *Phaé-*

(1) Demetr. *De elocut.* 14. — Dionys. Hal. *De Isocr.*
p. 842.
(2) *Voy.* M. Phil. Le Bas, *Monuments d'antiquité
figurée, recueillis en Grèce par la commission de
Morée, 1ᵉʳ cahier; Paris, 1837, in-8°.*
(3) Paus. V, 10, 8 ; 26, 1. — *Expédition scientif. de
Morée,* pl. 74-78.
(4) Quint. XII, 10, 7, etc. — Cic. *Brut.* 18.
(5) Plin. *H. N.* XXXIV, 19, 2.
(6) Plin. *l. c.* — Cf. Strab. VIII, p. 372.
(7) Cic. *Brut.* 86 ; *Orat.* 2. — Quint. V, 12, 21. —
Lucian. *De saltat.* 78.

(1) Plin. *H. N.* XXXIV, 19, 3.
(2) Tzetzès, *Chil* VIII, 194, etc. — Propert. II, 31, 7.
(3) Plin. *l. c.* — Cic. *C. Verr.* IV, 3. — Strab. XIV,
p. 637.
(4) Quint. XII, 10, 9. — Cf. Lucian. *Philops.* 18. —
Plin. *Epist.* III, 6.
(5) Pausan. X, 9, 4 ; VI, 2, 4. — Plut. *Lysand.* 1, 18.
— *De orac. Pyth.* 2.
(6) *H. N.* XXXVI, 4, § 7. — Cf. Paus. I, 43, 6 ; VI,
25, 2.

ton, une *Vénus*, un *Amour* (Pothos), une *Cérès assise*, une *Thétis*, un *Achille*, un *Neptune*, des *divinités marines*, etc. Le groupe de *Niobé et ses enfants*, retrouvé à Rome en 1583, était attribué par les anciens, tantôt à Scopas, tantôt à Praxitèle. Les plus célèbres ouvrages de ce dernier étaient des *Bacchus*, des *satyres*, des *ménades* (1), des *Amours* (2), et enfin des *Vénus*. Parmi les nombreuses statues qu'il fit de la déesse de la beauté, on louait surtout la *Vénus de Cos*, et plus encore la *Vénus de Cnide*, œuvre si parfaite, dit Pline, que les vaisseaux lui amenaient des pays étrangers une foule d'admirateurs, venus exprès pour la voir. Quelques antiquaires ont prétendu que cette célèbre statue n'était autre que la Vénus connue sous le nom de *Vénus de Médicis;* mais Visconti a parfaitement démontré l'impossibilité de cette conjecture.

'Praxitèle accrut aussi sa *réputation* en faisant les statues des courtisanes les plus belles et les plus renommées : tout le monde sait comment il choisit les plus parfaites parmi ces belles filles de la Grèce pour servir de modèles à ses *Vénus*. On cite enfin de lui un *Apollon Sauroctonos* (tueur de lézards), qui jouissait d'une haute réputation.

Céphissodore et *Timarque* étaient fils de Praxitèle. Rome possédait au temps de Pline plusieurs ouvrages du premier : il chercha surtout à flatter les passions et à éveiller les désirs sensuels. La même tendance se retrouvait dans les œuvres de *Léocharès*, auteur d'un *Ganymède enlevé au ciel*, et dans celles de *Polyclès*. Vers l'an 350 les plus grands sculpteurs de l'époque, Scopas, Léocharès, *Timothée* et *Bryaxis*, allèrent en Carie travailler au tombeau de Mausole.

La plupart des artistes athéniens que nous avons nommés tenaient encore, malgré certaines différences, à la méthode de Phidias et de son école. Mais vers la fin de cette période *Euphranor* et *Lysippe*, de Sicyone, adoptèrent les principes de Polyclète et de l'école d'Argos (3). Ils se proposèrent avant tout d'arriver à l'expression la plus vraie possible de la beauté et de la vigueur. Lysippe, le plus célèbre des deux, possédait une extrême facilité de travail : il produisit, dit-on, plus de 1,500 statues. Il aimait surtout à représenter *Hercule*. Parmi les portraits de personnages vivants qu'il exécuta les plus célèbres furent ceux d'*Alexandre le Grand* (4). Le principal

caractère de Lysippe et de son école consistait dans l'exacte imitation de la nature, dont il représentait même les défauts. Ainsi l'idéal s'en allait et la réalité prenait sa place ; on voyait déjà paraître les traits qui vont servir à caractériser la période suivante.

Quatrième Période. — Depuis la 111e olympiade jusqu'à la 158e (336-146 av. J. C.).

Bien peu de générations s'étaient succédé pendant que l'art en Grèce traversait toutes les phases de son développement, et chacune avait produit tant de chefs-d'œuvre, que les créations nouvelles devenaient difficiles, et que l'originalité allait nécessairement céder la place à l'imitation. Cependant cette période d'éclectisme eut aussi ses chefs-d'œuvre : la lenteur avec laquelle marcha la décadence dans les arts contraste étrangement avec le pas rapide dont la littérature descendait des hauteurs où elle était montée.

Pendant les cinquante premières années de cette période l'école de Praxitèle et celle de Sicyone continuèrent à fleurir, et produisirent principalement des ouvrages en bronze; mais après ce temps le bronze fut à peu près abandonné, jusqu'au moment où Athènes, vers la fin de la période, rendit, par un dernier effort, quelque vigueur à l'art expirant. L'école de Lysippe donna naissance à celle de Rhodes, où *Charès* fit la plus remarquable des cent statues colossales du *Soleil* dont cette ville était ornée; cette statue, qui avait soixante-dix coudées de haut, et qui était célèbre sous le nom de *colosse de Rhodes*, fut renversée par un tremblement de terre l'an 225 avant J. C. (1).

Les antiquaires attribuent à cette partie de la quatrième période plusieurs beaux ouvrages encore existants, entre autres le *Laocoon*, retrouvé en 1506 à Rome, près des bains de Titus. C'est, après le *groupe de Niobé*, le plus beau spécimen de l'art antique qui soit arrivé jusqu'à nous. Selon Pline, c'était l'ouvrage de trois artistes rhodiens : *Agésandre*, *Polydore* et *Athénodore* (2). Le célèbre *taureau Farnèse* est également l'ouvrage de deux Rhodiens : *Apollonius* et *Tauriscus* (3).

Après le partage de l'empire d'Alexandre les arts furent plus ou moins cultivés dans les différents royaumes qui s'élevèrent; Alexandrie, Pergame et Séleucie eurent des écoles de sculpture. A Pergame furent composés les célèbres groupes qui représentaient les *victoires d'Attale et d'Eumène sur les Galates* (4). Quelques antiquaires pensent que la statue que

---

(1) Paus. VI, 26, 1 ; I, 20, 1 ; 43, 8. — Plin. *H. N.* XXXIV, 19, 10 ; XXXVI, 4, 5. — Athen. XIII. p. 591.
(2) Plin. *H. N. l. c.* — Lucian. *Amor.* 11, 17. — Paus. IX, 27. — Cic. *C. Verr.* IV, 2.
(5) Cic. *Brut.* 86.
(4) Plut. *De Isid.* 24; *De Alex. virt.* II, 2 ; *Alex.* 4. — Plin. *H. N.* XXXIV, 19, 6.

---

(1) Plin. *H. N.* XXXIV, 18. — Meursius, *Rhodus*, I, 16.
(2) Plin. *H. N.* XXXVI, 4, 11. — Lessing, *le Laocoon*.
(3) Plin. *H. N.* XXXVI, 4, 10.
(4) Plin. *H. N.* XXXIV, 19, 24. Pausan. I, 25, 2. — Plut. *Anton.* 60.

l'on admire à Rome sous le nom de *Gladiateur mourant* faisait dans l'origine partie de ces groupes. Il en est de même pour le *Gladiateur combattant*, qu'on croit avoir été apporté d'Éphèse, où florissait aussi une école de sculpteurs, imitateurs exacts de la méthode et des procédés de Lysippe. En Syrie, Antioche cultiva aussi les arts jusqu'au temps d'Antiochus IV, avant le règne duquel Scipion avait déjà emporté de cette ville un grand nombre de statues.

Dans ces contrées la sculpture s'occupa rarement de représenter les dieux, et quand elle le fit elle se contenta, dans la plupart des cas, de copier les anciennes statues, sans changer le caractère et sans altérer les formes devenues typiques. D'un autre côté, les statues-portraits se multiplièrent. La vanité des princes et la flatterie des artistes donnèrent naissance à un nouveau genre de statues : les rois, identifiés souvent avec certaines divinités, furent représentés avec les attributs des dieux. On se contenta même, quelquefois, de placer la tête royale sur le corps d'une effigie divine. Cette invasion de la flatterie dans les tendances artistiques dressa sur la route de l'art un redoutable écueil : les saines doctrines furent abandonnées pour une recherche exagérée et une richesse d'ornementation dépourvue de goût. L'influence de la flatterie se manifesta non-seulement dans la matière, mais encore dans le nombre des statues : l'image d'un seul et même personnage fut indéfiniment reproduite. Il fut élevé à Démétrius de Phalère trois cent soixante statues : quelques-uns même en ont porté le chiffre à quinze cents (1). Quand cet honneur fut devenu banal, quand le travail artistique dut fournir à une telle production, le public devint indifférent, l'art devint un métier, les artistes des manœuvres.

Peu de temps avant la prise de Corinthe par Mummius la statuaire en bronze et en marbre avait repris quelque vigueur à Athènes ; et quoique les artistes de cette époque fussent bien loin des anciens maîtres, ils produisirent encore des ouvrages remarquables, inspirés par l'étude consciencieuse et la sage imitation des chefs-d'œuvre du bon temps (2). Parmi ceux qui contribuèrent surtout à cette renaissance, il faut citer *Cléomène le père*, auteur de la *Vénus de Médicis* ; *Cléomène le jeune*, fils du précédent ; *Glycon* et *Apollonius*.

Ce fut alors que Rome envoya dans ces contrées aimées des Muses ses rudes consuls et ses légions ignorantes. Le premier acte des conquérants fut d'emporter vers cette ville

ambitieuse et égoïste, dont la gloire et la grandeur étaient leur pensée, leur espérance, leur culte, tout ce qu'ils avaient entendu louer comme digne d'admiration. D'abord ils ne comprirent pas ce culte pour les créations de l'art, et bien des chefs-d'œuvre périrent victimes de cette rude ignorance ; mais bientôt, soit que la présence de ces précieux monuments leur en eût enfin révélé la valeur réelle, soit qu'une sorte de mode y eût attaché une valeur de convention, ce vol organisé prit des proportions immenses : en Grèce, en Asie, en Sicile, tous les généraux, tous les gouverneurs romains mirent la main sur les œuvres d'art, d'abord pour enrichir Rome, ensuite pour s'enrichir eux-mêmes. Auguste, Caligula, Néron, continuèrent Mummius, Marcellus ou Verrès, et dépouillèrent le monde au profit de la ville impériale. Néanmoins, telle avait été la fécondité de l'art pendant les quatre périodes que nous venons de parcourir, qu'il resta encore à Rhodes, à Delphes, à Athènes, à Olympie, une quantité de statues vraiment extraordinaire.

Mais cette centralisation opérée par la force avait tué l'avenir en faisant la guerre au passé. Les Romains, chez qui le sentiment artistique était fort peu développé, et qui n'aimaient que les chefs-d'œuvre consacrés par l'admiration de juges plus compétents, n'étaient guère portés à encourager de nouvelles tentatives, dont il leur eût fallu apprécier eux-mêmes le mérite et juger les résultats. La sculpture était donc irrévocablement sur la route de la décadence : depuis longtemps déjà elle avait mis le pied sur cette pente dangereuse ; mais elle luttait et défendait le terrain. Elle marcha désormais sans résistance, rapidement à Rome, plus lentement à Constantinople, quand celle-ci fut devenue à son tour la capitale du monde.

PEINTURE.

I. *Origines de la peinture.*

Les légendes relatives à l'origine de la peinture en Grèce, bien qu'elles soient dépourvues de toute valeur historique, sont cependant intéressantes au point de vue de l'art. Selon elles, la première tentative pour imiter sur une surface plane l'apparence des corps en relief consista en une silhouette, c'est-à-dire dans le calque d'une ombre projetée sur un mur ou sur le sol. Pline (1) raconte l'histoire de la fille du potier sicyonien *Dibutade*, qui dessina sur le mur l'ombre de son amant prêt à la quitter ; Athénagoras (2) parle d'un Samien nommé *Saurias*, qui traça sur le sable avec la pointe de son épée l'ombre de son cheval. Le même auteur donne

(1) Athen. XII, p. 557. — Paus. V, 24, 5. — Clem. Alex. *Protrept.* IV, p. 7, ed. Sylb. — Dion Chrysost. *Orat.* 37, p. 122.
(2) Plin. *H. N.*, XXXIV. 19.

(1) *Hist. Nat.* XXXV, 43.
(2) *Legat. pro christ.* 14, p. 59, éd. Dechair.

comme l'inventeur du dessin *Craton* de Sicyone, qui se servit le premier de tablettes et d'instruments préparés exprès. Suivant Pline (1), qui cite à l'appui de son assertion le témoignage d'Aristote, la peinture fut inventée en Grèce par *Euchir*, Εὔχειρ, parent de Dédale. Mais, quoique son récit (2) sur l'origine et les progrès de la peinture en Grèce soit détaillé et circonstancié avec soin, on ne peut guère l'adopter comme un guide sûr dans de véritables recherches historiques, et l'existence de plusieurs anciens artistes mentionnés par cet auteur et par quelques écrivains Grecs peut être hardiment révoquée en doute. Outre les noms que nous avons cités, nous trouvons ceux de *Philoclès* d'Égypte, de *Cléanthe*, d'*Ardicès* et de *Cléophante* de Corinthe; de *Téléphane* de Sicyone, d'*Eugrammus*, etc.

Après la silhouette (σκιαγραφία) vint le *monogramme* (μονόγραμμος); c'était le dessin complet des lignes extérieures, avec des traits intérieurs pour marquer les creux et les reliefs, mais sans couleurs, comme nous le voyons sur les anciens vases. Ce genre de dessin, inventé par Philoclès ou par Cléanthe, mis en œuvre par Ardicès ou par Téléphane, fut perfectionné par Cléophante, qui colora, avec de la brique pilée (3) le fond blanc, dont on se servait d'abord.

Le premier progrès qui eut lieu ensuite fut l'invention du *dessin monochrome*, ou d'une seule couleur. Là la lumière et l'ombre commencèrent à jouer leur rôle, et parvenu à sa perfection ce genre d'ouvrage constitua une véritable peinture. Aussi resta-t-il toujours en usage et fut-il employé par les plus grands maîtres. On adopta pour cet emploi diverses couleurs, gris sur gris, rouge sur rouge. Pline (4) nous apprend que les anciens maîtres se servaient du vermillon, et qu'ensuite on adopta de préférence l'ocre rouge, comme étant d'une nuance plus agréable et plus délicate. Il nomme (5) parmi les artistes anciens qui se sont distingués dans ce genre *Hygiemon*, *Dinias* et *Charmadas*. On ignore l'époque à laquelle ils vécurent; mais il est probable qu'ils travaillèrent dans le style le plus simple, celui que nous trouvons sur les vases les plus anciens. On a découvert à Herculanum quatre peintures monochromes d'un style plus récent : elles sont sur marbre; la couleur est rouge sur rouge; l'exécution n'est pas sans mérite. Toutes quatre sont probablement l'ouvrage du même peintre, *Alexandre* d'Athènes, dont le nom se trouve sur l'une d'elles.

Le dernier pas essentiel que fit la peinture avant d'arriver à son entier développement consista dans l'application de la couleur à l'imitation des objets naturels. Cependant le dernier mot n'était pas dit encore; la peinture n'avait pas tout fait en donnant à chaque objet sa couleur; il fallait que par une entente profonde de l'ombre et de la lumière elle parvînt à représenter les choses avec la teinte exacte qu'elles offrent à l'œil, selon la manière dont elles sont éclairées, selon les objets qui les entourent et les circonstances où elles se trouvent. Cet important perfectionnement ne vint que beaucoup plus tard. Probablement *Eumarus* d'Athènes et certainement *Cimon* de Cléones appartiennent à la classe des artistes qui pratiquèrent la peinture *tétrachrome*.

II. *La peinture dans l'Asie Mineure et dans la Grande Grèce.*

Il est singulier que les poëmes d'Homère ne fassent aucune mention de la peinture comme art d'imitation, et que nul artiste mythique faisant pendant à Dédale et à Vulcain n'y représente la classe des peintres. Le fait est d'autant plus remarquable qu'Homère parle souvent de la broderie, cette peinture à l'aiguille. D'ailleurs la description du bouclier d'Achille fait par Vulcain de métaux de différentes couleurs, prouve suffisamment que les arts plastiques avaient atteint au temps d'Homère une perfection assez avancée, et établit par conséquent l'existence du dessin. Pourtant le seul genre de peinture dont il soit question dans les poëmes homériques consiste dans la couleur rouge étalée sur les planches des vaisseaux, que le poëte appelle *navires aux joues rouges*, νῆες μιλτοπάρῃοι (1), νέας φοινικοπαρῄους (2). Il est aussi question ailleurs d'un ornement d'ivoire pour la tête des chevaux, que les femmes de la Méonie ou de la Carie teignaient en pourpre (3).

Quoi qu'il soit de la peinture au temps d'Homère, cet art était encore dans l'enfance en Grèce qu'il avait déjà fait en Asie Mineure de notables progrès; suivant Pline (4), Candaule, roi de Lydie (716 av. J. C.), paya au poids de l'or un tableau de *Bularchus*, qui représentait un *combat des Magnètes*. D'autres renseignements se joignent à celui-là ; il y a notamment un passage d'Ézéchiel (5) qui fait allusion aux peintures assyriennes.

La vieille peinture ionienne ou asiatique fleurit très-probablement en même temps que l'architecture ionienne, et elle constitua une école indépendante jusqu'au sixième siècle

(1) *H. N.* VII, 57.
(2) *H. N.* XXXV, 5.
(3) Plin. *H. N.* XXXV, 5.
(4) *H. N.* XXXIII, 39.
(5) *H. N.* XXXV, 34.

(1) *Iliad.* II, 637.
(2) *Odyss.* XI, 124.
(3) *Iliad.* IV, 141.
(4) *H. N.* XXXV, 34; VII, 39.
(5) XXIII, 14, 15.

avant J. C., époque à laquelle l'Ionie perdit sa liberté, et avec elle sa grandeur artistique. Hérodote (1) parle des peintures que possédaient les Phocéens en 544, à l'époque du siége de leur ville par Harpagus. Ailleurs (2) le même historien nous apprend que Mandroclès de Samos, qui construisit le pont de bateaux sur lequel l'armée de Darius passa le Bosphore, possédait un tableau représentant le passage de cette armée, et qu'il le consacra dans le temple de Junon à Samos.

Après la conquête de l'Ionie par les Perses Samos devint le séjour des arts (3). Le temple de Junon se remplit d'ex-voto de toutes sortes, et l'on sait que la peinture jouait en général un grand rôle dans ces offrandes faites aux dieux ; plus tard les temples eurent tous un bâtiment particulier, *pinacothèque* (πινακοθήκη), exclusivement consacré aux tableaux et aux ouvrages de ce genre (4).

Quand les arts s'en allèrent de l'Ionie, ils se réfugièrent chez les Grecs de l'Italie et de la Sicile, principalement à Crotone, à Sybaris, à Tarente. Mais il y a sans doute beaucoup d'exagération dans une assertion de Pline (5) qui fait remonter jusqu'au siècle de Tarquin l'Ancien de vieilles peintures que l'on voyait de son temps à Cæré, à Lanuvium et à Ardée.

III. *La peinture dans la Grèce propre.*

Revenons à la Grèce, où le dernier nom d'artiste que nous ayons cité est celui de Cimon de Cléones. On ignore l'époque exacte à laquelle vécut ce peintre, que l'on peut regarder comme le premier jalon où l'on doive s'arrêter au commencement de cette obscure histoire : il était probablement contemporain de Solon. Il perfectionna les inventions d'Eumarus, et fut le premier qui essaya les raccourcis, donna aux figures des attitudes variées, marqua les articulations, indiqua les veines, et fit tomber les draperies en plis vrais et naturels (6). Élien (7) nous apprend qu'il retira de ses ouvrages un prix bien supérieur à celui qu'on payait avant lui. Ce fait seul indique une grande supériorité dans ses œuvres et un grand progrès dans l'art. Ce fut lui, selon toute apparence, qui affranchit la peinture de la laideur achaïque, et ses œuvres tenaient probablement le milieu entre les productions de l'ancienne école et celles qui illustrèrent plus tard le nom de Polygnote.

A ce dernier nom se rattache la révolution qui se fit en Grèce et qui ouvrit les yeux, fermés jusque-là, sur les mérites et sur l'avenir de la peinture. Avant cette époque les seules villes qui eussent accordé quelque attention à cet art étaient Égine, Sicyone, Corinthe et Athènes. L'école d'Athènes ne donna signe de vie que longtemps après les autres ; elle ne jouit longtemps d'aucune célébrité ; mais le temps arrivait où elle allait, grâce à un grand artiste, acquérir la prééminence, qu'elle conserva pendant plus de deux siècles, bien que cependant parmi les grands peintres grecs un très-petit nombre soient nés à Athènes.

IV. *Période de développement de la peinture.*

Avec *Polygnote* de Thasos (463 avant J. C.) la peinture acquit tout son développement : elle connut tous les principes essentiels de l'imitation de la nature à l'aide du dessin, et elle fut définitivement établie comme un art libre et indépendant. Les œuvres de Polygnote se firent remarquer par l'expression, le caractère, le dessin ; cependant les nuances, plus délicates, de la couleur, intimement unies à la composition et à l'effet dramatique, n'attiraient pas encore assez l'attention, et elles ne devaient se développer que dans une autre période.

Il est souvent fait mention de Polygnote chez les auteurs anciens écrivains; Pline (1) le nomme parmi les artistes venus avant la 90e olympiade, et il rend compte brièvement des progrès qu'il fit faire à la peinture dans la pose des personnages et le jet des draperies. Aristote (2) parle du caractère général de son dessin et du soin qu'il accordait à l'expression ; il lui attribue une tendance naturelle à l'idéal. Lucien (3) le range parmi les coloristes les plus irréprochables, et loue la vérité, l'élégance, la légèreté de ses draperies. Pausanias mentionne plusieurs de ses ouvrages : les plus importants étaient les deux peintures ou séries de peintures qui décoraient la *Lesché* du temple d'Apollon à Delphes. Cet auteur a consacré six chapitres (4) à la description de ces peintures ; elles représentaient d'un côté la *ruine de Troie* et le *départ des Grecs pour leur patrie*, de l'autre la *descente d'Ulysse aux enfers*. Chacune de ces compositions se composait de plusieurs rangs de figures, combinées en différents groupes, portant chacune son nom écrit auprès d'elle et racontant sa propre histoire. Ainsi pas de perspective, pas de composition, pas d'unité. C'était ce qu'on peut appeler le style éthique dans toute sa pureté, c'est-à-dire de simples études de physionomies et de caractères. L'imitation ne s'étendait pas à la nature dans tous ses détails,

(1) *Hist.* I, 64.
(2) *Hist.* IV, 88.
(3) Herod. III, 60,
(4) Pausan. I, 22, 4 ; X, 25, 1, 2. — Athen. XIII, p. 606, b. — Strabon, IX, p. 396.
(5) *H. N.* XXXV, 6, 37.
(6) Plin. *H. N.* XXXV, 34.
(7) *V. H.* VIII, 8.

(1) *H. N.* XXXV, 58.
(2) *Poetic.* c. 2 et 6.
(3) *Imag.* c. 7.
(4) X, 25-31.

mais se restreignait à la représentation d'un personnage ; souvent les objets étaient représentés par un symbole ou un emblème de convention : deux ou trois guerriers représentaient une armée ; une seule tente, un camp ; un seul vaisseau, une flotte ; une seule maison, une ville. En général, les règles du bas-relief semblent avoir été à cette époque celles de la peinture ; et la peinture, comme le bas-relief, était encore, sous bien des rapports, l'auxiliaire et la servante de l'architecture.

Les principaux contemporains de Polygnote furent *Denys* de Colophon, *Plisthénète* et *Panænus* d'Athènes, frères de Phidias, et *Micon*, aussi d'Athènes.

Denys paraît avoir été un excellent peintre de portraits. Aristote (1) loue ses œuvres ; Plutarque (2), en lui accordant la vigueur et l'énergie, lui reproche d'avoir laissé trop paraître le travail. Polygnote peignait aussi le portrait, et il avait représenté sa maîtresse Elpinice (3) sous le nom de Laodice, dans son tableau de *l'enlèvement de Cassandre*, l'un de ceux qui ornaient le Pœcile d'Athènes. Ce célèbre portique tirait son nom (Ποικίλη Στοά) des peintures dont il était orné. Ces peintures représentaient, ainsi que nous l'apprend Pausanias (4) , *la bataille d'Œnoe*, entre les Athéniens et les Spartiates : l'auteur de cet ouvrage n'est pas connu, mais il est probable que c'était Plisthénète, qui est cité par Plutarque (5) comme un fameux peintre de batailles ; *le combat de Thésée contre les Amazones*, par Micon (6) ; *la bataille de Marathon*, par Panænus(7), et *l'enlèvement de Cassandre*, par Polygnote (8). Ces peintures, après avoir orné le Pœcile pendant environ huit siècles , furent emportées d'Athènes au temps d'Arcadius (9), fait dont M. Raoul-Rochette (10) tire la conclusion qu'elles étaient, non appliquées sur le mur même, mais sur des panneaux mobiles.

A cette époque il y avait déjà des concours de peinture à Corinthe et à Delphes. Pline (11) rapporte que Panænus fut vaincu, aux jeux Pythiens, par *Timagoras* de Chalcis.

Les remarques de Quintilien (12) sur le style et le caractère de la peinture de cette époque sont curieuses et intéressantes, bien qu'elles ne soient pas tout à fait conformes aux témoignages des auteurs grecs que nous avons

cités. Il rapporte que malgré la simplicité, encore primitive, de la couleur chez Polygnote, il y avait des juges qui préféraient cet artiste aux plus grands peintres venus après lui, opinion, ajoute-t-il, qui n'est pas exempte de parti pris et d'affectation.

V. *Période de perfectionnement.*

Pendant la génération suivante, vers l'an 420 avant J. C., grâce aux efforts d'*Apollodore* d'Athènes et de *Zeuxis* d'Héraclée, l'effet dramatique vint s'ajouter aux qualités essentielles que la peinture avait déjà acquises, et détermina une nouvelle ère, en fondant l'unité de sentiment et d'action. Les artistes contemporains d'Apollodore et de Zeuxis, qui marchèrent dans la voie ouverte par ces maîtres, furent *Parrhasius* d'Éphèse , *Eupompe* de Sicyone et *Thimanthe* de Cythnos. Athènes et Sycione furent pendant cette période les siéges principaux des arts.

Apollodore fut le premier qui peignit les objets tels qu'ils sont, et présenta dans ses œuvres l'image exacte de la nature. Il inventa, non pas l'emploi de l'ombre et de la lumière, qui était connu avant lui, mais ce que les Grecs appelaient ἁρμογή, c'est-à-dire la dégradation des teintes, φθοράν καὶ ἀπόχρωσιν σκιᾶς. Aussi fut-il appelé le *Sciagraphe* par excellence (1), et ses tableaux furent les premiers qui surent attacher le regard, *tenere oculos,* selon l'expression de Pline (2).

Zeuxis combina avec la richesse d'effet, que possédait Apollodore, une certaine tendance à l'idéalisation de la forme. Quintilien (3) dit que ce peintre voyait le monde tel que l'avait fait Homère, et qu'il mettait une certaine puissance dans la forme humaine, même quand il avait à peindre des femmes. Cicéron (4) loue aussi son dessin. Parmi ses ouvrages le plus fameux était l'*Hélène de Crotone*, pour laquelle les cinq plus belles filles de la ville lui avaient servi de modèles (5). Une anecdote racontée par Plutarque (6) nous apprend qu'il travaillait très-lentement.

Les auteurs anciens parlent tous de Parrhasius avec les plus grands éloges. Il paraît qu'il sut joindre le coloris magique d'Apollodore et le dessin exquis de Zeuxis à la sobriété classique et à la puissante expression de Polygnote. Ainsi il réunit dans son seul talent toutes les perfections, et mérita d'être appelé le *Législateur* (7). Au reste il n'at-

(1) *Poetic.* c. 2.
(2) *Timol.* 36.
(3) Plut. *Cimon*, 4.
(4) I, 18.
(5) *De gloria Athen.* 2.
(6) Pline, *H. N.* XXXV, 35.
(7) Pline, *H..N.* XXXV, 34.
(8) Pline, *H. N.* XXXV, 35. — Plut. *Cimon*, 4.
(9) Synesius, Epist. 34 et 138.
(10) *Des peintures antiques*, p. 154.
(11) *H. N.* XXXV, 38.
(12) *Inst. orator.* XII, 10.

(1) Hesychius. *s. v.* Σκιαγράφος.
(2) *H. N.* XXXV, 36.
(3) *Inst. orat.* XII, 10.
(4) *Brut.* 18.
(5) Val. Max. III, 7, 3. — Cic. *De Invent.* II, 1. — Élien, *V. H.* LV, 12; etc.
(6) *Pericl.* 13.
(7) Quint. *Inst. orat.* XII, 10.

tendait guère les éloges d'autrui : il s'appelait lui-même le premier des peintres (1). Pline (2) ajoute que parmi les artistes nul ne fut plus orgueilleux ni plus arrogant.

Timanthe se distingua par l'invention et par l'expression. Il donnait à ses œuvres un charme particulier en laissant souvent quelque chose à faire à l'imagination des spectateurs. Bien que sous le rapport de l'exécution ses tableaux fussent d'admirables morceaux, cependant l'invention chez lui surpassait encore de beaucoup la mise en œuvre. Pour donner un exemple des ingénieuses idées que lui suggérait sa fantaisie, Pline (3) cite un tableau représentant *un cyclope endormi*. Ce tableau était petit; pour faire apprécier les gigantesques proportions du principal personnage, l'artiste avait peint de petits satyres occupés à mesurer avec un thyrse le pouce du cyclope. Une autre œuvre de Timanthe, célèbre de même sous le rapport de la composition, c'était le *sacrifice d'Iphigénie* (4). Timanthe sortit vainqueur d'un concours où il eut Parrhasius pour adversaire : le sujet était *le combat d'Ulysse et d'Ajax se disputant les armes d'Achille* (5).

Eupompe fut le fondateur de la célèbre école de peinture qui, après lui, vint se placer, sous le nom d'école de Sicyone, à côté des deux écoles athénienne et ionienne (6). Consulté un jour par son élève Lysippe, Eupompe lui répondit : « Prends pour modèle la nature, et non un artiste (7). » Cette maxime fameuse, qui eut depuis tant d'influence sur les arts dans la Grèce, fut la première leçon par laquelle un maître conseilla à ses élèves la renonciation à l'étude exclusive du style générique dans lequel s'étaient illustrés Polygnote et Phidias. Nous pouvons juger par elle que le principal caractère du talent d'Eupompe consistait dans la recherche de la vérité et dans l'exacte imitation des choses existantes.

VI: *Période de raffinement.*

La période qui commence ici fut appelée *Période Alexandrine*, parce que les plus célèbres des artistes qu'elle produisit vivaient vers le temps d'Alexandre le Grand. Ce fut la dernière période de progrès; encore ne fit-elle qu'ajouter au dessin et au coloris, qu'elle ne pouvait plus perfectionner, la variété dans la composition et dans l'effet. Elle fut caractérisée principalement par la diversité que mirent dans leur style un grand nombre

d'artistes contemporains. *Protogène* se distingua par le fini de l'exécution ; *Pamphile* et *Mélanthius*, par la manière habile dont ils composaient leurs tableaux ; *Antiphile*, par sa facilité ; *Théon* de Samos, par sa fantaisie féconde ; *Apelle* fut sans rival pour la grâce qui respirait dans ses tableaux ; *Euphranor* réunit en lui les qualités de tous ; *Pausias* et *Nicias* se firent remarquer par leur habileté à distribuer la lumière ; *Nicomaque* se rendit célèbre par la hardiesse et la rapidité de son pinceau ; enfin son frère *Aristide* surpassa tous les autres par la puissance de l'expression (1). D'autres peintres se rendirent encore célèbres durant cette période, tels que *Philoxène* d'Érétrie, *Asclépiodore* d'Athènes, *Athénion* de Maronée, *Échion*, *Cydias*, *Philocharès*, *Théomneste*, *Pyricus*, etc.

Cette révolution dans la théorie et dans la pratique de la peinture paraît avoir été due en grande partie aux principes professés par Eupompe, à Sicyone. Pamphile d'Amphipolis lui succéda dans la direction de cette école, qui devint dès lors la plus célèbre de la Grèce. Pamphile eut la réputation du plus savant artiste de son temps, et telle était son autorité, dit Pline (2), que, grâce à son influence, le dessin prit dès lors la première place dans l'éducation de la jeunesse. Les cours qu'on suivait dans l'école de Sicyone duraient dix ans : ils comprenaient le dessin, l'arithmétique, la géométrie, l'anatomie, et la peinture dans toutes ses branches. Pamphile fut le premier peintre habile en toutes ces choses, principalement en arithmétique et en géométrie, sciences sans lesquelles il niait que l'art pût arriver à la perfection. Il semble avoir peu produit ; mais tous ses ouvrages se distinguaient par une composition irréprochable.

Nicomaque de Thèbes fut de tous les peintres de son temps celui qui peignit le plus rapidement (3), et cette célérité dans le travail était égalée par la puissance de sa touche. Plutarque (4) compare ses ouvrages aux vers d'Homère. Il eut beaucoup d'élèves, entre lesquels Philoxène d'Érétrie se distingua comme peintre de batailles ; mais tous furent surpassés par Aristide, le propre frère du maître, qui paraît avoir mérité le premier rang parmi les peintres grecs, pour la force et la vérité de l'expression (5). Un de ses plus célèbres tableaux représentait *un épisode du sac d'une ville prise d'assaut* : une mère blessée et mourante serrait son enfant contre son sein ensanglanté. Alexandre le Grand fit transporter ce tableau à Pella, sa

(1) Athen. XII, p. 543, C.
(2) *H. N.* XXXV, 36. — Cf. Athen. XV, p. 687, B.
(3) *H. N.* XXXV, 36, 9.
(4) Plin. *H. N.* XXXV, 36, 9. — Quint. *Inst. orat.* II, 13. — Ellen, *V. H.* IX, 11. — Val. Max. VIII, 11, 6.
(5) Ellen, *V. H.* LV, 12. — Plin. *H. N.* XXXV, 36, 9.
(6) Plin. *H. N.* XXXV, 36, 10.
(7) Plin. *H. N.* XXXIV, 19, 8.

(1) Quint. *Inst. orat.* XII, 10.
(2) *H. N.* XXXV, 36, 10.
(3) Plin. *H. N.* XXXV, 36, 10.
(4) *Timol.* 36.
(5) Plin. *H. N.* XXXV, 36, 10.

patrie (1). Deux cents ans après la mort d'A-
ristide, Attale, roi de Pergame, donna cent
talents pour un de ses ouvrages. Mnason,
tyran d'Élatée, lui paya de son vivant, au
prix de dix mines par figure, un tableau qui
contenait cent personnages.

Ce même Mnason paya fort cher aussi des tableaux de *Théomneste*, peintre dont on ne sait
guère autre chose, et d'*Asclépiodore*. Celui-
ci était d'Athènes; il se rendit célèbre par son
habileté à composer ses tableaux et à grouper
ses figures (2).

Pausias de Sicyone, qui s'illustra le premier
et ne fut surpassé par personne, dans le genre
de peinture dit à l'encaustique (3), était élève
de Pamphile. Il se distingua par la hardiesse
et la puissance des effets de lumière, qu'il
rehaussait à l'aide de contrastes frappants et
de vigoureux raccourcis. Ces qualités avaient
rendu fameux un de ses ouvrages, représentant
un sacrifice : un taureau noir, hardiment peint
en raccourci, s'y dessinait vigoureusement sur
un fond léger, et son ombre, projetée sur une
partie des personnages qui l'entouraient, produisait un effet admirable (4).

Apelle était né à Éphèse ou à Colophon (5),
selon le témoignage général des écrivains grecs;
à Cos, selon Pline et quelques autres auteurs
latins. Il surpassa tous les peintres qui l'a-
vaient précédé, tous ceux qui le suivirent;
mais cette supériorité provenait d'une qualité difficile à définir, faute d'un terme qui
embrasse dans sa signification la beauté, la
grâce, l'élégance, *venustas*, χάρις. Un écrivain
moderne le caractérise ainsi : « Ce qui fit d'A-
pelle un si grand artiste consistait plutôt dans
l'étroite alliance de ses facultés que dans leur
étendue. Il avait de ce qu'il pouvait faire, de
ce que lui permettait son génie, du but qu'il
lui était donné d'atteindre, des perfections qui
étaient inaccessibles pour lui, une connaissance
plus exacte et plus approfondie que ne l'eut
jamais aucun autre artiste. La grâce de la conception et la pureté du goût étaient les dons
qu'il avait reçus du ciel; il y avait ajouté la
grâce et la pureté dans le fini de l'exécution,
qualités rares et puissantes quand elles se trouvent séparées, irrésistibles quand elles sont
réunies. »

Le plus célèbre des ouvrages d'Apelle était
sa *Vénus anadyomène*, dont Ovide a fait un
si bel éloge en attribuant au talent du peintre la réputation de beauté dont jouissait la
déesse :

Si Venerem Cous nusquam pinxisset Apelles,
Merta sub æquoreis illa lateret aquis (6).

(1) Plin. *H. N.* XXXV, 36, 10.
(2) Plut. *De gloria Athen.* c. 2.
(3) Plin. *H. N.* XXXV, 40, 11.
(4) Plin. ibid.
(5) Suidas, *s. v.* Ἀπελλῆς.
(6) *Ars amat.* III, 401.

Apelle excellait dans le portrait, et à bien
prendre tous ses ouvrages paraissent avoir
été des portraits dans un sens un peu étendu :
ses peintures historiques ou allégoriques se
composaient presque toutes d'une seule figure.
Il partageait avec le statuaire Lysippe (1) le
privilége exclusif de représenter Alexandre (2).
Un des portraits qu'il avait faits du conquérant, appelé l'*Alexandre* κεραυνοφόρος, avait
inspiré ce mot devenu proverbial : « Il y a
deux Alexandres, l'un invincible, le fils de
Philippe, l'autre inimitable, l'ouvrage d'A-
pelle (3). » Apelle vernissait ses tableaux par
un procédé particulier, et que nul ne put imiter; la composition dont il se servait pour cela,
noire et transparente, donnait aux couleurs
un harmonieux reflet (4). Ses figures étaient
simples et dépourvues d'ornements; elles devaient principalement leur charme à leur beauté
absolue, et non à des effets accessoires. C'est ce
qu'on peut inférer de ce mot, que, suivant
Clément d'Alexandrie (5), il adressa un jour
à un de ses élèves, qui, peignant une Hélène,
l'avait surchargée d'ornements : « Jeune
homme, lui dit-il, tu l'as faite riche, ne
pouvant la faire belle. »

Protogène de Caunus, contemporain d'A-
pelle, à la fois peintre et sculpteur, était renommé pour le fini extraordinaire de ses ouvrages (6). Apelle, en voyant l'*Iasylus*, le
plus célèbre tableau de Protogène, resta d'a-
bord muet d'étonnement; puis, il dit que cet
ouvrage, pour être beau et extraordinaire,
n'en manquait pas moins de la grâce qui ca-
ractérisait ses œuvres à lui (7). Protogène y
avait travaillé sept ans (8), et il l'avait couvert
de quatre couches de couleur (9); d'où il est
aisé de conclure que les procédés dont se
servaient les anciens pour donner du corps
à leur peinture ne différaient que très-peu
des procédés actuels.

Euphranor de Corinthe fut aussi un peintre
célèbre, en même temps qu'un sculpteur habile. Il se distingua par une originalité louable
dans son dessin. Il donna à ses personnages une vigueur musculaire et une ampleur
anatomique inconnues jusqu'à lui. Il fit descendre les héros du ciel où les avaient placés ses
prédécesseurs, et peignit des hommes plutôt

(1) *Voyez* plus haut, col. 252.
(2) Hor. *Ep.* II, 1, 239 :
    Edicto vetuit, ne quis se præter Apellem
    Pingeret, aut alius Lysippo duceret æra
    Fortis Alexandri vultum simulantia.
Cf. Plin. *H. N.* VII, 37; XXXIV, 19.
(3) Plut. *de Fort. Alex. Mag.* 2, 2.
(4) Plin. *H. N.* XXXV, 9.
(5) *Pædag.* II, 12.
(6) Plin. ibid. — Petron. *Sat.* 83.
(7) Plin. ibid. — Plut. *Demet.* 22.
(8) Plut. ibid.
(9) Plin. XXXV, 36, 9.

que des dieux. Il disait que le *Thésée* de Parrhasius avait été nourri de roses, et le sien de bœuf (1). Il peignit à l'encaustique, et produisit par ce procédé de célèbres ouvrages, entre autres un *combat de cavalerie*, et *les douze grands dieux* (2).

Nicias d'Athènes se fit remarquer par la délicatesse avec laquelle il peignit la beauté féminine, et par la richesse de son coloris. Il peignit aussi à l'encaustique. Son plus fameux tableau représentait *le pays des ombres* décrit par Homère. Il refusa de le vendre 60 talents à Ptolémée Philadelphe, et l'offrit en présent à sa ville natale. A cette époque on peignait encore les statues, et Nicias fit servir son pinceau à décorer quelques-uns des ouvrages de Praxitèle (3).

Athénion de Maronée, qui peignit également à l'encaustique, fut comparé et quelquefois même préféré à Nicias. Son coloris, plus sobre, plaisait cependant davantage ; et s'il n'était mort jeune, dit Pline, il se fût élevé au-dessus des plus grands artistes. On citait comme une œuvre remarquable son tableau représentant *un cheval tenu par un esclave* (4). Cependant il est permis de conclure des témoignages antiques qu'il cherchait à ramener l'art en arrière plutôt qu'à le faire marcher en avant. Peu soucieux des richesses de la couleur, il s'efforçait, tout en conservant l'originalité et la pureté de dessin de ses contemporains, de concilier ces qualités avec le style de Polygnote et de Phidias.

Philocharès, frère de l'orateur Eschine, fut aussi, selon Pline (5), un peintre du plus grand mérite, bien que Démosthène (6) l'ait dédaigneusement appelé « un peintre de tambours et « de pots à parfums. »

Échion, dont la patrie est inconnue, est mentionné par Pline (7) et par (8) Cicéron comme un artiste d'un grand talent et d'une grande réputation.

Théon de Samos est rangé par Quintilien (9) parmi les peintres du premier ordre, tandis que Pline (10) ne le met que parmi ceux du second rang. Élien (11) a donné une description animée d'*un jeune guerrier* peint par Théon.

VII. *Décadence de la peinture.*

Après la mort d'Alexandre les révolutions politiques amenèrent dans les arts une décadence, qui se manifesta d'une manière d'autant plus sensible que d'autres causes encore y aidaient, surtout pour la peinture : les richesses artistiques étaient devenues si abondantes, que les traditions religieuses et l'histoire nationale, épuisées, ne fournissaient plus de sujets nouveaux, et que l'on aimait mieux s'en tenir, pour orner les monuments publics ou privés, aux chefs-d'œuvre dès longtemps reconnus comme tels, que de recourir au talent hypothétique des artistes contemporains. Ceux-ci se trouvèrent donc dans la nécessité de frayer à l'art de nouvelles voies, et d'appeler à leur secours la nouveauté et la variété : la *rhyparographie*, c'est-à-dire la peinture de genre ; la peinture obscène ou érotique, et toutes les autres branches inférieures de l'art, furent ainsi mises en vogue et en honneur, et le culte presque exclusif de ces genres fut le trait caractéristique de cette époque. Cependant durant la première partie de cette période, depuis environ l'an 300 av. J. C. jusqu'à la prise de Corinthe, en 146, on rencontre encore quelques noms qui soutiennent la gloire de la peinture grecque ; mais après la conquête de la Grèce par les Romains la pente presque insensible sur laquelle l'art glissait auparavant devient tout à coup plus rapide, et la décadence est complète.

Le nom le plus illustre de cette période est celui de *Pyricus*, qui en fut la personnification la plus brillante, et mérita d'être appelé par excellence *le Rhyparographe*. Il peignit des boutiques, des marchés, des étables, etc. (1). Malgré l'infériorité du genre qu'il avait embrassé, il acquit la plus haute renommée, et égala les plus grands artistes par le mérite de l'exécution. Il réussit aussi dans la peinture obscène, genre qui appartient moins exclusivement à cette époque, et dans lequel s'étaient déjà distingués, au moins accidentellement, les plus illustres artistes de toutes les époques (2).

Parmi les quelques peintres qui défendaient encore la dignité de l'art il faut nommer : *Mydon* de Soles, *Nealcès*, *Léonticus* et *Timanthe* de Sicyone ; *Arcésilaus*, *Érigonus* et *Pasias*, dont la patrie est inconnue, et enfin *Métrodore* d'Athènes, également célèbre comme peintre et comme philosophe. L'école de Sicyone, à laquelle appartinrent la plupart des peintres distingués de cette époque, était la seule qui conservât encore quelques traces de la pureté et de la grandeur classiques (3). Elle paraît avoir subsisté

---

(1) Plut. *De glor. Athen.* 9. — Plin. ibid.
(2) Plin. XXXV, 40. — Pausan. I, 5. — Lucien, *Imag.* 7. — Valer. Max. VIII, 11, 6. — Eustath. *Ad Iliad.* I, 529, etc.
(3) Plin. XXXV, 40. — Plut. *Mor. Epicur.* c. 11.
(4) Plin. ibid.
(5) *H. N.* XXXV, 10.
(6) *De fals. Legat.* p. 415, éd. Reiske.
(7) *H. N.* XXXV, 36.
(8) *Brut.* 18 ; *Paradox.* V, 2.
(9) *Inst. orat.* XII, 10.
(10) *H. N.* XXXV, 40.
(11) *V. H.* II, 44.

(1) Plin. *H. N.* XXXV, 37. — Propert. III, 9, 12.
(2) Athen. XIII, p. 567, B. — Plut. *De aud. poet.* 5. — Plin. *H. N.* XXXV, 37.
(3) Plut. *Arat.* 12.

jusqu'au temps d'Aratus (250 av. J. C.), qui aimait les arts, et leur fit jeter leur dernier éclat, en communiquant aux artistes de son temps l'ardeur patriotique qui l'animait lui-même.

Mais ce ne fut là qu'un effort momentané, capable de retarder mais non d'arrêter le mouvement incessant qui portait vers les contrées étrangères l'esprit artistique de la Grèce. L'Égypte surtout se montra avide de recueillir cette inspiration exilée. Antiphilus, que nous avons cité parmi les grands peintres de la bonne époque, était né en Égypte, et vivait au temps de Ptolémée Soter. L'Égypte se remplit bientôt d'artistes, soit indigènes, soit venus de la Grèce, et l'art grec trouva un refuge à Alexandrie (1). Parmi les ouvrages de cette école imitatrice il faut citer les immenses galères construites par Hiéron II et par Ptolémée Philopator, et décorées de peintures à l'intérieur et à l'extérieur (2).

Environ un siècle après Aratus il est encore fait mention de deux peintres distingués, qui tous deux vécurent à Athènes : Métrodore, que nous avons déjà nommé, et *Héraclide*, né en Macédoine (3). Après ces deux artistes les chefs-d'œuvre des temps passés, pillés par les Romains, emportèrent avec eux le peu de vie qui restait encore à l'art, et il faut aller bien loin pour retrouver deux noms dignes de clore cette liste de grands génies et d'illustres talents : ces deux noms sont ceux de *Timomaque* de Byzance, qui fut contemporain de César (4), et d'*Aetion*, mentionné par Lucien (5), et qui paraît avoir vécu vers le temps d'Adrien.

On a beaucoup discuté sur la valeur réelle des peintures que, dans le cours de cet article, nous avons qualifiées de chefs-d'œuvre. Malheureusement les spécimens, peu nombreux, de la peinture antique qui sont parvenus jusqu'à nous ne sont pas assez importants pour *résoudre la question*. Cependant, en procédant par induction, en observant la perfection de la statuaire grecque ; en tenant compte de la supériorité que les anciens donnaient à la peinture sur la sculpture ; en se rappelant que les peintures trouvées à Pompéi et à Herculanum, les seules qui nous restent, dataient de la décadence et étaient regardées par Pline et par Vitruve comme des œuvres défectueuses, on peut être amené à croire que les peintres grecs, s'ils ne possédaient pas absolument toutes les qualités que nous recherchons dans les tableaux modernes, en

possédaient au moins quelques-unes à un très-haut degré. Ainsi on peut leur accorder toutes les perfections de la composition et du dessin avec une confiance que justifie suffisamment la vue des anciennes sculptures. La *perspective* même, dont on leur a dénié la connaissance, était au contraire de leur part l'objet d'études approfondies, comme le prouve tout ce qui dans les auteurs a rapport à la *scénographie*, ou peinture des *décorations théâtrales*. Reste donc la couleur, dont il est plus difficile de juger exactement le mérite, et sur laquelle on peut seulement établir des conjectures, en étudiant les procédés dont se servait la peinture antique, étude que l'espace ne nous permet pas d'entreprendre ici.

Vinckelmann, *Histoire de l'art dans l'antiquité*, traduction de Hubert, rev. par Jansen ; Paris, 1802, 3 vol. in-4°.

Hugues dit d'Hancarville, *Recherches sur les arts de la Grèce* ; Londres, 1785, 3 vol. in-8°.

Meiners, *Histoire des arts de la Grèce*, trad. de l'allemand ; Paris, 1798, 5 vol. in-8°.

Hirt, *Geschichte der bildenden Künste bei den Alten* ; Berlin, 1833, in-8°.

H. Meyer, *Geschichte der bildenden Künste bei den Griechen*; Dresde, 1824, 4 vol. in-8° et atlas in-fol.

Thiersch, *Ueber die Epochen der bildenden Künste unter den Griechen*; Munich, 1829, in-8°.

C. O. Müller, *Handbuch der Archæologie der Kunst*; 3° éd., publ. par Welcker; Breslau, 1847, in-8°. — Le même ouvrage, traduit de l'allemand sur la deuxième édition; Paris, 1842, 3 vol. in-8°.

De Clarac, *Manuel de l'histoire de l'art chez les anciens* ; Paris, 1847, 2 vol. in-12.

Raoul-Rochette, *Peintures antiques inédites*; Paris, 1836, in-4°.

Letronne, *Lettres d'un antiquaire à un artiste, sur l'emploi de la peinture historique murale* ; Paris, 1836, in-8°. — Appendice à cet ouvrage ; Paris, 1857, in-8°.

LÉON RENIER.

GRÈCE. *(Religion.)* La religion hellénique était un polythéisme assez grossier, sans dogmes définis et sans principes arrêtés. Elle consistait dans l'adoration d'un certain nombre de divinités mâles ou femelles, qui étaient censées présider à chacun des éléments ou aux diverses occupations de la vie humaine. Ces divinités recevaient un culte dont les rites variaient suivant les villes et les localités. A l'adoration de ces dieux était associée celle des héros, divinités secondaires, qui étaient généralement regardés comme des hommes auxquels leurs hauts faits avaient mérité une place parmi les immortels.

Les divinités helléniques peuvent être partagées en deux classes. Celles qui depuis la plus haute antiquité étaient reconnues et honorées dans toute la Grèce, chez les différentes peuplades ioniennes ou doriennes, et celles dont le culte, primitivement propre à certaines peuplades, à certains cantons, s'était ensuite répandu dans les autres par suite des nombreuses relations qui existaient entre les peu-

---

(1) Quint. XII, 10. — Plin. *H. N.* XXXV, 37 et 40. — Athen. V, p. 196 et suiv.

(2) Athen. V, p. 204, A; 207, C.

(3) Plin. *H. N.* XXXV, 40.

(4) Plin. ibid.

(5) *Imag.* 7. — Herodian. 8.

ples de la Grèce. Les premières ou étaient d'origine pélasgique ou avaient été apportées de l'Asie ; les secondes étaient nées des idées et des croyances particulières à tel ou tel pays, à telle ou telle population.

Cette distinction, qu'il est facile d'établir d'une manière générale, présente cependant, dans l'application, de graves et presque d'insurmontables difficultés. Les mythes dont chaque divinité devint l'objet offrent tant de confusion ; ils ont subi de si nombreuses altérations, ils se sont tellement modifiés suivant les temps et les lieux, qu'on éprouve le plus grand embarras pour démêler à laquelle de ces deux catégories doivent être rapportés la plupart des dieux helléniques.

Mais lors même que l'on parvient à opérer cette distinction fondamentale, on est encore arrêté par une difficulté nouvelle, non moins épineuse que la première. Les divinités qui appartiennent à la première classe sont-elles nées sur le sol de la Grèce? Ne sont-ce que des personnifications des forces, des principes élémentaires de la nature, que le génie hellénique a graduellement revêtus d'une personnalité toute humaine? Ou ne doit-on voir en elles que des transformations de divinités apportées de l'Asie occidentale, de l'Inde et de l'Égypte?

Les solutions diverses que les érudits modernes ont proposées de ce double problème ont donné naissance à autant d'écoles mythologiques qui ont compté chacune des défenseurs aussi savants qu'ingénieux. Voilà pour la question de provenance des divinités ; quant aux principes, aux idées dont les divinités grecques étaient l'expression, une divergence non moins grande d'idées a éclaté entre les mythologues. Les uns, et ce sont les plus anciens, suivant le drapeau d'Évhémère, n'ont vu dans tous ces dieux que des hommes que leurs exploits, leurs vertus avaient fait déifier après leur mort ; les autres, qui comptent aujourd'hui le plus grand nombre d'adhérents, ne cherchent dans ces mêmes dieux que des personnifications des agents de la nature, des phénomènes naturels. Les premiers supposent que les mythes dont ces divinités étaient l'objet ne sont que des faits historiques travestis, embellis par la fantaisie des poëtes, altérés par l'ignorance populaire ; les seconds croient découvrir sous le voile de ces fables l'expression figurée du rôle que les agents physiques, les phénomènes naturels jouent dans l'univers.

Un tel chaos d'opinions fait de l'étude de la religion grecque une des matières les plus obscures et les plus ardues que la science puisse présenter. En outre, la pénurie de documents où nous nous trouvons, l'embarras de discerner les traditions positives parmi les créations de l'imagination poétique, l'absence de dates, la contradiction des traditions, l'habitude que

certains érudits ont introduite de puiser chez des auteurs de toutes les époques, de toutes les écoles, de tous les pays, ajoutent encore aux difficultés, déjà si grandes par elles-mêmes.

Cependant on peut, à l'aide d'une méthode sévère et d'une critique circonspecte, arriver à des probabilités satisfaisantes sur un certain nombre des questions, et on ne saurait nier que depuis une vingtaine d'années on n'ait fait à cet égard de véritables progrès.

Deux Allemands ont puissamment contribué à faire sortir l'histoire du polythéisme hellénique du dédale dans lequel elle s'était fourvoyée ; ce sont Frédéric Creuzer et Ottfried Müller. Bien que suivant des vues et des méthodes différentes, ils ont, chacun par un chemin opposé, frayé la voie aux travaux des nombreux mythologues allemands et français. Le premier, dans sa Symbolique (*Symbolik und Mythologie der alten Völker, besonders der Griechen*), publiée en 1815, adoptant la méthode synthétique, groupa les idées religieuses analogues, rapprocha les mythes semblables, chercha à saisir, à force d'érudition, la filiation des croyances, et fit ainsi converger toutes les connaissances humaines de manière à en former un faisceau de lumière qui pût éclairer les obscurités que présente à chaque pas le polythéisme des Grecs. Le second, doué d'un puissant esprit de critique, a dans ses Prolégomènes d'une mythologie scientifique (*Prolegomena zu einer wissenschaftlichen Mythologie*), publiés en 1825, et dans ses ouvrages sur les Doriens et sur les Minyens d'Orchomène, soumis à une analyse rigoureuse tous les témoignages que l'antiquité grecque nous a laissés sur sa foi religieuse. Quoique l'un et l'autre se soient montrés trop absolus dans leurs opinions, ils n'en ont pas moins. doté la science d'une double méthode sans laquelle il n'y a plus désormais d'étude sérieuse de la mythologie. Creuzer apprend surtout à distinguer les origines de la religion hellénique, Müller en saisit l'histoire et le développement. Le syncrétisme du premier est fécond en rapprochements lumineux ; l'esprit analytique du second nous met en garde contre les rapprochements hasardés et les identifications forcées. Tous deux ont fait école, et chacune de ces écoles a fourni des moyens précieux pour débrouiller quelque peu le chaos mythologique.

C'est en empruntant à ces deux écoles ce qu'il y a de plus satisfaisant dans leurs procédés que nous essayerons de présenter une appréciation rapide de la nature et de l'esprit de la religion grecque.

Les Pélasges ont été, au témoignage des auteurs de l'antiquité, les plus anciens habitants de la Grèce. Hérodote (I, 56) nous les représente comme les ancêtres des Ioniens, tandis que les Hellènes étaient, suivant lui, ceux des Doriens. Il est vraisemblable que ce peuple constituait la population primitive de l'Europe méridionale. L'affinité des langues parlées dans cette partie du globe, langues qui appartiennent toutes à la grande famille indo-scythique, montre que cette race était venue d'Asie en Europe, à une époque extrêmement reculée. La religion des Pélasges nous est fort peu connue. Hérodote nous dit qu'ils ne donnaient d'abord aucun nom à leurs divinités, et que ce furent les colonies égyptiennes qui leur apportèrent la connaissance des dieux qu'ils honorèrent par la suite et qu'ils transmirent aux Hellènes. Il paraît hors de doute que ces derniers avaient en effet reçu des Pélasges le culte de leurs grandes divinités *Zeus*, *Hera* (Junon), *Arès* (Mars), *Vesta* ou *Hestia*, *Hermès* (Mercure), *Pallas* ou *Athéné*; mais rien ne vient à l'appui de l'assertion du père de l'histoire quant à l'origine égyptienne de ces dieux. Ces noms ne se retrouvent point dans le panthéon égyptien; ils sont étrangers à la langue des bords du Nil, et aucun fait positif n'établit qu'il y ait eu dans ces temps reculés des relations entre l'Égypte et la Grèce. Les ressemblances d'attributs qu'on peut saisir entre ces divinités pélasgiques et certaines divinités égyptiennes s'expliquent facilement par l'identité du principe sur lequel reposaient ces deux religions, de même que toutes celles de l'Asie: la personnification des forces de la nature; et s'il y eut réellement une parenté entre elles, cela peut tenir tout simplement à ce que l'une et l'autre avaient une certaine affinité avec les religions de l'Asie occidentale, d'où il paraît de plus en plus probable qu'elles avaient tiré toutes deux leur origine.

Dodone en Épire, la Thessalie, la Crète, Samothrace, la côte de l'Asie Mineure et l'Arcadie étaient les contrées les plus anciennement habitées par la société pélasgique, ou du moins celles où elle était entrée le plus anciennement dans la voie de la civilisation. C'était là aussi que la religion de ce peuple avait revêtu des formes plus arrêtées. Les divinités qui y étaient adorées étaient celles qui se placent à la tête du panthéon hellénique. A Dodone le culte de Zeus conserva longtemps une grande célébrité; en Arcadie celui d'Hermès reflétait la rusticité des habitants de cette sauvage contrée; en Crète et à Samothrace l'influence des dogmes asiatiques se fit sentir davantage, et la religion y demeura dans un rapport plus étroit avec les religions de l'Asie occidentale et la Phénicie, de la Syrie, de l'Assyrie. Il est même vraisemblable que dans la première de ces îles quelques croyances égyptiennes pénétrèrent à une époque postérieure, bien qu'encore fort ancienne. En Thessalie, en Béotie et sur la côte

de l'Asie Mineure, à Samos, à Rhodes, la religion se développa de bonne heure conformément au génie particulier de ces contrées, et c'est là réellement que le polythéisme grec proprement dit paraît avoir pris naissance.

Les rapports fréquents qui existaient entre ces divers pays, habités par des peuples de même race, répandirent peu à peu dans toute la Grèce des cultes et des rites qui n'avaient été d'abord que locaux. Ces migrations de croyances introduisirent une variété infinie dans les caractères des diverses divinités, dans les cérémonies célébrées en leur honneur; les attributs de l'une furent fréquemment transportés à une autre, et cette fusion incessante des idées religieuses donna naissance au polythéisme hellénique.

A côté de ces divinités pélasgiques, dont le berceau doit peut-être être cherché en Asie, ou qui empruntèrent au moins aux dieux asiatiques quelques-uns des mythes dont se composait leur histoire, viennent se placer deux autres ordres de divinités : d'abord celles qui furent apportées directement de la Syrie, de la Phénicie, de la Phrygie, etc., puis les *héros*, nouvelles personnifications des phénomènes naturels, auxquelles l'imagination des Grecs avait donné naissance, ou idéalisations de leurs diverses nationalités, des qualités, des vertus qui leur étaient chères. Le culte des héros, qui garda longtemps un caractère presque exclusivement local, acheva d'imprimer au polythéisme grec une physionomie distincte, qui le différentie des polythéismes asiatique, italique, égyptien et indien.

Les traditions relatives aux héros étaient étroitement liées à celles qui concernaient l'origine, la dispersion et les destinées des diverses races; elles devinrent le sujet de poëmes épiques, dont le rhythme s'appela *héroïque* et qui formèrent un cycle mythique se terminant au retour des Héraclides dans le Péloponèse. C'est depuis cette époque, et sans doute par le canal des Doriens, que le culte des héros se répandit dans toute la Grèce.

Dans le sens le plus restreint, on comprenait sous le nom de héros les individus nés d'un dieu et d'une mortelle, comme Hercule, ou d'un mortel et d'une déesse, comme Achille; dans l'acception la plus large, cette épithète s'appliquait à tous les personnages célèbres des temps héroïques, guerriers, bienfaiteurs de l'humanité, divinisés par la reconnaissance des âges suivants. Au nombre des derniers se trouvaient les chefs des races, des migrations, les fondateurs des villes, les protecteurs des cités, des familles, des corporations. Tels étaient les héros *éponymes*, qui donnèrent leurs noms aux dix tribus d'Athènes; tels étaient encore les héros *enchoriaux* (ἐπιχώριοι, ἐγχώριοι), *Philacus* et *Antonoüs* de Delphes, ceux de

Marathon, etc., dont le culte était tout local et qui étaient regardés comme des génies tutélaires, veillant sur leurs protégés, les secourant dans le malheur et leur envoyant des songes prophétiques.

Fréd. Creuzer et plusieurs autres mythologues ont cru voir dans quelques-uns de ces héros, tels que Hercule, Persée, Jason, etc., des divinités de l'Orient défigurées par le génie grec, qui avait substitué à leur physionomie asiatique un caractère en harmonie avec ses conceptions. Mais malgré tout ce qu'offrent d'ingénieux les rapprochements auxquels ces érudits se sont livrés, on doit avouer que cette hypothèse ne repose sur aucun fondement solide. Sans doute, à partir des septième et sixième siècles avant notre ère, quand des rapports plus fréquents avec l'Asie amenèrent l'introduction des doctrines orientales dans la Grèce, on transporta sur la tête des héros, et notamment d'Hercule, des mythes relatifs à des divinités asiatiques, tels que Baal, Melkarth, Moloch, Aschmoun, etc.; mais ces emprunts furent l'œuvre des âges postérieurs, et plus on remonte le cours des siècles, plus on voit disparaître la ressemblance entre ces deux ordres de personnages divins. Il est cependant certaines divinités dont l'origine asiatique ancienne offre de grandes vraisemblances; par exemple, Bacchus ou Dionysos et Esculape (1). Et encore bien des faits peuvent être allégués contre cette hypothèse, et il y a certaines raisons d'admettre que le premier fut simplement confondu avec le dieu phrygien Sabazius et le second avec la divinité phénicienne Aschmoun.

Nous venons de dire qu'à partir des septième et sixième siècles l'importation des dogmes étrangers dénatura le polythéisme hellénique. Cet effet doit être surtout attribué aux philosophies pythagoricienne et platonicienne. Ces écoles avaient puisé en Égypte et en Asie quelques-uns de leurs principes, et elles cherchèrent à constituer dans la religion nationale une sorte de théologie rationelle qui lui enlevât son caractère grossier et immoral. Elles essayèrent de réunir, par des assimilations entre les différents dieux honorés chez les peuples qui étaient en relation avec les Grecs, les éléments vraiment religieux qu'elles y rencontraient. En outre, le peuple hellénique s'imaginait retrouver chez les nations voisines les divinités qu'il adorait; il attribuait les noms de Zeus, d'Hera, de Poseidon, d'Arès, de Pallas, de Phœbus, d'Aphrodite, d'Artémis, etc., aux divinités étrangères qui avaient avec celles-là

quelque ressemblance; puis il mettait sur le compte de ses propres dieux les fables dont les dieux étrangers étaient l'objet. De là une indicible confusion dans l'histoire des dieux. Les patries les plus diverses, les généalogies les plus contradictoires, les mythes les plus opposés sont sans cesse attribués par les poëtes aux mêmes personnages. M. Fréd. Creuzer et ses élèves se sont efforcés de tirer de ces témoignages, si peu concordants, des indices sur les origines diverses de certaines légendes. Mais trop souvent ils ont abusé de ce moyen : ils se sont laissés aller au point d'accepter comme d'antiques traditions religieuses ce qui n'était que l'œuvre du caprice poétique ou de la crédulité populaire.

Ce fut dans l'école d'Alexandrie que le syncrétisme atteignit sa dernière limite, ou pour mieux dire sa plus grande exagération. Une fusion complète s'opéra alors entre les religions de l'Asie, de l'Égypte et de la Grèce; les écrivains grecs s'approprièrent les traditions sacrées de ces contrées et les transportèrent sur la tête de leurs dieux, les enchaînèrent aux traditions helléniques. Ces emprunts furent surtout faits avec l'intention de donner aux mythes païens un sens, une portée qu'ils n'avaient certainement pas; on s'attacha principalement à ramener ces mythes à des faits ou des expressions figurées des phénomènes naturels, des révolutions astronomiques. Dans ce but les grammairiens firent un choix entre les fables qui avaient cours, et ils n'acceptèrent que celles qui semblaient d'accord avec leur système; souvent même ils les altérèrent de manière à rendre cet accord plus complet.

Parvenu à cette époque, le polythéisme se défigure totalement; celui qui ne l'étudierait que chez les écrivains de ces temps postérieurs s'en ferait infailliblement l'idée la plus fausse, et c'est ce qui est arrivé à Dupuis, dont l'erreur capitale est d'avoir fondé son système sur les assertions des Alexandrins. Cet érudit a accepté comme des traditions anciennes les identifications sidérales qui étaient l'œuvre de cette école. Préoccupé de l'idée de ramener tous les cultes à une origine astronomique, il ne s'est point aperçu que les témoignages sur lesquels il se fondait n'étaient que des hypothèses dues à des idées analogues aux siennes, et qu'il eût dû préalablement en établir l'exactitude.

Rome, en se mettant à la tête des nations, s'en assimila les religions. Elle fit entrer dans son panthéon les divinités de tous les peuples conquis. Elle effectua une fusion totale entre les polythéismes grec et latin, qui, par une certaine communauté d'origine, car ils prenaient l'un et l'autre leur point de départ dans les croyances des Pélasges, se prêtaient facilement à une identification. Les dieux romains furent

(1) Voy. à ce sujet nos notes sur le livre VII de la Symbolique de Creuzer, traduite par M. Guigniaut, tom. III, part. 2, de l'ouvrage, etc. Dans ces notes nous avons cherché à réunir tous les témoignages en faveur de l'origine syrienne de Dionysos. Voy. aussi notre article sur une statuette d'Aschmoun, dans la Revue archéologique, tom. III.

confondus avec ceux de la Grèce, de l'Égypte et de l'Asie. Zeus, Jupiter, Ammon, ne furent plus que des noms divers de la divinité suprême; Aphrodite, Vénus, Astarté, Athyr devinrent autant de noms destinés à désigner la même déesse. Saturne et Kronos, Mars et Arès, Poseidon et Neptune, Artémis et Diane, Pallas et Minerve, Héra et Junon n'offrirent plus aucune différence. Des noms latins furent appliqués de même aux divinités puniques, gauloises, germaines. La religion officielle de l'empire ne fut bientôt qu'un mélange de tous les cultes, de toutes les superstitions.

Toutefois, malgré ce syncrétisme le paganisme continua à conserver dans chaque province quelques-uns des traits qui caractérisaient la religion locale. Les noms enchoriaux s'ajoutèrent comme épithètes aux noms romains, ainsi que l'indiquent les expressions de Jupiter Sérapis, Jupiter Bélus, Vénus Astarté, Mars Camulus, etc., etc. D'autres fois, lorsque la divinité particulière à un pays avait conservé un caractère assez tranché pour ne pas permettre qu'on la confondît avec les dieux de Rome, le culte en était adopté par la ville éternelle, qui le répandait bientôt dans tout l'empire, en en altérant la physionomie nationale. C'est ce qui arriva pour le dieu perse Mithra, pour la déesse égyptienne Isis, pour le dieu phénico-phrygien Attys, etc. D'ailleurs, l'esprit superstitieux des Romains leur faisait rechercher les divinités étrangères, dans lesquelles plusieurs se flattaient de trouver une puissance supérieure à celle des dieux romains, et dont ils pensaient pouvoir obtenir un nouvel appui. Ce fut notamment vers le temps d'Adrien qu'éclata cette sorte de cosmopolitisme religieux. Ce fut alors que le culte de Sérapis, celui de Mithra prirent une vogue dont témoignent le grand nombre d'inscriptions votives qui portent les noms de ces divinités.

Ce syncrétisme universel, s'il faisait dégénérer le polythéisme en un amas informe de superstitions de toute nature, introduisait entre les peuples un commencement d'unité religieuse, et préparait par là l'avénement du christianisme. D'ailleurs, à cette époque la foi aux divinités grecques et latines s'était retirée de presque tous les esprits éclairés. La philosophie hellénique, stoïcienne ou académique, régnait seule sur les intelligences, et elle ne se servait plus du paganisme que comme de formes sans importance, que comme d'un symbole dont elle seule prétendait donner le véritable sens. Entre le polythéisme tel que l'entendaient un Platon, un Chrysippe, un Épictète, un Plutarque, un Marc-Aurèle, et la religion des temps homériques il y avait autant de distance qu'entre le Scythe barbare et l'Athénien raffiné. De fait le polythéisme n'existait plus. Le système religieux que la philosophie grec-

que essaya d'opposer au christianisme triomphant formait une doctrine toute nouvelle, qui n'empruntait plus à la religion d'Hésiode et de Pindare que la forme et les noms. Le néoplatonisme était une transformation complète du polythéisme hellénique approprié aux progrès de la raison. Les fables anciennes ne s'y présentaient plus que comme des allégories, des figures; les rites seuls étaient conservés, parce que c'est dans cette partie du culte que le peuple fait consister d'ordinaire toute la religion et que les philosophes cherchaient à s'appuyer sur la tradition, pour dissimuler la nouveauté de leurs idées. Aussi ceux qui se posèrent comme les derniers champions de la religion grecque, les Numénius, les Porphyre, les Julien ne furent-ils point réellement des païens à la manière des Athéniens du siècle de Périclès, mais des philosophes polythéistes. A l'aide de leurs interprétations platoniciennes, ils cherchaient à faire de la religion de l'empire une doctrine une, un corps de croyances qui tînt à la fois compte des traditions et des progrès de la raison.

Cette tentative de reconstitution du polythéisme date peut-être de l'établissement des mystères de la Grèce. Ces mystères paraissaient remonter dans certaines localités à une haute antiquité; mais dans leur forme la plus ancienne, tels qu'ils étaient célébrés à Samothrace, par exemple, ils n'étaient encore vraisemblablement destinés qu'à un enseignement ésotérique, fort empreint des idées superstitieuses des premiers âges. Il faut croire que sous l'influence de la philosophie grecque la doctrine qui y était professée s'épura, et que les grands dogmes de la religion naturelle, l'existence d'un dieu suprême, l'immortalité de l'âme, la rémunération future, y furent bientôt professés. D'un autre côté, le nombre des initiés venant graduellement à s'augmenter, le secret en fut bientôt pénétré, et les enseignements s'en répandirent dans le public. A ces croyances spiritualistes fut associée une morale plus pure; les actions obscènes ou coupables que l'imagination mettait sur le compte des dieux y étaient représentées comme des fables ou y recevaient des interprétations qui en faisaient disparaître l'immoralité et l'indécence.

L'école Alexandrine hérita de ces traditions ésotériques, et afin de leur donner plus de poids elle composa sous le nom d'Orphée, le fondateur prétendu des mystères, des ouvrages où toutes ces doctrines étaient mises en lumière. Les philosophies académique et stoïcienne contribuèrent puissamment aussi à épurer la morale païenne; elles empruntèrent aux anciens poëtes gnomiques les préceptes de sagesse qu'ils avaient consignés çà et là dans leurs écrits. Elles réclamèrent en faveur des droits de l'humanité, et célébrèrent la bienfaisance et l'amitié.

Lorsqu'on parcourt les ouvrages des philosophes, depuis Platon et Xénophon jusqu'à Cicéron et Sénèque, Arrien et Marc-Aurèle, on y retrouve la plupart des principes auxquels le christianisme devait apporter une consécration nouvelle, en plaçant dans un dieu souverainement bon et juste la source de toute vertu, et en nous enseignant à puiser dans l'amour de l'être divin celui de nos frères.

La morale évangélique, cet admirable monument du sentiment du juste que Dieu a déposé dans le cœur humain, concentra en un faisceau éclatant de lumières tous ces rayons épars de la clarté divine, qui se perdaient au milieu des ténèbres de la superstition et de l'idolâtrie. En effet, malgré les efforts généreux des philosophes, malgré le triomphe partiel de la raison, l'immense majorité des populations succombait encore sous le joug honteux des antiques erreurs. Les anciens rites, le culte de divinités conçues comme de simples et d'imparfaites créatures, l'emploi de simulacres qui faisaient confondre l'être adoré et le signe sensible destiné à reveiller son souvenir, étaient autant de causes qui perpétuaient la superstition. Chez le peuple le polythéisme dégénérait réellement en idolâtrie; la religion n'était qu'un attachement routinier et inintelligent à des cérémonies ridicules ou surannées. De là le nom de *paganisme,* qui lui fut imposé; car c'était au fond des villages, dans la hutte des paysans, *pagani,* qu'on le retrouvait tel qu'il avait été originairement, un assemblage de croyances absurdes consacrées par des rites bouffons ou obscènes. Si tant est grande la tendance du peuple à faire dégénérer en actes de licence et de dévergondage le culte le plus pur, le plus saint, qu'on vit au moyen âge les fêtes de l'âne et des fous se substituer, dans les églises, à l'adoration du vrai Dieu, combien à plus forte raison ces excès ne devaient-ils pas avoir lieu alors qu'aucun dogme précis, aucune liturgie réglée par le clergé, aucun enseignement moral ne réprimaient dans leur source ces instincts de désordre. Aussi voit-on que dans les fêtes de plusieurs divinités, de Vénus, de Bacchus, de Saturne, de Cybèle, d'Adonis les extravagances de toutes sortes, les dérèglements de toute nature s'étalaient effrontément au grand jour. Certains mystères eux-mêmes, loin d'être des réunions destinées à l'enseignement d'une morale plus pure, dégénéraient en cérémonies licencieuses, dont le secret ne faisait qu'assurer l'impunité.

Dans la Grèce, où les sens sont si fortement excités par un climat brûlant, il eût fallu une discipline des plus vigoureuses pour arrêter le débordement des mœurs, et la religion populaire semblait au contraire l'encou-

rager. La polythéisme hellénique était donc dépourvu de tout côté moral; ce n'était qu'un amas de superstitions, et ce furent les philosophes seuls qui essayèrent d'associer à ces croyances dépravantes un enseignement qui pût soustraire l'homme au joug honteux de ses passions.

Sans doute ce serait exagérer que d'affirmer que tout tendait, dans la religion hellénique, à livrer l'homme aux tendances vicieuses et criminelles qui le sollicitent à des degrés divers; on ne peut nier que certains rites, certains mythes n'eussent pour but d'améliorer sa condition morale; mais ces heureux effets étaient constamment neutralisés par des rites et des mythes d'un esprit contraire. Les bons instincts luttaient seuls efficacement contre cette tyrannie de croyances dégradantes, et ces instincts les philosophes seuls leur firent un énergique appel.

Ainsi constitué, le polythéisme grec n'aurait pas résisté longtemps aux enseignements si supérieurs de l'Évangile, si une longue habitude, une profonde ignorance, un patriotisme mal entendu n'eussent étroitement attaché les Grecs à la foi informe de leurs pères.

Lorsqu'on cherche à analyser les éléments moraux qui avaient concouru à la formation du paganisme, on reconnaît que le païen avait fini par déifier tous ses penchants, bons ou mauvais; en sorte qu'en adorant ses dieux il adorait sa propre humanité. L'amour des femmes, les appétits grossiers, le besoin des combats, la vengeance avaient dans l'Olympe des représentants comme la justice, la piété filiale et l'hospitalité. De là encore l'attachement profond de l'homme pour un culte qui flattait son égoïsme et le déifiait à ses propres yeux. Pour rompre avec ces erreurs invétérées il fallait plus qu'une simple réforme religieuse, il fallait plus qu'une transformation des mythes anciens, il fallait briser entièrement avec le passé; et c'est ce qui explique l'impuissance radicale du néoplatonisme à régénérer l'esprit religieux. Ce rôle était réservé au seul christianisme.

Les bornes de cet article nous empêchent d'entrer dans l'examen des traditions relatives à chacune des divinités qui composent le panthéon hellénique. Il nous a suffi d'une appréciation générale. Résumons en quelques lignes le caractère de la religion grecque.

Assemblage de divers cultes apportés la plupart de l'Asie et implantés sur le sol de la Grèce, où ils avaient pris chacun une physionomie appropriée au génie du peuple et au caractère des habitants, la religion des Hellènes fut d'abord simple et grossière. Des dieux adorés dans des simulacres faits à l'image de l'homme disposaient de nos destinées, présidaient aux différents actes de la vie et personnifiaient les phénomènes de la nature. Les relations fréquentes établies entre les différentes tribus helléniques, les rapports avec les nations de l'Égypte et de l'Asie introduisirent des rites jusque alors inconnus, et imprimèrent une physionomie nouvelle à plusieurs divinités. Ce mélange des croyances amena la fusion des polythéismes du monde ancien en un vaste polythéisme, qui comprenait les divinités de tous les peuples, honorées dans chaque ville suivant des rites particuliers, et qui confondait les attributs et le caractère de tous. A ce syncrétisme la philosophie mêla ses systèmes théologiques, elle associa son enseignement moral ; elle chercha à lier, par des interprétations d'un ordre plus élevé, ces fables contradictoires apportées de toutes les parties de l'univers connu. Rome s'appropria ce chaos religieux, en le subordonnant à sa religion nationale, issue de la même origine que l'ancien polythéisme grec. Elle en fit son culte officiel, laissant à la philosophie le soin de trouver l'esprit véritable qu'il fallait attribuer aux croyances et de donner un sens rationnel aux cérémonies. Tandis que le peuple continuait à ne s'attacher qu'au côté matériel et sensible de ce culte syncrétique, les esprits supérieurs en cherchaient le côté moral et vraiment religieux ; mais tel était l'empire exercé sur toutes les intelligences par ces formes si profondément empreintes de superstitions et d'idées grossières, que ces intelligences elles-mêmes n'en purent dégager un système religieux uniquement fondé sur la religion naturelle, et qu'elles continuèrent à mêler leurs théories à des spéculations erronées, à des pratiques absurdes. La magie, la démonologie furent appelées par les néoplatoniciens au secours de leurs systèmes ; c'était ramener par une voie la superstition qu'ils avaient chassée par une autre. Le polythéisme ne vivait plus que dans les habitudes et dans les lois : il fut frappé de mort quand les empereurs lui retirèrent leur appui et que l'esprit du christianisme eut pénétré la société.

Voyez, outre les ouvrages que nous avons cités dans le cours de cet article :

Arthur Beugnot, *Histoire de la destruction du paganisme en Occident* ; Paris, 1835, 2 vol. in-8°.

K. H. W. Vœlcker, *Die Mythologie des Japetischen Geschlechtes* ; Giessen, 1824, in-12.

Bœttiger, *Ideen zur Kunst-Mythologie*, her. von Sillig ; Dresde, 1836, 2 vol. in 8°.

Ph. Buttmann, *Mythologus oder gesammelte Abhandlungen über die Sagen des Alterthums* ; Berlin, 1829, 2 vol. in-8°.

Preller, *Demeter und Persephone* ; Hambourg, 1837, in-8°.

E. Gerhard, *Die Lichtgottheiten* ; in-fol. — *Auserlesene Vasengebilder* ; 1839, in-4°.

Pauly, *Real Encyclopedie d. clas. alterthumswiss.* 1839-1848.

Lobeck, *Aglaophamus, sive de theologiæ mysticæ Græcorum causis* ; Kœnigsb. 1829, 2 vol. in-8°.

Creuzer, *Religions de l'antiquité* ; traduction de M. Guigniaut, 1825-1848. Paris, 4 vol. in-8°.

E. Jacobi, *Handwœrterbuch der griechischen und rœmischen Mythologie* ; Leipzig, 1847, 2 vol. in-8°.

Schwenck, *Mythologischen Andeutungen*.

Ch. Lenormant et de Witte, *Élite des monuments céramographiques*.

Et les divers mémoires et travaux de Fréret, Voss, Millin, Visconti, Heyne, Émeric David, Letronne, Welcker, Raoul-Rochette, Gerhard, Hermann, Inghirami, Millingen, Lajard, de Luynes, K. Hoeck, Münter, Panofka, Otto Iahn, Forschhammer, E Braun, de Witte, Roulez, Ross, etc., etc., consignés dans les mémoires des sociétés savantes, le *Magasin encyclopédique*, les *Annales de l'institut archéologique de Rome*, la *Revue archéologique*, l'*Archœologische Zeitung*, le *Rheinisches Museum für philologie*, et divers ouvrages spéciaux.

ALFRED MAURY.

GRÉGORIEN (Rit et Chant). On appelle *rit grégorien* les cérémonies que le pape Grégoire Ier fit observer dans l'église de Rome (vers 590), soit pour la liturgie, soit pour l'administration des sacrements, soit pour les bénédictions ; et qui sont contenues dans le livre intitulé : *Sacramentaire Grégorien*. Toutes les prières qu'on trouve dans ce livre ne sont point nouvelles ; saint Grégoire mit seulement dans un ordre nouveau les oraisons du *Sacramentaire Gélasien*, dont on se servait alors, en retranchant tout ce qui lui paraissait inutile, et n'y ajoutant qu'un bien petit nombre de prières nouvelles.

Saint Grégoire ne se contenta pas de modifier la liturgie, il voulut aussi régler le chant. Saint Ambroise, dans la composition de son recueil de chants, qui était en usage longtemps avant celui de saint Grégoire (*voyez* AMBROSIEN (Rit et chant)), avait soigneusement évité l'emploi des mélodies adoptées par le paganisme, afin de ne pas rappeler aux chrétiens un culte qui existait encore. Ce motif ne subsistait plus au temps de saint Grégoire ; aussi n'eut-il aucun scrupule d'introduire dans le chant ecclésiastique des airs dont plusieurs étaient tirés des chants usités chez les Grecs aux mystères d'Éleusis. Le chant adopté par saint Ambroise n'était que grave et sévère, saint Grégoire le rendit mélodieux.

Pour perpétuer dans l'Église l'usage de ces chants nouveaux saint Grégoire établit à Rome une école de chantres, qui subsistait encore trois cents ans après.

Toutes les églises n'adoptèrent point d'abord le Sacramentaire Grégorien ; celle de Milan conserva le rit ambrosien, celles d'Espagne le rit de saint Isidore de Séville, connu sous le nom de *mozarabique*, et celle de Gaules garda son office, son missel et son chant jusqu'au règne de Charlemagne.

A cette époque, le pape Paul Ier ayant envoyé des livres qui devaient servir à établir en France la liturgie romaine, le roi voulut y établir en même temps le chant romain. Il fit venir de Rome les deux chantres les plus habiles, et institua deux écoles de chant, l'une à Metz et l'autre à Soissons. Ce furent ces chantres romains qui apprirent aux Français à toucher de l'orgue, dont l'usage commençait à s'introduire dans le service divin.

Pierre Lebrun, *Explication des cérémonies de la messe;* Paris, 1777, 4 vol. in-8°.

Le P. Jacques Longueval, *Histoire de l'Église gallicane,* édition de 1780, tome IV.

THÉODORE BÉZARD.

TABLE DES ARTICLES

CONTENUS DANS LE SEIZIÈME VOLUME.